Briedermann **Schwarzwild**

Schwarzwild

Dr. sc. silv. Lutz Briedermann

VEB Deutscher
Landwirtschaftsverlag
Berlin

Zum Schutzumschlag:
Titelfoto – Harald Lange, Leipzig

Farbtafeln und Grafiken zu den einzelnen Kapiteln wurden von Gisela Jahrmärker, Berlin, gefertigt.

Die Reproduktionen zum Vorsatz (Deutsche Fotothek, Sächsische Landesbibliothek Dresden) stammen aus dem jagdkünstlerischen Schaffen J.E. Ridingers (Staatliche Kunstsammlungen, Dresden).

2., bearbeitete Auflage 1990

DDR – 1040 Berlin, Reinhardtstraße 14
Lizenznummer 101-175/711/90
LSV 4565
Lektor: Waltraud Düber
Grafische Gestaltung: Sieghard Hawemann
Printed in the GDR
Lichtsatz: Karl-Marx-Werk Pößneck V15/30
Repro, Druck und Buchbinderei:
Druckerei „Hermann Duncker“
Bestellnummer: 558 510 2

ISBN 3-331-00075-2

DDR 42,00 M

Vorwort

Dieses Buch widme ich denen,
die mich lehrten,
Jagd als angewandte Biologie
zu betreiben
und die Freude an der Erhaltung
des Ganzen höher
als an der Erbeutung eines Teiles
zu schätzen.

Seitdem ich in den heimatlichen Niederlausitzer Wäldern zum ersten Male Wildschweinen begegnete, hat mich dieses urwüchsige, ungestüme Wild fasziniert. Es fügte sich glücklich, daß ich von Jugend an stets in guten Schwarzwildgebieten jagen und beobachten durfte. Darüber hinaus aber genoß ich den Vorzug, seit dem Jahre 1963 nahezu ununterbrochen am Institut für Forstwissenschaften Eberswalde und in Wildforschungsgebieten an der Erforschung biologischer Grundlagen und der Ableitung jagdlicher Schlußfolgerungen für die Bewirtschaftung des Schwarzwildes in der Deutschen Demokratischen Republik mitwirken zu können.
Mit der weltweiten Zunahme der Wildschweinbestände in den letzten Jahrzehnten erfuhr auch die Schwarzwildforschung eine starke Belebung. Kann man überschlägig berechnen, daß im Zeitraum von 1900 bis 1945 jährlich etwa eine Veröffentlichung über das Schwarzwild von dauerhafter wissenschaftlicher Bedeutung in der internationalen Literatur erschien, sind es im Zeitraum 1960 bis 1982 jährlich etwa 17 Publikationen. Das lawinenhaft anwachsende Wissen über das Wildschwein kann heute kaum mehr vom Spezialisten überschaut werden, geschweige denn für die Praxis auswertbar sein. Daher schien es mir dringend geboten, eine, sicher noch immer unvollständige, Zusammenfassung des vorhandenen Wissens vorzunehmen, die sich nicht nur an den Jäger und Jagdwissenschaftler wendet, sondern gleichermaßen den Fachzoologen unterschiedlichster Disziplinen, dem Veterinärmediziner und dem auf dem Gebiet der Hausschweinezucht wissenschaftlich Tätigen eine Informationsgrundlage bietet. Es liegt wohl auf der Hand, daß dabei die in der DDR durchgeführten Forschungen und gesammelten Praxiserfahrungen eine besondere Betonung erfuhren. Eine von mir mit dieser Zielstellung angefertigte und im Jahre 1984 an der Akademie der Landwirtschaftswissenschaften der DDR in Berlin erfolgreich verteidigte Promotionsschrift (B) liegt dieser Monographie zugrunde, in der das Wildschwein als Säugetier, als Jagdwild und als Stammform des Hausschweines beschrieben wird.
Es ist mir ein Bedürfnis, hier zwei Anliegen hervorzuheben, die ich bei der Darstellung des Materials besonders berücksichtigte. Die ökologisch orientierten Forschungen der letzten Jahrzehnte veranlassen zwingend dazu, den Blick von der Beschreibung des Einzeltieres und seiner Lebensfunktionen auf sein Dasein in der Sozietät und deren Auseinandersetzung mit der Umwelt zu lenken. Es ist für die moderne Wildbewirtschaftung unumgänglich, das Zusammenleben in Fortpflanzungsgemeinschaften zu

untersuchen, die gemeinsam einen Lebensraum besiedeln und ein arttypisch definierbares inneres Gefüge der Geschlechter und Altersgruppen aufweisen. Obwohl die methodisch außerordentlich schwierige Erforschung dieser vielschichtigen Beziehungen noch in den Anfängen steht, ging mein Bemühen dahin, diesen Aspekt durchgängig sichtbar zu machen. Ein Kapitel „Individuum und Population" widmet sich speziell dieser Aufgabe.

Zum zweiten hat im Verlaufe dieses Jahrhunderts die Erforschung des tierischen Verhaltens einen hohen Stand erreicht. Dennoch ist es heute, besonders in jagdlichen Monographien, noch durchaus üblich, das Verhalten der behandelten Tierart getrennt von ihrer morphologisch-anatomischen und physiologischen Beschreibung anzuordnen. Das Lebendigsein eines Tieres äußert sich aber in typischen Bewegungsformen und Verhaltensweisen, die ihm eindeutig zugehören und von den Gegebenheiten des Körperbaus untrennbar sind. Ich war daher bemüht, in möglichst ungezwungener Weise die Verhaltensweisen den morphologischen und funktionellen Kapiteln direkt zuzuordnen.

Die bedauerliche, aber objektiv wohl unabänderliche Situation in der Jagdwissenschaft besteht darin, daß sich in fast allen Ländern nur wenige Personen langfristig und intensiv einzelnen Wildarten widmen können. Das schließt weitgehend die Möglichkeit aus, fachdifferente Bearbeiterkollektive für die Schaffung von Artmonographien zu bilden. Auch ich habe in Kauf nehmen müssen, wesentliche Teile der Biologie und Bewirtschaftung des Schwarzwildes hier zu bearbeiten, die mir von Ausbildung und Tätigkeit her eigentlich nicht zustehen. Lediglich bei der Bearbeitung der Krankheiten stand mir freundlicherweise OVR Dr. sc. med. vet. *Gerd Grüneberg*, Eberswalde-Finow, zur Seite. Dennoch ist dieses Buch ein Kollektivwerk, an dem vor allem Mitarbeiter der Abteilung Jagdwirtschaft des Institutes für Forstwissenschaften Eberswalde, viele Jäger in Wildforschungsgebieten und im Kreise Eberswalde ihren Anteil haben. Ihnen allen sei dafür herzlich gedankt. Für die Fertigung der Zeichnungen danke ich sehr Frau *Gisela Jahrmärker*, und für die gesamte Betreuung des Manuskriptes Frau *Waltraud Düber* vom VEB Deutscher Landwirtschaftsverlag Berlin. Wertvolle Hinweise zum Manuskript verdanke ich im besonderen den Herren Professoren *Heinrich Dathe*, Berlin, und *Hans-Joachim Schwark*, Leipzig, sowie Herrn Landforstmeister Dr. h. c. *Siegfried Mehlitz*, Nedlitz. Unter den Bildautoren bin ich besonders Herrn *Hubert Freymann* für seinen engagierten Einsatz verbunden. Mein Dank gilt schließlich meiner Frau, ohne deren Verständnis die erforderliche langjährige Konzentration auf diese Arbeit unvorstellbar gewesen wäre.

Zur zweiten Auflage:
Erfreulicherweise bietet sich mir schon nach relativ kurzer Zeit eine Möglichkeit, neue Literatur über das Wildschwein und Hinweise zum Inhalt meines Buches in eine zweite Auflage einzuarbeiten. Erfreut über die Resonanz, die das Buch bisher gefunden hat, danke ich allen kritischen Lesern für ihre Anregungen und Meinungen. Auch diese Auflage wird von dem Wunsch begleitet, mit Hilfe dieses Buches den Weg zu einer vernünftigen und weidgerechten Bewirtschaftung dieser umstrittenen Wildart zu ebnen.

Lutz Briedermann

Inhaltsverzeichnis

I. Biologie des Schwarzwildes

1. Systematik und Stammesgeschichte

1.1. Systematik und Stammesgeschichte aus jagdkundlicher Sicht

In der eurasischen Jagdfauna nimmt das Wildschwein eine gewisse Sonderstellung ein. Obwohl es in der Jägersprache mit Vertretern der Familie der Hirsche, *Cervidae*, und der Horntiere, *Bovidae*, zum Schalenwild zusammengefaßt ist, sind doch selbst dem zoologisch weniger Bewanderten zumindest einige der beträchtlichen morphologisch-anatomischen und ethologischen Unterschiede geläufig.
Auch die bis zum Mittelalter übliche Zusammenfassung der Wildschweine mit Wisent und Ur zum jagdlichen Sammelbegriff Schwarzwild, der heute nur noch den Wildsauen zukommt, ist künstlich getroffen und sicher als Gegensatz zum Rotwild vor allem unter dem optischen Eindruck im schneebedeckten Winterwald entstanden.
Man muß schon über die Grenzen Europas und Asiens hinwegsehen, um einige – wenige – Verwandte unseres Wildschweines zu entdecken, während es doch bei den oben genannten Familien jedem leicht fällt, sofort mindestens ein halbes Dutzend ähnlicher Arten, die in diesem Territorium leben, zu nennen. Zur Familie der Hirsche werden etwa 50, zu den Horntieren sogar mehr als 100 rezente Arten gezählt.

Die spezifischen biologischen Eigenheiten der Wildarten sind nicht nur für den Biologen, und die Unterschiede zwischen ihnen nicht nur für den Systematiker interessant. Sie bilden die Voraussetzung für eine angepaßte, erfolgreiche Jagdausübung und Wildverwertung. Sie bedingen, daß das Wildschwein als höchst ertragreiche, aber feldschadenverursachende Schalenwildart, als letztes wehrhaftes Wild in weiten Teilen Europas und als Träger ungewöhnlicher Jagdtrophäen gilt.
Durch sie konnte das Wildschwein domestiziert und Stammform eines unserer wichtigsten Haustiere, des Hausschweines, werden. Aus diesen Gründen leitet sich ausreichend ab, daß ein Jäger heute über ein gutes biologisches Grundwissen verfügen sollte. Die Systematik hilft, dieses Wissen zu ordnen und Unterschiede zu verdeutlichen, indem sie die Vielfalt der Lebensformen übersichtlich gruppiert. Die Grundlage für die Gruppierung bilden Ähnlichkeiten und Differenzen vorwiegend morphologisch-anatomischer Art, die sich aus verwandtschaftlichen Beziehungen ergeben. Sie erklären sich aus der mehr oder weniger langen Stammesgeschichte, durch die alle Lebewesen seit der Entstehung des Lebens auf der Erde bis zum heutigen Tage miteinander verbunden sind. Viele Verwandtschaftsverhältnisse konnten nur durch die Fossil-

geschichte geklärt werden. Für die Entstehung und heutige Verbreitung der Tierarten sind Geschehnisse in längst vergangenen Erdzeitaltern, wie Klimaänderungen oder tektonische Ereignisse, entscheidend. Somit gehört auch ein Einblick in die Stammesgeschichte zum Grundwissen des Jägers über sein Wild.
Die zentrale Einheit der Systematik bildet die Art; in unserem Falle die von Carl von LINNÉ (LINNAEUS) im Jahre 1758 erstmalig wissenschaftlich beschriebene und bezeichnete Art Wildschwein, *Sus scrofa* LINNAEUS, 1758. Der erste Teil dieses Namens, *Sus* (lateinisch Schwein), ist der Gattungsname. Ihn tragen alle lebenden, aber auch bereits ausgestorbenen Schweinearten. Durch den zweiten Teil, *scrofa* (griechisch Schwein), wird die uns interessierende Art, das Wildschwein, konkret bezeichnet. Hinter diesem Artnamen steht der Familienname dessen, der die Art erstmalig in heute gültiger systematischer Einordnung wissenschaftlich bezeichnete (LINNAEUS) sowie das Jahr der Publikation. Bei Wissenschaftlern, die durch Systematisierung vieler Arten besonders bekannt sind, wie LINNÉ, wird der Name gewöhnlich abgekürzt (L.) angeführt.
Zum näheren Verständnis der systematischen Ordnungsprinzipien ist es erforderlich, die Erläuterung einiger Begriffe voranzustellen. Arten sind dadurch gekennzeichnet, daß ihre Angehörigen in morphologischen, anatomischen, physiologischen und ethologischen Merkmalen weitgehend ähnlich sind und miteinander fruchtbare Nachkommen zeugen können. Im allgemeinen bewohnen sie ein zusammenhängendes natürliches Verbreitungsgebiet, das Areal, das freilich Verbreitungslücken einschließen kann. Werden größere Gruppen des Artbestandes eine ausreichend lange Zeit geographisch isoliert, so daß sie sich genetisch getrennt entwickeln, oder wirken in sehr großen Arealen stark unterschiedliche ökologische Faktoren auf die Populationen ein, können sich deutliche morphologische, aber auch ethologische Variationen manifestieren. Wenn diese Abweichungen sicher nachweisbar sind und den Hauptteil der Individuenzahl in einem Arealteil erfassen, können geographische Rassen, Lokalformen oder Unterarten ausgeschieden werden. Diese schließen sich also geographisch aus, kreuzen sich jedoch mit Angehörigen anderer Rassen oder Unterarten komplikationslos. Daher gibt es bei aneinanderstoßenden Unterarten nur fließende Grenzen, welche die eindeutige Zuordnung eines bestimmten Tieres zu der einen oder anderen Unterart oft ausschließen. Unterarten und geographische Rassen sind auch bei den Schweinen sehr zahlreich, und wurden oft anhand zu geringen Materials, beschrieben. Sie werden in ihrer Bedeutung meist überschätzt. Die teilweise beträchtlichen Unterschiede sind jedoch auch bei der Art Wildschwein nicht ganz ohne wissenschaftliche und jagdwirtschaftliche Bedeutung und rechtfertigen die getrennte Führung einer Reihe von Unterarten. Die Unterart wird durch einen dritten Namen gekennzeichnet, der dem Artnamen folgt. Ihm schließen sich ebenfalls der Name des Systematikers und das Jahr der Erstbeschreibung an. Das in unserem Raume lebende Wildschwein gehört beispielsweise zu der von LINNÉ beschriebenen Unterart Mitteleuropäisches Wildschwein, *Sus scrofa scrofa* LINNAEUS, 1758, es stellt die Nominatform dar.
Mit dem Weiterwerden der Verwandtschaft über Art und Gattung hinaus trennt der Systematiker Ordnungen und Klassen mit zahlreichen Zwischenstufen; je nach der Mannigfaltigkeit der Formen in der jeweiligen Entwicklungslinie. Die Systematik der Schweine bis zur Ebene der Art ist in der Tabelle 1/1 dargestellt.
Das der Tabelle zugrundeliegende Ordnungsprinzip spiegelt gleichzeitig eine der vielen in Jahrmillionen durchlaufenen Entwicklungslinien innerhalb des Säugetierstammes vereinfacht wider. Die Vereinfachung besteht vor allem darin, daß im hier betrachteten Zusammenhang auf die Darstellung der zahlreichen, inzwischen ausgestorbenen, aber durch Fossilfunde belegten Formen verzichtet wird, die für die Klärung des evolutiven Verlaufes von großer Bedeutung sind. Man muß sich jedoch bei der Betrachtung der Lebensformen stets vergegenwärtigen, daß sie nur einen winzigen Abschnitt aus einem unvorstellbar langen Prozeß des Werdens und Vergehens darstellen.

Tabelle 1/1 *Systematische Einordnung der Art Sus scrofa, vereinfachte Darstellung*

Kategorie	Bezeichnung	Verwandte Formen
Klasse	*Mammalia* (Säugetiere)	
Unterklasse	*Theria* (Lebendgebärende Säugetiere)	*Prototheria* (Kloakentiere)
Infraklasse	*Eutheria* (Placentalia)	*Metatheria* (Beuteltiere)
Kohorte	*Ferungulata* (Raubtiere und Huftiere)	*Glires* (Nagetiere)
Überordnung	*Paraxonia* (Paarhufer)	*Mesaxonia* (Unpaarhufer)
Ordnung	*Artiodactyla* (Paarhufer)	*Perissodactyla* (Unpaarhufer)
Unterordnung	*Suiformes* (Nichtwiederkäuer)	*Ruminantia* (Wiederkäuer)
Infraordnung	*Suina* (Schweineartige)	*Ancodonta* (Flußpferde)
Familie	*Suidae* (Schweine)	*Tayassuidae* (Pekaris)
Gattung	*Sus Linnaeus* 1758 (Schweine)	*Potamochoerus* GRAY, 1854 (Busch- oder Flußschwein) *Babyrousa* PERRY, 1811 (Hirscheber) *Phacochoerus* CUVIER, 1817 (Warzenschwein) *Hylochoerus* THOMAS, 1904 (Waldschwein)
Art	*Sus scrofa* LINNAEUS 1758 (Wildschwein)	*Sus barbatus* MÜLLER, 1838 (Bartschwein) *Sus salvanius* HUDGSON, 1847 (Zwergwildschwein) *Sus verrucosus* S. MÜLLER, 1838 (Pustelschwein)

1.2. Familie *Suidae* und ihre Verwandten

Die Klasse der Säugetiere ist bereits im frühen Erdmittelalter, wahrscheinlich gegen Ende des Trias, aus einem Saurierstamm hervorgegangen. Erst gegen Ende der Kreidezeit, mit dem Aussterben der Saurier, und dem Beginn des Tertiärs, also vor etwa 60 bis 70 Millionen Jahren, setzte in der Unterklasse der *Theria*, der Lebendgebärenden Säugetiere, die Entwicklung einer ungeheuren Formenvielfalt ein. Die ersten *Placentalia*, die also ihre Nachkommen bis zur Geburt intrauterin über einen Mutterkuchen ernährten, stellt man sich als kleine, insektenfresserähnliche Säuger vor, mit einem wenig differenzierten Gebiß aus 44 Zähnen, fünfstrahligen, kurzen Extremitäten und einem einfachen, ungeteilten Magen.

Seit dem Beginn des Eozäns, also vor etwa 50 Millionen Jahren, werden mit den *Dichobunidae* die ersten Paarhufer nachgewiesen, die aus einer gemeinsamen Wurzel mit den Urraubtieren hervorgegangen sind. THENIUS (1972) beschreibt sie als kleine, fünf- bzw. vierzehige Artiodactyla mit einem niedrigen Schädel ohne knöcherne Bulla, einem vollständigen Gebiß und einem primitiven Gehirn aus nur einfach gefurchten Hemisphären, die das gut entwickelte Kleinhirn nicht überdecken, und kurzen, aber deutlich abgesetzten Riechkolben. Die Metapodien sind getrennt, Cuboid und Naviculare nicht verschmolzen, die seitlichen Zehenstrahlen etwas schwächer als die medianen. Sie besitzen alle morphologischen Voraussetzungen als Stammgruppe der geologisch jüngeren Paarhufer. Seit dem Alttertiär entwickelte sich die Ordnung der *Artiodactyla* außerordentlich formenreich und ist heute „eine der am stärksten spezialisierten Ordnungen der auf dem Erdboden lebenden Säugetiere" (HEPTNER et al., 1966), die alle Kontinente mit Ausnahme Australiens natürlich besiedelte. Zu den für alle Paarhufer zutreffenden Merkmalen gehören die mehr oder weniger starke Reduktion der äußeren Finger und die ausgeprägte Entwicklung des dritten und vierten Fingers, die die Körpermasse tragen und an den Endphalangen mit Hornschuhen bedeckt sind. Alle Abschnitte der Gliedmaßen sind stark verlängert und befähigen durch Verlängerung der Hebel zu schnellem Lauf. Der Schädel hat einen gestreckten Gesichtsteil, der ein spezialisiertes, oft durch eine Lücke (Diastema) getrenntes Gebiß aus kräftigen Zähnen enthält.

Darüber hinaus setzte bereits im Tertiär eine ungeheure Spezialisierung ein, als deren wichtigste die „Entdeckung“ des Wiederkauens bezeichnet werden kann, denn die dazu befähigten Angehörigen der Unterordnung *Ruminantia* (Wiederkäuer) erlebten in der Folgezeit eine außerordentlich starke, bis zur Gegenwart anhaltende Evolution. Demgegenüber überlebten von den „im Alttertiär außerordentlich formenreich entfalteten Paarhufern, die zweifellos noch nicht zu den Wiederkäuern entwickelt waren“ (THENIUS, 1972) bis zur Gegenwart nur die *Suiformes* JAECKEL, 1911 (Nichtwiederkäuer). Vertreter dieser Unterordnung kennt man bereits aus dem unteren Eozän Europas und Amerikas.

Die Unterordnung der *Suiformes* gilt als verhältnismäßig wenig spezialisiert und primitiv. Dabei ist freilich der Ausdruck „primitiv“ im Sinne von „ursprünglich“ aufzufassen, denn die weite Verbreitung und hohe Kopfzahl der hierher gehörigen, allerdings wenigen rezenten Arten zeugen von einer hohen Anpassungsfähigkeit und Lebenskraft.

Es soll erwähnt sein, daß zu dieser Unterordnung neben der hier interessierenden Infraordnung *Suina* GRAY, 1868 (Schweineartige) noch eine weitere, die der Ancodonta, gehört, von denen die Flußpferde *(Hippopotamidae)* noch rezent sind. Die Verwandtschaft der Schweineartigen mit den Flußpferden wird bei Betrachtung folgender übereinstimmender Merkmale deutlich:

- die mittleren Mittelfußknochen der 3. und 4. Zehe sind nicht verwachsen, die 2. und 5. Zehe als „Geäfter“ höher gestellt, berühren den Erdboden noch oder fast,
- die Eckzähne sind stark entwickelt und zu dauerndem Wachstum befähigt,
- der Magen ist relativ einfach gebaut,
- das Haarkleid ist zum Teil reduziert,
- der Geschlechtsdimorphismus ist gering,
- HECK und RASCHKE (1980) heben im Verhalten liegende Übereinstimmungen, darunter die ähnliche Reizbarkeit der männlichen Individuen, hervor.

Innerhalb der Infraordnung *Suina* sind heute nur noch zwei Familien bekannt:

- die *Suidae* GRAY, 1821 (Schweine, echte oder Altweltschweine),
- die *Tayassuidae* PALMER, 1897 (Pekaris, Nabel- oder Neuweltschweine).

Die Trennung dieser beiden Familien erfolgte wahrscheinlich im Alt-Oligozän, vor etwa 30 Millionen Jahren. Es wird angenommen, daß dieser Prozeß in Asien, dem bedeutenden Entstehungszentrum zahlreicher weit verbreiteter Formen, vor sich ging.

Während die *Suidae* zunächst auf Eurasien beschränkt blieben und im Miozän wohl Afrika, nie aber Amerika, erreichten, entwickelten sich die *Tayassuidae* vornehmlich auf letzterem Kontinent und starben in Eurasien aus.

Die in Körperbau, Haarkleid und Verhalten weitgehende Übereinstimmung der Vertreter beider Familien führte zu dem Versuch, beide im Range von Unterfamilien zusammenzufassen. Die sie trennenden morphologisch-anatomischen Unterschiede sind aber doch so beträchtlich, daß die gegenwärtig geübte Trennung in Familienrang sinnvoller erscheint.

Die folgende Gegenüberstellung (S. 18) zeigt die wesentlichsten Unterschiede.

Die wichtigsten Kennzeichen der beiden Familien sind in den anschließenden Kurzbeschreibungen zusammengefaßt.

Familie: Schweine *Suidae* GRAY, 1821

Gattungen: Hirscheber (*Babyrousa* PERRY, 1811), Warzenschweine (*Phacochoerus* CUVIER, 1817), Waldschweine (*Hylochoerus* THOMAS, 1904), Busch- oder Flußschweine (*Potamochoerus* GRAY, 1854), Schweine (*Sus* LINNAEUS, 1758).

Verbreitung: Eurasien bis etwa 60 Grad nördl. Br., Afrika

Gestalt: Nichtwiederkäuer mittlerer Größe, doch auch Kleinform, Gewichte zwischen 5 und 350 kg, mehr oder weniger stark borstig behaart, relativ einförmig gefärbt (bis auf Potamochoerus), Schädel keilförmig, rüsselähnlicher Schnauzenteil, differenziertes Gebiß mit 44 Zähnen, teilweise bis 16 redu-

Suidae	*Tayassuidae*
– stets freie mittlere Mittelfußknochen, – keine Rückbildungserscheinungen am 4. Finger der Hinterextremitäten, – starke Ausbildung und Verlängerung der Molaren zwecks Vergrößerung der Kaufläche, – gekrümmte Stellung der Eckzähne, – keine Rückendrüse, – einfacher Verdauungstrakt	– beginnende Verschmelzung der mittleren Mittelfußknochen, – 4. Finger der Hinterextremitäten fast völlig zurückgebildet, – Molarisierung der Prämolaren, – Senkrechte Stellung der Eckzähne, – Ausbildung einer Rückendrüse, – komplizierter Verdauungstrakt, – Dreiteilung des Magens

ziert, gekrümmte, dauernd wachsende Eckzähne, mehr oder weniger stark entwickelte Eckzahnapophysen, häufig Gesichtswarzen, an allen Gliedmaßen 4 Finger, 1 fehlt, 3. und 4. tragend, Mittelfußknochen frei. Körper relativ flachgedrückt, Magen relativ einfach, Blinddarm, mehr als 2 Paar bauch- bzw. leistenständige Zitzen, geringer Geschlechtsdimorphismus.
Lebensweise: Wald- und Savannenbewohner, bevorzugen feuchte Gebiete, Allesfresser mit überwiegender Pflanzenkost, wühlen im Boden, suhlen, Rottenverbände bis mehr als 50 Individuen, fruchtbar (2 bis 10 Frischlinge).

Familie: Pekaris *Tayassuidae* PALMER, 1897
Gattung: 1 Gattung *Tayassu* mit 3 Arten: Halsbandpekari (Tayassu tajacu L. 1758), Weißbartpekari (*Tayassu albirostris* ILLIGER, 1811). In den letzten Jahren (1975)

Abb. 1/1 Halsbandpekari
(Foto: KÖHALMY)

wurde eine dritte Art, das Chaco-Pekari *(Tayassu catagonus)*, entdeckt.
Verbreitung: tropische und subtropische Gebiete Südamerikas, nördlich bis Mexiko und angrenzende Südstaaten der USA, südlich bis Mittelargentinien und Uruguay.
Gestalt: Aussehen kurzköpfiger Wildschweine, etwa 40 cm Schulterhöhe, dunkles grobes Haarkleid ohne Unterwolle, bindenartige Abzeichen am Unterkopf oder Vorderkörper, Pürzel kaum sichtbar, Kopf kurz mit Rüsselscheibe, 38 Zähne, Eckzähne ähnlich dem Raubtiergebiß (Bißwaffe), keine Gesichtswarzen, 3. und 4. Finger beginnende Verwachsung, Zehen an Hinterextremitäten reduziert, Magen stärker differenziert, geringer Geschlechtsdimorphismus, Duftdrüse auf dem Rücken, 2 bis 3 Paar Zitzen, Frischlinge nicht gestreift (Abb. 1/1).
Lebensweise: Waldbewohner, Allesfresser, suhlen, stark olfaktorisch geprägter Sozialkontakt (BYERS, 1985) Rottenverbände bis mehr als 50 Individuen, gewöhnlich 2 Frischlinge, angriffslustig.

1.3. Gattung Sus und ihre Verwandten

Mit dem *Propalaeochoerus* tauchen im mittleren Oligozän die ältesten bekannten Vertreter der Familie der *Suidae* auf. Sie sind noch durch sehr ursprüngliche Skelettmerkmale, vor allem am Schädel, gekennzeichnet (THENIUS, 1970). Die Länge des Hirnteils überwog die des Gesichtsschädels, so daß sich die Augenhöhlen etwa in der Mitte des Kopfes befanden. Die Jochbogen wiesen noch keine Verbreiterung auf, und das

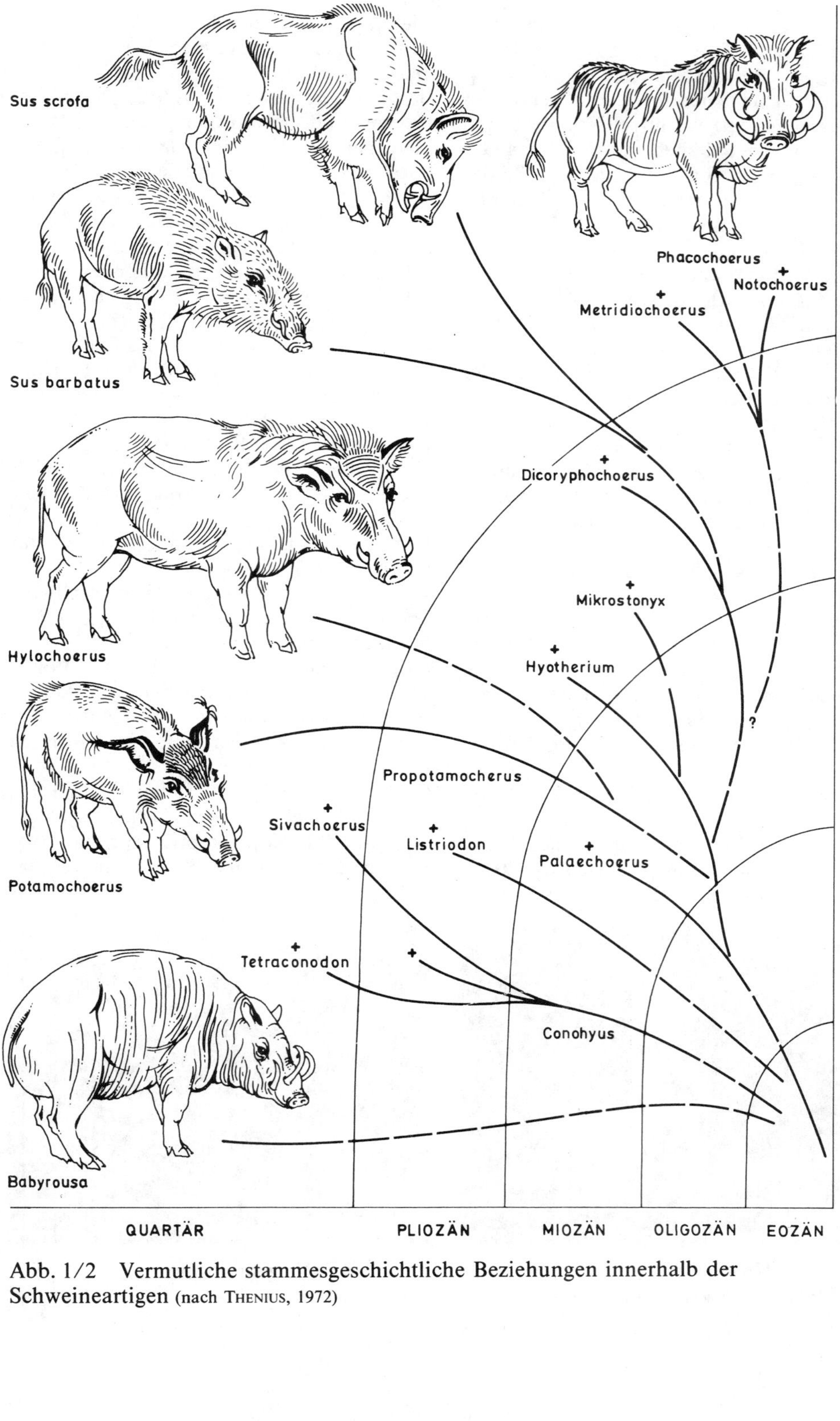

Abb. 1/2 Vermutliche stammesgeschichtliche Beziehungen innerhalb der Schweineartigen (nach THENIUS, 1972)

vollständige Gebiß war einfach organisiert. Auffällig sind die fünffingrigen Vorderextremitäten. Bei der weiteren Entwicklung der Suiden aus diesem Stamm heraus ist festzustellen, daß evolutive Veränderungen vor allem am Schädel, einschließlich des Gebisses, vor sich gingen. Im Verlaufe des Miozäns, das vor etwa 25 bis 15 Millionen Jahren durch eine wesentliche Abkühlung starke Evolutionsanreize bot, zeigten sich bereits Vertreter aller fünf rezenten Gattungen der Familie der Schweine (Abb. 1/2).
Während HEPTNER et al. (1966) alle Gattungen einer Unterfamilie zuordnen, weist THENIUS (1970) unter Berücksichtigung der palaeontologischen Befunde darauf hin, daß Hirscheber und Warzenschweine den Rang eigener Unterfamilien haben sollten. Bei der anschließenden Kurzbeschreibung wird im wesentlichen seiner Darstellung, des weiteren MOHR (1960), gefolgt.

Gattung: Hirscheber (*Babyrousa* PERRY, 1811)
Arten: nur 1 Art, Hirscheber (*Babyrousa babyrousa* L., 1758), 4 Unterarten (MOHR, 1958, 1960).
Artgeschichte: wahrscheinlich bereits seit dem Eozän vom Hauptstamm getrennte eigenständige Entwicklung, früher formenreich
Verbreitung: Celebes und benachbarte Inseln.
Gestalt: etwa 80 cm Körperhöhe, Kopfrumpflänge über 1 m, Pürzel etwa 20 cm lang, bis 100 kg, gewölbter Rücken, zierliche Läufe, fast unbehaart. Mischung ursprünglicher und hochspezialisierter Merkmale (Abb. 1/3).
Besonders auffällige starke Ausbildung der unteren und oberen Eckzähne als Imponierorgan, die oberen, oft leicht beweglich, durchbrechen die Schwarte und wachsen im Halbkreis wieder zurück. Starke Reduktion der Prämolaren, 34 Zähne. Komplizierter Bau des Magens, der Anklänge an die Wiederkäuerentwicklung erkennen läßt. Als primitive Merkmale gelten die schwache Entwicklung der Rüsselscheibe, der relativ kurze Gesichtsschädel, das Fehlen von Gesichtswarzen und der einfache Bau des Gehirns. Ein Paar Zitzen, Frischlinge ungestreift, Tragzeit etwa 160 Tage.
Lebensweise: Waldbewohner, Allesfresser, wühlt nicht im Boden, suhlt, angeblich nachtaktiv, Kleinrotten, 1 bis 2 Frischlinge.

Gattung: Warzenschwein (*Phacochoerus* CUVIER, 1817)
Arten: nur 1 rezente Art, Warzenschwein (*Phacochoerus aethiopicus* PALLAS, 1767), mit mehreren Unterarten.
Artgeschichte: Wahrscheinlich im Miozän vom *Sus*-Stamm abgezweigt, im Pliozän und Pleistozän intensive Entwicklung
Verbreitung: weit verbreitet im mittleren und südlichen Afrika
Gestalt: Körpermasse Keiler 85 (68 bis 143) kg, Bachen 57 (48 bis 75) kg, über 80 cm Schulterhöhe, Kopfrumpflänge Keiler über 150 cm, Schwanzlänge 38 bis 50 cm. Großer Kopf, relativ zierlicher, eingesattelter

Abb. 1/3 Hirscheber
(Foto: RUDLOFF Zoologischer Garten Leipzig)

Abb. 1/4 Warzenschwein
(Foto: R. R. HOFMANN)

Rumpf, zierliche Läufe, spärliche Behaarung, doch lange Rückenmähne, graue Hautfarbe. Hals mit Wamme.
Weist Merkmale sehr hoher Spezialisierung auf, wie auf 16 Zähne reduziertes Grasfressergebiß. Besonders starke Entwicklung der Eckzähne als Imponierorgane, dabei die des Oberkiefers bis 60 cm lang, die des Unterkiefers hadererähnlich kurz. Augenhöhlen hoch angesetzt, ausladende Jochbogen. 3 Paar auffallende knorpelige Gesichtswarzen. Zwei Paar Zitzen, Frischlinge Anflug einer Streifung, Tragzeit etwa 175 Tage (Abb. 1/4).
Lebensweise: Savannenbewohner. Allesfresser, vorwiegend Gras. Wühlt gelegentlich. Rutscht bei der Nahrungsaufnahme häufig auf den vorderen Handgelenken, die Schwielen aufweisen. Tagtier, ruht nachts gern in Erdhöhlen, suhlt, lebt in Mutterfamilien oder einzeln, 1 bis 5 Frischlinge, (KINGDON, 1979; FRÄDRICH, 1986).
Den folgenden drei Gattungen kommen nach THENIUS (1970) besonders folgende gemeinsame Entwicklungstendenzen zu: Hypsodontie und Wurzellosigkeit der Caninen, Ausbildung von Alveolarcristae, Verlängerung des Gesichtsschädels, „Modernisierung" der Prämolaren und Vergrößerung des Gehirns. Die Aufspaltung erfolgte im Miozän.

Gattung: Waldschwein *Hylochoerus* THOMAS, 1904
Arten: Nur eine rezente Art, Riesen-Waldschwein (*Hylochoerus meinertzhageni* THOMAS, 1904).
Artgeschichte: enger verwandt mit *Potamochoerus*. Im Pleistozän Ostafrikas nachgewiesen.
Verbreitung: Regenwälder Afrikas
Gestalt: Körpermasse Keiler 230 (145 bis 275) kg, Bachen 180 (130 bis 204) kg, bis 100 cm Schulterhöhe, Kopfrumpflänge bis 210 cm, Pürzel 30 bis 45 cm. Lebendmasse bis 250 kg. Großer Kopf und kräftiger Rumpf mit Karpfenrücken, schwärzlich, spärlich behaart, doch mit Stirn- und Nakkenmähne. Sehr breiter Wurf, zwei riesige Gesichtswarzen unterhalb der Augen, starke Jochbogen. Eckzähne stark entwikkelt, Gebiß bis auf 16 Zähne reduziert,

Abb. 1/5 Waldschwein
(Foto: R. R. HOFMANN)

Frischlinge ungestreift, Tragzeit etwa 150 Tage (Abb. 1/5).
Lebensweise: Bewohnt Lichtungen im unterholzreichen Urwald, spezialisierter Pflanzenfresser, wühlt nicht. Tagtier. Suhlt, lebt im Familienverband, 2 bis 11 Frischlinge (DÖNHOFF, 1942; MOHR, 1942; KINGDON, 1979.)

Gattung: Busch- oder Flußschwein (*Potamochoerus* GRAY, 1854)
Arten: Pinselschwein (*P. porcus* L. 1758), Flußschwein (*P. choeropotamus* DESMOUL, 1831).
Artgeschichte: gemeinsame Wurzel mit *Hylochoerus*, starke Entwicklung im Jungtertiär, seinerzeit auch in Eurasien vorkommend.
Verbreitung: afrikanische Flußwälder süd-

Abb. 1/6 Pinselschwein (Foto: KÖHALMY)

lich der Sahara, Madagaskar. Zahlreiche Lokalrassen und Unterarten, verschiedentlich domestiziert.
Gestalt: etwa 60 cm Schulterhöhe, Kopfrumpflänge etwa 135 cm, Pürzel lang, bis 40 cm, Körpermasse bis 100 kg. Gestalt wildschweinähnlich, gut behaarte, sehr lebhaft gefärbte Arten (grau bis mahagonirot, weißer Kamm, helle, lebhafte Gesichtsfärbung). Kopf groß, Gebiß wie *Sus*, aber Eckzähne kleiner, ausgeprägte Eckzahnapophysen, aufgetriebene Nasenbeine. Kleine Gesichtswarzen, spitz ausgezogene Ohren, z. T. mit Quaste, 3 Paar Zitzen, Frischlinge Fleckenreihen, Tragzeit etwa 130 Tage (Abb. 1/6).
Lebensweise: Waldbewohner. Allesfresser, dämmerungs- bis nachtaktiv (?), wühlt, suhlt. Lebt in Rotten, 3 bis 10 Frischlinge (KINGDON, 1979).

Gattung: Schweine (*Sus* LINNAEUS, 1758)
Arten: Wildschwein (*Sus scrofa* L., 1758), Bartschwein (*Sus barbatus* MÜLLER, 1838), Zwergwildschwein (*S. salvanius* HODGSON, 1847).
Artgeschichte: Erste Funde aus dem Pliozän, wahrscheinlich sogar dem Miozän Ostasiens. Nordafrika wurde im jüngeren Pleistozän erreicht. Evoluierteste Suiden.
Verbreitung: Nordwestafrika, Eurasien bis etwa 60 Grad nördl. Br. Domestizierte Formen, weltweit verbreitet.
Gestalt: Größe heterogen, Schulterhöhe zwischen 125 cm (Wildschwein) und 25 cm (Zwergwildschwein), Körpermasse zwischen mehr als 300 kg und 5 kg. Kräftige, untersetzte Gestalt mit Karpfenrücken, dicht behaart, graubraun, ziemlich einförmig gefärbt, weiße Binde oder Aufhellung am Unterschädel.
Kopf kräftig mit großer Rüsselscheibe, entwickelter Gesichtsschädel mit kräftigem Gebiß, vollständig (bei Zwergwildschwein Prämolaren reduziert), starke Eckzähne, entwickeltes Gehirn, keine Gesichtswarzen. 3 bis 6 Paar Zitzen, Frischlinge gestreift, Tragzeit etwa 115 Tage.
Lebensweise: Waldbewohner, bevorzugen feuchte Laubwälder. Allesfresser, wühlen im Boden, suhlen, leben in Rottenverbänden mittlerer Größe, 3 bis 10 Frischlinge.

1.4. Art *Sus scrofa* und ihre Verwandten

1.4.1. Stammesgeschichte und Artsystematik

Es wurde bereits erwähnt, daß die Gattung *Sus* während des jüngeren Miozäns im ostasiatischen Raum entstanden sein könnte (MATTHES, 1962). Vom wahrscheinlich in Indien liegenden Entstehungszentrum aus breitete sich die aufblühende Gattung in der klimatisch sehr begünstigten Zeitperiode rasch nach Zentralasien und weiter nach Europa und Asien, aber auch südöstlich bis zu den heutigen Sundainseln aus. Zum Ende des Tertiärs, im Jungpliozän, finden sich Wildschweinreste in den Fundschichten Europas (THENIUS, 1972). Der als *Sus minor* DEPERET bezeichneten tertiären Form schließt sich im Ältestpleistozän die Form *Sus strozzi* MENEGHINI an, die vor allem in Frankreich und Holland nachgewiesen wurde (KAHLKE, 1955). Sie ähnelten in ihrem Erscheinungsbild weitgehend dem heute in Indonesien, Malaysia und auf den Philippinen vorkommenden Pustelschwein, *Sus verrucosus*, das als sehr ursprünglich anzusehen ist, wie auch HEMMER (1978) aus vergleichenden Hirngrößenuntersuchungen folgerte.
Die quartären Kaltzeiten haben vor allem in Europa die Existenzbedingungen für die wärmeliebenden Wildschweine entscheidend verändert. Diese wichen vor den Eismassen und den ihnen vorgelagerten Tundren und Kältesteppen in südlicher Richtung, teilweise bis hinter den Kaukasus, aus. Die in den Warmzeiten mit den Laubwäldern wieder vordringenden Formen glichen nicht mehr denen der *verrucosus*-Gruppe. In der Günz-Mindel-Zwischenwarmzeit (Cromer Warmzeit) taucht mit Sus scrofa priscus in Europa ein Wildschwein auf, das ohne Zweifel in die engere Verwandtschaft unserer heutigen Wildschweine gehört. Auch in den Warmzeiten des Mittel- und Jungpleistozäns gehören Wildschweine vom *scrofa*-Typ zur Fauna der Laubwälder Mitteleuropas. Die Herausbildung dieser Art wird ebenfalls im südostasiatischen Raum zu vermuten sein, wobei die heute auf Sumatra vorkommende

Unterart *Sus scrofa vittatus* seit FORSYTH MAJOR (1889) als Stammform des Formenkreises gilt. Bereits dieser Autor stellte fest, daß sich Schädelmerkmale der Gruppe vittatus auch an jüngeren *scrofa*-Schädeln finden, andererseits bei fossilen Formen die *scrofa*-Merkmale mit zunehmendem Alter schwinden. Im besonderen durch KELM (1938, 1939) wurde durch vergleichende Untersuchungen eine lückenlose Verbindung der europäischen mit den ostasiatischen Formen nachgewiesen.

Ungeklärt ist zur Zeit die Stammesgeschichte von *Sus salvanius.* Nach THENIUS (1972) ist es eine *Sus scrofa vittatus* nahestehende Zwergform. Betrachtet man die Systematik der Wildschweine auf der Artebene zusammenfassend, muß man feststellen, daß bis zur Gegenwart noch wesentliche Unklarheiten bestehen, und wahrscheinlich noch keine als endgültig anzusehende Einordnung getroffen werden kann.

Der wichtigste Schritt zur Klärung der systematischen Verhältnisse erfolgte sicher durch FORSYTH MAJOR (1889), als er die Unzahl der damals beschriebenen „Arten" zu nur noch vier Arten zusammenzog und die übrigen auf den Rang von Unterarten verwies:

- Pustelschwein (*Sus verrucosus* MÜLLER und SCHLEGEL, 1842),
- Bartschwein (*Sus barbatus* S. MÜLLER, 1838),
- Wildschwein (*Sus scrofa* LINNÉ, 1758),
- Bindenschwein (*Sus vittatus* MÜLLER und SCHLEGEL 1842).

Er erkannte jedoch bereits die enge Verwandtschaft zwischen *scrofa* und *vittatus*, die durch kraniologische Untersuchungen von SCHRÖTER (1922) und KELM (1938) bestätigt wurde.

Demzufolge wurde im Anschluß von den meisten Autoren (MOHR, 1960; HALTENORTH, 1963; THENIUS, 1970, 1972) die *vittatus*-Gruppe in Unterartenrang *Sus scrofa* zugeordnet.

Unterschiedliche Auffassungen bestehen zur Zeit noch darüber, ob das Pustelschwein als eigene Art angesehen werden muß.

Bereits v. BOETTICHER (1939) hatte auf dessen nahe Verwandtschaft mit dem Bartschwein hingewiesen und beide als Arten zu einer Untergattung *Euhys* zusammengefaßt. HEPTNER et al. (1966) ordnen sogar das Pustelschwein als Unterart dem Bartschwein zu. Die weitgehenden morphologischen und ethologischen Unterschiede der beiden im gleichen Raum lebenden Formen veranlassen aber doch dazu, bis zum Vorliegen überzeugender Gegenargumente den Artenstatus beizubehalten.

Das Zwergwildschwein wurde noch durch v. BOETTICHER (1939) und MOHR (1960) als einziger Vertreter einer selbständigen Gattung *Porcula* Hodgson, 1847, angesehen und als *Porcula salvania* HODGSON, 1847, aufgeführt. HALTENORTH (1963) ordnete es als Untergattung in die Gattung Sus ein. Gegenwärtig wird es als eine „der *Sus scrofa (-vittatus)*-Gruppe nahestehende Zwergform" (THENIUS, 1972) angesehen. HEPTNER et al. (1966) bezeichnen es als Art *Sus salvanius.*

Somit ist gegenwärtig von folgenden vier Arten auszugehen:

- Bartschwein (*Sus barbatus* MÜLLER und SCHLEGEL, 1842)
- Pustelschwein (*Sus verrucosus* S. MÜLLER, 1838),
- Wildschwein (*Sus scrofa* LINNÉ, 1758),
- Zwergwildschwein (*Sus salvanius* HODGSON, 1847).

1.4.2. Kurzbeschreibung der Arten

Auch die folgenden Kurzbeschreibungen sollen nur zur Charakterisierung der Arten dienen und beschränken sich daher auf die wesentlichsten Merkmale und Differenzierungskennzeichen. Ausführlichere Angaben sind bei MOHR (1960) zu finden.

Für Sus scrofa sind ebenfalls nur die in diesem Zusammenhang wesentlichen Diagnostizierungsmerkmale hier angeführt; speziellere Angaben sind Bestandteil der weiteren Kapitel dieses Buches.

Art: Pustelschweine (*Sus verrucosus* MÜLLER und SCHLEGEL, 1842)

Unterarten: wahrscheinlich 2 Unterarten: Java-Pustelschwein *(Sus verrucosus verrucosus)*, Celebes-Pustelschwein *(Sus verrucosus celebensis)*.

Verbreitung: Java, Celebes, Borneo, Philippinen. Java – Unterart gefährdet, Celebes – Unterart auch domestiziert.
Gestalt: wildschweinähnlich, gedrungen, kurzläufig, Kopfrumpflänge bis 140 cm, Schulterhöhe bis 80 cm, die Körpermasse kann 100 kg übersteigen, beim Java-Pustelschwein Bache wesentlich schwächer als Keiler dunkel-gelbbraun gefärbt, Rückenborsten, bei *celebensis* Stirnmähne. Kopf relativ groß, Profil leicht konvex, Gebiß wie *scrofa*, aber Hinterkante der Gewehre quer zur Unterkieferachse gestellt. Kleine Teller. Drei Paar Gesichtswarzen, davon Mandibularwarzen sehr groß, bei alten Keilern am Unterkiefer zusammenstoßend. 5 Paar Zitzen, Frischlinge (2 bis 8) undeutlich gestreift.
Lebensweise: Dschungel- und Gebüschbewohner, Allesfresser, wühlt. Lebt in Kleinrotten (MOHR, 1960, POPENOE et al., 1983).

Art: Bartschweine (*Sus barbatus* S. MÜLLER, 1838)
Unterarten: (Wahrscheinlich 2 Unterarten) Bartschwein *(Sus barbatus barbatus)*, Krausbartschwein *(Sus barbatus oi)*.
Verbreitung: Halbinsel Malakka bis etwa 6 °N, Sumatra, Borneo, Java, Philippinen und kleinere Inseln des Archipels
Gestalt: Am meisten abgewandelte Form der Gattung. Schlank, hochläufig, rundrükkig, stark seitlich zusammengedrückt. Kopfrumpflänge bis 165 cm, Schulterhöhe bis 100 cm, Körpermasse bis 150 kg. Spärlich behaart, keine Unterwolle, weißgrau. Kamm aus steifen Borsten, Pürzel lang, zweizeilig behaart mit Quaste. Um das Gebrech mehr oder weniger stark gekräuselte helle Behaarung (Name!).
Schädel ungewöhnlich langgestreckt und schmal. Knöcherner Gaumen reicht weit hinter die Molaren, Gebiß wie *Sus scrofa*, aber Hinterkante der Gewehre wie *verrucosus*. Schräg gestellte fleischfarbene Rüsselscheibe, 2 Paar schwächere Gesichtswarzen. 5 Paar Zitzen, Frischlinge (3 bis 11) gestreift.
Lebensweise: Dschungelbewohner, Allesfresser, lichtaktiv. Lebt in Großrotten, zum Teil mehr als 100 Stück, führt jahreszeitliche Wanderungen aus (POPENOE et al., 1983).

Art: Wildschweine (*Sus scrofa* LINNAEUS, 1758)
Unterarten: Von mehr als 50 beschriebenen Formen werden gegenwärtig noch 32 (HALTENORTH, 1963) bzw. 26 bis 28 (HEPTNER et al., 1966) anerkannt; die tatsächliche Zahl der Unterarten ist wahrscheinlich geringer. Nähere Angaben zu den Unterarten folgen im nächsten Kapitel.

Verbreitung: In Nordafrika bewaldete Gebiete der Spanischen Sahara, Marokko, Algerien, Sudan, Tunesien, ausgerottet in Ägypten. In Europa ganz Westeuropa (brit. Inseln ausgerottet), Korsika, Sardinien, Sizilien, Südteile Schwedens und Finnlands, Mittel- und Südeuropa, UdSSR bis etwa 60 °N. In Asien Nordgrenze etwa Südural, Nordbaikalgebiet, Amur, im Süden Kleinasien, Syrien Palästina, Iran, Afghanistan, Pakistan, Indien, Ceylon, Halbinsel Indochina, Malaysia, Indonesien, China, Taiwan, Korea, Japan, Eingebürgert in Nordamerika, Kuba, Argentinien, verwilderte Hausschweinform auf Neuseeland, Australien, verschiedene Südseeinseln.

Gestalt: gedrungen, relativ kurzläufig, hoher Widerrist. Kopfrumpflänge größter Formen bis 200 cm, Schulterhöhe bis 125 cm, Körpermasse bis 350 kg. Südliche, westliche und Inselformen kleiner und leichter. Dunkel-graubraun, teilweise helle Binden in Wangenpartie, starke Borstenbildung mit Kamm, meist reichlich Unterwolle, langer Pürzel mit Quaste.
Kopf groß mit gestrecktem, teilweise leicht konkavem Schädelprofil, ohne deutlichen Hals in den Rumpf übergehend. Große, bewegliche Rüsselscheibe mit nach vorn gerichteten Nasenlöchern. Vollständiges Gebiß mit 44 Zähnen, Eckzähne der Keiler stark entwickelt, Hinterseite der Gewehre steht schräg zur Kieferachse. Knöcherner Gaumen endet kurz hinter dem 3. Molaren. Keine Gesichtswarzen.
5 Paar Zitzen, Frischlinge (bis 10) gestreift. Pürzel lang, mit Quaste.
Lebensweise: Wald- und Dickichtbewohner, Allesfresser, bricht im Boden. Suhlt . Licht- bis dämmerungsaktiv. Lebt in Rotten geringer bis mittlerer Größe, Keiler oft Einzelgänger.

Art: Zwergwildschwein (*Sus salvanius* HODGSON, 1847)
Keine Unterarten.
Verbreitung: In Tälern am Ostabhang des Himalaya (Sikhim, Nepal, Assam, Butan), heute gefährdet.
Gestalt: etwa hasengroß, ähnelt sonst scrofa weitgehend. Kopfrumpflänge bis 65 cm, Schulterhöhe bis 27 cm. Körpermasse bis 10 kg. Dunkelschwarzbraun, gut behaart, Pürzel nackt. Dauergebiß 40 Zähne (P 1 fehlt). Keine Gesichtswarzen. Innere Oberrücken verkürzt. 3 Zitzenpaare, Frischlinge (1 bis 4) gestreift.
Lebensweise: Dschungeltäler, Allesfresser, vorwiegend nachtaktiv. Lebt in Kleinrotten. Vermutlich eine Stammform des Hängebauchschweines.

1.5. Unterarten von *Sus scrofa*

Es liegt auf der Hand, daß das ungeheuer große Areal der Art *Sus scrofa*, das von Spanien bis Japan, vom Finnischen Meerbusen bis Neuguinea reicht, zu einer beträchtlichen geographischen Variabilität führte. Auch das Vorkommen auf zahlreichen Inseln bewirkte durch langandauernde geographische Isolation die Herausbildung unterschiedlicher Formen, die sicher nicht nur ihrem äußeren Erscheinungsbild, sondern auch in ihrer Lebensweise genetisch fixierte Besonderheiten aufweisen. Es nimmt daher nicht wunder, daß das vor allem im vorigen Jahrhundert zusammengetragene Material der Forschungsreisenden zunächst den Eindruck einer Fülle unterschiedlicher Arten hervorrief. Als Grundlage der Beschreibungen dienten im wesentlichen Schädel, seltener Schwarten oder Fellstücke, und Beobachtungen zur Lebensweise. Das Belegmaterial war gewöhnlich außerordentlich gering und von unbekanntem oder zu geringem Alter. So stellte zum Beispiel THOMAS im Jahre 1903 auf Grund nur eines Schädels und eines Stopfpräparates aus Rumänien (Siebenbürgen) die „Art“ *Sus attila* auf. MILLER (1912) standen für die Charakterisierung des mitteleuropäischen Wildschweins nur 3 Überläuferschädel aus Deutschland zur Verfügung.
Am Schädel spielten vor allem die allgemeine Größe, das Verhältnis der Schädellänge zu seiner Höhe, die Relation des Gesichts- zum Hirnschädel eine Rolle, des weiteren Detail der Schädelausformung, im besonderen die Gestaltung des Tränenbeines, des 3. Molaren und der Eckzähne der Keiler (Abb. 1/7).
Als erster klärte FORSYTH MAJOR (1889) die Situation, als er schrieb: „Es ist ein und dieselbe Form von Wildschweinen, welche wir mit geringer Modifikation der Schädelbildung gegenwärtig von Sardinien bis Neuguinea und von Japan bis Südwest-Afrika (Damara) verbreitet finden. Der Schwerpunkt ihrer Verbreitung liegt offenbar in der orientalischen und äthiopischen Region, welche beide in ihrer ganzen Ausdehnung dieses Wildschwein zu beherbergen scheinen; außerdem greift dieselbe Form aber über einesteils auf die paläarktische Region (Sardinien und Japan) andererseits auf die australische Region (Neuguinea und umliegende Inseln).“ Diese zunächst nur für die *vittatus*-Gruppe getroffene Einschätzung wurde bald (etwa um 1920) auch auf die *scrofa*-Gruppe ausgedehnt (MOHR, 1960). Einen wesentlichen Beitrag zur Definition der wichtigsten eurasiatischen Unterarten leistete KELM (1939) anhand der Basilarlänge des Schädels und der Größenverhältnisse des Tränenbeines. Im besonderen arbeitete er heraus, daß von Westen nach Osten die Länge des Tränenbeines ab- und die Höhe zunimmt (Abb. 1/8), und der ganze Schädel kürzer und höher wird.
Geht man von der heute allgemein als Stammform angesehenen Unterart *Sus scrofa vittatus* aus, ergeben sich, stark vereinfacht, folgende Beziehungen innerhalb des gesamten Unterartenkreises:

- Größenzunahme in nördlicher und nordwestlicher Richtung mit den Extremen *ussuricus* und *attila*;
- Zunahme der absoluten und relativen Schädellänge in gleicher Richtung, dabei Streckung des Tränenbeines und stärker nach hinten herausgestellte Hinterhauptschuppe;
- zunehmend dichtere und längere Behaarung (Borsten und Unterwolle), Dunkelfärbung, Verblassen der hellen Wangenbinde;

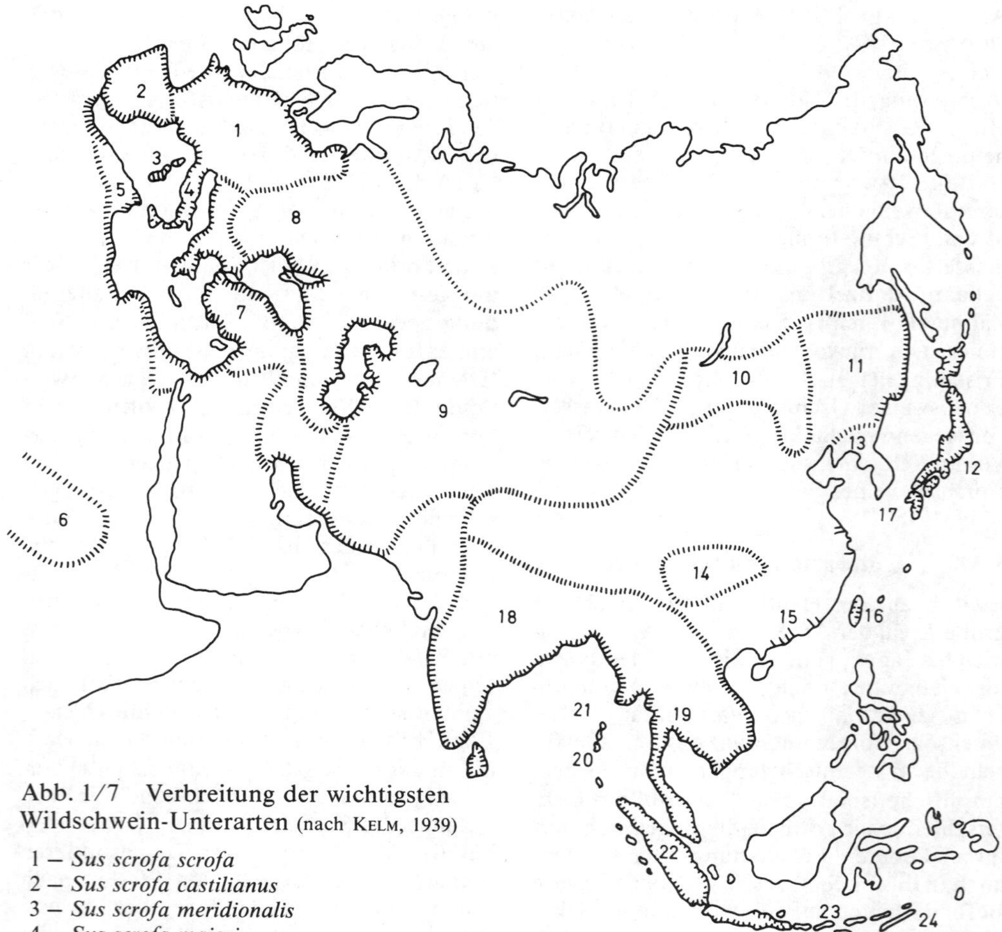

Abb. 1/7 Verbreitung der wichtigsten Wildschwein-Unterarten (nach KELM, 1939)

1 – *Sus scrofa scrofa*
2 – *Sus scrofa castilianus*
3 – *Sus scrofa meridionalis*
4 – *Sus scrofa majori*
5 – *Sus scrofa barbarus*
6 – *Sus scrofa senaarensis*
7 – *Sus scrofa libycus*
8 – *Sus scrofa attila*
9 – *Sus scrofa nipripes*
10 – *Sus scrofa sibiricus*
11 – *Sus scrofa ussuricus*
12 – *Sus scrofa leucomystax*
13 – *Sus scrofa coreanus*
14 – *Sus scrofa moupinensis*
15 – *Sus scrofa chirondontus*
16 – *Sus scrofa taivanus*
17 – *Sus scrofa riukianus*
18 – *Sus scrofa cristatus*
19 – *Sus scrofa jubatus*
20 – *Sus scrofa andamanensis*
21 – *Sus scrofa nicobaricus*
22 – *Sus scrofa vittatus*
23 – *Sus scrofa floresianus*
24 – *Sus scrofa timoriensis*

– im westlichsten Teil des Areals geht die Körperstärke wieder zurück; Inselformen sind stets relativ klein.

Im Zuge dieses Trendes gilt heute *Sus scrofa scrofa* als jüngste Unterart (MOHR, 1960).

Aus den Übergängen zwischen den verschiedenen als Unterarten geltenden Erscheinungsformen wird ersichtlich, daß sie schwerlich als fest definierbare taxonomische Kategorie gelten können. Abgesehen von einigen Inselformen lassen sich Unterschiede nur durch Vergleich zwischen den jeweiligen Kerngebieten oder zwischen räumlich weit voneinander getrennten Formen eindeutig nachweisen. An den Berührungszonen benachbarter Unterarten gibt es ein breites Übergangsfeld, in dem die Merkmale der beiden Nachbarn gemischt auftreten und eine sichere Zuordnung einzelner Individuen oder ganzer Populationen unmöglich machen. So weist z. B. CABON (1958a) darauf hin, daß nach den durch ADLERBERG (1930) gegebenen Kriterien von 20 Schädeln erwachsener Keiler aus dem Urwald von Belowesh (Bialowesha) 5 zur Unterart *scrofa*, 15 zur Unterart *attila* gestellt werden müßten. Sie schließt ihre gründliche Arbeit mit den Worten: „Ich bin der Überzeugung, daß Wildschweine aus den Gebieten Polens, Ungarn, aus dem Balkan und aus Nordostdeutschland ähnlich wie auch die russischen zu einer systematischen Gruppe gehören.

Wenn wir jedoch Lust haben und nur über ein kleines Material verfügen, können wir immer einzelne Gruppen von Individuen mit besonderen Namen benennen. Ich bin aber nicht davon überzeugt, daß dieses zweckmäßig wäre."

Später stellte KOSLO (1975) fest, daß das Gebiet des Belowesher Urwaldes Wildschweine der Unterart scrofa enthält.

Wenn im übrigen KOSLO einschätzen muß, daß nicht eine der in der UdSSR vorkommenden Unterarten von *Sus scrofa* systematisch ausreichend bearbeitet ist, gilt dies in noch viel höherem Maße für die südlicher lebenden Unterarten.

Aus diesen Gründen muß beim folgenden Überblick häufig auf konkrete Angaben verzichtet werden. HELL und PAULE (1983) sind unter Hinweis auf ANUCIN (1938) der Auffassung, daß sich die Unterarten *scrofa, attila* und *nigripes* nach bisherigen biometrischen Untersuchungen nicht eindeutig trennen lassen. Das mag im besonderen für die Grenzbereiche der Unterarten zutreffen, soweit sie von diesen und anderen Autoren (CABOŃ, 1958; BALIC, 1971; KOSLO, 1975) untersucht wurden. Hier bestehen jedenfalls fließende Übergänge. Für eine eindeutige Trennung fordert die heute allgemein anerkannte 75%-Regel (MAYR et al. 1956, 1969), daß 75% der Individuen einer Subspecies in den taxonomischen Merkmalen von den Individuen anderer Subspecies differieren. Die gegenwärtig vorliegenden Stichprobeuntersuchungen ermöglichen leider noch keinen ausreichenden biostatistischen Vergleich, doch liegen die Differenzkoeffizienten der Schädel- und Körpermaße des Schwarzwildes aus den Gebieten der DDR, Belowesh und Westkarpaten im allgemeinen unterhalb des einen Trennwert bildenden Faktors von 1,29, so daß sie als zu *Sus scrofa scrofa* gehörig gelten können. Eine Ausnahme bilden einige Angaben zur Körpermasse, die aber als altersmäßig und

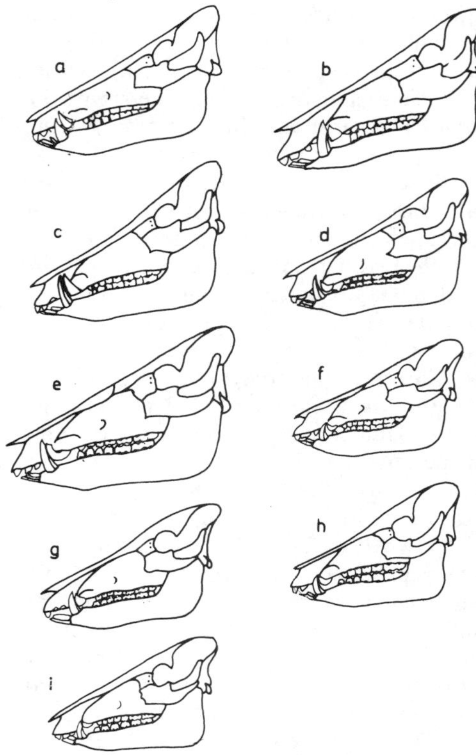

Abb. 1/8 Veränderung der Größenverhältnisse des Tränenbeines
(nach KELM, 1939)
Die Schädel sind auf das gleiche Größenverhältnis gebracht
a – *Sus scrofa scrofa*
b – *Sus scrofa attila*, Kaukasus
c – *Sus scrofa nigripes*, Buchara
d – *Sus scrofa sibiricus*, Tunkinsk-Gebirge
e – *Sus scrofa ussuricus*, Wladiwostok
f – *Sus scrofa leucomystax*, Japan
g – *Sus scrofa moupinensis*, Setschuan
h – *Sus scrofa peninsularis*, Malakka
i – *Sus scrofa vittatus*, Sumatra

jahreszeitlich besonders variabel nicht den Ausschlag bilden können.

APOLLONIO et al (1987 in Vorb.) stellten beim Vergleich der italienischen Unterart *majori* und der spanischen Unterart *castilianus* mit der zentraleuropäischen Unterart *scrofa* fest, daß die beiden erstgenannten nur durch geringere Dimensionen von *scrofa* abweichen, die auf ungünstigere ökologisch bedingte Einflüsse zurückgeführt werden. Damit stellen sie auch die Berechtigung der Trennung der drei Vorkommen in Unterarten in Frage. In neuerer Zeit wird die Chromosomenforschung verstärkt zur Klärung taxonomischer Probleme herangezogen. Jede Art hat einen nach Anzahl, Größe und Gestalt festgelegten Chromosomensatz im Zellkern, der für die artspezifische Individualentwicklung verantwortlich ist. Er wird im Zuge der Zellteilung identisch reproduziert. Die in ihm enthaltenen genetischen Informationen werden im Verlaufe der Keimzellenverschmelzung in der Fortpflanzungskette weitergegeben. Das Hausschwein weist einen diploiden Chromosomensatz von 38 Chromosomen auf, ebenso das Pustel- und das Zwergwildschwein. Demgegenüber wurden beim Wildschwein 36, 37 und 38 Chromosomen festgestellt (MCFEE et al., 1966; GROPP et al., 1969; ZIVKOVIC et al., 1971; TICHONOW und TROSHINA, 1976; BOSMA, 1976, 1983; TROSHINA et al., 1983; HERZOG, 1984). Es liegt also ein Polymorphismus vor. Die noch nicht völlig geklärten Ursachen dafür werden in Fusions- oder Teilungsvorgängen des 15., 16. bzw. 17. Chromosomenpaares (ROBERTSON'sche Translokation) vermutet. In der Tabelle 1/2 sind die bisher vorliegenden Befunde aus oben genannten Quellen nach dem prozentualen Anteil der ermittelten Chromosomenpaare zusammengestellt. Demnach überwiegen im Westteil des Areals Populationen mit 36, im Ostteil aber mit 38 Chromosomenpaaren. BOSMA et al. (1983) nehmen an, daß die ursprüngliche Zahl der Chromosomen bei *Sus* 38 beträgt. Die unterschiedlichen Chromosomenzahlen haben keine isolierenden Effekte.

Gegenwärtig scheint die zytogenetische Forschung nicht wesentlich zur Klärung der systematischen Situation beim Wildschwein beitragen zu können (ANGERMANN, 1977).

Tabelle 1/2 *Größe des diploiden Chromosomensatzes bei Wild- und Hausschweinen nach bisherigen Untersuchungen, Angaben in Prozent der untersuchten Stichproben (Quelle s. Text)*

Untersuchungsgebiet	Anzahl der Chromosomenpaare		
	36	37	38
Frankreich	98	0	2
BRD	99	1	0
Niederlande	73	20	7
Österreich	69	6	25
Mitteleuropa (Belowesh)	67	17	17
Jugoslawien	0	0	100
Osteuropa (Woronesh)	0	12	88
Kirgisien	64	36	0
Kaukasus	0	20	80
Ferner Osten (UdSSR)	0	0	100
Japan	0	0	100
Südostasien (*Sus s. vittatus*)	0	4	96
Hausschwein	0	0	100

Mitteleuropäisches Wildschwein (*Sus scrofa scrofa* LINNAEUS, 1758)

Verbreitung: West- und Mitteleuropa einschließlich Frankreich bis zu den Pyrenäen, Alpen und dem Nordwesten der Slowakei, östlich bis in die westlichen Grenzgebiete der UdSSR, etwa zum 25. Längengrad. Auf den britischen Inseln und in Südskandinavien ausgerottet, zum Teil neu eingeführt oder einwandernd (Abb. 1/9).

Merkmale: mittelgroßes, langschädeliges Wildschwein mit ausgeprägtem Widerrist, langen Tellern und langem Pürzel.

Färbung überwiegend dunkel, braungrau bis grauschwarz, Unterseite heller, helle Wangenbinde selten angedeutet. Vorkommen schwarzweiß gescheckter Varianten. Borsten lang, derb, dichte Unterwolle. Langer Gesichtsschädel, gelegentlich konkave Stirnfront. Hinterhauptschuppe stark schräg gestellt. Tränenbein lang, verhältnismäßig schmal. 3. oberer Molar lang, bildet häufig 3 Höckerreihen. Die Körperstärke nimmt von Ost nach West ab, wie auch BEKKER (1977) durch Vergleich frühgeschichtlichen Materials nachweist. Daher stark abweichende Stärkeangaben. Durchschnitts-

Abb. 1/9 Wildschweinkeiler (Foto: FREYMANN)

Tabelle 1/3 *Körpermasse und -maße der Unterart Sus scrofa scrofa*

	DDR[1]		UdSSR (Belowesher Urwald)[2]	
	x̄	Variationsbreite	x̄	Variationsbreite
Körpermasse (kg)[3]				
Keiler	86	54...157	121	90...176
Bachen	67	43... 95	96	85...140
Kopf-Rumpf-Länge (cm)				
Keiler	150	139...178	155	145...174
Bachen	141	127...160	142	127...155
Große Schädellänge (mm)				
Keiler	398	366...437	427	396...457
Bachen	379	364...385	382	358...413

[1] nach BRIEDERMANN (1981)
[2] nach KOSLO (1975)
[3] Körpermasse der DDR-Werte ohne Innereien, aus dem Belowesher Urwald ohne Magen-Darm- sowie Genitaltrakt. Zum Zwecke des Vergleichs müßten die UdSSR-Werte bei Keilern um etwa 10 kg, bei Bachen um 8 kg vermindert werden (vgl. Abschnitt 3.1.2.1.).

maße und Variationsbreiten aus Populationsuntersuchungen in der DDR (Mittelraum) und dem Urwald von Belowesh (Teil UdSSR) sind in der Tabelle 1/3 zusammengestellt. Die Angaben entstammen erwachsenen Stücken. Die von HEPTNER et al. (1966) angegebene größte Schädellänge von 370 bis 410 mm, die auf Adlerberg zurückgeht, ist mit Sicherheit zu gering. Sie entspricht annähernd der Kondylobasallänge, die KOSLO (1975) bei Keilern mit 384 (345 bis 413) und bei Bachen mit 344 (326 bis 362) mm ermittelte.
Die Mittelwerte der Basallängen der Keiler variieren zwischen 350 und 370 mm und reichen bis 380 mm (KELM, 1939: bis 392 mm), bei Bachen zwischen 330 und 340 mm und Spitzenwerten bis 350 mm. Die Kopfrumpflänge der Keiler liegt im Mittel zwischen 150 und 160 cm, sie kann fast 180 cm erreichen. Bei Bachen werden im Durchschnitt 140 cm mit Reichweiten bis etwa 160 cm angegeben.
Besonders die Angaben zur Körpermasse variieren beträchtlich und weisen auf unterschiedliche Alterszusammensetzung der Stichproben hin. Im Mittel kann bei reifen Keilern mit einer Wildbretmasse (aufgebrochen) zwischen 85 und 110 kg gerechnet werden. Die Spitzenwerte untersuchter Strecken liegen von Frankreich (v. d. BRINK, 1957) bis Belowesh ziemlich einheitlich bei 175 kg. Bachen wiegen durchschnittlich zwischen 65 und 90 kg, können jedoch auch 110 kg überschreiten. Maximalwerte im Ostteil des Verbreitungsgebietes sollen 250 kg (aufgebrochen) übersteigen, doch sind Massen über 200 kg mit Sicherheit selten. Im Westteil des Gebietes sind bereits Körpermassen über 100 kg als Ausnahmen anzusehen. Von HEPTNER et al. wird heute die ehemalige Unterart *Sus scrofa falsfeini* MATSCHIE 1918 der Unterart *scrofa* zugeordnet, ist aber besser zu *attila* zu stellen.

Iberien — Wildschwein (*Sus scrofa castilianus* THOMAS, 1912)
Verbreitung: Iberische Halbinsel
Merkmale: relativ kleine, dunkel gefärbte Unterart, der die Unterwolle fehlen soll. Nach GARZON-HEYDT briefl. mittlere Körpermasse von Keilern 58,2 ± 27,5 kg (max. 126 kg), von Bachen 42,3 ± 16,2 kg; Kopf-Rumpflängen dementsprechend 119,6 ± 16,0 (max. 150) cm bzw. 112,8 ± 14,2 (max. 137,0) cm; Schulterhöhe 65,1 (max. 82) cm bzw. 62,8 (max. 78) cm.
Die Berechtigung der Ausscheidung als Unterart wird gegenwärtig angezweifelt; gilt als klinale Verkleinerung von *Sus s. scrofa* (APOLLONIO et. al., 1987 in Vorb.). Statt dessen wird erneut die Anerkennung einer im äußersten Süden Spaniens vorkommenden Zwergform als *Sus s. baeticus* (THOMAS, 1922) vorgeschlagen, die sehr stark *Sus s. meridionalis* ähnelt und wie diese aus Verkreuzungen mit primitiven Hausschweinen hervorgegangen scheint.
Sarden — Wildschwein (*Sus scrofa meridionalis* MAJOR, 1882)
Verbreitung: Sardinien und Korsika, stark verkreuzt mit verwilderten Hausschweinen oder von solchen abstammend.
Merkmale: Inselzwergformen, kurzköpfig, bindenschweinähnlich, häufig Scheckung. Auf Sardinien kleiner als auf Korsika. Wildbretmassen auf Korsika 35 bis 80 kg, Bastarde auch bis 120 kg. Auf Sardinien nach neuen Messungen Kondylbasallänge der Keiler 276,5±5,4 mm, Bachen 241,3±5,4 mm; große Schädellänge Keiler 304,6±5,4 mm, Bachen 262,7±1,9 mm Bestandshöhen nicht bekannt, aber in neuerer Zeit zahlreich.
Italien — Wildschwein (*Sus scrofa majori* DE BEAUX und FESTA, 1927)
Verbreitung: Italien
Merkmale: kleine, dunkle Wildschweinform mit Lebendmassen bis zu 100 kg. Heute mindestens im Norden des Areals durch die Unterarten *scrofa* oder *attila* ersetzt. Doch auch systematische Eigenständigkeit der Reliktvorkommen (Maremna-Region) heute angezweifelt; gilt als klinale Verkleinerung von *Sus s. scrofa* (APOLLONIO et al., 1987, in Vorb.). Nach neuen Messungen Kondylobasallänge bei Keiler 326,7±5,2 mm; große Schädellänge 361,8±5,4 mm.
Berber — Wildschwein (*Sus scrofa barbarus* SCLATER, 1860)
Verbreitung: Afrika nördlich der Sahara (Marokko, Algerien, Tunesien)

Merkmale: schwarz bis dunkelbraun gefärbt, fehlende Unterwolle. Wenig beschrieben, selten. Heute durch scrofa ersetzt.

Nubien – Wildschwein (*Sus scrofa sennaarensis* GRAY, 1868)
Verbreitung: Ägypten, Sudan (Nubien, Kordofan), heute ausgerottet.
Merkmale: typische Wildschweinform, Rücken gestreckt, kleiner, lange, gelbliche Behaarung mit schwachem Kamm, fehlende Unterwolle.

Palästina – Wildschwein (*Sus scrofa libycus* GRAY, 1868)
Verbreitung: Südtürkei bis Israel – Palästina
Merkmale: keine Angaben, ausgestorben.

Südosteuropäisches (rumänisches) Wildschwein (*Sus scrofa attila* THOMAS, 1912)
Verbreitung: Ungarn, Südostslowakei, Rumänien, Jugoslawien (reiseri?) Bulgarien, westliche Republiken der UdSSR ab etwa 25. Längengrad, im europäischen Teil der Sowjetunion bis zur Nordgrenze des gegenwärtigen Wildschweinvorkommens (örtlich durch Aussetzungen von Individuen anderer Unterarten vermischt), Kaukasus, Transkaukasien, wahrscheinlich auch Nordtürkei, Nordiran, Gebiet der Wolgamündung, Nordküste des Kaspi-Sees bis Norden der turkmenischen SSR. Das Verbreitungsgebiet ist vor allem auf dem Balkan, in Kleinasien und im Osten nicht ausreichend geklärt.
Zum Verbreitungsgebiet werden die früher selbständig geführten Vorkommen in der Belorussischen SSR („*Sus scrofa falsfeini* MATSCHIE, 1918") und in Jugoslawien („*Sus scrofa reiseri* BOLKAY, 1925") gerechnet.
Merkmale: Sehr großes, langschädeliges Wildschwein mit starkem Widerrist. Färbung meist dunkelbraun, doch heller als *scrofa*, Wangenbinde deutlicher als bei diesem, lange, derbe Beborstung, dichte Unterwolle. Tränenbein langgestreckt, 3. oberer Molar wie bei *scrofa*. Sehr große Körpermaße und -massen, wie aus einer Zusammenstellung von KOSLO (1975) aus sowjetischen Naturschutzgebieten hervorgeht (Tab. 1/4). Die bei HEPTNER et al. (1966) angegebene größte Schädellänge von 410 bis 470 mm trifft für die Kaukasuspopulation annähernd zu. Die Kondylobasallänge beträgt hier nach KOSLO bei Keilern 388 (362 bis 414) mm, bei Bachen 347 (317 bis 378) mm.
Für das Beresina-Gebiet gibt er 403 (397 bis 414) mm bzw. 353 (347 bis 357) mm an.
Demzufolge erscheinen die Größenunterschiede des Schädels von *attila* gegenüber

Tabelle 1/4 *Körpermaße und -masse der Unterart Sus scrofa attila*[1]

	Beresina-Schutzgebiet		Kaukasisches Schutzgebiet		Astrachaner Schutzgebiet	
	x̄	Variationsbreite	x̄	Variationsbreite	x̄	Variationsbreite
Körpermasse (kg)[2]						
Keiler	193	145...234	166	64...178	185	103...243
Bachen	102	93...108	88	48...109	111	86...142
Kopf-Rumpf-Länge (cm)						
Keiler	174	168...182	—	150...205	200	198...215
Bachen	158	153...166	144	129...169	180	174...199
Große Schädellänge (mm)						
Keiler	456	438...485	436	410...467		
Bachen	389	383...402	367	344...387		

[1] nach KOSLO (1975)
[2] Körpermasse ohne Magen-Darm- und Genitaltrakt

dem Ostteil der *scrofa*-Verbreitung relativ klein.
Die Körpermassen können in Einzelfällen die Werte der Tabelle übersteigen. Nach HEPTNER et al. (1966) und HECK und RASCHKE (1980) werden 260 kg und darüber erreicht. GUNTSCHAH (1975) gibt für den sowjetischen Karpatenraum Keiler von 160 bis 270 kg, Bachen von 80 bis 164 kg an.

Mittelasiatisches Wildschwein (*Sus scrofa nigripes* BLANFORD, 1875)
Verbreitung: Mittelasien, Kasachische SSR, Osttienschan, Westen der Mongolei, möglicherweise Afghanistan und Südiran.
Merkmale: recht großes Wildschwein, Färbung heller als *scrofa* und *attila*, kontrastierende schwarze Läufe. Gesichtsteil des Schädels etwas verkürzt, Tränenbein kürzer als bei vorigen. 3. oberer Molar gegenüber europäischen Formen etwas vereinfacht. Große Schädellänge nach KOSLO (1975) 392 bis 394 mm. Höchstkörpermassen der Keiler nach HEPTNER et al. (1966) in Mittelasien 128 bis 160 kg, sehr selten 190 kg. Für Kasachstan gibt KOSLO (1975) Keilermassen von 106 (80 bis 183) kg, Bachenmassen von 69 (49 bis 80) kg an. Die Kopfrumpflänge beträgt dort 160 (148 bis 174) cm bzw. 144 (127 bis 158) cm.

Transbaikalisches Wildschwein (*Sus scrofa sibiricus* STAFFE, 1922)
Verbreitung: Baikalgebiet und Transbaikalien, Nord- und Nordostmongolei.
Merkmale: relativ klein, fast schwarz gefärbte Form, deutliche graue bis gräulichweißliche Wangenbinde. Schädel verkürzt und hoch, Tränenbein fast quadratisch. 3. oberer Molar kurz und breit, schwach gehökkert. Größte Schädellänge 370 bis 400 mm. Weitere Masse- und Maßangaben fehlen.

Ussurisches Wildschwein (*Sus scrofa ussuricus* HEUDE, 1888)
Verbreitung: Ussuri-Gebiet und Amur-Region bis zum Großen Chingan, Nordkorea, wahrscheinlich Nordostchina, Mandschurei.
Merkmale: Sehr große Form. Dunkelbraun bis schwarz gefärbt, deutliche weiße Wangenbinde. Teller und Pürzel kurz. Große Schädelmaße, doch verkürztes Tränenbein, 3. oberer Molar breit. Durchschnittliche Körpermasse nach BROMLEJ (1964) bei Keilern 144 kg, bei Bachen 131 kg, die Kopfrumpflängen entsprechend 188 bzw. 173 cm. Nach BROMLEJ erreichte der stärkste vermessene Keiler 267 kg bei 221 cm Kopfrumpflänge, die stärkste Bache 142 kg bzw. 178 cm. Körpermassen von 300 kg und darüber werden als Sagen bezeichnet.
Die große Schädellänge beträgt bei Keilern 429 bis 451 mm, bei Bachen 419 bis 429 mm. Demgegenüber wären die Angaben von HEPTNER et al. (1966) mit 490 bis 510 mm viel zu hoch.
Vergleicht man die Maßangaben mit denen von *attila*, ist zweifelhaft, ob die Einschätzung als „größte Form der Schweine der UdSSR" (HEPTNER et al., 1966) aufrechterhalten bleiben kann.

Japan – Wildschwein (*Sus scrofa leucomystax* TEMMINCK, 1842)
Verbreitung: Japanische Inseln
Merkmale: unterscheidet sich von *ussuricus* im wesentlichen durch geringere Größe und gestrecktere Körperform. Der kurze Schädel zeigt Anklänge an die Unterartengruppe *vittatus* (KELM, 1939).

Korea – Wildschwein (*Sus scrofa coreanus* HEUDE, 1897)
Verbreitung: Korea
Merkmale: keine Angaben

Nordchina – Wildschwein (*Sus scrofa moupinensis* MILNE EDWARDS, 1871)
Verbreitung: Mittel- und Nordchina
Merkmale: kleinere, zu den Bindenschweinen tendierende Form. Keine Angaben.

Südchina – Wildschwein (*Sus scrofa chirodontus* HEUDE, 1888)
Verbreitung: Südchina, Hainandao
Merkmale: keine Angaben.

Taiwan – Wildschwein (*Sus scrofa taivanus* SWINHOE, 1863)
Verbreitung: Taiwan
Merkmale: keine Angaben.

Riukiu – Wildschwein (*Sus scrofa riukianus* KURODA, 1924)
Verbreitung: Riu – Kiu – Archipel
Merkmale: keine Angaben.

Abb. 1/10 Malakka-Wildschwein
(Foto: LAU Tierpark Berlin)

Kamm – Wildschwein (*Sus scrofa cristatus* WAGNER, 1839)
Verbreitung: Indien, Indochina, Burma, Ceylon
Merkmale: Am weitesten verbreitete Form der *vittatus*-Gruppe. Relativ klein, kurzschädelig, verkürzter Gesichtsschädel. Keine weiteren Angaben.

Malakka – Wildschwein (*Sus scrofa jubatus* MILLER, 1916)
Verbreitung: Festland von Malaysia
Merkmale: keine Angaben

Die anschließend aufgeführten, einander recht ähnlichen Formen sind typische Vertreter der Bindenschweingruppe (Abb. 1/10). Die Hauptmerkmale sind breiter Schädel, kurzer Gesichtsschädel, steiles Hinterhaupt, kurzes hohes Tränenbein. Die Inselformen sind sehr klein und erreichen kaum die Größe schwacher europäischer Überläufer. Sie sind meist dunkel gefärbt, weisen die namengebenden hellen Wangenbinden auf und haben keine oder wenig Unterwolle (Bewohner tropischer Dschungel). Verschiedentlich wurden sie domestiziert bzw. verwilderten sie aus der Domestikation. Es gibt gescheckte Individuen. Beschreibungen oder Maßangaben liegen kaum vor. Die Berechtigung zur Ausscheidung von Unterarten rührt in vielen Fällen nur aus der geographischen Isolation her.

Andamanen – Wildschwein (*Sus scrofa andamanensis* BLYTH, 1858)
Verbreitung: Andamanen (Indien)

Nikobaren – Wildschwein (*Sus scrofa nicobaricus* MILLER, 1902)
Verbreitung: Nikobaren (Indien)

Binden – Wildschwein (*Sus scrofa vittatus* MÜLLER und SCHLEGEL, 1842)
Verbreitung: Indonesien (Sumatra, Java, Bali, Lombok, Sumba, Banka, Sumbawa)

Flores – Wildschwein (*Sus scrofa floresianus* JENTINK, 1915)
Verbreitung: Flores (Indonesien)

Timor – Wildschwein (*Sus scrofa timoriensis* MÜLLER und SCHLEGEL , 1845)
Verbreitung: Timor, Robi (Indonesien)

Papua – Wildschwein (*Sus scrofa papuenis* LESSON und GARNOT, 1826
Verbreitung: Neuguinea und umliegende Inseln.

1.6. Domestikation des Wildschweines

Alle heute bekannten Hausschweinrassen stammen von der Art *Sus scrofa* ab. Sie sind unter dem Einfluß der künstlichen Zuchtwahl durch den Menschen entstanden und bewohnen einen vom Menschen zugewiesenen, gewöhnlich besonders gestalteten Lebensraum. Seit BOHLKEN (1961) gilt zur wissenschaftlichen Kennzeichnung von Haustieren die der Stammart hinzugefügte Benennung *forma domestica.* Das Hausschwein trägt also den wissenschaftlichen Namen *Sus scrofa forma domestica*.
Es gilt – gegenüber früheren Annahmen – heute als erwiesen, daß die Domestikation nicht von einem (in Kleinasien vermuteten) Kulturzentrum ausging, sondern daß die jeweils vorkommende Unterart des Wildschweines als Ausgangsmaterial diente. Die Anfänge der Hausschweinhaltung liegen allerdings, in Abhängigkeit von der Lebensweise der menschlichen Gesellschaft und vom erreichten Stand der Produktivkräfte, unterschiedlich weit zurück. Schweine sind keine ausdauernden Fußgänger und bewältigen auch bei Herdenhaltung nur kurze Wege. Ihre Domestikation setzte also bereits eine gewisse Seßhaftigkeit voraus, die wiederum nur auf der Grundlage einer entwickelten Ackerbaukultur beruhen konnte.

Die ältesten Nachweise stammen demzufolge aus den Frühkulturen des klein- und vorderasiatischen Raumes und weisen in das 7. Jahrtausend vor der Zeitenwende zurück (ZEUNER, 1963; HERRE und RÖHRS, 1973). Fundstellen auf der Krim lassen sogar eine Schweinehaltung bereits im 8. Jahrtausend, eventuell noch früher, vermuten. Sehr frühe Domestikationen sind auch aus Jugoslawien und Rumänien, vor allem aber aus Indien und China bekannt geworden. Demgegenüber werden die bisher ältesten Funde von Hausschweinresten in Dänemark auf etwa 2000 vor der Zeitenwende, in Schweden auf 3000 vor der Zeitenwende datiert. Die im indomalayischen Raum bis heute übliche halbwilde Haltung von Schweinen und das Einfangen von Frischlingen zur Zähmung (MOHR, 1960) weisen darauf hin, daß der Prozeß der Domestikation des Wildschweines dort noch nicht abgeschlossen ist.

Die weltweit erkannte Eignung des Wildschweines zur Domestikation beruht vor allem auf folgenden Eigenschaften:

- gefräßiger Allesfresser, der auch Abfälle verwerten kann und in wertvolles Fleisch und Fett umwandelt,
- rasches Jugendwachstum und hohes Ansatzvermögen,
- große Fruchtbarkeit,
- leichte Zähmbarkeit.

HEMMER (1978) vertritt die Ansicht, daß im Interesse der Zähmbarkeit unbewußt diejenigen Populationen vorrangig domestiziert wurden, deren Angehörige die innerhalb der Art kleinsten relativen Hirngrößen besitzen. Das betrifft allerdings im wesentlichen Wildschweine der *vittatus*-Gruppe, die im orientalischen und kleinasiatischen Bereich vertreten sind, während auch das mitteleuropäische Wildschwein mit Sicherheit in den Hausstand übernommen wurde.

Die Ausgrabungsfunde weisen nach, daß zunächst bis ins frühe Mittelalter relativ unwesentliche Veränderungen am Skelettsystem erfolgten (TEICHERT, 1970, 1974; BEKKER, 1977). Die damaligen Hausschweine waren vergleichsweise klein (RÜTIMEYER glaubte, im „Torfschwein" eine neue Wildform vor sich zu haben), der Knochenbau gröber und die Gelenke und Muskelansatzstellen weniger stark ausgeprägt. Zeitgenössische Darstellungen aus dem Altertum und dem Mittelalter lassen noch keine starken Unterschiede im Aussehen gegenüber den Wildschweinen erkennen. Das war im Ergebnis der extensiven Weidehaltung bei sicher häufiger Neueinkreuzung von Wildschweinen kaum anders zu erwarten (Abb. 1/11). Daher sind Populationen, die aus verwilderten Hausschweinen vor dem 18. Jahrhundert entstanden sind, der Stammform sehr ähnlich. Erst in den letzten 150 Jahren haben sich die heute für das Hausschwein als typisch geltenden Merkmale voll herausgebildet.

Die Ursachen dafür bildeten

- die Entwicklung effektiver Zuchtverfahren,
- intensive Einkreuzungen von asiatischen Unterarten in die europäischen Stammrassen,
- die Umstellung von der Weide- auf die Stallhaltung und die Schweinemast.

Hochgezüchtete Hausschweinschläge

Abb. 1/11 Der verlorene Sohn, nach einer Zeichnung von ALBRECHT DÜRER – Hausschweine vom Wildschweintyp
Deutsche Fotothek Dresden)

Abb. 1/12 Deutsches Edelschwein
(Foto: KÜHNE)

Abb. 1/13 Geflecktes Hausschwein, Pietrain-Rasse
(Foto: KÜHNE)

(Abb. 1/12 und 1/13) sind durch folgende Merkmale ausgezeichnet:
- kurze, breite Schädel (Mopskopf) mit geringem Knochenanteil,
- große, mindestens an der Spitze vornüberfallende Ohren,
- geringe (in einigen alten Schlägen wollige) Beborstung mit fehlender Unterwolle,
- Färbung weiß, schwarz oder gescheckt, auch rotbraun, Frischlinge ungestreift,
- wesentliche Erhöhung der Körpermasse,
- Vergrößerung der Körperlänge durch Vermehrung der Rippenpaare von 14 bis auf 18,
- Vermehrung der Zitzenpaare um 2,
- Ringelschwanz.

Freilich sind diese Merkmale unterschiedlich deutlich ausgeprägt, fehlen teilweise bei älteren Hausschweinrassen oder treten schon bei ihnen in Erscheinung (Färbung, Ringelschwanz). Ihr Auftreten in Wildschweinbeständen läßt jedoch immer auf Einkreuzungen von Hausschweinen schließen.

In diesem Zusammenhang erhebt sich die Frage, inwieweit verwilderte Hausschweine wieder als „Wild"-Schweine angesehen werden können. Dazu muß zunächst mit HERRE und RÖHRS (1973) festgestellt werden, daß auch verwilderte Haustiere mit den Erbänderungen ausgestattet sind, die unter der Obhut des Menschen zustande kamen. Sie unterliegen freilich in der Wildbahn einem starken natürlichen Selektionsdruck, der ungeeignete Formen eliminiert und vorteilhafte Genkombinationen bevorzugt. In der Körperform und vielleicht auch der Körpergröße erfolgt eine weitgehende Annäherung an die Wildform, und extreme Wuchsformen verschwinden. Auch der Schädel verwilderter Hausschweine wird wieder lang und schmal, während sich bei der Färbung keine Rückentwicklung zum Wildschwein einstellt und die „ursprüngliche Buntheit der Hausschweine bei den verwilderten Populationen erhalten geblieben" ist. Studien auf Galapagos und anderen Inseln zeigten eine Rückkehr zur natürlichen Tagesrhythmik, eine differenzierte Nahrungssuche, ausgeprägtes Nestbauverhalten, allerdings (unter den dortigen klimatischen Bedingungen verständlich) keine jahreszeitliche Bindung der Fortpflanzung. Auch die Fluchtdistanzen sind erhöht, und aus Neuseeland wird beispielsweise (GÖTZFRIED, 1969) ebenso wie aus den USA von ausgesprochen reizvoller Jagd auf verwilderte Hausschweine berichtet.

Insgesamt kann eingeschätzt werden, daß Populationen, die mit Hausschweinen begründet wurden oder doch einen wesentlichen Anteil an Hausschweinblut enthalten, als Wild gelten sollten, sofern sie sich ohne menschliches Zutun erhalten vermögen und Wildreaktionen zeigen. Sie sind daher auch dem Verbreitungsgebiet von *Sus scrofa* beizurechnen.

2. Verbreitung

2.1. Ursprüngliches Areal

Das ursprüngliche Verbreitungsgebiet der Wildschweine ist ungeheuer weit ausgedehnt. Es erstreckt sich über nahezu den gesamten mittleren und südlichen Teil Eurasiens, Wüsten und Hochgebirge ausgenommen. Im Westen erreicht es 15 Grad westl. L., im Osten 150 Grad östl. L. und dehnt sich somit über etwa 165 Längengrade. Die Nordgrenze des natürlichen Vorkommens ist nicht genau bekannt (siehe weiter unten), sie wird mit annähernd 60 Grad nördl. Br. angenommen (HEPTNER et al., 1966). Im Süden kommen Wildschweine bis etwa 15 Grad südl. Br. vor. Dieses riesige, weitgehend zusammenhängende Areal läßt sich geographisch folgendermaßen umreißen (Abb. 2/1): In Westeuropa umfaßt es Portugal, Spanien, Frankreich, die britischen Inseln. In Nordeuropa wird das ursprüngliche Vorkommen in Südnorwegen und Schweden bis etwa 60 Grad nördl. Br. angenommen. Die Grenze führte dann durch den Finnischen Meerbusen bis zum Ladogasee (HEPTNER et al., 1966) und wandte sich von dort südöstlich über Nowgorod und Kalinin bis zur Oka südlich Moskaus, um sich dann wieder mehr östlich zum Südural zu wenden. Dieser Verlauf der Nordgrenze in der UdSSR entspricht weitgehend der mittleren maximalen Schneehöhe von 50 cm, die seit FORMOSOW (1946) lange Zeit als begrenzend für das Auftreten des Wildschweines angesehen wurde.

Im asiatischen Teil der UdSSR steigt die Nordgrenze von Uralsk bis Magnitogorsk und erreicht etwa 55 Grad nördl. Br. Dann verläuft sie über Kurgan zum Irtysch, den sie bei etwa 56 Grad nördl. Br. überschreitet. Sie biegt dann schließlich im Raum Nowosibirsk scharf nach Süden ab, um, den Altai südlich umgehend, nach China zu führen. Weiter östlich folgt die Nordgrenze annähernd dem Grenzverlauf zur Mongolei und greift im Bereich der Tuwinischen ASSR wieder auf den Bereich der UdSSR über. Von dort steigt sie bis in das Nordbaikalgebiet und erreicht im Rayon Bodajbo mit etwa 57 Grad nördl. Br. den nördlichsten Punkt in Sibirien. Nunmehr sinkt die Nordgrenze südlich bis zur Seja und verläuft nördlich vom Amur bis zum Tatarischen Sund, der etwa bei 52 Grad nördl. Br. erreicht wird. Auf Sachalin kam Schwarzwild in historischer Zeit nicht vor. Die Ostgrenze des ursprünglichen Areals bilden die Japanischen Inseln, weiter südlich schließen sich auf dem Festland Korea und Ostchina mit den vorgelagerten Inseln (Riu-Kiu-Inseln, Taiwan) an.

Im südlichen asiatischen Bereich finden sich Wildschweine im gesamten Hinterindien einschließlich der Halbinsel Malakka

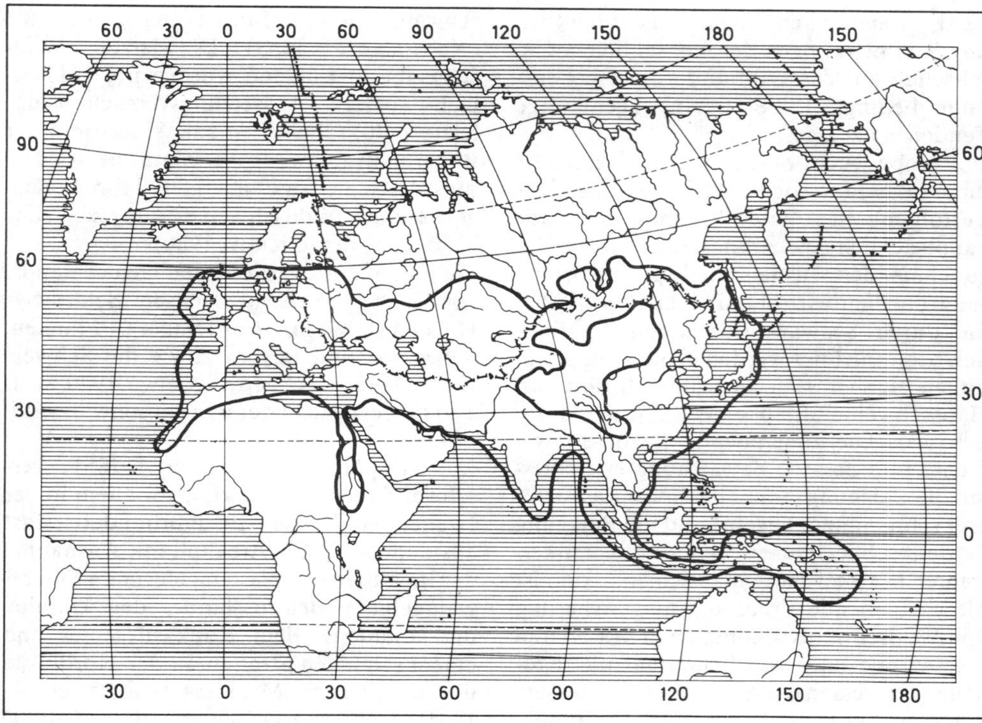

Abb. 2/1 Ursprüngliches Areal des Wildschweines (nach HEPTNER et al, 1966)

und schließlich auf den Inseln Sumatra, Java, den Kleinen Sunda-Inseln, auf Neuguinea und auf den nordöstlich vorgelagerten Inselgruppen bis zu den Salomonen.
Die Südgrenze verläuft in westlicher Richtung von Hinterindien über Pakistan, Indien mit Ceylon, Iran, Irak bis zu dem Küstenstreifen am Mittelmeer nördlich der Arabischen Wüsten.
In Afrika besiedelten Wildschweine ursprünglich das Niltal bis südlich Karthoum (Kordofan, Sennaar) und schließlich das Küstengebiet nördlich der Sahara bis zum Rio de Oro (Spanische Sahara) bei etwa 24 Grad nördl. Br. Innerhalb des umrissenen Verbreitungsgebietes besteht eine große Verbreitungslücke im Bereich der mongolisch-chinesischen Wüsten bis zu den Kammlagen des Himalaja, wie auch die Hochgebirgslagen der Alpen, des Kaukasus, Transkaukasiens, des Pamir, des Pamir-Alai, des Tienschan und des Sichote-Alin von ihm nicht bewohnt werden. Das Vorkommen der verschiedenen Unterarten im Verbreitungsgebiet wurde mit allen Vorbehalten bereits im Kapitel 1.5. dargelegt. Das annähernde Areal der wichtigsten Unterarten zeigt die Abbildung 1/7.

2.2. Arealveränderungen und gegenwärtiges Verbreitungsgebiet

2.2.1. Arealschrumpfungen in historischer Zeit

Die natürlichen Ursachen für Arealveränderungen von Wildarten liegen hauptsächlich in Klimaschwankungen und in deren Auswirkungen auf die Lebensweise, im besonderen die Ernährungsbasis. Die pleistozänen Kaltzeiten haben aus diesen Gründen das Verbreitungsgebiet der Wildschweine im Norden und Westen mehrfach pulsieren lassen. Demgegenüber sind die in den letzten Jahrhunderten bis zur Gegenwart verlaufenden Veränderungen vorwie-

gend, wenn auch nicht ausschließlich, durch Einwirkungen der menschlichen Gesellschaft auf das Wild und seinen Lebensraum bedingt. Dabei treten gegenläufige Tendenzen zutage.
In Europa wuchs bis in das 20. Jahrhundert hinein das Bestreben nach unbarmherziger Verfolgung des Wildschweines. Das war hauptsächlich eine zwangsläufige Folge der zunehmenden Ausdehnung und Intensivierung der landwirtschaftlichen Produktion, die durch Schwarzwildschäden empfindlich beeinträchtigt werden kann. Komplikationen ergaben sich auch überall dort, wo Hausschweineintrieb in Waldbestände üblich war. Die zunehmende Bevölkerungsdichte und bessere Bewaffnung erleichterten die Bejagung. Schließlich war das Wildbret schon immer begehrt und die Bejagung in den schneereichen Wintermonaten ertragreich. Unter diesen Gesichtspunkten ist die weitgehende Erhaltung und Sicherung von Wildschweinvorkommen in Mittel- und Westeuropa im wesentlichen auf die jagdlichen Interessen der herrschenden Klassen, vor allem des Feudaladels, zurückzuführen, der teilweise bereits im Mittelalter Schonbestimmungen auch für das Schwarzwild zur Sicherung seiner Jagdmöglichkeiten erließ. Mit dem Verfall des Absolutismus im 18. Jahrhundert, der Einführung kapitalistischer Produktionsverhältnisse auch in die Landwirtschaft, die durch neue Produktionsverfahren wesentlich intensiviert wurde, verschärften sich die Existenzbedingungen für das Schwarzwild beträchtlich. Seit dem letzten Drittel des 18. Jahrhunderts erscheinen in zahlreichen europäischen Staaten, zuerst in Österreich, Verordnungen, die eine Beschränkung des Schwarzwildes auf Tiergärten verlangten. Wenn sie sich auch in Mitteleuropa nicht in ihrer vollen Konsequenz durchsetzen ließen, schrumpfte doch das Areal vor allem im nordwestlichen Raum, und auch in Mitteleuropa traten zeitweilig Verbreitungslücken auf.
In den Niederlanden war das Wildschwein etwa seit 1600 ausgerottet. In Dänemark verschwand das Schwarzwild auf den Inseln bereits im 16. Jahrhundert, auf Jütland erlegte man die letzten beiden Wildschweine in den Jahren 1801 und 1803 (Niethammer, 1963). Die letzten Wildschweine in England wurden um 1617 erlegt, spätere Aussetzungsversuche (der letzte 1840) scheiterten am Widerstand der Bauern. In Schweden erfolgte die Ausrottung des seit etwa 6000–7000 Jahren nachgewiesenen Wildschweines um das Jahr 1770 (Autorenkollektiv, 1980).
Viele Länder bzw. Provinzen Deutschlands, wie Thüringen, Land Sachsen, Schleswig-Holstein, Baden, Württemberg, Franken, Schwaben und Bayern sowie die Schweiz waren vorübergehend (bis etwa 1940, zum Teil länger) ganz oder nahezu schwarzwildfrei.
Im europäischen Teil der UdSSR verschwand das Schwarzwild, vor allem in der zweiten Hälfte des 19. Jahrhunderts, fast aus dem gesamten Arealteil mit Ausnahme der im äußersten Westen gelegenen Sumpfwaldgebiete Belorusslands, der Ukraine und Litauens, dem Kaukasusgebiet und einem schmalen Streifen an der Nordküste des Kaspischen Meeres (Heptner et al., 1966). Auch im asiatischen Teil der UdSSR ging die Nordgrenze beträchtlich bis auf eine Linie zurück, die sich etwa zwischen den Nordufern des Kaspischen Meeres, des Balchasch-Sees und des Sajssan-Sees erstreckte.
Ähnliche Ursachen wie im Norden Eurasiens führten zu einer Einengung des afrikanischen Arealteils: Schäden in der Landwirtschaft und heftige Nachstellung, die in den islamischen Gebieten auch religiös motiviert war. So verschwanden die Wildschweine aus Tunesien, gegen 1900 aus Ägypten und im ersten Drittel des 20. Jahrhunderts aus dem Sudan. In den übrigen Gebieten sind heute die Bestände gering.

2.2.2. Rückgewinnung des nördlichen Arealteiles

Etwa um das Jahr 1930 war die Nordgrenze des Verbreitungsgebietes am weitesten nach Süden zurückgegangen. Von diesem Zeitpunkt ab setzte eine zunächst langsame, dann immer schnellere Rückgewinnung des verlorenen Areals ein, die in dieser Ausdehnung und Geschwindigkeit unter den Großtieren, vielleicht mit Ausnahme des Elches, ohne Beispiel ist. Sie ist vor allem auf verstärkte Schutzbestrebungen in jagdlichem Interesse und damit verbundene Aussetzungen zurückzuführen. Verbesserte Methoden zum Schutze landwirtschaftlicher Kulturen, Einsicht in die Bedeutung des Wildschweines als Glied der Waldbiozönosen und verbreitet auch die Abnahme des Wolfes, dem natürlichen Hauptfeind der Wildschweine, trugen dazu bei. Sicher ist auch, zumindest zeit- und gebietsweise, der verringerte Jagddruck als Folge der Geschehnisse des Zweiten Weltkrieges mit zu berücksichtigen.

Von besonderer Bedeutung ist die Wiederzunahme des Wildschweines im europäischen Teil der UdSSR, die von HEPTNER et al. (1966), im besonderen aber von FADEJEW (1968, 1973, 1975, 1979) studiert wurde (Abb. 2/2). Der Ausbreitung ging hier eine starke Bestandszunahme in den verbliebenen Arealteilen, vor allem in den Sumpfwaldgebieten Belorusslands, der Ukraine, Litauens und Lettlands voraus. So erhöhte sich der Bestand in Belorussland, wo es 1936 etwa 1 500 Wildschweine gab, bis 1950 auf mehr als 5 000 Stück. In Litauen wuchs der Bestand von etwa 500 im Jahre 1935 auf annähernd 3 800 im Jahre 1950 und 12 000 im Jahre 1964. In Lettland wurden 1947 950, im Jahre 1966 bereits 4 700 Stück gezählt.

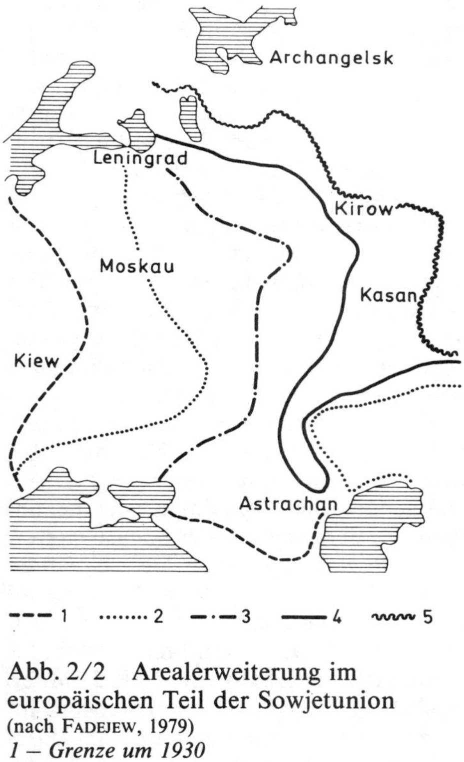

Abb. 2/2 Arealerweiterung im europäischen Teil der Sowjetunion
(nach FADEJEW, 1979)
1 – Grenze um 1930
2 – Grenze um 1950
3 – Grenze um 1970
4 – Grenze um 1974
5 – Grenze um 1978

Um 1950 tauchten Wildschweine in den südwestlichen Teilen der RSFSR (Belgorod, Kursk, Woronesh u. a.) auf. Gleichzeitig erfolgte eine Ausbreitung in nördlicher Richtung. In Estland, wo in den vergangenen 100 Jahren nur 7 Schwarzwildbeobachtungen bekannt geworden waren, breiteten sich die Wildschweine über die gesamte Republik aus. Zu Beginn der fünfziger Jahre drangen sie in die Gebiete von Pskow und Leningrad ein; sie tauchten in Zentralrussland auf und erreichten den Raum zu Moskau.

FADEJEW, dem hier im wesentlichen gefolgt wird, hebt hervor, daß die Flußniederungen wichtige ökologische Kanäle darstellten, in denen sich die Wanderung der Wildschweine im wesentlichen vollzog. Drei Hauptwege der anfänglichen Ausbreitung werden skizziert:

- der nördliche: vom belorussisch-litauischen Herd durch die Waldniederungen des Daugaw-Bassins in das System des Ilmen-Bassins;
- der nordöstliche: durch die Wälder des Dnjepr-Desna-Bassins und über die Wälder der Wasserscheide in die Bassins von Oka und Wolga;
- der östliche: aus dem ukrainisch-belorussischen Herd zum Zufluß des Dnjeprs in das Don-Bassin.

Verstärkt wurde die rasche Ausbreitung durch umfangreiche Aussetzungen ab etwa 1935. So wurden von 1936/37 ab in nicht ganz 30 Jahren in 15 Arealen des Gebietes Podmoskowje (vornehmlich bei Moskau, Kalinin, Jaroslawl, Wladimir, Rjasan, Iwanowo und Gorki) etwa 1 300 Wildschweine ausgesetzt, die aus verschiedenen Arealteilen stammten. Es sei bereits hier eingeflochten, daß nach PAWLOW (1977) in der UdSSR insgesamt 6807 Wildschweine umgesetzt wurden, davon nach IWANOWA (1977) im europäischen Teil der UdSSR 4500 (3178 im europäischen Teil der RSFSR, 505 in der Ukraine, 19 in Belorussland, 29 in den Baltischen Staaten).

Die Aussetzungen erfolgten in der Mehrzahl zwischen 1965 und 1975. Neben den bereits genannten Gebieten um Moskau bildete das mittlere Wolgagebiet einen Aussetzungsschwerpunkt, im besonderen die Waldgebiete bei Uljanowsk, Saratow, Wolgograd und in der Tatarischen ASSR. Zu Beginn der sechziger Jahre vereinigten sich aber bereits die künstlich geschaffenen Vorkommenszentren in der Nähe von Moskau mit der natürlichen östlichen Ausbreitungsgrenze, so daß weitere Aussetzungen vornehmlich der raschen Bestandserhöhung dienten.

Zu Beginn der siebziger Jahre ging die Grenze des Schwarzwildvorkommens bereits weit nach Norden über die Isolinie einer mittleren maximalen Schneehöhe von 50 cm hinaus, die bisher als Obergrenze für die Existenzmöglichkeit von Wildschweinen galt. Sie erstreckte sich vom Finnischen Meerbusen zum Ladogasee und Rybinsker Stausee, an der Wolga entlang bis Jaroslawl und Gorki und dann südlich an den Wolgahöhen entlang.

Bereits um 1975 wurden der Onegasee, die Südgrenze des Gebietes Archangelsk, weiter südöstlich Kirow, Kasan und im Süden Astrachan erreicht. Verstärkt wanderten Wildschweine nach Finnland ein.

Im Jahre 1978 stellte man in Karelien etwa 800 Wildschweine fest. Im gleichen Jahr ermittelte man im Gebiet Belomorsk bei 64 Grad nördl. Br. Schwarzwildvorkommen. Schließlich wurde nach PLESCHAK und MINJAJEW (1986) ein Keiler am Ufer des Weißen Meeres bei 66 Grad nördl. Br. erlegt.

Zwischen 1974 und 1978 dehnte sich das Schwarzwild in den Flußtälern von Wjatka und Kama im Kirower Gebiet aus, in denen mittlere maximale Schneehöhen von 70 cm gemessen wurden. Der Bestand im Kirower Gebiet stieg 1978 bis auf mehr als 1200 Stück Schwarzwild. Es drang in die Utmurtische ASSR vor und erreichte im Gebiet von Perm die Nähe des Urals. In diesem Gebiet ermittelte man 1978 etwa 150 Sauen, in der Utmurtischen ASSR etwa 60 bis 65 Sauen.

Im Raum Swerdlowsk am Mittleren Ural intensivierte man die Ausbreitung durch die Aussetzung von mehr als 650 Sauen in den Jahren zwischen 1978 bis 1984 (KISELEW, 1986).

Im Nordteil des Areals wurden somit Gebiete besiedelt, die mehr als 160 zusammenhängende Schneetage aufweisen.

Schwarzwild lebt heute in Gebieten, in denen Fröste unter 50° C auftreten, und in denen die Schneehöhe einen Meter überschreitet.

Schließlich drang das Schwarzwild vom Gebiet Kuibyschew in die Steppengebiete zwischen Wolga und Ural vor, erreichte das Orenburger Gebiet und in dessen Süden die Grenze nach Kasachstan. Es besiedelte geeignete Einstände in den Steppen von Saratow. Auch die Ausbreitung in den Gebieten zwischen der Wolga und Orenburg wurde durch Aussetzung von etwa 150 Sauen in den siebziger Jahren beschleunigt. Im wesentlichen aber erfolgte sie aus dem kasachischen Restherd nördlich des Kaspischen Meeres. Nach FADEJEW (1979) kann angenommen werden, daß im europäischen Teil der UdSSR wieder ein geschlossenes Verbreitungsgebiet aus dem westlichen kaukasischen und kasachischen Restvorkommen entstanden ist, das nicht nur dem als ursprünglich angesehenen Areal entspricht, sondern nach Norden und Nordosten beträchtlich darüber hinausreicht.

Die Wiederbesiedlung erfolgte mit einer ungeheuren, tiergeographisch höchst interessanten Geschwindigkeit. In den 25 Jahren ab 1930 rückte nach HEPTNER et al. (1966) die Verbreitungsgrenze bis 600 km nach Osten vor. In Kasachstan breitete sich das Schwarzwild innerhalb von 2 bis 5 Jahren um 300 bis 500 km (in den Geraden) aus. Im Durchschnitt rückte es annähernd 100 km (!) im Jahre vor. Nach IWANOWA (1977) verschob sich die Arealgrenze nach Nordosten und Südosten um 600 bis 1000 km.

Aus dem asiatischen Teil der UdSSR feh-

len neuere Verbreitungsangaben. Nach HEPTNER et al. (1966) umgeht etwa 1950 die Arealgrenze von Uralsk aus südlich den Ural und verläuft dann wieder nördlich bis in den Südteil von Magnitogorsk. Bei Kurgan wurde zu dieser Zeit mit 64 Grad östl. L. und etwa 55 Grad nördl. Br. der nördlichste Punkt des asiatischen Vorkommens erreicht. Von dort verlief die Grenze nach Petropawlowsk und schließlich südlich in das Gebiet Zelinograd und nordöstlich von Karaganda bis zur Ostspitze des Balchasch-Sees. Schließlich führte sie über das Sajssan-Gebiet an die Grenze nach China.
Das sich östlich anschließende Vorkommen im Südaltai, in den Sajanen und der Tuwinischen ASSR zeigte im genannten Zeitraum keine Tendenz zur Ausweitung des Areals, ebensowenig das Vorkommen im Amurgebiet. Nach BROMLEJ (1964) verläuft im Amurgebiet die nördlichste Verbreitungsgrenze etwa 100 km parallel des linken Ufers bis Chabarowsk, und folgt dann dem Flusse nördlich bis etwa zum 54. Breitengrad. Aus weiteren Teilen des asiatischen Verbreitungsgebietes liegen keine Angaben über Arealveränderungen vor, wie insgesamt Mitteilungen zum Schwarzwildvorkommen aus diesem Raum außerordentlich spärlich sind. Es ist anzunehmen, daß das gegenwärtige Vorkommen annähernd dem ursprünglichen Areal entspricht.

Abschließend sei darauf hingewiesen, daß sich auch in den Schwarzwildgebieten West- und Mitteleuropas seit 1940, verstärkt aber seit 1960, eine starke Bestandszunahme zeigte, wie sie bereits für den westlichen Teil der UdSSR skizziert worden ist. Im Abschnitt 2.3. wird darauf näher eingegangen. In ihrem Verlaufe schlossen sich kleinere Verbreitungslücken fast völlig.

Es kam auch zu Arealerweiterungen in den nördlichen Gebieten des Verbreitungsgebietes, wenn sie auch keinen ähnlichen Umfang wie in der UdSSR erreichten. Immerhin wird aus Dänemark für 1973 bereits ein Bestand von 210 Stück Schwarzwild gemeldet (BERDAR, 1974). Das Hauptvorkommen befindet sich auf der Insel Seeland und geht auf ausgebrochene Stücke eines Gatterbestandes zurück. Auch in Schweden ermittelte man um 1980 bereits einen Bestand von etwa 100 Sauen, die auf entkommenes Gatterwild zurückgehen (Autorenkollektiv, 1980). In Finnland kam es, wie bereits erwähnt, seit fast 30 Jahren zu Einwanderungen aus der UdSSR. Sie nahmen seit etwa 1972 einen stärkeren Umfang an. Das Schwarzwild ist bereits bis an die Westküste Finnlands vorgedrungen und kommt nördlich bis in die Höhe von Oulu, also etwa 65 Grad nördl. Br. vor.

2.2.3. Vorkommen außerhalb des natürlichen Verbreitungsgebietes

Das Areal des Wildschweines ist in den vergangenen Jahrhunderten infolge mannigfaltiger Interessen des Menschen weit über das natürliche Verbreitungsgebiet hinaus erweitert worden. Bis in das Mittelalter zurück reichen Vorkommen verwilderter Hausschweine auf zahlreichen Inseln der Südsee, die von Seefahrern dort begründet wurden, um einen lebenden Fleischvorrat für spätere Reisen zu schaffen.

Der gegenwärtige starke Bestand an verwilderten Hausschweinen auf den beiden Hauptinseln Neuseelands und verschiedener Nebeninseln geht auf verschiedene Aussetzungen zurück, deren erste durch den englischen Kapitän JAMES COOK im 18. Jahrhundert vorgenommen wurde (HALTENORTH und TRENSE, 1956). Aus Neuseeland stammende Schweine dienten wiederum zur Aussetzung auf den Galapagos-Inseln.

Um 1800 wurden Wildschweine aus Europa in Australien eingeführt, die unter anderem auch zur Schlangenbekämpfung nützlich sein sollten. Sie haben sich vor allem im westlichen Teil Australiens (Neusüdwales und Queensland) derart stark vermehrt, daß von einer Wildschweinplage gesprochen wird. Sie kommen weiter an der Spitze des Nordterritoriums, in Westaustralien und auf Victoria vor. Verwilderte Hausschweine gibt es auf Hawaii, Puerto Rico, auf Trinidad, aber auch auf Rhodos (NIETHAMMER, 1963).

Auf dem amerikanischen Kontinent waren

Aussetzungen vornehmlich aus jagdlichen Interessen vorgenommen worden. Im Jahre 1912 begann man mit der Aussetzung von Wildschweinen aus dem Harz in Nordkarolina. Weitere erfolgten bald in Tennessee, Oregon, New Hampshire und Texas sowie Kalifornien.

Gegenwärtig werden folgende Vorkommen für die USA gemeldet (SCHMIDT und GILBERT, 1978):

- Kalifornien: Küstengebiet von Mendocino bis Santa Barbara, Zentrale Senke, Catalina-Insel
- Florida: verbreitet
- Südkarolina: Küstengebiet
- Georgia: Küstengebiet
- Alabama, Arkansas, Louisiana, Mississippi, Texas, Oklahoma, Arizona: geringe Bestände.

Bei diesen Mitteilungen muß allerdings berücksichtigt werden, daß es sich um freilebende Bestände handelt, während zusätzlich umfangreiche Wildschweinhaltungen auf Farmen erfolgen. RAMSEY (o.J.) teilt beispielsweise mit, daß im Jahre 1969 allein in Texas etwa 10000 Stück in etwa 100 Farmen gehalten wurden.

In Tennessee, Nordkarolina, Kentucky und Westvirginia leben größere Bestände an Wildschwein-Hausschwein-Kreuzungen.

Im kalifornischen Arealteil kommen vor allem freigelassene Hausschweine (feral pigs) vor. Der Schwerpunkt der weitgehend getrennten nordamerikanischen Vorkommen befindet sich somit in einem Streifen, der nach Norden mit etwa 40 Grad nördl. Br., nach Süden mit etwa 28 Grad nördl. Br. zu begrenzen ist. Innerhalb dieses Streifens werden im besonderen die Küstengebiete zum Stillen und zum Atlantischen Ozean (einschließlich Golf von Mexiko) besiedelt.

In Mittelamerika ist die Situation unübersichtlich. Gegenwärtig erfolgt die Einbürgerung von Wildschweinen auf Kuba. Auf der Weltjagdausstellung in Plovdiv 1981 zeigte man u. a. eingebürgertes Schwarzwild mit deutlichen Hausschweinmerkmalen (weißer Sattel, Ringelschwanz, wenig gestreifte Frischlinge). In Südamerika wurde Schwarzwild um 1900 in Argentinien eingebürgert (BUCKSATH, 1956) und lebt dort in großen Beständen nahe der chilenischen Grenze etwa zwischen 40 und 44 Grad südl. Br. Ein weiteres Vorkommen befindet sich im Gebiet von La Pampa. TISDELL (1982) erwähnt Populationen in Brasilien. Die Vielzahl der Vorkommen auf dem amerikanischen Kontinent ist zur Zeit unübersehbar.

2.3. Lebensräume

Die geschilderte weite Verbreitung des Schwarzwildes läßt bereits die hohe Anpassungsfähigkeit der Art an unterschiedliche Lebensräume erkennen. Geht man davon aus, daß Klima, Nahrung und Sicherheit das Vorkommen einer Wildart im wesentlichen bestimmen, gibt es nur wenige Lebensräume zwischen Polarkreis und Äquator auf dem Festland, in denen das Schwarzwild mit Sicherheit keine Existenzbedingungen mehr findet. Dafür gibt es zahlreiche Ursachen.

Am auffälligsten ist die unter den Paarhufern einzigartige Vielfalt in der Nahrungswahl (vgl. Abschnitt 5.3.). Das Wildschwein ist ein ausgesprochener Allesfresser. Durch seine Fähigkeit, animalische Nahrung unterschiedlichster Herkunft, wie Mollusken, Insekten, Fische, Reptilien, kleine Säugetiere und Aas, zu verzehren, und auf das jeweilige Angebot rasch zu reagieren, hat es sich eine Nahrungsnische erschlossen, in der es wenig Konkurrenten findet und die ernährungsphysiologisch hocheffektiv ist.

In noch höherem Maße vielleicht stehen die Wildschweine durch ihre Fähigkeit, sich mittels des Brechens im Boden unterirdische Nahrung zu erschließen, unter dem Schalenwild ganz einmalig da. Neben der Aufnahme bodenbewohnender Tiere, wie Regenwürmer, Insekten und Mäuse, gelingt es ihnen dadurch, besondere nährstoffreiche Wurzeln, Knollen und Rhizome für die Ernährung zu nutzen. Das ist besonders zu den Jahreszeiten von besonderem Vorteil, zu denen die oberirdische Vegetation geringwertig ist, unterirdische Speicherorgane dagegen einen hohen Nährwert haben. Dennoch soll auch der Verzehr oberirdischer Pflanzenteile nicht unterschätzt werden. Mittels des kräftigen Gebisses können selbst solche hartschaligen Früchte, wie Kokosnüsse, erbrochen werden. Der, wenn auch einfach gebaute, so doch sehr funktionstüchtige Magen vermag auch grünen Pflanzenteilen Nährstoffe zu entziehen, und der Blinddarm, der ein relativ hohes Fassungsvermögen aufweist, ist in der Lage, in gewissem Umfange Zellulose zu spalten. Damit sei umrissen, daß Wildschweine vom Nadelwaldgürtel bis zu immergrünen Regenwäldern überall ihren, wenn auch qualitativ und quantitativ unterschiedlichen Fraß finden.

Begrenzend für das Vorkommen sind Klimafaktoren, die allerdings auch in erster Linie über die Ernährung wirken. An sich ist das Wildschwein in der Lage, wie ja die Praxis zeigt, auch in winterkalten borealen Klimagebieten zu existieren. Förderlich dafür sind sein kompakter Körperbau, seine robuste Behaarung mit dichter Unterwolle (vgl. Abschnitt 3.2.1.) und vor allem seine Fähigkeit, unter der derben Schwarte Fettschichten einzulagern, die mehrere Zentimeter Stärke erreichen können und neben ihrer Funktion als Reservefett auch der Wärmeisolation dienlich sind. Der letzteren Aufgabe dienen auch die im Leibesinneren als „Weiß" abgelagerten Fettvorräte. Wildschweine sind zum, nach Bedarf unterschiedlich intensiven, Nestbau befähigt und vermögen durch gemeinsames Ruhen im „Kessel" die Ausstrahlungsverluste zu vermindern.

Frischlinge können von der Bache im Kessel über mehrere Wochen gewärmt werden, da Wildschweine ein ebenfalls bei Paarhufern einmaliges Brutfürsorgeverhalten haben. So wirkt die Winterkälte auf das Schwarzwild vor allem indirekt ein.

Gefrorener Boden be- oder verhindert für längere Zeit die Gewinnung unterirdischer Nahrungsstoffe. Die Vegetation in den borealen Nadelwäldern bietet weniger Fraß, und bei Fehlen mastspendender Baumarten (wie Eichen, Buchen, Zirbelkiefern) ist die Möglichkeit zur Einlagerung von Wintervorräten gering. Hohe Schneelagen behindern die Fortbewegung und damit die Nahrungssuche. Als guter und ausdauernder, wenn auch nicht besonders schneller Fußgänger kann das Wildschwein aber auch Klimaunbilden und Nahrungsnöten ausweichen. Vor allem aus dem asiatischen Teil des Verbreitungsgebietes sind periodische und unperiodische Wanderungen über viele hundert Kilometer hinweg bekannt. In Feuchtgebieten kommt dem Schwarzwild zugute, daß es ein ausgezeichneter Schwimmer ist und sich mit seiner guten Wärmeisolation lange in nassen Biotopen aufhalten kann. Mit Hilfe der spreizbaren Schalen und kräftigen Oberrücken werden auch sumpfige Partien bewältigt.

In den Subtropen und Tropen lebende Sauen reduzieren das Haarkleid bis zum nahezu vollständigen Fehlen und bilden kein Unterhautfett.

Von großem Vorteil für das eigentlich licht- bis dämmerungsaktive Schwarzwild ist seine Fähigkeit, seine Tagesperiodik weitgehend den Erfordernissen anzupassen und entweder die Tageswärme oder Nachtkühle für die Nahrungssuche auszunutzen. Dieses Vermögen ist auch für das Sicherheits- und Schutzbedürfnis von Bedeutung. An Feinden hat das kräftige und wehrhafte Schwarzwild neben dem Menschen nur den Tiger und den Wolf, daneben den Leoparden, Braunbären und Luchs zu fürchten. Sie alle bilden, wie sich zeigt, mit Ausnahme des Wolfes in bestimmten Gebieten keine Begrenzung für das Vorkommen. Starke Stücke sind gut in der Lage, sich erfolgreich zu verteidigen; schwächere genießen einen weitgehenden Schutz innerhalb der Rottenverbände durch die älteren Bachen. Geruchs- und Gehörsinn sind ausgezeichnet entwickelt, und die infolge ihres Nahrungsreichtums bevorzugten Feuchtstandorte schließen den Zutritt vieler Feinde in hohem Maße aus. Nur der nördliche Winter bietet dem Wolf wesentliche Vorteile, die dieser gut auszunutzen versteht.

Durch eine für Paarhufer ungewöhnlich hohe Vermehrungsquote ist das Wildschwein im übrigen in der Lage, hohe Verluste zu ertragen und auszugleichen, und sogar auf günstige Ernährungsbedingungen rasch durch Populationszuwachs zu reagieren.

Der Hauptfeind des Schwarzwildes, der Mensch, hat sich wenigstens im nordwestlichen Arealteil heute seines Schutzes angenommen. Es wurde erwähnt, daß Schon-

zeitregelungen, Aussetzungen und auch intensive Winterfütterungen die Verbreitung und Existenz des Wildschweines beträchtlich begünstigen.
Von wahrscheinlich noch größerer Bedeutung aber ist die gewaltige Intensivierung des Ackerbaus in allen vom Menschen besiedelten Gebieten, die überall zu wesentlicher Verbesserung der Ernährungsbasis durch das Schwarzwild ausgenutzt wird. Man kann ohne weiteres sagen, daß der Feldbau die Existenz größerer Schwarzwildbestände auch überall dort ermöglicht hat, wo die natürlichen Vegetationsformationen nur geringe Populationen erlaubt hätten. Die Ausrottung oder zumindest Verringerung der Anzahl der Großraubtiere hat die Lebensmöglichkeit für das Schwarzwild weiter gefördert. Es ist andererseits anpassungsfähig genug, sich starker Verfolgung zu entziehen; auf den weitgehenden Übergang zur Nachtaktivität wurde bereits hingewiesen.
Betrachtet man die für das Wildschwein geeigneten Lebensräume aus dieser Gesamtschau, scheint es fast besser zu sein, den Weg des Ausschlusses dem der Beschreibung der mannigfaltigen Vorkommensgebiete vorzuziehen.
Wildschweine finden sich nicht in der nördlichen Tundra und in den borealen Nadelwäldern nördlich einer Linie von mehr als 160 Schneetagen und mehr als 50 bis 70 cm mittlerer maximaler Schneehöhe. In dem südlich daran grenzenden Streifen ist ihr Vorkommen in hohem Maße durch mildere Flußbassins mit Laubholzanteilen, fehlende oder geringe Wolfsbestände und Winterfütterung durch die Jäger bedingt. Nicht bewohnt werden weiterhin Wüsten oder Kältesteppen; allerdings wieder in ihnen liegende Oasen oder Gewässerränder, sofern sie nur Schilfvegetation ermöglichen. Auch durch Gehölzstreifen wird das Vorkommen von Schwarzwild gefördert. Schwarzwild fehlt in den Hochgebirgszonen oberhalb der Vegetationsgrenze für höhere Pflanzen; ein jahreszeitliches Überwechseln in den Knieholzgürtel und darüber hinaus auf die alpinen Matten ist die Regel.
Keine Existenzmöglichkeit bieten dicht geschlossene tropische Regen- und Monsunwälder; jedoch in ihnen gelegene Auflichtungen, Gewässerränder, Siedlungen mit ihren Feldern.

Abb. 2/3 Mastspendende Rotbuchen und Eichen erleichtern dem Schwarzwild das Überstehen strenger Winter
(Foto: FREYMANN)

Es kommt auch dort nicht vor, wo es ausgerottet und infolge hochentwickelter Ackerbaukultur die Bildung neuer Populationen durch Einwanderung oder Aussetzung (einschließlich Entkommen aus Gattern) nicht geduldet wurde.
In der Deutschen Demokratischen Republik werden gegenwärtig nahezu alle Lebensräume durch das Schwarzwild besiedelt; sowohl die laubholzreiche Mecklenburger Seenlandschaft als auch die trockenen Kiefernwälder der Lausitz; ihnen genügen Feldgehölze und Uferstreifen in der Magdeburger Börde, im Halle-Leipziger Ackerland und im Erfurter Becken. In den Mittelgebirgslagen des Harzes, des Thüringer Waldes und des Erzgebirges steigt es im

Abb. 2/4 Laubholzreicher Schwarzwildbiotop (Foto: FREYMANN)

Abb. 2/5 Nadelholzreicher Schwarzwildbiotop (Foto: FREYMANN)

Abb. 2/6 Eichen — Hainbuchen — Urwald in Bialowieza (Belowesh)

Sommer bis in die Kammlagen und konzentriert sich im Winter in den laubholzreicheren Tälern in der Nähe der Felder (Abb. 2/3 bis 2/5).

Für das ausgedehnte Verbreitungsgebiet in der UdSSR stellten HEPTNER et al. (1966) fest: „Es lebt von der Zone der dunkelnadeligen Taiga bis zu den Wüsten. In den Bergen kann man ihm in allen Gürteln bis einschließlich zum alpinen begegnen. In den Karpaten steigt das Wildschwein bis 1 900 m, im Kaukasus bis 2 600 m, in den Bergen Mittelasiens und Kasachstans bis 3 600 bis 4 000 m.

In Europa dienen dem Wildschwein gegenwärtig als hauptsächlichste Wohnstätten Laub- und Mischwälder. Als optimale Lebensstätten sind solche Wälder anzusehen, in denen Eichen und Buchen einen beträchtlichen Teil des Baumbestandes ausmachen, und in denen es sumpfige Reviere und auch Wiesen gibt. Periodisch benutzte Standorte sind hier Wiesen und landwirtschaftlich genutzte Ländereien. Die Hauptlebensstätten im Belowesher Urwald (Abb. 2/6) stellen alte Laubwälder und Mischwälder (Hainbuchenwälder) sowie sumpfige Mischwälder (Erlenbestände) dar. Zweitrangige Bedeutung haben Nadelwälder und Jungbestände. In den Gebirgsgebieten Kaukasiens und Transkauskasiens sind von erstrangiger Bedeutung die Gürtel der Eichen- und Buchenwälder, sowie die der Obstbaumwälder, wo die Tiere das ganze Jahr hindurch leben. Den alpinen Gürtel sucht das Schwarzwild nur im Verlauf der fünf Sommermonate auf.

In den Bergen Mittelasiens und Kasachstans besiedelt das Schwarzwild ebenfalls sämtliche Vertikalgürtel. Die hauptsächlichsten Lebensstätten sind der untere Teil der Nadel- und Laubwaldgürtel. Die letzten haben besonders große Bedeutung in der Zeit der Obst- und Nußreife. Als wichtige Lebensräume, die in den verschiedenen Jahreszeiten aufgesucht werden, sind auch die Uferwälder an den Gebirgsflüßchen und die Bestände von mittelasiatischem

Wacholder anzusehen. Subalpine Wiesen werden vom Wildschwein im Sommer aufgesucht, die Steppenhänge im Frühjahr und im Herbst. In den Bergen des Fernen Ostens (Sichote-Alin) sind die Hauptlebensstätten Zirbelkiefernbestände, Gebirgsmischwälder mit der Mongolischen Eiche und der Koreazirbel, die gemischte Taiga der Flußniederungen und die ufernahen Eichenhaine. Zuweilen steigt das Wildschwein in geringer Zahl in den subalpinen Gürtel mit Zwergzirbeldickichten hinaus.

In den Bergen Transbaikaliens halten sich die Wildschweine in Zirbelwäldern und Buschdickichten der Flußtäler.

In den ebenen Bereichen Transkaukasiens, Kasachstans und Mittelasiens dienen Schilf-, Rohr- und Gebüschdickichte an den Fluß- und Seeufern als hauptsächlichste und wichtigste Lebensstätte. Dichtes Buschwerk an den Flüssen aus Weiden, Heckenrosen, Geißblatt, Ölweide u. ä. m. und besonders die Auenwälder können zu den ständigen, jedoch zweitrangigen Lebensstätten gerechnet werden. Ständig hielt sich Schwarzwild auch in den versumpften Birken-Espenwäldern inmitten der sich bandförmig hinziehenden Kiefernheiden Ostkasachstans. Periodisch werden auch hügelige Sandflächen und mit Halbsträuchern bewachsene Salzmoräste benutzt; sie dienen als zweitrangige Standorte. In Kasachstan und in Mittelasien suchen die Wildschweine auch Saxaulwälder und Salpeterstrauch-Dickichte auf.

In einigen Bezirken Tadshikistans und in Südturkmenien ist Schwarzwild in Pistazienhainen regelmäßig anzutreffen, im Frühjahr aber wandert es von dort ab und siedelt in die offene Wüste über, wo es sich von Rispengras, Segge und Tulpen ernährt."

Aus dem südlichen Arealteil gibt es wenig gute Beschreibungen der Lebensräume. MOHR (1960) läßt Volz über das Bindenschwein von Sumatra folgendermaßen zu Wort kommen: „Man findet es im tiefen Urwald als auch in der Nähe menschlicher Ansiedlungen, am häufigsten nahe bei Pflanzungen, wo es am bequemsten die ihm zusagende Nahrung findet. Überall längs den Wegen im Wald trifft man seine Spuren. In den Feldern richtet es durch seine Wühlereien großen Schaden an, und die hohen, mit vieler Mühe erstellten Zäune rings um die Ladangs, Sawahs und Pisangpflanzungen sind namentlich zum Schutz gegen die Schweine errichtet. Dem Reis stellen sie namentlich dicht vor der Reife nach. Den reifen Bananen stellen sie besonders gerne nach, schaden aber auch den jungen Pflänzlingen. Auch Zuckerrohr, Manihot und andere Nutzpflanzen fressen sie gerne. Am häufigsten trifft man jedoch ihre Spuren an den da und dort im Walde gelegenen Morästen, sog. Subans, die auch von den anderen Säugern gern aufgesucht werden." An anderer Stelle heißt es: „An der Küste räumen die Schweine weitgehend mit dem tierischen Treibsel auf und fallen auch über die von den Fischern zum Trocknen in den Sand gelegten Fische her."

Die Schwarzwildbiotope in Nordamerika entsprechen im wesentlichen denen Eurasiens. Sie sind auch dort überwiegend an Laubholzgebiete, besonders mit Eichen- und Buchenbeständen, gebunden, des weiteren an die vegetationsreichen Niederungen der Ströme und der Küstengebiete. Eine große Rolle spielen Hickorywälder.

Viele der gegenwärtig vom Schwarzwild bewohnten Gebiete wurden bisher noch nicht ausreichend beschrieben; besonders die Räume der Neueinbürgerungen, die insularen Vorkommen, der ausgedehnte Arealteil in China und Indien, aber auch die südeuropäischen Vorkommensgebiete. Ungeachtet dessen genügen die bisherigen Kenntnisse, um die große Anpassungsfähigkeit des Wildschweines zu erkennen, die es ihm ermöglicht, fast in allen Biotopen zu existieren.

2.4. Bestände und Wilddichten

Welche Populationsdichten Wildschweine in ursprünglichen, vom Menschen nicht oder kaum beeinflußten Biotopen erreichten, läßt sich heute kaum mehr rekonstruieren. Nach gegenwärtiger Kenntnis läßt sich nur einschätzen, daß sie – für größere Gebiete und längere Zeiträume gesehen – im allgemeinen wohl für heutige Begriffe gering waren und wohl kaum mehr als 3 Stück auf 1000 ha geeigneter Fläche erreichten. Zu berücksichtigen sind dabei aber auch die häufigen, und im wesentlichen nahrungsabhängigen, Populationsschwankungen. So bewegte sich zum Beispiel die im Naturschutzgebiet von Belowesh (UdSSR) lebende Population im Zeitraum von 1946 bis 1966 viermal zwischen 2,3 und 19,3 Stück je 1000 ha (KOSLO, 1970, 1975), wie im Kapitel 8. näher ausgeführt. Daß starke Populationsschwankungen auch in intensiv bewirtschafteten Gebieten vor sich gehen, weisen auch die folgenden Ausführungen nach.

Wenn hier der Versuch unternommen wird, einen Überblick über die gegenwärtig vorhandenen Wildschweinbestände und -strekken zu geben, muß dabei berücksichtigt werden, daß im allgemeinen nur recht grobe Schätzwerte dafür vorliegen. In diesen Fällen kann über das Vorkommen nur mit großen Vorbehalten orientiert werden.

2.4.1. Europa (mit Türkei, ohne Sowjetunion)

Spanien: In Spanien ist Schwarzwild weit verbreitet und kommt vor allem an den Hängen der nördlichen Gebirge (Cantabrisches Gebirge, Pyrenäen) sowie in den Gestrüppwäldern im Zentralteil (um Toledo, Sierra Morena) vor. Nach TELLERIA und SAEZ ROYUELA (i. Druck) und GARZON-HEYDT (briefl.) beträgt die jährliche Schwarzwildstrecke Spaniens zwischen 30 und 35000 Stück. Die Wilddichte erreicht örtlich in Mittelspanien Werte von 2,5 bis 3 Stück/100 ha. Der Bestand wird 30000 Stück überschreiten.

Portugal: Schwarzwild kommt verbreitet vor, doch fehlen nähere Angaben.

Frankreich: In den staatlichen Wäldern und Reservaten befinden sich ansehnliche Bestände. Die Jahresstrecke stieg im Zeitraum 1973/74 bis 1982/83 von 37000 auf 70400 Stück. In den letzten Jahren wurden etwa 11000 davon auf Korsika zur Strecke gebracht, wo 1977/78 erst etwa 800 Tiere aus Neuaussetzungen erbeutet wurden. Neben Korsika ergeben sich die höchsten Strecken mit mehr als 1 Stück/100 ha an der Mittelmeerküste sowie an der Grenze zur BRD (BOULDOIRE, 1982, 1984). Der Bestand wird auf 90000 Stück geschätzt (RŠ, 1987).

Großbritannien: Um 1660 wurde das Schwarzwild ausgerottet; spätere Aussetzungsversuche (um 1840) scheiterten. Gegenwärtig keine freilebenden Bestände.

Belgien: Vorkommen vor allem in Hochbelgien (Ardennen). Die Strecke betrug im Jahre 1970 3700 Stück. Gegenwärtig soll der Bestand auf etwa 9000 Stück angestiegen sein (RŠ, 1987).

Niederlande: Um 1600 ausgerottet, doch seit etwa 1945 verstärkte Einwanderung vor allem aus der BRD. Stärkere Vorkommen auch in Gatterrevieren.

Luxemburg: Vorkommen in den Wäldern an der Mosel und in anderen Waldgebieten. Die Strecke im Zeitraum 1979 bis 1982 betrug nach NÜSSLEIN (1974) 400 Stück, nach KIER (1981) im Jahre 1980 über 700 Stück.

Dänemark: Um 1800 ausgerottet, im Jahre 1963 auf Seeland Neubegründung durch Ausbrechen aus einem Gatterbestand. Es wird ein Wildbestand von etwa 210 Stück im Jahre 1963 angegeben. Bisher liegen keine Abschußnachweise vor.

Schweden: Zwischen 1700 und 1800 ausgerottet, Neubegründungen durch entkommenes Gatterwild nach 1970. Im Jahre 1980 wurde ein Bestand von über 100 Sauen festgestellt (Autorenkollektiv, 1980); davon bei Stockholm 20, Kronorberg 10, Södermannland 30 bis 40, weiterhin bei Kalmar, in Skaraborg und Värmland. Im Jahre 1984 wurden bereits 30 Sauen erlegt; der Bestand ist auf etwa 200 Stück angestiegen.

Finnland: Seit etwa 30 Jahren Einwanderungen aus der UdSSR, vor allem im südlichen Teil Finnlands bis zur Westküste. Der Bestand wurde 1980 auf etwa 50 Stück geschätzt.

Bundesrepublik Deutschland: Durch RASCHKE (in HECK und RASCHKE, 1980) wurde die Entwicklung der Schwarzwildvorkommen in der BRD eingehend analysiert. Die Jahresstrecken hatten sich bis zum Jagdjahre 1977/78 gegenüber einer Vergleichsperiode 1936/39 annähernd versechsfacht (Tab. 2/1). Im Zuge der Bestandszunahme wurden früher ganz oder fast schwarzwildfreie Räume (Baden-Württemberg, Schleswig-Holstein, große Teile

Tabelle 2/1 *Schwarzwild-Jahresstrecken in der Bundesrepublik Deutschland*

Jagdjahr	Strecke/Stück
1936–39	10121
1958/59	14285
1959/60	25871
1960/61	16984
1961/62	25936
1962/63	20572
1963/64	24141
1964/65	24620
1965/66	22836
1966/67	23764
1967/68	27316
1968/69	23897
1969/70	27917
1970/71	27243
1971/72	36385
1972/73	44995
1973/74	41867
1974/75	40684
1975/76	52126
1976/77	39239
1977/78	59468
1978/79	43776
1979/80	31521
1980/81	34585
1981/82	38272
1982/83	31418
1983/84	66435
1984/85	69155
1985/86	70119
1986/87	79136

Tabelle 2/2 *Mittlere Jahresstrecken 1973 bis 1978 einiger Länder der BRD*

Bundesland	Gesamtstrecke	Strecke auf 100 ha	
	Stück	Gesamtfläche	Waldfläche
Bayern	5000	0,07	0,21
Niedersachsen	10400	0,22	1,07
Baden-Württemberg	3800	0,11	0,29
Nordrhein-Westfalen	6200	0,18	0,77
Hessen	9010	0,43	1,11
Rheinland-Pfalz	9000	0,45	1,20
Schleswig-Holstein	2100	0,13	1,53
Saarland	1120	0,44	1,38
BRD gesamt	46700	0,19	0,65

Bayerns) wieder besiedelt. Die mittlere Jahresstrecke der Zeitperiode 1973 bis 1978 betrug 0,19 Stück je 100 ha Gesamtfläche bzw. 0,65 Stück je 100 ha Waldfläche (Tab. 2/2). Im Durchschnitt dieser Zeitperiode kamen 46700 Sauen zur Strecke. Nach der mit fast 60000 Sauen höchsten Strecke 1977/78 kam es zunächst zu einem Rückgang um beinahe 50%; doch stiegen die Abschußwerte langsam wieder auf etwa 66500 Stück im Jagdjahr 1983/84 an. Die absolut höchsten Strecken wurden in Niedersachsen, Hessen und Rheinland-Pfalz, die relativ höchsten (bei Bezug auf die gesamte Landesfläche) in Rheinland-Pfalz, im Saarland und in Hessen erzielt. Bei Bezug auf die Waldfläche waren die Strecken in Schleswig-Holstein, im Saarland und in Rheinland-Pfalz am höchsten.

Raschke stellt fest, daß in Schleswig-Holstein, wo große, deckungsarme Gebiete für das Schwarzwild ausscheiden, die Wilddichte in den bewaldeten Biotopen besonders hoch ist. Im bevölkerungsreichsten Land Nordrhein-Westfalen (mit 503 Einwohnern je km^2) gibt es mehr Schwarzwild als im relativ dünnbesiedelten Bayern (153 Einwohner je km^2). Völlig schwarzwildfreie Landkreise gibt es nur noch wenige; so zum Beispiel in den besonders waldarmen Kreisen im Küstenraum (Bezirk Weser-Ems, Schleswig), sowie im Hochgebirge (Oberbayern, Allgäu).

Im Gebirge nimmt die Wilddichte in hohen Lagen (trotz hoher Waldanteile) wieder ab (Schwarzwald, Schwäbische Alb, Fränkische Alb, Oberharz) des gleichen bei rauherem Klima (Bayerischer Wald).

Die Bevölkerungsdichte hat auf die Wilddichte kaum Einfluß. Die schwarzwildreichsten Kreise liegen in der Lüneburger Heide, im Weser Bergland, Solling, Reinhardswald, Westerwald, Taunus, Spessart, Eifel, Ahrgebirge, Pfälzer Wald und im Bienwald. An der Spitze liegen Lauenburg, Hochtaunus und der Kreis Helmstedt.

Schweiz: Nach weitgehender Ausrottung – bis auf einen kleinen Bestand im Jura (Blaupot ten Cate, 1968/69) – aus Frankreich und der BRD eingewechselt. Die Jahresstrecke 1975 betrug 489 Stück, 1978 bereits 850 Stück (Rahm, 1980), 1983/84

616 Stück (BAETTIG, 1984), 1985, 675 Stück BLANKENHORN, 1986). Der Bestand erstreckt sich im wesentlichen auf die nordwestlichen Randkantone mit den Schwerpunkten Waadt im Westen und Schaffhausen im Norden. Eine Bildung stabiler Bestände wird nicht geduldet.

Italien: Wieder zunehmende Verbreitung, im besonderen durch Wiedereinwanderungen aus Frankreich und durch Aussetzungen von Sauen aus der ČSSR, Polen und Jugoslawien. Hauptvorkommen an den Nordgrenzen, den Appeninen und Abruzzen, auch auf Sardinien.

Auf Sizilien um 1870 ausgerottet.

Keine Bestands- und Streckenangaben.

Österreich: Bis 1945 gab es nur Reliktvorkommen (z. B. im Lainzer Tiergarten bei Wien). Ab 1946 setzte von dort aus eine starke Ausbreitung, verbunden mit Einwanderungen aus der Slowakei (Kleine Karpaten) ein. Betrug die Strecke im Jahre 1957 erst 711 Stück, wurden im Jagdjahr 1965/66 bereits 1471 Stück gestreckt. Nach weiteren fünf Jahren (1970/71) erlegte man bereits 2993 Sauen, und im Jagdjahr 1975/76 4355 Stück Schwarzwild. Heute kommt Schwarzwild fast überall vor. Im Jagdjahr 1984/85 erlegte man 5747 Sauen, und 1985/86 sogar 6154 Stück.

Tschechoslowakei: Die Entwicklung der Schwarzwildbestände in der ČSSR wurde durch WOLF und RAKUSAN (1977) analysiert.

In der ČSR (Böhmen und Mähren) waren die freilebenden Vorkommen bis etwa 1800 eliminiert. Das letzte Stück soll im Jahre 1801 bei Hluboka erlegt worden sein. Seit dieser Zeit war hier das Vorkommen nur auf Gatterreviere beschränkt, während es in der Slowakei (SSR) stets freilebende Populationen gab. Nach dem Zweiten Weltkrieg breitete sich das Schwarzwild auch in der ČSR rasch durch Einwanderung und aus aufgelassenen Gattern aus. Im Jahre 1950 wurden bereits 198 Stück, 1954 mehr als 1 000 Stück, 1960 bereits 3 500 Stück erlegt. Heute kommt das Schwarzwild, mit Ausnahme der Hochlagen der Hohen Tatra, überall vor, wenn auch die landwirtschaftlichen Zentren im mittleren und südlichen Raum geringere Bestände aufweisen. Die Entwicklung seit 1950 ist in der Tabelle 2/3 zusammengefaßt. Die Strecke weist einen nahezu kontinuierlichen Anstieg auf. Im Jahre 1983 erlegte man 23 000 Sauen, davon etwa 14 600 in der ČSR, 9 000 in der SSR. Auf die Jagdfläche bezogen bedeutet das eine durchschnittliche Strecke von 0,2 Stück je 100 ha, bei Bezug auf die Waldfläche wurde eine Ausbeute von etwa 0,5 Stück je 100 ha erzielt. Die Tabelle zeigt, daß der Anstieg im Zeitraum 1950 bis 1960 zunächst langsam, dann bis 1970 schneller und von 1971 ab rasch vor sich ging. Der Anschuß wurde seit dem Jahre 1985 sehr wesentlich gesteigert, vor allem in der Tschechischen Republik.

Tabelle 2/3 *Schwarzwildstrecke der ČSSR*

Jahr	Strecke in Stück			Strecke je 100 ha Jagdfläche			Strecke je 100 ha Waldfläche		
	ČSR	SSR	ČSSR	ČSR	SSR	ČSSR	ČSR	SSR	ČSSR
1950	198	1107	1305	0,003	0,02	0,01	0,01	0,06	0,03
1955	1665	990	2655	0,02	0,02	0,02	0,07	0,05	0,05
1960	3596	1790	5386	0,05	0,04	0,05	0,15	0,1	0,12
1965	2837	2148	4985	0,04	0,05	0,04	0,12	0,12	0,11
1970	4803	3548	8351	0,07	0,08	0,08	0,20	0,19	0,19
1975	11763	6724	18847	0,16	0,15	0,16	0,50	0,37	0,43
1980	11830	8487	20317	0,17	0,16	0,17	0,53	0,40	0,46
1983	13671	9190	22861	0,19	0,21	0,20	0,60	0,49	0,53
1984	13204	10103	23307	0,19	0,23	0,21	0,56	0,52	0,54
1985	36048	11848	47896	0,51	0,27	0,47	1,39	0,61	1,05
1986	31722	12456	44178	0,45	0,28	0,38	1,22	0,64	0,97

Tabelle 2/4 *Schwarzwildstrecken der Bezirke der ČSSR in den Jahren 1974 und 1986*

Bezirk	Abschuß Stück/100 ha			
	Jagdfläche		Waldfläche	
	1974	1986	1974	1986
Mitteltschechischer	0,09	0,36	0,29	1,15
Südtschechischer	0,19	0,45	0,50	0,68
Westtschechischer	0,17	0,66	0,41	1,53
Nordtschechischer	0,14	0,58	0,35	1,44
Osttschechischer	0,11	0,30	0,33	0,90
Südmähren	0,14	0,45	0,43	1,40
Nordmähren	0,14	0,38	0,34	0,94
Westslowakei	0,12	0,26	0,47	1,01
Mittelslowakei	0,14	0,35	0,27	0,64
Ostslowakei	0,15	0,20	0,41	0,43

Die Tabelle 2/4 gibt Relationen im Abschuß der Bezirk der ČSSR wider.
Der Bestand wird für 1974 mit 17600 Stück, für 1979 mit 27300 Stück und für 1987 mit 46300 Stück angegeben.
Für das letztgenannte Jahr entspricht das einer durchschnittlichen Wilddichte von etwa 0,4 Stück je 100 ha Jagdfläche bzw. 1 Stück je 100 ha Waldfläche.
Deutsche Demokratische Republik: Das Schwarzwild war seit jeher heimisch und konnte wohl reduziert, doch nie ausgerottet werden. Vor dem Zweiten Weltkrieg wurde fast die Hälfte der gesamten Schwarzwildstrecke des ehemaligen Deutschen Reiches erlegt. Im Durchschnitt der Jahre 1935 bis 1939 betrug die Strecke in den damaligen Provinzen Mecklenburg und Vorpommern annähernd 0,3 Stück je 100 ha Jagdfläche, in Brandenburg und Sachsen-Anhalt etwa 0,2 Stück je 100 ha (Bieger, 1941). Nur in den südlichen Verwaltungsbezirken, wie Sachsen und Thüringen, war die Strecke mit weniger als 0,1 Stück je 100 ha vergleichsweise gering.
Infolge der Kriegsereignisse kam es in den 40er Jahren zu einer beträchtlichen Zunahme der Bestände (vgl. Abschnitt 9.1.2.). Im Jahre 1954, kurz nach Erlaß des Gesetzes zur Regelung des Jagdwesens, wurde bereits ein Abschuß von 12183 Stück erzielt. Er stieg bis 1959 auf 28351 Stück, ging zwar im Jahre 1964 noch auf 15155 Stück zurück, stieg aber besonders seit 1972 stark an (Tab. 2/5). Im Jahre 1976 wurde erstmalig eine Strecke von 100000 Sauen überschritten, und seit 1981 erreichen die Jagdstrecken Spitzenwerte um 130000 Stück (bisheriger Höchstwert 1986 mit 131900). Der Streckenanstieg wird besonders deutlich, wenn man Mittelwerte von Fünfjahrplanzeiträumen vergleicht. Bis zum Jahre 1965 betrug die mittlere Jahresstrecke der DDR etwa 20000 Stück Schwarzwild. Doch

Tabelle 2/5 *Strecken und Bestände in der Deutschen Demokratischen Republik*

Jahr	Abschuß	Bestand	Abschuß auf 100 ha	
	Stück	Stück	Jagdfläche	Waldfläche
1954	12183		0,14	0,47
1955		29213		
1956	12407		0,14	0,47
1957	14587	28263	0,17	0,57
1958	21235	37000	0,25	0,82
1959	28351		0,33	1,10
1960	27204	18900	0,32	1,06
1961	26828	12500	0,31	1,04
1962	27852	12300	0,32	1,08
1963	20578	8500	0,24	0,80
1964	15155	7200	0,18	0,59
1965	20088	7100	0,23	0,78
1966	27851	16500	0,32	1,08
1967	37805	21000	0,44	1,47
1968	21480	21700	0,48	1,60
1969	40605	23800	0,47	1,58
1970	33241	23700	0,39	1,29
1971	34084	22555	0,40	1,32
1972	47595	21588	0,55	1,85
1973	54130	29249	0,63	2,10
1974	64589	32967	0,75	2,51
1975	74609	37354	0,87	2,90
1976	103002	40761	1,20	4,00
1977	117128	44492	1,36	4,55
1978	119705	48606	1,39	4,65
1979	95575	45830	1,11	3,71
1980	102706	63100	1,20	3,99
1981	127784	65000	1,48	4,96
1982	102117	60000	1,19	3,97
1983	113164	65000	1,32	4,39
1984	109000	65000	1,27	4,25
1985	126800	80000	1,47	4,92
1986	131900	85000	1,53	5,12
1987	130700	85000	1,52	5,07

schon im Zeitraum 1966 bis 1970 stieg sie auf etwa 36000 Stück, im Zeitraum 1971 bis 1975 auf 55000 Stück. Mit 107700 Stück erfolgte fast eine Verdopplung im Zeitraum 1976 bis 1980. Sie stieg auch im Mittel der folgenden Jahre (1981 bis 1985) noch weiter auf 115800 Stück, um schließlich 1986 das bisherige Maximum von fast 132000 Stück zu erreichen. Das entspricht mehr als dem Zehnfachen der Strecke des Jahres 1956 und etwa dem Fünffachen von 1966. Auf 100 ha Waldfläche werden gegenwärtig annähernd 5 Sauen, auf 100 ha Jagdfläche etwa 1,5 Sauen, erlegt. Die Frühjahrsbestände können nur annähernd auf Grund der Zuwachswerte und der Tendenzen in der Streckenentwicklung geschätzt werden. Sie betragen seit 1980 mit Sicherheit mehr als 60000 Stück und haben gegenwärtig (1987) wahrscheinlich bereits 80000 Stück überstiegen. Das entspricht etwa 3 Stück auf 100 ha Waldfläche und annähernd 1 Stück auf 100 ha Jagdfläche.

Die Verbreitungsschwerpunkte liegen in den traditionellen Schwarzwildgebieten des nördlichen und mittleren Teiles der DDR: in den Bezirken Rostock, Schwerin und Neubrandenburg, aber auch Magdeburg, Potsdam und Frankfurt (Oder). Geht man aber von der Strecke aus, gab es seit 1979 keinen Kreis der DDR ohne Schwarzwild.

Die größten Schwarzwildstrecken sowohl von der Anzahl her als auch bei Bezug auf die Einstandsflächen werden in den Bezirken Neubrandenburg und Potsdam, des weiteren auch Schwerin, Frankfurt (Oder) und Magdeburg erzielt. In jedem dieser Bezirke fallen 10 Prozent der Schwarzwildstrecke der DDR und darüber, und die Strecke auf 100 ha Waldfläche übersteigt gegenwärtig 5 Stück; örtlich werden weit mehr als die doppelte Strecke erzielt.

Doch sind auch die Bezirke Cottbus und Halle von zunehmender Bedeutung, und selbst südliche Bezirke wie Erfurt, Gera und Dresden, nähern sich, wie Rostock, einem Streckenanteil von 5 %. Die Tabelle zeigt auch die auffällige Tendenz der Streckenzunahme in den Südbezirken, die bisher nicht zur Absenkung der Bestände führte.

Die geringsten Strecken weisen 1986 die Bezirke Leipzig, Suhl und Karl-Marx-Stadt auf. Doch auch dort bedeutete das einen Abschuß von annähernd einem Stück Schwarzwild auf 100 ha Jagdfläche.

So kann zusammenfassend gesagt werden, daß als besonders schwarzwildreiche Gebiete die laubholzreiche Mecklenburger Seenplatte, die Waldgebiete an Elbe und Oder, das Harzvorland und die gewässerreichen Mischwälder nördlich Berlins gelten können. Weniger Schwarzwild weisen das Erzgebirge und der Thüringer Wald, die Lausitzer Kiefernforsten und die Ackerbaugebiete zwischen Dresden und Magdeburg auf. Insgesamt aber haben sich weder geomorphologische Strukturen noch Bodennutzungsformen oder Bevölkerungsdichten als Hemmnis für hohe Schwarzwildvorkommen herausgestellt.

Polen: Nach PIELOWSKI (1975) gibt es in Polen kaum ein Jagdrevier, in dem Schwarzwild zumindest als Wechselwild nicht vorkommt. „Von den breiten Schilfgürteln der flachen Seen an der Ostseeküste bis zur oberen Baumgrenze in der Hohen Tatra und dem Bieszczady-Gebirge, von der Agrarlandschaft im westlichen Teil Polens bis zu den großen Waldungen in Ostpolen, vom Stadtwald bei Poznan oder Warszawa bis

Tabelle 2/6 *Anteil der Bezirke an der Schwarzwildstrecke der DDR (1976–1980), 1986*

Bezirk	Durchschnittliche Strecke auf 100 ha			Strecke 1986 Prozentanteil
	Jagdfläche	Waldfläche	Prozentanteil	
Rostock	1,39	7,61	7,9	5,2
Schwerin	2,05	7,46	13,2	10,7
Neubrandenburg	1,84	8,26	16,1	12,1
Potsdam	1,64	7,11	15,9	15,1
Frankfurt (Oder)	1,59	4,22	7,5	9,5
Magdeburg	1,05	4,67	10,4	9,0
Halle	0,80	3,68	6,0	7,7
Leipzig	0,66	3,37	2,4	2,7
Cottbus	0,84	1,93	5,3	7,4
Dresden	0,56	1,91	3,1	4,2
Karl-Marx-Stadt	0,44	1,21	2,1	3,8
Gera	1,03	2,59	3,6	4,5
Erfurt	0,60	2,39	3,5	4,8
Suhl	0,96	1,69	3,0	3,2

Tabelle 2/7 *Schwarzwildstrecken der Volksrepublik Polen*

Jagdjahr	Strecke Stück	Bestand Stück
1965/66	15000	
1970/71	24000	
1975/76	40400	49600
1980/81	80300	85300
1981/82	74800	71500
1982/83	69200	56600
1983/84	65900	55900
1984/85	64600	57100

zum Urwald von Bialowieza – überall ist das Schwarzwild zu Hause."
Aber auch in Polen ist die starke Zunahme des Schwarzwildes erst in den letzten vier Jahrzehnten erfolgt. Nach MEHLHARDT (1954) betrugen die Strecken im Jahre 1949 noch 16000 Stück, 1950 23000 Stück und 1951 28000 Stück. Gegenüber dem Vorkriegsstand kam es schnell zu einer Verdreifachung. Die Strecken blieben in der Folgezeit bis etwa 1973/74 relativ stabil (Tab. 2/7), stiegen dann aber stark an, erreichten im Jagdjahr 1980/81 den bisherigen Höchststand von 80000 Stück. Das entspricht etwa 0,15 Stück auf 100 ha Jagdfläche. Der Bestand wurde auf etwa 60000 Stück geschätzt (SIKORSKI, 1978); dürfte aber nach PIELOWSKI (briefl.) wesentlich höher gewesen sein.
Ungarn: In den Waldgebieten Ungarns ist das Schwarzwild seit jeher heimisch. KÖHALMY (1978) teilt aus einer alten Quelle mit, daß im Jahre 1898 2985 Stück geschossen wurden. Im Jahre 1936 gab es nach STUDINKA (1976) etwa 6000 Wildschweine in Ungarn. Nach dem Zweiten Weltkrieg setzte eine starke Ausbreitung aus den bewaldeten Berggegenden des Nordens und des Hügellandes in die großen Ebenen an der Theiss ein. Nach MATRAI und VALLUS (1981) und KÖHALMY et al. (1987) stiegen die Schwarzwildbestände und -strecken kontinuierlich an (Tab. 2/8). Die durchschnittliche Strecke auf 100 ha Jagdfläche betrug 1985 etwa 0,4 Stück, bezogen auf die Waldfläche etwa 0,7 Stück. KÖHALMY (1987) stellte fest, daß etwa 63 % des Gesamtbestandes südwestlich der Donau in

Tabelle 2/8 *Schwarzwildstrecken in der Ungarischen Volksrepublik*

Jahr	Strecke Stück	Bestand Stück
1970	8992	15669
1975	14050	16569
1980	20241	20400
1981	23240	27500
1982	24630	27820
1983	33780	30780
1984	34100	31280
1985	35800	13750
1986	35750	33070
1987		13690

Tabelle 2/9 *Schwarzwildstrecken in der Sozialistischen Föderativen Republik Jugoslawien*

Republik	Strecke 1979	Bestand 1980	Strecke auf 100 ha Jagdfläche
Bosnien-Herzegowina	2200	10500	0,04
Macedonien	2000	2000	0,08
Slovenien	1368	3700	0,07
Serbien	6000	25000	0,11
Kroatien	2020	4000	0,04
Montenegro	150	250	0,01
Kosovo	0	1500	0,06
SFR Jugoslawien	14988	50350	0,07

Transdanubien, 31 % im nördlichen Mittelgebirge und nur 5 % in der Tiefebene vorkommen.
Jugoslawien: Eine starke Zunahme des Schwarzwildes erfolgte auch in der SFR Jugoslawien. Betrug die Strecke im Jahre 1970 noch etwa 5200 Stück, ist sie bis zum Jahre 1979 auf 14988 Stück angestiegen (Jagdausstellung Plovdiv 1981). Der Bestand wird auf mehr als 50000 Stück geschätzt. Der Abschuß auf 100 ha Jagdfläche beträgt etwa 0,07 Stück, auf der Waldfläche 0,17 Stück. Schwarzwild kommt in allen Republiken, doch mit unterschiedlicher Häufigkeit, vor (Tab. 2/9).
Die höchsten Strecken werden in Serbien, vor allem in den östlichen und westlichen

Laubwaldgebieten, sowie in den Auewäldern erzielt. Am geringsten sind sie in den trockenen, verkarsteten Gebirgswäldern Montenegros.
Rumänien: In Rumänien ist das Wildschwein in allen Waldgebieten, von der Steppe bis zu den Hochgebirgsmatten vertreten. Ein wichtiges Vorkommensgebiet ist das Donaudelta. Von Bedeutung sind weiterhin die Laubwälder der Mittelgebirge. COTTA (briefl.) teilt für 1978 eine Strecke von 10100 Stück mit. Der Bestand wird auf etwa 53000 Stück geschätzt. Bezogen auf die Jagdfläche wurden somit etwa 0,5 Stück je 100 ha zur Strecke gebracht.
Bulgarien: Seit 1960 ist das Schwarzwild wieder in der gesamten Volksrepublik Bulgarien verbreitet (RUSKOV, 1975). Über die Strecke und Bestände gibt die Tabelle 2/10 Auskunft. Der Bestandsanstieg seit 1965 ist wesentlich durch eine intensive Wolfsbekämpfung unterstützt worden.
Bezogen auf die Jagdfläche kamen 1978 0,07 Stück je 100 ha zur Strecke; bei Berücksichtigung der Waldfläche etwa 0,2 Stück. Die Hauptvorkommen befinden sich im Rilagebirge, in den mittleren und westlichen Rhodopen, in Strandja und im östlichen Teil des Balkans. Doch auch in den vorwiegend landwirtschaftlich genutzten Gebieten, besonders im Einzugsbereich der Donau, gibt es kopfstarke Bestände.
Albanien: Schwarzwild kommt vor, doch sind keine Zahlenangaben verfügbar.
Griechenland: Die Hauptvorkommen befinden sich in Makedonien, vor allem in den Grenzgebirgen zu Albanien, Jugoslawien, Bulgarien und zur Türkei. Nähere Angaben liegen nicht vor.
Türkei: Beachtliche Schwarzwildvorkommen befinden sich im Norden an der bulgarischen Grenze, sowie in den sumpfigen Gebieten Anatoliens und Traziens. Sie sind Ziel eines ausgedehnten Jagdtourismus, doch ist über ihre annähernde Höhe nichts bekannt.

Tabelle 2/10 *Schwarzwildstrecken in der Volksrepublik Bulgarien*

Jahr	Strecke Stück	Bestand Stück
1960	418	12727
1961	379	12693
1962	451	11200
1963	415	12621
1964	447	12295
1965	584	15256
1966	748	18456
1967	860	16801
1968	1194	21377
1969	1648	26713
1970	2077	23338
1971	3536	27160
1972	4171	31602
1973	4508	35700
1974	8262	38758
1975	6775	41228
1976	6813	41312
1977	7471	40500
1978	7070	37400
1979	7200	32000

2.4.2. Sowjetunion

In der ersten Hälfte dieses Jahrhunderts kam lediglich den Wildschweinbeständen des Fernen Ostens zahlenmäßig eine gewisse Bedeutung zu. Mit der bereits beschriebenen Rückgewinnung des ursprünglichen Areals ist der europäische Teil der UdSSR an die Spitze der Nutzung gekommen. Einige Angaben zur Bestandsentwicklung in den westlichen Republiken wurden bereits im Abschnitt 2.2.2. gebracht. Über die Streckenentwicklung im Zeitraum 1974 bis 1977 und den Bestand im Jahre 1978 gibt die Tabelle 2/11 einen Überblick (zusammengestellt nach sowjetischen Angaben in der Zeitschrift Ochota i ochotnitschje chosjaistwo). Demzufolge beträgt der Bestand annähernd 350000 Stück Schwarzwild. Das entspricht etwa 0,02 Stück auf 100 ha Landesfläche der UdSSR (einbegriffen die nördliche Taiga und Tundra, Wüsten und Halbwüsten, Hochgebirge, Binnengewässer und Siedlungsgebiete). Die Strecke von etwa 52000 Stück entspricht etwa 0,002 Stück auf 100 ha Landesfläche. Die Verteilung in der UdSSR ist allerdings außerordentlich unterschiedlich. Wird die Strecke zum Maßstab genommen, befinden sich die größten Populationen in den drei

Tabelle 2/11 *Schwarzwildvorkommen in der Sowjetunion (Angaben in Stück)*

Republik	Bestand	Strecken				Auf je 100 ha	
						Strecke	Bestand
	1978	1974	1975	1976	1977		
RSFSR	155100	14900	18000	17400	18600	0,001	0,01
Ukrainische SSR	57200	5300	5700	5700	6200	0,01	0,10
Belorussische SSR	29800	4100	4600	2900	4200	0,02	0,14
Usbekische SSR	14500				150	<0,001	0,03
Kasachische SSR	5500	200	220	220	400	<0,001	0,002
Grusinische SSR	12400				50	0,001	0,18
Aserbaidshanische SSR	14200	200	320	350	370	0,04	0,16
Litauische SSR	14000	7000	9700	8800	8400	0,13	0,21
Moldauische SSR	4500	100	160	200	200	0,006	0,13
Lettische SSR	13900	6000	7500	6100	8900	0,14	0,22
Kirgisische SSR	9600	500	900	760	760	0,004	0,05
Tadshikische SSR	7000			130	140	<0,001	0,05
Armenische SSR	1600				100	0,003	0,05
Turkmenische SSR	2300				100	<0,001	0,005
Estnische SSR	7000	2600	4900	4140	3900	0,09	0,16
UdSSR	348600	40900	52000	46700	52400	0,002	0,02

baltischen, die geringsten in den südlichen Republiken (Usbekische, Kasachische, Tadshikische und Turkmenische SSR). Bei Bezug auf die Bestandsangaben allerdings folgen den baltischen Republiken unmittelbar die Grusinische, Aserbaidshanische, Belorussische und Moldauische Republik. Die geringsten Bestände verzeichnen die Kasachische und Turkmenische SSR mit ausgedehnten Wüstengebieten, sowie die RSFSR.

Nach Fadejew (1987) befinden sich etwa 70 % des Bestandes im europäischen Teil der Sowjetunion, etwa 10 % in Kasachstan und Mittelasien, die übrigen in den südostasiatischen Teilen. Die Population der mittelasiatischen Unterart gibt der gleiche Autor mit etwa 42000 Stück, des Sibirischen Wildschweines mit 5 bis 10000 Stück und die des Ussurischen Wildschweines mit etwa 25000 Stück an.

Es ist selbstverständlich, daß innerhalb eines derart ausgedehnten Gebietes, wie es die UdSSR darstellt, ganz unterschiedliche Populationsdichten angetroffen werden. So weisen Deshkin et al. (1975) darauf hin, daß im südöstlichen Teil der RSFSR zu dieser Zeit auf 100 ha Waldfläche 0,17 Stück Schwarzwild zur Strecke kamen, im zentralen europäischen Teil 0,05 und im nordwestlichen und nordkaukasischen 0,03 Stück.

Aus Burjatien teilt Smirnow maximale Dichten von 0,9 Stück auf 1000 ha mit. In den ukrainischen Karpaten betrug nach Guntschah (1975) die Wilddichte zwischen 2,3 und 5,9 Stück auf 1000 ha.

Nach Iwanowa (1974) sollen in den Gebieten von Moskau und Jaroslawl schon 1970 Dichten von 1,2 Stück auf 100 ha erreicht worden sein. Ein wesentliches Zentrum des Schwarzwildvorkommens in der UdSSR sind die zahlreichen Naturschutzgebiete. Nach Koslo (1975) schwankte die Population im Belowesher Urwald im Zeitraum 1890 bis 1966 0,2 Stück und zwischen etwa 1,9 Stück auf 100 ha. Weitere Beispiele bringen Heptner et al. (1966). So betrug im Astrachaner Naturschutzgebiet die Dichte Ende der 30er Jahre bis zu 27 auf 1000 ha, im Kaukasischen Schutzgebiet durchschnittlich 4 bis 8 auf 1000 ha. In Ertragsjahren der Zirbelkiefer sind im Fernen Osten Konzentrationen von 30 bis 40 Stück auf 100 ha festgestellt. Hohe Dichten von 50 bis 60 Stück auf 100 ha werden in Kasachstan und Mittelasien in günstigen Jahren auch an den Ufern der großen Seen und Ströme erreicht. Allerdings unterstreichen diese Beispiele auch die außerordentlich große Populationsdynamik und das Migrationsvermögen des Schwarzwildes.

2.4.3. Asien (außer asiatische Teile der UdSSR)

Mongolei: Die Schwarzwildstrecke in der Mongolei beträgt etwa 20000 Stück (M. STUBBE, 1975; KRAL, 1978). Das Wildschwein bewohnt vor allem die Wälder der Nordmongolei, kommt aber sporadisch auch in den großen Schilfdickichten der Westmongolei, in einigen Gobi-Oasen und im Südwesten in der Flußniederung des Bulgangol vor.

Auf die Gesamtfläche bezogen beträgt die Strecke etwa 0,0013 Stück auf 100 ha. Wird angenommen, daß Schwarzwild auf nur etwa 30 % der Landesfläche der Mongolei geeignete Lebensbedingungen findet, steigt der Streckenwert auf etwa 0,04 Stück.

Korea: Korea weist hohe Wildschweinbestände auf, die nach BROMLEJ (1964) sogar zum völligen Schutz des noch häufigen Tigers als Hauptfeind des Schwarzwildes geführt haben sollen. Zahlenangaben liegen nicht vor.

Japan: In Japan werden jährlich etwa 42000 Sauen zur Strecke gebracht (ASAHI MINORU, 1978). Das entspricht etwa 0,11 Stück auf 100 ha Landesfläche. Die Bestände werden als wachsend bezeichnet.

Beachtliche Schwarzwildbestände sind sicher in China und Indien, wahrscheinlich aber auch in anderen asiatischen Staaten, z. B. dem Iran und in Afghanistan, vorhanden. Es sind jedoch keinerlei Angaben verfügbar.

2.4.4. Afrika

In großen Teilen des ursprünglichen afrikanischen Areals ist das Wildschwein ausgerottet. Nennenswerte Bestände wieder zugeführter Wildschweine in allerdings unbekannter Höhe finden sich jedoch in den ausgedehnten Eichenwäldern der Gebirge an der algerisch-tunesischen Grenze (MEYER, 1971).

Tabelle 2/12 *Schwarzwildstrecken in den USA 1975/76*

Bundesstaat	Bestand Stück	Strecke Stück
Kalifornien	30500	17000
Florida		36000
Oklahoma	einige	
Arizona	200...400	
Hawai		457
Tennessee	2300	100...120
Nordkarolina	700...900	100
Kentucky	300	200...300

2.4.5. Amerika

Nach SCHMIDT und GILBERT (1978) wurden in Kalifornien im Jahre 1975 18000 Stück Schwarzwild, in Florida sogar 36000 Stück gestreckt. Dazu käme noch die nicht erfaßte Strecke auf Privatländereien. Eine Zusammenstellung von Bestandeseinschätzungen aus den Vereinigten Staaten findet man in der Tabelle 2/12. Einschätzungen zur Wilddichte erscheinen zu gewagt; doch geht aus einzelnen amerikanischen Veröffentlichungen hervor, daß zumindest örtlich Bestände vorhanden sind, die in ihrer Bestandsdichte mitteleuropäischen Verhältnissen entsprechen. Aus Mittel- und Südamerika liegen keine Informationen vor.

2.4.6. Australien

Die australischen Verhältnisse hat TISDELL (1982) abzuschätzen versucht. Seine Bestandsangaben von 3 bis 7 Millionen verwilderten Hausschweinen werden von anderen zitierten Autoren noch überboten. Die Hauptvorkommen befinden sich in New South Wales und in Queensland, stärkere Bestände leben aber auch im Nordterritorium und in Westaustralien.

Nach den Erwägungen TISDELL's stellt das „Wild pig“ heute in Australien das begehrteste Jagdwild dar. Von mehr als 100000 Schwarzwildjägern werden jährlich mindestens 500000 Sauen erlegt, doch reichen die Streckenangaben bis 1,5 Millionen Stück. Daneben erfolgen noch in umfangreichem Maße Fänge und Vergiftungsaktionen, da das Schwarzwild nach dem Rückgang des

Wildkaninchens als das für die Landwirtschaft schädlichste Wild des Kontinentes gilt. Hohe Bestände verwilderter Hausschweine gibt es auf Neuseeland.

2.4.7. Zusammenfassende Übersicht

Eine wenigstens annähernde Übersicht über den gegenwärtigen Gesamtbestand zu geben, stößt, wie ersichtlich war, selbst bei einer so auffälligen Tierart wie dem Wildschwein auf beträchtliche Schwierigkeiten.

In einer Reihe von Staaten gibt es weder Wildbestandsermittlungen noch eine zentrale Jagdstatistik, oder diese ist nicht zugänglich. Streckenangaben müssen in einem – freilich unterschiedlich großen – Umfange als unvollständig angesehen werden. Während sie in einigen Ländern, darunter der DDR, Anspruch auf weitgehende Vollständigkeit erheben dürfen, geben sie in anderen sicher nur einen Bruchteil der wirklichen Jagdbeute wieder. Dennoch sind sie der zur Zeit exakteste Ausdruck für das Schwarzwildvorkommen und geben in ihrer absoluten Höhe, besser aber noch bei Bezug auf die Landes- oder Jagdfläche einen relativen Index für die Höhe der Bestände. Wilddichteangaben sind weit seltener zu finden als Streckenangaben. Zudem sind sie mit noch viel größeren Unsicherheiten belastet. Wird die Wilddichte aus der Strecke durch Rückrechnung abgeleitet, muß man berücksichtigen, daß Zuwachs und natürliche Verluste in den unterschiedlichen Arealteilen stark differieren und die darauf im wesentlichen abgestimmte Nut-

Tabelle 2/13 *Schwarzwildstrecken und Bestände im eurasischen Arealteil, nach vorliegenden Meldungen für den Zeitraum 1970 bis 1986 zusammengestellt*

Land	Strecke Stück	Bestand Stück	Strecke auf 100 ha Landesfläche	Bestand auf 100 ha Landesfläche
Belgien	4000	9000	0,13	< 0,2
Bulgarien	7000	37500	0,07	0,34
Bundesrepublik Deutschland	45000	37500	0,18	0,16
Dänemark		200		< 0,01
Deutsche Demokratische Republik	120000	80000	1,50	1,00
Finnland	50		< 0,001	< 0,01
Frankreich	50000	90000	0,10	0,1...0,2
Griechenland			< 0,01	< 0,01
Italien			< 0,01	< 0,01
Japan	42000		0,11	0,1
Jugoslawien	15000	50000	0,07	0,20
Luxemburg	500		0,19	0,1...0,2
Mongolei	20000	(50000)	0,01	0,03
Niederlande		300	0,1	< 0,1
Österreich	4500	(5000)	0,05	0,05
Polen	62000	60000	0,20	0,19
Portugal				< 0,1
Rumänien	10000	50000	0,05	0,21
Schweden		200		< 0,01
Schweiz	500		0,01	< 0,01
Sowjetunion	52000	350000	0,002	0,02
Spanien	30000	30000	0,06	0,06
Tschechoslowakei	45000	46000	0,40	0,41
Ungarn	35000	30000	0,40	0,33

(Angaben in Klammern: sehr grobe, unzuverlässige Schätzwerte)

zung ebenso weit unter dem Bestand liegen kann, wie sie ihn beträchtlich zu überschreiten vermag. Mit all diesen Vorbehalten soll doch versucht werden, eine zusammenfassende Darstellung über die Größe der Schwarzwildpopulationen etwa der Zeitperiode 1975 bis 1980 zu geben.
Die Tabelle 2/13 weist für alle diejenigen Länder Eurasiens, für die Informationen erlangt werden konnten, eine Gesamtstrecke von etwa 550000 Stück im Jahr aus. Bei Berücksichtigung der Strecken nicht aufgeführter europäischer Länder einschließlich der Türkei kann man wohl für diesen gesamten Raum mit einer Strecke von annähernd 6 bis 700000 Stücken rechnen. Leider fehlen Informationen aus wesentlichen Teilen des Areals (im besonderen aus China, Indien, Pakistan und Südostasien) ganz. Geht man von der Strecke anderer asiatischer Länder aus, könnte hier mit etwa 100 bis 200000 Stück gerechnet werden. Im eurasischen Teil wird man so mit einen jährlichen Gesamtabschluß bei 1 Million Stücken kalkulieren können. Unter den Staaten, deren Streckenangaben vorliegen, steht die DDR mit mehr als 100000 Stück und etwa 10 % des Weltabschlusses an der Spitze. Es folgen Polen mit mehr als 60000 Stück, die UdSSR und Frankreich mit über 50000 Stück sowie die BRD, ČSSR und Japan mit etwa 45000 Stück. Alle übrigen Staaten strecken weniger als 5 % der Weltstrecke. Die vorliegenden Bestandsschätzungen erfassen über 900000 Stück Schwarzwild im Frühjahr. Der Gesamtbestand der in der Tabelle 2/13 aufgeführten Länder dürfte über 1 Million Stück liegen. An diesem Bestand ist die Sowjetunion mit etwa einem Viertel beteiligt. Etwa 5 % des erfaßten eurasischen Bestandes befinden sich in der DDR, Polen, Jugoslawien, Rumänien, der ČSSR und vielleicht in der Mongolei und in Spanien. Die Bestände der übrigen Länder haben weniger als 3 %. Neben diesen absoluten Werten sind die relativen Wilddichte- und Streckewerte sehr interessant. Mit einer Strecke von 1,5 Stück auf 100 ha Landesfläche bzw. Wilddichte von 1,0 Stück auf 100 ha liegt die DDR weit über den Schwarzwildbeständen aller übrigen Länder. In weitem Abstand folgen mit einer Strecke von etwa 0,4 Stück Ungarn und die ČSSR, um 0,1 Stück auf 100 ha Belgien, Frankreich, Bulgarien und Japan. Um 0,2 Stück streckt man in Polen, in der BRD und in Luxemburg. Alle übrigen Länder liegen beträchtlich unter diesen Werten, wobei freilich (z. B. bei der Sowjetunion) der unterschiedlich hohe Anteil für das Schwarzwild ungeeigneter Anteile an der Landesfläche mit von Bedeutung ist. Bei Betrachtung der Wilddichteschätzungen gibt es infolge der schon erwähnten unterschiedlichen Zuwachs- und Nutzungswerte einige Veränderungen in der Reihenfolge. Der DDR folgen mit 0,4 Stück die ČSSR, mit 0,3 Stück auf 100 ha Landesfläche Bulgarien und Ungarn. Auf etwa 0,2 Stück je 100 ha schätzt man die Bestände in Jugoslawien, Rumänien und in der BRD; auf etwa 0,1 Stück in Österreich, Frankreich, Luxemburg und Japan. Die überseeischen Vorkommen an Wild- und verwilderten Hausschweinen wurden bisher nicht berücksichtigt. Die hier erzielten Strecken entsprechen in ihrer absoluten Höhe, wenn auch fast ausschließlich als verwilderte Hausschweine, mindestens der Ernte in Eurasien. Die absoluten Bestände Australiens scheinen sogar um ein Mehrfaches größer zu sein. Alle Angaben treffen freilich nur für eine Zeitperiode annähernd zu, die weltweit– von einigen Gebieten abgesehen – durch aufblühende Schwarzwildpopulationen gekennzeichnet war. Dennoch kann man mit allen Einschränkungen sagen, daß sich das Wildschwein den unterschiedlichsten Lebensbedingungen bestens anpassen kann, menschlichen Schutz oder gar Bewirtschaftung vorausgesetzt, Bestandshöhen erreicht, die es weltweit zum vorrangigen Objekt jagdlicher Nutzung werden lassen.

3. Körperbau und allgemeine Lebensfunktionen

3.1. Gestalt und Wachstum

3.1.1. Äußere Erscheinung

Das Wildschwein bietet ein so markantes, typisches Erscheinungsbild, daß es wohl nirgends in seinem gesamten Verbreitungsgebiet mit einer anderen dort vorkommenden Wildart verwechselt werden kann. Will man das Aussehen der Wildschweine allgemein, kurz und treffend charakterisieren, ist an erster Stelle ihr gedrungener, massiger Körperbau zu vermerken. Im Vergleich zu ihrer relativ hohen Körpermasse wirken sie infolge ihrer recht kurzen und nicht besonders starken Läufe niedrig gebaut und vielleicht sogar etwas plump – ein Eindruck, der sich sofort verliert, wenn sie sich in Bewegung setzen. Alle Eigenheiten des Körperbaus tragen dazu bei, ein kompaktes, untersetztes Tier entstehen zu lassen. Der fast überdimensioniert wirkende, massige, kräftige Kopf läuft nach vorn keilförmig gestreckt in eine stumpf-rundliche Rüsselscheibe, den Wurf, aus. Hoch angesetzt sind die unauffällig kleinen, geschlitzten, nach schräg-vorn gerichteten Lichter. Der Kopf scheint direkt in den Rumpf überzugehen, da der kurze, gedrungene und kaum bewegliche Hals eigentlich nur in der dünnen Sommerschwarte erkennbar ist. Dieser Eindruck wird auch durch das lang ausgezogene, hohe Scheitelbein auf der einen Seite und durch den hohen Widerrist des Rumpfes sowie den tiefen Brustkorb auf der anderen noch verstärkt, zumal ein Kamm langer Borsten, die Federn, der auf der Stirn beginnt und über den Rücken verläuft, bis zur Rückenmitte hin den Körper durchgehend gewölbt erscheinen läßt. Nur die ziemlich kurzen Ohren, die Teller, die durch einen dichten Rand zottiger Borsten begrenzt werden, unterbrechen und beleben diese einfache, geradezu fossil anmutende Linienführung. In der Körpermitte, kurz hinter den Vorderläufen, ist scheinbar die Körpermasse konzentriert. Dieser optische Anziehungspunkt, wohl auch für das Wild selbst, kann durch das Hochstellen der Federn noch verstärkt werden. Bei den Keilern bildet sich in der Blattpartie eine besonders dicke Hautschicht, der Schild, der sie noch wuchtiger macht (Abb. 3/1 und Abb. 3/2).

Nach den Keulen hin, zur Kruppe, nimmt nicht nur die Körperhöhe wieder ab; auch die Bauchlinie, die bei Keilern durch den Pinsel stumpfwinklig, bei den Bachen rundlich ist, ist leicht aufgezogen. Die kräftigen Keulen täuschen vor, schwächer zu sein als die Blätter. Unauffällig beschließt der mit seiner Quaste bis etwa zu den Fersengelenken hinabreichende Schwanz, der Pürzel, das Tier, wenn er nicht, wie allerdings oft, erhoben wird oder durch Pendelbewegun-

Abb. 3/1 Mittelalter Keiler (links) und zwei Bachen im Winterhaar (Foto: FREYMANN)

Abb. 3/2 Bache und Überläufer im Wechsel zum Sommerhaar (Foto: FREYMANN)

gen den Gemütsstimmungen Ausdruck verleiht.
So massig das Wildschwein von der Seite wirkt, so schmal, oder bei einigen Unterarten sogar flach sieht es von vorn oder gar von oben aus. Der Kopf mit seinen kräftigen Kiefern, die in der Winterschwarte durch einen kurzen Backenbart unterstrichen werden, und die aufmerksam nach vorn-seitlich gestellten Teller haben fast die gleiche Breitendimension wie der übrige Körper. Wenn die Läufe weiter vorn als recht kurz und nicht besonders stark charakterisiert wurden, entspricht das dem Vergleich mit dem auf ihnen ruhenden kompakten Körper. Tatsächlich weisen sie einen stabilen Knochenbau und kräftige Sehnen auf, die das Schwarzwild erforderlichenfalls zu ausdauerndem Laufe befähigen. Sie schließen unten mit zwei gut spreizbaren Schalen ab, in deren Länge die derben Ballen zu gut zwei Dritteln den Boden berühren. Die etwas über ihnen sitzenden Oberrücken berühren auch bei normalem Lauf den Boden und können somit die Auftrittsfläche bei unsicheren Bodenverhältnissen beträchtlich vergrößern.
Betrachtet man die geschilderten Eigenschaften der Gestalt zusammenfassend, so kennzeichnen sie das Wildschwein als eine Intermediärform zwischen dem sogenannten „Brecher-“ und dem „Schlüpfertyp“. In seinen wichtigen Lebensräumen, den unterwuchsreichen, feuchten bis sumpfigen Laubmischwäldern, vermag es auf schmalsten, tunnelartigen Wechseln zu ziehen, aber auch Hindernisse durch robuste Gewalt zu beseitigen. Keine hinderlichen Körperfortsätze, wie Geweihe oder Hörner, nicht einmal das in den Keulen fast verschwindende Kurzwildbret der Keiler, bieten Strauch, Dorn und Schilf eine Angriffsfläche.
Sein einfarbiges, graumeliertes bis schwärzliches Aussehen entspricht den Gegebenheiten der Hauptbiotope: dichte Vegetation bietet optischen Signalen wenig Wirkungsspielraum. Nur im Nahbereich können die von einer leichten Aufhellung bis zur weißlichen Wangenbinde reichende Akzente und die Konturen umreißende Dunkelfärbung von Tellern, Kamm, Pürzel und Unterläufen Wirkung haben. Hier beeindrukken auch die als Gewaff bezeichneten starken, gekrümmten Eckzähne der Keiler, die aus einiger Entfernung schon kaum mehr sichtbar sind.
Die das Hausschwein charakterisierenden wesentlichsten Unterschiede in der äußeren Erscheinungsform sind folgende: Ganz allgemein gesagt ist das Hausschwein bei größerer Körpermasse langgestreckter und rundlicher geformt; der ausgeprägte Widerrist fehlt. Der Kopf ist kurz gestaucht (Mopskopf), die Ohren sind wesentlich größer und stehend, oder nach vorn umgekippt. Der Schwanz ist geringelt oder kupiert. Den meisten modernen Rassen fehlt das Haar fast ganz oder es sind nur geringe Deckhaarreste vorhanden. Die Farbe wird durch die Haut bestimmt. Sie ist hellrosa, bei einigen Rassen aber auch schwarz, schwarzweiß oder schwarzrot abgesetzt, oder auch rot bzw. schwarz auf hellem Grunde gefleckt.
Primitive, vor allem verwilderte Formen können in der Körperform ein weitgehend wildschweinähnliches Aussehen haben, doch die übrigen Kennzeichen charakterisieren sie meist eindeutig. In europäischen und südostasiatischen Räumen, in denen es nicht selten zu Einkreuzungen primitiver Hausschweine in Wildschweinpopulationen kam, sind vor allem Farbabweichungen noch heute nicht selten. Ausführlichere Darstellungen zum Aussehen des Wildschweines enthalten die speziellen Kapitel.

3.1.2. Körperstärke

3.1.2.1. Körpermasse

Die Körperstärke des Schwarzwildes wird gewöhnlich durch Masseangaben charakterisiert. Sie entstammen meist Streckendurchschnittsmassen, noch häufiger aber Einzelwerten außergewöhnlich starker Stücke. In Mitteleuropa beziehen sich die Masseangaben zumeist auf das jagdlich aufgebrochene Stück; d.h., nach Entnahme der Innereien (Geräusch und Gescheide) sowie des Bauchfettes (Weißes); bei Keilern gelegentlich auch des Gebrechs bis in die Höhe der 3. Molaren. In der Sowjetunion sind als Reinmasse Angaben gebräuchlich, bei denen dem Stück lediglich das Gescheide (Magen-Darm-Trakt sowie Reproduktionsorgane) entnommen wurden. Über Lebendmassen liegen bisher noch kaum verläßliche Angaben vor. Sollten sie aus einer Jagdstrecke annähernd berechnet werden, müßten Geräusch und Gescheide sowie in jedem Fall der nach der Erlegung eingetretene Blutverlust Berücksichtigung finden.

Die Tabelle 3/1 gibt zur Orientierung die Lebendmasse und die nach der Erlegung festgestellten Massekomponenten von zwei vierjährigen Versuchstieren aus dem Gatter des Wildforschungsgebietes Hohenbucko wieder. Es ist ersichtlich, daß nach sowjetischer Wägweise etwa 14 %, nach der in der DDR üblichen Form des Aufbrechens etwa 20 % der Lebendmasse abgesetzt werden müssen. Anders gesagt, beträgt die Lebendmasse annähernd 125 % der Körpermasse aufgebrochen oder 115 % der Reinmasse nach sowjetischer Wägweise. Beide Stücke befanden sich in sehr gutem Körperzustand und in der Winterschwarte; die Bache war nicht beschlagen.

I. Stubbe et al. (1980) geben an, daß bei der Wägung von 11 Stücken Schwarzwild unterschiedlichen Alters aus dem Wildforschungsgebiet Hakel die Wildbretmasse nach dem Aufbrechen etwa 76 bis 77 % der Lebendmasse betragen hat. Alters- und Geschlechterunterschiede waren bei ihrem Material nicht erkennbar.

Bader (1983) teilt mit, daß nach seinen Ermittlungen zwar keine Geschlechterunter-

Tabelle 3/1 *Zerlegungsergebnisse von zwei vierjährigen Wildschweinen (Gatterstücke, guter Ernährungszustand, außerhalb der Reproduktionsperiode)*

	Keiler		Bache	
	g	%	g	%
Lebendmasse	116000	100	75500	100
Hirn	150	0,13	110	0,15
Zunge	450	0,39	280	0,50
Schlund, Drossel, Anhangsdrüsen	400	0,34	320	0,42
Herz	460	0,40	340	0,45
Lunge	640	0,55	930	1,23
Leber	920	0,79	720	0,95
Milz	280	0,24	180	0,24
Nieren (2)	250	0,22	150	0,20
Magen, gefüllt	2280	1,97	1200	1,59
Magen, leer	610	0,53	490	0,65
Darm, gefüllt	3990	3,44	3380	4,48
Darm, leer	2650	2,28	2000	2,65
Zwerchfell	360	0,31	500	0,66
Gekröse mit Darmfett und Netz	1810	1,56	550	0,73
Testes, Samenleiter, Drüsen	320	0,28	—	—
Uterus, Eierstock, Eileiter	—	—	280	0,37
Harnblase, Harnleiter	520	0,45	90	0,12
Bauchfett (Weißes)	4280	3,69	900	1,19
Körperflüssigkeiten[1]	6600	5,69	5200	6,89
Summe Geräusch	2550	2,20	2320	3,07
Summe Verdauungstrakt	7120	6,14	5180	6,86
Summe Gescheide	9280	8,00	6000	7,95
Summe Reinmasse (mit Geräusch, ohne Gescheide)	100480	86,60	64810	85,84
Summe Körpermasse aufgebrochen	92440	79,70	60500	80,13

[1] beim Aufbrechen werden Blut und Lymphe frei

schiede im Verhältnis der Schlacht- zur Körpermasse vorliegen, sich aber die Beziehungen mit steigender Körpermasse ändern. Bei Sauen mit einer Lebendmasse von weniger als 60 kg betrug die Wildbretmasse aufgebrochen 78,31 % (n = 19), bei einer Masse von mehr als 60 kg 81,01 % (n = 14). Nach HENRY (1965), der in den USA 121 im Herbst erlegte Sauen diesbezüglich auswertete, verlieren Keiler durch das Aufbrechen durchschnittlich 21,4 %, Bachen 23,5 % der Lebendmasse. Bis zum Vorliegen umfangreicherer Angaben aus unserem Raum wird empfohlen, zur Berechnung der Lebendmasse sowjetischen Angaben 15 %, mitteleuropäischen Angaben 25 % der Körpermasse aufgebrochen hinzuzufügen.

Die Angaben zur Körpermasse adulten Schwarzwildes variieren außerordentlich stark. Die Differenzen basieren nicht immer auf durch Veranlagung und Lebensraum bedingten Unterschieden. Häufig fehlen exakte Altersangaben oder es muß mit fehlerhafter Alterseinstufung gerechnet werden. Auch die beträchtlichen jahreszeitlichen Unterschiede sind nicht immer ausgewiesen, sondern es werden Durchschnittsstrekken aus längeren Erhebungszeiträumen mitgeteilt. Bei Durchschnittswerten kann die Zusammensetzung der zugrundeliegenden Strecke das Ergebnis beachtlich bestimmen.

Um die Körperstärke des Schwarzwildes vergleichbar zu charakterisieren, empfehlen sich

- Durchschnittswerte ab zweijährigen Wildes,
- Durchschnittswerte ab fünfjährigen Wildes,
- belegte Spitzenwerte.

Die erstgenannten beiden Angaben sollen möglichst mehrjährige Jahresmittel sein.

Nach KIESSLING (1925) sollen „unter normalen Verhältnissen“ dreijährige und ältere Keiler 100 bis 120 kg, aufgebrochen 95 bis 105 kg, wiegen. G. L. HARTIG (1810) wies aber bereits darauf hin, daß Werte von 200 kg und darüber erreicht werden können.

Nach MÜLLER-USING (1949) betrugen die Durchschnittsmassen von Keilern in den westlichen Teilen des früheren Deutschlands 54 kg, in den östlichen Teilen 80 kg. Bei Bachen ergaben die Strecken entsprechend 44,6 kg bzw. 66 kg. Für westdeutsche Verhältnisse ermittelte OLOFF (1951) aus Solling-Forstämtern Durchschnittsmassen bei Keilern von etwa 61 kg, bei Bachen zwischen 50 und 60 kg. HASSELBACH (1970), der eine größere Strecke in Niedersachsen untersuchte, berechnete die Durchschnittsmasse von Keilern mit 70 kg, die von Bachen mit 61,5 kg.

Im Gebiet der DDR wogen 278 ab zweijährige Keiler durchschnittlich 69,5 kg, 386 gleichalte Bachen 60 kg (Tab. 3/2). Wie noch zu zeigen sein wird, können Keiler mit einem Alter ab 5 Jahren als weitgehend ausgewachsen gelten. Die mittlere Körpermasse, aufgebrochen, von 53 Keilern, die dieses Alter annähernd erreicht bzw. überschritten hatten, betrug 85,7 kg; die von 44 Bachen gleichen Alters 67,4 kg.

Die Werte variieren allerdings jahreszeitlich beachtlich. Keiler erreichten ihre größten Massen im III. und IV. Quartal und wiegen dann durchschnittlich 100 bis 110 kg (Tab. 3/3). Im I. und II. Quartal liegen dagegen die Werte zwischen 70 und 80 kg. Bei Bachen stellten wir die Höchstwerte im IV. und sogar I. Quartal mit 70 bis 75 kg, die geringeren dagegen im II. und III. Quartal fest. Die jahreszeitlichen Unterschiede sowohl im Nahrungsangebot als aber auch in der Belastung durch die Reproduktion sind offensichtlich. Auffallend ist auch die große Variationsbreite der Körpermasse. Sie reichte selbst bei reifen Keilern von 54 bis 157 kg, bei den Bachen von 43 bis 95 kg. Sicher werden in Einzelfällen auch höhere Körpermassen als hier angegeben erreicht. Es ist dennoch anzunehmen, daß das Schwarzwild im Raum der DDR nur selten höhere Wildbretmassen als 160 kg bzw. 95 kg aufgebrochen erreicht. Das entspricht einer Lebendmasse von annähernd 200 bzw. 120 kg. Aus anderen Teilen des Schwarzwildareals verfügen wir, mit Ausnahme der Sowjetunion, zur Zeit noch über keine fundierten Unterlagen. Besonders wertvoll sind die gründlichen Untersuchungen von KOSLO (1968 a, 1968 b, 1975) aus dem sowjetischen Teil des Urwaldes von Belowesh und aus den slowakischen West-

Tabelle 3/2 *Durchschnittliche Körpermassen und Körpermaße von Wildschweinen*

Gebiet Alter der Strecke	Autor	Körper- masse		Kopf- Rumpf- Länge		Schulter- höhe		Brust- umfang		Pürzel- länge		Hinter- fußlänge		Ohr- länge	
		n	kg	n	cm	n	cm	n	cm	n	cm	n	cm	n	cm
a: Keiler															
DDR															
Mittelraum, Flachland	BRIEDERMANN, 1970, 1981														
ab 2 Jahre		278	69,5	276	141,8	56	76,5	53	112,8	145	21,7				
ab 5 Jahre		53	85,7	53	149,9	11	79,4	11	119,5	37	24,1				
Hakel, Harzvorland	I. STUBBE et al. 1980														
ab 2 Jahre		26	88,0	25	151,2	27	81,0	26	119,1	24	24,5	17	31,9	17	13,9
ČSSR															
Westkarpaten	HELL/PAULE, 1983														
ab 2 Jahre		30	103,8	34	157,2	35	93,3	34	130,4	35	24,3	33	35,5	34	13,5
UdSSR															
Belowesher Urwald	KOSLO, 1975														
ab 2 Jahre		61	106,9	70	150,2	70	93,0	70	119,8	70	27,9	70	33,7	70	14,4
ab 5 Jahre		35	124,7	35	160,5	35	99,4	35	130,1	35	29,0	35	34,5	35	15,2
Beresina-Schutzgebiet	KOSLO, 1975	4	193		174		104		165		30				17
Astrachaner Schutzgebiet	LAWROWSKI, 1962	25	185		200		109		149		25				
Kaukasisches Schutzgebiet	DONAUROW/TEPLOW, 1938	12	166				103				24				16
Kasachstan	SLUDSKIJ, 1956	1…11	106,4		159,8		86,2		113		24,5				13,8
Süden des Fernen Ostens	BROMLEJ, 1964	7	144		188		98		147		27				13,5
b: Bachen															
DDR															
Mittelraum, Flachland	BRIEDERMANN, 1970, 1981														
ab 2 Jahre		386	60,1	384	136,1	56	71,1	53	105,3	147	20,9				
ab 5 Jahre		44	67,4	44	140,6					39	21,4				
Hakel, Harzvorland	I. STUBBE et. al. 1980														
ab 2 Jahre		39	58,1	42	137,6	43	72,4	43	101,2	41	23,1	33	29,7	33	13,2

ČSSR															
Westkarpaten	Hell/Paule, 1983														
ab 2 Jahre		53	84,2	86	151,8	87	88,2	87	121,8	89	22,9	87	31,7	89	12,9
UdSSR															
Belowesher Urwald	Koslo, 1975														
ab 2 Jahre		78	76,0	69	140,3	69	86,5	69	106,6	69	27,0	69	31,7	69	13,9
ab 5 Jahre		30	81,9	30	144,7	30	87,6	30	109,9	30	27,4	30	31,6	30	14,0
Beresina-Schutzgebiet	Koslo, 1975	3	102		158		91		133		28				15
Astrachaner Schutzgebiet	Lawrowski, 1962	82	111		180		97		123		22				15
Kaukasisches Schutzgebiet	Donaurow/Teplow, 1938	23	88		144		75				23				18
Kasachstan	Sludskij, 1956	1...11	68,7		143,6		76,8		95		21,9				13
Süden des Fernen Osten	Bromlej, 1964	5	131		173		92		126		24				13

karpaten (Hell und Paule, 1983). Beide Arbeiten sind deshalb besonders interessant, weil die untersuchten Populationen im vermuteten Grenzbereich der Unterarten *scrofa* und *attila* liegen (vgl. Kapitel 1.). Aus Koslo's Angaben errechnet sich für 61 ab zweijährige Keiler einen Durchschnittswert von 107 kg; das entspricht einer Lebendmasse von etwa 125 kg bzw. einer Körpermasse aufgebrochen von etwa 100 kg. Bei 35 adulten Keilern betrug der Mittelwert etwa 125 kg; die Lebendmasse dementsprechend nahe 145 kg und die Körpermasse aufgebrochen etwa 115 kg. Die Variationsbreite reicht bei letztgenanntem Wert von 83 bis 162 kg, bei der Lebendmasse von 103 bis 202 kg. Berücksichtigt man, daß es sich um im Frühjahr und Sommer erlegte Keiler handelte, sind die Massedifferenzen zu den DDR-Werten zwar deutlich, doch nicht übermäßig stark. Bemerkenswert ist das Fehlen leichterer Keiler in der Variationsbreite; sicher eine Folge der härteren natürlichen Auslese.

Noch auffälliger wird die Ähnlichkeit, wenn man berücksichtigt, daß Koslo relativ viel sehr alte Keiler verwog, in unserem Material aber nur wenige enthalten waren, die man auf ein Alter von sieben und mehr Jahren schätzen konnte. Fünfjährige Keiler wogen in Belowesh durchschnittlich 113,7 kg; das sind 105 kg aufgebrochen bzw. 130 kg Lebendmasse und somit durchaus auch in der DDR anzutreffende Sommerwerte.

Allerdings zitiert Koslo auch Karcow (1903), nach dem im Jahre 1879 in diesem Gebiet ein Keiler von etwa 288 kg Körpermasse erlegt worden sein soll. Die Körpermasse ab zweijähriger Bachen betrug in Belowesh durchschnittlich 76 kg. Das entspricht einer Lebendmasse von etwa 87 kg bzw. einer Körpermasse aufgebrochen etwa 70 kg. Auch hier sind die Differenzen nicht sehr erheblich. Freilich werden die Spitzenwerte von etwa 160 kg Lebendmasse bzw. 130 kg Körpermasse aufgebrochen in der DDR nicht erreicht. Es sei darauf verwiesen, daß Koslo in einer anderen Tabelle die durchschnittlichen Körpermassen für Keiler aus Belowesh mit 121 kg, die von Bachen mit 96 kg angibt. Es ist unklar, woher

Tabelle 3/3 *Wildbretmasse (kg, aufgebrochen) von Wildschweinen aus der DDR (nach* BRIEDERMANN, 1981)

Altersgruppe	Quartal	Männlich				Weiblich				$\bar{x}_1$ minus $\bar{x}_2$	Sign.[+]
		n_1	$\bar{x}_1$	s_1	Variationsbreite	n_2	$\bar{x}_2$	s_2	Variationsbreite		
Frischlinge	II	40	4,37	3,16	1,3...10,6	45	5,28	2,52	2,0...11,0	−0,91	−
	III	164	12,82	5,83	4,0...31,0	131	11,65	5,13	3,5...26,0	1,17	−
	IV	313	24,10	8,18	8,0...49,0	270	23,32	6,6	7,5...49,0	0,78	−
	I	457	26,34	8,35	6,0...50,0	343	25,75	8,07	9,0...55,0	0,59	−
Überläufer	II	562	35,01	9,88	10,0...70,0	352	29,22	7,38	11,0...59,0	5,79	+++
	III	285	47,04	11,3	18,0...82,0	181	38,54	7,88	20,0...60,0	8,50	+++
	IV	188	56,21	11,9	23,0...88,0	141	51,89	8,75	30,0...76,0	4,32	+++
	I	105	50,71	15,6	24,0...75,0	99	50,49	9,09	18,0...78,0	0,22	−
2- bis 3jährig	II	62	54,11	12,2	37,0...84,0	51	43,69	8,34	26,0...63,0	10,42	+++
	III	37	70,43	12,7	39,0...101,0	57	53,26	10,4	24,0...75,5	17,17	+++
	IV	32	69,48	9,59	54,0...88,0	67	62,7	9,48	42,0...84,0	6,78	++
	I	29	58,6	11,08	37,0...82,0	36	62,93	11,2	37,0...91,0	−4,33	−
3- bis 5jährig	II	19	68,4	6,36	52,0...85,0	12	50,67	8,56	40,0...70,0	17,73	+++
	III	19	82,13	14,9	63,0...128,0	19	61,53	10,9	42,0...80,0	20,60	+++
	IV	16	80,12	17,6	64,0...120,0	56	65,86	10,3	40,0...90,0	14,26	+++
	I	11	67,09	11,3	55,0...76,0	44	69,13	10,7	34,0...90,0	−2,04	−
ab 5jährig	II	16	80,25	8,39	70,0...92,0	6	52,33	6,83	43,0...58,0	27,92	+++
	III	9	111,22	20,46	93,0...157,0	7	60,57	7,63	50,0...70,0	50,65	+++
	IV	9	100,39	16,6	83,0...134,0	16	71,31	10,3	53,0...88,0	29,09	+++
	I	19	71,32	10,1	54,0...90,0	15	72,53	11,4	52,0...95,0	−1,21	−

[5] Sign. − nicht gesichert; + $p < 0{,}05$; ++ $p < 0{,}01$; +++ $p < 0{,}001$

diese relativ hohen Werte stammen, da sie aus einer relativ kleinen Stückzahl abgeleitet wurden, die aus dem sonstigen Material von KOSLO nicht ersichtlich ist. Vermutlich handelt es sich um eine Auswahl besonders alter und starker Stücke.

Die von HELL und PAULE (1983) mitgeteilten Körpermassen der Keiler von 103,8 (60 bis 153) kg und der Bachen von 84,2 (45 bis 128) kg sind mit den Angaben von KOSLO nahezu deckungsgleich. Sie stimmen mit den von BALIŠ (1971) aus der Hohen Tatra, an geringerem Material gewonnenen Werte im wesentlichen überein (Keiler 88,5 kg, 50 bis 158; Bachen 76 kg, 61 bis 90). Auffällig ist die weitaus größere Streubreite der slowakischen Angaben, die bei den Keilern den in der DDR ermittelten Werten entspricht. Berücksichtigt man die unterschiedliche Alterszusammensetzung der Stichproben, sind die tatsächlich vorhandenen Massedifferenzen sicher nicht überzubewerten, denn während HELL und PAULE für ihr Material einen Anteil junger Keiler von 16 % angeben, liegt der Anteil ab fünfjähriger Keiler an der DDR-Untersuchung sicher nicht über 20 %. Die auch in der Slowakei bis 128 kg reichenden Wildbretmassen der Bachen könnten eine Folge unterschiedlicher Reproduktionsbelastung (vgl. Abschnitt 5.6.) sein.

Bedeutend stärkere Dimensionen erreicht das Wildschwein im Beresina-Gebiet. Nach KOSLO (1975) liegen hier die Durchschnittsmassen um etwa 20 % höher als im Gebiet von Belowesh. Die Körpermasse einer Gruppe von Keilern wurde hier mit 193 (145 bis 234) kg, von Bachen mit 102 (93 bis 108) kg nach sowjetischer Wägung festgestellt. Die Höchstmasse einer Bache soll sogar 160 kg betragen haben.

KOSLO ist der Auffassung, daß zwischen den Gebieten Belowesh und Beresina die Grenze zwischen den Unterarten *scrofa* und *attila* verläuft. Aus dem von *attila* besiedelten Arealteil liegen einige extrem hohe Wägungen vor. So erwähnen HECK und RASCHKE (1980) einen im Jahre 1943 in Lettland erlegten Keiler, der 318 kg aufgebrochen gewogen haben soll. HEPTNER zufolge (1961) wiegen allerdings die stärksten Keiler in der Lettischen SSR bis 200 kg; ein besonders starker Keiler wog 236 kg. In der Belorussischen SSR wurde im Jahre 1951 ein Keiler von 246 kg erlegt. HECK und RASCHKE erwähnen weiterhin, daß im Jahre 1940 in Rumänien ein Keiler gestreckt wurde, dessen Körpermasse aufgebrochen 260 kg betragen habe.

Nach ALMASAN (mdl.) sollen in der SR Rumänien Keiler mit einer Körpermasse von mehr als 300 kg keine Ausnahme bilden. Unabhängig von der Belegbarkeit der zitierten Spitzenwerte wird doch deutlich, daß der Unterart *attila* ein besonders starkes Schwarzwild angehört. Das machen auch einige weitere Angaben deutlich. GUNTSCHAH (1975) gibt für den sowjetischen Karpatenraum Keilermassen von 160 bis 270 kg, Bachenmassen von 80 bis 164 kg an. Aus dem Kaukasischen Schutzgebiet nennen DONAUROW und TEPLOW (1938) Mittelwerte von 166 (64 bis 178) kg bei Keilern und 88 (48 bis 109) kg bei Bachen. Am Nordufer des Kaspischen Meeres (Raum Astrachan) sollen Keiler nach LAVROVSKI (1962) durchschnittlich 185 (103 bis 243) kg, Bachen 111 (96 bis 142) kg wiegen. Als Maximalwerte im Kaspigebiet nennen HEPTNER et al. (1971) 250 bis 270 kg.

Im Verbreitungsgebiet des Mittelasiatischen Wildschweines (*Sus scrofa nigripes*) hat SLUDSKIJ (1956) eine Strecke vermessen. Dieser zufolge wiegen in Kasachstan Keiler 106 (80 bis 183) kg, Bachen 69 (49 bis 80) kg. Nach HEPTNER et al. (1961) wiegt männliches Schwarzwild in Tadshikistan zwischen 74 und 144 kg, weibliches 71 bis 123 kg. In Aserbaidshan reichen Keilermassen bis 142 kg, die von Bachen bis 99 kg. Die Höchstwerte von Keilern sollen in Mittelasien bei 128 bis 160 kg, sehr selten bis 190 kg, betragen.

Besonders hohe Körpermassen werden dem Ussurischen Wildschwein des südlichen Fernen Osten beigemessen. BROMLEJ (1964), der in diesem Gebiet sieben mehr als dreijährige Keiler und fünf ebenso alte Bachen auswertete, gibt Durchschnittsmassen von 144 kg bzw. 131 kg an. Die größten Individuen, die BROMLEJ während seiner Arbeit nachweisen konnte, wogen 267 bzw. 142 kg. Das entspricht Lebendmassen von etwas über 300 bzw. 160 kg. Er schreibt, daß Keiler mit einer Masse von 300 kg (aufgebrochen) im Fernen Osten weder zu erjagen noch zu sehen sind. Gewöhnlich führen Taigajäger gar keine Ausrüstung mit, um so schwere Stücke verwägen zu können. Die Masse wird „nach Augenmaß“ angegeben, wobei jeder Jäger die Dimensionen des von ihm erlegten Stückes übertreibt. Immerhin bleibt festzustellen, daß im Verbreitungsgebiet von *ussuricus* neben dem von *attila* die schwersten Sauen zur Strecke gekommen sind. Leider fehlen gegenwärtig genau definierte Stärkeangaben aus den äußersten westlichen und südlichen Arealteilen. Für das Italienwildschwein wird eine Lebendmasse von 100 kg als Maximum angesehen; das Sarden-Wildschwein soll noch darunter liegen. Für die Vorkommen auf dem indomalayischen Archipel der Bindenschweingruppe kann schließlich nur wiederholt werden, daß starke Keiler gerade Überläuferwerte, also wahrscheinlich kaum mehr als 50 kg aufgebrochen, auf die Waage bringen sollen.

Nach heutiger Kenntnis kann man zusammenfassend feststellen, daß im westlichen Teil des Verbreitungsgebietes ein verhältnismäßig geringes Schwarzwild lebt, dessen Keiler nur in Ausnahmefällen eine Körpermasse von 100 kg aufgebrochen erreichen. In östlicher Richtung erfolgt eine Stärkenzunahme, die schon bei Keilern in der DDR eine Masse von bis 160 kg, an der polnisch-sowjetischen Grenze von etwa 200 kg erreichen läßt. Die sich östlich und südlich anschließende Unterart *attila* kann Spitzenwerte von weit mehr als 250 kg aufweisen und ist möglicherweise die stärkste Unterart überhaupt. Im mittelasiatischen Raum gehen offensichtlich die Spitzenmassen wieder zurück und erreichen kaum noch 200 kg. Im Fernen Osten, im Lebensraum der Unterart *ussuricus*, können schließlich nochmals Spitzenwerte von weit mehr als 250 kg Reinmasse festgestellt werden. In den südöstlichen Arealteilen lebt wiederum geringes, in seiner Stärke aber bisher nicht genau beschriebenes Schwarzwild.

3.1.2.2. Körpermaße

Sind verläßliche Masseangaben schon selten, trifft das zur Zeit für Größenangaben in noch höherem Maße zu. Zur Zeit liegen uns nur Unterlagen aus der UdSSR, der ČSSR und der DDR vor (s. Tab. 3/2).

Zur Charakterisierung der Körperdimensionen sind vor allem folgende Maßstrecken gebräuchlich (Abb. 3/3):

- die Kopf-Rumpf-Länge: Körperlänge vom Oberrand der Rüsselscheibe entlang der Rückenlinie bis zum Pürzelansatz;
- die Pürzellänge: Länge des Schwanzes vom Schwanzansatz bis zum Ende des letzten Schwanzwirbels;
- die Schulterhöhe: Körperhöhe vom Widerrist bis zur Unterkante der Schalen (Stockmaß). Gelegentlich erfolgen die Messungen auch nur bis zur Oberkante der Schalen oder fälschlich mit angedrücktem Bandmaß über die Körperrundung.
- Brustumfang: Umfang mit enganliegendem Bandmaß hinter den Vorderläufen. Es ist wichtig anzugeben, ob das Stück bei der Vermessung bereits aufgebrochen war.
- Hinterfußlänge: Längenmaß vom Sprunggelenkhöcker bis zur Schalenspitze;
- Ohrlänge: Länge vom inneren Ohrwinkel bis zur knorpeligen Ohrspitze.

Weitergehende Messungen übersteigen den Rahmen dieses Buches und müssen speziellen Abhandlungen vorbehalten bleiben; es ist auch hier nicht möglich, die vorliegenden Ergebnisse auf abweichende Meßverfahren hin zu untersuchen. Es kommt uns darauf an, die unterschiedlichsten Schwarzwildschläge auf ihre Körperdimensionen hin ausreichend zu beschreiben. Die Kopf-Rumpf-Länge in der DDR gemessener reifer Keiler beträgt annähernd 150 cm (Tab. 3/2 und 3/4). Sie variiert nach unseren Messungen zwischen 139 und 178 cm. Bei Bachen wurden 140 (127 bis 153) cm festgestellt; eine Ausnahme erreichte sogar 172 cm. Die durchschnittliche Schulterhöhe der Keiler betrug etwa 80 cm; es wurden Spitzenwerte bis zu 87 cm erreicht. Eine Höhe von 90 cm im Stockmaß wird wahrscheinlich nicht überschritten. Bei Bachen ermittelten wir eine durchschnittliche Schulterhöhe von 71 cm; Spitzenwerte reichten bis 84 cm. Der Brustumfang (aufgebrochene Stücke) betrug bei reifen Keilern etwa 120 cm, bei Bachen 105 cm. Die Spitzenwerte erreichten 139 bzw. 124 cm. Bachen sind diesen Messungen zufolge nicht nur etwas kürzer und niedriger, sondern vor allem durch einen geringeren Brustumfang ausgezeichnet, der ja beim Keiler besonders durch den Schild verstärkt ist. Die genannten Ergebnisse, die von Schwarzwild stammen, das in waldreichen Gebieten des mittleren Raumes der DDR erlegt wurde, erreichen die von I. STUBBE et al. (1980) vermessenen Sauen offensichtlich schon etwas früher. In ihrem Untersuchungsgebiet, einer in der fruchtbaren Magdeburger Börde gelegenen Laubholzinsel, erreichten schon ab zweijährige Keiler eine durchschnittliche Kopf-Rumpf-Länge von 151 cm, eine Körperhöhe von 81 cm und

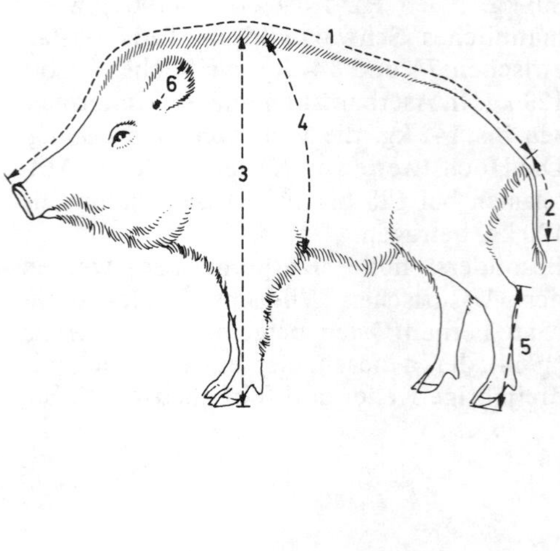

Abb. 3/3 Biometrische Meßstrecken
1 – Kopfrumpf-Länge (KRL)
2 – Pürzellänge (PL)
3 – Schulterhöhe (KH)
4 – Brustumfang (BU)
5 – Hinterfußlänge (HFL)
6 – Ohrlänge (OL)

Tabelle 3/4 *Kopf-Rumpf-Länge (cm) von Wildschweinen aus der DDR (nach* BRIEDERMANN, 1981)

Altersgruppe	Quartal	Männlich				Weiblich				$\bar{x}_1$ minus $\bar{x}_2$	Sign.+
		n_1	$\bar{x}_1$	s_1	Variationsbreite	n_2	$\bar{x}_2$	s_2	Variationsbreite		
Frischlinge	II	40	62,35	18,7	41...78	43	62,83	10,4	33...90	−0,48	−
	III	158	84,1	12,5	57...119	126	81,17	15,3	57...108	2,93	−
	IV	306	101,81	10,5	74...126	259	99,83	10,8	73...123	1,98	+
	I	440	106,44	10,05	71...129	321	105,79	9,27	74...126	0,65	−
Überläufer	II	559	117,41	9,78	85...147	340	111,06	8,46	79...142	6,35	+++
	III	281	125,51	11,9	73...146	179	118,85	8,43	90...141	6,66	+++
	IV	188	131,8	9,69	95...150	138	128,2	7,2	100...144	3,60	+++
	I	104	132,03	8,81	102...147	94	128,83	7,94	92...146	3,20	++
2- bis 3jährig	II	63	133,1	10,2	123...164	51	130,06	6,57	117...142	3,04	−
	III	37	141,54	10,2	126...161	57	133,42	7,47	120...145	8,12	+++
	IV	32	141,47	11,0	125...168	66	134,33	21,44	120...150	7,17	−
	I	27	140,03	17,2	120...169	35	138,77	12,0	121...170	1,26	−
3- bis 5jährig	II	19	144,26	5,69	136...159	12	133,58	6,64	118...143	10,68	+++
	III	19	146,68	6,7	138...155	19	138,26	6,49	128...148	8,42	+++
	IV	16	143,13	12,5	142...165	57	137,94	7,74	124...172	5,18	+
	I	10	145,5	6,67	134...149	43	139,58	5,88	129...153	5,92	++
ab 5jährig	II	16	146,94	5,58	139...157	6	137,17	5,27	130...146	9,77	++
	III	9	153,0	7,86	145...174	7	141,43	5,97	135...153	11,57	++
	IV	9	156,11	10,0	147...178	16	140,94	6,42	133...149	15,17	+++
	I	19	147,95	5,25	139...157	15	141,33	7,44	127...160	6,62	++

+ Sign. − nicht gesichert; + $p < 0{,}05$; ++ $p < 0{,}01$; +++ $p < 0{,}001$

einen Brustumfang von 119 cm. Bei Bachen stellten sie entsprechende Maße von 138 cm, 72 cm und 101 cm fest. Bei einem Populationsvergleich konnte übereinstimmend festgestellt werden, daß das von STUBBE et al. (1980) untersuchte Schwarzwild des Hakels gegenüber den von uns analysierten Populationen (BRIEDERMANN, 1981) statistisch gesichert stärker ist. Die Meßergebnisse zur Pürzel-, Hinterfuß- und Ohrlänge können in der Tabelle 3/2 nachgeschlagen werden.

Ein Vergleich unserer Werte mit denen von KOSLO (1975) im Gebiet Belowesh zeigt zunächst, daß die dortigen Sauen keine wesentlich größere Kopf-Rumpf-Länge aufweisen. Der längste Keiler seines Materials bleibt mit 174 cm sogar hinter dem in der DDR von uns festgestellten Höchstwert zurück, während die längste Bache mit 155 cm nur um 2 cm über dem Spitzenwert aus der DDR liegt.

Auch hinsichtlich der Brustumfänge sind die Unterschiede zwischen den Gebieten nicht so sehr erheblich. Auffällige Differenzen sind dagegen in der Schulterhöhe gegeben, die in Belowesh bei beiden Geschlechtern um mehr als 10 cm über der in der DDR festgestellten liegt. Ausgereifte Keiler maßen in Belowesh annähernd 100 cm, Bachen etwa 88 cm in der Schulterhöhe. Nach KOSLO soll die Schulterhöhe bei Keilern maximal 110 cm, bei Bachen 93 cm betragen. Wesentlich höhere Werte teilt KOSLO, der auch Arbeiten anderer sowjetischer Autoren zitiert, aus dem Verbreitungsgebiet der Unterart *attila* mit. Die Kopf-Rumpf-Längen der Keiler sollen im Durchschnitt 175 cm übersteigen, die durchschnittlichen Schulterhöhen liegen bei 105 cm und die Brustumfänge bei 150 cm.

Demgegenüber erscheinen die mittelasiatischen Sauen niedrig und schmal gebaut zu sein, wenn das geringe vorliegende Material als repräsentativ angesehen wird. Große Dimensionen, vor allem in der Kopf-Rumpf-Länge und im Brustumfang, erreichen die Sauen auch im Ussuri-Gebiet. Die höchsten an einem Keiler durch Bromlej gemessenen Werte betrugen hier: Kopf-Rumpf-Länge 221 cm, Schulterhöhe 118 cm, Brustumfang 183 cm, Pürzellänge 33 cm. Ein starke Bache maß in der Länge 178 cm, in der Höhe 94 cm und im Brustumfang 131 cm.

Bei der Betrachtung der Tabelle 3/2 wird über das bisher Gesagte hinaus ersichtlich, daß die Sauen der Unterart *attila* durch besonders lange Teller ausgezeichnet sind. Dagegen sind diejenigen des mittelasiatischen und des ussurischen Wildschweines kurz und bleiben in ihren absoluten Maßen sogar hinter deren in der DDR zurück. Die Länge der Pürzel scheint der jeweiligen Kopf-Rumpf-Länge, und des Hinterfußes der Schulterhöhe proportional zu sein.

3.1.3. Wachstum und Entwicklung

3.1.3.1. Begriffe und Faktoren

Wachstumsprozesse vollziehen sich im wesentlichen durch Größenänderung infolge von Zellvermehrung und Zellvolumenänderung. Dazu kommt in gewissem Umfange die Bildung von Reservestoffen, im besonderen von Fettdepots. Im Ergebnis erfolgen Formbildung, Massen- und Größenzunahme.

Die Entwicklung ist durch Veränderungen in der Körperform und in den Proportionen

Tabelle 3/5 *Körperentwicklung des Schwarzwildes im Belowesher Urwald* (nach Koslo, *1975)*

Altersgruppe	n	Absolute Werte				
		KM kg	KRL cm	KH cm	BU cm	HFL cm
Männlich						
1 bis 2 Tage	(7)	1,1	35,8	21,8	22,6	9,7
20 Tage bis 4 Monate	9	13,3	76,7	47,9	54,6	19,7
9 bis 12 Monate	18	32,9	105,6	63,9	78,7	26,2
19 bis 26 Monate	34	53,7	125,1	78,0	92,5	30,4
32 bis 36 Monate	16	73,3	137,5	85,2	106,2	32,7
4. Jahr	10	98,4	146,3	90,3	117,9	33,3
5. Jahr	21	113,7	158,9	99,7	127,5	34,5
6. bis 7. Jahr	9	137,2	166,2	96,0	131,2	34,1
8. bis 9. Jahr	5	148,1	167,4	104,0	138,8	35,2
ab 10. Jahr	2	137	160 bis 172	95 bis 101	124 bis 139	34 bis 37
Weiblich						
1 bis 3 Tage	(7)	1,1	35,8	21,8	22,6	9,7
20 Tage bis 4 Monate	32	13,4	80,9	49,5	57,5	20,3
9 bis 12 Monate	16	30,3	101,2	59,3	73,4	23,6
19 bis 26 Monate	50	50,4	119,8	75,5	89,9	29,5
32 bis 36 Monate	25	70,0	134,4	83,4	101,1	31,4
4. Jahr	23	75,0	138,8	87,4	106,1	31,9
5. Jahr	12	80,0	141,4	86,5	106,2	31,8
6. bis 7. Jahr	10	85,0	147,5	87,7	113,5	31,4
8. bis 9. Jahr	8	80,7	146,0	89,0	111,0	31,6
ab 10. Jahr	3	83	143 bis 155	85 bis 92	103 bis 120	30 bis 32

Anmerkungen:

KM – Körpermasse aufgebrochen, mit Geräusch
KRL – Kopf-Rumpf-Länge
KH – Körperhöhe im Widerrist
BU – Brustumfang
HFL – Hinterfußlänge
OL – Ohrlänge
SL – Schwanzlänge

während des Wachstums gekennzeichnet. Sie kann also auch ohne Massezunahme stattfinden und umfaßt Differenzierungs- und Reifungsprozesse. Auf Wachstum und Entwicklung wirken zahlreiche innere und äußere Faktoren ein, die einerseits den arttypischen Ablauf bewirken, andererseits aber auch gebietstypische und individuelle Unterschiede zur Folge haben.
Die inneren Faktoren werden in erster Linie durch den Genotyp bestimmt. Hormone und Enzyme steuern den Ablauf. Das prä- und zum Teil auch das postnatale Wachstum kann durch das Muttertier, zum Beispiel durch sein Alter oder seine Stärke, beeinflußt werden. Äußere Faktoren sind hauptsächlich Ernährungs- und Klimaeinflüsse; Krankheiten und Verletzungen können den Ablauf behindern. Wachstumsprozesse vollziehen sich im allgemeinen nicht linear, sondern sowohl zeitlich ungleichmäßig als auch unproportional. Sie verlaufen in der Jugend schnell, nehmen mit wachsendem Alter ab und werden bei Erreichen der Reife weitgehend eingestellt. Das Wachstum der einzelnen Körperteile und Organe steht in einem gesetzmäßigen, allometrischen Zusammenhang. Kann das Wachstum in gewissem Umfange bis in das hohe Alter anhalten, endet die Entwicklung im allgemeinen mit der körperlichen Vollreife. Von einem gewissen Alter ab werden durch Abbauprozesse und Funktionsstörungen die durch Wachstum und Entwicklung erreichten Leistungen des Organismus mehr oder weniger rasch beeinträchtigt, und

		Prozentrelation zum Alter 8 bis 9 Jahre						
OL cm	SL cm	KM %	KRL %	KH %	BU %	HFL %	OL %	SL %
4,2	6,7	0,74	21,4	21,0	16,3	27,6	27,3	22,1
8,3	14,7	9,0	45,8	46,0	39,3	56,0	53,9	48,5
10,9	16,9	22,2	63,1	61,4	56,7	74,4	70,8	55,8
12,6	25,2	36,3	74,7	75,0	66,6	86,4	81,8	83,2
13,2	26,6	49,5	82,1	81,9	76,5	92,9	85,7	87,8
14,5	27,6	66,4	87,4	86,8	84,9	98,0	94,2	91,0
15,2	29,4	76,8	94,9	95,9	91,6	96,9	98,7	97,0
15,0	27,2	92,6	95,7	92,3	94,5	96,9	97,4	89,8
15,4	30,3	100	100	100	100	100	100	100
13 bis 18	25 bis 29	—	—	—	—	—	—	—
4,2	6,7	1,4	24,5	24,5	20,4	30,7	29,6	23,8
8,7	15,0	16,6	55,4	55,6	51,8	64,2	61,3	53,2
10,0	16,0	37,5	69,3	66,6	66,1	74,7	70,4	56,7
12,4	24,4	62,5	82,1	84,8	81,0	93,4	87,3	86,5
13,9	26,5	86,7	92,1	93,7	91,1	99,4	97,9	94,0
13,8	26,8	92,9	95,1	98,2	95,6	100,9	97,2	95,0
13,7	26,4	99,1	96,8	97,2	95,7	100,6	96,5	93,6
14,1	27,8	105,3	101,0	98,5	102,3	99,4	99,3	98,6
14,2	28,2	100	100	100	100	100	100	100
14 bis 15	25 bis 29	—	—	—	—	—	—	—

In der Altersgruppe 1 bis 3 Tage wurden männliche und weibliche Frischlinge (n = 7) zusammengefaßt.

der Alterungsprozeß bereitet den Tod vor. Während der Ablauf von Wachstum und Entwicklung des Hausschweines verständlicherweise gut untersucht ist, liegen für das Wildschwein nur wenige Orientierungen, und auch diese erst aus neuester Zeit, vor.
In den vorigen Kapiteln wurde das Schwarzwild zunächst in seinen Dimensionen charakterisiert, die es in ausgewachsenem Zustande erreicht. Nur wenige Stücke in einer Population erreichen allerdings die körperliche Vollreife oder sogar das Stadium der Senilität. Daher hat es der Jäger meistens mit noch wachsenden und sich entwickelnden Stücken zu tun; mit Frischlingen, Überläufern und subadulten Keilern und Bachen. In diesem Kapitel soll der morphologisch feststellbare Ablauf des Körperwachstums dargestellt werden, wie er sich an Jagdstrecken ermitteln ließ. Erschwerend wirkt dabei, daß infolge der noch immer problematischen Altersbestimmung bis heute nicht genau gesagt werden kann, mit welchem Alter das Schwarzwild voll ausgewachsen ist. In der DDR durchgeführte Messungen ließen vermuten (Briedermann, 1970) daß das Körperwachstum von Keilern mit etwa 5 Jahren, von Bachen mit 3 bis 4 Jahren im wesentlichen abgeschlossen ist. Zu ähnlichen Ergebnissen gelangte auch Koslo (1975) in seiner sehr gründlichen Studie über das Schwarzwild von Belowesh. Er konnte dort eine größere Anzahl älteren Schwarzwildes genau untersuchen. Als besonders vorteilhaft erwies sich, daß infolge der harten Ernährungsbedingungen im dortigen Gebiet markante Abnutzungsunterschiede an den Mahl- und Schneidezähnen zutage treten. Obwohl also auch Koslo keine Strecke genau bekannten Alters zur Verfügung stand, konnte er doch danach ziemlich eindeutige Altersgruppen definieren. Es ergab sich zumindest für dieses Gebiet, daß Keiler bis zum Alter von 8 Jahren, Bachen bis zu 6 Jahren noch in ihren wesentlichsten Dimensionen zunehmen. Allerdings werden etwa 95 % der Endwerte bei Keilern (bis auf die Körpermasse) bereits mit dem fünften Jahr, bei Bachen (einschließlich der Körpermasse) schon mit dem vierten Jahr erreicht (Tab. 3/5).
Hell und Paule (1983) schlußfolgern aus ihren Untersuchungen in der Slowakei, daß das Wachstum des Schwarzwildes im 1. und 2. Lebensjahr intensiv, im 3. und 4. Lebensjahr noch ziemlich stark verläuft und erst mit dem 8. und 9. Lebensjahr gänzlich endet. Demzufolge erscheint es uns gerechtfertigt, das Wildschwein von diesem Alter ab als ausgewachsen – adult – anzusehen und den Wachstumsverlauf auf das Erreichen dieser Mindestalter hin zu analysieren.

3.1.3.2. Ablauf

Im Vergleich zu anderen Schalenwild ist das Wildschwein bei der Geburt relativ gering entwickelt. Die Körpermassen von 16 neugeborenen Frischlingen aus dem Raum der DDR liegen zwischen 670 und 1090 g, ihre Kopf-Rumpf-Länge zwischen 305 und 405 mm (Briedermann, 1970). Französische Trachtuntersuchungen (Aumaitre et al., 1982) ergaben eine Geburtsmasse von etwa 1070 g. Nach Koslo (1975) wiegen neugeborene Frischlinge im Beloweshер Gebiet zwischen 0,9 und 1,25 kg, im Mittel bei 1,1 kg. Ihre Kopf-Rumpf-Länge beträgt zwischen 320 und 380 mm, im Mittel 355 mm. Weder in der Größe noch in der Masse sind zunächst Geschlechtsunterschiede feststellbar. Die genannten Körpermassen entsprechen etwa 1 % der Lebendmasse erwachsener Bachen zum Geburtszeitpunkt, während Neugeborene bei Elch, Rotwild und Reh etwa 5 bis 9 % der Mutter wiegen (Abb. 3/4).
Die Körperlängen betrugen etwa 25 % derjenigen der Mutter; dieser Wert entspricht annähernd demjenigen der Cerviden, denen sie jedoch, wie noch zu zeigen sein wird, in der Körperhöhe längst nicht gleichkommen. Koslo, der die Körperproportionen unterschiedlicher Altersgruppen ausführlich untersuchte, stellt heraus, daß Kopf und Läufe, im Vergleich zum übrigen Körper, zunächst besonders gut entwickelt sind.
Die Schulterhöhe betrug bei der Geburt zwischen 20 und 25 % des Endwertes und entspricht somit in der Proportion etwa der Kopf-Rumpf-Länge. Daher wirken Frischlinge bereits in den ersten Lebenswochen

Abb. 3/4 Bache mit 3 Tage alten Frischlingen (Foto: FREYMANN)

bezüglich der Körperform ausgewachsenen Wildschweinen recht ähnlich. Diese Proportionalität von Länge und Höhe bleibt bei beiden Geschlechtern während des gesamten Körperwachstums erhalten. Die relativ geringsten Ausgangswerte wies der Brustumfang auf. Er betrug in den ersten Lebenstagen etwa 22 cm, das sind zwischen 15 und 20 % des Endwertes. Infolgedessen ist auch seine Zunahme in den ersten Lebenswochen am stärksten. Über die an die Geburt anschließende Phase der Jugendentwicklung fehlt es an Material, da die sehr kleinen Frischlinge von den Jägern zunächst nicht erlegt werden.

Als Anhalt mag dienen, daß neun im Juni im Kreis Eberswalde untersuchte Frischlinge, die also etwa ein Vierteljahr alt waren, aufgebrochen durchschnittlich 8,3 (5 bis 13) kg wogen und 717 (510 bis 990) mm lang waren. Das entspricht einer Zunahme der Körpermasse um mehr als das Zehnfache und einer Verdopplung der Körperlänge. KOSLO stellte bei neun etwa gleichalten Frischlingen ein etwa ebenso starkes Wachstum fest. Der Brustumfang nahm in dieser Zeit um etwa das Zweieinhalbfache zu.

Sicher werden, in Abhängigkeit von dem sehr variablen Geburtstermin, nicht alle Frischlinge im Juni schon die genannten Werte erreichen. Sie zeugen dennoch davon, daß bald nach der Geburt Wachstum und Entwicklung außerordentlich rasch erfolgen. Im Monat Juli setzt im allgemeinen eine schon stärkere Bejagung der Frischlinge ein. Daher liegen von nun an bereits mehrere Streckenanalysen zur Körperentwicklung vor, die sich hauptsächlich auf die Körpermasse aufgebrochen, aber in einigen Fällen auch auf einige Körpermaße beziehen (z. B. BRIEDERMANN, 1970, 1981; HASSELBACH, 1970; KOSLO, 1975; I. STUBBE et al., 1980).

Alle Untersuchungen zeichnen ein weitgehend übereinstimmendes Bild. Wir folgen bei der weiteren Beschreibung der Körpermasse und der Kopf-Rumpf-Länge unserer quartalsweisen Auswertung einer Jagdstrecke von etwa 4400 Stück Schwarzwild, die in den Jahren 1976 bis 1980 erlegt wurden, da sie den mit Abstand größten Probenumfang umfaßt (Tab. 3/3 und 3/4).

Das Wachstum der Frischlinge verläuft vom II. bis zum IV. Quartal des Geburtsjahres nahezu linear und sehr intensiv. Geringe Geschlechtsunterschiede können nicht gesichert werden. Im IV. Quartal erreichten männliche Frischlinge bereits eine Körpermasse aufgebrochen von 24,1 kg, weibliche von 23,3 kg bei fast gleicher Variationsbreite zwischen 8 und 49 kg. Das entspricht bereits etwa 25 % der Durchschnittsmasse erwachsener männlicher und etwa 33 % derjenigen weiblicher Stücke in diesem Quartal. Mit Kopf-Rumpf-Längen von annähernd 100 (73 bis 126) cm werden sogar schon etwa 66 % bzw. über 70 % der Körperlänge adulter Stücke erzielt.

Die normalen bis milden Winter im Untersuchungszeitraum bewirkten, daß sogar bis in das II. Quartal hinein geringfügige Zunahmen erreicht werden konnten, was, wie Analysen aus ungünstigeren Perioden nachweisen (z. B. BRIEDERMANN, 1970; HASSELBACH, 1970), durchaus nicht in allen Jahren der Fall ist. Mit dem auf die Geburt folgenden II. Quartal, also dem Überläuferalter, setzt wiederum bei beiden Geschlechtern ein starkes Wachstum ein, das bezüglich der Massenzunahme bis zum IV. Quartal um nichts der des ersten Lebensjahres nachsteht. Dagegen bleibt nunmehr das Längenwachstum zurück. Im IV. Quartal wogen männliche Überläufer bereits im Mittel 56,2 (23 bis 88!) kg, das sind weit mehr als 50 % der Durchschnittsmasse erwachsener Keiler. Überläuferbachen sind mit 51,9 kg nun statistisch gesichert schwächer als gleichalte Keiler; doch zeigt die Variationsbreite von 30 bis 76 kg, daß im Einzelfall eine Geschlechtsunterscheidung nach der Masse nicht möglich ist. Sie haben nun schon fast 75 % der voraussichtlichen Endmasse erreicht.

Die ebenfalls gesichert differenten Kopf-

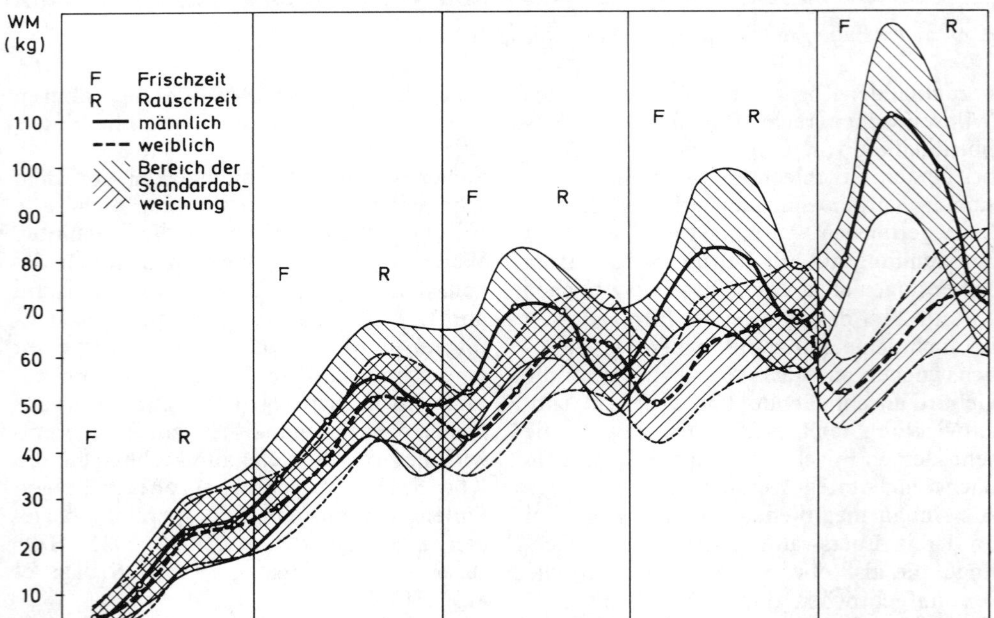

Abb. 3/5 Entwicklung der Wildbretmasse (Körpermasse) nach einer Strecke von 4400 Sauen aus dem Kreis Eberswalde
WM: Wildbretmasse aufgebrochen

Rumpf-Längen erreichen 131,8 bzw. 128,2 cm, und somit bei Bachen etwa 90 %, bei Keilern 85 % des Endwertes. Während nunmehr bis zum II. Quartal des nächsten Lebensjahres die Längenzunahme stagniert, gehen die Körpermassen im Winter bei weiblichen Stücken stark, bei männlichen in geringerem Umfange zurück. Das ist sicher auf die jetzt volle Reproduktionsbelastung bei beiden Geschlechtern zurückzuführen (vgl. Abschnitt 6.5.3.4. und Abb. 3/5 und 3/6).

Die Abbildungen 3/5 und 3/6 lassen eine geringfügige weitere Längenzunahme in den folgenden Lebensjahren und auch eine bei den Keilern beachtliche Massenzunahme deutlich werden.

Infolge der Unsicherheiten bei der Altersbestimmung älteren Schwarzwildes wurde nicht gewagt, die nun noch erfolgenden Zunahmen näher zu analysieren. Es kann jedoch immerhin darauf hingewiesen werden, daß zwei- bis dreijährige Keiler im Jahresdurchschnitt nur etwa 72 % der Körpermasse und 82 % der Körperlänge reifer Keiler erreichten. Damit erklärt sich auch, weshalb in vielen Schwarzwildgebieten die Keiler nach Ansicht der Jäger so gering sind: sie erhielten keine Gelegenheit, voll auszureifen. Bachen haben dagegen im Alter von zwei bis drei Jahren bereits 91 % der Körpermasse und 95 % der Körperlänge etwa fünfjähriger weiblicher Stücke aufzuweisen. Folgt man gar den Darlegungen von Koslo, können Keiler noch bis in ein hohes Alter (von 8 bis 9 Jahren) an Körpermasse zunehmen. Fünfjährige Keiler seines Materials wiesen erst etwa 75 % der Masse von Keilern dieses Alters auf. Auch die Körperlänge soll noch in einem allerdings geringeren Umfange ansteigen; fünfjährige Keiler hatten etwa 95 % der Kopf-Rumpf-Länge der höchsten Altersgruppe erreicht. Dagegen war bei über fünfjährigen Bachen keine weitere Zunahme mehr erkennbar.

Immerhin muß jedoch auch zugestanden werden, daß der Wachstumsverlauf in ökologisch sehr differenten und räumlich weit

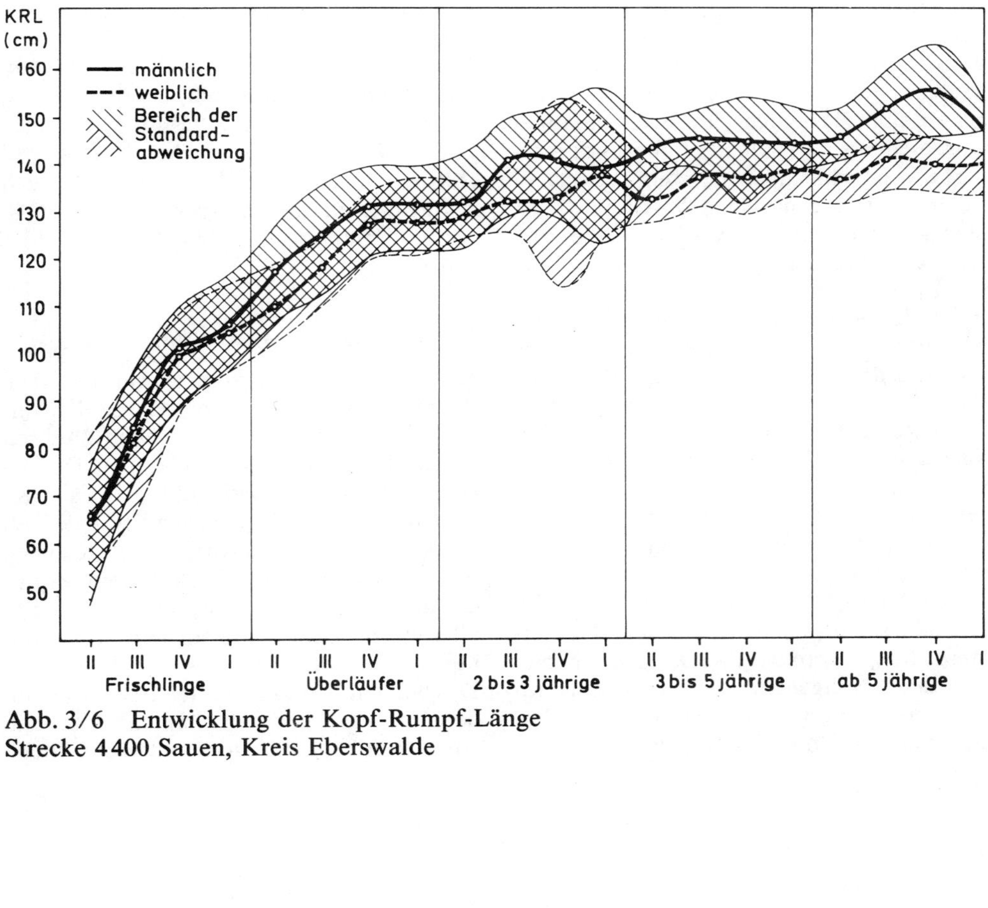

Abb. 3/6 Entwicklung der Kopf-Rumpf-Länge
Strecke 4400 Sauen, Kreis Eberswalde

getrennten Gebieten durchaus nicht völlig übereinstimmen wird. Es darf als sicher gelten, daß unser frühreifes, unter günstigen ökologischen Bedingungen lebendes Wildschwein einen etwas anderen biologischen Wachstumsgang aufweisen wird, wie die Sauen im Urwald von Belowesh. Weitere Untersuchungen zur Klärung des Wachstums- und Alterungsverlaufes sind daher sehr erwünscht. Abschließend soll noch die Entwicklung einiger anderer Körperdimensionen kurz diskutiert werden.
Frischlinge im Alter von 4 bis 6 Monaten haben auf Grund der Messungen von I. Stubbe et al. (1980) eine Schulterhöhe von 50 bis 55 cm. Das entspricht etwa zwei Drittel derjenigen ausgewachsener Stücke. Nach Beendigung des ersten Lebensjahres können Geschlechtsunterschiede statistisch gesichert werden. Zum Ende des Überläuferalters wurden durchschnittlich 75 cm bei Überläuferkeilern, bei Bachen etwa 72 cm erreicht. Das Wachstum in der Schulterhöhe wird offensichtlich am frühesten abgeschlossen; im Raum der DDR sind mittelalte Stücke danach von ausgereiften Sauen kaum noch zu unterscheiden. In ähnlicher Weise trifft das auch für das Gebiet Belowesh zu, wenn auch hier das Wachstum länger anhält. Bezüglich des Brustumfanges wurde bereits gesagt, daß ein besonders rasches Wachstum in den ersten Lebensmonaten vor sich geht. Nach Abschluß der ersten 4 Lebensmonate verläuft seine Entwicklung ziemlich kontinuierlich. Bei Bachen gleicht die relative Zunahme weitgehend derjenigen der Kopf-Rumpf-Länge. Mit etwa 4 Lebensjahren erreichen sie annähernd den Endwert. Demgegenüber verläuft die Entwicklung bei den Keilern relativ langsam und hält bis in das hohe Alter an. Gesicherte Geschlechtsunterschiede treten schon im Überläuferalter auf. Die Differenzen, die zunächst nur wenige Zentimeter betragen, steigen bei ausgereiften Stücken auf mehr als 20 cm an.
Der Körperumfang scheint für den Geschlechtsdimorphismus in der Körpermasse hauptverantwortlich zu sein. Er spiegelt auch weitgehend den Ernährungszustand wider, im besonderen durch die Einlagerung von Unterhautfettgewebe. Bader (1983) stellte eine enge Korrelation zwischen dem Brustumfang und der Körpermasse fest, die er in einer Tabelle in 2 cm Schritten darlegte.
Zu den Körpermaßen, die bereits nach der Geburt relativ hohe Werte erreichen, deren Wachstum aber auch verhältnismäßig schnell abgeschlossen ist, gehören die Hinterfußlänge und die Ohrlänge. Die Hinterfußlänge beträgt bei neugeborenen Frischlingen etwa 9 bis 10 cm, und damit schon 27 bis 31 % des Endwertes. Zum Ende des ersten Lebensjahres werden bereits etwa 75 % desselben erreicht; und mehr als 95 % bei Keilern und Bachen im Alter ab 3 Jahren.
Die Ohrlänge, die bei Neugeborenen etwa 4 cm beträgt, zeigt nahezu den gleichen Wachstumsverlauf.
Das Wachstum des Pürzels ist weitgehend dem der Kopf-Rumpf-Länge angeglichen. Neugeborene Frischlinge haben etwa 6 bis 7 cm lange Pürzel, das sind bereits etwa 30 % des Endwertes. Mit 9 bis 12 Monaten werden etwa 18 bis 19 cm, also etwa 80 % des Endwertes, erreicht. Zwei- bis dreijährige Keiler haben nach unseren Messungen eine durchschnittliche Pürzellänge von 21,7 cm, während ältere Keiler auf durchschnittlich 24 cm kommen. Bei den Bachen ist zwischen beiden Altersgruppen (20,9 und 21,4 cm) kein deutlicher Unterschied feststellbar. Die Pürzellänge läßt sich, auch bei Einbeziehung der Quaste, nicht zur Altersbestimmung lebenden Schwarzwildes nutzen.

3.1.4. Beeinflussende Faktoren

In den vorigen Kapiteln wurde mehrfach dargelegt, daß das Schwarzwild in den verschiedenen Teilen seines weiten Verbreitungsgebietes sehr unterschiedliche Dimensionen erreicht. Diese Unterschiede sind sicher in erster Linie genetisch bedingt. Daß Stärkeunterschiede auch andere Ursachen haben können, läßt sich ohne weiteres aus der großen Variationsbreite ableiten, die in allen bisher näher untersuchten Populationen zutage tritt.
Das beginnt bereits in der frühesten Jugend, denn, pränatal bedingt, können Frischlinge eines Wurfes schon sehr unterschiedliche

Geburtsgewichte aufweisen. Die Lebendmassen neugeborener Frischlinge differieren nach unseren Messungen um 25 %, ja, bis zu 30 % der Höchstmasse im Wurf (vgl. Abschnitt 6.5.2.). Kopf-Rumpf-Längen können um 10 % des Höchstwertes voneinander abweichen. Dadurch ist für einen Teil der Frischlinge schon mit der Geburt ein Startvorteil gegeben, der sich z. B. beim Kampf um die ergiebigsten Zitzen und beim Überstehen von Kälteperioden auswirken wird und zur weiteren Vergrößerung eines Geburtsvorsprunges führt.

Beispielsweise betrugen die Wildbretmassen von drei im Juli im Kreis Eberswalde erlegten männlichen Wurfgeschwistern 5,30 kg, 7,60 kg und 8,20 kg. Das ist eine Differenz bis 35 % zur Höchstmasse, die sicher die weitere Entwicklung der Stücke ganz entscheidend geprägt hätte. Bei der Geburt feststellbare Stärkeunterschiede können einerseits genetisch bedingt, zum anderen im Inneren des Uterus, z. B. durch verschiedene Lage- und Ernährungsverhältnisse, entstanden sein (KOLB, 1980). Nach der Geburt wirken der Milchreichtum der Bache und der errungenen Zitze, die Wurfgröße und die allgemeine Brutfürsorge der Mutter auf das Gedeihen der Frischlinge ein. Nach den Erfahrungen der Hausschweinzucht kann auch das Alter der Bache einen bedeutenden Einfluß haben. Ganz sicher wirkt sich der Termin der Geburt auf die Entwicklung aus. Vorteilhafte Bedingungen finden in den Monaten März bis Mai geborene Frischlinge vor, sofern sie von der Bache gut versorgt und nicht extremen Kälte- und Nässeperioden in früher Jugend ausgesetzt werden. Im Juli oder August gefallene Würfe kommen dagegen gering in den Winter und holen wahrscheinlich auch den Entwicklungsverlust im Folgejahr nicht wieder auf. Wird die Bache zu früh erlegt oder schwer verletzt, können die Frischlinge unter Umständen zwar überleben, werden aber meist Kümmerer bleiben. Ein starker Parasitenbefall der Frischlinge beeinträchtigt die Entwicklung und kann sogar zum Tode führen. Alle diese Faktoren führen gemeinsam dazu, daß die Streckenmassen eine außerordentlich weite Varianz haben, wie sie z. B. aus den Werten der Tabelle 3/3 hervorgeht. Männliche Frischlinge wogen im IV. Quartal zwischen 8 und 49 kg, im I. Quartal sogar zwischen 6 und 50 kg. Bei weiblichen Frischlingen haben die Differenzen ein ähnlich hohes Ausmaß. Im Überläuferalter stellt man fest, daß die geringsten Stücke nur 20 bis 35 % der jeweiligen Höchstmassen auf die Waage bringen. Hinsichtlich der Kopf-Rumpf-Länge kann man feststellen, daß die geringsten Überläufer nur ungefähr 60 bis 70 % der Körpergröße besonders gut entwickelter Altersgenossen aufweisen. Diese Entwicklung setzt sich auch mit zunehmendem Alter fort, ist hier allerdings nicht mehr so konkret nachweisbar wie bei den bisher behandelten Jugendklassen.

Als ein besonders guter Weiser für den Körperzustand wird der Ernährungsindex angesehen. Er kombiniert die Körpermasse mit der Kopf-Rumpf-Länge, indem er ausdrückt, wieviel Gramm Körpermasse (aufgebrochen) auf jeden Zentimeter der Kopf-Rumpf-Länge entfallen. Ein hoher Index (in g/cm) weist einen guten, ein geringer dagegen einen schlechten Ernährungszustand aus. Die Tabelle 3/6 gibt den mittleren Ernährungsindex sowie die Variationsbreite der von uns analysierten Strecke wieder. In Übereinstimmung mit dem vorhergehenden Kapitel ist zunächst erkennbar, daß Keiler ihren besten Ernährungszustand im III. Quartal und IV. Quartal erreichen, im I. Quartal dagegen abgekommen sind. Bei Bachen ist festzustellen, daß eine gute Kondition bis in das I. Quartal anhalten kann, während der geringste Index im II. Quartal ermittelt wird. Dadurch wird unterstrichen, daß Keiler während des Sommers und Herbstes beachtliche Körpervorräte speichern, diese aber in der Rauschzeit stark abbauen und während des Winters über geringe Reserven verfügen. Das ist bereits bei Überläuferkeilern schon erkennbar.

Bachen aber speichern unter günstigen Bedingungen noch während des Winters Aufbaustoffe. Bei ihnen führen die Belastungen des Führens und der Brutfürsorge einschließlich des Säugens zu einer besonders schlechten Kondition im Frühjahr, wenn die Keiler bereits wieder ihre Winterverluste ausgleichen.

Tabelle 3/6 *Ernährungsindex von Wildschweinen aus der DDR (nach* BRIEDERMANN, 1981) *(Angaben in Gramm Wildbretmasse je Zentimeter Kopf-Rumpf-Länge)*

Altersgruppe	Quartal	Männlich n_1	$\bar{x}_1$	s_1	Variationsbreite	Weiblich n_2	$\bar{x}_2$	s_2	Variationsbreite	$\bar{x}_1$ minus $\bar{x}_2$	Sign.[+]
Frischlinge	II	40	76	27	31...136	43	83	29	44...143	−7	−
	III	158	145	50	66...292	125	139	47	54...270	6	−
	IV	305	237	61	144...394	259	227	55	95...404	10	+
	I	438	246	75	81...435	322	245	83	115...437	1	−
Überläufer	II	557	294	66	118...519	336	262	66	125...488	32	+++
	III	281	374	74	148...569	179	321	56	194...454	53	+++
	IV	188	424	75	223...609	138	403	59	211...573	21	++
	I	104	390	65	222...536	94	390	58	195...545	0	−
2- bis 3jährig	II	62	394	87	278...567	51	333	59	211...456	61	+++
	III	37	493	80	300...687	57	398	70	200...543	95	+++
	IV	32	497	61	379...601	66	455	71	311...613	42	++
	I	29	390	127	262...565	35	453	134	271...607	−34	−
3- bis 5jährig	II	18	475	44	371...590	12	379	61	323...519	96	+++
	III	19	558	218	450...826	19	422	162	323...559	136	+
	IV	16	558	98	450...774	56	475	61	320...594	83	+++
	I	10	454	68	385...510	39	481	95	263...609	−27	−
ab 5jährig	II	16	512	130	470...607	6	382	51	309...400	130	+
	III	9	725	121	624...1026	7	429	74	344...478	296	+++
	IV	9	637	80	564...757	16	501	67	344...628	136	+++
	I	19	481	62	360...573	15	511	59	394...617	−30	−

[+] Sign. − nicht gesichert; + $p < 0{,}05$; ++ $p < 0{,}01$; +++ $p < 0{,}001$;

Es ist also festzustellen, daß jahreszeitliche Unterschiede im Nahrungsangebot und in seiner Verfügbarkeit ebenso wie der Reproduktionszyklus die Körperstärke des Schwarzwildes allgemein, aber auch geschlechtsspezifisch, variieren. Die Differenzen in der Körpermasse und im Ernährungsindex belaufen sich bei beiden Geschlechtern auf etwa 25 % zwischen den Zeitpunkten des besten und des schwächsten Körperzustandes; ein Wert, der auch für die jagdwirtschaftliche Produktivität nicht uninteressant sein dürfte. Auch KOSLO stellte übrigens in Belowesh Differenzen zwischen der durchschnittlichen Körpermasse von Keilern im Herbst und im Winter, bei Bachen im Herbst und Frühjahr von 20 bis 25 % fest. Im Ergebnis polnischer Untersuchungen bezeichnen JEZIERSKI und MYRCHA (1975) sogar winterliche Körpermasseverluste von 30 bis 50 % als normal.
Durch die in der Tabelle 3/6 ersichtliche große Variationsbreite des Ernährungsindex wird aber auch die sehr unterschiedliche Körperverfassung innerhalb der Populationen zur gleichen Jahreszeit herausgestellt. Der Index reichte beispielsweise bei Frischlingskeilern im I. Quartal von 81 bis 435 g/cm; bei Überläuferkeilern von 222 bis 536 g/cm. Ausgereifte Keiler können sowohl 360 g/cm als auch 1026 g/cm aufweisen, und bei Bachen reichte der Index im Laufe des Jahres von 309 bis 628 g/cm. Es kann angenommen werden, daß die durch Nahrung und Witterung allgemein gegebenen ökologischen Bedingungen auf jedes Stück Schwarzwild einer Population gleichermaßen einwirken.
Die soziale Stellung und Lebenserfahrung, Körperstärke und der Gesundheitszustand werden das Ausmaß bestimmen, in dem das einzelne Stück günstige Bedingungen ausnutzen kann und von ungünstigen betroffen wird. Unterschiedliche ökologische Bedin-

gungen in den einzelnen Jahren können ihrerseits das Gedeihen ganzer Geburtsjahrgänge entscheidend beeinflussen. So wurde in einigen unserer Untersuchungsgebiete festgestellt (BRIEDERMANN, 1970), daß in und nach Mastjahren erlegte Frischlinge und Überläufer statistisch gesichert stärker waren als gleichalte Stücke aus Fehlmastperioden (Abb. 3/7). Nach guter Mast stiegen die Körpermassen von Frischlingen beider Geschlechter auch während des Winters weiter an; bei Fehlmast stagnierten die Keilergewichte, und die der Frischlingsbachen fielen ab. Selbst im Folgejahr war der Entwicklungsunterschied noch deutlich, denn Überläuferkeiler erzielten nach Mast im III. Quartal Wildbretmassen von durchschnittlich 48 kg bei Kopf-Rumpf-Längen von 131 cm, während sie nach Fehlmast nur 43 kg bei 125 cm Länge aufweisen.

Sind die Auswirkungen der Mast bereits bei Frischlingen und Überläufern so deutlich, kann man ohne weiteres folgern, daß Stükken, die in den ersten zwei, vielleicht sogar drei Lebensjahren Masten von Eiche und Rotbuche und milde Winter erlebten, gegenüber anderen Wildschweinen aus dem gleichen Gebiet, die keine so günstigen Bedingungen hatten, ganz bedeutend stärker werden. Wahrscheinlich ist AMON (1938)

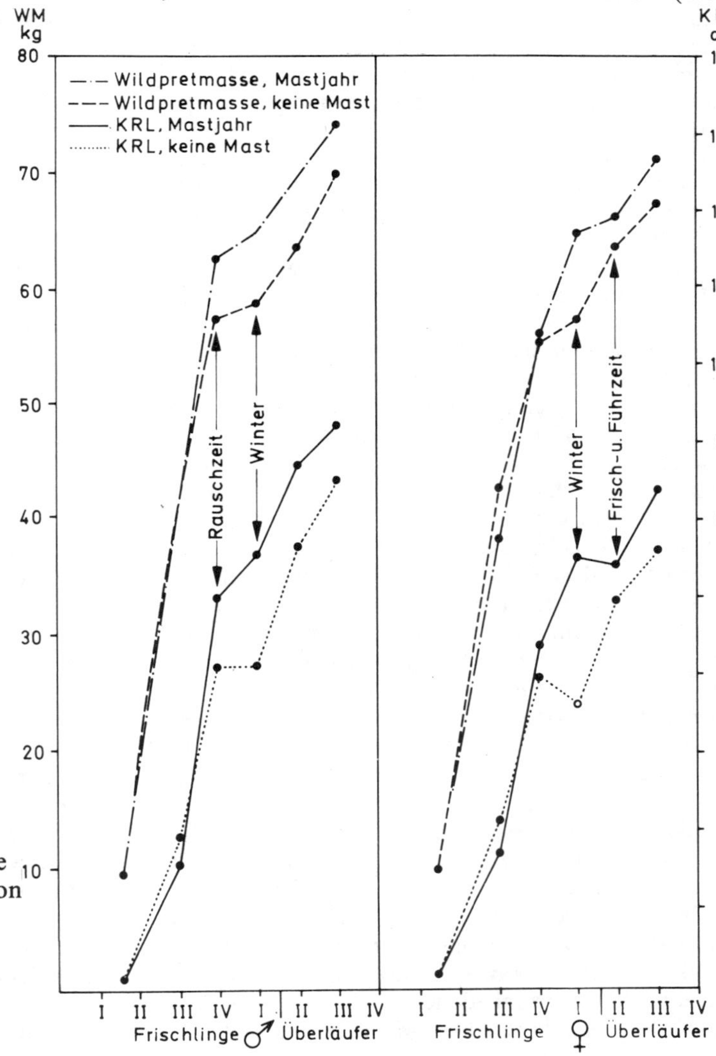

Abb. 3/7 Einfluß der Baummast auf die Körperentwicklung von Frischlingen und Überläufern
WM: Wildbretmasse, aufgebrochen, KRL: Kopf-Rumpf-Länge

und KUHMICHEL (1939) ein darauf beruhender Fehlschluß unterlaufen, als sie die These vom gemischten Vorkommen zweier unterschiedlich wüchsiger Wildschweintypen mit differenten genetischen Anlagen in Mitteleuropa aufstellten. Nach unserer Meinung gibt es für diese aus der jagdlichen Praxis ja tatsächlich bekannte große Variabilität die viel plausiblere Erklärung unterschiedlicher Jugendentwicklung. Mindestens für den Raum der DDR können Unterschiede in der Körperstärke ohne weiteres auf den Einfluß wechselnder Ernährungsbedingungen und anderer die Jugendentwicklung beeinflussender Faktoren zurückgeführt werden.
Allerdings bewirken unterschiedliche ökologische Bedingungen zwischen verschiedenen Lebensräumen auch Differenzen in der durch die Populationen erreichbaren Körperstärke. Dieses Ergebnis wurde beim Vergleich der Strecken von fünf Schwarzwildgebieten der DDR offensichtlich (BRIEDERMANN, 1981).
Das stärkste Schwarzwild kam im Wildforschungsgebiet Hakel zur Strecke. Es bewohnt dort eine lößlehmüberlagerte Muschelkalkkuppe in der Magdeburger Börde, deren Waldfläche zu 81 % aus Eichen, zu 5,5 % aus Rotbuchen und insgesamt zu 99 % aus Laubhölzern besteht. Die mittlere Akkerwertzahl der umgebenden landwirtschaftlichen Nutzfläche ist mit 51 hoch, und der Feldgrenzenindex von 1,9 km je 100 km Waldfläche zeigt die leichte Erreichbarkeit der Feldflächen. Demgegenüber lebt das geringste Schwarzwild der 5 Populationen im etwa 60 km entfernten Wildforschungsgebiet Nedlitz. Dieses Gebiet hat überwiegend Sandböden mit Grundmoränenanteilen, einen Nadelholzanteil von 83 % sowie 9 % Eichen- und 7 % Rotbuchenfläche. Die durchschnittliche Ackerwertzahl beträgt nur 29 und der Wald-Feldgrenzenindex von 0,7 km/100 ha Wald drückt aus, daß es sich hier um ein ziemlich geschlossenes großes Waldgebiet handelt. Unterschiede in der Witterung während der Untersuchungsperiode oder in den Baummastverhältnissen waren für das Schwarzwild sicher unbedeutend.
Die Differenzen traten besonders in den stückzahlmäßig gut belegten Gruppen der Frischlinge und Überläufer (Abb. 3/8) zutage. Sie betreffen in erster Linie die Wildbretmasse und den Ernährungsindex, nur abgeschwächt die Kopf-Rumpf-Länge. In den Schädelmaßen sind eindeutige Gebietsunterschiede dagegen nicht sicherbar. Das läßt den Schluß zu, daß sie kaum genetisch, sondern vorrangig ökologisch bedingt sein müssen. Als Schlußfolgerung ergibt sich auch für das Schwarzwild eine deutliche Bindung der Körperstärke an die auf der Bodenqualität und Waldstruktur beruhenden Ernährungsverhältnisse.
Bisher nicht berücksichtigt wurde die Möglichkeit der Einwirkung innerpopularer Einflußfaktoren. In umfassender Form hat BUBENIK (1962/63), vor allem am Beispiel des Rotwildes auf die Existenz von natürlichen Populationszyklen hingewiesen, die sich in Schwankungen der Zahl, Struktur und Stärke der Arten ausdrücken. In einem klassischen Beispiel wies BENINDE (1937) das Aufblühen und den Stärkerückgang einer Rotwildpopulation nach. Über die Ursachen der Populationsschwankungen ist bis heute wenig bekannt, und die Begründungsversuche verlieren sich teilweise im mystischen Bereich. Das ändert freilich nichts an ihrer realen und auch für das Schwarzwild nachweislichen Existenz. Eine über etwa 80 Jahre währende Beobachtungsreihe an der Wildschweinpopulation in Belowesh ermöglichte es KOSLO (1975), während dieses Zeitraumes sechs ausgeprägte Populationsschwankungen zu erkennen. Er gelangt zu dem Schluß, daß Ernährungs- und Witterungsbedingungen entscheidend für das Ansteigen der Populationen sind (vgl. Kapitel 8.). Bei Erreichen einer hohen Dichte tritt jedoch ein Mechanismus für die innerpopulare Regulation in Kraft, der vor allem in einer Verringerung der Reproduktionsrate, einer erhöhten Parasitierung und Jugendsterblichkeit und damit in einer Veränderung der Populationsstruktur besteht und mit einer Verschlechterung der körperlichen Verfassung verbunden ist.
In durch intensive Bejagung und Wildbewirtschaftung beeinflußten Wildbeständen der Kulturlandschaft sind Prozesse der

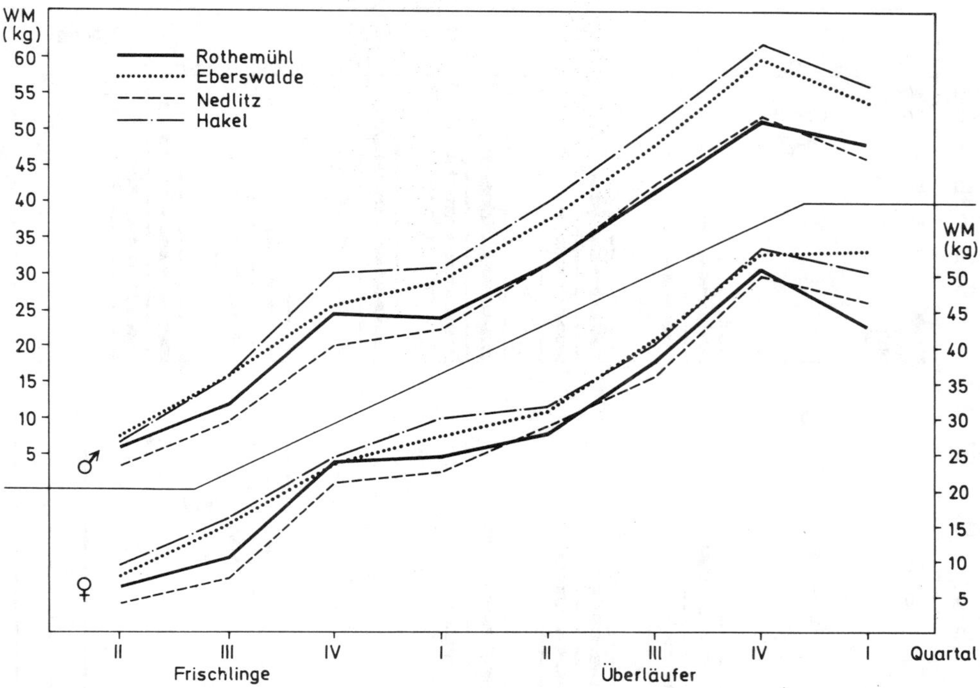

Abb. 3/8 Mittlere Wildbretmassen von Frischlingen und Überläufern in 4 Schwarzwildgebieten. Die Differenzen innerhalb der Quartale zwischen Nedlitz sowie Hakel und Eberswalde sind statistisch gesichert

Selbstregulation von Populationen kaum eindeutig erkennbar. Günstige Ernährungsbedingungen, regelmäßige Fütterung und Maßnahmen der Wildhygiene können ihr Wirken verschleiern und verzögern. Wir konnten dennoch feststellen, daß in zwei unserer Untersuchungsgebiete, den Wildforschungsgebieten Rothemühl und Nedlitz, in einem Zeitraum von reichlich 10 Jahren die Körperstärke der Populationen ohne ersichtlichen Grund signifikant zurückging (Abb. 3/9). Die nach ihrem Alter eindeutig bestimmbaren Frischlinge und Überläufer wogen im Zeitraum 1976–1980 bei beiden Geschlechtern etwa 5 bis 10 kg weniger als in den Jahren 1963 bis 1967. Die Kopf-Rumpf-Länge ging um annähernd 5 cm zurück. Der Rückgang ist schon bei Frischlingen im II. Quartal erkennbar und bleibt über das Überläuferalter hinaus nachweisbar. Offensichtliche Ursachen für diese Verschlechterung in der Qualität der Populationen waren nicht zu entdecken; Meßfehler können ausgeschlossen werden. Die durch die Umwelt gegebenen Lebensbedingungen waren in beiden Zeitperioden annähernd gleich, und auf den landwirtschaftlichen Nutzflächen herrschten infolge des verstärkten Maisanbaus, der zunehmenden Großflächenbewirtschaftung und intensiveren Düngung eher günstigere Lebensbedingungen für das Schwarzwild. Allerdings hatte sich die Wilddichte im Zwischenzeitraum in beiden Gebieten annähernd verdoppelt und überstieg zuletzt die durch die Bonitierung vorgegebene Wilddichte um etwa ein Drittel. Veränderungen in der Zuwachsrate waren nicht eingetreten.

Können über die Ursachen zur Zeit nur Mutmaßungen angestellt werden, ist doch der Schluß berechtigt, daß die Populationen Einflußfaktoren unterliegen, die eine Änderung ihrer Kondition, vielleicht sogar

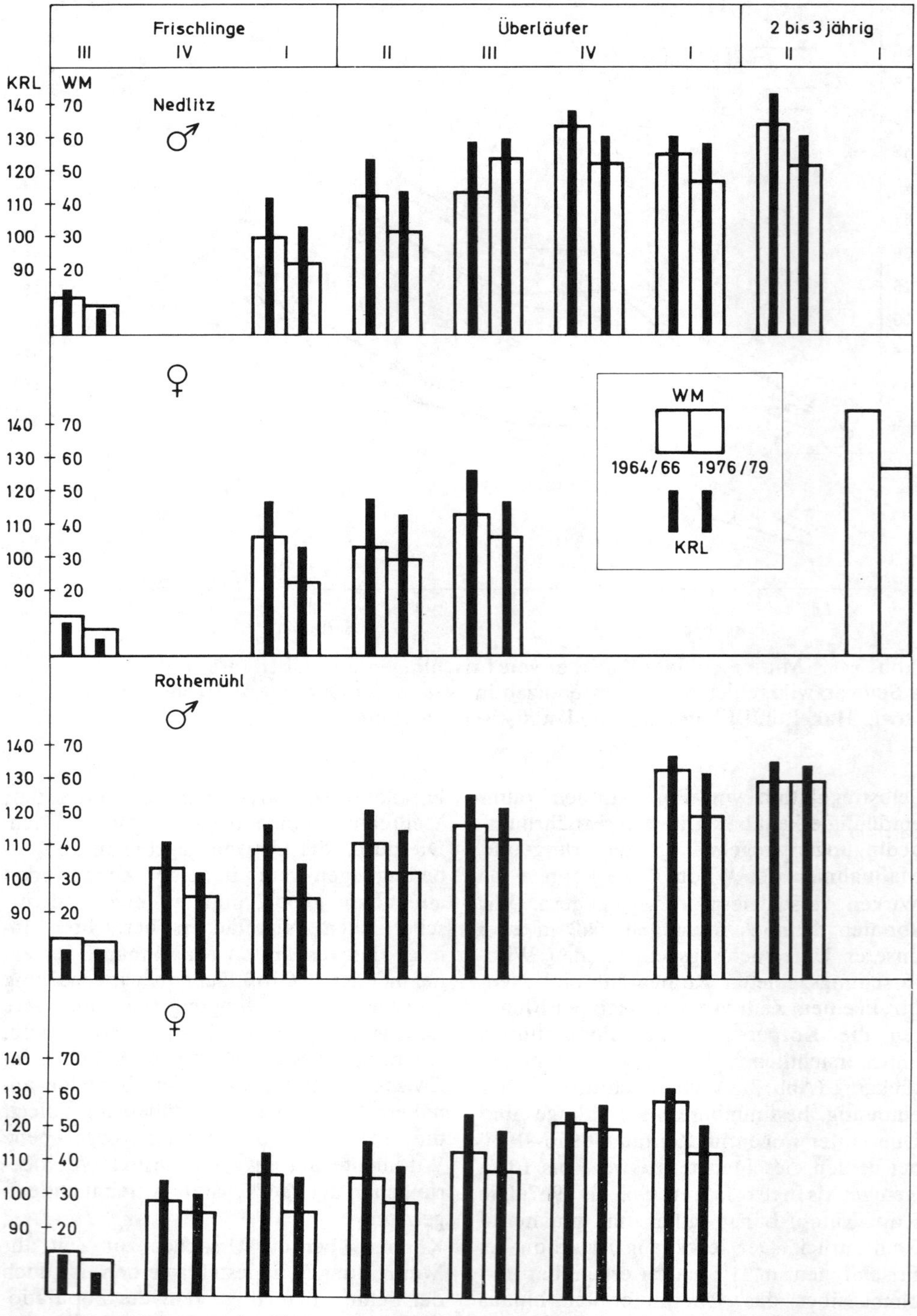

Abb. 3/9 Rückgang der Körperstärke in 2 Schwarzwildgebieten zwischen 1963 bis 1967 und 1976 bis 1979. Die Differenzen sind überwiegend hochsignifikant gesichert.

ihrer Vitalität bewirken können. Es sei dahingestellt, ob dafür Begriffe wie Streß oder Degeneration herangezogen werden, oder man sich mit solchen wie Nahrungskonkurrenz und erhöhter Krankheitsanfälligkeit begnügt; jagdwirtschaftlich wichtig ist, die entsprechenden Anzeichen rechtzeitig zu erkennen und ihnen dynamisch durch Bewirtschaftungsmaßnahmen zu begegnen.

3.2. Haut und Hautanhangsgebilde

3.2.1. Haarkleid

3.2.1.1. Funktion

Das Haarkleid des Wildschweines dient in erster Linie der Thermoregulation des Organismus. Der in und zwischen den Haaren eingeschlossene Luftraum vermindert bei kühleren Außentemperaturen eine zu starke Abgabe der Körperwärme. Es setzt die Oberflächenverdunstung herab, schafft eine weitgehende Luftruhe an der Oberhaut und bewahrt die Haut vor Austrocknung. Feuchtigkeit, im besonderen Niederschläge, werden abgehalten, wobei das dicht ineinander greifende Deckhaar und das durch Talgdrüsen eingefettete Wollhaar besondere Funktionen haben. Eine elektrische Polarität sichert den Kontakt zwischen Deck- und Wollhaar. Die derbe und dennoch glatte Beschaffenheit des ersteren bietet beim Durchstreifen von Gestrüpp einen mechanischen Schutz vor Verletzungen. Ektoparasiten wird der Zutritt zu den Blutkapillaren erschwert oder verhindert; eine wichtige Funktion in Anbetracht des feuchten Lebensraumes. Auch die überwiegend dunkle Färbung des Haarkleides ist für die Wärmeregulation von Bedeutung, da sie zur kalten Jahreszeit die Wärmeaufnahme aus der Sonnenstrahlung erhöht. Während der warmen Jahreszeit dagegen wird die Wärmeabstrahlung durch Ausfall des langen, dichten Winterhaares und die Bildung des zunächst kurzen und wollhaarfreien Sommerkleides erhöht, die Verdunstung und Schweißabgabe steigen und die hellgefärbten Haarspitzen bewirken eine geringere Wärmeaufnahme bei Sonneneinwirkung. Gleichzeitig dient das Haarkleid auch als Strahlungsschutz; im Haarwechsel befindliche Sauen meiden das Sonnenlicht.

Die unauffällige dunkle bis graue Mischfärbung des Haares hat in schneefreien Jahreszeiten sicher auch eine optische Schutzwirkung, die auch durch das gestreifte Frischlingskleid gegeben ist.

Inwieweit individuelle Färbungsunterschiede, im besonderen bei der Streifung der Frischlinge bzw. in der Kopfpartie älterer Stücke, für das persönliche Erkennen eine Bedeutung haben, ist bisher nicht untersucht. Doch unterstreicht das Haarkleid bestimmte Verhaltensweisen seines Trägers (Aufstellen der Federn, Vergrößern der Teller, Pürzelbewegungen usw.), und hat somit wichtige Funktionen im innerartlichen Kontakt.

Tasthaaren an der Rüsselscheibe kommt eine Aufgabe bei der Nahrungssuche zu. Cilienhaare an den oberen Augenlidern sowie die dichte Behaarung der Ohrmuscheln dienen dem Schutze der empfindlichen Sinnesorgane.

3.2.1.2. Haar

Die Behaarung des Schwarzwildes weist eine sehr beträchtliche Variabilität auf. Nach Höfliger (1931) läßt sie sich folgenden drei Haararten zurechnen:

- Tasthaare,
- Deckhaare,
- Wollhaare.

Toldt (1935) rechnet die Tasthaare den bei den Suiden nur in dieser Form vorkommenden Leithaaren zu, während die Deckhaare borstenartigen Grannenhaaren entsprechen. Während die Tasthaare in zwei unterschiedlichen Formen auftreten, weisen die Deckhaare sehr differente Ausbildungsformen auf. Daher wird auch von Koslo (1975) eine Dreiteilung des Deckhaares in feste Borsten, weiche Borsten und eigentliches Deckhaar vorgeschlagen. Als Sonderbildungen der Deckhaare führt Höfliger die Cilienhaare der Wimpern und die Langhaare des Pürzels an, während Toldt diese als Abkömmlinge der Leithaare ansieht. Auf morphologische Untersuchungen durch Feder (1978) über den Feinbau von Wildschweinhaaren im Vergleich zu Hausschweinen wird verwiesen.

Schließlich sei hier in aller Kürze darauf

eingegangen, daß das Haar als Bildung der Haut, die am Stoffwechsel teilnimmt, in letzter Zeit eine zunehmende Bedeutung als Weiser für die Ernährung, im besonderen den Mineralstoff- und Spurenelementhaushalt, bekommen hat (z. B. ANKE und RISCH, 1979). Im Vergleich zu den Wiederkäuern ist das Wildschwein daraufhin bisher noch wenig erkundet (WIESNER et al., 1980; ANKE et al., 1984). Die bisherigen Ergebnisse werden im Kapitel 5. behandelt.

Tasthaare: Tasthaare treten als Zwergsinushaare und Spürhaare auf.

Zwergsinushaare: Das Vorkommen dieser Haarform ist auf die Rüsselscheibe beschränkt. Es sind starre, 2 bis 3 mm lange, weißliche Härchen, die spärlich verteilt senkrecht in die Haut mit einem riesigen Haarbalg 6 bis 7 mm tief eingesenkt sind. Der Haarbalg ist von einem stark blutgefüllten, druckempfindlichen Sinus umgeben, empfindliche Nervenenden leiten empfangene Reize ab. Die Haarspitzen unterliegen einer starken Abnutzung.

Spürhaare: Diese gewöhnlich einzeln stehenden Tasthaare der Kopfpartie, die etwas derber und länger als das umgebende Haarkleid sind, haben eine schwarze Färbung.

Sie sind an der Mundspalte sowohl an der Ober- wie an der Unterlippe in mehreren Reihen angeordnet. Ihre Länge erreicht etwa 6 cm, die Spitzen sind meist ungespalten. Es fällt schwer, sie innerhalb der Deckhaare an den Lippen festzustellen.

Ein bogenförmiger Besatz mit Spürhaaren befindet sich auf dem oberen Augenlid, auf dem unteren sind sie spärlicher vertreten. Ein schwer nachweisbares Büschel von 2 bis 3 Tasthaaren ist weiterhin auf dem sogenannten Buccalorgan der Backenpartie zu finden, während das mit sechs und mehr Spürhaaren besetzte Mentalorgan auf der Kehlhaut deutlich erkennbar ist. Meist stehen hier mehrere Haare gemeinsam in einem Haartrichter, woraus eine Hervorwölbung der Hautoberfläche resultiert. Die Spürhaare des Mentalorganes können 8 bis 11 cm lang sein. Alle Spürhaare sind rund, haben eine lang ausgezogene Spitze und unterliegen nicht dem periodischen Haarwechsel. Vielmehr ist ihre Lebensdauer länger, und sie werden einzeln gewechselt.

Deckhaare: Durch das als Borsten bezeichnete Deckhaar des Wildschweines wird dessen Aussehen weitgehend bestimmt. Ausschlaggebend dafür sind die Haarlänge, -stärke, -dichte und -färbung sowie der Grad der Aufspaltung des oberen Haarteiles. Dabei gibt es beträchtliche Unterschiede nicht nur zwischen dem Deckhaar der einzelnen Körperteile, sondern auch nach Alter, Geschlecht, Jahreszeit und Lebensraum. Das Haar variiert von kurzen, weichen Ausbildungen an den natürlichen Körperöffnungen bis zu den als „Federn" bezeichneten langen, derben Borsten der Rückenlinie. Es weist eine eigentümliche Gruppenstellung auf. Stets drei Haare stehen nebeneinander, die jedoch die Haut durch einen eigenen Trichter verlassen. Die Haarpapillen sind zusammengesetzt, worauf auch die übliche Aufteilung des Haarschaftes an der Spitze in 3 bis 7 Teilspitzen zurückgeführt wird (KRÄNZLE, 1911).

Das Deckhaar ist gewöhnlich dunkel einfarbig oder im oberen Drittel etwas heller gefärbt. Die aufgefaserten, dicht aneinander liegenden Teilspitzen jedoch sind wesentlich heller als der Schaft und bestimmen das Aussehen des Individuums. Bei der folgenden Beschreibung des Deckhaares adulten Schwarzwildes wird im wesentlichen der ausführlichen Arbeit von HÖFLIGER (1931) gefolgt.

Der Nasenrücken weist im unteren Teil nur 1 bis 2 cm lange dunkle, zur Stirn hin heller werdende, wenig aufgefranste Borsten auf. Sie gehen in der Stirnpartie in dunkle, 8 bis 9 cm lange Borsten über, die in Nacken, Widerrist und vorderer Rückenpartie als Federn den Kamm des Schwarzwildes bilden. Dieser Haarstreifen, der im Widerrist mit Ausnahme der Pürzelquaste das längste Haar des Schwarzwildes aufweist, wurde von KOSLO als „feste Borsten" bezeichnet. Hier folgt die stärkste Aufteilung des Schaftes bis 4 cm tief in sieben und mehr Teilspitzen. Die Federn können durch ausgesprochen kräftige Haarbalgmuskeln stark aufgerichtet werden.

Auf der hinteren Rückenpartie und der Kruppe nehmen die Federn an Länge und Stärke ab, ebenso nach den Körperseiten („weiche Borsten" nach KOSLO).

Tabelle 3/7 *Deckhaarlänge bei adultem Schwarzwild (in mm)*

	Keiler				Bachen			
	Eberswalde		Belowesher Urwald[1]	südl. Ferner Osten[2]	Eberswalde		Belowesher Urwald[1]	südl. Ferner Osten[2]
	n = 6		n = ?	n = 2	n = 6		n = ?	n = 2
	$\bar{x} \pm sx^-$	s	$\bar{x}$	$\bar{x}$	$\bar{x} \pm s\bar{x}$	s	$\bar{x}$	$\bar{x}$
Stirn	57,0 ± 1,6	3,95	—	62	59,8 ± 1,5	3,58	—	58
Nacken	94,5 ± 2,9	7,07	—	120	102,3 ± 4,5	10,92	—	109
Widerrist	133,8 ± 3,1	7,60	132	160	129,3 ± 4,0	9,77	115	156
Rückenmitte	112,8 ± 6,7	16,43	—	108	97,7 ± 3,8	9,18	—	102
Kruppe	99,2 ± 3,2	7,83	—	110	97,3 ± 2,3	5,66	—	103
Halsseite	91,5 ± 3,2	7,81	85	91	81,0 ± 5,2	12,66	63	80
Blatt	79,7 ± 2,9	7,20	92	90	76,7 ± 4,0	9,85	57	85
Flanke	91,5 ± 1,3	3,07	—	103	78,7 ± 4,5	10,96	—	95
Keule	95,5 ± 2,6	6,34	—	91	85,0 ± 3,2	7,86	—	89
Bauch	93,3 ± 1,7	4,22	98	102	84,8 ± 5,1	12,39	91	98
Vorderlauf	81,3 ± 3,4	8,26	—	—	74,5 ± 4,6	11,32	—	—
Hinterlauf	76,0 ± 1,9	4,56	—	—	64,0 ± 3,2	7,77	—	—
Pürzel	233,8 ± 30,8	75,34	—	—	216,5 ± 21,1	51,75	—	—

[1] nach Koslo, 1975; [2] nach Bromlej, 1964

Eine starke Besetzung mit dunklem, wenig aufgespaltenem Deckhaar weisen die Ränder der Teller auf. Längere, aber spärliche Borsten befinden sich an der Körperunterseite, die sowohl einfarbig dunkel, als auch weiß sein können. In der Bauchpartie und der Scham- und Leistengegend stehen nur vereinzelte, schwächere Deckhaare zwischen der Unterwolle.

Die Gliedmaßen sind an der Vorderseite mit kurzen, schwärzlichen, wenig aufgespaltenen, an der Hinterseite mit längeren Deckhaaren besetzt. Das Deckhaar des Pürzels ist relativ kurz und entspricht in der Färbung dem der Kruppe. Im unteren Drittel jedoch ist er von bis zu 30 cm langen, dunklen, nicht geteilten Langhaaren besetzt, die eine Quaste bilden. Dieses Haar wird vom periodischen Haarwechsel nicht erfaßt, sondern ist langlebiger und wird einzeln gewechselt. Toldt (1935) faßt es als Abkömmling von Leithaaren auf. Über die Dimensionen des Deckhaares gibt es bisher wenig Mitteilungen. Nach Höfliger (1931) ist es am Nasenrücken und an der distalen Seite der Gliedmaßen 10 bis 15 mm, an der Stirn 80 bis 90 mm, am Widerrist 100 bis 130 mm und am Rücken 90 bis 120 mm lang.

Neuere Messungen erfolgten durch Bromlej (1964) am Ussuri-Wildschwein, durch Koslo (1975) in Belowesh, durch Briedermann (1980) im Kreis Eberswalde und durch Hell und Paule (1983) in der ČSSR. Die Ergebnisse sind in den Tabellen 3/7 und 3/8 zusammengestellt. Es ist anhand des teilweise noch geringen Materials anzunehmen, daß das Schwarzwild des Ussuri-Gebietes deutlich längeres Deckhaar, vor allem am Widerrist, aufweist, während keine eindeutigen Unterschiede zwischen den Stücken aus Belowesh und Eberswalde erkennbar sind. Die auffällig geringen Werte aus den Westkarpaten sind methodisch bedingt, da das Haar nicht in ganzer Länge gewonnen, sondern an der Schwarte abgeschnitten wurde.

An fast allen Meßpunkten ist das Deckhaar der Keiler länger als das der Bachen. Doch ist die Variationsbreite sehr weit, so daß die Differenz nur an den Flanken, Keulen und den Hinterläufen statistisch gesichert werden konnte. Das längste Deckhaar befindet sich in der Widerristpartie (Federn) und

Tabelle 3/8 *Wollhaarlänge bei adultem Schwarzwild (in mm)*

	Keiler				Bachen			
	Eberswalde		Belowesher Urwald[1]	südl. Ferner Osten[2]	Eberswalde		Belowesher Urwald[1]	südl. Ferner Osten[2]
	n = 6		n = ?	n = 2	n = 6		n = ?	n = 2
	$\bar{x} \pm s\bar{x}$	s	$\bar{x}$	$\bar{x}$	$\bar{x} \pm s\bar{x}$	s	$\bar{x}$	$\bar{x}$
Stirn	41,2 ± 1,8	4,36	—	12	35,5 ± 2,5	6,05	—	15
Nacken	55,2 ± 3,1	7,66	—	44	54,0 ± 3,5	8,46	—	44
Widerrist	64,8 ± 4,4	10,82	30	46	56,5 ± 3,7	9,12	36	49
Rückenmitte	65,2 ± 3,5	8,47	—	40	67,3 ± 2,9	6,97	—	34
Kruppe	53,6 ± 2,1	5,04	—	42	58,8 ± 2,2	5,50	—	39
Halsseite	49,8 ± 1,0	2,32	25	31	42,7 ± 2,6	6,31	38	34
Blatt	50,3 ± 2,1	5,25	28	37	47,0 ± 2,5	6,07	34	36
Flanke	51,7 ± 3,3	8,04	—	48	50,2 ± 2,6	6,46	—	32
Keule	52,3 ± 2,4	5,85	—	39	44,3 ± 0,8	2,05	—	40
Bauch	48,0 ± 1,1	2,39	29	50	47,8 ± 1,8	4,40	31	25
Vorderlauf	39,0 ± 3,3	8,02	—	—	30,5 ± 2,5	6,02	—	—
Hinterlauf	41,2 ± 2,5	6,12	—	—	41,17 ± 3,2	7,76	—	—

[1] nach Koslo, 1975; [2] nach Bromlej, 1964

konnte in der Eberswalder Stichprobe bei beiden Geschlechtern bis 140 mm erreichen. Es folgen die übrigen Meßpunkte der Rückenlinie sowie die Keulen, während das Blatt verhältnismäßig kurz behaart ist.

Die Langhaare des Pürzels weisen sehr beträchtliche Längenunterschiede bei beiden Geschlechtern auf (Keiler 131 bis 318 mm, Bachen 176 bis 274 mm). Nach unseren Messungen an 182 zweijährigen Keilern reicht die Pürzelquaste durchschnittlich 17 cm über das Pürzelende hinaus. Eine Länge von mehr als 25 cm ist selten. Bei Bachen reichte die Quaste durchschnittlich 14 cm über den Pürzel hinaus. Altersabhängigkeiten waren nicht erkennbar. Die Haardicke wurde von Hell und Paule (1983) untersucht. Das oval geformte Deckhaar ist im Widerrist am dicksten und mißt bei Keilern im Mittel 0,15 × 0,37 mm, bei Bachen 0,42 × 0,26 mm. Koslo (1975) ermittelte im Gebiet von Belowesh den geringsten Durchmesser der Federn mit 0,38 bzw. 0,27 mm.

Unterwolle: Das im besonderen der Wärmeregulierung dienende Wollhaar bedeckt reichlich den gesamten Körper mit Ausnahme einiger Kopfpartien und der unteren Teile der Gliedmaßen. Das Wollhaar ist die am häufigsten vertretene Haarform. Es umfaßt 54 bis 88 % aller auf der Flächeneinheit stehenden Haare, wobei es am seltensten am Haupt und an den Läufen, am häufigsten an der Bauchunterseite auftritt. Wollhaare treten in schlichter, gekräuselter und gelockter Form auf, letzteres besonders an borstenarmen Hautstellen, wie hinter den Tellern und auf der Bauchseite. Die Wollhaare weisen im allgemeinen kein Mark auf. Meist von hellerer brauner Farbe, am Bauch sogar weißlich, bestimmen sie besonders zu Zeiten des Haarwechsels das Aussehen des Schwarzwildes mit. Einige Meßergebnisse sind in der Tabelle 3/8 wiedergegeben. Es entsteht der Eindruck, daß weibliches Schwarzwild eine längere Unterwolle aufweist.

Nicht erklärt werden kann zur Zeit die auffällige Tatsache, daß das Eberswalder Schwarzwild das mit Abstand längste Wollhaar aufweist. Wir haben bei unseren Messungen darauf geachtet, Wollhaare normaler Länge, gerade gestreckt, zu vermessen. Die Wollhaardicke wird von Koslo (1975) bei beiden Geschlechtern mit 0,027 bis 0,038 mm angegeben. Nach Hell und Paule (1983) werden jedoch in der Slowakei bei Keilern im Bereich des Schulterblat-

tes, des Widerristes und der Keule Werte von etwa 0,1 mm, bei Bachen in der Keulenregion bis zu 0,09 mm erreicht.
KOSLO bestätigt auch die Feststellung von HÖFLIGER, daß die Haarzahl pro Flächeneinheit mit zunehmendem Alter sinkt. Bachen haben an der Bauchpartie etwa die doppelte Anzahl von Haaren als Keiler, an den übrigen Körperteilen sind die Keiler stärker behaart (s. Tab. 3/9). Die Mitteilung von HÖFLIGER, daß die Haarzahl pro Flächeneinheit mit zunehmendem Alter sinkt. Bachen durch die Jahreszeit der Beobachtungen bedingt zu sein. Alle übrigen Angaben beziehen sich auf das Winterkleid.

Tabelle 3/9 *Haardichte bei Wildschweinen in Belowesh (nach* KOSLO, *1975)*

Körperteil	Anzahl der Haare je cm²		
	Überläuferbachen	Altbachen	Keiler
Widerrist	746	221	272
Halsseiten	332	200	301
Blatt	362	270	390
Bauch	230	237	129

Haarlose und haararme Körperstellen: Der Vollständigkeit halber erfolgt hier eine Zusammenstellung derjenigen Körperstellen, die nicht oder kaum vom Haarkleid bedeckt sind. In erster Linie muß hier die Rüsselscheibe Erwähnung finden, deren Rand auch von Zwergsinushaaren frei ist. Fast unbehaart ist auch der unmittelbar anschließende Nasenrücken auf einer Länge von 2 bis 3 cm, ebenso die vorderen Teile der Ober- und Unterlippe. Schwach behaart ist der hintere Ohrmuschelgrund. Eine nur feine, spärliche Behaarung weisen die Afteröffnung, die Schamlippen sowie der Eingang zur Präputialöffnung auf. Auch das Scrotum hat nur eine schwache Behaarung aufzuweisen. Die Zitzen sind haarlos, gering behaart sind die Achselhöhlen und die Schenkelgegend. Schließlich sei auf die haarlosen Ballen, die Afterklauen und die zwischen ihnen liegende Hautpartie verwiesen.

3.2.1.3. Haarentwicklung und Haarwechsel

Die Haarentwicklung setzt bereits in einem ontogenetisch frühen Stadium ein. Als erste Bildungen sind bereits beim 10 Wochen alten Fötus die Spürhaare der Kopfpartie mit ihren stark entwickelten, durch Hervorwölbung der Haut kenntlichen Haartaschen festzustellen. Mit etwa 90 Tagen wird der spätere Kamm als Aalstrich deutlich, und ab annähernd 100 Tagen ist die Frischlingsstreifung erkennbar. Etwa 1 bis 2 Wochen vor der Geburt ist das Deckhaar ausgebildet. Diese gestreifte Frischlingslivree bildet das Erstlingskleid des Schwarzwildes.
Alle vorn beschriebenen Haarformen sind bereits vertreten, das Deckhaar ist jedoch wesentlich weicher und wolliger als in älteren Stadien, eine selbstverständliche Folge der zarten Haut und der schwachen Haarbälge. Es weist bereits eine gute Wärmeisolation auf (TOLDT, 1935), ist jedoch gegen mechanische Einflüsse und Feuchtigkeit wenig widerstandsfähig. Daher bedarf der Frischling zunächst des Schutzes durch den Wurfkessel und den mütterlichen Organismus. Da bisher nur wenige konkrete Beobachtungen zum Verlauf des Haarwechsels beim Schwarzwild vorlagen, wurde im Kreis Eberswalde eine Strecke von 1043 Stück Schwarzwild diesbezüglich untersucht und eingestuft (BRIEDERMANN, 1980). Die folgenden Ausführungen basieren hauptsächlich auf den dabei erzielten Ergebnissen (Abb. 3/10). Das erste Haarkleid wird etwa 3 bis 4 Monate getragen, wobei die Stärke und Festigkeit der Borsten allmählich wächst. Noch im Juni ist es, wenn auch mit undeutlicher Streifung, voll erhalten, wird dann allmählich durch Teilung der hellen Streifen aufgelöst, so daß bei gut entwickelten, zum normalen Zeitpunkt geborenen Frischlingen schon im Juli der Übergang zum einfarbig bräunlichen Jugendkleid vor sich geht. Dieses ist wesentlich grobhaariger als das vorige, doch noch immer zarter als das Erwachsenenkleid und hat ein noch gering entwickeltes Wollhaar. In der Eberswalder Population wurde es im August bereits zu 95 %, im September von 97 % aller erlegten Frischlinge getragen. Im

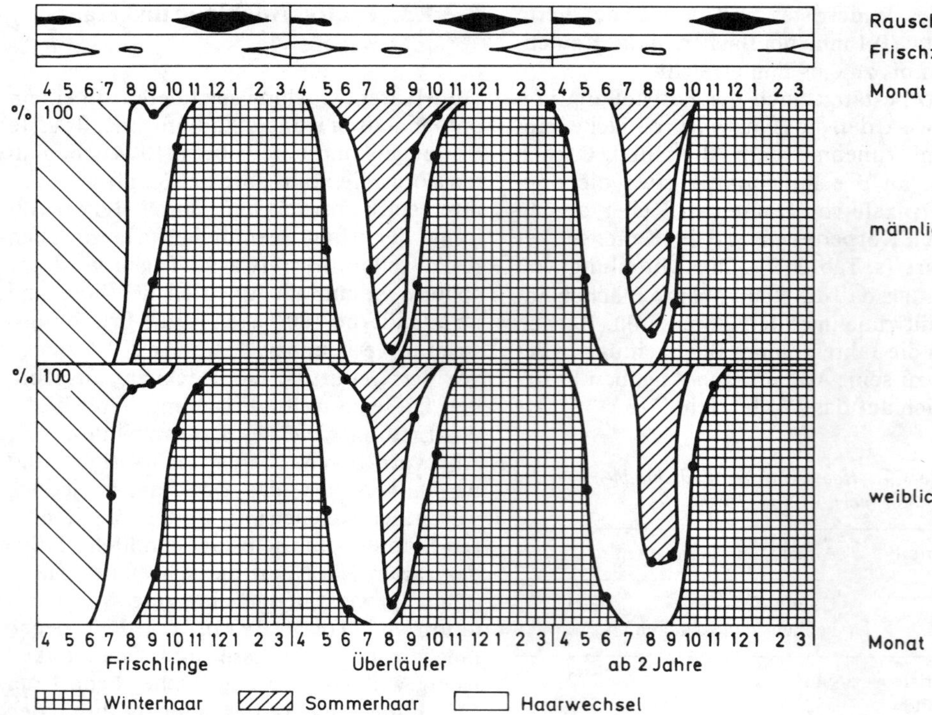

Abb. 3/10 Verlauf des Haarwechsels

Oktober wurde kein Frischling mit erkennbarer Streifung mehr gestreckt. Das zweite Jugendkleid ist als eine Übergangsform zum ersten Winterkleid anzusehen. Dieses tragen im Oktober 80 % und im November 95 % aller Frischlinge. Seine volle Ausbildung scheint allerdings erst im Dezember/Januar vorzuliegen. Von diesem Zeitpunkt ab macht der bräunliche Farbton verstärkt grauen bis schwarzen Färbungen Platz, wenn er auch bis zum Frühjahrs-Haarwechsel, vor allem auf den Keulenpartien, noch erhalten bleibt. Am Pürzelende setzt eine langsame Entwicklung der später die Quaste bildenden Langhaare ein, die jedoch erst 2 bis 4 cm Länge erreichen. Geschlechtstypische Unterschiede im Haarwechsel und in der Färbung sind bis zu diesem Zeitpunkt nicht erkennbar. Ist im April bei Überläufern beider Geschlechter noch das volle Winterkleid erhalten, beginnt im Mai der Haarwechsel. Er setzt zuerst an den Kopfpartien, vor allem hinter den Tellern, doch auch um die Lichter, sowie an der Brust und an der Analregion ein.

Im Mai trugen etwa 45 % aller untersuchten Überläufer noch die volle Winterschwarte, bei etwa 35 % hatte der Haarwechsel an den Kopfpartien eingesetzt, 15 %wechselten bereits in ausgedehnten Maße das Haar an Rumpf und Gliedmaßen, und einige Stücke zeigten zu Ende des Monats schon fast die volle Sommerschwarte.

Im Juni trugen nur noch wenige Überläuferbachen (5 %) das volle Winterhaar, doch auch die fast volle Sommerbehaarung war bei etwa 30 % der männlichen und 20 % der weiblichen Überläufer ausgebildet. Das volle Sommerhaar erreichten im Juli 64 % und im August 95 % der Überläuferkeiler bzw. 20 % und 95 % der Überläuferbachen. Der Wechsel zum Sommerhaar setzt also bei beiden Geschlechtern annähernd gleichzeitig ein, wird jedoch bei männlichen Überläufern früher abgeschlossen (Abb.3/11 bis 3/13).

Abb. 3/11 Dreijährige Bache im März. Winterkleid, graue Variante
(Foto: MEYNHARDT)

Abb. 3/12 Die gleiche Bache im Mai. Wechsel zum Sommerkleid
(Foto: MEYNHARDT)

Abb. 3/13 Die gleiche Bache im August. Sommerkleid
(Foto: MEYNHARDT)

Der Frühjahrshaarwechsel besteht somit aus einem auffälligen Ausfall des gesamten Deck- und Wollhaares in einem Zeitraum von etwa 3 Monaten (beim Einzeltier von etwa 2 Monaten).
Während seines Verlaufes brechen aus den frei gewordenen Haartrichtern die sich aufteilenden Haarspitzen des neuen Deckhaares hervor, die den Sauen zunächst ein helles, silbergraues Aussehen geben.
Ab Ende Juli/Anfang August beginnt bei den Überläufern auch die Entwicklung des Wollhaares, und im Oktober zeigen etwa 80 % der Überläuferkeiler schon ein Aussehen, das dem Winterkleid entspricht. Bei den Überläuferbachen erreichen etwa 65 % einen vergleichbaren Zustand. Im November haben beide Geschlechter dieser Altersklasse die volle Winterschwarte angelegt, die sie bis Ende April behalten.
Ältere Keiler können bereits im April mit dem Frühjahrshaarwechsel beginnen (10 %), er erfolgt intensiv im Mai (60 %) und ist im Juli abgeschlossen. Etwa die Hälfte der Bachen trägt im Mai noch das Winterkleid und selbst im Juni sind es noch etwa 10 %. Ab September beginnt im allgemeinen die deutliche Entwicklung des Winterkleides, die im November abgeschlossen ist.
Die Winterschwarte wird etwa ein halbes Jahr getragen. Im Vergleich zeigt sich, daß sich der Haarwechsel bei Überläufern über einen längeren Zeitraum als bei älteren Sauen erstreckt. Zu ihnen gehören die ersten stark verfärbten, aber auch die letzten noch fast im Winterhaar befindlichen Sauen. Beim Übergang in die Winterschwarte sind die Altersunterschiede nicht mehr deutlich. Bei männlichen Stücken erstreckt sich der Zeitraum des Haarwechsels über einen kurzen Zeitraum. Sie schließen ihn sowohl im Sommer als auch im Winter früher ab.
Starke individuelle Unterschiede beeinflussen den Verlauf. Trächtigkeit und Jungenaufzucht, Krankheit und Parasitierung, Geburtstermine und Ernährungszustand können ihn beträchtlich verzögern. Das zeigte sich bei einer Gegenüberstellung des Haarwechsels reproduktionsaktiver weiblicher Stücke im Frühjahr (Abb. 3/14). Von 25 im II. Quartal erlegten Bachen waren 13 hoch-

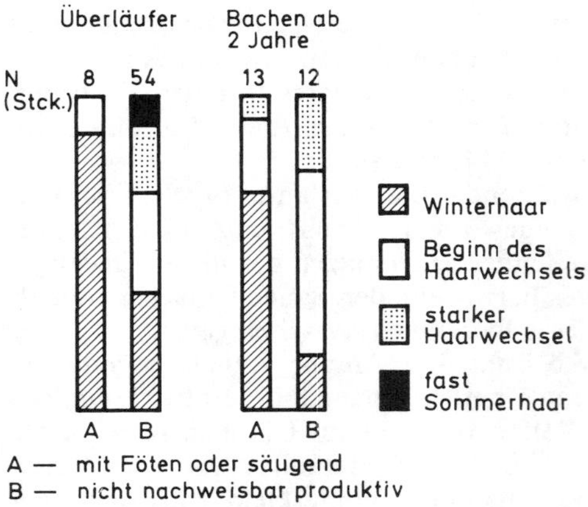

Abb. 3/14 Einfluß der Reproduktion auf den Frühjahrshaarwechsel von Bachen

beschlagen oder führend. Von ihnen trugen 8 noch das volle Winterhaar, von den übrigen 12 nur 3 Individuen. Von 63 Überläuferbachen waren 8 reproduktionsaktiv. Von diesen trugen 7 noch das Winterhaar, von den übrigen nur 37 %.

Ebenso, wie der Witterungsablauf als wesentlicher Einflußfaktor wirken kann, sind auch regionale Unterschiede zu erwarten. Nach Koslo (1975) soll in Belowesh zu folgenden Zeiten das volle Sommerkleid angelegt sein:

- Keiler und nicht führende Bachen/10.7.
- Überläufer/15. bis 20. 7.
- führende Bachen/25. bis 30. 7.

In durch Ernährung und Witterung günstigen Jahren soll der Zeitpunkt etwa 2 Wochen früher, in ungünstigen Jahren etwa 2 Wochen später einsetzen.

3.2.1.4. Färbung

Jugendkleider: Die Streifung des Frischlings gilt als ein stammesgeschichtlich sehr altertümliches Kennzeichen. Die 4 bis 5 gelblichen, von den Schulterblättern bis zu den Keulen reichenden Längsstreifen zeigen eine sehr beachtliche individuelle Variabilität, die ein einwandfreies Unterscheiden der einzelnen Frischlinge ermöglicht. In nur wenigen Fällen sind die Streifen in voller Länge durchgezogen. Oft lösen sie sich in der Blattpartie, häufiger aber an den Keulen, in eine Fleckung auf, doch auch Unterbrechungen in der Körpermitte sind nicht selten.

Diese Erscheinung ist besonders bei den mehr zur Unterseite hin gelegenen Streifen festzustellen (Abb. 3/15).

Die Grundfarbe des Frischlings in den ersten Lebensmonaten ist ein helles bis rötliches Braun, der Vorderkopf, und manchmal auch die Stirn sind dunkler getönt. Die Mitteilung von Mohr (1960), daß Frischlinge dunkle Längsstreifen auf einen gelbbraunen Grunde aufweisen, trifft nicht zu. Die Bauchpartie ist schmutzig weiß. Das rot- bis graubraune zweite Jugendkleid entsteht aus dem vorigen nach allmählicher Auflösung der Streifen und Ausfall des Erstlingshaares, und wird bei zur normalen Zeit geborenen Frischlingen ab Juli/August getragen.

Die Augenregion, der Kehlbereich und die Bauchseite sind heller, das Gebrech in Wurfnähe, die Teller und die unteren Teile der Gliedmaßen gewöhnlich dunkler. Bereits in diesem Alter entwickelt sich die für das Schwarzwild typische Mischfärbung, die eine genaue Beschreibung erschwert. Sie wird verstärkt durch das allmähliche Erscheinen der helleren Unterwolle ab Oktober und den langsamen Übergang zum ersten Winterkleid ab Januar, das schon mehr schwärzliche oder graue Farbtöne aufweist. Dennoch bleibt die für dieses Entwicklungsstadium typische bräunliche Färbung deutlich.

Allgemeine Farbgebung: In allen bisher untersuchten Populationen ist eine sehr beachtliche individuelle Veränderlichkeit der Färbung festgestellt worden, deren Beurteilung durch die schon erwähnte Mischfärbung der Individuen erschwert wird. So besteht gewöhnlich ein fließender Übergang von helleren zu dunkleren Varianten, die um bestimmte Farbstufen gruppiert werden.

Die individuelle Farbgebung ist abhängig von der Färbung

- des aufgefaserten Spitzenanteils der Borsten,
- des kürzeren Deckhaars vor allem am Kopf und an den Läufen,
- des Wollhaares,
- der Haut an haararmen Partien.

Abb. 3/15 Frischlinge im Erstlingskleid, etwa 3 Wochen alt (Foto: Freymann)

Der daraus entstehende Gesamteindruck variiert nach Heptner et al. (1966) im Balchasch-Gebiet (UdSSR) von hellbraun bis strohgelb und sogar weißlich, in der Belorussischen Sowjetrepublik von hellbraun über fuchsrotbraun bis fast schwarz und im Ussuri-Gebiet kommen ockerfarbene, hellbraune und fast schwarze Sauen vor.
Koslo (1975) unterscheidet für die Population von Belowesh folgende drei Farbvarianten:

- schwarzbraune mit grauer oder rötlicher Schattierung (72 %),
- schwarze mit grauer oder dunkelbrauner Schattierung (11 %),
- gefleckte Sauen (16,7 %).

Die im Kreis Eberswalde studierte Population läßt die Färbungsbilder der Tabelle 3/10 unterscheiden.
Ungeachtet der geschilderten Variabilität in der Grundfärbung der Individuen ist doch eine bestimmte, mehr oder weniger ausgeprägte Zeichnung des Haarkleides nicht zu übersehen.
Beim in der DDR vorkommenden Schwarzwild ist im allgemeinen die vordere obere Partie des Wurfes dunkel gefärbt, diese Färbung dehnt sich auf den Ober- und Unterlippenbereich aus. Die anschließende Region bis zur Augenhöhe ist gewöhnlich wesentlich heller als das übrige Haarkleid, da sie stark mit weißlichem Deckhaar durchsetzt ist. Viele Individuen lassen einen weißlichen Streifen von den Mundwinkeln zur Kehle hin erkennen („Kehlbart"), eine Erscheinung, die beim Ussuri-Wildschwein sehr stark ausgeprägt ist. Auch die Kehle ist sehr hell gezeichnet. Die Lichter sind von dunklen Haaren umgeben, und die Teller sind fast immer schwärzlich gefärbt. Von der Stirn ab läuft bis zur Rückenmitte in Gestalt des Kammes ein Haarstreifen, der leicht bis stark dunkler als das übrige Haarkleid gefärbt ist; bei dunkel gefärbten Exemplaren besteht dieses Merkmal nicht. Die Körperseiten zeigen eine der typischen oben beschriebenen Grundfärbungen. Der Pürzel ist in der unteren Hälfte dunkler, die

Tabelle 3/10 *Winterfärbung des Schwarzwildes (Population Eberswalde, Angaben in %)*

Färbung	Männlich			Weiblich		
	Frischlinge	Überläufer	Keiler	Frischlinge	Überläufer	Bachen
Dunkel, fast schwarz	12	58	52	7	30	42
Grau bis silbergrau	3	22	36	0	44	50
Mittel- bis dunkelbraun	68	12	4	78	19	7
Hell- bis gelbbraun	14	4	6	14	7	1
Weiß gescheckt	3	4	2	1	—	—

Frischlinge: Januar bis April; Überläufer: November bis März;
Keiler und Bachen: November bis April

Quaste allgemein schwarzbraun. Die Körperunterseite, die Leistengegend und die Analregion sowie die oberen inneren Seiten der Gliedmaßen sind stets bedeutend heller als die Grundfärbung. Dagegen sind die Gliedmaßen mindestens in ihrem unteren Drittel dunkler gefärbt. Dunkel sind auch stets die Schalen und der Wurf. Im Laufe des Winters bis zum Haarwechsel erfolgt eine allmähliche Aufhellung des Haarkleides. Das beschriebene Grundprinzip der Farbzeichnung ist auch in anderen Populationen im wesentlichen gleich (BROMLEJ, 1964; HEPTNER, 1966; KOSLO, 1975).

Winterkleid: Das Winterkleid bestimmt das Aussehen des Schwarzwildes nicht nur während des Zeitraumes seiner abgeschlossenen Entwicklung (November bis April), sondern auch in den angrenzenden Zeiten seiner Ausbildung (Oktober) oder seines Ausfalls (Mai), somit also zu etwa zwei Dritteln des Jahres.

Im Winterkleid (vgl. Tab. 3/10) wirkten zwei Drittel der Frischlingskeiler und drei Viertel der Frischlingsbachen überwiegend mittelbraun. Doch trugen 12 bzw. 7 % eine dunkle, schwärzliche Färbung, und 3 % der Keiler wirkten silbergrau. Die hellgraue Färbung nahm bei beiden Geschlechtern etwa 4 % ein, typisch gefleckte Sauen 2 %. Es sind keine Farbunterschiede im Winterkleid von Frischlingen beider Geschlechter nachweisbar. Sind Frischlinge also im Winter in beiden Geschlechtern vorwiegend bräunlich gefärbt, wirken Überläuferkeiler bzw. ältere Keiler in der Mehrzahl dunkel bis schwarz (50 bis 60 %). Ein Viertel bis ein Drittel wurde als grau bis silbergrau eingestuft, mittelbraune Farbtöne gehen bis auf 5 %, hellbraune bis auf den annähernd gleichen Prozentsatz zurück, die Zahl typischer Schecken blieb gleich.

Zwischen männlichen Überläufern und Keilern gibt es keine gesicherten Farbdifferenzen, wenn auch die silbergraue Färbung zuzunehmen scheint und die braune fast verschwindet. Bei Bachen überwiegt im Winter die graue bis silbergraue Färbung (fast 50 %), doch sind auch schwärzliche Stücke mit 30 % bei Überläufern und 42 % bei älteren Bachen nicht selten. Auch beim weiblichen Geschlecht geht die mittelbraune Farbvariante mit 19 bzw. 7 % bei zunehmendem Alter zurück, ist jedoch etwas häufiger als bei Keilern. Hellbraune Stükken stellen annähernd 5 % wie bei Keilern. Ältere gescheckte Bachen fehlen im Untersuchungszeitraum. Statistisch gesicherte Farbunterschiede zwischen weiblichen Überläufern und Bachen liegen nicht vor, wenn auch hier die dunkelbraune Variante mit dem Alter ab- und die silbergraue zunimmt. Ein signifikanter Färbungsunterschied zwischen den Geschlechtern tritt bei Überläufern und älteren Schwarzwild in Erscheinung. Etwa die Hälfte aller männlichen Stücke wirkt schwarz, die Hälfte aller weiblichen grau. Braune Farbtöne sind bei Bachen häufiger. Insgesamt zeigt sich neben einer genetisch bedingten auch eine alters- und geschlechtsabhängige Variabilität. Sie wirkt jedoch nur schwerpunktverlagernd, denn alle fünf Farbvarianten kamen bei beiden Geschlechtern und in allen Altersstufen vor.

Sommerkleid: Es bestimmt das Aussehen

Tabelle 3/11 *Sommerfärbung des Schwarzwildes (Population Eberswalde, Angaben in %)*

Färbung	Männlich		Weiblich	
	Überläufer	Keiler	Überläufer	Bachen
Dunkel, fast schwarz	14	25	15	29
Silbergrau bis grau	52	69	45	71
Dunkelbraun	33	6	30	—
Hell- bis Mittelbraun	1	—	10	—
Weiß gescheckt	—	—	—	—

Überläufer: männlich: Juli/August; Überläufer weiblich: August;
Keiler: Juni/August; Bachen: August/September

des Schwarzwildes nur zwischen Juli und September; schon im letztgenannten Monat geht es langsam zum Winterkleid über (Tab. 3/11). Etwa 30 % der Überläufer beider Geschlechter wirken auch im Sommerkleid noch bräunlich. Überwiegend sind sie jedoch silbergrau, und etwa 15 % von schwärzlicher Farbe. Mehr als zwei Drittel aller älteren Stücke wirken silbergrau, doch etwa 25 bis 30 % sind dunkel bis schwärzlich gefärbt. Hier gibt es kaum noch mittelbraun wirkende Sauen, die hellbraune Variante fließt mit der silbergrauen zusammen. Das Farbbild der Sommersauen wird durch die kurzen, aufgefaserten hellen Spitzen der sich neu bildenden Borsten und teilweise durch die hell durchschimmernde Haut bestimmt. Die von verschiedenen Autoren (Höfliger, 1931; Heptner et al., 1966) geäußerte Ansicht, daß infolge des Ausfalls der hellen Wollhaare und des Durchscheinens dunkler Hautpartien die Sommerfärbung dunkler als die Winterfärbung sei, kann für die Population der DDR nicht beigepflichtet werden. Im allgemeinen sind Sauen, die im Frühsommer wesentlich heller erscheinen als ihre Rottenmitglieder, im Haarwechsel weiter vorangeschritten.

Geflecktes Schwarzwild: Das Vorkommen gefleckter Sauen wird aus einem großen Teil der bisher untersuchten Populationen des Verbreitungsgebietes beschrieben. Die Fleckung besteht in unregelmäßig verteilten, mehr oder weniger rundlichen, schwarzbraunen bis schwarzen Platten unterschiedlicher Größe auf dem Grund der Normalfärbung. Bei einem gewissen Prozentsatz von Individuen ist die Normalfärbung durch ein cremefarbenes oder gelblich weißes Haarkleid ersetzt, so daß von „schwarzweiß gefleckten“ Sauen gesprochen wird. Die Hautfarbe wird von der Fleckung nicht erfaßt.

In der Eberswalder Population wiesen 6,5 % aller untersuchten Sauen eine mehr oder weniger starke Fleckung auf (Tab.3/12). Davon waren 28 % bzw. 1,8 % der Gesamtzahl, in der vorgenannten auffälligen Form gefleckt, 40 % der hellbraunen und je etwa 15 % der grauen bzw. dunkelbraunen Variante. Naturgemäß ist bei den letzteren die Fleckung weniger auffällig und wird oft erst bei näherer Begutachtung erkannt (Abb. 3/16 und 3/17). Gefleckte Sauen kommen in allen Populationen der DDR vor. Andrzejewski (1971, 1974, 1976) stellt in einer Schwarzwildpopulation bei Warschau einen Anteil von etwa 2,5 % gefleckter Sauen fest, über das Vorkommen gefleckter, doch sonst normal gefärbter Sauen wird keine Auskunft gegeben.

Koslo (1975) meldet aus der Population des Schutzgebietes von Belowesh die Feststellung von sogar 16,7 % gefleckter Sauen aller Farbvarianten, darunter auch schwarzweiß gefleckter, doch eine nähere Aufschlüsselung wird nicht angegeben. In dem ebenfalls von ihm untersuchten, weiter östlich gelegenen Beresina-Schutzgebiet kamen nur 0,2 % gefleckte Sauen mit normaler Grundfärbung zur Begutachtung.

Aus anderen sowjetischen Arealteilen liegen bisher keine Mitteilungen vor, Bromlej (1964), der sich intensiv mit der Färbung der Ussuri-Unterart befaßte, kennt diese Farbvariante nicht, beschreibt jedoch einen

Tabelle 3/12 *Häufigkeit gefleckten Schwarzwildes in der Eberswalder Population*

Grundfärbung	Frischlinge		Überläufer		Keiler	Bachen	Gesamt	
	männlich	weiblich	männlich	weiblich			Stück	%
grau			4	2	1	3	10	15
dunkelbraun	1	2	4	2	0	2	11	17
hellbraun	11	3	6	3	2	1	26	40
weißlich	6	1	6	3	1	1	18	28
Fleckung insgesamt	18	6	20	10	4	7	65	100
Prozentanteil an der untersuchten Strecke	10,1	4,8	5,9	6,6	4,2	6,8	(1043)	6,5
Prozentanteil der schwarzweißen Schecken	3,4	0,8	1,7	2,0	1,1	1,0	(1043)	1,8

Teilalbino. In der Eberswalder Population konnten Alters- und Geschlechtsunterschiede beim Auftreten der Fleckung nicht festgestellt werden – auch nicht bei alleiniger Betrachtung der schwarzweiß gefleckten Sauen.
Auch Koslo (1975) teilt für das Belowesh-Gebiet ihr Vorkommen unabhängig von Alter und Geschlecht mit.
Demgegenüber berichten Myrcha und Jezierski (1972) und Andrzejewski et al. (1976) im Ergebnis polnischer Untersuchungen, daß schwarzweiß gefleckte Sauen eine höhere Mortalitätsrate aufweisen und kaum das erste Lebensjahr überleben. Nach ihren Untersuchungen an 11 gefleckten Frischlingen war der Stoffwechselkoeffizient gegenüber normal gefärbten Sauen geringer, die Thermoregulation herabgesetzt und der Energiebedarf bei motorischer Aktivität höher. Die Fähigkeit des Blutes zum Sauerstofftransport soll mit zunehmendem Alter sinken. Daraus wird geschlossen, daß geflecktes Schwarzwild eine schlechtere Anpassung an ungünstige Lebensbedingungen aufweist. Von uns untersuchte gefleckte Sauen zeigten eine geringe Wollhaarbildung.
Die Fleckung wird rezessiv vererbt. Schwarzweiß-gefleckte Sauen sind homozygot, wie ein Paarungsversuch zwischen einem gescheckten Keiler und zwei gescheckten Bachen nachwies. Alle elf Frischlinge waren gescheckt. Daraus resultiert,

Abb. 3/16 Zweijährige Bache im Juli. Braune Variante mit Fleckung
(Foto: Meynhardt)

Abb. 3/17 Zweijährige Bache im Juli, schwarz-weiß gefleckt
(Foto: Meynhardt)

daß ein hoher Prozentsatz normalgefärbter Sauen die Fleckung heterozygot in sich trägt (MYRCHA und JEZIERSKI, 1972).
Die unregelmäßige Form der Scheckung, wie sie beim Wild- und Hausschwein vorkommt, ist bei Haustieren häufig, bei Wildtieren aber außerordentlich selten (z. B. beim Hyänenhund). Sie wird daher auch beim Wildschwein auf Hausschweineinfluß zurückgeführt (ZEUNER, 1963).
Eine Reihe alter europäischer Landschweinschläge besaß diese bunte Tigerung, die rezessiv auch in modernen Schlägen noch auftritt (SCHWARK et al., 1975; HENNE, 1978). Sie trat sicherlich in Verbindung mit der Weideschweinhaltung auf die Wildbestände über, wie alte Quellen vermuten lassen. So zitiert LANDAU (1849) aus einem im Jahre 1581 geschriebenen Brief, daß „bei Kundorf ein buntes Schwein gefangen, und obwohl dergleichen im Lande zu Hessen, wo man jährlich in die Eicheln triebe, nicht selten, seien sie doch bei ihm nach Gelegenheit der Gehölze fast ungewöhnlich“. Aus den folgenden Ausführungen geht hervor, daß man gelegentlich sicher bemüht war, diese auffällige Farbvariante zu erhalten und zu fördern: „In demselben Jahr habe er auch noch 2 bunte Bachen gleichwie vor 2 Jahren gefangen, und er halte dafür, wenn diese Schweine nicht erlegt worden, daß sich diese Art in seinen Gehölzen fortpflanzen lassen.“
Sehr eindeutig, und sicher aus eigener Anschauung, äußert sich FLEMING (1719) zum Auftreten farbiger Sauen: „Wenn sie in der Brunftzeit keine Bachen finden, gehen sie mitten unter die zahmen Mastschweine und berauschen sich mit ihnen, also werden durch solche Vermischungen der zahmen und wilden die seltsamen weißen und auch scheckigen wilden Sauen gezeuget.“
KOSLO (1975) weist nach, daß derartige Einkreuzungen noch heute gelegentlich im Raum Belowesh geschehen, nämlich zwischen 1959 und 1966 in drei Fällen. Geflecktes Schwarzwild ist häufig in aus verwilderten Hausschweinen gebildeten Populationen, so in den USA (BRISBIN et al., 1977) und in Australien (HECKER, 1981). Diese Bestände haben auch einen nicht geringen Anteil schwarzer Sauen. Durch FLEMING (1719) wurde bereits auf das Vorkommen weißer bzw. cremefarbener, ungefleckter Farbabänderungen hingewiesen. Sie werden vereinzelt im gesamten Lebensraum festgestellt (BROMLEJ, 1964; HEPTNER et al., 1966; JOTTERAND-BELLOMO und M. BAETTIG, 1981) und sind als Teilalbinos anzusehen. Vollalbinos sind uns bisher nicht bekanntgeworden.

3.2.2. Haut

3.2.2.1. Funktion

Die Haut, die gemeinsam mit den von ihr gebildeten Haaren in der Jägersprache als Schwarte bezeichnet wird, ist ein sehr kompliziert aufgebautes Gebilde, das eine Vielzahl lebenswichtiger Funktionen zu erfüllen hat. Sie begrenzt den Organismus nach außen. Gemeinsam mit dem Borstenkleid schützt sie ihn vor widrigen Umwelteinflüssen. Beim Schwarzwild, das in feuchten und unterwuchsreichen Gebieten lebt, ist allein schon der mechanische Schutz durch eine derbe Haut wichtig. Eine nicht minder hohe Bedeutung hat sie aber auch als mitwirkendes Organ bei der Thermoregulation, Atmung und Verdunstung. Sie hat sekretorische und exkretorische Aktivitäten und wehrt schädliche Strahlungen wie Krankheitserreger ab. Schließlich dient sie als Speicher für Reservestoffe.

3.2.2.2. Aufbau

Der Aufbau der Haut gleicht prinzipiell dem aller Säugetiere. Die Haut wird von den drei Schichten Oberhaut (Epidermis), Lederhaut (Corium) und die Unterhaut (Subcutis) gebildet. Sie ist mit zahlreichen Drüsen ausgestattet und bildet neben dem Haar Hornanhangsorgane in Form der Schalen. Die Oberhaut ist ein lückenloser Belag von geschichtetem Plattenepithel, dessen oberflächliche Schichten je nach dem Grad der Beanspruchung mehr oder weniger verhornt sind. Die Verhornung ist an den haarlosen Stellen stärker und am ausgeprägtesten an den Ballen. Die Oberhaut ist auch Sitz der Hautpigmente. Beim Wildschwein ist sie im allgemeinen hellfleischfarben, nur an haararmen Stellen des

Kopfes dunkel pigmentiert. Die Oberhaupt schließt den Körper bakterien- und wasserdicht nach außen ab.
Die unter ihr befindliche Lederhaut wird als Grundlage der Haut bezeichnet. Sie ist eine derbe, sehr widerstandsfähige Bindegewebelage, die aus filzartig verflochtenen Fibrillenbündeln und eingelagerten elastischen Fasern besteht, die ihr zusammen mit Muskelfasern die erforderliche Schmiegsamkeit verleihen. Sie ist reich an Blutgefäßen, die sie ernähren und den Drüsen Stoffwechselprodukte zuführen. Weiterhin besitzt sie zahlreiche Nerven und Nervenendkörper, die lebhaft auf taktile Reize, aber auch auf Temperaturwirkungen, ansprechen. Die Lederhaut, deren Oberfläche durch zahlreiche in die Epidermis hineinragende Papillen vergrößert wird, weist eine sehr unterschiedliche Dicke auf. Am stärksten ist sie in der Nacken-, Widerrist- und Rückenregion, es folgen dann Kopfhaut, Seitenbrust, Außenfläche der Gliedmaßen, deren Innenseite und Unterbauch (MOHR, 1960). Sie ist bei Keilern stärker als bei Bachen und nimmt in der Stärke mit dem Alter zu. Das ist im besonderen für die Ledererzeugung wichtig, bei der auf jüngere weibliche Stücke zurückgegriffen wird.
Mit dem Eintritt der Geschlechtsreife entwickelt sich überdies bei den Keilern als sekundäres Geschlechtsmerkmal der sogenannte Schild. Damit bezeichnet man eine Hautverdickung aus Bindegewebefasern, die bei alten Keilern eine Dicke von mehreren Zentimetern erreichen kann und die Haut fast unbeweglich macht. Der Schild erstreckt sich vom vorderen Blattbereich über nahezu die ganze Körperbreite, doch nach hinten schmaler werdend, bis etwa zum Rande des Brustkorbes. Seine Bedeutung liegt im Schutze des Körpers bei innerartlichen Auseinandersetzungen (vgl. Abschnitt 6.4.2.). Zur Verstärkung seiner Wirksamkeit kann er durch das Malen noch mit einer zusätzlichen Panzerung aus harz- und schmutzverklebten Borsten versehen werden. Die Bindegewebefasern des Schildes können noch in die unter der Lederhaut befindliche Unterhaut hineinreichen. Diese stellt ein lockeres, maschenreiches Bindegewebe dar, das die Haut mehr oder weniger beweglich macht und beim Schwarzwild die spezielle Aufgabe der Fettspeicherung wahrnehmen kann. BROMLEJ (1964) teilt mit, daß bei mehrjährigen Ussuri-Wildschweinen mittleren Ernährungszustandes die Menge des Unterhautfettes im Durchschnitt 11 % der Lebendmasse betragen kann. Die Hauptmasse wird im Bereich des Widerristes angesammelt, etwas weniger am Hals und an den Rückenseiten. Die Konsistenz des Fettes soll je nach der Art der Nahrungsquelle unterschiedlich (fest bis ölig) sein. Unsere beiden sezierten vierjährigen Versuchstiere erbrachten einen Anteil von 6 bis 7 % subkutanes Fettgewebe an der Lebendmasse. Neben der Aufgabe als Reservefett dient der „Speck“ gleichzeitig der Thermoregulation; er verhindert eine Auskühlung des Organismus ebenso wie ein Eindringen hoher Außentemperaturen. Er ist aber auch eine Ursache dafür, daß Sauen leicht „verhitzen“, d.h., nach der Erlegung zu langsam auskühlen.
Die Unterhaut fehlt an den Augenlidern, an der Maulspalte, am After und an den Geschlechtsöffnungen. Sie ist dünn an der Stirnpartie, an den Tellern und am Pürzel. Der besondere Aufbau der Unterhaut des Wildschweines verursacht Schwierigkeiten beim „Abschwarten“. Die schon recht steife Haut läßt sich nicht leicht vom Wildkörper abziehen, sondern es ist erforderlich, die Bindegewebeschichten mit dem Messer zu durchtrennen.
Der Anteil der Schwarte im weiteren Sinne an der Lebendmasse des Schwarzwildes kann sehr beachtlich sein. Bei dem untersuchten vierjährigen Keiler betrug er ohne subkutanes Fettgewebe 17 %, bei Einschluß desselben 23,9 % bzw. 30 % der Wildbretmasse aufgebrochen! Bei der gleichalten Bache nahm die Schwarte nur etwa 12 % der Lebendmasse bzw. 18,5 % einschließlich Unterhaut ein. Doch auch das stellte etwa 23 % der Wildbretmasse aufgebrochen. Diese Angaben können freilich nur als Orientierung dienen, denn bei jüngeren Stücken bzw. in der Sommerschwarte werden die Anteile sicher weit darunter bleiben.

3.2.2.3. Hautdrüsen

Hautdrüsen werden als Talg- oder Schweißdrüsen bzw. als Modifikationen dieser beiden Arten ausgebildet. Im allgemeinen bilden jeweils ein Haar, eine Schweißdrüse und eine Talgdrüse einen Komplex, wobei Anzahl, Form und Größe von der Art und Dichte des Haares abhängig sind (MEYER und NEURAND, 1979).

Die im wesentlichen an Borsten gebundenen Schweißdrüsen sind lange, unverästelte und in der Tiefe knäuelartig aufgewundene Drüsen, die mit einer Pore enden. Sie entziehen dem Körper Wasser, aber auch Salze und dienen der Wärmeregulation. Allerdings ist beim Schwein eine Transpiration nicht zu beobachten. MINDER (1930) stellte fest, daß sich die Schweißdrüsen am Weidloch und an der Vorhautöffnung zu großen, kompakten Bündeln ballen.

Talgdrüsen sind an den Borsten besonders voluminös, an den Wollhaaren dagegen auffallend klein. Es sind mehrlappige Drüsen, die einen Talg absondern, der über den Haarbalg an der Oberfläche gelangt und Haar und Haut geschmeidig erhält. Nach MEYER und NEURAND (1979) sorgen sie für den Säuremantel der Haut zur Selbstdesinfektion, aber auch für den Schutz vor ultraviolettem Licht. Ihr Sekret hat auch eine wasserabstoßende Wirkung. Sonderbildungen mit drüsigem Charakter finden wir beim Wildschwein folgende: das Carpal-Organ, das Mental-Organ, die Milchdrüsen und die Präputialdrüse. Über Zwischenzehendrüsen verfügt das Wildschwein nicht.

Abb. 3/18 Carpalorgan an der Hinterseite der Vorderläufe
(nach HÖFLIGER)

Das Carpal-Organ (Abb. 3/18), wird erstmalig wohl durch SCHUMACHER (1939) beschrieben und näher untersucht. Es besteht aus einem Komplex von 2 bis 10 Drüsensäckchen, die linear über den Oberrücken auf der Hinterseite der Vorderläufe in einer Länge von einigen Zentimetern angeordnet sind. Sie haben den Charakter von Schweißdrüsen und sondern durch eine Öffnung von 1 bis 2 mm Durchmesser ein Sekret ab, das wahrscheinlich durch Fährtenmarkierung der Geruchskommunikation dient. Bau und Funktion der Drüsenorgane des Wildschweines sind bisher noch wenig untersucht.

Das gilt besonders für die Aufgabe des Mental-Organes. Dieses liegt zwischen den Unterkieferästen etwa in der Höhe der Mundwinkel. Es ist bereits optisch auffällig, da es bei älteren Stücken bis zu einem halben Zentimeter über die sonstige Hautoberfläche hinausragt und einen Durchmesser bis zu 2 cm besitzt. Auf ihm befindet sich eine Gruppe von Sinushaaren (s. w. v.). Das Mental-Organ ist bereits bei Föten erkennbar. Beim Durchtrennen stellt man den drüsigen Charakter deutlich fest, doch ist bis heute nicht bekannt, inwieweit ihm eine olfaktorische Funktion zukommt.

Anzahl und Funktion der Milchdrüsen werden an anderer Stelle (vgl. Abschnitt 6.6.2.2.) behandelt. Sie sind ebenfalls modifizierte Schweißdrüsen, die in Drüsenkörpern zusammentreten. Jede Zitze trägt drei Strichkanäle, die in drei Hohlraumsystemen münden (DOBBERSTEIN und HOFFMANN, 1964).

Eine Sonderbildung der Haut ist des weiteren der Präputial- oder Nabelbeutel des Keilers (vgl. Abschnitt 6.1.1.); eine Ausstülpung der Vorhaut des Keilers, die mit einer übelriechenden Flüssigkeit aus Oberhautabschilferungen und Harn besteht und für den typischen Keilergeruch verantwortlich ist. Die Präputialdrüse ist von starken Schweißdrüsenfeldern umgeben, die wahrscheinlich ebenfalls dieser Aufgabe mit dienen.

3.2.2.4. Schalen

Zu den Hautanhangsorganen gehören die Schalen, die von der Epidermis der Zehenendglieder kontinuierlich gebildet und bei der Fortbewegung an der Spitze und der Unterseite des Wandhornes abgenutzt werden (Abb.3/19).
Die Schalen der 3. und 4. Zehe, mit denen das Wildschwein fest auftritt, umgeben den Ballen, der etwa drei Viertel ihrer Länge einnimmt und nur im Spitzenteil zurücktritt. Der Ballen besteht aus besonders dick verhornter Oberhaut, die durch kräftige Unterhautbildungen kissenartig abgepolstert ist. Die Länge der Schalen kann 8 bis 10 cm, ihre Breite beider Seiten 6 bis 8 cm betragen. Gewöhnlich ist die äußere Schale des Paares etwas länger und mit der Spitze leicht nach innen gekrümmt. Mit zunehmendem Alter wird diese Erscheinung mehr und mehr ausgeglichen. Ähnlich gebaut sind die als Oberrücken oder Geäfter bezeichneten Zehenendorgane der 1. und 4. Zehen, deren Spitzen beim Wildschwein ebenfalls den Boden berühren und dadurch das Fährtenbild charakterisieren. Das Wandhorn der Schalen ist dunkel pigmentiert, kann bei gefleckten Stücken aber auch hell sein.

Abb. 3/19 Schalenunterseite eines Überläuferkeilers, Vorderlauf

3.3. Skelett

3.3.1. Allgemeines

Das Skelett ist, als passiver Teil des Bewegungssystems, für die Ausformung und Funktionstüchtigkeit eines Körpers von überaus großer Wichtigkeit. Die Muskeln, der aktive Teil, und Bänder setzen an und werden von ihm gestützt. Die typische Körpergestalt hängt weitgehend vom Skelett ab, von der Größe und Stärke der Knochen und ihren Relationen zueinander. Das Skelett bietet wichtigen Teilen des Körpers Schutz, wie dem Hirn, dem Rückenmark und den Hauptsinnesorganen. In gewissem Umfange kann es Reservestoffe speichern, vor allem Mineralstoffe und Spurenelemente, aber z. B. auch Fett in den Hohlräumen der Markknochen. Das rote Knochenmark dient der Blutzellenbildung. Neben dieser Bedeutung des Skeletts für den Wirbeltierorganismus dient hervorgehoben, daß es in seiner Formgebung und Dimension einer relativ geringen Varianz unterliegt. In Verbindung mit seiner hohen Dauerhaftigkeit, die eine Aufbewahrung über lange Zeiträume hin komplikationslos erlaubt, haben daher Teile des Skeletts, im besonderen der Schädel, einen großen Wert für die Taxonomie. Darüber hinaus gibt es in zunehmendem Maße Versuche, die Stärke von Populationen und Einzelstücken anhand von Skelettmessungen zu charakterisieren.
In Verbindung mit der individuellen Körperentwicklung vollziehen sich gesetzmäßig Veränderungen in den Proportionen des Skeletts und der einzelnen Knochen zueinander; die Fugen und Nähte zwischen einigen Knochen verwachsen im Laufe der Zeit. Aus diesen Gründen besteht die Möglichkeit, das Alter von Tieren mittels ihres Skelettes einzuschätzen. Ein vor allem am Schädel und in der Beckenregion, aber auch an der allgemeinen Größe erkennbarer Dimorphismus gestattet es in vielen Fäl-

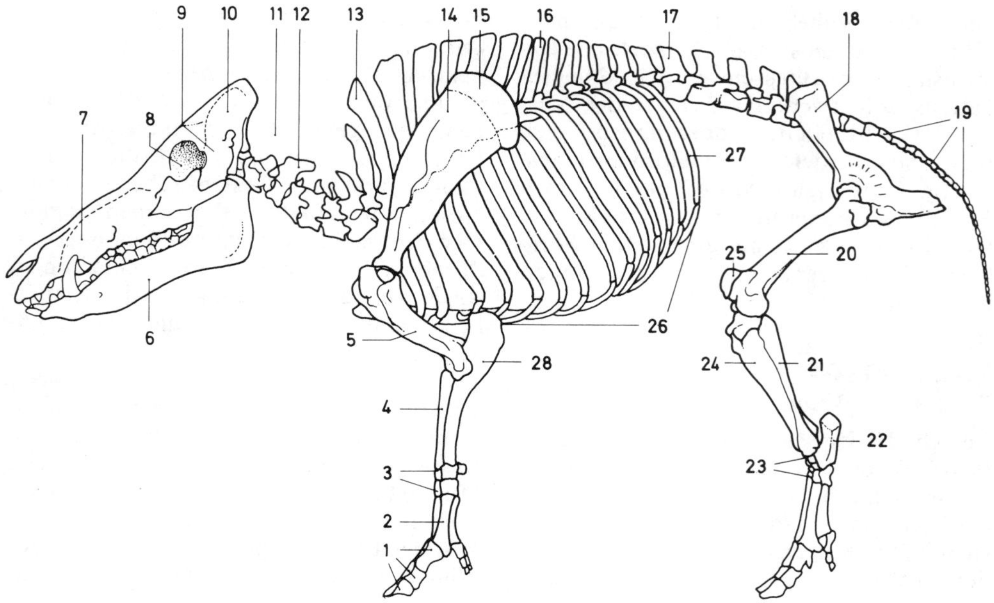

Abb. 3/20 Skelett des Wildschweines (nach R. R. HOFMANN)

1 – Zehenknochen
2 – Mittelfußknochen
3 – Vorderfußknochen
4 – Speiche
5 – Oberarmbein
6 – Unterkiefer
7 – Gesichtsschädel
8 – Augenhöhle
9 – Schläfengrube
10 – Hirnschädel
11 – 1. Halswirbel
12 – 2. Halswirbel
13 – 1. Brustwirbel
14 – Schulterblatt
15 – Schulterblattknorpel
16 – 8. Brustwirbel
17 – 1. Lendenwirbel
18 – Beckengürtel
19 – Schwanzwirbel
20 – Oberschenkelbein
21 – Wadenbein
22 – Fersenbein
23 – Hinterfußwurzel
24 – Schienbein
25 – Kniescheibe
26 – Brustkorb
27 – 14. Rippe
28 – Elle

len, nachträglich, z. B. an Fallwild, das Geschlecht des Stückes festzustellen. Die folgenden Ausführungen sind vor allem diesen jagdzoologischen Fragen gewidmet und konzentrieren sich demzufolge auf den markantesten Teil des Skelettes, den Schädel.

Vorangeschickt sei, daß Wild- und Hausschweine im allgemeinen über 223 Knochen verfügen; darunter 56 unpaare. Die Gesamtmasse des roh gereinigten Skeletts betrug bei einem vierjährigen Keiler 12,5 %, bei einer gleichalten Bache 15 % der Lebendmasse (14,5 bzw. 11,3 kg); (Abb. 3/20). Das Skelett der Vorderläufe einschließlich der Blattschaufeln nahm bei beiden Stükken etwa 17 %, das der Hinterläufe etwa 15 % der gesamten Knochenmasse ein. Mit etwa 23 % wesentlich leichter ist der Schädel der Bache gegenüber 30,5 % beim Keiler. Hier zeigt sich ein ausgeprägter Geschlechtsdimorphismus. Das Skelett des Stammes (Wirbelsäule, Rippen, Brustbein) hat dagegen bei der Bache mit 45 % Masseanteil gegenüber 38 % beim Keiler einen relativ hohen Anteil.

Mehrfach untersucht wurden die Unterschiede zwischen dem Skelett des Wild- und des Hausschweines (z. B. ACKERKNECHT, 1950; FRIES, 1975).

Die Knochen des Wildschweines sind im allgemeinen schlanker, aber kompakter als die des Hausschweines, an der Oberfläche glatter, die Gelenkköpfe und Muskelansatzstellen sind ausgeprägter, aber weniger rauh. Wesentlich ist die hohe Konstanz der Wirbelanzahl, die beim Hausschwein züchterisch erhöht wurde. Die besonders kräftige Halswirbelsäule und die langen, schlanken Dornfortsätze der Brustwirbel sind hervorzuheben. Die Hauptunterschiede befinden sich am Schädel. Die Gesichtslänge des Hausschweines ist domestikationsbedingt verkürzt, dagegen der Schädel stark verbreitert. Dadurch ergeben sich wesentlich andere Schädelproportionen, die im Extrem zum Vorbiß des in seinen Flügeln stark verbreiterten Unterkiefers, zur Mopsköpfigkeit mit eingedellter Stirnfront und zum senkrecht stehenden Hinterhauptbein führt.

3.3.2. Kopfskelett

3.3.2.1. Funktion und Aufbau

Im Schädel der Säugetiere sind wichtige Lebensfunktionen konzentriert. Er enthält das Gehirn, die höheren Sinnesorgane und einen Teil des Ernährungs- und Atmungssystems. Durch spezialisierte Knochen werden diese Organe geschützt, die arttypische Form der Nahrungsgewinnung sowie Angriffs- und Verteidigungsleistungen ermöglicht. Das Kopfskelett besteht aus meist platten, durch Nähte miteinander verbundenen Knochen. Man unterscheidet einen Hirnschädel, der die Schädelhöhle umschließt, und einen Gesichtsschädel, der die Nasenhöhle und die Nebenhöhlen umgibt. Der Hirnschädel besteht aus dem paarigen Stirnbein, Scheitelbein und Schläfenbein sowie aus dem unpaarigen Hinterhauptbein, Keilbein, Siebbein und Zwischenscheitelbein.
Zum Gesichtsschädel rechnet man das Nasenbein, Tränenbein, Zwischenkieferbein, Gaumenbein, Jochbein, Oberkieferbein, Rüsselbein, Flügelbein, Pflugscharbein, Muschelbein, den Unterkiefer und das Zungenbein.
Von der Form her gleicht der Schädel des Wildschweines einer langen, keilförmigen

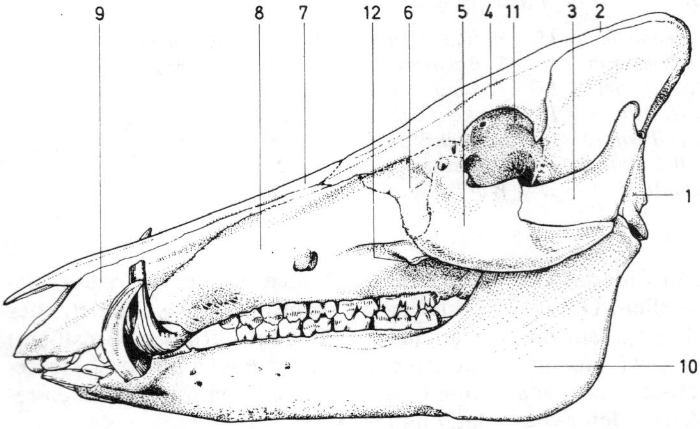

Abb. 3/21 Keilerschädel (Seitenansicht)
1 – Hinterhauptbein
2 – Scheitelbein
3 – Schläfenbein
4 – Stirnbein
5 – Jochbein
6 – Tränenbein
7 – Nasenbein
8 – Oberkieferbein
9 – Zwischenkieferbein
10 – Unterkiefer
11 – Augenhöhle (Orbita)
12 – Dub'scher Dorn

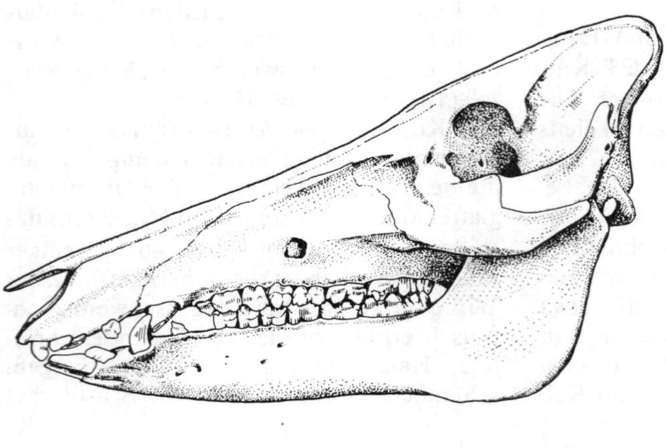

Abb. 3/22 Bachenschädel, Seitenansicht

Abb. 3/23 Keilerschädel (links) und Bachenschädel (rechts)
1 – Hinterhauptbein
2 – Scheitelbein
3 – Schläfenbein
4 – Stirnbein
5 – Jochbein
6 – Tränenbein
7 – Nasenbein
8 – Oberkieferbein
9 – Zwischenkieferbein
10 – Unterkiefer
11 – Tuber maxillare
12 – Foramen infraorbitale
13 – Foramen supraorbitale

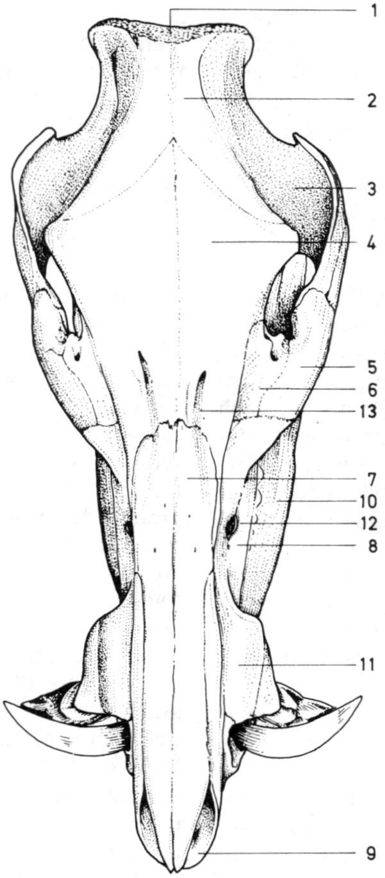

Pyramide, die in der Region der Schneidezähne am schmalsten ist und die größte Höhe in der Nackengegend erreicht. Typisch ist die langgestreckte, nahezu gerade von den Nasenbeinen bis zur Hinterhauptschuppe verlaufende Profillinie, die allerdings auch leicht eingesenkt (konkav) oder herausgewölbt (konvex) verlaufen kann. Die konkave Form ist bei Keilern, die konvexe bei Bachen mehr ausgeprägt. Die Pyramidenbasis wird durch das schräg nach hinten ausgezogene Hinterhauptbein und die massigen Unterkieferäste gebildet (Abb. 3/21 bis 3/23).

In der Aufsicht erscheint der Schädel des Wildschweines schmal und langgestreckt. In fast gleichbleibender Breite von annähernd 4 cm auf der Oberseite und etwa 6 cm im Gaumenbereich umschließen Nasen-, Zwischenkiefer-, Oberkiefer-, Tränen- und Gaumenbeine die Nasenhöhlen. Dann verbreitert sich der Schädel zum rhombenförmigen Stirnbein, das jedoch seitlich von den weit ausladenden Joch- und Schläfenbeinen überragt sind. Zwischen den am weitesten voneinander entfernten Punkten erreicht der Wildschweinschädel mit etwa 15 cm seine größte Breite. Zum Hinterhauptbein hin verengt sich der Schädel wiederum stark noch im Bereich des Schläfenbeines bis auf etwa 7 cm, um sich dann noch einmal flügelförmig zu den oberen Teilen des Hinterhauptbeines auszuweiten. Diese klare Linienführung wird im vorderen Bereich der Oberkieferbeine durch die bei den Keilern sehr starke, bei den Bachen nur geringe Auftreibung der Eckzahnalveolen für die Haderer bzw. die Haken unterbrochen.

Im Rahmen dieser Übersichtsbetrachtung

verdient weiter hervorgehoben, daß Augenhöhle und Schläfengrube zusammenfließen, die Augenhöhle auf ihrer Rückseite also nicht geschlossen ist. Ein Sesambein, also eine sekundäre Bildung aus Sehnengewebe, ist das in Verlängerung der Nasenscheidewand vor den Nasenbeinen befindliche Rüsselbein. Es stützt den Wurf und ermöglicht auch dessen hohe mechanische Beanspruchung.
Der Unterkiefer wirkt außerordentlich massig und klobig. Seine beiden Äste sind vorn mit einer breiten Symphyse fest miteinander verwachsen. Sie laufen dort zu den Schneidezähnen hin meißelförmig zu. Auch im Bereich der Backenzahnreihen ist der Unterkiefer besonders der Keiler klobig verdickt, denn in ihm sind etwa $^2/_3$ der Länge der Gewehre einschließlich deren Bildungssaum eingeschlossen.
Die biochemische Zusammensetzung von Wildschweinknochen ist zur Zeit noch kaum untersucht. Einige Angaben zum Mineralstoffstatus finden sich bei ANKE et al. (1984).

3.3.2.2. Schädelmaße

Die Maße des Schädels sind auch beim Schwarzwild nicht nur taxonomisch bedeutsam, sondern auch zur Charakterisierung der Stärke von Populationen geeignet. Allerdings gibt es bisher wenig umfangreiche Untersuchungen über die Schädeldimensionen dieser Wildart; wohl nicht zuletzt deshalb, weil die Präparation des Kopfskeletts nicht, wie bei den Wildwiederkäuern, zu den weidmännischen Traditionen gehört.
Die Vergleichbarkeit der einzelnen vorliegenden Arbeiten wird zudem dadurch erschwert, daß von den Autoren kein einheitlicher Meßkanon verwendet, oder der Materialumfang nicht angegeben wurde. Die wichtigsten Meßwerte von 75 ab zweijährigen Keilern und 49 Bachen gleichen Alters, die in 4 Gebieten der DDR vermessen wurden (BRIEDERMANN, 1981), sind in der Tabelle 3/13 zusammengestellt. Die Definitionen der gewählten Maße sind in der Originalarbeit enthalten. An dieser Stelle werden lediglich die 4 Grundmaße erläutert, die für eine Grundcharakteristik jedes Schädels dienen können.
Die Basallänge gilt als ein besonders geeignetes Grundmaß für die Größe eines Säugetierschädels (BOHLKEN, 1967), da seine beiden Endpunkte sehr genau definiert sind und einer geringen Variabilität unterliegen. Sie ist als Minimalmaß von der Spitze des Zwischenkieferbeines (Prostion) bis zum vorderen Rande des Hinterhauptloches (Basion). Mehrere Autoren (so ANUČIN, 1938), messen bis zum hinteren Rande des Hinterhauptloches, dessen Meßpunkt allerdings sehr schwer zu fixieren ist. Dadurch wird eine um etwa 5 bis 10 mm größere Länge erreicht. Als Condylobasallänge schließlich erfolgt die Messung bis an den hinteren Rand der das Hinterhauptloch begrenzenden Seitenteile des Hinterhauptbeines, die die gelenkige Verbindung mit dem Atlas vermitteln.
Dieses Maß verwendeten u. a. GAFFREY (1961), BROMLEY (1964) und HELL und PAULE (1983). Es überschreitet die Basallänge um etwa 10 bis 15 mm bzw. etwa 3,5 %. Auch die Große Schädellänge ist ein gut definiertes Maß, das vom Prostion bis zur hinteren Umschlagkante auf der Mediansagittale des Stirnbeines (Opisthocranion) reicht. Die von HELL und PAULE (1983) und anderen an seiner Statt gemesssene Gesamtschädellänge reicht dagegen bis zum weitesten nach hinten herausragenden Punkt des Hinterhauptbeins und ist somit um etwa 6 bis 9 mm bzw. etwa 1,9 % länger. Die Jochbogenbreite stellt das Maximalmaß zwischen den Jochbogen dar (Zygion bis Zygion).
Die Große Hinterhaupthöhe schließlich ist das Minimalmaß zwischen dem vorderen Rande des Hinterhauptloches (Basion) und der Umschlagskante auf der Medinasagittale des Stirnbeines (Opisthocranion).
In der Tabelle 3/14 sind diese Maße für die bisher am besten untersuchten Populationen der DDR, des Urwaldgebietes Belowesh und der slowakischen Westkarpaten angeführt.
Reife Keiler des Materials der DDR haben eine durchschnittliche Basallänge von 350 mm sowie eine Große Schädellänge von 398 mm. Die Variationsbreite ist recht

beträchtlich, und es werden Spitzenwerte von 379 mm bzw. 437 mm erreicht. Die durchschnittliche Jochbogenbreite, als größte Schädelbreite, betrug 155 mm und somit etwa 40 % der Großen Schädellänge. Die Höhe des Hinterhauptes wurde mit 126,5 mm festgestellt. Das weist nach, daß auch der Oberschädel im Vergleich zur Länge relativ niedrig ist, was allerdings infolge des massiven hohen Unterkiefers gewöhnlich nicht auffällt. Bei reifen Bachen wurde eine Basallänge von durchschnittlich 333 mm, eine Große Schädellänge von 378,5 mm, eine Jochbogenbreite von 142,5 mm und eine Hinterhaupthöhe von 109 mm ermittelt. Zwischen den Schädeldimensionen beider Geschlechter bestehen hochsignifikante Unterschiede, die schon bei zweijährigen Stücken vorhanden sind. Keilerschädel sind länger, breiter und höher als Bachenschädel. Die größten Differenzen bestehen in der Hinterhaupthöhe, die bei den Keilern um etwa 15 % höher ist, sowie in der Schnauzenbreite, denn das Ge-

Tabelle 3/13 *Schädelmaße von Schwarzwild aus der DDR*

Schädelmasse		Keiler			Bachen		
		2- bis 3jährig	3- bis 5jährig	ab 5jährig	2- bis 3jährig	3- bis 5jährig	ab 5jährig
Basallänge	n	34	20	19	25	15	8
	x̄	330,5	343,35	350,01	304,37	323,78	333,03
	s	13,01	12,09	14,46	15,70	10,9	5,09
Große Schädellänge		34	21	20	26	15	8
		378,19	392,0	397,87	349,98	369,41	378,56
		14,35	16,20	25,05	18,42	12,31	5,74
Schnauzenlänge		34	21	20	26	15	8
		204,43	212,09	215,46	186,65	197,87	205,79
		10,70	10,57	15,08	12,82	11,39	7,43
Hirnschädellänge		34	21	20	26	15	8
		174,10	180,69	181,19	163,8	172,25	172,93
		7,41	11,47	8,88	10,57	6,09	10,26
Schnauzenbreite		34	21	20	26	15	8
		54,96	56,2	59,24	47,70	50,38	52,14
		2,42	3,46	3,03	2,90	2,58	3,45
Palatallänge		34	20	20	26	15	8
		234,21	244,93	250,36	214,77	230,45	238,43
		10,52	10,28	13,66	12,32	8,56	4,94
Jochbogenbreite		34	21	19	26	15	8
		144,14	147,83	155,03	133,83	139,21	142,5
		7,37	6,56	6,18	6,37	3,91	6,27
Infraorbitalbreite		34	21	20	26	15	8
		77,33	78,27	83,04	81,86	74,56	75,1
		3,81	4,00	4,91	4,49	3,61	4,82
Große Hinterhaupthöhe		34	20	19	25	15	8
		117,67	122,61	126,5	104,26	107,14	109,39
		5,04	6,14	6,31	5,76	4,74	5,69
Unterkieferlänge		34	21	19	26	15	8
		293,18	304,31	315,62	269,56	286,19	293,36
		11,21	10,88	13,26	13,49	7,99	5,50
Unterkieferbreite		34	21	18	25	14	8
		128,14	131,83	138,84	117,91	124,57	125,99
		6,06	7,74	6,94	4,89	3,68	6,06

brech der Bachen ist um mehr als 10% schmaler.
Die auf den Hirn- und Gesichtsschädel entfallenden Längenanteile sind bei beiden Geschlechtern nahezu gleich. Der Hirnschädel nimmt, über die Profillinie gemessen, etwa 46% der Länge, der Gesichtsschädel entsprechend 54% derselben ein. Die Geschlechtsdifferenzen sind bei allen von uns genommenen Maßen hoch gesichert ($p<0{,}001$), lediglich bei den unteren und oberen Mahlzahnreihen bestehen keine gesicherten Differenzen.
Die Betrachtung der in der Tabelle 3/14 zusammengestellten Meßergebnisse der Populationen der DDR, des Urwaldes von Belowesh und der slowakischen Westkarpaten ist die Überlegenheit der beiden letztgenannten Populationen deutlich. Sie wird noch deutlicher, wenn man Koslo's Angaben entnimmt, daß im Gebiet Belowesh sehr alte Keiler im Durchschnitt Basallängen von 375 mm und Condylobasallängen von 387 mm erreichten.
Andererseits zeigen hier nicht näher interpretierte Meßvergleiche, wie der Gaumen- und der Unterkieferlänge, eine weitgehende Annäherung zwischen den Populationen. Berücksichtigt man die Variationsbreite der Werte und die nicht in Übereinstimmung zu bringende Alterszusammensetzung der Stichproben, entstehen Zweifel an der mathematischen Absicherbarkeit der Unterschiede. Die Vermutung, die schon Caboń (1958) ausdrückte, liegt nahe, daß es sich um gleitende Stärkeunterschiede zwischen Populationen der gleichen Unterart handelt. Bei Berechnung des Differenzkoeffizienten nach Mayr (1969) wird die Zugehörigkeit zur gleichen Unterart sehr wahrscheinlich. Weiter Untersuchungen auf einheitlicher Meßbasis sollten Klarheit bringen.
In diesem Zusammenhang haben die Messungen von Becker (1977) an Wildschweinresten besonders Bedeutung, die bei Ausgrabungen der frühmittelalterlichen Siedlungen Haithabu (Raum Schleswig) und auf der Halbinsel Wolin (bei Szczecin) gefunden wurden. Es wurde festgestellt, daß die in Haithabu vor 1000 Jahren verzehrten Wildschweine beträchtlich kleiner als die auf Wolin waren. Das ist ein überzeugender Beweis für den ökologisch bedingten Stärkeabfall von Ost nach West, den wir auch heute erkennen.
Becker weist darauf hin, daß die seinerzeit in der Schweiz erlegten Wildschweine noch kleiner als die von Haithabu waren.
Auf die hohe Variabilität der Schädelmerkmale bei Wildschweinen ist im besonderen Caboń eingegangen. Diese betrifft nicht nur die Größe im allgemeinen, sondern auch die Proportionen der Schädelteile zueinander. Caboń spricht absichtlich von Breit- und Schmalköpfigen und von Hoch- und Flachschädeligen, um die Veränderlichkeit hervorzuheben, welche um das Mehrfache das übertrifft, was man meist in der Systematik als einfache Größenvariabilität ansah. Sie weist darauf hin, daß, neben sicher vorhandenen individuellen genetischen Unterschieden, auch die besonderen Lebensbedingungen, in welchen die Population in den ersten zwei Lebensjahren aufwachsen muß, eine besondere Rolle spielen.
Diese hohe Variabilität trug auch dazu bei, daß es nicht gelang, signifikante Unterschiede in der Schädelstärke bei den untersuchten vier Schwarzwildpopulationen nachzuweisen, die doch, wie im Abschnitt 3.1.4. gezeigt, in der Körpermasse und der Kopf-Rumpf-Länge deutlich differieren. Im Gegenteil entstand sogar der Eindruck, daß das am weitesten westlich gelegene Gebiet (Hakel) trotz beträchtlicher Körperstärke die kleinsten Schädel hat. Weitere Untersuchungen an größerem Material werden notwendig sein, um dieses Phänomen zu klären.
Auch I. Stubbe et al. (1981) gelang es nicht, beim Vergleich der Schädelmaße von zwei Populationen in der DDR gesicherte Unterschiede zu finden.

Aus anderen Herkunftsgebieten fehlen kraniometrische Angaben noch weitgehend. Eben erst teilen Apollonio et al. (1987, in Vorb.) Messungen an den italienischen Unterarten *Sus s. majori* und *Sus s. meridionalis* mit, von denen anschließend die Kondylobasallänge, die große Schädellänge und die Jochbogenbreite hier zum Vergleich mitgeteilt werden: *Sus s. majori*, Keiler (n 7 bis 11): 326,7±5,2 mm; 361,8±5,8 mm;

Tabelle 3/14 *Vergleich einiger Schädelmaße adulten Schwarzwildes aus der DDR, dem Urwaldgebiet Belowesh und den Westkarpaten (Angaben in mm)*

Geschlecht	Schädelmaß	Gebiet	Autor	n	Mittelwert $\bar{x}$	Standardabweichung s	Variationsbreite
Keiler	Große Schädellänge	DDR	BRIEDERMANN, 1981	20	398	25	366...437
	Große Schädellänge	Belowesh	KOSLO, 1975	21	424	28	
	Gesamtlänge des Schädels	Westkarpaten	HELL; PAULE, 1983	29	420	20	364...464
	Basallänge	DDR	BRIEDERMANN, 1981	19	350	14,5	317...379
	Basallänge	Belowesh	CABOŃ, 1958	7	369		350...380
	Basallänge	Belowesh	KOSLO, 1975	21	367	30	
	Condylobasallänge	Westkarpaten	HELL; PAULE, 1983	25	372	14	347...411
	Jochbogenbreite	DDR	BRIEDERMANN, 1981	19	155	6	145...166
	Jochbogenbreite	Belowesh	CABOŃ, 1958	11	167		155...175
	Jochbogenbreite	Westkarpaten	HELL; PAULE, 1983	30	155	9	133...175
	Große Hinterhaupthöhe	DDR	BRIEDERMANN, 1981	19	126,5	6,5	113...139
	Große Hinterhaupthöhe	Belowesh	KOSLO, 1975	21	138	13	
	Große Hinterhaupthöhe	Westkarpaten	HELL; PAULE, 1983	26	129	8	
Bachen	Große Schädellänge	DDR	BRIEDERMANN, 1981	8	378,5	6	364...380
	Große Schädellänge	Belowesh	KOSLO, 1975	12	382	32	
	Gesamtlänge des Schädels	Westkarpaten	HELL; PAULE, 1983	73	387	14	354...421
	Basallänge	DDR	BRIEDERMANN, 1981	8	333	5	315...339
	Basallänge	Belowesh	CABOŃ, 1958	9	343		330...350
	Basallänge	Belowesh	KOSLO, 1975	12	333	27	
	Condylobasallänge	Westkarpaten	HELL; PAULE, 1983	66	345	12	320...368
	Jochbogenbreite	DDR	BRIEDERMANN, 1981	8	142,5	6	134...155
	Jochbogenbreite	Belowesh	CABOŃ, 1958	10	151		145...155
	Jochbogenbreite	Westkarpaten	HELL; PAULE, 1983	75	145,5	6	129...157
	Große Hinterhaupthöhe	DDR	BRIEDERMANN, 1981	8	109,5	6	103...117
	Große Hinterhaupthöhe	Belowesh	KOSLO, 1975	12	112	12	
	Große Hinterhaupthöhe	Westkarpaten	HELL; PAULE, 1983	70	112	6	

138,4 ± 2,6 mm; Sus s. meridionalis, Keiler (n 12 bis 15): 276,5 ± 5,4 mm; 304,6 ± 5,4 mm; 123,5 ± 2,0 mm; Bachen (n 3): 241,3 ± 4,3 mm; 262,7 ± 1,9 mm; 107,8 ± 3,4 mm.

Daraus abgeleitete systematische Schlußfolgerungen wurden bereits behandelt.

Bei der taxonomischen Beschreibung der Wildschweine hat das Tränenbein viel Beachtung gefunden. Bereits seit PIRA (1909) ist bekannt, daß es von West nach Ost relativ kürzer und höher wird. KELM (1939) hat das in einer Zeichnung verdeutlicht, in der Wildschweinschädel unterschiedlicher Herkünfte auf das gleiche Größenverhältnis gebracht wurden. Aus der Länge des Augenhöhlenrandes des Tränenbeines und des unteren Randes wurde ein Index für die systematische Einordnung errechnet.

In einer Reihe von Untersuchungen, besonders gründlich durch CABOŃ und KOSLO, wurde inzwischen nachgewiesen, daß dieses Merkmal innerhalb der Populationen einer so hohen Variabilität unterliegt, daß es lediglich als ein ergänzendes Kriterium benutzt werden kann. HEPTNER et al. (1961, 1966) führen es nur noch beschreibend in seiner Veränderung von der annähernd rechteckigen zur quadratischen Form an. Eine weitere Besonderheit am Schwarzwildschädel ist der sogenannte Dubsche Dorn, eine Ausbuchtung des Oberkieferbeines an der Umschlagkante zum Jochbein oberhalb des 3. Molaren.

3.3.2.3. Wachstum und Entwicklung

Der Schädel des neugeborenen Frischlings ist durch einen relativ großen Hirn- und kurzen Gesichtsschädel ausgezeichnet. Auf der Profillinie gemessen nimmt der Gesichtsschädel nur etwa 45 % der Gesamtlänge ein, während er bei erwachsenen Stücken mehr als 55 % mißt. Besonders auffällig aber ist zunächst die rundliche Ausbildung des Stirn-, Scheitel- und Hinterhauptbeines bei völligem Fehlen des hohen Hinterhauptkammes. Diese Rundung ist durch das zunächst völlige Fehlen der Stirnhöhle bedingt. Die Schädelknochen sind dünn und in den Nähten noch nicht verwachsen (Abb. 3/24).

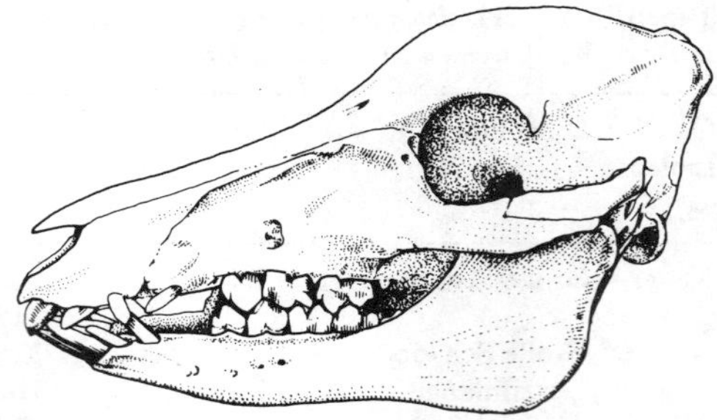

Abb. 3/24 Schädel eines etwa 3 Monate alten Frischlings
Die abgerundete Profillinie ist noch gut erkennbar.

KOSLO (1975) und I. STUBBE et al. (1981) untersuchten die altersabhängige Veränderung des Schwarzwildschädels. In den ersten zwei bis drei Lebenswochen wächst der Schädel zunächst langsam, doch im Anschluß, mit zunehmender Aufnahme fester Nahrung, in raschem Tempo. Besonders schnell nehmen, funktionell bedingt, der Gesichtsschädel und die Hinterhaupthöhe (Ansatzpunkt wichtiger Nacken- und Kaumuskeln) zu. Bis zum Ende des ersten Lebensjahres ist die Profillinie weitgehend gestreckt. Allmählich treten auch Geschlechtsunterschiede in der Größe zutage, die sich allerdings noch nicht statistisch sichern lassen. Mit etwa zwei Jahren ist der Schädel in seinen Proportionen fast vollständig ausgebildet. Übereinstimmend mit KOSLO stellten wir allerdings bis in das Reifealter noch eine gewisse Größenzunahme fest (Tab. 3/13). Es ist nach KOSLO wahrscheinlich, daß nach einem Alter von etwa 5 Jahren nur noch unbedeutende Veränderungen erfolgen.

3.3.3. Gebiß

3.3.3.1. Funktion und Aufbau

Die Gesamtheit der Zähne eines Organismus wird als Gebiß bezeichnet. Die Zähne sind durch Einkeilung in den Zahnfächern des Ober- und Unterkiefers befestigt. Sie sind die härtesten Gebildes des Körpers und bestehen aus drei verschiedenen Substanzen:

Das Zahnbein, Dentin, bildet die Hauptsubstanz. Sie umschließt im Inneren die Pulpahöhle, die mit Gefäßen, Nerven und Bindegewebe ausgefüllt ist.
Der Zahnschmelz überzieht das Zahnbein in einer dünnen Schicht auf dem freiliegenden Teil des Zahnes, der Krone. Im Wurzelbereich wird er vom Zahnzement abgelöst, das echtes Knochengewebe darstellt.
Infolge der festen Einbindung der Zähne in das Kopfskelett und ihrer engen Verwandtschaft mit der Knochensubstanz erfolgt die Behandlung des Gebisses an dieser Stelle. Funktionell gesehen wird es dagegen oft in die Nähe des Verdauungssystems gestellt.
Die Hauptaufgabe des Gebisses besteht darin, Nahrungsbestandteile zu erfassen, schneidend oder scherend abzutrennen und durch mahlende Bewegungen so zu zerkleinern, daß sie leicht abgeschluckt und von den Verdauungssäften aufgeschlossen werden können. Das Gebiß wird auch bei innerartlichen Auseinandersetzungen, bei Verteidigung und Angriff, eingesetzt und dient zum Beißen oder Schlagen.
Im Sozialverhalten dienen Keilerwaffen als Imponierorgane. Sie können an Malbäumen zur Demonstration der Stärke ihres Trägers eingesetzt werden, indem mit ihnen Rindenverletzungen angebracht werden, die die Körpergröße des Keilers anderern Artgenossen kundtun (MEYNHARDT, 1980).
Durch Aufeinanderschlagen der Zahnreihen (Wetzen) werden in der Rauschzeit Drohgeräusche erzeugt. Der dabei zu Schaum geschlagene Speichel, der einen intensiven Individualgeruch enthält, kennzeichnet olfaktorisch Anwesenheit und Besitzergreifung.
Man unterscheidet Milch- und Dauerzähne. Die Milchzähne sind entweder schon bei der Geburt vorhanden oder treten in den nachfolgenden Monaten hervor. Sie sind schwächer gebaut als das nachfolgende Dauergebiß, das die Milchzähne durch Druck zum Ausfall bringt.
Für einen Teil des Dauergebisses gibt es keine Milchzahnvorläufer, so daß die Zahl der Dauerzähne größer als die der Milchzähne ist.
Sowohl im Milch- als auch im Dauergebiß werden mehrere Zahnarten unterschieden. Im äußeren, vorderen Teil des Schädels befinden sich die Schneidezähne, Dentes incisivi. Ihnen schließen sich unmittelbar die Eckzähne oder Haken, Dentes canini, an. Durch ein Diastema getrennt, folgt dann die Reihe der Backenzähne, Dentes molares, die ihrerseits in Prämolaren und Molaren unterteilt werden; je nachdem, ob sie Vorläufer im Milchgebiß haben oder, wie die Molaren, erst im Dauergebiß erscheinen (Abb. 3/25 und 3/26).
Das Wildschwein gehört zu denjenigen Tierformen, die sich das ursprüngliche Säugergebiß mit 44 Zähne bewahrt haben. Es hat folgende Gebißformeln:

Milchgebiß

$$\frac{3i \quad 1c \quad 3p}{3i \quad 1c \quad 3p} = 28$$

Dauergebiß

$$\frac{3I \quad 1C \quad 4P \quad 3M}{3I \quad 1C \quad 4P \quad 3M} = 44.$$

In diesen Formeln wird jeweils eine Gebißhälfte angegeben, und die Bezeichnungen über dem Strich betreffen den Ober-, die darunter den Unterkiefer. Die Zahnarten sind mit ihren Anfangsbuchstaben bezeichnet (Incisivi, Canini, Prämolares, Molares), dabei wird das Milchgebiß klein, das Dauergebiß groß geschrieben. Die Zahlen geben die Anzahl der Zähne der jeweiligen Zahnart auf einer Schädelseite an.
Ist die hohe Anzahl der Zähne ein ursprüngliches Kennzeichen, kommt der hohe Spezialisierungsgrad des Wildschweines beim Bau der Zähne zum Ausdruck.
Die Schneidezähne des Wildschweines sind einhöckerig und einwurzelig. Die mittleren vier des Dauergebisses erreichen im Unterkiefer eine beträchtliche Länge (bis 7 cm) und befinden sich zu etwa zwei Dritteln im massiven Unterkieferknochen, wodurch sie eine unerhörte Stabilität erlangen. Die seitlich von ihnen befindlichen 3. Schneidezähne sind dagegen relativ kurz, verlängern besondere infolge ihrer schrägen Stellung die Schneide der Front.
Die Schneidezähne des Oberkiefers sind weitgehend anders gebaut. Die inneren vier sind wesentlich kürzer als die unteren und mit ihren breiten Kronen nach innen ge-

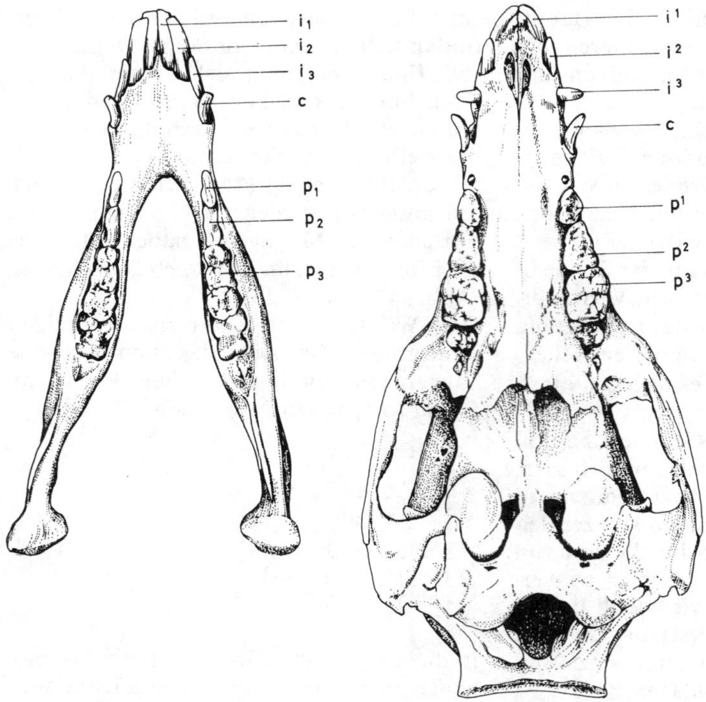

Abb. 3/25 Vollständiges Milchgebiß

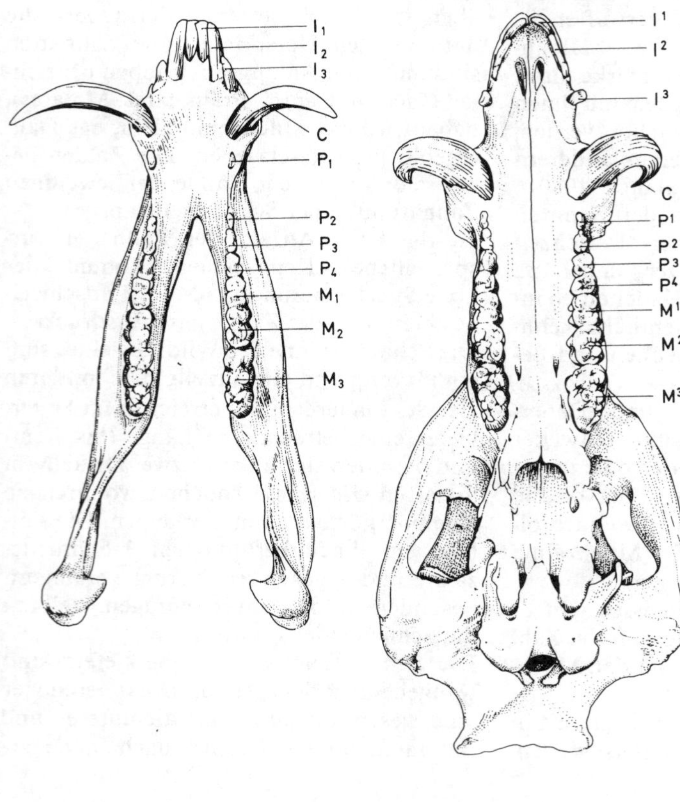

Abb. 3/26 Vollständiges Dauergebiß eines Keilers

dreht. Dadurch greifen sie mit den unteren Schneidezähnen flachzangenähnlich zusammen. Die 3. Schneidezähne des Oberkiefers sind, auch im Dauergebiß, nur stiftförmig und funktionell ziemlich unbedeutend. Die Eckzähne, bekannt als das Gewaff des Keilers und als Haken der Bachen, sind vielleicht das bekannteste Charakteristikum der Art. Die unteren Eckzähne des Keilers, die Gewehre, können eine Länge von fast 30 cm, bei starken Keilern jedoch mindestens 20 cm erreichen, von der aber selten mehr als 10 cm aus dem Kiefer ragen. Ihr Hauptteil befindet sich in einem großen Zahnfach, in dem sie bis in die Höhe des 2. Molaren zurückreichen. Sie sind in ihrer Länge halbkreisförmig und haben einen annähernd dreieckigen Querschnitt. Ihre breiteste Seite (die mehr als 30 mm Breite erreichen kann), befindet sich zunächst auf der inneren Seite des Unterkiefers und wird durch die Drehung außerhalb des Schädels nach vorn, in Blickrichtung, postiert. Diese Seite weist einen besonders dicken Schmelzbelag auf. Der vor dem Angriff den Gegner fixierende Keiler kann somit seine Waffen wirkungsvoll ins Bild setzen. Der Schmelzbelag reicht bis an die Wurzelöffnung. Zahnzement wird an den Gewehren nicht abgelagert.

Typisch für die Keilergewehre ist die zeitlebens offene Pulpahöhle. Diese ist auch bei anderen Zähnen zur Zeit ihres Wachstums offen und gewährleistet dadurch eine reichliche Ernährung des Zahnes. Mit dem genetisch fixierten Abschluß des Wachstums wird sie dort allerdings bis auf einen millimetergroßen Kanal geschlossen und die Versorgung schließlich eingestellt.

Die Keilerwaffe ist demgegenüber zu einem unbegrenzten Wachstum befähigt. Mit dem ständig neuen Dentinansatz am Bildungssaum wird das gesamte Gewehr langsam nach vorn geschoben, und durch die Reibung mit dem gegenüber befindlichen Haderer, dem Eckzahn des Oberkiefers, scharfkantig und spitz abgeschliffen. Eine Öffnung der Pulpahöhle an der Zahnspitze wird durch ständige Bildung von Ersatzdentin verhindert.

Die Eckzähne des Oberkiefers, die Haderer, sind prinzipiell gleich gebaut, doch wesentlich kürzer. Sie haben zunächst eine nach vorn-seitlich gerichtete kegelförmige Spitze, krümmen sich dann aber allmählich nach oben. Dadurch wird ebenfalls ihre breite Unterseite nach vorn gerichtet und tritt mit der Hinterfläche der Gewehre in Reibung. Die Unterseite der Haderer ist rundlich geformt und mit rillenförmigen Schmelzleisten bedeckt. Die Haderer sitzen in einer sehr stark nach außen gewölbten Eckzahnalveole und reichen mit ihrer Wurzel bis etwa in die Höhe des 2. Prämolars. Die Abbildung 3/27 kennzeichnet ihren Sitz und ihre Kontaktnahme mit den Gewehren.

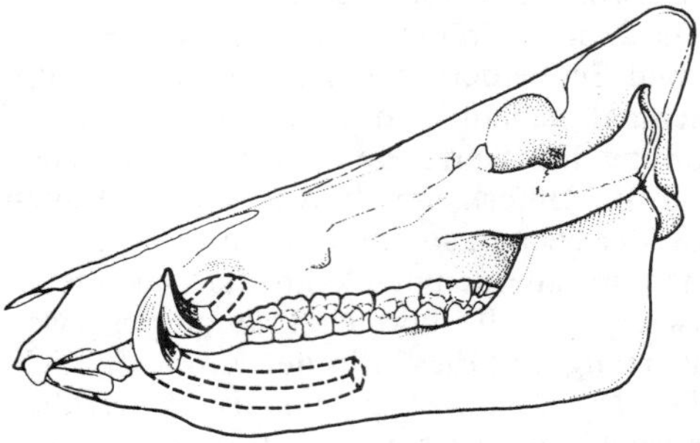

Abb. 3/27 Lageverhältnisse der Keilerwaffen im Schädel

Die Eckzähne (Haken) der Bache sind im Grunde ähnlich gestellt, doch mit höchstens 9 cm im Unterkiefer wesentlich kürzer. Ihr dreieckiger Querschnitt ist nicht so ausgeprägt. Auch ihre Pulpahöhle ist zunächst offen, schließt sich jedoch mehr und mehr, so daß der Zahn schließlich sein Wachstum einstellt. Auch an seiner Spitze erfolgt ein gewisser Abschliff durch Kontakt mit dem Haken des Oberkiefers. Diese sind wesentlich kleiner und flacher als die des Unterkiefers und sitzen in einer gering herausgewölbten Eckzahnalveole. Sie sind auch bei alten Bachen nur wenig nach oben gekrümmt. Die Milchhaken sind bei beiden Geschlechtern gleichgeformt und den Dauerzähnen wenig ähnlich. Sie können als Stiftzähne angesprochen werden. Die Backenzähne des Wildschweines sind schmelzhöckerige (bunodonte) Zähne, die nicht, wie bei den Cerviden, mit Einstülpungen

(Kunden) ausgestattet sind. Die Prämolaren haben einen schneidenden Kaurand, die Molaren, z. T. auch der 4. Prämolar, eine Kaufläche.
Der erste Prämolar des Ober- und Unterkiefers (P1) ist verhältnismäßig klein und sitzt im Unterkiefer unregelmäßig zwischen den Eckzähnen und der geschlossenen Mahlzahnreihe. Im Oberkiefer ist er jedoch an diese angeschlossen. Da der P_1 des Unterkiefers bereits seit dem Auftreten der Gattung *Sus* vor 25 Millionen Jahren bei 15 bis 40% aller Fundunterkiefer fehlt, (BECKER, 1977 u. a.) sind Spekulationen über eine Zunahme dieser Erscheinung als Degenerationsfolge gegenstandslos.
Die 2. bis 4. Prämolaren haben im wesentlichen Schneidefunktionen. Sie sind relativ schmal gebaut und bilden eine stumpfe Spitze. Der vierte Prämolar ist im Milchgebiß im Unterkiefer dreiwurzelig und auch breiter gebaut, so daß er Mahlzahnfunktionen mit übernehmen kann. Im Dauergebiß ist er, wie alle übrigen Prämolaren, zweiwurzelig und diesen in der Krone ähnlich.
Die Molaren werden nur als Dauerzähne ausgebildet. Sie sind außerordentlich massiv und weisen eine breite Kaufläche auf, die zunächst mit einer Reihe von Schmelzhöckern besetzt ist, die aber mit der Zeit flachgeschliffen werden.
Eine besondere Stärke hat der dritte Molar in Ober- und Unterkiefer. Er ist bis zu 2 cm breit und kann mit einer Länge von fast 4 cm die Länge der beiden vor ihm liegenden Molaren erreichen. Sind diese in zwei Säulen gegliedert und vierwurzelig, finden wir bei ihm drei Säulen von 6 bis 8 Wurzeln.

3.3.3.2. Zahnentwicklung

Ablauf: Über den Ablauf der Zahnentwicklung wurden bereits von NEHRING (1888, 1890) an Wild- und Hausschweinen Untersuchungen durchgeführt. SCHÄFF (1907) stellte sie in erweiterter Form übersichtlich dar. Die Ergebnisse wurden durch GABRIEL (1934) wesentlich präzisiert. Von den späteren Arbeiten sind besonders die von MATSCHKE (1967) und KOSLO (1973) bemerkenswert, denen hier, weitgehend gefolgt wird.
Hauptsächlich MATSCHKE's Arbeiten sind bemerkenswert, da er eine große Anzahl genau altersbekannter Wildschweine, die unter gleichen Umweltbedingungen in Gattern gehalten wurden, studieren konnte. Als ein Hauptergebnis sei vorangestellt, daß Erscheinen und Wechsel der einzelnen Zähne in einer recht großen Zeitspanne vor sich gehen. Diese Variabilität wächst mit zunehmendem Alter und trifft für beide Geschlechter zu. Das bedeutet für die Praxis, daß die Genauigkeit von Altersangaben nach dem Zahnwechsel nicht überschätzt werden darf.
In der Tabelle 3/15 ist der Ablauf des Zahnwechsels nach Altersgruppen zusammengestellt.
Frischlinge werden mit 8 Milchzähnen geboren: sie haben in Ober- und Unterkiefer 3 stiftförmige Schneidezähne (i3) und Haken (c). Der vordere, die Zitzen umfassende Teil des Gebrechs ist zunächst zahnfrei. Bereits mit dem Alter von 14 Tagen, gelegentlich schon früher, sind im Oberkiefer der 3., im Unterkiefer der 4. Prämolar durchgebrochen. Dadurch wird die Zerkleinerung fester Nahrung schon vorbereitet. Fast zu gleicher Zeit, spätestens mit 3 Wochen, sind in Ober- und Unterkiefer die 1. Schneidezähne (i1) vorhanden, die mit 6 bis 7 Wochen schon die Hälfte ihrer späteren Abmessungen erreichen. Unmittelbar nach ihnen, mit etwa 4 Wochen, erscheint zunächst der untere 3. Prämolar, dann, mit 5 bis 6 Wochen, der obere 4. Prämolar.
Mit dem Alter von etwa 2 Monaten verfügt das Schwarzwild somit über 20 durch das Zahnfleisch gebrochene Milchzähne.
Die noch ausstehenden 2. Schneidezähne (i2) und 2. Prämolaren (p2) erscheinen unregelmäßig und langsam. Ihre Entwicklung vollzieht sich etwa im Alter von 2 bis 4 Monaten.
Für den Regelfall kann angenommen werden, daß spätestens mit vier Monaten das Milchgebiß vollständig vorhanden ist.
Bereits mit vier Monaten können aber bei sehr gut entwickelten Frischlingen die Spitzen des 1. Molaren (M1) in Ober- und Unterkiefer sichtbar sein, und ab 5 Monate ist dieser erste Dauerzahn in der Regel vorhanden.

Tabelle 3/15 *Ablauf des Zahnwechsels bei Wildschweinen*

Alter	Milchzähne	Dauerzähne
Geburt	$i\frac{3}{3}\,c\frac{1}{1}$	
2 Wochen	$i\frac{3}{3}\,c\frac{1}{1}\,p\frac{3}{4}$	
3 bis 4 Wochen	$i\frac{13}{13}\,c\frac{1}{1}\,p\frac{3}{34}$	
5 bis 6 Wochen	$i\frac{13}{13}\,c\frac{1}{1}\,p\frac{34}{34}$	
2 bis 4 Monate	$i\frac{123}{123}\,c\frac{1}{1}\,p\frac{234}{234}$	
5 bis 6 Monate	$i\frac{123}{123}\,c\frac{1}{1}\,p\frac{234}{234}$	$M\frac{1}{1}$
6 bis 7 Monate	$i\frac{123}{123}\,c\frac{1}{1}\,p\frac{234}{234}$	$\left(P\frac{1}{1}\right)\;M\frac{1}{1}$
10 bis 12 Monate	$i\frac{12}{12}\,p\frac{234}{234}$	$I\frac{3}{3}\;C\frac{1}{1}\;\left(P\frac{1}{1}\right)\;M\frac{1}{1}$
12 bis 14 Monate	$i\frac{2}{2}\,p\frac{234}{234}$	$I\frac{13}{13}\;C\frac{1}{1}\;\left(P\frac{1}{1}\right)\;M\frac{12}{12}$
14 bis 16 Monate	$i\frac{2}{2}$	$I\frac{13}{13}\;C\frac{1}{1}\;\left(P\frac{1}{1}\right)\;P\frac{234}{234}\;M\frac{12}{12}$
18 bis 20 Monate		$I\frac{123}{123}\;C\frac{1}{1}\;\left(P\frac{1}{1}\right)\;P\frac{234}{234}\;M\frac{12}{12}$
21 bis 26 Monate		$I\frac{123}{123}\;C\frac{1}{1}\;\left(P\frac{1}{1}\right)\;P\frac{234}{234}\;M\frac{123}{123}$

Wenig später, mit etwa 6 bis 7 Monaten, bricht als zweiter Dauerzahn oben und unten der 1. Prämolar (P1) durch, falls er bei dem betreffenden Stück angelegt ist.

Diese Zahnbestückung bleibt etwa bis zum 9. Lebensmonat unverändert erhalten. Dann aber, normalerweise mit 10 bis 12 Monaten, werden die zuerst erschienenen Milchzähne, der 3. Schneidezahn und die Haken, durch die entsprechenden Dauerzähne (I3 und C) ersetzt. Die noch verbliebenen Milchschneidezähne zeigen eine beträchtliche Abnutzung an den Spitzen. Auch die Prämolaren zeigen schon starke Abnutzungsspuren.

Mit dem Beginn des 2. Lebensjahres erscheint dafür bereits der 2. Molar (M2), und ab etwa 14 Monaten fallen auch die 1. Milchschneidezähne aus, an deren Stelle der I1 tritt. Sehr schnell werden nun auch, bis etwa zum Alter von 16 Monaten, die Milchprämolaren gewechselt, so daß nur noch der 2. Schneidezahn als Milchzahn vorhanden ist. Dieser wird mit etwa 18 bis 20 Monate durch den entsprechenden Dauerzahn ersetzt.

Zum vollständigen Dauergebiß fehlt nur noch der 3. Molar (M3), der ab etwa 21 Monaten zunächst unten und mit seinem vorderen Teil, danach oben und auch mit den mittleren und hinteren Säulen allmählich zum Vorschein kommt. Im Normalfall ist er mit 2⅓ Lebensjahren sowohl im Ober- als auch im Unterkiefer voll vorhanden, kann aber auch besonders im Oberkiefer mit seinem hinteren Teil noch lange im Zahnfleisch stecken.

Man kann zusammenfassend sagen, daß das vollständige Milchgebiß mit etwa 4 Lebensmonaten vorhanden ist und das vollständige Dauergebiß mit 2 Lebensjahren erreicht wird.

Altersbestimmung nach dem Unterkiefer: Die Altersschätzung des Schwarzwildes nach der Zahnentwicklung ist bis zum Alter von 2 Jahren ohne Schwierigkeiten möglich. Sie ist auch in diesen Altersklassen jagdwirtschaftlich bedeutsam, weil, wie bereits beschrieben, die Körperstärke derart stark variieren kann, daß nach ihr allein in den Herbst- und Wintermonaten viele Fehleinstufungen in die Klassen der Frischlinge, Überläufer und mittelalten Stücke vorgenommen werden. Aus jagdpraktischen Gründen kann auch beim Schwarzwild nur der Unterkiefer zur Alterseinstufung herangezogen werden, da es kaum vertretbar wäre, den ganzen Schädel einer jeden Sau abzuschlagen, nur, um das Alter festzustellen. Da der Unterkiefer des Schwarzwildes besonders massiv ist, bereitet seine Herauslösung nicht unbeträchtliche Schwierigkeiten. Ein Bestimmungsschlüssel muß darauf Rücksicht nehmen und vor allem solche Merkmale enthalten, die am ganzen, vielleicht starren Stück noch mit einiger Sicherheit erkannt werden können.

Auf der Grundlage früherer Arbeiten (BRIEDERMANN, 1965) wurde deshalb ein für jagdpraktische Zwecke vereinfachter Bestimmungsschlüssel auf der Grundlage der Unterkieferbezahnung erarbeitet. Die Kriterien sind in der Tabelle 3/16 zusammengestellt und geben das Alter in einer Spanne von wenigen Monaten an, die man durch Vergleich des Entwicklungszustandes mit den Abbildungen 3/28 bis 3/35 noch weiter einengen kann. Die geschilderten Merkmale sind nicht nur an präparierten, sondern auch an noch in der Schwarte befindlichen Stücken erkennbar.

Zu dem Zeitpunkt, an dem der Jäger gewöhnlich die erste Frischlingsstrecke macht, in den Monaten Juni/Juli, sind die Frischlinge 3 bis 4 Monate alt. Alle Milchschneidezähne des Unterkiefers sind voll entwickelt (s. Abb. 3/28). Die Kronen der Schneidezahnfront sind etwa 4 bis 5 mm breit, die äußeren Schneidezähne (i3) stiftzahnähnlich ausgebildet. Auch die Milchhaken sind stiftförmig. In der Backenzahnfront sieht man jeweils 3 Milchprämolaren, von denen der letzte (p4) dreiteilig ist.

Im Alter von 5 bis 10 Monaten bleibt dieser Zustand im wesentlichen erhalten, lediglich hinter dem erwähnten dreiteiligen Prämolaren erscheint nun der 1. Molar (Abb. 3/29). Auch der erste Prämolar bricht im Alter von 5 bis 7 Monaten in der Lücke zwischen Haken und Backenzahnreihe durch, sofern er überhaupt angelegt war und nicht, wie oft, ausbleibt. Frischlinge, mit ausgebildetem ersten Prämolar, müssen somit mindestens ein halbes Jahr alt sein. Im Alter von 10 bis 12 Monaten gehen wesentliche Veränderungen im vorderen Teil des Gebisses vor sich. Die äußeren Schneidezähne (i3) und die Eckzähne (c) werden gewechselt (Abb. 3/30). Oft sind die Dauerzähne schon sichtbar, bevor die Stiftzähne ausgefallen sind. Im Alter von 12 bis 14 Monaten wird dieser Wechsel abgeschlossen. In der Backenzahnreihe tritt ein weiterer Molar (M2) durch das Zahnfleisch. Der dreiteilige Milchprämolar, an dem sich bisher die Altersbestimmung orientieren konnte, ist inzwischen stark abgenutzt, sein Wechsel steht bevor (Abb. 3/31).

Mit 14 bis 16 Monaten werden er sowie die beiden vor ihm liegenden Backenzähne gewechselt. Sein Nachfolger ist nur zweiteilig (Abb. 3/32). Nunmehr erfolgt aber auch der Wechsel der inneren unteren Schneidezähne (i1), wodurch die Schneidezahnfront in charakteristischer Weise mehr oder weniger v-förmig unterbrochen wird. Die Eckzähne ragen nun schon relativ weit heraus. Im Alter von 18 bis 20 Monaten schließt sich der Wechsel der mittleren Schneidezähne (i2) an, die sich langsam wieder bis zum Entstehen der nun aus Dauerzähnen gebildeten Schneidezahnfront hochschieben (Abb. 3/33). Da der Wechsel der inne-

Tabelle 3/16 *Altersbestimmung nach der Zahnentwicklung (bis zweijährig)*

Alter nach Monaten	Schneidezähne	Eckzähne	Backenzähne
3 bis 4	äußeres Paar stiftförmig	Milchzähne, oben und unten stiftförmig	letzter Backenzahn unten dreiteilig
5 bis 10	Inneres und mittleres Paar bilden Schneidezahnfront, Zahndurchmesser 4 bis 5 mm		vorletzter Backenzahn unten dreiteilig
10 bis 12	Wechsel der äußeren Schneidezähne	Wechsel der Eckzähne	
	Dauerzähne oft schon sichtbar, bevor Stiftzähne ausfallen		
12 bis 14	äußere Schneidezähne nicht mehr sitftförmig	nicht mehr stiftförmig	drittletzter Backenzahn unten dreiteilig, bereits stark abgenutzt, beginnender Wechsel
14 bis 16	Wechsel der inneren unteren Schneidezähne, deutlich erkennbare Längenunterschiede in der Schneidezahnfront		Wechsel des dreiteiligen Backenzahns und der vor ihm liegenden zwei Backenzähne
18 bis 20	Wechsel der mittleren Schneidezähne. Keine gerade Schneidezahnfront		kein dreiteiliger Backenzahn mehr
21 bis 24	Spitze des mittleren Schneidezahns noch kaum Abnutzungsspuren. Zahndurchmesser im oberen Teil 6 bis 7 mm		letzter Backenzahn erscheint. Sehr groß, braucht lange Zeit zum Durchbruch, deshalb Alter differenzieren
2 Jahre und älter		Gebiß vollständig	letzter Backenzahn oft teilweise vom Zahnfleisch verdeckt

ren und mittleren Schneidezähne ein fließender Prozeß ist, ist die Altersfestlegung zwischen 14 und 20 Monaten nicht eindeutig möglich. Mit dem Erreichen des 18. Lebensmonates ist jedoch auch der Wechsel des 4. Prämolaren mit Sicherheit abgeschlossen, so daß sich nun in der Backenzahnreihe kein dreiteiliger Zahn mehr finden kann. Im Alter von 21 bis 24 Monaten schließlich erscheint als letzter der 3. Molar (M3). Dieser große Zahn benötigt eine recht lange Zeit für seinen Durchbruch, so daß man das Alter entsprechend differenzieren muß. Oft bleibt er noch lange (bis in das 3. Lebensjahr hinein) teilweise vom Zahnfleisch bedeckt. An der Schneidezahnfront ist der Wechsel abgeschlossen, sie bildet sich im Unterkiefer in ihrer typischen meißelartigen Form heraus (Abb. 3/34). Der Zahndurchmesser im oberen Teil beträgt etwa 6 bis 7 mm. Die Spitzen der I2 lassen noch keine Abnutzungsspuren erkennen. Ist die vollständige meißelartige Schneidezahnfront aus vier Schneidezähnen vorhanden und der 3. Molar ausgebildet, hat das Stück ein Alter von mindestens 2 Jahren erreicht (Abb. 3/35).

Wie erwähnt, treten besondere Probleme bei der Altersbestimmung in den Spätherbst- und Wintermonaten auf, da dann

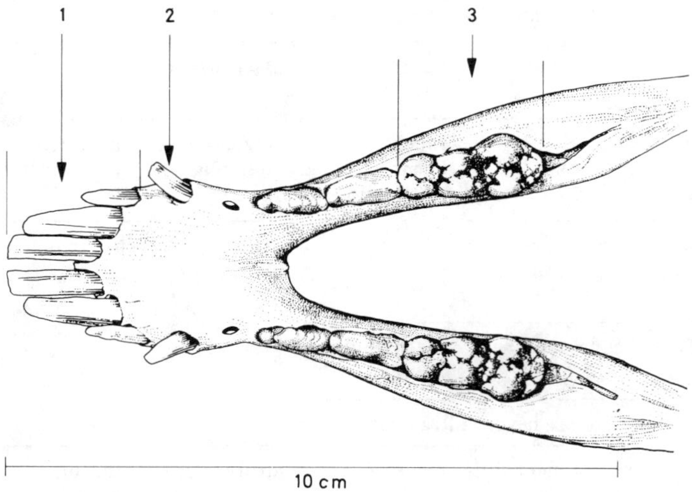

Abb. 3/28 Unterkiefer eines weiblichen Frischlings; 3 bis 4 Monate alt
1 – Milchschneidezähne: in der Schneidefront (i_1 und i_2) 4 bis 5 mm breit; äußere Schneidezähne (i_3) stiftartig
2 – Eckzähne: Milchhaken bei beiden Geschlechtern stiftartig
3 – Backenzähne: der letzte Backenzahn (p_4) ist dreiteilig

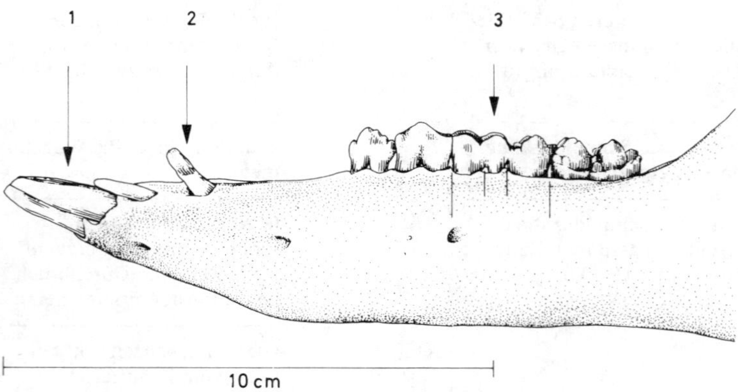

Abb. 3/29 Unterkiefer eines männlichen Frischlings; 6 bis 8 Monate alt
1 – Milchschneidezähne: in der Schneidefront (i_1 und i_2) 4 bis 5 mm breit; äußere Schneidezähne (i_3) stiftartig
2 – Milchhaken
3 – vorletzter Backenzahn (p_4) dreiteilig, dahinter erster Dauerzahn (M_1)

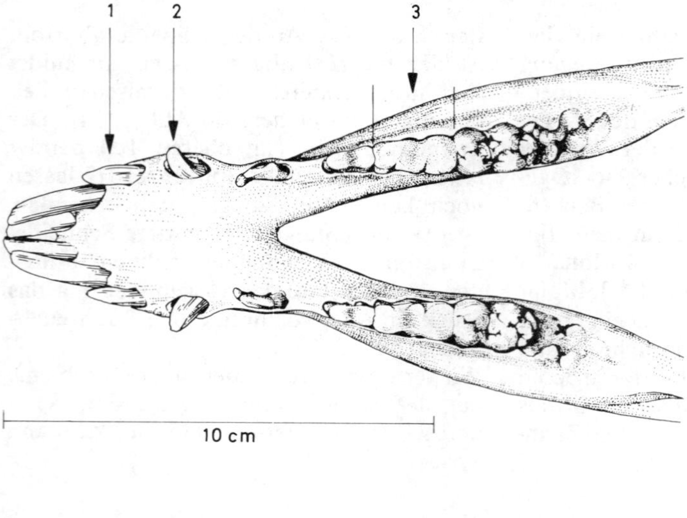

Abb. 3/30 Unterkiefer eines Überläuferkeilers, etwa 12 Monate alt
1 – Schneidezähne: äußere Schneidezähne (I_3) gewechselt, nicht mehr stiftartig
2 – Eckzähne: Spitzen der Gewehre bereits durchgebrochen
3 – vorletzter Backenzahn (p_4) dreiteilig; Kaufläche ist schon stark abgenutzt.

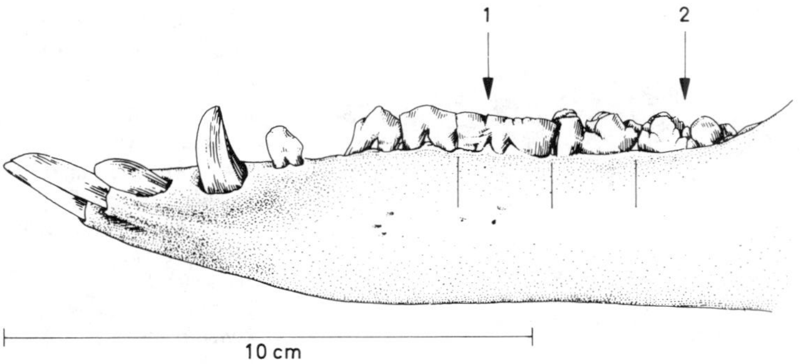

Abb. 3/31 Unterkiefer eines Überläuferkeilers, 12 bis 13 Monate alt
Schneidezähne: äußere Schneidezähne (I_3) nicht mehr stiftförmig
Eckzähne: Gewehre deutlich durchgebrochen
Backenzähne:
1 – drittletzter Backenzahn (p_4) dreiteilig; Kaufläche bereits stark abgenutzt, bevorstehender Wechsel
2 – zweiter Dauerbackenzahn (M_2) beim Durchbrechen

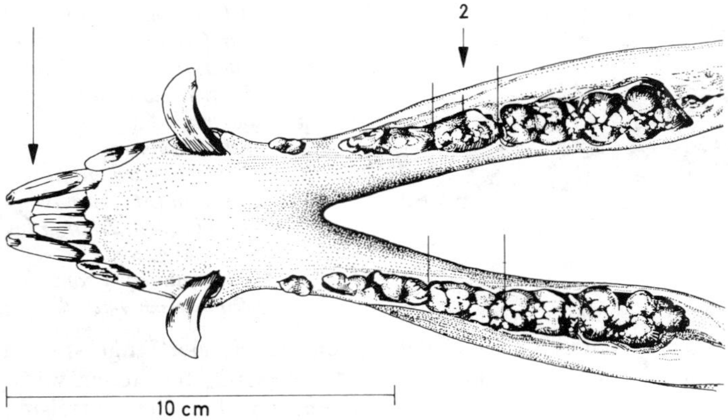

Abb. 3/32 Unterkiefer eines Überläuferkeilers, etwa 15 Monate alt
1 – Schneidezähne: Wechsel der inneren Schneidezähne (I_1), nur noch mittlere Schneidezähne (i_2) als Milchzähne
2 – Backenzähne: Wechsel des dreiteiligen Backenzahns; links im Wechsel (p_4), rechts bereits gewechselt (P_4) zweiteilig

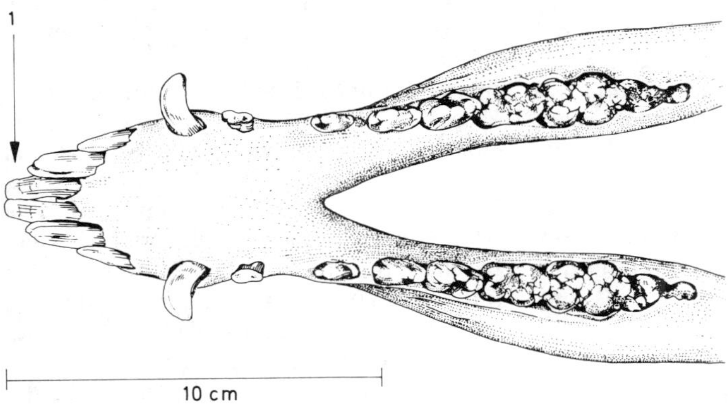

Abb. 3/33 Unterkiefer einer Überläuferbache, 19 bis 20 Monate alt
Schneidezähne: mittlere Schneidezähne (I_2) im Wechsel, ihre Zahnspitzen zeigen noch keine Abnutzungsspuren.
Innere Schneidezähne (I_1) 6 bis 7 mm breit (Beachte: keine gerade, sondern gebogene Schneidezahnfront)
Backenzähne: kein dreiteiliger Backenzahn mehr vorhanden.

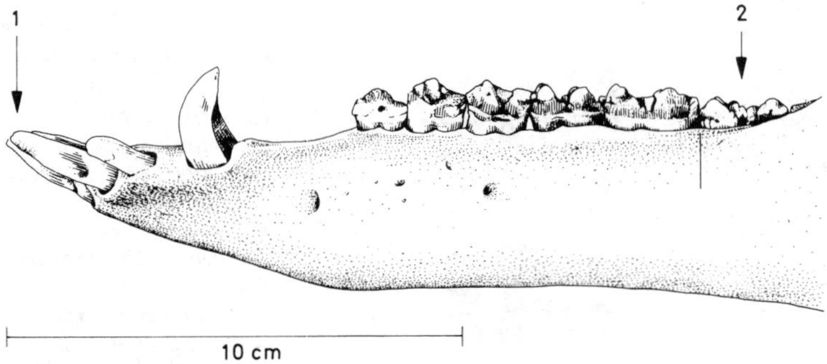

Abb. 3/34 Unterkiefer einer Überläuferbache, 22 bis 24 Monate alt
Schneidezähne:
1 – Schneidezahnfront gerade, mittlere Schneidezähne (I_2) kaum Abnutzungsspuren
Backenzähne:
2 – letzter Dauerbakkenzahn beim Durchbruch

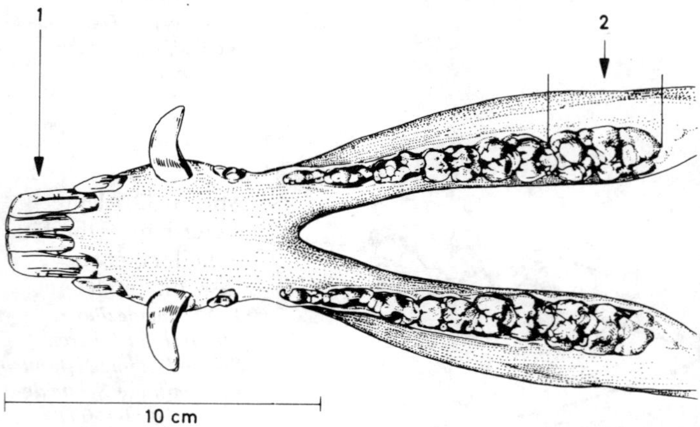

Abb. 3/35 Unterkiefer einer zweijährigen Bache
Schneidezähne:
1 – beachte gerade Schneidezahnfront! Alle 4 Schneidezähne der Front werden abgenutzt, bei den mittleren Schneidezähnen (I_2) erst beginnend
Backenzähne:
2 – letzter Dauerbakkenzahn (M_3) vorhanden; größter Zahn, 3 bis 4 cm lang, hintere Zahnteile noch vom Zahnfleisch verdeckt

oft starke Frischlinge schon als Überläufer, Überläufer dagegen zuweilen als ältere Stücke angesprochen werden. Doch ist man leicht in der Lage, lediglich anhand von Merkmalen der Schneidezahnfront des Unterkiefers und der Eckzähne die Altersklasse genau zu erkennen.

Die untere Schneidezahnfront eines Frischlings besteht immer aus vier Milchzähnen, die als solche an ihrer geringen Stärke (4 bis 5 mm) und schon starken Abnutzung zweifelsfrei zu erkennen sind. Die dahinter befindlichen Zähne sind entweder noch spitze Milchhaken, oder es findet gerade ein Zahnwechsel statt, so daß die Spitzen der Dauerhaken bzw. Gewehre durch das Zahnfleisch brechen. Niemals kann ein Stück Schwarzwild in diesem Stadium der Zahnentwicklung etwas anderes als ein Frischling sein.

Der Überläufer weist demgegenüber eine gebogene Schneidezahnfront auf, entweder oval nach außen wie die vier Fingerspitzen einer Hand oder, wesentlich seltener, v-förmig nach innen, so daß die mittelsten Schneidezähne die kürzesten sind. Auch diese Merkmale kennzeichnen einen Überläufer eindeutig. Das ältere Stück schließlich hat immer die in der Abbildung 3/35 dargestellte meißelartige Schneidezahnfront. Liegt im Winter dieses Merkmal vor, kann es sich nicht mehr um einen Überläufer handeln.

Im Abschnitt 6.6.1. wird ausführlich auf die ausgedehnte Frischzeit des Schwarzwildes eingegangen. Nicht wenige Bachen frischen zur Unzeit, so daß in fast allen Monaten des Jahres Geburten zu erwarten sind. Die Klassifizierung extrem früh oder spät gefrischter Stücke kann zu Schwierigkeiten führen. Deshalb wurde in der Tabelle 3/17 der Erlegungsmonat und das ermittelte Alter mit der Klassifizierungsrichtlinie vereint, so daß durch den Vergleich beider

Tabelle 3/17 *Schlüssel für die Klassifizierung des Schwarzwildes nach Erlegungszeit (bezogen auf Tabelle 3/16)*

Alter nach Monaten	April	Mai	Juni	Juli	Aug.	Sept.	Okt.	Nov.	Dez.	Jan.	Febr.	März
3 bis 4	- - -	- - -	- - -	- - -	- - -	Frischling	- - -	- - -	- - -	- - -	- - -	- - -
5 bis 10	Überläufer[1] (evtl. Frischling)		Frischling (evtl. Überläufer)			- - -	- - -	Frischling	- - -	- - -	- - -	- - -
10 bis 12	- - -	- - -	Überläufer		- - -	Überläufer (evtl. Frischling)		....	....	Frischling	- - -	- - -
12 bis 14	- - -	- - -	- - -	Überläufer	- - -	- - -	- - -	Überläufer (evtl. Frischling)	- - -	- - -	Frischling	- - -
14 bis 16	- - -	- - -	- - -	- - -	Überläufer	- - -	- - -	- - -	- - -	Überläufer (evtl. Frischling)		Frischling
18 bis 20	- - -	- - -	- - -	- - -	- - -	Überläufer	- - -	- - -	- - -	- - -	- - -	- - -
21 bis 24	- - -	zweijährig	- - -	- - -	zweijährig (evtl. Überläufer)			- - -	- - -	Überläufer	- - -	- - -
2 Jahre u. älter	- - -	- - -	zweijährig und älter			- - -	- - -	- - -	zweijährig und älter (evtl. Überläufer)			

[1] In Überschneidungsfällen wurde der jeweils seltenere Fall in Klammern gesetzt.

Werte die richtige Einordnung vorgenommen werden kann. Hat man also in der Tabelle 3/16 das Alter in Monaten ermittelt, kann in der entsprechenden Spalte der Tabelle 3/17 unter Berücksichtigung des Erlegungsmonats ohne weiteres die Klassifizierung vorgenommen werden.

3.3.3.3. Altersmerkmale am Dauergebiß

Abnutzung an Schneide- und Backenzähnen: Auch beim Schwarzwild erfolgt durch den Prozeß der Nahrungsgewinnung und -zerkleinerung eine allmähliche Abnutzung der Schmelzschicht auf den Zahnoberflächen, die Höcker auf den Backenzähnen verschwinden mehr und mehr und breite Kauflächen treten auf. An den Schneidezähnen treten schräggstellte Abriebflächen auf, und sie verlieren allmählich an Länge.

Diese Merkmale haben bisher für die Altersbestimmung wenig Beachtung gefunden, weil sie das Herauslösen mindestens des Unterkiefers erfordern würden, das in der jagdlichen Praxis jedoch ungebräuchlich ist.

Als erster hat Koslo (1967, 1973, 1975) die grundsätzliche Brauchbarkeit der Zahnabnutzung zur Alterseinstufung des Schwarzwildes nachgewiesen. Allerdings stand auch ihm nur wenig Schädelmaterial bekannten Alters zur Verfügung. Er stellte fest, daß ein umfangreiches Schädelmaterial, das im Belowesher Urwald gesammelt worden war, sehr markante Abnutzungsstufen aufwies. Diese Unterschiede ließen sich nur durch wachsende Beanspruchung der

Zahnoberfläche mit zunehmendem Alter unter den vergleichsweise unwirtlichen Lebensbedingungen dieses Gebietes erklären. Daher setzte er die deutlich trennbaren Abnutzungsstufen Altersunterschieden von jeweils einem Jahr, in höherem Alter von 2 Jahren, gleich.

Im Ergebnis entstand eine Beschreibung des Abnutzungsverlaufes, aus der wir auszugsweise zitieren:

3. Lebensjahr (32 bis 36 Monate): der I_1 wird angeschliffen und beginnt sich der Höhe des I_2 anzugleichen. Am M_1 sind die Höcker abgetragen, das Dentin tritt als zusammenfließende Halbbögen oder isolierte Flecke zutage. Die vorderen Höcker des M_3 sind leicht angeschliffen (Abb. 3/36).

4. Lebensjahr (Ende): I_1 und I_2 stehen eng zusammen und sind deutlich angeschliffen. Bei P_3 und P_4 sind die Spitzen abgeschliffen und es erscheint ein schmaler Dentinstreifen. Der M_1 ist stark abgetragen und hat auf der gesamten Oberfläche dunkelbraunes Dentin. Am M_2 sind alle Höcker bis zur Basis abgenutzt, das Dentin tritt in Halbbögen hervor. Die Höcker des M_3 sind bis zur Hälfte abgetragen (Abb. 3/37).

5. Lebensjahr: I_1 und I_2 sind merklich verkürzt und an der Innenseite abgeschliffen. Die Spitzen von P_3 und P_4 sind stärker abgenutzt. Der M_2 erhält eine ebene Oberfläche. Der M_3 hat stärker abgenutzte Höcker, sternförmige Dentinflecken werden sichtbar (Abb. 3/38).

6. bis 7. Lebensjahr: I_1 sind bis zur Hälfte, I_2 bis auf ein Drittel abgetragen. Auf der gesamten Oberfläche der Prämolaren tritt ein langer Dentinstreifen auf. Beim M_3 sind alle Höcker abgenutzt (Abb. 3/39).

8. bis 9. Lebensjahr: Starke Abnutzung aller Schneidezähne, die I_3 fehlen gelegentlich. Auch P_1 und P_2 können fehlen. Der M_2 ist stark abgenutzt, die letzten Schmelzfalten verschwinden. Am M_3 letzte Schmelzreste, das Dentin tritt auf der gesamten Oberfläche zutage (Abb. 3/40).

Ab 10. Lebensjahr: I_1 bis auf 10 bis 15 mm Länge abgenutzt. Teilweise fehlen Schneidezähne und Prämolaren. Die Molaren erheben sich nur gering über das Zahnfleisch, letzte Falten auf M_3 (Abb. 3/41).

HELL (1976) bemühte sich an slowakischem Schwarzwild, die Zahnabnutzung für die Altersschätzung zu nutzen, wobei er methodisch wie KOSLO vorging. Sein Hauptmerkmal besteht in der Abschlifflänge an der inneren Seite des I_2 des Unterkiefers (Tab. 3/18). Der Abschliff der Backenzahnreihen wurde ebenfalls von ihm untersucht, und seine Ergebnisse stimmen weitgehend mit denen KOSLO's überein. MÖLLER hat (1982) am Institut für Forstwissenschaften Eberswalde anhand von Wildmarkenmaterial und Zahnschliffen weitere Erkenntnisse zur Kenntnis der Zahnabnutzung beigesteuert. Hinsichtlich der Schneidezahnabnutzung wies er auf den beträchtlichen Einfluß einer unterschiedlich steilen Stellung der Zahnfront im Unterkiefer hin, die ein höheres Fehlerprozent bei der Alterseinstufung bedingt.

Für eine Groborientierung kann aber dennoch gesagt werden, daß zweijährige Stücke nur eine geringfügige Abnutzung am I_1 aufweisen, während Abnutzungsspuren am I_2 noch fehlen.

Bei vierjährigen und älteren Stücken tragen alle vier mittleren Schneidezähne starke Abnutzungsspuren mit mehr oder weiterreichender Freilage von Dentin.

Zur Altersschätzung nach der Backenzahnabnutzung des Unterkiefers wurde durch MÖLLER eine Tabelle aufgestellt, die in der Tabelle 3/19 mit den Ergebnissen von KOSLO kombiniert wiedergegeben ist. Eine weitgehende Ähnlichkeit der Ergebnisse ist trotz der räumlich weit entfernten Untersuchungsgebiete mit unterschiedlichen ökolo-

Tabelle 3/18 *Altersbestimmung nach dem Schneidezahnabschliff I_2 (nach* HELL, *1976)*

Alter nach Jahren	n	Länge des Abschliffs mm	Streubreite mm
2	3	0,0	0,0...0,0
3	2	4,5	4,5...5,0
4	5	10,8	10,0...12,0
5	5	13,1	13,0...13,5
6	2	14,5	14,0...15,0
7	1	15,6	—
8	1	19,0	—

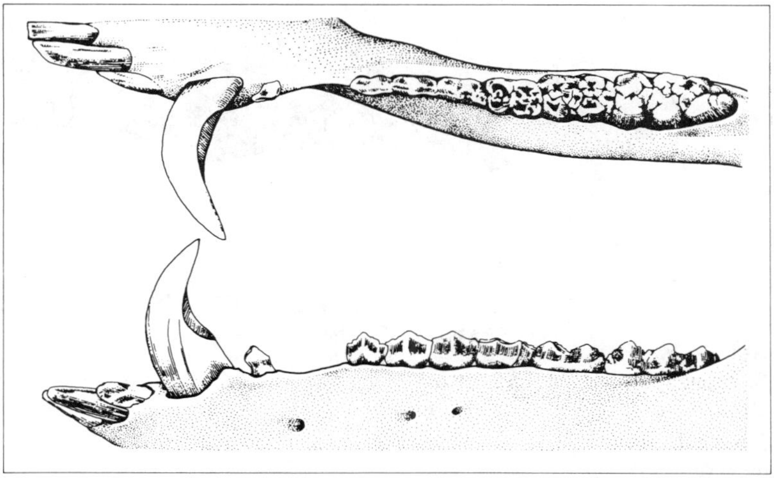

Abb. 3/36
Backenzahnab-
nutzung
2 Jahre
(nach KOSLO, 1973)

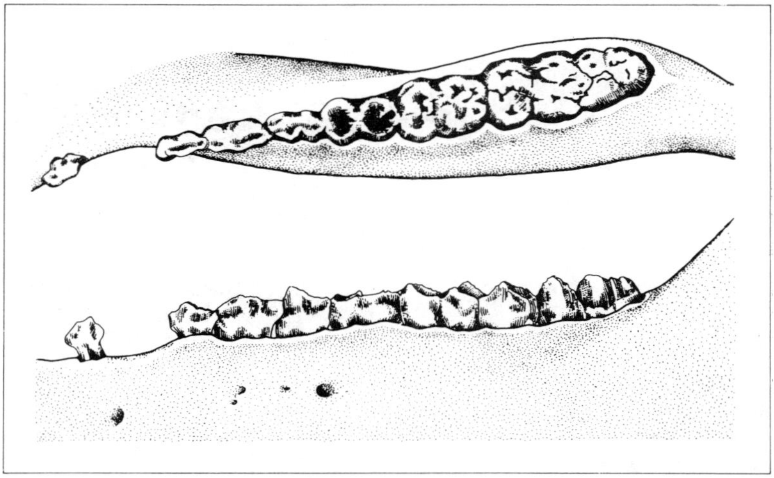

Abb. 3/37
Backenzahn-
abnutzung
3 Jahre
(nach KOSLO, 1973)

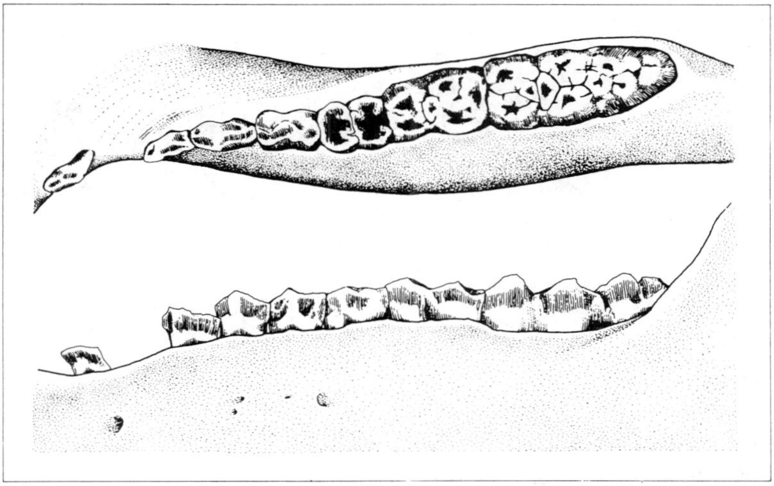

Abb. 3/38
Backenzahn-
abnutzung
4 Jahre
(nach KOSLO, 1973)

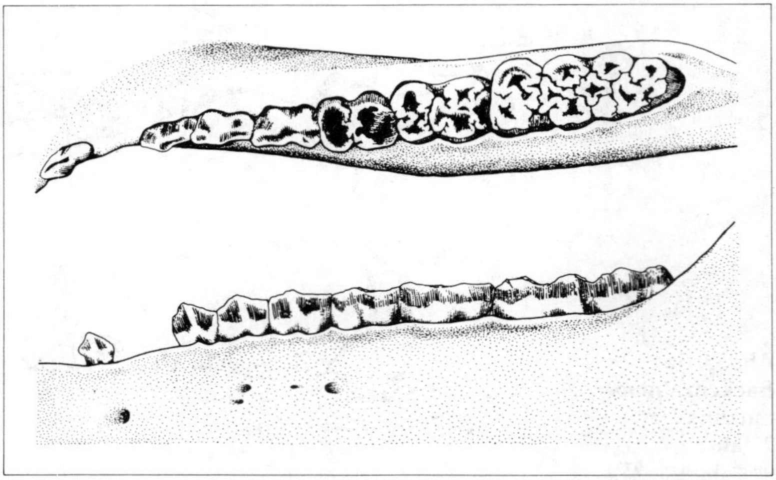

Abb. 3/39
Backenzahn-abnutzung
5 bis 6 Jahre
(nach KOSLO, 1973)

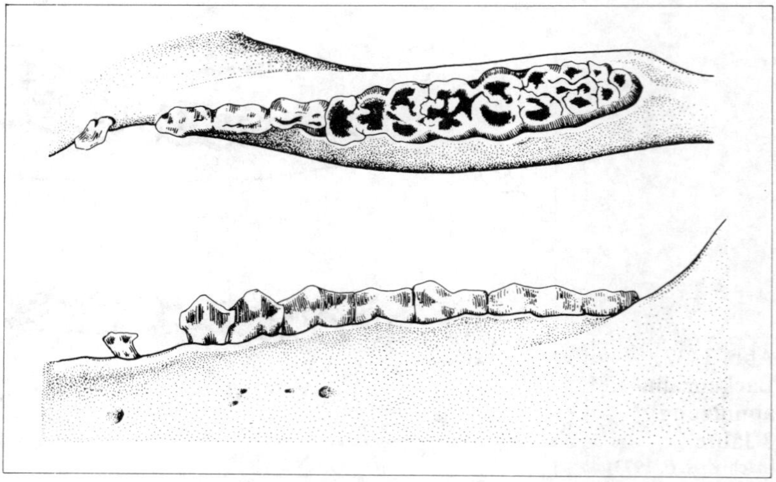

Abb. 3/40
Backenzahn-abnutzung
7 bis 8 Jahre
(nach KOSLO, 1973)

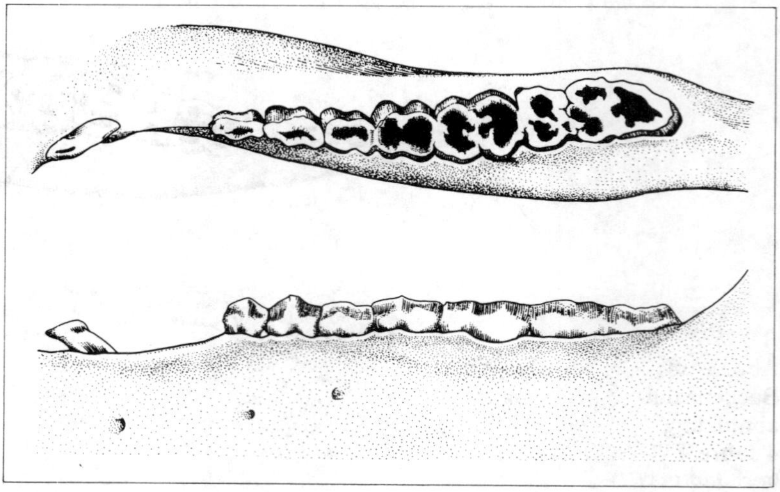

Abb. 3/41
Backenzahn-abnutzung
ab 9 Jahre
(nach KOSLO, 1973)

Tabelle 3/19 *Altersbestimmung nach der Backenzahnabnutzung im Unterkiefer (K.: Angaben von* KOSLO, *1973, 1975 M: Angaben von* MÖLLER, *1982)*

Alter K	Alter M	P_2	P_3	P_4	M_1	M_2	M_3
	1						noch unter Zahnfleisch bzw. 1. Säule durchbrochen
19 bis 22 Monate							durchbricht Alveole
	2	keine Abnutzung	in der Regel keine Abnutzung	beginnende Abnutzung auf beiden Säulen	Abnutzung bis auf punktförmige Schmelzschlingenreste, vor allem 1. Säule	deutliche Abnutzung auf beiden Säulen	1. Säule Zahnfleisch durchbrochen, Zahnkrone braun
	2,5		beginnende Abnutzung	deutl. Abnutzung auf beiden Säulen			2. SäuleZahnfleisch durchbrochen
32 bis 36 Monate		zunehmende Abnutzung der Spitzen von P_2 bis P_4			Höcker abgetragen, Schmelzschlingenreste, zwischen 1. und 2. Säule	Höcker angeschliffen Emaillefalten gut erkennbar	1. und 2. Säule vorhanden, beginnende Abnutzung
	3	beginnende Abnutzung		Zahnkrone oft annähernd waagerecht	Auch auf 2. Säule nur Schmelzschlingenreste	noch spitzhöckerig, Schmelzschlingen verkürzt	deutliche Abnutzung, letztere Teile 3. Säule meist noch unter Zahnfleisch
4. Jahr (Ende)		Spitze der hinteren Hälfte abgenutzt	Spitzen abgenutzt, es erscheint auf den Spitzen schmaler Dentinstreifen		Dentin abgetragen, dunkelbraune Flächen	Höcker abgenutzt, Dentin in Halbbogen, Emaillefalten	deutliche Abnutzung der Haupt- und Zwischenhöcker, Dentinstriche
	4 bis 5	deutl. Abnutung	Dentin tritt hervor	1 bis 1,5 mm durchgehend. Dentinband	beide Säulen glatt, kaum noch Schmelzschlingenreste	beide Säulen glatt, punkt- u. kommaförmige Schmelzschlingenreste	deutl. Abnutzung auf allen 3 Säulen,

Tabelle 3/19 *(Fortsetzung)*

Alter		P_2	P_3	P_4	M_1	M_2	M_3
K	M						
5. Jahr (Ende)			Spitzen weit abgenutzt		Krone verschwunden	Höcker und Emaillefalten verschwunden, zunehmend glatt	Stärker abgenutzt, Dentin sternförmige Flecken
	5			Vertiefungen beider Säulen i.d. Mitte, Schmelzschlingenränder stehen höher			gesamter Zahn zeigt rißförmige Schmelzschlingenreste
6.–7. Jahr		durchgehend langer Dentinstreifen				Krone verschwindet, Falten noch bemerkbar	gesamter Zahn glatt, erkennbare Grenzen zwischen Höckerbasen
	6	deutl., aber kurzes Dentinband	deutl., über 1 mm breites Dentinband	Dentinband auf gesamter Oberfläche	mehr o. weniger starke Vertiefungen auf allen Säulen		
	7				gesamte Kaufläche mit ungleichmäßiger Oberfläche		
8.–9. Jahr		durchgehend langer Dentinstreifen kann ausfallen			Dentin über ganze Oberfläche, Höhe verringert	stark abgenutzt	Dentin breit, Reste der Spalten
	8	Sehr breite Dentinbänder					Oberfläche mind. auf 1. Säule glatt

gischen Bedingungen ersichtlich. Anhand dieser Tabelle ist es möglich, das Alter des Schwarzwildes annähernd genau zu bestimmen. Möller weist jedoch darauf hin, daß für den Einzelfall wirklich zutreffende Ergebnisse nur durch Vergleich mit einer geeichten Unterkieferserie zu erwarten sind.

Die Backenzahnabnutzung kann gegenwärtig als sicherstes Merkmal für die Altersbestimmung von Schwarzwild gelten und sollte in der Praxis verstärkt Eingang finden.

Zementzonenverfahren: Es wurde bereits erwähnt, daß die Wurzel des Zahnes vom sogenannten Zahnzement eingehüllt wird. Die Dicke dieser Zementschicht nimmt mit dem Lebensalter zu und erreicht vor allem zwischen den Wurzelästen beträchtliche Ausmaße. In neuerer Zeit wurde, vor allem bei Cerviden, festgestellt, daß sich im Zahnzement eine Zonierung von helleren und dunkleren Schichten bei geeigneten Querschnitten oder -schliffen beobachten läßt. Man nimmt an, daß diese Schichten eine endogene Rhythmik widerspiegeln und somit auch zur genauen Altersbestimmung für wissenschaftliche Zwecke geeignet wären (GRUE und JENSEN, 1979). Entsprechende Untersuchungen von HELL (1976, 1977), UECKERMANN (1978) und MÖLLER (1984) weisen nach, daß Zonierungen auch an Schneide- und Backenzähnen von Wildschweinen erkennbar sind. Es zeigte sich allerdings, daß bei einer Reihe von Stücken mehr Zementzonen festgestellt werden konnten, als ihr Alter erwarten ließ. Bei einem über zehnjährigen Tierparkkeiler zeigte sich andererseits keinerlei Ringbildung. Offensichtlich gibt es einen noch nicht genau bekannten Komplex von Ursachen, der für die Zonenbildung verantwortlich ist. Daher können vorerst durch das Zementzonenverfahren noch keine praxisrelevanten Ergebnisse erwartet werden. Durch MÖLLER (1982, 1984) wurde ein effektives Verfahren zur Herstellung von Zahnschliffen mitgeteilt.

Altersbedingte Veränderungen an Keilerwaffen: Schleiffläche der Gewehre – Die Länge des Abschliffes an den Gewehren, von der Spitze bis zur Schleifecke, diente in der Vergangenheit als wichtigstes Merkmal zur Altersschätzung der Keiler. Als Regel galt, daß jeder Zentimeter Schleifflächenlänge einem Lebensjahr entspräche. BIEGER (1941) präzisierte diese Regel (Tab. 3/20), allerdings ohne Angaben über das ihm zugrundeliegende Material. Das Verfahren gilt heute als ungenau, da die Länge der Schleiffläche sehr von der individuellen Stellung der Haderer und Gewehre im Kiefer abhängt. Nach UECKERMANN (1978) können sich überdies Wachstum der Gewehre und Abschliff so ausgleichen, daß eine weitere Schleifflächenzunahme nicht mehr erfolgt.

Verjüngungsfaktor der Gewehre – Bereits JAERISCH (1930) und PEYER (1930, 1933) sowie SNETHLAGE (1933) haben auf den Zusammenhang zwischen dem Wachstum der Gewehre und der Körperentwicklung des Keilers, im besonderen des Schädels, verwiesen. Die Gewehre entwickeln sich im Inneren des Unterkiefers und müssen daher dessen Wachstum folgen. Erst wenn der Unterkiefer ausgewachsen ist, kann am hinteren Bildungssaum die volle Gewehrbreite produziert werden. Da die Zahnmasse allmählich vom Bildungssaum nach vorn geschoben und durch die Reibung zwischen Gewehren und Haderern abgeschliffen wird, kommt es zunächst zu einem Durchmesserabfall nach vorn, der erst bei fortgeschrittenem Alter verschwindet. Aus diesem Wachstumsprozeß leiteten sie Formzahlen für die Altersbestimmung ab, die jedoch infolge mangelhafter Kenntnisse der Körperentwicklung und fehlenden Wildmarken-

Tabelle 3/20 *Altersabhängige Veränderungen an Keilerwaffen nach* BIEGER *(1941) (in cm)*

Alter Jahre	Länge der		Umfang der Gewehre an der		Breite der Gewehre an der		Verhältnis der Sehne zur Höhe
	Gewehre	Schleiffläche	Wurzel	Schleifecke	Wurzel	Schleifecke	
2...3	14...15	2,7...3,5	5,0...5,2	3,4...3,8	2,0...2,2	1,3...1,6	1,75
3...4	15...16,5	3,5...4,0	5,2...5,4	3,8...4,4	2,2...2,3	1,6...1,8	1,80
4...5	16,5...18	5,4...5,6	5,4...5,6	4,4...5,0	2,3...2,4	1,8...2,1	1,85
5...6	18...20	5,0...5,8	5,6...5,8	5,0...5,5	2,4...2,5	2,1...2,3	1,90
6...7	20...21	5,8...6,5	5,8...6,0	5,5...6,0	2,5...2,6	2,3...2,5	2,0
über 7	über 21	über 6,5	über 6,0	über 6,0	über 2,6	über 2,5	über 2,0

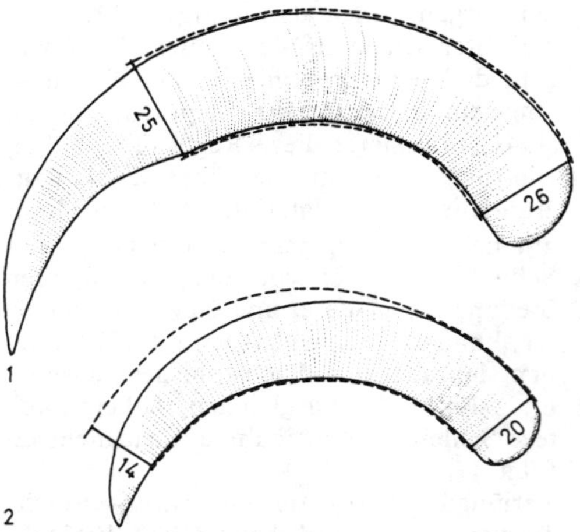

Abb. 3/42 Durchmesserveränderungen an Keilergewehren
1 – unterer Durchmesser 26 mm; oberer Durchmesser 25 mm; Formzahl 1,04, reif
2 – unterer Durchmesser 20 mm, oberer Durchmesser 14 mm, Formzahl 1,43, 2jähriger Keiler

materials nur von eingeschränkter Gültigkeit waren. Auf dieser Grundlage baute Brandt (1961, 1965) auf und entwickelte das Verfahren weiter. Brandt ging davon aus, daß mit einem Alter von 8 Jahren der Durchmesser der Gewehre von der Wurzel bis zur Schleifecke, also dem Punkt, wo die Abnutzung durch die Haderer beginnt, den gleichen Wert aufweist (Abb. 3/42). Bei allen jüngeren Stücken sei der Durchmesser an der Schleifecke mehr oder weniger bedeutend geringer. Die aus der Division beider Werte erhältliche Formzahl gibt, etwas vereinfacht, einen Anhalt für die Altersansprache (Tab. 3/21.).

Die Formzahl wird folgendermaßen berechnet:

Es werden mit der Schiebelehre zwei Durchmessermaße an der breitesten Seite des Gewehres genommen, nämlich 1. etwa 1 cm oberhalb des Wurzelendes, 2. an der Schleifecke.

Die Berechnung erfolgt nach der Formel

$$\text{Formzahl} = \frac{\text{Durchmesser am Wurzelende}}{\text{Durchmesser an der Schleifecke}}.$$

Die Formzahl wird mit zwei Dezimalen hinter dem Komma berechnet. Brandt ging von theoretischen Erwägungen aus, und Wildmarkenmaterial stand ihm nicht zur Verfügung. Zwischenzeitliche Überprüfungen an allerdings ebenfalls noch geringem Material durch Hell (1976), Ueckermann (1978) und Möller (1982, 1984) zeigen, daß mit dieser Methode das Alter vieler Keiler beträchtlich überschätzt wird. Dagegen kommt nach Möller (1982) eine Unterschätzung nicht vor. Auffälligerweise erreichten in seinem Wildmarkenmaterial die Keiler bereits mit vier Jahren, in Einzelfällen schon mit zwei Jahren, den Formzahlfaktor 1. Koslo (1975) wies an seinem Material nach, daß die Keilerwaffen nach Länge und Breite bis über das 7. Lebensjahr hinaus, wenn auch vom 5. Lebensjahr an geringfügig, noch zunehmen. Auf jeden Fall ist die durch Brandt (1961) vorgelegte Tabelle auch in ihrer bisher von uns propagierten Form (Briedermann, 1968, 1979) nicht mehr zu befürworten. Eine eingeschänkte Gültigkeit kommt der Formzahlermittlung in folgendem Umfange zu:

– Alle aus dem Raum der DDR stammenden Keilerwaffen mit Formzahlen von mehr als 1,01 sind mit hoher Wahrscheinlichkeit jünger als fünf Jahre.
– Bei Keilerwaffen mit Formzahlen von 1,01 und weniger kann ein Alter von fünf Jahren und darüber angenommen werden, wenn durch die allgemeine Stärke

Tabelle 3/21 *Altersbestimmung bei Keilern nach den Formzahlen der Gewehre (nach* Brandt, *1961, 1965)*

Klasse	Bezeichung	Alter	Formzahl
nicht jagdbar	Überläufer	etwa 1 Jahr	um 1,80
nicht jagdbar	geringer Keiler	2 bis 4 Jahre	1,50…1,21
jagdbar	hauendes Schwein	5 bis 7 Jahre	1,20…1,05
jagdbar	Hauptschwein	8 Jahre und älter	1,04…1,00

der Waffen, besonders der Haderer, und die Länge der Schleifflächen der Gewehre der Eindruck der Reife gegeben ist.

– Alle Keilerwaffen mit der Formzahl 1 haben das Breitenwachstum weitgehend abgeschlossen und sind, unabhängig vom Alter des Stückes, als reif anzusehen.

Diese Schlußfolgerungen sichern zunächst die Anwendbarkeit der einfach zu ermittelnden Formzahl für die Belange der praktischen Schwarzwildbewirtschaftung.

Es ist dennoch dringend erforderlich, durch Auswertung weiteren Wildmarkenmaterials eine ausreichende Klärung des Wachstumsprozesses der Keilerwaffe und deren Anwendung für die Altersbestimmung herbeizuführen.

Weitere Altersbestimmungsmethoden an Keilerwaffen – In der Vergangenheit wurden auch die Länge der Gewehre, der Abschliff an den Haderern, die von der Wurzel zur Spitze gezogene Sehnenlänge der Gewehre und das Verhältnis der Sehnenlänge zur größten Höhe auf derselben zur Alterseinstufung benutzt. Einige Werte BIEGER's sind in der Tabelle 3/20 enthalten. Aus der gegenwärtigen Kenntnis können alle nicht als brauchbar herangezogen werden, da individuelle Besonderheiten der Stärke, Stellung und Krümmung der Waffen das Ergebnis so beeinflussen, daß eine gültige Alterseinstufung darauf nicht aufbauen kann.

Schließen der Wurzeln bei den Haken der Bachen: Bei den Bachen lassen sich, wie durch Blaupot ten CATE (1955) erkannt, die Haken ebenfalls zur Alterseinstufung benutzen. Bei ihnen schließt sich, im Gegensatz zu den Wurzeln der Keilergewehre, mit zunehmendem Alter das Wurzelende, bis nur noch ein millimeterweiter Kanal freibleibt (Abb. 3/43).

Dagegen entspricht bei weiblichen Überläufern der Durchmesser des Wurzelendes noch annähernd dem größten Zahndurchmesser. Diese Veränderung befähigt mindestens zu der Feststellung, ob es sich im Einzelfalle um eine junge oder alte Bache handelt. Für Zwecke einer näheren Einstufung muß aber doch mehr auf die Abnutzung der Schneide- und Backenzähne zurückgegriffen werden.

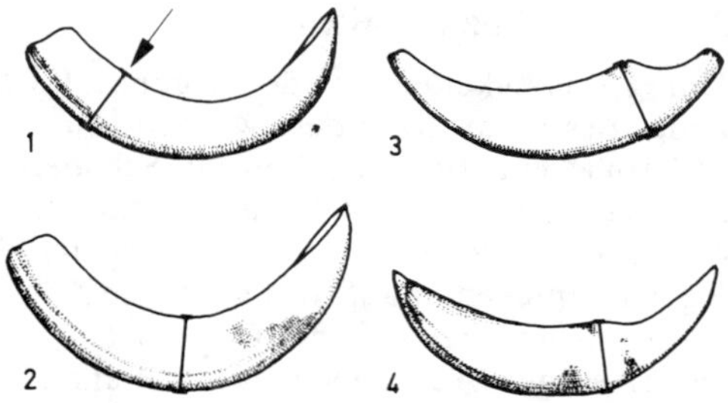

Abb. 3/43 Durchmesserveränderung an den Haken der Bachen
Strich: jeweils größter Durchmesser
1 – Überläuferbache: sehr weite Wurzelöffnung
2 – 2jährige Bache: Wurzeldurchmesser verkleinert, größter Durchmesser etwa in Zahnmitte
3 und 4 – alte Bachen: Wurzelöffnung sehr klein, größter Durchmesser nahe der Schleifecke

Weitere Möglichkeiten der Altersschätzung: Im Interesse der Vollständigkeit sollen hier zwei weitere Methoden Erwähnung finden, die gelegentlich zur Altersschätzung herangezogen wurden, aber nicht in unmittelbarer, direkter Verbindung mit dem Gebiß stehen.

Bereits bei der Behandlung des Kopfskelettes wurde darauf verwiesen, daß DUB (1952/53) einen Vorsprung am Jochbogen des Oberkieferbeines unterhalb der Augenhöhle (den sogenannten DUBschen Dorn) zur Altersbestimmung nutzen wollte. Das von diesem Dorn auf den M_3 des Oberkiefers gefällte Lot sollte das Alter, je nach der von ihm berührten Zahnsäule, bezeichnen. Einer Nachprüfung von CABOŃ (1959) zufolge erwies sich die an sich komplizierte Methode jedoch als ungeeignet. Durch MATSCHKE (1963) und MÖLLER (1982) wurde überprüft, ob das Alter von Wildschweinen mittels der getrockneten Augenlinsen mit ausreichender Genauigkeit ermittelt werden könne. MATSCHKE stellte fest, daß Körpermasse und Ernährungszustand die Masse der Augenlinsen stärker als das Alter beeinflussen. Nach MÖLLER unterscheiden sich die Augenlinsenmassen bis zum Alter von 3 Jahren gut, danach ist jede Unterteilung ungerechtfertigt. Die Linsen erwachsener Sauen wiegen im Mittel 350 mg.

3.3.3.4. Zahnanomalien

Unregelmäßigkeiten in der Zahnbestükkung des Schwarzwildes wurden durch M. STUBBE et al (in Druck) an 510 Schädeln aus 3 Gebieten in der DDR untersucht. Nur 48 % der Schädel wiesen ein völlig regelmäßiges Zahninventar auf. Die häufigste Anomalie bestand bei 33 % der Gesamtzahl im beiderseitigen Ausbleiben des 1. Prämolaren im Unterkiefer. Fehlende Prämolaren kamen bei 46 % aller untersuchten Schädel vor. Nach HELL (1976) fehlen erste Prämolaren bei slowakischen Populationen in 10 bis 15 % aller Fälle. BECKER (1977) erwähnt es für 15 bis 40 % aller Unterkiefer von Vertretern der Gattung Sus bis in deren Entstehungszeit zurück. Auch der Platz des unteren P_1 ist unregelmäßig. Gewöhnlich steht er frei im Diastema zwischen dem Haken und 2. Prämolaren, er kann aber auch der Backenzahnreihe angeschlossen sein oder unmittelbar an den Haken stehen. Gelegentlich beachtete man eine Dopplung oder Schrägstellung des 2. bzw. 3. Prämolaren (HARTUNG und MÖLLER, 1978; M. STUBBE et al. (in Druck). Nicht selten sind steckengebliebene Milchschneidezähne im Ober- und Unterkiefer. Wenig Anomalien zeigen die Schneide- und Eckzähne sowie die Molaren. Bei ihnen feststellbare Unregelmäßigkeiten sind gewöhnlich eine Folge von Verletzungen und können somit nicht zu den echten Anomalien gezählt werden. Im Wildforschungsgebiet Serrahn erlegte man 1981 einen Keiler mit vollständig ausgebildetem doppeltem Gewaff (s. Farbteil).

3.3.4. Rumpfskelett

Das Rumpfskelett besteht aus der Wirbelsäule, den Rippen und dem Brustbein. Die Wirbelsäule ist das tragende Element des Körpers. Ihre einzelnen Glieder, die Wirbel, bilden mittels Bänderverbindungen einen biegsamen Stab, in dessen Inneren der Wirbelkanal dem Rückenmark Platz für die Nervenverbindung vom Kopf bis zum Schwanz bietet. Durch Bänder und Muskeln wird die Wirbelsäule gespannt und bietet ihrerseits Ansatz- und Ausgangspunkt für diese durch die seitlich am Wirbel befindlichen Querfortsätze und die senkrecht stehenden Dornfortsätze. Die Wirbelsäule des Wildschweines besteht aus 7 Halswirbeln, 14 Brustwirbeln, 5 bis 6 Lendenwirbeln, 4 Kreuzwirbeln und etwa 20 (bis 26) Schwanzwirbeln. Charakteristisch ist die sehr tiefliegende, nach unten eingesenkte Halswirbelsäule. Sie erreicht mit dem 6. und 7. Halswirbel ihren tiefsten Punkt, nur etwa 50 cm über dem Boden (HOFMANN, 1980). Die einzelnen Wirbel sind sehr kräftig und gestaucht. Sie haben, bis auf den ausgeprägten Dornfortsatz des 2. Halswirbels, nur kurze Wirbelfortsätze. Die Halswirbelsäule wird vom Kamm aus hoch durch Bänder und Muskeln überspannt und veranlaßt dadurch zu gelegentlichen Wildbretschüssen am Hals, da zu hoch angehalten wird. Die sich anschließenden 14 Brustwirbel sind durch hohe Dorn- und kräftige Querfortsätze ausgezeichnet. Besonders lang sind die Dornfortsätze der vorderen Wirbelkörper (am längsten des 3. Brustwirbels), die zusammen den Widerrist stützen. Die ersten, leicht nach vorn geneigten Dornfortsätze festigen und stützen die Hals- und Nackenmuskulatur, besonders durch das lange Nackenband. Hinter dem 3. Brustwirbel ändert sich die Neigungsrichtung nach hinten, gleichzeitig nimmt die Höhe der Dornfortsätze ab. Der Dornfortsatz des 12. Brustwirbels schließlich steht senkrecht, die ihm folgenden sind in Anbetracht des Zuges der Rückenmuskeln wieder kopfwärts gerichtet. Der letzte Brustwirbel hat eine zusätzliche Querfortsatzbildung. Der erste Brustwirbel befindet sich etwa in der Mitte zwischen Widerrist und Brustbein. Im Anschluß steigt die Wirbelsäule schräg nach oben an.

Die 5 bis 6 Lendenwirbel sind die stärksten der Wirbelsäule. Sie beherbergen eine Anschwellung des Rückenmarkes. Ihre Dornfortsätze sind kurz, die Querfortsätze dagegen stark und verhältnismäßig lang. Die vier Körper der Kreuzwirbel verwachsen miteinander zum schwanzwärts schwächer werdenden Kreuzbein.

Ihre schwanzwärts gerichteten kurzen Dornfortsätze bleiben dabei aber frei. Die Querfortsätze bilden eine Knochenplatte. Die Anzahl der Schwanzwirbel schwankt.

Die ersten sind noch als Wirbel erkennbar (etwa bis zum 5. Schwanzwirbel). Etwa vom 9. Schwanzwirbel ab bilden sie nur noch dünne, walzenförmige Stäbchen.
An den Brustwirbeln sitzen seitlich die Rippen an und bilden die Seitenwände des Brustkorbes. Sie bestehen aus platten, langen knöchernen und rundlichen knorpeligen Anteilen, die sich darunter befinden. Die Rippen sind schräg seitlich geneigt, z. T. bis 45° zur Senkrechten. Die vorderen 7 Rippen sind über ihren knorpeligen Anteil mit dem Brustbein verbunden und bilden die „wahren" Rippen. Der durch sie gebildete feste Brustkorb bietet den Bändern und Muskeln der Vorderläufe Halt und Befestigungsgrundlage. Beim Lüften werden diese Verbindungen in ihrem unteren Anteil durchtrennt. Die Knorpelanteile der übrigen Rippen legen sich aneinander („falsche" Rippen) und bilden den für die Atmung wichtigen beweglichen Rippenbogen. Das aus drei Hauptteilen bestehende Brustbein bietet den Rippen Ansatzpunkt und schließt den Brustkorb nach unten. Es hat wesentliche Knorpelbestandteile und ist in gewissem Umfange durch Gelenke beweglich.

3.3.5. Skelett der Gliedmaßen

3.3.5.1. Skelett der vorderen Gliedmaßen

Das Gliedmaßenskelett des Wildschweines bietet wenig Besonderheiten und kann daher kurz behandelt werden. Entsprechend dem Körperbau sind die Gliedmaßen relativ kurz und gedrungen, doch, wie ACKERKNECHT (1950) betont, „im Sinne kräftiger Schlankheit mit scharf ausgeprägten Gelenkflächen und Muskelansatzstellen". Die Verbindung der Vordergliedmaßen mit dem Rumpf wird über das Schulterblatt hergestellt. Ein Schlüsselbein besitzt das Wildschwein nicht. Das Schulterblatt sitzt der vorderen Brustwand mit starken Sehnen- und Muskelverbindungen an. Es ist relativ kräftig gebaut und außen durch die Schulterblattgräte längsgeteilt. Das Schulterblatt deckt einen wesentlichen Teil der Wirbelsäule ab und kann zusätzlich bei zu weit vorn und etwas hoch sitzenden Schüssen eine schlechte Schußwirkung bewirken. Über das Schultergelenk ist das Schulterblatt mit dem sehr schräg liegenden Oberarmbein verbunden. Das ist ein sehr kräftiger Röhrenknochen, der an seinem unteren Ende über eine Gelenkwalze mit dem Unterarmbein verbunden ist. Dieses besteht ursprünglich aus der vorn liegenden Speiche und der hinten befindlichen Elle, die aber fest miteinander verwachsen sind. Die Speiche trägt eine Gelenkgrube und ist durch den Ellbogenhöcker als wichtigen Ansatzpunkt für Sehnen und Bänder stark vergrößert. Dem Unterarm schließt sich die Vorderfußwurzel an, die aus zwei Reihen kleiner Knochen besteht. Die obere Reihe zählt drei, die untere dagegen vier Knochen. Sie sind durch starke Bänder zusammengehalten und ermöglichen eine ausgiebige Bewegung des darunter befindlichen Mittelfußes.
Dieser besteht beim Schwein aus vier freien Röhrenknochen, im Gegensatz zu den Wiederkäuern, bei denen die beiden mittleren fest verwachsen und die beiden äußeren rückgebildet sind. Wie bei diesen ist jedoch der „Daumen" verschwunden. Die Mittelfußknochen tragen verdickte Gelenkenden, an denen je zwei Zehenglieder ansitzen.
Die beiden mittleren, die 3. und 4. Zehe, sind kräftig ausgebildet und für Bodenkontakt und Fortbewegung entscheidend.
Die vorderen Glieder tragen die Schalen. Das Schwein ist somit ein Zehenspitzengänger (unguligrad). Im Gegensatz zu den Wiederkäuern sind auch die seitlich befindlichen, schwächeren 2. und 5. Zehen recht gut ausgebildet, und die Schalenspitzen haben auch bei normaler Fortbewegung guten Bodenkontakt.

3.3.5.2. Skelett der Beckengliedmaßen

Der Beckengürtel ist ein offener Knochenring, der sich auf beiden Seiten aus den miteinander fest verwachsenen Darmbein, Schambein und Sitzbein zusammensetzt. Sie bilden gemeinsam das Hüftbein, das auf seiner Unterseite durch die Beckenfuge, das Schloß, vereinigt ist. Die Verbindung, die beim Aufbrechen durchtrennt werden muß, ist bei Frischlingen knorpelig und kann zu-

nächst noch durch wiegende Bewegungen mit dem Weidmesser durchtrennt werden. Bei älteren Stücken sind beide Hälften fest verwachsen. Die schräg vorn und oben befindliche Öffnung des Beckens wird durch das nur wenig bewegliche Kreuzgelenk mit dem Kreuzbein verbunden und durch dieses geschlossen.
Die Oberschenkelknochen sind über das Hüftgelenk mit dem Beckengürtel in Verbindung. Somit haben die Hintergliedmaßen, im Gegensatz zu den vorderen, Anschluß an die Wirbelsäule. Zwischen dem Becken und der Wirbelsäule sorgt das breite Beckenband für eine elastische Verbindung, und an den schräg liegenden Bekkenknochen setzen die kräftigen Muskeln des Oberschenkels an. Das Becken umschließt die Beckenhöhle, die bei der Bache rundlich, beim Keiler dagegen länglich geformt ist. Der Oberschenkelknochen ist der stärkste Röhrenknochen des Körpers. Er ist in seinem unteren Teil über die Kniescheibenrolle mit dem Unterschenkelbein winkelig und beweglich verbunden. Dieses besteht aus dem etwas gleichlangen Schien- und Wadenbein. Letzteres ist wesentlich schmaler als das Schienbein.
Dem Kniegelenk vorgelagert ist die mit starken Bändern befestigte Kniescheibe, die gelenkig auf Rollen des Oberschenkelbeines gleitet. Die Fußwurzel besteht aus drei Reihen kleiner Knochen, von denen jedoch das hinten liegende Fersenbein lang ausgezogen ist und der Achillessehne als Ansatz dient. Sie bilden gemeinsam das Sprunggelenk. Die Hintermittelfußknochen und Zehen entsprechen denen des Vorderfußes, sind aber schlanker.

3.4. Körpermuskulatur

Die Körper- oder Skelettmuskulatur, das Wildbret im engeren Sinne, ist der aktive Teil des Bewegungsapparates. Sie ist mit ihrem Hauptteil in das Skelettsystem eingebaut und vermag auf nervöse Reize hin sich zusammenzuziehen und somit die einzelnen Skeletteile gegeneinander zu bewegen.
Der Muskel besteht aus gebündelten kontraktilen Fasern, die unter dem Mikroskop eine Querstreifung erkennen lassen. Daher wird von der quergestreiften Muskulatur, im Gegensatz zur glatten Muskulatur gesprochen, die an den Eingeweiden und Blutgefäßen Muskelhäute bildet und vom autonomen Nervensystem, also willensunabhängig, gesteuert wird. Die Muskelfasern werden von Bindegewebehüllen gebündelt und schließlich zum typischen Muskel zusammengefaßt, dessen aktiver Teil, der Muskelbauch, in die passiven Befestigungssehnen übergeht. In das intermuskuläre Bindegewebe wird Depotfett eingelagert. Ihrer Aufgabenstellung entsprechend sind Muskeln gut mit Blutgefäßen und Nerven versorgt. Eine wichtige Funktion der Muskulatur besteht in der Erzeugung der Körperwärme, die bei der Nährstoffverbrennung frei (etwa 75 % der gesamten erzeugten Energie) und durch die Körperflüssigkeiten in alle Körperteile transportiert wird. Bei frierenden Stücken werden in den Muskeln besondere Prozesse zur Erhöhung der Eigenwärme in Gang gesetzt, die sich u. a. im Muskelzittern äußern. Die normale Körpertemperatur des Hausschweines beträgt 38 bis 40 Grad.
Nach Messungen von Bünger et al. (1977) an Frischlingen betrug die Rektaltemperatur etwa 38,7 Grad. Es werden mehr als 400 unterschiedlich geformte Muskeln registriert, die sich in ihrer speziellen Funktion unterscheiden, von denen jedoch fast immer mehrere zur Erfüllung einer Aufgabe gleichsinnig oder gegenläufig zusammenarbeiten.
Dünn und flächenförmig ist die Hautmuskulatur, die den Körper überzieht und mit dem Skelett nicht in Verbindung steht. Sie hat einen besonders hohen Anteil bindegewebsartiger Häute, den Fascien, in die sie eingelagert ist. Bei der Kopfmuskulatur des Wildschweines fallen besonders die sehr kräftigen Kaumuskeln auf, während die Gesichtsmuskulatur relativ schwach entwickelt ist. Die Muskulatur des Stammes setzt hauptsächlich an der Wirbelsäule und den Rippen an und überzieht von hier ausstrahlend Rumpf und Hals. Sie bewirkt in ihrer Gesamtheit die Beweglichkeit des Kopfes, Halses und Pürzels, verspannt und bewegt in gewissem Rahmen die Wirbelsäule und wirkt bei der Fortbewegung so-

wie über die Bauchmuskeln bei der Atmung mit. Als Wildbret haben die mächtigen Hals- und Rückenmuskeln besondere Bedeutung. Die Gliedmaßen sind durch die Gürtelmuskulatur mit dem Stamm verbunden. So verbinden die Muskeln des Schultergürtels die Vorderläufe fest, aber elastisch mit dem Rumpf. Diese Befestigungsform ist hier wesentlich zweckmäßiger als eine knöcherne Verbindung, die den hohen Sprungbelastungen kaum standhalten könnte.

Die Eigenmuskulatur der Gliedmaßen ist für deren unmittelbare Bewegung verantwortlich. Sie besteht aus einer großen Zahl von Beuge- und Streckmuskeln, welche die Gliedmaßenbewegungen in komplizierter Weise koordinieren. Besonders stark ist sie an den Hinterläufen entwickelt, da diese bei der Fortbewegung auffangen und weitertragen. Die mächtigsten Muskeln liegen am Oberschenkelbein, das sie vollständig umgeben.

Die Eigenmuskulatur der Gliedmaßen besitzt in ihrem unteren Teil lange, starke Sehnen und Sehnenstränge von außerordentlich hoher Zugfestigkeit, die bis in die Zehen reichen und diese sowie den gesamten Unterlauf strecken und beugen. Diese Konstruktion hat nicht nur mechanische, sondern auch physiologische Vorteile. Sie ermöglicht es, die für die Erzeugung von Körperwärme verantwortlichen Muskelbäuche zu konzentrieren und zu schützen und sie in den besonders exponierten Gliedmaßenenden durch relativ unempfindliche Sehnen zu ersetzen. Abschließend soll hier noch auf das Zwerchfell als Hauptatmungsmuskel hingewiesen werden. Es trennt die Brust- von der Bauchhöhle und besteht aus einem sehnigen Zentrum und dem muskulösen Rand, der am Rippenbogen und über die Zwerchfellpfeiler an der Lendenwirbelsäule schräg ansetzt. Es sei auch nur erwähnt, daß einige Muskeln, wie der ringförmige Schließmuskel am Weidloch oder Muskeln in der Gebrechregion, nicht mit Teilen des Skeletts verbunden sind.

Über den Anteil der Muskulatur an der Gesamtkörpermasse des Wildschweines liegen bisher nur wenige Untersuchungen vor. Bei Haustieren schwankt er zwischen 37 und 45 % (NUSSHAG, 1951). Zwei von uns sezierte vierjährige Wildschweine in gutem Ernährungszustand wiesen Fleischanteile von 44 % (Keiler) bzw. 47 % (Bache) der Lebendmasse auf. Bei Bezug auf die Körpermasse aufgebrochen betrugen die Anteile 54 bzw. 58 %.

KOSLO (1975) gibt für im September bis November erlegte Sauen folgende prozentuale Wildbretanteile an (bezogen auf die Reinmasse nach sowjetischer Wägweise):

– Frischlinge 51 %,
– Überläufer 53 %,
– mittelalte 56 %,
– reife Stücke 54 %.

In Übereinstimmung mit unseren Messungen stellt er einen etwas höheren prozentualen Wildbretertrag bei weiblichen Stücken fest. Die Hauptmasse des Muskelfleisches ist nach unseren Wägungen mit etwa 40 % im Bereich der Wirbelsäule (Hals, Kamm, Rücken) konzentriert. Der Anteil ist bei Keilern etwas höher als bei Bachen. Mit etwa 25 % folgen die Fleischteile des Keulenbereiches, mit etwa 19 % die der Blätter. Am Kopf sind nur etwa 4 % des Wildbrets konzentriert, die Filets nehmen annähernd 2 % ein. Das Kleinfleisch an den Rippen, die Bauchlappen, Sehnen und Muskeln der unteren Extremitäten usw. umfassen etwa 6 bis 10 % der Gesamtmasse.

Die biochemische Zusammensetzung des Schwarzwildbrets untersuchte bisher nur BELONOSSOW (1965). Seine Ergebnisse sind in der Tabelle 3/22 dargestellt. Es ist erkennbar, daß die Zusammensetzung stark vom Ernährungszustand des Stückes abhängt. Auffallend sind die im allgemeinen hohen, doch auch ziemlich variablen Fetteinlagerungen. Der Ernährungszustand beeinflußt, ebenso wie das Alter des Stückes und die Art der Äsung, die Farbe des Fleisches. Nach RUBLI (1930) ist die Muskulatur des Wildschweines im allgemeinen intensiver gefärbt, feinfaseriger und fester gefügt als die des Hausschweines. Sie enthält wenig Fett, die Muskelzellen sind kernreicher und intensiver quergestreift.

Jagdlich interessant ist der Prozeß der Totenstarre, der mit dem Abkühlen der Muskulatur nach dem Tode einsetzt. Sie beginnt am Kopf (und erschwert dadurch schnell

Tabelle 3/22 *Zusammensetzung von Wildschweinfleisch (nach* BELONOSSOW, *1965)*

Ernährungszustand	Wasser %	Eiweiß %	Fett %	Asche %	kcal/1 kg
fett	47,9	14,3	36,6	0,76	4,018
fleischig	62,0	19,9	16,9	0,98	2,400
mager	79,0	18,7	0,5	1,09	842

Anmerkung:
fett – rundlich, breite Brust, gut entwickelte Schinken, voll umgeben von Unterhautfett in mehr als 2 cm Dicke,
fleischig – Unterhautfett etwa 2 cm, umgibt den Körper nicht voll,
mager – kein Unterhautfett

eine Altersbestimmung nach der Zahnabnutzung) und schreitet dann nach hinten fort. Nach 1 bis 5 Tagen löst sie sich in umgekehrter Reihenfolge. Die volle Genußreife erreicht das Wildbret unter dem Einfluß der Milchsäure in den Muskeln nach etwa einer Woche kühler Aufbewahrung.

3.5. Innere Organe

3.5.1. Organtopografie

Der Rumpf umschließt eine große Körperhöhle, die durch das Zwerchfell in die Brusthöhle und die Bauch- und Beckenhöhle geteilt wird. In diesen Höhlungen ist eine Vielzahl lebenswichtiger Organe untergebracht, die im einzelnen in Verbindung mit ihrer Funktion in den anschließenden Kapiteln Behandlung finden. Es sind die Organe des Kreislaufes, der Atmung, der Verdauung und der Fortpflanzung mit ihren Anhangsdrüsen sowie endokrine Drüsen, die im Rumpf konzentriert und gegen Außeneinflüsse weitgehend geschützt sind. Über die natürlichen Körperöffnungen, wie Gebrech, Weidloch, Pinsel und Scheide, stehen sie zum Teil mit der Außenwelt in Verbindung. In diesem Falle werden sie als Eingeweide bezeichnet. In der jagdlichen Praxis ist eine andere Einteilung und Bezeichnung gebräuchlich. Das Geräusch bilden die vor dem Zwerchfell befindlichen Organe Herz und Lunge, sowie die Leber, die Milz und die Nieren. Alle übrigen Organe, im wesentlichen dem Stoffwechsel und der Fortpflanzung zugehörig, bezeichnet die Jägersprache als Gescheide.

Die Brusthöhle wird hauptsächlich von Lunge und Herz ausgefüllt. Bemerkenswert für das Wildschwein ist, daß sie infolge des hohen Widerristes sehr tief im Rumpfe zu liegen scheint. Im besonderen das der linken Brustwand genäherte, schräg nach vorn geneigte Herz sitzt so tief, daß es häufig überschossen wird. Die Darstellung eines in stehender Körperhaltung durch HOFMANN (1980), HOFMANN und THOMÉ (1984) fixierten Überläufers, der die natürliche Lage wichtiger Organe gut erkennen läßt, zeigt außerdem, daß sich das Herz ziemlich weit vorn, nämlich genau über den Vorderläufen, im Bereich der 4. bis 6. Rippe, befindet. Es wird vom Oberarmbein bzw. Ellbogen seitlich fast ganz bedeckt (vgl. Farbtafel – Innere Organe).

Seine außerordentlich tiefe Lage macht die Messung von HOFMANN (1980) besonders deutlich: bei einem Überläufer betrug der Abstand der Herzbasis bis zur Brustkernspitze nur 14 cm, dagegen vom Widerrist 55 cm.

Über und hinter dem Herzen und es seitlich umfassend liegen die Lungen, die rückenwärts bis zur 12. Rippe reichen. Die rechte Lunge ist größer als die linke. Beide Lungen stehen über die kopfwärts befindliche Gabelung der Luftröhre miteinander in Verbindung. Sie sind dort auch am Brustkorb mit der Lungenwurzel befestigt und gehen in die Luftröhre über, die aus dem Brustkorb in den Hals bis zum Kopf führt. Brusthöhle und Lungen sind mit dünnen serösen Häuten, dem Brustfell, umkleidet, ebenso das Herz mit dem Herzbeutel.

Das Zwerchfell trennt die Brusthöhle von der Bauch- und Beckenhöhle. Seine Stellung im Körperinneren ist durch die Atmung variabel. In der Ausatmungsphase erstreckt sich die Bauchhöhle wesentlich wei-

ter kopfwärts, und damit dringen auch ihre Organe zeitweilig nach vorn. Das Zwerchfell wird durch die vom Herzen kommende Körperschlagader und die Brandader sowie von der Speiseröhre durchbrochen, die bereits vom Kopf her die Brusthöhle durchquert hat.
Den vorderen Teil der Bauchhöhle nehmen der Magen (Weidsack) und die Leber ein. Der Magen ist linksseitig, die Leber rechtsseitig orientiert; letztere befindet sich teilweise vor und unter der Magenrundung. Beide liegen sie dem Zwerchfell unmittelbar an. Während der Magen nur durch die leicht zu lösende Verbindung des Schlundes mit dem Zwerchfell zusammenhängt, ist die Leber über die Leberbänder direkt mit ihm verbunden, was beim Aufbrechen zu beachten ist. Die Leber liegt völlig, der Magen teilweise innerhalb des Brustkorbes.
Dem Magen schließt sich der Darmkanal an, der mit seinen Windungen den Hauptteil der Bauch- und Beckenhöhle ausfüllt. Er ist ebenfalls von Bauchfell umgeben und am Bauchgekröse aufgehängt. Für den Darm sind zahlreiche Schlingen und Krümmungen charakteristisch, deren Lage vom Füllungszustand beeinflußt werden kann. Besonders auffällig sind die zahlreichen, etwas dünneren Schlingen des Dünndarmes, die mehr magen- und rückenwärts, und das gewaltige, bienenkorbartige Grimmdarmgewinde, das mehr bauch- und beckenwärts liegt.
Die Milz ist dem Magen links- und rechtsseitig aufgelegt und mit ihm durch ein dünnes Band verbunden. Sie liegt dem Rippenbogen teilweise an.
Die Nieren befinden sich in der Lendengegend unmittelbar unter der Wirbelsäule und etwas hinter dem Zwerchfellansatz. Bei gutem Ernährungszustand sind sie von einer Fettkapsel umgeben. Zum Körperinneren hin tragen sie einen Bauchfellüberzug. Die im Inneren der Bauch- und Beckenhöhle gelegenen Fortpflanzungsorgane treten im Zustand der Ruhe nur wenig in Erscheinung. Die Eierstöcke sind in der Lendengegend an einem besonderen kurzen Gekröse befestigt. Der Uterus befindet sich, am Mutterbande aufgehängt, am Beckeneingang, und erstreckt sich mit den Hörnern weiter in die Bauchhöhle. Je nach dem Zustand der Trächtigkeit kann er einen mehr oder weniger großen Teil der Bauchhöhle in Anspruch nehmen. Die männlichen inneren Geschlechtsorgane sind unmittelbar im Beckenbereich untergebracht.
Die Harnblase liegt auf dem Beckenboden und ragt je nach dem Füllungszustand mehr oder weniger weit in die Bauchhöhle hinein. Erwähnt sei schließlich noch das im unteren Teil der Bauchhöhle befindliche große Netz, eine Bauchfellduplikatur, das der Blut- aber vor allem der Fettspeicherung dient und beim Aufbrechen gut genährter Stücke sofort auffällt.

3.5.2. Masse der Organe

Die Masse der inneren Organe steht, in Abhängigkeit von ihrer Funktion, in einer bestimmten Beziehung zur gesamten Körpermasse. Dennoch variieren die Werte infolge vieler Faktoren in einem weiten Rahmen. Die absolute Masse ist in erster Linie altersabhängig. Die Organe wachsen im allgemeinen mit zunehmendem Alter bis zur erreichten körperlichen Vollreife. Die Geschwindigkeit des Wachstums ist dabei von der jeweils erreichten Körperstärke beeinflußt. In Beziehung zu dieser sind einige Organe, wie Herz und Lunge, schon in den ersten Lebenswochen recht gut entwickelt, während andere, wie z. B. die Milz, fast parallel wachsen.
Der Thymus, eine in ihrer Funktion noch nicht voll erkannte Drüse im Schilddrüsen-Drosselbereich, erreicht wieder seine größte Ausdehnung vor der Geschlechtsreife und ist später kaum noch auffindbar. Auch jahreszeitliche Abhängigkeiten sind häufig feststellbar. Am auffälligsten sind sie bei den im Reproduktionsgeschehen tätigen Organen des Urogenitalsystems, z B. dem Uterus und den Hoden.
Es gibt tageszeitliche Beziehungen, vor allem bei den Organen des Verdauungstraktes, deren Füllung und Entleerung einem bestimmten Rhythmus unterliegt. Auch der Füllungsstand der Gallenblase hat einen ausgesprochenen Tagesrhythmus. Einen wesentlichen Einfluß hat der Ernährungszustand, da einige Organe, wie die Leber,

Speicherungsfunktionen besitzen. Nicht nur Fett und Glykogen werden in die Organe eingelagert, sondern auch Blut (Milz) und Lymphe. Die Beziehung zwischen der Organmasse und der Körpermasse ist natürlich auch von ernährungsbedingten Veränderungen letzterer beeinflußt.
Bei erlegten Stücken wirkt sich schließlich auch der Schuß auf die Masse des betroffenen Organs, aber auch auf andere Organe aus. Bei guten Schüssen ist die Lunge gewöhnlich blutarm und daher rosa gefärbt, während sie sonst dunkelrot aussieht. Die Milz kann durch Blutstau stark anschwellen. Somit sind Angaben über Organmassen nur Anhaltswerte, die in Einzelfällen ex-

Tabelle 3/23 *Organmassen von Wildschweinen (in g)*

Altersklassen	Quartal	N	Herz	Milz	Leber	Nieren	Magen
Männlich:							
Frischlinge	III	23...26	120,7 ± 7,7	63,0 ± 7,3	518 ± 36	107,0 ± 6,8	268 ± 20
Frischlinge	IV	27...29	257,2 ± 11,8	107,2 ± 6,7	908 ± 39	170,0 ± 7,3	416 ± 11
Frischlinge	I	37...43	293,6 ± 12,8	144,9 ± 6,6	765 ± 24	172,7 ± 8,0	406 ± 17
Überläufer	II	52...81	331,6 ± 11,0	158,1 ± 9,2	1007 ± 29	227,0 ± 8,3	496 ± 12
Überläufer	III	21...32	351,7 ± 20,2	161,4 ± 18,9	1156 ± 72	248,0 ± 16,4	621 ± 20
Überläufer	IV	14...20	398,7 ± 25,1	212,8 ± 17,6	1384 ± 116	323,3 ± 32,9	570 ± 26
Überläufer	I	12...17	418,6 ± 15,5	221,7 ± 15,6	1333 ± 81	290,0 ± 21,4	567 ± 21
2- bis 3j. Keiler	II	13...18	450,5 ± 22,1	242,3 ± 20,0	1299 ± 48	271,9 ± 10,7	651 ± 28
2- bis 3j. Keiler	III	5...11	549,2 ± 33,6	295,0 ± 27,1	1635 ± 96	321,4 ± 30,7	663 ± 41
2- 3j. Keiler	IV	5...8	500,0...20,7	242,0 ± 17,1	2191 ± 96	534,2 ± 28,2	538 ± 35
2- bis 3j. Keiler	I	6...8	495,7 ± 18,6	272,5 ± 23,8	1671 ± 45	383,6 ± 17,2	643 ± 36
2- bis 3j. Keiler	Jahr	31...45	487,8 ± 13,6	256,6 ± 12,0	1592 ± 64	349,1 ± 18,8	631 ± 18
ü. 4j. Keiler	Jahr	9...11	590,9 ± 24,5	323,3 ± 24,5	1876 ± 124	351,0 ± 25,5	876 ± 52
Weiblich:							
Frischlinge	III	19...23	110,1 ± 9,0	69,2 ± 8,7	450 ± 28	105,0 ± 9,2	237 ± 18
Frischlinge	IV	23...28	220,2 ± 9,6	111,1 ± 8,2	811 ± 32	151,8 ± 8,0	384 ± 16
Frischlinge	I	28...32	265,5 ± 10,0	120,9 ± 5,8	677 ± 27	155,1 ± 6,7	388 ± 15
Überläufer	II	40...46	269,2 ± 7,2	145,1 ± 6,9	914 ± 34	188,3 ± 6,9	489 ± 12
Überläufer	III	23...30	328,5 ± 12,3	172,8 ± 8,8	1140 ± 69	228,1 ± 11,5	567 ± 22
Überläufer	IV	16...22	398,9 ± 15,0	190,3 ± 10,8	1193 ± 54	229,7 ± 14,4	566 ± 22
Überläufer	I	14...18	387,5 ± 19,6	210,0 ± 13,7	1063 ± 58	234,1 ± 18,0	523 ± 16
Bachen ab 2 J.	II	8...15	412,2 ± 20,5	159,0 ± 14,8	1188 ± 104	215,6 ± 10,1	653 ± 37
Bachen ab 2 J.	III	8...12	398,3 ± 23,8	205,0 ± 15,9	1327 ± 74	256,0 ± 8,4	708 ± 25
Bachen ab 2 J.	IV	12...16	416,9 ± 20,2	218,6 ± 13,3	1377 ± 79	258,0 ± 16,1	677 ± 30
Bachen ab 2 J.	I	16...17	457,2 ± 18,5	227,6 ± 12,6	1102 ± 55	232,7 ± 12,3	593 ± 26
Bachen ab 2 J.	Jahr	46...55	425,6 ± 10,7	209,0 ± 7,7	1243 ± 41	242,2 ± 7,0	652 ± 16

Tabelle 3/24 *Prozentanteil der Organmassen zur Wildbretmasse (nach* Briedermann, 1970)

Altersklasse	Quartal	Herz		Milz		Leber		Nieren		Magen	
		♂	♀	♂	♀	♂	♀	♂	♀	♂	♀
Frischlinge	III	0,99	0,85	0,52	0,53	4,24	3,46	0,88	0,81	2,19	1,83
Frischlinge	IV	0,86	0,81	0,36	0,41	3,05	2,97	0,57	0,56	1,39	1,41
Frischlinge	I	0,90	0,86	0,44	0,39	2,33	2,21	0,53	0,51	1,24	1,26
Überläufer	II	0,80	0,78	0,38	0,42	2,43	2,66	0,55	0,55	1,20	1,42
Überläufer	III	0,76	0,81	0,35	0,43	2,51	2,81	0,54	0,56	1,35	1,40
Überläufer	IV	0,69	0,75	0,37	0,36	2,38	2,25	0,56	0,43	0,98	1,07
Überläufer	I	0,75	0,69	0,40	0,38	2,39	1,90	0,52	0,42	1,02	0,93
2- bis 3jährige	II	0,72	0,69	0,38	0,27	2,06	1,99	0,42	0,36	1,03	1,09
Keiler	III	0,74	0,75	0,40	0,39	2,21	2,51	0,43	0,48	0,89	1,34
bzw. Bachen	IV	0,68	0,69	0,33	0,36	2,96	2,29	0,72	0,43	0,73	1,12
ab 2 Jahre	I	0,77	0,67	0,42	0,33	2,59	1,61	0,60	0,34	0,98	0,87
	Jahr	0,72	0,70	0,38	0,34	2,34	2,03	0,51	0,40	0,93	1,07
Keiler ab 4 Jahre	Jahr	0,66		0,36		2,09		0,39		0,98	

trem hoch oder niedrig sein können und auch bei Auswertung größerer Strecken nur annähernde Orientierungswerte darstellen.
Die Zerlegungsergebnisse von zwei vierjährigen Versuchstieren, die sich in gutem Körperzustande und außerhalb der Reproduktionszeit befanden, wurden bereits in der Tabelle 3/1 wiedergegeben. Das Geräusch nahm etwa 2 bis 3 % der Lebendmasse, das Gescheide etwa 8 % derselben ein. Der Einfluß der Nahrungsaufnahme ist daran ersichtlich, daß etwa 3 % der Lebendmasse durch Magen- und Darminhalt gestellt wurden. Sicher können beträchtlich höhere Anteile erreicht werden.
Auf das Urogenitalsystem entfielen nur 0,5 bis 0,7 %.
Zusammengenommen nahmen die inneren Organe im weiteren Sinne (mit Ausnahme des Bauchfettes, aber unter Einbezug der beim Aufbrechen freiwerdenden Körperflüssigkeit) etwa 20 % der Lebendmasse bei beiden Stücken ein. Umfangreichere Ermittlungen über die Organmassen bei Schwarzwild wurden durch Briedermann (1970) und I. Stubbe et al. (1980) in der DDR sowie durch Koslo (1975) im Belowesher Urwald vorgenommen. Die Tabellen 3/23 bis 3/25 geben einen Überblick über die Stärke und die alters- und jahreszeitabhängige Entwicklung derselben.
Die Masse des Herzens erreicht bei reifen Keilern etwa 600 g, bei Bachen etwa 425 kg. Trotz dieses Unterschiedes ist die Prozentrelation zur Körpermasse bei beiden Geschlechtern annähernd gleich. Sie beträgt etwa 0,7 % der Körpermasse aufgebrochen, 0,5 bis 0,6 % der Reinmasse nach sowjetischer Wägung und etwa 0,4 % der Lebendmasse. Das Wachstum erfolgt kontinuierlich ohne wesentliche Schwankungen.
Die in ihrer Masse sehr variablen Lungen wiegen bei reifen Keilern um 1 000 g, bei Bachen über 700 g. Die relativen Geschlechtsdifferenzen sind gering. Der Masseanteil von etwa 1 % von der Reinmasse (Lungen wurden nur von Koslo verwogen) ist vom Überläuferalter an ziemlich konstant.
Die Masse der Leber zeigt starke geschlechtsspezifische, alters- und jahreszeitabhängige Veränderungen. Sie kann bei reifen Keilern mehr als 2 000 g, bei Bachen bis 1 400 g erreichen. Koslo gibt noch höhere Werte an. In der Relation zur Körperstärke schwinden allerdings die Geschlechtsunterschiede weitgehend. Bei reifen Keilern werden nahe 2,5 % der Körpermasse aufgebrochen, bei Bachen um 2 % erreicht. Allerdings können auch die relativen Lebendmassen der Bachen die der Keiler zumindest jahreszeitlich übersteigen.
Die Nieren reifer Keiler sind mit etwa 350 g und darüber signifikant schwerer als die

Tabelle 3/25 *Entwicklung der inneren Organe des Schwarzwildes im Belowesher Urwald (nach* Koslo, *1975)*

Altersgruppe		Sommer-Periode											Herbst-Periode									
		Herz		Lunge		Leber		Nieren		Milz			Herz		Lunge		Leber		Nieren		Milz	
	n	g	% KM	g	% KM	g	% KM	g	% KM	g	% KM	n	g	% KM	g	% KM	g	% KM	g	% KM	g	% KM
Männlich:																						
1 bis 3 Tage	(6)	9,3	0,86	30	2,7	36	3,2	9,1	0,83	2,3	0,21	—	—	—	—	—	—	—	—	—	—	—
20 Tage bis 4 Monate	9	93	0,76	332	2,9	393	3,4	75	0,65	51	0,45	—	—	—	—	—	—	—	—	—	—	—
9 bis 12 Monate	32	279	0,60	641	1,4	1005	2,2	175	0,38	143	0,34	9	195	0,65	375	1,3	758	2,5	104	0,29	61	0,20
19 bis 22 Monate	11	360	0,56	680	1,1	1299	2,0	207	0,32	181	0,28	2	302	0,45	495	0,7	1150	1,7	138	0,20	107	0,23
32 bis 36 Monate	5	435	0,51	896	1,1	1382	1,7	234	0,28	230	0,28	5	408	0,55	981	1,3	1474	2,0	278	0,37	176	0,24
4. Jahr	7	477	0,48	934	0,9	1729	1,7	331	0,34	228	0,23	5	444	0,46	744	0,8	1985	2,1	353	0,37	177	0,19
5. Jahr	3	585	0,52	1278	1,1	2050	1,8	425	0,38	398	0,36	8	529	0,52	938	0,9	1816	1,8	421	0,42	223	0,25
ab 6. Jahr	5	611	0,55	1049	0,9	2154	1,9	395	0,36	277	0,24	12	613	0,52	951	0,7	2376	2,0	475	0,40	333	0,27
Weiblich:																						
1 bis 3 Tage	(6)	9,3	0,86	30	2,7	36	3,2	9,1	0,83	2,3	0,21	—	—	—	—	—	—	—	—	—	—	—
20 Tage bis 4 Monate	30	86	0,75	186	2,7	354	3,1	70	0,60	42	0,37	—	—	—	—	—	—	—	—	—	—	—
9 bis 12 Monate	42	253	0,59	562	1,5	870	2,1	159	0,38	140	0,34	5	170	0,65	389	1,5	692	2,6	98	0,36	61	0,22
19 bis 22 Monate	18	325	0,58	721	1,3	1187	2,1	200	0,36	165	0,28	6	276	0,44	558	1,0	1243	2,3	211	0,39	121	0,22
32 bis 36 Monate	20	378	0,56	813	1,3	1335	2,1	211	0,32	185	0,28	5	348	0,47	663	0,9	1588	2,2	279	0,38	150	0,21
4. Jahr	10	392	0,56	898	1,2	1421	2,1	259	0,37	169	0,24	2	442	0,49	755	1,0	1660	1,9	333	0,32	355	0,39
5. Jahr	6	402	0,53	852	1,2	1611	2,1	259	0,36	187	0,25	2	469	0,56	759	0,9	1965	2,3	329	0,34	199	0,23
ab 6. Jahr	7	421	0,53	862	1,1	1660	2,1	260	0,33	204	0,26	2	402	0,46	652	0,8	1800	2,3	223	0,26	153	0,18

Anmerkungen: 1 bis 3 Tage – (n) beide Geschlechter; % KM – Prozentrelation der Organmasse zur Körpermasse gleichalter Bachen mit etwa 250 g. Vom Winter des ersten Lebensjahres ab bleiben die relativen Bezugswerte von etwa 0,5 % der Körpermasse aufgebrochen bei Keilern und 0,4 % bei Bachen annähernd gleich bzw. gehen eher bei den Bachen etwas zurück. Die Masse der Milz beträgt bei Keilern um 300 g, bei Bachen um 200 g. Obwohl sie bis in das Überläuferalter hinein noch recht stark zunimmt, ist die endgültige Prozentrelation zur Körpermasse schon mit dem Ende des Frischlingsalters erreicht. Sie beträgt bei beiden Geschlechtern um 0,4 % der Körpermasse aufgebrochen, um 0,25 % der Reinmasse nach sowjetischer Wägung und etwa 0,2 % der Lebendmasse. Der geleerte Weidsack wiegt bei reifen Keilern um 650 g und kann bei Bachen fast den gleichen Wert erreichen. Bei Keilern werden auch bis zu 900 g, besonders im Herbst und Winter, ermittelt. Die Masse steigt mit zunehmendem Ernährungszustand. Obwohl die Masse des Magens absolut bis in das hohe Alter zunehmen kann, gehen die Relativwerte doch von zunächst fast 2 % der Körpermasse aufgebrochen auf etwa 0,9 bis 1,0 % bei Keilern und 1,0 bis 1,2 % bei Bachen zurück.

Weitere Einzelheiten der Stärke und Entwicklung dieser und der übrigen inneren Organe werden in Verbindung mit deren funktionellen Aufgaben in späteren Kapiteln behandelt.

3.6. Kreislauf und Atmung

3.6.1. Kreislauf

3.6.1.1. Blut und Lymphe

Die große Bedeutung, die den Körperflüssigkeiten zukommt, erfordert es, diese zumindest in kurzer Form hier zu behandeln, obwohl bisher wesentliche Besonderheiten gegenüber dem Hausschwein nicht bekannt geworden sind. Im besonderen das Blut, das als ein flüssiges Gewebe angesehen wird, ist für die Erhaltung aller Lebensprozesse außerordentlich wichtig. Es ist der Mittler, der alle Organe und Gewebe umspült, sie mit Nährstoffen einschließlich Sauerstoff für die Verbrennung versorgt und von den Rückständen des Stoffwechsels befreit. Es dient der Aufrechterhaltung des osmotischen Druckes in den Zellen und der Regelung der Körpertemperatur. Hormone und Enzyme werden von ihrer Entstehungsstelle an die Erfolgsorgane transportiert.

Das Blut besteht aus weißen und roten Blutkörperchen sowie Blutplättchen, die sich in einer wässrigen Grundsubstanz, dem Blutplasma, befinden. Im Plasma sind bis zu 10 % organische Substanzen und etwa 1 % organische Substanzen gelöst. Nähere Angaben zur biochemischen Zusammensetzung des Wildschweinblutes finden sich bei Bader (1983).

Die Bildung des Blutes erfolgt in der embryonalen Phase zunächst in der Wand des Dottersackes, später in der Leber und in der Milz. Gegen Ende der Trächtigkeit übernimmt das rote Knochenmark diese Aufgabe und behält sie während der Lebenszeit.

Die Gesamtblutmenge soll etwa ein Dreizehntel der Körpermasse betragen (Nusshag, 1951), davon sind jedoch immer nur etwa zwei Drittel im Kreislauf, der Rest befindet sich in den Blutspeichern der Milz und der Leber.

Der Jäger stellt beim Aufbrechen häufig geronnenes Blut fest.

Die gallertartige dunkelrote Masse wird von den Blutkörperchen gebildet, die von aus dem Plasma stammenden Fibrinfäden eingehüllt werden. Der übrige Teil des Plasmas, das Serum, ist als fast farblose Flüssigkeit vorhanden. Die Blutgerinnung dient der Blutstillung und tritt außerhalb der Blutgefäße ein. Sie kann durch Rühren verhindert werden, wenn Wildschweiß für die Arbeit mit dem Hunde benötigt wird. Durch das Rühren müssen die Fibrinfasern ausgesondert werden. Auch die Zuführung von Salzen behindert die Gerinnung.

Obwohl dem Jäger weniger auffallend als das rote Blut, ist die im Körper enthaltene farblose Lymphe in ihrer Menge weit größer. Sie entspricht in ihrer Zusammensetzung etwa dem Blutplasma und ist in allen Geweben vorhanden. Auch ihre Aufgabe besteht im Stoff-, besonders im Fettransport (Darmlymphe) und in der Beseitigung von Schadstoffen. Dabei steht sie mit dem Blut in einem regen Stoffaustausch.

3.6.1.2. Herz und Gefäße

Das Blutgefäßsystem nimmt die Aufgabe wahr, das Blut in einen ständigen Kreislauf durch die Gewebe zu versetzen. Es besteht aus dem Herzen als Motor und den ableitenden (Arterien) und zuleitenden (Venen) Blutgefäßen, die sich bis in feinste Kapillaren aufzweigen. Das Herz des Wildschweines ist ein kegelförmiger Hohlmuskel. Es liegt etwas linksseitig im vorderen unteren Brustkorb etwa im Bereich der 3. bis 6. Rippe und ist schräg nach vorn gerichtet. Seine Befestigung erfolgt durch die an seiner Oberseite ein- und ausmündenden Gefäße, im übrigen hängt es frei im Herzbeutel. Dieser nicht elastische Sack schützt es vor Überdehnung und befestigt es gleichzeitig durch seine eigene Verankerung an den Gefäßen und über ein Band am Zwerchfell.
Die kräftige Muskulatur des Herzens ist quergestreift, kann jedoch nicht willkürlich bewegt werden wie die Skelettmuskulatur. Im Vergleich zum Hausschwein hat das Wildschwein nach GSCHWEND (1931) ein absolut und relativ schwereres Herz, seine Form ist spitzer und es treten wenig oberflächliche Fettablagerungen auf. Die Muskulatur ist zellreicher. Bei neugeborenen Frischlingen beträgt seine Masse etwa 9 bis 10 g. Sie erhöht sich bis in das Reifealter bei Keilern auf etwa das 65fache, bei Bachen auf das 45fache.
Bei reifen Keilern ermittelten wir eine durchschnittliche Herzmasse von 590,9 ± 24,5 g, bei Bachen von 425,6 ± 10,7 g (vgl. Tab. 3/23).
Während seine Masse in den ersten Lebenswochen etwa 1 % der Körpermasse aufgebrochen entspricht, geht dieser Anteil, trotz ständigen Wachstums, später auf etwa 0,7 % zurück. Die Mitteilung von KOSLO (1975), daß die absolute Masse im Sommer höher als im Winter sei, konnten wir nicht bestätigen. Das Herz, als wichtiger Motor des Körpers, ist offenbar sehr eng mit der aus der Körpergröße und dem Ernährungszustand gebildeten Körpermasse korreliert. Die Tabelle 3/26 zeigt eine sehr weitgehende Übereinstimmung der Masse des Herzens mit dem aus diesen Werten gebildeten Ernährungsindex (g/cm).
Das Herz pumpt aus der besonders kräftig entwickelten linken Herzkammer das Blut stoßweise in die Aorta, die Hauptschlagader, und mittels dieser in den Körperkreislauf. An der weiteren Fortbewegung des Blutes nehmen die starkwandigen muskulösen Arterien aktiv teil. Der Rückfluß erfolgt durch die schwächeren Venen unter wesent-

Tabelle 3/26 *Beziehungen zwischen der Masse des Herzens und der Körpermasse (Mittelwerte) (nach* BRIEDERMANN, *1970)*

Altersklasse	Quartal	Männlich		Weiblich	
		Herzmasse g	Körpermasse g/cm	Herzmasse g	Körpermasse g/cm
Frischlinge	III	121	143	110	142
Frischlinge	IV	257	280	220	269
Frischlinge	I	294	287	267	273
Überläufer	II	332	337	269	280
Überläufer	III	352	354	328	326
Überläufer	IV	399	436	399	411
Überläufer	I	419	416	388	430
2- bis 3jährige	II	450	448	412	426
Keiler bzw.	III	549	508	398	377
Bachen ab	IV	500	517	417	438
2 Jahre	I	496	460	457	490
	Jahr	488	477	426	444
Keiler ab 4 Jahre	Jahr	591	592		

licher Mitwirkung der Skelettmuskulatur. Der Gasaustausch in der Lunge wird durch den von der rechten Herzkammer ausgehenden Lungenkreislauf besorgt. Der Pulsschlag des Hausschweines wird mit 60 bis 80 Schlägen in der Minute angegeben. BÜNGER et al. (1977) ermittelten bei Frischlingen, die als Versuchstiere gehalten wurden, eine Herzfrequenz von 99 bis 106 Schlägen/min. Nach angestrengter Laufleistung stieg sie bis auf 196 Schläge. DITTUS (1983) stellte im Gatter eine Herzfrequenz von 90 bis 140 Schlägen in der Minute fest. Besonders gut versorgt werden die der Kälte stark exponierten Enden der Extremitäten. Die ständige intensive Durchblutung verhindert Erfrierungen. Sperrarterien drosseln dagegen im Bedarfsfalle die Blutzufuhr in den Tellern, deren knorpelige Grundsubstanz wenig kältempfindlich ist. Dem Blutgefäßsystem ist das Lymphgefäßsystem angeschlossen. Es geht von Lymphkapillaren aus, die über Lymphgefäße und Sammelrohre in das Venensystem münden. Eine Vielzahl von zwischengeschalteten Lymphknoten wirkt als Filter. Die Lymphe wird durch Muskeltätigkeit bewegt.

3.6.1.3. Milz

Die Milz dient während der Embryonalentwicklung zunächst der Blutbildung. Später baut sie rote Blutzellen ab, dient aber auch als wichtiger Blutspeicher, der im Bedarfsfalle eine große Blutmenge aufnehmen und wieder abgeben kann. Sie ist rotbraun gefärbt und länglich-sichelförmig gestaltet. Mit dem Magen, dem sie aufliegt, ist sie durch ein bindegewebiges Band verbunden. Außen ist sie von einer derben Kapsel umgeben. Im Inneren befindet sich ein Geflecht aus Bindegewebe, Muskelfasern und Blutgefäßen. Das eigentliche rote Milzgewebe ist in dieses Geflecht eingelagert. Es besteht aus schwammartig gestalteten Bluträumen. Bei der Geburt wiegt die Milz etwa 2 g. Bei reifen Keilern stellten wir durchschnittlich 323,3 ± 24,5 g, bei Bachen 209,0 ± 7,7 g fest. Die Relation zur Körpermasse geht mit zunehmendem Alter schwach, aber stetig zurück. Wiegt die Milz bei Frischlingen im Herbst noch etwa 0,5 % der Körpermasse aufgebrochen, sind es bei reifen Keilern nur noch etwa 0,4 %, bei Bachen 0,35 %. Doch sind die relativen Geschlechtsunterschiede gering.

3.6.2. Atmung

Zur Verbrennung und Umwandlung der aufgenommenen Nährstoffe im Körper wird Sauerstoff benötigt. Die sauerstoffhaltige Luft wird durch die Atmung über die Atemwege der Lunge zugeführt. In deren Kapillaren wird sie mit dem Blut in Kontakt gebracht, der diffundierende Sauerstoff durch das Hämoglobin des Blutes gebunden und mit diesem in die Organe transportiert. Andererseits wird das bei der Verbrennung in den Zellen entstehende Co_2 und ein Teil des Wassers auf dem gleichen Wege an die Atemluft abgegeben. Durch den Lungenkreislauf des Blutes wird gesichert, daß die gesamte Blutmenge des Körpers mit der Luft zum Zwecke des Gasaustausches Kontakt erhält. Die eingeatmete Luft enthält zahlreiche Geruchspartikel. Ein Teil derselben wird in den vorderen Atemwegen von den Riechschleimhäuten aufgenommen. Dadurch erhält das Tier olfaktorisch Informationen über seine Umwelt.

Die Atemwege bestehen aus der Nasenhöhle, dem Atmungsrachen, dem Kehlkopf und der Luftröhre mit den Bronchien. Den Zugang zur Nasenhöhle bildet die Rüsselscheibe, der Wurf, mit ihren ständig geöffneten rundlichen Nasenlöchern. Sie wird durch spezielle Drüsen ständig feucht gehalten und ermöglicht dadurch eine Kontrolle der Windrichtung. Durch das in Fortsetzung der knorpeligen Nasenscheidewand befindliche Rüsselbein wird der Wurf gestützt und ist gegen mechanische Beanspruchung widerstandsfähig. Dem Wurf anschließend liegen die paarigen Nasenhöhlen, die durch das eingerollte Siebbein in drei Gänge unterteilt sind. Der untere davon dient der Atmung, während die beiden oberen hauptsächlich Riechfunktionen haben. Die Nasenhöhlen sind, wie der gesamte Atemweg, von einer besonderen Schleimhaut überzogen, die zum überwiegenden Teil ein Flimmerepithel und Drüsen trägt. In den Nasenhöhlen wird die Atemluft erwärmt, von Fremdpartikeln befreit und auch angefeuchtet. Die Nasenhöhlen stehen über das Siebbein mit den Nebenhöhlen des Schädels bis in die Stirnhöhlen hinein in Verbindung. Auch diese Nebenhöhlen sind mit einer dünnen Schleimhaut ausgekleidet. Das Siebbeinlabyrinth nimmt etwa ein Viertel der Nasenhöhle ein (GÜNTERSCHULZE, 1979).

Der Nasenhöhle schließt sich der Atmungsrachen an, der beide mit dem Kehlkopf verbindet. Dieser besteht aus mehreren durch Bänder befestigten Knorpeln und geht in die Luftröhre über, die bis zur Lungenwurzel reicht.

Die Luftröhre besteht aus 28 bis 30 runden Knorpelringen, die durch Bindegewebe miteinander verbunden sind und innen ebenfalls ein Flimmerepithel tragen.

Im Brustkorb verzweigt sich die Luftröhre in die zwei Hauptbronchien, doch geht etwa 4 bis 5 cm vor dieser Aufzweigung (HUG, 1934) ein zusätzlicher Bronchus zum rechten Spitzenlappen der Lunge.

Das Wildschwein besitzt eine rechte und eine linke Lunge. Die rechte Lunge ist größer und besteht aus 4 Lappen, während die kleinere linke nur 3 Lappen aufweist. Die von der Lungenwurzel ausgehenden Bronchien verzweigen sich in immer stärkerem Maße, je tiefer sie in das Lungengewebe eindringen. Dabei werden die der Stützung dienenden Knorpelringe immer mehr reduziert, bis schließlich nur noch elastische Fasern für Festigkeit sorgen. Die Lunge neugeborener Frischlinge wiegt nach KOSLO (1975) etwa 30 g, das sind etwa 2 bis 3 % der Körpermasse. Die relative Masse geht später auf etwa 1 % zurück. Lungen adulter Keiler wogen nach diesem Autor etwa 1 000 bis 1 300 g, die von Bachen zwischen 700 und 900 g. Die Lungen sind im lebenden Zustand blutrot. Bei Schußverletzungen fallen sie zusammen, das Blut tritt aus, und das zurückbleibende Gewebe ist rosa bis weißlich gefärbt. Die Spitzen können durch Blutansammlungen dunkelrot sein.

Die Zahl der Atemzüge wird beim Hausschwein mit 10 bis 20 in der Minute bei Ruhezustand angegeben. Nach BÜNGER et al. (1977) wurden bei Wildschweinen 32 bis 52 Atemzüge je Minute bei Ruheverhalten, nach DITTUS (1983) 40 bis 60 Atemzüge ermittelt.

3.7. Allgemeine Bewegungsformen und Ruhehaltungen

In den bisherigen Abschnitten dieses Kapitels wurden die äußere und innere Gestalt des Wildschweines mit Blick auf die allgemeinen Lebensfunktionen dargelegt. Die für die Art typischen morphologischen und anatomischen Merkmale ermöglichen jedoch nur eine sozusagen statische Betrachtung ihres Daseins. Das Lebendigsein eines Tieres äußert sich in ebenso typischen Bewegungsformen und Verhaltensweisen, die ihm eindeutig zugehören. Es ist möglich, ein Tier an diesen ebenso sicher zu erkennen wie an Eigenheiten seines Aussehens. Die morphologisch-anatomische Beschreibung entspricht einer Fotografie; durch die Darlegung des Verhaltens wird sie zu einem Film. Aus diesem Grunde werden hier die allgemeinen Bewegungsformen des Wildschweines eingeordnet. Die Arten der Fortbewegung und der Ruhe sowie die Formen des Wechsels zwischen ihnen sind ebenso wie die individuelle Körperpflege Lebensäußerungen, die der Charakterisierung der Art angehören.

Die folgenden Beschreibungen entstammen Beobachtungen aus der freien Wildbahn sowie speziellen Studien in einem für Verhaltensuntersuchungen an Schwarzwild im Wildforschungsgebiet Hohenbucko angelegten Gatter.

3.7.1. Normalhaltung und Fortbewegungsweisen

Bei allen Säugetieren findet ein Wechsel zwischen Aktivitäts- und Ruhephasen statt (vgl. Abschnitt 8.4.). Die Aktivitätsphasen des Wildschweines sind fast ständig mit Ortsveränderungen verbunden. Ein längeres Stehen tritt nur in Verbindung mit dem Sichern, bestimmten Phasen ruhigen Brechens und gelegentlich bei Sozialkontakten auf. Die Mitteilung von FRÄDRICH (1967), der längeres Stehen zum Ruheverhalten rechnet, scheint auf Fehlleistungen unter enger Gatterhaltung zurückzugehen.

Abb. 3/44 Überläuferrotte in Normalhaltung (Foto: FREYMANN)

3.7.1.1. Normalhaltung

In der Grundstellung steht das Wildschwein mit jeweils parallel in geringem Abstand nebeneinandergesetzten Vorder- und Hinterläufen. Die Läufe stehen nahezu senkrecht, das Gewicht ist wie auf vier Säulen verteilt. Der Kopf wird in dieser Stellung leicht gesenkt gehalten, die Teller sind seitlich nach vorn gestellt, die Lichter mäßig geöffnet. Der Pürzel hängt ruhig herab (Abb. 3/44). Bei Erregung werden Sehnen und Muskeln zunehmend gespannt, das Stück wirkt „konzentriert". Der Wurf wird angehoben, die Teller sind nach vorn gestellt, die Lichter geöffnet. Oft erfolgt eine direkte Körperorientierung in Richtung der Aufmerksamkeit erfordernden Quelle, da der Hals nicht gedreht werden kann. Je nach Art der Erregung bleibt der Kopf gesenkt (geducktes Sichern) oder wird, soweit möglich, angehoben (z. B. vermutete Sozialkontakte). Die Federn sind dann mehr oder weniger stark aufgestellt, der Pürzel leicht angehoben, waagerecht weggestreckt oder in seitlicher Bewegung.

3.7.1.2. Fortbewegungsweisen

Die normale Fortbewegungsform vertrauten Schwarzwildes ist der Kreuzgang, das Ziehen. Dabei werden, durch den Schub der Hinterläufe ausgelöst, jeweils die diagonal gegenüberbefindlichen Vorder- und Hinterläufe annähernd gleichzeitig vorwärts gesetzt. Der Hinterlauf tritt dabei annähernd an die Stelle, die vom Vorderlauf der gleichen Körperseite eben verlassen wurde (Abb. 3/45). Jeder Vorder- bzw. Hinterlauf verläßt jedoch beim Schritt erst dann den Boden, wenn der andere bereits aufgesetzt hat. Das kurzläufige, gedrungene Schwarzwild hat auch beim ruhigen Gehen eine recht schnelle Schrittfolge und eine

Abb. 3/45 Ziehender, etwa 5jähriger Keiler, abgerauscht (Foto: FREYMANN)

Abb. 3/46 Hochflüchtige Sauen (Foto: HUBATSCH)

kurze Schrittweite. Dadurch entsteht besonders bei jüngeren Stücken der Eindruck des Trippelns.
Der Kopf ist leicht gesenkt, die Teller sind nach schrägvorn orientiert. Der Pürzel hängt herab oder wird bei leichtem Affekt etwas angehoben bzw. seitlich geschlagen. Die Geschwindigkeit der Fortbewegung kann mit 3 bis 6 km/h geschätzt werden. Die Schrittweite wird von FISCHER und SCHUMANN (1979) mit etwa 20 bis 25 cm beim Frischling und bis 45 cm bei einer starken Sau angegeben. Die Sau zieht jedoch nur selten weite Strecken ununterbrochen, sondern hält häufig zum Zwecke des Sicherns oder zur Nahrungsaufnahme. Bei temperamentvoller Fortbewegung, beim verspäteten Einwechsel, beim Spiel oder sonstigen Sozialkontakt trollt das Schwarzwild. Der Troll entwickelt sich aus dem Ziehen, ermöglicht aber höhere Geschwindigkeiten. Hierbei wird der den Boden berührende Hinter- oder Vorderlauf schon abgehoben, bevor sein Partner aufgesetzt ist. Diesen „Arbeitstrab" kann das Schwarzwild sehr lange beibehalten, ohne zu ermüden. Bei jungen Stücken kann er sogar als die übliche Fortbewegungsform gelten. Der Kopf wird dabei leicht erhoben, ebenso der gewöhnlich waagerecht abgestreckte Pürzel. Eine in Troll gefallene Rotte geht gewöhnlich weit und ist kaum einzuholen. Die Geschwindigkeit entspricht einem guten Dauerlauf des Menschen und kann auf etwa 6 bis 10 km/h geschätzt werden.
Hochflüchtige Sauen fallen in Galopp. Auch bei diesem geht der kraftvolle Schub von den Hinterläufen aus, die nacheinander den Boden verlassen (Abb. 3/46). Er wird von einem gleichzeitig in der Luft befindlichen Vorderlauf elastisch abgefangen, während der andere wieder vorgeführt ist. Die Vorderläufe berühren zuerst den Boden und die Hinterläufe schwingen, gewöhnlich etwas versetzt, an ihnen vorbei. Die Vorderläufe werden oft nahezu in einer Geraden aufgesetzt. Die normale Sprungweite kann nach OLBERG (1969) nahezu 2 m erreichen. Beim Galopp ist der Pürzel gewöhnlich leicht erhoben oder waagerecht weggestreckt, aber nicht, wie beim Warzenschwein, steil gestellt. Über weite Strecken vermag das Schwarzwild nicht zu galoppieren. Gewöhnlich fällt es recht bald in den Trab zurück. Weder Weit- noch Hochsprünge führt das kurzläufige, schwere Schwarzwild gern aus. Beim Überfallen von Gräben kommt es oft vor, daß Frischlinge zu kurz springen. In Fängen werden Zaunhöhen von 150 cm überwunden. Das Wild-

schwein schwimmt gut, ausdauernd und freiwillig. Die Beinbewegungen entsprechen denen des Trabes. Nur Teile des Vorder- und Oberkopfes befinden sich über der Wasseroberfläche.

3.7.2. Ruhelagen

Einen großen Teil seines Lebens verbringt das Schwarzwild ruhend. Zu diesem Zwecke können spezielle Ruheplätze (Kessel) gebaut werden, in denen die Sauen gesellig oder einzeln (Wanne oder Lager) stekken. Kurzzeitig kann jedoch auch ohne jede Vorbereitung zur Ruhe gegangen werden. Folgende Stellungen der Ruhe (nach der Gliederung von HASSENBERG, 1965) wurden ermittelt:

- Kauerlage: Der Körper ruht auf dem Bauch, die Läufe sind stark eingeknickt und seitlich darunter geschoben. Der Kopf befindet sich langgestreckt auf dem Boden. Es können ein oder beide Vorderläufe nach vorn herausgeschlagen sein, dann ruht der Kopf darauf mit dem Wurf annähernd in Höhe der Schalen.
- Gestreckte Bauchlage: Der Körper ruht auf dem Bauch, sowohl die Vorder- als auch die Hinterläufe können nach vorn bzw. hinten herausgestreckt werden. Diese Lage entwickelt sich beim Wildschwein aus der Kauerlage und unterscheidet sich eigentlich nur durch den Eindruck eines größeren „Gelöstseins“ (Abb. 3/47).
- Gestreckte Seitenlage: Körper und Kopf liegen auf der Seite, die Läufe sind im etwa rechten Winkel abgestreckt und nebeneinander abgelegt (Abb. 3/48).

Einroll- und Rückenlagen wurden nie registriert, ebensowenig ein Ruhestehen. Sitzende Stellungen kamen nur im Übergang von und zu anderen Stellungen und Bewegungsformen vor. Die Kauerlage wurde nur bei kurzer Rast ermittelt. Das Stück ist wach, der Kopf gelegentlich angehoben, die Lichter sind offen, die Stellung der Teller zeigt Aufmerksamkeit an. Wurf und Pürzel werden hin und wieder bewegt. Kommt das Stück zur Ruhe und beginnt zu dösen, entwickelt sich gewöhnlich die Kauerlage zur gestreckten Bauchlage, die jedoch auch ohne diese Zwischenstufe auftritt. Beim Dösen, das in dieser Lage sehr lange Zeit einnehmen kann, liegt das Haupt am Boden oder auf den Vorderläufen. Die Lichter sind geschlossen, doch gelegentliches Blinzeln

Abb. 3/47 Gestreckte Bauchlage

Abb. 3/48 Gestreckte Seitenlage

Abb. 3/49 Verkehrtparallele Lage im Kessel

und das Spiel der Teller, des Wurfes und des Pürzels zeigen an, daß die Sinnesorgane noch tätig sind. Das Schwarzwild schläft in gestreckter Bauch- oder Seitenlage. Freilich ist bei der Beobachtung das Schlafen schwer vom Dösen zu unterscheiden. Es kann vor allem bei längerer unbeweglicher Lage und fehlenden Reaktionen auf Außenreize, wie Vogelstimmen, vermutet werden. Gestreckte Bauch- und Seitenlage stellten wir annähernd gleich häufig fest. Befinden sich mehrere Stücke im Kessel, ist die Bauchlage bevorzugt, gewöhnlich in verkehrt-paralleler Anordnung (Abb. 3/49). Auch bei niedrigen Temperaturen oder starkem Stechinsektenauftreten nimmt das Schwarzwild bevorzugt diese Stellung ein. Dagegen dominiert bei sonnigem Wetter die Seitenlage. Das Niedertun vollzieht sich in einem charakteristischen Bewegungsablauf, der in der Jägersprache bildhaft mit „Einschieben" bezeichnet wird. Sofern ihm nicht die Aktivitäten des Kesselbaus vorausgehen (vgl. Abschnitt 8.5.1.2.), wird zunächst mit dem Wurf etwas Streu bewegt oder Boden gepflügt. Aus dieser Bewegung heraus gehen die Sauen vorn auf die Karpalgelenke nieder, und die am Platz verbleibenden Hinterläufe knicken ein oder „schieben" den Körper mit dem Gebrech voran, bis der Bauch den Boden berührt. Die Hinterläufe bleiben dann in der eingeknickten Stellung oder werden nach hinten herausgestreckt. Es können aber auch die Vorderläufe gestreckt mit nach vorn genommen werden, so daß der Kopf sofort auf ihnen ruht. Die von ZANNIER-TANNER (1965) und FRÄDRICH (1967) beschriebene Form des zuerst hinten Niedergehens konnte bei meinen Beobachtungen nur dann registriert werden, wenn vor dem endgültigen Hinlegen eine Sitzpause eingefügt wurde. Selten wurde beobachtet, daß die im Kessel stehende Sau sozusagen alle vier Läufe gleichzeitig zusammenfallen ließ und damit in die vollständige Kauerlage gelangte. Kurze Zeit nach dem Niedertun erfolgen gewöhnlich Lagekorrekturen, die im Herausschlagen der Vorder- und Hinterläufe, im Seitlichdrehen des Hinterkörpers oder im Übergang zur Seitenlage bestehen. Das Erheben geht gewöhnlich über die Bauch- und Kauerlage vor sich. In der Regel kommen die Sauen zu einem kurzen Sitzen auf den Keulen, bevor sie sich ganz erheben. Nach dem Verlassen des Kessels folgen gewöhnlich Streck- und Putzbewegungen, und die Sauen lösen sich (vgl. Abschnitt 5.4.4.). Bei Beunruhigung oder auch Belästigung durch Stechinsekten können die Sauen jedoch auch förmlich aus ihrem Kessel „herausfahren".

3.7.3. Komforthandlungen

Zu den individuell ausgeführten Komforthandlungen des Wildschweines gehören das Strecken, das Putzen, das Schütteln, das Malen und das Suhlen.

3.7.3.1. Strecken

Das Strecken beobachteten wir ausschließlich nach Beendigung von Ruhephasen. Das Stück verläßt den Ruheplatz, geht einige Schritte und streckt sich. Dabei bleiben die Hinterläufe etwas gespreizt und nebeneinander im Stand, die Vorderläufe trippeln weit vor, daß der Rücken gedehnt und leicht nach unten durchgekrümmt wird, was aber nur im Lendenbereich erkennbar ist. Der Kopf wird ebenfalls gestreckt und dann charakteristisch, etwas nach unten geneigt, steifgehalten. Die Teller weisen nach vorn. Die Pürzelhaltung ist unterschiedlich. Gewöhnlich wird der Pürzel im Moment der größten Dehnung einige Male seitlich bewegt und dann, leicht erhoben, steif abgestreckt. Er kann jedoch auch hochgehalten, seitlich geschlagen, schräg nach hinten weggestreckt oder von der Streckung überhaupt nicht erfaßt sein.
Beim Buckelstrecken (MARTYS, 1986) wird der Rücken stark gekrümmt, während der Kopf waagerecht gehalten oder gesenkt wird.

3.7.3.2. Putzbewegungen

Individuelle Putzbewegungen erfolgen zur Ordnung des Haarkleides und auf durch Ungeziefer ausgelöste Reize hin. Infolge kurzen, unbeweglichen Halses sind Wildschweine nicht in der Lage, sich mit Einsatz

des Gebrechs zu putzen. Putzbewegungen sind dadurch fast ausschließlich nur durch Einsatz der Hinterläufe möglich. In außerordentlich seltenen Fällen kommt es auch zu einem Kratzen mit den Schalen der Vorderläufe am Unterkiefer und an der Maulspalte.
Mit den Schalenspitzen der Hinterläufe werden in abnehmender Häufigkeit folgende Körperstellen gekratzt: Kopfregion (vor allem Unterkieferwinkel und Ohr), Rückseite der Vorderläufe, Bauch. Einige Male wurde auch ein Kratzen an der Innenseite des anderen Hinterlaufes gesehen. Das Kratzen ist vor allem im Frühjahr, zu den Zeiten des Haarwechsels und Stechinsektenauftretens, recht häufig festzustellen. In diesen Zeitabschnitten wird übrigens auch beim Brechen der Pürzel besonders häufig bewegt, um Insekten von der Analregion abzuwehren.

3.7.3.3. Malen

Das Malen ist eine bei Ruhe und Sicherheit häufige Handlung, die vor allem in der Nähe der Ruhekessel und Suhlen ausgeübt wird. Es erfolgt durch seitliches Anstemmen des Körpers an einen geeigneten Baumstamm. Für die Annahme ist ein Mindestdurchmesser von etwa 10 bis 15 cm in Schulterhöhe des Wildschweines notwendig. Durch leichte Beuge- und Streckbewegungen der Vorder- und Hinterläufe und durch Seitlichschieben von Kopf und Rumpf werden diese am Stamm auf- und abbewegt. Der Pürzel wird abgestreckt und angehoben.
Der Malprozeß schreitet gewöhnlich von vorn nach hinten fort. Er kann an den Seiten des Wurfes, vor den Lichtern, und an der Stirnpartie, beginnen. Anschließend kommt es zu einem ausgiebigen Reiben an der Halsregion hinter den Tellern, das dann auf das Blatt übergeht. Das Blatt wird gewöhnlich besonders gründlich, partieweise von oben nach unten durchgescheuert. Dann schreitet das Malen über die Kruppe bis zu den Keulen fort. Die Kruppe wird gelegentlich auch direkt durch rückwärtiges Anlehnen an den Stamm behandelt. Es kommt vor, daß mit dem Malen zuerst am Blatt begonnen wird, anschließend die Kopfpartien an die Reihe kommen, bis von der Körpermitte an erneut nach hinten fortgeschritten wird. In der Vorbereitung des Malens beißen die Sauen nicht selten mit den Schneidezähnen in die Rinde des Stämmchens bis auf das Holz, oder verletzen sie mit den Eckzähnen. Das ist besonders bei Nadelbäumen festzustellen. Der damit verbundene Harzaustritt könnte olfaktorische Bedeutung haben, da der Malbaum im Leben der Population eine wichtige Funktion als Markierungspunkt hat (vgl. Abschnitt 8.5.1.2.). Das Verteilen des Harzes auf der Körperseite als zusätzliche Schutzschicht, wie häufig angenommen, ist wohl untergeordnet. Zum Malen des Bauches treten die Sauen über einen Stubben und strecken sich hin und her. Sie können sich auch seitlich auf einen schräg liegenden Stamm schieben und seitlich darauf hin und her bewegen.

3.7.3.4. Suhlen

Das Suhlen ist eine sehr wichtige Komforthandlung, die bis auf die ausgesprochenen Wintermonate das ganze Jahr, am häufigsten jedoch in der Sommerzeit, beobachtet werden kann. Es dient der Temperaturregulation und hat darin die vielleicht wesentlichste Funktion für das Wohlbefinden (Dathe, 1971). Daneben werden Fremdkörper, vor allem auch Ektoparasiten, auf der Haut eingekapselt und schließlich entfernt. Durch den trocknenden Schlammpanzer ist Stechinsekten der Zutritt erschwert. Fast immer brechen die Sauen zunächst etwas am Rande der Suhle. Aus dem Brechen heraus wird mit dem Wurf im Schlamm die Wanne ausgeschoben, in die das Stück hineingleitet (Abb. 3/50). Es liegt zunächst in der Bauchlage, lehnt sich seitlich an den Rand der Suhle und geht meist mit einigen Wälzbewegungen in die Seitenlage über. Besonders gern werden die Kopfseiten durch entsprechende Drehbewegungen mit Schlamm behandelt (Abb. 3/51). Bei größeren, wasserhaltigen Suhlen wird erst mit dem Kopf vorgefühlt. Dabei wird das Gebrech in die Suhle eingeführt, so daß der Wurf voller Lehm ist. Gelegentlich wird in

Abb. 3/50 In der Suhle

Abb. 3/51 Vor dem Einschieben in die Suhle wird der Schlamm aufgelockert

der Suhle auch nur gesessen. Ein Wälzen in die Rückenlage habe ich nie beobachtet; der Kamm wird selten richtig naß. Nach dem Verlassen der Suhle folgt oft ein kurzes Schütteln, häufiger das Malen. Nicht selten zieht aber auch die Sau ohne weiteren Aufenthalt fort.

3.7.3.5. Sonstige Komfortbewegungen

Das Schütteln ist eine außerordentlich seltene Körperpflegehandlung, die einige Male bei Regenwetter ausgeübt wurde. Weiterhin tritt es nach Verlassen der Suhle manchmal auf. Ein Wälzen in dem von FRÄDRICH (1967) beschriebenen Sinne auf lockerem, sandigem Untergrund haben wir nie beobachtet; doch stellte es auch MARTYS (1986) gelegentlich bei Bachen, vor allem auf feuchter Walderde und auf fauligen Substanzen, fest.

Zur Abwehr von Insekten erfolgen gelegentlich Ohr- und Hautzucken sowie intensive Pürzelbewegungen.

Wildschweine gähnen gelegentlich durch langsames Öffnen des Gebrechs und seitliches Verschieben des Unterkiefers. Dadurch ist das Gähnen eindeutig vom Flehmen zu unterscheiden. Ein gegenseitiges Putzen von Wildschweinen im Sinne einer sozialen Körperpflege wurde bisher nur von MEYNHARDT (1978) beschrieben. Nach MARTYS (1986) fehlt Wildschweinen eine diesbezügliche soziale Komponente (passiver Brutpflegetypus nach HEDIGER, 1961). MEYNHARDT's Beobachtungen führt Martys auf eine mit der Fütterung verbundene Auslösung des Mammalreflexes zurück.

4. Zentrale Steuerung, Wahrnehmung und Kommunikation

4.1. Allgemeines

Die Lebensprozesse des Wildschweines unterliegen, wie die aller hoch organisierten Tierarten, einer zentralen Steuerung und Koordination. Rezeptoren unterschiedlichster Art nehmen Reize aus der Umwelt und dem Inneren des Organismus auf, wandeln sie in Erregungen um und leiten sie als Impulse über Nervenbahnen dem zentralen Nervensystem zu. Dort werden sie verarbeitet, verknüpft und gespeichert und bewirken typische Reaktionen, die wiederum über Nervenbahnen, aber auch in Form von Hormonen und Enzymen transportiert, an Erfolgsorganen ein bestimmtes Verhalten auslösen. Unablässig, von der Embryonalentwicklung bis zum Tode, steuern komplizierteste Regelmechanismen den zweckmäßigen, arttypischen Lebensablauf. Die Mehrzahl der Lebensäußerungen wird durch Reflexe geregelt. Die Wahrnehmung bestimmter Situationen führt über sogenannte Reflexbögen zu mehr oder weniger unbewußten oder ungewollten Handlungen, die eine rasche und angemessene Reaktion darstellen. Die sinnvolle Zusammenarbeit von Muskelgruppen, zum Beispiel bei der Fortbewegung, die Speichelsekretion und das Abschlucken bei der Nahrungsaufnahme, das Haarsträuben bei Kälte und Erregung, die Regelung des Blutdruckes und der Atemfrequenz können als Beispiele dienen. Eine Reihe von Reflexen kann durch das Wollen ausgelöst werden, läuft dann jedoch willensunabhängig ab. Nicht immer sind Hirn und Rückenmark über die Reflexbögen eingeschaltet. Sie können auch über peripher befindliche Umschaltstellen (Ganglien) verlaufen.

Im besonderen durch das autonome Nervensystem wird die Tätigkeit der inneren Organe einschließlich der Drüsen in Gang gehalten, ohne vom Individuum überhaupt wahrgenommen zu werden. Wachstum und Entwicklung vollziehen sich durch das stille Wirken unzähliger unmerklicher Reaktionen und Gegenreaktionen.

Die Reflexe, als ursprünglichste Form aktiver tierischer Lebensäußerungen von höchster lebenserhaltender Bedeutung, haben infolge ihrer langen stammesgeschichtlichen Existenz bei großen Tiergruppen einen prinzipiell ähnlichen Ablauf.

Das arttypische Verhalten wird dagegen im wesentlichen durch Instinkte bewirkt. Über angeborene Auslösemechanismen wird auf eine gegebene Reizsituation durch einen angemessenen unbewußten Handlungsablauf reagiert. Die Schlüsselreize können durch das sogenannte Appetenzverhalten aktiv gesucht werden, wobei bereits diese Suche ihrerseits wieder eine Antwort auf innere und äußere Reizsituationen ist.

Instinkthandlungen bauen ebenfalls auf Reflexketten auf, unterscheiden sich von den Reflexen jedoch hauptsächlich durch ihre höhere Kompliziertheit und gewöhnlich lange Laufdauer. Die typische Art der Nahrungssuche, das Sexualverhalten, die Jungenfürsorge oder die Feindvermeidung sind Komplexe von Instinkthandlungen. Die Kontaktnahme zwischen Individuen der gleichen Art, die Kommunikation, beruht auf ganzen Ketten instinktiv festgelegter Verhaltensnormen, die bei den Partnern ineinandergreifen.
Gilt bei Instinkten das Bewußtsein als ausgeschaltet, ist es doch sehr schwierig, das Verhalten höherer Säugetiere allein als Reflexverkettung und vererbte unbewußte Handlung zu begreifen. Es ist sicher, daß sie Erfahrungen auswerten und bewußt in ihr Verhalten einbauen können. Die ältere Jagdliteratur ist voll von Schilderungen, die „Intelligenzleistungen" von Wild, darunter auch von Wildschweinen, beschreiben.
Das hochentwickelte Großhirn erlaubt zweifellos, einen individuellen Erfahrungsschatz zu sammeln, situationsbedingt auszuwerten und in gewissem Umfange in neuen Situationen zweckmäßig zu handeln. Lernversuche an Hausschweinen (z. B. von Reiher, 1969) stellen eine beachtliche Dressurfähigkeit und erstaunliche Gedächtnisleistungen unter Beweis, die sicher beim Wildschwein nicht weniger gegeben sind. Individuelle Intelligenzunterschiede sind ebenso vorhanden wie Charakter- und Temperamentdifferenzen. Vielleicht besteht darin der besondere Reiz der Schalenwildjagd, daß die Handlungen des Wildes nicht unbedingt vorherseh- und -berechenbar sind und die Intelligenz und Ausdauer des Jägers sich mit dem erstaunlichen Instinktinventar und der Lebenserfahrung des Wildes messen müssen. Bei der täglichen Wildbeobachtung wird es freilich kaum möglich, sondern fast unmöglich sein zu entscheiden, wann ein reines Instinktverhalten vorliegt und wann Gelerntes oder gar Kombiniertes eine Handlungsweise bestimmen.
Es ist in diesem Buche nicht möglich, dazu genaue Aussagen zu treffen; die Ethologie ist über die Beschreibung von Verhaltensabläufen beim Wildschwein (und auch beim Hausschwein) noch kaum hinausgekommen, und exakte Versuche und Analysen fehlen noch fast ganz. Deshalb muß bei der Beschreibung des Bekannten stehen geblieben werden. Es ist auch nicht Aufgabe dieses Buches, die benötigten Organe und ihre Funktion am Beispiel des Wildschweines zu beschreiben. Neben der Erläuterung der notwendigen Grundlagen wird nur auf die bisher bekannten Besonderheiten eingegangen.

4.2. Nervensystem

Das Nervensystem des Wildschweines entspricht in Aufbau und Funktion dem des Hausschweines. Nach bisheriger Kenntnis liegen wesentliche Unterschiede lediglich im spezialisiertesten Organ, dem Gehirn vor. Die Aufgabe des Nervensystems besteht in der Reizaufnahme, der Überführung der Reize in Erregungen sowie in der Erregungsleitung und -übertragung. Die einwirkenden Reize kommen sowohl aus der Umwelt (exogene Reize) als auch aus dem Organismus (endogene Reize). Das Nervensystem erreicht jede Zelle des Organismus, steuert ihren Stoffwechsel und ihre Aktivitäten, überwacht diese und sammelt unendlich viele Informationen, die für die fein abgestimmte Koordinierung des bewußten und unbewußten Lebensablaufes erforderlich sind. Die Grundeinheit des Nervensystems ist das Neuron; die Nervenzelle (Ganglienzelle) mit ihren Fortsätzen. Unabhängig von der funktionellen Verknüpfung des gesamten Nervensystems wird dieses anatomisch in das zentrale und das periphere Nervensystem eingeteilt.

4.2.1. Zentralnervensystem

Die dominierende Funktion für die Verarbeitung der einlaufenden Informationen kommt dem Gehirn und dem Rückenmark zu, die beide als Zentralnervensystem zusammengefaßt werden. Nusshag (1951) charakterisiert sie sehr treffend und bildhaft mit den Worten: „Die Aufgabe der Zentrale ist es, sensible und motorische bzw. sekretorische Nerven so zu verknüpfen, daß aus einem Eindruck ein Ausdruck entsteht." Ihren außerordentlich bedeutsamen Aufgaben entsprechend sind sie geschützt in der Schädelhöhle und im Wirbelkanal untergebracht. Dem weiteren Schutz der weichen Nervensubstanz dienen drei bindegewebige Häute, die Gehirn und Rückenmark umhüllen. Im Bereich des Wirbelkanals sorgen Fette und Gefäße für eine weitere Abpolsterung. Das Gehirn wird durch in Schwammgewebe befindliches Hirnwasser weich gelagert.

4.2.1.1. Rückenmark

Das strangförmige Rückenmark reicht vom Hinterhauptbein bis zum Kreuzbein, wo es konisch zugespitzt ausläuft. Von ihm gehen die Rückenmarksnerven ab, die paarig aus den Zwischenwirbellöchern austreten. Im Inneren umschließt das Rückenmark mit der aus Nervenzellen bestehenden schmetterlingsförmigen grauen Substanz einen Zentralkanal. Die graue Substanz wird von der aus Nervenfasern bestehenden weißen Substanz umgeben.

4.2.1.2. Gehirn

In der Verlängerung des Rückenmarkes bildet das verlängerte Mark einen der fünf Gehirnteile (Abb. 4/1). Es enthält die Kerngebiete des 5. bis 12. Gehirnnerven und lebenswichtige automatische Zentren, wie das Atemzentrum, das Kreislaufzentrum und andere. Es ist auch die Schaltzentrale vieler angeborener Reflexe (Speichelabsonderung, Schluckreflex u. a.). Verletzungen dieses sehr ursprünglichen Hirnteiles wirken daher unbedingt tödlich. Das sich anschließende und aufgelagerte Kleinhirn besteht aus der äußeren, stark gefalteten grauen Substanz, die die weiße Substanz umgibt. In diesem Hirnteil werden die Zusammenarbeit der Muskelgruppen, die Bewegungskoordination, die Muskelspannung und das Körpergleichgewicht geregelt.

Das davor liegende Großhirn besteht aus dem Mittelhirn, dem Zwischenhirn und dem Endhirn. Das Mittelhirn (Vierhügelgebiet) ist für die optische und akustische

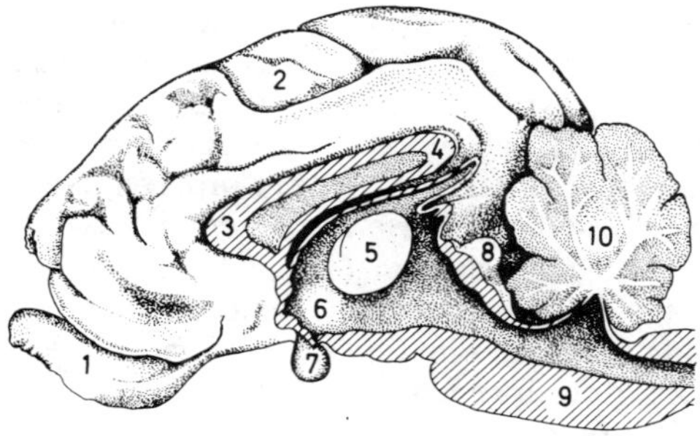

Abb. 4/1 Medialschnitt durch das Gehirn (nach Koslo, 1975)
1 – Riechkolben
2 – Großhirnhemisphäre
3 – Corpus callosum
4 – Splenium
5 – Massa intermedia
6 – Gehirnventrikel
7 – Hypophyse
8 – Vierhügelplatte
9 – Medulla oblongata
10 – Kleinhirn

Wahrnehmung von hoher Bedeutung. Es koordiniert die Zusammenarbeit der Augenmuskeln und ermöglicht das beidäugige Sehen. Akkomodation, Pupillarreflex und Lidreflex sind hier neben anderen gebunden. Das Zwischenhirn ist die Hauptschaltstelle aller Nervenbahnen zwischen dem Endhirn und dem übrigen Zentralnervensystem. Hier liegen auch das Wärmezentrum, das Wasserhaushaltszentrum, das Kohlenhydratstoffwechselzentrum, das motorische Zentrum der Blutgefäße, das Schlafzentrum und viele andere. Es wird auch als Zentralorgan der Stimmungen und Triebe angesehen. In Verbindung mit der an seiner Basis befindlichen Hypophyse nimmt es auch auf das hormonale Geschehen Einfluß. Das Endhirn prägt mit seinen beiden mächtig entwickelten Großhirnhemisphären das Aussehen des gesamten Gehirnes. Sie werden als Ausstülpungen des Zwischenhirnes angesehen. Ein tiefer Spalt trennt die beiden Hälften bis auf den Hirnstamm voneinander. Die Hirnrinde ist in charakteristischer Weise in Lappen eingeteilt und gefurcht. Die Basis des Endhirnes wird von dem aus grauer Nervensubstanz bestehenden Streifenkörper gebildet. Zwischen diesem und der Hirnrinde befinden sich als Fortsetzung des Rückenmarkkanals mit Hirnwasser gefüllte Hohlräume, die Ventrikel. Die Funktion des Endhirnes ist überaus umfassend. Alle Körperregionen werden von ihm erreicht. In einer Vielzahl von Leitungsbahnen (weiße Substanz) erfolgt die Voraussetzung für die Kombination und Koordination aller Informationen. Die Eindrücke der Sinnesorgane werden in bestimmten Feldern aufgenommen, reflektorisch verarbeitet oder bewußt gemacht. Hier ist der Sitz der Informationsspeicherung, des Erinnerns, Kombinierens, der gesamten geistigen Leistungen. Wenn wir feststellen können, daß das Wildschwein in der Lage ist, sich rasch den unterschiedlichsten Umweltverhältnissen anzupassen, sich vor der Verfolgung ebensogut zu schützen wie Hegemaßnahmen auszunutzen, tages- oder nachtaktiv zu sein, einstandstreu oder unstet, so sind diese Leistungen auf ein hochorganisiertes Endhirn zurückzuführen.

Nach dieser Beschreibung wird die Unterbringung des Gehirnes an bevorzugter Stelle, am Kopfpol, verständlich. Durch dicke Knochenplatten zuverlässig geschützt, befindet es sich in unmittelbarer Nähe der wichtigsten Sinnesorgane. Als Hirnbestandteile gelten die Riechkolben, die von den Geruchsinformationen unmittelbar nach deren Aufnahme in der Nasenschleimhaut erreicht werden. Auch die ebenfalls zum Gehirn rechnenden Sehnerven haben nur einen kurzen Weg bis zum Hintergrund des Auges. Geschmackssinn und Gehör haben ihren Sitz in Teilen des Kopfes. Somit ist eine funktionelle Einheit zwischen der Wahrnehmung wichtigster Umweltgegebenheiten und ihrer sofortigen Verarbeitung gegeben.

Ausführliche morphologische Beschreibungen des Gehirns der Wildschweine wurden von RAWIEL (1940) und KOSLO (1975) vorgenommen. Nach diesen Autoren liegen beträchtliche Unterschiede in den Hirndimensionen zwischen Wild- und Hausschweinen vor. Sie betreffen vor allem die Gesamtlänge, die Größe der Hemisphären, der Riechkolben und Teile des Zwischenhirnes (Hypothalamus).

Die Masse des Gehirnes wächst mit dem Alter, nimmt jedoch in seiner Proportion zur Körpermasse mit zunehmendem Alter ab. Nach RAWIEL beträgt die Hirnmasse bei unter einjährigen Stücken etwa 155 g (140 bis 170 g), bei 1- bis 2jährigen Stücken 168 g (150 bis 191 g) und bei 2- bis 3jährigen Stükken 175 g (159 bis 185 g). KOSLO stellte bei Stücken mit einer reinen Körpermasse von 28 kg eine Hirnmasse von 157 g fest. Sie betrug bei Stücken mit einer Körpermasse zwischen 50 und 60 kg um 180 g und bei Stücken von 90 bis 150 kg etwa 200 bis 215 g. Der aus dem Verhältnis beider zu errechnende Index belief sich bei den geringsten Stücken auf etwa 0,60 % und war bei Sauen ab 100 kg um etwa das Dreifache geringer (0,14 bis 0,20 %). Hirne von Keilern sind geringfügig schwerer als die der Bachen. Die ermittelten Gehirnmassen von Wildschweinen werden von keiner Hausschweinrasse erreicht oder übertroffen. Nach RAWIEL, der 20 Hausschweinrassen mit Wildschweinen verglich, verhalten sich die Mittelwerte der Wildschweine und der Hausschweinrassen mit dem höchsten und geringsten Wert wie 155:135:103. KRUSKA (1970) ermittelte eine Gehirnmassenabnahme beim Hausschwein gegenüber dem Wildschwein von 33,6 %.

Die Gesamtlänge des Gehirns von 20 untersuchten Wildschweinen stellte KOSLO mit 128 (106 bis 130) mm fest, während 19 Hausschweine eine Länge von 106 (81 bis 112) mm aufwiesen. Das Gehirn der Wildschweine wies auch größere Höhen- und Breitenmaße auf. Die Verringerung der Gehirndimensionen ist vor allem im Bereich des Endhirnes ausgeprägt. Nach KOSLO nimmt es beim Wildschwein 71 % der Gesamtmasse des Gehirnes, beim Hausschwein dagegen nur etwa 63 % ein.

Beträchtliche Unterschiede wurden in der Furchung der Großhirnhemisphären festgestellt. Diese Furchung dient der Oberflächenvergrößerung der Hirnrinde, um ihr Speicherungs- und Koordinationsvermögen zu erhöhen. Eingehende Beschreibungen des Furchungsverlaufes, auf die hier verzichtet wird, liegen bei den genannten Autoren vor. Erwähnt werden soll jedoch die von KOSLO festgestellte Gesamtfläche der Hirnrinde, die beim Wildschwein mit durchschnittlich 32358 mm² beträchtlich größer als die des Hausschweines mit etwa 23215 mm² ist. Besondere Aufmerksamkeit widmete KOSLO auch den Riechkolben als wichtige Grundlage für eines der ältesten Sinnesorgane, das beim Wildschwein besonders gut entwickelt ist. Ihre Länge beträgt etwa 26 mm, die absolute Masse etwa 960 mg, die Oberfläche um 620 mm². Beim Hausschwein wurde dagegen eine Länge von 22,5 mm, eine Masse von etwa 840 mg und eine Oberfläche von 575 mm² festgestellt. Die Riechkolben sind beim Wildschwein nicht nur größer, sondern auch komplizierter gebaut. Die relative Masse der Riechkolben im Vergleich zur gesamten Hirnmasse ist beim Wildschwein wesentlich größer als bei anderen Makrosmaten, wie z. B. bei Wisent, Rotwild und Saiga.

Eine treffende zusammenfassende Beschreibung des Wildschweingehirnes wurde durch ACKERKNECHT (1950) gegeben: Er hebt als Wildmerkmale hervor: die längliche, schlanke Form, das spitz ausgezogene hintere Hemisphärenende, die große Aufwölbung der Hemisphären, die sehr deutliche Ausprägung der stets kräftig entwickelten und reich verzweigten Hauptfurchen, der Reichtum der Nebenfurchen, die oft mit jenen verbunden sind; das plastische Bild der Windungen; die relativ hohe Hirnmasse, die mit steigender Domestikation beständig geringer wird. Die festgestellten Unterschiede lassen sich ohne weiteres auf die weitaus höheren Anforderungen zurückführen, die an das Hirnleistungsvermögen des Wildschweines bei seiner Auseinandersetzung mit der Umwelt gestellt werden.

4.2.2. Peripheres Nervensystem

Das periphere Nervensystem erfaßt die außerhalb des Großhirns und Rückenmarks liegenden Nerven und erreicht alle Organe. An der Großhirnbasis treten 12 Gehirnnerven aus und versorgen die Haut, die Muskulatur und die Drüsen des Kopfbereiches. Sie dienen weiter der Erregungsleitung der durch die Sinnesorgane aufgenommenen Reize. Die Rückenmarksnerven versorgen den Rumpf und die Gliedmaßen. In ihrem Verlauf sind häufig Nervenknoten, Ganglien, zwischengeschaltet. Die zuleitenden Nerven werden nach ihrer Funktion als sensible, die ableitenden als motorische bzw. sekretorische bezeichnet. Zum peripheren Nervensystem wird auch das autonome (vegetative) Nervensystem gerechnet, dessen Tätigkeitsgebiet hauptsächlich die inneren Organe sind, die es mit einem Netz von Nerven überzieht. Es arbeitet vorwiegend reflektorisch und weitgehend unabhängig vom Bewußtsein. Enge Beziehungen bestehen zum Drüsensystem. Das autonome Nervensystem besteht aus zwei antagonistisch wirkenden Anteilen, deren einer (parasympathisches Nervensystem) auf den 10. Gehirnnerv zurückgeht, während der andere (sympathisches Nervensystem) an den längs der Wirbelsäule verlaufenden Grenzstrang gebunden ist.

4.3. Geruch und olfaktorische Kommunikation

Die olfaktorische Wahrnehmung wird als die älteste Fernsinnesleistung angesehen. Die bodennahe Luftschicht ist – für den Menschen mit seinem gering entwickelten Geruchsvermögen unvorstellbar – mit einer betäubenden Fülle feinster gasförmiger Geruchspartikel in unterschiedlichsten Nuancen angefüllt. Bei jedem Atemzuge dringen sie in die Nasenhöhlen und werden an den Riechschleimhäuten vorbeigeleitet (vgl. Abschnitt 3.6.2.). In der hier ständig feucht und warm gehaltenen Luft werden sie gelöst und in diesem Zustand von den Riechzellen des Flimmerepithels über die Sinneshaare wahrgenommen. Die erhaltene Geruchsinformation wird über gebündelte Nervenfasern den Riechkolben des Endhirnes (vgl. Abschnitt 4.2.1.2.) zugeführt.

Die Bedeutung des Geruches für Tierarten mit entwickeltem Wittrungsvermögen, wie das Wildschwein, kann schwerlich überschätzt werden. So wie sich uns vergleichsweise eine lichtüberflutete Landschaft mit zahllosen Farbabstufungen, Formen und Distanzen darbietet, erschließt sich ihnen ein lebhaftes Riechbild ihrer Umgebung in sicher nicht geringer Mannigfaltigkeit. Gegenüber der optischen hat die olfaktorische Wahrnehmung einige besondere Vorzüge.

In der Dunkelheit funktioniert sie genauso sicher wie am Tage und selbst erblindete Tiere können sich mit Hilfe des Geruches ziemlich gut orientieren. Während mit dichter Vegetation bedeckte Landschaften dem Blick nur einen kurzen Weg gestatten, trägt auch ein leichter Luftzug die Witterung durch Gebüsche und Röhrichte, über Hügel und um Felsen dem Windfang zu. Ein längst dem Auge entschwundener Feind oder Artgenosse hinterläßt oft noch Stunden später feststellbare Geruchsspuren am Boden, in der bodennahen Luft, an berührten Teilen der Vegetation. Im Erdboden befindliche Nahrungsquellen können nach ihrem Geruch geortet werden. Es nimmt daher nicht wunder, daß das Wildschwein als Bewohner vegetationsreicher Landschaften, der zudem einen großen Teil seiner Nahrung durch das Brechen aus dem Erdreich gewinnt, über ein außerordentlich stark entwickeltes Geruchsvermögen verfügt. Höchstwahrscheinlich ist der Geruch seine wichtigste Informationsquelle. Komplizierte Regelungsvorgänge ermöglichen es, mit der Überfülle der Düfte fertigzuwerden und die notwendigen Mitteilungen zu selektieren. Wahrscheinlich hat es, wie andere Tierarten auch, ein arttypisch festgelegtes Duftspektrum; das heißt, durchaus nicht alle, sondern nur eine bestimmte Skala von Gerüchen gelangt zur Kenntnis. Wirkt ein Geruch längere Zeit ein, „ermüdet" der Geruchssinn; der Duft wird nicht mehr, oder weniger intensiv, empfunden. So kann beispielsweise ein lange angewendetes chemisches Scheuchmittel mit der Zeit seine Wirkung völlig verlieren. Jeder neu hinzutretende Duftstoff aber, den vielleicht ein leichter Wind herträgt, löst eine sofortige Reaktion aus.
Feinste Duftkonzentrationen, die bei normalen Atemzügen lediglich Aufmerksamkeit auslösen, können durch mehrfaches intensives Ein- und Ausatmen verstärkt werden. In den Nasengängen entstehen dadurch Luftwirbel, die mehr Atemluft an das Riechepithel gelangen und somit mehr Partikel aufnehmen lassen. Das Blasen der aufmerksam gewordenen Sau ist die akustische Begleiterscheinung des erregten Schnüffelns, das seinerseits auch andere Rottenmitglieder zum Sichern anregt. Auf diesem Wege wird die Gesamtfläche des in der Rotte vorhandenen Riechepithels zur Sicherung aktiviert. GÜNTERSCHULZE (1979) stellte fest, daß Wildschweine unter den bisher untersuchten Arten die weitaus größte Riechfläche und Riechzellenzahl aufweisen. Die Riechfeldgröße beträgt bei einjährigen Sauen etwa 170 cm^2, bei zweieinhalbjährigen etwa 290 cm^2. Es enthält 300 bis 560 Millionen Riechzellen bzw. bis 21000/cm^2. Die Riechzellgröße und Rezeptorendichte ist der des Hundes ähnlich.
Die Feinheit des Geruchsvermögens der Wildschweine ist leider bisher nicht exakt untersucht. KLOPFER und WESELY (1954) stellten bei Versuchen mit Hausschweinen fest, daß diese nach 10 bis 20 Versuchen eine Karte unter drei nach dem Geruch auswählen konnten. Der Geruch, den sie beim Berühren mit dem Rüssel an einem Gegenstand abgesetzt hatten, war für sie noch nach Stunden wahrnehmbar. Sehr interessante Aufschlüsse lieferte ALTEVOGT (1972) beim Studium von abgerichteten Trüffelschweinen in Frankreich. Gute Trüffelschweine können eine Fundstelle selbst unter einer 10 bis 20 cm hohen Schneedecke feststellen, wobei sich die Trüffeln in einer Tiefe von 10 bis 30 cm im Erdboden befinden und oft nur maiskorngroß sind.
Die praktische Erfahrung zeigt jedem Jäger, wie gut das Schwarzwild im Boden befindliche Insekten, Mäusenester, Wurzeln usw. zu finden weiß (vgl. Kapitel 5.). Bei eingedrilltem Mais werden die verdeckten Körner zielsicher reihenweise herausgeholt. Nach verschiedenen Autoren, wie ZEUNER (1963) und ALTEVOGT (1972) wurden Hausschweine in England und Indien in Ermangelung von Hunden zur Nachsuche auf Schweißfährten und bei der Niederwildjagd eingesetzt. Auch die jagdliche Presse enthält verschiedene Beispiele dafür, daß Wildschweine Schweißfährten oder Duftschleppen sicher folgten. Es wird angenommen, daß das Wittrungsvermögen dem von Hunden kaum nachsteht.
KIESSLING (1925) ist der Ansicht, daß sich das Schwarzwild im Vergleich zum Rot- und Rehwild entschieden des besten Wittrungsvermögens erfreut. Nach seinen Beob-

achtungen kann Schwarzwild, wenn es vom Jäger Wind erhält, auf eine Entfernung bis zu einem halben Kilometer flüchtig werden. Dieser Ansicht schließt sich auch MEYNHARDT (1978) an. Freilich ist dabei zu berücksichtigen, in welchem Ausmaß das Schwarzwild durch ständig vorhandene menschliche Wittrung, zum Beispiel in dicht besiedelten Gebieten oder in der Nähe belebter Verkehrswege, eine herabgesetzte Fluchtbereitschaft zeigt. Hier, oder auch an der Ablenkfütterung, löst durchaus nicht jede aufgenommene menschliche Wittrung Flucht oder selbst Sichern aus. Es ist im Gegenteil bekannt, daß alte Keiler sich gern an für sie übersichtlichen Orten in menschlicher Nähe einschieben und durchaus nicht bei jedem Windhauch auffahren. Das Vermögen, gefährliche Duftinformationen von belanglosen zu unterscheiden, hat nicht wenig zur Existenz großer Schwarzwildbestände in vielen Staaten Mitteleuropas beigetragen. Wildschweine sind in der Lage, einzelne Menschen an ihrem Individualgeruch zu unterscheiden, wie viele Beobachtungen an Ablenkfütterungen, für die die Erfahrungen von MEYNHARDT stehen sollen, zeigen. Das Schwarzwild nutzt sein Witterungsvermögen zur Feindvermeidung geschickt aus. Nach Möglichkeit ziehen die Sauen gegen oder wenigstens mit halbem Wind. Bei Treibjagden wird gern in der Dickung an der Schützenkette entlanggezogen, um eine Lücke in dieser aufzuspüren. Gelingt das nicht, bleiben sie oft hartnäckig bis zur Dunkelheit stecken, obwohl in der Dickung durch Treiber und Hunde eine wesentlich höhere Duftkonzentration herrschen kann.

Bei der Auswahl von Ruheplätzen wird die olfaktorische Sicherung vor der optischen und akustischen bevorzugt. Beliebt sind Dickungen oder Stangenhölzer, in denen ein leichter, nicht heftiger Luftzug aus der Hauptgefahrenrichtung weht, oder in denen schwacher Küselwind sozusagen eine Rundumsicherung schafft. Es kann angenommen werden, daß das Wittrungsvermögen auch in Schlafperioden nie ganz außer Betrieb gesetzt ist.

Bisher wurde der Geruch hauptsächlich im Dienste der Nahrungssuche und der Feindvermeidung behandelt. Es ist selbstverständlich, daß ein die Existenz so bestimmender Sinn auch im Interesse der innerartlichen Kommunikation von größter Bedeutung sein muß. Zu diesem Zweck besitzt das Schwarzwild eine Reihe von Duftdrüsen und Duftdrüsenorganen, die nicht nur den bekannten Artgeruch, sondern auch einen Individualgeruch, und wahrscheinlich auch Familiengeruch ausströmen. Die an den Vorderläufen befindlichen Carpalorgane und der Präputialbeutel des Keilers wurden bereits behandelt (vgl. Abschnitt 3.2.2.3.). Erstere enthalten ein salbenartiges Sekret, das bei der Fortbewegung eine Luftfährte erzeugt. MEYNHARDT (1978) beobachtete, daß wenige Tage alte Frischlinge ihre Mütter im Bereich der Carpaldrüsen beschnuppern und somit kennenlernen. Der Präputialbeutel wirkt bei der Erzeugung des typischen Geschlechtsgeruches der Keiler mit. Nach SIGNORET (in PORZIG, 1969) ist es nicht ausgeschlossen, daß die auf der Körperoberfläche verteilt angeordneten Duftdrüsen das individuelle Riechbild mit beeinflussen. Eine sehr hohe Bedeutung für den Individualgeruch haben sicher die in den Speicheldrüsen erzeugten Geruchsstoffe. Einander begegnende Wildschweine sind bemüht, miteinander in Nasenkontakt zu kommen (Abb. 4/2). Anschließend wenden sie sich entweder voneinander, um ruhig zu brechen oder gehen in Sexual- oder Kampf-(Imponier-)verhaltensweisen über. Durch das sogenannte Riechgähnen wird wahrscheinlich die Intensität der olfaktorischen Wahrnehmung verstärkt. Stark riechende Substanzen, wie Aas, aber auch Harn, lösen gelegentlich das Flehmen aus. Dazu wird bei schmatzenden Kaubewegungen der Kopf in die Waagerechte gehoben und die Maulspalte bei zurückgebogener Rüsselscheibe wenige Sekunden unter flacher Atmung geöffnet (MARTYS, 1977). Es kann von Kopfnicken, Durchkauen und Abschlucken oder Ausspucken des Reizmittels begleitet sein. Dieses Verhalten, das vor allem in Verbindung mit Sexualkontakten auftritt, ist offensichtlich eine Form besonders intensiver olfaktorischer Kontaktnahme.

Neugeborene Frischlinge informieren sich

Abb. 4/2 Nasonasalkontakt zwischen Frischlingen unterschiedlichen Alters (Foto: MEYNHARDT, 1981)

zunächst über ihre Mutter durch Nasenkontakt. Nachdem sie sich deren Geruchsnote eingeprägt haben, sind sie in der Lage, sie aus einer großen Zahl von Sauen sicher herauszufinden.

Bemerkenswert ist das Speichelschlagen des Keilers in der Rauschzeit, das von BEUERLE (1975) gut beschrieben wurde. Durch rasches Aufeinanderschlagen der Kiefer wird aus dem Speichel Schaum erzeugt, der in Flocken abfällt oder an Malbäumen und Ästen als olfaktorische Markierung abgestreift wird (vgl. Abschnitt 6.4.2.). Nach PATERSON (1968) besitzen die Speicheldrüsen des Ebers nach den Hoden die höchste Konzentration an Androstenon, dem Duftstoff des männlichen Schweines.

CLAUS et al. (1981) entdeckten, daß eine wesentliche Komponente dieses Pheromons auch in den Trüffeln vorkommt und erklären daraus die besondere Fähigkeit der Schweine zum Auffinden dieser Pilze. Erwähnt sei schließlich, daß der Harn wichtige Geruchskomponenten enthält. Deshalb werden Harnstellen der Bachen von den Keilern aufmerksam kontrolliert bzw. kommt es in der Rauschzeit häufig zur Nasogenitalkontrolle. An dieser Stelle soll das JACOBSONsche Organ eine kurze Erwähnung finden, ein dünnes, rohrartiges Gebilde, das hinter den oberen Schneidezähnen in die Mundhöhle einmündet und dem Nasenboden aufliegt. Es ist ein mit Flüssigkeit angefüllter Schleimhautsack, in den Sinnesepithelzellen einmünden. Man nimmt an, daß über dieses Organ bereits in der Mundhöhle befindliche Stoffe geruchlich identifiziert werden können (KOCH, 1963). Durch das Flehmen wird wahrscheinlich das JACOBSONsche Organ besonders aktiviert (Abb. 4/3).

Rottenverbände haben wahrscheinlich eine spezifische Geruchsfärbung, die durch den engen Körperkontakt im Kessel und beim gegenseitigen Putzen aufeinander übertragen wird. Es ist anzunehmen, daß diese Rottenwittrung bei der Abgrenzung der Einstände von Mutterfamilien eine Rolle spielt. Rottenmitglieder kennen sich zweifellos gegenseitig. MEYNHARDT beschreibt, daß verendete Rottenmitglieder nach Wittrungsnahme erschreckt verlassen werden, während fremden Sauen gegenüber nicht selten Kannibalismus auftritt.

4.4. Gesicht und optische Wahrnehmung

Das Sehvermögen des Wildschweines gilt allgemein als gering (KIESSLING, 1925; BO-

BACK, 1957 u. a.). Dessenungeachtet ist zunächst festzustellen, daß der Sehapparat des Schweines durchaus als normal entwickelt anzusehen ist. Die relative Größe des Augapfels im Vergleich zur Körpermasse liegt beispielsweise über der des Rindes (DOBBERSTEIN und HOFFMANN, 1964). Nach AMMANN (1929) beträgt die Achsenlänge des Wildschweinauges etwa 21 bis 23 mm, die Horizontalausdehnung 23 bis 24 mm und die Vertikalausdehnung 21 bis 26 mm. Auch der anatomische Bau, den AMMANN vorzüglich untersuchte, läßt physikalisch günstige Verhältnisse erkennen. Das Sehorgan besteht aus dem Augapfel als Aufnahmeorgan, den Muskeln als Bewegungsapparat und den Augenlidern und Tränendrüsen als Hilfsapparate. Entwicklungsgeschichtlich ist das Auge ein Stück Gehirn, das samt seinen Gehirnhäuten aus der Schädelhöhle heraus an die Oberfläche getragen wurde. Der Augapfel des Wildschweines bildet eine annähernde Kugel, wie die bereits genannten Maße nachweisen, in deren Hintergrund der Sehnerv eintritt. Der bindegewebigen Sklera liegt die Aderhaut auf, die mit ihren Gefäßen und Pigmenten den Augenhintergrund auskleidet. Sie ist nicht, wie bei Wiederkäuern oder Raubwild, durch ein Tapetum in der Lage, einfallendes Licht zu reflektieren. Über der Aderhaut verbreiten sich die Fasern der Sehnerven zur Netzhaut (Retina), die AMMANN als einen dislozierten Gehirnabschnitt bezeichnet. Sie ist beim Schwarzwild durch einen besonderen Reichtum an Zapfen für das Dämmerungssehen prädisponiert, während die Zahl der für das Farbsehen verantwortlichen Stäbchen geringer ist.

Es werden zwei Stellen des deutlichsten Sehens im Augenhintergrund festgestellt, in denen sich nur Zapfen befinden. Eine rundliche Stelle wird für das binokulare Sehen, eine streifenförmig horizontal verlaufende für das monokulare Sehen verwendet. Die Iris trennt die mehr rundliche hintere von der abgeflachteren vorderen Augenkammer. In ihrer Mitte bleibt die Pupille frei, die beim Schwein auch im maximal verengten Zustande rund ist. Die nach außen abgrenzende Hornhaut wird durch das Sekret

Abb. 4/3 Flehmender Keiler (Foto: FREYMANN)

der Tränendrüsen ständig feucht gehalten. Bei der Verteilung des Sekretes und dem Schutz des Augapfels ist vor allem das Oberlid von Bedeutung.

Die Lebensweise des Wildschweines gebietet es, den Augapfel möglichst geschützt unterzubringen. Daher sitzt er ziemlich tief eingelagert zu Beginn des oberen Schädeldrittels. Die massige Knochensubstanz des Stirn-, Tränen- und Jochbeines bewahrt ihn weitgehend vor Verletzungen. Die derben Augenlider geben eine zusätzliche Sicherung. Durch seine eingesenkte Lage ist die eigentliche Größe des Augapfels am lebenden Stück kaum abschätzbar.

Obwohl das Auge schrägseitlich am Schädel sitzt, kann der Blick auch weitgehend nach vorn zum binokularen Sehen orientiert werden. Dagegen hat das Wildschwein nicht, wie einige andere, stark fluchtorientierte Huftiere, darunter auch das Warzenschwein, einen hinter ihm liegenden Sehbereich. Nach der bisherigen Betrachtung läßt sich somit auf einen ausreichend gutes Sehvermögen schließen, wobei in Anbetracht des Lebensraumes und der Lebensweise im Interesse des Schutzes dieses Organs als auch der vorhandenen Wahrnehmungsmöglichkeiten Einschränkungen in Kauf genommen wurden.

Über die Leistungsfähigkeit gibt es noch widersprüchliche Ansichten. SIGNORET (in PORZIG, 1969) ist der Auffassung, daß Schweine Formen, Farben und die Größe von Gegenständen schlecht wahrnehmen. Dagegen ermittelten BACKHAUS (1956) und REIHER (1969), daß der Visuswert dem bisher an Huftieren gefundenen ähnelt und besser ist als z. B. des Indischen Elefanten. Nach REIHER konnte eine Sau 13 visuelle Merkmalspaare (schwarzweiße Muster) unterscheiden; d. h., die Dressurbedeutung von 26 visuellen Signalen gleichzeitig parat haben. Selbst nach einer dressurfreien Periode von einem Jahr wurden noch gute Ergebnisse erzielt. Ähnlich widersprüchlich sind die Angaben zum Farbensehen. Nach KLOPFER und BUTLER (1964) können Schweine gut zwischen Blau, Grün, Gelb und Rot unterscheiden. Auch MEYNHARDT (1978) machte wahrscheinlich, daß Wildschweine mindestens zwischen intensiven und gedeckten Farben differenzieren können. RÖHRS und KRUSKA (1969) wiesen nach, daß beim Rückgang der Gehirnmasse beim Hausschwein die für den Gesichtssinn verantwortlichen Gehirnteile am stärksten reduziert wurden. Demnach wäre anzunehmen, daß das Sehvermögen des Wildschweines größer ist.

PORZIG (1976) faßt zusammen, daß durch die Reduzierung der optischen Strukturen um etwa 41 %, der olfaktorischen um 32 % und der limbischen um 41 % beim Hausschwein vor allem die Systeme Feinderkennung, Wittrung und allgemeine Orientierung reduziert wurden. Das Wildschwein scheint sein Sehvermögen vor allem im Nahbereich einzusetzen und sich bei der Fernorientierung in weitaus stärkerem Maße auf den Geruch zu verlassen. Unbeweglich stehende Personen werden selbst auf unglaublich kurze Entfernungen nicht wahrgenommen, sofern nicht einer der beiden anderen Fernsinne gleichzeitig warnt. Es ist schwerlich einzuschätzen, inwieweit Gegenstände oder Personen, die Fluchtintensionen auslösen, wirklich als solche erkannt, oder lediglich als ungewohnte Veränderungen am vertrauten Wechsel festgestellt werden. Jedenfalls ist hundertfach bewiesen, daß man bei gutem Wind im Mondlicht brechende Sauen bis auf kurze Entfernung angehen kann, ohne sie zur Flucht zu veranlassen. Über die absolute Leistungsfähigkeit des Sehvermögens ist damit freilich wenig ausgesagt. Die optische Kommunikation scheint aber doch bei den Wildschweinen ebenfalls nicht unbedeutend zu sein.

Beim Imponierverhalten spielen das Darbieten der Breitseite und die Umrißvergrößerung durch das Aufstellen der Federn eine bedeutende Rolle. Die Konturenverstärkung durch Schwarzfärbung des Kammbereiches, der Teller und der Oberläufe sind ebenfalls in Betracht zu ziehen.

Der Kopfpol ist durch die aufgehellte Wangenbinde und die melierte Gesichtsfärbung ebenfallls in der Nahdistanz markiert. Ein individuelles Erkennen nach Größe oder Färbung ist allerdings bisher nicht nachgewiesen. Die individuelle Streifung der Frischlinge dient nach bisheriger Kenntnis ebenfalls nicht ihrer optischen Unterscheidung.

4.5. Gehör und akustische Kommunikation

4.5.1. Akustische Wahrnehmung

Neben dem Geruch bildet das Gehör die wichtigste Informationsquelle des Schwarzwildes. Wenn es auch gelegentlich trotz trockenen Laubes und knackender Zweige gelingt, an eine friedlich brechende Rotte nahe heranzukommen, so ist das kein Zeichen für ein schlechtes akustisches Wahrnehmungsvermögen. Die sich in Sicherheit wähnende Rotte erzeugt selbst beim Brechen und Ziehen so viele Geräusche, daß manches fremde dazwischen untergeht, oder einem anderen Rottenmitglied zugeschrieben wird. Einem einzelnen Stück kann man sich jedoch kaum so leicht nähern. Unsere Verhaltensuntersuchungen zeigten, daß auch anscheinend fest im Kessel schlafende Sauen durch leichte Bewegungen der Teller auf ungewöhnliche akustische Reize, wie auf das Warnen eines Eichelhähers oder auf Passantenstimmen von einem 200 m entfernten Wege her reagierten. Die Feinheit des Hörvermögens wurde bisher keinem exakten Test unterzogen. Kiessling (1925) berichtete, daß Sauen das leise Einstechen seiner Büchse auf Entfernungen bis zu 100 m vernehmen. Das Hörorgan des Schwarzwildes bietet wenig Besonderheiten. Artcharakteristisch sind die zum äußeren Ohr gehörenden Teller, die im Vergleich zu anderen Schalenwildarten verhältnismäßig wenig beweglich sind. Können die Sauen auch nicht mit ihnen „spielen", ist es aber doch nicht so, wie Kiessling schreibt, daß sie in der Stellung, wie sie gewachsen sind, fest am Kopfe sitzen. Sie können sehr wohl aufmerksam aufgerichtet werden, wenn es auch die Sau vorzieht, den gesamten Kopf, unter Umständen den Körper, einer Schallquelle direkt entgegenzudrehen.

Infolge ihres weiten Abstandes und ihrer nicht kleinen Schalltrichter sind Sauen gut in der Lage, ein Geräusch zu orten. Die aufgerichtet steifen Teller haben eine Knorpelgrundlage. An ihr enden mehrere Muskeln, die ihnen die genannte Beweglichkeit ermöglichen. Nähere Beschreibungen des äußeren Ohres sind bei Minder (1930) und bei Höfliger (1931) zu finden. An die Teller schließt sich der lange, mit Haaren und Talgdrüsen besetzte äußere Gehörgang bis zum Trommelfell an, welches das äußere vom mittleren Ohr scheidet. Es überträgt die ankommenden Schallwellen auf die drei Gehörknöchelchen, die ihrerseits die Schwingungen durch die Paukenhöhle auf das innere Ohr übertragen. Dieses ist ein System von Hohlräumen, das Labyrinth. Es ist mit Gehörlymphe gefüllt, welche die Schwingungen übernimmt. Im hinteren Teil, der Schnecke, treffen sie auf die Sinneszellen des Cortischen Organes und werden in das Gehirn weitergeleitet.

4.5.2. Akustische Kommunikation

Es wurde bereits aus vorhergehenden Kapiteln deutlich, daß Wildschweine, als Wesen mit entwickelter Sozialstruktur, eines Systems der Informationsübertragung bedürfen. Dieses System besteht aus mehreren Bahnen, dem chemischen, optischen und akustischen Kanal (Tembrock, 1977), die voneinander getrennt oft nur eine eingeschränkte Wirkung entfalten. Ganz allgemein kann gesagt werden, daß Säugetiere, die sich vorwiegend in für sie unübersichtlichen Lebensräumen aufhalten und einen hohen Grad an Dämmerungs- und Nachtaktivität aufweisen, eine gut entwickelte akustische Kommunikation besitzen. Das trifft auch für das Wildschwein zu. Wildschweine sind, wenn sie es sich aus Sicherheitsgründen leisten können, ausgesprochen laut, wenn auch einige alters- und geschlechtsabhängige Einschränkungen dieser Aussage am Platze sind. Unter den Zielfunktionen der akustischen Nachrichtenübertragung steht wohl die des Gruppenzusammenhaltes, der Sicherung der jeweiligen Sozialverbände, im Vordergrund (Funktionen der Distanzerhaltung nach Tembrock). Die zusammengehörigen Rottenmitglieder (in Mutterfamilien und Überläuferrotten) informieren sich beim Brechen durch ständige leise Kontaktlaute über ihren Aufenthalt. Die bei der Nahrungssuche verursachten Begleitgeräusche (Brechen, Kauen, Ziehen) wirken dabei unterstützend. Die Funktionen der Stimmfühlung sind besonders bei führenden Bachen ausgeprägt und werden mit zunehmendem Alter der Frischlinge seltener geäußert. In übersichtlichem Gelände können sie ganz entfallen. An ihrer Stimme können sich Wildschweine individuell unterscheiden, wie noch näher erläutert wird. Wichtige Funktionen bestehen in der Anzeige des Geschlechtes und des sexualen Status in der Rauschzeit. Sie spielen eine wesentliche Rolle bei der Anzeige der sozialen Stellung. Durch Warn- und Droh-, aber auch durch Bettellaute kann die emotionale Situation übermittelt werden, die ihren höchsten Ausdruck in Kampf- und Verteidigungslauten findet. Schließlich werden durch Warn- und Alarmlaute externe Störfaktoren allen anwesenden Sauen mitgeteilt.

Eine eingehende Analyse des Lautinventars der Wildschweine erfolgte durch KLINGHOLZ et al. (1979), KLINGHOLZ und MEYNHARDT (1979) und MEYNHARDT (1980), der Detailbeobachtungen von GUNDLACH (1968) und BEUERLE (1975) an Wildschweinen sowie von GRAUVOGL (1958) an Hausschweinen vorausgingen.

Wenn anschließend eine Darstellung der bisher bekannten Lautformen vorgenommen wird (Tab. 4/1), sei doch im voraus darauf hingewiesen, daß die Stimme des

Tabelle 4/1 *Zusammenstellung von Lautäußerungen des Wildschweines. Die Angaben zur Tonstruktur und Lautfolge folgen weitgehend* KLINGHOLZ *et al. (1979).*

Zielfunktionsgruppe	Lautbezeichnung	Ausdrucksinhalt	Erzeugungstyp	Lautdauer (ms)	Lautfolge, Pausen (ms)	Grundfrequenz (Hz)	Tonhöhenverlauf	Intensität
Stimmfühlung	Kontaktlaut	Prägung/Geburt	Grunzen	50…400 F:10…160	Pausen: 50…500	20…70 F:60…150	variabel	gering bis mittel
		Prägung/Saugen	„	„	„	„	„	„
		Locken: B : F	„	„	variabel	„	„	„
	Kontaktlaut	Stimmfühlung im Verband	„	„	„	„	„	„
	Kontaktlaut	Individualerkennung	„	„	1…3 Laute/s	„	„	„
Appetenz	Hungerlaut	Aufforderung zum Saugenlassen	Grunzen und Schreien	G:100…200 S:300…600	ständige Wiederholung	G:90…150 S:420…640	stark variabel	hoch
	Futterstreit	Schreien	1000…1500		„	160…580	„	„
Suchlaut	Isolation	Grunzen u. Schreien	G:40…100 S:30…100	Pausen 20…220		G:90…150 S:bis 4000	„	„
Werbelaut	Werbegrunzen	Werben des Keilers	Grunzen	Impulskette 50…200	Impulsabstand 11	—	—	„
	Brummen	Paarungsbereitschaft der Bache	Grunzen	?	Pausen	?	konstant	mittel
	Wetzen	Erregung des Keilers im Sexualverhalten	Zahnreibung	lang	ständige Wiederholung	—	—	hoch

Tabelle 4/1 *(Fortsetzung)*

Zielfunktionsgruppe	Lautbezeichnung	Ausdrucksinhalt	Erzeugungstyp	Lautdauer (ms)	Lautfolge, Pausen (ms)	Grundfrequenz (Hz)	Tonhöhenverlauf	Intensität
Aversionslaute	Abwehrlaut	Futterstreit Ruheplatzstreit Abwehr im Spiel Abwehr im Sexualverhalten	Schreien (Quieken)	1000...5000	Wiederholung	160...280	gering variabel	mittel bis hoch
	Kampflaut	Spiel Rangordnung Keilerkampf	Schreien	100...800	Wiederholung	200...280	stark variabel	hoch
	Wetzen	Erregung des Keilers bei Rivalenkontakt	Zahnreibung	lang	ständige Wiederholung	—	—	„
	Kieferklappen	„	Zusammenschlagen der Kiefer	rasche Folge	„	—	—	sehr hoch
Feindvermeidung und Abwehr	Warnlaut	Beunruhigung	Grunzen	400...1000	einmalig	50...80	konstant	mittel
	Alarmlaut	Feindwahrnehmung	Grunzen Schreien Schnaufen	G: 140 S: 40	„	G: 60 S: 250	—	hoch
	Angstlaut	Angst	Schreien	110...140	ständige Wiederholung	400...600	stark variabel	„
	Klagelaut	Schmerz und Angst	Schreien	500...1800	Wiederholung	110...200	konstant	hoch
	Drohlaut	Drohen führender Bachen	Grunzen	?	„	?	gering variabel	„
	Verteidigungslaut	Angriffsdrohung von Bachen	„	schnelle Tonfolgen	„	?	?	mittel bis hoch
	Schimpflaut	Unbehagen Vorstufe vor Verteidigung	„	„	„	?	?	gering bis mittel
	Kieferklappen	Angriffsdrohung des Keilers	Zusammenschlagen der Kiefer	rasche Folge	ständige Wiederholung	—	—	sehr
Sonstige Lautformen	Behagensgrunzen	Behagenslaut bei sozialer Körperpflege	Grunzen	mittel	Wiederholung	?	konstant	gering
	Interesselaut	Neugier	„	kurz	„	?	gering variabel	mittel

F – Frischlinge; G – Grunzen; S – Schreien; Sch – Schnaufen

Schweines sehr modulationsfähig ist. Mit dem gleichen Grundlaut können durch Veränderung der Höhe, Stärke und Dauer unterschiedliche Stimmungen ausgedrückt werden. Ganz sicher erfolgt die Lautäußerung nicht nur als rein reflektorische Beantwortung gegebener Reize, sondern sie ist in einem gewissen Maße willkürlich beeinflußt. Wahrscheinlich erklären sich schon dadurch die unterschiedlichen Angaben über den Lautumfang, der von KLINGHOLZ et al. mit 10, von GRAUVOGL dagegen mit 20 angegeben wird. Es scheint aber auch, daß noch nicht alle Lautformen des Wildschweines ausreichend erkannt und beschrieben worden sind (Tab. 4/1).

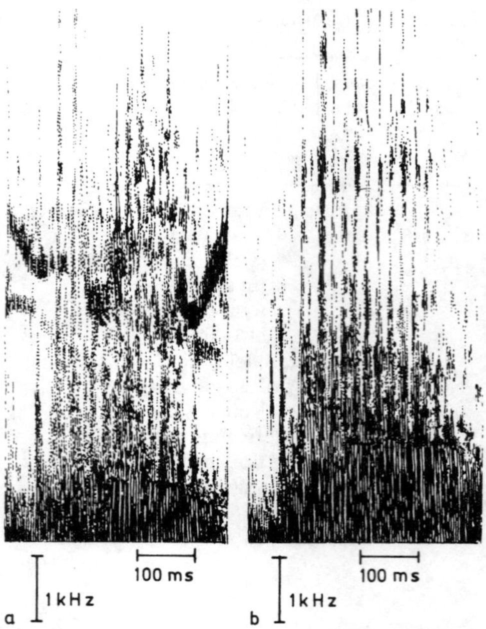

Abb. 4/4 Sonagramm der Kontaktlaute von Bachen
(nach MEYNHARDT, 1981)
a – Prägelaut bei der Geburt
b – Sauglaut

4.5.2.1. Stimmfühlungslaute

Stimmfühlungslaute dienen der Kontaktnahme zwischen der Bache und ihren Frischlingen von der Geburt an, dem Zusammenhalt des Sozialverbandes und dem Erkennen von Individuen des eigenen oder fremder Verbände. Ihre Grundlage bildet der Kontaktlaut. Dieser ist ein einsilbiger Grunzlaut, der bereits während des Geburtsvorganges von der Bache und nach demselben von den Frischlingen geäußert wird und der Prägung dient. Die Lautdauer beträgt nach den Untersuchungen von KLINGHOLZ et al., denen hier bei diesen Angaben gefolgt wird, bei Frischlingen (bis zum Alter von etwa 8 Wochen) 10 bis 160 ms, bei älteren Stücken 50 bis 400 ms. Die Grundfrequenz wurde mit 60 bis 150 Hz bzw. 20 bis 70 Hz festgestellt (Abb. 4/4). Die Kontaktlaute werden von mehr oder weniger langen Pausen unterbrochen, die beim Säugen etwa 50 bis 500 ms währen, bei älteren Stücken aber situationsbedingt wesentlich länger sein können. Die genannten altersbedingten Veränderungen in der Frequenz und Tonstärke sind vom jeweils erreichten körperlichen und psychischen Zustand bedingt (Abb. 4/5).
Ein sehr wesentliches Kennzeichen des Kontaktlautes ist seine hohe Spezifik, die der Individualerkennung dient. Diese ist sowohl durch die Lautdauer als auch durch die Grundfrequenz des Grunzens gegeben. KLINGHOLZ et al. (1979) weisen eine deutliche Trennung der Kontaktlaute verschiedener Individuen nach diesen Merkmalen nach. Auch der Tonhöhenverlauf könnte dabei von Bedeutung sein. In der Prägephase wird die Grundinformation des Kontaktlautes von der Bache auf die Frischlinge übertragen. Die Bache äußert ihn als tiefes rhythmisches Grunzen beim Geburtsvorgang, beim Säugen und beim Anlocken ihrer Frischlinge. Die Frischlinge geben sich zunächst durch rhythmisches helles Quieken kund. Es wurde durch playback-Experimente eindeutig bewiesen, daß Frischlinge ihre Mütter, und Bachen ihre Frischlinge an den Kontaktlauten sicher erkennen. Des weiteren aber sind Frischlinge und ihre Mütter in dieser Lautäußerung weitgehend ähnlich, während verschiedene Würfe eindeutig getrennt werden können. So ist innerhalb des Wurfes die Ähnlichkeit der Kontaktlaute größer als zwischen verschiedenen Würfen der gleichen Rotte.

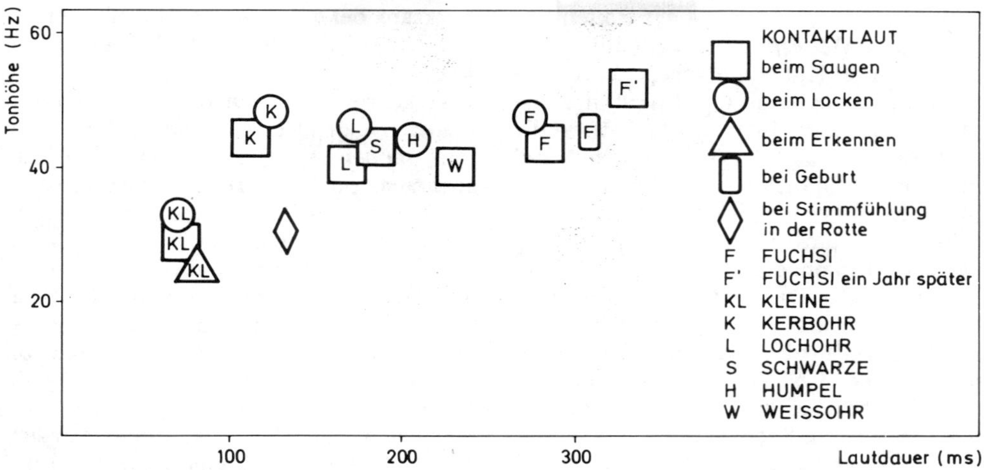

Abb. 4/5 Kontaktlaute von Bachen in verschiedenen Situationen im Lautdauer-Tonhöhen-Diagramm (nach Meynhardt, 1981)

Diese Unterschiedlichkeit der Kontaktlaute trägt dazu bei, daß nach Rottenteilungen differente akustische Strukturen entstehen, die bei der Abgrenzung der Rotten mitwirken. Somit sind die Kontaktlaute von Verwandtschaftsbeziehungen beeinflußt. Wie schon erwähnt, hat der Einfluß psychischer Erregung Variationen der Kontaktlaute zur Folge. Sie werden bei der Begegnung von zu verschiedenen Verbänden gehörigen Sauen in erhöhtem Tempo (etwa 2 bis 3 Laute/s) geäußert.

Klingholz und Meynhardt (1979) geben dazu folgende kommentierende Beschreibung: „Stößt ein Tier zur Rotte hinzu, so kommt ihm ein Rottenmitglied entgegen. Beide Tiere gelangen schnell auf ein erhöhtes Erregungsniveau, da es um die Freund-Feind-Erkennung geht. Ebenso äußert eine Bache, die ihre Frischlinge aus einer Gefahrenzone lockt, ihre Kontaktlaute bei erhöhter Erregung. Diese Kontaktlaute weisen gegenüber den Kontaktlauten der Tiere in anderen Situationen eine erhöhte Grundfrequenz auf." Es sei abschließend erwähnt, daß der Kontaktlaut als persönliches Merkmal einer Reihe weiterer, unspezifischer Lautäußerungen zur Individualerkennung beigeordnet ist. Die Variationsbreite der Kontaktlaute gibt Anlaß zu unterschiedlichen Einteilungen. Unter den von Grauvogl (1958) zusammengestellten Lautäußerungen des Hausschweines könnten folgende zur Gruppe der Kontakt- und Stimmfühlungslaute gehören: Standortlaute, Interesselaute, Locklaut, Milchlaut (3 Formen), Behagensgrunzen.

4.5.2.2. Appetenzlaute

Appetenz ist gewöhnlich auf eine Nahrungsquelle oder auf einen Partner ausgerichtet. Demzufolge können beim Schwarzwild Hunger- und Suchlaute festgestellt werden. Hungerlaute sind, im Gegensatz zum eher Preßlauten ähnelndem Grunzen, ausgesprochen stimmhaft. Es sind nach Klingholz et al. bis 1 500 ms lange, hohe Schreie von 160 bis 640 Hz Grundfrequenz, die unter Umständen pausenlos wiederholt werden. Bereits von der Geburt ab vorhanden, veranlassen die Frischlinge dadurch die Bache, sich zum Säugen niederzutun. Frischlinge und Überläufer können sie ausstoßen, wenn endlich die Luft rein ist und die Rotte zur Fütterung eilt. Auch rangniedere Stücke, die durch stärkere vom Futter abgedrängt werden, geben gelegentlich unwillige Hungerlaute von sich. Meynhardt (1980) beschreibt, daß beim Vorspielen der tonbandaufgezeichneten Hungerlaute von Frischlingen die dazugehörige Bache, und nur diese, sofort reagierte. Demnach dürften sie eine gewisse Spezifität aufweisen.

Suchlaute treten bei Verlust des Rottenkontaktes auf. Abgesprengte Frischlinge suchen mit ihrer Hilfe die Bache, andererseits sucht die Bache damit ihre Frischlinge. Sie haben eine hohe Intensität, die über die Locklaute (Kontaktlaut) hinausgeht und enthalten Komponenten des Grunzens und Quiekens. In Abhängigkeit vom Alter des suchenden Stückes und seiner Erregung steigt die Tonlänge und verringert sich der Pausenabstand. Die Lautdauer kann 70 bis 260 ms betragen, die Grundfrequenz des Quiekens bei Frischlingen bis 4000 Hz reichen. Das bei diesen eingeordnete Grunzen ist wahrscheinlich als Kontaktlautkomponente zu werten. Suchlaute wurden vom 3. Lebenstage an festgestellt.

4.5.2.3. Werbelaute

Mit der Annäherung an die Geschlechtsreife kann männliches Schwarzwild einen rhythmischen Werbelaut bei Anwesenheit rauschiger Bachen hören lassen. Er wird als eine Kette von 50 bis 200 ms Länge beschrieben, deren Impulsabstand etwa 11 ms beträgt. Bei rauschigen Bachen stehende Keiler lassen diese rollend-röchelnde Tonfolge, die auf Grunzkomponenten zurückgeht, häufig vernehmen. SIGNORET et al. (1960) wiesen beim Hausschwein nach, daß der Rhythmus dieser Lautfolge und die Duftstoffe des Ebers die wesentlichsten Faktoren sind, die den Stehreflex der Sau auslösen. Das Werbegrunzen ist oft mit dem Wetzen (Abschnitt 4.5.2.) verbunden.
Durch KLINGHOLZ et al. wird der Brunftton des paarungsbereiten weiblichen Schweines nicht erwähnt. Seine beim Hausschwein geprägte Bezeichnung als Knurren (SIGNORET in PORZIG, 1969) oder Heulen (GRAUVOGL) gibt ihn lautmalerisch wieder. Seine Wurzel könnte in der Nähe von Kontaktlauten zu suchen sein.

4.5.2.4. Aversionslaute

Innerartliche Auseinandersetzungen sind mit Abwehr- oder Kampflauten verbunden. Abwehrlaute können auf Futterkonkurrenz zurückgehen. Oft machen sie den pirschenden Jäger auf eine brechende Rotte aufmerksam, bei der einige Stücke in Streit um eine ergiebige Nahrungsquelle gekommen sind.
Ich registrierte sie auch mehrfach beim Einschieben in den Kessel, wenn im Winter Gezänk um den begehrten warmen Mittelplatz ausbrach, oder ein zu spät gekommenes Stück in grober Weise die schon ruhenden belästigte. Die Bache äußert Abwehrlaute, wenn sie noch nicht bereit ist, einen sie bedrängenden Keiler zu akzeptieren. Im Rivalenkampf unterlegene Keiler können sie vor ihrer Flucht äußern. Im Spielverhalten von Frischlingen und Überläufern tauchen sie als Mißfallensäußerungen (z. B. bei Aufreitspielen) auf. Abwehrlaute zeichnen sich im allgemeinen durch eine hohe Intensität aus. Sie können häufig wiederholt werden. Ihre zeitliche Dauer kann bis 5000 ms betragen, die Grundfrequenz wird mit 160 bis 280 Hz angegeben. Allgemein ausgedrückt, entsprechen Abwehrlaute einem langgezogenen, hohen, unspezifischen Quieken. Ihre Länge und das Fehlen von Kontaktkomponenten, deren sie nicht benötigen, ist typisch. Sie ähneln immerhin den Hungerlauten und auch den Angstlauten, die bei der Einwirkung von Feinden abgegeben werden.
Kampflaute werden von KLINGHOLZ et al. (1979) als intensive, ständig wiederholte Schreie von einer Lautdauer zwischen 100 und 800 ms und einer Grundfrequenz von 200 bis 280 Hz bei älteren Sauen, 400 bis 4000 Hz bei Frischlingen beschrieben. Sie sollen bei Frischlingskämpfen, bei Rangordnungskämpfen der Bachen und bei Rivalenkämpfen der Keiler zu vernehmen sein. MEYNHARDT (1978) erwähnt „laute Kampfschreie“ der Keiler in der Rauschzeit.
BEUERLE (1975), der das Kampfverhalten von Keilern ausführlich studierte, erwähnt derartige Kampfschreie an keiner Stelle. Zu Schreien kam es nur dann, wenn der unterlegene Keiler in Abwehrstellung überging, also als Abwehrlaut. KIESSLING (1925) teilt mit: „Wenn ältere Keiler mit ihresgleichen zusammengeraten, vollzieht sich der Kampf stumm, wie schmerzhaft die Hiebe auch fallen mögen.“ Bei eigenen Beobachtungen wurden Kampflaute der beschriebenen

Form niemals vernommen, wohl aber solche, die wütende Abwehr des Unterlegenen begleiteten.
Sie müßten also zumindest als außerordentlich selten gelten. Dagegen lassen erregte Keiler regelmäßig das schon erwähnte Wetzen und das Kieferklappen hören. Beim Wetzen wird der Unterkiefer nicht vertikal, wie bei der Nahrungsaufnahme, sondern in schnellem Wechsel nach links und rechts bewegt (Beuerle, 1975). Die Kaudalseite der Gewehre schleift dabei sichtbar über die Rostralseite der Haderer. Nach längerem Wetzen „schäumt" der Keiler, das heißt, Speichelschaum tritt in Flocken aus. Nimmt die Erregung zu, geht das praktisch lautlose Wetzen zu dem für den Menschen noch aus 25 m Entfernung hörbaren Kieferschlagen über. Dabei wird der Unterkiefer in sehr schneller Folge mit klappendem Zubiß auf- und abbewegt. Das Kieferklappen kann auch von Bachen ausgeführt werden. Es geht dem Angriff voraus.

4.5.2.5. Laute der Feindvermeidung und -abwehr

Der Feindvermeidung dienen Warn- und Alarmlaute. Der Warnlaut hat die akustische Struktur eines Kontaktlautes, ist aber länger als der längste Kontaktlaut (Klingholz et al., 1979). Die Lautdauer beträgt 400 bis 1 000 ms, die Grundfrequenz 50 bis 80 Hz. Durch seine lange Dauer wird die Information über das Individuum wahrscheinlich eliminiert, er ist unspezifisch und spricht alle Rottenmitglieder an. Nach seiner Äußerung setzt allgemeines Sichern ein, bis entweder die Nahrungssuche bei zunächst erhöhtem Wachzustand (Vigilanz) fortgesetzt wird oder zur Klärung der Situation eine vorsichtige olfaktorische Erkundung erfolgt. Kommt es zu keiner Klärung, bringt sich die Gruppe in Sicherheit. Die Lautdauer und -intensität des Warnlautes könnte mit dem Grad der eingeschätzten Gefahr positiv korreliert sein. Das erstmalige Äußern von Warn- und Alarmlauten stellte Meynhardt etwa ab der 3. Lebenswoche fest.
Der Alarmlaut ist mit etwa 200 ms relativ kurz. Er setzt mit einer kurzen Grunzphase ein, hat dann eine stimmliche Komponente und endet mit dem Blasen. Die Grundfrequenz beträgt zwischen 60 und 250 Hz. Im allgemeinen wird er nur einmal, als kurzes, kräftiges „Wuff" geäußert und löst die sofortige Flucht aus.
Angriffshandlungen von Wildschweinen gegenüber artfremden Gegnern werden in unseren Breiten selten beobachtet. Sie kommen als Abwehrreaktionen verletzter Stücke gegenüber Menschen und Hunden und als Schutzreaktionen von führenden Bachen gelegentlich vor. Das Kieferklappen wird manchem Jäger gut erinnerlich sein, der bei der Nachsuche einer kranken, stärkeren Sau zu nahe kam. Es ist auch in dieser Situation Ausdruck höchster Erregung und geht dem Agriff voraus. In mehreren Fällen registrierte ich ein tiefes, langgezogenes drohendes Brummen, wenn ich Frischlinge führenden Bachen zu nahe kam, diese sich aber nicht zum Angriff entschließen konnten. Grauvogl (1958) bezeichnet diesen Laut als Unwillenknurren, das die Sau äußert, wenn sie sich gegen erlittene Unbill zur Wehr setzen will.
Klingholz et al. (1979) beschreiben einen Angstschrei, der von in die Enge getriebenen Stücken geäußert wird. Seine Lautdauer betrug 110 bis 140 ms, die Grundfrequenz 400 bis 640 Hz. Er kann mit hoher Intensität ständig wiederholt werden. Krankgeschossene schwächere Sauen äußern einen Klagelaut von 110 bis 200 Hz, der sehr langgezogen ist (500 bis 1 800 ms) und mehrfach hintereinander ausgestoßen werden kann. (Abb. 4/6). Ältere Sauen ertragen dagegen Schmerz meist stumm und äußern beim Erkennen des Gegners Aggressivität. Einen Verteidigungslaut in zwei unterschiedlichen Erregungsstufen beschreibt Grauvogl bei Hausschweinen, der aus kurzen, in schnellem Rhythmus geäußerten Lauten bei geöffnetem Rachen besteht. Er hörte ihn vor allem bei Muttersauen, deren Ferkel mißhandelt wurden. Eine Vorstufe sind kurze, abgehackte, nasale Schimpflaute. Ferkel sollen einen ähnlichen, als „Bellen" bezeichneten Laut aufweisen, den sie z. B. beim Streit um das Gesäuge abgeben. Für das Wildschwein sind diese Lautformen bisher nicht exakt nachgewiesen.

Abb. 4/6 Klagender Frischling vor dem Hund
(Foto: FREYMANN)

4.5.2.6. Sonstige Lautformen

Eine Reihe von Lautformen kann gegenwärtig noch nicht zugeordnet werden, die zwar beim Hausschwein bekannt, beim Wildschwein jedoch noch nicht ausreichend analysiert wurde. Dazu gehört das tiefe Behagensgrunzen, das bei der sozialen Körperpflege geäußert wird. Es könnte eine Beziehung zu Kontaktlauten haben. Mehrfach vernahm ich bei unseren Versuchstieren einen weichen, leisen, hellen Laut, den sie bei friedlicher Kontaktaufnahme zueinander abgaben. Er entspricht am ehesten dem von DIMIGEN (1970) als Behagens- oder Demutslaut bezeichneten Laut.
Neue Gegenstände im Versuchsgatter wurden gelegentlich unter Abgabe kurzer, rhythmischer Laute untersucht.

4.6. Geschmacksempfindung

Die Geschmackswahrnehmung ist an die in der Mundhöhle und im Rachen in Papillen zusammenstehenden Geschmacksknospen gebunden. Besonders die Zunge besitzt eine Zahl solcher Papillen. Die in ihnen zusammengefaßten Knospen sollen beim Hausschwein die stattliche Anzahl von 9 bis 10000 betragen. Die besonders großen umwallten Papillen können bei der Betrachtung des Leckergrundes auch makroskopisch wahrgenommen werden. Die Geschmacksempfindung erfolgt wahrscheinlich, wie beim Menschen, in den 4 Qualitäten salzig, sauer, süß, bitter. Vor allem süß und bitter sollen gut wahrgenommen werden (SIGNORET in PORZIG, 1969). Süße Stoffe werden in der Nahrung sehr bevorzugt. Hausschweine können zwischen einer Ration mit 1,5 % Kochsalz und einer solchen mit 2 % gut unterscheiden. Auch Giftpflanzen wissen sie zu meiden. Die Feinheit des Geschmackssinnes bestätigte sich auch in mehrfachen Versuchen zum Kartoffelsortenwahlvermögen, auf die später näher eingegangen wird.

4.7. Taktile Wahrnehmung

Der Tastsinn vermittelt eine mechanische Wahrnehmung der Umwelt über die Körperoberfläche. Druckempfindungen, Kälte- und Wärmereize, aber auch Schmerzen kommen so zu Bewußtsein. Windrichtungen und Windstärken werden gefühlt.
Die Wahrnehmung erfolgt über verschiedene Arten von Tastkörpern, an denen Nervenenden ansetzen. Sie sind vor allem mit den Haarwurzeln koordiniert, da das in die Oberhaut eingesetzte Haar schon an sich für die Aufnahme taktiler Reize prädestiniert ist. Beim Schwarzwild hat vor allem der Wurf als Tastorgan eine hohe Bedeutung. Er ist reichlich mit kurzen Tasthaaren besetzt (vgl. Abschnitt 3.2.1.2.), die über einen blutgefüllten, druckempfindlichen Sinus aufgenommene Reize an Nervenenden weiterleiten. Beim Hausschwein fand ADRIAN (1963) auf 3 bis 5 cm^2 Rüsselscheibe 40000 Rezeptoren; die Gesamtfläche der Rüsselscheibe beträgt 35 bis 40 cm^2. Neben dem Wurf scheint auch die Unterlippe eine Tastbedeutung zu haben, denn das Wildschwein kann sicher mit ihr und mit der Zunge einzelne Getreidekörner oder Insektenpuppen von der Erdoberfläche abheben. Die Empfänglichkeit des Schwarzwildes für Körperpflegehandlungen (vgl. Abschnitt 3.7.3.) und das beliebte Kontaktliegen lassen darauf schließen, daß Tastzellen auf der gesamten Körperoberfläche reichlich angeordnet sind. Ein ausgezeichnetes Tastvermögen besitzen die Sohlenballen. Sie befähigen das Schwarzwild zur Prüfung der Sicherheit des Untergrundes, die es beim Durchziehen seiner sumpfigen Einstände dringend benötigt.
Über Temperatur- und Schmerzempfindungen ist bisher nichts bekannt.

4.8. Drüsensystem

4.8.1. Allgemeines

Bei der fein aufeinander abgestimmten Steuerung und Regelung der Lebensprozesse wirken das Nervensystem und das System der endokrinen Drüsen eng zusammen. KLUG (1960) charakterisiert die nervöse Regulation als schnell arbeitend, aber wenig ausdauernd. Sie ist geeignet, dem Organismus Reaktionsunterschiede seiner Umwelt rasch mitzuteilen, so daß er auf jeden äußeren Reiz sofort mit einer entsprechenden Reaktion antworten kann. Bei der chemischen Regulation werden dagegen spezifisch wirkende Substanzen in kleinsten Mengen entweder durch direkte Kontaktwirkung von Zelle zu Zelle übertragen, oder auf dem Blut- oder Lymphweg von der Bildungsstätte zum Wirkort transportiert. Sie hat die Aufgabe, unter gegebenen Bedingungen ein optimales Milieu zu schaffen. Auch bei der Entwicklung des Organismus spielt die chemische Regulation eine große Rolle. Die meisten Hormone werden in den endokrinen Drüsen erzeugt, die teilweise in engen funktionellen Wechselbeziehungen zueinander stehen. Sie können sich in ihrer Wirkung gegenseitig auslösen oder verstärken, aber auch als Gegenspieler auftreten. Allen Hormondrüsen fehlen Ausführungsgänge. Sie werden statt dessen außerordentlich gut durchblutet, und entlassen ihre Wirkstoffe direkt in die Blutkapillaren.
Die chemische Regulation steht mit bestimmten Gehirnzentren, vor allem aber mit dem autonomen Nervensystem, in enger Beziehung. Die Bildung vieler Hormone wird vom Nervensystem reguliert, und umgekehrt beeinflussen auch Hormone nervöse Zentren. Daher spricht man auch zusammenfassend vom neurohumoralen System. Hormone wirken anregend oder hemmend auf die Lebensprozesse, beeinflussen wesentlich die psychische Situation und werden von dieser angeregt.
Ihr Ausfall oder ihre Überproduktion verursachen ausgeprägte Entwicklungs-, Wachstums-, Stoffwechsel- und Verhaltensstörungen. Die Lebenstüchtigkeit des Organismus wird beeinträchtigt, und der Tod kann unmittelbar oder infolge herabgesetzter Widerstandsfähigkeit gegen widrige Umwelteinflüsse herbeigeführt werden. Das endokrine System des Wildschweines ist noch nicht bearbeitet worden.
Deshalb wird bei der anschließenden Darstellung auf Befunde am Hausschwein zurückgegriffen. Die Beschreibung des Wirkgefüges beschränkt sich auf diejenigen Zusammenhänge, die unbedingt zum Ver-

ständnis der inkretorischen Steuerung des Lebensablaufes erforderlich sind.

4.8.2. Hypophyse

Die Hirnanhangdrüse befindet sich an der Basalfläche des Gehirns in einer speziellen Vertiefung des Keilbeines und ist durch einen Stiel mit dem Zwischenhirn (Hypothalamus) verbunden Sie ist nur kirschkerngroß und wiegt etwa 0,2 bis 0,5 g. Nach HERRE und BEHRENDT (1940) ist sie beim Wildschwein in der Jugend rundlich, später längsoval. Sie nimmt funktionell eine zentrale Stellung ein, da ein Teil ihrer zahlreichen Hormone andere Drüsen in ihrer Tätigkeit wesentlich beeinflußt. Ihre enge Verbindung zum Gehirn ermöglicht wichtige Wechselbeziehungen zwischen der endokrinen und nervösen Regulation. Die Hypophyse besteht aus zwei nach Herkunft und Funktion unterschiedlichen Anteilen sowie einem Zwischenteil. Der wesentlich größere Vorderlappen ist drüsigen, der kleinere Hinterlappen nervösen Ursprungs. Nach den oben genannten Autoren ist der Feinbau beim Wildschwein wesentlich kompakter als das aufgelockerte Gefüge beim Hausschwein.

Die Hormone des Vorderlappens stimulieren die Funktion der Nebennierenrinde und der Schilddrüse. Auf die sexuelle Sphäre wirken das Follikelreifungshormon, das zwischenzellenstimulierende Hormon und das luteotrope Hormon ein. Das somatotrope Hormon ist für das normale Körperwachstum unentbehrlich. Sein Fehlen bewirkt Wachstumsstillstand, sein Überangebot Riesenwuchs.

Im Hinterlappen wird das Vasopressin erzeugt, das eine Blutdrucksteigerung bewirkt und der Wasser- und Kochsalzausscheidung dient. Durch das Oxytozin erfolgen Wirkungen auf die Muskulatur der Gebärmutter, zum Beispiel die Auslösung von Wehen. Auch die Milchabgabe beim Säugen wird dadurch ausgelöst.

Auf dem Wege über die Sinnesorgane und Gehirnzentren wird die Tätigkeit der Hypophyse zum großen Teil durch exogene Reize beeinflußt. Das ermöglicht beispielsweise eine Koordinierung der Lebensprozesse mit dem Ablauf der Jahreszeiten und eine Synchronisation der psychischen und physiologischen Situation von Geschlechtspartnern.

4.8.3. Zirbeldrüse

Die Epiphyse ist ein zapfenförmiges braunes Gebilde am Zwischenhirn. Ihre hormonelle Funktion ist bisher nicht genau bekannt. Es wird angenommen, daß sie während der Jugendentwicklung antagonistisch auf die Ausbildung von Geschlechtshormonen einwirkt. Wahrscheinlich hat sie auch Einfluß auf die Pigmentbildung. Sehr bedeutsam ist ihre Rolle als „biologische Uhr" bei der lichtabhängigen Steuerung periodisch verlaufender Lebensprozesse.

4.8.4. Schilddrüse

Die braunrote Schilddrüse liegt unterhalb des Kehlkopfes der Luftröhre an. Sie besteht aus einem größeren Mittelteil mit beidseitig ausgebildeten Lappen. Ihre Masse wird mit etwa 20 g angegeben; sie ist in ihrer Größe ziemlich variabel.

Ihre Tätigkeit wird sehr wesentlich durch die Hypophyse stimuliert. Andererseits gibt es kaum eine Organfunktion, die nicht von der Schilddrüse beeinflußt wird. Sie regelt mit ihrem jodhaltigen Hormon Thyroxin die Beschleunigung des Stoffwechsels, in deren Folge Abmagerung eintritt. Eine Unterfunktion verursacht dagegen eine Senkung des Grundumsatzes, bei jungen Individuen Wachstumsstörungen (Zwergwuchs) und eine Beeinträchtigung der gesamten geistigen und sexuellen Entwicklung. Weitere Schilddrüsenhormone wirken auf den Mineralstoffhaushalt im Skelettsystem ein.

4.8.5. Nebenschilddrüse

Die paarigen Epithelkörperchen liegen seitlich der Schilddrüse und wiegen etwa 40 bis 50 mg. Sie beeinflussen durch ihr Parathormon den Mineralstoffhaushalt des Körpers. Ihre Unterfunktion bedingt das Absinken des Kalziumspiegels im Blut und in den Geweben, eine Überfunktion dagegen eine Anreicherung derselben und eine Demineralisation des Skeletts. Die Veränderungen im Kalkhaushalt bewirken ihrerseits eine gesteigerte Erregbarkeit, die bis zum Krampf (Tetanie) führen kann.

4.8.6. Thymus

Der gelbliche Thymus liegt beiderseits der Luftröhre am Hals bis zum Brustkorb. Er ist nur bei jungen Stücken gut entwickelt; nach Eintritt der Geschlechtsreife tritt ein Fettkörper an seinen Platz. Seine Bedeutung ist noch umstritten. Sie wird im Einfluß auf Wachstumsprozesse, aber auch auf den Infektionsschutz und die Entgiftung des Körpers gesehen. Wahrscheinlich hemmt er die Gonadenfunktion. Bei seiner Entfernung wurde unter anderem eine Verlangsamung der Fluchtreflexe festgestellt.

4.8.7. LANGERHANSsche Inseln

Die LANGERHANSschen Inseln sind in das Drüsengewebe der Bauchspeicheldrüse (vgl. Abschnitt 5.1.2.5.) eingesprengt. In ihnen werden das Insulin und das Glukagon erzeugt.
Das Insulin reguliert den Kohlenhydratstoffwechsel, stimuliert die Speicherung von Glykogen in der Leber und Muskulatur und senkt den Blutzuckerspiegel. Das Glukagon hat, wie der Hauptgegenspieler des Insulins, das Adrenalin der Nebenniere, entgegengesetzte Wirkungen. Die Inselhormone beeinflussen auch den Fettstoffwechsel. Enge Beziehungen bestehen zu Hormonen der Hypophyse und zum Thyroxin der Schilddrüse.

4.8.8. Nebenniere

Die braunroten Nebennieren sind paarig und liegen zwischen dem Nierenrand und den großen Bauchgefäßen. Sie sind zylindrisch gestaltet, etwa 8 cm lang und 2 cm breit, und wiegen etwa 3 g. Bei gut genährten Stücken sind sie oft im Fett des Nierenbeckens kaum auffindbar. Die Nebenniere ist ein Doppelorgan, das aus dem gelbgrauen Mark und einer schmalen gelbbraunen Rinde besteht. Beide Teile haben unterschiedliche Funktionen. Die Hormone der Nebennierenrinde (Corticosteroide) beeinflussen den Mineral-, Kohlenhydrat-, Eiweiß- und Fettstoffwechsel. Ihr Mangel bewirkt ein Nachlassen der Muskelleistungen, Ermüdungserscheinungen treten auf und der Blutdruck geht zurück. Der Ausfall der Nebennierenrinde wirkt tödlich. Einige ihrer Hormone stehen den Geschlechtshormonen nahe. Sehr enge Beziehungen liegen zur Hypophyse vor. Vom Nebennierenmark werden das Adrenalin und das Norenalin produziert. Sie bewirken eine Verengung der Blutgefäße, eine Beschleunigung des Herzschlages und eine Erhöhung des Blutdruckes sowie des Blutzuckergehaltes im Blut. Sehr eng ist die Kopplung mit dem sympathischen Nervensystem. Die Nebenniere reagiert sehr stark auf psychische Belastung und Schmerz, die eine sofortige hohe Hormonausschüttung zur Folge haben. Diese versetzen den Organismus in ein sehr hohes Erregungsstadium, die zeitweilig seine Leistungsfähigkeit, zum Beispiel das Fluchtvermögen, enorm steigert. In Verbindung mit Reaktionen der Hypophyse und der Schilddrüse treten bei Dauerbelastungen allgemeine Störreaktionen (Streßerscheinungen) auf.

4.8.9. Gonaden

Neben der Bildung von Keimzellen (vgl. Abschnitt 6.1.) werden in den Gonaden die wichtigsten Geschlechtshormone erzeugt. Diese Tätigkeit ist eng mit der des Hypophysenvorderlappens abgestimmt. Unter deren Einfluß steht das gesamte Sexualgeschehen, beginnend mit der Ausbildung des Geschlechtscharakters und der sekundären Geschlechtsmerkmale bis zur Ausübung der eigentlichen Sexualfunktionen.
Die männlichen Geschlechtshormone werden im wesentlichen in den LEYDIGschen Zwischenzellen des Hodens gebildet. Das Zwischengewebe ist bei Wildschweinen besonders stark entwickelt und kann mehr als 40 % des Hodengewebes ausmachen (HOFMANN, 1978). Die wichtigsten männlichen Geschlechtshormone sind das Testosteron, das Androsteron und das Dehydroisoandrosteron.

Die weiblichen Geschlechtshormone sind die Östrogene und das Progesteron. Die ersteren werden in der Wand der Follikel, bei fortgeschrittener Trächtigkeit auch in der Placenta, erzeugt. Sie bewirken die Ausbildung der sekundären weiblichen Geschlechtsmerkmale, lösen die Brunsterscheinungen aus und aktivieren die Uterusschleimhaut.
Hervorzuheben ist auch ihre Einwirkung auf den Gesamtstoffwechsel, vor allem in Verbindung mit den Stoffwechselbelastungen der Trächtigkeit. Sie begünstigen die Ausnutzung der Nahrungsbestandteile. Das Progesteron wird vom Gelbkörper, und während der Trächtigkeit auch von der Placenta erzeugt. Unter seinem Einfluß steht die Aufnahme der befruchteten Eizellen durch die Uterusschleimhaut. Der Sprung weiterer Follikel wird verhindert. Auch auf die Ausbildung des Gesäuges wirkt das Progesteron ein. Unterbleibt eine Gravidität, lösen sich Östrogene und Progesteron in ihrer Tätigkeit zyklisch ab. Die Ausbildung der Geschlechtshormone ist mit der von geschlechtsspezifischen Geruchsstoffen (Pheromone) eng gekoppelt, so daß sie auf olfaktorischen Wege zur Synchronisation des Rauschzeitgeschehens beitragen.

4.8.10. Gewebshormone

Verschiedene Körpergewebe sind in der Lage, Hormone zu bilden, die in unmittelbarer Nähe ihres Entstehungsortes wirken. Sie sind an kein besonderes Drüsenorgan gebunden. Besonders häufig ist ihr Nachweis im Verdauungstrakt, in dem sie die verschiedenen Aktivitäten des Nährstoffaufschlusses, deren Aufnahme und Verwertung beeinflussen. Als Gewebshormone werden z. B. Sekretin, Gastrin und Pepsin angesehen. Das Acetylcholin spielt eine Rolle bei der Erregungsübertragung an den Endplatten verschiedener Nerven.

5. Ernährung

5.1. Bau und Funktionen der Verdauungsorgane

Der Verdauungsapparat dient der Aufnahme, mechanischen Zerkleinerung und chemischen Aufschließung der Nahrung, der Resorbtion der Nährstoffe und der Ausscheidung der unverdaulichen oder unverdauten Nahrungsbestandteile. Er besteht im wesentlichen aus dem von der Mundöffnung (Gebrech) bis zum After (Weidloch) reichenden Verdauungsschlauch. Zugerechnet werden ihm die Zunge (Lecker), die Zähne, die Speicheldrüsen, die Leber und die Bauchspeicheldrüse. Im folgenden wird die entwicklungsgeschichtlich abgeleitete Einteilung in Kopf- und Rumpfdarm zugrundegelegt.

5.1.1. Kopfdarm

Zum Kopfdarm gehören die Mundhöhle mit den dazugehörigen Organen und der Rachen. In der Mundhöhle erfolgen die mechanische Zerkleinerung und die Einspeichelung der aufgenommenen Nahrung. Sie ist infolge der gestreckteren Kopfform im Vergleich zum Hausschwein lang und schmal und besitzt eine ebenfalls relativ lange Maulspalte (Abb. 5/1). Diese wird auf der Unterseite durch eine im vorderen Teil spitz löffelförmig gestaltete, ziemlich bewegliche Unterlippe begrenzt, die, mit Zwergsinushaaren und Tastpapillen besetzt, bei der Nahrungsaufnahme von Bedeutung ist. Oben erfolgt ihr vorderer Abschluß durch die ebenfalls recht bewegliche Rüsselscheibe (Wurf). Diese hat, durch das Rüsselbein verstärkt und mit Tastsinushaaren besetzt, nicht nur eine mechanische Funktion bei der Nahrungsgewinnung aus dem Boden, sondern auch für die qualitative Bestimmung der Nahrung über den Geruchssinn.

An der Nahrungsaufnahme sind weiterhin die Schneide- und Eckzähne vor allem des Unterkiefers beteiligt. Die Nahrung wird abgerissen oder durch Einsatz der meißelförmigen Unterkieferschneidezahnfront abgekeilt. Durch die Keiler werden die Eckzähne (Waffen) als Hebel eingesetzt, wenn sie z. B. an unter Feldsteinen befindliche Würmer und Insekten gelangen wollen. Auch die sehr bewegliche, schmale Zungenspitze, die mit vor allem dem Tastsinn dienenden pilzförmigen Papillen dicht besetzt ist, wird bei der Nahrungssuche, z. B. dem Verzehr von Getreidekörnern, eingesetzt. Mit je zwei umwallten und blättrigen Geschmacksknospen ist der vor dem Rachen liegende Zungenrücken besetzt. Zu den Funktionen der Zunge gehört weiterhin die Verteilung und Durchmischung der Nahrung während des Kauvorganges. Die me-

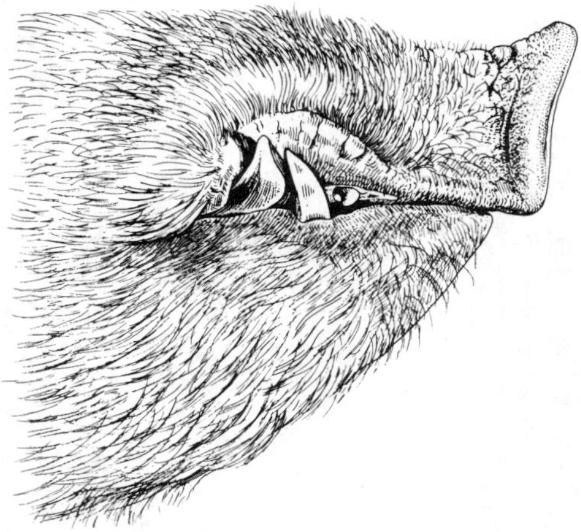

Abb. 5/1 Gebrechpartie eines 2jährigen Keilers, April; schräg nach vorn stehender, nur mit Sinushaaren besetzter Wurf, spitz zulaufende Unterlippe, über den Haderern aufgeworfene Oberlippe

chanische Zerkleinerung wird durch die breitkronigen mit Schmelzhöckern versehenen Mahlzähne vorgenommen. Da das Schwein während des Kauaktes den Unterkiefer meist nur auf- und abwärts bewegt und seitliche Kaubewegungen seltener vorkommen, wird die Nahrung eher zerquetscht als zermahlen (Bubenik, 1959). Auf das Gebiß des Schwarzwildes, das gemäß der omnivoren Lebensweise eine Mittelstellung zwischen dem der Raubtiere und Wiederkäuer einnimmt, wurde im Abschnitt 3.3.3. näher eingegangen.

Der gesamte Vorgang der Nahrungsaufnahme und -zerkleinerung vollzieht sich unter wesentlicher Beteiligung der Gesichtsmuskulatur. Während des Kauvorganges wird die Nahrung eingespeichelt. Das erfolgt durch die Ohrspeicheldrüse, die Unterkieferdrüse, die Unterzungendrüse sowie einige kleinere Drüsenkomplexe. Während die letztgenannten vorwiegend mukosen Speichel liefern, dessen schleimige Beschaffenheit den Bissen schlüpfrig macht, wird durch die vor allem im serösen Speichel der Ohrspeicheldrüse, die nahe dem 6. Backenzahn in die Mundhöhle mündet (Gubler, 1933), enthaltene Amylase der Stärke- und Glykogenaufschluß bereits eingeleitet.

Der Rachen schließt sich der Mundhöhle an. Er wird in den Atmungs- und Schlingrachen unterteilt, die in die durch das Gaumensegel regulierend getrennte Luft- bzw. Speiseröhre übergehen.

5.1.2. Rumpfdarm

5.1.2.1. Speiseröhre

Die Speiseröhre ist ein stark erweiterungsfähiger, häutigmuskulöser Schlauch, der den Rachen mit dem Magen verbindet. Sie enthält im ersten Drittel ihrer Länge ein massives Schleimdrüsenlager, dessen Sekrete für die Gleitfähigkeit des Bissens in der Speiseröhre sorgen. Während die ersten beiden Drittel der Länge aus quergestreifter Muskulatur bestehen, wird der Teil vor dem Mageneingang durch glatte Muskulatur gebildet. Nach Gabriel (1934) ist der Übergang zwischen diesen Abschnitten im Vergleich zum Hausschwein auffallend scharf. Der Bissen gelangt durch einen komplizierten, an der Rachenwand ausgelösten Reflex in die Speiseröhre und wird unter deren aktiver Mithilfe (Peristaltik) zum Magen befördert.

5.1.2.2. Magen (Weidsack)

Das Wildschwein besitzt einen zusammengesetzten einhöhligen Magen, der linksseitig der Bauchhöhle, unmittelbar hinter dem Zwerchfell und der Leber, gelegen ist. Er stellt einen längs- bis breitovalen häutigen Sack dar, der an der den Ein- und Ausmündungsöffnungen gegenüberliegenden Seite stark gewölbt und besonders ausdehnungsfähig ist (Abb. 5/2). Nach Schäppi (1931) hat der leere Magen eine Länge von 18 bis 26 cm (an den entferntesten Punkten der Kurvatur gemessen) und eine Höhe von 12 bis 18 cm. Sein Leergewicht erreicht bei ausgewachsenen Keilern 876 ± 52 g, bei ab zweijährigen Bachen 652 ± 16 g (Briedermann, 1970). Die Masse zeigt starke jahreszeitliche Schwankungen und ist im 3. Quartal am höchsten. Da zu dieser Zeit auch die mengenmäßig höchste Nahrungsaufnahme erfolgt, ist die Zunahme des Magengewichtes auf dessen höhere verdauungsphysiologische Beanspruchung zurückzuführen. Die

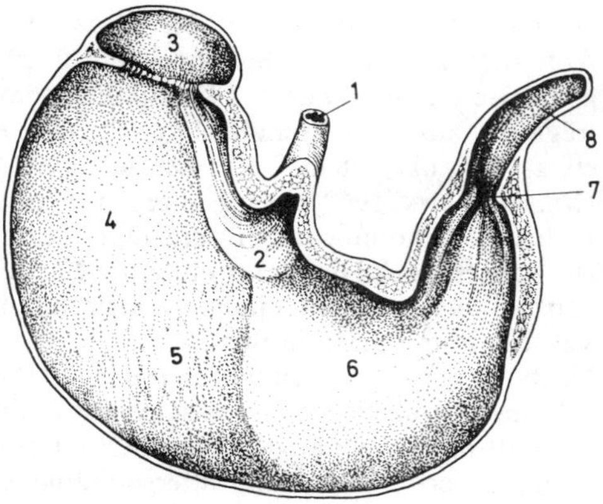

Abb. 5/2 Magen (nach RITZE et al, 1975)
1 – Speiseröhre
2 – mit kutaner Schleimhaut ausgekleideter Magenabschnitt
3 – Magenblindsack
4 – Kardiaabschnitt
5 – Fundusabschnitt
6 – Pförtnerabschnitt
7 – Pförtner
8 – Anfangsabschnitt des Zwölffingerdarmes

relative Masse (im Vergleich zur Wildbretmasse) beträgt vom 2. Lebensjahr an etwa 1 % der Körpermasse, bei etwa 4 Monate alten Frischlingen um 2 %. Im Vergleich zur Lebendmasse betrug sie bei je einem 4jährigen Keiler bzw. Bache im 2. Quartal 0,52 % bzw. 0,65 %. Über das Fassungsvermögen des Wildschweinmagens liegen noch keine Angaben vor. Die höchste festgestellte Inhaltsmenge (Tab.5/1) betrug 6,2 kg (BRIEDERMANN, 1967).

Im Inneren des Magens sind unterschiedliche Schleimhautabschnitte feststellbar (zusammengesetzter Magen). Unmittelbar an der Speiseröhren-Magen-Öffnung (Cardia) befindet sich ein kutaner Schleimhautabschnitt, in dessen Bereich die Speichelsekrete noch wirksam bleiben. Ihm schließt sich die ausgedehnte Cardialdrüsenzone an. Von den hier befindlichen Drüsenzellen wird neben Leucozyten bereits auch Pepsinogen, die Vorstufe des eiweißspaltenden Pepsins, sezerniert. Noch nicht näher bekannt ist die Aufgabe des im Cardiaabschnitt gelegenen Blindsackes. Er ist nach SCHÄPPI (1931) relativ größer als beim Hausschwein. Da er ebenfalls mit Drüsenschleimhaut ausgekleidet ist, sieht Schäppi seine Aufgabe in einer Vergrößerung der den Magensaft bildenden Fläche und infolge seines Reichtums an Lymphfollikeln in der Abtötung und Vermehrungshemmung aufgenommener Mikroorganismen. Unterhalb der Cardiazone liegt der Magengrund mit der Fundusdrüsenzone. Hier werden die Hauptmenge des Pepsinogens sowie Salzsäure erzeugt, die für dessen Aktivierung erforderlich ist. Im zum Pförtner (Pylorus) hin gelegenen Pylorusdrüsenteil kommt es u. a. zur Produktion von Gastrin, das die Sekretion des Magensaftes beeinflußt. Die Nebenzellen der Drüsenzone erzeugen weiterhin schleimartige Sekrete (Mucine), welche die Magenschleimhaut vor dem Angriff der Salzsäure und Fermenten schützen. Durch eine gewisse Menge an im Magensaft enthaltener Lipase wird im Magen neben der beginnenden Eiweißver-

Tabelle 5/1 *Mageninhaltsmasse vom Schwarzwild*

Geschlecht		Mageninhaltsmasse kg						
		0 bis 1	1 bis 2	2 bis 3	3 bis 4	4 bis 5	5 bis 6	6 bis 7
Frischlinge								
Juli bis	N	43	14	2	2			
Oktober	%	20,5	22,9	3,3	3,3			
November bis	N	52	44	11	3	1		
März	%	46,9	39,6	9,9	2,7	0,9		
Älteres	N	132	133	65	35	15	2	1
Schwarzwild	%	34,5	34,7	17,0	9,1	3,9	0,5	0,3

dauung auch bereits die Aufspaltung der Fette eingeleitet. Nähere Einzelheiten über den Feinbau des Magens von Wildschweinen bringt SCHÄPPI (1931). Durch peristaltische Bewegungen und Kontraktionswellen des Magens wird der aufgenommene Fraß allmählich vom Oesophagus zum Pylorus weitergeleitet. Dadurch kommt es nicht zu einer Vermischung, sondern zur geschichteten Lagerung der während der Fraßperiode verzehrten Nahrung. Die Einwirkung des Magensaftes erfolgt vor allem im wandnahen Bereich. Der Inhalt ist im oberen Teil meist alkalisch bis neutral und wird im unteren Teil angesäuert.

Bei Übertragung der am Hausschwein gewonnenen Erfahrungen vollzieht sich die Entleerung des Magens sowie der Transport des Futterbreies im Duodenum in zwei Phasen (GÜRTLER, 1971).

ZEBROWSKA et al. (1978) fanden ebenfalls, daß bereits während der ersten halben Stunde nach Verabreichung der Ration etwa 20% der aufgenommenen Zellulose den oberen Dünndarm passiert hatten. Zwischen der zweiten und achten Stunde nach der Fütterung wies die Passagerate der Zellulose den zweiten Gipfel auf. Nach acht Stunden hat etwa die Hälfte der Nahrung den Magen verlassen. Im Anschluß an die im Sommer bis zu 16 Stunden währende Ruhephase erlegte Sauen ließen eine nahezu vollständige Entleerung des Magensackes erkennen (BRIEDERMANN, 1967).

In der Tabelle 5/1 sind aus Jagdstrecken ermittelte Mageninhaltsmassen zusammengestellt. Die Mageninhaltsmassen spiegeln eine deutliche Tagesperiodik der Nahrungsaufnahme und -verdauung wieder. Sie steigen während des ganzen Jahres und bei allen Altersklassen vom Abend bis zum Morgen signifikant an.

5.1.2.3. Darm

Der Darmkanal beginnt am Magenausgang hinter dem Pylorus und besteht aus dem Dünndarm und dem Dickdarm. Er ist im Inneren von einer gefalteten Drüsenschleimhaut ausgekleidet, die von glatter Muskulatur umgeben wird. Außen besitzt er einen Bauchfellüberzug, der in das der Aufhängung dienende Bauchgekröse übergeht. Die Gesamtlänge des Darmkanals beträgt bei ausgewachsenen Hausschweinen etwa 24 bis 28 m (KLIMMECK, 1922; HORSZCZARUK, 1962). Der größte Anteil mit 19 bis 22 m kommt dabei dem Dünndarm zu, während der Dickdarm mit einer Länge von 5,5 bis 6,5 m in einem annähernden Verhältnis von 3,5:1 zu ihm steht.

Nach den Ermittlungen von SCHÄPPI (1931) soll der Darmkanal des Wildschweines mit etwa 10 bis 16 m Länge wesentlich kürzer sein. Er ermittelte eine altersabhängige Länge des Dünndarms von 7,80 bis 11,89 m und des Dickdarms von 2,40 bis 4,14 m. Beide Teile sollen bei jüngeren Stücken im Verhältnis von 3,2:1 und bei älteren von 2,5 bis 2,8:1 zueinander stehen. Selbst durchgeführte Messungen (Tab. 5/2) an lebendfrischem Material von zwei Wildschweinen ließen so starke Abweichungen nicht erkennen. Während nach SMOLLICH (1971) die Gesamtlänge des Darmes ungefähr das 15fache der Körperlänge betragen soll, betrug sie in den vorgenannten Fällen das 13,5- bzw. 13,9fache. Umfangreiche Messungen von KOSLO (1975) an Wildschweinen aus dem Belowsher Urwald sind in der Tabelle 5/3 zusammengestellt.

KOSLO ermittelte, daß der Darmtrakt im Verhältnis zur Körperlänge in den ersten Lebenstagen 12,6 und bei erwachsenen Stücken 13,5 Male länger ist. Es ist also anzunehmen, daß die relative und absolute Darmlänge des Wildschweines etwas hinter der des Hausschweines zurückbleibt, doch längst nicht so bedeutend, wie SCHÄPPI annahm. Die Verringerung bezieht sich hauptsächlich auf den Dünndarm, während der Dickdarm diesem gegenüber ein stärkeres Wachstum mit zunehmendem Alter aufweist. Nach SCHÄPPI hat der Darm der Wildschweine eine feinere Struktur der Schleimhaut und ihrer Faltung. Der Gehalt an Fetteinlagerung in der Unterschleimhaut ist geringer, die Konsistenz der Wand des Verdauungsschlauches bemerkenswert weniger schwammig und teigig (ACKERKNECHT, 1950).

Der Dünndarm setzt sich aus dem Zwölffingerdarm, dem Leerdarm und dem Hüft-

Tabelle 5/2 *Länge des Darmtraktes von 2 Wildschweinen*

Geschlecht	Alter Jahre	Gesamtlänge m	Dünndarm m	Dickdarm m	Verhältnis der Darmabschnitte
Keiler	4	21,25	15,50	5,75	2,70:1
Bache	4	19,43	14,66	4,77	4,07:1

Tabelle 5/3 *Länge des Darmtraktes von Schwarzwild im Belowesher Urwald (nach* Koslo, *1975)*

Geschlecht	Alter	Gesamtlänge cm	Dünndarm cm	Dickdarm cm	Verhältnis der Darmabschnitte
Männlich und	1...20 Tage	435	350	85	4,12:1
Weiblich	20...100 Tage	1118	875	234	3,74:1
	9...12 Monate	1455	1077	378	2,85:1
Keiler	19...26 Monate	1504	1077	427	2,52:1
	3...4 Jahre	2045	1487	558	2,66:1
	ab 5 Jahre	2227	1610	617	2,61:1
Bachen	19...26 Monate	1601	1166	435	2,68:1
	3...4 Jahre	1994	1432	562	2,55:1
	ab 5 Jahre	2009	1413	596	2,37:1

darm zusammen. Alle drei Teile sind stark mit Darmzotten besetzt.

Der Zwölffingerdarm setzt unmittelbar am Pylorus an und hat eine Länge von etwa 50 bis 80 cm. In der Nähe des Magenausganges münden in ihn die Zuleitungsgänge der Bauchspeicheldrüse und der Leber. In die Schleimhaut eingelagerte Drüsen (Brunnersche Drüsen) sondern Substanzen ab, die der Aktivierung der in der Pankreas erzeugten Verdauungssysteme dienen. Der sich anschließende Leerdarm ist in zahlreichen Schlingen gelegt und stellt den Hauptabschnitt des Dünndarm dar. Er geht in den etwa 60 bis 80 cm langen muskulöseren Hüftdarm über, der mit einem zapfenförmigen Ende in den Dickdarm mündet. Der Dünndarm stellt den Hauptort der Verdauung dar, in dem die Nährstoffe unter dem Einfluß des Pankreassaftes, des Darmsaftes und der Galle aufgeschlossen und durch die Darmzotten resorbiert werden. Durch Peristaltik und Pendelbewegungen wird der reflektorisch aus dem Magen entlassene Brei relativ schnell durch den Zwölffingerdarm in den Leerdarm transportiert und dort stark durchmischt.

Auch der Dickdarm besteht aus drei Abschnitten, die nun aber keine Schleimhautzotten mehr aufweisen.

Der Blinddarm ist linksseitig im Übergangsbereich zwischen Hüftdarm und Grimmdarm gelegen und weist beim Wildschwein eine dem Hausschwein entsprechende Länge von etwa 30 cm auf. Er hat ein verhältnismäßig großes Fassungsvermögen (etwa 1 l) und vermag infolge mikrobiell gebildeter Sekrete in gewissem Umfange Zellulose zu spalten. Das ist eine wichtige Funktion der hier im Anfangsteil des sich anschließenden Grimmdarmes konzentrierten Mikroflora. Dieser voluminöse Darmabschnitt dient hauptsächlich der Eindickung des Darminhaltes, aber auch noch der Absorbtion von Nähr- und Mineralstoffen. Bubenik (1959) bezeichnet ihn als einen Bakterienverdauungsraum zum Aufschluß der pflanzlichen Rohfaser. Die Verweildauer des Inhaltes kann mehrere Tage betragen. Der Grimmdarm windet sich in einer Anzahl größerer absteigender und kleinerer aufsteigender Spiralen und geht schließlich in den Mastdarm über, der im After endet. Es erfolgt dabei noch ein bakterieller Eiweißabbau, der jedoch ohne nutritive Bedeutung ist. Im Mastdarm nimmt der verbleibende Darminhalt, mit Bakterien, Mineralstoffen und Schleim angereichert, zunehmend eine kotähnliche Beschaffenheit an.

5.1.2.4. Leber

Die Leber ist durch tiefe Einschnitte in sechs unterschiedlich große Lappen gegliedert. Dem großen rechten Zwischenlappen liegt die Gallenblase auf (Abb. 5/3).
Die Lebermasse (vgl. Tab. 3/23) ist deutlich geschlechtsabhängig und unterliegt jahreszeitlichen Schwankungen (BRIEDERMANN, 1970). Beide Geschlechter erreichen in allen Altersklassen während des 4. Quartals die jährlichen Höchstmassen. Es sei daran erinnert, daß man in diesem Quartal die höchsten Wildbretmassen findet. Die Lebern der Frischlinge (Keiler) haben im 4. Quartal durchschnittlich eine Masse von 910 g, die der Bachen 810 g. Bei Überläufern betragen die Werte im gleichen Quartal 1 380 bzw. 1 190 g. Vom Überläuferalter ab ist der im 4. Quartal erreichte Gewichtsgipfel bei Keilern wesentlich ausgeprägter. Er erreichte

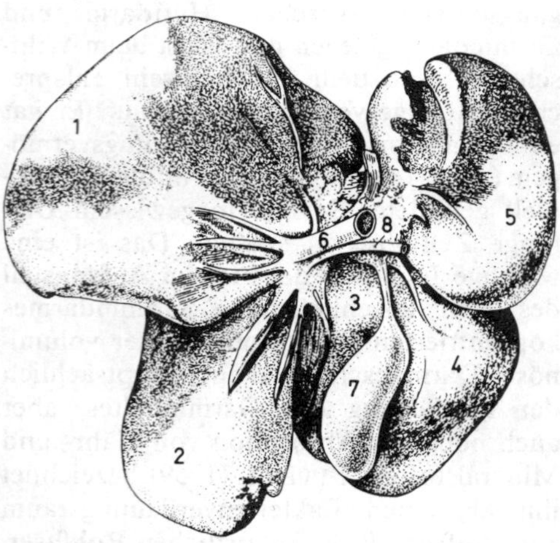

Abb. 5/3 Leber (nach RITZE et al, 1975)
1 – Lateraler linker Leberlappen
2 – medialer linker Lappen
3 – quadratischer Lappen
4 – medialer rechter Lappen
5 – lateraler rechter Lappen
6 – Pfortader
7 – Gallenblase
8 – Gallengang

bei 2- bis 3jährigen Keilern in diesem Quartal 2 191 ± 96 g, während Bachenlebern nur 1 377 ± 79 g wogen. Im Jahresdurchschnitt erreichte die Leber von 45 mittelalten Keilern durchschnittlich 1 592 ± 64 g, die von 11 reifen Keilern 1 876 ± 124 g. Die Lebern der Bachen wogen durchschnittlich 1 243 ± 41 g.
In der Relation zur Körpermasse schwinden allerdings die in Abhängigkeit vom Geschlecht bestehenden Unterschiede weitgehend und auch die jahreszeitlichen Gipfel werden stark reduziert. Im 4. Quartal haben Frischlingslebern etwa 3 bis 4 % der Wildbretmasse, bei adulten Stücken geht der Anteil auf etwa 2 % zurück.
Beim Vergleich mit den beim Hausschwein ermittelten Werten, die auf die Schlachtmasse bezogen sind (nach PFEIFFER und VON LENGERKEN in SCHWARK et al., 1975), besitzt das Wildschwein relativ höhere Lebermassen. Die Ermittlungen von KOSLO (1975) in Belowesh unterstreichen diese Ergebnisse (vgl. Tab. 3/25). Hier erreichten adulte Keiler eine durchschnittliche Lebermasse von 2 154 g, Bachen dagegen nur 1 660 g. Der Anteil zur Körpermasse sinkt von 3,23 % bei Neugeborenen über 2,15 % bei einjährigen auf etwa 2,0 % bei ausgewachsenen Sauen. Er scheint bei Keilern etwas geringer zu sein als bei Bachen. Koslo verweist darauf, daß auch laktierende Bachen einen größeren Index als güste Bachen haben (2,13:1,86).
Die Leber wird aus im Schnitt wabenförmig wirkenden Leberläppchen gebildet, die im Inneren eine Zentralvene aufweisen und außen durch Bindegewebszüge voneinander getrennt sind. Ihre Ernährung erfolgt durch die an der Leberpforte einmündende und sich stark verästelnde Pfortader. In den Leberläppchen wird die der Fettverdauung dienende Gallenflüssigkeit erzeugt, die in der Gallenblase gesammelt und über den Gallengang in den Zwölffingerdarm abgegeben wird. Da ihre Produktion kontinuierlich vor sich geht und die Abgabe mit dem Verdauungsprozeß koordiniert ist, ist der Füllungsgrad der Gallenblase stark von der Aktivitätsperiodik des Schwarzwildes beeinflußt. Während nach eigenen Feststellungen die Gallenblase von zu Beginn der

abendlichen Aktivität erlegten Überläufern durchschnittlich 30,7 cm^3 Flüssigkeit enthielt, wurden bei am Morgen erlegten Stükken nur 10,3 cm^3 festgestellt. Diese Werte, an 192 Sauen ermittelt, waren zu allen Jahreszeiten etwa gleich. In 2% der Fälle wurden 80 cm^3 überschritten, das Maximum, bei einem im Juni, abends, erlegten Keiler festgestellt, betrug 135 cm^3.
Neben der Gallensekretion nimmt die Leber zahlreiche weitere unentbehrliche Funktionen im Körperstoffwechsel wahr. Sie speichert aus dem Darmkanal resorbierte Nährstoffe, Spurenelemente und Vitamine und führt sie gleichmäßig dem Körper wieder zu. Sie speichert Fette und Glykogen, wirkt bei der Regulierung des Blutzuckerspiegels mit, synthetisiert Proteine und ist vor allem wesentlich bei der Harnstofferzeugung beteiligt. Ihre Rolle bei der Fettsynthese, dem Eiweißstoffwechsel und in Verbindung damit beim Harnstoffzyklus erklärt ihre starke Gewichtszunahme im 4. Quartal für beide Geschlechter und in der Rauschzeit bei den Keilern.

5.1.2.5. Bauchspeicheldrüse

Die fleischfarbene Bauchspeicheldrüse (Pankreas) ist in das Gekröse des Zwölffingerdarmes und des Magens eingelagert. Sie besteht aus zahlreichen Läppchen und wiegt etwa 100 g. Ihre Funktion besteht in der Bildung von Enzymen für die im Dünndarm verlaufende Verdauung der Eiweiße, Kohlehydrate und Fette. Weiterhin erzeugt sie die im Kohlehydratstoffwechsel bedeutsamen Hormone Insulin und Glukagon. Sie hat beim Wildschwein geringere Fetteinlagerungen als beim Hausschwein.

5.2. Bau und Funktion der Harnorgane

Obwohl die Harnorgane entwicklungsgeschichtlich in einer engen Verbindung mit den Geschlechtsorganen stehen, werden sie infolge ihrer exkretorischen Funktion doch in Verbindung mit den Verdauungsorganen behandelt. Sie bestehen aus den Nieren und den harnableitenden Wegen.

5.2.1. Nieren

Die Aufgabe der Nieren besteht im wesentlichen in der Entfernung körperfremder und Regulierung körpereigener Blutbestandteile, sowie in der Regulation des Wasser- und Salzhaushaltes. Sie sind braunrot, bohnenförmig und etwas abgeplattet und liegen in der Lendengegend unmittelbar hinter dem Zwerchfellansatz. Die Nieren sind von einer Fettkapsel umhüllt, bauchseitig vom Bauchfell bedeckt und liegen körperseits dem Lendenmuskel auf. In ihren eingezogenen Rand (Hilus) treten die Gefäße und der Harnleiter ein. Im Inneren der Niere liegt hinter dieser Einmündung das Nierenbecken. Das Nierengewebe läßt eine Rinden- und eine Markschicht erkennen. In der Rindenschicht befinden sich die stark durchbluteten Nierenkörperchen, in denen der eiweißfreie Primärharn gebildet wird. Dieser wird in den anschließenden Kanälchen von körpereigenen Stoffen befreit, gesammelt und als Harn über Sammelröhren in das Nierenbecken überführt. Nach Zuber (1935) ist die Größe der Nierenkörperchen beim Wildschwein geringer als beim Hausschwein, die einzelnen Papillen sind weniger stark miteinander verschmolzen.
Über die Größenverhältnisse liegen Untersuchungen von Briedermann (1970) und Koslo (1975) vor (vgl. Tab. 3/23 und 3/25). Die Nieren adulter Keiler aus dem Raum der DDR wiegen 351 ± 25 g, sie können jedoch auch eine Masse von mehr als 500 g erreichen. Bei Bachen wurden durchschnittliche Massen von 242 ± 7 g ermittelt. Im Belowesher Gebiet betragen die Massen der Keilernieren im Sommer etwa 395 g, im Winter 475 g, die der Bachen 260 bzw. 223 g. Keilernieren sind im Durchschnitt beträchtlich schwerer und erreichen im 4. Quartal ihre jährlichen Höchstmassen. Lediglich bei Frischlingskeilern ist dies noch nicht ausgeprägt, was aber nicht verwundert, da diese noch kaum aktiv an der Brunft teilnehmen. Die Nierenmassen des weiblichen Schwarzwildes zeigen im 4. Quartal keine Anstiege. Die relativen Nierenmassen sinken mit zunehmendem Lebensalter. Sie betragen bei Frischlingen in den ersten Lebensmonaten um 0,80 bis

0,90%, bei adulten Wildschweinen beider Geschlechter in der DDR etwa 0,40%, im Belowesher Gebiet bei Bachen um 0,35%. Bereits ZUBER (1935) wies darauf hin, das Hausschweine beim Bezug auf die Körpermasse etwa doppelt so schwere Nieren aufweisen. Er führt das auf eine funktionelle Überbeanspruchung durch flüssigkeitsreiche Nahrung zurück.

5.2.2. Harnableitende Wege

Der im Nierenbecken kontinuierlich eintreffende Harn gelangt in den Harnleiter und schließlich in die Harnblase. Das ist ein häutig-muskulöser Sammelbehälter im Beckenboden und in der Bauchhöhle, der durch die zum Bauchfell gehörigen Blasenbänder am Becken und an der Bauchwand befestigt ist. Der in ihr gesammelte Harn wird reflektorisch entleert. Er passiert dabei die Harnröhre, die bei der Bache unmittelbar vor der Scheide in den Scheidenvorhof einmündet, während sie beim Keiler an der Spitze des Penis endet.

5.3. Nahrung

5.3.1. Nahrungskomponenten

Das außerordentlich große Areal des eurasiatischen Wildschweines erklärt sich zum beträchtlichen Teil aus der ungewöhnlich weiten Nahrungspotenz (Euryphagie) dieser Art. Das Wildschwein ist ein Allesfresser (omnivor), und durch sein breites Nahrungsspektrum in der Lage, fast allen Lebensräumen ausreichenden Fraß abzugewinnen. Nur hohe, langanhaltende Schneedecken und gefrorener Boden setzen dieser Fähigkeit eine Grenze. Zur Nahrung gehören Blätter, Triebe, Früchte und Wurzeln von Holzgewächsen, Kräutern, Gräsern und Farnen, Pilze und Flechten ebenso wie Mollusken, Insekten, Wirbeltiere aller Klassen und deren Entwicklungsstufen sowie Aas. Demzufolge ist die Nahrungszusammensetzung in den Arealteilen gemäß den jeweiligen Biozönosen sehr variabel. Aus ökologischer und wirtschaftlicher Sicht gibt es daher auch unterschiedliche Einschätzungen zur Bedeutung der Art als Glied der Lebensgemeinschaft wie als die Land-, Forst- und Jagdwirtschaft beeinflussender Faktor. Zur Erforschung der Nahrungszusammensetzung liegen zahlreiche Arbeiten vor, die überwiegend auf Mageninhaltsanalysen, zum Teil auch auf Direktbeobachtungen und Erhebungen an Fraßstellen beruhen. Eine zusammenfassende Darstellung der wichtigsten Arbeiten unter dem Gesichtspunkt der Verbreitung des Schwarzwildes und seiner Anpassung an die Nahrungsverhältnisse wurde von GENOV (1981) vorgenommen.

Als besonders gut untersucht kann bisher die Nahrungszusammensetzung in Mitteleuropa, vor allem in der ČSSR (JANDA, 1958), in Polen (HABER, 1966; GENOV, 1981) und in der DDR (BRIEDERMANN, 1967, 1976) gelten. Die wohl hinsichtlich der Ernährung am besten untersuchte Schwarzwildpopulation lebt hingegen im Naturschutzgebiet Belowesh (SEVERCOV und SABLINA, 1953; LEBEDEWA, 1956a; KOSLO, 1975).

Um das weite Spektrum der Schwarzwildnahrung deutlich zu beleuchten, werden im folgenden die in der intensiv bewirtschafteten Kulturlandschaft der DDR mittels 665 Mageninhaltsanalysen gründlich untersuchten Verhältnisse denen im weitgehend ursprünglich erhaltenen Biotop des Urwaldes von Belowesh gegenübergestellt. Weitere herangezogene Arbeiten erläutern die Plastizität in der Ernährung bei Wahrung einheitlicher Grundzüge der Nahrungswahl. Zu letzteren gehört die Feststellung, daß in allen Vorkommensgebieten die Schwarzwildnahrung folgenden fünf Gruppen zugeordnet werden kann:

- Baummast, Waldsamen und Früchte,
- landwirtschaftliche Produkte,
- unterirdische pflanzliche Nahrung,
- oberirdische vegetative Pflanzenteile,
- tierische Nahrung.

Dieser Gruppierung liegt auch die anschließende Darstellung der Nahrungszusammensetzung in diesem Kapitel zugrunde. Eine zusammenfassende Betrachtung und Wertung erfolgt im Anschluß (vgl. Abschnitt 5.3.1.5.).

5.3.1.1. Baummast, Waldsamen und Früchte

Über die Bedeutung der Mast schrieb bereits HARTIG (1832): „Am feistesten werden die Sauen, wenn die Eichel- oder Buchelmast gut geraten ist oder viele Kastanien gewachsen sind. Sie lieben diese Nahrung so sehr, daß beachtlich breite Flüsse sie nicht abhalten, nach den Waldungen zu wechseln, wo Eckerich der Art zu finden ist.“ OLOFF (1951) stellte bei der Untersuchung von 31 Mageninhalten im Mai und Juni im westdeutschen Raum erlegter Sauen fest, daß sie noch zur Hälfte Bucheckern der Mast des Vorjahres enthielten. JANDA (1958) fand in der ČSSR einen durchschnittlichen Anteil von 7,7 % Eicheln und 3,4 % Bucheckern. Nach HABER (1966) stellten in Polen die Früchte der Baumarten, vor allem die Eichel, 36,8 % der Nahrung im Jahresdurchschnitt. In Gradationsgebieten von Forstinsekten ging aber ihr Anteil auf 0,6 % zurück. LEBEDEWA (1956a) rechnete die Eichel im Urwald von Belowesh auf Grund der seltenen Mastjahre zu den unbeständigen Futterarten. Im Falle einer Mast ernährt sich das Schwarzwild im Oktober fast ausschließlich von diesem Fraß, der

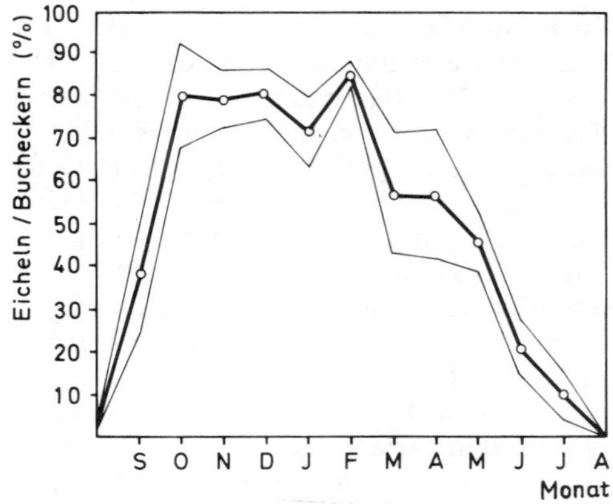

Abb. 5/4 Anteil von Eicheln und Bucheckern an der Schwarzwildnahrung in Mastjahren
(nach BRIEDERMANN), 1967)

auch bis zum Frühjahr anhalten kann. Im Jahresmittel soll die Eichelmast 7,6 % der Nahrung stellen, mit einem Frühherbstgipfel von 54 %. KOSLO (1975) unterstreicht diese Ergebnisse durch Ermittlungen in den Schutzgebieten von Belowesh und Beresina (Tab. 5/4). Im letzteren kamen Eicheln in etwa 15 % der untersuchten Proben vor,

Tabelle 5/4 *Zusammensetzung des Inhaltes von 306 Schwarzwildmagen aus dem Belowesher Urwald (nach* KOSLO, *1975)*

Nahrungskomponente %		Frühjahr	Sommer	Herbst	Winter
Eicheln	a	43	10	77	31
	b	34 (25...90)	5 (1...25)	62 (15...100)	22 (1...75)
Kartoffeln	a	29	64	20	72
	b	27 (10...60)	75 (10...95)	40 (30...80)	65 (15...100)
Getreide	a	25	36	3	32
	b	11 (3...50)	80 (20...100)	100	10 (1...30)
Wurzeln, Rhizome und Knollen	a	23	59	63	35
von Gräsern und Kräutern	b	18 (10...45)	25 (5...50)	38 (20...45)	20 (5...65)
Wurzeln von	a	31	0	50	46
Bäumen und Sträuchern	b	22 (3...20)	0	34 (12...60)	45 (8...60)
Grüne Pflanzenteile	a	68	47	30	22
	b	60 (15...91)	34 (10...85)	15 (3...38)	5 (1...8)
Tierische Nahrung, Wirbellose	a	76	81	30	6
	b	1,0 (0,1...2)	0,5 (0,1...1)	0,3 (0,1...1)	0,2 (0,1...1)
Tierische Nahrung, Wirbeltiere	a	18	19	40	27
	b	0,5 (0,1...4)	1,5 (1...3)	5 (1...8)	8 (1...25)

a – Häufigkeit des Nachweises; b – Masseanteil, in Klammern Variationsbreite doch mit Masseanteilen von über 80 %. Im Kaukasus ermittelten DONAUROW und TEPLOW (1938) Bucheckern in 62,9 % und Eicheln in 22,9 % von 35 sezierten Magen. Im Ussurigebiet ermittelte BROMLEJ (1964) die Früchte der Mongolischen Eiche *(Quercus mongolica)* als eine Hauptnahrung. Er teilt unter Bezug auf CHON GU (1952) gleiches für die Wildschweine in Korea mit.

In der DDR konnte festgestellt werden, daß unter den Bedingungen hohen Mastwertes (Halb- bis Vollmast, einem Anteil masttragender Baumarten an der Holzbodenfläche von 10 bis 20 % und einer Schwarzwilddichte um 1 Stück je 100 ha Waldfläche im Frühjahrsbestand) die Ernährung des Schwarzwildes vom Herbst bis zum Frühjahr durch die Baummast nahezu völlig abgesichert werden kann. Bereits mit dem beginnenden Samenabfall im September taucht sie in beträchtlichen Mengen in den Mageninhalten auf (Tab. 5/5). In Mastjahren stellt sie nun schon, nach noch völligem Fehlen im August, nahe 40 % der Nahrung (Abb. 5/4). Ab Oktober wird sie zur Hauptnahrungskomponente, die nur in wenigen Magen nicht enthalten ist. Einen Mengenanteil von 70 bis über 80 % behalten Eicheln und Bucheckern nun über den ganzen Winter bei, sofern das Vorkommen der Baumarten und die Stärke der Mast dafür die Grundlage liefern. Erst im März setzt ein deutliches Absinken ein, doch noch im Mai stellte die Baummast in 40 % aller untersuchten Magen mehr als 75 % des Inhaltes. Selbst im Juli fand sich noch ein geringer Prozentsatz von – inzwischen aufgelaufenen – Eicheln und Bucheckern. Das errechnete Jahresmittel betrug 52 ± 8 % der Gesamtmasse des Mageninhaltes. Die Mast muß daher im untersuchten Raum als Hauptnahrung gelten.

In Jahren ohne Mast verändern sich allerdings die Ernährungsbedingungen für das Schwarzwild entschieden. Nach KRAHL-URBAN (1959) kann in Eichenbeständen alle 8 bis 12 Jahre mit guten Vollmasten, alle 5 bis 7 Jahre mit Halbmasten und alle 3 bis 4 Jahre mit Sprengmasten gerechnet werden. Bei der Rotbuche treten nach BURSCHEL et al. (1964) Vollmasten etwa alle 6 bis 7 Jahre und Sprengmasten alle 3 bis 4 Jahre ein. In vielen Jahren steht also dem Schwarzwild keine oder nur geringe Mast zur Verfügung, wobei günstigere Bedingungen dort herrschen, wo sowohl Eichen als auch Rotbuchen einen nennenswerten Anteil am Waldbild haben. In Waldgebieten mit unbedeutendem Eichen- und Rotbuchenanteil oder in Fehlmastjahren ist schon im September/Oktober der Mastanteil verschwindend gering. Der Jahresdurchschnitt betrug nur etwa 1 %. Dadurch ist das Schwarzwild gezwungen, auf andere Nahrungskomponenten auszuweichen.

Fruchtarten: Die in der DDR verzehrten Eicheln stammen fast ausschließlich von der Traubeneiche (*Quercus petraea* LIEBL.), und der Stieleiche (*Quercus robur* L.). Relativ selten ist die Roteiche (*Quercus rubra* L.) nachweisbar, was in erster Linie auf ihren geringen Flächenanteil im Untersuchungsgebiet zurückzuführen ist. In anderen Arealteilen treten andere Eichenarten an deren Stelle, vor allem die Zerreiche (*Quercus cerris* L.) oder die Mongolische Eiche (*Quercus mongolicus*). Die Eckern der Rotbuche (*Fagus silvatica* L.) treten in der Beliebtheit und Aufnahmemenge gleichrangig neben die Eicheln. Nur in einem Magen (60 g) wurden die Früchte der Roßkastanie (*Aesculus hippocastanum* L.) vorgefunden. TÜRCKE (1962) berichtete aus dem Saupark Springe, daß Kastanien nur in Notzeiten angenommen würden. Allerdings sind gebietsweise Abweichungen wahrscheinlich, denn nach JANDA (1958) war sie am von ihm untersuchten Mageninhalt mit 5,63 % vertreten.

LEBEDEWA (1956a) nannte für das Gebiet Belowesh die Haselnuß (*Corylus avellana*), die jedoch infolge der geringen Ernten keine Bedeutung hatte. Nach JANDA (1958) beträgt ihr Anteil weniger als 1 % der Nahrungsmenge. In Samenjahren der Weißbuche (*Carpinus betulus* L.) fand KOSLO deren Früchte im Winter und Frühjahr mit 2 bis 4 Masseprozent an der Nahrung beteiligt. DONAUROW und TEPLOW (1938) geben Birnen, Äpfeln und Kirschpflaumen eine gewisse Bedeutung. Auch HABER (1966) nannte geringe Mengen von Wildäpfeln und -birnen, dazu Samen von Ahorn (*Acer spec.*), Linde (*Tilia spec.*), Weißbuche (*Car-*

pinus betulus L.), Schneeball (*Viburnum album* L.) und Haselnuß (*Corylus avellana*). In der DDR wurden nur geringe Apfelmengen (*Malus spec.*) festgestellt. Ohne mengenmäßige Bedeutung waren hier auch, wie in allen Gebieten, einzelne Heidelbeeren (*Vaccinium myrtillus* L.) und Früchte der Eberesche (*Sorbus aucuparia* L.). Eine außerordentlich hohe Bedeutung, die sich nur mit derjenigen der Eicheln und Bucheckern vergleichen läßt, kommt im asiatischen Verbreitungsgebiet den Samen der verschiedenen Zirbelkieferarten (*Pinus cembra* L. oder *Pinus koraiensis*) zu. Den Untersuchungen von BROMLEJ (1964) zufolge konzentrieren sich die Wildschweine in Erntejahren auf den Verzehr dieser fettreichen und relativ großen, fast 1 g schweren Nüsse. Mit weitem Abstand, dennoch nicht unbedeutend, folgen die mandschurischen Nüsse (*Juglans mandhurica*), die zur Erntezeit bis zu 35 % der Nahrung betragen und in Mengen von 3 bis 4000 Stück in 24 Stunden aufgenommen werden.

5.3.1.2. Landwirtschaftliche Produkte

Die Feldfrüchte der Landwirtschaft werden von Wildschweinen wegen ihres Nährstoffreichtums und des konzentrierten Anbaus schon seit jeher in die Nahrungspalette einbezogen. Die schon aus bronzezeitlichen Siedlungen her nachweisbaren Feldeinzäunungen sollten sicher auch dem Fernhalten der Wildschweine dienen und machen das hohe Alter des Feldschadenproblems deutlich. Art und Umfang ihres Nahrungsanteils sind sicher nicht nur von dem örtlich wechselnden Kulturartenspektrum, dem Flächenanteil der einzelnen Fruchtarten sowie der Größe und Zugänglichkeit der landwirtschaftlichen Nutzfläche abhängig, sondern auch von der Quantität und Qualität des Nahrungsangebotes in den Wäldern. Nach GENOV (1981) schwankt die Zahl der Kulturpflanzen in der Nahrung des Schwarzwildes zwischen 2 und 14, ihre Nahrungsbedeutung ist aber in allen geographischen Regionen grundlegend.

Kartoffel: Seit der allgemeinen Einführung der Kartoffel in die europäische Feldkultur hat die Ernährungsbasis des Wildschweines eine wesentliche Erweiterung erfahren. DÖBEL (1746) kannte sie als Schwarzwildnahrung noch nicht, doch schon VON SPONECK (1801) und HARTIG (1832) führten sie unter den beliebten Feldfrüchten an. FÖHLISCH (1880) klagte über ihre hohe Schadgefährdung.

Nach JANDA (1958) betrug der durchschnittliche Kartoffelanteil am Mageninhalt nur 5,4 %. Die Untersuchungen von HABER (1966) in Polen ließen einen durchschnittlichen Kartoffelanteil von 24,4 % erkennen, der aber in Revieren, die einer Forstinsektengradation unterliegen, auf 5,4 % zurückgehen soll. Bei Untersuchungen von GENOV (1981) bildete aber die Kartoffel in Polen mit 30,5 Masseprozent des Mageninhaltes die wichtigste Nahrungskomponente. Nach SEVERCOV und SABLINA (1953) hat die Kartoffel in Belowesh einen besonderen Wert bei Fehlmasten der Eiche. KOSLO (1975) ermittelte im Gebiet Belowesh die in der Tabelle 5/4 angegebenen Kartoffelanteile. Dabei ist zu berücksichtigen, daß im Gebiet Belowesh Kartoffeln in sehr beträchtlichen Umfange durch Wildacker und Winterfütterungen bereitgestellt werden.

In der DDR ist der Kartoffelanteil an der Nahrung sehr stark vom Baummastangebot abhängig (Abb. 5/5). In Mastjahren war sie in einem Drittel der untersuchten Gesamtzahl, doch mit starken jahreszeitlichen Schwankungen, vertreten. Ein im September beginnender Anstieg wird mit dem Einsetzen der Hauptmast wieder rückläufig. Gleichzeitig mit dem sinkenden Mastvorrat setzt jedoch ab März ein erneuter Anstieg ein, den auch die nun beginnende Pflanzzeit bewirkt. In der Zeit von März bis Mai besteht der Mageninhalt zu etwa 20 bis 25 % aus Kartoffeln. Nach einem Höchstwert im Juni (37 ± 7 %) erfolgt von Juli bis August wiederum eine Abnahme, die ihre Ursache wohl in der Getreidereife findet. Der Jahresdurchschnitt beträgt etwa 14 ± 3 %.

In Fehlmastjahren steigt der Kartoffelverzehr sehr wesentlich an. Im September/Oktober mit etwa 10 % noch gering vertreten, stellt sie von November bis April etwa 50 bis 60 % der Nahrungsmenge. In etwa der Hälfte aller untersuchten Magen bildete die Kartoffel mehr als 75 % des Inhaltes, wäh-

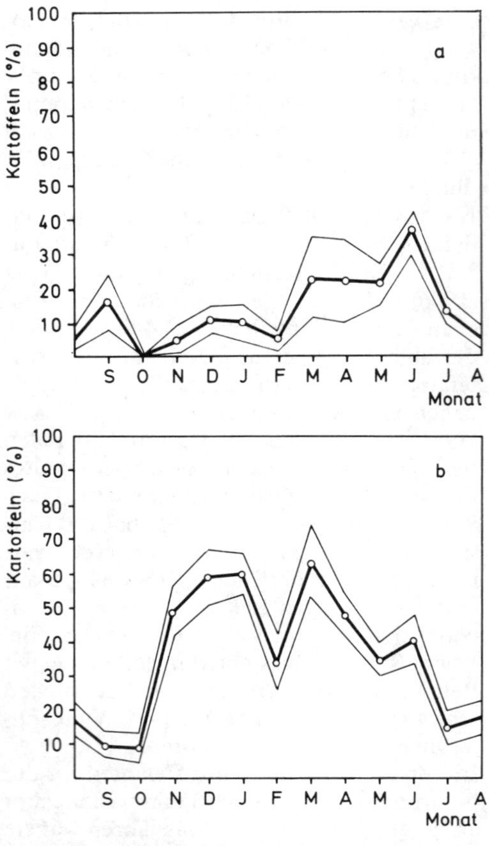

Abb. 5/5 Anteil der Kartoffel an der Nahrung (nach BRIEDERMANN, 1967)
a – Mastjahre
b – Fehlmastjahre

rend sie nur bei einem Viertel nicht oder in Spuren (bis 5%) vertreten war. Das Schwarzwild gewinnt zu dieser Zeit die Kartoffel im wesentlichen durch Nutzung der im Boden verbliebenen Ernterückstände. Der Rückgang im Februar läßt sich auf die zur Untersuchungszeit in diesem Monat gehäuften Bodenfröste zurückführen. In den Monaten April und Mai ging der Anteil auf etwa 40%, im Juli/August weiter auf 15 bis 20% zurück.

Die jahreszeitlichen Unterschiede sowie die Unterschiede zwischen Mast- und Fehlmastjahren sind statistisch gesichert. In Fehlmastjahren ist die Kartoffel mit 37 ± 6% an der Schwarzwildnahrung beteiligt und nimmt die Rolle der Hauptnahrung in den Wintermonaten ein. Der geringste Anteil findet sich im Sommer – Herbst infolge Verzehrs anderer Feldfrüchte, vorzüglich Getreide und Leguminosen.

Sortenbevorzugung: Das Wildschwein ist in der Lage, unter verschiedenen Kartoffelsorten eine Auswahl zu treffen und Sorten zu bevorzugen (TÜRCKE, 1962; BRIEDERMANN, 1968; MEYNHARDT, 1981, MARKS, 1985). Unsere Fütterungs- und Anbauversuche mit 26 Kartoffelsorten ergaben eine besondere Bevorzugung der Frühkartoffeln. Von den späten Sorten wurden *‚Bintje'*, *‚Ora'*, *‚Pollux'*, *‚Spekula'* und *‚Apollo'* bevorzugt aufgenommen. Die sehr deutliche Auswahl konnte bisher in keine Beziehung zu den Kriterien des Speisewertes bzw. zum Gehalt geschmacksbestimmender Komponenten gebracht werden. Es gibt keine Kartoffelsorte, die bei Fehlen beliebterer absolut abgelehnt wird.

Rüben: Im Gegensatz zur Kartoffel sind die Futterrüben (*Beta* spec.) in der Schwarzwildnahrung allgemein von untergeordneter Bedeutung. Nach JANDA (1958) waren sie zu 2,5% am Mageninhalt beteiligt, nach HABER (1966) zu 0,14%. Bei Darbietungsversuchen von UECKERMANN (1964) wurden unzerkleinerte Rüben nur mäßig verzehrt. In der durchgeführten Untersuchung in der DDR fehlten Rüben in Mastjahren ganz und kamen in Fehlmastjahren nur in 8 Magen vor. Diese Feststellungen treffen aber nicht in vollem Umfange für Zuckerrüben zu, die zumindest örtlich in Herbst und Winter in nicht unerheblichen Maße verzehrt werden. GENOV (1981) fand sie in Polen mit etwa 13% der Nahrung im Jahresdurchschnitt nach Kartoffeln und Mais an dritter Stelle, im Winter sogar mit 21,6% nach den Kartoffeln (27%) auf den zweiten Platz. Immerhin scheinen Rüben im allgemeinen doch mehr eine winterliche Notnahrung zu sein, da Kartoffeln und Baummast vorgezogen werden.

Topinambur: Dem Topinambur als ausgesprochener Wildackerpflanze kann in Gebieten hohen Vorkommens eine beträchtliche Bedeutung zugemessen werden. KOSLO (1975) ermittelte ihn in Belowesh ganzjährig, mit hohen Masseanteilen von 35 bis 50% in Herbst und Winter, doch auch im

Abb. 5/6 Anbauversuch zur Prüfung des Sortenwahlvermögens. Der in der Bildmitte gelegene Streifen mit Frühkartoffeln ist bereits völlig umgebrochen

Frühjahr und Sommer mit mehr als 10 % in den Mageninhalten.

Getreide: Obwohl die Aufnahme von Getreide und die dabei angerichteten Feldschäden oft erwähnt werden, gibt es wenig qualitative Aussagen.

JANDA (1958) ermittelte in der ČSSR einen Getreideanteil von 6 %, der sich aus Roggen (2,3 %), Hafer (2,3 %) und Mais (0,84 %) zusammensetzte. HABER (1966), der das Getreide mit Hülsenfrüchten zusammenfaßte, stellte in Polen einen Jahresdurchschnitt von 16,9 % fest. GENOV (1981) ermittelte sogar einen Anteil von 37,2 %, der jedoch wesentlich durch eine intensive Mais- und Haferbeifütterung in seinen Untersuchungsgebieten bedingt sein dürfte. Nach KOSLO (1975) ist es im Gebiet Belowesh eine wichtige Nahrungskomponente (s. Tab. 5/4). Beteiligt sind Roggen, Hafer, Hirse und Mais. Seine Ergebnisse zeigen aber auch deutlich den Einfluß intensiver winterlicher Beifütterung.

In Mastjahren fehlte in der DDR das Getreide während des Winters und Frühlings nahezu. Erst zur Zeit der Frühjahrsbestellung findet es sich in geringer Menge (2 bis 4 Mengenprozent), weil das Schwarzwild dann gelegentlich der Saat nachgeht. Mit der Zeit der Milchreife und Reife des Getreides findet es sich ab Juli sprunghaft in so großer Menge, daß es nun etwa zwei Drittel der gesamten Nahrung stellt und in den Monaten Juli/August zur Hauptnahrung wird. In mehr als der Hälfte der untersuchten Magen fand es sich mit 75 Massenanteilen. Im September fällt der Anteil mit dem Einsetzen der Mast auf nahezu ein Viertel der Gesamtnahrung, bis es im November/Dezember verschwindet. Es stellt somit eine saisonale Hauptnahrung dar, der Jahresdurchschnitt des Nahrungsanteils beträgt 16 ± 8 % (Abb. 5/7).

In Fehlmastjahren ist die Beanspruchung vom Winter bis zum August etwa gleich. Das Getreide bleibt aber nun für die Mo-

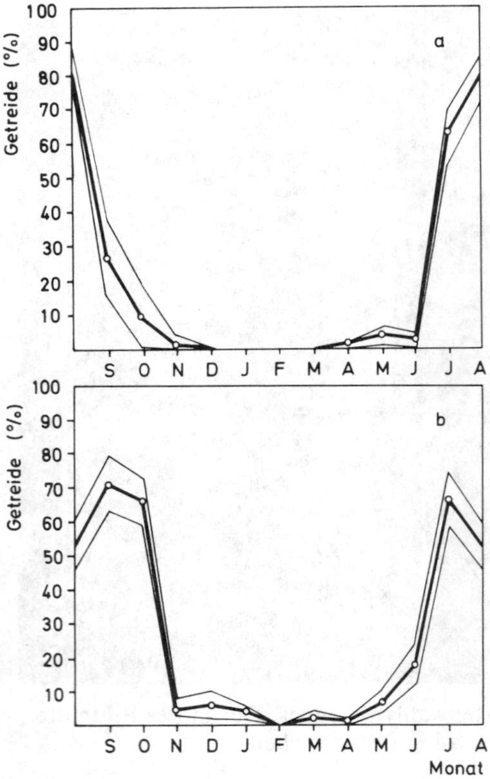

Abb. 5/7 Anteil des Getreides an der Nahrung (nach BRIEDERMANN, 1967)
a – Mastjahre, b – Fehlmastjahre

nate September bis Oktober mit etwa zwei Drittel des Mageninhaltes weiter von hervorragender Bedeutung. Erst mit dem Abernten der letzten Maisschläge tritt anderer Fraß in den Vordergrund. Im Jahresdurchschnitt ist das Getreide mit 25 ± 8 % an der Schwarzwildnahrung beteiligt und daher eine sehr wichtige saisonale Hauptnahrung.

Getreidearten: Die unterschiedliche Nutzung der einzelnen Getreidearten spiegelt nicht allein den Grad ihrer Beliebtheit wider, sondern wird durch die regionale und örtliche Anbaustruktur, die unterschiedliche Saat- und Reifezeit und die Anwesenheit weiterer beliebter Nahrungskomponenten (Baummast, Hülsenfrüchte) beeinflußt. Diese im einzelnen kaum übersehbaren Faktoren erschweren eine eingehende Analyse und lassen die folgenden Ausführungen nur als annähernde Richtwerte verstehen (Abb. 5/8).

Roggen: Es ist bisher wenig bekannt, in welch hohem Maße Roggen als Schwarzwildnahrung dient. Bei fehlender Baummast ist er mit etwa 10 % an der gesamten Nahrung beteiligt und rangiert damit vor allen anderen Getreidearten (dieses Ergebnis ist dadurch beeinflußt, daß in fast allen Untersuchungsgebieten vorrangig Roggen angebaut wird).

In Mastjahren geht der Jahresdurchschnitt auf etwa 4 % zurück. Der Unterschied erklärt sich durch den Mastabfall, denn während im Juli/August die Beanspruchung zu beiden Perioden etwa gleich ist, bleibt Roggen in Fehlmastjahren während der Monate September/Oktober noch von sehr großer Bedeutung, fehlt aber in Mastjahren nahezu ganz. Abweichend von diesem Ergebnis ist nach GENOV (1981) in Polen trotz großer Anbaufläche der Roggen mit weniger als 1 % an der Schwarzwildnahrung beteiligt.

Hafer: Bei Hafer gibt es mit 7 bzw. 6 % zwischen Mast- und Fehlmastjahren keinen deutlichen Unterschied. Die Aufnahme konzentriert sich fast völlig auf die Monate Juli/August und kann dann bis zu 50 % der Gesamtnahrung erreichen. In Mastjahren ist Hafer für das Schwarzwild die bedeutendste Getreideart. Tritt keine Mast ein, wird er vom Roggen übertroffen und die Aufnahme entspricht dem Mais.

Mais: Dem Mais kommt ein Jahresdurchschnitt von 4 bzw. 6 % zu. Bereits zur Saatzeit werden die großen Körner gern gesucht und sind mit etwa 5 bis 10 % am durchschnittlichen Mageninhalt beteiligt. Von der Grünmilchreife bis zur Ernte wird Mais

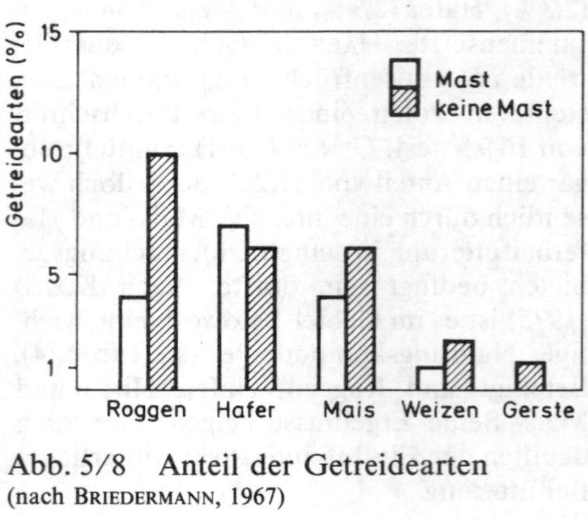

Abb. 5/8 Anteil der Getreidearten (nach BRIEDERMANN, 1967)

zu einer bedeutsamen Nahrungskomponente, die auch durch die Baummast nicht vom Speisezettel verdrängt werden kann. Mais ist nicht nur eine saisonale Hauptnahrung, sondern eine Vorzugsnahrung. Der relativ geringe nachgewiesene Mengenanteil ist kein Zeichen seiner Beliebtheit, sondern seiner Erreichbarkeit. Der Inhalt von fünf aus einem Gebiet im Oktober eingesandten Magen bestand ausschließlich aus Mais in Mengen zwischen 2,5 und 4,6 kg. Noch nicht ganz reife Maiskolben zählte schon VON SPONECK (1801) zu den Leckerbissen für das Schwarzwild. Die beträchtliche Ausdehnung der Maisanbaufläche in der DDR seit Abschluß der Untersuchungen (1967) läßt eine starke Ausdehnung des Maisanteils hauptsächlich auf Kosten anderer Getreidearten und der Kartoffeln, sicher aber auch anderer Nahrungskomponenten annehmen. Nach GENOV (1981) steht der Mais mit 14,3 Masseprozent nach der Kartoffel an der Spitze der Nahrungskomponenten.

Weizen: Trotz relativ hoher Anbaufläche ist Weizen als Schwarzwildnahrung untergeordnet. Nennenswerte Mengen wurden mit etwa 10 % nur im August und September verzehrt, in Mastjahren endet die Beanspruchung bereits mit dem Mastabfall. Im Jahresdurchschnitt stellt er 1 bis 2 % der Nahrung. Doch wurden, wie bemerkt, ausgesprochene Weizenanbaugebiete im Material nicht erfaßt.

Gerste: Sowohl in den Monatsmitteln wie im Jahresdurchschnitt ist die Gerste unbedeutend beteiligt. Ihr kann nur der Rang einer Verlegenheits- oder Gelegenheitsnahrung zuerkannt werden. Der in der DDR kaum noch angebaute Buchweizen (*Fagopyrum tataricum*) (L.) GAERTH. wurde in einem Magen mit 200 g nachgewiesen.

Getreidegrünmasse: Getreidegrünmasse war in insgesamt 25 Magen enthalten, eine gewisse Bedeutung kam ihr lediglich in Juni (8 ± 4 %) zu. Der Jahresdurchschnitt liegt bei 1 bis 2 %. Hauptsächlich wurden Roggen und Mais, weniger Gerste und Hafer nachgewiesen.

Hülsenfrüchte: Die Beliebtheit der Hülsenfrüchte (Erbsen, Wicken, Bohnen) wird mehrfach hervorgehoben (VON SPONECK, 1801; BECKER-DILLINGEN, 1945; SNETLAGE, 1957; BUBENIK, 1959; UECKERMANN, 1964). Auch ihr Verzehr war eng an die Mastverhältnisse gebunden. Sie fehlen von Dezember bis März nahezu völlig, doch mit der Saatzeit und der sich entwickelnden Grünmasse setzt ab April eine stärkere Beanspruchung ein, die auch im Mai anhält und dann anscheinend etwas zurückgeht (Grünfutterschnitt). Nach einem Wiederanstieg etwa im August sind Hülsenfrüchte im Falle ausbleibender Mast bis in den November hinein mit einem Mengenanteil von reichlich 5 % vertreten. In Mastjahren konnten sie dagegen ab September nicht mehr nachgewiesen werden. Die Jahresdurchschnitte betragen 1 ± 1 % in Mastjahren und 5 ± 2 % in Fehlmastjahren. Die Unterschiede waren mit einer Irrtumswahrscheinlichkeit von 5 % zu sichern.

Mit 21 Nachweisen und einem Anteil von etwa 41 % der gesamten Hülsenfruchtmenge waren die Erbsen am stärksten vertreten. In der Hauptsache waren Früchte einschließlich der Schoten beteiligt. An zweiter Stelle folgten Süßlupinen mit 16 Nachweisen und 26 Masseprozenten, darunter in größerer Menge auch Grünmasse, sogar Blüten. Den Ackerbohnen kommt mit 9 Nachweisen und 12 % der geringste Anteil zu. Die Artenzusammensetzung spiegelt jedoch wohl weniger den Bevorzugungsgrad als das durch den Feldbau bedingte Angebot wider.

5.3.1.3. Sonstige pflanzliche Nahrung

Die im folgenden als „sonstige" pflanzliche Nahrung zusammengefaßten vielfältigen Komponenten stellen, das sei hier vorausgeschickt, in natürlichen bzw. vom Menschen wenig beeinflußten Biozönosen neben den Baumfrüchten die quantitative Grundlage der Ernährung des Wildschweines dar. Die wenigen aus solchen Gebieten bisher vorliegenden Untersuchungen bieten daher auch ein ungeheuer breites Artenspektrum, das einem Spiegelbild der jeweiligen Florenverhältnisse gleichkommt. So fand LEBEDEWA (1956a) im Schutzgebiet Belowesh 76 Vegetationskomponenten, darunter viele Artengruppen bzw. Familien, und KOSLO (1975) im gleichen Gebiet 88 derartige Komponenten vor. BROMLEJ

Tabelle 5/5 *Prozentanteil der Nahrungskomponenten an der Gesamtnahrung im Jahresablauf – Zusammenstellung der arithmetischen Mittel – (nach* BRIEDERMANN, *1967)*

Nahrungskomponente	Mastjahr													Keine Mast												
	S	O	N	D	J	F	M	A	M	J	J	A	∅	∅	S	O	N	D	J	F	M	A	M	J	J	A
Baummast (Eicheln, Bucheckern)	37	80	79	80	72	85	57	57	46	21	10	0	52	1	4	1	0	0	0	8	3	0	0	0	0	0
Kartoffeln	16	0	5	11	10	5	23	22	21	37	13	5	14	37	10	9	49	59	60	34	63	48	35	41	15	18
Rüben	0	0	0	0	0	0	0	0	0	0	0	0	0	1	0	0	8	0	4	3	0	0	0	0	0	+
Getreidefrucht (mit Ähren)	27	10	2	0	0	0	0	2	4	3	62	79	16	25	71	66	5	6	4	0	2	1	7	18	67	53
Hülsenfrüchte	0	0	0	0	0	0	0	7	5	0	2	3	1	5	3	11	8	+	1	0	0	12	6	7	0	8
Sonstige landwirtschaftliche Produkte	0	0	0	0	0	1	0	0	0	8	0	4	1	2	+	+	2	0	1	2	+	1	+	16	0	0
Summe landwirtschaftlicher Produkte	43	10	7	11	10	6	23	31	30	48	77	91	32	70	84	86	72	65	70	39	65	62	48	82	82	79
Unterirdische pflanzliche Nahrung	+	0	+	1	5	1	5	1	0	4	3	0	2	7	2	5	7	7	11	17	20	8	1	4	1	0
Oberirdische vegetative Nahrung	2	1	1	1	4	6	3	6	19	11	3	3	5	10	3	3	6	9	4	15	+	16	43	9	9	6
Früchte, Beeren, Pilze	5	0	0	0	0	0	0	1	0	0	0	0	+	1	0	0	+	0	0	0	0	2	0	0	2	4
Summe sonstige pflanzliche Nahrung	7	1	1	2	9	7	8	8	19	15	6	3	7	18	5	8	13	16	15	32	20	26	44	13	12	10
Animalische Nahrung	2	1	8	4	5	2	2	4	3	10	1	1	4	5	2	1	4	10	11	9	7	7	5	4	2	4
Erdige, schleimige, unbestimmbare Bestandteile	11	8	4	3	3	1	9	0	2	4	5	5	5	5	4	2	9	8	3	12	3	4	2	+	3	6

(1964) listete für den Fernen Osten der UdSSR 69 Nachweise von Pflanzenarten und -artengruppen auf. Die Wiedergabe all dieser und weiterer Ermittlungen würde den Rahmen dieses Werkes sprengen und könnte dennoch keinen Anspruch auf annähernde Vollständigkeit erheben, da noch fehlende Untersuchungen aus anderen Arealteilen sicher zahllose weitere Spezies hinzufügen würden. Es kommt aber auch hinzu, daß in der Kulturlandschaft die mengenmäßige Bedeutung dieser vielen Komponenten ebenso wie das Artenspektrum beträchtlich eingeengt sind. In der DDR wurden nur 32 Arten bzw. Artengruppen ermittelt, die selbst in Fehlmastjahren nur 19 % der Nahrungsmenge im Jahresdurchschnitt ausmachten (Tab. 5/5). Die hier vorgefundene Situation steht im Mittelpunkt der folgenden Kapitel.

5.3.1.3.1. Unterirdische pflanzliche Nahrung

Das Wildschwein ist auf Grund seines Körperbaus ganz besonders befähigt, unter der Erdoberfläche befindliche Nahrung zu nutzen. Durch das vom Jäger mit „Brechen" bezeichnete Wühlen gewinnt es Wurzeln, Stolonen, Rhizome, Zwiebeln, aber auch im Boden lebende Tiere, wie Regenwürmer, Insekten, Kleinnager und andere Kost pflanzlicher und tierischer Herkunft. Die Aufnahme von Wurzeln erwähnte bereits Döbel (1746), der außerdem herausstellt, daß die Sauen auf den Wiesen gern nach Kümmelwurzeln (Garbe) brechen und dabei recht beträchtlichen Schaden verursachen. Auch Hartig (1832) führt an, daß Wurzeln gern gefressen werden, unter denen er besonders Kümmel- und Farnkrautwurzeln hervorhebt. Nach Oloff (1951) verzehrt das Schwarzwild Wurzeln bzw. Wurzelstöcke von Farnen, darunter besonders Adlerfarn (*Pteridium aquilinum* L.), Weidenröschen (*Epilobium* spec.), in geringer Menge auch Gräser. Seine nicht mit Mengenangaben verbundenen Mitteilungen veranlaßten zu der verbreiteten Ansicht (Boback, 1957; Mohr, 1960), daß Wurzeln von Adlerfarn und Weidenröschen sehr beliebte Schwarzwildnahrung darstellen. Als ein Beispiel für die Zusammensetzung der unterirdischen pflanzlichen Nahrung in einem weitgehend unbeeinflußten europäischen Waldgebiet sollen die Ermittlungen von Lebedewa (1956a) näher dargestellt werden. Auf 22 % ihrer 945 Probeflächen war unterirdische vegetabilische Nahrung verzehrt worden. Sie stellte im Jahresdurchschnitt 56 % der gesamten Nahrungsmenge mit besonders hohen Werten im Winter (90,7 %) und Frühjahr (79,3 %).

Im zeitigen Frühjahr wurden 15 Arten ermittelt, unter denen das Buschwindröschen (*Anemone nemorosa* L.), der Schlangenknöterich (*Polygonum bistorta* L.) und die Sumpfdotterblume (*Caltha palustris* L.) von größter Bedeutung waren. Geringere Anteile stellten Bachnelkenwurz (*Geum rivale* L.) und Schlangenwurz (*Calla palustris* L.).

Im Spätfrühling/Frühsommer traten 11 Arten in Erscheinung, unter denen wiederum das Buschwindröschen und der Schlangenknöterich hervorragten, des weiteren die Brustwurz (*Angelica spec.*). Im Sommer blieb unter 8 Arten das Buschwindröschen noch weiter stark vertreten, dazu die vielblütige Weißwurz (*Polygonatum multiflorum* (L.) All.) und die Kuhblume (*Taraxacum* Zinn.). Auch im Herbst wurden 8 Arten nachgewiesen, unter denen der Schlangenknöterich in größeren Mengen verzehrt wurde. Von Bedeutung waren weiterhin die vielblütige Weißwurz, Bachnelkenwurz, Buschwindröschen und Wegerich (*Plantago* L.).

Im Winter schließlich nahm die Artenzahl auf 20 zu, wobei die Baum- und Strauchvegetation nunmehr stark in Erscheinung trat. Besonders stark waren Wurzeln der Kiefer (*Pinus silvestris* L.), der Heidelbeere (*Vaccinium myrtillus* L.), auch der Schlangenwurz, des weiteren Reitgras (*Calamagrostis* Adans.), Schilf (*Phragmites* Adans.) und Segge (*Carex* L.) beteiligt.

Mengenangaben von Koslo (1975) zufolge (s. Tab. 5/4) haben Wurzeln, Wurzelstöcke und Zwiebeln von gras- und krautartigen Waldgewächsen einen sehr hohen Nahrungsanteil.

Janda (1958) fand in der Slowakei mit einem Durchschnittswert von 9 % die unterirdische pflanzliche Nahrung bedeutend geringer vor. Die höchsten Anteile hatten Eichen (*Quercus spec.*) (1,88 %), Erdbeere (*Fragaria collina* EHRH.) mit 1,24 %, Löwenzahn (*Taraxacum officinale* WEBB.) mit 0,40 % und Heidelbeere mit 0,30 %. Gering vertreten waren außerdem Straußgras (*Agrostis spec.*), Wiesenkerbel (*Anthriscus silvestris* (L.) HOFFM.), Landschilf (*Calamagrostis epigeios* (L.) ROTH), Nickendes Perlgras (*Melica nutans* L.).

HABER (1966) ermittelte in Polen lediglich einen Anteil von 3,86 %, an dem sich Farnwurzeln mit 0,20 %, Schachtelhalmwurzeln mit 0,10 % und sonstige Wurzeln und Knollen mit 3,45 % beteiligen. GENOV (1981) stellte sogar nur einen Wurzelanteil von 2,2 % fest. TURČEK (1967) zufolge ist bisher die Aufnahme folgender Gehölzwurzeln durch Wildschweine bekannt:

Betula pendula ROTH.
Carpinus betulus L.
Cytisus ruthenicus
Fagus silvatica L.
Genista tinctoria L.
Hippophae rhamnoides L.
Juniperus communis L.
Picea abies K.
Pinus silvestris L.
Quercus cerris L.
Quercus petraea LIEBL.
Quercus robur L.
Rubus caesius L.
Rubus saxatilia L.
Salix caprea L.
Sorbus aucuparia L.
Tilia cordata MILL.
Vaccinium myrtillus L.

Auf die Bedeutung von holzigen Pflanzenteilen einschließlich von Baumwurzeln als Winternahrung der Sauen im Norden der Sowjetunion wiesen auch RUSAKOW und TIMOFEJEWA (1984) hin. Aus dem Great Smoky Nationalpark der USA informieren Howe und BRATTON (1976) darüber, daß Zwiebeln und Wurzeln vor allem von Tulpen- und Lilienarten, aber auch die Knollen der um Ortschaften verwildert vorkommenden Chinesischen Batate (*Dioscorea batatas*), sehr beliebten Fraß bilden.

In der DDR enthielten 20 % der untersuchten Magen Wurzeln, Stolonen, Zwiebeln und andere unterirdische Pflanzenteile. In

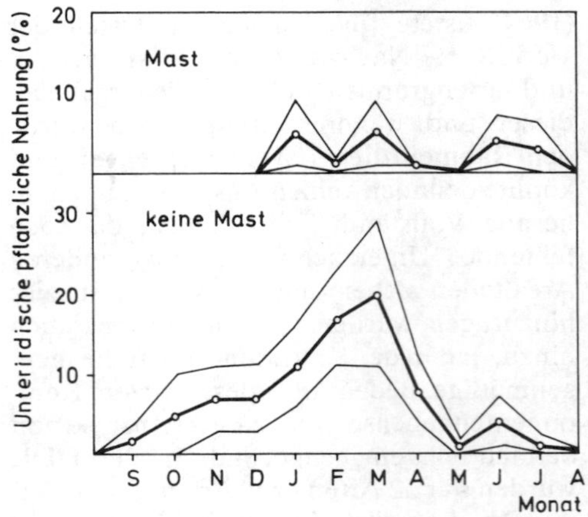

Abb. 5/9 Anteil unterirdischer pflanzlicher Nahrung
(nach BRIEDERMANN, 1967)

nur wenigen Fällen ging jedoch der Mengenanteil über geringfügige Spuren hinaus (Abb. 5/9.)

Mengenanteile: In Mastjahren ist diese Komponente von August bis Dezember nicht nachweisbar, erst ab Januar tritt sie in Erscheinung und behält bis März einen Mengenanteil von etwa 1 bis 5 %. Später geht ihre Bedeutung wieder zurück, mit Ausnahme des Auftretens einiger Geophyten im Juni/Juli. Der Jahresdurchschnitt beträgt nur 2 ± 1 %. In nur wenigen Magen überwogen die Wurzeln den übrigen Inhalt. In Fehlmastjahren wird bereits ab Oktober ein höherer Wurzelanteil aufgenommen, ein Gipfel wird im Februar/März mit etwa 20 % der Nahrung erreicht. Der Jahresdurchschnitt betrug 7 ± 2 % und stets enthalten einige Magen größere Wurzelmengen. Unterirdische pflanzliche Nahrung schien hauptsächlich eine winterliche Notnahrung darzustellen.

Artenzusammensetzung

Equisetales, Schachtelhalmartige: Nur in einem Magen (April) mit etwa 70 g. Nach oberirdischen Sproßteilen Teichschachtelhalm (*Equisétum fluviatile* (L.) am. ERH.).

Filicales, Farnartige: Farnwurzeln enthielten 17 Magen, kein Nachweis aus Mastjahren. In 5 identifizierbaren Fällen Adlerfarn

(*Pteridium aquilinum* (L.) KUHN.). Der Anteil an der Gesamtnahrung beträgt weniger als 1 %, sie wurden nur im Spätherbst, Winter und Frühjahr angetroffen. Die Ergebnisse stützen nicht die Meinung (BOBACK, 1957; OLOFF, 1951 u. v. a.), daß Farnwurzeln zur bevorzugten Nahrung gehören. Doch stehen sie innerhalb der unterirdischen pflanzlichen Nahrung mit etwa 16 % von der Gesamtmasse hinter den Wurzeln der Dolden- und Holzgewächse an dritter Stelle. Sie sind eine winterliche Notnahrung, deren Bedeutung bei Nahrungsarmut wachsen kann.

Graminales, Süßgrasartige: Wurzeln von Süßgräsern enthielten 27 Magen, doch müssen sie auch innerhalb der unbestimmbaren Faserwurzeln vermutet werden. Sie stellen 5 bis 10 % der gesamten Wurzelmengen mit einer Häufung im Winter und Frühjahr. Nachzuweisen waren *Calamagrostis* ADANS. und *Phragmites.*

Cyperales, Riedgrasartige: Ein Magen (April) enthielt geringe Mengen von *Carex*-Wurzeln, wahrscheinlich *Carex riparia* CURT.

Liliales, Lilienartige: Mit je 2 Nachweisen von *Polygonatum spec.* und Türkenbund-Lilie (*Lilium martagon* L.) nur aus den Buchenwäldern des Hainichs (Mühlhausen). Sie werden dort anscheinend auch häufiger verzehrt.

Polygonales, Knöterichartige: Ein Magen (April) enthielt Blatt- und Stengelteile von *Rumex acetosella* L.

Fabales, Schmetterlingsblütler: Zwei Magen enthielten geringe Mengen Kleewurzeln (wahrscheinlich Rotklee, *Trifolium pratense* L.), zwei weitere Lupinenwurzeln, gemeinsam mit oberirdischen Teilen.

Onagracea, Nachtkerzengewächse: Ein Magen (Mai) enthielt geringe Mengen von *Epilobium* spec. Auch Wurzeln der Weidenröschen-Arten scheint keine größere Bedeutung zuzukommen.

Apiaceae, Doldengewächse: Ihnen gehört die Hauptmenge der verzehrten unterirdischen Pflanzenteile, mit fast einem Drittel aller gefundenen Wurzeln, an. Deutlich hob sich der Wiesen-Bärenklau (*Heracleum sphondylium* L.) ab, der von November bis Juni in 9 Magen mit teilweise erheblichen Mengen (über 2 kg) enthalten war.

Asteraceae, Korbblütengewächse: Als Frühjahrsnahrung zeigte sich die Kuhblume (*Taraxacum officinale* WEBB.) mit 6 Nachweisen und etwa 7 % der Wurzelmenge.

Baum- und Straucharten: Sie stellen mit etwa 20 % der Wurzelmenge nach den *Apiaceae* den höchsten Anteil. Ihre Aufnahme erfolgte hauptsächlich zwischen November und März, sie sind also eine ausgesprochene Winternahrung. So enthielten 5 Magen Rotbuchenwurzeln, 6 Magen Wurzeln von Eichen. Nadelholzwurzeln oder solche von *Vaccinium*-Arten wurden nicht ermittelt. In 2 Magen wurde morsches Holz, wahrscheinlich von Eichenstubben, in größerer Menge nachgewiesen, doch ohne Überreste holzbewohnender Insektenstadien.

5.3.1.3.2. Oberirdische vegetative Pflanzenteile

Bereits DÖBEL (1746) informierte über den Verzehr von Gräsern und Kräutern durch das Wildschwein, von denen es sich zur Zeit des Vorsommers hauptsächlich erhalten soll. HARTIG (1832) nannte die Saudistel und jungen Klee als Nahrungspflanzen, erstere erwähnte auch KIESSLING (1925). Die von OLOFF (1951) untersuchten Magen enthielten „in nennenswerter Menge“ oberirdische Teile von Adlerfarn, Weidenröschen, Wiesen-Bärenklau, Zaun-Giersch (*Aegopodium podagraria* L.), Wegerich (*Plantago spec.*) und Süßgräsern (*Holcus, Festuca*-Arten, *Dactylus, Elymus*), zum anderen etwas Eichen-Junglaub und nicht näher genannte Ampfer.

LUDEWIG (1960/61) beobachtete, daß Wildschweine Kleeflächen regelrecht beweiden. Nach TÜRCKE (1962) trifft man das Schwarzwild während der Vegetationszeit oft weidend auf den Wiesen an. FORSTNER (1967) fand in 12 zwischen Januar und März betrachteten Mageninhalten aus Österreich in jedem Falle Anteile von Gräsern und Heu, in einem Magen auch grünen Klee. JANDA (1958) ermittelte im slowakischen Mittelgebirge 33 Arten bzw. Artengruppen, deren Blätter, Stengel oder

Zweige zur Wildschweinnahrung zählen. Aus seinen Tabellen errechnet, sollen sie 42,5 % der Nahrung im Jahresdurchschnitt stellen. Von besonderer Bedeutung sind darunter Landrohr (*Calamagrostis epigeios* (L.) ROTH.) (7,3 %), *Quercus spec.* (5,2 %), *Poa spec.* (2,8 %), Waldreitgras (*Calamagrostis arundinacea* (L.) ROTH.) (2,0 %), *Agrostis spec.* (1,75 %), *Bromus spec.* (1,2 %) und Vogel-Sternmiere (*Stellaria media* (L.) VILL.) mit 1,1 %. Es sind also vorwiegend Gräser, deren Verzehr er nachwies.

HABER (1966) errechnete einen durchschnittlichen Anteil der oberirdischen vegetativen Pflanzenteile (Blätter, Grashalme, Triebe von Grünpflanzen usw.) von 9,5 % an der Gesamtnahrung. In Gradationsgebieten forstschädlicher Insekten soll der Anteil auf 3,7 % fallen. Auch nach GENOV (1981) nahmen sie in Polen etwa 9 % der Nahrung ein, stellten aber im Frühjahr mit etwa 26 % die Hauptnahrungsmenge. SEVERCOW und SABLINA (1953) ermittelten in Belowesh 16 Pflanzenarten, deren Grünteile verzehrt werden. LEBEDEWA (1956a) erweiterte die Liste auf 46 Arten bzw. Artengruppen. Sie gelangte zu dem Schluß, daß grüne Pflanzenteile im Winter 6,6 % der Nahrung stellen, im Vorfrühling 7,6 % um dann im Frühsommer ein Maximum mit 52,7 % zu erreichen. Während des Sommers und Herbstes sollen sie in der Nahrung fehlen. Im Jahresdurchschnitt beträgt der Anteil 24 %. Aus der umfangreichen Artenliste heben sich jedoch nur wenige Pflanzen heraus, denen eine besondere Bedeutung für die Ernährung des Schwarzwildes im Urwald von Belowesh zukommt. In der Frühsommerperiode gehören dazu die Sumpf-Gänsedistel (*Sonchus palustris* L.), die Brennessel (*Urtica spec.*), Springkraut (*Impatiens* L.), Bachnelkenwurz (*Geum rivale* L.), Roßkümmel (*Silaum silaus* (L.) Sch.), Kälberkopf (*Chaerophyllum* L.) und Brustwurz (*Angelica* L.).

Gänsedistel und Roßkümmel werden nur im Mai und Juni angenommen, erstere oft bis zur Wurzel heruntergefressen. Sie stellt eine Hauptnahrungspflanze dar. Große Mengen werden auch von Kälberkropf genutzt, dessen Bedeutung aber durch die geringere Verbreitung eingeschränkt ist. Die Annahme des Springkrautes erfolgt nur in der ersten Junihälfte vor dem Blühen der Pflanzen. Auch von der Bachnelkenwurz werden nur junge Pflanzen verzehrt. Im Winter sind nur Heidelbeere, Schachtelhalm und Heidekraut von größerer Bedeutung. KOSLO (1975) stellte die in der Tabelle 5/5 angegebenen Grünmasseanteile im Gebiet Belowesh fest. DONAUROW und TEPLOW (1938) fanden grüne Teile krautartiger Pflanzen in fast der Hälfte aller von ihnen im Kaukasus untersuchten Magen. Diese haben ihre größte Bedeutung im Spätfrühling und Sommer, werden jedoch auch im Winter in recht großer Menge gefressen. Aus BROMLEJ's (1964) Beschreibung der Schwarzwildnahrung im Ussuri-Gebiet kann man, als auch für unsere Region interessant, entnehmen, daß dort *Equisetum hiemale* L., und *Carex* spec. zur Hauptnahrung zählen.

TURCEK (1967) nennt 13 Gehölze, bei denen bisher die Aufnahme oberirdischer vegetativer Teile nachgewiesen wurde:

Carpinus betulus L.
Cytisus ruthenicus
Hippophae rhamnoides L.
Picea abies K.
Pinus silvestris L.
Populus tremula L.
Quercus cerris L.
Quercus petraea Liebl.
Quercus robur L.
Salix Caprea L.
Tilia cordata L.

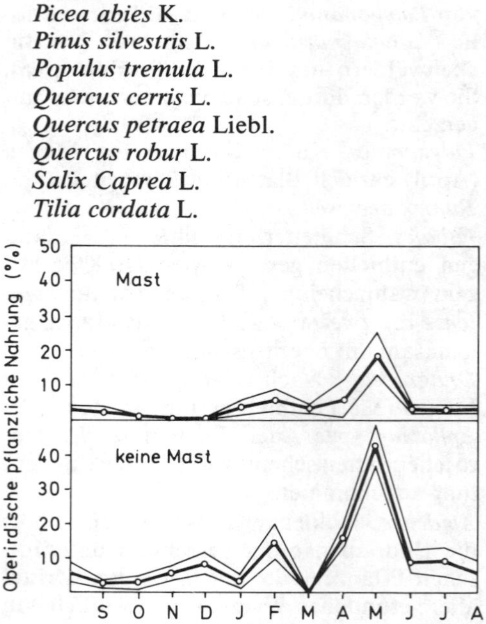

Abb. 5/10 Anteil oberirdischer pflanzlicher Nahrung (nach BRIEDERMANN, 1967)

Vaccinium myrtillus L.
Vaccinium vitis – idaea L.
In der DDR enthielten 49 % aller untersuchten Magen oberirdische vegetative Pflanzenteile (Abb. 5/10). Der Anteil an der Gesamtnahrung ist jedoch gering, er beträgt in Mastjahren 5 ± 2 %, bei Fehlmast 10 ± 3 % der durchschnittlichen Nahrungsmenge. Das Maximum der Aufnahme findet sich im Mai mit etwa 20 % bzw. 40 % des durchschnittlichen Mageninhaltes. Zu dieser Zeit gehören die frischen grünen Pflanzenteile zur Hauptnahrung. Nicht unwesentlich sind sie auch mit etwa 5 % bzw. 5 bis 10 % während der Wintermonate, in denen sie eine Notnahrung bilden.

Artenzusammensetzung

Equisetales, Schachtelhalmartige: in 13 Magen enthalten, stellen sie 4,8 % der gesamten Grünmasse. Die Aufnahme erfolgt hauptsächlich von April bis Juni mit einem Maximum im Mai. Bestimmt wurde ausschließlich Teichschachtelhalm (*Equisetum fluviatile* L.). Dieser Schachtelhalm ist, wie fast alle bei uns vorkommenden Arten, als giftig bekannt und soll im Viehfutter vermieden werden. Bei der Fütterung von Hausschweinen wird auf die Giftigkeit von Schachtelhalmen ausdrücklich hingewiesen (TRIEBLER, THIEDE, 1966).
Auch BROMLEJ (1964) beschreibt den als giftig bekannten *Equisetum hiemale* L. als Hauptfutterpflanze des Schwarzwildes im Fernen Osten der Sowjetunion. Er soll dort 5,4 % des Mageninhaltes im Jahresdurchschnitt stellen. Es scheint, daß das Schwarzwild gegen Giftwirkungen des Schachtelhalmes unempfindlich ist. LEBEDEWA (1956a) nennt Schachtelhalme als bedeutsame Winter-Grünpflanzen, ohne jedoch Arten anzuführen.
Filicales, Farnartige: Nur ein Magen (Februar) enthielt eine noch eingerollte Wedelanlage des Adlerfarn (*Pteridium aquilinum* (L.) KUHN.). Die Ergebnisse OLOFF's (1951), der im Mai und Juni in einigen Magen größere Adlerfarnmengen fand, bestätigen sich in den hier untersuchten Gebieten nicht, obwohl der Adlerfarn überall gemein ist.
Auch andere eingehende Untersuchungen, wie von SEVERCOW und SABLINA (1953), LEBEDEWA (1956a), JANDA (1958), HABER (1966) und GENOV (1981a) erbrachten keinen bedeutsamen Nachweis.
Graminales, Süßgrasartige: Fast zwei Drittel der grünen Nahrungsmenge (etwa 41 kg) bestritten die Süßgräser, die sich in 272 Magen, doch meist in geringer Menge fanden. Sie sind eine ausgesprochene Frühjahrsnahrung, die auch in der winterlichen Notzeit verzehrt wird. Am häufigsten und ganzjährig, mit einem Maximum im Mai und Juni, waren *Calamagrostis*-Arten nachweisbar. Sicher bestimmt wurden Landrohr (*Calamagrostis epigeios* (L.) ROTH.) (17 Nachweise) und Sumpf-Reitgras (*Calamagrostis canescens* (WEB.) (ROTH.) (5 Nachweise), doch sind die Mengen gering, nur ein Magen enthielt annähernd 500 g. Mit 14 Nachweisen war die Drahtschmiele (*Deschampsia flexuosa* (L.) TRIN.) vorhanden, die lediglich im Herbst fehlte. Die Höchstmasse lag bei 250 bis 1 000 g. Frische Triebspitzen und Teile des Stengelgrundes von Schilf (*Phragmites communis* TRIN.) fanden sich in 7 Nachweisen und mit Mengen bis zu 1 kg im Frühjahr. Des weiteren wurden bestimmt: *Agrostis spec.* (4 Nachweise), Wiesenrispengras (*Poa pratensis* L.) (3), Wald-Flattergras (*Milium effusum* L.) (2) und je ein Nachweis von Wald-Trespe (*Bromus ramosus* HUDS.), Gemeines Knaulgras (*Dactylis glomerata* L.), Riesenschwingel (*Festuca gigantea* (L.) VILL.), Pfeifengras (*Molinia coerulea* (L.) MOENCH.).
Cyperales, Riedgrasartige: Oberirdische Teile von Seggen-Arten fanden sich in 8 Magen mit insgesamt 0,3 kg. Es gelang je ein Nachweis von Waldsegge (*Carex sylvatica* HUDS.) und Ufersegge (*Carex riparia* CURT.).
Junaceae, Binsengewächse: In 3 Magen geringe Mengen von Binsen.
Kraut- und Strauchgewächse: Von höchster Bedeutung war der Wiesen-Bärenklau (*Heracleum sphondylium* L.). Obwohl nur in 11 Magen, stellte er 9 % der gesamten Grünmasse. Er wird besonders im Frühjahr verzehrt. In 27 Magen und mit etwa 3 % der Menge folgt das Weidenröschen (*Epilobium* spec.). Es wurde zwischen Mai und September, am häufigsten im Mai und Juni, ange-

troffen. Die Ansicht, daß *Epilobium* in der Schwarzwildnahrung eine bedeutende Rolle spiele, wird nicht gestützt. Mit 17 Nachweisen Weißklee (*Trifolium repens.* L.), weniger Rotklee (*Trifolium pratense* L.). Die Kuhblume (*Taraxacum officinale* L.) war in 9 Magen, hauptsächlich im Frühjahr, in geringer Menge vertreten. Auf das Frühjahr beschränkte sich auch das seltene Auffinden (2 Nachweise) von Blättern der Sumpfdotterblume (*Caltha palustris)* L.), die im Gebiet Belowesh in sehr hohem Maße verzehrt wird. Bingelkraut (*Mercurialis perennis* L.) fand sich einmal (Mai) mit etwa 150 g in Mühlhausen. Unbedeutend sind auch einige im Mai und Juli gefundene Blätter der Himbeere (*Rubus idaeus* L.) sowie ein Nachweis von *Calla palustris* L. im Oktober. Junge Blätter und Triebspitzen der Heidelbeere (*Vaccinium myrtillus* L.) im Frühjahr und Sommer (7 Nachweise) beeinflußten die Ernährung ebenfalls kaum.
Auffällig ist das völlige Fehlen der von LEBEDEWA (1956a) und KOSLO (1975) als Hauptnahrungspflanzen bezeichneten Arten *Sonchus palustris* L., *Urtica* spec., *Ranunculus* spec., *Impatiens noli-tangere* L., *Geum rivale* L. und *Silaum silaus* (L.) SCH. Sie wurden auch von OLOFF (1951) und JANDA (1958) nicht gefunden. Wahrscheinlich spielen sie nur in großen Waldkomplexen eine größere Rolle, wenn andere Nahrung schwer erreichbar ist.
Baumarten: Etwa 2 % der gesamten Grünmasse wurden durch junges Rotbuchen- und Eichenlaub gestellt. Der Anteil ist unbeträchtlich und lediglich im Mai/Juni von einigem Interesse. Anderes Laub fehlte.
Im Raum Belowesh beträgt ihr Anteil dagegen im Herbst und Frühjahr etwa 4 % der Masse, im Winter sogar 15 % bei einer Häufigkeit von 19 % (1 bis 90) (KOSLO, 1975). Die Artenangabe (13 Arten) umfaßte beinahe die gesamte örtliche Baum- und Strauchartenpalette. Mit einem Mengenanteil von 5 % (1 bis 10) ist die Mistel (*Viscum album* L.) im Winter nicht unbedeutend.

5.3.1.3.3. Pilze

Den Verzehr von Schwämmen und besonders von Trüffeln erwähnte bereits HARTIG (1832). Auch SCHÄFF (1907) gibt an, daß Pilze gefressen werden. In 7 von 333 durch HABER (1966) untersuchten Magen waren geringe Pilzmengen enthalten. JANDA (1958) wies eine geringe Menge der Herbsttrompete (*Craterellus cornucopioides* L.) nach. SEVERCOW und SABLINA (1953) führen diese ebenfalls an. LEBEDEWA (1956a) fand im Herbst in vier Magen nicht näher bezeichnete Pilze vor. Nach KOSLO (1975) waren Pilze im Herbst und Winter mit 2,5 bis 3 % der Nahrung vertreten, die Häufigkeit des Vorfindens lag bei 27 % (Herbst) und 12 % (Winter). BROMLEJ (1964) nennt „höhere Pilze“ und „Schwefelschwämme“ als seltene Nahrung.
In der DDR waren in 33 Magen Pilzanteile mit einem Gesamtgewicht von etwa 900 g enthalten, das entspricht etwa 0,1 % der gesamten Mageninhaltsmenge. Besonders auffällig ist das recht häufige Vorkommen der Warzigen Hirschtrüffel (*Elaphomyces granulatus* Fr.), deren rote, warzige Fruchtkörper sich allein in 30 Magen zwischen Januar und Juli mit Höchstmengen von etwa 180 g fanden. Diese Art stellte auch GENOV (1981) mehrfach fest; sie stellte sogar annähernd 3 % der von ihm untersuchten Winternahrung. Ein Magen unseres Materials enthielt etwa 250 g Butterpilze (*Boletus luteus* L.), 2 weitere nicht näher bestimmbare Lamellenpilze.

5.3.1.4. Tierische Nahrung

Die Beliebtheit tierischen Fraßes ist seit jeher bekannt. (DÖBEL, 1745; VON SPONECK, 1801; HARTIG, 1832, ALTUM, 1876). Die Tatsache, daß Schwarzwild in von bestimmten Insektenkalamitäten heimgesuchten Waldbeständen eine verstärkte Wühltätigkeit entfaltet (sofern sich die betreffende Art in einem ihrer Entwicklungsstadien in oder am Boden aufhält), hat in Verbindung mit einzelnen Mageninhaltsuntersuchungen zu der Meinung geführt, daß tierische Nahrung nach Menge und Nährwert von ganz hervorragender Bedeutung wäre. Einige Beispiele solcher Untersuchungen, vor allem die von SCHÄFF (1907), HABER (1950) und OLOFF (1951) publizierten, gaben einer ganzen Nachfolgeliteratur (KLEMM, 1951;

BUCHHOLZ, 1952; BOBACK, 1957; MOHR, 1960; HENNIG, 1963) die Grundlage für diese Ansicht.
In Verbindung mit Mitteilungen aus der forstlichen Praxis über eine starke Reduzierung von im Boden lebenden Schadinsekten (z. B. NEUMEISTER, 1915; EIDMANN, 1927; ENGEL, 1942; SLIWA, 1957; ZAPPE, 1958; Mrosowski, 1966 u. a.) werden des weiteren Schlußfolgerungen über eine Bedeutung des Schwarzwildes bei der Gesunderhaltung der Waldbiozönosen gezogen. Diese bauen auf der Ansicht auf, daß Wildschweine in der Lage sind, sich über längere Zeiträume hinweg nahezu völlig von Schadinsekten zu ernähren.
Es ist einleuchtend, daß dieses Problem nur auf der Grundlage systematischer Mageninhaltsanalysen geklärt werden kann. Über die annähernde Höhe des quantitativen Anteils der animalischen Komponente gibt es eine Reihe orientierender Informationen. Sie betrug im Material von JANDA (1958) 13,2%. In 17 von 24 untersuchten Magen fand er tierische Reste, das entspricht etwa 70%. ŽILA (1955) untersuchte ebenfalls in der ČSSR 15 Schwarzwildmagen, die alle tierische Nahrung enthielten. Er gibt keine quantitativen Hinweise, doch kann man aus der Stückzahl und der Artenliste schließen, daß der mengenmäßige Anteil sich auf etwa 5 bis 10% belaufen dürfte. HABER (1966) errechnete auf der Grundlage von 280 Magen aus Gebieten, die von keiner Insektengradation erfaßt waren, einen durchschnittlichen Anteil der tierischen Nahrung an der Gesamtmenge von 6,2%. In 53 Magen aus von Schädlingen heimgesuchten Gebieten betrug der Anteil dagegen 88,3%. Es ist schwer, sich diesen Prozentsatz als Jahresdurchschnitt vorzustellen, da sich die Insekten nur zu einem gewissen Teil des Jahres in und am Boden aufhalten. HABER korrigierte (briefl.) auf der Grundlage weiterer 27 Mageninhaltsanalysen aus Gradationsgebieten auf ein Verhältnis der pflanzlichen zur tierischen Nahrung von 64:36%.
GENOV (1981) stellte in Polen einen animalischen Nahrungsanteil von 10,9% fest. LEBEDEWA (1956a) ermittelte auf der Grundlage ihres Probeflächenverfahrens einen Jahresdurchschnitt von 12,4%. Die geringste Menge soll im Winter (2,7%) aufgenommen werden, sie steigt über das zeitige Frühjahr (3,2%) zum Frühling-Frühsommer (27,8%) an, um dann im Frühherbst (9,0% wieder zurückzugehen. Auf 32,9% aller Probeflächen war tierische Nahrung aufgenommen worden. Das diesbezügliche Maximum lag im Frühjahr (17,1%), das Minimum (0,8%) im Winter. Die Brauchbarkeit des Probeflächenverfahrens bei der Ermittlung tierischer Nahrung muß jedoch angezweifelt werden. Es gelingt nur, im Boden lebende Tierarten, wie Regenwürmer, bestimmte Insekten, mit einiger Sicherheit nachzuweisen. Über den nicht unbeträchtlichen Anteil anderer Komponenten, wie Fallwild, andere Tierleichen, Mäuse usw. lassen sich nur vage Schlüsse ziehen. Von 60 untersuchten Magen enthielten nur zwei im Winter erlegte Sauen einen geringen Anteil tierischer Nahrung. Durch KOSLO (1975) wurde für das gleiche Gebiet auf der Grundlage seiner Mageninhaltsuntersuchungen die Kenntnis über den Nahrungsanteil animalischer Komponenten beträchtlich vertieft (vgl. Tab. 5/4). Der Mengenanteil ist mit etwa 1,5% im Frühjahr am geringsten und mit 8% im Winter am höchsten. Die Hauptmenge wird durch Wirbeltiere gestellt, die vom Frühjahr zum Winter hin zunehmen, während der Anteil von Wirbellosen sinkt. Während Wirbeltierreste mit 20 bis 40% nicht allzu häufig in den Magen vertreten waren, kamen Wirbellose im Frühjahr und Sommer in fast 80% der Magen vor und gingen allerdings im Herbst und Winter beträchtlich zurück.
Nach KORNEEW und KRIČEWSKAJA (1967) fand sich in der Ukraine in 68,7% von 500 verschiedenen Probenahmen (Mageninhalte, Exkremente, Probeflächen) ein mehr oder weniger großer tierischer Anteil. DONAUROW und TEPLOW (1938) stellten in 35 Magen aus dem Kaukasus einen animalischen Anteil in etwa einem Viertel dieser Zahl fest. BROMLEJ (1964) untersuchte 79 Magen; gibt jedoch ebenfalls keine quantitativen Hinweise. Tierische Nahrung war in 12,5% aller Magen enthalten.
Die in der DDR gewonnenen Ergebnisse zeigen enge Beziehungen zu den von KOSLO ermittelten Werten. Reste aufgenommener

Tiere und Tierteile enthielten 440 Magen, das entspricht 66 % der gesamten untersuchten Zahl. Es gab keine wesentlichen Unterschiede im Mengenanteil zwischen Mastjahren (4 ± 1 %) und Fehlmastjahren (Abb. 5/11). Der Mengenanteil ist im Vergleich zur Nachweishäufigkeit recht gering. Gewisse jahreszeitliche Schwankungen sind statistisch nicht zu sichern; sie werden von Unterschieden im jährlichen und regionalen Auftreten bestimmter Tierarten wesentlich bedingt. Größere Mengen animalischer Nahrung waren in relativ wenigen Magen enthalten. Nur 101 von 440 Magen wiesen mehr als 5 %, sogar nur 4 Magen mehr als 75 % animalischer Anteile im Inhalt auf. Im Vergleich zur relativ geringen Menge ist die Artenplatte außerordentlich breit. Wir registrierten insgesamt 80 Tierarten bzw. Gruppen, eine sicher bei weitem nicht vollständige Liste. Wenn daher im folgenden der Artenzusammensetzung verhältnismäßig breiter Raum gegeben wird, darf dabei nicht vergessen werden, daß unter normalen Bedingungen der animalischen Nahrung bei weitem nicht die Bedeutung zukommt, die ihr verschiedene Autoren zuwiesen und die man häufig vorauszusetzen pflegt.

5.3.1.4.1. Wirbeltiere

Artiodactyla, Lagomorpha; Paarhufer, Hasentiere: Großsäugerreste fanden sich in 89 Magen (13 %). Sie stellten mit etwa 11,5 kg nahe ein Drittel des gesamten animalischen

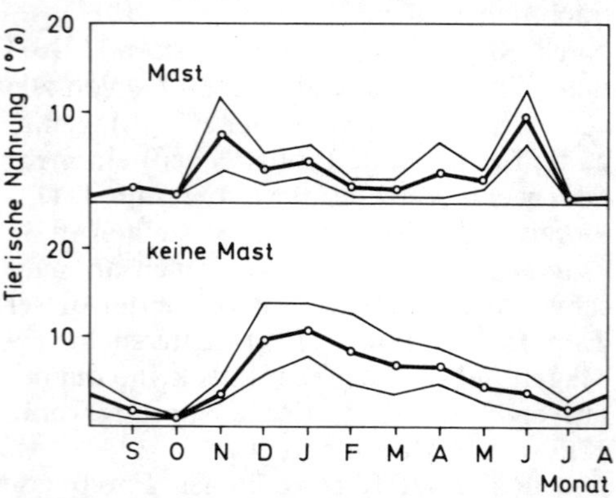

Abb. 5/11 Anteil tierischer Nahrung (nach Briedermann, 1967)

Fraßes. Im Jahresdurchschnitt sind sie an der Wildschweinnahrung mit etwa 1 % beteiligt.

Rehwild (*Capreolus capreolus* L.) war mit 29 Nachweisen, entsprechend seiner Verbreitung, am häufigsten vertreten, darunter 3 Rehkitze. Rotwild (*Cervus elaphus* L.) wurde in 4 Fällen ermittelt. Damwild (*Dama dama* L.) war in 12 Magen zu finden, darunter Reste eines Kalbes. Die Funde erstrecken sich über das ganze Jahr mit einem Gipfel im Januar/Februar (Fallwild). Im übrigen wurden sehr häufig von den Jägern im Walde zurückgelassene Aufbrüche erlegten Wildes verzehrt. Schon von Sponeck (1801) wies darauf hin, daß Sauen im Winter den Schindanger aufsuchen. Feldhasen (*Lepus europaeus* L.) fanden sich mit 10 Nachweisen relativ selten, darunter 4 Junghasen im Mai und Juni. Wildkaninchen (*Oryctolagus cuniculus* L.) waren nicht nachweisbar, doch beobachtete von Bronsart (1956/57) den Verzehr von Jungkaninchen nach Aufgraben eines Baues. Ein im Januar im Kreis Eberswalde erlegtes Stück enthielt in seinem Magen ein Knäuel Wildschweingrannen und Wollhaare. Auch im Kaukasus ist gelegentlich bei Notzeiten Kannibalismus beobachtet worden (Heptner et al., 1966). Meynhardt (1978) bemerkte aber, daß verendete Mitglieder des eigenen Familienverbandes nicht angerührt werden. Zusammenfassend läßt sich schlußfolgern, daß Großsäuger eine begehrte Nahrung darstellen, deren Verzehr lediglich durch das Angebot begrenzt wird. Das wird auch durch die Mitteilung von Tisdell (1982) unterstrichen, daß verwilderte Hausschweine in großem Umfange neugeborene Schaflämmer auf den Weiden Australiens vertilgen. Örtlich werden Verluste von mehr als 30 % der Geburtenzahl angenommen.

Insectivora, Rodentia; Insektenfresser, Nagetiere: Der Maulwurf (*Talpa europaea* L.) war mit je einem Exemplar im Juli und November nachzuweisen. Zwei Nachweise brachte auch Žila (1955). Spitzmäuse *(Soricidae)* fehlten völlig, die Žila jedoch in 3 Magen je einmal fand. Auch Oloff (1951) wies den Verzehr einer Waldspitzmaus (*Sorex araneus* L.) im Mai nach. Der Hamster

(*Cricetus cricetus* L.) wurde durch 1 Exemplar (Juni) erstmalig als Wildschweinnahrung nachgewiesen.
Bereits HARTIG (1832) erwähnt, daß Schwarzwild auch Mäuse (*Murinae* und *Microtinae*) vertilgt. Die Forstschutz-Lehrbücher (HESS-BECK, 1914; GÄBLER, 1955) führen allgemein das Wildschwein als Mäusevertilger an, desgleichen die Schwarzwild-Monographien. OLOFF (1951) fand 14 Mäuse in 9 von 31 untersuchten Mageninhalten. Dabei handelte es sich um voll ausgewachsene Individuen von Waldmaus (*Apodemus silvaticus* (L.), Schermaus (*Arvicola terrestris (L.)), Feldmaus (Microtus arvalis (*PALLAS)) und Rötelmaus (*Clethrionomys glareolus* (SCHREIBER)). ŽILA (1966 ermittelte 22 Waldmäuse in 15 Magen. HABER (1966) entdeckte 24 Mäuse in 333 Magen. SEVERCOW und SABLINA (1953) fanden Spuren der Aufnahme von *Arvicola terrestris* und Gelbhalsmaus (*Apodemus flavicollis*) (MELCHIOR)), und ernährten einen Frischling längere Zeit nahezu ausschließlich von Mäusen. LEBEDEWA (1956a) wies keine Mäuse nach, doch erwähnt KOSLO (1975), daß im Herbst in Magen aus Belowesh gewöhnlich 1 bis 2, selten 3 bis 4 Mäuse zu finden waren. Die Höchstzahl aufgefundener Exemplare betrug 6. KORNEEW und KRIČEWSKAJA (1967) haben eine erhebliche Menge mausähnlicher Nagetiere in 5,9 % aller analysierten Daten gefunden. Sie sind der Meinung, daß sich die Zahl der schädlichen Nager in den Jahren der Massenvermehrung in der Nahrung stark erhöht und führen ein Beispiel an, nach dem in einem Magen 20 „graue Wühlmäuse" enthalten waren. Auch BROMLEJ (1964) fand im Fernen Osten einzelne mausartige Nager, vor allem Wühlmäse, vor.
In der DDR fanden sich Mäuse in 15 % der untersuchten Magen. Die Gesamtmasse betrug etwa 3,7 kg und damit 11 % der tierischen Nahrung bzw. 0,3 % der gesamten untersuchten Nahrungsmenge. Es wurden folgende Arten ermittelt: *Apodemus flavicollis* (4 Ind.), *Apodemus* spec. (8), *Clethrionomys glareolus* (1), *Microtus arvalis* (12), *Microtus agrestis* (9), *Microtinae* spec. (6), *Muridae* spec. (103). Die Nachweishäufigkeit der Arten ist allerdings hauptsächlich von der Bestimmbarkeit der Reste abhängig. Mäuse wurden zu jeder Jahreszeit gefunden, doch ist die Nachweisfrequenz recht gering. Etwa jeder fünfte Magen enthielt eine Maus. Ein Häufigkeitsgipfel zeigte sich im Spätherbst/Winter im Einklang mit dem Verlauf der Populationsentwicklung, ein kleinerer im März/April. Das Maximum trat im November ein; in diesem Monat enthielt jeder Magen durchschnittlich 0,5 Mäuse. Diese Werte verändern sich nur geringfügig, wenn man in Rechnung stellt, daß sich in einigen Magen mehrere Mäuse befanden. In 83 % aller Nachweise fand sich nur eine Maus. Die höchste Zahl an Mäusen enthielt ein Magen aus dem November mit 1 adulten *Microtus agrestis*, 6 halberwachsenen Individuen anscheinend der gleichen Art und 5 Jungmäusen. Im Untersuchungszeitraum litten einige Gebiete unter einer Mäuse-Massenvermehrung, hauptsächlich der Erd- und der Rötelmaus. Hier war zwar die Zahl der Magen, die Mäuse enthielten, mit 17,9 % gegen 8,2 % etwa doppelt so hoch, doch gab es keine Unterschiede in der durchschnittlichen Zahl von Mäusen, bezogen auf die Gesamtzahl Mäuse enthaltener Magen. Diese betrug 1,37 bzw. 1,34 Stück je Magen. Man darf schließen, daß sich das Schwarzwild in Gradationsjahren nicht sehr viel stärker dieser Nahrung zuwendet, sondern Mäuse nach wie vor nur gelegentlich greift, wobei allerdings das häufigere Vorkommen der Nager mehr Sauen Gelegenheit dazu bietet. Eine einfache Überschlagsrechnung zeigt, daß das Schwarzwild nicht in der Lage ist, den Verlauf von Mäusegradationen zu beeinflussen. Bei Mäusevergiftungsaktionen fällt es dem Schwarzwild leicht, größere Mengen vergifteter Nager zu finden und aufzunehmen. Dadurch kann es zu Sekundärvergiftungen kommen, wie SCHNEIDER (1957) beschreibt. Im Magen eines durch akute Vergiftung verendeten Überläuferkeilers wurden 26 erwachsene Mäuse nebst Giftweizen aufgefunden.
Aves, Vögel: Vogelreste waren in 33 Magen, also in 5 % der Gesamtzahl, enthalten. Die Gesamtmasse betrug etwa 2,1 kg, in 13 Magen fanden sich nur einzelne Federn. Überraschend hoch war die Zahl der Haus-

huhnreste (*Gallus domesticus* L.). Sie fanden sich in 12 Magen, dabei in 7 Fällen größere Anteile. Man muß vermuten, daß fast ausschließlich Überreste von Fuchsmahlzeiten beseitigt wurden. Mit jeweils einem Exemplar wurden bestimmt: Höckerschwan (*Cygnus olor* L.), Krähen (*Corvus* spec. und *Corvidae* spec.), Eichelhäher (*Garullus glandarius* L.), Rotkehlchen (*Erithacus rubecula* L.), Buchfink (*Fringilla coelebs)*, Trauerschnäpper (*Ficedula hypoleuca)*, Singdrossel (*Turdus philomelos* L. und *Turdus* spec.). Nicht bestimmbar waren 14 Klein- und Jungvögel, hauptsächlich aus den Monaten Mai bis Juli. Ganz sicher zerstört das Wildschwein alle Gelege, die es findet. Nach CHANSHIN (1977) soll von 25 durch ihn beobachteten Rauhfußhühnergelegen ein beträchtlicher Teil durch Schwarzwild vernichtet worden sein. Der Anteil soll bei Auerwild (*Tetrao urogallus* L.) 50 %, Birkwild (*Lyrurus tetrix* L.) 87 % und beim Haselwild (*Tetrastes bonasia* L.) 33 % betragen haben.

Zu anderen Ergebnissen gelangten dagegen DZIECIOLOWSKI und MATUSEWSKI (1982), die auch BOROVIK (1973) zitieren.

Bei 100 Nestmodellen mit 1 000 Hühnereiern waren zwar nach 28 Tagen (der Brutzeit des Auerwildes) 95 % zerstört, doch nur in 4,2 % der Fälle war das Schwarzwild der Verursacher. BOROVIK, der speziell den Einfluß des Schwarzwildes auf die Rauhfußhühner im Urwald von Belowesh untersuchen wollte, fand nur 2,6 % von Sauen zerstörte Gelege. Diese Autoren drücken aus, daß eine Begrenzung des Schwarzwildes im Interesse der Rauhfußhühner nicht unbedingt gefordert werden muß.

Reptilia, Reptilien: Vor allem Eidechsen wurden als seltene Zufallsnahrung bereits mehrfach nachgewiesen (OLOFF, 1951; ŽILA, 1955; HABER, 1966; BROMLEJ, 1964). In unserem Material (BRIEDERMANN, 1967) wurde die Blindschleiche (*Anguis fragilis* L.) mit 6 Exemplaren nachgewiesen. Die Zauneidechsen (*Lacerta agilis* L.) war in 2 Magen vertreten. In 3 Fällen konnte die Ringelnatter (*Natrix natrix* L.) determiniert werden. Alle Nachweise beschränkten sich auf eine unbedeutende Menge in der Zeit von Mai bis August.

Amphibia, Amphibien: Die Möglichkeit des Verzehrs von Fröschen und andern Lurchen wird durch das örtliche Vorkommen von Feuchtstandorten und dem jahreszeitlich wechselnden Auftreten der Arten wesentlich bestimmt. Während ŽILA (1955) 11 Frösche in 6 von 15 Magen zählte, fand HABER (1966) nur 12 Amphibien in 333 Magen. In der DDR wurden 24 Individuen in 3,2 % der untersuchten Magen gefunden, darunter Moorfrosch *(Rana arvalis)* (3), Wasserfrosch *(Rana esculenta* L.) (1), Grasfrosch *(Rana temporaria* L.) (3), *Rana* spec. (16), Knoblauchkröte *(Pelobates fuscus* (LAUR.)) (1). Ein großer Prozentsatz der Nachweise stammt aus den Wintermonaten, sie wurden sicher im Winterquartier im Schlamm am Ufer flacher Gewässer gefunden. Die Ansicht, daß Amphibien von Wildschweinen verschmäht würden (MEYNHARDT und FRÖHLICH, 1986), ist nicht haltbar.

Pisćes, Fische: Den gelegentlichen Verzehr von Fischen, die vor allem am Ufer und in verlandenden Gewässern erbeutet werden, erwähnen vor allem sowjetische Quellen (HEPTNER et al., 1961).

5.3.1.4.2. Hexapoda (Insekten)

Häufig wird den Insekten in der Schwarzwildnahrung eine große Bedeutung zugemessen. Verschiedene Beobachtungen führten zu der Ansicht, daß Insekten nicht nur eine wesentliche Nahrungskomponente wären, sondern daß ihr Verzehr bei bestimmten Arten auch forstlich bedeutsame Auswirkungen hätte. Quantitativ aussagefähige Arbeiten sind allerdings selten. Aus OLOFF's (1951) Material läßt sich vorsichtig errechnen, daß die Insekten etwa 5 % der gesamten Nahrungsmenge, darunter überwiegend Engerlinge des Maikäfers, stellten. Dieser Wert bezieht sich auf die Monate Mai und Juni. Etwa in gleicher Höhe dürfte sich ihr Anteil in den von ŽILA (1955) untersuchten 15 Magen bewegen. Sie waren dort in allen Magen vertreten. JANDA (1958) ermittelte einen Masseanteil von etwa 11 % des gesamten Mageninhaltes. HABER (1966) stellte fest, daß sich der Insektenanteil in nicht durch Massenvermehrungen gekennzeichneten Jahren bei etwa 2 % bewegt. Liegt eine Massenvermehrung vor, soll der Anteil auf 86 % steigen und Insekten bilden dann die Nahrungsgrundlage der Wildschweine. Später reduzierte HABER (briefl.) auf Grund weiterer Mageninhaltsanalysen diese Proportionen beträchtlich.

Nach den aus der DDR vorliegenden Ergebnissen ist der Insektenanteil an der Nahrung hier nicht sehr bedeutsam. Die Gesamtmenge betrug etwa 12,7 kg und damit etwa 1,3 % der untersuchten Nahrungsmenge. Der höchste Anteil fand sich im Dezember (2,8 %) und Januar (3,3 %), in den meisten Monaten betrug er weniger als 1 %) und fehlte im Juli und August fast ganz. Allerdings hatte, mit einer Ausnahme beim Kiefernspanner, kein Schadinsekt im Untersuchungszeitraum seinen eisernen Bestand wesentlich überschritten.

Dermaptera, Ohrwürmer: Ein Magen (April) enthielt 2 *Forficula auricularia* L., ein weiterer (Juni) eine Larve der gleichen Art. Je 1 Exemplar im September, Oktober und Dezember war nicht näher bestimmbar.

Saltatoria, Heuschrecken: Heuschrecken fehlten im Untersuchungsmaterial völlig, doch teilte ŽILA (1955) mit, daß er in 7 Magen insgesamt 49 Maulwurfsgrillen (*Gryllotalpa gryllotalpa* (L.)) gefunden habe. Nach JANDA (1958) stellte die Maulwurfsgrille 0,41 % der Nahrung. Er fand weiterhin *Stenobothrus* spec. mit 0,35 %. Es kann geschlossen werden, daß Heuschrecken bei Massenvermehrungen von größerer Bedeutung sein können; darüber berichteten SLUDSKIJ (1956) und HEPTNER et al. (1966).

Hymenoptera, Hautflügler: Über eine starke Aufnahme von Kokons der Großen Kiefernblattwespe (*Acantholyda nemoralis* L. (THOMSON)), berichtete HABER (1950). In zwei von ihm untersuchten Magen befanden sich 3 583 bzw. 2 250 Larven mit einem Gesamtgewicht von 4,3 bzw. 2,7 kg. Auch in einigen weiteren Magen waren größere Mengen enthalten.

SCHWERDTFEGER (1944) beschreibt bei einer Massenvermehrung von *Acantholyda erythrocephala* (L.) starkes Brechen des Schwarzwildes in den Befallsflächen. Nur ein Magen unseres Materials (BRIEDERMANN, 1967) enthielt im Oktober 4 Larven von *Acantholyda nemoralis,* ein weiterer im Mai eine nicht näher bestimmbare Larve. Ausführlich berichtete VON VIETINGHOFF-RIESCH (1952) über die Reduzierung der Fichten-Gespinstblattwespe (*Cephaleia abietis* L.) durch das Schwarzwild bei einer Massenvermehrung im Forstamt Seesen (1950). Er gelangte durch Probeflächenuntersuchungen zu einer wahrscheinlichen Reduzierung der Populationsdichte um 25 %. Die Kiefernbuschhornblattwespe (*Diprion pini* L.) fand sich in der Zeit von November bis Januar in 6 Fällen mit 1 bis 61 Kokons. GENOV (1981), der ein Gradationsgebiet untersuchte, stellte fest, daß zwar etwa 41 % der Bodenoberfläche in den betroffenen Beständen umgewühlt war, die Kokons aber als Nahrungsquelle keine Bedeutung hatten. Erstmalig wies OLOFF (1951) den Verzehr von Ameisen (*Formicidae*) nach, indem er in 2 Magen recht große Mengen von *Camponotus herculeanus* L. und deren Puppen (135 und 34 g) feststellte. ŽILA (1955) fand Ameisen in 5 Magen vor. JANDA (1958) stellte einen Nahrungsanteil von 0,41 % durch *Formica rufa* und von 0,65 % durch *Camponotus herculeanus ligniperda* fest. *Lasius niger* L. stellte 0,5 % der Nahrung. Ameisen fanden sich in 17 der durch uns untersuchten 665 Magen, die Gesamtzahl (Imagines und Puppen) betrug etwa 300 Stück. Alle Funde erfolgten in der Zeit von Mai bis August mit dem Maximum im Juni und Juli. Im einzelnen wurden bestimmt: *Formica rufa* (10 Fälle mit 2 bis 20 Individuen), *Lasius niger* (3 Fälle mit max. 30 Individuen), *Formica rufa pratensis* RETZ. (1 Fall), *Camponotus herculeanus* L. (1 Fall, etwa 50 Exemplare).

Coleoptera, Käfer: Käfer bilden nach übereinstimmender Ansicht eine mengenmäßig unbedeutende Gelegenheitsnahrung. Lediglich JANDA (1958) weist ihnen mit mehr als 4 %, vorwiegend Carabiden, einen schon beachtlichen Rang zu. Eine besondere Rolle können auch Maikäfer (*Melolonthinae*) spielen. Darauf wird noch einmal eingegangen. Die in der DDR untersuchten Magen enthielten Reste von 596 Käfern sowie derer Entwicklungsstadien. Das Vorkommen beschränkte sich auf 161 Magen, also 24 % der Gesamtzahl. Laufkäfer (*Carabidae*) fanden sich in 86 Magen (12,9 %) mit 169 Individuen. Das festgestellte Maximum innerhalb eines Magens betrug 5 Exemplare, doch sind mehr als 3 selten. Neben 97 unbestimmbaren Individuen wurden nachgewiesen: *Calosoma inquisitor* L. (6), *Carabus auratus* L. (1), *Carabus coriaceus* L. (1), *Carabus granulatus* L. (4), *Carabus hortensis* L. (9), *Carabus* spec. (13), *Harpalus aeneus* Fabr. (1), *Harpalus* spec. (3), *Nebria* spec. (2), *Pterostichus niger* SCHALL. (1), *Pterostichus oblongopunctatus* L. (6), *Pterostichus* spec. (13), *Zabrus tenebrionides* (GOEZE) (6) und *Zabrus* spec. (3). Es waren insgesamt 109 Imagines und 60 Larven festzustellen. Das Maximum des Vorkommens fällt, bedingt durch das Auftreten der Imagines, in den Zeitraum April bis Juli, ein Nebenmaximum zeichnet sich, durch Larven hervorgerufen, im Oktober und November ab.

Schwimmkäfer (*Dytiscidae*) wurden mit 37 Individuen ermittelt. Je ein Magen im Mai und Juni enthielt 11 bzw. 15 Dytiscidenlarven, die wohl gemeinsam mit einer größeren tierischen Beute, von der sie sich ernährten (Frösche), verschluckt wurden. Im November wurde 1 *Hydaticus stagnalis* gefunden.

Aaskäfer (*Silphidae*) waren durch *Blithophaga* spec. (1), *Necrophorus vespilloides* Herbst (2) und *Xylodrepa quadripunctata* SCHR. (6) vertreten. Die Nachweise stammen aus der Zeit von April bis September, gewöhnlich war artspezifische Nahrung (Mäuse, Raupen) gleichzeitig vorhanden.

Kurzflügler (*Staphylinidae*) wurden nur durch 1 Larve nachgewiesen, während bei JANDA (1958) Larven dieser Gattung 0,41 % der Nahrung bildeten.

Weichkäfer (*Cantharidae*): 1 Imago (August).

Buntkäfer (*Cleridae*): 1 Larve (Juni). Schnellkäfer (*Elateridae*) vor allem die Larvenformen (Drahtwürmer) fanden sich mit 40 Individuen. Das Maximum fiel in die Monate April und Mai. Die Mehrzahl der (33) Drahtwürmer gehörte zum *Tribus Corymbitini*, 2 Individuen konnten als *Corymbites aeneus* L. bestimmt werden. 2 weitere Exemplare gehörten zu den *Agriotini*. Trotz ihrer weiten Verbreitung werden die *Elateridae* selten verzehrt, wie auch OLOFF (1951), HABER (1950) und LEBEDEWA (1956a) anführen.

Prachtkäfer (*Buprestidae*): je 1 unbestimmbare Larve in Januar und Juni.

Marienkäfer (*Coccinellidae*): 1 *Coccinella 5-punctata* L. (August). Schwarzkäfer (*Tenebrioidae*): 1 Imago von *Tenebrio* spec. (Juli). Bockkäfer (*Cerambycidae*) (ausschließlich Larven) fanden sich in 11 Magen mit 44 Individuen. Das Maximum fiel in die Monate Mai (12) und Juni (23). Die Höchstzahl je Magen betrug 11 Individuen. Soweit aus den Resten zu schließen (23 Fälle), handelte es sich ausschließlich um den Sägebock (*Prionus coriarius* L.).

Scarabaeidae: Es wurden 20 Imagines des Roßkäfers (*Geotrupes* spec.) in 4 Magen gefunden. 3 Käfer waren als *Geotrupes stercorarius* zu determinieren.

Melolonthinae: Der in dieser Unterfamilie besonders interessierende Maikäfer mit seinen Engerlingen wird allgemein zur bevorzugten Nahrung des Schwarzwildes gerechnet. Schon RATZEBURG (1850) zählte die Wildschweine zu den wichtigsten Maikäferfeinden. PUSTER (1910) stellte ein sehr starkes Brechen des Schwarzwildes in von Engerlingen befallenen Waldflächen in der Pfalz fest, konstatierte aber ein Nachlassen in einigen Wochen, was er auf eine Übersättigung mit dieser Nahrung zurückführte. HABER (1950) fand in 3 Magen beträchtliche Engerlingsmengen, nämlich 2500, 2190 und 1462 Stück. OLOFF (1951) stellte in 7 von 31 untersuchten Magen Engerlinge in folgenden Zahlen fest: 900, 283, 50, 40 bis 50, 29, 23, 20). ŽILA (1955) zählte in 4 von 15 Magen insgesamt 68 Engerlinge, in jedem Magen waren aber auch Maikäfer mit einer Gesamtzahl von 191 Stück enthalten. Nach SEVERCOW und SABLINA (1953) sowie LEBEDEWA(1956a) gehören Engerlinge auch zur Nahrung des Wildschweines im Urwald von Belowesh.

In unserem Material fand sich die Art nur in 16 Magen mit 50 Käfern und 154 Engerlingen, obwohl einige der Untersuchungsgebiete eine mittlere bis starke Gradation aufwiesen, die eine aviochemische Bekämpfung erforderte. Das Ergebnis zeigt, daß der

Engerling für das Schwarzwild außerhalb ausgesprochener Massenvermehrung recht uninteressant ist, da die Suche nicht lohnt und anderer Fraß leichter erreicht werden kann. Die jahreszeitliche Verteilung läßt eine Häufung in den Monaten April bis Juni erkennen. Die aufgefundenen Höchstmengen betrugen: 75 Engerlinge, meist E_2-Generation (April); 45 Engerlinge (Juni), 31 Käfer (Mai).

Ein Magen aus dem April enthielt einige Larven von *Polyphylla fullo* L.

Rüsselkäfer *(Curculionidae)* fand ŽILA (1955) in 6 Magen insgesamt 168 Individuen. JANDA (1958) schreibt dieser Familie einen Mengenanteil von 0,45 % zu.

Lepidoptera, Schmetterlinge: Dem Vorkommen von Schmetterlingen wurde besondere Aufmerksamkeit gewidmet, weil die bodenbewohnenden Entwicklungsstadien einiger Arten bis in die neueste Zeit als sehr wertvoll für die Schwarzwildernährung angesehen werden, verbunden mit weitgehenden Schlußfolgerungen für den Forstschutz, obwohl VON VIETINGHOFF-RIESCH bereits 1952 vor zu weitgehenden Erwartungen gewarnt hat. Durch uns (BRIEDERMANN, 1967) wurden insgesamt 3 300 Raupen, Vorpuppen und Puppen gefunden, davon waren 30 Exemplare nicht mehr determinierbar. Die Gesamtmasse betrug etwa 2,2 kg.

Kiefernschwärmer (*Hyloicus pinastri* L.): Bisher wies nur HABER (1950) auf den Verzehr der etwa 4 cm langen Puppe des Kiefernschwärmers hin, der sie in 2 der von ihm untersuchten 8 Magen vorfand. Darunter enthielt der Magen eines im November 1945 erlegten Keilers 1,92 kg Reste von Kiefernschwärmern und von *Diprion pini* L.

Kiefernspinner (*Dendrolimus pini* L.): HENNERT (1798) verdanken wir den ersten Bericht über Beziehungen der Massenvermehrungen von Schadinsekten zur Ernährung der Wildschweine. Bei einer Kiefernspinnerkalamität in der Provinz Brandenburg 1791 bis 1794 sammelte sich das Schwarzwild seinem Bericht zufolge in den befallenen Gebieten, um dort nach Raupen zu brechen. HABER (1950) fand im Magen einer im Dezember 1945 erlegten Bache 2 130 halbverdaute Kiefernspinnerraupen. Der dortige Kiefernbestand soll „geringen" Spinnerbefall aufgewiesen haben. HABER berechnete auf dieser Basis, daß ein Stück Schwarzwild in der Zeit von Mitte November bis Ende März den Standraum von 2 835 Bäumen bzw. 1,8 ha Waldboden vom Kiefernspinner säubern könne. VON VIETINGHOFF-RIESCH (1952) wies auf die Fragwürdigkeit solcher Rechnungen hin.

Kiefernspanner (*Bupalus piniarius* L.): EIDMANN (1927) maß dem Schweineeintrieb bei Kiefernspannerkalamitäten eine gewisse Bedeutung zu, da er bei einem Versuch eine Reduktion der Belagsdichte um durchschnittlich 75 % erreichte. ENGEL (1942) stellte in der Letzlinger Heide fest, daß das Schwarzwild sehr sicher die am dichtesten besiedelten Stellen fand. Es reduzierte den Belag örtlich bis zu 90 %, im Durchschnitt um 10 % in gleichaltrigem Kiefernwald. In ungleichaltrigen Beständen sowie im Kiefern-Eichenmischwald war der Erfolg wesentlich geringer (5 bis 1 %). HABER (1950) fand in einem Magen 1 890 Kiefernspannerpuppen, was ihn zu der Rechnung veranlaßte, daß je Stück Schwarzwild über Winter etwa 2 ha Waldboden gesäubert werden könnten. BOBACK (1957) beschrieb das Ergebnis zweier in vierwöchentlichem Abstand aufeinanderfolgender Probesuchen im Revier Königswartha. Durch Einwirkung des Schwarzwildes soll die durchschnittliche Belagsdichte von 6,4 auf 2,1 Puppen/m^2 gesenkt worden sein. Eine gewisse Verringerung des Puppenbelages stellte ZAPPE (1958) auf 16 Probeflächenpaaren von insgesamt 160 m^2 fest, wobei allerdings in keinem Falle die Belagsdichten unter die kritische Zahl oder auch nur annähernd bis in deren Nähe gesenkt worden war. Auf 7 Flächenpaaren war überhaupt keine Verringerung feststellbar. MROSOWSKI (1966) legte während einer Forleulen- und Kiefernspannermassenvermehrung im polnischen Forstbezirk Golabek zahlreiche Probeflächen an. Er gelangte zu dem Schluß, daß das Schwarzwild den Puppenbelag beim Spanner um 30 bis 66 % vermindern könne. Allerdings zeigen seine Tabellen, daß bei 26 % der Proben der Belag auf der vom Schwarzwild durchwühlten Flächen höher als auf der unberührten Vergleichsfläche war. In 20 % war die Dichte

auf beiden Flächen gleich und nur bei 54 % könnte man eine Verminderung der Belagsdichte durch das Schwarzwild vermuten. MROSOWSKI stellte außerdem fest, daß sich das Schwarzwild auf die besonders stark befallenen Waldflächen konzentriert und diese zu 8 % umwühlt, während weniger besetzte Bestände nur dann aufgesucht werden, wenn sie in Feldnähe liegen oder andere Insekten in größerer Menge enthalten.
In den durch uns untersuchten 665 Magen war *Bupalus piniarius* in seinen verschiedenen Stadien in 52 Magen mit 1 728 Stück vertreten. Die Nachweise erfolgten in der Zeit von Oktober bis Juni mit einem starken Maximum in den Monaten November, Dezember und Januar. Die einzigen zahlenmäßig bedeutsamen Funde stammten aus dem Raum Waren, der unter dem Einfluß einer großräumigen Populationszunahme des Kiefernspanners stand. 4 Magen aus der unmittelbaren Nähe des Befallszentrums, in dem die Belagdichte stellenweise bis auf 42,5 Puppen/m^2 angestiegen war, enthielten zwischen 60 und 138 Kiefernspannerpuppen. Aus einem etwas weiter vom Zentrum entfernten Gebiet, in dem die kritische Zahl lokal erreicht bzw. überschritten wurde, gelangten 14 Magen zur Untersuchung, von denen 7 Raupen, Vorpuppen und Puppen in einer Häufigkeit zwischen 1 und 618 Stück enthielten. Der Anteil an der Nahrung betrug etwa 2 %.
Bei zusammenfassender Betrachtung des Materials bleibt festzustellen, daß der Kiefernspanner im Stadium der Latenz und leichten Populationszunahme für das Schwarzwild keinen Ernährungsfaktor bildet. Erst bei Annäherung an die kritische Zahl wachsen Nachweishäufigkeit und Mengenanteil, doch weder in einem Maße, das den Kiefernspanner zu einem Hauptnahrungsfaktor werden läßt, noch in forstlich bedeutsamem Umfange. Eine wirksame Reduzierung der Belagsdichte ist nicht möglich, selbst wenn man berücksichtigt, daß ein Teil der nicht gefressenen Puppen auf Grund der Störung in der Winterruhe, zertreten bzw. eliminiert wird.
Frostspanner (*Operophtera* L.): LUDEWIG (1960/61) fand im August im Magen einer Überläuferbache 911 Frostspannerpuppen. Im Gebiet herrschte eine Kalamität. Wir fanden einzelne Exemplare (BRIEDERMANN, 1967).
Forleule (*Panolis flammea* L.): SPANGENBERG (1818) und RATZEBURG (1856) waren der Meinung, daß die Zunahme der Forleule mit der Dezimierung des Schwarzwildes zusammenhänge. NEUMEISTER (1915) führte den Zusammenbruch einer Massenvermehrung in der Dresdner Heide und bei Moritzburg auf den Schutz des Schwarzwildes und den Eintrieb von 200 Hausschweinen zurück. Nach FRIEDRICHS (1933) hatte man mit Schweineeintrieb nur im Prodromalstudium bei maximalen Belagsdichten von 10 Puppen/m^2 Erfolg. Er befürchtet aber gleichzeitig, daß bei geringen Dichten (0,5 bis 1 Puppe/m^2) den Sauen der Anreiz zu ihrer Wühlarbeit fehle. HABER (1950) zitiert BALSTER, der im Februar 1949 in einem Magen 8 100 Forleulenpuppen gefunden hat.
Nach MROSOWSKI (1966) reduzierte das Schwarzwild den Forleulenbelag in Golabek um 31 bis 75 %. Auch dieses Ergebnis ist nicht ganz unkritisch zu übernehmen, denn nur bei 62 % der Vergleichsflächen war die Belagsdichte wirklich geringer. Bei 18 % blieb sie gleich und bei 20 % wurde dort, wo das Schwarzwild gebrochen hatte, sogar ein höherer Belag als auf der nebenan befindlichen unberührten Vergleichsfläche ermittelt.
Wir wiesen die überall im Latenzstadium befindliche Forleule nur in einem Falle nach (BRIEDERMANN, 1967).
Erdeulen (*Agrotis* spec.): Die von uns analysierten Magen enthielten 1 548 Erdeulenraupen in 41 Magen. Sie wurden zu fast allen Jahreszeiten gefunden mit einem Häufigkeitsgipfel im Mai und Juni sowie einem Nebenmaximum im September. Bestimmt wurden hauptsächlich *Agrotis vestigialis* ROTT. und *Agrotis tritici* L. Es gab bedeutende gebietsweise Unterschiede im Verzehr, die sich auf das örtliche Auftreten der Erdeulen zurückführen. So enthielten die Magen von 6 im Juni 1964 bei Nedlitz erlegten Sauen insgesamt 1 002 Erdeulenraupen, die etwa 9 Masseprozente des Mageninhaltes stellten.
Diptera, Zweiflügler: Haarmücken *(Bibio-*

nidae) wurden durch unsere Untersuchungen (BRIEDERMANN, 1967) erstmalig als Schwarzwildnahrung nachgewiesen. Sie waren im vorliegenden Material in 31 Magen, doch mit insgesamt etwa 47 000 Larven vertreten. Die Höchstzahl enthielt mit 21 000 Larven der Magen eines im Dezember erlegten Stückes. Das Vorkommen beschränkt sich auf die Monate November bis April mit einem Maximum im Dezember und Januar. Infolge der großen Zahl kann auch der Masseanteil erheblich sein. So stellten Haarmückenlarven (*Bibio hortulanus* L.) bei 20 im Winter 1965/66 in Nedlitz erlegten Sauen etwa 12 % der Nahrungsmenge. Inzwischen sind sie auch von GENOV (1981) in Polen in der winterlichen Schwarzwildnahrung entdeckt worden. Bibioniden sind bei starkem Auftreten für das Wildschwein eine wertvolle Winternahrung. Eine Einflußnahme desselben auf die Populationsgröße ist jedoch ausgeschlossen.

Erdschnaken *(Tipulidae)*: Die überall vorhandenen, großen und auffällig gestalteten Larven der Schnaken sind der Aufmerksamkeit nicht entgangen. BODENHEIMER (1923) erwähnte das Schwarzwild als bedeutsamen Feind von *Tipula oleracea* L. OLOFF (1951) fand bis zu 31 Tipulidenlarven in einem Drittel der von ihm untersuchten Magen. Nach JANDA (1958) stellten sie 0,13 % der Nahrungsmenge.

Schnakenlarven fanden wir in 155 Magen mit 6712 Exemplaren. Es wurden *Tipula scripta* MEIG. und *Tipula rubripes* SCHUMM. bestimmt. Der Verzehr erstreckt sich über das ganze Jahr mit einem Maximum im Frühjahr, besonders im Mai. Die Höchstzahl betrug 2800 Stück. Im Mai können Tipuliden etwa 10 % der Nahrung stellen. An der gesamten untersuchten Mageninhaltsmenge waren sie jedoch nur mit etwa 0,3 % beteiligt.

Rhagionidae: Je 1 Magen aus dem November und Dezember enthielt 2 bzw. 1 *Rhagio lineola* FABR.

Calliphoridae: Gemeinsam mit gleichzeitig aufgenommenen Großsäugerresten fand sich in 3 Magen *Calliphora* spec. mit 50 (Juli), 30 und 6 (September) Exemplaren.

Tachinidae: 1 nicht näher bestimmbares Tachinentönnchen (Juni).

5.3.1.4.3. *Myriopoda* (Tausendfüßler)

Tausendfüßler wurden durch OLOFF (1951), JANDA (1958) und LEBEDEWA (1956a) in geringen Mengen nachgewiesen. ŽILA (1955) hatte dagegen in 9 Magen „große Mengen" von Tausendfüßlern gefunden. Wir ermittelten 34 Myriopoden als seltene Gelegenheitsbeute. Darunter befanden sich 1 *Lithobius* spec. (September), je 1 *Jules* spec. im Februar, April und Oktober und mit 20 Exemplaren am zahlreichsten *Glomeris* spec. (September 10, Oktober 17, vereinzelt im Mai und November).

5.3.1.4.4. *Crustaceae* (Krebse)

Nach KIESSLING soll das Schwarzwild bei Gelegenheit Krebse verzehren. LEBEDEWA (1956a) erwähnte *Oniscoidea* als Wildschweinnahrung. BROMLEJ (1964) führt *Gammarus* spec. an.

5.3.1.4.5. *Lumbricidae* (Regenwürmer)

In allen Teilen des Verbreitungsgebietes der Wildschweine gehören Regenwürmer zum ständigen Bestandteil der durch das Brechen dem Boden abgewonnenen Nahrung. OLOFF (1951) registrierte in 7 von 31 Magen mehr oder weniger reichliche Regenwurmreste. ŽILA (1955) will in jedem Magen unzählige „Würmer", anscheinend Regenwürmer, ermittelt haben. Nach JANDA (1958) stellten Regenwürmer 1,45 % der gesamten Nahrung. HABER (1966) fand Regenwürmer nur in 11 von 333 Magen, ihr Mengenanteil belief sich auf weniger als 0,5 %. Ausführlich ging LEBEDEWA (1956a) auf den Regenwurmverzehr ein. Sie bestimmte folgende Arten, die vom Wildschwein zwischen März und Oktober verzehrt werden sollen: *Allolobophora caliginosa* SAV., *Lumbricus rubellus* HOFFM., *Octolasium lacteum* OERL., *Dendrobaena octaedra* (SAV.), *Bimastus tenuis* (?), *Eophila* spec., *Allolobophora rosea* (SAV.), *Eiseniella tetraedra* (SAV.). Nach ihren Ergebnissen hatten Regenwürmer die größte Bedeutung innerhalb der tierischen Nahrung. Gewichtsmäßig stellten sie 74 % der tierischen Nahrung. Im Verzehr wurden 2 Maxima festgestellt, von denen eines etwa im Juni, das zweite im September lag.

Donaurow und Teplow (1938) fanden Regenwürmer im Kaukasus in 8,4% aller sezierten Magen. Auch Bromlej (1964) wies auf ihr Vorhandensein im Fraß hin, sie sollen 2,67% desselben betragen.
Wir fanden Regenwürmer in 181 Magen, also in 27% der Gesamtzahl, mit einer Menge von etwa 2,45 kg. Sie fanden sich zu allen Monaten, doch zwischen Dezember und Februar erklärlicherweise recht selten. Es gibt einen Frühjahrsgipfel im April/Mai und eine Nebenmaximum im August. Die Stückzahlen in einzelnen Magen betrugen etwa 200 Individuen in den Monaten März und April; im allgemeinen ist ihre Zahl wesentlich geringer. Eine genaue Artbestimmung konnte auf Grund des Erhaltungszustandes meist nicht erfolgen, nahezu ausschließlich gehörten sie rotpigmentierten Arten an. Häufig vertreten waren *Lumbricus rubellus* Hoffm., *Dendrobaena octaedra* (Sav.), und in einzelnen Exemplaren *Allolobophora caliginosa* (Sav.). Regenwürmer sind eine mengenmäßig zwar geringe, aber beständige tierische Nahrungskomponente.

5.3.1.4.6. *Mollusca* (Weichtiere)

Nach Kiessling (1925) verzehrt das Schwarzwild gern Muscheln und Schnekken. Moll (1963) beschrieb und belegte durch Fotos, daß Wildschweine auf freigelegtem Seegrund Muscheln suchten, (Abb. 5/12). In den von Žila (1955) untersuchten Magen waren Schnecken in jedem Falle und in großer Zahl vorhanden. Haber (1966) fand in 4 von 333 Magen einzelne Nacktschnecken. Severcow und Sablina (1953) führten ebenso wie Lebedewa (1956a) Mollusken als Wildschweinnahrung an. Schnecken und Muscheln sind nach Heptner et al. (1966) auch von verschiedenen anderen Gebieten der Sowjetunion als Fraß des Schwarzwildes bekannt. Bromlej (1964) stellte die Aufnahme von *Eulota* spec. und *Succinea putris* fest. In 32 Magen, also etwa 5% der durch uns (Briedermann, 1967) untersuchten Gesamtzahl, waren Schnecken enthalten. Es wurden insgesamt 97 Stück gezählt, deren Gesamtmasse etwa 700 g betrug. Das Vorkommen

Abb. 5/12 Suche nach Muscheln und anderem Fraß auf freiliegenden Seegrund (Foto: Moll)

erstreckt sich über das ganze Jahr, doch mit einem Häufigkeitsgipfel zwischen Mai und Juli. Die Höchstmenge je Magen betrug 22 Weinbergschnecken mit einer Masse von etwa 300 g. Leider fehlten in vielen Fällen Schalenreste. Die Artbestimmung erbrachte folgende Ergebnisse: *Helix pomatia* (30), *Cepaea* spec. (36), *Arion* spec. (4), unbestimmbare Nacktschnecken (15) und Gehäuseschnecken (3).

5.3.1.5. Erdige und sonstige Bestandteile

Die von uns untersuchten Mageninhalte enthielten im Mittel etwa 5 %, in einzelnen Monaten mehr als 10 % erdige, humose, schleimige und sonst unbestimmbare Bestandteile. Obwohl sicher zum Teil unbeabsichtigt zusammen mit anderem Fraß aufgenommen, haben sie doch nicht nur als Ballaststoffe eine Bedeutung bei der Ernährung der Wildschweine. Die organischen und humosen Anteile werden der Verdauung zugeführt. Auch die Losung der Wiederkäuer wird in nicht unerheblichem Umfange verzehrt, wie wir bei Versuchen zur Liegedauer dieser Losung mit Sicherheit feststellten. Nach BUBENIK (1984) soll diese Losung eine gewisse Bedeutung für das Schwarzwild auch wegen ihres Vitamin B_{12}-Gehaltes haben.

5.3.1.6. Bedeutung und jahreszeitlicher Wechsel der Nahrungskomponenten

Bei vergleichender Betrachtung der zahlreichen im Verbreitungsgebiet durchgeführten Ernährungsanalysen wird, trotz beträchtlicher Abweichungen in der qualitativen und quantitativen Zusammensetzung, eine prinzipielle Übereinstimmung in der Nahrungswahl deutlich. Das euryphage und omnivore Wildschwein ist in der Lage, sich kurzfristig und nahezu vollständig auf diejenige Nahrungskomponente einzustellen, die es ihm ermöglicht, in möglichst kurzer Zeit einen hohen Energiegewinn zu erzielen. In Mastjahren können das Eicheln, Bucheckern oder Zirbelnüsse, in Gradationsjahren massenhaft vorkommende Insekten, in landwirtschaftlichen Gebieten die jeweils reifenden Feldfrüchte, freilich aber auch ständige Fütterungen sein. Die Einstellung auf eine derartige Hauptnahrung geht soweit, daß über längere Zeit die Speisekarte verarmt und die Magen fast völlig mit der betreffenden Komponente gefüllt sein können. Die Beweglichkeit des Wildes führt zur Konzentration an günstigen Futterplätzen, bis die Nahrungsart vergeht oder, auch durch Übernutzung, so selten wird, daß sie allein nicht mehr ausreicht. Die Nutzung des breiten Spektrums aller sonstigen Nahrungsarten pflanzlicher und tierischer Herkunft wird also vom Vorkommen der bevorzugten Hauptnahrungskomponenten beeinflußt. Ihrem jahreszeitlich wechselndem Vorrat paßt sich das Schwarzwild nach dem gleichen Grundprinzip an. Zu Beginn der Vegetationszeit konzentriert es sich, oft beinahe weidend, auf eiweiß- und kohlehydratreiche Vegetation, auf in voller Entwicklung stehende Wurzeln und Rhizome und die zu dieser Zeit reichhaltige Bodenfauna. Später geht der Anteil vegetativer Pflanzenteile zugunsten von Früchten und Samen zurück. Zum Winter hin erfolgt ein Übergang auf nährstoffreiche Knollen, Zwiebeln, Wurzelstöcke und Wurzeln und in der oberen Bodenschicht überwinternde Entwicklungsstadien verschiedener Tierarten. Schließlich werden aber auch sonst verschmähte holzige Triebe, Wurzeln, Dürrlaub verzehrt, und sogar morsches Holz und humusreicher Boden aufgenommen. Der Bevorzugungsgrad einer Nahrung steht immer in Verbindung mit dem zu ihrer Gewinnung erforderlichen Energieaufwand. Daher bleiben auch die an sich außerordentlich beliebten Komponenten tierischer Herkunft fast immer weit hinter dem Mengenanteil pflanzlicher Nahrung zurück.

GENOV (1982), der die bisher durchgeführten Arbeiten zur Ernährung des Schwarzwildes zusammenfassend analysierte, stellte fest, daß die Zahl der angenommenen Pflanzenarten aus den Wald-, Wiesen- und Sumpfgemeinschaften vom Westen zum Osten hin zunimmt, nach Norden und Süden (Mittelasien) jedoch sinkt. Die Nahrungsbedeutung der Kulturpflanzen ist in allen geographischen Zonen hoch. Die Zahl der als Nahrung dienenden Tierarten nimmt ebenfalls von Westen nach Osten, aber auch von Norden nach Süden zu. Die aufgenommene Menge hängt von der Üppigkeit des Vorkommens ab. Die Anzahl der verzehrten Wald-, Wiesen- und Sumpfpflanzennachweise variiert zwischen 13 und 143, die der Kulturpflanzen zwischen 2 und 14 und die der Tierarten zwischen 2 und 80.

Die aufgenommene Biomasse besteht zu 80 bis 98 % aus pflanzlichen, zu 2 bis 19 % aus tierischen Bestandteilen.

Von der Bedeutung her läßt sich die Nahrung des Schwarzwildes in allen Lebensräumen fünf Gruppen zuordnen, deren Artenspektrum außerordentlich variabel ist:

- Hauptnahrungsarten, die fast ganzjährig in großer Menge verzehrt werden;
- saisonale Hauptnahrung, die zu bestimmten Jahreszeiten in großer Menge verzehrt wird;
- wesentliche Nebennahrung, die fast ganzjährig und gelegentlich in größerer Menge verzehrt wird;
- seltene, doch gelegentlich in großer Menge verzehrte Nebennahrung;
- zufällige Nahrung,
  selten und in geringer Menge vertreten.

Am Beispiel der in der DDR durchgeführten Untersuchungen soll das System der Nahrungsauswahl des Schwarzwildes für ein Gebiet erläutert werden, in dem es Zugang zu landwirtschaftlichen Produkten hat. Der bedeutende Einfluß der Hauptnahrungskomponente Baummast wird dabei erkennbar.

Mastjahre

Mit dem einsetzenden Abfall der Baummast im September wird diese sofort stark vom Schwarzwild angenommen (Tab. 5/5). Ab Oktober erfolgt eine nahezu völlige Umstellung auf diese Nahrung, die mindestens bis zum Februar ihre Vorrangstellung behält, sofern der Mastwert und der Anteil masttragender Baumarten am Waldgebiet den genügenden Vorrat sichern. Demgegenüber fällt der Anteil der Kartoffel im Oktober und November auf einen Mindestwert (Abb. 5/13).

Stark genutzt wird im September auch noch das Getreide (hauptsächlich Mais und etwas Roggen), das jedoch ab Oktober über den ganzen Winter hin bedeutunglos wird. Unbedeutend ist bereits im September der Anteil der außerlandwirtschaftlichen Produkte, der aus einigen Gräsern und Kräutern, wenigen Blaubeeren und soweit zugänglich, aus Äpfeln bestand. Von Oktober bis Dezember nahezu ausfallend, ist erst im Januar und Februar ein stärkerer Verzehr

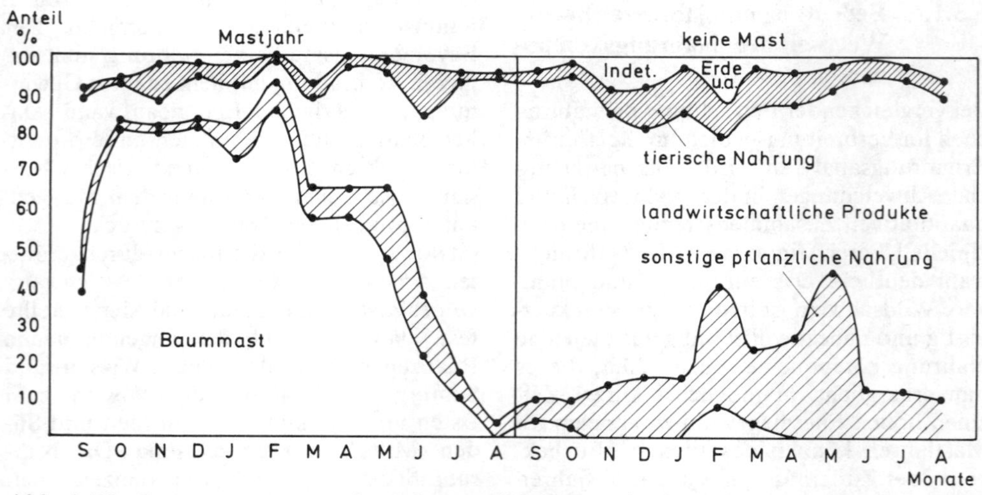

Abb. 5/13 Zusammensetzung der Schwarzwildnahrung in der DDR (nach BRIEDERMANN, 1967)

bemerkbar, hauptsächlich von Gräsern und ihren Wurzeln, aber auch von Baumwurzeln. Die tierische Nahrung ist zunächst gering beteiligt und erreicht erst von November bis Januar einen höheren Anteil durch Großsäugerreste und durch Bibioniden. Von Februar ab fällt allmählich der Anteil der Baummast, kann jedoch im Mai noch immer die Hälfte der Nahrung einnehmen. Der Fehlbetrag wird durch zunehmenden Kartoffelverzehr weitgehend ausgeglichen, der fast ein Viertel der Nahrung beträgt. Ab April stehen auch Saatgutgetreide und Zwischenfruchtsaat auf dem Speisezettel. Die unterirdische pflanzliche Nahrung bleibt weiter bedeutungslos, doch nähert sich die oberirdische vegetative Nahrung (Gräser, Kräuter) einem Maximum von fast 20 %. Die animalische Nahrung ist gering beteiligt, es heben sich keine besonderen Arten heraus.

Die Erschöpfung der Mastvorräte führt, verbunden mit dem Auskeimen der Samen im Frühjahr, spätestens im August zu ihrem völligen Fehlen in der Schwarzwildnahrung. Bei geringerem Angebot fällt sie schon ab Juni, wohl auch früher, aus. Dann tritt die Kartoffel in den Vordergrund und stellt etwa ein Drittel der Nahrung. Ihre Bedeutung nimmt im Juli wieder ab, da das reifende Getreide, hauptsächlich Roggen und Hafer, nun mit 60 bis 80 % zur Hauptnahrung werden. Auch der Anteil der oberirdischen vegetativen Pflanzenteile geht wieder auf ein Minimum zurück.

Im Jahresdurchschnitt deckt die Baummast etwa die Hälfte der Nahrungsmenge mit einer monatlichen Variationsbreite von 0 bis 85 %. In Abhängigkeit vom Mastangebot kann der Mittelwert sehr stark variieren. Die landwirtschaftlichen Produkte sind mit annähernd einem Drittel beteiligt, wobei Getreide und Kartoffel etwa gleich stark vertreten sind. Doch wird die Kartoffel ganzjährig gefressen, während die Getreideaufnahme nahezu ganz auf die Monate Juni bis September beschränkt bleibt. Unterirdische pflanzliche Nahrung spielt mit 2 (0 bis 5) % kaum eine Rolle, die oberirdischen vegetativen Pflanzenteile mit 5 (1 bis 19) % nur im Frühjahr. Der animalischen Nahrung kommt mit 4 (0 bis 10) % ebenfalls keine besonders auffällige Beteiligung zu, wenn keine Ausnahmefälle, wie Insektengradationen, doch einen höheren Verzehr zu bestimmten Jahreszeiten ermöglichen.

Jahre ohne Mast

Wenn Eiche oder Buche nicht fruchten oder aber diese Baumarten am Waldbild nur unwesentlich beteiligt sind, bleibt die in Mastjahren für Juli und August geschilderte Situation zunächst im September und Oktober erhalten. Die landwirtschaftlichen Produkte stellen 80 bis 90 % der Nahrungsmenge. Die Kartoffel ist daran nur mit etwa 10 % beteiligt, dafür wird das Getreide sehr stark beansprucht und stellt etwa zwei Drittel des Fraßes. Zunächst sind Roggen, weniger Hafer und Weizen, dann aber der Mais als Hauptnahrungsart anzusehen. Reifende Hülsenfrüchte stellen etwa ein Zehntel der Nahrung, doch wohl nur auf Grund der örtlichen Begrenztheit des Vorkommens. Die außerlandwirtschaftliche pflanzliche Komponente ist, ebenso wie die animalische Komponente, in unbedeutendem Umfange vertreten; hauptsächlich in Form von Äpfeln, Großsäugerresten, Erdeulen und Regenwürmern.

Nach dem Abschluß der Getreideernte rückt die Kartoffel mit 50 bis 60 % in den Vordergrund. Auch Rüben werden in der Notzeit in geringer Menge verzehrt. Die unterirdische pflanzliche Nahrung, vor allem Gras- und Baumwurzeln, dienen als Notnahrung; in gleicher Weise noch vorhandene Gräser und tierischer Fraß. Besonders bei stark anhaltendem Frostwetter, wenn die Kartoffel weitgehend unerreichbar wird, steigt die Nutzung dieser Notnahrung. Wird der Boden wieder frostfrei, steigt der Kartoffelverzehr erneut, wobei sich später auch die Pflanzzeit auswirkt. Bis zum Juni geht er langsam wieder auf etwa ein Drittel zurück. Gleichsinnig wächst die Beteiligung von Getreide und Hülsenfrüchten auf 10 bis 15 % durch Saatgutaufnahme. Besonders auffällig nimmt mit dem Beginn der Vegetationsperiode der Verzehr grüner Pflanzenteile zu, der im Mai mehr als 40 % erreicht. Hauptsächlich sind daran Gräser, Klee, Wiesen-Bärenklau und Schachtelhalm beteiligt. Schon im Juni erfolgt ein Rückgang, und von nun ab entspricht die Nahrungszusammensetzung nahezu den für Mastjahre geschilderten Verhältnissen.

Bei der Betrachtung des Jahresdurchschnittes ist festzustellen, daß die landwirtschaftlichen Produkte etwa 70 % der gesamten Nahrung stellen. Besonders stark und ganzjährig findet sich mit 37 (9 bis 63) % die Kartoffel. Das Getreide stellt mit 25 (0 bis 71) % etwa ein Viertel der Nahrungsmenge und hat von Juli bis Oktober den Hauptanteil. Auch die Hülsenfrüchte steigen auf 5 (0 bis 12) % an. Die nicht vom Felde herrührende Nahrung wird gegenüber den Mastjahren wesentlich stärker genutzt, doch kann sie das durch den Ausfall der Mast entstandene Defizit nicht allein auffangen. So erhöht sich die unterirdische pflanzliche Nahrung auf 7 (0 bis 20) % mit einem Wintermaximum, die Bedeutung der grünen Pflanzenteile auf 10 (1 bis 44) % mit einem Gipfel im Spätwinter und Frühjahr. Die tierische Nahrung ist ständig vertreten, doch mit 5 (1 bis 11) % nur unwesentlich höher als in den Mastjahren.

Aus den Untersuchungen ergibt sich folgende Zuordnung zu den Nahrungsgruppen:

- Hauptnahrungsarten, die fast ganzjährig verzehrt werden, sind Eicheln, Bucheckern und Kartoffeln.
- Saisonale Hauptnahrungsarten sind Roggen, Hafer und Mais, in Weizenanbaugebieten wohl auch der sonst weniger beliebte Weizen.
- Wesentliche, fast ganzjährige und gelegentlich in größerer Menge verzehrte Nebennahrung bilden Hülsenfrüchte (Erbsen, Süßlupinen und Ackerbohnen), verschiedene Süßgräser, Wiesen-Bärenklau, auch Erdeulenraupen, Schnakenlarven, Regenwürmer, Engerlinge, Mäuse und verschiedenartige Reste (Aufbrüche, Fallwild, Jungwild) von jagdbaren Säugern.
- Als wesentliche, saisonale Nebennahrung, die gelegentlich in größerer Menge verzehrt wird, wurden Weizen, Adlerfarnwurzeln, Schachtelhalmsprosse, Kuhblume, Klee, Haarmückenlarven, bei Massenvermehrungen auch Kiefernspannerraupen und -puppen festgestellt. Obwohl im eigenen Material nur gering vorhanden oder fehlend, sind hierher wohl auch Kiefernspanner, Forleule, Kiefernbuschhornblattwespe sowie weitere bodenbewohnende Stadien forstlicher Schadinsekten zu stellen.
- Alle übrigen ermittelten Arten sind als zufällige Nahrung zu werten, die infolge geringen Angebotes bzw. mangelnder Beliebtheit nur als Gelegenheits- oder Verlegenheitsnahrung angesehen werden kann.

Ein völlig anderes Bild ergeben die von Lebedewa (1956a) im Naturschutzgebiet Belowesh von 1953 bis 1956 durchgeführten Untersuchungen (Abb. 5/14). Zu dieser Zeit war der Anteil landwirtschaftlicher Produkte (einschließlich der jagdwirtschaftlichen Wildackeranlage und Winterfütterung) unbedeutend, so daß Lebedewa auf die Einbeziehung verzichtete. Wenn auch aus methodischen Gründen der Anteil oberirdischer Pflanzenteile in der Darstellung unterrepräsentiert erscheint, entsteht doch ein Eindruck der Schwarzwildernährung in naturnahen Biotopen.

Im Herbst hat auch dort die Eichel in Mastjahren eine sehr große Bedeutung. Sie tritt neben die unterirdische pflanzliche Nahrung, die in Fehlmastjahren aber einen wesentlich höheren Anteil einnimmt. Das Schwarzwild ernährt sich vorwiegend von den Wurzeln der Natternwurz, Weißwurz, Mauernelkenwurz, Buschwindröschen und Wegerich. Grüne Pflanzenteile (Heidekraut, Schachtelhalm, Gräser) fallen fast aus, die tierische Nahrung geht stark zurück. Im Winter steigen die Wurzeln und Wurzelstöcke, besonders von Baum- und Straucharten sowie Gräsern stark an, Zweige, Riedgras und Schachtelhalm wurden verzehrt, die tierische Komponente ist unbedeutend. Im zeitigen Frühjahr erfolgt, vor allem durch das Auftreten der Regenwürmer, eine allmähliche Zunahme. Doch auch der Anteil oberirdischer Pflanzenteile (Gänsedistel, Seggen, Sumpfdotterblume, Brennesseln, Gräser) steigt beachtlich. Er erreicht im Frühsommer einen jahreszeitlichen Gipfel durch Abweiden von Gräsern und Kräutern. Die Wurzelkomponente

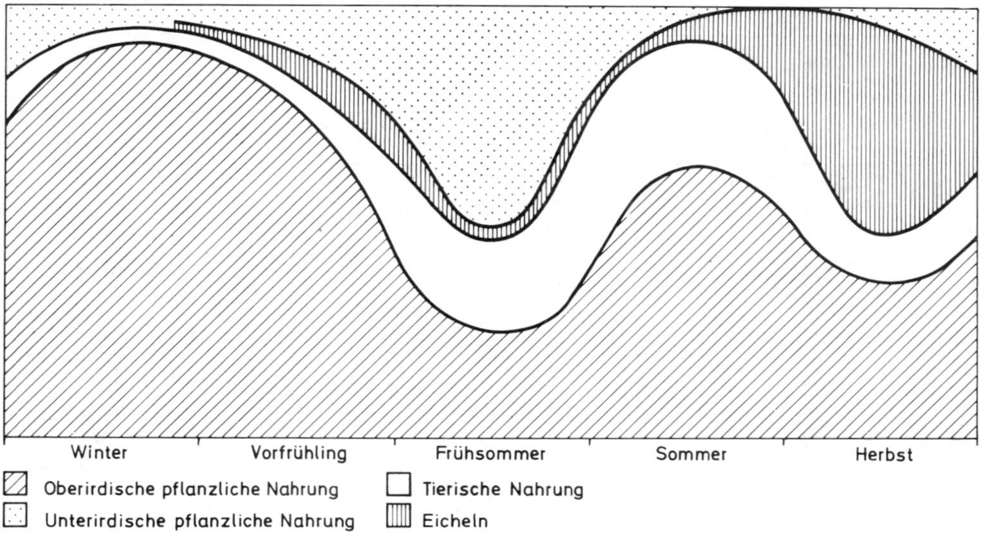

Abb. 5/14 Zusammensetzung der Schwarzwildnahrung im Urwald von Belowesh (nach LEBEDEWA, 1956a)

wird vor allem durch Buschwindröschen und Natternwurz bestritten. Die Aufnahme tierischer Nahrung hat mit Regenwürmern und Insekten in den Sommermonaten ihr Maximum. Die Bedeutung der unterirdischen pflanzlichen Nahrung (Buschwindröschen, Weißwurz, Löwenzahn) steigt wieder an, und die verhärtenden grünen Pflanzenteile fallen allmählich fast aus. Zwischen diesen Beispielen wird die Ernährung des Wildschweines wohl in fast dem gesamten Verbreitungsgebiet einzuordnen sein.

5.3.2. Nahrungsbedarf und -aufnahme

5.3.2.1. Energiehaushalt

Erste gründliche Forschungen zum Energiehaushalt des Wildschweines wurden durch die polnischen Forscher JEZIERSKI und MYRCHA durchgeführt. Sie bestimmten die Umsatzrate auf der Grundlage der O_2-Aufnahme und CO_2-Abgabe in einem Respirometer (Diaferrometer KIPP und ZONEN) an 5 bis 168 Tage alten Individuen sowie an adulten Versuchstieren mit einer Körpermasse bis zu 90 kg. Unter den Bedingungen einer Temperatur von 22 bis 23 °C ermittelten sie den Respirationsquotienten und kalkulierten daraus die Umsatzrate in kcal/Tier/24 h bzw. in $kcal/kg^{0,75}/24\,h$ (metabolische Körpermasse). Bei der Versuchsauswertung wurde unterschieden zwischen in der Kammer ruhenden Versuchstieren (a), mäßig aktiven (b), doch ruhigen Versuchstieren und sehr aktiven (c), nervösen Versuchstieren. Die Tabelle 5/6 enthält einen Auszug ihrer Ergebnisse.

Aus den Ergebnissen wurde eine Beziehung zwischen dem Ruheumsatz und der Körpermasse abgeleitet. Während nach KLEIBER (1967) der Grundumsatz allgemein der Funktion

$$\text{kcal/24 Std.} = \cdot \text{ kg Körpermasse}^{0,75}$$

folgt, ermittelten die Autoren für das Wildschwein im 1. Lebensjahr die Funktion

$$y = 101{,}6 \cdot \text{kg Körpermasse}^{0,86}$$

und für älteres Wild

$$y = 245{,}5 \cdot \text{kg Körpermasse}^{0,57}.$$

Diese im Vergleich zum Grundumsatz des Hausschweines sehr hohen Werte werden auf folgende Ursachen zurückgeführt:

- Während der Grundumsatz allgemein eine minimale Rate des Energiewechsels bei Körperruhe und Nüchternheit ist, konnte vor allem die letzte Bedingung nicht voll eingehalten werden.
- Der Grundumsatz ist in einem als thermoneutrale Zone bezeichneten Tempera-

Tabelle 5/6 *Energiestoffwechsel von Wildschweinen (nach* Myrcha *und* Jezierski*, 1972)*

Alter Tage	Körpermasse	RQ	CO_2/kg/h			kJ/Tier/24 h			kJ/kg^{07} 24 h
	kg		a	b	c	a	b	c	a
4...5	1,61	0,73	0,99	1,32	—	756,0	1133,0	—	528,0
8...9	2,27	0,74	1,21	1,30	1,95	1366,1	1614,6	2047,2	721,7
15...116	3,32	0,72	1,54	1,84	2,84	2370,7	3161,1	4912,9	945,7
22...23	4,53	0,73	0,87	1,35	1,76	1997,4	2874,4	3701,2	617,1
31	5,50	0,72	0,71	1,11	—	1879,9	2854,7	—	507,1
37	6,35	0,78	0,73	0,92	—	2175,3	3144,3	—	551,9
44	7,48	0,88	0,63	1,04	1,41	2269,0	3922,1	5443,8	560,2
50	8,82	0,84	0,68	0,89	1,27	2705,0	4002,0	5522,9	543,5
64...65	11,00	0,87	0,61	0,82	0,89	3313,7	4153,5	5003,2	543,5
72	11,78	0,87	0,55	—	0,98	2923,8	—	6018,3	478,6
100	18,20	0,89	0,70	1,15		6015,8	10100,0	—	702,9
127	25,98	0,96	0,51	—	—	6681,0	—	—	581,6
155	28,44	0,84	0,42	—	0,94	5663,9	—	14172,0	473,2

RQ – Respirationsquotient; a – ruhend; b – mäßig aktiv; c – unruhig;
Anmerkungen: Die Originalangaben der Autoren in kcal wurden in kJ umgerechnet.

turbereich am geringsten, der beim Hausschwein annähernd der gewählten Versuchstemperatur (22 °C bis 23 °C) entspricht. Demgegenüber ermittelten die Verfasser für das Wildschwein einen wesentlich tiefer gelegenen thermoneutralen Bereich, der bei Jungtieren im Winter zwischen etwa −5 °C und +6 °C, bei adulten Wildschweinen im Sommer zwischen +6 °C und +12 °C vermutet wird. Er liegt somit innerhalb der Schwankungsbreite normaler Durchschnittstemperaturen im natürlichen Verbreitungsgebiet des Wildschweines. Für die Winterperiode wird eine Erhöhung des Energieumsatzes von etwa 2,5 % bei einer Temperatursteigerung um 1 °C kalkuliert. Demzufolge kann allein infolge der gewählten Versuchstemperaturen ein etwa um ein Drittel höherer Energieumsatz angenommen werden (Abb. 5/15).

Die Verfasser gelangten zu folgenden Schlüssen:

- Der Respirationskoeffizient ist im 1. Lebensmonat relativ niedrig, steigt dann bis zum 3. Lebensmonat stark an, um anschließend ziemlich stabil zu bleiben.
- Der Ruheumsatz je kg Körpermasse steigt in den ersten drei Lebenswochen stark an, fällt in den folgenden fünf Wochen wieder und zeigt dann eine enge Bindung an die Zunahme der Körpermasse.
- Die thermoneutrale Zone liegt in Abhängigkeit von Jahreszeit und Lebensalter zwischen etwa −5 °C und +12 °C.
- Die Umsatzrate trächtiger Bachen liegt um etwa 10 % über derjenigen nicht beschlagener Stücke.
- Bei erhöhter Aktivität steigt der Grundumsatz bei bis einjährigen Stücken auf etwa 150 %, bei älteren Stücken auf etwa 210 %.

Bereits diese Erkenntnisse zeigen mit aller Deutlichkeit, daß die am Hausschwein ermittelten Bedarfs- und Fütterungsnormen nicht ohne weiteres auf das Wildschwein übertragen werden dürfen. Die im Ergebnis der Domestikation entstandenen beträchtlichen Unterschiede in Körperbau, Physiologie, Lebensweise (Haltung) und Verhalten lassen einen Vergleich nur mit großer Vorsicht zu. Es wurde bereits früher auf das relativ geringe Fassungsvermögen und die Länge des Verdauungstraktes beim Wildschwein aufmerksam gemacht. Andererseits lassen die bisher vorliegenden Untersuchungen über den Feinbau desselben auf eine intensivere Ausnutzung des aufgenommenen Fraßes schließen. Der Wachstums-

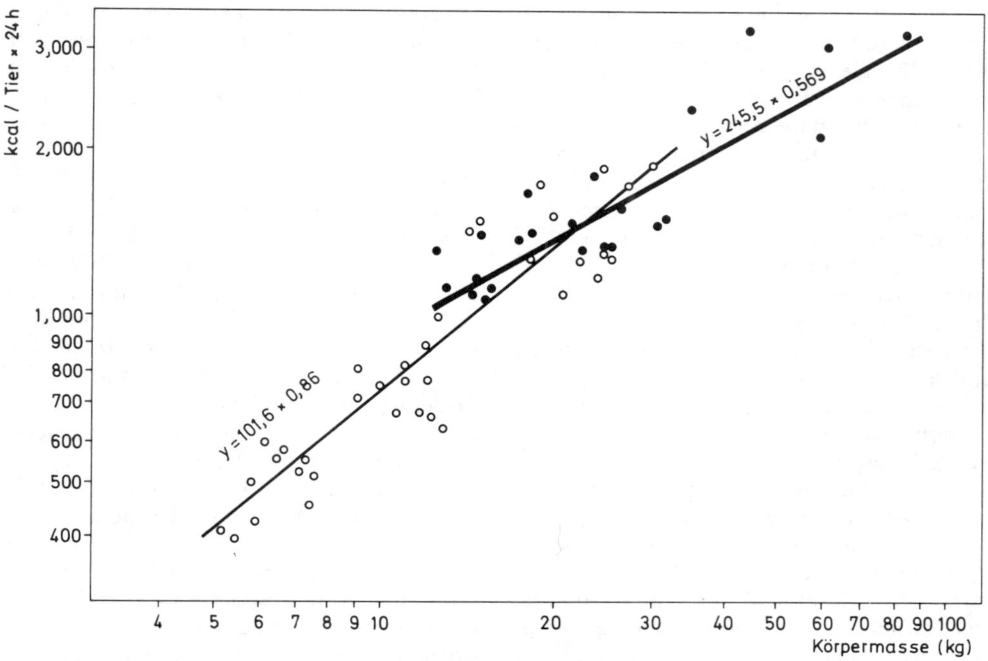

Abb. 5/15 Beziehungen zwischen dem Ruheumsatz und der Körpermasse
(nach JEZIERSKI und MYRCHA 1975)

verlauf und das Fettansatzvermögen des Wildschweines bleiben beträchtlich hinter denen des Hausschweines zurück. Das dichte Haarkleid des Wildschweines in Verbindung mit hoher Kälteanpassung verringern dessen Wärmeabgabe beträchtlich und bewirken einen wesentlich tieferen thermoneutralen Bereich. In Hungerperioden ist eine sehr beträchtliche Senkung des Grundumsatzes wahrscheinlich (Hungerumsatz), die allein die von JEZIERSKI und MYRCHA mitgeteilte negative Energiebilanz einer Schwarzwildpopulation während des Winters erklärbar macht. Es ist noch unbekannt, inwieweit bereits genetisch fixierte Unterschiede im Aktivitätsspiegel selbst unter gleichen Haltungsbedingungen den Erhaltungsbedarf von Haus- und Wildschweinen voneinander abweichen lassen. Schließlich sind es aber die drastisch differenten Lebensbedingungen und Leistungsanforderungen, die eine Vergleichbarkeit des Erhaltungsumsatzes und Leistungsbedarfs von Haus- und Wildschweinen schwer abschätzbar machen. Diese Bedingungen führen dazu, daß der Erhaltungsbedarf bei freilebenden Wildtieren bereits in den Definitionskriterien, um vieles mehr aber noch in der Dimension von dem landwirtschaftlicher Nutztiere abweichen muß. Als Erhaltungsbedarf wird die notwendige Energiemenge bezeichnet, die das Tier in ständiger Leistungsbereitschaft hält (PÜSCHNER und SIMON, 1972), bei der also Körpersubstanz weder angesetzt noch verloren wird (KLEIBER, 1967). Sie umfaßt nach HENNIG (1971)

- den Grundumsatz als Energiebedarf für den Betrieb von Herz, Kreislauf und der übrigen Organe, die Hormon- und Fermentsynthese, die Neosynthese von Körpergewebe und die Erhaltung der Körpertemperatur im thermoneutralen Bereich;
- den Energieaufwand für die darüber hinausgehende höhere Aktivität für Nahrungsaufnahme, Verdauung, Stoffwechsel und Bewegung;
- den Energiegehalt des Darmverlust-Stickstoff und des endogenen Harnstickstoffs.

Schon von sehr geringer Bedeutung ist bei stallgehaltenen Haustieren ein Energieaufwand für die Aufrechterhaltung der Körpertemperatur bei Stalltemperaturen außerhalb des thermoneutralen Bereiches. Gemäß den im Interesse hoher Produktivität herbeigeführten Haltungsformen und Fütterungsmethoden liegt beim Hausschwein der Erhaltungsbedarf nicht sehr wesentlich über dem Grundumsatz. Erst die Energiezufuhr über den Erhaltungsbedarf hinaus kann für Leistungszwecke (Wachstum bzw. Proteinsynthese, Fettansatz, Milch, Arbeit) nutzbar gemacht werden. Beim Mastschwein beträgt der Erhaltungsbedarf (Thermische Energie) etwa 40 % des Leistungsbedarfes (Nettoenergie).

Beim Wildtier müssen demgegenüber zahlreiche weitere energieaufwendige Aktivitäten innerhalb des Erhaltungsbedarfes untergebracht werden. Als besonders deutliches Beispiel kann die Gegenüberstellung der Aufnahme leicht verdaulicher, gereinigter und vorzerkleinerter Futterrationen beim Hausschwein mit der vielstündigen Nahrungssuche, deren kraftaufwendigen Gewinnung teilweise aus gefrorenem Erdboden und der Zerkleinerung und Verwertung geringwertiger, ballastreicher und verunreinigter Nahrung wohl am besten dienen. Einen beträchtlichen Energieaufwand erfordern weiter die Aktivitäten der Feindvermeidung (Flucht) des Komfortverhaltens (Kesselbau, Suhlen usw.), des Haarwechsels sowie der Reproduktion. Einzuordnen ist hier auch der wesentlich höhere Energieaufwand bei vom neutralen Bereich abweichenden Temperaturschwankungen.

Erst eine darüber hinausgehende Nährstoffzufuhr kann für eine aus Wachstum oder Fettansatz bestehende Leistung genutzt werden. Demzufolge kann auch nach den genannten polnischen Autoren die von ihnen untersuchte Population für die „Produktion" im Jahresdurchschnitt nur etwa 4,5 % der umgesetzten Energie bzw. etwa 3 % der Bruttoenergie der Nahrung nutzen. Der Erhaltungsumsatz ist 19 bis 24 mal höher als der Leistungsumsatz. Der Teilwirkungsgrad für Produktion ist mit etwa 10 % (bezogen auf die umsetzbare Energie) im Oktober am höchsten, beträgt von Frühjahr bis Herbst etwa 5 %, kann aber im Winter mit mehr als 15 % negativ werden. Der Hauptanteil der Produktion besteht im Wachstum der Jungtiere, also der Proteinsynthese, erst mit Abstand folgt der herbstliche Fettansatz.

Die Energiebedarfsnormen des Hausschweines sind in der DDR in kJ Nettoenergie Fett angegeben. (Schiemann, (1971). Sie beziehen sich auf den Nährwert eines Futtermittels bei der Fettbildung ausgewachsener Tiere bei Fütterung oberhalb des Erhaltungsbedarfs. Demzufolge berücksichtigt sie den höheren Bedarf bei der Proteinsynthese und die wesentlich geringere Energieausbeute bei der zur Erhaltung einschließlich der äußeren Arbeit erforderlichen Nährstoffverbrennung nur unvollkommen. Der Fettansatz ist beim Wildschwein innerhalb der Rationsausnutzung im allgemeinen unwesentlich und bleibt hinter der Proteinsynthese zurück. Fast die Gesamtmenge der aufgenommenen Nährstoffe wird in der im Vergleich zum Leistungsumsatz energetisch ungünstigeren Form der Endoxydation genutzt. Insofern ist also der energetische Nährwert der Futtermittel für das Wildschwein bedeutend anders als für das Hausschwein. Bis zur Berechnung geeigneter Normfaktoren zu ihrer Korrektur kann daher die Nettoenergie Fett, und damit die Energetische Futtereinheit, für Rationsberechnungen beim Wildschwein nur mit Vorbehalten Verwendung finden. Die Kennzeichnung der Energieeinnahme und des Energiebedarfs erscheint für das Wildschwein zunächst noch durch die Angabe der umsetzbaren Energie (Bruttoenergie minus Kot- und Harnenergie) oder der verdaulichen Energie für günstiger. Die Energiebedarfswerte des Wildschweines können z. Zt. nur annähernd eingeschätzt werden.

Die mittlere Lebendmasse eines Mitgliedes einer Wildschweinpopulation im Jahresdurchschnitt kann mit etwa 50 kg angesetzt werden. Nach Jezierski und Myrcha (1975) ist der Ruheumsatz bei 22 bis 23 °C mit etwa 2200 kcal/24 Std. (9216 kJ/24 Std.) zu kalkulieren, wird also im thermoneutralen Bereich etwa 2000 kcal betragen. Er liegt damit wesentlich höher als der

Grundumsatz des Hausschweines, den McDonald et al. (1966) bei 70 kg Körpermasse mit nur 1300 kcal/Tag (5446 kJ/Tag) angeben bzw. entspricht dem Grundumsatz eines Hausschweines von 100 kg Körpermasse (Püschner und Simon, 1972).

Der Energiebedarf des Wildschweines in der freien Wildbahn ist – auch bei Berücksichtigung eines zeitweilig reduzierten Hungerumsatzes – mit mindestens 250 % dieses Wertes, also mit etwa 20000 kJ/Tag (etwa 5000 kcal/Tag) einschätzbar.

Die tägliche Energiebedarfsnorm langsam wüchsiger Mastschweine von 50 kg Lebendmasse dürfte gemäß Futtermitteltabellenwerk (1972) etwa 1 KEFs, also 3500 kcal (14662 kJ) Nettoenergie Fett/Schwein bzw. etwa 4500 kcal (18850 kJ) verdauliche Energie betragen. Bei Berücksichtigung des wesentlich höheren Erhaltungsbedarfes und der notwendig geringeren Energieausnutzung erscheint die Relation akzeptabel. Es darf jedoch nicht übersehen werden, daß diese Orientierungswerte und Überschlagsberechnungen dringend einer breiteren Untermauerung bedürfen.

5.3.2.2. Nahrungsmenge

Die vom Wildschwein täglich aufgenommene Nahrungsmenge kann als eine Funktion
- des altersabhängigen Nährstoffbedarfes in Verbindung mit dem Fassungsvermögen des Verdauungstraktes;
- des jährlich, jahreszeitlich und gebietsweise wechselnden Nahrungsangebotes;
- der bei seiner Gewinnung auftretenden Hindernisse wie Störungen, Frost und Schnee;
- sowie physischer und psychischer Sonderbedingungen, wie Rausch- oder Frischzeiteinflüsse, Erkrankungen usw.

angesehen werden.

Da gezielte Fütterungsversuche noch fehlen, kann vorerst nur von den Ergebnissen der Mageninhaltsuntersuchungen ausgegangen werden. Briedermann (1967) leitete aus den durchschnittlichen Mageninhaltsmassen gegen Morgen erlegter Sauen bei Berücksichtigung der bereits erfolgten Verdauungsvorgänge durch einen Korrekturzuschlag von +25 % folgende mittleren Nahrungsmengen bis zum Erlegungszeitpunkt ab:
- Frischlinge im Sommer: etwa 1,5 kg,
- Frischlinge im Herbst und Winter: etwa 2,5 kg,
- älteres Schwarzwild im Jahresdurchschnitt: etwa 3,5 kg.

Berücksichtigt man durch einen weiteren Zuschlag die infolge der Erlegung unterbrochene weitere Nahrungsaufnahme innerhalb der Aktivitätsperiode, können als annähernde Richtwerte für die genannten drei Gruppen etwa 2 kg, 3 kg bzw. 4 kg angenommen werden.

In Fehlmastjahren liegt die Mageninhaltsmenge im Winterhalbjahr deutlich unterhalb dieser Werte, während sie im Sommer und Frühherbst beträchtlich überschritten werden können. So wiesen 28 % der im Sommerhalbjahr erlegten älteren Sauen eine unkorrigierte Mageninhaltsmasse von mehr als 4 kg auf, dagegen im Winterhalbjahr nur 7 %, und diese ausschließlich in Mastjahren. Daraus ist zu schließen, daß bei gutem Nahrungsangebot die Nahrungsaufnahme weit über die angegebenen täglichen Durchschnittswerte hinausgeht. Das trifft vor allem für den Zeitraum der Feldfruchtreife und guter Baummast zu. In dieser Periode wurden Höchstmassen zwischen 5,1 und 6,2 kg bei älterem Schwarzwild und von 3,4 bis 4,0 kg bei Frischlingen festgehalten. Demzufolge scheint die maximal mögliche Nahrungsaufnahme bei Winterfrischlingen annähernd 5 kg, bei älteren Sauen etwa 7 kg zu betragen. Diese Ergebnisse stimmen mit den Ergebnissen anderer Autoren überein. Genov (1981) ermittelte in Polen durchschnittliche Mageninhaltsmassen bei Frischlingen um 1 kg, bei Überläufern um 1,5 kg und bei älteren Stükken um 2 kg. Die Höchstwerte lagen zwischen 3,0 und 4,3 kg. Nach Bromlej (1964) benötigt das körperlich wesentlich stärkere Ussuri-Wildschwein täglich etwa 4 bis 6 kg Nahrung. Koslo (1975) gibt für das – ebenfalls stärkere – Wildschwein im Gebiet Belowesh einen täglichen Gesamtnahrungsbedarf von ebenfalls 4 bis 6 kg an und schätzt den winterlichen Erhaltungsbedarf auf 3 bis 4 kg je Stück. Durch UECKERMANN (1971) wird für einen Gatterkeiler die maximale tägliche Futteraufnahme im Alter von 12 Monaten mit 1,4 kg Trockensubstanz, mit 2 Jahren von 2,3 kg Trockensubstanz angegeben.

Bei Unterstellung üblicher Rationen dürfte das einer Frischfuttermenge von 4,5 bis 7,5 kg entsprechen.

5.3.2.3. Futterwert der Nahrungskomponenten und Rationen

Auf der Grundlage des im Abschnitt 5.3.1. dargestellten qualitativen und quantitativen Anteils der einzelnen Nahrungskomponenten (vgl. Tabelle 5/5) und der angeschätzten durchschnittlichen Nahrungsmenge je Stück und Tag (Abschnitt 5.3.2.2.) ist es möglich, einen Überblick über den Futterwert der aufgenommenen Rationen zu gewinnen. Es leuchtet ein, daß dieser Überblick zunächst nur einen orientierenden und in vielerlei Hinsicht noch hypothetischen Charakter trägt, der erst durch zur Zeit noch fehlende gründliche Fütterungsversuche präzisiert werden kann. Als Berechnungsbasis werden die Futterwerttabellen für Hausschweine herangezogen (Futtermitteltabellenwerk 1972). Einen Auszug wichtiger oder zu Vergleichszwecken dienender Futterarten enthält die Tabelle 5/7. Bei der Verwendung sind folgende Ein-

Tabelle 5/7 *Auszug aus dem Futtermitteltabellenwerk – Schweine (1972)*

Futterart	TS	Rohnährstoffe					
	g/kg	g/kg TS					
		Org. S.	RP	RFe	RFa	NFE	RA
Weißklee, 1. Schnitt, vor der Blüte	130	860	240	42	175	403	140
Luzerne, 1. Schnitt, vor der Knospe	152	886	260	37	215	374	114
Hochwertiges Wiesengras, vor dem Ährenschieben	150	892	199	49	204	440	108
Roggen, Beginn Schossen	140	890	206	42	215	427	110
Kartoffeln, roh, 12 % Stärke	177	945	89	4	29	823	55
Kartoffeln, roh, 18 % Stärke	237	953	73	3	28	849	47
Futterrüben, Gehaltsrüben	140	911	74	7	59	771	89
Massenrüben	100	900	100	10	80	710	100
Topinambur	216	943	114	17	43	768	58
Obst (Apfel)	168	977	19	20	136	801	24
Hafer	880	965	130	55	108	672	35
Mais	880	983	107	47	27	802	17
Maiskolbenschrot	880	980	106	46	55	773	20
Winterroggen	880	981	99	17	26	839	19
Hafer, Spreu, Stroh	875	890	65	26	269	503	110
Bucheckern, entschält	880	955	257	471	53	174	45
Eicheln, entschält, getrocknet	880	970	79	54	67	770	30
Kastanien, entschält	880	974	80	60	32	802	26
Sauenmilch	190	955	350	310	—	295	45
Geflügelschlachtabfälle	880	819	583	159	9	(68)	181
Maikäfer	300	952	671	123	142	(16)	48
Regenwürmer	250	619	426	37	9	(147)	381

schränkungen zu beachten:
- Die in der Hausschweinefütterung eingesetzten Futtermittel weisen einen hohen Reinigungsgrad auf. Sie sind nicht nur von erdigen Beimengungen, sondern auch in hohem Maße von schwer oder kaum verdaulichen Bestandteilen wie Rippen, Spelzen, Schalen befreit.
- Die Ernte der Futtermittel erfolgt gewöhnlich zum Zeitpunkt höchsten Nährstoff- und Energiegehaltes, also z. B. Grünfutter vor der Blüte, bei Getreide zur Vollreife.
- Der Trockensubstanzgehalt in der Tierernährung eingesetzter Futtermittel ist i. a. wesentlich höher als derjenige beim Sofortverzehr, in un- oder überreifen Zustande.
- Die Angabe der Verdaulichkeit von organischer Substanz, Rohnährstoffen und Energie bei Hausschweinen kann beträchtlich von derjenigen bei Wildschweinen abweichen, dazu liegen noch keine Ergebnisse vor. Auf die Verdaulichkeit wirken auch die unter 1. und 3. genannten Gesichtspunkte ein.
- Für zahlreiche Futterarten des Wildschweines liegen keine Futterwertanalysen vor, hier können zur Zeit nur sehr unvollkommene Schätzungen vorgenommen werden.
- In den Futterwerttabellen wird der Futterwert in Energetischen Futtereinheiten (EF), also auf der Grundlage der Nettoenergie-Fett Schwein, angegeben. Wie schon erläutert, ist die Fettbildung beim Wildschwein in ihrem Ausmaß gegenüber den im Erhaltungsbedarf einbegrif-

Verdaulichkeit %						Verdauliche Nährstoffe g/kg					TS	Originalsubstanz	
Ø	RP	RFe	RFa	NFe	Erg.	O.S.	RP	RFe	RFa	NFe	EFs/je kg	EFs je kg	v.RP g/kg
72	69	52	58	82	69	619	166	22	102	330	487	63	22
68	75	46	48	77	66	602	195	17	103	288	463	70	30
68	64	56	60	75	65	607	127	27	122	330	487	73	19
70	69	65	63	75	68	623	142	27	135	320	499	70	20
89	60	—	58	94	86	844	55	—	17	774	709	125	10
90	56	—	58	94	86	805	31	—	16	798	718	170	10
86	(62)	—	(26)	(94)	82	786	46	—	15	725	633	89	6
84	(64)	—	(26)	(94)	79	752	64	—	21	667	611	61	6
86	46	—	71	95	81	813	52	—	31	730	682	147	11
83	50	—	69	90	78	813	10	—	82	721	686	115	2
68	73	100	10	74	68	658	95	55	11	497	633	557	84
89	79	75	40	93	86	877	85	35	11	746	788	693	75
81	69	48	28	89	77	798	73	22	15	688	702	618	64
90	77	(52)	40	94	87	884	76	9	10	789	753	663	67
28	13	22	15	38	26	249	8	6	44	191	197	172	7
82	90	88	25	70	84	779	231	414	13	121	1293	1138	203
85	(50)	52	66	92	79	820	40	28	44	708	733	645	35
(85)	(60)	(72)	(40)	(90)	(81)	826	48	43	13	722	762	671	42
96	(95)	(97)	—	(97)	96	920	333	301	—	286	1229	234	63
85	85	95	—	70	87	695	496	151	—	(48)	772	679	436
61	69	69	(20)	—	63	576	463	85	28	—	570	171	140
—	—	—	—	—	—	—	—	—	—	—	—	—	—

fenen Arbeitsleistungen und auch der Proteinsynthese untergeordnet. Die Angabe in Energetischen Futtereinheiten kann daher zunächst nur eine vergleichende Bedeutung haben.
In der anschließenden Betrachtung der ernährungsphysiologischen Bedeutung der Nahrungskomponenten des Wildschweines werden diese zu annähernd einheitlich zu bewertenden Futtermittelgruppen zusammengefaßt.

5.3.2.3.1. Futtermittelgruppen

Grüne (vegetative) Pflanzenteile: Der Hauptanteil der in der DDR festgestellten Grünnahrung bestand aus Süßgräsern einschließlich Getreidesaat.
Mit Abstand folgten Kompositen (im besonderen Bärenklau) und Leguminosengrünmasse (Hülsenfrüchte, Klee). In geringem Umfange wurde junges Laub nachgewiesen. Grünfutter ist durch einen geringen Trockensubstanzgehalt (100 bis 150 g/kg Frischsubstanz), eine geringe Verdaulichkeit der Energie (60 bis 70 %) und einen relativ hohen Eiweißgehalt in der Trockensubstanz (100 bis 200 g/kg) ausgezeichnet.
Der hohe Eiweißgehalt gilt besonders für die Frühjahrs- und Frühsommervegetation, er nimmt mit dem Jahresverlauf zugunsten des an sich bereits sehr hohen Rohfasergehaltes (160 bis über 200 g/kg TS) ab. Mit der zunehmenden Verholzung sinkt auch die mit zunächst etwa 50 bis 60 % recht hohe Verdaulichkeit der Rohfaser. Daher sind grüne Pflanzenteile vom Herbst ab nur noch als Notnahrung zu charakterisieren. Im Frühjahr sind sie dagegen eine eiweiß- und besonders vitaminreiche Nahrungsquelle, die besonders für die frischende und säugende Bache eine Bedeutung hat. Der Futterwert wird durch ihren hohen Feuchtigkeitsgehalt stark beeinträchtigt. Zur Sicherung des Nährstoffbedarfs müssen sehr hohe Rationen aufgenommen werden, eine Forderung, die sicher wesentlich zur bekannten starken Aktivitätserhöhung aller Altersklassen im Frühjahr beiträgt. Da andererseits die Mageninhaltsanalysen auch im Frühjahr keine den Durchschnittsverzehr überschreitende Grünfuttermassen erkennen ließen, bleibt ihr Wert als Energiequelle auch zu dieser Jahreszeit begrenzt.
Unterirdische Pflanzenteile: Die aus dem Erdboden gewonnene pflanzliche Nahrung besteht in Mitteleuropa zum überwiegenden Teil aus Kartoffeln, einem geringen Rübenanteil und zu etwa 15 % aus Knollen, Zwiebeln, Wurzeln und Rhizomen unterschiedlicher Wald-, Wiesen- und Sumpfpflanzen. Besondere Bedeutung haben darunter der Wiesen-Bärenklau, Farnwurzeln und verschiedene Sumpfkräuter. Die Kartoffel stellt ganzjährig eine Hauptnahrung dar. Ihr besonderer Wert besteht im sehr hohen und hochverdaulichen Kohlehydratgehalt, während der Eiweißanteil gering, wenn auch hochwertig ist. Ihr Futterwert bleibt gegenüber den in der Tabelle angegebenen Wert beträchtlich zurück, weil sie während des Hauptteiles des Jahres entweder im unausgereiften Zustande oder wertgemindert als Ernterückstand verzehrt wird. Der an sich schon geringe Trockensubstanzgehalt (150 bis 250 g/kg Frischsubstanz) kann in diesem Zustande nur mit 100 bis 150 g/kg angeschätzt werden. Sie wird dennoch, vor allem in Fehlmastjahren, bis zu einem Drittel der aufgenommenen Energiemenge bereitstellen und hat in der Winterfütterung einen hohen Wert. Vom Futterwert gleichgestellt ist ihr die Topinambur, während Futterrüben ihr in Trockensubstanz- und Kohlehydratanteil nachstehen.
Der Futterwert unterirdischer Teile von Wald-, Wiesen- und Sumpfpflanzen ist sehr differenziert, doch im einzelnen noch nicht untersucht. Sofern es sich um Speicherorgane, wie Knollen, Zwiebeln und Wurzelstöcke handelt, wird er den der Kartoffel erreichen und in bestimmten Fällen mindestens im Eiweißgehalt übertreffen. Sie bilden demzufolge in naturnahen Biotopen außerhalb der Mastjahre die Hauptnahrungsquelle.
Dagegen sind Wurzeln von Sträuchern, Bäumen und Gräsern infolge hohen Anteils für Schweine schwer verdaulicher Rohfaser balastreich und nährstoffarm.
Sumpfpflanzen, wie Kalmuswurzeln, aber auch Farnrhizome, sind stärkereich und hochwertig.

Getreide: Das Getreide ist als saisonabhängige Hauptnahrung in Sommer und Herbst zu betrachten, geringer ist seine Bedeutung im Frühjahr durch Verzehr von Saatgetreide und im Winter bei der Fütterung. Die hohe Wertschätzung durch das Schwarzwild ist nicht verwunderlich. Abgesehen von der Möglichkeit, in kurzer Zeit größere Mengen zu verzehren, geht der Futterwert weit über die bisher genannten Komponenten hinaus. Das betrifft nicht nur den überaus hohen Kohlehydratreichtum, auch im Eiweißgehalt ist das Getreide, besonders bei Trockensubstanzbezug, anderen Futtermitteln überlegen. Das trifft auch für den Verzehr milchreifen Getreides zu. Unter den Getreidearten wird der Mais infolge besonderen Reichtums an hochverdaulichen Kohlehydraten bevorzugt. Bei der Einschätzung des Futterwertes ist zu beachten, daß vom Wildschwein aufgenommenes Getreide einen geringeren Trockensubstanzgehalt aufweist und außerdem mit geringverdaulichen Spelzen und Kolbenteilen durchsetzt ist.

Baummast: Die Eichel ist für das Wildschwein von der Wertigkeit als hochverdauliches Kohlehydratfuttermittel dem Getreide fast gleichzusetzen. Zwar ist der Gehalt an verdaulichem Eiweiß zunächst geringer, steigt aber mit dem Auskeimen an. Der Futterwert wird durch die Schalen gesenkt, die jedoch zum großen Teil ausgespieen werden. Auch hier ist der Trockensubstanzgehalt geringer als in den Tabellenwerten für getrocknete Früchte angegeben. Die Kastanie ist im Nährwert der Eichel gleichwertig, wird jedoch, wohl wegen ihres Saponingehaltes, im allgemeinen vom Wildschwein abgelehnt.

Die Buchecker wird in ihrer Bedeutung für die Schwarzwildernährung im allgemeinen unterschätzt. Mit einem Anteil hochverdaulichen Rohproteins von über 200 g und Rohfett von mehr als 400 g/kg Trockensubstanz ist sie unter den für das Wildschwein verfügbaren Futterstoffen hinsichtlich der Energie- und Eiweißlieferung unübertroffen. Sie kann zu den Ölfrüchten gestellt werden und ermöglicht in Mastjahren eine ungewöhnlich gute Entwicklung der Jungtiere und starke Reservefettbildungen. Mit dem Einsetzen des Keimprozesses geht der Fettgehalt durch Umsetzungen wesentlich zurück, während die Kohlehydrate beträchtlich und auch der Eiweißgehalt ansteigen.

Äpfel, Birnen und Beeren sind sowohl von der Menge als vom Futterwert her unbedeutend. Sie enthalten vor allem Kohlehydrate, haben jedoch eine geringe Trockenmasse. Am ehesten sind sie im Futterwert mit den Rüben vergleichbar.

Tierische Nahrung: Obwohl tierische Nahrung dem Wildschwein im allgemeinen nur in geringen Mengen zur Verfügung steht, kann sie doch in gewissen Jahren und Jahreszeiten eine hohe Bedeutung erhalten. Sie besteht im wesentlichen aus Fallwild, Jungwild, nicht ordnungsgemäß versorgten Aufbrüchen von Schalenwild, Mäusen, Insekten (im besonderen bodenbewohnende Entwicklungsstadien) und Regenwürmern. Ihr Wert liegt in hochverdaulichem Eiweiß, tierischen Fetten und beträchtlichen Vitaminanteilen. Besonders in den nahrungsknappen Winter- und Frühjahrsmonaten sollten sie nicht unterschätzt werden. Auf den hohen Verzehr in Gradationsjahren bestimmter Forstschädlinge wurde des öfteren hingewiesen.

5.3.2.3.2. Futterwert der Rationen bei natürlicher Nahrungswahl

Aus der mittleren täglichen Nahrungsmenge, ihrer jahreszeitlich wechselnden qualitativen und quantitativen Zusammensetzung und dem Futterwert der einzelnen Komponenten läßt sich ein angenäherter Überblick über den Futterwert der Tagesrationen errechnen.

Auf der Grundlage der in den vorigen Kapiteln dargelegten Ermittlungen und Erwägungen ergeben sich die in der Tabelle 5/8 zusammengestellten Orientierungswerte. Die unterstellte mittlere Futtermenge je Tag entspricht den Schätzwerten für adultes Schwarzwild.

Besonders auffallend sind zunächst die sehr beträchtlichen Unterschiede im Futterwert zwischen Mast- und Fehlmastjahren bei gleicher absoluter Futtermenge. Die Ursache dafür bildet im besonderen der fettrei-

Tabelle 5/8 *Geschätzter Futterwert für die Tagesration der Schwarzwildnahrung in den Jahreszeiten*

	Mastjahr				Fehlmastjahr			
	Frühjahr	Sommer	Herbst	Winter	Frühjahr	Sommer	Herbst	Winter
Mittlere Futtermenge g/Tag	4000	4000	4500	3500	4000	4000	4500	3500
Trockensubstanz g	1700	1900	2400	1900	950	1700	2200	850
Verdauliches Rohprotein g	210	190	300	240	120	150	190	150
EFs	1450	1450	2050	1600	650	1250	1550	550
EK-(EFs je kg TS)	850	760	855	840	685	735	705	650
Netto-Energie Fett kcal	5075	5075	7175	5600	2275	4375	5425	1925
kJ	21260	21260	32330	23460	9530	18330	22725	8060
Verdauliche Energie kcal	6525	6525	9225	7200	2925	5625	6975	2475
kJ	27330	27330	38640	30160	12250	23560	29220	10370

che Bucheckernanteil, doch auch der hohe Kohlehydratgehalt der Eicheln.

Der Gehalt an Energetischen Futtereinheiten scheint in Mastjahren ganzjährig weit oberhalb des Erhaltungsbedarfs zu liegen, das trifft auch für den Gehalt an verdaulichem Rohprotein zu. Selbst im Winter können noch die Jahreshöchstwerte der Fehlmastjahre übertroffen werden, eine Tatsache, die in der Praxis durch die nachweisliche Körpermassezunahme und Fettbildung auch über die Wintermonate hinweg unterstrichen wird. Erst im Frühjahr sinkt mit dem allmählichen Schwinden der Mast der Futterwert, bleibt aber hoch genug für alle Erhaltungs- und Leistungsprozesse.

Während in Fehlmastjahren oder deren Bedingungen entsprechenden Nadelholzgebieten die Sommerwerte eine annähernd gleiche Höhe aufweisen, ist der im wesentlichen durch Getreideverzehr bedingte Herbstantieg bedeutend geringer und ermöglicht nur die Anlage geringerer Fettreserven. Die Winterwerte dürften gerade einen reduzierten Erhaltungsbedarf absichern und lassen erkennen, daß zumindest zeitweilig eine stark negative Energiebilanz herrschen muß. Die Aufnahme von verdaulichem Eiweiß ist stark vom Vorhandensein tierischer Nahrung abhängig und kann beträchtlich unter die angegebenen Werte sinken. Die Bilanz bessert sich mit der im Frühjahr eintretenden Vegetationsentwicklung, läßt jedoch bis in den Mai eine weiterhin angespannte Situation vor allem beim durch die Reproduktion belasteten weiblichen Wild vermuten.

Zu ähnlichen Ergebnissen kommen JEZIERSKI und MYRCHA (1975). Aus der an Fütterungen aufgenommenen Futtermenge, dem vermutlichen Verzehr auf Feldflächen und dem auf Probeflächen im Walde ermittelten Nahrungsangebot und -verzehr kalkulierten sie den monatlichen energetischen Futterverzehr für eine Schwarzwildpopulation. Während der für die Produktion zur Verfügung stehende Teilwirkungsgrad im Oktober +9,6% betrug, sank er im Januar 1972 auf minus 15,9% ab. Für den Winter 1971/72 errechneten sie ein hohes Futterdefizit, das sehr hohe Körpermasseverluste zur Folge hatte. Eine negative Energiebilanz im Winter, die Körpermasseverluste von 30 bis 50% zur Folge hat, wird als normales Phänomen angesehen.

Naturgemäß sollte das Nahrungsangebot im Walde für das Schwarzwild die höchste Bedeutung haben. Die genannten Verfasser ermittelten, daß der Gipfel des Nahrungsangebotes in ihrem Untersuchungsgebiet mit 45 bis 60000 kcal/ha (188550 bis 251400 kJ/ha) während der Frühjahrsmonate besteht, während es im Winter (November bis Februar) auf 4 bis 14000 kcal/ha (16760 bis 58660 kJ/ha) absinkt. Bei einem täglichen Energiebedarf von 2500 bis 5000 kcal (10500 bis 21000 kJ) kalkulierten sie, daß zur vollständigen Bedarfsdeckung im Frühling 650 m², im Winter aber 4000 m² Waldfläche benötigt werden. Die gleiche Futtermenge könnte das Schwarzwild dagegen im Sommer auf 4 m² Feldfläche gewinnen.

Wenn auch der hypothetische Charakter aller zur Zeit möglichen Erwägungen unübersehbar ist, ermöglichen sie es doch, Vorstellungen über die Ernährungsverhältnisse des Wildschweines zu gewinnen, Fütterungsforderungen zu präzisieren und Ansatzpunkte für weitergehende Forschungen zu liefern.

5.3.2.4. Mengen- und Spurenelementstatus

Eine immer größere Anzahl von Mineralstoffen wird als lebensnotwendig erkannt. Eine Über- oder Unterversorgung führt zu Wachstums- und Entwicklungsstörungen, zur Erkrankung und sogar zum Tode. Über Nahrung und Wasser, seltener direkt aufgenommen, sind Mengen- und Spurenelemente Bestandteil des gesamten Tierkörpers und können dort aus der Asche quantitativ nachgewiesen werden (ANKE und RISCH, 1979). Der so ermittelte Status läßt – im Vergleich mit Bedarfswerten und der Versorgung in der örtlich vorhandenen Nahrung – Schlußfolgerungen für Fütterung und Bewirtschaftung zu.
Erste umfassende Ermittlungen über das Wildschwein erfolgten durch ANKE et al. (i. Druck) an 26 Stück Schwarzwild aus der DDR an Borsten, Rippen, Leber, Nieren, Großhirn und Mageninhalt (Tab. 5/9). Es wurde festgestellt, daß sich der Aschegehalt in g/kg Trockensubstanz von den Hausschweinwerten im Mittel nicht unterschied, lediglich die pigmentierten Wildschweinborsten enthielten signifikant mehr Asche als die farblosen des Hausschweines. Ebenso bestanden keine Unterschiede im Ca- und P-Gehalt; so daß Ca- oder P-Mangelerscheinungen nicht zu erwarten sind. Von den Mengenelementen Ca, Mg, P, K, Na, S, Cl dürfte dem Wildschwein nur das Natrium in ungenügenden Mengen zur Ver-

Tabelle 5/9 *Mengen- und Spurenelementgehalt verschiedener Körperteile von Wild- und Hausschwein (nach* ANKE *et al., i. Druck)*

		Borste	Rippe	Leber	Niere	Großhirn	Mageninhalt	Minibedarf
Asche	WS	10	511	48	53	62	45	
g/kg TS	HS	4,5	485	47	51	62	—	
Ca	WS		178				6,1	
g/kg TS	HS		171				—	6–7
P	WS		76				3,3	
g/kg TS	HS		83				3,3	6
Fe	WS	303	112	217	341	95	306	
mg/kg TS	HS	—	—	466	222	—	—	50
Mn	WS	44	4,1	9,1	6,5	1,9	286	
mg/kg TS	HS	1,9	3,3	7,4	5,1	1,7	—	25
Zn	WS	130	144	148	129	52	29	
mg/kg TS	HS	191	124	182	100	50	—	40
Cu	WS	10	5,3	16	31	13	6,5	
mg/kg TS	HS	10	5,0	21	22	15	—	5
Mo	WS			0,99	1,54		0,25	
mg/kg TS	HS			2,42	2,11		—	0,1
Li	WS	2,8	25	19	25	25	7,1	
mg/kg TS	HS	3,3	24	16	19	34	—	1–2
Ni	WS		711	358	393	365	1009	
mg/kg TS	HS		1138	275	406	551	—	500
Cd	WS	0,36	0,16	1,2	9,6	0,22	0,13	
mg/kg TS	HS	0,012	0,17	0,18	0,94	0,12	—	
Pb	WS		7,3	1,7	3,8	7,0	12	
mg/kg TS	HS							

WS: Wildschwein; HS: Hausschwein; TS: Trockensubstanz

fügung stehen. Der Fe-, Mn-, Cu-, Mo-, Ni- und Li-Gehalt der Nahrung ist bedarfsdekkend. Mit Ausnahme des Mn- und Zn-Anteils der Borsten, des Cu- und Li-Gehaltes der Nieren und des Mo bestanden keine signifikanten Unterschiede zwischen Wild- und Hausschwein. Die Differenzen resultieren aus morphologischen Unterschieden der Borsten und Ernährungsunterschieden beim Molybdän. Bei Zink wird die Möglichkeit eines Mangels örtlich nicht ausgeschlossen.
Die erzielten Ergebnisse stimmen mit denen von WIESNER et al. (1980) an 85 Haarproben aus der Altmark über den Cu-, Zn-, Mn- und Fe-Gehalt im wesentlichen überein. Zu den Cadmium und Blei betreffenden Ergebnissen erfolgen im Abschnitt 7.4.3. einige Ausführungen.
Die Situation kann in anderen Arealteilen abweichen. So wird die im Nordwesten der UdSSR bei 40% der Wildschweinschädel festgestellte Osteodistrophie auf ernährungsbedingte P- und Ca-Mangel zurückgeführt (RUSAKOW und TIMOFEJEWA, 1984).

5.4. Verhalten bei der Nahrungsaufnahme, Harn- und Kotabgabe

5.4.1. Brechen

Das Wildschwein gewinnt einen beträchtlichen Teil, in großen Gebieten die Hauptmenge, seiner Nahrung aus der Streu, dem Humus und der oberen Bodenschicht. Das dabei zutage gelegte Verhalten wird als Brechen bezeichnet. Das Auffinden der Nahrung erfolgt dabei in erster Linie olfaktorisch, eine Präzisierung ist sekundär taktil durch an der Rüsselscheibe (Wurf) konzentrierte Tastorgane (Sinushaare) und die Zunge möglich. Gesichtssinn und Gehör sind untergeordnet und werden nur situationsbedingt benutzt (z. B. beim Orten von Mäusenestern oder sich bewegenden Insekten).
Beim Brechen wird der sehr bewegliche, gummiartig derbe Wurf eingesetzt. Das Wildschwein drückt den oberen, stumpffingerförmigen Rand der Rüsselscheibe keilähnlich in den Boden und bewegt dann das Haupt nach vorn, so daß die Erde oder Streu weggeworfen wird. Bei hoher Intensität des Brechens und fester Bodenschicht wird das Brechen gelegentlich durch kratzende Bewegungen eines Vorderlaufes unterstützt. Beim Auswerfen größerer Vertiefungen oder beim Herausnehmen Widerstand leistender Nahrung kommt es zum Niederlassen auf die vorderen Carpalgelenke (Knien). Keiler setzen beim Wegrollen von Steinen oder Durchreißen von hinderlichen Wurzeln die Waffen ein, die dadurch nicht selten Beschädigungen erfahren können. Die Zerkleinerung gröberer Bodennahrung, wie Kartoffeln, beginnt durch Abbeißen mit den Schneidezähnen. Das Objekt wird notfalls mit einem Vorderlauf festgehalten.
Eicheln werden mit schnellen Beißbewegungen der Schneidezähne zerkleinert und die Schalen mit Zungenbewegungen ausgestoßen. Auf ähnliche Weise werden auch Bucheckern verzehrt, doch ist hier, wie die Mageninhaltsuntersuchungen zeigen, der im Fraß verbleibende Schalenteil wesentlich größer. Das Brechen erfolgt im Rottenverband ohne erkennbare Rangordnungsfestlegungen oder -orientierungen. Nur Frischlinge halten sich in den ersten Lebensmonaten in unmittelbarer Nähe der Mutterbache, häufig kopforientiert, auf. In unübersichtlichem Gelände werden bei ruhigem, ungestörtem Brechen gelegentlich von allen Stücken einsilbige, dunkle Stimmfühlunglaute abgegeben, die nur wenige Meter hörbar sind. Älteres Schwarzwild ist beim Brechen gewöhnlich still. Der Pürzel wird ruhig hängend getragen, lediglich bei starker Ungezieferbelästigung immer wieder lebhaft bewegt.
Durch LEBEDEWA (1956 a) wurden die unterschiedlichen Formen des Brechens systematisiert (Abb. 5/16).

- Das Oberflächenwühlen stellt die sommerliche Hauptform der Gewinnung von Bodennahrung im Gebiet Belowesh dar. Dabei wird die Bodenstreuschicht bis in eine Tiefe von 3 bis 5 cm großflächig durchwühlt. Es wurde vor allem in Eichen- und Hainbuchenwäldern festgestellt und dient der Gewinnung von Regenwürmern, Insektenlarven sowie von in der oberen Humusschicht verlaufenden Wurzeln und Rhizomen. Das ober-

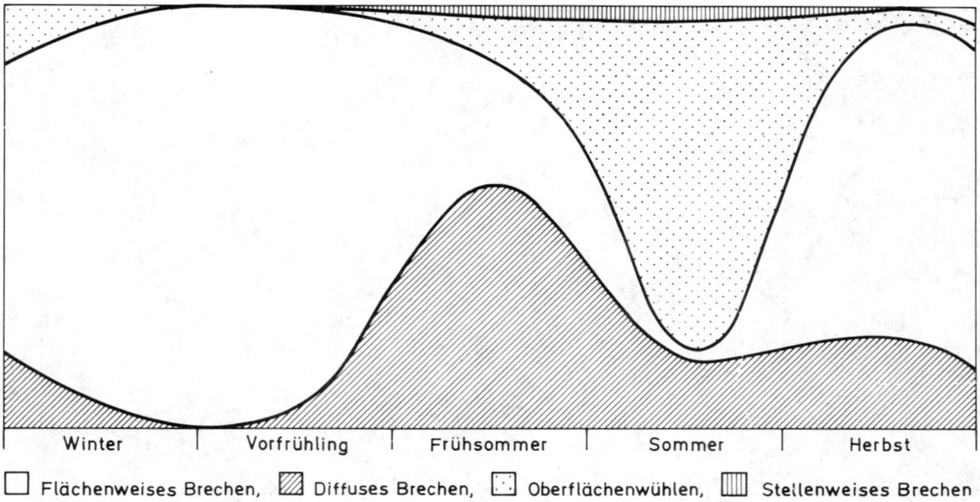

Abb. 5/16 Flächenanteile der verschiedenen Formen des Brechens (Urwald Belowesh) (nach LEBEDEWA, 1956a)

flächliche Ablesen von Eichel- und Buchelmast geht mit fortschreitendem Jahresverlauf mehr und mehr in diese Form des Brechens über. Nach LEBEDEWA hat es im Jahresdurchschnitt nur einen Anteil von etwa 2 % an der gesamten durchwühlten Bodenoberfläche, doch dürfte der Anteil nach Mastjahren wesentlich ansteigen.

– Das Bodenwühlen als zweite Hauptform des Brechens dient der Gewinnung von Nahrung in tiefer gelegenen Bodenschichten. Es tritt in vier deutlich trennbaren Formen auf.

a: Das diffuse Brechen ist von der Häufigkeit, nicht von der beanspruchten Fläche her an erster Stelle zu nennen. Der Boden wird plätzeweise (bis max. 40 m^2) in einer durchschnittlichen Tiefe von 8 bis 10 cm durchwühlt. Im Winter können Bodentiefen bis zu 30 cm erreicht werden. Dieses Verhalten tritt im Winter und im Frühsommer auf. Es ist auf allen Waldstandorten, am häufigsten in Jungbeständen und in Erlenwäldern, sowie auf Feldflächen festzustellen. Die Nahrungssuche gilt Wurzeln bei horstweisem Vorkommen bestimmter Nahrungspflanzen, Regenwürmern, Maikäfer- und anderen Insektenlarven, Schilfwurzeln und Mollusken.

b: Das flächenweise Brechen entspricht von der Tiefe und der angestrebten Nahrung her weitgehend der vorigen Form, ist jedoch auf zusammenhängende Flächen von 0,07 bis 4 ha konzentriert. Es tritt vor allem vom Herbst bis Frühjahr auf und umfaßt beinahe 90 % der gesamten vom Schwarzwild umgebrochenen Fläche. Hauptsächlich ausgeübt wird es auf offenen Flächen, wie Wiesen, Weiden und Feldern, doch auch in älteren Hainbuchenbeständen. Das Ziel der Nahrungssuche besteht in Wurzelstöcken, Knollen (Kartoffeln, Topinambur), Insekten (z. B. Tipuliden auf Wiesen) und Regenwürmern (Abb. 5/17).

c: Das stellenweise Brechen wurde häufig, doch mit geringer Fläche festgestellt und bezieht sich auf die Gewinnung örtlich gewitterter Einzelobjekte. Die Tiefe beträgt durchschnittlich 3 bis 15 cm, der Durchmesser der Brechstellen etwa 13 bis 15 cm. Die Brechstellen liegen oft nestweise nebeneinander. Jahreszeitlich ist das Verhalten auf den Frühsommer konzentriert. Der Anteil an der gesamten umgebrochenen Fläche ist unbedeutend. Bei Saatmais und Steckkartoffeln ist das Schwarzwild in der Lage, die Drillstreifen bzw. Steckreihen olfaktorisch zu orten und aufzupflügen.

Abb. 5/17 Flächenweises Brechen

d: Das Ausheben von Gruben ist eine Intensivierung der vorigen Form und tritt vor allem im Winter und Frühjahr auf. Die Gruben sind bis 55 cm tief und haben einen Durchmesser von 1,5 bis 2,0 m. Besonders häufig findet man sie in Misch- und Hainbuchenwäldern, vor allem in der Nähe von Stubben und gestürzten Bäumen. Das Zielprodukt sind vor allem Nester und Vorratslager von Kleinnagern, doch auch tiefreichende Wurzelstöcke (Farnwurzeln usw.).

Zusammenfassend ist festzustellen, daß die Art des Brechens durch das jährlich und jahreszeitlich wechselnde Nahrungsangebot, und in Zusammenhang damit durch die Art des Waldbestandes und den herrschenden Bodentyp bedingt ist. In Mastjahren und bei hohem Anteil erreichbarer oberirdischer Feldnahrung (Getreide) wird weniger, bei Insektengradationen häufiger gebrochen. Diese energieaufwendigste Form der Nahrungsgewinnung findet sich am häufigsten in den Winter- und Frühjahrsmonaten.

5.4.2. Andere Formen der Nahrungsgewinnung

Der Verzehr von Grünnahrung kann weidend (Klee-, weitere Leguminosen, Süßgräser im Frühjahr) oder selektiv (Himbeerblätter, junges Eichen- und Buchenlaub, bestimmte Kräuter usw.) erfolgen. Bei Getreide werden Ähren oder Rispen abgebissen oder seitlich durch das Gebrech gezogen. Die Körner werden durchgekaut, eventuelle Spelzen und Grannen zum großen Teil ausgespuckt. Maiskolben befreien die Sauen weitgehend von den Hüllblättern bei Fixieren der Kolben mit einem Vorderlauf und beißen die Körner anschließend mit den Schneidezähnen ab. Einzelne Getreidekörner werden unter wesentlichem Einsatz der Unterlippe und Zunge aufgenommen, in gleicher Weise Kleininsekten, Puppen und Larven. Kokons und Puppen zerquetscht das Schwarzwild nur und schluckt sie mit den Chitinteilen ab. Beim Verzehr von stammbewohnenden Insekten werden

diese aus morschem Holz herausgebissen. Oft kommt es dabei zu reichlichem Mitverzehr morschen Holzes.
Wirbeltierteile, wie Fallwild oder Aufbruchteile werden mit den Vorderläufen fixiert. Danach reißt die Sau Fetzen mit den Schneidezähnen ab. Mausähnliche Nager kaut sie im Ganzen durch und schlingt sie ab.

5.4.3. Salzaufnahme

Auch für das Wildschwein haben Salzlekken eine große Anziehungskraft. Sehr selten wird jedoch ein direktes Abbeißen oder Belecken von Salzlecksteinen beobachtet. Die Sauen bevorzugen es, durch Niederschläge herabgewaschenes Salz von den Wurzelstöcken abzubeißen bzw. diese zu belecken oder salzangereicherte Erde am Fuß der Lecke zu verzehren.

5.4.4. Koten und Harnen

5.4.4.1. Koten

Die Abgabe der Losung ist im Rahmen der Aktivitätsperiodik des Wildschweines verhältnismäßig gut determiniert (BRIEDERMANN, 1971). Sie erfolgt gehäuft zu Ende der Ruheperioden unmittelbar nach Verlassen des Ruhelagers in dessen Nähe. Dabei ist es gewöhnlich von Komfortbewegungen eingerahmt, nämlich von Strecken und Gähnen vor dem, von Malen nach dem „Sichlösen". Dem Koten kann das Harnen vorausgehen oder folgen. Während der Fraßperioden ist die Kotabgabe dagegen offensichtlich zeitlich nicht festgelegt, sondern physiologisch durch den Kotdrang bedingt. Nach Gatteruntersuchungen erfolgt die Defäkation je Tier in 24 Stunden durchschnittlich 4,5 (3 bis 6,25) Male (vgl. Tab. 5/10). Das Koten ist weitgehend soziologisch

Abb. 5/18 Sich lösender Keiler
(Foto: FREYMANN)

Tabelle 5/10 *Häufigkeit des Kotens und Harnens*

Monat		Uhrzeit																			Ø Häufigkeit in der Lichtzeit	Zuschlag	Ø Häufigkeit je St./Tag
		4	5	6	7	8	9	10	11	12	13	14	15	16	17	18	19	20	21	22			
	d				7	5	1		1	2	3	3	3	3		4	1				5,5		5,5
III.	u				4	1		3	2	1	5	2	1	2	2	4	3				5,0		5,0
	d			2	2	1		3	1			2	1	1	2	1	2				4,5		4,5
IV.	u			2	2			1	2		2		2	1	2	1	1	1			4,25		4,25
	d					2	2	2	1	1					2	2	1				3,25		3,25
V.	u	1			2	2		1	1	3	1	1		1	2	1	1	1	1		4,75		4,75
	d		1	1							2		2	1				2	1		2,5	0,5	3,0
VI.	u		1	1			1			2				2	1	1		4	2	1	4,0	0,75	4,75
	d		1	2			2		1	2	1	1	1	1		1			1		3,75		3,75
VII.	u		4	1	1		2			2		1	2	1	1	1	2	3			5,25		5,25
	d			1	1	3	2					3	1	3	2			1			4,25	2,0	6,25
VIII.	u			2		3						1		1	2	1	3	1	1		3,75	1,75	5,5
	d			2							1	3	2	1	1		2				3,0	1,5	4,5
IX.	u			3	1						1		5		1	2	1				3,75	2,0	5,75

Anmerkung: Anzahl der Versuchstiere im März 3, sonst 2; d – Koten; u – Harnen

korreliert. Es wirkt besonders nach Beendigung der Ruhepausen unter den Rottenmitgliedern ansteckend. Dazu werden bevorzugte Kotplätze in der Nähe der Kessel aufgesucht.
Die von MEYNHARDT (1978) mitgeteilte Behauptung, daß sich innerhalb des Reviers in regelmäßigen Abständen Kot- und Harnplätze befinden, die gezielt aufgesucht und benutzt würden, bedarf für die Verallgemeinerung weiterer Bestätigung. Das gilt gleichermaßen für die Ansicht, daß die Kotabgabe auch die Funktion der Reviermarkierung hätte.
Die Defäkation erfolgt in stark ausgeprägter Kauerstellung bei Schwanzheben (ALTMANN, 1969). Nach unseren Beobachtungen neigt sie mehr einer leichten Kauerstellung zu, bei der die Hinterläufe leicht gespreizt werden. Die Hocke ist bei weiblichen Stükken tiefer als bei Keilern. Der waagerecht weggestreckte Pürzel wird nach Abschluß der Kotabgabe nicht selten lebhaft seitlich bewegt (Abb. 5/18).
Die Losung ist je nach Nahrungszusammensetzung leicht breiig bis ziemlich fest. Sie besteht aus wurstförmigen, nicht deutlich voneinander abgesetzten Ballen meist grauschwarzer Färbung.

5.4.4.2. Harnen

Wie bereits im vorigen Abschnitt erwähnt, tritt auch die Harnabgabe zum Ende der Ruheperioden gehäuft auf. Sie kann ebenfalls innerhalb der Rotte anregend wirken. Im besonderen wird das Nässen von weiblichen Rottenmitgliedern durch männliche Stücke oft zur Kenntnis genommen. Diese ziehen zum Harnplatz der Bache, bewinden ihn und nässen dann ebenfalls. Während der Fraßperioden ist das Harnen weniger auffallend, oft wird die Nahrungsaufnahme dabei nicht unterbrochen. Die Miktionshäufigkeit übersteigt diejenige der Defäkation um ein geringfügiges. Wir ermittelten sie im Tagesdurchschnitt 5 (4,25 bis 5,75) Male (vgl. Tab. 5/8). Die Häufigkeit des Nässens scheint im Frühjahr bei wasserreicher Nahrung, und bei Keilern mit Einsetzen der Rauschzeit zuzunehmen.
Die Markierungsfunktion ist, wie bereits angedeutet, wesentlich größer als die der Defäkation und spielt im besonderen während des Werbe- und Begattungsrituales (Kapitel 6.) eine beachtliche Rolle. Keiler nässen in Grundstellung meist mit waagerecht angehobenem Pürzel (ALTMANN, (1969). Da die Nahrungsaufnahme oft nicht unterbrochen wird, ist es in vielen Fällen schwer registrierbar. Gegen Ende der Harnabgabe kann man gelegentlich zuckende (spritzende) Pinselbewegungen feststellen. Weibliche Stücke nässen in deutlicher Kauerstellung mit ebenfalls weggestrecktem Pürzel. Die Hinterläufe werden bei beiden Geschlechtern leicht gespreizt. Das Harnen der Bache löst nicht selten bei kontrollierenden Keilern ein dem Flehmen ähnliches Gähnen aus.

5.5. Biogeozönotische und wirtschaftliche Bedeutung der Nahrungsaufnahme

5.5.1. Biogeozönotische Bedeutung

Innerhalb der Waldformationen seines ursprünglichen Verbreitungsgebietes, den sommergrünen Laub- und Laubmischwälern Eurasiens (Abschnitt 2.3.) gehört das Wildschwein vor allem durch Art und Umfang der Umsetzung von Biomasse zu den ökologisch hocheffektiven Säugetieren. Der Haupteinfluß auf die Biogeozönosen muß in der umfangreichen Wühltätigkeit gesehen werden.
Nach KOSLO (1975) bewegt ein Wildschwein täglich von Frühjahr bis Herbst 120 m^2 Wald- und Wiesenbodenoberfläche, im Jahresdurchschnitt bis zu 4 ha. Dabei werden die oberen Bodenschichten einschließlich der Streu bis in eine Tiefe von mehr als 30 cm durchwühlt, die Bodendurchlüftung und der Wasserhaushalt gefördert sowie eine Humusdurchmischung vorgenommen. Die Effektivität wird dadurch erhöht, daß selbst bei konzentriertem Brechen nur mäßige Flächenanteile umgewühlt werden. LEBEDEWA (1956a) ermittelte auf Probeflächen, daß selbst dort, wo scheinbar die Gesamtfläche umgebrochen war, in der Tat nur 20 % durchgearbeitet wurden. Dadurch bleibt die Kontinuität der

Entwicklung von Bodenflora und -fauna gesichert. JEZIERSKI und MYRCHA (1975) verwiesen darauf, daß in ihrem Versuchsgebiet bei Warschau durch Wildschweine jährlich etwa 4 % der gesamten Waldfläche umgebrochen wurden, in Mastjahren wurden sogar fast 10 % erreicht. Auf den gleichen Flächen wurde erst nach etwa 7 Monaten ein wiederholtes Brechen festgestellt, so daß anzunehmen ist, daß dieser Zeitraum die Mindestspanne für die Erholung der gesuchten Nahrungskomponenten bildet. KOSLO (1975) berechnete, daß die Wildschweine im etwa 79 000 ha großen Schutzgebiet von Belowesh jährlich etwa 1 410 000 m^3 Waldbodenoberfläche durchmischen. Diese Schätzwerte lassen die überaus hohe Bedeutung des Wildschweines für die Bodenentwicklung erkennen.

Im Zusammenhang mit der Wühltätigkeit übt das Schwarzwild einen großen Einfluß auf die Vegetationsentwicklung aus. Durch das Brechen werden Streuschichten und Rohhumusauflagen beseitigt und somit Voraussetzungen für das Keimen zahlreicher Pflanzensamen geschaffen. Verjüngungsfeindlicher Bodenbewuchs, wie Adlerfarn und Grasdecken, wird zumindest plätzeweise beseitigt, so daß das Ankommen von Naturverjüngung ermöglicht wird. Verbunden damit ist das Einarbeiten vieler Samen in ein günstiges Keimbett. Neben dem Entstehen von Naturverjüngungen kann örtlich auch die Ausbildung von Gras- und Krautdecken gefördert werden. Der Verzehr von Pflanzenteilen aller Art ist mit der verjüngungsfreundlichen Wirkung der Wühltätigkeit in Zusammenhang zu sehen. Besonders auffällig ist der Verzehr von Eicheln, Bucheckern, Zirbelnüssen und anderen nährstoffreichen großen Waldsamen. Das Wildschwein gehört zweifellos zu den bedeutendsten der aus Wild, Vögeln, Mäusen und anderen Samenverzehrern bestehenden Reduktionsfaktoren, die über den Winter auf die Zahl keimungsfähiger Früchte einwirken. MICHAELIS (1911) (zit. b. BURSCHEL et al., 1964) stellte fest, daß die Bucheckernzahlen der Mast 1909 bis zum nächsten Frühjahr durch Vögel, Mäuse und Wild um 61 bis 92 % reduziert worden sind. Aus den Mageninhaltsanalysen geht deutlich der große Anteil des Schwarzwildes an der Reduzierung hervor. Aus ökologischer Sicht muß allerdings in Betracht gezogen werden, daß der produzierte Samenüberfluß einer natürlichen Reduzierung bedarf und bei Fehlen des Wildschweines verstärkt von anderen Samenverzehrern aufgebraucht wird, die zudem mit einer erhöhten Vermehrungsquote reagieren. Da sie ihrerseits teilweise zum Nahrungsspektrum des Wildschweines gehören (Mäuse), kommt diesem gleichzeitig eine regulative Funktion, verbunden mit einer Biomasseumsetzung auf höherem trophischen Niveau, zu. Probeflächenzählungen von MICHAELIS ergaben, daß bei guter Mast niemals alle Eicheln der Flächeneinheit gefunden und verzehrt werden. Im Gegenteil wird, wie schon erwähnt, ein Teil erst in ein günstiges Keimbett gebracht und damit die Verjüngung gefördert. Nach Untersuchungen von Bulachow (zit. I. RUSAKOW und TIMOFEJEWA, 1984) verbesserten sich infolge des Brechens meßbar die Wasserhaltekraft, Lockerheit, Humusumsetzung, der Humusgehalt und der Baumartenanflug auf Waldböden. Dagegen wird die Bodenfauna reduziert.

Bei der Konsumtion pflanzlicher Biomasse wird durch das Wildschwein eine ausgesprochene Nische eingenommen, die kein anderer Großsäuger der Lebensgemeinschaft an seiner Stelle ausfüllen kann. Durch den Verzehr unterirdischer Teile solcher Pflanzen, die für andere Wildarten keinen oder nur geringen, allenfalls kurzfristigen Äsungswert haben, wie z. B. Schachtelhalm, Farn, Reitgras, Schilfarten und zahlreicher Kräuter, wie Maiglöckchen, Buschwindröschen, Sauerklee, Sumpfdotterblume und Brennessel, wird ein besonderer Weg der Umwandlung pflanzlicher in tierische Biomasse beschritten.

Der Wurzel- und Wurzelstockverzehr von Pflanzen, deren oberirdische Teile auch Äsung anderen Wildes darstellen (z. B. zahlreicher Leguminosen, Doldengewächse, Korbblütler und Gramineen), hat eine nur begrenzte konkurrierende Wirkung, da es sich einerseits meist um Massenpflanzen handelt, die in ausreichendem Umfange vorhanden sind, und andererseits

durch die mit dem Verzehr verbundene Wühltätigkeit gleichzeitig Voraussetzungen zur Regeneration und Verjüngung des örtlichen Pflanzenbestandes geschaffen werden. Sofern oberirdische Teile nur kurzfristig entwickelt (z. B. Geophyten) oder infolge von Verholzungsprozessen durch andere Pflanzenfresser beansprucht werden (zahlreiche Gramineen, Baum- und Straucharten), erhöht der Wurzelverzehr den Zeitraum der Verfügbarkeit und damit die Bedeutung dieser Arten als Äsungspflanzen. In einer Reihe von Fällen wird auch durch den Verzehr oberirdischer Teile häufig vorhandener, aber als Äsung allgemein minderbeanspruchter Pflanzen (Schachtelhalm, Farn, Reitgras, Seggen, Heidekraut) die sekundäre Produktivität der Standorte gesteigert werden.
Schwierig zu bewerten ist der Verzehr von Arten geringer Abundanz, doch infolge ihres Nährstoffreichtums hoher Beliebtheit, wie beispielsweise von Lilien- oder Orchideengewächsen. Der im allgemeinen geringe Soziabilitätsgrad schließt in natürlichen Gebieten i. a. eine gezielte Suche und damit zu starke Reduzierung durch das Schwarzwild weitgehend aus. Bei Reliktvorkommen kann das Schwarzwild jedoch ohne weiteres zu dem Komplex bestandsgefährdender Faktoren gehören. Das Wiederauftauchen des Schwarzwildes im Moskauer Distrikt hat zu einer Schädigung der berühmten Oka-Niederungswiesen, im besonderen zur starken Verminderung des Orchideenbestandes, geführt (IWANOWA, 1977). Eine weitere unter den Paarhufern einzigartige Rolle nimmt das Wildschwein durch den Verzehr animalischer Nahrung ein. Sauen können damit unter bestimmten Bedingungen innerhalb der ökologischen Nahrungspyramiden zu Konsumenten dritter Ordnung werden. Auch in ihrer Eigenschaft als Fleischfresser nutzen sie, wenn nicht eine eigene, so doch eine konkurrenzarme Nische, zudem sie selbst als Beuteobjekt anderer Fleischfresser weitgehend einen natürlichen Ausgleich schaffen (Abschnitt 7.3.).
Die Nahrungsobjekte aus dem Bereich der Wirbellosen (Regenwürmer, Mollusken, Insekten) sind dadurch gekennzeichnet, daß die Individuen in bezug auf den Nahrungsbedarf des Wildschweines außerordentlich klein, weiträumig verteilt und im allgemeinen aufwendig zu gewinnen sind. Daher können sie im Regelfall nur den Rang einer zufällig bei der Suche nach pflanzlicher Nahrung entdeckten und verzehrten Komponente haben. Die Bedeutung kann jedoch bei jahreszeitlicher Fluktuation (Regenwürmer) oder zyklischem Massenwechsel (Gradationen verschiedener Insekten) eine drastische Steigerung bis zur saisonalen Hauptnahrung erfahren. In diesen Fällen reiht sich das Wildschwein in die große Gruppe der Regulatoren ein.
In ähnlicher Weise ist auch die Rolle des Wildschweines bei der Kontrolle der Fluktuation von kleinen Wirbeltieren (Froschlurche, Mäuse) zu betrachten, wenn auch der Nahrungsanteil dieser Arten infolge ihres größeren Fluchtvermögens sie kaum zu einer Hauptnahrungskomponente werden läßt. Bei größeren Wirbeltierarten ist der aktive regulative Einfluß des Wildschweines gering. Gelege von Bodenbrütern, Junghasen, Rehkitze usw. werden nicht gezielt gesucht, sondern bei gelegentlichem Antreffen verzehrt. Das Schwarzwild weist kein aktives Jagdverhalten auf. Schutzmechanismen dieser Arten setzen die Wahrscheinlichkeit des Auffindens herab. Schon nach kurzer Zeit ist bei den meisten ein die Möglichkeiten des Wildschweines überschreitendes Fluchtvermögen entwickelt. Nur bei auffälligen Diskrepanzen zwischen der Populationsdichte des Wildschweines und der dieser Arten sind ernstzunehmende Bestandsbeeinträchtigungen denkbar.
Von weit größerer Bedeutung ist hier die Beseitigung von Kadavern verendeten (auch die gelegentliche Tötung kranken) Wildes, die zur Einschränkung von Seuchen führt und hochwertige Biomasse weiter nutzt.
Es ist zusammenfassend festzustellen, daß das Wildschwein in den Biogeozönosen seines ursprünglichen Areals ein hochwirksames Glied in der Nahrungskette mit außerordentlich breiter Valenz darstellt, eine eigene, von anderen Arten kaum auszufüllende Nische einnimmt, und einen wichti-

gen fördernden Einfluß auf die Bodenbildung, Vegetationsentwicklung und Bestandsregulation zahlreicher Tierarten ausübt.
Ganz anders zu bewerten ist die biogeozönotische Bedeutung des Wild- oder verwilderten Hausschweines in Gebieten, die nicht zu seinem ursprünglichen Areal gehören. So weist TISDELL (1982) auf die hohen Schäden hin, die örtlich an der ursprünglichen Flora und Fauna Australiens und Neuseelands angerichtet werden. BRATTON und HOWE (1975, 1976) sowie LACKY und LANCIS (1986) wiesen nach, daß die Ausbreitung im Great Smoky Mountains National Park (Tennesee) signifikante Veränderungen in Abundanz und Dominanz einer Reihe von Pflanzenarten mit sich brachte.

5.5.2. Wirtschaftliche Bedeutung

5.5.2.1. Forstliche Bedeutung

Die Rolle des Wildschweines im Wirtschaftswald ist in einer Vielzahl von Abhandlungen diskutiert worden (z. B. HENNERT, 1798; SPANGENBERG, 1818; RATZEBURG, 1876; ALTUM, 1876; FÖHLISCH, 1880; SCHÄFF, 1907; PUSTER, 1910; ENGEL, 1942; HABER, 1950, 1966; KLEMM, 1951; BUCHHOLZ, 1952; VIETINGHOFF-RIESCH, 1952; GORKA, 1957; ZAPPE, 1958; MROSOWSKI, 1966; BRIEDERMANN, 1968 u. a.).
Folgende Nutz- und Schadwirkungen wurden dabei zusammengetragen:

Nutzwirkungen
- Verzehr bodenbewohnender Entwicklungsstadien verschiedener forstlicher Schadinsekten einschließlich deren Zerstörung durch Freilegen, Zertreten usw.;
- Verzehr von Mäusen und deren Vorratslager;
- Vernichtung verjüngungsfeindlichen Bodenbewuchses durch Verzehr von ober- und unterirdischen Teilen und Freilegen des Bodens durch das Brechen;
- Durchmischung der oberen Bodenschichten, hauptsächlich Einarbeiten von Rohhumusauflagen, und dadurch Verbesserung des Bodenzustandes und Begünstigung der Naturverjüngung.

Schadwirkungen
- Verzehr von Eicheln und Bucheckern und damit Reduzierung der Zahl keimungsfähiger Früchte bei erwünschten Naturverjüngungen;
- Schädigung von Eichel- und Buchelsaaten;
- Ausheben und Schädigen von Jungpflanzen während des Brechens;
- Begünstigung von Pilzinfektionen durch Wurzelbeschädigungen;
- Förderung der Vergrasung und Begünstigung unerwünschter Naturverjüngung (Birkenanflug usw.);
- Verzehr von Regenwürmern und anderen Nützlingen.

Bei komplexer Betrachtung wird deutlich, daß die Beziehungen zwischen dem Schwarzwild und bestimmten tierischen Forstschädlingen im gradationsgefährdeten Wirtschaftswald am höchsten ins Gewicht fallen. Wenn allerdings bereits die in Naturwaldbiotopen im allgemeinen geringe Schwarzwilddichte von vornherein die Wahrscheinlichkeit einer engeren Korrelation zwischen dem Schwarzwild und dem Forstinsektenbestand fraglich sein läßt (VIETINGHOFF-RIESCH, 1952; SEWERCOW und SABLINA, 1953; LEBEDEWA, 1956a; JANDA, 1958; BROMLEJ, 1964), ändert sich darin auch für Wirtschaftswälder nichts Entscheidendes. Die hier als tragbar angesehene Wilddichte ist zwar verbreitet höher als die ursprüngliche Populationsfrequenz, doch durch die notwendige Berücksichtigung landwirtschaftlicher Schäden ebenfalls begrenzt. Wenn auch erwiesen ist, daß Schwarzwild in Gradationsjahren beträchtliche Schädlingsmengen verzehrt, reicht die Menge doch nicht, die Populationsdichte der Schädlinge unter die kritische Zahl zu drücken. Das liegt zum großen Teil an der unsystematischen Art der Wühlarbeit des Schwarzwildes, wie LEBEDEWA (1956a), aber indirekt auch ZAPPE (1958) und MROSOWSKI (1966) bewiesen. Diese Autoren wiesen auf Probeflächen eine zwar deutliche, doch nicht ausreichende Reduzierung der Belagsdichten bei Kiefernspanner und Forleule nach. Zudem konzentriert sich das Schwarzwild auf die am stärksten befallenen Bestände bzw. setzt mit der intensiven Insektensuche erst bei relativ hohen Belagsdichten ein. Ein wirksamer Einfluß des Schwarzwildes wäre vor allem in der Periode einer beginnenden Massenvermehrung denkbar, wenn sich der Schädlingsbestand vom Latenzstadium auf die kritische Zahl zu bewegt. Doch zeigt sich, daß der Anreiz der wenigen je m^2 vorhandenen Entwicklungsstadien als Nahrungsobjekt zu gering ist, denn der Erfolg der Nahrungssuche steht infolge des erforderlichen Zeitaufwandes und der zu durchwühlenden großen Flächen in keiner angemessenen Relation zum Nahrungsbedarf. Es ist auch festzustellen, daß selbst bei hohen Belagsdichten Insekten nicht über längere Zeit die fast ausschließliche Nahrung bilden (PUSTER, 1910; MROSOWSKI, 1966; BRIEDERMANN, 1967). Wohl infolge einer gewissen Übersättigung an hochkonzentrierter Eiweißnahrung werden auch andere Nahrungskomponenten nicht unerheblich weiter genutzt. So ist in Gradationsjahren wohl die Nahrungskapazität des Waldgebietes für das Schwarzwild bedeutend erhöht, doch bleibt der Schädlingsverzehr ohne nennenswerten Einfluß auf die notwendigen Maßnahmen des Forstschutzes. Die Notwendigkeit, bereits stärkere Holzzuwachsverluste zu vermindern und die vorhandenen Möglichkeiten rationeller und wirksamer aviochemischer Bekämpfungsmaßnahmen bedingen bereits sehr niedrig angesetzte kritische Insektenzahlen und damit eine beträchtliche Einengung des Wirkungsbereiches des Schwarzwildes. Es verbleibt im System der biologischen Schädlingsbekämpfung eine wertvolle Mitwirkung beim Erkennen entstehender Massenvermehrungen, bei der Eingrenzung und Liquidation kleinflächiger Befallsherde und schließlich im Komplex mit anderen Maßnahmen bei der Insektenbekämpfung in Trinkwasser- und anderen Schutzgebieten.

In diesem Zusammenhang sei darauf verwiesen, daß durch die gelegentliche Zerstörung von Ameisennestern (weniger zum Insektenverzehr als zur Ruheplatzwahl) sowie den Verzehr räuberischer Laufkäfer auch eine gewisse Beeinträchtigung der biologischen Schädlingsbekämpfung in Kauf genommen werden muß. Sinngemäß, jedoch noch bedeutend abgeschwächt, gelten diese Ausführungen auch für den Einfluß der Wildschweine auf Nagermassenvermehrungen. Es wurde festgestellt (BRIEDERMANN, 1967, 1968), daß sich das Schwarzwild auch bei Mäusegradationen nicht sehr viel stärker dieser Nahrung zuwendet, sondern nach wie vor Mäuse nur gelegentlich, wenn auch häufiger, greift. Die von vielen Autoren immer wieder hervorgehobene günstige Wirkung des Wildschweines auf die Verjüngung der Wälder ist sicher vorhanden. BORCZYNSKI (1973) wies nach, daß auf Brechstellen die drei- bis vierfache Menge an Baumsämlingen keimte als auf den unberührten Vergleichsflächen. Diese Vergleichswerte beziehen sich auch auf Eiche (*Quercus robur* L.) und Rotbuche (*Fagus silvatica* L.), deren Früchte also selbst Schwarzwildnahrung bilden (Tab. 5/11). Auch in den Wirtschaftswäldern wirkt sich die Durchmischung der oberen Bodenschichten positiv aus, führt zur Beschleunigung des Humusumsatzes, der Bodendurchlüftung, des Feuchtigkeitshaushaltes und kann örtlich zum Entstehen annehmbarer Naturverjüngungen führen.

Dabei kann es sich jedoch unter den Bedingungen moderner rationeller Rohholzerzeugung nur um Ausnahmen handeln. Unerwünschter Anflug kann forstliche Folgemaßnahmen behindern. Auch darf das Ausmaß der Wühltätigkeit im Wirtschaftswald nicht überschätzt werden. Es tritt in nennenswertem Umfange nur nach Mast unter Eiche und Rotbuche, auch sehr humosen Laubholzstandorten, bei hoher Belagsdichte von Schadinsekten und nach erfolgter Volldüngung auf.

Schäden an Forstkulturen werden nur gelegentlich bei starkem Befall der Flächen mit Schädlingen, wie Engerlingen, Saateulen oder Tipuliden, zu erwarten sein, außerdem an Eichel- und Buchelsaaten. Im ersteren Falle ist jedoch kaum eindeutig von einem Schaden zu sprechen, im letzten Fall erfordern ähnliche Saaten meist sowieso den Zaunschutz gegen den Verbiß anderen Schalenwildes. Bei erwünschter Naturverjüngung von Eiche und Rotbuche reduziert das Schwarzwild beträchtlich die Zahl kei-

Tabelle 5/11 *Häufigkeit von Baumsämlingen auf Brechstellen des Schwarzwildes und Vergleichsflächen (nach* BORCZYNSKI, *1973)*

Baumart	Laubwald				Mischwald				Nadelwald			
	Brech-stellen		Vergleichs-fläche		Brech-stellen		Vergleichs-fläche		Brech-stellen		Vergleichs-fläche	
	St.	%	St.	%	St.	%	St.	%	St.	%	St.	%
Quercus robur	143	67	69	33	57	67	28	33	14	83	1	7
Fagus silvatica	267	87	75	13	17	74	6	26	—	—	—	—
Fraxinus excelsior	1	100	—	—	—	—	—	—	—	—	—	—
Betula verrrucosa	2	67	1	33	10	67	5	33	19	35	36	65
Pinus silvestris	43	88	6	12	122	90	13	10	1422	83	283	17
Picea excelsa	5	100	—	—	—	—	—	—	—	—	—	—
Carpinua betulus	1	100	—	—	—	—	—	—	—	—	—	—
Populus tremula	—	—	—	—	2	100	—	—	—	—	—	—

mungsfähiger Früchte. Wirtschaftliche Ausmaße kann der Verzehr bei geringer Fläche dieser Baumarten, schwacher Mast, sehr hoher Wilddichte und hohem Vorkommen anderer Samenverzehrer erhalten. In diesen Fällen sind Schutzmaßnahmen unumgänglich. Die weiteren vorn aufgeführten Nutz- und Schadwirkungen können im allgemeinen als wirtschaftlich unbedeutend angesehen werden. In diesem Zusammenhang muß das Schwarzwild auch als ein wertvolles Glied der Lebensgemeinschaften in den Wirtschaftswäldern angesehen werden, das umfangreiche, sonst wirtschaftlich nicht nutzbare Futterreserven in hochwertiges Wildbret umsetzt und einen Beitrag zur biologischen Schädlingsbekämpfung leistet. Es wirkt durch seine Wühlarbeit förderlich auf das Waldwachstum, kann jedoch bei der Verjüngung bestimmter Baumarten (im besonderen Eiche und Rotbuche) örtlich zusätzliche Schutzmaßnahmen erforderlich machen.

5.5.2.2. Landwirtschaftliche Bedeutung

In allen Teilen des Verbreitungsgebietes haben landwirtschaftliche Nutzflächen (Äkker, Wiesen, Weiden) eine hohe Anziehungskraft für das Schwarzwild. Sie beruht auf dem konzentrierten Angebot energie- und eiweißreicher Nahrung. JEZIERSKI und MYRCHA (1975) verwiesen darauf, daß von 1 ha Waldfläche nur 1 bis 7 % der Energiemenge gewonnen werden können, die auf 1 ha Ackerfläche bereitstehen. Eine Nutzwirkung des Schwarzwildes ist nur in Ausnahmefällen zu erwarten, z. B. bei übermäßigen Bibioniden- und Tipulidenbefall auf Grün- und Hackfruchtflächen. Im ersteren Falle ist der Verzehr mit einer starken Schädigung der Grasnarbe und Behinderung des Technikeinsatzes, im zweiten Fall mit einer Beeinträchtigung der Hackfruchtentwicklung verbunden, die gewöhnlich die Nutzwirkung weit übertreffen.

Kartoffelschläge werden durch Aufnahme der Steckkartoffeln und Verzehr der reifenden Frucht geschädigt. Neben dem Verzehr ist eine zusätzliche Ertragsminderung durch Störung der Entwicklung und Minderung des Knollenansatzes infolge des Anhebens der Pflanzen einzukalkulieren. Durch das Brechen nach Ernterückständen vom Herbst bis zum folgenden Frühjahr erfolgt eine oft nicht unwesentliche Beeinträchtigung der Nachfolgekulturen. Getreideschläge werden durch den Verzehr von Saatgut (im besonderen bei Mais) und Ährenverzehr von der Milchreife bis zur Ernte geschädigt. Über den eigentlichen Verzehr hinaus kommt es zu Ertragsminderungen durch Niedertreten und Niederziehen der Halme. Da Großschläge von Mais, aber auch Roggen nicht selten über Monate hinweg als ungestörte Tageseinstände dienen, kann dieser Anteil des Schadens einen beachtlichen Umfang einnehmen. Niederge-

tretenes Getreide erschwert die Erntearbeiten, führt zu Ernterückständen und gegebenenfalls auch zu sekundären Schadwirkungen in Nachfolgekulturen.
Hülsenfrüchte werden sowohl als Grünmasse wie als Frucht verzehrt und demzufolge geschätzt. Zur Minderung der Schäden sind zahlreiche, zum Teil sehr kostenintensive Schutzmaßnahmen erforderlich (BRIEDERMANN, 1979). Sie nötigen im besonderen zu einer Erhöhung des Waldnahrungsangebotes durch jagdwirtschaftliche Maßnahmen. Der Erfolg feldschadenmindernder Maßnahmen entscheidet weitgehend über die Rentabilität der Schwarzwildbewirtschaftung.
Eine hohe Feldschadengefährdung besteht auch in den tropischen und subtropischen Arealteilen, vor allem in Kulturen von Reis, Zuckerrohr und zahlreichen anderen Früchten. TISDELL (1982) weist aber auch auf beträchtliche landwirtschaftliche Schäden durch Zerstörungen an Wasserstellen, an Dämmen und Wegen, an hunde- und kaninchendichten Zäunen, durch Brechen auf Landepisten und den bereits genannten Riß von Schaflämmern hin. Diese Ursachen führen dazu, daß die wesentlich überhöhten Schwarzwildbestände Australiens an erster Stelle der Landwirtschaftsschädlinge genannt werden.

5.5.2.3. Jagdwirtschaftliche Bedeutung

Aus jagdwirtschaftlicher Sicht ist das Schwarzwild durch seine Fähigkeit, anderweitig nicht oder kaum nutzbare Biomasse von Waldflächen, Feuchtstandorten und Ödland sehr effektiv zu verwerten, eine außerordentlich produktive Wildart. Es erzeugt dadurch, auf den zu überwinternden Stammbestand bezogen, von allen vergleichbaren Wildarten den höchsten Ertrag an nutzbarer Strecke und Wildbretmasse.
Landwirtschaftliche Abfallprodukte können erfolgreich zur Produktionssteigerung ausgenutzt werden. Das Vorkommen von Schwarzwild beeinträchtigt in keinem Falle das Vorkommen bzw. die Bestandeshöhe anderer Nutzwildarten, so daß es im Rahmen der Mehrartenwirtschaft mit allen anderen Wildarten kombiniert werden kann (WAGENKNECHT, 1978).
Bei intensiver Fasanenbewirtschaftung sowie bei der Erhaltung von Reliktvorkommen der Rauhfußhühner sind Beeinträchtigungen durch Zerstörung von Gelegen möglich (CHANSHIN, 1977), so daß in solchen Gebieten das Schwarzwild in geringer Bestandesdichte gehalten werden sollte.
Durch Verzehr von Fallwild wirkt das Schwarzwild vorbeugend bei der Entstehung bzw. hemmend bei der Ausbreitung von Wildkrankheiten mit. Die eigene Krankheitsanfälligkeit ist dabei gering.
In Gebieten mit einem hohen Anteil von intensiv landwirtschaftlich bewirtschafteten Flächen ist ein nicht unerheblicher Aufwand zur Einschränkung landwirtschaftlicher Schäden notwendig. Es ist jedoch nachweisbar möglich, durch geeignete Maßnahmen dennoch einen wesentlichen Reinertrag zu erzielen. Dadurch wird das Schwarzwild zu einer der jagdwirtschaftlich produktivsten Wildarten überhaupt.

Reifer Keiler im Herbst (Foto: LANGE)

Mittelalter Keiler in der Winterschwarte (Foto: FREYMANN)

Bache mit drei Tage alten Frischlingen im Wurfkessel (Foto: FREYMANN)

Bachen mit Frischlingen am Rande der Suhle im Sommer (Foto: SCHRÖDER)

Überläufer bei der Nahrungssuche am Gewässergrund (Foto: FREYMANN)

Bache im Haarwechsel, mit etwa 10 Wochen alten Frischlingen auf der Saat (Foto: FREYMANN)

Sichernde alte Bache im Haarwechsel, mit gut sichtbarem Gesäuge (Foto: FREYMANN)

Finnenblasen mit Kopfanlagen der Dünnhalsigen Finne (Cysticercus tenuicollis) auf der Leberoberfläche (Foto: Brömel und Zettl)

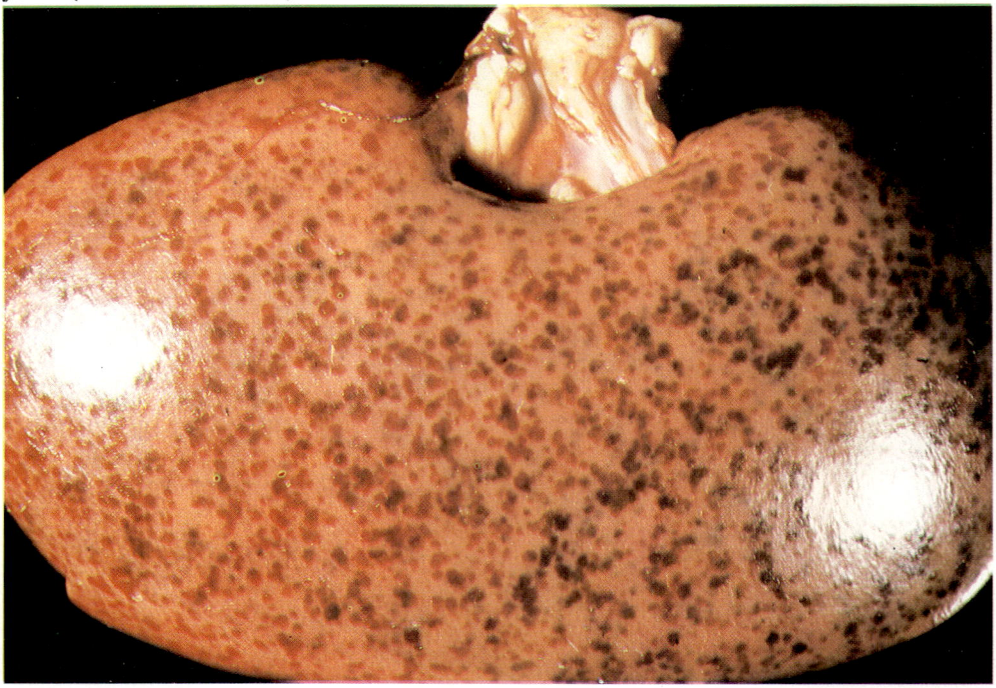

Nierenblutungen bei Europäischer Schweinepest (Foto: Brömel und Zettl)

Innere Organe
des männlichen Wildschweines,
linke Körperseite
(nach Vorlagen von R. R. HOFMANN)

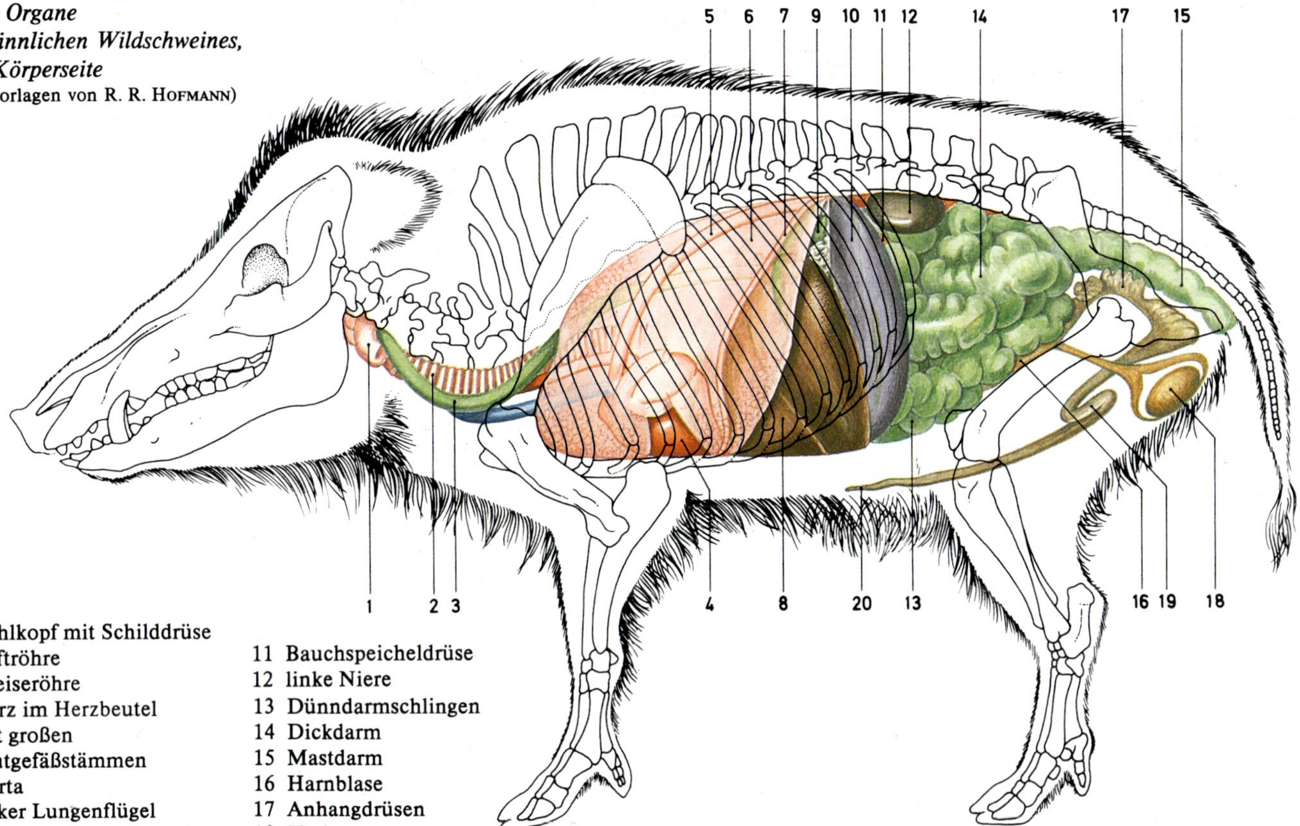

1 Kehlkopf mit Schilddrüse
2 Luftröhre
3 Speiseröhre
4 Herz im Herzbeutel mit großen Blutgefäßstämmen
5 Aorta
6 linker Lungenflügel
7 Mittellinie des Zwerchfells
8 Leber
9 Magen
10 Milz
11 Bauchspeicheldrüse
12 linke Niere
13 Dünndarmschlingen
14 Dickdarm
15 Mastdarm
16 Harnblase
17 Anhangdrüsen
18 Hoden
19 s-förmige Biegung des Penis
20 Penisspitze

Lohn der Hege,
Keilerwaffe mit Goldmedaille
(Foto: Freymann)
- 125,8 internationale Punkte CIC
- mittlere Gewehrlänge 21,5 cm
- mittlere Gewehrbreite 28,3 cm
- mittlerer Haderumfang 7,7 cm
- für Ebenmäßigkeit, Haderkrümmung, Länge der Schleifflächen, Glanz und Farbe wurden 4 Zuschlagpunkte erteilt

Unterkiefer eines Keilers
mit doppelt entwickelten
Gewehren
(Foto: Horstmann)

Kämpfende Keiler in der Rauschzeit (Foto: REINHARD)

Kontrollierender Keiler in der Rauschzeit (Foto: REINHARD)

Beim Beschlag (Foto: REINHARD)

Rauschzeit – Speichelschaum schlagender Keiler bei einem Winterfrischling (Foto: FREYMANN)

Im Herbstlaub auf der Suche nach Erdmast (Foto: FREYMANN)

Notzeit im Bruch (Foto: FREYMANN)

Nach der Ruhe – sich streckende junge Bache (Foto: FREYMANN)

Gut entwickelte Frischlinge im Gebräch (Foto: SEYFARTH)

Mittelalter Keiler auf dem Wechsel (Foto: SEYFARTH)

Silbergraue Bache im Sommerkleid, mit guten Frischlingen im 2. Jugendkleid
(Foto: SCHRÖDER)

Mittelalte, starke Bache mit Frischlingen, noch im Winterhaar – normale Färbung (Foto: FREYMANN)

Überläuferbache im Haarwechsel (Foto: FREYMANN)

Weißbuntes Stück (Foto: BRIEDERMANN)

In der Buchelmast (Foto: LANGE)

6. Fortpflanzung und Entwicklung

6.1. Fortpflanzungsorgane

6.1.1. Männliche Fortpflanzungsorgane

Zu den Geschlechtsorganen des Keilers gehören die als Hoden bezeichneten Keimdrüsen mit den Nebenhoden, die ableitenden Samenwege, die Anhangdrüsen und der Penis als Begattungsorgan (Abb. 6/1). Die Hoden (Brunftkugeln) befinden sich außerhalb der Bauchhöhle in einem vom Bauchfell ausgekleideten Hautsack. Innerhalb dieses sind sie, einschließlich des am Nebenhoden ansetzenden Samenleiters, von einer weiteren dem Bauchfell entstammenden Scheidehaut, umgeben. Der Hodensack sitzt unmittelbar und ohne Halsbildung unterhalb des Weidlochs an und ist dadurch im Vergleich zu dem der Wildwiederkäuer relativ unauffällig. Die Funktion der Hoden besteht in der Bildung von Samenzellen und von Geschlechtshormonen. Eine derbe, stark durchblutete Bindegewebshülle umgibt die Hoden, die neben dem Schutz auch die Funktion eines der Samenbildung förderlichen Kühlmantels haben soll (HOFMANN, 1978). Von ihr ausgehende Bindegewebszüge unterteilen den Hoden in verschiedene kegelförmige Abschnitte, in denen sich die Samenkanälchen in Form langer, gewundener Drüsenschläuche befinden. Innerhalb dieser Kanälchen erfolgt die Bildung der männlichen Keimzellen. Die Kanälchen laufen in einem Zentralkanal, dem Hodennetz, zusammen, dem sich der Nebenhoden anschließt.

Der Raum zwischen den Samenkanälchen im Hoden ist durch im Bindegewebe eingebettete Blutgefäße, Nervenbahnen und große Drüsenzellen mit hormonalen Aufgaben (LEYDIGsche Zwischenzellen) ausgefüllt. Den LEYDIGschen Zellen kommt auch eine ernährende Funktion zu. Mit dem Eintritt der Geschlechtsreife geht ihr Anteil stark zurück. Sie verlieren an Umfang und zeigen Rückbildungserscheinungen (METZDORF, 1940).

Der Nebenhoden liegt dem Hoden körperseitig eng an. Die gebildeten Samenzellen gelangen über den Nebenhodenkopf in den vielfach geschlängelten Kanal des Nebenhodenkörpers, reifen hier aus und werden in einem Zustand herabgesetzter Stoffwechselaktivität im Nebenhodenschwanz gespeichert.

Der Nebenhodengang geht in den von einer kräftigen Spiralmuskulatur umgebenen Samenleiter über. Dieser hat die Aufgabe, die Spermien in die Harnröhre zu leiten. Hier wird ihnen das Sekret der Anhangsdrüsen (Samenblasendrüsen, Vorsteherdrüse, COWPERsche Drüse) zugesetzt, und das Sperma entsteht. Der Sekretanteil des Schweinespermas ist sehr hoch, so daß dieses relativ dünnflüssig ist und große Mengen Samenflüssigkeit bereitgestellt werden. Das Drüsensekret ist nährstoff- und enzymhaltig und eine Voraussetzung dafür, die Spermien eigenbeweglich zu machen und befruchtungsfähig zu halten. Die im Bekkenbereich befindliche Harnsamenröhre ist von einem kräftigen, die Fortbewegung der Spermien unterstützenden Muskelmantel umgeben. Sie wendet sich im Sitzbeinbereich nach vorn und geht, von einem kräftigen Muskel unterstützt, in die Peniswurzel über. Der sehr lange Penis des Keilers (Brunftrute) besitzt noch im Inneren des Beckenbereichs eine S-förmige Krümmung, deren Streckung die Einführung des Penis in die Scheide bis in den Uterushals ermöglicht. Er durchtritt das Bauchfell und erstreckt sich, im Endteil korkenzieherartig gewunden, unterhalb der Bauchschwarte bis zu einer Ausmündung kurz vor der Nabelgegend. Umgeben ist er von einem als Schwellkörper dienenden Gefäßsystem, das, mit arteriellem Blut gefüllt und durch derbe Bindegewebsfasern unterstützt, seine Versteifung ermöglicht. Im Ruhezustand ist die Penisspitze von der Vorhaut bedeckt. An der Ausmündung befindet sich der Nabelbeutel (Präputialdrüse), eine etwa hühnereigroße Ausstülpung der Vorhaut, die Harn und Sekrete enthält, die für die Erzeugung des Sexualgeruchs von Bedeutung sind. Die Ausmündung des Penis ist von einem Haarbüschel, dem Pinsel, umgeben. Die äußerlich sichtbaren Geschlechtsorgane (Hodensack mit Brunftkugeln sowie Brunftrute) werden auch beim Schwarzwild als Kurzwildbret bezeichnet. Die sekundären Geschlechtsorgane sind beim Schwarzwild, im Vergleich zu den meisten Wildwiederkäuern, relativ schwach ausgeprägt, und werden eigentlich erst nach Beendigung des 2. Lebensjahres recht deutlich.

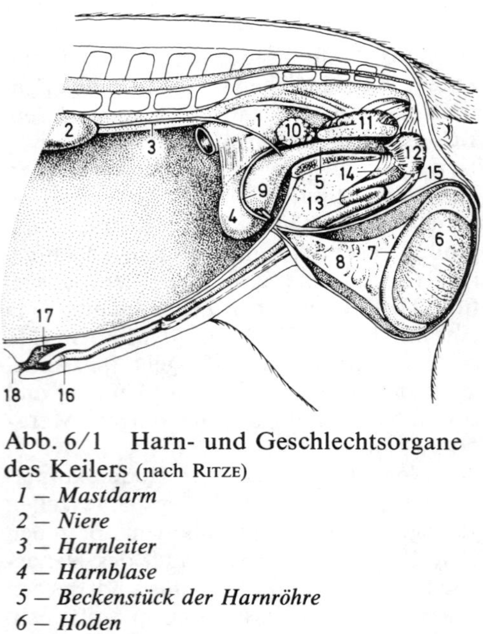

Abb. 6/1 Harn- und Geschlechtsorgane des Keilers (nach Ritze)
1 – Mastdarm
2 – Niere
3 – Harnleiter
4 – Harnblase
5 – Beckenstück der Harnröhre
6 – Hoden
7 – Nebenboden
8 – Samenstrang
9 – Samenleiter
10 – Samenblasendrüse
11 – Harnröhrenzwiebeldrüse
12 – Harnröhrenzwiebel
13 – S-förmige Krümmung des Penis
14 – Penismuskel
15 – Zurückziehermuskel des Penis
16 – Penisspitze
17 – Nabelbeutel
18 – Öffnung des Vorhautsackes

Am auffälligsten ist die starke Ausbildung der oberen und unteren Eckzähne (Waffen) des Keilers in Verbindung mit der dadurch geprägten Ausformung des Gesichtsschädels (vgl. Abschnitt 3.3.2.1.). Bemerkenswert ist weiterhin die als „Schild" bezeichnete Oberhautverdickung in der Blattpartie des Keilers (vgl. Abschnitt 3.2.2.2.), die eine Stärke von 2 bis 3 cm erreichen kann. Zu erwähnen sind schließlich die im Durchschnitt höhere Körpermasse des älteren Keilers (vgl. Abschnitt 3.1.2.1.), seine stärker ausgeprägte Kammpartie, durch die „Federn" verstärkt (vgl. Abschnitt 3.2.1.2.), und schließlich die häufig etwas dunklere Färbung sowie der vor allem in der Rauschzeit auch für den Menschen wahrnehmbare Geschlechtsgeruch.

Der Sexualzyklus auch des männlichen Schwarzwildes wird nervös und hormonell gesteuert. Zentrales Steuerungsorgan ist der Hypothalamus, ein Gehirnteil, der über nervöse und hormonelle Reize auf die Hirnanhangdrüse (Hypophyse) einwirkt, und diese zur Ausschüttung der die Keimdrüsen anregenden gonadotropen Hormone veranlaßt.

Tabelle 6/1 *Masseveränderungen reproduktiver männlicher Organe im Jahresverlauf (nach* Koslo, *1975)*

Jahresverlauf	n	Hodenmasse g	Hodenmasse zur Körpermasse %	Masse der Prostata g
April bis September	12	318	0,28	59,4
Oktober bis Dezember	24	620	0,55	210
Januar bis März	19	524	0,44	175

Durch Koslo (1975) wurde nachgewiesen, daß, analog den Untersuchungen von Stieve (1950) am Rehwild, auch beim Keiler beträchtliche Gewichtsveränderungen der reproduktiven Organe im Jahresablauf auftreten (Tab. 6/1).
Die Gesamtmasse der Gonaden steigt in der Zeit starker Spermatogenese im Mittel um 1,5 bis 2 Male. Auch die Präputialdrüse vergrößert sich in der Rauschzeit auf das Drei- bis Vierfache. Für das Hausschwein ist nachgewiesen, daß das Sekret der Präputialdrüse eine sehr deutliche Wirkung auf das Eintreten des Duldungsreflexes bei der Sau aufweist (Signoret, 1969).
Nach Metzdorf (1940) wiegt ein Hoden des Keilers mitteleuropäischer Herkunft in der Rauschzeit maximal 260 g und kann nach der Rauschzeit bis auf 40 g zurückgehen. Bei mikroskopischer Untersuchung stellte er eine ausgeprägte Rhythmik der Hodenaktivität fest. Andererseits ist bekannt und durch unterschiedliche Geburtstermine von Frischlingen nachgewiesen, daß beim Keiler eine ganzjährige Paarungsbereitschaft vorliegt. Bromlej (1964) nimmt an, daß auch die Dicke des Schildes jahreszeitlich variiert und zur Rauschzeit am stärksten ist. Schließlich ist zur Rauschzeit auch die Ausbildung des winterlichen Haarkleides voll abgeschlossen, das im besonderen durch die aufstellbaren Rückenfedern eine hohe Bedeutung im Imponierzeremoniell hat.
Über Menge und Zusammensetzung des Ejakulates liegen für das Wildschwein noch keine Informationen vor. In Ableitung von den beim Hausschwein ermittelten Werten ist bei Berücksichtigung der Hodengröße eine Spermamenge je Deckakt von 150 bis 200 ml anzunehmen. Das Sperma wird innerhalb des etwa 5 Minuten dauernden Deckaktes (Meynhardt, 1978) in drei durch unterschiedlichen Drüsensekretanteil gekennzeichneten Fraktionen abgegeben.

6.1.2. Weibliche Fortpflanzungsorgane

Zum weiblichen Geschlechtsapparat gehören die Eierstöcke als Keimdrüsen, die beiden Eileiter, die Gebärmutter, die Scheide mit Scheidengewölbe und dem Scheidenvorhof sowie der Scham (Abb. 6/2). Die Organe sind im Becken und in der Bauchhöhle gelagert, lediglich die Scham mündet nach außen. Ihre äußerlich sichtbaren Teile werden als Feuchtblatt bezeichnet. Zu den weiblichen Geschlechtsorganen werden häufig auch die Milchdrüsen (Gesäuge) gerechnet. Die inneren Teile des weiblichen Geschlechtsapparates sind beiderseits in doppelter Lage von einem Teil des Bauchfells, dem Mutterband, eingehüllt, das der elastischen Befestigung dient und über Nerven und Gefäße die Versorgung der Organe sichert. In den Eierstöcken (Ovarien) erfolgt die Bildung der weiblichen Keimzellen. Sie sind in der Lendengegend an einem besonderen Gekröse befestigt.
Die Masse der Ovarien ist vom Alter des Stückes und von seiner Reproduktionsaktivität abhängig. Sie beträgt bei reproduktionsinaktiven Bachen nach Ahrens (1984) etwa 1,3 g bei Frischlingen und 3,3 g bei zweijährigen und älteren Bachen (Tab. 6/2). Beschlagene Stücke weisen dagegen Ovarmassen von 5,0 bzw. 8,0 g auf. Die Höchstwerte erreichen annähernd 15 g. Aumaitre et al. (1982) ermittelten an französischen Jagdstrecken im Winter bei infantilen Stücken Ovarmassen von nicht mehr als 2 g. Bei älteren Stücken wogen sie in der Ruhe-

Tabelle 6/2 *Ovar- und Uterusmassen von Schwarzwild (nach* AHRENS, *1984)*

Reproduktionsaktivität		Ovarmasse in g		Uterusmasse in g	
	n	x̄	Variation	x̄	Variation
Nicht reproduktionsaktiv					
Frischlinge	77	1,28	0,2...3,5	13,7	2,6...73,4
Überläufer	68	1,92	0,6...3,3	29,3	5,9...83,5
Bachen ab 2 Jahre	11	3,32	1,3...6,1	59,0	31,9...128,0
Mit Follikelreifung					
Frischlinge	36	3,98	1,7...9,0	131,6	21,8...333,6
Überläufer	17	4,82	2,5...8,8	184,1	40,8...375,0
Bachen ab 2 Jahre	20	5,58	2,4...9,6	234,6	80,9...430,0
Beschlagen					
Frischlinge	22	5,04	3,3...7,3	1742	313...4350
Überläufer	33	6,81	3,7...9,5	2287	357...8225
Bachen ab 2 Jahre	27	7,97	3,4...14,7	2719	422...8946

phase etwa 3 g, während der Trächtigkeit um 6 g. Die Ovarmassen liegen damit wesentlich unter denen der Hausschweine, die BRAUNE (1975) für nicht geschlechtsreife Jungsauen bereits mit 5,7 g, für geschlechtsreife mit 14,4 g angibt.

Interessanterweise fand AHRENS für den Mittelwert des linken Ovars stets eine höhere Masse als für das rechte, wie es auch SMIDT (1962) beim Hausschwein feststellte. Die Eizelle entsteht im oberflächlichen Keimepithel des Ovars, und zwar innerhalb eines flüssigkeitsgefüllten Eibläschens, dem GRAAFschen Follikel. Die Bildung der Keimzellen erfolgt zyklisch im Rahmen des Sexualzyklus unter der besonderen Steuerung des im Vorderlappen der Hypophyse erzeugten Follikelreifungshormones (vgl. Abschnitt 4.8.2.). Stets werden mehrere Reifeier gebildet (multipar). Der frei in der Bauchhöhle endende Eileiter nimmt mit einem stark gefalteten Trichter die durch den Follikelsprung freigesetzten Reifeier auf. Sein röhrenförmiger, gewundener Körper ist innen mit einer stark gefalteten Schleimhaut und mit Flimmerhärchen ausgestaltet, die den langsamen Transport des in weiterer Entwicklung befindlichen Eies bewirken. Im unteren, etwas erweiterten Teil des Eileiters (Ampulle) erfolgt die Verschmelzung der männlichen und weiblichen Eizellen. Der Eileiter endet in der Gebärmutter (Uterus). Diese besteht aus einem verhältnismäßig kurzen Körper und zwei langen, weit in die Bauchhöhle reichenden, deutlich getrennten Hörnern (*Uterus bipartitus*).

Die Uterusmassen betragen nach AHRENS (1984) bei reproduktionsinaktiven Stücken zwischen 14 g (Frischlinge) und 59 g (Bachen). Bei beschlagenen Stücken nimmt er an Masse außerordentlich zu (vgl. Tab. 6/

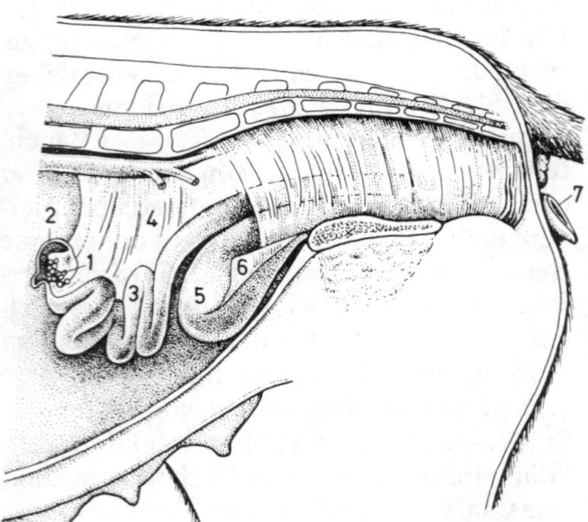

Abb. 6/2 Harn- und Geschlechtsorgane der Bache (nach RITZE)
1 – Eierstock
2 – Eileiter
3 – Gebärmutterhorn
4 – breites Mutterband
5 – Harnblase
6 – seitliches Blasenband
7 – Scham

2.). Die Mittelwerte betrugen bei Frischlingen 1742 g, bei Bachen 2719 g; doch werden auch Höchstwerte von fast 9000 g erreicht.
In Frankreich wogen Uteri im Winter bei infantilen Stücken etwa 30 g (10 bis 50 g), bei älteren in der Ruhephase etwa 80 g (AUMAITRE et al., 1982). Die Uterusmasse steigt im Zyklus bis auf 300 g.
Gegenüber dem Hausschwein hat nach BOYE (1956) das Wildschwein eine sehr kleine Uterusmasse, eine geringere Zervix-, Corpus- und Hornlänge sowie Hornbreite. Die Uterushörner werden stärker von arteriellen Gefäßen versorgt. Daraus wird auf günstigere Ernährungsverhältnisse im Wildschweinuterus geschlossen. Der Uterus ist ein von glatter Muskulatur umgebener Hohlkörper, der von einem Drüsenepithel ausgekleidet und vom Gebärmutterhals (Zervix) luftdicht verschlossen wird. Der Muttermundkanal führt aus der Gebärmutter durch den Gebärmutterhals in die Scheide (Vagina). Diese ist ein derber Muskelschlauch, der im äußeren Anfangsteil als Scheidenvorhof bezeichnet wird. Die äußere Öffnung, die Schamspalte, wird von den beiden Schamlippen umschlossen, in deren unteren Winkel sich der Kitzler befindet.
Der monöstrische Brunftzyklus des Schwarzwildes bewirkt bedeutende Veränderungen in der Funktion und Gestaltung der Sexualorgane. Der in Entwicklung befindliche Follikel sondert durch sein Epithel Follikelhormone (Oestrogene) ab, die die Ausprägung der sekundären Geschlechtsorgane beeinflussen (Schwellung und Rötung der Schamlippen, Absonderung von Schleim und Geruchsstoffen in der Scheidenregion), die Uterusschleimhaut auf die Aufnahme des Eies vorbereiten und die Muskulatur des Zervikalkanals erschlaffen lassen.

Nach Ausstoßung des Reifeies aus dem gesprungenen Follikel des Eierstocks bildet sich an dessen Stelle der Gelbkörper (Corpus luteum), der einen Durchmesser bis zu 1,5 cm haben kann. Das von ihm gebildete Gelbkörperhormon (Progesteron) bereitet die Uterusschleimhaut auf die Aufnahme und Ernährung des befruchteten Eies vor der Ausbildung der Placenta vor und verhindert gleichzeitig die Entstehung neuer Follikel. Kommt es nicht zu einer Befruchtung, bildet sich der Gelbkörper zurück. Unter dem Einfluß der Follikel- und Gelbkörperbildung erhält der ursprünglich glatt rundliche Eierstock eine brombeerähnliche Gestalt. Innerhalb des aktivierten Uterus erfolgt eine starke Ausbildung der Schleimhaut, deren uterine Drüsen die zur Ersternährung des Embryos erforderliche Uterinmilch absondern. In die Uterusschleimhaut senken sich später die diffus verteilten Zotten der Placenta ein.

Die Milchdrüsen der Bache sind langgestreckte, von einer bindegewebigen Hülle umgebene Drüsengewebszüge, die sich beiderseits der Körperunterseite langziehen. Auf jeder Seite sind gewöhnlich fünf zapfenförmige Zitzen ausgebildet, die zwei bis drei Strichkanäle zur Abführung der produzierten Milch aufweisen. Bei 30 im Hakel durch W. und M. STUBBE (1977) untersuchten Bachen hatten 29 Bachen 10 Zitzen und 1 Bache 11 Zitzen ausgebildet. DITTUS (1983) bemerkte allerdings an 118 Sauen, die vorwiegend aus einem Gatter stammten, daß nur 75 % 10 Zitzen hatten. Er fand des weiteren 8 Zitzen bei 6 %, 9 bei 7,5 %, 11 bei 10 % und 12 bei 1,5 %. Es besteht jedoch die Möglichkeit von Inzucht (und Einkreuzungs-?)-erscheinungen im Gatter.

6.2. Fortpflanzungszyklus

Wie bei den meisten Wildarten der mittleren und nördlichen Breiten ist auch beim Wildschwein ein jahreszeitlich gebundener Fortpflanzungszyklus feststellbar. Damit wird das Verhalten der Geschlechter mit dem Ziel der Paarung synchronisiert und gewährleistet, daß Geburt und Aufzucht der Jungen in die dafür günstige Jahreszeit fallen.
Die Steuerung dieser Vorgänge erfolgt durch das komplexe Zusammenwirken neuraler und endokriner Mechanismen (TEMBROCK, 1969). Bei der Steuerung spielen äußere Zeitgeber, wie Hell-Dunkelwechsel, Temperatur und Ernährungsverhältnisse als Auslöser eine bedeutsame Rolle (Abb. 6/3).

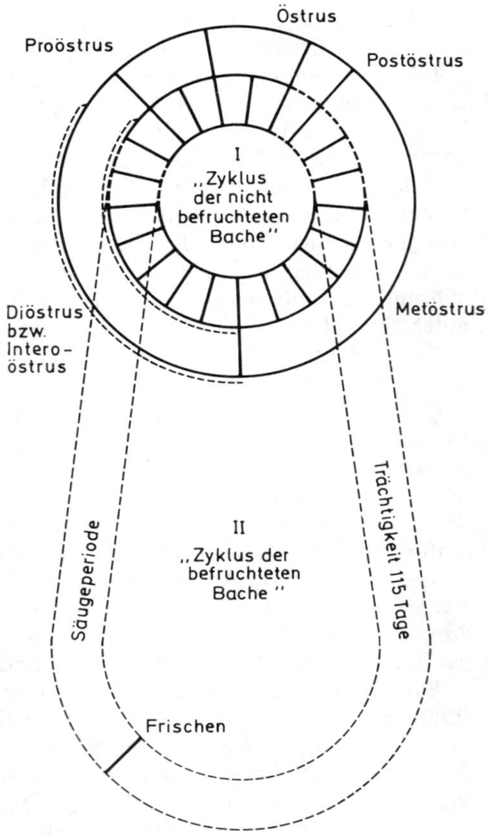

Abb. 6/3 Zyklischer Ablauf des Sexualgeschehens bei der Bache
(nach PFEIFFER)

Der Fortpflanzungszyklus wird durch die Brunft (Rauschzeit) eingeleitet. Beim weiblichen Schwarzwild schließen sich die Embryonalentwicklung (Tragzeit), die Geburt (Frischzeit) und die Periode der Brutfürsorge (Führzeit) an. Mit nur einer Brunftzeit im Jahr ist das Schwarzwild monöstrisch, während das Hausschwein im Ergebnis der Domestikation mehrere Brunftperioden aufweist, also polyöstrisch ist.

Innerhalb der Rauschzeit kann auch die Bache mehrere Paarungszyklen aufweisen, falls eine Begattung ausgeblieben ist. Gatterversuchen von HENRY (1968) zufolge währt der Genitalzyklus in der Regel 21 bis 23 Tage, mit einer Streubreite zwischen 17 und 30 Tagen. Der Brunftzyklus des Hausschweines währt, bei etwa gleicher Streubreite, üblicherweise 21 Tage (SIGNORET, 1967). Innerhalb eines Genitalzyklus werden die Eireifung, der Follikelsprung und die Bildung des Gelbkörpers mit spezifischen sekundären Veränderungen an den Geschlechtsorganen der Bache und von besonderen Verhaltensweisen begleitet.

In der etwa 2 bis 3 Tage währenden Vorbrunft (Proöstrus) vollzieht sich in den Eierstöcken die volle Ausbildung der GRAAFschen Follikel. Die sekundären weiblichen Geschlechtsorgane erhalten ihre volle Ausprägung (Anschwellen der Scham, Ausscheiden von Scheidenschleim), und auch durch Verhaltensänderungen erleichtert die Bache ihr Auffinden durch den suchenden Keiler und tut ihre bevorstehende Paarungsbereitschaft kund.

Die eigentliche Vollrausche (Oestrus), in der die Ausstoßung der Reifeier vor sich geht, nimmt nach HENRY (1968) etwa zwei Tage ein (Durchschnitt von 82 Ermittlungen: 1,8 Tage).

In der etwa 1 Tag währenden Nachrausche (Postoestrus) klingen die Brunfterscheinungen wieder ab. Ihr schließt sich die Phase des Metoestrus an, in der es zur Ausbildung des Gelbkörpers kommt. Sie soll bis zu 7 Tagen währen und wird gewöhnlich mit dem Postoestrus zusammengefaßt (SCHLEGEL et al., 1975).

Bei ausbleibender Empfängnis wird der Gelbkörper allmählich zurückgebildet (Dioestrus), doch kann nach etwa 10 Tagen eine neue Vorbrunft einsetzen. Im anderen Falle währt die durch Trächtigkeit, Laktation und Führen ausgefüllte Ruhepause (Interoestrus) ein ganzes Jahr.

In Tierparks sind infolge der besonderen Haltungs- und Ernährungsbedingungen zwei fruchtbare Brunftzyklen auch bei Wildschweinen nachgewiesen (STEINBACHER, 1953; LINDEMANN, 1953). Auch in freier Wildbahn kann das in Einzelfällen bei guter Fütterung induziert werden, wie FREYMANN (mdl.) an einer zahm aufgezogenen, aber frei lebenden Bache nachwies. Darüber hinaus ist zweimaliges Führen und Frischen beim Schwarzwild innerhalb eines Jahres bisher nicht nachweisbar.

Da das Hausschwein unter züchterischer

Beeinflussung polyöstrisch geworden ist, ist in Populationen mit starkem Hausschweineinfluß ein mehrfaches Frischen und Führen denkbar, wäre jagdwirtschaftlich jedoch unerwünscht. Doch geht SIGNORET (1969) in jedem Falle mit seiner Annahme zu weit, „daß ein regelmäßiger Rhythmus der Fortpflanzung beim Wildschwein nicht mehr besteht".
Für die verwilderten Hausschweine Australiens sieht TISDELL (1982) allerdings zwei Würfe im Jahr als normal an und berichtet gleiches über Kalifornien.

6.3. Geschlechtsreife

Die Geschlechtsreife tritt mit dem Beginn der Bildung befruchtungsfähiger Eizellen bzw. reifer Samenzellen ein. Sie ist altersabhängig und kann durch den Gesundheits- oder Ernährungszustand wesentlich beeinflußt werden. Bereits seit langer Zeit (z. B. BORGGREVE, 1877, 1878; KRICHLER, 1887) ist bekannt, daß weibliche Frischlinge schon in ihrem ersten Lebensjahr geschlechtsreif werden und im Alter von 8 bis 9 Monaten aktiv an der Rauschzeit teilnehmen können. Während OLOFF (1951) diese Erscheinung auf Westdeutschland begrenzt wissen wollte, wurde für den Raum der DDR der Nachweis geführt, daß bei vorsichtiger Einschätzung etwa 35 % aller Frischlingsbachen, in durch Ernährung günstigen Jahren ein sicherlich wesentlich höherer Prozentsatz, bereits zu diesem frühen Zeitpunkt rauschen (BRIEDERMANN, 1971; AHRENS, 1984). Zu noch höheren Ergebnissen gelangten W. und M. STUBBE (1977). Die Untersuchungen sind im Abschnitt 6.5.3.4. erläutert. In der von MEYNHARDT (1978) beobachteten Rotte wurden fast 60 % der weiblichen Frischlinge im Alter von 7 bis 8 Monaten beschlagen. Allerdings verendeten 4 von 26 beteiligten Frischlingsbachen an Beckenenge, wodurch unterstrichen wird, daß das Körperwachstum mit der Geschlechtsreife nicht voll Schritt gehalten hat. In französischen Populationen kann die Pubertät bei etwa einem Drittel der Populationsmitglieder schon ab 10 Monate einsetzen (AUMAITRE et al., 1982). Es wird eingeschätzt, daß dafür weniger das Alter, als eine Mindestlebendmasse von 20 kg ausschlaggebend ist.
Auch im weiter östlichen Teil des Verbreitungsgebietes nehmen Frischlinge schon an der ersten Rauschzeit aktiv teil. BROMLEJ (1964) erwähnt einen nachgewiesenen Fall für den Fernen Osten der UdSSR und teilt mit, daß trächtige Frischlinge in Jahren reichlicher Eichel- und Zedernußernte keine Seltenheit darstellen. In Tadshikistan wurden Gelbkörper bei weiblichen Frischlingen gefunden (HEPTNER et al., 1966). Nach IWANOWA und OWSJUKOWA (1976) ist in der UdSSR mit einem Anteil von etwa 10 % reproduktiver Frischlingsbachen zu rechnen. Auch KOSLO (1975) hält die Geschlechtsreife weiblicher Frischlinge mit 9 bis 10 Monaten unter optimalen Bedingungen für möglich, sieht sie jedoch als selten an. Im weiter nördlich gelegenen Arealteil soll das nach RUSAKOW und TIMOFEJEWA (1984) bei beider Geschlechtern nicht mehr vorkommen. Unter natürlichen Bedingungen und in durchschnittlichen Jahren scheint die Geschlechtsreife erst mit 15 bis 20 Monaten, also als Überläuferbachen, einzutreten. Wenig Informationen liegen über die Geschlechtsreife männlichen Schwarzwildes vor. Frischlinge und auch Überläuferkeiler werden infolge des Sozialverhaltens durch ältere Keiler häufig vom Beschlagen ferngehalten, auch wenn die physiologische Möglichkeit bereits dazu besteht. MEYNHARDT (1978, 1979) beobachtete, daß Frischlingskeiler erfolgreich Frischlingsbachen der eigenen Mutterfamilie beschlugen.
In amerikanischen Populationen mit unterschiedlich hohem Anteil an Hausschweinblut, wie in Südkarolina, soll die Pubertät der Keiler im Alter von 5 bis 7 Monaten einsetzen (SWEENEY et al., 1979).
Im allgemeinen wird der Keiler aber doch wohl erst im zweiten Lebensjahr geschlechtsreif.

6.4. Rauschzeit

6.4.1. Rauschzeittermin

Die Rauschzeit des Schwarzwildes erstreckt sich über einen sehr weiten Zeitraum. Bereits KRICHLER (1887) berichtet, daß sie je nach den klimatischen und Witterungsverhältnissen im November beginnt und bis in den Februar dauert. „Frischlinge und Überläufer rauschen indes auch außer dieser Zeit und so kommt es, daß man fast zu allen Jahreszeiten gestreifte Frischlinge antrifft; ja mitten im Winter habe ich sie schon geschossen!"

Als besonders interessant in Hinblick auf die oft geführte Diskussion, daß die ausgedehnte Reproduktionszeit eine in neuerer Zeit aufgetretene Degenerationserscheinung wäre, sei auch folgende Mitteilung von VON GÖCHHAUSEN (1710) zitiert: „Es halten zwar die wilden Schweine ihre Brunftzeit nicht allezeit so genau wie andere wilde Thiere, massen offt mals außer der Zeit dergleichen Frischlinge gemerket worden sind."

Durch DÖBEL (1746) und D. AUS DEM WINKELL (1805) wurde neben dem Rauschzeitbeginn im November ebenfalls auf ein gelegentlich zweimaliges Rauschen und Frischen des Schwarzwildes hingewiesen. Sie führten diese Erscheinung auf die früher nicht seltene Einkreuzung von Hausschweinen in die Wildschweinbestände zurück.

Nach OLOFF (1951, Anlagen) waren in den Abschußlisten des Forstamtes Holzminden 11 von 35 hochbeschlagenen erlegten Bachen „zur Unzeit tragend", also auch außerhalb des als normal angesehenen Zeitraumes beschlagen worden.

Die Altersbestimmung von Föten aus 70 in der DDR gesammelten Trachten nach der Methode von PILZ (1968) ließ Beschlagstermine von Oktober bis in den Mai hinein erkennen (BRIEDERMANN, 1971). Die höchste Zahl der Befruchtungen erfolgte im Dezember, mit Abstand schließen sich Januar und November an (Abb. 6/4). Innerhalb dieser drei Monate wurden 85 % der untersuchten trächtigen Bachen beschlagen.

Durch W. und M. STUBBE (1977), die 52 trächtige Bachen im Wildforschungsgebiet Hakel (Bezirk Magdeburg) untersuchten, wurde ein Anteil von 75 % in den genannten drei Monaten festgestellt. Doch auch in den Monaten September und Juli waren Beschlagtermine eindeutig feststellbar. Anhand des Ovar- und Uterusbefundes von weiteren 155 reproduktionsaktiven Stücken

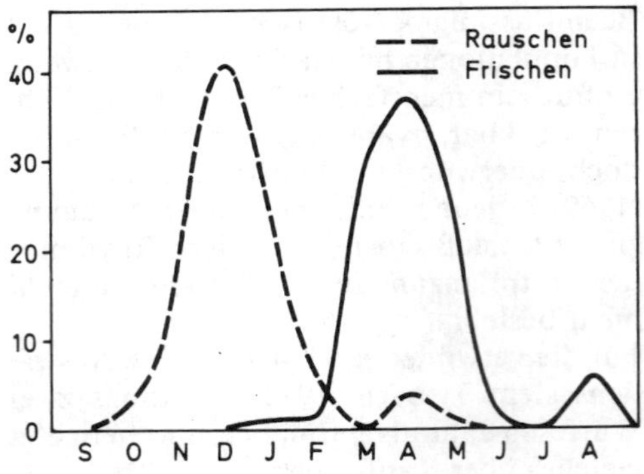

Abb. 6/4 Zeitliche Verteilung der Rausch- und Frischtermine
(nach BRIEDERMANN, 1971)

bestätigte AHRENS (1984) erneut die Richtigkeit der vorgenannten Ergebnisse. Die Ursachen für die mehr als ein halbes Jahr umfassende Streubreite sind in Ernährungs- und Witterungsverhältnissen sowie im Altersaufbau der Populationen zu suchen. Im Gebiet Chambord mit großem Eichenanteil rauschten in Normaljahren etwa 2 % der Bachen im November, in Mastjahren dagegen 88 % (AUMAITRE et al., 1982).

Nach den Beobachtungen von KOSLO (1975) im Zeitraum von 1956 bis 1965 beginnt die Rauschzeit im Urwald von Belowesh nach einer guten Eichelernte früher, nämlich etwa Mitte November, ansonsten etwa Mitte Dezember. Unter den dortigen harten Witterungsbedingungen währt sie auch nur etwa 1 bis 1,5 Monate, endet also im Januar. Erstrauschige Stücke treten später in die Rauschzeit ein.

Auch BROMLEJ (1964) gibt für den Fernen Osten der UdSSR eine annähernde ähnliche Zeitspanne an und weist auf die Abhängigkeit der Rauschzeit vom Energiegehalt der Nahrung und der Dauer der Schneedecke hin. Allerdings nimmt er an, daß ein warmer Herbst den Eintritt der Rauschzeit verspäten läßt. Nach HEPTNER et al. (1966) soll die Rauschzeit von West nach Ost später einsetzen. Einen Hinweis auf den Alterseinfluß beim Eintritt in die Rausche gibt die Tabelle 6/3. Es zeigt sich, daß die Altbachen offensichtlich zuerst rauschig werden. Der Höhepunkt ihrer Rauschzeit fällt etwa in die erste Dezemberdekade. Etwa in der Dezembermitte liegt der Zentralwert der Überläuferbachen, die auch die weiteste Streubreite zeigen. Den Abschluß bilden um die letzte Dezemberdekade die Frischlingsbachen. Das steht auch mit dem Ablauf ihrer Körperentwicklung in vollem Einklang. Diese zeitlichen Unterschiede in der Kopulationsbereitschaft der drei Altersklassen sind als ein wesentlicher Grund für die lang auseinandergezogene Rauschzeit anzusehen (Abb. 6/5).

Auch FLEMING (1719) kannte den Altereinfluß auf den Eintritt der Rausche, denn nach seinen Erfahrungen „brunften die alten zeitlicher als die jungen, dahero können sie nicht zu einer Zeit setzen".

Innerhalb der als Mutterfamilienverbände anzusehenden Rotten ist allerdings eine Brunftsynchronität möglich (MEYNHARDT, 1979). Nach seinen mehrjährigen Beobachtungen wurden die in der Rotte befindlichen weiblichen Stücke, unabhängig von ihrem Alter, in dem relativ kurzen Zeitraum von 6 bis 8 Tagen beschlagen. Doch können die Rauschtermine verschiedener Rotten im gleichen Gebiet erheblich schwanken, wobei die Altersstruktur eine Bedeutung hat. Ein Nachrauschen tritt beim Verwerfen oder beim Verlust des ganzen Wurfes kurz nach der Geburt nicht selten ein. Diese Stücke werden in den Monaten April und Mai erneut beschlagen. Nach MEYNHARDT

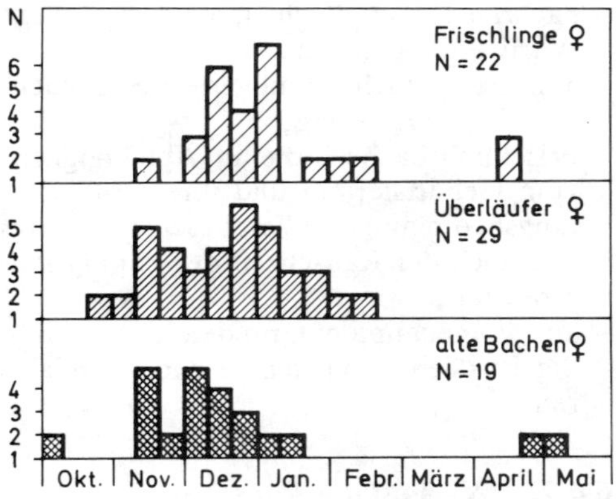

Abb. 6/5 Beschlagstermine bei Schwarzwild nach Altersklassen
(nach BRIEDERMANN, 1971)

(1979) sollen diese Stücke den verspäteten Rauschtermin auch in den folgenden Jahren beibehalten.

Es kann zusammenfassend festgestellt werden, daß das Schwarzwild eine Hauptrauschzeit in den Monaten November bis Januar aufweist. Der Höhepunkt innerhalb dieser Spanne wird durch Ernährungs- und Witterungsverhältnisse variiert. Abweichungen von dieser Hauptrauschzeit, die bis zu 25 % der Gesamtzahl reproduzierender Bachen erreichen können, sind unter folgenden Voraussetzungen möglich:

Tabelle 6/3 *Beschlag- und Frischtermine in prozentualer Aufteilung nach Altersklassen*

Altersklasse	Monate										
	10	11	12	1	2	3	4	5	6	7	8
Rauschzeit											
Frischlingsbachen		5	45	32	9		9				
Überläuferbachen	3	28	34	28	7						
Altbachen	5	27	47	11			5	5			
Gesamt	3	20	41	24	6	0	4	1			
Frischzeit											
Frischlingsbachen						14	45	27	5		9
Überläuferbachen					3	31	38	28			
Altbachen				5		47	26	11			11
Gesamt				1	1	30	37	23	1		6

– nachrauschende Bachen, die ihren ersten Wurf verloren haben;
– erkrankte, auch schußverletzte Bachen nach ihrer Genesung;
– Frischlingsbachen, die in Abhängigkeit vom Geburtstermin und ihren Entwicklungsbedingungen die Geschlechtsreife erst nach der Rauschzeit der Population erreichen;
– aus vorgenannten Gründen unregelmäßig frischende Bachen in den Folgejahren.

6.4.2. Verlauf der Rauschzeit

6.4.2.1. Einleitung der Rauschzeit

Der Beginn der Rauschzeit ist durch die Partnersuche des Keilers, erhöhte Aktivität und Unruhe der Bachen und durch Veränderungen in den Rottenstrukturen gekennzeichnet. Es scheint, daß analog dem Hausschwein das Brunftverhalten in sehr starkem Maße von der Bache ausgelöst wird. Rauschig werdende Bachen zeichnen sich durch eine erhöhte Unruhe und Erregbarkeit sowie durch eine starke Bewegungsaktivität aus. Das Feuchtblatt (Scheide) schwillt an und sondert dünnflüssigen Schleim ab, der sicher als olfaktorisches Signal über den Brunftzustand zu werten ist. Die Bache näßt häufiger.

MEYNHARDT (1980) beobachtete, daß Speichel an Malbäumen und Ästen abgesetzt und mit der Augenregion verrieben wurde. Derart markierte Bäume werden von den Keilern angelaufen und einer Geruchskontrolle unterzogen. Die für diese Markierung vorgesehenen Baumteile werden häufig mit den Zähnen ihrer Rinde entkleidet bzw. Holzspäne abgerissen. Es ist möglich, daß dadurch gleichzeitig visuelle Signale gesetzt werden. Die erhöhte Unruhe in den Rotten kündigt sich auch akustisch durch häufigere Abwehr-, Angst- und Schmerzlaute weithin hörbar an. Eine aktive Suche der rauschig werdenden Bache nach dem Keiler, wie es für das Hausschwein charakteristisch sein soll (LINDSAY, 1966), ist allerdings bisher kaum nachweisbar.

Demgegenüber verlassen die Keiler etwa im Oktober/November ihre Sommereinstände, in denen sie bis zu dieser Zeit überwiegend einzelgängerisch lebten (BRIEDERMANN, 1972), und suchen die Bachen aktiv auf.

BROMLEJ (1964) berichtet aus dem Fernen Osten der UdSSR auch, daß die Keiler mit dem Beginn der Rauschzeit weite Suchwanderungen unternehmen. Den Suchlauf des Keilers auf der Bachenfährte vergleicht BEUERLE (1975) mit dem Verhalten eines Spürhundes. Die Keiler ziehen mit gesenktem Haupt relativ langsam, bleiben von Zeit zu Zeit stehen, kontrollieren den Bodengeruch, wühlen wohl auch dazu kurz in der Streu und führen Suchbewegungen mit dem Haupt aus. Weitere charakteristische Verhaltensweisen, die auch im Imponier-, Kampf- und Paarungszeremoniell auftreten, sind im folgenden zusammengestellt.

Stemmscharren: Der Keiler stemmt die Hinterläufe ein, trippelt mit den Vorderläufen nach vorn, so daß der Vorderkörper geneigt ist und der Wurf fast den Boden berührt. Dann werden abwechselnd mit beiden Vorderläufen Stemmbewegungen gegen den Boden ausgeführt.

Spritzharnen: Eine Bodenstelle wird berochen und oft leicht bewühlt. Anschließend tritt der Keiler darüber, reißt den zum Boden gesenkten Kopf jäh hoch, macht mehrfach heftige Nickbewegungen und verspritzt Harn. Oft wird dabei ein Vorderlauf hochgerissen. Beim Spritzharnen werden auch Sekrete des Präputialorgans ausgeschieden.

Kieferklappen: Kauende Kieferbewegungen, bei deren erregter und heftiger Ausführung der Speichel zu einem steifen Schaum geschlagen wird.

Schaummarkieren: Absetzen des Speichelschaumes an Stämmchen oder Ästen. Dazu wird der Kopf so hoch als möglich gereckt, gelegentlich erhebt sich der Keiler dazu auf die Hinterläufe, um eine möglichst hohe Stelle zu erreichen.

Gähnen: Mit leicht angehobenen und etwas schräg gehaltenen Kopf wird der Unterkiefer nach der Seite herausgeschwenkt, die durch die Schräglage des Kopfes nach oben weist. Das Verhalten tritt in Verbindung mit dem Stemmscharren, dem Spritzharnen, Schäumen und anderen Handlungen des Werbe- und Drohverhaltens auf. Erhält der

Keiler Wittrung, prüft er sie mit so hoch als möglich erhobenem Kopf, lebhaft bewegter Wurfscheibe und nach vorn gestellten Tellern. Dabei führt er oft pendelnde Suchbewegungen mit dem Kopf aus oder tritt mit den Vorderläufen seitwärts. Sind Ziel und Richtung eindeutig, beschleunigt sich sein Tempo, die Federn werden aufgestellt, der Pürzel abgestreckt und bogig getragen oder peitscht waagerecht. Auch dabei kann ein intensives Wetzen und Kieferklappen einsetzen, das bei hoher Erregung bis auf mehr als 25 m hörbar ist. Der Keiler unterbricht auch dieses schnelle Beilaufen durch Markierungshandlungen.

Beim Erreichen der Bache oder Rotte kommt es nach der Situation zum Werbeverhalten, zu Imponierauftritten oder zu Kämpfen mit schon anwesenden Konkurrenten.

In der Rottenstruktur verringert sich mit dem Beginn der Rauschzeit nicht nur die Anzahl der allein ziehenden Stücke, sondern auch die Stärke und Häufigkeit der Großrotten (BRIEDERMANN, 1972). Die zu den Rotten tretenden Keiler vergrößern diese offenbar nicht, sondern fördern eher den Zerfall in kleinere Verbände. Eine wesentliche Ursache dafür besteht wohl in dem aggressiven Verhalten der Keiler untereinander. Andererseits sind aber auch Großrotten nur locker zusammengeschlossene Familienverbände, deren Zusammenhalt unter dem Einfluß von in Zeitabständen rauschig werdenden Bachen und von Auseinandersetzungen der Keiler leicht reißt.

6.4.2.2. Werbung und Paarung

6.4.2.2.1. Werbung

Das Werbe- und Paarungsverhalten des Schwarzwildes wurde gründlich von BEUERLE (1975) untersucht (Abb. 6/6). Der im folgenden näher geschilderte Ablauf wurde von ihm in einem Schema zusammengestellt. Der Keiler unterzieht die Bache durch Nasogenital-Kontrolle zunächst einer Untersuchung ihrer Rauschigkeit. Dazu tritt er im Normalfall von hinten oder von der Seite an sie heran. Er fährt mit dem Wurf unter den Pürzel und beriecht und be-

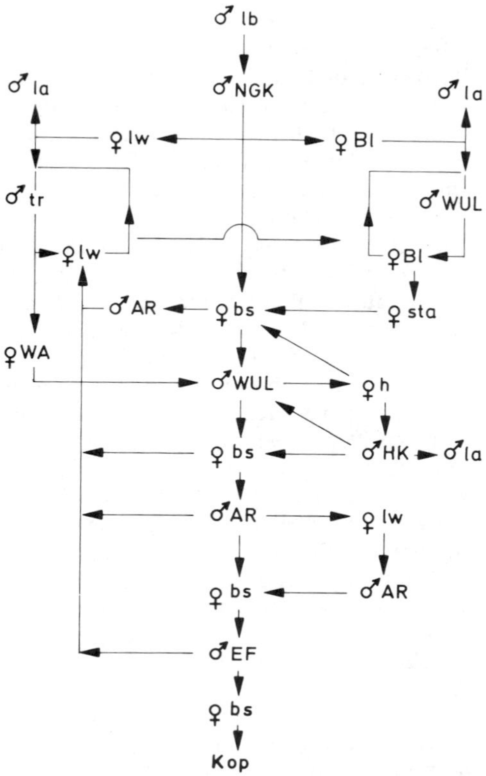

Abb. 6/6 Schema möglicher Verhaltensabläufe bei Werbung und Paarung *(nach* BEUERLE, *1975, vereinfacht)*
Abkürzungen: ♂ lb = Keiler läuft bei, ♂ NGK = Naso-Genital-Kontrolle, ♂ la = Keiler läßt von der Bache ab, ♀ Bl = Bache legt sich nieder, ♀ lw = Bache läuft weg, ♂ WUL = Werbeumlauf des Keilers, ♂ tr = Keiler treibt, ♀ bs = Bache bleibt stehen, ♀ sta = Bache steht auf, ♂ AR = Keiler reitet auf, ♀ h = Bache harnt, ♂ HK = Harnkontrolle durch den Keiler, ♀ WA = Wendeabwehr der Bache ♂ Ef = Einführen des Penis, Kop = Kopulation

leckt die Anogenitalregion. Die Bache bleibt dazu im Regelfall stehen, tut sich aber auch auf die Berührung hin nieder. Der Keiler hält dabei gelegentlich das Gebrech geöffnet, ein dem Flehmen von Huf- und Raubtieren ähnliches Verhalten.

Stellt der Keiler den Eintritt der Vollrausche fest, beginnt er mit der eigentlichen Werbung. Sie beginnt gewöhnlich mit dem

Werbeumlauf. Der Keiler tritt entweder parallel, antiparallel oder in etwa rechten Winkel seitlich an die Bache heran und stößt mit dem Wurf leicht in die Bauchseite, gegen die Flanken oder an die Halsunterseite. Die Bache steht dazu steif, mit gesenktem Kopf, es kann vorkommen, daß der Keiler die Bache mit dem Kopf unterfährt und leicht aushebt. Gelegentlich führt er eine Geruchskontrolle in der Karpaldrüsenregion durch. Beim Umlaufen der Bache kommt es zum Nasonasal-Kontakt, bei dem der Keiler die Bache mit geöffnetem Gebrech anhaucht und ihr damit seinen spezifischen Eigengeruch nahebringt. Bei der Kopf-an-Kopf-Stellung beißen sich gelegentlich beide Partner leicht in die Teller. Vor der stehenden oder auch liegenden Bache kann der Keiler eine Imponierstellung einnehmen. Er läuft oder steht dazu breit, stellt die Federn hoch, wendet den erhobenen Kopf leicht der Bache zu, nimmt Nasonasal-Kontakt auf und haucht die Bache an. Zieht die Bache weg, kommt es zum Treiben.

Der Keiler spritzharnt am bisherigen Standort der Bache und zieht mit „Werbegrunzen" hinter ihr her. Dieses Werbegrunzen („Liebesgesang" nach SIGNORET, 1969) besteht aus schnell und rhythmisch wiederholten Grunztönen, die recht weit hörbar sein können und die Auslösung des Duldungsreflexes mit stimulieren. Das Treiben dauert unterschiedlich lange Zeit an und wird durch Stehenbleiben der Bache (und damit des Keilers), Spritzharnen und Werbeumläufe unterbrochen. Während des Treibens versucht der Keiler, Kontakt mit der Bache durch „Kinnauflegen" zu erhalten. Er legt dazu das Haupt auf die Kruppe der langsam ziehenden Bache oder preßt es seitlich gegen die Keulen. Dieses Verhalten kann in Aufreitversuche übergehen.

Bei sehr schnellen Treiben kann das Werbegrunzen nach BEUERLE in eine Serie von den Warnlauten ähnliche „Wuff"-Laute übergehen. Die noch nicht voll rauschige, doch heftig getriebene Bache versucht, durch die Wendeabwehr den Keiler zu stoppen und zu vertreiben. Dazu wirft sie sich plötzlich um 180 Grad herum und beißt und schlägt gegen die Kopfpartie des Keilers. Der Keiler läßt das gewöhnlich über sich ergehen und versucht, die Bache durch Nasonasal-Kontakt und Anhauchen zu beruhigen. Will die Bache überhaupt noch nicht stehen, ist sie mit dem werbenden Partner nicht einverstanden, oder geht die Rausche dem Ende zu, kann sie quiekende Abwehrlaute ausstoßen. Falls sie sich des Keilers nicht anders entledigen kann, entzieht sie ihre Analregion durch Hinsetzen oder -legen.

Abb. 6/7 Anogenitalkontrolle des Keilers bei der rauschigen Bache (Foto: FREYMANN)

Das Treiben wird auch durch das Harnen der Bache unterbrochen. Die Bache hockt sich mit gesenktem Haupt und gekrümmten Rücken und gibt Harn ab. Dadurch wird beim Keiler eine ausgiebige Kontrolle der Harnstelle ausgelöst. Er nimmt Harn auf, bewegt den Kopf auf und nieder und geht fast immer zum Spritzharnen über. Nach BEUERLE hat die Harnabgabe eine besonders große Bedeutung für die Feststellung des Rauschigkeitszustandes der Bache durch den Keiler. Auch ältere Harnstellen werden von ihm stets kontrolliert und duftmarkiert. Nässende Rottenmitglieder werden vom Keiler stets zur Kontrolle aufgesucht (Abb. 6/7). Stellt er an der Harnstelle fest, daß die Bache noch nicht empfängnisbereit ist, wird das Treiben sofort eingestellt. Bei sehr erregten Keilern können Spontanejakulationen auftreten.

6.4.2.2.2. Paarung

Die Partnerwahl wird seitens der Keiler durch Imponieren und Rivalenkämpfe entschieden. Der dominante Keiler hält die unterlegenen Geschlechtsgenossen von der rauschigen Bache und meist von der gesamten Rotte fern. Unterstützt von der Brunftsynchronisation werden somit die Bachen einer Rotte nicht selten vom gleichen Keiler beschlagen.

Die beträchtlichen Unterschiede in der Körperstärke zwischen beiden Geschlechtern können die Partnerwahl beeinflussen.

Nach den Beobachtungen von MEYNHARDT (1978) interessierte sich ein grober Keiler wohl auch für rauschige Frischlingsbachen, indem er sie der Geruchskontrolle unterzog, machte aber nie Anstalten, bei ihnen aufzureiten. Das führte dazu, daß diese weiblichen Frischlinge nur von geringen Keilern, in der Mehrzahl sogar von den in der Rotte befindlichen Frischlingskeilern beschlagen wurden. Daraus läßt sich ableiten, daß die Teilnahme von Frischlingen an der Reproduktion trotz ihrer nachgewiesenen Häufigkeit nicht als Normalverhalten angesehen werden kann.

Der Vorgang der Kopulation wurde von BEUERLE (1975) eingehend analysiert. Die begattungsbereite Bache bleibt in einer typischen Körperhaltung unbeweglich stehen. Sie senkt den Kopf etwas und spreizt die Hinterläufe steif und schräg nach hinten weg. Der Pürzel wird seitlich weggedreht. Der Keiler schiebt seinen Vorderkörper weit über die Bache, schachtet den Penis aus und unternimmt suchende Stoßbewegungen. Sollte die Bache dadurch veranlaßt werden, weiterzuziehen, folgt der Keiler zweibeinig nach und versucht, durch verstärktes Werbegrunzen den Duldungsreflex der Bache wieder auszulösen.

Nach vollzogener Einführung des Penis liegt der Keiler mit gekrümmtem Rücken ganz dicht auf der Bache, die angewinkelten Vorderläufe beidseits der Rückenmittellinie. Auch der Kopf liegt auf ihrem Rükken, der Pürzel ist bogenförmig abgestellt. In dieser Stellung verharren beide Partner etwa 5 Minuten fast regungslos. Während dieser Zeit erfolgt die Ejakulation. Das Sperma wird dabei durch den Gebärmutterhals direkt bis in die Uterushörner geleitet. Zum Ende der Kopulation wird gewöhnlich zuerst der Keiler, dann die Bache unruhig. Die Zervix wird am Ende der Ejakulation durch einen gelatinösen Pfropfen verschlossen (SIGNORET, 1969), der Keiler steigt ab. Er verliert zunächst das Interesse an der Bache, die jedoch nun nicht selten die Geschlechtsteile des Keilers bewindet und eventuell anhängende Spermatropfen aufnimmt. Nach MEYNHARDT (1979) sind 4 bis 5 Beschläge einer Bache während ihrer 48stündigen Aufnahmebereitschaft keine Seltenheit. Das stimmt annähernd mit den von SIGNORET (1969) zusammengestellten Erfahrungen beim Hausschwein überein. Hier erfolgen im Durchschnitt 6 bis 7 Paarungen während einer Rausche, der durchschnittliche Zeitabstand betrug 10 bis 12 Stunden, kann jedoch auch nur 11 Minuten betragen.

Auf dem Höhepunkt der Rausche wird vom Keiler fast keine Nahrung aufgenommen. Er weist eine sehr hohe Bewegungsaktivität beim Aufsuchen der rauschigen Bachen, ihrer ständigen Kontrolle und Überwachung, beim Treiben und bei der Abwehr rivalisierender Keiler auf. Nach den Beobachtungen von BEUERLE werden die Keiler, die im Herbst in bester körperlicher Verfas-

sung sind, zuerst rauschig und hungern dadurch am längsten. Dadurch werden sie später auch leichter von jüngeren, noch nicht so abgebrunfteten Keilern abgeschlagen. Keiler verlieren im Verlaufe der Rauschzeit 15 bis 20 % ihrer Körpermasse (BRIEDERMANN, 1970; MARKOW, 1932).
Auch die Nahrungsaufnahme der Bachen ist während des allerdings nur wenige Tage dauernden Oestrus sehr stark herabgesetzt.

6.4.2.2.3. Keilerkämpfe

Die weitgehend nächtliche Lebensweise des Schwarzwildes auch während der Rauschzeit, der im Vergleich zu Wildwiederkäuern ruhige Brunftverlauf und der verbreitete Mangel reifer Keiler in den Populationen bedingen, daß verhältnismäßig wenig Informationen über den Ablauf von Rivalenkämpfen vorliegen. Dennoch gibt es in der Jagdliteratur (z. B. KRICHLER, 1887; BOBACK, 1957) nicht wenige farbige Zeichnungen des heftigen Ablaufes ernsthafter „Liebesschlachten". Einer lebhaften Schilderung von MEYNHARDT (1978) entstammen die folgenden Auszüge: „In den letzten Tagen im Oktober gegen Abend krachte und brach es plötzlich in der Kieferndickung, als ob ein ganzer Stab von Waldarbeitern diesen Bestand abholzen wollte. Der Kampfeslärm steigerte sich so weit, daß man annehmen konnte, eine Raubtiergruppe würde sich gegenseitig zerfleischen. Ständig wechselten einige abgeschlagene Keiler vor mir über den Waldweg, um kurze Zeit später sich wieder in den Kampf zu werfen. Sie dampften vor Anstrengung, und deutlich waren schon die ersten Wunden erkennbar."
WERNER (1952/53) schilderte ein Erlebnis aus einem unberührten Karpatengebiet folgendermaßen: „Ich weiß nicht, ob es zwanzig oder dreißig Sauen waren, die ich da erblickte. Es war ein unbeschreiblich wildes Getümmel, ein Hexensabbat, der jede Übersicht raubte und von einem Höllenlärm begleitet war, der in den Ohren gellte. Keiler kämpften zu zweit oder auch zu dritt und drehten sich dabei mit einer schwindelerregenden Schnelligkeit im Kreise, um das eigene Gescheide und Kurzwildbret vor den Schlägen des anderen zu decken, und um selbst bei den Gegnern Schläge an diesen gefährdeten Stellen zu landen. Die Kämpfe waren von einem bösen Wetzen und Blasen begleitet, das sich zeitweilig zu Tönen steigerte, die nur als schauerliches Brüllen zu bezeichnen sind. Andere Keiler übten, oder versuchten wenigstens unter abgrundtiefem Grunzen, den Beschlag auszuüben, und die Bachen quiekten dazu in einem höllisch durchdringenden Diskant."
Es liegt auf der Hand, daß bei guten Schwarzwildbeständen die lebhaften Rauschzeitgeschehnisse einen starken emotionalen Eindruck bei den Beobachtern hinterlassen können.
Sachliche Informationen über das Kampfverhalten der Keiler zur Rauschzeit liegen von GUNDLACH (1968) und vor allem von BEUERLE (1975) vor, denen nachstehend im wesentlichen gefolgt wird. Das Kampfverhalten der Keiler zur Rauschzeit wird nicht nur durch die Anwesenheit der Bachen ausgelöst, sondern kann auch bei zufälligen Begegnungen einzelner erregter Keiler auftreten. Die Keiler ziehen zunächst in Erkundungshaltung aufeinander zu, die durch nach vorn gestellte Teller und erhobenem Wurf charakterisiert ist. Dabei treten Spritzharnen, Stemmscharren, Wetzen, Schaummarkieren und Gähnen auf.
Beim Wetzen wird der Unterkiefer in raschem Wechsel seitlich verschoben, so daß Haderer und Gewehre aneinander schleifen. Es geht mit zunehmender Erregung in das „Kieferschlagen" über, bei dem in rascher Folge klappende Kaubewegungen vollzogen werden.
Keiler können freilich auch kampflos einander ausweichen, vor allem dann, wenn ihre Stärkeunterschiede offensichtlich sind. Auch eine Nasonasal-Kontrolle kann ein friedliches Ende der Begegnung bewirken. Zieht es jedoch keiner der Rivalen vor, auszuweichen oder zu flüchten, schließt sich als nächste Phase des Kommentkampfes das Drohen an. Beim häufigen antiparallelen Drohen drehen sich die frontal aufeinander zugehenden Keiler die Körperseiten zu. Zur Vergrößerung der dem Gegner zugekehrten Fläche werden der Rücken nach oben gekrümmt, die Federn aufgestellt, der

Abb. 6/8 Imponierauftritt, links der imponierende Keiler (Foto: FREYMANN)

Abb. 6/9 Die Rangordnung ist entschieden. Abwehrhaltung des linken Keilers, kurz vor der Flucht (Foto: FREYMANN)

Pürzel bogig vom Körper abgehalten oder gepeitscht. Der Kopf ist gesenkt. Beim wesentlich selteneren parallelen Drohen stehen die Keiler gleichgerichtet nebeneinander. Aus dem Drohen entwickelt sich der Imponierlauf. Die Keiler nehmen den Kopf hoch, recken den Vorderkörper und laufen nebeneinander her. Dabei können sie Körperkontakt haben, aber auch mehrere Meter Distanz einhalten. Jeder Keiler versucht, den Gegner vorn zu umlaufen, um entweder in die Stellung des Imponierauftritts oder des antiparallelen Drohens zu gelangen. Beim Imponierauftritt (Abb. 6/8) steht der Keiler mit hoch erhobenem Kopf und nach oben gerichteten Wurf quer vor dem Gegner. Durch seitliches Schreiten versucht er den anderen abzudrängen. Ein rangniederer Keiler geht nun oft in eine Abwehrhaltung (Abb. 6/9) über (vorgestreckter Kopf, angelegte Teller), weicht rückwärtsgehend aus und wendet sich zur Flucht. Bei etwa gleichrangigen Keilern entwickelt sich aus der antiparallelen Drohstellung das Schulterstemmen. Die Keiler nehmen im Schulterbereich langsam, oft aber auch heftig Kontakt auf und versuchen, sich mit gegeneinandergeneigten Körpern gegenseitig wegzudrücken. Dabei kommt es zu auf der Stelle ausgeführten Drehbewegungen, Vorderkörper und Kopf werden möglichst tief gehalten. Das Schulterstemmen kann unterbrochen werden und in antiparalleles Drohen mit Wetzen und Kieferschlagen übergehen. Der längste von Beuerle beobachtete Kampf mit Schulterstemmen dauerte etwa eine Stunde. Die meisten von ihm registrierten Kämpfe beschränkten sich auf die Phase des Schulterstemmens und wurden durch einen erfolgreichen Imponierauftritt entschieden, oder endeten unentschieden. In letzterem Falle gingen die Gegner aus der Drohstellung langsam auseinander.

In heftigen Kämpfen starker Partner kommt es jedoch auch zu echtem Beschädigungskampf unter Einsatz der Gewehre. In permanenten Schlagabtausch schlagen dabei die Keiler ihre Unterkiefereckzähne auf der dem Gegner zugewandten Körperseite durch seitwärts-aufwärts gerichtete Hiebe gegen Bauch und Körperseite (Schild) des Widersachers. Dabei können stark blutende Verletzungen auftreten. Erst ein allgemeiner Schwächezustand eines Keilers führt zum Ende des Kampfes. Der Unterlegene geht schreiend in Abwehrhaltung, der Sieger treibt ihn in einem heftigen Imponierauftritt im Kreise, bis er sich umdrehen und fliehen kann.

Zusammenfassend ist festzustellen, daß das Kampfverhalten des Schwarzwildes stark ritualisiert ist. Im Gegensatz zu den Angehörigen anderer Suiden, die den Frontalkampf bevorzugen, findet man bei unserem Schwarzwild ausschließlich den Lateralkampf (Frädrich, 1965). Nach Geist (1966) ist der Lateralkampf eine weit verbreitete, ursprüngliche Verhaltensweise, die einen echten Beschädigungskampf ermöglicht. Um die für die Art daraus resultierenden nachteiligen Auswirkungen möglichst auszuschalten, sind Schutzeinrichtungen, wie das dicke, oft noch mit einer Harzschicht verstärkte Schild, entwickelt worden. Das Kampfritual sichert außerdem ab, daß lebensgefährliche Beschädigungskämpfe nur selten eintreten. Immerhin werden sie aus allen Arealteilen nachgewiesen.

Koslo (1975) berichtet von einem im Gebiet Belowesh erlegten reifen Keiler, dessen Schwarte 42 vernarbte Kampfverletzungen aufwies. Auch Bromlej (1964) hält Keilerkämpfe im Ussuri-Gebiet für üblich und berichtet von einem erlegten Keiler mit 18 Kampfnarben.

6.5. Tragzeit

6.5.1. Dauer der Tragzeit

Die Länge der Tragzeit des Schwarzwildes wurde durch Henry (1968) unter kontrollierten Bedingungen studiert. Bei 41 beobachteten Fällen wurde eine durchschnittliche Dauer von 115,2 ± 2,3 Tagen ermittelt. Im Zeitraum von 114 bis 118 Tagen fielen etwa 80 % der Würfe. Die gesamte Streubreite umfaßt 108 bis 120 Tage. Damit liegt eine Übereinstimmung mit der Tragzeitdauer des Hausschweines vor (Zusammenstellung von Untersuchung an Hausschweinerassen bei W. und M. Stubbe, 1977). Die Untersuchungen am Wildschwein reichen jedoch nicht aus, die vermutete Verkürzung der Tragzeitlänge bei Hochleistungszuchten des Hausschweines um etwa einen Tag als sicher zu bestätigen. Nach verschiedenen Autoren haben beim Hausschwein die Jahreszeit, das Alter der Mutter und die Größe der Würfe keinen merklichen Einfluß auf die Tragzeitlänge.

6.5.2. Pränatale Entwicklung

Die pränatale Entwicklung im Blastozysten- und frühen Embryonalstadium ist für das Wildschwein noch nicht untersucht. Sie wird zunächst im wesentlichen den beim Hausschwein ermittelten Verlauf nehmen (Zorn, 1958; Hammond, 1965). Die im Eileiter befruchteten weiblichen Keimzellen

treffen im Vier- bis Achtzellenstadium der Zellteilung nach 2 bis 4 Tagen in der Gebärmutter ein. Sie liegen dort anfangs frei und ernähren sich vom Sekret der Uterusdrüsen (Uterinmilch). Im Alter von 14 Tagen ist auf der Keimblase, die aus den drei Keimblättern Ento-, Ekto- und Mesoderm bestehende Keimscheibe in einer Größe von 0,27 cm entwickelt. Die Keime haben sich über die gesamte Länge beider Uterushörner verteilt, wobei es auch zu einer transuterinen Wanderung kommen kann, die eine annähernd gleichmäßige Auslastung der beiden Uterushörner sichert. Die Eizellenwanderung wurde durch W. und M. STUBBE (1977) auch für das Schwarzwild als nicht selten festgestellt.
Die nicht der Keimbildung dienenden Anteile der röhrenförmigen Keimblase gestalten sich zu verschiedenen Hüllen um, die Ernährung und Schutz des Embryos sichern. Die mit Fruchtwasser gefüllte Amnionblase umhüllt den Embryo unmittelbar. Ihr liegt teilweise die Allantoisblase an, die als Ausstülpung des Enddarmes angesehen wird und die fötalen Ausscheidungen aufnimmt. Sie schiebt sich zunehmend zwischen das innere und äußere Blatt des Amnion. Beide Fruchtblasen schützen den Embryo weitgehend vor Druck und Stoß und sichern seine harmonische Ausbildung. Der äußere Teil der Allantoisblase verschmilzt mit dem äußeren Amnionblatt zur Aderhaut (Chorion). Über das reich mit Blutgefäßen versorgte Chorion wird die Blutverbindung mit der Mutter hergestellt und somit die weitere Ernährung des Embryos abgesichert. Die Aderhaut tritt etwa am 20. Tag mit der Uterusschleimhaut durch Zottenbildung in Verbindung, die Placenta entsteht. Die Zotten werden diffus verteilt auf dem gesamten Chorion ausgebildet (Placenta diffusa), nur der Zipfelbereich des Eisackes bleibt davon frei. Ihre Verbindung mit der Uterusschleimhaut ist beim Schwein verhältnismäßig locker (Halbplazenta).
Die Fötalentwicklung wurde durch PILZ (1966), HENRY (1986b) und KURSANOW, PETRISCHTSCHEW (1977) näher untersucht. PILZ verglich den Ossifikationszustand der Extremitäten von Wildschweinföten mit entsprechenden Ergebnissen von SURBER (1922) am Hausschwein und ermöglichte über deren Abhängigkeit von der Scheitel-Steiß-Länge die Altersbestimmung von Föten. HENRY untersuchte die Föten von 20 trächtigen Versuchstieren, die in 10tägigen Intervallen während des Zeitraumes von 30 bis 110 Tagen nach der Konzeption zur Untersuchung gelangten. Nach HENRY ist die makroskopische Bestimmung der Trächtigkeit des Wildschweines erst ab etwa 30 Tagen nach der Konzeption möglich. Nach unseren Erfahrungen wird die Trächtigkeit in der Jagdpraxis im Verlaufe des Aufbrechens im allgemeinen erst ab einem Fötenalter von etwa 40 Tagen festgestellt.

6.5.2.1. Wachstum

HENRY (1968b) drückte die Größe der von ihm untersuchten Wildschweinföten als Stockmaß der Scheitel-Steiß-Länge aus, um eine Vergleichbarkeit mit den Ergebnissen von WARWICK (1928) beim Hausschwein zu erreichen. Demgegenüber benutzte PILZ (1966) die von SURBER (1922) gewählte Methode, bei der Messung der Scheitel-Steiß-Länge der Körperkrümmung des Fötus zu folgen. Aus der Tabelle 6/4 geht hervor, daß Henry zu annähernd gleichen Meßergebnissen wie WARWICK für das Hausschwein gelangte. Beide Wachstumskurven entsprechen einander.
Die aus der freien Wildbahn der DDR stammenden und von Pilz untersuchten Föten weisen anscheinend ein etwas geringeres Längenwachstum auf. Der beim Hausschwein ermittelte Ossifikationsgrad wird bereits im zweiten Drittel der Tragzeit bei bedeutend geringerer Körpergröße erreicht. Die Darstellung (Abb. 6/10a) zeigt, daß das Hauptlängenwachstum der Wildschweinföten vor allem im zweiten Tragzeitdrittel erfolgt. Durch SCHEUNERT und TRAUTMANN (1965) wird die Durchschnittslänge von Hausschweinföten (Schnauzenspitze bis Schwanzwurzel) am Ende der Tragzeit mit 350 mm angegeben. Messungen des Verfassers an 18 Föten aus vier Trachten ergaben durchschnittlich 315 mm (245 bis 357 mm).
Die intrauterine Massezunahme von Ferkeln wurde ebenfalls bereits durch WAR-

Tabelle 6/4 *Längenzunahme von Haus- und Wildschweinföten mit zunehmendem Alter*

Alter in Tagen	Hausschwein (nach WARWICK)			Wildschwein (nach HENRY)			(nach PILZ)		
	Scheitel-Steißlänge Stockmaß			Scheitel-Steißlänge Stockmaß			Scheitel-Steißlänge Krümmungsmaß		
	n	Mittelwert mm	Variationsbreite mm	n	Mittelwert mm	Variationsbreite mm	n	Mittelwert mm	Variationsbreite mm
20	38	9,4							
21	13	15,2							
22	13	11,5							
28	10	23,3							
30	4	25,3	23,0...26,5	6	20,2	19...21			
32	20	28,1							
33				4	24,0	23...25			
40	37	48,5	43,3...49,7	14	47,1	43...50			
41							4	66,2	64...69
42							3	67,3	67...68
50	22	82,0	78,0...85,7	9	82,7	78...86			
53							7	103,9	100...107
60	22	119,2	116,7...120,9	10	111,8	103...121			
62							8	135,3	119...147
64				7	131,6	129...137	4	149,0	145...154
68				7	148,7	143...154	9	171,5	164...179
70	34	158	153...171	4	159,5	156...162	2	187,5	180...189
74							8	192,3	177...208
77							5	193,5	194...201
80	32	176	137...189	9	185,1	180...190	3	190,3	178...206
90	10	194	173...208	13	209,0	193...217			
100	47	226	213...239	4	226,5	210...244			
110	28	239	212...261	5	240,8	219...255	3	242,3	209...294

WICK untersucht. Er stellte eine zunächst langsame Zunahme bis zum 60. Tage der Trächtigkeit fest, an dem die Föten durchschnittlich 100 g wiegen. In den letzten Tagen der Trächtigkeit (vom 110. Tag ab) erfolgte ein besonders auffälliger Massezuwachs von etwa 800 g bis fast 1 200 g. Nach GIESDAL (1972) setzt eine starke Massenzunahme bereits etwa vom 90. Trächtigkeitstage an ein. Es werden dann etwa 850 g erreicht, die sich in den 25 Tagen bis zur Geburt auf fast 1 500 g erhöhen. Beim Wildschwein wurde die Masseentwicklung von Föten durch AUMAITRE et al. (1982) in Frankreich untersucht. Eine rasche Massenzunahme setzt mit etwa 75 Tagen ein (Abb. 6/10b). Die Autoren geben eine mittlere Geburtsmasse von 1 066 g an.

Neonatenmassen in der DDR variieren zwischen 670 und 1 090 g (BRIEDERMANN, 1971). Die Föten innerhalb einer Tracht zeigen eine sehr starke Variabilität ihrer Größe und Stärke, wie bereits KEIBEL (1893, 1895) feststellte und HENRY und PILZ nachwiesen. Vom Verfasser wurden 16 komplette Trachten mit 72 gut entwickelten Föten frisch gewogen und vermessen (BRIEDERMANN, 1971). Der jeweils stärkste Fötus der Tracht wurde gleich 100 % gesetzt. Zu diesem Wert sind die Relationen der übrigen ermittelt. Die Kopf-Rumpf-Länge bewegte sich bei 84 % der Gesamtzahl zwischen 90 und 100 % dieses Wertes. Weitere 14 % lagen zwischen 80 und 90 % und 2 % zwischen 75 und 80 % des stärksten Fötus. Noch ausgeprägter waren die Masseunterschiede. Zwischen 90

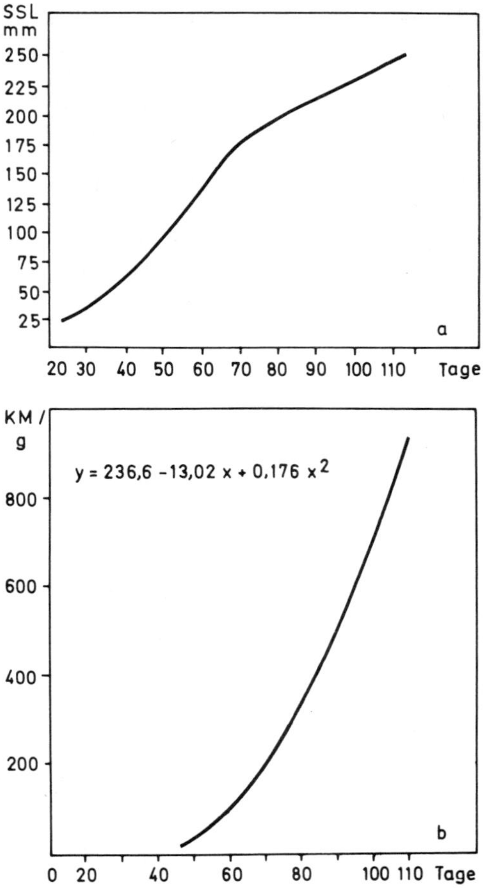

Abb. 6/10 Entwicklung der Föten
(nach PILZ, 1966; AUMAITRE et al 1982)
a – Scheitel-Steiß-Länge
b – Körpermasse

und 100 % des Bezugswertes bewegten sich nur 49 % der Gesamtzahl. Zwischen 80 und 90 % lagen 25 % der Zahl, 10 % zwischen 70 und 80 % und schließlich 16 % sogar zwischen 50 und 70 % der Gesamtmasse des stärksten Fötus. Da jedoch die geringeren Massen gleichzeitig zu den kleinen Föten der Tracht gehörten, ergibt sich daraus ein weitgehender Ausgleich im Ernährungszustand. Weibliche Föten scheinen im Durchschnitt etwas kleiner und leichter als ihre männlichen Geschwister zu sein. In 14 der 16 untersuchten Trachten waren Föten beider Geschlechter enthalten. In 12 Fällen betrug die durchschnittliche Länge der weiblichen Föten zwischen 82 und 99 % des männlichen Durchschnittswertes. Nur in 2 Trachten waren die weiblichen Föten um 1 bis 4 % länger. Die Variation innerhalb der Trachten ist jedoch so groß, daß im Einzelfall auch ein weiblicher Fötus die größte Länge aufweisen kann. Die Variationsbreite der Masseunterschiede erscheint beträchtlich größer als die der Körperlänge. In 9 der 12 Trachten wogen die weiblichen Föten im Durchschnitt nur 75 bis 98 % der männlichen. In zwei weiteren Trachten waren sie aber um 4 % schwerer und in einem Falle wog der einzige weibliche Fötus um 23 % mehr als der Durchschnitt der drei männlichen Geschwister. Inwieweit Wurfgröße und Alter des Muttertieres oder äußere Einflüsse die Größe und Stärke der Föten beeinflussen, ist für das Wildschwein noch nicht untersucht. Beim Hausschwein ist bekannt, daß die Neonaten Erstgebärender sowie die Ferkel großer Würfe deutlich schwächer sind (SCHLEGEL et al., 1975; KOLB, 1980).
Frischlingsföten weisen nur eine Trockensubstanz von 7,5 bis 11 % auf (AUMAITRE et al., 1982). Der Gehalt an Proteinen wurde mit 5,1 bis 7 %, an Mineralstoffen von 1,2 bis 2,4 % und an Fett von 0,6 bis 0,8 % ermittelt. Diese Werte zeigen, daß die Reproduktionsbelastung der Bache in Normaljahren durchaus nicht überbewertet werden muß. Sie läßt, wie früher schon gezeigt, sogar oft eine weitere Körpermassenzunahme während der Trächtigkeit zu.

6.5.2.2. Entwicklung morphologischer Merkmale

Das Auftreten morphologischer Merkmale mit zunehmendem Fötalalter (Abb. 6/11) wurde durch PILZ und HENRY beschrieben. Die Befunde wurden vom Verfasser an nach PILZ altersbestimmten Föten ergänzt:

Alter	Morphologische Merkmale
30 Tage	Kopf etwa 1/3 der Gesamtgröße, stark entwickelter Hirnschädel; Schnauzenpartie zur Bauchseite eingebogen; Maul-

	spalte offen; Augen dunkel pigmentiert durchscheinend; Extremitäten angelegt
33 Tage	Ohren in Ausbildung; Zehenspalten erkennbar
40 Tage	Schnauzenpartie weniger eingebogen, Halsbildung, Rüsselscheibe mit Nasenlöcher
45 Tage	Ohrspitze orad über die Öffnung des Gehörganges geklappt, gefaltet; Mentalorgan als winzige Warze erkennbar; Gaumen leicht geriffelt; Rippen durchscheinend; Extremitäten und Pürzel fast fertig; Genitalien deutlich
50 Tage	Schnauzenpartie zum Hirnschädel stark aufholend; Rüssel etwa senkrecht nach unten geneigt; Mental- und Buccalorgan als Warzen mit Haaranlagen, Gaumenspalten geriffelt; Ohren unproportioniert klein, doch voll entwickelt; Augenlider erkennbar; Zitzen erkennbar
60 Tage	Schnauzenpartie leicht nach vorn gerichtet; helle Sinushaare des Mental- und Buccalorgans im Durchbrechen; Canini und 3. Incisivi als Höcker vorgebildet; Zehen mit starker Schuhbildung (Eponychium)
70 Tage	Canini und 3. Incisivi im Durchbruch, im Oberkiefer beginnend; Sinushaare an Buccal- und Mentalorgan sowie Oberlid 3 bis 5 mm lang; kurze, pigmentierte Haare an Oberlid und Oberlippe
80 Tage	Canini und 3. Incisivi durchgebrochen, 1 bis 2 mm lang; dunkle Haarbildung an Ober- und Unterkiefer sowie Aalstrich; bis 3 mm lang, Pürzelhaare
90 Tage	Canini und 3. Incisivi fast voll entwickelt; Haarbildung im Schnauzenbereich, Augenbrauen und Aalstrich bis zu 10 mm lang, pigmentiert, Haarfollikel am Körper deutlich
100 Tage	Aalstrich voll behaart, 10 mm lang; Spärliche Behaarung am ganzen Körper; Frischlingsstreifung an Hauptpigmentierung und Haarfärbung erkennbar
110 Tage	volle Behaarung am ganzen Körper

Geschlechtsunterschiede konnten, mit Ausnahme der äußeren Sexualorgane, nicht festgestellt werden.

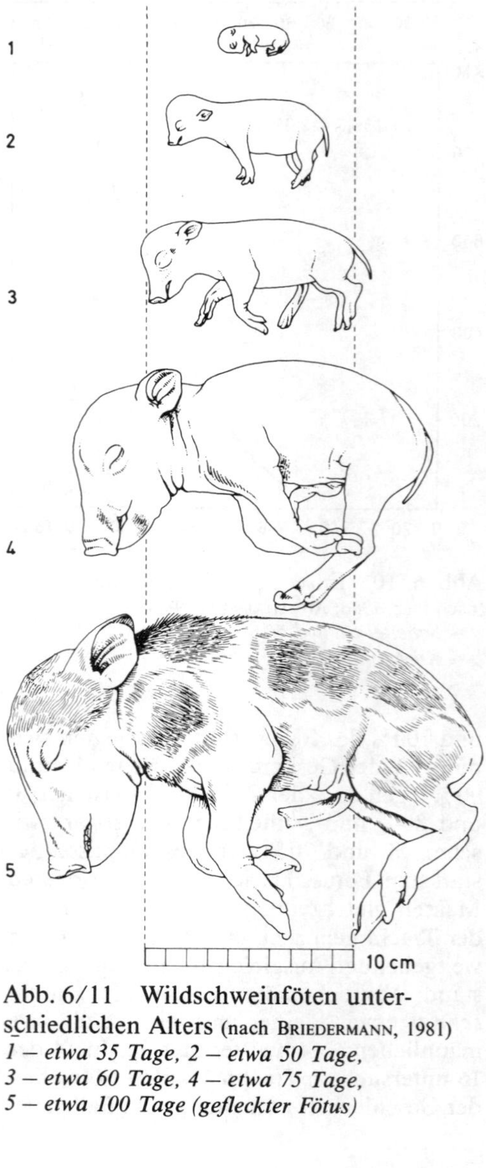

Abb. 6/11 Wildschweinföten unterschiedlichen Alters (nach BRIEDERMANN, 1981)
1 – etwa 35 Tage, 2 – etwa 50 Tage, 3 – etwa 60 Tage, 4 – etwa 75 Tage, 5 – etwa 100 Tage (gefleckter Fötus)

6.5.3. Natalität

Die Natalität als durchschnittliche Nachkommenzahl der Bachen in einem Fortpflanzungszyklus im Sinne von SCHWERDTFEGER (1968) wird vom Zeitpunkt der Konzeption bis zur Geburt von der potentiellen zur realen Natalität reduziert. Die potentielle Nachkommenzahl wird dabei durch die Anzahl der ovulierten Eizellen bestimmt. Sie wird durch den Anteil der nichtbeschlagenen Bachen, den Anteil der Altersklassen an der Reproduktion, durch Eizellenverluste, embryonalen und fötalen Fruchttod sowie durch Aborte zur realen Natalität vermindert.

6.5.3.1. Ovulationsrate

Die Ovulationsrate wird beim Hausschwein mit 14 bis 20, im Durchschnitt etwa 15 ovulierten Eizellen angegeben (SCHLEGEL et al., 1975). Mindestens 10 % der ovulierten Eier werden nicht befruchtet. HAMMOND (1965) fand bei 22 untersuchten Sauen im Mittel 18 abgestoßene Reifeier, von denen 3,7 nicht befruchtet waren und 2,2 atrophierten. Demgegenüber fanden W. und M. STUBBE (1977) bei 10 allerdings fast ausschließlich einjährigen untersuchten Bachen aus dem Wildforschungsgebiet Hakel nur 4 bis 8, im Mittel 6,1 Gelbkörper vor. Bei Vergleich mit der vorgefundenen Embryonenzahl müssen im Mittel 0,9 (0 bis 2) Eizellenverluste vermutet werden. Wertvolle Befunde ermittelte AHRENS (1984) an den Genitaltrakten von 82 beschlagenen Bachen, die vorwiegend in den Wildforschungsgebieten Wriezen, Nedlitz und Rothemühl zur Strecke kamen. Mit durchschnittlich 4,9 (3 bis 8) Gelbkörpern bei Frischlingen (1. Reproduktionsperiode), 6,5 (3 bis 9) bei Überläufern (2. Reproduktionsperiode) und 8,0 (5 bis 11) bei älteren Bachen wurden deutliche Unterschiede zwischen den Altersklassen ermittelt. Durch den Vergleich der Anzahl der Gelbkörper mit derjenigen der Früchte stellte er frühembryonale Verluste bei Frischlingsbachen von 25 %, bei Überläuferbachen von 13,5 % und bei älteren Bachen von 11,5 % fest. Der ausgeprägt höhere Anteil frühembryonaler Verluste der in der ersten Reproduktionsperiode befindlichen Stücke ist sicher auf deren Entwicklungszustand zurückzuführen. In Frankreich wurde eine durchschnittliche Ovulationsrate von 5,16 ± 1,24 ermittelt (AUMAITRE et al., 1982). Die Embryonensterblichkeit wurde auf etwa 13,4 % geschätzt; 1,35 % der Föten waren mumifiziert. In Tadshikistan wurden nach Angaben von HEPTNER et al., (1966) bei 6 untersuchten Bachen durchschnittlich 9,6 (4 bis 15) Gelbkörper gefunden. Die Anzahl der gebildeten Eizellen ist somit beim Wildschwein deutlich geringer als beim Hausschwein.

6.5.3.2. Fötenanzahl

Etwa vom 40. Tag nach der Konzeption sind makroskopisch, also unter den Bedingungen der Praxis, die Trächtigkeit der Bache und die Anzahl der Föten einwandfrei zu diagnostizieren. Die Feststellung der Fötenanzahl bildet eine wesentliche Grundlage für die Einschätzung der zu erwartenden Wurfgröße, also der realen Natalität. Die erste ausführliche diesbezügliche Arbeit stammt von LOSENHAUSEN (zit. bei OLOFF, 1951), der in der Eifel zwischen Oktober 1946 und April 1947 104 Bachen untersuchte. Davon waren 63 sichtbar beschlagen und enthielten durchschnittlich 6,5 Föten. Die Anzahl der Früchte innerhalb einer Tracht bewegte sich zwischen 1 und 13. Aus der DDR liegen Untersuchungen von BRIEDERMANN (1971a), I. und M. STUBBE (1977) und AHRENS (1984) vor. Die an 251 Trachten mit 1328 Föten gewonnenen Ergebnisse stimmen so weitgehend miteinander überein, daß sie, zusammengefaßt ausgewertet, die Situation sicher treffend charakterisieren (Tab. 6/5). Im Mittel enthielten die Trachten 5,3 ± 1,9 Föten. Innerhalb einer Tracht wurden 1 bis 11 Früchte vorgefunden. Auf die Fötenzahl hat jedoch das Alter der Bache einen beträchtlichen Einfluß (Abb. 6/12). Bachen, die bereits als Frischlinge fruchtbar beschlagen wurden, enthielten durchschnittlich 4,0 ± 1,5 Föten. Die um ein Jahr älteren Stücken wiesen dagegen 5,5 ± 1,5 Früchte auf. Ab zweijährige Bachen ergaben mit 6,7 ± 1,8 Föten die höch-

Tabelle 6/5 *Anzahl von Föten in den Trachten von 251 hochbeschlagenen Bachen (Zusammenstellung nach Untersuchungen von* BRIEDERMANN, *1971 a,* I. *und* M. STUBBE, *1979 und* M. AHRENS, *1984)*

Altersklassen	n	x̄ ± sx	Variationsbreite	Häufigkeit der Föten je Tracht									
				1	2	3	4	5	6	7	8	9	10
Frischling	87	4,05 ± 1,45	1– 8	4	7	19	24	24	4	3	2		
Überläufer	98	5,47 ± 1,51	1– 9	1	2	9	11	22	28	19	5	1	
Altbachen	66	6,67 ± 1,76	3–11	0	0	4	3	10	12	13	16	6	1
Summe Bachen	251	5,29 ± 1,87	1–11	5	9	32	38	56	44	35	23	7	1

sten Werte. Die Unterschiede zwischen allen Altersklassen sind statistisch gesichert. Sie drücken sich in der vermutlichen Wurfstärke deutlich aus. Bei Frischlingsbachen wurden 1 bis 8 Föten festgestellt, doch waren 3 bis 5 Föten mit etwa 77 % der Gesamtzahl am häufigsten vertreten. Überläuferbachen trugen 1 bis 9 Föten, doch waren mit 81 % 4 bis 7 Föten am häufigsten. Altbachen schließlich mit einem Streubereich von 3 bis

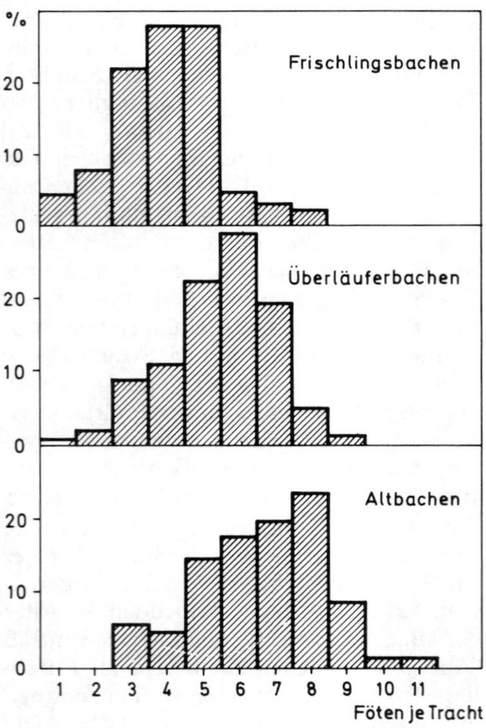

Abb. 6/12 Abhängigkeit der Fötenzahl vom Alter der Bache (251 Trachten)
(nach BRIEDERMANN, 1981)

11 Föten trugen überwiegend (mit 77 %) 5 bis 8 Früchte. Mehr als 9 Föten können als eine Ausnahme angesehen werden. Auch ein bis zwei Früchte in der Tracht scheinen nur bei erstgebärenden Bachen vorzukommen.

Französische Untersuchungen ergaben durchschnittlich 4,47 ± 1,85 (2 bis 9) Embryonen je beschlagene Bache (AUMAITRE et al, 1982). Bachen über 70 kg Lebendmasse wiesen mindestens 5 Föten, bei mehr als 100 kg sogar 9 Föten auf. Dagegen waren Stücke von weniger als 20 kg stets unbeschlagen. In Spanien sind nach verschiedenen Untersuchungen (GARZON-HEYDT 1987; SAEZ-ROYUELA und TELLERIA, 1987) die Zuwachswerte mit 4,2 bis 4,3 Föten je Tracht noch geringer. Die Variationsbreite betrug bei ihren Untersuchungen 1 bis 6. Auch in Spanien wurde eine positive Korrelation zwischen dem Alter und der Körpermasse der Bache und der zu erwartenden Wurfgröße festgestellt.

KOSLO (1970, 1975) konnte bei Schwarzwilduntersuchungen im Belowesher Gebiet (Tab. 6/6) als Wirkung der härteren Umweltbedingungen keine beschlagenen Frischlingsbachen mehr feststellen. Die Fötenzahlen bei jüngeren Bachen sind gering. Für das Moskauer Gebiet geben IWANOWA und OWSJUKOWA (1976) in die gleiche Richtung weisende Zahlen an (Tab. 6/7), ebenso RUSAKOW und TIMOFEJEWA (1984) für die nördliche UdSSR. Die genannten Autoren fanden unter 317 untersuchten beschlagenen Bachen 1 mal 14 normal entwickelte Föten. Nach ungarischen Untersuchungen (HELTAY et al., 1981) wurden in trächtigen Bachen durchschnittlich 6,6 Föten (2 bis 11) ermittelt. Die Strenge und

Tabelle 6/6 *Reproduktion der Bachen im Belowesher Urwald (Koslo, 1975)*

	Alter der Bache (Jahre)				
	2	3	4 bis 5	6 bis 7	ab 8
Trächtige Stücke in %	31	55	69	78	67
Mittlere Fötenzahl	4,2	5,5	6,2	6,6	6,3

Tabelle 6/7 *Reproduktion von Bachen im Moskauer Gebiet (Iwanowa und Owsjukowa, 1976)*

Alter der Bache	n	Anzahl der Föten	Mittlere Fötenzahl
2	2	1, 4	2,5
3	2	3, 6	4,5
4	4	4, 6, 7, 12	7,2
5	1	7	7,0

Länge des Winters von Einfluß sein, indem sie (neben der Geschlechtsreife bei Frischlingen) auf die Ovulationsrate, die Konzeption und das Ausreifen der Früchte einwirkt. In der Tabelle 6/8 sind Fötenzahlen aus den Wintern mit normalen Witterungsverhältnissen denen aus dem auf eine Fehlmast folgenden strengen und langen Winter 1968/69 gegenübergestellt (Briedermann, 1971a). Wenn auch die verhältnismäßig geringen Strecken eine statistische Sicherung nicht erlaubten, sind die Unterschiede doch augenscheinlich.

Ganz wesentlich wird der Ernährungszustand des Schwarzwildes durch die herbstliche Mast von Eichen und Rotbuche beeinflußt. Von ihm wird wiederum die Reproduktionsleistung mitbestimmt. Die Gegenüberstellung der nach Mast- und Fehlmastjahren unterteilten Fötenzahlen (Tab. 6/9) läßt diesen Einfluß in der Tendenz erkennen. Aumaitre et al. (1982) stellten in Normaljahren Trächtigkeitsunterschiede von 0,72 Föten zwischen 2 studierten Populationen fest, die ökologisch bedingt sein sollen. Einen besonderen Einfluß hat die Eichelmast, da sie die Ovulation erhöht und die embryonale Sterblichkeit senkt. Nach de Vos und Sassani (1977) schwankt die durchschnittliche jährliche Fötenzahl bei einer im Iran studierten Population in Abhängigkeit von den Ernährungs- und Witterungsbedingungen zwischen 4,5 und 6,9 Früchten. Diese Ergebnisse entsprechen der bei der Hausschweinhaltung gesammelten Erfahrung über fruchtbarkeitsmindernde Einflüsse von Mangelzuständen und ungünstigen klimatischen Faktoren.

Für die mögliche Höhe der realen Natalität unter den besonderen Bedingungen einer überwachten und ständig beigefütterten aber freilebenden Population in milden Jahren gibt Meynhardt (1978, 1979) ein Beispiel. Die von ihm teilweise über mehrere Jahre beobachteten Bachen warfen

Tabelle 6/8 *Mittlere Fötenzahlen in „normalen" und „strengen" Wintern (Briedermann, 1971 a)*

	Normale Winter		Strenger Winter	
	n	mittlere Fötenzahl	n	mittlere Fötenzahl
Frischlingsbachen	17	4,1	10	3,6
Überläuferbachen	212	5,8	20	4,5
Altbachen	13	6,5	9	6,3
Gesamt	242	5,3	39	4,7

Tabelle 6/9 *Mittlere Fötenzahlen nach Mast- und Fehlmastjahren (Briedermann, 1971 a)*

	Mastjahre		Fehlmastjahre	
	n	mittlere Fötenzahl	n	mittlere Fötenzahl
Frischlingsbachen	11	4,6	6	3,2
Überläuferbachen	4	6,7	8	5,4
Altbachen	6	6,8	7	6,2
Gesamt	21	5,6	21	5,0

Tabelle 6/10 *Durchschnittliche Wurfstärke in einer Schwarzwildpopulation (nach Angaben von* MEYNHARDT, *brieflich)*

Alter der Bachen (Jahre)	0	1	2	3	4	5
Anzahl der Bachen	26	14	5	4	4	3
Wurfstärke	2,4	7,1	7,2	7,25	7,6	7,0

durchschnittlich 5,5 Frischlinge. Dieser Wert ist stark von dem hohen Anteil der Frischlingsbachen beeinflußt, von denen 51 % im Durchschnitt 2,4 Frischlinge zur Welt brachten. Alle älteren Stücke, die ohne Ausnahme Frischlinge brachten, hatten durchschnittliche Wurfgrößen von 7 und mehr Frischlingen (Tab. 6/10). Auch MEYNHARDT weist darauf hin, daß die Reproduktionsrate im besonderen bei Frischlingen in durch eine Baummast begünstigten Jahren diejenige der „Normaljahre“ übersteigt.

Ein Einfluß der Wilddichte konnte bisher noch nicht nachgewiesen werden. BRIEDERMANN (1971a) und AHRENS (1984) ermittelten die Fötenzahlen in einigen Wildforschungsgebieten im zeitlichen Abstand von etwa 10 Jahren, in dem sich die Wilddichte mehr als verdoppelt hatte; sie war von etwa 1 Stück/100 ha Waldfläche im Frühjahrsbestand auf mehr als 2 Stück angestiegen. Die ökologischen Bedingungen in den Untersuchungszeiträumen waren annähernd gleich. Obwohl beträchtliche Rückgänge in der Körperstärke verzeichnet werden mußten (vgl. Abschnitt 3.1.4.), waren die Fötenzahlen bei allen Altersklassen gleich geblieben. Demzufolge ließ geringeres Schwarzwild gleichhohe Zuwachswerte erwarten. Es bleibt offen, inwieweit eine weitere Steigerung der Wilddichte eine Minderung der Zuwachsleistung bedingen kann.

Aus den zusammengestellten Untersuchungsergebnissen lassen sich folgende Gesetzmäßigkeiten ableiten:

- Die durchschnittliche Fötenzahl der beschlagenen Bachen sinkt mit der Zunahme härterer ökologischer Bedingungen.
- Von dem Rückgang der Reproduktionsleistung wird vor allem das Jungwild betroffen, während Altbachen annähernd konstante Werte aufweisen.
- Die Fötenzahlen unterliegen starken jährlichen Schwankungen.
- Mit durchschnittlich 5 bis 7,5 Früchten je Altbache bleibt die Reproduktionsleistung beträchtlich unter der des Hausschweines.

6.5.3.3. Fötensterblichkeit

Die Verluste während der Fruchtentwicklung werden beim Hausschwein mit 30 bis 40 % angegeben (SCHLEGEL et al., 1975; MICHEL et al., 1977). Davon treten etwa 20 % im ersten Trächtigkeitsmonat auf. Dieser Anteil kann bei den der praktischen Jagdwissenschaft zur Verfügung stehenden Methoden nicht ermittelt werden. Nach den bereits zitierten Ergebnissen von W. und M. STUBBE (1977) und AHRENS (1984) betragen sie etwa 15 bis 25 % der ovulierten Eizahl.

Der Hauptteil der Verluste an Hausschweinföten erfolgt im zweiten Monat (35 %). In den übrigen Trächtigkeitsmonaten, in denen die Föten mumifiziert bzw. gegen Ende der Trächtigkeit abortiert werden, beträgt die Verlustrate 45 %. Es kann angenommen werden, daß die durchschnittliche Höhe der Fötenreduktion beim Wildschwein geringer als beim Hausschwein ist. Eine Gegenüberstellung der durchschnittlichen Fötenanzahl je Tracht bei unterschiedlichem Fötenalter ergab keinen Anhalt für eine merkliche Fötenreduktion (BRIEDERMANN, 1971a). Als Kriterium für das Fötenalter wurde eine Kopf-Rumpf-Länge von mehr bzw. weniger als 20 cm gesetzt (Tab. 6/11). In 16 begutachteten kompletten Trachten mit 72 Föten wurde nur ein Fötus in starkem Schrumpfungszustande ermittelt. In den übrigen Fällen bestand kein Anlaß, Abgänge bis zum Geburtstermin zu vermuten. Bei 477 von I. und M. STUBBE (1977) untersuchten Embryonen unterschiedlichen Alters waren nur 4 abgestorben, und eine weitere Embryopathie war diagnostizierbar. AHRENS (1984) konnte von 420 Früchten nur 9, das sind 2,1 %, mit

Tabelle 6/11 *Durchschnittliche Fötenanzahl je Altersklasse mit zunehmendem Fötenalter (nach* Briedermann, *1971 a)*

Durchschnittliche Kopf-Rumpf-Länge	Mittlere Fötenzahl je Tracht		
	Frischlingsbachen	Überläuferbachen	Altbachen
Unter 20 cm	3,9	4,8	6,6
Über 20 cm	3,9	5,3	6,0

makroskopischen Methoden als abgestorben bzw. im Stadium der Resorbtion identifizieren. Aumaitre et al. (1982) ermittelten einen Mumifizierungsgrad von 1,35 %. Damit ist anzunehmen, daß auch in ungünstigen Jahren eine Sterblichkeit in Höhe von 5 % der ermittelten Fötenzahl als Maximum anzusehen ist. Faßt man die bisherigen, leider noch spärlichen Untersuchungen über die pränatale Sterblichkeit zusammen, ist zumindest für den Raum der DDR anzunehmen, daß sie 15 bis 20 % der ovulierten Eizahl kaum überschreiten dürfte.

6.5.3.4. Anteil reproduktiver Bachen

Die Reproduktivität einer Population wird wesentlich davon beeinflußt, wieviel weibliche Stücke an der Fortpflanzung beteiligt sind. Obwohl diese Frage prinzipiell durch Trachtuntersuchungen von Jagdstrecken geklärt werden kann, gibt es doch einige Schwierigkeiten. Sie liegen in der lang auseinandergezogenen Fortpflanzungsperiode, in der schwierigen Erkennung der Trächtigkeit in den ersten Monaten der Tragzeit mittels Feldmethoden und schließlich auch in der bewußten Schonung alleinziehender Bachen in den Monaten der Frischzeit. Bei der Untersuchung einer Jagdstrecke von 142 weiblichen Stücken während der Monate Januar bis April wurden makroskopisch 26 % aller Frischlingsbachen, 63 % der Überläuferbachen und 69 % der älteren Bachen als trächtig erkannt (Briedermann, 1971a). Unter dem Einfluß oben genannter Faktoren ist der wahre Anteil jedoch wesentlich größer. So sind beispielsweise nach den in der Tabelle 6/3. dargelegten Ermittlungen bis Ende Dezember erst etwa 50 % der im Jahre trächtigen Frischlingsbachen, 65 % der Überläuferbachen und 80 % der Altbachen beschlagen worden. Nach vorsichtiger Einschätzung kann angenommen werden, daß mindestens 35 % der Frischlingsbachen, 80 % der Überläuferbachen und 90 % der Altbachen der untersuchten Strecke beschlagen waren oder noch beschlagen worden wären. Das unterstreichen auch die Befunde von Ahrens (1984) an 230 Stücken aus den gleichen Gebieten, bei denen auch die Follikelreifung mit einbezogen werden konnte. Es ergab sich, daß 31 % der Frischlingsbachen, 71 % der Überläuferbachen und 90 % der Altbachen reproduktionsaktiv waren. Eine im Wildforschungsgebiet Hakel von W. und M. Stubbe (1977) untersuchte Jagdstrecke von 123 Bachen ergab auf der Grundlage von Uterusbefunden eine fast völlige Reproduktionsaktivität der Überläufer- und Altbachen, während der Anteil trächtiger Frischlingsbachen 37,6 % betrug und mit etwa 50 % kalkuliert wurde. Dieses Ergebnis interessiert hier besonders, als die Hakelpopulation im Vergleich zu den vorhergenannten sich durch eine besondere Körperstärke auszeichnet (Briedermann, 1984). Auch Meynhardt (1978) ermittelte unter den Sonderbedingungen ständiger Beifütterung eine hundertprozentige Reproduktionsaktivität von Überläufer- und älteren Bachen, während Frischlingsbachen zu etwa 50 % Würfe brachten.
Es scheint somit, daß ein guter Körperzustand die Reproduktionsaktivität zu steigern vermag. Das wird auch durch die Untersuchungen von Ahrens (1984) unterstrichen. Er stellte eine deutlich höhere mittlere Körpermasse der reproduktionsaktiven Bachen gegenüber den inaktiven fest. Bei Frischlingsbachen betrug der Unterschied mehr als 10 kg, bei Überläuferbachen 14 kg. Die Differenzen sind in beiden Altersklassen statistisch hoch gesichert und gehen weit über einen möglichen Trächtigkeitsanabolismus hinaus. Unter Trächtigkeitsanabolismus wird nach Rerat und Due (1975) die unterschiedliche Massezunahme tragender und nichttragender Sauen bei gleicher Futterration verstanden. Der träch-

tigkeitsbedingte Zuwachs von Muskulatur und Skelett wird beim Hausschwein mit 2,9 % der Körpermasse angegeben. Die von AHRENS festgestellten Unterschiede lassen die Schlußfolgerung zu, daß eine Beziehung zwischen der Körpermasse und der Geschlechtsreife sowie der Reproduktionsaktivität besteht. Ähnliche Hinweise aus französischen Untersuchungen wurden bereits zitiert (AUMAITRE et al., 1982).

Daß andererseits bei den bereits erläuterten Vergleichsuntersuchungen von BRIEDERMANN (1971a) und AHRENS (1984) in den gleichen Gebieten trotz signifikant rückläufiger Körpermassen weder eine Beeinträchtigung der Fötenzahlen noch der Reproduktionsbeteiligung der Altersklassen bemerkt werden konnte, weist auf die Kompliziertheit der Zusammenhänge hin, die weitere Populationsstudien erfordern. Der Anteil reproduktionsinaktiver Bachen steigt unter zunehmend ungünstigeren Umweltbedingungen an. Wie bereits früher erläutert (vgl. Tab. 6/6), stellte KOSLO (1970, 1975) im Belowesher Urwald Föten nur bei 31 % der Überläuferbachen fest. Das Maximum von 78 % erreichten 6- bis 7jährige Bachen. Bei Frischlingsbachen wurden keine Föten festgestellt. Nach RUSAKOW und TIMOFEJEWA (1984) bleiben an der nordwestlichen Arealgrenze in der UdSSR über 40 % aller Bachen leer, die zweijährigen sogar zu etwa 60%.

DE VOS und SASSANI (1977) ermittelten im Iran, daß in 3 Normaljahren etwa 90 % der erwachsenen Altbachen erfolgreich beschlagen worden waren. Im Jahre 1976 jedoch, das wenig Mast bot und durch einen kalten, langen und schneereichen Winter gekennzeichnet war, ging der Anteil auf 27 % zurück.

Ein häufiges Auftreten von gelten Bachen geben HEPTNER et al. (1966) auch für die Vorkommen im Kaukasus und in Tadshikistan an. Für den Raum der DDR kann nach den bisher vorliegenden Untersuchungen mit einer Reproduktionsaktivität von 30 bis 60 % der Frischlingsbachen, 80 bis 100 % der Überläuferbachen und 90 bis 100 % der älteren Bachen gerechnet werden. Die jährlich wechselnden Ernährungsbedingungen und die Witterungsverhältnisse des Winters und Vorfrühlings variieren diese Werte innerhalb der angegebenen Spannen.

6.5.3.5. Geschlechterverhältnis

KRALLINGER (1937) nimmt beim Hausschwein unter Bezug auf Arbeiten von PARKES (1925) ein primäres Geschlechterverhältnis (unmittelbar nach der Befruchtung) von 60 männlich zu 40 weiblich an. Infolge einer höheren männlichen embryonalen Sterblichkeit soll sich das Verhältnis bis zum Geburtstermin auf ein sekundäres Geschlechterverhältnis mit nur leichtem Überwiegen männlicher Ferkel verändern. Auch SCHMIDT, KLIESCH und GOERTTLER (1945) geben gleiche Relationen an. SMIRNOW und LYSSENKO (1959) stellten im Verlaufe mehrerer Jahre je 100 weibliche Ferkel im Durchschnitt 110 männliche fest. Dagegen weisen W. und M. STUBBE (1977) nach Untersuchungen an einigen Herdbuchzuchten auf ein leichtes Überwiegen des weiblichen Geschlechtes hin.

Nach SCHRÖTER (1971) soll das Alter der Muttersauen das Geschlechterverhältnis der Ferkel beeinflussen: 3- bis 4jährige Sauen haben mehr weibliche, jüngere und ältere Sauen mehr männliche Individuen im Wurf. Auch beim Wildschwein stehen sich zur Zeit unterschiedliche Untersuchungsergebnisse gegenüber. Bei 22 kompletten Wildschweintrachten mit insgesamt 121 Föten im Alter von 60 bis 115 Tage konnte BRIEDERMANN (1971a) ein Geschlechterverhältnis von 1:0,89 zugunsten des männlichen Anteils feststellen. In 14 Trachten überwog der männliche, in 7 Trachten der weibliche Anteil.

AHRENS (1984) fand in 35 Genitaltrakten mit 187 Föten ein Geschlechterverhältnis von 1:0,95. HELTAY et al. (1981) ermittelten in Ungarn bei 36 Trachten eine Geschlechterverteilung der Embryonen von 1:0,9. In der BRD (N. N., 1974) stellte man bei 443 Embryonen aus 87 Trachten ein Geschlechterverhältnis von 1:0,8 fest. DE VOS und SASSANI (1977) ermittelten im Iran bei 305 Föten ein Geschlechterverhältnis von 1:0,85. W. und M. STUBBE (1977) stellten andererseits bei 185 Föten aus 36 Trachten ein Geschlechterverhältnis von 1:1,18 zugunsten des weiblichen Anteils fest. Nach Mitteilung von MEYNHARDT (1979), die sich allerdings auf Frischlinge im Alter von 3 bis 4 Monaten bezieht, kommt innerhalb der von ihm beobachteten Familienverbände ein Geschlechterverhältnis von 0,84 männlich zu 1,0 weiblich vor. IWANOWA und OWSJUKOWA (1976) geben auf Grund von Trachtenuntersuchungen an, daß im Urwald von Belowesh männliche Frischlinge mit 55 % überwiegen, dagegen in Mittelasien, dem Wolgadelta und dem Kaukasus die weiblichen Frischlinge mit 60 bis 66 % dominieren, während im Fernen Osten ein ausgeglichenes Geschlechterverhältnis ermittelt worden sein soll.

Einen Hinweis zum Geschlechterverhältnis gibt die Untersuchung von Frischlingsstrekken. Die Jäger sind während des ersten Lebensjahres des Schwarzwildes kaum in der Lage, unter jagdlichen Bedingungen die geringen äußerlichen Geschlechtsunterschiede festzustellen und somit nach Geschlechtern zu selektieren.

Eine von 1963 bis 1969 untersuchte Strecke von 730 Stück Schwarzwild enthielt 205 Frischlinge, darunter 112 Keiler und 93 Bachen (BRIEDERMANN, 1971). Das entspricht einem Geschlechterverhältnis von 1:0,83.

In einer Strecke von 1480 Sauen aus dem Kreis Eberswalde (1975 bis 1978) befanden sich 511 Frischlinge, davon 293 Keiler und 218 Bachen; die Relation beträgt 1:0,74 (Tab. 6/12).

Eine von HASSELBACH (1970) im Oderwald analysierte Frischlingsstrecke von 275 Stück erbrachte sogar ein statistisch gesichertes Geschlechterverhältnis von 1:0,68. Er berechnete daraus, daß der männliche

Tabelle 6/12 *Geschlechterverhältnis von Frischlingsstrecken im Kreis Eberswalde*

Jahr	Gesamtstrecke Stück	Frischlingskeiler	Frischlingsbachen	Geschlechterverhältnis (GV)
1975	370	66	40	1:0,61
1976	362	74	54	1:0,73
1977	365	61	55	1:0,90
1978	383	92	69	1:0,75
Gesamt	1480	293	218	1:0,74

Bestandesanteil in diesem Alter zwischen den Grenzen von 52 und 68 % variieren würde. UECKERMANN (1977) ermittelte im 100 ha großen Gehege Laagshof an allerdings nur 72 Frischlingen ein Geschlechterverhältnis von 1:0,95.

Auch OLOFF (1951) beobachtete bei Schwarzwildstrecken ein Geschlechterverhältnis um 1:0,8. Er leitete daraus sehr nachteilige Folgen für die Bestandesentwicklung ab, zu denen es jedoch offensichtlich nicht gekommen ist. Nach JEZIERSKI's (1977) Untersuchungen im Kampinos-Nationalpark ist trotz einer wesentlich größeren Mortalität männlichen Schwarzwildes eine höhere Lebenserwartung der Keiler feststellbar. Das ist nur bei einem höheren Geburtenanteil verständlich.

Somit ist, bis zum Vorliegen genauerer Ergebnisse, mit einem leicht zugunsten des männlichen Geschlechts verschobenen sekundären Geschlechterverhältnis zu rechnen.

6.6. Frisch- und Führzeit

6.6.1. Frischzeit

6.6.1.1. Frischtermin

Die Frischzeit des Schwarzwildes zeigt eine der ausgedehnten Rauschzeit entsprechende Variationsbreite (vgl. Tab. 6/3). Wie bereits im Kapitel Rauschzeit abgehandelt, war die ausgedehnte Frischperiode des Schwarzwildes bereits in früheren Zeiten bekannt (GÖCHHAUSEN, 1710; DÖBEL, 1746; AUS DEM WINKELL, 1820; KRICHLER, 1882; OLOFF, 1951). Im Raum der DDR fallen etwa je ein Drittel der Geburten auf die Monate März und April und etwa ein Viertel auf den Monat Mai (BRIEDERMANN, 1971 a). Doch wurden in Einzelfällen Geburten auch schon im Januar und Februar sowie im Juni festgestellt. Infolge des Nachrauschens oder verspäteten Rauschigwerdens wurde ein zweiter Geburtengipfel (mit 6 %) im August festgestellt. Auch nach den Untersuchungen von W. und M. STUBBE (1977) im Hakel fallen zwei Drittel der Geburten in die Monate März und April, mit 10 % folgt der Mai. Doch wurden Frischtermine auch für die gesamte Zeitspanne von November bis Juli festgestellt. MEYNHARDT

(1978) stellte den Beginn des Frischens in den letzten Februartagen fest. In Frankreich erfolgten Geburten hauptsächlich zwischen März und Mai, doch auch seltener von Dezember bis Juli (AUMAITRE et al., 1982). GUNDLACH (1968) fand bei seinen Verhaltensuntersuchungen im Lainzer Tiergarten einen Geburtszeitraum von Anfang März bis Anfang April. Durch KOSLO (1975) wird eine ausgedehnte Frischzeit auch für die Wildschweinpopulation im Urwald von Belowesh nachgewiesen. Hier befindet sich der Geburtengipfel zwischen Ende März und der ersten Aprilhälfte. Der früheste Wurf wurde jedoch schon am 15. Januar (1966) registriert, auch Würfe aus den Monaten Mai bis August sind bekannt. Nach IWANOWA und OWSJUKOWA (1976) sind im Moskauer Gebiet im November nicht selten noch gestreifte Frischlinge anzutreffen. Nach BROMLEJ (1964) währt die Frischzeit im Fernen Osten der UdSSR vom 20. März bis 19. April an. Die früheste Geburt wurde am 9. März nachgewiesen.

In den USA frischen Bachen aus Populationen mit Hausschweineinfluß das ganze Jahr, doch mit einem Gipfel zwischen Januar und Juni, während es von August bis November am seltensten vorkommt (SWEENEY et al., 1979).

Die Hauptfrischzeit des Wildschweines liegt somit in den Monaten März und April, sie beginnt Ende Februar und reicht bis in den Mai. Übereinstimmend wird festgestellt, daß sie bei guten Ernährungsbedingungen, vor allem einer Baummast, früher eintritt (z. B. KOSLO, 1975; DE VOS und SASSANI, 1977; MEYNHARDT, 1978; AUMAITRE et al., 1982). Die häufig mit dieser Mitteilung verbundene Ansicht, daß schlechte Witterungsbedingungen die Frischzeit hinauszögern, ist sicherlich in erster Linie auf das spätere Verlassen des Wurfkessels zurückzuführen.

Es scheint, daß Altbachen im Regelfall früher frischen als Frischlingsbachen (vgl. Tab. 6/3).

Unterschiedliche Frischtermine der Altersklassen können die Länge der Frischzeit wesentlich beeinflussen. Innerhalb der Mutterfamilien macht MEYNHARDT (1978) auf eine Geburtenhäufung infolge von Brunftsynchronisation aufmerksam.

Die im Juli/August nochmals eintretenden Geburten sind wohl in der Mehrzahl der Fälle auf den Verlust der Frischlinge des er-

Abb. 6/13 Bache mit Frischlingen aus 2 Würfen, Ende September. Bache links, dahinter Überläufer, rechts 3 Frischlinge des 1. Wurfs vom 12. 4., Bildmitte 1 Frischling des Wurfes vom 20. 8. (Foto: FREYMANN)

sten Wurfes zurückzuführen. So einen Fall beobachtete MEYNHARDT (briefl.). Eine Bache, die am 28. Februar 1978 gefrischt hatte, verlor nach wenigen Tagen ihren gesamten Nachwuchs. Sie wurde am 28. März erneut beschlagen und warf am 22. Juli nochmals 6 Frischlinge. Sie ist demzufolge während des nächsten Oestrus beschlagen worden.
Nach Gatteruntersuchungen von MARTYS (1982) in Österreich fielen 23 % von 20 studierten Würfen in die Monate Juni bis August, ein außergewöhnlich hohes Ergebnis. Zur unregelmäßigen Zeit frischende Bachen sollen diesen Rhythmus in den folgenden Jahren beibehalten. Durch OLOFF (1951) wurde die Meinung geäußert, daß zweimaliges Frischen und Führen in einem Jahr beim Schwarzwild in Westdeutschland als Regel anzusehen sei. Nach seiner in der anschließenden Literatur oft wiederholten Auffassung frischen und führen nach Mastjahren 100 % der Altbachen und 25 % der Überläuferbachen 2 Male im Jahr. Diese Ansicht wurde durch Tiergartenbeobachtungen von STEINBACHER (1953) und LINDEMANN et al. (1953) gestützt. MARTYS (1982) hält ein zweimaliges Frischen auf der Grundlage von Familienverbänden für nicht außergewöhnlich und beschreibt einen Fall, in dem die Frischlinge des ersten Wurfes von der Schwester der Bache weitergesäugt wurden, die gerade ihren Wurf verloren hatte.
Für die freie Wildbahn liegt jedoch bisher kein einwandfreier Nachweis, der an markierten Stücken erbracht werden müßte, vor. Es wurde lediglich durch FREYMANN bei einer zahm aufgezogenen und halbwild gehaltenen Bache ein zweimaliges Frischen im Jahr verzeichnet (Abb. 6/13). Diese Bache erbrachte am 12. April einen Wurf von 3 Frischlingen und am 20. August einen weiteren in gleicher Stärke. Um den zweiten Wurf hat sich die Bache nie recht gekümmert, auch der abgebildete letzte Frischling des 2. Wurfes verendete noch während des Herbstes. Das inzwischen sorgfältig erforschte Sozialverhalten des Schwarzwildes läßt es für den Normalfall als unwahrscheinlich ansehen, daß Bachen während der Laktation erneut rauschen und im Herbst wieder frischen.

6.6.1.2. Geburt

6.6.1.2.1. Vorbereitungshandlungen

Die Bache wählt den Wurfplatz innerhalb ihres bisherigen Wintereinstandes. Für die Auswahl des Platzes scheinen folgende Bedingungen ausschlaggebend zu sein:
- Unzugänglichkeit, geringe Gefährdung durch menschliche Störungen;
- Windruhe und Sonneneinfall, nach Möglichkeit Südexposition;
- guter Bodenbewuchs (Gräser, Schilf, Zweige und Triebe);
- Bodentrockenheit;
- nach BROMLEJ (1964) und KOSLO (1975) wird in trockenen Gebieten auch die Nähe von Wasserstellen gesucht.

Demzufolge findet man Wurfkessel bevorzugt auf trockenen Stellen innerhalb von Sümpfen und Brüchen oder in breiten Schilfgürteln vorhandener Seen, auf lichten Stellen innerhalb von Dickungen, aber auch in unterwuchsreichen, gelichteten Althölzern. Er wird oft an solchen Stellen unter tiefkronigen Nadelhölzern angelegt, deren Zweige Schutz vor Niederschlägen bieten. Die Bache sucht den zukünftigen Wurfplatz etwa 1 bis 3 Tage vor dem Geburtstermin auf und hat ihn möglicherweise schon längere Zeit vorher ausgewählt. Ältere Bachen scheinen mehrere Jahre hintereinander den gleichen Platz zu bevorzugen.
Die Trennung aus dem bisherigen Familienverband, also vor allem von den vorjährigen Frischlingen, erfolgt erst wenige Tage bis höchstens eine Woche vor der Geburt (GUNDLACH, 1968). Die Bache wehrt eventuell sie begleitende bisherige Rottenmitglieder ab und duldet sie nicht im näheren Umkreis des im Bau befindlichen Wurfkessels. Bei sehr kleinen Wintereinständen kann der Eindruck entstehen, daß der bisherige Rottenverband aufrechterhalten bleibt (MEYNHARDT, 1978).
Das Verhalten der Bache ist durch erhöhte Unruhe und Wachsamkeit, Isolierungsbestrebungen und sehr starke Einschränkung der Nahrungsaufnahme gekennzeichnet. Äußere Kennzeichen, wie Anschwellen der Scham und Zitzen, sind unter Freilandbedingungen kaum feststellbar. Auffällig ist in vielen Fällen die durch die Tracht bedingte

Vergrößerung des Körperumfanges. Der Bau des Wurfkessels wurde ausführlich von GUNDLACH (1968) untersucht, dessen Ermittlungen hier gefolgt wird. Der Bau beginnt mit dem Ausmulden. Die Bache schafft mit dem Wurf eine flache Bodenvertiefung und häuft die Erdschicht vor sich am Rande des zukünftigen Wurfkessels auf. Im Anschluß setzt das Sammeln von Nestmaterial ein. In einem Umkreis bis zu 50 m werden trockenes Gras, Laub und kleine Zweige mit den Zähnen abgerissen. Sie sammelt Bündel dieses Materials im Gebrech und trägt sie mit erhobenen Kopf zur Mulde. Dort werden die Bündel in oder am Rande der Mulde abgelegt. Das gesammelte Material wird zum Auspolstern der Mulde verwendet. Die Bache steht in der Mulde, lockert das Material mit dem Gebrech auf und schiebt es, sich im Kreise drehend, hin und her. Herausfallende Neststoffe werden mit den Vorderläufen herangeholt und mit der Kopfunterseite festgedrückt. Das Materialsammeln und Auspolstern wechseln einander mehrfach ab, bis die Mulde ausgepolstert ist und sich der Nestrand deutlich abhebt.

Nach Beendigung des Muldenbaus kommt es zum Eintragen von Bedeckungsmaterial. Die Mulde wird mit Gras und Zweigen angefüllt, die von einer bestimmten Höhe an dem Rande abgelegt und durch Aufwärtsbewegungen des Kopfes zur Mitte hin geschleudert werden. Von Zeit zu Zeit betritt sie das Nest, dreht sich um ihre Achse und betastet mit der Wurfscheibe die Innenfläche. In die Nestbedachung werden auch daumendicke bis unterarmstarke Zweige und Knüppel eingebaut, die dem Bau die erforderliche Festigkeit verleihen. Die Zweige können eine Länge bis zu 2 m erreichen. Die Äste und Zweige werden von Laub und Gras weitgehend bedeckt und sind nur am Rande sichtbar. Bei einer Höhe von etwa 1 m wird der Nestbau eingestellt. Durch Einschieben in den Wurfkessel wird die endgültige runde bis ovale Form desselben hergestellt. Die Bache geht langsam mit dem Kopf voran in den Haufen, wühlt sich zur Mulde durch und legt sich darin nieder. Durch häufiges Wiederholen dieses Vorganges wird der gesamte Haufen stabilisiert. Herabfallendes Material wird immer wieder mit den Vorderläufen herangeholt und mit dem Kopf am Rande festgedrückt. Die Gesamtgröße des Wurfkessels beträgt etwa 2 m × 2 m bei etwa 1 m Höhe. An der Nordgrenze des Areals können Wurfkessel bis 6 m^2 groß und 1,20 m hoch sein (RUSAKOW und TIMOFEJEWA, 1984). In einem von MEYNHARDT (1978) beobachteten Fall betrug die gesamte Bauzeit etwa 3 Stunden. Sie kann sich nach GUNDLACH mit Unterbrechungen über mehrere Tage erstrecken.

W. und M. STUBBE (1977) unterschieden im Hakel reine Laubnester, Grasnester, Strohnester und Wochenbetten, die mit Laub ausgepolstert und mit daumenstarkem Reisig abgedeckt waren (Linde und Feldahorn). In einem Falle wurde auf einem Stoppelfeld mit liegengebliebenen Strohreihen der Mähdrescher gefrischt. Im Kreis Eberswalde werden nicht selten reine Schilfnester festgestellt. Nach GRAUVOGL (1958) und BUSS (1972) werden die Grundzüge des für Ungulaten ungewöhnlichen Nestbauverhaltens auch vom Hausschwein ausgeübt. Während Wildschweine nach anatomischen und morphologischen Befunden als Nestflüchter anzusehen sind, entspricht diese Verhaltensweise der von Nesthockern. Daher bezeichnet PORTMANN (1960) das Wildschwein als „sekundären Nesthocker". Die Ursache für den Nestbau ist in erster Linie im hohen Wärmebedürfnis der Frischlinge in den ersten Lebenstagen zu suchen.

6.6.1.2.2. Geburtsvorgang

Die Wehen beginnen manchmal schon 1 Stunde vor der Geburt (MARTYS, 1982) und können von Stöhnen und Schmatzen begleitet sein. Einer Serie von Preßwehen folgt eine Wehenpause von etwa 10 Minuten. Ist der erste Frischling geboren, sind Wehen oft kaum noch erkennbar. Bei der Geburt liegt die Bache gewöhnlich in Seitenlage, doch manchmal auch in Bauchlage, und manchmal steht sie auf, um besser pressen zu können. Die Frischlinge werden sowohl in Kopf – als auch in Steißlage, zu etwa gleichen Teilen, geboren (STUBBE und STUBBE, 1977; MARTYS, 1982).

Die Fruchtblase platzt normalerweise in den Geburtswegen. Die meisten Frischlinge werden bereits mit geplatzten Eihäuten geboren, die sie am Nestmaterial schnell abstreifen. Martys (1982) stellte fest, daß die nicht präformierte Nabelschnur in den meisten Fällen (67 %) bei der Austreibung durchtrennt wird; bei den übrigen Fällen wird sie nach wenigen Minuten durch die Frischlinge zerrissen. Ein Sauberlecken der Frischlinge durch die Bache kommt nicht vor. Die Gesamtdauer der Austreibungsphase von den ersten Preßwehen bis zur Geburt des letzten Frischlings wurde durch Martys (1982) bei 20 Würfen mit 141 ± 63 Minuten ermittelt. Die Zeitdauer schwankte zwischen 72 und 319 Minuten.
Die Nachgeburt wird etwa 25 bis 35 Minuten nach der Geburt des letzten Frischlings, oft in mehreren Portionen, abgegeben. Von der Geburt des letzten Frischlings bis zu ihrem vollständigen Ausstoßen vergehen etwa 70 Minuten. Somit ist die gesamte Geburtsdauer auf etwas über 3 Stunden (198,8 ± 34 Minuten nach Martys) anzusetzen. Sie erfolgt demnach möglicherweise etwas rascher als beim Hausschwein, was u. a. auch auf der geringeren Frischlingszahl beruht. Die Frischlinge erscheinen in Abständen von etwa 22 Minuten.
Die Nachgeburt wird nach Martys (1982) gleich nach Beendigung der Geburt oder bei der Nestsäuberung von der Bache gefressen. Die meisten Geburten erfolgten im Frühjahr in den Stunden vor Mitternacht (21 bis 23 Uhr), im Sommer aber auch mittags (11 bis 13 Uhr). Die Geburtszeiten stehen mit den nach Jahreszeit und Beunruhigung unterschiedlich gelagerten Ruhephasen (vgl. Abschnitt 8.4.) in Zusammenhang.
Komplikationen beim Geburtsvorgang kommen auch beim Wildschwein vor. W. und M. Stubbe (1977) berichten von einer beim Geburtsvorgang verendeten Altbache. Vier bereits geborene Frischlinge lagen tot im Wurfkessel, der fünfte Frischling war in den Geburtswegen steckengeblieben, fünf weitere Frischlinge befanden sich noch im Uterus. Meynhardt (1978) beobachtete eine hochbeschlagene Frischlingsbache, die offensichtlich Geburtsschwierigkeiten hatte. Sie wurde später verendet in einem Waldtümpel gefunden. Bei der Obduktion wurde ebenfalls Beckenenge festgestellt. Der Kopf des ersten von sechs Frischlingen war im Becken steckengeblieben, dessen Innendurchmesser von 5,5 cm für den Kopfdurchmesser von 7 cm nicht ausreichte. Der gleiche Verfasser berichtet später (1979), daß in dem von ihm kontrollierten Bestand insgesamt 4 Frischlingsbachen aus gleichem Grunde verendeten. Ausführungen über die Wurfgröße wurden bereits im Abschnitt 6.5.3. gebracht. Angaben zur Körpermasse neugeborener Frischlinge enthält der Abschnitt 3.1.2.1.

6.6.2. Führzeit

6.6.2.1. Verhalten nach der Geburt

In den ersten Tagen nach der Geburt sind Bache und Frischlinge eng an den Wurfkessel gebunden (Abb. 6/14). Die Bache liegt die meiste Zeit in Seitenlage, die Frischlinge dicht zusammengedrängt an ihrer Bauchseite (Gundlach, 1968). Die Temperatur im Wurfkessel kann so nach Messungen von Meynhardt wesentlich über die Außentemperatur ansteigen. Das ist für ein Gedeihen der Frischlinge besonders wichtig, da sie, wie Myrcha und Jezierski (1972) durch spezielle Stoffwechseluntersuchungen wahrscheinlich machten, ebenso wie Hausschweinferkel in den ersten 10 Tagen nach der Geburt ihre Körpertemperatur nur unvollkommen regulieren können. Die Bache erhebt sich von Zeit zu Zeit, betastet die Jungen mit dem Wurf und stößt Locklaute aus. Diese Lockgrunzlaute werden als akustischer Kontakt während der ganzen Führzeit beibehalten. Vor dem Niederlegen wird das Nestmaterial geordnet. Drückt sie beim Niederlegen einen Frischling, wird durch dessen Quieken eine Lagekorrektur ausgelöst.
Bei Sonneneinstrahlung kommt es vor, daß der Kessel geöffnet wird. Meynhardt (1978) beschreibt diesen Vorgang folgendermaßen: „Das Muttertier hob sich an und verteilte sehr gleichmäßig das Nestmaterial nach links und rechts, so daß es zwei Haufen ergab. Die Frischlinge zeigten der Mutter durch bestimmte Laute und enges Zusammenrücken an, daß ihnen kalt war. Die

Abb. 6/14 Bache am Wurfkessel (Foto: FREYMANN)

Bache warf dann das Nestmaterial mit dem Rüssel über die Jungen und schob sich sehr vorsichtig mit dem Kopf voran in das Nest hinein." Das Verlassen des Wurfkessels ist sehr wesentlich von den Witterungsbedingungen abhängig. Die Bache verläßt nach GUNDLACH den Kessel schon am Tage nach dem Frischen zum Koten und Harnen sowie zur kurzzeitigen Nahrungsaufnahme. Bei ihrer Rückkehr übt sie stets Nestbauhandlungen aus. Die Frischlinge folgen dem Lockgrunzen der Bache und können sich an relativ warmen Tagen schon längere Zeit außerhalb des Kessels aufhalten.

Durch Dauerbeobachtungen an zwei Wurfkesseln wies GUNDLACH diese Temperaturabhängigkeit überzeugend nach (Tab. 6/13 und Abb. 6/15). Nach zahlreichen Beobachtungen (darunter FRÄDRICH, 1965; GUNDLACH, 1968; MEYNHARDT, 1978) sind Bachen mit ihren Frischlingen vorwiegend, wenn zumindest in den ersten Wochen nicht sogar ausschließlich, unter ungestörten Bedingungen tagesaktiv. Nach Gundlach wurden in einem Großgatter beobachtete Bachen etwa 3 Stunden nach Sonnenaufgang aktiv und beendeten die Aktivität nach Sonnenuntergang bei beginnender Dunkelheit. Auch in bejagten Beständen werden nach Beobachtungen des Verfassers kleine Frischlinge von ihren Bachen gern am Tage aus dem Kessel geführt. Wenn sich die Bache jedoch zur Nahrungsaufnahme weiter von ihnen entfernen muß, geschieht das fast immer nur in der Dämmerung und Dunkelheit. Die Frischlinge bleiben dann im Kessel ruhend zurück. Die Bache verläßt mit ihren Frischlingen den Wurfkessel endgültig nach ein bis drei Wochen, wobei möglichst günstige Witterungsbedingungen gewählt werden. Danach werden an anderer Stelle Schlafkessel angelegt.

Durch MEYNHARDT (1978) wurde festgestellt, daß Bachen, die dem gleichen Familienverband angehören und etwa gleichzeitig gefrischt haben, sich nach 3 bis 4 Tagen in einem gemeinsamen Schlafkessel zusammenfinden können. Während die Frischlinge gemeinsam in den Kessel gehen, können sich die Bachen außerhalb desselben niederlegen. Auf den Warnlaut der Bache hin drücken sich die Frischlinge fest auf den Boden, wo sie infolge ihrer Streifenzeichnung kaum erkennbar sind. Das Drükken wird auch ohne Warnlaut bei Erscheinen eines Menschen, sicher auch anderer unbekannter Objekte, ausgelöst. Es kann nach GUNDLACH (1968) bis zu 45 Minuten nach der Störung beibehalten werden. Die Bache verteidigt ihre Frischlinge in den er-

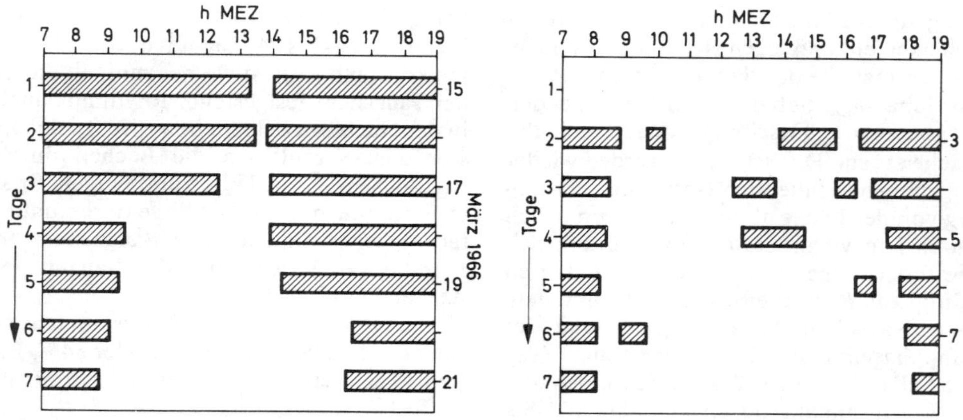

Abb. 6/15 Dauer des Aufenthaltes von 2 Bachen im Wurfkessel, 1. bis 7. Tag nach der Geburt, vgl. Angaben der Lufttemperatur in Tabelle 6/13 (nach GUNDLACH, 1968)

Tabelle 6/13 *Lufttemperatur in °C an zwei Wurfkesseln vom 1. bis 7. Lebenstag der Frischlinge*

Alter	Bache A: März 1966			Alter	Bache B: April 1965		
Tage	7.00	14.00	21.00	Tage	7.00	14.00	21.00
1	−1,8	1,6	1,3	1	8,8	19,1	12,0
2	0,0	2,8	1,3	2	9,8	20,6	14,3
3	1,4	3,4	3,6	3	11,6	18,6	11,5
4	4,3	8,0	6,0	4	6,9	17,8	13,2
5	5,2	5,7	1,0	5	8,0	17,6	12,9
6	−0,7	5,4	1,9	6	8,2	17,7	12,8
7	0,4	14,0	8,5	7	10,4	10,4	9,1

Bache A: 7 Frischlinge; Bache B: 4 Frischlinge

sten Tagen bei Unterschreiten einer kritischen Distanz von 20 bis 40 m gegen jedes andere größere Lebewesen, einschließlich ihrer vorjährigen Frischlinge (MEYNHARDT, 1978). Ihre Verteidigungsbereitschaft wird später unspezifisch durch das Angstquieken eines Frischlings ausgelöst. Ob es zu ernsten Angriffen gegenüber einem Menschen kommt, wird neben dem Alter der Frischlinge und der Nähe des Wurfkessels auch vom Alter und von der Lebenserfahrung der Bache entscheidend beeinflußt.

6.6.2.2. Saugverhalten und Laktation

Neugeborene Frischlinge suchen unmittelbar nach der Geburt nach den Zitzen (GUNDLACH, 1968). Die Orientierung wird durch Wärme- und Berührungsreize gesteuert. GUNDLACH unterscheidet drei verschiedene Phasen des Saugverhaltens.
Vormassage: Die Bache liegt in Seitenlage und spreizt häufig den oben gelegenen Hinterlauf ab. Die Frischlinge stehen im rechten Winkel zur Bauchseite, bewegen die Schnauze auf und ab und stoßen vereinzelt mit dem Kopf. Die Schwänze sind nach oben gerichtet. Häufig wird mit den Vorderläufen alternierend getreten. Die Bache stößt rhythmische Grunzlaute aus.
Milchfluß: Das Kopfstoßen wird eingestellt, die Zitzen etwas in die Länge gezogen. Die Frischlinge stehen ruhig und saugen, die Ohren sind angelegt, die Pürzel

hängend. Sie knicken häufig in den Carpalgelenken ein und legen sich auf den Bauch. Die Grunzlaute der Bache verstummen.
Nachmassage: Sobald der Milchfluß endet, massieren die Frischlinge den Bauch der Bache erneut. Die Schwänze werden wieder angehoben. Schließlich lassen sie selbständig von der Bache ab oder diese trennt sich durch Lageveränderung. Oft schütteln sich die Frischlinge anschließend. Sie laufen häufig zur Wurfscheibe der Bache und nehmen Nasenkontakt auf. Die Länge der Saugphasen bei 6 Bachen betrug am 1. Tag 158 Sekunden, am 2. Tag 170 Sekunden und ab 8. Tag annähernd gleichmäßig 122 Sekunden (Abb. 6/16).
Der Saugrhythmus stellt sich erst am 2. Tag ein. Der Abstand zwischen den Saugakten beträgt zunächst etwa 40 Minuten und bleibt vom 4. bis 24. Tag um etwa 50 Minuten konstant. Es ist nicht bekannt, ob dieser bei Tageslicht festgestellte Rhythmus auch in der Nachtzeit beibehalten wird. In der ersten Zeit veranlassen die Bachen durch rhythmische Grunzlaute zum Saugen. Später bestimmen die Frischlinge durch ununterbrochenes Quieken die Saugzeiten. In Familienverbänden wirkt das Saugen ansteckend (Abb. 6/17).
HABER (1969) teilte folgende Zusammensetzung der Sauenmilch mit : Wasser 84 %, Eiweiß 9 %, Fett 4 %, Zucker 2 %, Mineralstoffe 1 %.
Nach GUNDLACH sind Frischlinge schon vom ersten Tag an zitzentreu, wenn auch bei kleineren Würfen in den ersten 2 Wo-

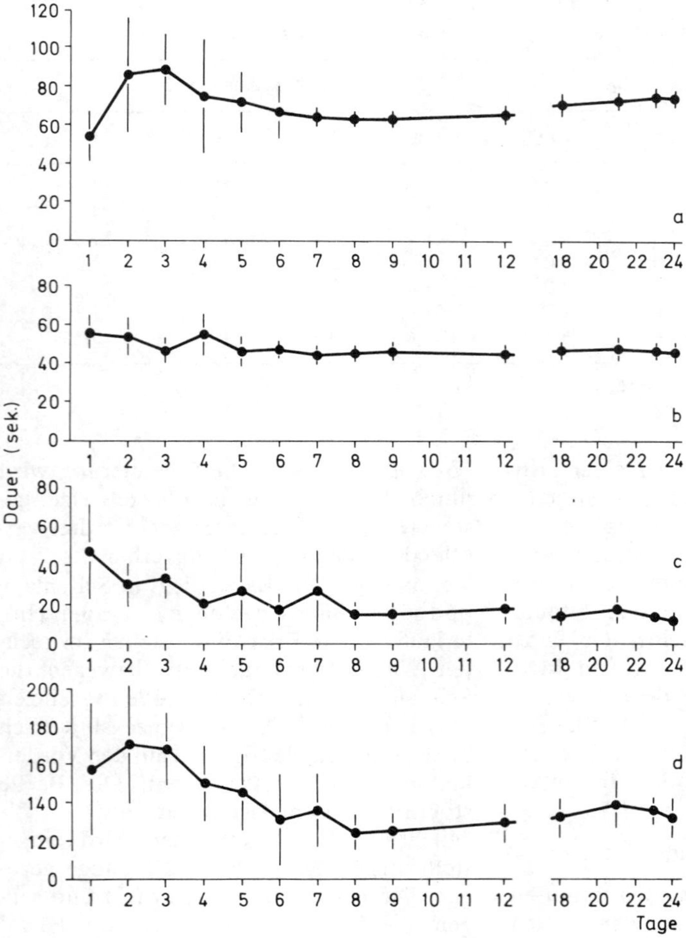

Abb. 6/16 Dauer der 3 Phasen des Saugverhaltens im Verlauf der Entwicklung (bis 24. Tag)
(nach GUNDLACH, 1965)
a – Vormassage
b – Milchfluß
c – Nachmassage
d – Gesamtsaugzeit
Die senkrechten Striche bezeichnen die Streuung.

Abb. 6/17 Saugende Frischlinge
(Foto: FREYMANN)

chen nicht selten Saugversuche an daneben liegenden Zitzen unternommen werden. Nach HÖPLER (1943) trifft die Zitzentreue beim Hausschwein am 1. Tag bei etwa 30 %, nach einer Woche bei 60 % und nach 4 Wochen bei 92 % der Ferkel zu.
MEYNHARDT (1978) konnte dagegen Zitzentreue zunächst nicht feststellen. 3 bis 4 Tage alte Frischlinge wechselten sowohl die Zitzen einer Bache als sogar auch die Bachen. Doch nach spätestens 3 bis 4 Wochen war dieses Verhalten nicht mehr zu beobachten. Nicht benutzte Zitzen bilden sich zurück. Nach allen bisherigen Beobachtungen betrifft das fast ausschließlich die vorderen Brustwarzen (Abb. 6/18).
Nach Beobachtungen von HARTMUTH (1962) können Frischlinge ab etwa 14 Tagen

Abb. 6/18 Überläuferbache im Juli. Da sie nur 2 Frischlinge führt, sind nur die beiden hintersten Striche des Gesäuges ausgebildet.
(Foto: MEYNHARDT)

auch bei anderen Bachen saugen. MEYNHARDT weist aber darauf hin, daß die Frischlinge ihre Zitzen verteidigen und daß somit zunächst dieser Wechsel selten ist. Mutterlosen Frischlingen wird von anderen Bachen des Familienverbandes das Saugen nicht verwehrt, sie kommen im Regelfall aber erst dann dazu, wenn die eigenen Frischlinge bereits gesättigt sind. Dadurch kümmern sie in kurzer Zeit und gehen meist ein.

Die Gesamtdauer der Laktationsperiode wird mit 3 bis 4 Monaten angegeben. Erst dann werden die Frischlinge immer häufiger durch einen Stoß mit dem Gebrech von der Bache abgewehrt. In diesem Alter ist die Frischlingsstreifung völlig verschwunden, die Frischlinge treten in die Jugendphase ein.

6.6.2.3. Entwicklung wichtiger Verhaltensweisen

6.6.2.3.1. Kommunikation

Die Verbindung zwischen der Mutterbache und ihren Frischlingen wird durch olfaktorische und akustische Signale hergestellt und aufrechterhalten. Dagegen kann ein visuelles Erkennen zunächst nicht von Bedeutung sein, wenn auch die bei jedem Frischling individuelle Streifenzeichnung theoretisch auch der Bache ein Unterscheiden ermöglichen könnte.

Olfaktorisch: Es ist anzunehmen, daß bereits durch den engen Körperkontakt im Wurfkessel eine Prägung der Frischlinge auf den Körpergeruch der Bache erfolgt.

Eine hohe Bedeutung hat dabei sicher auch der in Verbindung mit dem Saugakt von den Frischlingen häufig gesuchte Nasonasalkontakt. Dieser Nasenkontakt wird in den ersten Tagen nach der Geburt am häufigsten wahrgenommen; das Verhalten erlischt etwa nach 3 Wochen (GUNDLACH, 1968). Nach MEYNHARDT (1978) sowie KLINGHOLZ et al. (1979) tritt weiterhin und über längere Zeit anhaltend das Beriechen der Carpaldrüsen an den Vorderläufen der Bache auf.

Akustisch: Bereits von der Geburt an äußern die Frischlinge Kontakt-, Hunger- und Schmerzlaute. Auch die Bache gibt rhythmische grunzende Kontakt- und Locklaute ab. Vom 3. Lebenstag an werden Such-, Angst-, Kampf- und Abwehrlaute der Frischlinge registriert. Bereits 1 bis 2 Stunden nach der Geburt soll die Prägung der Frischlinge auf die Mutter (und umgekehrt) durch Kontaktlaute wirksam werden. Die Bache erkennt die Such- und Hungerlaute ihrer Frischlinge, andererseits werden durch die Kontaktlaute der Bache ihre eigenen Frischlinge angezogen. Die Kontaktlaute von Wurfgeschwistern weisen ähnliche Lautdauer-Tonhöhen-Diagramme auf. Angstlaute sind unspezifisch und veranlassen alle Bachen zu aggressiven Reaktionen. Etwa mit der 3. Woche wird das Lautinventar der Frischlinge durch Warn- und Alarmlaute ergänzt.

6.6.2.3.2. Allgemeine Bewegungsformen

Lokomotion und Ruhe

Frischlinge können sich schon kurz nach der Geburt voll koordiniert fortbewegen. Sie sind sehr beweglich und unternehmen Sprünge mit Drehungen um die eigene Körperachse. Bei der Ruhelage wird der Kontakt mit anderen Frischlingen, und in der ersten Woche stets mit der Mutterbache gesucht (Abb. 6/19). Von diesem Zeitpunkt ab gehen dem Niederlegen bereits Scharr- und Wühlbewegungen voraus. Mit dem Ruheverhalten ist Gähnen und Sichstrecken korreliert (GUNDLACH, 1968).

Komfortverhalten

Bereits bei einen Tag alten Frischlingen treten Kratzbewegungen mit den Hinterläufen auf. Später setzt das „Malen", das Sichreiben an dazu geeigneten Objekten, ein (Abb. 6/20). Etwa mit einer Woche ist dieses Verhalten voll entwickelt. Auch das Sitzrutschen zum Scheuern der Analregion (nach FRÄDRICH, 1965) ist in diesem Alter zu beobachten.

Wälzen und Suhlen treten frühestens im Alter von 4 Wochen auf, das Suhlen nach MEYNHARDT (1978) erst mit etwa 3 Monaten. Körper pflegehandlungen durch die Bache beobachtete MEYNHARDT vom 4. bis 5. Lebenstage an. Die Frischlinge wurden

Abb. 6/19 Kopfpolorientiertes Spiel in den ersten Lebenstagen dient der Prägung auf die Bache. (Foto: FREYMANN)

Abb. 6/20 Der Wurf der Bache ist auch zum Malen geeignet (Foto: FREYMANN)

täglich mehrmals mit der Wurfscheibe massiert und dabei Ungeziefer abgelesen. Bereits vom 7. Tage an führt nach HARTMUTH (1962) das Berühren an Bauch, Rippen oder Rücken zum Strecken der Hinterläufe, Seitwärtsbewegen und endlich Umfallen in Seitenlage (Mammalreflex).

6.6.2.3.3. Nahrungsaufnahme

Bereits am 1. Lebenstage sind erste Wühlintentionen feststellbar. 4 Tage nach der Geburt stellt GUNDLACH (1968) erstes „Interesse“ an pflanzlichen Nahrungsstoffen fest. Die Frischlinge nahmen Gräser und Laubblätter auf, kauten darauf herum und ließen sie wieder fallen. Vom 12. Tage ab wurden Gras und Maiskörner aufgenommen.

6.6.2.3.4. Spielverhalten

Die Grundzüge des Kampfverhaltens erscheinen in spielerischer Form bereits vom ersten Lebenstage an. Sie nehmen an Häufigkeit und Intensität stark zu, so daß Frischlinge in den Aktivitätsphasen fast stets in lebhafter Bewegung sind.
GUNDLACH (1968) unterschied bereits die Frontalhaltung (Nasonasal-Kontakt), Antiparallelstellung, Schulterstemmen, Schnauzenstoß, Unterfassen, Beißen und Kopfschlagen. Die Reihenfolge der Elemente ist sehr variabel, die Handlungen werden von Lauf- und Fluchtspielen unterbrochen oder damit abgeschlossen. Derartige Spiele können einzeln oder zu mehreren durchgeführt werden. In letzterem Falle ist ein Wechsel zwischen Verfolger und Verfolgten anscheinend völlig unmotiviert. Doch beobachtete HARTMUTH (1962), daß der zum Spiel Auffordernde sich gewöhnlich einen schwächeren Partner sucht. Daraus sind Anfänge der Rangordnungsermittlung ableitbar. Laufspiele enden oft mit senkrechten Sprüngen und Drehungen um die Körperachse. Von der 2. bis zur 4. Lebenswoche entwickeln sich wesentliche Elemente des Imponierverhaltens. GUNDLACH beschreibt das Parallel- und Antiparalleldrohen und den Imponierlauf.

Paarungsverhalten

Mit 2 bis 3 Tagen gibt es Aufreitversuche, die am 5. Tag vollständig beherrscht werden. Die Frischlinge führen Kopulationsbewegungen aus und reißen dabei den Kopf hoch. Nach MEYNHARDT zeigen dieses Verhalten nur männliche Frischlinge.

Nestbauverhalten

Frischlinge scharren nach 6 Tagen im Wurfkessel Nestmaterial zusammen. Tragen von Holzteilen oder schwachen Ästen setzt nach etwa 1 Woche ungerichtet ein.

Spiel mit Objekten

Das Herumtragen, „Totschütteln“ und eventuell Zerreißen unbelebter Objekte tritt ab der 2. Lebenswoche auf. Es steckt zu Verfolgungsspielen und Abjagen der „Beute“ an.

6.6.2.4. Postnatale Verluste

Schon unmittelbar nach der Geburt treten Verluste unter den Frischlingen ein. Dadurch wird die reale Natalität allmählich zur reproduktiven Natalität reduziert. Unter dieser ist beim Wildschwein die durchschnittliche Anzahl von Frischlingen je Bache zur ersten auf die Geburt folgenden Rauschzeit zu verstehen. Die Differenz zwischen beiden Begriffen der Natalität bezieht sich also auf den Frischlingsabgang im Verlaufe von etwa 8 Monaten.
Während dieser Zeitspanne unterliegen die Frischlinge jedoch bereits einer intensiven Bejagung. Diese setzt annähernd im Juli, also im Frischlingsalter von etwa 4 Monaten ein. Der zu diesem Zeitpunkt vorhandene Frischlingsbestand wird auch als nutzbarer Zuwachs bezeichnet; er ist also zwischen der durch die Geburtenziffer bestimmten realen und der reproduktiven Natalität zu finden. Zu seiner Bestimmung ist die annähernde Kenntnis der postnatalen Verluste Voraussetzung. Der Verlust ganzer Würfe erfolgt in den Tagen nach der Geburt hauptsächlich bei zu frühem Frischtermin infolge ungünstiger Witterungseinflüsse, Verenden der Bache in Nachwirkung des Geburtsgeschehens und den Abschuß der Mutterbache in den ersten Lebenswochen der Frischlinge.
Der Verlust infolge ungünstiger Witterungsbedingungen dürfte – in Anbetracht der ausgedehnten Frischzeit – häufiger sein als allgemein angenommen. Im Januar und Februar geborene Frischlinge brauchen, um überleben zu können, mindestens in den ersten 3 Lebenswochen eine relativ milde Witterung, und vor allem eine erfahrene und gut ernährte Mutterbache, die einen warmen Wurfkessel baut und reichlich Milch spendet.
Die Frischlinge sind zunächst verhältnismäßig schwach behaart und ihr Temperaturreglungsvermögen ist noch nicht voll ausgebildet (MYRCHA und JEZIERSKI, 1972). Störungen der Altbache, die sie zu längerem

Abb. 6/21 Links gut entwickelte Frischlinge zum Ende der Laktationsperiode; rechts Frischlinge aus einem verspäteten Wurf, im August (Foto: MEYNHARDT)

Verlassen des Wurfkessels nötigen, können zur Unterkühlung der „Nesthocker" und ihrem anschließenden Tode beitragen. W. und M. STUBBE (1977) beschreiben einen derartigen Fall. Der Einfluß des Verlustes ganzer Würfe auf den Zuwachs wird allerdings durch das Nachrauschen der Bachen etwas gemildert (Abb. 6/21).

Der Verlust einzelner Frischlinge des Wurfes ist sehr schwer erfaßbar. Die erwähnte hohe Variationsbreite der Geburtsmasse mag das Überstehen ungünstiger Witterungsbedingungen schon für einige Frischlinge einschränken. Durch ANDRZEJEWSKI et al. (1976) wird durch Vergleichsversuche die Ansicht vertreten, daß gefleckte Mutanten in der Stoffwechselaktivität und Thermoregulation hinter Normalvarianten zurückbleiben und daher Umweltdrücken weniger standhalten. Ein eindrucksvolles Beispiel für die Witterungsabhängigkeit der Frischlinge lieferten DE VOS und SASSANI (1977). Nach einem starken Schneefall am 25. März fanden sie in ihrem iranischen Untersuchungsgebiet in neunstündiger Suche 91 verendete Frischlinge. MEYNHARDT (1978, 1979) lieferte einen Aufschluß über das Ausmaß und die Ursachen der Frischlingsabgänge. Bis zum 8. Lebensmonat hatte sich die Zahl der in 4 Jahren in seiner Population registrierten Frischlinge um das überaus hohe Maß von 37 % verringert. Davon traten 5,5 % des Verlustes direkt bei der Geburt durch Verenden der Mutterbachen oder einzelner Frischlinge auf. Weitere 11 % verhungerten in den ersten 2 Lebensmonaten infolge des Abschusses ihrer Mütter. Der „natürliche Abgang" betrug somit 26 %, davon bis zum Ende des ersten Lebensmonats 12 %, bis 6. Lebensmonat 7,1 % und bis zum 8. Lebensmonat 1,4 %. Neben Witterungseinflüssen führt MEYNHARDT als Verlustursachen vor allem Laufverletzungen und -zerrungen in den ersten Lebenswochen und im höheren Alter Lungenwurmbefall an.

Nach den Gatterbeobachtungen von MARTYS (1982) gab es 2,3 % Totgeburten, und 4 %

der Frischlinge verendeten noch während der ersten 12 Lebensstunden. Im Verlauf der Säugezeit gingen weitere 17 % verloren, so daß bei Ausschluß des Feindfaktors, insgesamt 23 % der Geburtenzahl in den ersten Lebensmonaten verendeten.

Nach JEZIERSKI (1977) betragen die natürlichen Abgänge innerhalb der ersten 2 Lebensmonate im Kampinos-Nationalpark ebenfalls etwa 15 %. DONAUROW und TEPLOW (1938) ermittelten durch Beobachtung die Rottenzusammensetzung des Schwarzwildes im Kaukasus und fanden einen Frischlingsabgang von April bis Mai, also etwa im ersten Lebensmonat, von 11 %. Bis zum Juni betrug der Abgang weitere 9 % und bis zum Juli 5 %, so daß in den ersten 4 Lebensmonaten etwa 25 % der Frischlinge, vorwiegend durch den Einfluß der Witterung, abgehen. Zu einem ähnlichen Ergebnis kommt BROMLEJ (1964), der im Fernen Osten der UdSSR einen Frischlingsabgang bis zum Alter von 4 Monaten um 20 %, vorwiegend durch Wolf, Bär und Luchs, feststellt.

KOSLO (1975) ermittelte nach der starken Reduzierung des Raubwildes im Gebiet Belowesh Frischlingsabgänge im ersten Lebensjahr von nur 6,2 bis 19,4 %, während sie im Beresina-Schutzgebiet mit hohem Wolfsdruck 60 bis 70 % betragen. Im Gebiet Moskau sollen nach IWANOWA und OWSJUKOWA (1976) die Frischlingsabgänge mit 15 % im Laufe eines Jahres unbeträchtlich sein.

Zusammenfassend ist festzustellen, daß die Frischlingsabgänge in der hier interessierenden postnatalen Periode je nach den örtlichen und jährlichen Bedingungen zwischen 5 und 25 % der Geburtenziffer schwanken.

Ein Vorkommen von größeren Raubwildbeständen bedingt weitere und sehr differenzierte Verluste. Dieser Faktor scheidet – bis auf gelegentliche Fuchsrisse vor allem geschwächter und zurückgebliebener Frischlinge – in Mitteleuropa wohl aus. Im Normalfall werden also nicht über 10 % der Geburtenziffer als postnatale Verluste angesetzt werden müssen, zumal ein Teil durch ein zweites Frischen ausgeglichen wird. Mit dem Ende der Laktationsperiode endet im reproduktiven Sinne die Führzeit. Die Frischlinge sind weitgehend zu einer Existenz ohne Führung durch die Mutterbache befähigt und werden zunehmend selbständige Mitglieder der Mutterfamilie bzw. des Mutterfamilienverbandes. Sie bedürfen dennoch innerhalb dieses Sozialverbandes bis zum nächsten Frühjahr der weiteren Leitung durch ältere, erfahrene Rottenmitglieder.

6.7. Fortpflanzungsleistung

Der vom weiblichen Teil der Population hervorgebrachte Zuwachs variiert, wie dargelegt, unter dem Einfluß einer Vielzahl von Faktoren. Im besonderen wurde auf den altersbedingten Unterschied im Fortpflanzungsvermögen verwiesen. Diese als Fekundität (Fk) bezeichnete Größe (SCHWERDTFEGER, 1968) berücksichtigt den Zusammenhang zwischen der Altersklassenstruktur und dem Zuwachs. Sie läßt sich aus der ermittelten Fötenzahl (F), dem Prozentsatz der jeweiligen reproduzierenden Bestandesglieder (R) und der prä- und postnatalen Sterblichkeit (k) nach folgender Formel berechnen:

$$Fk = \frac{k \cdot F \cdot R}{100}.$$

Der Faktor k (prä- und postnatale Sterblichkeit bis zum Einsetzen der jagdlichen Nutzung der Frischlinge) wird für den Raum der DDR mit 0,9, das entspricht einer zehnprozentigen Sterblichkeit, angenommen. Er mag in ungünstigen Jahren, vor allem mit langem Winter und naßkaltem Frühjahr, auf 0,8 absinken. Dabei werden vor allem Frischlinge junger Mutterbachen von hoher Sterblichkeit betroffen. Infolge des großen Einflusses der ökologischen Faktoren ist die Fekundität von Jahr zu Jahr verschieden. In der Tabelle 6/14 sind annähernde Werte für ungünstige, mittlere und sehr günstige Jahre zusammengestellt. Die ökologischen Verhältnisse wirken sich bei jüngerem Wild stärker aus. In mittleren Jahren sind von jeder am 31. März im Bestand vorhandenen Frischlingsbache etwa 1,3 Nachkommen, je Überläuferbache 4,2 Nachkommen und je ab zweijährige Bache etwa 5,3 Frischlinge als nutzbarer Zuwachs

Tabelle 6/14 *Fekundität (Fk) der Altersklassen unter dem Einfluß differenter ökologischer Verhältnisse*

Ökologische Verhältnisse	Frischlingsbachen				Überläuferbachen				Altbachen			
	F	k	R	Fk	F	k	R	Fk	F	k	R	Fk
Ungünstig	3,5	0,8	30	0,85	4,5	0,8	80	2,90	6,3	0,85	90	4,80
Mittel	4,0	0,8	40	1,30	5,5	0,85	85	4,00	6,5	0,9	90	5,20
Sehr günstig	4,5	0,85	50	1,90	6,5	0,9	90	5,30	6,8	0,95	95	6,10

F – mittlere Fötenzahl, k – prä- und postnatale Sterblichkeit,
R – Prozentanteil der jeweilig reproduzierenden Bestandsglieder

zu erwarten. Die Abweichungen zu ungünstigen oder günstigen Jahren betragen bei der erstgenannten Altersklasse etwa ± 40%, bei Überläufern ± 25% und bei älteren Bachen ± 10%. Selbstverständlich kann es sich nur um orientierende Angaben handeln. Es ist anzunehmen, daß die in dieser Höhe festgestellte Fekundität nahe dem maximalen Leistungsvermögen der Art liegt. Ebenso wie sie hier in ungünstigen Jahren zurückgeht, ist sie auch in Gebieten mit ständig härteren Lebensbedingungen für das Schwarzwild geringer. So läßt sich aus den Angaben von Koslo (1975) für das Schutzgebiet von Belowesh eine annähernde Fekundität der Frischlingsbachen von maximal 0,1, der Überläuferbachen von etwa 1,0 und der älteren Bachen von etwa 4,0 erwarten. Lebensräume mit hohem Raubwildeinfluß werden noch geringere Reproduktionsleistungen aufweisen, die letztendlich unter durch den Menschen unbeeinflußten Bedingungen lediglich die Einhaltung eines popularen Gleichgewichts im Rahmen einer langfristigen Oszillation sichern. Nach Untersuchungen von Donaurow und Teplow (1938) im Kaukasischen Schutzgebiet hatte sich dort die Frischlingszahl je Bache von April bis Oktober von durchschnittlich 4,4 bis auf 2,0 Frischlinge vermindert. Aus den Darlegungen zur Fekundität geht hervor, daß für den Zuwachs einer Schwarzwildpopulation die Populationsstruktur bedeutsam ist.

7. Gefahren, Feinde und Krankheiten

7.1. Einführung

Sobald der Frischling das Licht der Welt erblickt hat, ist er mannigfaltigen widrigen Umwelteinflüssen ausgesetzt. In einem ständigen, meist unauffälligen, manchmal dramatischen Lebenskampf muß er täglich seine Existenz sichern. Die anscheinende Robustheit des Schwarzwildes sollte nicht über die vielen Gefahren hinwegtäuschen, denen es ausgesetzt ist.

Obwohl eine langlebige Bache mehr als ein halbes Hundert Nachkommen frischen kann, werden im Gegenspiel von Zeugungskraft und Umweltwiderstand (ZWÖLFER, 1930) nur sehr wenige Frischlinge die Fortsetzung der natürlichen Generationskette sichern. Der komplizierte Wechsel von Geburt und Tod gewährleistet einerseits die Erhaltung der Art unter geeigneten Lebensbedingungen, und verhindert andererseits ein unbegrenztes Wachstum der Population. Die hohe Geburtenziffer ist nur eine der Voraussetzungen zum Fortbestehen der Art. Durch die ausgeprägte Jungenfürsorge wird eine möglichst große Zahl von Frischlingen über die besonders gefährdete Phase der Jugendentwicklung geleitet. Mit der Muttermilch erhalten sie Abwehrstoffe gegen die verschiedensten Krankheitskeime. Scharfe Sinne, Fluchtvermögen und Wehrhaftigkeit bewahren weitgehend vor zahlreichen Feinden. Eine große Nahrungsbreite ermöglicht es, die Futterwahl nach dem Angebot zu variieren. Beachtliche Fettvorräte können gespeichert werden und wirken Kälte und Hitze entgegen. Das Wildschwein ist langlebig und heilt Verletzungen gut aus.

Dennoch bleiben den Reduktionsfaktoren genügend Angriffsmöglichkeiten. Kälte und Nässe wirken auf die empfindlichen Frischlinge im Frühjahr ein. Tiefgefrorener Boden und hoher Schnee vermindern die Kondition und führen nicht selten zum Schwächetod. Für Raubwild der verschiedensten Art ist das Wildschwein eine bevorzugte Beute. Zahlreiche Parasiten schwächen den Organismus und machen ihn anfällig gegenüber Krankheiten und Witterungseinflüssen. Schließlich aber überziehen schwere Seuchen von Zeit zu Zeit die Populationen und können sie bis auf wenige Überlebende auslöschen. Besonders die widrigen Witterungsbedingungen mancher Jahre im Winter und Frühjahr, vor allem in Verbindung mit Nahrungsmangel, und Seuchenzüge größeren Ausmaßes sind es, zu deren Ausgleich das Schwarzwild sein hohes Reproduktionsvermögen und seine Widerstandskraft benötigt. Dadurch schwankt die Größe der Populationen ständig zwischen Höchst- und Tiefstwerten in einer natürlichen, arterhaltenden Dynamik.

Die Wirkung der verschiedenen den Gesundheitszustand nachhaltig beeinflussenden Faktoren ist graduell sehr unterschiedlich. Sie können, in einem Extrem, den sofortigen und unbedingten Tod des Individuums zur Folge haben. Andere Faktoren beeinflussen das Wohlbefinden und die allgemeine Widerstandskraft des Organismus. Sie bereiten, obwohl allein nicht unbedingt krankmachend, aggressiveren Angreifern den Boden. Auch ein- und derselbe Faktor kann in seiner Bedeutung sehr verschieden einzuschätzen sein. Anscheinend völlig gesunde Individuen mit hohem Leistungsvermögen beherbergen ebenfalls einen Stamm von Parasiten und pathogenen Erregern, ohne daß diese einen erkennbaren Einfluß ausüben. Treten sie dagegen als massive Infektion auf, können sie die Kondition entscheidend schwächen und sogar, entweder allein oder meist im Zusammenwirken mit anderen Faktoren, letal wirken.

Die Disposition der Stücke ist entsprechend dem Alter, und gelegentlich auch dem Geschlecht, unterschiedlich. Junges und überaltertes Wild ist gefährdeter als im Vollbesitz der Kräfte stehende mittelalte Stücke. Gegen verschiedene Erreger wird eine Immunität ausgebildet; nach Überstehen einer Infektion ist das Stück vor erneuter Erkrankung weitgehend geschützt. Eine Reihe von Faktoren wirkt – selektiv oder wahllos – auf einzelne Individuen ein und entnimmt sie der Population. Andere wiederum erfassen ganze Populationen und können diese eliminieren. Die Wilddichte wirkt durch unterschiedliche Übertragungsmöglichkeiten direkt, aber auch indirekt, zum Beispiel durch Schwächung der Stücke infolge einer Nahrungskonkurrenz, ein. Andererseits ist auch die Häufigkeit des Angreifers in der Relation zu derjenigen seiner Beute bedeutsam, was vor allem beim Einfluß des Raubwildes beachtet werden muß. Somit müssen die dem Schwarzwild drohenden Gefahren unterschiedlich gewertet und stets im Komplex mit dem Zustand der Population und seiner Umwelt gesehen werden. Sie sind nicht in jedem Falle einfach als Krankheiten oder Verlustfaktoren zu definieren. In Übereinstimmung mit SCHWERDTFEGER (1957) wird als krankhaft jede Abweichung vom normalen Verlauf der Lebensvorgänge bezeichnet, durch welche ein Organismus oder einer seiner Teile in seinem Gedeihen oder Dasein bedroht wird; Krankheit ist die Gesamtheit der in einem Organismus ablaufenden abnormen Lebensprozesse. Eine scharfe Grenze zwischen gesund und krank gibt es nicht. Wird die allgemeine Leistungsfähigkeit nicht gestört, weil die Infektion latent bleibt oder der Parasit das Wohlbefinden nicht spürbar beeinflußt, ist zunächst nur von einer Gefährdung die Rede. Inwieweit der Gesundheitszustand einer Population beeinträchtigt ist, hängt vom Anteil gesunder und kranker Individuen ab; inwieweit der Anteil erkrankter Individuen eine Population als Ganzes gefährdet, ist von der Art der Erkrankung und den Begleitbedingungen bestimmt und im Einzelfall oft kaum abschätzbar. Populationsdynamisch ist dabei die ökologische Kompensation zu beachten, bei der das Ausbleiben eines Verlustfaktors durch verstärktes Wirken eines anderen ausgeglichen wird. Auch die Population selbst kann bei starken Verlusten durch erhöhte Fruchtbarkeit reagieren.

Gegenwärtig gibt es beim Schwarzwild – wie auch bei anderem Schalenwild – noch kaum ausreichend komplexe und langfristige Untersuchungen über die Beziehungen zwischen dem Gesundheitszustand und der Sterblichkeit in Populationen. Daher müssen die verschiedenen schädigenden Einflußfaktoren in ihrer Art und möglichen Bedeutung ziemlich statisch beschrieben werden. Der Versuch einer zusammenfassenden Betrachtung wird im Abschnitt 8.6. unternommen. Vorausgeschickt sei jedoch, daß in den mitteleuropäischen Populationen heute der Mensch den bedeutendsten Einfluß auf die Größe und den Zustand der Schwarzwildpopulationen ausübt. Er schafft eine ausreichende Ernährungsbasis, mildert harte Winterbedingungen, reduzierte die Raubfeinde bis zu deren Ausrottung und beeinflußt durch veterinärhygienische Maßnahmen – bis hin zur medikamentösen Behandlung ganzer Populationen – positiv den Gesundheitszustand. Andererseits ist der Mensch durch die Jagdausübung zum Hauptregulator geworden.

Einige Bereiche seiner Lebenstätigkeit, wie der Straßenverkehr, die mit Hilfe von Technik und Chemie betriebene moderne Landwirtschaft und verschiedene Begleiterscheinungen der Haustierhaltung, bieten dem Schwarzwild mannigfaltige Gefahren. Aus diesem Komplex anthropogener Einflüsse werden hier die Jagdausübung (als Ziel der Schwarzwildbewirtschaftung und Inhalt des 2. Teiles dieses Buches) und die Beeinflussung der Ernährungsbedingungen ausgeklammert. (s. Kapitel 5.)
Es soll dennoch hier betont werden, daß in der Kulturlandschaft, mit fast immer ausreichendem Nahrungsangebot und dem Fehlen der wichtigsten Feinde, die arterhaltende Reproduktionspotenz des Schwarzwildes besonders zur Wirkung kommt. Wird sie durch den Jäger nicht ausreichend genutzt, bereitet der Populationszuwachs Parasiten und Infektionskrankheiten ideale Ansatzpunkte. Gehegte Schwarzwildbestände mit geringen natürlichen Verlustquoten bedürfen einer intensiven Bejagung, um nicht durch ein übermäßiges Anwachsen selbst die Voraussetzung für einen unvermeidlichen Populationssturz herbeizuführen.

7.2. Witterungseinflüsse

Die Witterungsbedingungen des Winters üben im nördlichen Teil des Verbreitungsgebietes einen sehr großen Einfluß auf die Bestandshöhen des Wildschweines aus.
Es sind weniger die Einwirkungen geringer Temperaturen und der Schneehöhe als der durch sie herbeigeführte längere Nahrungsmangel oder gar -entzug, der zu großen Verlusten führen kann. Nahrungsmangel tritt ein, wenn die Erdbodenfläche tief gefroren oder vereist und ein Brechen nach Erdmast nicht mehr möglich ist. Nach RUSAKOW und TIMOFEJEWA (1984) zwingt eine Frosttiefe von 7 bis 10 cm die Sauen, das Brechen einzustellen. Höhere Schneedecken erschweren die Fortbewegung, zumal dann, wenn sie verharscht sind, und damit die Nahrungssuche. Harsch und Eis verletzen die Ballen und den Wurf, und verwunden mit der Zeit auch die robuste Schwarte an den Unterläufen und am Brustkern.

An sich ist das Schwarzwild ausreichend gerüstet, normale Winter zu überstehen. Die im Herbst in die Bauchhöhle und die Unterhaut eingelagerten Fettvorräte schränken den Verlust an Körperwärme ein und bilden wichtige Reserven für das Überstehen nahrungsarmer Perioden. Der Grundumsatz kann im Winter beträchtlich gesenkt werden (vgl. Abschnitt 5.3.2.1.), und über eine lange Zeit wird eine negative Energiebilanz in Kauf genommen (JEZIERSKI und MYRCHA, 1975). Körpermasseverluste von 30 bis 50 % gegenüber der im Herbst werden überstanden. Das dichte Haarkleid trägt zur Wärmeisolation bei.
Auch das Sozialverhalten begünstigt das Überstehen des Winters. In den gemeinschaftlich bezogenen Kesseln wärmen sich die Stücke gegenseitig, und senken somit die Temperaturverluste. Die kalten Nachtstunden werden so passiv, mit möglichst geringen Energieeinbußen, überstanden, die Nahrungssuche dagegen ist in wärmere Tagesstunden verlegt. Bei Ortsveränderungen brechen die stärkeren Stücke Bahn für die geringeren Frischlinge. So können Schneedecken bis zu 50 cm Höhe ohne weiteres ertragen werden, sofern sie nur nicht vereist und der Erdboden nicht stark gefroren sind (Abb. 7/1).
Dennoch gibt es viele Beispiele, daß diese Schutzmechanismen nicht ausreichten. Besonders dann, wenn es im Herbst bei den wichtigsten Energiespendern (Eichen, Rotbuche, Zirbelkiefer) eine Fehlmast gab und sich ein strenger Winter mit tiefem Frost und hohem Schnee anschloß, konnten Massensterben beobachtet werden. KOSLO (1975) teilt nach Literaturquellen solche Ereignisse für die Jahre 1840 und 1882 im Gebiet Belowesh mit. Im ersten Falle fand man Rotten mit 20 bis 30 Mitgliedern erfroren auf. CABON (1958) berichtete aus dem polnischen Teile des Urwaldes von Belowesh (Bialowieza), daß im Winter 1955/56 über 60% des Schwarzwildes verendeten.
Der Hauptgrund bestand in mehreren festen Eisschichten über tief gefrorenem Erdboden, die mehrere Monate anhielten. Die eigentliche Schneehöhe war mit maximal 34 cm nicht übermäßig groß. Dem Winter

Abb. 7/1 Harte, schneereiche Winter führen häufig zu hohen Schwarzwildverlusten, Bache mit geringem Frischling (Foto: Freymann)

ging jedoch eine Fehlmast voran. Die überlebenden Stücke waren stark entkräftet und brachten im anschließenden Frühjahr keine Nachkommenschaft. Besonders gründliche Beobachtungen stellte Rakow (1970) im Priamurgebiet an (Tab. 7/1). Sie sind von hohem Wert, weil sie einen Eindruck über die Verlustquellen beim Wildschwein in noch weitgehend unberührten Biotopen mit hoher Raubwilddichte vermitteln. In mehrjährigen Erhebungen über Fallwild, Raubwildrisse und sonstige Abgänge, die insgesamt 834 Stück Schwarzwild erfaßten, erwies sich der Winter mit 49,3 % aller Fälle als wichtigste Verlustquelle. Die meisten Stücke, weit überwiegend Frischlinge, waren im Kessel erfroren. Fast alle steckten am Rande des Kessels, während die in der wärmeren Mitte befindlichen zunächst überlebt hatten. Andere Frischlinge, die vor

Tabelle 7/1 *Todesursachen von Wildschweinen im Priamurgebiet, zusammengestellt nach Ermittlungen von* Rakow *(1970) im Zeitraum 1946/47 und 1958 bis 1963; Anzahl der registrierten Fälle: 834*

Todesursache	Anteil in Fällen	Davon		
		Frischlinge	Überläufer	älter
Raubwild	36	56	10	34
Braunbär	21,8	54	9	37
Wolf	6,9	76	10	14
Tiger	5,0	36	15	49
Luchs	1,7	100	—	—
Leopard	0,6	40	40	20
Erfroren infolge Erschöpfung	49,3			
Schweinepest u.a. Krankheiten	10,9			
Räude	2,5			
Ertrinken	0,8			
Keilerkämpfe	0,5			

Entkräftung der Mutter nicht mehr folgen konnten, fand man in den Wechseln. BROMLEJ (1964) beschreibt ähnliche Fälle. Nach RUSAKOW und TIMOFEJEWA (1984) waren 53 % von 730 registrierten Abgängen erfroren oder auf andere Weise durch den Winter getötet. Dazu kamen noch etwa 13 %, die beim Passieren von Eisflächen eingebrochen und ertrunken waren.

Diese Beobachtungen stehen in einem scheinbaren Widerspruch zu der im Abschnitt 2.2.2. beschriebenen Ausdehnung des Areals bis zu 64 Grad nördl. Br. in Gebiete hinein, die mehr als 160 zusammenhängende Schneetage mit durchschnittlichen Schneehöhen von 50 cm aufweisen. Es muß jedoch berücksichtigt werden, daß in diesen Räumen außerordentlich hohe Verlustquoten zu verzeichnen sind. FADEJEW (1975) betont außerdem, daß die Existenz der nördlichen Bestände wesentlich von der Beifütterung durch die Jäger und dem Anbau landwirtschaftlicher Produkte abhängt.

Diese Tatsachen erklären auch die relativ geringen Winterverluste im mitteleuropäischen Raum. Das Schwarzwild profitiert hier in erster Linie von Maßnahmen der Fütterung, die in strengen Wintern durch die Jäger, oft mit reger Anteilnahme der Bevölkerung, betrieben wird. So wurden die Schwarzwildverluste in der DDR nach dem strengen Winter 1978/79 auf nur 7 % des Frühjahrsbestandes geschätzt, während ihm etwa 25 bis 40 % des Rehwildbestandes zum Opfer fielen (BRIEDERMANN, 1980). Da sich das Schwarzwild zu nicht unbeträchtlichen Anteilen von landwirtschaftlichen Produkten ernährt, kommt es im allgemeinen auch in Fehlmastjahren kräftig in den Winter.

Gelegentlich ist in den Höhenlagen der Mittelgebirgsräume ein Einschneien und Verenden von Rotten zu beobachten. Stärkere Beeinträchtigungen der Körpermasse und der Reproduktionsleistung als Folge strenger Winter wurden in den vorhergehenden Kapiteln erläutert.

Der Winter erleichtert dem Raubwild seinen Zugriff, wie das folgende Kapitel erläutert. Geschwächtes Schwarzwild ist gegenüber Parasiten und Infektionskrankheiten anfälliger.

CABON (1958) erwähnt das Auftreten des Schweinerotlaufes in Nachfolge des von ihr beobachteten strengen Winters 1955/56.

Ein weiterer, sehr entscheidender Faktor für die Entwicklung der Schwarzwildpopulation ist die Witterung im zeitigen Frühjahr (RUSAKOW und TIMOFEJEWA, (1984). Späte Kälteeinbrüche und langanhaltende Frühjahrsnässe während der Frisch- und zu Beginn der Führzeit können die Nachkommenzahl beträchtlich reduzieren. Auf die witterungsbedingten postnatalen Verluste wurde bereits im Abschnitt 6.6.2.4. ausführlich eingegangen. Hier sei lediglich wiederholt, daß ihr Ausmaß umso größer ist, je mehr die Bachen durch den vorangegangenen Winter geschwächt sind, je mehr die ungünstige Witterung in die Hauptfrischzeit fällt, und je länger sie anhält. Die Verluste gehen im wesentlichen auf das gering entwickelte Temperaturregelungsvermögen der Frischlinge in den ersten Lebenswochen und auf die gestörte Jungenfürsorge abgekommener Bachen zurück. Als Beispiel für das mögliche Ausmaß sei hier nochmals auf die Ermittlungen von DE VOS und SASSANI (1977) nach einem starken Schneefall am 25. März in einem iranischen Untersuchungsgebiet verwiesen. In neunstündiger Suche fanden sie 91 verendete Frischlinge. Unterkühlte und schlecht versorgte Frischlinge sind für Erkältungskrankheiten sehr anfällig. Sie können der Bache schlecht folgen und fallen Feinden zum Opfer. Mehrere sowjetische Autoren, deren Angaben HEPTNER et al. (1966) zusammenfassen, beobachteten starke Schwarzwildverluste bei Hochwasser in den ausgedehnten Mündungsgebieten großer Ströme, wie z. B. im Wolgadelta. Obwohl Wildschweine gut schwimmen können, und feuchte Gebiete keinesfalls scheuen, führt doch der langanhaltende Aufenthalt im Wasser und der damit verbundene Wärmeentzug und Nahrungsmangel zum Tode vor allem junger Stücke.

Wenig Mitteilungen gibt es über die Auswirkungen anhaltender Dürre und Trockenheit. In diesen Fällen konzentriert sich das Schwarzwild in immer stärkerem Maße an den Uferstreifen der Gewässer und an den verbliebenen Wasserlöchern.

Tisdell (1982) braucht in Australien das Schwarzwild täglichen Zugang zum Wasser, sobald die Tagestemperaturen 30 °C übersteigen. Können die Sauen bei 35 °C keinen Schatten aufsuchen, tritt in Kürze der Tod ein. In Dürrejahren kommt es zu heftiger Konkurrenz zwischen dem Schwarzwild und dem Weidevieh.

7.3. Feinde

In weiten Teilen Mitteleuropas gibt es heute kaum noch Raubwild, das dem Schwarzwild ernstzunehmende Verluste zufügen kann. Daher sind die Wechselbeziehungen zwischen dem Wildschwein und seinen Raubfeinden wenig untersucht. Großen Wert haben daher sowjetische Arbeiten in durch den Menschen wenig beeinflußten, raubwildreichen Gebieten. Sie zeigen, daß dem Raubwild eine wesentliche regulatorische Funktion für die Populationen des Wildschweines zukommt, und andererseits das Schwarzwild für die Existenz einiger Großräuber sehr bedeutungsvoll ist. Die Funktionen des Raubwildes können nicht einfach auf dessen Rolle als „Gesundheitspolizist“, der krankes Wild schlägt und Kadaver beseitigt, reduziert werden. Sie sind vielmehr Teile eines Regelsystems, die sich ständig durch Vermehrung und Verlust aufeinander abstimmen, und deren Reaktionen nach Richtung und Ausmaß unter dem Wirken vieler anderer Einflußgrößen, wie Witterung, Nahrung und Krankheiten, gesteuert werden.

Das Raubwild ist für das Schwarzwild kein „Feind“ schlechthin, sondern ein Umweltfaktor, mit dem es sich seit Jahrtausenden auseinandersetzt, und auf dessen Wirken es biologisch eingestellt ist. Seine Anwesenheit fördert die Entwicklung scharfer Sinne und erhöht die allgemeine Leistungsfähigkeit der Art, freilich auf Kosten vieler Individuen. Fehlen des Raubwildes gibt anderen Verlustfaktoren breiteren Spielraum, die oft allerdings erst dann wirken, wenn ihnen durch Erhöhung der Schwarzwilddichte und Überlastung der Biotope breite Angriffsflächen gegeben wurden. Es ist sicher in Frage zu stellen, ob die Zunahme der Schwarzwildstrecke direkt mit der Ausrottung des Großraubwildes in Beziehung gesetzt werden kann, wie es Järisch (1934) aus den Akten des sächsischen Forstamtes Bärenfels herauslas. Auch die Zunahme des Wildschweines in Bulgarien kann wohl nicht allein auf die starke Dezimierung des Wolfes während der letzten Jahrzehnte zurückgeführt werden (Kolev, 1970). Mit Gewißheit aber sind die geringere Wilddichte, die größere Körperstärke und der stabilere Populationsaufbau des Schwarzwildes in noch heute großraubwildreichen Gebieten mit der unablässig kontrollierenden und reduzierenden Tätigkeit der großen Beutegreifer in Zusammenhang zu sehen.

7.3.1. Wolf (*Canis lupus* L., 1758)

Der Wolf wird im größten Teil des Verbreitungsgebietes der Wildschweine als deren Hauptfeind angesehen (Heptner et al., 1966). Zahlreiche Untersuchungen von Mageninhalten und Exkrementen bei Wölfen stellen seine dezimierende Rolle unter Beweis. Koslo (1975) berichtet aus dem Gebiet Belowesh, daß Wildschweine durchschnittlich etwa 20 % der Wolfsnahrung stellen. Dabei schwankte der Anteil nach Jahren und Jahreszeiten zwischen 7 und 40 %. An der nördlichen europäischen Arealgrenze in der Sowjetunion waren 11 % aller registrierten Verluste durch Wölfe gerissen, 47 % aller untersuchten Wolfexkremente enthielten Wildschweinreste (Rusakow und Timofejewa 1984). Im Kaukasischen Schutzgebiet wiesen Donaurow und Teplow (1938) Wildschweinreste in 38 % von 154 untersuchten Proben nach. Ähnliche Angaben liegen aus Kasachstan vor, aus denen Sludskij (1956) schloß, daß ein erwachsener Wolf im Jahr 50 bis 80 Wildschweine reißt. Nach Rakow (1970) gingen im Priamurgebiet 7 % der festgestellten Verluste auf den Wolf zurück (Tab. 7/1). Dieser Anteil dürfte, methodisch bedingt, zu gering sein, denn Bromlej (1964) weist darauf hin, daß Wölfe ihre Beute nahezu völlig verzehren, so daß Risse kaum gefunden werden. Untersucht man jedoch die Losung der Wölfe, so besteht sie oft zu mehr als 80 % aus Wildschweinwolle. Im Kysyl-Agatscher Schutzgebiet stellen Wild-

schweine im Jahresmittel etwa zwei Drittel der Wolfsnahrung (LITWINOW, 1981). Im Frühjahr und Sommer betrug der Anteil mehr als 80 %, im Herbst war er mit 40 % am geringsten.
Der Autor berechnete, daß ein Familienrudel von 6 bis 7 Wölfen zu seiner Existenz etwa einen Stammbestand von 80 bis 90 Wildschweinen benötigt. BROMLEJ (1964) stellt die für den Wolf typische Hetzjagd folgendermaßen dar: Die Wölfe hetzen ihre Opfer über Berg und Tal und bemühen sich, ein Stück aus der Rotte zu trennen und an eine für den Riß günstige Stelle zu treiben. Das abgetrennte Stück bemüht sich seinerseits, wieder Anschluß an die Rotte zu bekommen. Diese wird dadurch in Panik versetzt und oft von den guten Einständen in die schneereichen futterarmen Hochgebirgsgegenden getrieben. Die Jagd der Wölfe findet gewöhnlich nachts statt.
RAKOW (1970) beschreibt mehrere Fälle, in denen erst nach einer Hetzjagd von 10 bis 18 km ein Stück gerissen wurde.
Den Wölfen fallen vor allem Frischlinge zum Opfer (76 % der Risse nach RAKOW, mehr als 50 % nach LITWINOW), weiterhin Überläufer (10 %). Ausgewachsene gesunde Keiler und starke Bachen werden im allgemeinen nicht angegriffen; es sind sogar Fälle bekannt, daß Wölfe von diesen geschlagen wurden.
Einige sowjetische Autoren, so KISELEW (1986) und PLESCHAK und MINJAJEW (1986) weisen darauf hin, daß dort, wo Schwarzwild neu ansässig wurde, die Wölfe erst einige Jahre benötigen, bis sie dieses Wild in ihr Nahrungsspektrum eingeordnet haben.
Es sei hier mit angeführt, daß gelegentlich Frischlinge auch Beute wildernder Hunde werden (BROMLEJ, 1964).

7.3.2. Braunbär (*Ursus arctos* L., 1758)

Die Rolle des Braunbären bei der Regulierung der Wildschweinbestände wird oft unterschätzt (HEPTNER et al., 1966). Demgegenüber betonen IWANOWA und OWSJUKOWA (1976), daß Bären in nahrungsarmen Jahren mehr als 20 % des Wildschweinbestandes reißen können. Nach PLESCHAK und MINJAJEW (1986) kommt es im Gebiet Archangelsk zu hohen Winterverlusten bei Sauen durch den Braunbären. RAKOW (1970) sieht im Braunbären den bedeutendsten Raubfeind des Schwarzwildes im Priamurgebiet, auf den insgesamt 22 % der nachgewiesenen Verluste und mehr als 60 % der Raubwildrisse fallen. Die Verluste sind dann hoch, wenn die Bären schlecht genährt in den Winter kommen und ein Teil nicht in den Winterschlaf verfällt.
Der Bär beschleicht nachts die im Kessel steckenden Sauen, überfällt sie in der Suhle, verfolgt aber auch kranke und geschwächte Stücke im Winter über weite Strecken. Obwohl auch dem Braunbären vorwiegend Frischlinge zum Opfer fallen (54 % von RAKOW's Material), scheut er gelegentlich nicht den Überfall auf stärkere Sauen. Es wird ein Fall angeführt, bei dem ein Bär von nur 58 kg Lebendmasse einen Keiler von 130 kg geschlagen haben soll.
Aus dem mittel- und südosteuropäischen Raum liegen keine Berichte über einen wesentlichen Anteil des Wildschweines an der Nahrung des Bären vor.

7.3.3. Tiger (*Panthera tigris* L., 1758)

Die Beziehungen zwischen Tiger und Wildschwein wurden im Fernen Osten der Sowjetunion eingehend studiert. Besonders die für die Erhaltung des Tigers bahnbrechenden Arbeiten von KAPLANOW (1948) leisteten dazu einen Beitrag.
Auf die Populationshöhe des Wildschweines hat der Tiger auch dort heute keinen wesentlichen Einfluß mehr; nach RAKOW (1970) gingen 5 % der festgestellen Verluste auf ihn zurück. Dennoch wird übereinstimmend festgestellt, daß der Tiger besonders erfolgreich Wildschweine jagt und diese seine Hauptbeute bilden. Durch die Jagd des Tigers wird der Wildschweinbestand in einem so geringen Grade beunruhigt, daß man von ihm als „Hüter der Sauen" spricht. Er beschleicht nachts die ruhenden Sauen bis auf wenige Meter, greift ein Stück aus dem Kessel und trägt es fort, ohne eine Blutspur zu hinterlassen. Die erschreckten

Überlebenden bereiten sich oft schon wenige hundert Meter entfernt ein neues Nachtlager (Bromlej, 1964). Während allein die Anwesenheit von Wölfen oft das Schwarzwild zum Abwechseln bringt, sind Fälle bekannt, in denen Sauen und Tiger lange Zeit auf kleinem Raum nebeneinander lebten, ohne daß sich die Sauen trotz regelmäßiger nächtlicher Überfälle entfernten.

Mit einem Anteil von fast 50 % erwachsener Stücke (Rakow, 1970) ist der Tiger von allen Raubfeinden des Schwarzwildes am wenigsten auf die Auswahl der Beute nach der Körperstärke angewiesen.

7.3.4. Weiteres Raubwild

Dem Luchs (*Felix lynx* L., 1758) mag im Frühjahr und Sommer mancher Frischling zum Opfer fallen. Koslo (1975) wies Wildschweinreste in 2,5 % von 80 untersuchten Verdauungstrakten nach. Rakow (1970) führte 1,7 % der Verluste auf den Luchs zurück. Die Bedeutung des Luchses als Raubwild ist untergeordnet.

Einer Zusammenstellung von Heptner et al. (1966) zufolge gehört das Wildschwein zum Beutespektrum des Leoparden (*Panthera pardus* L., 1758) und des Schneeleoparden (*Uncia uncia Schreber*, 1777). Rakow (1970) fand 5 Risse durch Leoparden im Ussurigebiet.

In Sri Lanka ist der Leopard ein sehr bedeutsamer Mortalitätsfaktor für die Wildsauen (Ashby und Santiapillat, 1987).

Der Fuchs (*Vulpes vulpes* L., 1758) reißt gelegentlich geringe Frischlinge, wenn sie von der Bache nicht bewacht werden.

Georgen (1974) konnte so einen Fall beobachten. Zwei Male registrierte ich selbst im Monat April Füchse, die Rotten mit geringen Frischlingen im Abstand von 50 bis 100 m auf dem Wechsel folgten; sicher in der Hoffnung, einen zurückbleibenden Frischling reißen zu können.

Koslo (1975) fand in Belowesh im Mai an einem Fuchsbau die Überreste von 3 Frischlingen. In der Taiga des Fernen Ostens fällt dem Charsa-Marder (*Martes flavigula* Boddaert, 1785) gelegentlich ein Frischling zum Opfer (Heptner et al., 1974).

Potentiell befähigt sind sicher auch die Wildkatze (*Felis silvestris* L., 1758) und der Uhu (*Bubo bubo* L., 1758), sich eines geringen Frischlings zu bemächtigen.

7.4. Anthropogene Einwirkungen

Die Existenz des Schwarzwildes ist heute in einem kaum zu überschätzenden Ausmaß von der Tätigkeit des Menschen abhängig. Der Mensch veränderte grundlegend die ursprünglichen Biotope, bis in die letzten Refugien hinein, durch Rodungen, Baumartenwahl, Anbau landwirtschaftlicher Kulturen und Melioration. Er gestaltet die Wildartenstruktur durch Ausrottungen und Umsetzungen um. Siedlungen, Industriebauten, Verkehrsnetze, Technik und Chemie, Abprodukte der verschiedensten Art verändern die Lebensbedingungen in hohem Tempo. Je nach seinen örtlichen Interessen fördert der Mensch das Schwarzwild oder sucht es mit allen Kräften zu vernichten. Die Jagd ist in weiten Teiles des Areals zum dominierenden Faktor für die Größe und Struktur der Schwarzwildpopulationen geworden.

Anthropogene Einwirkungen in diesem weiten Rahmen müssen daher in jedem Kapitel dieses Buches Berücksichtigung finden. Auch der Abschuß, aus der Warte des Schwarzwildes ein wichtiger „Verlustfaktor", ist in dieser Betrachtung kein Verlust, sondern die Ernte jagdwirtschaftlicher Bemühungen. Die hier behandelten anthropogenen Einflüsse sind mehr oder weniger ungewollte Begleiteffekte menschlicher Tätigkeit, die das Schwarzwild schädigen oder ihm Verluste zufügen. So deutlich und folgenreich die Einwirkungen menschlicher Tätigkeit auch sind, untersucht sind sie bisher doch wenig. Daher kann kein Anspruch auf Vollständigkeit erhoben werden.

7.4.1. Verkehrs- und technikbedingte Einwirkungen

Der Straßen- und Eisenbahnverkehr bildet in vielen Ländern Mitteleuropas für das Schwarzwild eine wichtige Verlustquelle. Die Verkehrswege werden in der Dämmerung und Dunkelheit beim Wechsel zwischen Einstand und Fraßplatz überquert. Das Schwarzwild verweilt dabei gern an Straßenrändern mit mastspendenden Bäumen oder fruchtendem Obst, oder in den Straßengräben, wenn Transportfahrzeuge der Landwirtschaft gelegentlich Futtermittel verstreut haben.

UECKERMANN (1969, 1981 b) und PETRACK (1987) berechnen aus Erhebungen in der BRD, daß der Verlust an Schwarzwild durch den Straßenverkehr zwischen 3 und 5 % der Jahresstrecke beträgt. Im Jahre 1980 belief sich die Verlustziffer auf etwa 2 000 Stück. Zu berücksichtigen ist weiterhin, daß das Schwarzwild infolge seiner recht erheblichen Körpermasse schwere Verkehrsunfälle herbeiführen kann. Nach dem gleichen Autor verursachte es 26,5 % aller Verkehrsunfälle, ist aber an der Zahl des an- und überfahrenen Wildes nur mit etwa 3 % beteiligt. Personenschäden traten bei 12,8 % der Verkehrsunfälle durch Schwarzwild auf.

Gelegentlich werden Wildschweine durch Erntekombines verletzt, wenn sie durch den Rundumschnitt in der Mitte des Schlages zusammengedrückt werden und die immer kleiner werdende Restfläche nicht verlassen wollen. Regulierte Fließgewässer und Gräben mit steiler Uferbefestigung werden vor allem Frischlingen, die der Bache nicht folgen können, zum Verhängnis. Schließlich kommt es bei der Durchsuchung von Müll- und Schuttplätzen nach Freßbaren immer wieder zu Schnittverletzungen an den Ballen, Unterläufen und am Gebrech durch Glasscherben, Blech und andere scharfe Abfälle. Ein Frischling z. B. verendete, weil er sich eine Blechdose so über Wurf und Oberkiefer drückte, daß er sich nicht mehr davon befreien konnte.

7.4.2. Jagdbedingte Verletzungen

Schwarzwild gilt mit Recht als außerordentlich schußhart. Gerade deshalb wird aber manche Nachsuche zu früh abgebrochen. Zwar werden auch schwere Verletzungen häufig ohne Auftreten von Infektionen gut ausgeheilt, aber in jedem Falle kommt es zu mehr oder weniger starken Beeinträchtigungen der Körperentwicklung und der allgemeinen Widerstandsfähigkeit. Die Häufigkeit schlechter Schüsse wird gewöhnlich unterschätzt. In einer analysierten Jagdstrecke von 615 Stück Schwarzwild wiesen 4,5 % der Stücke bereits mindestens eine alte Schußverletzung auf (BRIEDERMANN, 1970 b).

Erwartungsgemäß waren Frischlinge noch selten mit alten Schußverletzungen behaftet, der Anteil betrug 0,5 %. Das liegt einmal an ihrem geringen Alter, zum anderen aber auch an ihrer Körpermasse, die auch einem schlechten Schuß keinen allzu großen Widerstand entgegensetzen kann. Aber bereits bei den Überläufern stieg die Quote auf 5 % an. Bei den älteren Stücken stieg der Anteil auf etwa 10 %. Die insgesamt ermittelten 30 Schußverletzungen verteilen sich folgendermaßen auf die einzelnen Körperregionen:

Am häufigsten wurden mit 13 Fällen Vorderlaufverletzungen konstatiert. Dabei war in 3 Fällen ein Vorderlauf verkürzt worden. An zweiter Stelle standen 8 Hinterlaufschüsse. Noch sehr häufig folgten mit 5 Feststellungen Kopfschüsse. Die 4 restlichen Beobachtungen verteilen sich auf den übrigen Körper. Sicher werden viele schlechte Schüsse, die aber doch ein lebenswichtiges Organ beeinträchtigten und zum Verenden des Stückes führten, nicht erfaßt. Einige Beispiele überstandener schwerer Verletzungen sollen im folgenden angeführt werden.

Ein Überläuferkeiler wurde mit dem Flintenlaufgeschoß halbspitz von vorn und oben (vermutlich vom Hochsitz) beschossen. Das Geschoß durchschlug beide Nasenbeine etwa 8 cm hinter dem Wurf, zerstörte die für das Geruchsempfinden besonders wichtige Siebbeinregion, glitt an der Innenkante des linken Maxillare unter dessen weitgehender Zerstörung entlang und entfernte den P^4 und M^1 der linken Oberkieferzahnreihe (Abb. 7/2). Schließlich ist das Geschoß unter Verletzung des Leckers in die Muskelstränge des Unterkiefers eingedrungen. Diese schwere Schußverletzung, die den Verlust der Geruchswahrnehmung zur Folge haben mußte und sicher für ständig die Nahrungsaufnahme beträchtlich erschwerte, ist recht gut ausgeheilt worden.

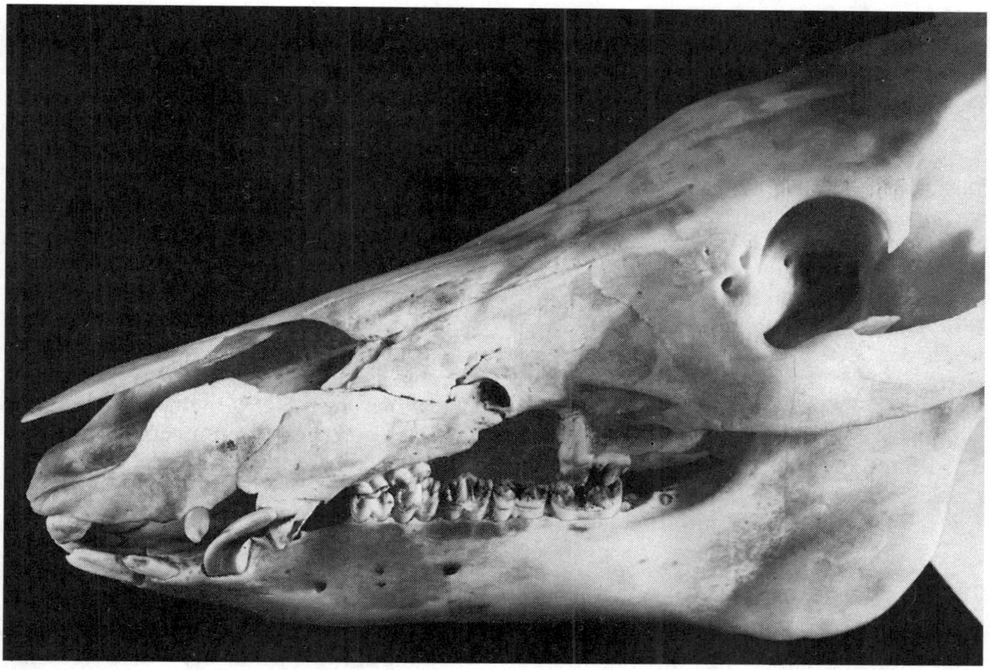

Abb. 7/2 Verheilter Gebrechschuß bei einem Überläufer

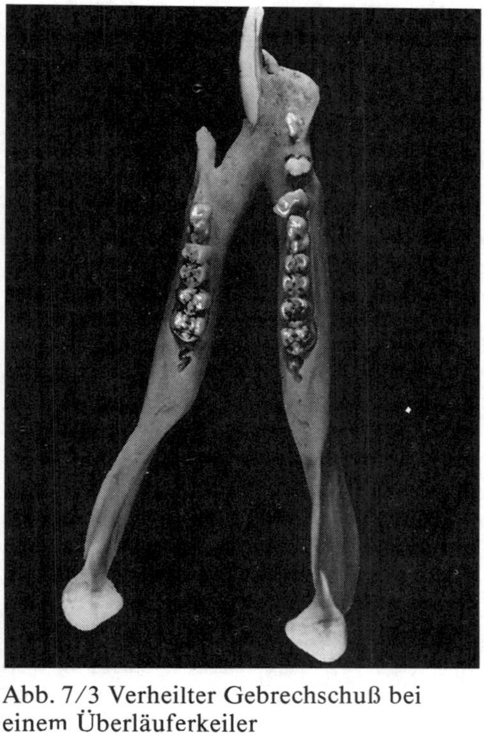

Abb. 7/3 Verheilter Gebrechschuß bei einem Überläuferkeiler

Eine etwa 2jährige Bache erhielt einen Gebrechdurchschuß im Bereich zwischen den Schneidezähnen und den Haken. Sie verlor dabei den I^1 und I^2 der linken Oberkieferseite unter weitgehender Zerstörung des Knochenbettes sowie den I_2 und I_3 der rechten Unterkieferseite. Die Leckerspitze ist mit verlorengegangen. Ein sehr abgekommener Überläuferkeiler wies eine sehr schwere, aber gut verheilte Unterkieferschußverletzung auf, die im einzelnen schwer zu deuten war (Abb. 7/3). Sicher erfolgte sie schon im Frischlingsalter und führte zum Verlust der Schneidezähne bis auf einen, des linken Gewehrs und zur völlig unregelmäßigen Stellung des rechten Gewehrs. Der Oberkiefer lag zur Einschätzung nicht vor. Ein anderer Keiler erhielt von links hinten einen Gebrechschuß, der die Mahlzahnreihe der linken Unterkieferseite vom P_2 bis M_2 völlig zerstörte und den M_3 stark beschädigte. Zerstört wurde auch das Bett des linken Gewehrs, das später nur sehr stark verwachsen nachgebildet werden konnte. Im linken Oberkiefer wurde der M^1 bis auf einen geringen Wurzelrest entfernt. Das zer-

legte Geschoß verletzte sicher die Zunge stark, durchschlug mit einem Teil noch die knöcherne Gaumenplatte, und das andere Teil verließ den Schädel wieder unter Beschädigung des P^4 des Oberkiefers der rechten Seite.
Diese Beispiele sollen genügen. Es wird wohl keinen Jäger geben, der die Schilderung solcher Schußwirkungen unbewegt zur Kenntnis nimmt und sich nicht bemühen wird, etwas Ähnliches zu vermeiden.
Eine weitere Verlustquelle kann auftreten, wenn der Schrotschuß auf Frischlinge gestattet ist. Da sich die Frischlinge meist in Gruppen zusammenhalten, werden gewöhnlich beim groben Schuß einige von den Randschroten erreicht, ohne am Platze zu bleiben. Deshalb ist der Schrotschuß auf Frischlinge fast überall untersagt.

7.4.3. Vergiftungen

Vergiftungen sind beim Schwarzwild infolge unsachgemäßer Ausbringung und Lagerung von gebeiztem Saatgut und Nagetierbekämpfungsmitteln bekannt geworden. Obwohl das Schwarzwild Giften gegenüber als recht widerstandsfähig gilt, kann doch die Aufnahme größerer Mengen erhebliche Verluste verursachen. Rückstände im Wildbret stellen eine Gefährdung der menschlichen Gesundheit dar. Daher ist darauf zu achten, daß die Dosierungsvorschriften streng eingehalten werden und keine Restmengen im Jagdgebiet verbleiben.
Die Vergiftungssymptome sind unterschiedlich und oft schwer feststellbar. Es ist daher erforderlich, verendete Stücke möglichst schnell einem Veterinärinstitut zuzuführen.
Gifte oder aufgenommene Schadstoffe müssen nicht sofort zum Tode führen, sondern können im Körper gespeichert und angereichert werden. Dadurch besteht indirekt auch eine Gefährdung der menschlichen Gesundheit.
Gegenwärtig gibt es noch sehr wenige diesbezügliche Untersuchungen am Schwarzwild. Da das Schwarzwild ein Endglied verschiedener Nahrungsketten darstellt und außerdem in verschiedenen Gebieten in nicht unerheblichem Umfange Abfallprodukte verzehrt, ist eine Überwachung unbedingt erforderlich. Bombosch (1981) berichtet aus Schleswig-Holstein, Niedersachsen und Südhessen über einen beachtlichen Quecksilbergehalt in Muskel-, Leber- und Nierenproben. Er betrug in 7 % der Muskelproben 1 bis 18 ppm, ebensoviel in 13 % der Leberproben, und in 11 % der Nierenproben weit über 10 ppm. Neben industriellen Kontaminationsursachen finden Quecksilberverbindungen bei der Saatgutbehandlung Verwendung.
Auch Kühnert (1982) fand unter Bezug auf gleiche Ursachen bei 5 Sauen aus einem Jagdgebiet der DDR mehr als vierfache Toleranzwertüberschreitungen in Organen und Muskeln gegenüber den zulässigen Grenzwerten.
Drechsler und Launer (1983) beschrieben Todesfälle bei Wildschweinen und anderem Wild infolge Verzehrs von zur Mäusebekämpfung ausgebrachten Chlorphacinonködern. Die blutgerinnungshemmende Wirkung trat nicht nur bei Überdosierung, sondern auch bei Verzehr kleinerer Portionen über längere Zeiträume auf.
Chlorierte Kohlenwasserstoffe, die im großen Umfange zur Schädlingsbekämpfung in der Land- und Forstwirtschaft eingesetzt werden, können über die Nahrungskette auch in das Schwarzwild gelangen und vor allem im Fettgewebe kumuliert werden. Sturm (1979) ermittelte im Depotfett und im Lebergewebe von 50 süddeutschen Wildschweinen Rückstände aller untersuchten Kohlenwasserstoffe in unterschiedlichen Konzentrationen. Am häufigsten wurden Hexachlorbenzol (HCB), Lindan, HCH, des weiteren DDE und DDD festgestellt.
Eine Beziehung zum Alter, Geschlecht, Ernährungs- und Gesundheitszustand der Tiere wurde nicht gefunden.
Keine der untersuchten Depotfettproben wies Überschreitungen der für Lebensmittel tierischer Herkunft festgelegten Höchstmengen auf, während bei den Leberproben ein Überschreiten der Toleranzgrenzen nicht ausgeschlossen wurde.
Insgesamt wird, bei Berücksichtigung weiterer, hier nicht zitierter Arbeiten, vorerst keine akute Gefährdung durch chlorierte

Kohlenwasserstoffe gesehen. Vergiftungen sind außerordentlich selten und können nur bei unsachgemäßer Anwendung hervorgerufen werden.
KÜHNERT (1981) weist auf die Anreicherung des weltweit universell eingesetzten Polychlorbiphenylen (PCBs) in Organen und Fettgeweben von 50 % der durch ihn untersuchten Sauen hin.
Durch ANKE et al. (i. Druck) wurden hohe Cadmium- und Bleianreicherungen im Körper vor allem älterer Wildschweine festgestellt (vgl. Tab. 5/9). Vom Verzehr der Nieren älterer Sauen wird durch die Verfasser abgeraten.
In Neuseeland starben viele Sauen nach Aufnahme vergifteter Kaninchen (GÖTZFRIED, 1969).
Es sei schließlich erwähnt, daß gegenwärtig in einigen Ländern Gifte zur Regulierung der Schwarzwildbestände im Einsatz sind. TISDELL (1982) berichtet über die umfangreiche Verwendung von Rodentiziden, gelbem Phosphor, organischer Phosphate, Arsentrioxid, Cyanid und Strychnin bei der Bekämpfung verwilderter Hausschweine in Australien.
Aus früherer Zeit sind auch für Mitteleuropa gelegentliche Vergiftungen durch für Raubwild ausgelegte Strychninköder bekannt. (OLT und STRÖSE, 1914). Es wird aber auch darauf hingewiesen, daß Schwarzwild vergiftete Köder selten abschluckt. KURNOTH (1939) berichtet über eine besondere Empfindlichkeit des Schwarzwildes gegenüber mit Phosphorlatwerge vergifteten Mäusen. Eine Vergiftung durch Kalkstickstoffdünger im Solling teilt OLOFF (1951) mit.
Schließlich sei ein Untersuchungsbefund aus Meuselwitz (PAUL, briefl.) angeführt, nach dem ein weibliches Stück Schwarzwild durch Aspiration von Kohlenschlamm verendete.

7.5. Krankheiten

Krankheiten des Wildes sind, anders als bei Haustieren, oft nur durch Zufallsbefunde erkennbar, häufig durchlaufen sie unbemerkt den Bestand. In der DDR ist deshalb 1987 eine Anweisung über die Überwachung der Gesundheit des Wildes herausgegeben worden, um Wild- und Haustierbestände gleichermaßen besser schützen zu können.
Nur durch sachgerechte Untersuchungen von Blutproben, Organmaterial und Fallwild kann ein richtiges Bild über Krankheiten in Wildbeständen dargestellt und Maßnahmen zur Verhütung und Bekämpfung eingeleitet werden.
Blutproben, erlegte kranke Stücke, Proben von veränderten Organen oder auch Fallwild gehören in die Untersuchungsstellen der Bezirksinstitute für Veterinärwesen, die sachkundig und fachgerecht durch veterinärmedizinische Untersuchungen bearbeitet werden.
Krankheiten können seuchenhaften Charakter besitzen und dadurch großen Schaden in einer Wildpopulation anrichten. Die gleichzeitige Übertragungsmöglichkeit auf die Haustierbestände kann erhebliche ökonomische Schäden nach sich ziehen. Gerade deshalb sei auf die enge Zusammenarbeit von Jägern und Tierärzten hingewiesen. Veterinärmediziner aus Staatlichen tierärztlichen Gemeinschaftspraxen oder der Veterinärhygieneinspektion stehen den Wildannahme und -sammelstellen zur Verfügung. Ihren fachlichen Rat soll der Jäger für sinnvolle Hege nutzen.

7.5.1. Viruskrankheiten

7.5.1.1. Schweinepest

Ursache, Verbreitung, Übertragung: Die Schweinepest ist eine durch einen Virus verursachte Infektionskrankheit des Wild- und Hausschweines.
Das erste Auftreten der Krankheit wurde Mitte des 19. Jahrhunderts bei Hausschweinen in den USA beschrieben. Es wird vermutet, daß sie auch damals bereits in Europa anzutreffen war (BEER, 1974). Die intensivere Schweinehaltung und die sich entwickelnden Handelsbeziehungen führten zu ihrer gesamteuropäischen Verbreitung. In Wildschweinbeständen beobachtete man das Auftreten der Schweinepest erstmals zu Beginn des 20. Jahrhunderts im Forstenrieder Wildpark bei München, wo sie im Jahre 1906 an 17 Fällen nachgewiesen wurde

(MÜLLER, 1942). OLT und STRÖSE (1914) kannten die Schweinepest unter dem Schwarzwild noch nicht. Berichte über weitere Seuchenzüge beim Wildschwein liegen für 1921 aus einem Gatter im Nordharz, 1921 bis 1924 den Mecklenburger Raum, 1936 bis 1939 den Saupark Springe bei Göttingen und für 1939/40 aus der Saarpfalz vor. Im Jahre 1946 brach die Schweinepest im Kreise Hagenow aus, 1951/52 im Bezirk Gera und 1953 bis 1956 im Bezirk Frankfurt (Oder), wo sie allein an 270 Fällen nachgewiesen wurde (BEYER und GÄBLER, 1961).

Sie wurde weiterhin 1946/47 im Bramwald (KRAHL-URBAN, 1948), 1955 bis 1957 und 1961/62 im Pfälzer Wald (MÜLLER, 1962) und 1963/64 in der Eifel festgestellt, wo durch sie mindestens 347 Sauen eingingen (SPIECKER, 1969).

Im Urwaldgebiet von Belowesh trat die Schweinepest in den Jahren 1927, 1938, 1964 und 1972 auf (KOSLO, 1968, 1970; WASSILJUK, 1975). Der Seuchenzug des Jahres 1964 verringerte den Bestand im sowjetischen Teil des Urwaldgebietes von etwa 2000 auf 550 Stück. Auch im Kaukasus (DONAUROW und TEPLOW, 1938), im Fernen Osten (BROMLEJ, 1964; RAKOW, 1970) und anderen Teilen der UdSSR (HEPTNER et al., 1966) sind Ausbrüche der Schweinepest bekanntgeworden.

In den skandinavischen Ländern ist die Schweinepest seit vielen Jahren nicht aufgetreten. Auf dem amerikanischen Kontinent ist Kanada schon lange frei von Schweinepest, und in den USA wurde der Verseuchungsgrad erheblich reduziert. Dagegen ist die Krankheit in den Ländern Asiens und Afrikas weit verbreitet.

Sie tritt hier, aber auch in Australien und Südamerika (TISDELL 1982; NAKEL 1984), vorwiegend als Afrikanische Schweinepest auf, die sehr rasch verläuft und noch nicht durch Impfungen der Hausschweine behandelt werden kann (DANNENBERG 1975). Das natürliche Virusreservoir bilden afrikanische Wildschweinarten. Bei der Übertragung spielt Wasser als Virusvehikel eine wichtige Rolle. Die Afrikanische Schweinepest verursachte auch bereits beträchtliche Verluste unter den Hausschweinen Portugals, Spaniens, Frankreichs und Italiens.

Heute kann von einer weltweiten Verbreitung der Schweinepest gesprochen werden. Länder mit intensiver Schweinehaltung sind besonders davon betroffen. Obwohl diese Infektionskrankheit in Europa durch intensive Bekämpfungsmaßnahmen zurückgedrängt wurde, muß gegenwärtig noch ständig mit ihrem Wiederauftauchen in Haus- und Wildschweinbeständen gerechnet werden.

Die Übertragung und Verbreitung erfolgen vor allem horizontal innerhalb der gleichen Population, vornehmlich durch direkte Erregerübertragung von Tier zu Tier, oder indirekt durch infiziertes Futter oder Zwischenträger.

Eine besondere Rolle spielt dabei die Aufnahme der Viren über den Verdauungskanal durch Verzehr bereits verendeter Wildschweine, die Aufbrüche erlegter Stücke sowie durch in den Wald gefahrene oder für Wildschweine sonst erreichbare Schlacht- und Küchenabfälle. Dabei ist zu berücksichtigen, daß das Virus in gefrorenem oder getrocknetem Blut über drei Monate haltbar ist. In mehreren Fällen sind durch Winterfütterung mit rohen Schlachthausabfällen nachweislich Wildschweinbestände aus Hausschweinhaltungen infiziert worden, so in der Eifel (SPIECKER, 1969) und in Belowesh (WASSILJUK, 1975).

Bisher sind keine Fälle nachgewiesen, in denen die Schweinepest zuerst in Wildschweinbeständen aufgetreten ist. Doch können Wildschweine ohne Zweifel zur Rückinfektion beitragen (BEYER und GÄBLER, 1961).

Das ist umso bedeutsamer, als Infektionen schon möglich sind, bevor ein deutliches Krankheitsbild auftritt, und Kümmerer als Dauerausscheider von Viren wirken können (KONRAD et al., 1975).

Als Zwischenträger werden neben dem Menschen auch Greifvögel, Krähen, Stare und Spatzen angesehen. Beim Brechen des Schwarzwildes im Boden ist auch eine Infektion über die Nasenhöhlen- und Augenschleimhaut möglich (GÄBLER, 1957). Gelegentlich wird das Virus auch durch Nagetiere, wie Ratten und Mäuse, passiv verschleppt. Fliegen, in denen das infektiöse Blut 7 Tage vorhanden sein kann, sind ebenfalls als potentielle Überträger anzusehen. Die Infektion durch Regenwürmer ist umstritten. Für das Auftreten und die Ausbreitung der Schweinepest ist die Wilddichte bedeutsam. Der Krankheitsausbruch wird mehrfach mit hohen Bestandswerten (Koslo, 1970; Wassiljuk, 1975) oder mit Wildkonzentrationen an Winterfütterungen (Spiecker, 1959) in Verbindung gebracht. Schwarzwildbestände in einer Dichte von mehr als 2 Stück je 100 ha im Frühjahrsbestand gelten als potentiell gefährdet (Briedermann, 1970).

Verlauf und Krankheitsbild: Der Krankheitsverlauf der Schweinepest ist unterschiedlich. Nach den klinischen Erscheinungen wird eine typische und eine atypische Erscheinungsform unterschieden. Die Ursache für das variable Auftreten ist noch nicht völlig geklärt. Es ist jedoch sicher, daß der jeweilige Ernährungszustand eine erhebliche Rolle spielt. Die Inkubationszeit beträgt im allgemeinen 4 bis 6 Tage bei einem Schwankungsbereich von 2 bis 20 Tagen. Sie ist bei klinisch erkrankten Wildschweinen u. a. auch dadurch gekennzeichnet, daß sie die Scheu vor dem Menschen verlieren, am Tage beobachtet werden können und kaum flüchten. Der Gang ist schwankend. Sie konzentrieren sich vor allem an Wasserstellen. Erkrankte Stücke trennen sich von der Rotte, doch können auch ganze Rotten gleichzeitig erkranken und in verhältnismäßig kurzer Zeit verenden, so daß die Stücke unmittelbar nebeneinander gefunden werden. In diesem Falle sind die Sauen kaum abgemagert, während sie vor allem beim langsameren atypischen Krankheitsverlauf, bei dem sie kaum Nahrung aufnehmen, oft stark abkommen.

Im übrigen verläuft die atypische Form entweder verhältnismäßig mild mit geringer Sterblichkeit, gekennzeichnet durch Wechseln von Durchfall und Verstopfung, Nasenausfluß, Darmgeschwüre und Lungenentzündung, oder sehr heftig mit hoher Sterblichkeit in Form einer nichteitrigen Gehirnentzündung.

Die typische Form verläuft mit hoher Körpertemperatur (bis 41 °C), Mattigkeit, krampfartigen Anfällen und Durchfällen. Bei langsamen Verlauf können Bakterieninfektionen das Erscheinungsbild zusätzlich komplizieren. An den inneren Organen sind dunkle, knotige Bildungen an den Milzrändern besonders auffällig, weiterhin punktförmige Blutungen an den Nieren, der Harnblase, der Magenschleimhaut und anderen inneren Organen. Die Lymphknoten können marmoriert erscheinen. Das Gescheide wirkt oft wie mit Blut bespritzt. Der Darmkanal ist entzündet und kann rundliche, knopfartige Geschwüre oder fibrinöse Auflagerungen enthalten. Eine blutige Lungenentzündung kann vorliegen. Blutungen können auch an der Haut, vor allem an der Unterbrust und der Schenkelinnenseite, erkennbar sein.

Nach Gäbler (1957) ist auch eine umfangreiche Borkenbildung auf der Haut möglich. Teller- und Pürzelspitzen können absterben. Infolge einer Lidbindehautentzündung können die Augen mit einem eitrigen Sekret verklebt sein. Die sehr differenten Krankheitsbilder bewirken leicht eine Verwechslung mit anderen Krankheiten. Daher ist ein Nachweis mit Laboratoriumsmethoden wichtig.

Die Sterblichkeit wird in Abhängigkeit von der Form der Seuche mit 30 bis 90 % angegeben. Es werden Sauen jeder Stärke befallen. Sekundärinfektionen beeinflussen die Sterblichkeitsrate stark.

Vorbeugung, Bekämpfung und Wildverwertung: Zu den vorbeugenden Maßnahmen gehört in erster Linie die Verhinderung von direkten und indirekten Kontakten zwischen Haus- und Wildschweinen. Die seuchenhygienische Absicherung der Stallanlagen (z. B. durch Umzäunung), die hygienisch einwandfreie Beseitigung von Kadavern und Aufbrüchen, die ausreichende Erhitzung von Küchenabfällen (30 min bei 100 °C oder 60 min bei 85 °C) sind notwendige Sicherungsmaßnahmen zur Verhinderung solcher Kontakte. Gerade das Ausbringen von unbehandelten Küchenabfällen zur Wildfütterung stellt eine potentielle Gefahr für die Verschleppung der Schweinepest dar.

Andere Übertragungsmöglichkeiten sind durch die sogenannte Waldmast der Hausschweine und die Verwendung von Waldstreu gegeben. Im Falle eines Krankheits-

ausbruchs ist ein intensiver Abschuß erforderlich. Er soll sich hauptsächlich auf die deutlich erkrankten Stücke konzentrieren, muß aber auch eine sehr merkliche Bestandsverringerung bewirken. Dabei ist von Treib- und Drückjagden abzusehen, um durch die damit verbundene Beunruhigung nicht eine weitere Verbreitung der Krankheit zu bewirken. Beschossene Stücke sind sorgfältigst nachzusuchen, damit sie im Falle unkontrollierten Verendens keine Infektionsquelle bilden. Um die Bestandsverminderung in der notwendigen Höhe und Geschwindigkeit durchführen zu können, kann auf einen gezielten Abschuß an Kirrungen und Fütterungen keinesfalls verzichtet werden. Eine sehr wirksame Reduzierungsmethode, die zudem die Weiterverbreitung der Viren wesentlich einschränkt, besteht im Abfang des Schwarzwildes (vgl. Abschnitt 15.1.).
Die Eingrenzung von Krankheitsherden in großen, zusammenhängenden Beständen ist außerordentlich schwierig. Es ist zweckmäßig, vorbeugend Sanitärgürtel festzulegen, die eine Abriegelung der Herde zulassen. Sie sollten sich möglichst entlang von größeren Gewässern, waldarmen Partien und Siedlungsstreifen, die das Überwechseln des Schwarzwildes an sich schon beschränken, erstrecken. Innerhalb dieser Gürtel muß sofort nach Auftreten eines Falles von Schweinepest ein Totalabschuß des Schwarzwildes angestrebt werden.
Eine medikamentöse Vorbeugung und Vakzinierung in der freien Wildbahn ist noch nicht möglich. Doch berichtet WASSILJUK (1975), daß durch Beifütterung einer kombinierten Vakzine gegen Schweinepest und Rotlauf ein Seuchenzug im Urwald von Belowesh in den Jahren 1972/73 ohne jagdliche Eingriffe erfolgreich beendet werden konnte.
Liegen sinnfällige Veränderungen beim Wildbret vor, ist der gesamte Wildkörper genußuntauglich. Erkrankte Stücke werden als „minderwertig nach Behandlung“ beurteilt. Verdächtige Stücke sind nach entsprechender Behandlung tauglich. Es ist empfehlenswert, im Falle des Auftretens der Krankheit die gesamten Innereien zur Begutachtung vorzustellen. Andernfalls muß der Aufbruch mindestens 1 m tief vergraben werden.

7.5.1.2. Maul- und Klauenseuche (MKS)

Ursache, Verbreitung, Übertragung: Die MKS ist eine fieberhaft verlaufende hochkontagiöse Viruserkrankung der Klauentiere. Unter den Wildarten scheint das Schwarzwild neben Gemse, Wisent, Rotwild, Elch und Damwild am leichtesten zu erkranken (WETZEL und RIECK, 1972), doch ist ein seuchenhaftes Auftreten in Mitteleuropa noch nicht beobachtet worden. Erste Berichte über die MKS stammen bereits aus dem 16. Jahrhundert in Italien, und bereits aus dem 17. Jahrhundert sind Vorschriften über bestimmte Maßnahmen bei ihrem Auftreten bekannt. Die Krankheit stellt auf der ganzen Welt infolge ihrer leichten Übertragbarkeit ein Problem dar. Für die Wildbestände hat sie weniger Bedeutung. Da erkrankte Stücke rasch an den Ort gebunden sind, spielen sie für die Ausbreitung von Seuchenzügen weniger eine Rolle. Der Erreger ist nicht einheitlich. Es treten verschiedene Virustypen auf, die sich immunologisch und serologisch unterscheiden. Diese Tatsache hat zur Folge, daß erkrankt gewesene Tiere gegenüber anderen Typen voll empfänglich sind (BEER, 1974).
Das sehr infektiöse Virus wird in erster Linie durch das erkrankte Stück verbreitet. Die Übertragung erfolgt durch Aufnahme mit Speichel benetzter Nahrung auf dem Verdauungswege. Im Abwasser enthaltene Viren sind 1 bis 3 Monate lang ansteckungsfähig (DANNENBERG et al., 1975). Bereits 1 Tag nach der Infektion kann das Virus wieder abgegeben werden. Auch eine indirekte Übertragung durch Zwischenträger wie Kaninchen, Hamster, Maulwurf, Stare, Krähen, Dohlen usw. ist möglich (KONRAD et al., 1975). An trockener Luft, bei kühler Temperatur und Dunkelheit bleibt das Virus lange infektiös; bei entgegengesetzten Bedingungen ist es bedeutend weniger resistent. In den meisten mitteleuropäischen Staaten ist es durch gezielte Seuchenschutzmaßnahmen gelungen, die Krankheit weitestgehend zu tilgen.

Verlauf und Krankheitsbild: Der Erreger wird meist über die Schleimhäute des oberen Verdauungs- und Respirationstraktes aufgenommen. Nach einer Inkubationszeit von 2 bis 3 Tagen bilden sich an der Infektionsstelle, gewöhnlich den Schleimhäuten im Gebrech, die sogenannten Primärbläschen, in denen eine intensive Vermehrung der Viren erfolgt. An führenden Bachen treten die Bläschen häufig am Gesäuge auf. Vorwiegend sind jedoch die Schalen befallen, deshalb sind Lahmheiten wichtiges Anzeichen für Seuchenverdacht (Boch, Schneidawind, 1988).

Die Stücke beginnen zu fiebern und verstärkt Speichel abzusondern. Nach wenigen Tagen treten gehäuft Sekundärbläschen auf, vor allem am Wurf, am Kronensaum, am Zwischenklauenspalt und an den weiblichen Genitalien. Die Nahrungsaufnahme ist gestört, die Stücke schonen und verlassen bald den Kessel nicht mehr. In diesem Stadium bewegen sie sich oft auf den Karpalgelenken vorwärts. Mitunter kann man das „Ausschuhen", das Verlieren der Schalen, beobachten. Nach 3 bis 4 Wochen platzen die Bläschen und heilen ab, falls keine Sekundärinfektion mit Eitererregern hinzugetreten ist. Der Krankheitsverlauf ist bei Stücken, die älter als 8 Wochen sind, meist nicht schwer. Größere Verluste in Wildschweinbeständen sind bisher nicht bekannt.

Vorbeugung, Bekämpfung, Wildverwertung: Die Verhütung der Maul- und Klauenseuche in Haustierbeständen ist gleichzeitig die wichtigste Vorbeugungsmaßnahme für die Verhütung von Wilderkrankungen. Erkranktes Wild ist zu erlegen. Das Wildbret kann nach entsprechender Behandlung verwertet werden.

Tabelle 7/2 *Tollwutbefunde bei Schwarzwild in der DDR von 1969 bis 1987 (nach Fink)*

Jahr	Anzahl der Fälle	Jahr	Anzahl der Fälle
1969	2	1979	2
1970	2	1980	6
1971	3	1981	7
1972	4	1982	1
1973	0	1983	13
1974	5	1984	4
1975	5	1985	3
1976	5	1986	4
1977	4	1987	2
1978	4		

7.5.1.3. Tollwut

Ursache, Verbreitung, Übertragung: Das weltweit verbreitete Tollwutvirus hat für die Jagdwirtschaft besondere Bedeutung. Alle Säugetiere und Vögel sind dafür empfänglich. Die Ansteckung erfolgt wahrscheinlich fast ausschließlich mit dem Speichel durch Biß. Die Infektionskette schließt sich innerhalb des Hauptvirusträgers. Der Hauptwirt bei der gegenwärtig noch herrschenden silvatischen Form der Tollwut in Mitteleuropa ist der Rotfuchs. Diese Krankheit stellt auch eine Gefahr für den Menschen dar. Auch das Schwarzwild ist für die Tollwut empfänglich, doch sind im internationalen Maßstab nur wenige Infektionen bekannt. Eine Serienuntersuchung von Bindrich et al. (1959) in Mecklenburg ergab keinerlei Anhaltspunkte für eine Tollwutinfektion (zit. b. Eichwald und Pitschke, 1967). Unter 5066 bayrischen Tollwutfällen der Jahre 1965 bis 1968 befand sich ein Wildschwein (Haacke, 1970).

Alljährlich werden in der DDR einige Tollwutfälle bei Schwarzwild ermittelt (Tab. 7/2). Sie sind über den Gesamtraum des Landes verteilt. Fink (1986) teilte mit, daß im Mittel der Jahre 1971 bis 1975 das Schwarzwild mit 0,18 % am Tollwutgeschehen beteiligt ist und damit an 10. Stelle im Tollwutgeschehen steht.

In den Jahren 1969 bis 1978 wurde in der DDR bei 34 Stück Schwarzwild Tollwut labordiagnostisch nachgewiesen (Tabelle 7/2).

Verlauf und Krankheitsbild: Die Inkubationszeit schwankt zwischen 2 und 8 Wochen, es sind aber auch längere Zeiträume bekannt. Die natürliche Infektion endet stets tödlich. Infolge des seltenen Vorkommens der Tollwut beim Schwarzwild sind nähere Beschreibungen nicht gemacht worden. Erkranktes Schwarzwild ist unruhig, beißwütig und grunzt heiser infolge Kehlkopflähmung (Konrad et al., 1975).

Vorbeugung, Bekämpfung, Wildverwertung: Die wichtigste Vorbeugungsmaßnahme ist die Ausschaltung der Fuchstollwut. Sich atypisch verhaltendes Schwarzwild, auch Unfallwild, ist als tollwutverdächtig anzusehen und entsprechend zu behandeln. Es ist zu erlegen und der tierärztlichen Untersuchung zuzuführen. Dabei darf es nicht mit bloßen Händen berührt oder gar aufgebrochen werden. Tollwutkrankes oder -verdächtiges Wild ist unabhängig von den Jagdzeiten zur Strecke zu bringen, dabei darf das Gehirn nicht zerstört werden. Es ist genußuntauglich.

7.5.1.4. AUJESZKYsche Krankheit (Pseudowut)

Ursache, Verbreitung, Übertragung: Die AUJESZKYsche Krankheit stellt eine Virusinfektion dar, die ein breites Infektionsspektrum besitzt. Sie wurde nach ihrem Entdekker benannt, der sie 1902 als eine selbständige Infektion erkannte, während sie bisher als eine Form der Tollwut angesehen wurde. Bei der AUJESZKYschen Krankheit ist das Hausschwein als Hauptwirt anzusehen. Eine Bedeutung unter dem Schwarzwild kam ihr nach bisherigen Erkenntnissen nicht zu, obwohl auch Wildschweine und anderes Haarwild von ihr befallen werden können.

Die Krankheit ist nach KRETSCHMAR (1970) in der ganzen Welt zu finden. Am stärksten verbreitet ist sie heute noch in den USA, in Südosteuropa und in verschiedenen Teilen der UdSSR.

Die Infektion stellt eine fieberhafte Allgemeinerkrankung dar, die entweder stumm verläuft oder zu einer Gehirn-Rückenmarkerkrankung führt. Nach akutem Verlauf endet sie bei Frischlingen fast ausnahmslos tödlich. Leichter erkrankte Stücken können noch lange nach der Genesung Viren ausscheiden. Die Infektion erfolgt über Atmungsorgane und Verdauungsweg, vielleicht auch über Hautwunden. Die Viren sind im Speichel, in Sekreten und auch im Harn nachweisbar. Das Virus hat in Kadavern eine hohe Überlebensdauer, die auch im Sommer 3 bis 4 Monate vorhalten kann. Im Harn der Hausschweine, und damit in Jauche und Gülle, ist das Virus lange infektiös. Auf Grund geringer Ausgangstiter spielen diese Stoffe jedoch für die Übertragung vom Haus- zum Wildschwein kaum eine Rolle.

Verlauf und Krankheitsbild: Die Inkubationszeit beträgt 1 bis 8 Tage, in Ausnahmen länger. Sie wird im wesentlichen durch das Alter der Sauen und die damit verbundene unterschiedliche Empfänglichkeit bestimmt. Besonders anfällig sind Frischlinge in den ersten Lebenswochen, die bereits 1 bis 2 Tage nach der Infektion verenden. Nach BOCH und SCHNEIDAWIND (1988) verenden auch ältere Frischlinge (4 bis 5 Wochen) innerhalb von 4 bis 6 Tagen. Dabei zeigen sie anfänglich nervöse Störungen mit Zwangsbewegungen und Krämpfen. Bei älteren Stücken kann die Erkrankung so mild verlaufen, daß nach kurzer Zeit bereits eine vollständige Genesung eintritt. Sichtbare Veränderungen fehlen völlig, doch sind Lähmungen und Krämpfe bekannt.

Vorbeugung, Bekämpfung, Wildverwertung: Eine Übertragung aus erkrankten Haustierbeständen ist zu verhindern. Da Ratten als Überträger in Frage kommen, ist eine intensive Schadnagerbekämpfung auch an Müllhalden, die dem Schwarzwild zugänglich sind, bedeutsam. Als Bekämpfungsmaßnahme kommt nur der Abschuß in Frage. Verdächtige Stücke sind einer Untersuchung zuzuführen. Das Wildbret ist nach entsprechender Behandlung verwendbar, das Gehirn ungenießbar. Kadaver sind unschädlich zu beseitigen. Bei erheblichen sinnfälligen Veränderungen des Muskelfleisches wird der ganze Wildkörper verworfen.

7.5.1.5. Teschener Schweinelähmung (Ansteckende Schweinelähmung)

Ursache, Verbreitung, Übertragung: Die Teschener Schweinelähmung wurde erstmalig im Jahre 1929 bei Tešeň (ČSSR) festgestellt und beschrieben. Ihr Vorkommen ist bisher auf Mitteleuropa und Madagaskar begrenzt. Unter dem Schwarzwild ist sie bisher nur selten und in vereinzelten Fällen aufgetreten. Das Virus wird vorwiegend mit der Losung ausgeschieden. Wasser, Abwasser, Futter und Kadaver kommen als Virusträger in Betracht. Vermutlich können Ratten und auch Fliegen in begrenztem Umfange der Erregerverbreitung dienen. Der Seuchencharakter ist sprunghaft. Erkrankungen in einem bestimmten Jagdgebiet folgen nicht unbedingt weitere. Bald darauf oder auch erst nach Wochen können in Nachbargebieten weitere Fälle auftreten. Sogar erst nach Jahren ist ein erneuter Krankheitsausbruch im gleichen Gebiet möglich.

Verlauf und Krankheitsbild: Nach einer Inkubationszeit von 1 bis 4 Wochen folgen Temperaturanstieg, Mattigkeit, Freßunlust und Erbrechen. Diese Erscheinungen halten etwa 3 Tage an. Die Viren dringen entlang der Nervenbahnen bis zum Zentralnervensystem vor. Mit dem folgenden paralytischen Stadium kommt es zu Lähmungserscheinungen, meist an den Hinterläufen. Es gibt verschiedene Formen des Auftretens. Die Hirnrückenmarksform verläuft bei 80 bis 95 % der Fälle tödlich. Bei der häufigeren myelitischen Form tritt der Tod bei 20 bis 50 % durch Atemlähmung ein. Auffallende Veränderungen am Aufbruch sind nicht zu erkennen. Zur Krankheitsbestimmung sind Laboruntersuchungen erforderlich. Bisher gibt es für das Schwarzwild keine näheren Beobachtungen.

Vorbeugung, Bekämpfung, Wildverwertung: Die Vorbeugung besteht in der Vermeidung von Kontakten zwischen Wild- und Haustierbeständen und der Entseuchung von Abfällen, die zur Fütterung des Schwarzwildes vorgesehen sind. Einzige Bekämpfungsmaßnahme ist der Abschuß. Fallwild ist Tierkörperbeseitigungsanstalten zuzuführen bzw. mindestens 1 m tief zu vergraben.

7.5.2. Bakterielle Krankheiten

7.5.2.1. Tuberkulose

Ursache, Verbreitung, Übertragung: Die weltweit verbreitete Tuberkulose kann fast alle Haustiere und Wildarten befallen. Sie ist allerdings durch intensive Bekämpfungsverfahren in den Haustierbeständen stark zurückgedrängt worden. Auch beim Wild ist sie infolge geringer Übertragungsmöglichkeiten nicht häufig. Von den verschiedenen Erregerformen kommt beim Schwein vorwiegend *Mycobacterium bovis* vor. Bisher wurden nur wenige Fälle aus freier Wildbahn gemeldet (KINDINGER, 1934). Doch wird bei systematischer Untersuchung und hoher Wilddichte ein bedeutenderer Befall feststellbar sein. So berichtet STARODYNOWA (1974) aus dem Gebiet um Moskau, daß Tuberkuloseerkrankungen früher selten waren, jetzt aber zunehmen und in einzelnen Waldgebieten bis 5 % der untersuchten Wildschweine betreffen können. Nach KOSLO (1968) treten sie auch vereinzelt in Belowesh auf. GÄBLER (1957) teilt ein gehäuftes Auftreten von Tuberkulose in Sauparks mit. Dies bestätigt die Auffassung von GABRISCH und ZWART (1987), daß die Krankheit faktoriell durch zu hohen Wildbestand bedingt ist. Die Infektion erfolgt fast immer mit der Nahrungsaufnahme, selten aerogen. Als besondere Infektionsquellen kommen Kadaver und Aufbrüche in Frage. Der Primärherd befindet sich meist im Endabschnitt des Dünndarmes, in dessen Schleimhaut verkäste Zentren zu finden sind. Bei der seltener vorkommenden Hauttuberkulose findet man häufig kleinere oder auch größere verkäste und verkalkende Tuberkel in der Schwarte. Nach der Generalisation bilden sie sich an Lunge, Leber, Milz und an anderen Organen. Die Erreger werden mit Losung, Harn, Speichel und Atemluft ausgeschieden.

Verlauf und Krankheitsbild: Die Tuberkulose verläuft gewöhnlich in chronischer Form und ist im Anfangsstadium kaum erkennbar. Später treten Durchfallerscheinungen (Darmtuberkulose) oder Hustenanfälle (Lungentuberkulose) hinzu. Bei Wildschweinen wurde besonders eine Entzündung der Lymphknoten des Verdauungstraktes und der Halsregion festgestellt, die sich stark vergrößern und eine höckerige Oberfläche erhalten. Die Nahrungsaufnahme geht zurück, und das Wild wird matt und bewegungsunlustig. Bei hoher Widerstandskraft des Organismus und lokalisierten Herden ist eine Abkapselung und Ausheilung möglich. In anderen Fällen führt die Krankheit zum Tode. Da in verschiedenen Stadien Verwechslungen mit anderen

Krankheiten möglich sind, ist ein mikroskopischer Labornachweis empfehlenswert.

Vorbeugung, Bekämpfung, Wildbretverwertung: Vorbeugende Maßnahmen bestehen in der jagdlichen Auslese kümmernder Stücke und in der Stärkung der Widerstandskraft durch Fütterung in Notzeiten. An den Fütterungsorten ist eine Desinfektion des Bodens zweckmäßig, desgleichen eine Beseitigung der Losung. Fütterungen sollten an sonnigen Orten angelegt werden, da der Tuberkuloseerreger im Sonnenlicht nicht beständig ist. Eine Einschleppung aus erkrankten Haustierbeständen über Küchen- und sonstige Abfälle ist zu vermeiden. Auch an dieser Stelle wird auf die Notwendigkeit einer gefahrlosen Beseitigung des Aufbruches verwiesen. Die Bekämpfung erfolgt durch die Erlegung erkrankten Wildes und seine unschädliche Beseitigung sowie durch Desinfektion der Futterstellen. Liegen erhebliche sinnfällige Veränderungen des Muskelfleisches vor, ist der gesamte Wildkörper genußuntauglich.

Bestimmte Formen der Tuberkulose gestatten nach Behandlung eine entsprechende Wildverwertung.

7.5.2.2. Brucellose

Ursache, Verbreitung, Übertragung: Das seuchenhafte Verferkeln ist beim Hausschwein eine weltweit verbreitete Krankheit, die durch das Bakterium *Brucella suis* hervorgerufen wird. Trotz einer gewissen Artspezifität des Erregers ist auch eine Übertragung auf den Menschen möglich.

Über Verbreitung und Häufigkeit der Brucellose beim Schwarzwild ist noch wenig bekannt. Fenske und Pulst (1973) fanden Erreger in 2 von 7 Wildschweinproben aus dem mittleren Raum der DDR, 2 weitere enthielten Antikörper. Dabei handelte es sich um die auch beim Hasen vorkommende Form von *Brucella suis*, die nach Bathke (1974) bei dieser Wildart als primär anzusehen ist, während die Infektion des Schweines nur eine Seitenkette darstellen soll.

Tscherner et al. (1981) gelang bei Untersuchung einer repräsentativen Strecke aus dem mittleren Raum der DDR kein Nachweis von Brucellose-Erregern, doch waren bei einer größeren im nördlichen Raum der DDR durch Dedek und Loepelmann (1986) untersuchten 6,3 % positiv. Die Übertragung erfolgt durch Körperausscheidungen, im besonderen aber durch die Frucht, das Fruchtwasser und die Eihäute infizierter Stücke, sowie beim Deckakt. Gegenüber direktem Sonnenlicht und Desinfektionsmittel sind Brucellen sehr empfindlich, wogegen sie, in Gewebe eingeschlossen (Foeten), sehr lange lebensfähig sind. In humusreichen Böden können sie bis zu 100 Tagen überleben (Ippen et al. 1987).

Verlauf und Krankheitsbild: Die Infektion erfolgt über den Verdauungskanal oder den Beschlag. Der Weg des Erregers führt über die Blut- und Lymphbahnen vor allem in die Geschlechts-, aber auch in andere Organe. Im allgemeinen ist der Verlauf chronisch. Für Schwarzwild sind noch keine Beschreibungen bekannt. Beim Hausschwein kommt es zum Umrauschen, zum Verwerfen (meist im 3. Trächtigkeitsmonat), zu Totgeburten, Hodenentzündungen und auch zu Gelenkentzündungen, die Lahmheiten zur Folge haben können.

Vorbeugung, Bekämpfung, Wildverwertung: Durch die Bekämpfung der Brucellose in den Betrieben der landwirtschaftlichen Tierproduktion entfallen in zunehmenden Maße Infektionsquellen. Doch müssen Kontakte zwischen Hausschweinhaltungen und Wildbeständen möglichst ausgeschaltet werden. Bei Auftreten der Brucellose sind verstärkt Abschüsse, besonders als krank erkannter Stücke, vorzunehmen. Das Wildbret ist bei erkennbaren Veränderungen genußuntauglich.

7.5.2.3. Milzbrand

Ursache, Verbreitung, Übertragung: Der Milzbrand ist eine durch den *Bacillus anthracis* hervorgerufene Infektionskrankheit, die zahlreiche Haus- und Wildtiere sowie den Menschen befallen kann. Er ist seit dem Altertum bekannt; Beschreibungen stammen schon aus der Zeit vor unserer Zeitrechnung. Die Krankheit kommt auf allen Erdteilen vor. Früher galt der Milzbrand als sehr bedeutsame Wildseuche, die vor allem Wiederkäuer befiel. Ein letzter großer Seuchenzug wurde 1874 bei Berlin und Potsdam festgestellt (WETZEL und RIECK, 1972). Gegenwärtig sind Milzbrandinfektionen durch strenge veterinärmedizinische Maßnahmen selten. Bei Schwarzwild kommt es nur zu gelegentlichen Erkrankungen. Zur Zeit hat der Milzbrand keine Bedeutung. Die Übertragung erfolgt durch Sporen über Ausscheidungen, Blut, Dung und Abwasser. Sie werden über die Nahrung aufgenommen. Weiter kann eine Infektion durch Verzehr von Fallwild bedingt sein. Die Sporen können im Erdboden jahrelang infektiös bleiben.

Verlauf und Krankheitsbild: Über den Darmkanal dringt der Bacillus in den ganzen Körper. Die Inkubationszeit währt 1 Tag bis 2 Wochen, der weitere Verlauf ist stürmisch. Die Erkrankten fiebern, stellen die Nahrungsaufnahme ein und haben Atembeschwerden. Aus den Körperöffnungen erfolgen Blutungen und die Schleimhäute verfärben sich blaurot. Das Blut wirkt teerartig und gerinnt nicht. Auch in den Schleimhäuten und im Bindegewebe finden sich Blutungen. Die Milz ist stark vergrößert und im Inneren breiartig verändert. Leber, Nieren, Lunge und Darm sind blutreich und geschwollen, das Herz dagegen grau und schlaff. Die Totenstarre bleibt aus und die Verwesung setzt rasch ein.

Vorbeugung, Bekämpfung, Wildverwertung: Der Kontakt von Wild mit erkrankten Haustierbeständen, auch über Abwasser, soll vermieden werden. Fallwild ist nicht mit bloßen Händen zu berühren. Die Kadaver sollen ungeöffnet den Tierkörperbeseitigungsanstalten zugeführt werden. Der gesamte Tierkörper ist genußuntauglich.

7.5.2.4. Wild- und Rinderseuche

Ursache, Verbreitung, Übertragung: Der Erreger der Wild- und Rinderseuche, auch Pasteurellose oder hämorrhagische Septikämie genannt, ist *Pasteurella multocida*, der alles Schalenwild und dementsprechende Haustiere befällt. Bekannte Seuchenzüge bei Schwarzwild erfolgten 1878 in der Nähe von München (BOLLINGER, 1878) und 1910 in Bialowieza (GÄBLER, 1957). Seit der Jahrhundertwende sind kaum noch Ausbrüche bekanntgeworden, so daß heute die Wild- und Rinderseuche als bedeutungslos angesehen wird. Die Übertragung geschieht über die Schleimhäute der Atemwege und des Verdauungstraktes, seltener über Hautverletzungen oder durch blutsaugende Insekten (Kriebelmücken und Lausfliegen). Eine schnelle Verbreitung bei Schwarzwild kann durch die Körperausscheidungen, durch Suhlen und Brechen, erfolgen. Die Pathogenität bedarf der Schwächung des Wildes durch andere Faktoren. Bei Hausschweinen sind nach SCHULZE (1965) Keimträger häufig zu finden.

Verlauf und Krankheitsbild: Erste Anzeichen treten oft schon am ersten Tage nach der Infektion auf. Die Inkubationszeit 6 bis 24 Stunden (WEBER, 1985) Neben der selteneren ödematösen Form befällt das Wild häufig die Brustform. Sie entspricht einer schweren kruppösen Lungenbrustfellentzündung. In der Brusthöhle entstehen Flüssigkeitsansammlungen, es treten Atembeschwerden und Hustenanfälle auf. Die Lungenoberfläche, das Brust- sowie das Zwerchfell sind mit Auflagerungen bedeckt. Das Lungengewebe selbst ist dunkel marmoriert. Zusätzlich kann eine Magen-Darmentzündung auftreten. Der Tod tritt nach 2 bis 8 Tagen auf, die Sterblichkeit ist hoch.

Vorbeugung, Bekämpfung, Wildverwertung: Im Falle des Auftretens sind die erkrankten Stücke abzuschießen und unschädlich zu beseitigen. Treibjagden müssen unterbleiben. Stellen, an denen Fallwild oder krankes Wild gelegen haben, sind zu desinfizieren. Diese Maßnahme wird ebenfalls für Suhlen mittels dicker Kalkmilch empfohlen (KONRAD et al., 1975). Gatterwild kann mit Antibiotika und Sulfonamiden behandelt werden. Das Wildbret ist genußuntauglich.

7.5.2.5. Salmonellose

Ursache, Verbreitung, Übertragung: Die Salmonellose wird durch Bakterien der Salmonellagruppe hervorgerufen und tritt bei zahlreichen Wild- und Haustieren auf. Beim Schwarzwild sind besonders Frischlinge und Überläufer vom Paratyphus betroffen. Vermutlich können Sauen Dauerausscheider sein. Die Übertragung soll besonders durch Bronchialschleim, Harn und seltener durch Losung erfolgen. Nachweisliche Erkrankungen sind bei Schwarzwild noch selten. Sie trat nach KOSLO (1968) vereinzelt in Belowesh auf, nach STARODYNOWA (1974) ebenfalls im Gebiet um Moskau, wo sie vor allem bei Jungtieren eine Bedeutung hat. Erkrankungen im Bezirk Suhl im Jahre 1978 wurden wahrscheinlich durch Küchenabfälle verursacht. Voraussetzung für das Auftreten von Salmonellose ist eine Resistenzminderung der Wildschweine durch ungünstige Witterungsbedingungen oder Unterernährung.

Verlauf und Krankheitsbild: Die Krankheit verläuft akut bis chronisch unter septikämischen oder Organerkrankungen mit Durchfall, Husten, Lahmheit, Fieber und Abmagerung (DANNENBERG et al., 1975).

Vorbeugung, Bekämpfung, Wildverwertung: Küchenabfälle, Zugang zu Schweineproduktionsstätten und weitere Verbindungswege können eine Salmonelleninfektion des Schwarzwildes begünstigen und müssen daher verhindert werden.

Direkte Bekämpfungsmaßnahmen sind kaum gegeben, da die Salmonellose beim Schwarzwild in freier Wildbahn selten erkannt wird. Bei sinnfälligen Veränderungen von Organen und Muskelfleisch ist der Wildkörper genußuntauglich. Bei Verdacht und Veränderungen des Muskelfleisches wird der Tierkörper minderwertig nach Behandlung. Werden Fleischvergifter nachgewiesen oder besteht ein begründeter Verdacht einer Kontaktinfektion, ist der Tierkörper tauglich nach Behandlung, veränderte Teile sind genußuntauglich.

7.5.2.6. Rotlauf

Ursache, Verbreitung, Übertragung: Der Erreger *Erysipelothrix rhusiopathiae (S. E. insidiosa)*, der Hausschweine häufig befällt und auch im Körper gesunder Schweine schmarotzt, kann auch auf den Menschen übertragen werden (EISSNER und EWALD, 1973). Bei Wild sind bisher nur Einzelfälle des Auftretens bekannt, beim Schwarzwild ist der Rotlauf bedeutungslos. Für die Pathogenität ist eine herabgesetzte natürliche Widerstandskraft der Wildschweine Voraussetzung. Unter diesen Bedingungen stellte CABON (1958) im Urwaldgebiet von Bialowieza (Belowesh) nach dem harten Winter 1955/56 das Auftreten von Rotlauf fest. Die Aufnahme der mit Kot und Harn ausgeschiedenen Stäbchenbakterien erfolgt über infizierte Nahrung oder Wasser (HUBRIG, 1961).

Verlauf und Krankheitsbild: Von den Formen des Rotlaufes wurde beim Schwarzwild bisher nur der akute septikämische Rotlauf festgestellt (KONRAD et al., 1975). Hierbei befinden sich die Bakterien im Blut und in allen Organen. Es treten hohes Fieber mit Erbrechen, Durchfall und Nahrungsverweigerung auf. In der Sommerschwarte sind dunkelrote Hautfärbungen erkennbar. Der Tod tritt nach wenigen Tagen ein. Entzündungen der inneren Organe, geschwollene Milz und ödematös veränderte Lungen können festgestellt werden.

Vorbeugung, Bekämpfung, Wildverwertung: Kontakte zu Hausschweinbeständen und Verfütterung unbehandelter Abfälle sind zu vermeiden. Erkrankte Sauen sollten erlegt werden. Das Wildbret ist genußuntauglich oder tauglich nach Behandlung.

7.5.2.7. Aktinomykose

Die meisten Fälle von Aktinomykosen werden beim Reh beobachtet (STÖGBAUER, 1985). Sie kann vereinzelt auch beim Schwarzwild sein. Die Bakterien dringen durch Verletzungen in die Schleimhäute, vor allem im Gebrech, ein. Dort bilden sie sich ständig vergrößernde Knötchen, die das Gewebe zersetzen. Befallen werden hauptsächlich die Kieferknochen. Dabei treten eiternde Fisteln und wucherndes Gewebe zutage. Auch das Gesäuge kann Aktinomykose aufweisen. Der Verlauf ist chronisch, der Tod kann nach Jahren eintreten. Eine Übertragbarkeit liegt nicht vor, somit auch kein seuchenartiges Auftreten. Das Wildbret ist genußuntauglich, wenn das Wild vollkommen abgefallen ist.

Ist die Aktinomykose örtlich begrenzt und sind keine substanziellen Mängel feststellbar, kann der Tierkörper mit Ausnahme veränderter Teile genußtauglich werden.

7.5.2.8. Leptospirose

Ursache, Verbreitung, Übertragung: Leptospiren sind bewegliche Bakterien, deren einige schweinespezifisch sind. Sie finden sich hauptsächlich in den Nieren, Geschlechtsorganen und Föten und sind blutserologisch nachweisbar. Ihre Ausscheidung erfolgt über den Harn, und, obwohl sie bei trockenen Bedingungen wenig widerstandsfähig sind, persistieren sie noch lange in feuchtem Milieu, wie Morasten, Jaucheabflüssen, Gülle und anderen Wasseransammlungen. Die Infektion geschieht über die Schleimhaut und über Hautverletzungen. Ansteckungs- und Infektionsquellen sind auch wildlebende Nagetiere. In den letzten Jahren wurde das Vorhandensein von Leptospiren in gehäuftem Maße auch beim Schwarzwild nachgewiesen. KLOCKMANN (1972) und WEBER et al. (1978, 1981) fanden Antikörper in 18,6 % von ihnen in der BRD untersuchter erlegter Sauen.
HÜBNER und HORSCH (1977) berichten über positive Reaktionen bei 13 % einer in der DDR untersuchten Strecke, DEDEK und LOEPELMANN (1986) bei 5,8 %. Nach HUEBNER (1982) spielen die beim Wild vorkommenden Leptospirenreservoire bei Haustieren keine Rolle.

Verlauf und Krankheitsbild: Die Leptospirose führt bei Hausschweinen zum Verferkeln, zum Umrauschen und zur Lebensschwäche neugeborener Ferkel. Ältere Sauen zeigen oft kaum deutliche klinische Symptome, können aber Erreger ausscheiden. In Einzelfällen treten Fieber, Appetitmangel und Hautveränderungen auf. Bei Wildschweinen ist bisher über eindeutige klinische Symptome und Reproduktionsstörungen noch nicht berichtet worden.

Vorbeugung, Bekämpfung, Wildverwertung: Das Auftreten der Leptospirose bei Wildschweinen muß weiter überwacht werden. Die Vorbeugung besteht vor allem in der Einhaltung hygienischer Maßnahmen in Hausschweinhaltungen. Eine Bekämpfung ist in der Wildbahn nicht möglich.
Das Wildbret ist verwertbar.

7.5.3. Protozoen-Krankheiten
7.5.3.1. Kokzidiose

Ursache, Verbreitung, Übertragung: Kokzidien sind wirtsspezifische Sporozoen, die beim Schwein vor allem im Darmepithel parasitieren. Beim Schwarzwild wurden bisher 6 verschiedene Arten nachgewiesen: *Eimeria debliecki, Eimeria scabra, Eimeria polita, Eimeria spinosa, Eimeria perminuta* und *Isospora suis* (BAETTIG, 1984). Sie kommen meist als Mischinfektion vor und sind weltweit verbreitet. Die Befallsstärke ist in Gattern meist wesentlich höher als in der Wildbahn. Beispielsweise fanden PAV und ZAJICEK (1971) im Schwarzwildgatter Kvetov (ČSSR), daß von 67 untersuchten Sauen etwa 54 % von *Eimeria debliecki*, und 25 % von *Eimeria perminuta* befallen waren.
Wildbahnuntersuchungen in der Schweiz (BAETTIG, 1984), Jugoslawien (BRGLEZ et al. 1968) und in der UdSSR (LITVINOV und ZENKOV, 1979; MANDRUSSOW, 1969) ergaben Befallsstärken zwischen 10 und 30 % der untersuchten Proben. HAUPT und I. STUBBE (1975) konnten bei 9 von 37 Sauen aus dem Wildforschungsgebiet Hakel eine geringe Zahl von Oozysten im Enddarmkot feststellen. TSCHERNER et al. (1981) wiesen *Eimeria* in 17 von 64 aus dem Wildforschungsgebiet Wriezen stammenden Sauen nach. GRÄFNER und GRAUBMANN (1981) ermittelten gehäufte Todesfälle durch Parallelinfektionen von Kokzidien und Metastrongyliden. Letztere traten vor allem nach nassen Sommern im September und Oktober auf. 6 Arten konnten festgestellt werden. Alle Gatterstücke waren befallen und 140000 bis 190000 Oozysten je Gramm Kot wurden ermittelt. Die Übertragung erfolgt durch Oozysten, die mit dem Kot ins Freie gelangen, über die Nahrungs- und Wasseraufnahme. Auch Geotrupes-Arten sollen dabei eine Rolle spielen (ZAJICEK und PAV, 1973). Im Darmkanal verlassen die Sporozoiten die versporte Oozyste und dringen in die Epithelzellen ein, oder gelangen über das Blut in andere Organe. Das Maximum der Oozystenausscheidung lag im Juli.
Verlauf und Krankheitsbild: Die erkrankten Wildschweine zeigen ein teilnahmsloses Verhalten, haben starken, zum Teil blutigen

Durchfall, magern ab und lassen Wachstumsstörungen erkennen.
Nach GRÄFNER (mdl.) erreichte die Mortalität bei Frischlingen in einem Gatter 90 %.
Möglicherweise wirkt stärkerer Kokzidienbefall durch Schwächung des Organismus förderlich auf das Auftreten anderer Erkrankungen.
Vorbeugung, Bekämpfung, Wildverwertung: Die sehr widerstandsfähigen Oozysten reichern sich an Fütterungen an. Daher wirkt eine Desinfizierung derselben bzw. eine Verlegung von Zeit zu Zeit an andere Örtlichkeiten vorbeugend. Eine Gatterbehandlung durch GRÄFNER und GRAUBMANN (1981) mittels Amprol plus und Veracid-Granulat in Mengen von 4 bzw. 1,6 g/10 kg Körpermasse, 3 bzw. 6 Tage lang in Mischung mit Fertigfutter appliziert, wirkte erfolgreich. Veränderte Teile sind genußuntauglich.

7.5.3.2. Toxoplasmose

Ursache, Verbreitung, Übertragung: Der Erreger *(Toxoplasma gondii)* gehört ebenfalls zu den Kokzidien. Er durchläuft einen Wirtswechsel zwischen zahlreichen Katzenarten als Endwirt und einer großen Anzahl von Zwischenwirten, zu denen neben dem Menschen auch das Wild- und Hausschwein gehören. Doch sind Kreisläufe auch direkt sowohl zwischen den Endwirten wie auch den Zwischenwirten möglich.
Nach Serumproben waren 33 % von in der BRD untersuchtem Schwarzwild infiziert (ROMMEL und SOMMER, 1967), während Hausschweinproben im allgemeinen beträchtlich höhere Werte aufweisen. In der ČSSR waren 38 % einer Untersuchungsserie infiziert (WETZEL und RIECK, 1972). Nach BORCHERT (1962) sind Hausschweine meist latent infiziert.
Die Infektion erfolgt, auf der Grundlage mit dem Kot ausgeschiedener Oozysten, durch orale Aufnahme. Dabei spielt der Verzehr infizierter Beutetiere, z. B. von Mäusen, und von Fallwild für das Wildschwein wahrscheinlich die Hauptrolle. Katzenkot stellt eine besondere Übertragungsquelle dar.
Verlauf und Krankheitsbild: Die Toxoplasmen leben intrazellulär in wohl allen Organen. Erkennbare Krankheitserscheinungen beim Schwarzwild sind bisher nicht beschrieben. Beim Hausschwein, besonders bei Ferkeln, zeigen sich zentralnervöse Störungen, Fieber, Darm- und Lungenentzündungen. Bei Muttersauen kommt Verferkeln vor.
Vorbeugung und Bekämpfung Kontakte zwischen Haus- und Wildschweinbeständen sind zu vermeiden. Da Katzen bei der Übertragung von Toxoplasmen eine bestimmte Bedeutung haben, ist für eine unschädliche Beseitigung von Katzenkernen Sorge zu tragen.
Da eine Übertragung auch auf den Menschen möglich ist, sollte auf den Verzehr rohen Fleisches verzichtet werden.

7.5.3.3. Sarkosporidiose

Ursache, Verbreitung, Übertragung: Sarkosporidien sind mit den Toxoplasmen verwandt und sind weltweit verbreitet. Beim Schwein kommen die Arten *Sarcocystis suihominis* und *S. suicanis (syn. miescheriana)* vor (HIEPE, 1983). Sie sind obligat zweiwirtig; als Endwirt dienen der Mensch und die Hundearten, in denen sich die geschlechtliche Entwicklung vollzieht.
Trotz der bisher noch geringen Zahl von Nachweisen beim Schwarzwild sprechen sie doch für ein recht häufiges Auftreten. So untersuchte DROST (1974) im Bezirk Schwerin 451 Stück Schwarzwild, von denen 68 % einen Befall aufwiesen. Dieser Befund entspricht etwa dem des Hausschweines. Die Höchstwerte wurden im 2. Lebensjahr erreicht. Keiler waren geringfügig stärker befallen als Bachen. Bis zu 419 Sarkosporidien je Individuum wurden festgestellt. Mit durchschnittlich etwa 19 Sarkosporidien lag jedoch insgesamt ein schwacher Befall vor.
Eine im Wildforschungsgebiet Wriezen, und im Kreis Eberswalde durchgeführte Untersuchung von 147 Stück Schwarzwild erbrachte das Ergebnis, daß mindestens 90 % der Sauen mit Sarkosporidien infiziert sind (TSCHERNER et al., 1981, 1984). Allerdings war der Befall bei 85 % der positiven Fälle mit 1 bis 10 Zysten in 5 Proben je Tier

nur gering. Bei 2,4 % jedoch betrug die Befallsintensität mehr als 20 Zysten in 5 Proben.

Eine hohe Befallsextensität stellten auch SUGAR und KAVAI (1969) bei ungarischem Schwarzwild fest. Die Übertragung erfolgt durch orale Aufnahme vom Endwirt mit dem Kot ausgeschiedener Sporocysten mit der Nahrung, durch Verzehr infektiöser Kadaver, möglicherweise auch von koprophagen Insekten.

Verlauf und Krankheitsbild: Die Sarkosporidien parasitieren in den Muskelzellen, beim Schwarzwild besonders in der Schinken- und Bauchmuskulatur sowie im Zwerchfell. Bei stärkerem Befall sind größere, hellgraue Herde erkennbar, die die Muskulatur weiß gesprenkelt erscheinen lassen. Im Gegensatz zum Hausschwein sind beim Wildschwein die verkalkten Sarkosporidien makroskopisch nicht erkennbar. Der Nachweis erfolgt trichinoskopisch. BERGMANN und KINDER (1976), BERGMANN (1978) sowie IPPEN et al. (1980) ermittelten lichtmikroskopisch zwei verschiedene Kapselstrukturen, die auf die Beteiligung von mindestens 2 Arten schließen ließen. Durch Ausscheidung eines Toxins bzw. durch Verkalkungsvorgänge tritt eine Degeneration der Muskelzellen ein. Die Muskelfasern werden spindelförmig aufgetrieben. Deutliche Schäden sind beim Wildschwein nicht beobachtet. Maßnahmen der Vorbeugung und Bekämpfung sind bisher nicht bekannt. Beim Menschen können Erkrankungen nach Genuß rohen oder unzureichend gegarten Fleisches auftreten, die sich hauptsächlich durch ein Durchfallgeschehen auszeichnen.

7.5.4. Trematodenbefall

7.5.4.1. Fasziolose

Beschreibung, Verbreitung, Übertragung: Der Große Leberegel (*Fasciola hepatica* (L. 1758)) ist ein blattförmiger Saugwurm von 20 bis 30 mm Länge und 10 bis 15 mm Breite. Er parasitiert in den Gallengängen der verschiedensten Schalenwildarten, wird aber auch in anderem Wild gefunden. Sein Vorkommen ist an die Zwergschlammschnecke, *Galba limnaea truncatula*, in der sich mehrere Larvenstadien entwickeln, gebunden.

Die Infektion des Wildes erfolgt über Metazerkarien, die sich in eingekapseltem Zustand an Grashalmen befinden. Beim Wildschwein wird ein verbreiteter, aber im allgemeinen geringer Leberegelbefall festgestellt. Gewässerreiche Gebiete und feuchte Jahre begünstigen das Vorkommen. Sie bedingen beträchtliche Schwankungen in der Nachweishäufigkeit (Tab.7/3). So fanden HAUPT und I. STUBBE (1975) bei 37 Sauen aus dem hochgelegenen, trockenen Waldgebiet des Wildforschungsgebietes Hakel keine Leberegel. Andererseits berichten BOCH und HÖRCHNER (1961) über einen hoch- und mittelgradigen Befall in 60 von 99 Sauen aus dem süddeutschen Raum. Im Gatter Kvetov (ČSSR) stellten PAV et al. (1961) Leberegel in 3 von 30 untersuchten Sauen fest. Während sich meistens nur wenige Leberegel in der Leber aufhalten, kommen doch auch größere Stückzahlen vor. KONRAD et al. (1975) berichten, daß in der Leber eines im Bezirk Schwerin erlegten Stück Schwarzwildes 17 Leberegel gefunden wurden, und PAV et al. (1963) berichten sogar von 85 Leberegeln. Im Gebiet um Moskau fand STARODYNOWA (1974) 13 bzw. 23 Exemplare in 2 Lebern.

Verlauf und Krankheitsbild: Die Metazerkarie wird im Darm aufgelöst,der Parasit dringt durch die Darmwand in die Bauchhöhle ein und wandert zur Leber. Diese wird gewöhnlich längere Zeit durchquert, bis sich der Egel in den Gallengängen festsetzt. Die Leber ist oft vergrößert und verfärbt. Bei Frischlingen kann es zu tödlichen Erkrankungen kommen, wenn eine Vielzahl von Jugendformen das Lebergewebe schädigt. Auch Verblutungen in der Bauchhöhle kommen vor. Bohrlöcher und Vernarbungen sind erkennbar. Durch die in den Gallengängen sitzenden Leberegel werden die Gänge spindelförmig erweitert und treten als weiße Stränge hervor.

Vorbeugung, Bekämpfung, Wildverwertung: Maßnahmen der Vorbeugung und Bekämpfung sind bisher nicht erforderlich. Das Wildbret ist verwertbar. Jagdwirtschaftlich ist der Leberegelbefall beim Schwarzwild bedeutungslos.

7.5.4.2. *Dicrocoelium dentriticum* (Lanzettegel)

Beschreibung, Verbreitung, Übertragung: Der kleine, lanzettähnliche Leberegel ist etwa 8 bis 15 mm lang und 1,5 bis 2,5 mm breit. Er ist nicht streng wirtsspezifisch und kann bei zahlreichen Wildarten gefunden werden. Seine Verbreitung ist an verschiedene Schneckenarten aus kalkreichen Gebieten gebunden. Auch Ameisen sind am Wirtswechsel beteiligt. Obwohl die Möglichkeit des Vorkommens des Lanzettegels beim Schwarzwild in der Literatur allgemein erwähnt wird, nennt nur BROMLEJ (1964) unter Bezug auf BELOPOLSKAJA (1952) speziell sein Auftreten im Fernen Osten der UdSSR.
Verlauf und Krankheitsbild: Die Metazerkarien verlassen die Zyste im Darm und wandern in die Gallengänge der Leber. Die Gallengänge erweitern und entzünden sich erst bei starkem Befall. Die Leber kann gescheckt erscheinen. Im allgemeinen treten jedoch keine Krankheitssymptome auf.
Vorbeugung, Bekämpfung, Wildverwertung: Der Lanzettegel ist beim Schwarzwild bedeutungslos. Bekämpfungsmaßnahmen sind nicht bekannt. Das Wildbret kann verwertet werden.

7.5.4.3. Agamodistomose

Beschreibung, Verbreitung, Übertragung: Der im Dünndarm von Füchsen und Hunden schmarotzende DUNCKERsche Muskelegel (*Alaria alata*) weist einen mehrfachen Wirtswechsel auf, bei dem ihm u. a. Süßwasserschnecken, Kaulquappen, Frösche und Reptilien als Zwischenwirte dienen. Die in ihnen befindliche Mesozerkarie *Agamodistomum suis* wird mit dieser Nahrung vom Wildschwein aufgenommen.
Sie dringt in das Bindegewebe zwischen den Muskelfasern des Zwerchfells der Zwischenrippenmuskulatur, in verschiedenes Fettgewebe (Brustfell, Netz) und in andere Körperstellen ein. Daraufhin entstehen an diesen Stellen kleine dunkelrote Knötchen (Abb. 7/4).
Die Befallsextensität ist gering, obwohl nach NEUDORF und SEIDEL (1972) die Agamodistomose beim Wildschwein häufiger vorkommen soll. TARCZYNSKI (1966) fand in Polen 1 Metazerkarie bei der Untersuchung von 61 Sauen.
Eine jagdwirtschaftliche Bedeutung liegt nicht vor.

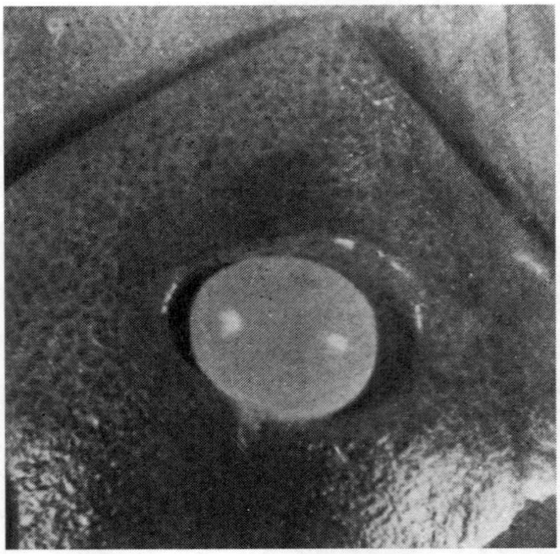

Abb. 7/4 *Agamodistomum suis* aus der Muskelatur vom Schwein (nach SPREHN)

7.5.5. Cestodenbefall

7.5.5.1. *Taenia hydatigena* (Geränderter Bandwurm)

Beschreibung, Verbreitung, Übertragung Verursacher ist die dünnhalsige Finne (*Cysticercus tenuicollis*) des Geränderten Bandwurms, der im Darmkanal der Carnivoren (vor allem Wolf, Hund, Fuchs) lebt.
Die Infektion des Wildschweines erfolgt über den Verdauungsweg. Es bilden sich erbsen- bis faustgroße gestielte Finnenblasen an Bauch- und Brustfell, Netz, Gekröse, Magen und Leber. Die Verbreitung ist sehr weit, doch werden nur selten mehrere Exemplare festgestellt. In der DDR ist das Vorkommen gering. Im Gebiet Hakel war ein Befall nicht nachweisbar (HAUPT und I. STUBBE, 1975). Im Raum Wriezen – Eberswalde wurde nach Angaben von TSCHERNER et al. (1981, 1984) 1 Finne gefunden (Tab. 7/3). Aus dem südlichen Teil der BRD (BOCH und HÖRCHNER, 1961) und dem

Moskauer Gebiet (STARODYNOWA, 1974) sind dagegen mit 20 % und mehr recht hohe Befallsextensitäten bekannt.

Verlauf, Krankheitsbild: Im Verdauungskanal entwickeln sich aus den Eiern Larven, die den Darm durchdringen und auf dem Blutwege zur Leber wandern. Hier verlassen sie die Blutgefäße und bohren geschlängelte Gänge durch das Lebergewebe. Durch Masseneinwanderungen sind bei Frischlingen Verblutungen möglich. In der UdSSR wurden maximal 17 Finnen je Stück beobachtet (STARODYNOWA, 1974). Ein schädigender Einfluß der Finne des Geränderten Bandwurms auf den Schwarzwildbestand wird bisher nicht festgestellt.

Vorbeugung, Bekämpfung: Die Verringerung des Raubwildbestandes und die Beseitigung von Kadavern sind notwendige Vorbeugungsmaßnahmen. Eine direkte Bekämpfung ist nicht möglich.

7.5.5.2. *Echinococcus granulosus* BATSCH, 1786 (Dreigliedriger Bandwurm)

Beschreibung, Verbreitung, Übertragung: Die Finne des Dreigliedrigen Bandwurmes, der im Dünndarm von Hundeartigen lebt, entwickelt sich in verschiedenen Huftieren, aber auch in Hasen, Kaninchen und im Menschen. Die Übertragung erfolgt über den Verdauungskanal. Dieser Bandwurm ist weltweit verbreitet. In der DDR wurde er nach KONRAD et al. (1975) seit Jahren bei Hunden und Haarraubwild nicht mehr gefunden. Seltene Nachweise sind aus dem Moskauer Gebiet (STARODYNOWA, 1974) und aus der ČSSR (PAV et al., 1963; KOTRLY und KOTRLA, 1980) bekannt.

Verlauf, Krankheitsbild: Die Larven gelangen aus dem Darm über den Blutkreislauf in die verschiedensten Organe, vor allem in

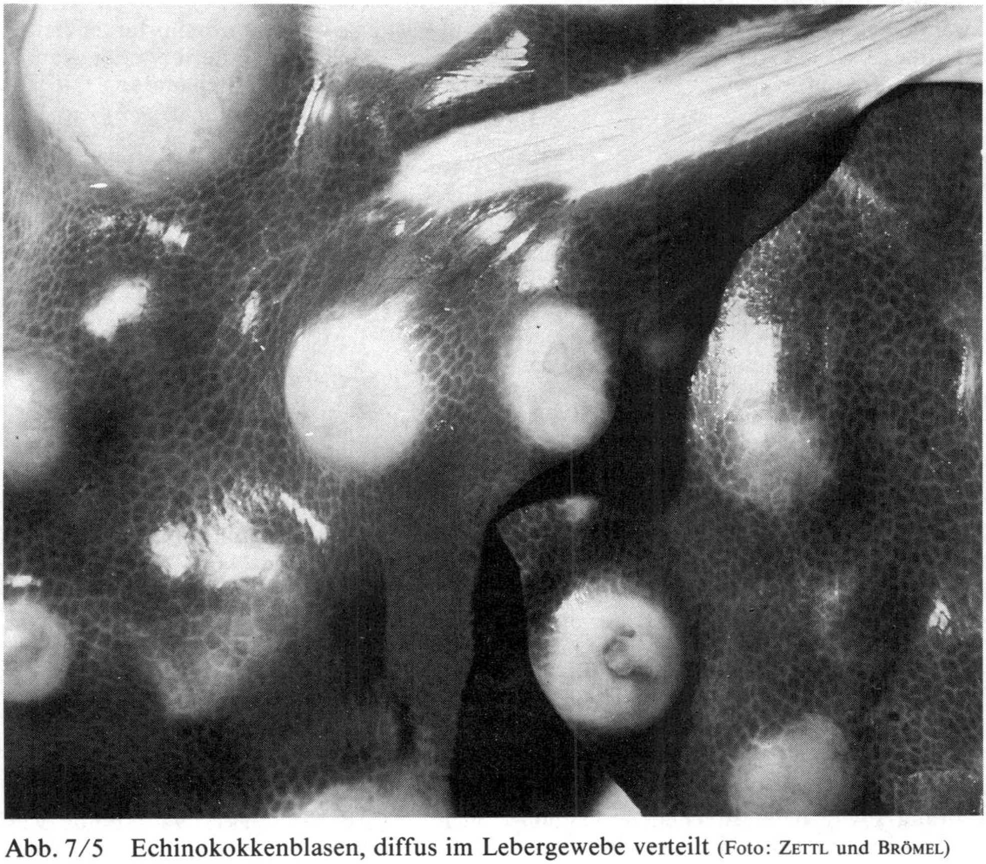

Abb. 7/5 Echinokokkenblasen, diffus im Lebergewebe verteilt (Foto: ZETTL und BRÖMEL)

die Lunge und Leber, doch auch an das Herz, die Nieren, die Milz und das Bauchfell. Die Finne ist blasenförmig und kann walnuß- bis kindskopfgroß werden. In ihr können sich zahlreiche Tochterblasen entwickeln.
Vorbeugung, Bekämpfung: Jagdwirtschaftlich ist der Parasitenbefall unbedeutend. Vorbeugungsmaßnahmen sind die Bandwurmbekämpfung bei Jagdhunden und die gefahrlose Beseitigung erlegten Raubwildes.

7.5.5.3. *Taenia solium* L., 1758 (Schweinefinnenbandwurm)

Erkrankungen durch die Finne des Schweinefinnenbandwurmes, der im Dünndarm des Menschen lebt, sind durch umfangreiche Bekämpfungsmaßnahmen stark zurückgedrängt worden. In der neueren Literatur wird die Finne nicht mehr gesondert erwähnt. Die Finne kann als eine bis erbsengroße Blase im Bindegewebe der Muskulatur auftreten.

7.5.6. Nematoden

7.5.6.1. Askaridose

Beschreibung, Verbreitung, Übertragung: Im Dünndarm des Wildschweines schmarotzt der Spulwurm *Ascaris suum* GOETZE, 1782. Es sind rötliche, bis bleistiftdicke Würmer, die sich nach beiden Enden verjüngen. Das Männchen ist 15 bis 25 cm, das Weibchen 20 bis über 40 cm lang. In Europa ist ihr Vorkommen verbreiteter als früher angenommen, doch werden im allgemeinen nur einzelne Exemplare (bis 10) festgestellt. Bis zu 20 % der untersuchten Strecken wiesen Spulwürmer auf (Tab. 7/3). Ein bemerkenswert hohes Vorkommen teilt BROMLEJ (1964) aus dem Fernen Osten der UdSSR mit wo in 32 % der untersuchten Sauen bis zu 17 Exemplare aufgefunden wurden. In einer bulgarischen Strecke von 57 Sauen war ein Drittel von Spulwürmern befallen.
Die Übertragung erfolgt durch Eier, die mit der Losung ins Freie gelangen und mit der Nahrung sowie beim Brechen aufgenommen werden. Ein Spulwurmweibchen kann täglich bis 200000 Eier ausscheiden, die über Jahre infektionstüchtig sein können. Die im Dünndarm schlüpfende Larve wandert über den Blutkreislauf in die Lunge und setzt sich endgültig im Dünndarm fest.
Verlauf, Krankheitsbild: Bei geringem Befall sind keine Krankheitsbilder erkennbar. Starkes Vorkommen bewirkt eine Darmschleimhautentzündung. In deren Folge können Erbrechen, Durchfall und Abmagerung auftreten. Während der Blut-Lungenwanderung der Larven können sie in den Lungen Entzündungen und Ödeme verursachen. Auch Leberschäden sind bekanntgeworden. Der stärkere Befall von Frischlingen gegenüber älteren Sauen weist auf eine Altersresistenz hin.
Vorbeugung, Bekämpfung: Der Nachweis kann durch Losungsuntersuchungen erfolgen. Doch geht die Eiausscheidung von *Ascaria suum* in der kalten Jahreszeit beträchtlich zurück und kann sogar ausbleiben (PAV und ZAJICEK, 1971). Wird ein starker Befall festgestellt, kann in Gattern oder an ständigen Fütterungen eine Behandlung mit Hygromycin B, 0,05 % Thibenzole sowie Piavetrin vorgenommen werden. Die Medikamente werden dem Kraftfutter (Maisschrot) zugesetzt (KONRAD et al., 1975). Futterstellen sollen an sonnigen, trockenen Stellen liegen. Doch sind Spulwurmerkrankungen im allgemeinen jagdwirtschaftlich bedeutungslos.

7.5.6.2. *Spiruroidea* (Rollschwänze)

Beschreibung, Verbreitung, Übertragung: Beim Schwarzwild parasitieren im Dünndarm und Magen meist 2 fadenförmige Nematoden gemeinsam:
– *Ascarops strongylina* RUDOLPHI, 1819, der Dicke Magenwurm. Das Männchen ist 10 bis 15 mm lang und 0,3 mm breit, das Weibchen 15 bis 22 mm lang, 0,3 bis 0,4 mm breit. – *Physocephalus sexalatus* MOLIN, 1860, der Weiße Magenwurm. Das Männchen ist 6 bis 9 mm lang und 0,4 mm breit, das Weibchen 13 bis 30 mm lang und 0,4 mm breit. Weitere Unterscheidungsmerkmale sind der Spezialliteratur zu entnehmen (z. B. BORCHERT, 1962). Beide Magenwürmer sind als häufig anzusehen

(Tab. 7/3). Während HAUPT und I. STUBBE (1975) im Wildforschungsgebiet Hakel in 37 Sauen nur 1 Exemplar von *P. sexalatus* nachwiesen, fanden TSCHERNER et al. (1981, 1984) im Raume Wriezen – Eberswalde *A. strongylina* in 17,3 % und *P. sexalatus* in 33,3 % der untersuchten Strecke. Die Extensität kann 50 % des Bestandes übersteigen, wie Befunde aus der DDR, ČSSR und aus Slowenien belegen. Vorkommen werden auch aus dem zentraleuropäischen Teil der UdSSR (STARODYNOWA, 1974) und aus dem Fernen Osten (BROMLEJ, 1964) erwähnt. Über die Befallsintensität gibt es noch wenig Angaben.

TSCHERNER et al. (1981, 1984) fanden von *A. strongylina* bis 47 Exemplare und von *P. sexalatus* bis 28 Exemplare je Stück vor. Demgegenüber ermittelten PAV et al. (1972) im Gatter Kvetov bis 324 *A. strongylina* und bis 51 *P. sexalatus*. Es scheint, als ob der Dicke Magenwurm etwas seltener, doch dann in größeren Stückzahlen als der Weiße Magenwurm vorkommt. Jüngere Sauen sind stärker befallen.

Bei der Übertragung spielen dungfressende Käfer (*Geotrupes*-Arten) als Zwischenwirte eine Rolle. Sie waren im Gatter Kvetov zu 80 % mit Larven besetzt. Der Weiße Magenwurm kann auch mit Reptilien, Vögeln und Kleinsäugern, die ihm als Wartewirt dienen, aufgenommen werden. Höhepunkte der Eiausscheidung liegen in den Monaten Dezember, Januar, April, August und September. Infolge des Einflusses der Zwischenwirte sind das Frühjahr und der Spätsommer für Invasionen von besonderer Bedeutung.

Verlauf und Krankheitsbild: Die Würmer leben vor allem in der Magenschleimhaut, bilden Knötchen und können bei heftigem Befall Magenschleimhautentzündungen bewirken. Entwicklungsstörungen und Abmagerung, vor allem bei jungem Schwarzwild, sind die Folge.

Vorbeugung und Bekämpfung: Besonders in Gattern und bei hohen Wilddichten ist ein verstärktes Auftreten möglich. Zu empfehlen sind die Desinfektionen der Futterplätze und die Beseitigung der Losung.

Erwähnt werden soll schließlich der Nachweis von *Simondsia paradoxa* COBBOLD, 1864 im Magen von 3 Stück Schwarzwild aus dem Gatter Kvetov in 3 bis 25 Exemplaren. Der Entwicklungsgang ist noch wenig bekannt. Ein Befall kann schwere Magenentzündungen hervorrufen.

7.5.6.3. Globozephalose

Beschreibung, Verbreitung, Übertragung: Der Hakenwurm (*Globocephalus urosubulatus* ALESSANDRINI, 1909) ist ein weißlicher, im Dünndarm lebender Nematode, dessen Kopfende hakenförmig gebogen ist. Das Männchen ist etwa 5 mm lang und 0,3 mm breit, das Weibchen 5 bis 6 mm lang und 0,5 mm breit. Die Hakenwürmer sind weit verbreitet und kommen häufig vor (Tab. 7/3). TSCHERNER et al. (1981, 1984) fanden sie im Raum Wriezen – Eberswalde bei 80 % der untersuchten Strecke, während im Hakel nur 8 % der Belegstrecke befallen war. Die Mehrzahl der Untersuchungen weist eine Extensität von mehr als 50 % aus.

Die Befallsintensität kann sehr hoch sein. Während HAUPT et al. (1974) im Hakel nur maximal 25 Exemplare fanden, zählten TSCHERNER et al. (1981, 1984) im Raum Wriezen – Eberswalde bis 312 Exemplare. KUTZER et al. (1976) fand in Österreich sogar bis zu 692 Hakenwürmer, und nach MENDHEIM (1955) sollen im Dünndarm eines Frischlings nahe 1 000 Würmer gefunden worden sein.

Im Fernen Osten der UdSSR tritt an seine Stelle *Globocephalus samoensis*. Dieser war mit bis zu 156 Exemplaren im Dünndarm nachweisbar (BROMLEJ, 1964).

Die Eier werden mit der Losung abgesetzt und als Larven mit dem Fraß wieder aufgenommen. Ein Zwischenwirt ist nicht eingeschaltet. Doch können Larvenstadien auch direkt durch die Rachenschleimhaut und sogar durch die unverletzte Haut in den Blutkreislauf eindringen und den Dünndarm erreichen.

Verlauf und Krankheitsbild: Bei stärkerem Befall treten blutige Durchfälle, Blutarmut, Abmagerung und Entwicklungsstörungen auf. Besonders Jungwild ist davon betroffen. Bisher sind derartige Erscheinungen bei freilebendem Schwarzwild noch nicht bekannt geworden.

Tabelle 7/3 *Zusammenstellung einiger Untersuchungsergebnisse zum Endoparasitenbefall*

Untersuchungsraum	Autoren	Prozentuale Nachweishäufigkeit (Extensität)					
		Anzahl untersuchter Wildschweine	*Fasciola hepatica*	*Taenis hydatigena*	*Ascaris suum*	*Ascarops strongylina*	*Physocephalus sexalatus*
Belgien	Bernhard, Biesemans, 1978	34	—	—	12	—	—
Niederlande	Jansen, 1964,1966	62	—	—	24	—	—
BRD							
Süddeutschland	Boch, Hoerchner, 1961	99	60	25	2	(43)	
Schweiz	Baettig, 1984	523	(3)	—	22	—	—
DDR							
Rathenow	Krause et al., 1969	103	—	—	—	—	—
Mittelraum	Henne, 1977, 1978, 1980	102	—	—	6	48	61
Hakel	Haupt und I. Stubbe, 1974	37	0	0	11	0	3
Wriezen, Eberswalde	Tscherner et. al., 1981, 1984	181	0	1	11	17	33
ČSSR							
Gatter Kvetow	Pav et al., 1961, 1963, 1970, 1972	67	10	3	10	51	67
	Kotrly und Kotrla, 1980	—	—	6	10	19	23
Slowakei	Jurašek, 1959	20	—	15	15	5	35
Polen	Tarczynski, 1966	61	2	7	7	20	31
Jugoslawien							
Slowenien	Brglez, et al., 1968	76	—	10	10	15	90
Bulgarien	Dimitrova, 1969	57	4	—	33	—	—
Sowjetunion							
Moskauer Gebiet	Starodynowa, 1974 Owsjukowa, 1974	—	20	+	—	+	+
Ferner Osten	Belopolskaja, 1956	10	32	+	+	—	—

\+ nachgewiesen

Vorbeugung, Bekämpfung: Da feuchte Bodenverhältnisse die Entwicklung begünstigen, sollten Gatter und Fütterungen nicht an solche Stellen gelegt werden. Eine Bekämpfung mit Thibenzole kann bei Nachweis stärkeren Vorkommens zweckmäßig sein.

7.5.6.4. Hyostrongylose

Beschreibung, Verbreitung, Übertragung: Der haarfeine Rote Magenwurm (*Hyostrongylus rubidus* Hassal und Stiles, 1892) lebt im Magen der Schweine. Das Männchen ist 4 bis 7 mm, das Weibchen 5 bis 11 mm lang. Obwohl eine weite Verbreitung beim Schwarzwild angenommen wird, gibt es bisher wenig exakte Nachweise. In Slowenien fand man ihn in 5% einer Strecke von 78 Sauen (Brglez et al., 1968).

Die Übertragung erfolgt durch mit der Losung abgesetzte Eier, aus denen Larven schlüpfen, die mit Fraß oder Wasser in den Verdauungskanal gelangen. Diese Larven sind sehr widerstandsfähig und können sogar überwintern. In den Magen gelangt, entwickeln sie sich zu geschlechtsreifen Magenwürmern.

Oesophagostomum dentaterm	*Globocephalus urosubulatus*	*Hyostrongylus rubidus*	*Metastrongylus*					*Trichuris suis*	*Macracanthorhynchus hirundinacens*
			apri	*pudentotextus*	*salmi*	*confusus*	*spec.*		
—	100	—	—	—	—	—	—	15	—
7	91	—	33	54	81	82	88	—	—
0	86	—	—	—	—	—	96	3	—
38	8	2	—	—	—	—	80	22	—
—	—	—	90	55	4	—	98	—	—
—	96	—	74	71	6	—	33	8	—
0	8	—	78	100	70	75	100	19	0
0	80	—	—	—	—	—	81	13	0
9	68	—	100	21	—	—	100	30	—
16	25	—	8	11	2	—	—	23	—
0	—	—	55	85	40	—	100	35	10
13	54	—	52	44	11	—	—	13	7
20	50	5	25	95	—	—	—	90	—
17	53	—	90	82	60	—	100	39	—
+	+	—	83	81	73	—	—	+	—
—	—	—	—	—	—	—	+	+	—

Verlauf und Krankheitsbild: Im allgemeinen treten keine sichtbaren Erkrankungen auf. Bei Massenbefall durch diese blutsaugenden Nematoden kann jedoch eine Entzündung der Magenschleimhaut eintreten. In Gattern kann es bei Frischlingen und Überläufern zu Appetitmangel, Verdauungsstörungen, Durchfall und Blutarmut kommen (Wetzel und Rieck, 1972).

Vorbeugung und Bekämpfung: Ortswechsel der Fütterungsstellen sowie Abschuß von Kümmerern sind die wichtigsten vorbeugenden Maßnahmen. In Gattern kann eine Entwurmung durch Beifütterung von Thibenzole vorgenommen werden.

7.5.6.5. Ösophagostomose

Beschreibung, Verbreitung, Übertragung: Der elfenbeinfarbene wirtsspezifische Knötchenwurm (*Oesophagostomum dentaterm* Rudolphi, 1803 parasitiert im Grimm- und Blinddarm. Das Männchen ist etwa 8 bis 10 mm lang und 0,2 bis 0,3 mm breit, das Weibchen 11 bis 14 mm lang und 0,4 bis 0,5 mm breit. Der Kopf erscheint vom Körper leicht abgesetzt. Während bisher aus der DDR und aus Österreich keine Nachweise bekannt wurden, tritt er in der BRD und der ČSR in Gatterbeständen, in der Schweiz, Polen, Slowenien und der UdSSR sowie auf Neuseeland in der Wildbahn häufiger auf (Tab. 7/3). Auch im Moskauer Gebiet wurde diese Nematodenart gefunden (STARODYNOWA, 1974). Die Übertragung erfolgt durch Larven, die mit dem Fraß oder Wasser aufgenommen werden. Im Grimm- und Blinddarm wandern sie in die Schleimhaut und bilden dort bis erbsengroße Knötchen (Abb. 7/6). Dann kehren sie in den Darm zurück. Die geschlechtsreifen Würmer liegen der Schleimhaut auf.

Verlauf, Krankheitsbild: Knötchenwürmer bewirken eine chronische Entzündung der Darmschleimhaut. Durch die Larven werden schädigende Stoffwechselprodukte ausgeschieden.

Der bisher bekannte geringe Befall beim Wildschwein ruft keine erkennbaren Schäden hervor.

Vorbeugung, Bekämpfung: Im allgemeinen ist eine Bekämpfung infolge der geringen jagdwirtschaftlichen Bedeutung nicht erforderlich. Die Desinfektion von Futterstellen ist zweckmäßig. Eine Zugabe von Thibenzolen zum Kraftfutter ist bei Nachweis höheren Befalls in Erwägung zu ziehen.

7.5.6.6. Metastrongylose

Beschreibung, Verbreitung, Übertragung: Lungenwürmer sind eine Gruppe von weißen, fadenförmigen Nematoden, die in der Luftröhre und deren Verzweigungen parasitieren. Sie sind im allgemeinen wirtsspezifisch. Für das Wildschwein wurden bisher folgende Arten beschrieben:

- *Metastrongylus apri* GMELIN, 1790;
- *Metastrongylus pudendotectus* WOSTOKOW, 1905;
- *Metastrongylus salmi* GEDOELST, 1903;
- *Metastrongylus confusus* JENSEN, 1964.

Über das verbreitete Vorkommen dieser 4 Arten in Europa berichten zahlreiche Autoren. (s. Tab.7/3).

Aus dem Fernen Osten nennt OWSJUKOWA (1974) noch das Auftreten von *Metastrongy-*

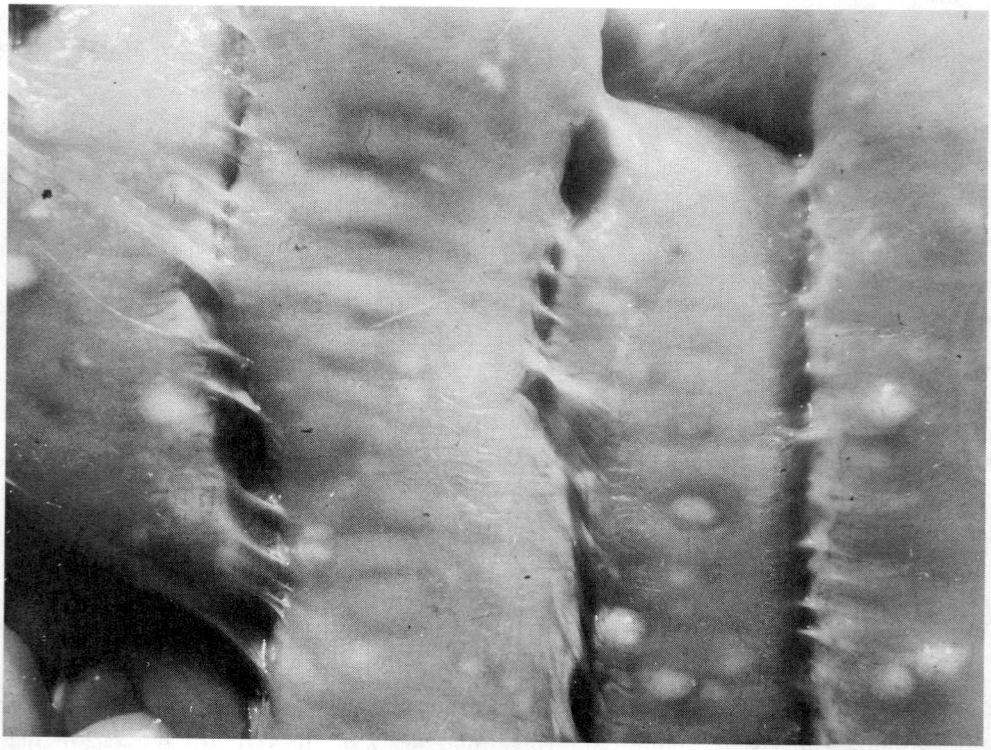

Abb. 7/6 Dickdarm-Außenseite mit starkem Knötchenwurmbefall (Foto: ZETTL und BRÖMEL)

lus pulmonalis, der bei uns in Hasen und Kaninchen parasitiert, und aus Grusinien das Vorkommen von *Metastrongylus tschiauricus*.

Die Männchen der Lungenwürmer sind etwa 10 bis 25 mm lang und 0,15 bis 0,30 mm breit, die Weibchen 20 bis 60 mm lang und 0,30 bis 0,45 mm breit. Nähere Beschreibungen sind in der Spezialliteratur zu finden. Fast alle bisher vorgenommenen Untersuchungen zeigen ein starkes und hohes Vorkommen der Arten *M. apri* und *M. pudendotectus*, während *M. salmi* und *M. confusus* seltener nachgewiesen werden können (Tab. 7/3) In der Mehrzahl der Untersuchungen liegt die Befallsextensität über 80 %. Mischinfektionen sind üblich. HAUPT und I. STUBBE fanden z. B. in 23 von 36 Sauen alle 4 Arten vor. Die aufgefundenen Individuenzahlen variieren stark, sind aber im allgemeinen hoch. HAUPT et al. fanden bis 582 Lungenwürmer in einer Lungenhälfte. JANSEN (1964) ermittelte in den Niederlanden bis 3 558 Individuen in einem Stück Schwarzwild.

PAV et al. (1963) fanden Höchstwerte von *M. apri* bis 2 088, von *M. pudendotectus* bis 1 740 und von M. salmi bis 268 Exemplare je untersuchtes Stück. Besonders Jungtiere sind empfänglich. Mit zunehmendem Alter geht der Parasitenbefall zurück. So ermittelten HAUPT und I. STUBBE (1975) bei Frischlingen im Hakel durchschnittlich 161 und bei Überläufern 93 Würmer. OWSJUKOWA (1974) fand bei Frischlingen im Gebiet um Moskau 146 und bei älteren Sauen 72 Lungenwürmer. Bei Frischlingen verläuft die Zunahme der Parasiten rasch. STARODYNOWA (1974) fand bei ihnen im Mai erst 100 Metastrongyliden, im Juni etwa 800 und im August bereits über 3 000 Stück.

Die Übertragung erfolgt unter Einbeziehung verschiedener Regenwurmarten als Zwischenwirte. Die Wurmeier werden vom Wildschwein ausgehustet oder nach Hustenanfällen abgeschluckt, so daß sie mit der Losung auf den Erdboden gelangen. Von dort werden die embryonierten Eier oder geschlüpfte Larven von Regenwürmern aufgenommen und in deren Darmkanal und Blutgefäßsystem transportiert. Bei Verzehr gelangen sie in den Darm des Wildschweines. Sie durchdringen die Darmwand und wandern mit dem Lymphstrom unter weiterer Entwicklung in die Lunge. Die Larven können in den Regenwürmern mehrere Jahre ansteckungsfähig sein.

Verlauf und Krankheitsbild: Die Lungenwürmer besiedeln hauptsächlich die mittleren und kleineren Bronchien der Zwerchfellappen der Lunge, bei stärkerem Befall auch die Herz- und Spitzlappen (Abb. 7/7). Es entstehen Schleimhautentzündungen, Aufblähungen von Lungenbezirken vor allem an den Lappenspitzen, und häufig sekundäre Bakterieninfektionen. Die Lungenoberfläche ist gelblichweiß belegt und gelegentlich mit dem Brustfell verklebt. Graue Herde weisen Bakterieninfektionen aus. Schwache Infektionen verlaufen symptomlos. Bei stärkerem Befall kommt es zu Atembeschwerden, Hustenanfällen und Lungenentzündungen. TSCHERNER et al. (1984) führen die in 87,5 % der aus dem Raum Wriezen – Eberswalde untersuchten Stücken festgestellten Bronchopneumonien ursächlich auf das starke Lungenwurmauftreten zurück. Sie stellten gleichzeitig Lungenödeme und Hyperämien fest. Stark befallene Frischlinge magern ab und kümmern. Es muß in Verbindung mit Bronchopneumonien von einer erheblichen gesundheitlichen Schädigung gesprochen werden, die sich auch in einer Beeinträchtigung des Wachstums und einer Schwächung der allgemeinen Widerstandskraft äußert. Nach HENNE (1978) blieben stark infizierte Frischlinge in ihrer Körpermasse um 58 %, Überläufer um 49 % und ältere Sauen um 32 % hinter normal entwickelten Stücken zurück.

KOSLO (1970) weist darauf hin, daß in den Jahren 1961 und 1962 starke Frischlingsverluste festgestellt wurden, deren Ursache allein im massenhaften Auftreten von Metastrongyliden vermutet werden konnte. In den verendeten Stücken fanden sich 2 000 bis 3 000 Lungenwürmer. Die Stücke verendeten vor allem im März und April, als sie durch Nahrungsmangel zusätzlich geschwächt waren. Obwohl über Todesfälle durch Lungenwürmer im allgemeinen selten berichtet wird, kann doch als sicher gelten, daß ein Teil der Frischlinge bei starker

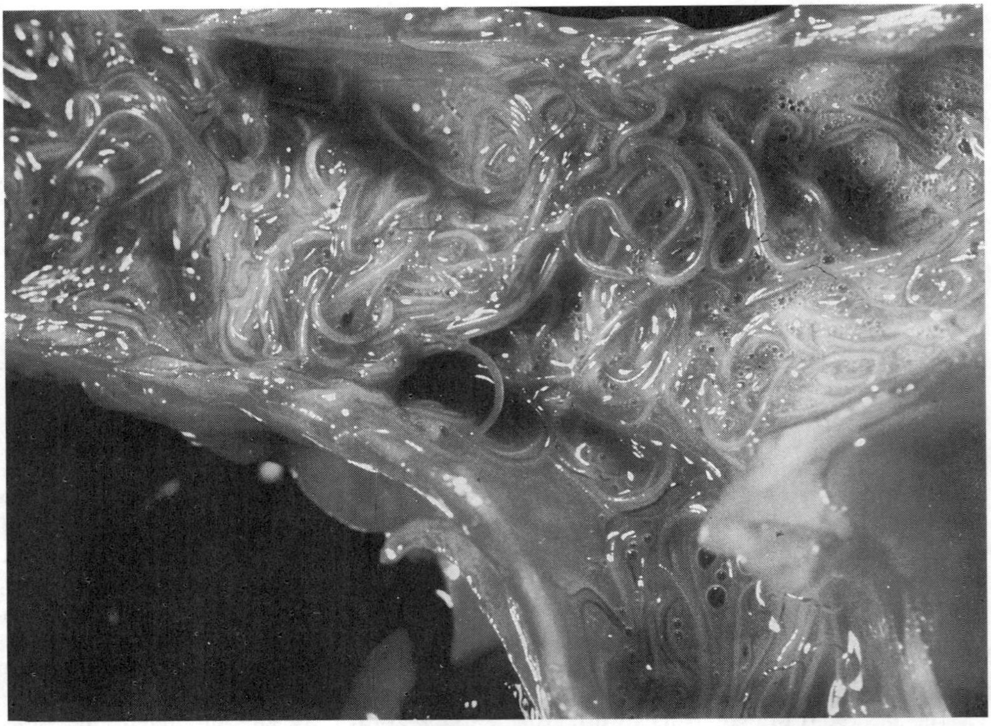

Abb. 7/7 Luftröhrenaufzweigung mit starkem Lungenwurmbefall

Belastung verendet. In Gattern und bei hohen Wilddichten besteht die Gefahr des seuchenhaften Auftretens.

Vorbeugung und Bekämpfung: Die wichtigste Vorbeugungsmaßnahme besteht in der Einhaltung geringer Wilddichten, im Abschuß kümmernder und vor allem hustender Stücken. Infolge der starken Metastrongylidenverbreitung bei Regenwürmern und des jahrelangen Verbleibs ansteckungsfähiger Formen in ihnen sind großräumige Desinfektionsmaßnahmen nicht erfolgversprechend. Eine Bekämpfung ist im Gatter möglich. Zur erfolgreichen Anwendung kamen ein spezielles Nilverm-Medizinalfuttermittel mit 5 % Wirkstoffgehalt sowie Nilverm-Pulver, das über 2 bis 4 Stunden geweichten Mais bei einer beabsichtigten Aufnahmedosis von 10 mg/kg Körpermasse gestreut wurde. Durch Hustenanfälle deutete sich die Wirksamkeit schon nach einer halben Stunde an. Eine Wiederholung der Kur erfolgte nach 2 Tagen. Kontrollen ergaben eine hohe Wirksamkeit auch in freier Wildbahn.

Kann auch aus den bereits genannten Gründen eine allgemeine medikamentöse Behandlung von Schwarzwildbeständen nicht empfohlen werden, ist es doch bei starkem Befall möglich, mit Hilfe von Medikamenten die Jugendentwicklung der Frischlinge zu fördern; vorausgesetzt, daß diese bereits im Sommer regelmäßig Fütterungen annehmen. Werden Schwarzwildbestände in einer Wilddichte von etwa 5 Stück/100 ha Waldfläche im Frühjahrsbestand oder darüber hinaus planmäßig gehalten, ist es auch ohne vorherige koprologische Überprüfung empfehlenswert, planmäßig (etwa 3 Male im Jahr) eine Applikation vorzunehmen, davon mindestens 2 Male im Sommerhalbjahr (TSCHERNER et al., 1984).

Neben Nilverm (Tetramisol) haben sich international auch Mebendazole, Thiabendazol, Pyrantel-Tartrat und Diäthylkarbamazin-Tartrat bewährt (Kutzer, 1970; Konrad et al., 1975; Wonde et al., 1980).

7.5.6.7. Trichurose

Beschreibung, Verbreitung, Übertragung: Der Verursacher ist der Peitschenwurm, *Trichuris suis* Schrank, 1788, ein rötlichgelber, 30 bis 50 mm langer Wurm mit dünnerem Vorder- und walzenförmig verdicktem Hinterkörper, der im Blind- und Dickdarm des Schweines, aber auch des Menschen parasitiert. Er ist weit verbreitet (Tab. 7/3) und kommt auch im Fernen Osten der UdSSR (Bromlej, 1964) vor. Die Extensität ist bis auf Ausnahmen gering (10 bis 30 % der Strecke) und die Intensität im allgemeinen nicht hoch. Die bisher bekannten höchsten Befallswerte betragen 54 Exemplare (Pav et al., 1963, ČSR) bzw. 39 Exemplare (Haupt und I. Stubbe, 1975, DDR, Hakel). Die Übertragung erfolgt durch die Aufnahme der mit dem Kot ausgeschiedenen Eier mit dem Fraß oder dem Wasser.

Verlauf und Krankheitsbild: Der meist geringe Befall ist unbedeutend. Bei stärkerer Invasion können Schleimhautschwellungen vorkommen. Mattigkeit, Fieber, Durchfälle und Verstopfung sind bekannt. Die Entwicklung von Frischlingen wird möglicherweise beeinträchtigt.

Vorbeugung und Bekämpfung: Desinfektionen bzw. Ortswechsel von Fütterungen. Vermeidung von feuchten Gebieten für deren Anlage. Abschuß von kümmernden und geringen Sauen.

7.5.6.8. Trichinellose

Beschreibung, Verbreitung, Übertragung: Trichinen (*Trichinella spiralis* Owen, 1835) sind fadenförmige, 2 bis 6 mm große Nematoden im Darm und als Larven in der Muskulatur vieler Tierarten, darunter hauptsächlich von Schweinen, Carnivoren und Ratten. Auch der Mensch wird befallen. Trichinen sind weltweit verbreitet. Eine besondere Rolle bei der Übertragung spielen Fuchs und Dachs, mit deren Kadavern und Kernen die Aufnahme durch das Schwarzwild möglich ist. In den letzten Jahren ist die Trichinellose wesentlich zurückgegangen. Ältere Nachweise liegen vor aus der BRD (Boch und Hörchner, 1961; Wagemann nach Plaschke, 1972), Slowenien (Brglez et al., 1968) und dem Moskauer Gebiet (Starodynowa, 1974). Die Anzahl ist jedoch in allen Fällen sehr gering. Nach Tisdell (1982) wurden in den USA zwischen 1973 und 1977 24 Trichinellosefälle beim Menschen erfasst.
Die Übertragung erfolgt durch den Verzehr von Fleisch, in dessen quergestreiften Muskelfasern sich eingekapselte Muskeltrichinellen befinden. Die Kapseln werden durch den Magensaft aufgelöst, und im Dünndarm entwickeln sich die Larven zur geschlechtsreifen Darmtrichine. Die Weibchen bringen Larven hervor, die über den Blutweg in die Muskulatur gelangen. Auch über den Kot sind Infektionen möglich.

Verlauf und Krankheitsbild: Die Darmtrichinose führt zu Kolikerscheinungen, Durchfall und Erbrechen. Muskeltrichinellen bewirken Muskelschmerzen, Steifheit und Ödeme. Doch sind beim Wildschwein kaum äußerlich erkennbare Symptome bekannt.

Vorbeugung, Bekämpfung, Wildverwertung: Die besondere Gefährlichkeit der Trichinose besteht in der Möglichkeit, auf den Menschen übertragen zu werden. Beim Menschen verläuft sie sehr schmerzhaft, ist nur symptomatisch zu behandeln und kann zum Tode führen. Daher ist die Trichinenschau für erlegtes Schwarzwild gesetzlich vorgeschrieben. Die Vorbeugung besteht in der Ausschaltung der Fuchstrichinose, im besonderen der Beseitigung von erlegten oder verendeten Füchsen und Dachsen. Weiterhin wirken sich aber auch die Ausschaltung der Trichinellose in Hausschweinbeständen und die Verhinderung von Kontakten zu Wildschweinen auch über Zwischenträger, z. B. Ratten, vorbeugend aus.

7.5.6.9. Riesenkratzerbefall

Beschreibung, Verbreitung, Übertragung: Der Riesenkratzer (*Macracanthorhynchus hirundinaceus* Pallas. 1781) lebt im Dünndarm von Schweinen und Carnivoren. Es

sind stark geschlechtsdimorphe Nematoden. Die Männchen sind 5 bis 10 mm lang und 0,2 bis 0,5 cm breit, die Weibchen dagegen 16 bis 47 cm lang und 0,4 bis 1,0 cm dick. Der Kopf trägt einen mit starken Haken besetzten Rüssel. Das Männchen ist kommaförmig, das Weibchen spiralig gewunden. Der Riesenkratzer kommt gelegentlich auch beim Menschen vor. Er wird nur noch sehr selten beim Wildschwein festgestellt; geringe Nachweise liegen aus der Slowakei (JURASEK, 1959) und aus Polen (TARCZYNSKI, 1966) vor (Tab. 7/3).
Mit dem Kot abgegebene Eier entwickeln sich in der Körperhöhle oder im Fettgewebe von Mai- und Dungkäfern sowie deren Engerlinge. Mit dem Verzehr dieser Zwischenwirte gelangen sie in den Darmkanal der Wildschweine, in dem sie sich festsetzen.
Verlauf, Krankheitsbild: Die Anheftungsstellen im Dünndarm entzünden sich und können Geschwüre ausbilden. Der Wurm wechselt mehrfach seinen Sitz und ruft dadurch zahlreiche Schädigungen hervor. Bei starkem Befall wurden Durchfälle, Verstopfungen, Abmagerungen und bei Frischlingen sogar Todesfälle beobachtet.
Vorbeugung und Bekämpfung: Beim Schwarzwild sind die Riesenkratzer bedeutungslos geworden.

7.5.7. Ektoparasitenbefall
7.5.7.1. Wildschweinlaus

Beschreibung, Verbreitung, Übertragung: Die gelbbraun gefärbte Wildschweinlaus (*Haematopinus apri,* GOUREAU, 1866) ist 4 bis 5 mm lang und hat einen abgeplatteten Körper (Abb. 7/8). Die ursprünglichen Nachweise stammen aus Frankreich und Ungarn, heute ist sie weltweit verbreitet. Im Gatter Kvetov (ČSR) fanden sie PAV et al. (1971, 1972) bei etwa 10 % der untersuchten Stücke, doch nennt BROMLEJ (1964) bei Wildschweinen des Fernen Ostens der UdSSR einen Parasitenbefall bis zu 90 %.
Auch in der DDR wurden diese Ektoparasiten an mehreren Stellen nachgewiesen, so bei Stralsund (BRÜTT, 1955), im Harzvorland und an der Müritz (M. STUBBE, 1966). Ein starkes Auftreten beobachtete BRÜTT in der BRD bei Lomitz (Hannover). Nach BAETTIG (1984) waren von 140 in der Schweiz untersuchten Sauen 74 %, teilweise hochgradig, befallen. M. STUBBE stellte sie auf Schwarzwild im Kampinos-Waldgebiet in der Nähe von Warschau fest.
Neben kranken Stücken werden vor allem Frischlinge befallen. Die Übertragung erfolgt durch Berühren beim Saugakt, im Kessel und beim Geschlechtsakt.

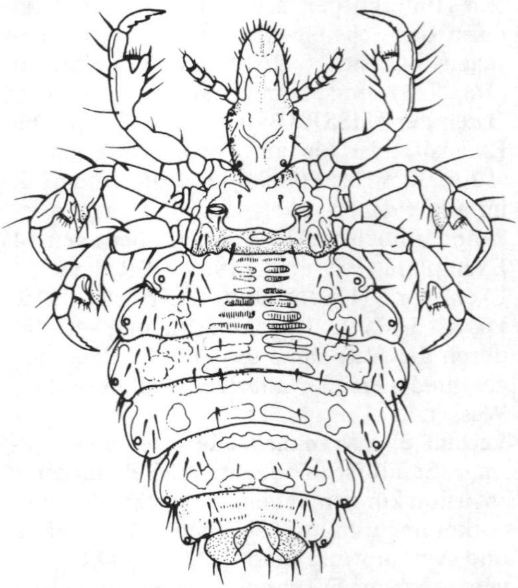

Abb. 7/8 Wildschweinlaus, *Haematopinus apri*

Mit zunehmendem Alter der Wildschweine und wachsender Hautstärke geht der Befall zurück.
Befallsbild: Bevorzugt werden die dünnhäutigen Partien, wie sie sich hinter den Tellern, in den Achselhöhlen und in der Leistengegend befinden (Abb. 7/9). Die Läuse schädigen durch Blutsaugen und durch die Giftwirkung ihres Speichels. In Mitteleuropa ist ihr Auftreten allgemein nicht bedeutend.
Bekämpfung: In der freien Wildbahn anwendbare Bekämpfungsmaßnahmen sind nicht bekannt.

Abb. 7/9 Nissen von Läusen und Haarlingsbefall
(Foto: ZETTL und BRÖMEL)

7.5.7.2. Schildzecken (Ixodidae)

Beschreibung, Verbreitung, Übertragung: Schildzecken sind durch den Besitz von 8 Beinen gekennzeichnet. Ihr Körper ist sackartig und ungegliedert. Die Weibchen sind ausgewachsen 1 cm lang, die Männchen kleiner. Sie sind nicht wirtsspezifisch.

Die bekannteste Form, die beim Wildschwein gefunden werden kann, ist in Mitteleuropa der Holzbock (*Ixodes ricinus* L., 1758) Weiterhin wurden *Haemaphysalis* spec. und *Dermacentor* spec. nachgewiesen. Über ein besonders hohes Vorkommen berichtet BROMLEJ (1964) aus dem Fernen Osten der UdSSR. Hier waren 68 % von 62 untersuchten Sauen infiziert, am meisten durch *Haemaphysalis japonica*. Es werden beträchtliche jahreszeitliche Unterschiede im Befall mitgeteilt. Besonders im Frühjahr und Sommer sind die Sauen von Hunderten von Zecken befallen, im Winter dagegen nahezu zeckenfrei. Im Gatter Kvetov (ČSR) fanden PAV et al. (1971, 1972) Zecken auf 19 % der untersuchten Sauen, BOUVIER (1956) weist auf das Vorkommen von *Ixodes ricinus* und *Dermacentor marginatus* SULZER, 1776, bei Schwarzwild in der Schweiz hin. Die Infektion erfolgt durch die an der Vegetation befindlichen Zecken, die sich auf vorbeiwechselndes Schwarzwild herabfallen lassen.

Krankheitsbild: Pathogene Auswirkungen des Befalls sind beim Schwarzwild noch nicht mitgeteilt.

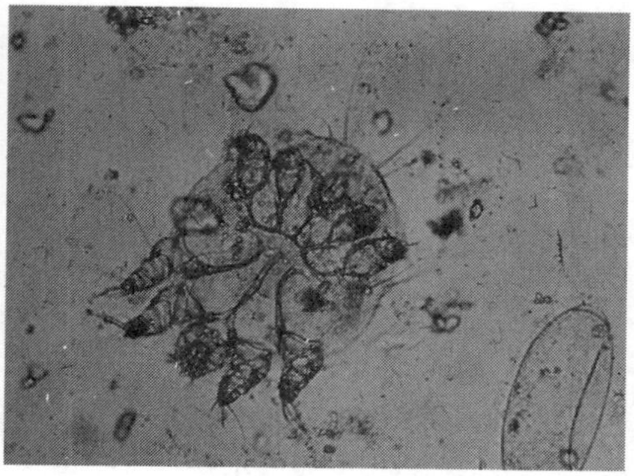

Abb. 7/10 Sarcoptes-Milbe
(Foto: ZETTL und BRÖMEL)

7.5.7.3. Sarcoptesräude (*Sarcoptes suis* GERLACH, 1857)

Beschreibung, Verbreitung, Übertragung: Die streng wirtsspezifischen, 0,2 bis 0,5 mm großen, rundlichen Grabmilben leben in der Haut (Abb. 7/10). Sie sind weltweit verbreitet, doch gibt es wenig Berichte über ein erkennbares Auftreten außerhalb von Gatteranlagen. Möglicherweise beruht das auf geringgradigen und wenig ausgeprägten Krankheitserscheinungen bei sonst gesunden Sauen. In Gattern wurde allerdings die Räude häufig beobachtet, wie schon OLT und STRÖSE (1914) berichten. Die Übertragung erfolgt durch direkten Körperkontakt.

Verlauf, Krankheitsbild: Die Ausbildung der Räude verläuft sehr langsam und wird oft erst nach etwa 2 Jahren erkannt. Die Weibchen bohren sich in die Haut ein und legen ihre Eier ab, die sich nach 2 bis 3 Wochen zur neuen Milbe entwickeln. Herabgesetzte Widerstandsfähigkeit, hohe Wurmbelastung und hohe Wilddichte fördern die Entwicklung. Die Milben reichern sich allmählich, aber ununterbrochen an und dehnen die von ihnen befallenen Bezirke aus. Die Räude beginnt gewöhnlich an Kopf und Hals und greift von hier aus auf den gesamten Körper über. Es zeigen sich Pusteln, Schuppen, Haarausfall, Hautverdickungen mit Borken- und Faltenbildung. Durch das Malen wird die Ausbreitung gefördert. Die Schwarte entzündet sich, das Juckgefühl veranlaßt zum Scheuern und zur verstärkten Ausbreitung. Häufig tritt eine eitrige

Lidbindehautentzündung auf. Während in leichteren Fällen keine Minderung des Allgemeinbefindens erkennbar ist, sind von schweren Fällen her Erblindung, Abmagerung und Tod bekannt.

Vorbeugung, Bekämpfung, Wildverwertung: Die allgemeine Verbreitung der Milben, die nach WETZEL (1973) bei 70 % aller Hausschweine mikroskopisch nachweisbar sind und sicher auch bei Wildschweinen als „stummer Befall" verbreitet vorkommen, bedingt, einer Empfänglichkeit des Bestandes durch gute Ernährung und Wurmfreiheit vorzubeugen. Weiterhin fördern hohe Wilddichten die Ausbreitung. Wichtig ist eine gute Kondition des Schwarzwildbestands, um die körpereigenen Abwehrkräfte zu aktivieren. Maßnahmen der Beifütterung können Bedeutung haben.

Eine medikamentöse Behandlung in der Wildbahn ist außerordentlich schwierig. WETZEL und RIECK (1972) empfehlen eine innerliche Verabreichung des Kontaktinsektizides Neguvon mit dem Futter. In Gattern ist eine äußerliche Behandlung mit dem gleichen Präparat möglich, die nach 2 Wochen wiederholt werden muß. Im allgemeinen wird man jedoch um einen Totalabschuß nicht herumkommen. Das Gatter ist danach mindestens ein halbes Jahr schwarzwildfrei zu halten. Das Wildbret ist verwertbar.

7.5.8. Mißbildungen und Organkrankheiten

Mißbildungen werden beim Schwarzwild außerordentlich selten festgestellt. Bei der Begutachtung einer Strecke von mehr als 3 000 Stück Schwarzwild im Kreis Eberswalde stellte man keinerlei äußerlich erkennbare Mißbildungen fest.

Daß sie dennoch gelegentlich vorkommen, belegt schon ein Stich von Ridinger von einem Stück Schwarzwild, das an allen Läufen gedoppelte Oberrücken aufwies. VALENTINČIČ (1974) beschreibt die Dopplung des linken Oberrückens am linken Vorderlauf eines in Slowenien erlegten Wildschweines. Auf Gebißanomalien wurde bereits im Abschnitt 3.3.3.4. eingegangen.

Über siamesische Zwillinge berichtete VON BRAUNSCHWEIG (1983). Sie hatten einen gemeinsamen Kopf, die Brust war völlig, der Bauch bis in die Leistengegend zusammengewachsen. Zwei getrennte Wirbelsäulen und acht Läufe wurden festgestellt. Während die Organe der Brusthöhle und des Darms doppelt angelegt waren, lagen nur ein Magen und eine Leber vor.

Mehrfach wurden Zystenbildungen in der Niere ermittelt. DITTUS (1983) stellte beidseitigen Kryptorchismus fest. IPPEN (mdl.) teilt mit, daß Hodenatrophie beobachtet wurde. Mehrfach wurden Zystenbildungen in der Niere ermittelt. Nierensteine stellte er in 3 Fällen fest, dabei einmal in Verbindung mit einer Nierenbeckenentzündung. Tumore wurden in verschiedenen Organsystemen festgestellt. So erwähnt IPPEN das Auftreten eines Leberkarzinoms mit zahlreichen Metastasen. Des weiteren wurde ein Nierenadenom ermittelt.

In einem Ovar konnte ein hochgradiger Zelltumor vorgefunden werden. Der Weidsack einer mittelalten Bache aus Nedlitz wies Magengeschwüre auf. REUMUTH (1969) teilt den Fund eines fast 4 cm langen Gallensteines bei einem etwa 3jährigen Keiler mit. Zwitterbildungen scheinen außerordentlich selten zu sein. VOECKLER (1972) untersuchte ein schwarzbuntes Stück Schwarzwild, das neben erbsengroßen Eierstöcken, einer verkümmerten Gebärmutter und verengten Scheide ein voll ausgebildetes Keilergewaff aufwies. Über eine auffallende häufige Perforation der Deckknochen des Schädels (Osteodistrophie) berichteten RUSAKOW und TIMOFEJEWA (1984). Im besonderen Schädel von der nordwestlichen Arealgrenze in der UdSSR (40 %) sowie aus wüstenartigen Gebieten (Turkmenien 55 %) und Hochgebirgen (Kaukasus 25 %) wiesen Löcher bis 1 cm Durchmesser und degenerierte Zahnfächer auf. Als Ursache wird biotopbedingter Ca- und P-Mangel vermutet.

8. Individuum und Population

8.1. Individuum in der Population

In den vorangegangenen Kapiteln stand das Wildschwein als Individuum, als einzelner Vertreter seiner Art, im Mittelpunkt; die Eigenheiten seines Körperbaus und dessen Entwicklung, allgemeine Lebensäußerungen und Beziehungen zur Umwelt, sein Reproduktionsvermögen. Bereits dabei wurde immer wieder die starke soziale Bindung des Wildschweines deutlich. Man kann ohne Übertreibung sagen, daß ein einzelnes Wildschwein wohl morphologisch-anatomisch beschrieben werden kann; um es aber ganz in seiner artspezifischen Originalität zu erfassen, muß man es als Glied seiner Sozietät betrachten. Wildschweine sind gesellige Lebewesen. Ihr Wohlbefinden und Gedeihen hängt von der Anwesenheit weiterer Artgenossen ab. Doch sind es wiederum nicht Artgenossen schlechthin, sondern in jeder Lebensphase braucht das Wildschwein bestimmte soziale Strukturen, in die es integriert ist, und die es in der Population findet.
In diesem Sinne ist die Population nicht nur als eine Fortpflanzungsgemeinschaft zu verstehen, die gemeinsam einen Lebensraum besiedelt. Sie muß vielmehr ein arttypisch definierbares inneres Gefüge aufweisen, in dem die Geschlechter und Altersgruppen zusammenleben. Der Aufbau einer Population wird hauptsächlich von der Lebenserwartung der Geschlechter, der Zuwachsleistung und der Sterblichkeit bestimmt. Die innere Struktur ist damit jedoch bei dem sozial hoch organisierten Schwarzwild noch nicht ausreichend erfaßt. Auf der Grundlage verwandtschaftlicher Bindungen leben Wildschweine in kleinen Gruppen (Rotten) zusammen, die in ihrer Gesamtheit eine Population bilden. Diese Gruppierung ist eine unentbehrliche Grundlage für die optimale Nutzung des Lebensraumes, die kollektive Feindvermeidung und individuelle Geborgenheit, die Entwicklung der Instinkte und Fähigkeiten. Das Zusammenleben in der Rotte ermöglicht die Herausbildung, Aneignung und Weitergabe von Erfahrungen und Fertigkeiten. Dem dienen die vielfältigen schon genannten Kommunikationsformen. Die verschiedenen Gruppen halten zueinander einen unterschiedlich engen, doch ausreichenden Kontakt, um den Lebensraum gut zu nutzen, das Verhalten zu synchronisieren und den Genaustausch zu sichern. In das Kontaktsystem ist auch der allein ziehende Keiler integriert, der einen beträchtlichen Teil seines Lebens ebenfalls der ständigen Rottengemeinschaft bedurfte, und der die in seinem Wohngebiet lebenden Bachen zu gegebener Zeit zu finden weiß. Somit stellt

die Schwarzwildpopulation nicht nur die Ansammlung einer Anzahl von Individuen dar. Sie ist ein qualitativ wesentlich höher stehendes System, das nicht nur durch die Umweltfaktoren reguliert wird, sondern in gewissem Umfang die Fähigkeit zu unbewußtem, kollektivem Handeln besitzt. Über das Schicksal des Einzelstückes weit hinausgehend, sichert die Population das erfolgreiche Reagieren auf Umwelteinflüsse und damit das Fortbestehen der Art. Aufgabe dieses Kapitels soll es sein, die bisherigen Kenntnisse über das Leben des Wildschweines in seiner sozialen Organisation darzulegen. Dabei wird zunächst die innere Struktur der Populationen nach Individuen unterschiedlichen Alters und Geschlechts behandelt. Daraus leitet sich die Darstellung der Formen ihres Zusammenlebens, die Vergesellschaftung, ab. Das Leben der Population in ihrer Umwelt ist nach Zeit und Raum geordnet. Die Aktivitätsperiodik gibt den tages- und jahreszeitlichen Rhythmus der Lebensäußerungen wider.
Die Verteilung im Lebensraum folgt einerseits dessen Angebot an Requisiten, wie Nahrung, Deckung, Suhlen usw., andererseits Prinzipien der Vergesellschaftung und der arttypischen Verhaltensweisen. Sie wird schließlich in nicht unwesentlichem Umfange von der Dichte der Population, der Häufigkeit der Individuen in einem gegebenen Raum, beeinflußt, die ihrerseits beachtlichen Schwankungen unterliegen kann. Mit der Betrachtung der Wilddichte und der Populationsdynamik wird zu den Kapiteln der Schwarzwildbewirtschaftung übergeleitet.

8.2. Populationsaufbau

8.2.1. Höchstalter

Die Lebensdauer des Schwarzwildes ist, mangels einer ausreichenden Zahl an Wiederfunden markierter Stücke, gegenwärtig noch unzureichend bekannt. Das Höchstalter eines Lebewesens (physiologisches Höchstalter nach Bodenheimer, 1958) entspricht der genetisch bedingten Altersgrenze unter optimalen Lebensbedingungen. Es wird dann erreicht, wenn lediglich infolge altersbedingten Nachlassens der Lebensfunktionen und Zunahme der Fehlerraten ohne äußere Einwirkungen der Tod eintritt (Schwerdtfeger, 1968; Rotzsch, 1984).
Älteren Schätzungen zufolge wird das Höchstalter des Schwarzwildes mit 20 bis 30 Jahren angenommen (z. B. Riesenthal, 1880; Mohr, 1960). Nach Erfahrungen aus Zoologischen Gärten und sonstiger Gefangenschaftshaltung (Mohr, 1960; Heptner et al., 1966; Puschmann, 1975; Jones 1982) ist bisher nur eine Lebensdauer von 18 bis 21 Jahren belegt. In der freien Wildbahn haben Umwelteinflüsse ein weitaus höheres Gewicht als für die umsorgten Pfleglinge in gut geführten Tierparks. Unter ihrer Einwirkung bleibt die erreichbare Lebensdauer mehr oder weniger weit hinter dem genetisch bedingten Höchstalter zurück und wird zu der für jedes Glied der Population unterschiedlichen ökologischen Lebensdauer reduziert. Deren Maximum wird beim Schwarzwild gewöhnlich nach dem Grad der Zahnabnutzung angeschätzt. Koslo (1975) kam auf dieser Grundlage zu dem Schluß, daß unter den natürlichen Bedingungen Belorusslands einzelne Individuen ein maximales Lebensalter von 14 bis 15 Jahren erreichen könnten. Innerhalb seines eigenen Untersuchungsmaterials stufte er die ältesten Stücke als 9- bis 11jährige ein. Demgegenüber wird für weiter westlich gelegene Populationen ein maximales Lebensalter von etwa 10 Jahren angenommen (Kiessling, 1925; Heptner et al., 1966). Das stimmt gut mit den Ermittlungen von Jezierski (1977) an einer markierten und kaum bejagten Schwarzwildpopulation im Kampinos-Nationalpark bei Warschau überein (Abb. 8/1). Dort betrug das erreichte maximale Lebensalter der Keiler 9 Jahre, das der Bachen 8 Jahre.
In Sri Lanka soll die Lebenserwartung von Wildschweinen bei maximal 12 Jahren liegen (Ashby und Santiapillat, 1987).
Die Lebensdauer vieler Wildarten weist geschlechtsspezifische Unterschiede auf. Bei der Gemse, deren Alter bei beiden Geschlechtern an den Krucken leicht ermittelt werden kann, liegt zum Beispiel das Höchstalter der Geißen wesentlich über dem der Böcke (Schröder, 1971). Inwie-

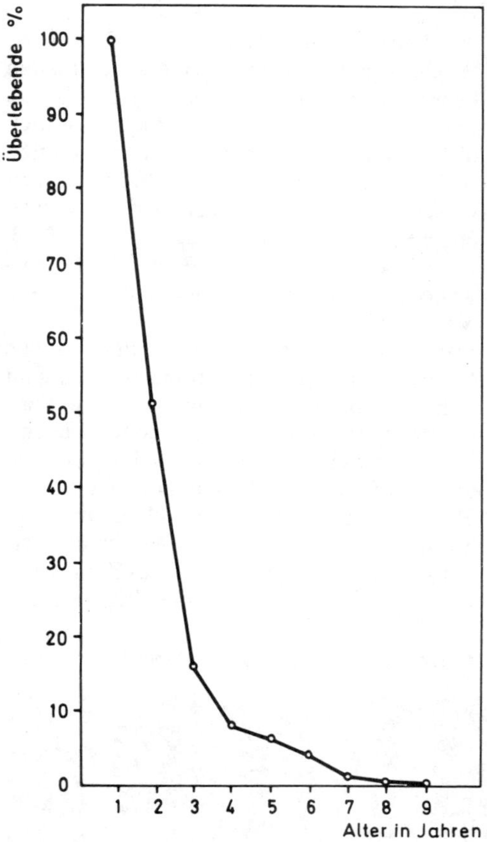

Abb. 8/1 Überlebenskurve in einer Schwarzwildpopulation
(nach JEZIERSKI, 1977)

weit die Feststellungen JEZIERSKI's über eine längere Lebensdauer der Keiler Allgemeingültigkeit besitzen, muß durch weitere Untersuchungen belegt werden.

8.2.2. Soziale Gruppen

Das Wildschwein durchläuft vom Tage seiner Geburt bis zum Tode eine Anzahl sozialer Gruppen. Die jeweilige Zugehörigkeit bestimmt seinen Rang in der Population und sichert seine Einbindung in spezielle Gruppierungen. Damit legen sie auch weitgehend die Möglichkeiten seiner individuellen Entwicklung fest, die in wesentlichen Lebensphasen durch innerpopulare Faktoren beträchtlich beeinflußt wird. Der Anteil der einzelnen sozialen Gruppen an der gesamten Population ist für deren Gedeihen außerordentlich wichtig. Die Population vermag in gewissem Umfange auf widrige oder förderliche Umwelteinflüsse durch Veränderungen in der Sozialstruktur zu reagieren, ist jedoch bestrebt, eine gewisse Stabilität in ihrer Zusammensetzung zu wahren.

Es ist beachtenswert, mit welcher Genauigkeit die sozialen Gruppen des Schwarzwildes bereits in der Jagdliteratur früherer Jahrhunderte erfaßt und dargestellt wurden. Sie erlaubt es, die ursprünglich geprägten Begriffe und festgestellten Altersgrenzen auch heute noch weitgehend beizubehalten (Tab. 8/1).

Tabelle 8/1 *Soziale Gruppen des Schwarzwildes*

Altersklasse	Altersklasse nach Jahren	Jagdliche Bezeichnung ♂	Jagdliche Bezeichnung ♀	Reifestatus	Häufigkeit in der Population	Sterblichkeit	Soziale Bedeutung
0	0...1	Frischling		infantil	sehr groß	sehr groß	gering, Nachwuchsreserve
1	1...2	Überläufer		juvenil	groß	groß	gering, Nachwuchsreserve
2	2...5	geringer Keiler	geringe Bache	subadult	mittel	gering	mittel bis groß, hohe Reproduktivität, subdominant
3	5...8	hauendes Schwein	grobe Bache	adult	mittel bis gering	groß	groß, Kern der Population
4	.ab 8	Hauptschwein	grobe Bache	senil	sehr gering	sehr groß	gering, dominant bis unbedeutend

8.2.2.1. Frischlinge

Das neugeborene Wildschwein tritt mit der Geburt in die mutterabhängige und noch kaum geschlechtsdimorphe „Kinderklasse“ (BUBENIK, 1974) ein. Jagdlich wird es als Frischling bezeichnet. Zu seiner optimalen Entwicklung bedarf der Frischling während dieser Lebensphase der Führung durch die Mutter, und zumindest während der ersten Monate der Anwesenheit von Artgenossen etwa gleichen Alters. In den ersten Lebenswochen benötigt ein Frischling neben der Muttermilch infolge seines mangelhaften Temperaturregelungsvermögens die von der Bache und den Geschwistern im Kessel erzeugte Nestwärme (Abb. 8/2). Die Bache gewährleistet weiterhin Schutz vor zahlreichen Feinden. Unter diesen Bedingungen erreichen die Sinnesorgane des Frischlings langsam ihre volle Leistungsfähigkeit, und arttypische Verhaltensweisen können sich im Spiel mit den Geschwistern ausprägen. Unter Führung der Bache wird schrittweise der Lebensraum erschlossen und erobert; Wechsel, gute Einstände, Gefahrenquellen kennengelernt. Die Kenntnisse der Bache erleichtern das Auffinden der jahreszeitlich differenten, oft räumlich weit getrennten Nahrungsquellen; durch ihre Wühltätigkeit verschafft sie den körperlich noch schwachen Frischlingen den Zugang zum Fraß. Im Winter erleichtert die Bache die Fortbewegung in Schnee und Harsch und den Bau warmer Kessel.

Der Frischling ist infolge seines raschen Wachstums und Entwicklungstempos sehr hohen körperlichen Beanspruchungen ausgesetzt. Bis zum Ende seines ersten Lebensjahres muß er den Hauptteil seines Körperwachstums abgeschlossen haben und den Haarwechsel vom Erstlingskleid über das zweite Jugendkleid zur Winterschwarte vollziehen. Wichtige Phasen des Zahnwechsels sind zu durchlaufen, die einen Einfluß auf die Nahrungsaufnahme haben.

Die durch die Anwesenheit der Bache gege-

Abb. 8/2 Frischlinge benötigen die „Nestwärme“ der Bache (Foto: FREYMANN)

bene Sicherheit ermöglicht eine stärkere Konzentration auf die Nahrungssuche.
In der Rotte bekommt der Frischling Kontakt zu anderen Individuen der Population und wird, durch den Rang der Mutter geschützt, ohne weiteres integriert.
Durch Auseinandersetzungen mit Gleichaltrigen wird die Grundlage für seine spätere Stellung in der sozialen Rangordnung vorbereitet. Der Frischling erlebt in der Mutterfamilie seine erste Rauschzeit. Vorwiegend sowjetischen Untersuchungen zufolge (vgl. Abschnitt 6.3.) nimmt er daran unter natürlichen Umweltbedingungen in der Regel noch nicht aktiv teil, so daß sich seine körperliche Entwicklung unvermindert vollziehen kann. Die sekundären Geschlechtsmerkmale sind noch wenig entwikkelt.
In der Kulturlandschaft aufwachsende Frischlinge können dagegen bei reichlichem Nahrungsangebot landwirtschaftlicher Feldprodukte bereits im ersten Lebensjahre die volle Geschlechtsreife erlangen; zumal dann, wenn eine reichliche Eichel- oder Buchelmast im Herbst die Entwicklung zusätzlich befördert. Der Anteil frühreifer Frischlinge steigt, je weniger ausgereifte Populationsglieder vorhanden sind, deren Dominanz die Frühentwicklung behindert. Frischlinge stellen infolge der hohen Fortpflanzungsleistung der Art einen anfangs immer relativ großen zahlenmäßigen Anteil der Population dar.
Sie unterliegen jedoch auch einer besonders hohen Sterblichkeit, so daß sich ihre Zahl rasch ändert. Ihre biologische Hauptbedeutung in der Population haben sie als Nachwuchsreserve.
Als Frischling gilt ein Stück Schwarzwild vom Tage der Geburt bis zum 1. April des nächstfolgenden Jahres. Bei normalem Frischtermin ist er dann etwas 12 Monate alt. Infolge der weiten Spanne der Frischzeit kann aber auch ein Alter von 8 Monaten (Juliwurf) bis 15 Monaten (Januarwurf) zum Übergangszeitpunkt erreicht werden. Nicht das eigentliche Lebensalter an sich, sondern der Beginn des neuen Jagdjahres ist also nach jagdlicher Tradition für den Übergang in die nächste Klasse von Bedeutung. Das entspricht allerdings auch weitgehend den biologischen Gegebenheiten, da sich der Biorhythmus synchronisiert und auch größere, durch den Geburtszeitpunkt bedingte Unterschiede bald ausgeglichen werden (freilich bleiben Unterschiede in der Körperstärke unter Umständen lebenslänglich erhalten). Die Klasse der Frischlinge entspricht somit annähernd dem ersten Lebensjahre, sie wird als Altersklasse 0 bezeichnet.

8.2.2.2. Überläufer

In seinem zweiten Lebensjahre wird das Wildschwein als Überläufer bezeichnet. Das Überläuferalter ist eine entscheidende Zeitperiode in der Individualentwicklung, und zwar sowohl hinsichtlich der körperlichen Reife als auch der Sozialbindung. Die Überläuferkeiler scheiden aus den Mutterfamilien aus und werden zunehmend selbständig. Sie erweitern ihr bisheriges Wohngebiet oder erschließen sich entfernte neue Einstände. Oft bilden sie Überläuferrotten, in denen zahlreiche Rangordnungsstreitereien stattfinden, die für die spätere Sozialposition wichtig sind. Die Überläuferbachen dagegen verbleiben im zweiten Lebensjahr meist noch in der Mutterfamilie oder halten, bei Verlust der Bache, unter sich zusammen. Gegen Ende dieses Lebensjahres werden bereits etwa 75 % der späteren Lebendmasse erreicht und der Sexualdimorphismus deutlich. Im Herbst ist die sexuelle Vollreife vorhanden. Die Bachen nehmen von nun an am Reproduktionsgeschehen teil, wenn auch ihre Fortpflanzungsleistung hinter der älterer Stücke zurückbleibt.
Inwieweit die Überläuferkeiler bereits aktiv rauschen, ist wiederum von der Altersstruktur der Population, in der sie nach den Frischlingen den niedrigsten sozialen Rang einnehmen, abhängig. Bei normalem Bestandsaufbau werden sie in der Regel durch ältere Keiler abgeschlagen und ausgeschlossen.
Somit ist diese Sozialgruppe durch eine intensiv verlaufende Körperentwicklung und einsetzende sexuelle Aktivität gekennzeichnet. Ihre Angehörigen sind juvenil. Die zunehmende Verselbständigung und die Teil-

nahme am Reproduktionsgeschehen führen auch in dieser Altersklasse zu einer hohen natürlichen Sterblichkeit. Bei gestörtem Bestandsaufbau bzw. stark reproduzierenden Populationen können Überläufer den zahlenmäßigen Hauptanteil stellen. In diesem Falle führt auch ein Teil der Überläuferbachen schon Frischlinge.
Gemeinsam mit den Frischlingen bilden die Überläufer den Kern des Nachwuchses und nehmen einen untergeordneten sozialen Rangplatz in der Population ein. Die Überläufer beider Geschlechter werden als Altersklasse 1 bezeichnet.

8.2.2.3. Mittelaltes Schwarzwild

Alles Schwarzwild, das die Überläuferklasse durchschritten hat, faßt die Jägersprache mit der Sammelbezeichnung „grobe Sauen" zusammen. Dennoch sind die Stücke im Alter von 2 bis 4 Jahren seit jeher als „geringe" Keiler oder Bachen, also als noch nicht voll erwachsen, erkannt worden. In dieser Altersklasse schließen die Sauen ihr Körperwachstum nahezu ab, beziehen zunehmend eigene Wohngebiete oder gründen selbständige Mutterfamilien. Ihr Reproduktionsverhalten ist voll entwickelt. Die Aktivität der Keiler ist dagegen von der älterer Geschlechtsgenossen stark abhängig. Ihr sozialer Rang kann selbst am Ende dieser Phase dem alter Bachen noch nachgeordnet sein. Das mittelalte Schwarzwild weist die höchste Lebenserwartung der Population auf, da ihre Angehörigen der hohen Jugendsterblichkeit entgangen sind, und die altersbedingte Mortalität noch entfernt ist.
Die Klasse der subadulten Sauen ist in der Population nicht nur von der zahlenmäßigen Stärke her, sondern auch infolge ihrer Funktion von sehr hoher Bedeutung. Sie trägt bereits einen sehr wesentlichen Teil der Fortpflanzungsleistung, verfügt über ein sich voll entwickelndes Instinktinventar, gute Kenntnisse des Lebensraumes und eine große Robustheit. Ihre Angehörigen sind in zunehmenden Maße geeignet, das stabile Grundgerüst der Population zu bilden und müssen es in stark bejagten Populationen nicht selten auch sein. Mittelaltes Schwarzwild bildet in beiden Geschlechtern die Altersklasse 2.

8.2.2.4. Reifes Schwarzwild

Der Ausdruck „hauendes Schwein" für den 5- bis 7jährigen Keiler gibt gut den Eindruck der körperlichen Vollreife wider. Beide Geschlechter sind physisch und psychisch voll ausgereift. Ihre Körperstärke und Erfahrung lassen sie die Hauptlast in der Existenzsicherung der Population tragen. Die Keiler beherrschen das Rauschzeitgeschehen, und die groben Bachen haben nicht nur die höchsten Geburtenraten, sondern sind meist auch Kopf größerer Mutterfamilien, denen jüngere Bachen mit ihrem Nachwuchs angehören.
Stücke dieses Alters dominieren in der Rangordnung und bewirken indirekt die soziale Position aller anderen Altersklassen. An der Gesamtindividuenzahl haben sie in den meisten Populationen dagegen nur einen recht geringen Anteil. Trotz ihrer Stärke und Lebenstüchtigkeit sinkt die Lebenserwartung auch ohne jagdliche Eingriffe erstaunlich rasch ab, was nur durch die bereits erwähnte starke soziale Beanspruchung erklärbar scheint. Andererseits können adulte Stücke aber gegenüber Epidemien und strengen Wintern hohe Widerstandskraft beweisen und den Kern neu aufzubauender Populationen bilden. Das adulte Schwarzwild bildet die Altersklasse 3.

8.2.2.5. Überaltertes Schwarzwild

Die Beschwerlichkeit der Nahrungsgewinnung vor allem im Winter, die Belastungen der späten Rauschzeit und das wiederholte Aufziehen starker Würfe durch die Bachen bedingen einen raschen Verbrauch der Kräfte. Die Zahnabnutzung schreitet rasch voran und Defekte häufen sich. Deshalb sinkt auch in verhältnismäßig ungestörten Populationen der Anteil älterer Stücke rasch. Überalterte Keiler werden von jüngeren abgeschlagen und vom Beschlag ausgeschlossen, bei Bachen sinken Empfängnisbereitschaft und Geburtenrate. Haben Keiler ein Alter von etwa 8 Jahren erreicht, bezeichnet man sie infolge ihres besonders urigen Aussehens als „Hauptschwein". Nach gegenwärtiger Kenntnis sind sie in allen Populationen außerordentlich selten. Nach einer kurzen Senilitätsphase tritt in der Altersklasse 4 der natürliche Alterstod ein.

8.2.3. Innere Struktur

8.2.3.1. Altersstruktur

Der Anteil der sozialen Gruppen beider Geschlechter gibt jeder Population einen spezifischen Aufbau. Er wird durch das in der Population erreichbare ökologische Höchstalter einerseits und anderseits durch die entsprechende Fortpflanzungsleistung abgesteckt.

Da bereits diese beiden Basisgrößen eine hohe Variabilität aufweisen, ist verständlich, daß sehr unterschiedliche Populationsstrukturen festgestellt werden können. Doch solche Unterschiede bestehen nicht nur zwischen verschiedenen Populationen, sondern auch innerhalb einer Population treten jährliche, kurz- und langfristige Schwankungen auf.

Die Verschiedenheit der Populationsstrukturen wird auch durch den Verlauf der Sterblichkeit mitbestimmt, welche die Anzahl der Geborenen allmählich bis zum Erlöschen des Geburtsjahrganges reduziert. Die Mortalität ist in den Altersklassen und Geschlechtern unterschiedlich hoch, kann aber auch weitgehend altersunabhängig auf die gesamte Population einwirken und ihre Zusammensetzung entscheidend verändern. Unterschiedliche Zuwachsraten in aufeinanderfolgenden Jahren und selektive Mortalität verändern das Strukturbild der Population bis zum Ausscheiden der entsprechenden Jahrgänge.

Daher stellen Populationsanalysen Momentaufnahmen dar, deren Ergebnisse zur Verallgemeinerung einer theoretischen Abstraktion bedürfen. Dabei gilt es zu berücksichtigen, daß Veränderungen in der Sozialstruktur gewöhnlich von Schwankungen der Populationsgröße begleitet werden. Zu- und Abwanderungen nehmen einen unterschiedlich zu wertenden Umfang ein. Einen Eindruck von der nur unvollständig überschaubaren Vielfalt der Vorgänge, die in einer Population nebeneinander, gleich- und gegensinnig ablaufen, vermitteln die bereits erwähnten langjährigen Studien an einer Schwarzwildpopulation bei Warschau (JEZIERSKI, 1977; ANDRZEJEWSKI und JEZIERSKI, 1978) (Abb. 8/3). Die Individuenzahl dieser Population stieg nach einer stabilen Phase plötzlich auf eine Stärke von 770% der ursprünglichen Anzahl. Nach einem ebenso raschen Abfall wurde eine stabile Phase erreicht, die etwa um das Doppelte über der Ausgangssituation lag. Die Hauptursache für die Populationsschwankungen bildeten unterschiedliche Zuwachswerte. In der Aufbauphase wurden je Bache etwa 5 Frischlinge, in der Phase des Rückgangs weniger als 2 Frischlinge festgestellt. Der Zuwachs schwankte somit zwischen etwa 140% und 30% des Frühjahrsbestandes. Mit dem Zuwachs änderte sich die Sozialstruktur. In der Aufbauphase nahmen Frischlinge (Altersklasse 0) etwa 50 bis 60% der gesamten Population während der Sommermonate ein. Die Überläufer umfaßten weitere 20 bis 40%, und älteres Schwarzwild stellte weniger als 20% der ganzen Population. In der Rückgangsphase dagegen stieg der Anteil der älteren Sauen auf 30 bis 45% an, während auf die Frischlinge nur noch etwa 25% entfielen. Im vorliegenden Falle war der Populationsrückgang in nicht unwesentlichem Umfange auch durch Abwanderung von Überläufern und älteren Stücken bedingt. Auch die Mortalität älterer Stücke war überdurchschnittlich. Diese Erscheinungen wirkten einer Überalterung der Population entgegen, denn trotz der beachtlichen Bestandsveränderung blieb im gesamten Zeitraum die Relation zwischen Überläufern und älteren Stücken mit jeweils etwa 50% im Frühjahrsbestand nahezu gleich. Da die Betrachtung ökologischer Faktoren, wie Nahrung und Witterung, die festgestellten Veränderungen nicht ausreichend begründen ließen, vermuten die Autoren das zusätzliche Wirken innerpopularer Faktoren. Aus dem Beispiel kann zunächst abgeleitet werden, daß durch die Höhe des Zuwachses nicht nur die Größe einer Population, sondern auch ihre Altersstruktur bestimmt wird. In welchem Ausmaße das geschieht,

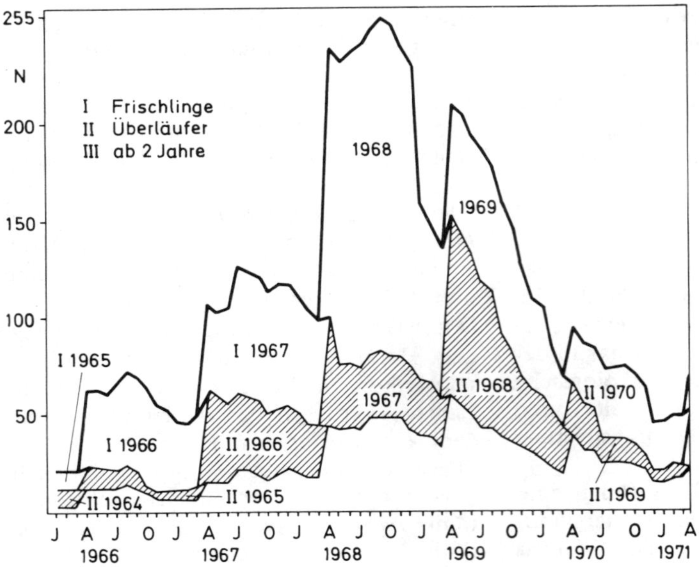

Abb. 8/3 Veränderungen der Bestandsgröße einer Schwarzwildpopulation (1966 bis 1970) (nach ANDRZEJEWSKI und JEZIERSKI, 1978)

ist von den nach dem Alter selektiv angreifenden Mortalitätsfaktoren abhängig. Weiterhin kommt der Zu- und Abwanderung juveniler und subadulter Stücke eine wesentliche stabilisierende Rolle zu.

Das Ausmaß der altersabhängigen Mortalität kann relativ gut eingeschätzt werden. Frischlinge sind der höchsten Sterblichkeit ausgesetzt. Diese führt dazu, daß sie bis zum Ende des ersten Lebensjahres um mindestens 50 % der Geburtenzahl, gewöhnlich aber weit stärker, reduziert werden. Übereinstimmend wird angenommen (z. B. DONAUROW und TEPLOW, 1938; FORMOSOW, 1952; MEYNHARDT, 1978), daß 15 bis 20 % der Geburtenziffer bereits in den ersten 3 Lebensmonaten, hauptsächlich infolge von Unterkühlung, aber auch durch Nahrungsmangel und Feindeinwirkungen, ausfallen. Der Verlust kann wesentlich größer sein, wie DE VOS und SASSANI (1977) bei Untersuchung der Folgen eines Kälteeinbruchs feststellten. LINDEMANN (1954/55) ermittelte in 2 natürlichen Biotopen, daß bereits im Juli nur noch 50 % der im April ermittelten Frischlinge vorhanden waren. Nähere Ausführungen über die Höhe postnataler Verluste enthält der Abschnitt 6.6.2.4.

Ein zweiter Anstieg der Sterblichkeit setzt im Herbst (Oktober bis November) ein, der nochmals mehr als 25 % der gesamten Frischlingssterblichkeit umfassen kann. Die Hauptursachen dafür sind einmal in der Belastung durch die herbstliche Witterung, und den gleichzeitig ablaufenden Herbsthaarwechsel und zum anderen in der zwischenzeitlich voll ausgebildeten Parasitenbürde, im Nachlassen der intensiven Führung durch die Bache während der Rauschzeit und dem zunehmenden Eingriff des Raubwildes zu suchen. Diesen Einflüssen fallen vor allem spät gesetzte Frischlinge zum Opfer.

Die eigentlichen Winterverluste haben ein unterschiedliches Ausmaß. In strengen, schneereichen Wintern und bei häufigem Vorkommen von Großraubwild kann fast der gesamte verbliebene Zuwachs eliminiert werden, wie vor allem LINDEMANN (1954/55), KOSLO (1970, 1975) und RUSAKOW und TIMOFEJEWA (1984) aufzeigen. Demgegenüber umfaßten die Winterverluste nach den Untersuchungen von JEZIERSKI (1977) nur durchschnittlich 14 % der gesamten Frischlingsmortalität. Den Einfluß unterschiedlicher ökologischer Bedingungen stellte LEBEDEWA (1956) im Gebiet Belowesh fest. Während in günstigen Jahren mit Baummast und milden Wintern im ersten Lebensjahr nur 10 % verstarben, waren es unter ungünstigen Bedingungen 80 bis 90 %. Die Lebensbedingungen verursachen unterschiedliche Frischlingsverluste. LINDEMANN (1954/55) stellte in den Jahren 1935 bis 1937 in Bialowies und in den Ostkarpaten einen Rückgang der Frischlingszahlen allein bis zum Spätherbst auf etwa 20 % fest, während in einem gehegten Bestand bei Krakov im November trotz bereits erfolgter Abschüsse noch 74 % der Geburtenziffer vorhanden waren. Diese Beispiele zeigen die Labilität der Lebenserwartung des Frischlingsjahrganges. Die natürliche Sterblichkeit der Überläufer kann ebenfalls einen beachtlichen Umfang erreichen. Sie tritt vor allem in den Frühjahrsmonaten ein, wenn ungünstige Nachwinterwitterung auf die noch geschwächten Stücke einwirkt. Der Organismus ist durch den Haarwechsel beansprucht, und das Selbständigwerden vor allem der Überläuferkeiler erleichtert dem Großraubwild den Zugriff. Nach JEZIERSKI betrug die Mortalitätsrate der Überläufer fast 70 % und lag damit bei seinen Untersuchungsbedingungen sogar über den Frischlingsverlusten.

Nach BOROWSKI und MILKOWSKI (1977) setzte sich das Fallwild des strengen Winters 1969/70 im Gebiet Bialowieza, das etwa ein Drittel des Bestandes ausmachte, zu 42 % aus Frischlingen und zu 37 % aus Überläufern und 2- bis 3jährigen Stücken zusammen. Das unterstreicht, daß strenge Winter auch die Überläufer stark zehnten. In der sich anschließenden subadulten Lebensphase wird die geringste Mortalität festgestellt. Die Stücke sind weitgehend ausgereift, voll jugendlicher Lebenskraft und mit den Gegebenheiten ihrer Umwelt voll vertraut. JEZIERSKI (1977) ermittelte für subadulte Stücke eine Mortalitätsrate von etwa 30 %. Infolge geringer Sterblichkeit ist diese Altersklasse in der Population relativ stabil. Bei adultem Wild steigt die Mortalität bereits wieder auf 50 % und mehr an, wobei der Anstieg bei Keilern nunmehr in zunehmendem Maße durch Rauschzeiteinflüsse und bei den Bachen durch die Belastungen der zahlreichen und großen Würfe verursacht wird. Später führen auch Alterserscheinungen zum Mortalitätsanstieg.

Zusammenfassend ist festzustellen, daß natürliche Schwarzwildpopulationen trotz hoher und schwankender Zuwachswerte eine relativ stabile Altersstruktur aufweisen. Das ist ein Ergebnis der altersmäßig unterschiedlichen Sterblichkeit, verstärkt durch Zu- und Abwanderungen juveniler und mittelstarker Stücke. Die Population wird zunächst durch den Geburtsjahrgang wesentlich (gegebenfalls um mehr als 100 %) vergrößert. Die soziologische Bedeutung des Geburtsjahrgangs beschränkt sich jedoch vor allem darauf, daß er den Hauptteil der natürlichen Mortalität der Population trägt und nur mit einem relativ geringen Prozentsatz seiner Mitglieder in den Folgejahren der Stammpopulation eingegliedert wird. In der Stammpopulation bilden die Überläufer mit etwa 40 bis 60 % der Gesamtstückzahl die zahlenmäßig bedeutendste Gruppe. Auch sie sind soziologisch noch untergeordnet und unterliegen im Laufe des Jahres einer starken Reduzierung. Überläufer bilden aber durch ihr einsetzendes Reproduktionsvermögen und ihre Migrationsaktivität eine wichtige populationsdynamische Reserve. In wachsenden Populationen ist ihr Anteil höher als in stabilen oder rückläufigen (Abb. 8/4).

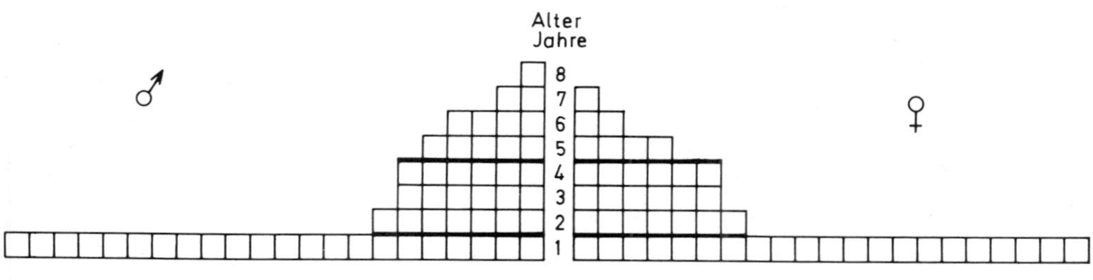

Abb. 8/4 Annähernd natürlicher Altersaufbau einer Schwarzwildpopulation (Stammbestand). Jedes Kästchen entspricht einem Stück Schwarzwild vom 1. April.
(nach BRIEDERMANN, 1970)

Die mittelalten Stücke nehmen etwa 30 bis 50 % der Population ein, wobei ihr absoluter Anteil an der Population im allgemeinen recht stabil ist; der relative Anteil ist durch das unterschiedlich hohe Hinzukommen von Überläufern variabel. Vor allem infolge der hohen Reproduktionsaktivität der Bachen und ihrer guten Adaptationsfähigkeit bilden mittelalte Wildschweine den Kern der Population.

Ausgereifte Stücke nehmen etwa 10 bis 20 % der Stammpopulation ein. Auch ihr absoluter Anteil kann als ziemlich stabil gelten. Bei den Keilern besteht ihre Aufgabe im Beherrschen des Rauschzeitgeschehens und bei den Bachen im Führen der Mutterfamilien. Es wurde bereits zu Beginn dieses Kapitels darauf verwiesen, daß äußere Einflüsse unterschiedlicher Art, wie besonders günstige Ernährungsbedingungen, Katastrophenwinter oder Epidemien wesentliche Veränderungen der Populationsstruktur bewirken können. Dennoch wirken anscheinend Zuwachs, Sterblichkeit und Migration immer wieder auf die Bildung von Strukturen hin, die annähernd die geschilderte Zusammensetzung aufweisen. Es ist offenkundig, daß in stark bejagten Populationen der Ausbildung solcher Strukturen Grenzen gesetzt sind. Darauf wird noch einzugehen sein. Zuvor ist es jedoch notwendig, auf Differenzen in der Altersstruktur der Geschlechter hinzuweisen.

8.2.3.2. Geschlechterstruktur

Im Abschnitt 6.5.3.5. wurde ein leichtes Überwiegen des männlichen Geschlechts bei der Geburt als wahrscheinlich dargestellt. Auf eine unterschiedliche Mortalitätsrate der Geschlechter wies bisher nur JEZIERSKI (1977) hin. Nach seinen Feststellungen sind die Abgänge beim männlichen Wild vom 1. bis 5. Lebensjahr größer als beim weiblichen (Tab. 8/2). In den Folgejahren erreicht jedoch die Mortalität der Bachen wesentlich höhere Werte und führt letztendlich zu einem um mindestens 1 Jahr geringeren Höchstalter. Infolge der hohen Sterblichkeit der Keiler in den ersten Lebensjahren bleibt deren Lebenserwartung wohl hinter derjenigen der Bachen zurück. Wildfänge und Streckenanalysen stützen die unterschiedliche Beteiligung der Geschlechter (BRIEDERMANN, 1971, 1980; CH. STUBBE, 1987). Bei gefangenen Frischlingen im Alter ab 3 Monate betrug das Geschlechterverhältnis 1 : 0,98. Eine Jagdstrecke von 1 761 Frischlingen aus 5 Populationen wies ein Geschlechterverhältnis von 1 : 0,81 auf. Bei 1 966 Überläufern aus den gleichen Gebieten betrug es sogar 1 : 0,65. Bei beiden Altersgruppen ist ein Wahlabschuß unter Bevorzugung des einen oder anderen Geschlechtes nur sehr bedingt möglich. Da Frischlinge und Überläufer außerdem nahezu 90 % der gesamten Jagd-

Tabelle 8/2 *Lebenstafel aus einer Schwarzwildpopulation mit mittlerem Zuwachs und mittlerer Frischlingssterblichkeit (nach Angaben von* JEZIERSKI, *1977;* ANDRZEJEWSKI *und* JEZIERSKI, *1978)*

Alter nach Jahren	Anzahl Lebender je Alter	Sterberate % Summe	m	w	Lebenserwartung in Monaten	Populationsstruktur Frühjahr %	Struktur nach sozialen Klassen %	Fekundität
0...1	1000	48	49	47	17	112^{+}	112^{+}	0
1...2	518	69	73	65	15	58	58	1,0
2...3	160	48	66	33	22	18		3,0
3...4	84	27	30	25	24	9	34	4,0
4...5	61	28	29	28	19	7		4,5
5...6	44	66	60	69	12	5		
6...7	15	53	0	75	13	2	8	5,0
7...8	7	71	50	100	9	1		
8...9	2	100	100	—	6	(0,3)		

+ Zuwachs in % des Frühjahrsbestandes

strecke umfassen, läßt sich berechnen, daß nahezu kein männliches Stück das Überläuferalter überstehen würde, wenn die Geburt im Geschlechterverhältnis von 1:1 erfolgt wäre. Bei 564 mittelalten Sauen betrug das Geschlechterverhältnis des Abschusses aber immerhin noch 1:1,59, und bei 98 ab 5jährigen Stücken überwogen sogar mit 1:0,92 wieder die Keiler. Obwohl weitere Untersuchungen durchaus neue Erkenntnisse zeitigen können, darf man doch zunächst annehmen, daß bei Frischlingen und Überläufern das männliche Geschlecht in der Population leicht überwiegt. Es unterliegt jedoch gleichzeitig einer höheren Sterblichkeit, so daß sich in der subadulten Klasse das Verhältnis ausgleicht. Wenn nun sogar ein leichtes Überwiegen der Bachen eintritt, kommt es bei adulten Wild zum Ausgleich durch höhere Bachensterblichkeit. Im Wechselspiel zwischen Reproduktion und Mortalität ergibt sich somit für den fortpflanzungsaktiven Teil der Population ein ausgeglichenes Geschlechterverhältnis. In bejagten Populationen kann durch starke Eingriffe in den Bestand der mittelalten und reifen Keiler und durch weitgehendes Schonen der Bachen ein völlig anderes Verhältnis entstehen.

8.2.3.3. Lebenserwartung

Nur wenige Mitglieder einer Wildpopulation erreichen eine hohe ökologische Lebensdauer. Ein großer Teil scheidet schon in den ersten Lebensjahren aus. Zur Charakterisierung der Alterszusammensetzung einer Population wird die mittlere Lebensdauer benutzt. Sie entspricht der ermittelten ökologischen Lebensdauer aller Angehörigen der Population. Ein weiterer wichtiger Kennwert ist die Lebenserwartung. Das ist die Zeitdauer, die ein Individuum eines bestimmten Alters wahrscheinlich noch leben wird. Wenn davon ausgegangen werden kann, daß das maximale ökologische Lebensalter eines Wildschweines im mitteleuropäischen Arealteil bei 8 bis 10 Jahren zu liegen scheint, andererseits aber eine Zuwachsleistung von mehr als 150 % des gesamten Frühjahrsbestandes auftreten kann, so wird damit bereits die relativ geringe mittlere Lebensdauer und Lebenserwartung der Neugeborenen sichtbar. Die Höhe des Zuwachses und die altersabhängige Mortalität verursachen jedoch nicht unbeträchtliche Unterschiede. Wie bereits in den vorangegangenen Kapiteln verdeutlicht wurde, treten diese nicht nur in den unterschiedlichen Lebensräumen auf, sondern können auch im gleichen Gebiet in aufeinanderfolgenden Zeiträumen festgestellt werden.

Zur Verdeutlichung des Ablaufes werden in der Zoologie Lebenstafeln aufgestellt (SCHWERDTFEGER, 1968). Diese Lebenstafeln weisen aus, wie der Geburtsjahrgang unter dem Einwirken der Mortalität von Jahr zu Jahr bis zu seinem Erlöschen reduziert wird. Sie dienen zur Berechnung der mittleren Lebensdauer und der Lebenserwartung, und lassen, bei Vorliegen geeigneter Untersuchungsergebnisse, Aussagen zum Sexualindex und zur Reproduktionsleistung zu.

Obwohl Lebenstafeln nur das Schicksal eines Geburtsjahrganges verfolgen, lassen sie sich auch als Momentbild einer Population auffassen, deren innere Struktur dadurch erkennbar wird. Aus den von JEZIERSKI (1977) und ANDRZEJEWSKI und JEZIERSKI (1978) an mehr als 500 markierten Sauen ermittelten Ergebnissen wurde die in der Tabelle 8/2 dargestellte Lebenstafel aufgebaut. Sie sagt aus, daß im Untersuchungsgebiet nur 2 von 1 000 Neugeborenen voraussichtlich ein Alter von 9 Jahren erreichen werden. Die mittlere Lebensdauer beträgt 23 Monate. Nach Geschlechtern aufgeschlüsselt beträgt sie bei Keilern 21 Monate, bei Bachen 24 Monate. Die Lebenserwartung eines Frischlings bei der Geburt beträgt 17 Monate. Sie ist auch bei den Überläufern mit 15 Monaten noch sehr gering. Ihr Maximum erreicht sie mit 22,24 und 19 Monaten bei den 2- bis 4jährigen Stücken. Im 6. Lebensjahr sinkt die Lebenserwartung schon auf 12 Monate ab und führt im 9. Lebensjahr mit 6 Monaten zum Erlöschen des Jahrganges.

Bis zum Ende des Überläuferalters waren somit bereits 84 % des gesamten Geburtsjahrganges ausgeschieden. Wird diese Lebenstafel zum Strukturbild der Population

Tabelle 8/3 *Lebenstafel aus einer Schwarzwildpopulation mit geringem Zuwachs und erhöhter Frischlingssterblichkeit*

Alter nach Jahren	Anzahl Lebender je Alter	Sterberate %	Lebenserwartung in Monaten	Populationsstruktur Frühjahr %	Struktur nach sozialen Klassen %	Fekundität
0...1	1000	67	14	110⁺	110⁺	0
1...2	330	40	27	36	36	0,1
2...3	198	30	29	22		2,0
3...4	139	25	27	15	49	3,0
4...5	104	25	22	12		4,0
5...6	78	50	15	9		
6...7	39	60	12	4	15	5,0
7...8	16	75	9	2		
8...9	4	100	6	(0,4)		

⁺ Zuwachs in % des Frühjahrsbestandes

umgestellt, erkennt man einen sehr hohen Überläuferanteil. Das ist eine Folge der relativ geringen Frischlingsmortalität. Etwa ein Drittel der Population befand sich in der Altersklasse 2 (subadult), und nur etwa 8% erreichten das Reifealter. Es ist also eine Population mit hohem Jungwildanteil. Nach den Reproduktionsuntersuchungen der Autoren ist eine mittlere Fekundität der Altersgruppen festzustellen.

Frischlinge nehmen in der Regel an der Reproduktion noch wenig teil, von einjährigen Bachen war ein Frischling zu erwarten. Bei subadulten Bachen konnten durchschnittlich 4 Frischlinge, bei adulten 5 Frischlinge festgestellt werden. Infolge des hohen Jungwildanteiles ergibt sich daraus eine Zuwachsleistung von etwa 110% (112%) des gesamten Frühjahrsbestandes. Die Tabelle 8/3 zeigt eine Population mit gleichem ökologischem Höchstalter, aber wesentlich höherer Frischlingsmortalität. Im ersten Lebensjahr scheiden bereits zwei Drittel der Frischlinge aus. Infolgedessen ist die Mortalität der Überläufer geringer, und 20% des Jahrganges gelangen in die Altersklassen mit höherer Lebenserwartung. Die Population kann sich demzufolge etwa zu einem Drittel aus Überläufern, annähernd der Hälfte aus subadulten Stücken und zu etwa 15% aus reifem Wild zusammensetzen. Sie entspricht annähernd den von KOSLO in Belowesh festgestellten Verhältnissen. Werden diesen Ergebnissen nun die von KOSLO (1975) und von LEBEDEWA (1956) für dieses Gebiet ermittelten Zuwachsverhältnisse gegenübergestellt, ergibt sich infolge der günstigen Altersstruktur trotz der wesentlich geringeren Fekundität der Altersklassen mit annähernd 110% der gleiche Zuwachs wie in der zuvor behandelten Population. In einem 3. Beispiel (Tab. 8/4) wird nunmehr eine Population vorgestellt, deren Fortpflanzungsleistung den in der DDR festgestellten hohen Werten entspricht. Durch einen Frischlingsabgang von 75% der Geburtenzahl und einen Überläuferabgang von 15% wird eine Populationsstruktur erreicht, die bei einem Höchstalter von ebenfalls 9 Jahren zu etwa 40% aus Überläufer, 40% aus mittelalten und mehr als 15% aus reifem Wild besteht. Das ist möglich, obwohl mit fast 170% eine außerordentlich hohe Zuwachsleistung vorhanden ist. Zwar ist die Lebenserwartung der Frischlinge mit 13 Monaten außerordentlich gering, sie ermöglicht aber hohe Werte im mittelalten Bereich.

Betrachtet man schließlich eine Population mit gleich hoher Fekundität, aber einem geringen Jugendklassenverlust, wie es in verschiedenen bejagten Populationen vor-

Tabelle 8/4 *Lebenstafel aus einer Schwarzwildpopulation mit hohem Zuwachs und hoher Jugendsterblichkeit*

Alter nach Jahren	Anzahl Lebender je Alter	Sterberate %	Lebens-erwartung Monaten	Populations-struktur Frühjahr %	Struktur nach sozialen Klassen %	Fekundität
0...1	1000	75	13	168⁺	168⁺	0
1...2	250	60	22	42	42	1,5
2...3	100	20	35	17		3,0
3...4	80	15	31	13	41	5,0
4...5	68	15	23	11		5,0
5...6	58	50	14	10		
6...7	28	70	10	5	16	6,0
7...8	8	80	9	1		
8...9	2	100	6	(0,3)	0	0

⁺ Zuwachs in % des Frühjahrsbestandes

kommt, so ergibt sich das in Tabelle 8/5 dargestellten Bild. Der Abschuß reduziert die Zahl der Neugeborenen zusammen mit sonstigen Abgängen im Frischlingsalter nur um 50 %, im Überläuferalter um weitere 35 % (vgl. Tab. 8/2). Durch starken Abschuß im mittelalten Bereich wird nur ein ökologisches Höchstalter von 6 Jahren erreicht. In diesem Falle besteht die Population zu fast zwei Drittel aus Überläufern, zu einem Drittel aus mittelalten Stücken und nur zu 2 % aus reifem Wild. Die Lebenserwartung der Frischlinge steigt dadurch geringfügig, bleibt aber in allen übrigen Lebensjahren in etwa gleicher Höhe. Trotz hoher Zuwachswerte der Altersklassen liegt der gesamte Jahreszuwachs nur bei 120 bis 130 %.

Einen diesem konstruierten Beispiel sehr ähnlichen Fall ermittelte CH. STUBBE (1987) auf der Grundlage von Wildfängen und Wiederfundmeldungen in sehr stark bejagten Populationen der DDR. Hier betrug die Lebenserwartung der männlichen Frischlinge 17 Monate, die der weiblichen etwa 15 Monate. Das festgestellte Höchstalter betrug bei 2 Bachen 8 bis 9 Jahre, bei einem Keiler 5 bis 6 Jahre. Infolge des geringen ökologischen Höchstalters betrug die mittlere Lebenserwartung der männlichen Stücke dieser Population sogar nur 12 Monate, die der Bachen lag mit 16 Monaten etwas höher.

Tabelle 8/5 *Lebenstafel aus einer Schwarzwildpopulation mit hohem Zuwachs und geringer Frischlingssterblichkeit*

Alter nach Jahren	Anzahl Lebender je Alter	Sterberate %	Lebens-erwartung Monaten	Populations-struktur Frühjahr %	Struktur nach sozialen Gruppen %	Fekundität
0...1	1000	50	15	128⁺	128⁺	0
1...2	500	70	13	64	64	1,5
2...3	150	60	17	19		3,0
3...4	90	40	13	11	34	5,0
4...5	35	50	12	4		5,0
5...6	17	100	6	2	2	6,0

⁺ Zuwachs in % des Frühjahrsbestandes

Hinsichtlich der Dynamik von Schwarzwildpopulationen können allgemein gültige Schlußfolgerungen gezogen werden. Die mittlere Lebenserwartung in Schwarzwildpopulationen ist gering und bewegt sich etwa zwischen 15 und 25 Monaten. Sie wird durch die Fortpflanzungsleistung, die Sterblichkeit und das jeweilige ökologische Höchstalter vorgegeben. Am geringsten ist sie bei Frischlingen und im allgemeinen bei Überläufern. Mittelalte Stücke haben die höchste Lebenserwartung, die jedoch, je nach jagdlicher Behandlung und natürlicher Sterblichkeit, sowohl etwa 30 Monate, aber auch gerade nur ein Jahr betragen kann.

Natürlich sich entwickelnde Populationen bestehen zu etwa 40 bis 60 % aus Überläufern, 30 bis 50 % aus mittelalten Sauen und 10 bis 20 % aus reifen Stücken. Das Geschlechterverhältnis in der Population liegt zumindest bei den mittelalten Stücken nahe 1:1, bei Überläufern und reifen Stücken kann es leicht zugunsten des männlichen Anteils verschoben sein. Ist die Jagdausübung wichtigster Regulationsfaktor, bestimmt sie weitgehend die Lebenserwartung der Altersklassen, das erreichbare ökologische Höchstalter und unter Umständen auch die Geschlechterzusammensetzung. Die Höhe der Zuwachsleistung wird wesentlich von der Populationsstruktur bestimmt, und damit auch die mittlere Lebenserwartung.

8.3. Vergesellschaftung

8.3.1. Vergesellschaftungsformen

In den Schwarzwildsozietäten können 4 Vergesellschaftungsformen festgestellt werden: die Mutterfamilie, der Rauschzeitharem, die Überläuferrotte und der Einzelgänger.

Grundform der Vergesellschaftung und Kern der Sozietät bildet die **Mutterfamilie.** Sie besteht primär aus einer Bache und ihrem letzten Nachwuchs. Sie gründet sich auf der erforderlichen „Brutpflege“ durch die Bache, die nicht nur in den ersten Lebenstagen und -wochen, sondern für das gesamte erste Lebensjahr von den Frischlingen benötigt wird (vgl. Abschnitt 6.6.2. und 8.2.). Innerhalb der Mutterfamilie dominiert die Bache, sie ist für den Schutz, die Einstandswahl und die Ernährung verantwortlich. Aus der Mutterfamilie geht gewöhnlich eine Sippe hervor. Die Bache sondert sich zum erneuten Frischen von ihrem vorjährigen Nachwuchs ab, dessen weibliche Angehörige sich dann jedoch, teilweise schon mit eigenen Frischlingen, ihr wieder anschließen. Auf dieser Grundlage können immer größere Verbände entstehen, die sich aus mehreren führenden Bachen, Überläuferbachen, nichtführenden weiblichen Stükken und den Frischlingen zusammensetzen. Sie sind auf jeden Fall eng verwandt und kennen sich gegenseitig. Die Führung besitzt die älteste Bache, die Stammutter der gesamten Sippe. Es mag auch Rotten geben, die auf Wurfschwestern zurückgehen. In diesen Fällen könnten die Körperstärke, aber auch das Temperament für die Dominanz bestimmend sein. Die Rangordnung innerhalb der Sippe ist nach dem Alter und der Körperstärke abgestuft. Führende Stücke dominieren in der Regel über nichtführende.

Die Führungsrolle wird selten demonstrativ wahrgenommen. Sie tritt deutlich an Futterplätzen zutage. Die Leitbache bestimmt gewöhnlich durch ihr Verhalten den Tagesablauf und die Ortveränderungen. Die Aufgabe des Sicherns kommt allen älteren Stükken zu. Die Flucht wird unabhängig vom Entdecker einer Gefahr gemeinsam vorgenommen, wobei dieser auch die Fluchtrichtung angeben kann. In ungewissen Situationen, die keine sofortige Flucht erfordern, versucht die Leitbache die Lage zu klären und bestimmt das weitere Verhalten der Rotte. Die altersbedingte Rangordnung in der Mutterfamilie ist somit organisch gewachsen, sie wird nicht ausgekämpft. Das muß allerdings unter Gleichaltrigen erfolgen und bildet die Grundlage für spätere Rottenteilungen. Diese treten gewöhnlich ein, wenn die bisherige Leitbache durch Tod aus der Rotte ausscheidet und ihr mehrere Gleichaltrige in diesem Range folgen wollen.

Meynhardt (1978) beobachtete als Gründe für Rottenteilungen ungünstige Positionen in der Rangfolge, die zum Herauslösen eines oder mehrerer Stücke mit ihrem Nachwuchs führen, Verletzungen oder Krankheiten, aber auch Nahrungsmangel. Letzterer kann direkt durch das erforderliche Auseinanderziehen der Rotten bei der Nahrungssuche, oder durch zunehmende Nahrungskonkurrenz zur Rottenteilung führen. Die von MEYNHARDT betreute Großrotte ist ein guter Beweis für die zusammenhaltende Kraft regelmäßiger Nahrungszufuhr. Auch die Jagd wirkt auf die Teilung von Sippen ein, wenn die führenden Stücke erlegt oder krankgeschossen werden.

Die Mutterfamilien bewohnen bestimmte Einstände, in denen sie in der Regel andere Mutterfamilien nicht dulden. Es ist nicht bekannt, in welchem Umfange diese Wohngebiete mit Duft- oder Sichtmarken (Kot, Harn, Malbäume usw.) gekennzeichnet werden. Ähnlichkeiten mit verteidigten Territorien sind nicht von der Hand zu weisen. Fang- und Markierungsversuche lassen erkennen, daß fast stets die Angehörigen der gleichen Mutterfamilie in die stationären Fänge gelangen (C. STUBBE, 1984). Auf gemeinsam benutzten Äsungsflächen (Feldfluren usw.) halten gleichzeitig dort befindliche Mutterfamilien einen Abstand von mindestens 50 m; es kann zum Vertreiben der schwächeren Rotte kommen. Fremde Wildschweine finden kaum Anschluß an intakte Rotten. ERL (1980) teilt aus Gatterbeobachtungen mit, daß eingesetzte Frischlinge zur Not noch geduldet, stärkere Sauen dagegen abgeschlagen und unter Umständen bis zum Verenden durch das Revier gehetzt werden.

Innerhalb der Mutterfamilie ist der Sozialkontakt sehr ausgeprägt. Die Stücke ruhen gemeinsam im Kessel und streben enge Körperfühlung an. Körperpflegehandlungen sind häufig.

Distanzvergrößernde Streitereien beruhen gewöhnlich auf Futterneid.

Der **Rauschzeitharem** entsteht durch das Hinzukommen von Keilern zur Mutterfamilie (Abschnitt 6.4.2.). Er ist somit lediglich eine temporäre Vergesellschaftungsform. Die Verbindung des Keilers zur Mutterfamilie ist relativ locker. Sein Interesse konzentriert sich auf die jeweils rauschigen Bachen, die er abzudrängen und zu beschlagen trachtet. Bei großer Keilerdichte werden dadurch die Mutterfamilien nicht selten auseinandergesprengt. Die eigentliche Führung der Rotte wird jedoch in der Regel weiterhin von der jeweils dominanten Bache wahrgenommen; der Keiler schließt sich der Rotte nur an. Er benutzt den Gemeinschaftskessel nicht, sondern schiebt sich in der Nähe der ihn interessierenden Rotte ein und überwacht diese auch in den Ruheperioden. Die **Überläuferrotte** ist ebenfalls eine nichtständige Vergesellschaftung. Sie besteht in der Regel aus den männlichen Nachkommen einer Bache, die vor der Frischzeit von ihr abgeschlagen wurden und anschließend nicht mehr in den Familienverband Eingang fanden. Sie verlassen gewöhnlich den bisherigen Einstand der Rotte und können über weite Strecken abwandern. In anderen Verbänden finden diese Keiler keine Aufnahme und ein Zusammenschluß mit Überläuferkeilern aus anderen Verbänden erfolgt auch nicht. Die Rangordnung in den Überläuferrotten ist bereits seit der Frischlingszeit ausgekämpft. Die Existenz dieser Rotten ist jedoch nicht von Dauer, sondern spätestens im Verlaufe des folgenden Lebensjahres vereinzeln sich die Keiler. Untypische Überläuferrotten aus Angehörigen beider Geschlechter entstehen nach Abschuß oder Verenden der Führungsbache. Sie lösen sich mit der nächsten Reproduktionsperiode auf. Die Keiler leben von zweiten Lebensjahre an als **Einzelgänger**. Aus mehreren jüngeren Keilern bestehende Verbände existieren nur kurzzeitig und gehen auf noch vorhandene verwandtschaftliche Bindungen zurück. Die Keiler bewohnen einen großen Einstand, in dem gewöhnlich mehrere Mutterfamilien leben. Sie verteidigen den Einstand nicht aktiv, sondern lediglich in der Rauschzeit die von ihnen betreute Mutterfamilie. Auch an gemeinsam benutzten Fraßplätzen halten sie sich abseits. Reife Keiler sind dort auch starken Bachen gegenüber dominant und können diese vom Futter vertreiben (BEUERLE, (1975).

Keiler klären die Rangordnung an Futterplätzen durch Imponierauftritte, die nur selten in Kämpfe übergehen.

8.3.2. Rottenstärke und Rottenstruktur

In Abhängigkeit von der Sozialstruktur treten die Vergesellschaftungsformen in den Schwarzwildpopulationen mit unterschiedlicher Häufigkeit auf. Die Sozialstruktur beeinflußt auch die Größe der Rotten, denn mit einem höheren Anteil von Altwild steigt nicht nur die Zahl der alleinziehenden Keiler, sondern auch der Umfang der Mutterfamilien. Zuwachsrate und Sterblichkeit beeinflussen die Rottenstärke im Jahresverlauf. Auf den Einfluß der Ernährungsbedingungen und der Jagd wurde schon hingewiesen. Als Ausdruck der Vergesellschaftung wird der Sozialindex benutzt. Er gibt die durchschnittliche Rottenstärke (unter Einbezug der Einzelgänger) an. In der Tabelle 8/6 ist er als durchschnittlicher Jahresindex der Rottenstärke zusammengestellt. Er erreicht in den bisher untersuchten Gebieten 4 bis 6 Stücke je Rotte. Die in Belowesh angestellten Untersuchungen zeigen gut seine Variabilität im Verlaufe der Jahre. So ermittelte LEBEDEWA (1956) in den Jahren von 1946 bis 1953 sowohl 2,2 (1952) wie auch 5,2 (1953) Stück je Rotte, und der von KOSLO (1975) zwischen 1956 und 1965 ermittelte Sozialindex bewegte sich zwischen 3,3 (1956, 1964) und 5,1 Stück (1961). Als Ursache für diese Schwankungen werden vor allem die Strenge des Winters und die jeweiligen Ernährungsverhältnisse angesehen, die sowohl den Jahreszuwachs als auch die Mortalität wesentlich beeinflussen. Der Sozialindex verändert sich auch im Verlauf des Jahres. Unmittelbar nach Abschluß der Frischzeit im Mai/Juni ist er am höchsten und verringert sich dann allmählich bis zum Eintreten der nächsten Frischzeit. Während dieser Zeit schwankt er etwas unter dem Einfluß der Ernährungsbedingungen (Baummast), der Rauschzeit und der Strenge des Winters. So betrug nach KOSLOS Untersuchungen der mittlere Sozialindex in der Periode 1956 bis 1965 4,4 Stück je Rotte, doch im Juni war er mit 5,3 Stücken am höchsten und im Januar mit 3,7 Stücken am kleinsten. Auf die jahreszeitlichen Schwankungen ist in Verbindung mit der Rottenstruktur noch zurückzukommen.

Näheren Aufschluß über die Vergesellschaftung des Schwarzwildes als der Sozialindex bieten Analysen über die Verteilung der Population auf Rotten unterschiedlicher Größe, wie sie in der DDR (BRIEDERMANN, 1972) und in Belowesh (KOSLO, 1975) durchgeführt wurden. Die in der DDR erzielten Ergebnisse sind in der Abbildung 8/5 dargestellt. Weniger als 5 % aller beobachteten Wildschweine wurden im Jahresdurchschnitt als Einzelgänger ermittelt. Am höchsten ist deren Zahl während der Frischzeit, am geringsten in den Wintermonaten. Der Hauptteil mit etwa 40 % steht in Rotten von 6 bis 10 Stück zusammen, etwa 25 % in Rotten von 2 bis 5 Stücken. Größere Zusammenschlüsse erfolgen von der Frischzeit an bis zum Rauschzeitbeginn. Das Maximum wird, sicher infolge des noch wenig dezimierten Zuwachses, in den Monaten Juni/Juli erreicht. Während dieser Zeit befanden sich fast 45 % aller beobachteten Wildschweine in Rotten von mehr als 10 Stücken. Es stellte sich heraus, daß nicht die Rauschzeit zu den stärksten Konzentrationen führt, da mit deren Einsetzen die Großrotten wieder schwinden. Zusammenrottungen von mehr als 25 Stücken wurden nur in 4 Fällen in den Monaten Mai bis

Tabelle 8/6 *Durchschnittlicher Jahresindex der Rottenstärke (Sozialindex)*

Gebiet	Unterart	Sozialindex	Autor
Frankreich	*Sus scrofa scrofa*	4,0	BON et al., 1986
DDR	*Sus scrofa scrofa*	5,6	BRIEDERMANN, 1972
Belowesh	*Sus scrofa scrofa*	3,9/4,4	LEBEDEWA, 1956/KOSLO, 1975
Beresina-Gebiet	*Sus scrofa attila*	4,1	KOSLO, 1975
Kaukasus	*Sus scrofa attila*	5,9	DONAUROW, TEPLOW, 1938
Kasachstan	*Sus scrofa nigripes*	5,8	SLUDSKIJ, 1956

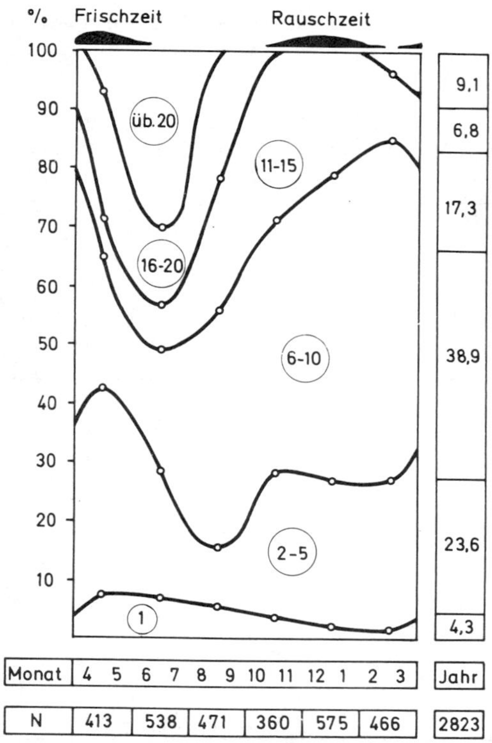

Abb. 8/5 Rottenstärke des Schwarzwildes im Jahresverlauf.
(nach BRIEDERMANN)

Juli festgestellt. Die stärkste Rotte umfaßte 39 Stücke, es folgten 2 Rotten mit je 27 und 1 Rotte mit 26 Sauen. Übereinstimmend damit stellte auch MEYNHARDT (1978) fest, daß seine Rotten bei maximal 30 Stück eine Teilung vornahmen. Zu fast gleichen Ergebnissen über die Rottenstruktur gelangte KOSLO (1975). Infolge des geringeren Jungwildanteils in seinem Untersuchungsgebiet und des höheren Anteils älterer Sauen ist das Vorkommen von Einzelgängern (etwa 6 %) und von mehr als 15 Stücke umfassenden Rotten (etwa 20 %) etwas höher. Wesentlich geringer ist mit etwa 13 % die Bildung von Kleinrotten (2 bis 4 Stück), wahrscheinlich infolge des späteren Einsetzens der Geschlechtsreife der Bachen. In den mittelstarken Rotten ist in beiden Populationen ein etwa gleicher Prozentsatz der Stücke vereinigt. Die stärkste festgestellte Rotte umfaßte 42 Sauen. Die Ähnlichkeit in der Rottenbildung der beiden räumlich weit getrennten, unter sehr unterschiedlichen ökologischen Bedingungen lebenden Populationen läßt annehmen, daß sie Ergebnis eines genetisch fixierten Sozialverhaltens sind. In ihrer Stabilität läßt sich eine Anpassung der Art an differente und wechselnde Lebensbedingungen vermuten.

Abweichend von den wiedergegebenen Erfahrungen teilen ARSENJEW (1951), BROMLEJ (1964) und HEPTNER et al. (1966) für die mittel- und ostasiatischen Unterarten Zusammenschlüsse von 50 bis 100 Stücken mit. In Verbindung damit wird auch über größere herbstliche Wanderungen der dortigen Wildschweine berichtet. Es bleibt daher zunächst offen, inwieweit diese Unterarten in ihrem Sozialverhalten von denen des europäischen Raumes abweichen.

Der hohe Wert der Rottenbildung für das Schwarzwild wird besonders deutlich, wenn das Vorkommen der verschiedenen sozialen Klassen in Rotten unterschiedlicher Stärke betrachtet wird. Dazu soll das Beispiel einer Streckenanalyse von 502 Stücken Schwarzwild, die aus Rotten von 2843 Stücken heraus erlegt wurden, dienen (Tab. 8/7). Einzelne Frischlinge wurden nur in Ausnahmefällen festgestellt. Diese leben hauptsächlich in Mutterfamilien von 2 bis 10 Stücken. Im Sommer befindet sich ein beträchtlicher Anteil in Großrotten von mehr als 10 Stück, die durch den Zusammenschluß mehrerer führender Bachen entstehen.

Bereits im Herbst, hauptsächlich aber im Winter, geht der Frischlingsanteil in Großrotten, hauptsächlich unter Jagdeinfluß, zurück. Rotten von mehr als 10 Stücken wurden nur selten, von mehr als 15 Stücken nicht mehr festgestellt.

Mit dem Einsetzen der Frischzeit und dem Einwachsen der Frischlinge in das Überläuferalter werden nunmehr deutliche Unterschiede in der Vergesellschaftung beider Geschlechter sichtbar. Etwa die Hälfte der Überläuferkeiler wird allein angetroffen und annähernd 40 % in Kleinrotten mit Geschwistern. Nur etwa 10 % wurden während des Frühjahrs und Sommers noch in Verbindung mit größeren Verbänden festgestellt. Im August/September trat ein Maxi-

Tabelle 8/7 *Vergesellschaftung von 502 erlegten Stücken Schwarzwild in Rotten mit 2823 Wildschweinen (nach* Briedermann, *1972)*

Altersklasse	Monat	Rottenstärke in Stück							Anzahl der Rotten n
		1	2 bis 5	6 bis 10	11 bis 15	16 bis 21	21 bis 25	25	
Frischlinge	4/5								0
	6/7		11	33	33	11	11		9
	8/9		17	50	23	7	3		30
	10/11	8	38	42	12				26
	12/1		35	53	12				43
	2/3		43	49	6	2			47
Überläufer, männlich	4/5	46	38	10	2	4			52
	6/7	40	31	7	2				42
	8/9	83		17					12
	10/11	71		28					7
	12/1	53	27	20					15
	2/3	12	44	44					9
Keiler	4/5	50	42	8					12
	6/7	67	33						9
	8/9	90					10		10
	10/11	50	33	17					6
	12/1	44	22	12	22				9
	2/3	75	25						4
Überläufer, weiblich	4/5		58	22	8	8		4	26
	6/7	10	48	16	3	6	6	10	31
	8/9	24	41	24	6		6		17
	10/11	7	60	27	7				15
	12/1		50	50					14
	2/3		42	58					12
Bachen	4/5	17	64	17					6
	6/7	67				33			3
	8/9	33	17	50					6
	10/11	14		29	57				7
	12/1	6	59	23	12				17
	2/3		50	33	17				6

mum alleinziehender Überläuferkeiler auf. Demgegenüber bleiben die Überläuferbachen zunächst zusammen. Im Juni/Juli findet man sie in den stärksten Vergesellschaftungen. Nur etwa 10% wurden allein ziehend beobachtet, aber mehr als 25% standen in Rotten von über 10 Stücken. Die Ursache liegt im jetzt erfolgenden Zusammenschluß führender Stücke mit ihrem Nachwuchs sowie dem weiteren Anschluß nichtführender Wildschweine, hauptsächlich weiblicher Überläufer. Im Oktober/November, noch stärker aber im Dezember/Januar, findet sich bei beiden Geschlechtern eine Tendenz zur Kleinrottenbildung. Die Anzahl allein ziehender Stücke nimmt ab, ebenso aber die Stärke und Häufigkeit von Großrotten. Neben dem Einfluß der Jagd liegt offenbar unter dem Einfluß der Rauschzeit eine Zunahme der sozialen Appetenz vor. Die zu den Rotten tretenden Keiler vergrößern diese offensichtlich nicht, sondern fördern eher den Zerfall in kleinere Verbände. Im Februar/März werden nur wenige Überläufer einzeln angetroffen. Diese Monate stellen die Notzeit des Schwarzwildes dar, da sich geringes Nahrungsangebot und Winterhärte überlagern. Das führt zur Konzentration an geeigneten Einstands- und Fraßplätzen. Andererseits wirkt der Nahrungsmangel dem Entstehen zu großer Verbände entgegen. Überläufer sind während dieser Zeit fast ausschließlich in Kleinrotten von 2 bis 10 Stücken zu finden.

Mit dem Einsetzen des Frühjahrs vereinzeln sich die Keiler wieder. Die Anzahl der alleingehenden Keiler vergrößert sich bis zum Herbst auf etwa 90 %. Die aus der Tabelle 8.7. ersichtliche hohe Zahl alleinstehender Bachen während des Frühjahrs und Sommers ist eine Folge der jagdlichen Auslese, da führende Bachen durch eine Schonzeit geschützt sind. Das nicht sehr umfangreiche Material ist für die Bachen daher wenig aussagefähig; ihre Vergesellschaftung läßt sich besser von derjenigen der Frischlinge ableiten. Dennoch ist zur Sommermitte hin die Tendenz zur Großrottenbildung erkennbar, während zum Herbst die Verbände wieder kleiner werden.

Zur Rauschzeit standen die Bachen hauptsächlich in Verbänden von 6 bis maximal 13 Stücken. Auch die soziale Appetenz der Keiler nimmt zur Rauschzeit hin zu. Das Maximum allein ziehender Keiler liegt mit einem Wert von unter 50 % in der Hauptrauschzeit. Es ist zu vermuten, daß es sich dabei hauptsächlich um suchende bzw. subadulte Individuen handelt. In Großrotten treten sie ebenfalls nicht auf, die stärkste Rotte, aus der heraus ein Keiler erlegt wurde, umfaßte 15 Stücken. Während sich die Keiler nach der Rauschzeit größtenteils wieder vereinzeln, bleiben die Bachen mit ihren Frischlingen und Überläufern in den erwähnten Mutterfamilien zusammen.

8.4. Tagesablauf

8.4.1. Allgemeines

Das Leben des Wildschweines vollzieht sich innerhalb von zwei Bezugssystemen. Einerseits ist es in eine Umwelt eingeordnet, die ihm Nahrung und Schutz bietet, aber auch zahlreiche Gefahren birgt, und deren Bedingungen sich tages- und jahreszeitlich verändern. Zum anderen ist es Bestandteil einer Population, deren Existenz periodische biologische Abläufe erfordert, die einer Koordination der Individuen bedürfen. Das bedingt die Herausbildung eines für die Art typischen Lebensablaufes, dem alle Individuen unterliegen, und der physiologische Prozesse ebenso wie Verhaltensweisen umfaßt. Er muß notwendigerweise weitgehend von Außenfaktoren gesteuert werden, die gleichzeitig auf alle Stücke einwirken; unabhängig davon, in welchem Teile des Lebensraumes sie sich gerade befinden. Durch sie wird die neurohumoral bestimmte endogene tierische Periodik mit den Jahreszeiten im Sinne der durch Selektion erreichten Anpassung synchronisiert, sie übernehmen die Rolle von Zeitgebern (Aschoff, 1955). Ihre Bedeutung liegt darin, daß sie einmal die Periodik des Tieres mit seiner Umwelt und zum anderen Verhaltensweisen der Individuen innerhalb einer Population synchronisieren (Aschoff, 1958).

Ein sehr wichtiger aktueller Zeitgeber ist der Hell-Dunkel-Wechsel. Bei zahlreichen Wildarten wurden bereits artspezifische Aktivitätsmuster aufgefunden, die nach Alter, Geschlecht und Jahreszeit eine gewisse Varianz aufweisen, unter gleichen Bedingungen aber in einer typischen Form auftreten (Briedermann, 1965).

So verläuft auch das Leben des Wildschweines in einer zeitlich geordneten Weise. Phasen der Nahrungssuche und -aufnahme wechseln regelmäßig mit solchen der Ruhe und des Schlafes ab. Darin eingeordnet sind Komforthandlungen, Angriffs-, Schutz- und Verteidigungshandlungen, Verhaltensweisen des Spielens und, jahreszeitlich festgelegt, aktive Handlungen im Dienste der Fortpflanzung. Bestimmte Tätigkeiten werden immer wieder zu annähernd den gleichen Tageszeiten vorgenommen. Die Phasenlänge und -lage wird durch Tageslänge, Witterungsbedingungen, Nahrungsreichtum und andere Umweltfaktoren beeinflußt.

Im Jahresrhythmus wechselnde Aktivitäten, die im wesentlichen die Komplexe der Reproduktion, der Soziologie, aber auch die Körpergestalt betreffen (z. B. den Haarwechsel) wurden bereits behandelt. Hier sei auf sie lediglich als Beispiele für die übergeordnete, langfristige und rhythmische Steuerung der Lebensprozesse hingewiesen. Perioden, die etwa dem 24-Stunden-Tag entsprechen, sind Gegenstand dieses Kapitels. Vollzieht sich das Leben des Wildes unter dem Wirken der naturgegebenen Einflüsse, so unterliegt es einer artspezifischen, typisch normalen Rhythmik (TN-Rhythmus nach BUBENIK, 1960), die sich in Jahrtausenden herausgebildet hat und sein Wohlbefinden weitgehend gewährleistet. Demgegenüber stehen die Schwarzwildbestände Mitteleuropas seit Jahrhunderten unter intensivem Jagddruck, der nicht selten die Form einer schonungslosen Bekämpfung angenommen hatte. Unter dem Einfluß des vorwiegend tagesaktiven „Befehlsvektors Mensch“ haben viele Wildarten ihren ursprünglichen Rhythmus in der ihnen möglichen Weise verändert. Sie entwickelten ein atypisches, durch Streßzustände hervorgerufenes Verhalten, das durch Umlagerung der Periodik und Phasendauer gekennzeichnet ist (AT-Rhythmus nach BUBENIK, 1960).

Diese Erscheinung ist auch beim Wildschwein feststellbar. Zum Verständnis seines Lebensablaufes ist es daher erforderlich, den normalen Rhythmus und den atypischen Rhythmus (der heute in weiten Teilen des Areals als normal gilt) getrennt zu behandeln

8.4.2. Normaler Tagesrhythmus

In vom Menschen wenig beeinflußten Gebieten ist das Wildschwein ein vorwiegend dämmerungs- und lichtaktives Wild. So schreibt BROMLEJ (1964) über das ussurische Wildschwein folgendes: „Von der totalen Schneeschmelze an, den ganzen Frühling hindurch, weiden sie am hellichten Tage, während sie nachts ausruhen. Erst im Juni, wenn die Mücken und Rinderbremsen auftauchen, liegen sie tagsüber im Schlamm und halten sich an einer kräuterreichen Stelle auf, während sie nachts Nahrung zu sich nehmen. Ende des Sommers und im Herbst fressen die Wildschweine vorwiegend am Tage. Nachts suchen sie nur die Felder auf, d. h. Stellen, an denen am Tage die Ruhe durch den Menschen gestört wird. Im Winter, auch wenn viel nahrhaftes Futter gefunden wird, ruhen die Sauen am Tage überhaupt nicht aus. Sowie sich eine feste Schneedecke gebildet hat, verlassen sie vom Abend bis zur 10. bis 12. Tagesstunde gewöhnlich ihre Lagerstellen nicht, um Futter zu suchen.“

In gleiche Richtung deutende Hinweise finden wir bei HEPTNER et al. (1966): „Hoch in den Bergen pflegen die Wildschweine auch am Tage aktiv zu sein. ... Mit dem Eintritt der Kälte, also im Oktober/November, beginnt sich die Zeit der Aktivität im Tagesablauf auf die Tagesstunden zu verlagern. In den meisten Gebieten verlassen die Wildschweine ihre Lager im Winter morgens und gehen während des Tages auf Nahrungssuche, wobei die Tiere umso später nach Fraß ausgehen, je niedriger die Temperatur ist. ... Im Frühjahr, April/Mai, verläßt die Bache mit ihren Frischlingen das Lager nur am Tage; in dieser Zeit gehen die erwachsenen Wildschweine abends auf Nahrungssuche, nicht selten kehren sie mitten in der Nacht zum Lager zurück und gehen am frühen Morgen zum zweiten Male nach Fraß aus.“

HANSON und KARSTAD (1959) beobachteten verwilderte Hausschweine in Amerika. Deren Aktivität beschränkte sich im Sommer auf die frühen Morgen- und auf die Nachmittags- und Abendstunden.

PUHAĆ und PRIBIĆEVIĆ (1954) berichteten über das Verhalten von Hausschweinen, die unter natürlichen Bedingungen während des Sommers auf einer Donauinsel gehalten wurden. Diese suchten besonders intensiv früh und am späten Nachmittag nach Nahrung. Während des Tages standen 8,66 Stunden Nahrungssuche nur 2,25 Stunden Ruhe gegenüber.

Bekannt ist weiterhin die große Lichtzeitaktivität von Wildschweinen in Zoologischen Gärten, während andere typisch nachtaktive Tiere den Besuchern kaum vorgeführt werden können.

Die Lichtzeitaktivität bietet dem Schwarzwild nicht nur Vorteile gegenüber seinen großen Hauptfeinden Tiger, Wolf und Bär, sondern erleichtert ihm auch die Fortbewegung, die Nahrungssuche und den Sozialkontakt in den von ihm vorzugsweise bewohnten sumpfigen, dickichtartigen Einständen.

Auch in Mitteleuropa neigt das Schwarzwild leicht dazu, während des Tageslichtes aktiv zu werden, wenn es den Menschen nicht zu fürchten hat. Das belegen zahlreiche Beobachtungen an Fütterungen in unbejagten Einständen (z. B. WECKWERTH, 1933; SNYCKERS, 1967; MEYNHARDT, 1978 u. a.).

Um den Verlauf des natürlichen Tagesrhythmus zu erkennen, wurde eine Gruppe von Wildschweinen vom Frischlingsalter ab mehrere Jahre unter besonderen Bedingungen gehalten und beobachtet (BRIEDERMANN, 1972a, b). Wesentliche Gesichtspunkte der Versuchsdurchführung waren, daß die Sauen den Menschen weder als Feind noch als Nahrungsspender kann-

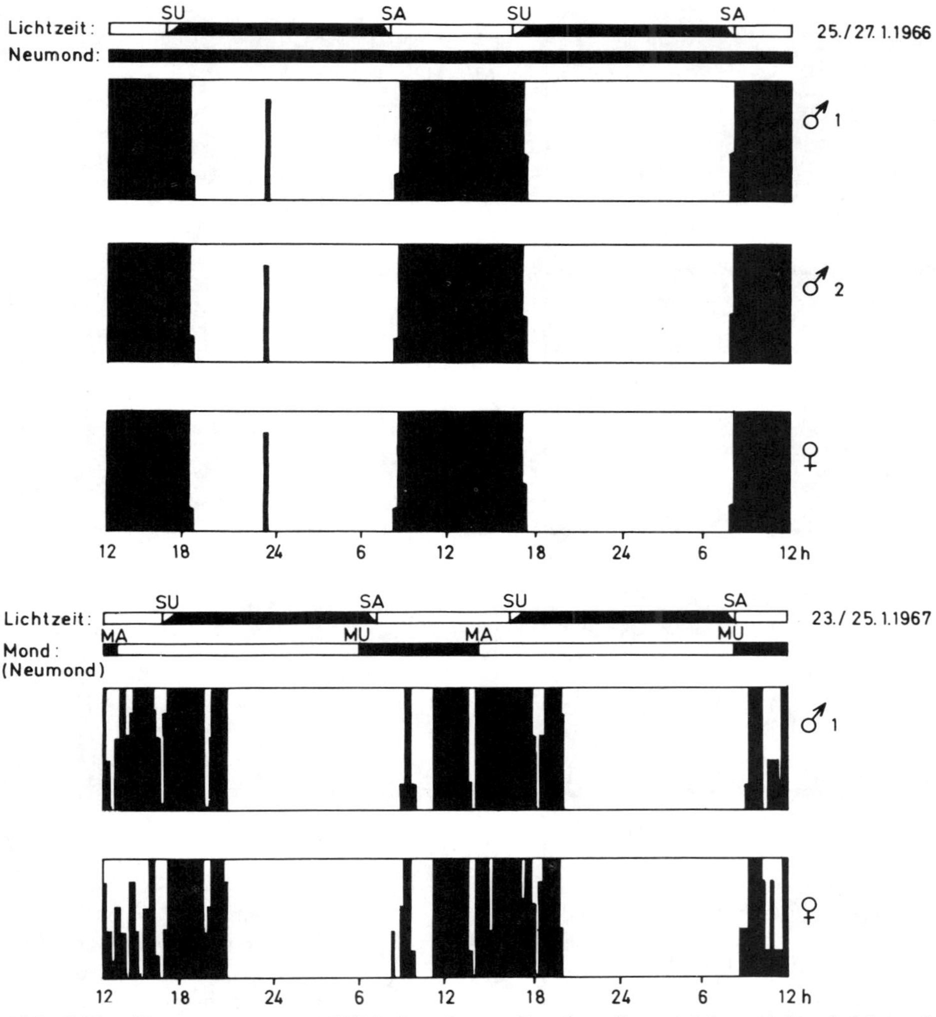

Abb. 8/6 Aktogramme von Wildschweinen, die ohne Beunruhigung durch Menschen aufgezogen und gehalten wurden. Januar 1966 und 1967, Frischlinge bzw. Überläufer. Die Schubfolgen der Aktivität sind schwarz hervorgehoben (nach BRIEDERMANN, 1971)

ten und daß Nahrungsmenge und -aufnahme den natürlichen Verhältnissen weitgehend angepaßt waren. In etwa 1monatigen Abständen wurde ihr Verhalten in einem zusammenhängenden Zeitraum von 48 Stunden , von den Sauen unbeobachtet, festgestellt und in 4Minutenabständen registriert. Unter diesen Versuchsbedingungen bestätigte sich zunächst die enge Sozialbindung des Schwarzwildes, denn fast alle Aktivitäten wurden nahezu gleichzeitig begonnen und beendet. Das zeigen als Beispiel die Aktogramme aus dem Monat Januar 1966 und 1967, aus denen die zeitliche Übereinstimmung der Schubfolgen gut ersichtlich ist (Abb. 8/6). Über die im Aktogramm schwarz dargestellten Aktivität hinaus (Nahrungssuche und -aufnahme, reine Lokomotion) trat diese Übereinstimmung auch bei kurzzeitigen Interaktionen, wie dem Sichlösen nach einer Ruhepause, dem Suhlen und dem Malen, in Erscheinung. Diese als Gruppeneffekt bezeichnete soziale Synchronisation bestätigte auch

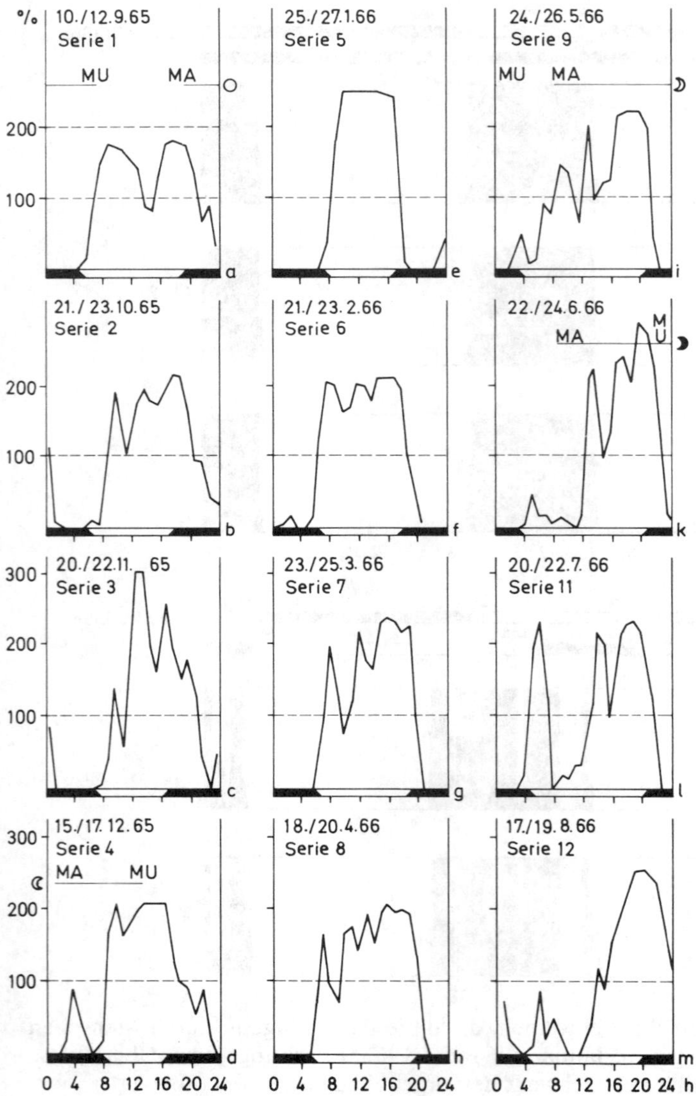

Abb. 8/7 Phasenlage der Aktivität von Wildschweinen, die ohne Beunruhigung durch Menschen aufgezogen und gehalten wurden (nach BRIEDERMANN, 1971)

MEYNHARDT (1978). Als besonders eindrucksvolles Beispiel stellte er mehrere Male fest, wie eine Gruppierung von etwa 60 Sauen beim Überqueren bestimmter Stellen (Kotplätze) nahezu gleichzeitig Losung absetzte.

In der Mutterfamilie bestimmt die Leitbache Beginn und Ende der Aktivitätszeiten, auch wenn vielleicht schon andere Stücke ungeduldig darauf drängen. Bei unserer Versuchsrotte ging die Mehrzahl der Initiativen von einer bestimmten Bache aus.

Die Phasenlage der Aktivität läßt eine ausgeprägte Lichtzeitaktivität erkennen (Abb. 8/7). Der Aktivitätsbeginn stimmt bei fast allen Beobachtungsserien etwa mit dem Zeitpunkt des Sonnenaufganges überein. Im Sommerhalbjahr mit langer Lichtzeit wird eine Aktivitätsspitze von 2 bis 3 Stunden Dauer festgestellt. Diesem Aktivitätsschub folgt eine bis etwa zum Frühmittag währende Periode stark herabgesetzter Aktivität. In dieser Zeit treten Ruhepausen von wenigen Minuten bis zu 2 Stunden Dauer auf, die immer wieder durch Nahrungssuche, Lagewechsel, Suhlen usw. unterbrochen werden. Mit dem Frühnachmittag nimmt die Intensität der Nahrungssuche zu, bis sie etwa zum Sonnenuntergang ihr Maximum erreicht. Das Hauptmaximum der Aktivität fällt in die Zeit von etwa 2 Stunden vor bis 2 Stunden nach Sonnenuntergang. Anschließend setzt eine ausgedehnte Ruhepause ein. Mit abnehmender Lichtzeit, also zum Herbst hin, werden die Ruhepausen am Tage mehr und mehr eingeschränkt, bis endlich im Winter das morgendliche und abendliche Maximum gänzlich verschmelzen. Bei zunehmender Tageslänge trennen sie sich wieder voneinander. Nach den vorliegenden Beobachtungen entspricht das Grundmuster der Wildschweinaktivität dem bisher selten beschriebenen Alternanstyp (ASCHOFF, 1962). Natürlich kann der geschilderte Rhythmus ziemlich variabel sein. Einen nicht unwesentlichen Einfluß übt das Lebensalter aus. Jüngere Wildschweine besitzen einen höheren Aktivitätspegel als ältere, jedoch konzentriert sich dieser ebenfalls auf die Lichtzeit. Das wird auch durch Beobachtungen von GUNDLACH (1968) gestützt und ist jedem bekannt, in dessen Jagdgebiet Bachen ihre Kinderstuben haben. Neben dem Hell-Dunkel-Wechsel zeigt sich ein deutlicher Einfluß des Mondlichtes. Bei Halb- bis Vollmond reicht das Hauptmaximum der Aktivität bis weit nach Sonnenuntergang und es kann, entsprechend dem Mondstand, eine zusätzliche nächtliche Aktivität einsetzen. Daraus resultieren wieder Nachwirkungen auf das Einsetzen des morgendlichen Nebenmaximums. Die Gesamtsumme der Aktivität ändert sich jedoch nicht wesentlich.

Sehr warmes, trockenes Sommerwetter führt ebenfalls zu verstärkter Aktivität in der Dunkelheit. Nach Beobachtungen von MEYNHARDT (1978) erhöhen außerdem Gewittergüsse die Aktivität in den Nachtstunden, was er auf die leichtere Erreichbarkeit von Regenwürmern zurückführt. Es ist auch möglich, daß feuchtwarmes Wetter durch eine stärkere Bodenwitterung zu intensiverer Nahrungssuche anregt. Die von BROMLEJ (1964) mitgeteilte aktivitätshemmende Wirkung massiven Auftretens von Stechinsekten konnten unsere Untersuchungen nicht bestätigen.

Neben der Phasenlage erwies sich auch die Zeitdauer der einzelnen Handlungen als ziemlich konstant. Die ermittelte Aktivitätssumme für 24 Stunden bewegt sich etwa zwischen 8 und 11 Stunden. Das entspricht einem Stundenmittel der Aktivität von 20 bis 28 Minuten. Mit zunehmendem Alter fällt die Aktivitätssumme. So betrug das Stundenmittel im Alter von 5 bis 13 Monaten 27 Minuten gegenüber 21 Minuten im Alter von 14 bis 37 Monaten. Diese Werte stimmen mit den jagdpraktischen Erfahrungen der Lebhaftigkeit jungen und der Heimlichkeit alten Schwarzwildes überein. Während in der Lichtzeit eine durchschnittliche Aktivität von 34,3 Minuten in der Stunde ermittelt wurde, währte sie in der Dunkelheit im Mittel nur 10,5 Minuten. 2 Ausnahmefälle, in denen die Dunkelaktivität die der Lichtzeit überstieg, lassen sich durch Witterungs- und Mondlichteinflüsse erklären. Im Durchschnitt betrug die Lichtzeitaktivität etwa das Dreifache der Dunkelzeitaktivität, wie auch LIPS (1964) für das Hausschwein ermitteln konnte.

Werden die aktiven Handlungen in 1 bis 2 langen Schüben absolviert, so trifft das auch für die Ruhepausen zu. Die Sauen ruhten durchschnittlich 13 bis 16 Stunden am Tag, das Stundenmittel betrug 32 bis 40 Minuten. Die Hauptruhepause erstreckte sich über die Dunkelheit und hatte eine durchschnittliche Länge von fast 11 Stunden. Ununterbrochene oder nur kurz unterbrochene Ruhephasen von 11 bis 15 Stunden Dauer traten sehr häufig auf. Demgegenüber betrugen die Ruhepausen zwischen dem Neben- und Hauptmaximum der Aktivität, die also in der Lichtzeit lagen, höchstens 3 Stunden, waren aber meistens bedeutend kürzer. Der Hauptteil der Aktivität diente der Nahrungssuche und -aufnahme. Alle übrigen Aktivitätshandlungen nahmen im Mittel nur etwa 9 % (1 bis 25 %) der Zeit ein.

Etwa 85 % der Aktivität entfielen auf die Nahrungssuche und -aufnahme, weniger als 5 % auf Spiel- und Streitverhalten und der Rest auf übrige mit Lokomotion verbundene Verhaltensweisen. Spiele wurden vor allem bei den Frischlingen beobachtet, später kam es häufiger zu Streitereien aus Futterneid. Reine Lokomotion hatte zur Rauschzeit einen größeren Umfang.

Die genannten Ergebnisse sind sicher nicht in jeder Hinsicht auf die unter natürlichen Bedingungen bestehenden Verhältnisse übertragbar. Feindvermeidung und Futtersuche würden dort sicher einen größeren Zeitraum in Anspruch nehmen. Auch die Verhältnisse zur Rausch- und Frischzeit sind unter Gatterbedingungen nicht repräsentativ zu ermitteln, ebenso nicht der für den Aufbau der Sozialstrukturen benötigte Zeitaufwand. Eindeutig aber konnte ermittelt werden, daß Wildschweine unter ungestörten Verhältnissen ein Aktivitätsgrundmuster vom Alternanstyp für lichtaktive Tiere aufweisen. Die Aktivität ist 2phasig; lange geschlossene Aktivitätsphasen wechseln mit Ruhephasen. Wichtigster Zeitgeber ist der Hell-Dunkel-Wechsel. Die Hauptaktivität liegt in der Zeit um den Sonnenuntergang. Mondlicht erhöht die Nachtaktivität. Witterungsfaktoren haben in Abhängigkeit von der Jahreszeit einen dämmenden oder anregenden Einfluß.

8.4.3. Tagesablauf in bejagten Populationen

In Jagdgebieten der Kulturlandschaft, in denen der Mensch tagsüber durch seine Gegenwart dominiert, weicht der Tagesablauf des Schwarzwildes beträchtlich von dem vorher beschriebenen normalen Rhythmus ab. Ruhige Waldgebiete, in denen am Tage eine ungestörte Nahrungssuche möglich ist, gibt es seit Jahrhunderten in Mitteleuropa kaum noch. So ist bereits in mittelalterlichen Quellen (z. B. Fouilleaux, 1590) mit Selbstverständlichkeit davon die Rede, daß man die Sauen am Tage im Kessel antrifft. Kiessling (1925) als ausgezeichneter Schwarzwildkenner mag mit seiner Darstellung als Vertreter vieler Verfasser jagdlicher Schwarzwildmonographien aus neuerer Zeit stehen, wenn er über den Tagesablauf schreibt: „Die Sauen verbringen den Tag schlafend oder doch wenigstens ruhend im Kessel. Stücke sowie Rotten, die man außerhalb der Rauschzeit über den Läufen antrifft, sind durch irgendeine Störung rege gemacht worden; andernfalls hätten sie das Lager bzw. den Kessel ganz sicherlich nicht verlassen.“

Demzufolge bestand jahrhundertelang die gebräuchlichste Jagdart auf das Schwarzwild darin, die Sauen durch Hunde oder Treiber in den Tageseinständen zu finden. Erst in den letzten Jahrzehnten hat sich mit der Entwicklung leistungsfähiger optischer Hilfsmittel die Pirsch- oder Ansitzjagd eine führende Position erobert (Wacker, 1974; Briedermann, 1977).

Die Phasenlage und -dauer der Aktivität ist unter den Bedingungen der freien Wildbahn schwierig zu ermitteln. Telemetrische Untersuchungen in einem französischen Gatterrevier (Mauget, 1984) haben dort eine weitgehend nächtliche Lebensweise bestätigt, wobei der Beginn, aber auch das Ende der Aktivität weitgehend mit dem Sonnenunter- bzw. aufgang verbunden waren. Die Sauen ruhten im Mittel 58 % des 24-Stundentages, benötigten 25 % der Zeit zum Fraß und wechselten etwa 17 % der Zeit. Durch Janeau und Spitz (1984) wurde in Südfrankreich ebenfalls eine mittlere tägliche Ruhephase von etwas über 50 % ermittelt. Die Aktivität war im Winter mit etwa 13 Stunden etwas höher als mit etwa 10 bis 11 Stunden im Sommer. Die ermittelten Aktivitätssummen stimmen weitgehend mit den im vorigen Kapitel diskutierten Gatterbeobachtungen überein. SINGER et al. (1981) stellten auf der Grundlage von Ermittlungen in Tennessee fest, daß mit Sendern versehene Sauen zu allen Jahreszeiten während des Zwielichtes und in der Nacht aktiver als am Tage waren. Im Sommer wird hauptsächlich während der Nacht zum Fraß gezogen. Ortsveränderungen am Nachmittag dienten meist dem Aufsuchen von Suhlen.

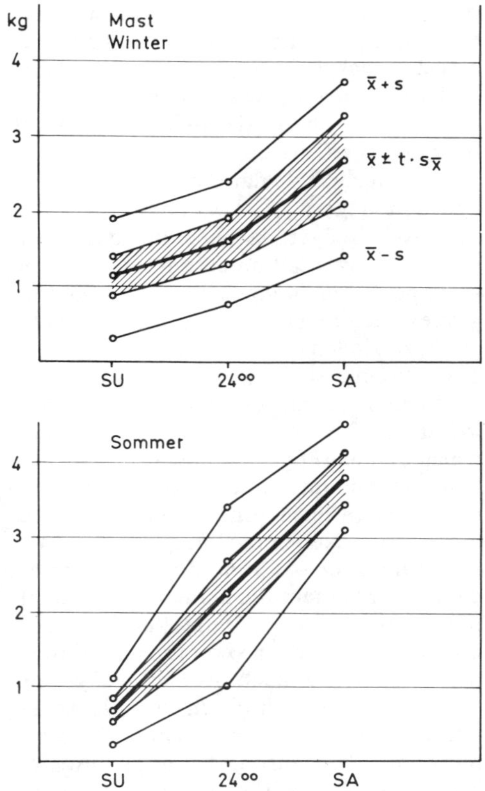

Abb. 8/8 Nächtliche Zunahme der Mageninhaltmasse, Überläufer und ältere Sauen; im Sommer und im Winter, Mastjahr (nach BRIEDERMANN, 1967)

Einen indirekten Aufschluß über die Phasenlage der Aktivität erhält man durch Ermittlung der Mageninhaltsmenge von erlegten Sauen in Verbindung mit der Erlegungszeit (BRIEDERMANN, 1971; GENOV, 1981a; SINGER et al., 1981). Diese Verfahren beruht darauf, daß die Sauen mit ihrem einhöhligen Weidsack während der Aktivitätszeit in zunehmendem Maße Fraß speichern, den sie in der anschließenden Ruhepause allmählich verdauen.

Die Auswertung der Mageninhaltsmasse unterstreicht das Vorhandensein einer deutlich überwiegenden nächtlichen Aktivität. Nur in außerordentlich wenigen Fällen der untersuchten Strecke von mehr als 500 Sauen mußte angenommen werden, daß der Beginn ihrer Nahrungssuche früher als eine Stunde vor Sonnenuntergang einsetzte. Der Mageninhalt nimmt vom Abend bis zum Morgen stark zu, wie 2 Beispiele aus dem Sommer- und Winterhalbjahr belegen (Abb. 8/8). Im Sommer hatte sich das Gewicht des Mageninhaltes zum Morgen gegenüber dem Abend um den 4- bis 6fachen Wert erhöht, im Winter verdoppelt. Diese Unterschiede gründen sich im wesentlichen auf die Länge der dazwischen liegenden Ruheperiode. Im Sommer erlegte Sauen hatten abends nicht selten einen nahezu leeren Weidsack, der allerdings bei Zugang zu Feldflächen bis zum Morgen weit stärker gefüllt werden kann als in der längeren Winternacht.

Ein weiterer Nachweis der hohen Dunkelaktivität erfolgte durch die Untersuchung von Erlegungszeiten (BRIEDERMANN, 1971, 1977). Zwar sind diese weitgehend auch von der Aktivität der Jäger abhängig, doch darf wohl ohne Zweifel angenommen werden, daß die Jäger nur dann jagen, wenn Aussicht auf Erfolg besteht. Es ergibt sich ein ausgesprochenes Maximum der Erlegungszeiten in der Periode um den Sonnenuntergang und ein Nebenmaximum gegen Sonnenaufgang (vgl. Abb. 12/14). Davon weicht lediglich die Winterzeit ab, in der auf Drück- und Treibjagden auch am Tage eine beachtliche Strecke erzielt wird. Noch deutlicher wird die Dunkelzeitaktivität des Schwarzwildes, wenn man die Mondphasen bei der Auswertung der Erlegungszeiten berücksichtigt. In den Nächten des Voll- und zunehmenden Halbmondes werden zu je-

der Jahreszeit die höchsten Strecken erzielt. Die Erlegungszeiten lassen einen gewissen Streckenrückgang in der zweiten Nachthälfte und zur Zeit des abnehmenden Halbmondes, der hauptsächlich nach Mitternacht leuchtet, erkennen.
Liegen die Gründe dafür auch vornehmlich bei den Jägern, so wissen doch aktive Mondscheinjäger, daß sich die Sauen dann gern für kurze Zeit niedertun, um anschließend noch einmal intensiv bis zum Morgengrauen zu brechen und in den Tageseinstand zu ziehen.
Diese Untersuchungen bestätigen die jagdliche Erfahrung, daß das heute in freier Wildbahn lebende Wildschwein Mitteleuropas dämmerungs- bis nachtaktiv ist. Das Hauptmaximum seiner Aktivität liegt in den Stunden nach Eintritt der Abenddämmerung, das Nebenmaximum vor dem Morgengrauen. Das Grundmuster entspricht demzufolge einem Bigeminus für dunkelaktive Tiere (ASCHOFF, 1962). Am Tage ruht das Wildschwein in verborgenen Einständen. Dadurch entzieht es sich weitgehend den Nachstellungen durch den Menschen, und während der Nacht jagendes Raubwild hat es in Mitteleuropa kaum zu fürchten. Nachteilige Auswirkungen auf den Nahrungserwerb scheinen im allgemeinen nicht aufzutreten, vor allem dort, wo landwirtschaftliche Nutzfläche ganzjährig mehr Fraß bietet, als es der Wald mit Ausnahme reicher Baummast tun kann. Eine meliorierte Kulturlandschaft mit gepflegten Hochwäldern ermöglicht auch des nachts eine ausreichende Orientierung und den für den Zusammenhalt der Rotte erforderlichen Sozialkontakt. Diese Bedingungen förderten die Umstellung der Tagesperiodik, die für die Fortexistenz des Schwarzwildes von außerordentlich hoher Bedeutung ist.
Es fällt auf, daß der Hell-Dunkel-Wechsel seine Bedeutung als Zeitgeber grundsätzlich beibehalten hat, nun aber die Aktivität in umgekehrter Richtung auslöst oder beendet. Die Hauptaktivitätsphase hat ihre Bindung an den Sonnenuntergang beibehalten. Die aktivitätsfördernde Wirkung des Mondlichtes tritt verstärkt in Erscheinung. Die Gesamtdauer der Aktivitäts- und Ruhezeiten erscheint ziemlich unverändert. Über physiologische oder psychische Folgen der Rhythmusumstellung fehlen noch gesicherte Erkenntnisse. Auf jeden Fall wird deutlich, daß der sozusagen umgekippte Rhythmus nicht sehr fest manifestiert ist. Beispiele aus der jagdlichen Praxis, wie Beobachtungen an früh verwaisten Frischlingen oder an durch Fütterungen vertrautgemachten Sauen (WECKWERTH, 1933; SNYKKERS, 1967; MEYNHARDT, 1978 u. a.) zeigen ein sehr leichtes Zurückkehren zur Lichtzeitaktivität. Besonders im Frühsommer verleiten die Frischlinge ihre Bachen oft zur Nahrungssuche in den Vormittags- und Nachmittagsstunden, und gerade selbständig gewordene Überläufer trifft man bis zum Herbst nicht selten bei Sonnenlicht an.
Über die zeitliche Lage und den Anteil der einzelnen Aktivitätshandlungen gibt es noch keine Informationen, die über das bisherige Jägerwissen hinausreichen. Mit Sicherheit ist die reine Lokomotion höher, als es bei den Versuchstieren festgestellt wurde, denn vom Tageseinstand zu den Fraßplätzen werden oft weite Strecken zurückgelegt, und auch das Sichern erfordert einen hohen Zeitaufwand. Es ist aber typisch für das Schwarzwild, daß es auch auf seinem Wechsel immer wieder verhält, um hier und da zu brechen. Selten, und wahrscheinlich nur von jüngeren oder suchenden Keilern bzw. von beunruhigten Sauen, werden längere Strecken ohne Aufenthalt zurückgelegt. Während der Rauschzeit ist die Nahrungsaufnahme der Keiler herabgesetzt und die reine Lokomotion wesentlich erhöht.
Bei Bachen ist das nur in geringerem Umfange, und zwar zur Zeit ihrer Vollrausche, der Fall. Die Aktivitätssumme erhöht sich aber bei beiden Geschlechtern, so daß in ruhigen Dickungskomplexen auch am Tage während der Rauschzeit reges Treiben herrschen muß.
Suhlen werden vornehmlich am Abend, an heißen Tagen auch schon früher, aufgesucht. Sogar in der Nacht bleiben die Sauen günstig gelegenen Suhlen nicht fern, oder suchen sie gern während des morgendlichen Einwechselns auf. Am häufigsten werden Suhlen in den Monaten April bis August benutzt; Versuchstiere suhlten in

dieser Zeit 2 bis 5 Male am Tag (BRIEDERMANN, 1972a, b).
Doch ist das Suhlen nicht so ein unbedingtes Bedürfnis, als daß es die Sauen nicht auch einige Tage unterlassen. Frischlinge beginnen erst gegen Sommerausgang, wenn sie die Streifen verlieren, Suhlen anzunehmen. In den Monaten November bis März erfolgt das Suhlen nur gelegentlich. Das Malen ist gewöhnlich mit dem Verlassen des Kessels und dem Aufsuchen der Suhlen sowie mit dem Treiben in der Rauschzeit gekoppelt. Besonders häufig ist es zur Zeit des Haarwechsels festzustellen. Es sei abschließend erwähnt, daß Gewittergüsse und feuchtwarme Witterung die Lichtzeitaktivität der Sauen im allgemeinen erhöhen, während warme, trockene Witterung dazu veranlaßt, oft bis in die Nacht hinein in den kühlen Einständen zu verbleiben. Gegenüber langanhaltenden Regenperioden sind sie wenig empfindlich, doch Sturm und Schneefall lassen sie lange im Kessel verharren. SINGER et al. (1981) beschreiben, daß eine mit einem Sender versehene Bache während eines Schneesturmes ihren Kessel mehr als 27 Stunden nicht verließ.

8.5. Raumstruktur

8.5.1. Belauf

8.5.1.1. Einstandtreue und Unstetheit

Dem Schwarzwild wird bis in die neueste Zeit eine geringe Ortsbindung nachgesagt. Diese Ansicht hat BRANDT (1974) besonders drastisch ausgedrückt: „Schwarzwild ist seiner mangelnden Standorttreue wegen berüchtigt. Es hat keinerlei Bindung zu angefrischten oder gegenwärtig besiedelten Territorien. Der Aufenthalt an einem Ort wird nur vom Fraßangebot bestimmt. In den meisten Gebieten sind die im Frühjahr vorgefundenen Sauen wenige Wochen später in weit entfernte Feldgebiete gewechselt, wenn nicht in der Nähe gewollt oder ungewollt gefüttert wird. Wenn aber an anderer Stelle etwas Schmackhaftes geboten wird, mißachten sie alle aufgewandte Mühe nebst Geld und ziehen dahin.“ Diese Aussage ist in ihrer kategorischen Art mit Sicherheit falsch, und BOBACK (1957) kam der wahren Sachlage schon wesentlich näher, wenn er in Anlehnung an HEDIGER meinte, daß das Schwarzwild in günstigem Gelände, wo es nicht übermäßig beunruhigt wird, ebenso ortstreu wie die meisten anderen Wildarten ist. Zahlreiche Untersuchungen, auf die noch einzugehen ist, bieten dafür ausreichende Beweise.
Das Schwarzwild benötigt für seine Existenz einen Lebensraum, der ihm genügend Nahrung zu allen Jahreszeiten, ausreichende Sicherheit vor Feinden und Schutz vor Witterungsunbilden bietet. Begrenzend für die Eignung eines Gebietes ist immer der jeweils im Minimum befindliche Faktor. Infolge der hohen Mobilität können allerdings die Fraß und Deckung bietenden Räume recht weit auseinanderliegen und im tages- oder jahreszeitlichen Wechsel aufgesucht werden. Das soziale Leben der Art ermöglicht außerdem eine Weitergabe von Erfahrungen über geeignete Einstände von Generation zu Generation wie SINGER et. al. (1981) an markierten Stücken nachwiesen.
Somit bewohnt jedes Stück Schwarzwild einen je nach den örtlichen Gegebenheiten unterschiedlich großen Raum, in dem es sich genau auskennt, den es nach Möglichkeit nicht verläßt, und den es seinen Bedürfnissen entsprechend nutzt. Dieses Gebiet, in dem sich ein Tier normalerweise bewegt (Home range oder Aktionsraum), nennt SCHWERDTFEGER (1968) Belauf; ein Ausdruck, der hier infolge seiner alten jagdlichen Tradition und bildlichen Deutlichkeit im folgenden benutzt wird.
Kennzeichnend für den Belauf des Schwarzwildes ist, daß er alle für das Wohlbefinden erforderlichen Requisiten, wie Fraßplätze, Ruheeinstände, Suhlen und Malbäume enthält, die durch Wechsel miteinander verbunden sind. Weiterhin muß der Lebensraum des Individuums die notwendigen Sozialkontakte zur Population, zum Beispiel in der Rauschzeit, ermöglichen. Folglich tangieren oder überlappen sich die Beläufe verschiedener Wildschweine oder Verbände. Das schließt nicht aus, daß Teile des Belaufes benachbart lebender Stücke zumindest zeitweilig voneinander abgegrenzt sind. MEYNHARDT (1978) beobachtete, daß in die Ruheeinstände ein-

dringende fremde Verbände von der ansässigen Mutterfamilie energisch vertrieben wurden. Auf ähnliche Beobachtungen von Erl (1980) wurde schon verwiesen. Aus diesem Grunde dürfen Teile des Belaufes als verteidigte Territorien angesehen werden. Demgegenüber können andere Teile des Lebensraumes, wie Feldschläge oder mastspendende Waldflächen, von mehreren Mutterfamilien gleichzeitig benutzt und folglich in den Belauf einbezogen werden. Zu Auseinandersetzungen kommt es erst dann, wenn eine gewisse Rottendistanz, die bei etwa 50 Metern zu liegen scheint, unterschritten wird.

Daß Keiler den größten Teil des Jahres die Beläufe der Mutterfamilien meiden und sich einzeln in von diesen möglichst abgesonderten Einständen aufhalten, ist seit langem bekannt. Es ist anzunehmen, wenn auch noch nicht belegt, daß sie ihre Ruheeinstände durch aggressives Verhalten von anderen Sauen freihalten. Keiler durchziehen jedoch ohne Zweifel die Lebensräume der Mutterfamilien, wenn auch, außerhalb der Rauschzeit, ohne längeren Aufenthalt. Während der Rauschzeit sind sie dort freilich ganz zu Hause, so daß man die Lebensräume der Mutterfamilien ohne Zweifel dem Belauf der Keiler zurechnen muß. Mit Sicherheit suchen Keiler bei entsprechender Gebietsstruktur die gleichen Fraßplätze wie Mutterfamilien auf, halten dabei aber eine möglichst weite Distanz und wählen bei zu lebhaftem Treiben lieber einen anderen Aufenthaltsort. Überläuferrotten und jüngere Keiler beginnen erst sich einen eigenen Belauf zu suchen. Das kann schon in Anlehnung an denjenigen ihrer ehemaligen Mutterfamilie geschehen, aber auch, besonders bei Keilern, über weite Strecken führen. Sie sind sozial allen ortsansässigen Stücken unterlegen und müssen zunächst versuchen, in wenig benutzten Teilen des Belaufes anderer Rotten unterzukommen. Gerade das Suchverhalten und Vagabundieren der Überläufer und junger Keiler hat zum Ruf der Unstetheit des Schwarzwildes beigetragen. Der Belauf des Schwarzwildes weist eine charakteristische innere Struktur auf. Den Kern bildet eine unterschiedlich große Zahl von Ruheeinständen, die je nach Witterung, Fraßangebot und Gefahrensituation bezogen werden. In ihnen befinden sich die Lager einzelner Stücke bzw. die Kessel der Rotten. Sie werden durch Losungsplätze und Malbäume komplettiert. Nach Möglichkeit haben Ruheeinstände Suhlen in leicht erreichbarer Nähe. Diese Einstände werden gegenüber fremden Wildschweinen verteidigt. Von den Ruheeinständen führen Wechsel zu den Fraßplätzen, die gegebenenfalls von Angehörigen mehrerer Verbände gemeinsam benutzt werden können.

Es liegen bereits telemetrisch ermittelte Strukturen des Belaufes von Wildschweinen vor (Mauget, 1979). Territorien werden üblicherweise von den Besitzern markiert. Bei den Sauen erfolgt das olfaktorisch-optisch durch Malbäume, des weiteren durch Losungsplätze und wahrscheinlich auch durch die Kessel selbst. Der an diesen Plätzen massierte Individual- oder Rottengeruch gibt die Inbesitznahme kund. Zu den Grenzen des Belaufes hin nimmt die Häufigkeit dieser Markierung ab oder unterbleibt ganz. Die Grenze des Belaufes wird offensichtlich nicht besonders gekennzeichnet.

Mit Hilfe der Waffen sind Keiler in der Lage, an den Malbäumen Zeichen ihrer Stärke zu hinterlassen. In der Rauschzeit hat ihr Speichelschaum zusätzliche Markierungswirkung. Suhlen und Wechsel werden häufig von mehreren Rotten benutzt. Ihre Bedeutung für die Revierabgrenzung scheint gering zu sein.

8.5.1.2. Innere Struktur

Die Nutzung der einzelnen Teile des Belaufes ist entsprechend den jahreszeitlichen Bedingungen unterschiedlich. Für die Nutzung der Fraßplätze lieferte Koslo (1975) auf der Grundlage von etwa 20000 Einzelbeobachtungen aus dem Gebiet Belowesh ein gutes Beispiel (Abb. 8/9). Der jahreszeitliche Aufenthalt der Sauen in 10 verschiedenen Biotopen, deren Kern hauptsächlich natürliche Waldgesellschaften bilden, war sehr different. In der Frühjahrs—Frühsommerperiode stand das Schwarzwild bevorzugt in Fichten-Eichen-Hainbu-

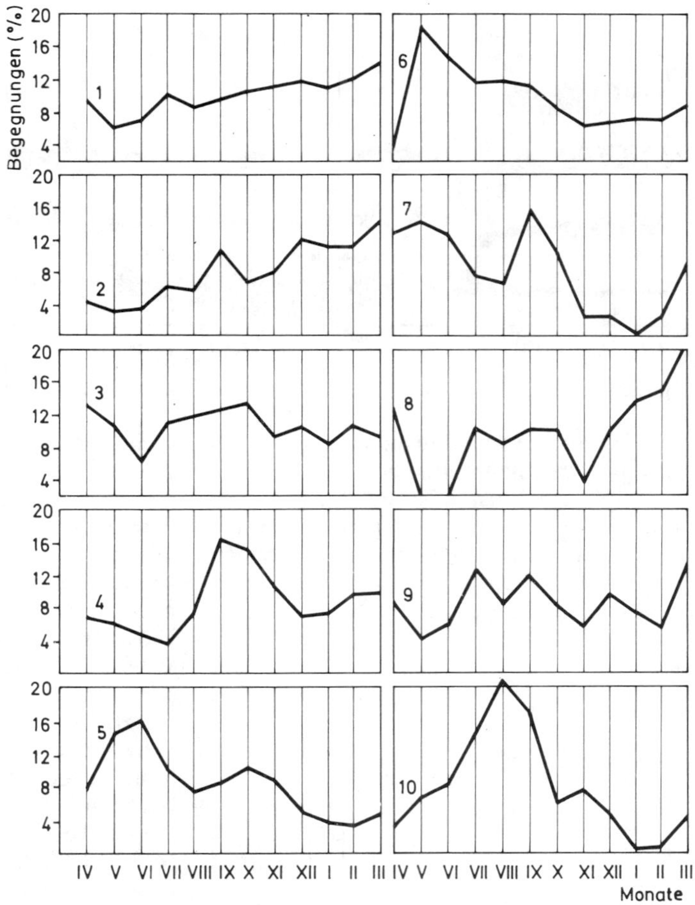

Abb. 8/9 Jahreszeitlich unterschiedlicher Aufenthalt des Schwarzwildes in Biotopen des Belowesher Urwaldes (nach KOSLO, 1975) (Erläuterungen im Text)

chen-Wäldern (5), Erlenbeständen (6) und in den Auen (7). Diese Bestände blieben auch während des Sommers beliebt, auch wenn nun zunehmend andere Fraßplätze Bedeutung erlangten, im besonderen die wenigen im Gebiet gelegenen Feldflächen (10). Im Herbst erfolgte ein Wechsel in die mit Eichen durchsetzten Nadelwälder (4), aber auch die Fichten-Eichen-Hainbuchen-Bestände und die Auen sowie die Waldränder waren beliebter Aufenthaltsort. Im Winter schließlich standen sie in Nadelmischwäldern (2), mit Eichen gemischten Nadelwäldern (4) und in Kiefernbeständen (1,8). Die im jahreszeitlichen Wechsel bevorzugten Fraßplätze des ussurischen Wildschweines charakterisiert BROMLEJ (1964) in einer schematischen Darstellung (Abb. 8/10). Auch für die nordamerikanischen Vorkommen wurde eine signifikante saisonale Bevorzugung bestimmter Biotope mehrfach nachgewiesen (z. B. KURZ und MARCHINTON, 1972; WOOD und BRENNEMANN, 1980). SINGER et al. (1981) ermittelten im Great Smoky Mountains Nationalpark, dessen Höhenlage von 266 bis 2025 m über NN reicht, ausgeprägte vertikale Einstandsveränderungen im Verlaufe des Jahres (Abb. 8/11). Die markierten Sauen verließen die Tallagen zwischen Mitte April und Mitte Mai und kehrten mit dem Einsetzen der Mast (Amerikanische Buche, Hickory und Eichen) wieder zurück, so daß sie sich ab September wieder in den Tälern steckten. Bei Ausbleiben der Mast wanderten aber nicht wenige zumindest vorübergehend in die beerkrautreichen höhergelegenen Biotope zurück. Auch in den mitteleu-

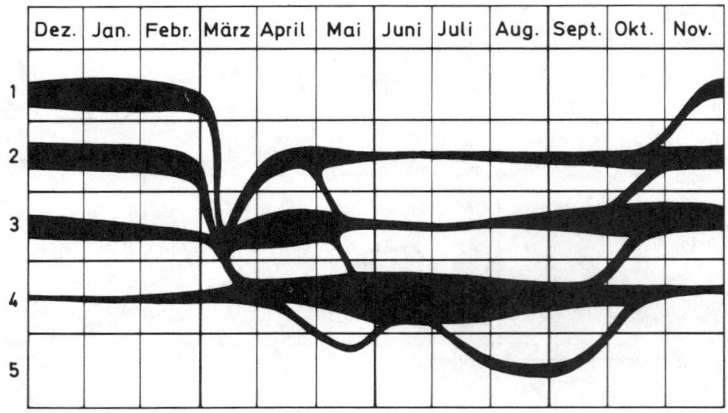

Abb. 8/10 Jahreszeitlicher Wechsel beliebter Fraßplätze im Priamurgebiet
(nach BROMLEJ, 1964)

1 – Schachtelhalmdickichte
2 – Zirbelkiefern-Laubwälder
3 – Eichen-Mischwälder
4 – Auewälder
5 – Landwirtschaftliche Flächen

ropäischen Schwarzwildgebieten spielt das Angebot der Baumart eine dominierende Rolle für die Einstandswahl des Schwarzwildes. Bei ausreichendem Ertrag kann die Baummast den Aufenthaltsort der Sauen

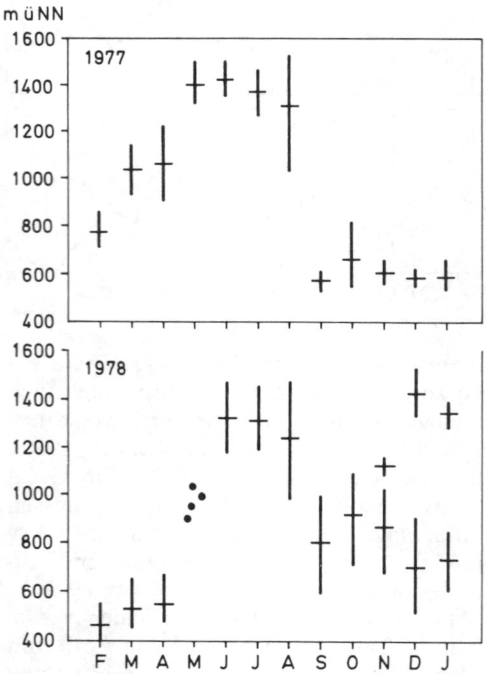

Abb. 8/11 Jahreszeitlich unterschiedliche Einstandswahl nach Höhenlagen von Wildschweinen im Great Smoky National Park (telemetrische Untersuchungen von SINGER et al, 1981, vereinfacht) 1977 : Buchenmast, 1978 : keine Mast
Mittelwerte und Standardabweichung

vom Herbst bis in den Frühsommer des folgenden Jahres bestimmen (vgl. Tab. 5/5). Mit abnehmender Mast in den Fehlmastjahren werden humose Nadelholzbestände mit reichlicher Bodenflora und -fauna besonders dann bevorzugt, wenn sie mit Laubholz gemischt sind. Vom Frühjahr bis zum Herbst sind Erlenbrücher, Auewälder und Wiesen beliebte Fraßplätze. Schließlich besitzen zu dieser Zeit landwirtschaftliche Nutzflächen als Fraßplätze für das Schwarzwild Mitteleuropas eine überaus hohe Bedeutung (s. Kapitel 5.).

Nicht in jedem Falle sind die Nahrung bietenden Teile des Belaufes gleichzeitig gute Ruheeinstände. Das erfordert einen tageszeitlichen Wechsel des Aufenthaltsortes, wie es SINGER et al. (1981) an einem Beispiel für den Monat Juli in ihrem Untersuchungsgebiet aufzeigen (Abb. 8/12). Dichte Hartholzbestände, die kühl und feucht sind, wurden als Ruheplatz in der heißen Tageszeit bevorzugt. In Buchenbeständen erfolgte hauptsächlich die Nahrungssuche. Die übrigen Gebiete wurden nur durchwechselt oder dienten zur Ruhe in kühlen Vormittagsstunden. Zu ähnlichen Ergebnissen kamen auch JANEAU und SPITZ (1984) in Südfrankreich.

In stark beunruhigten Lebensräumen werden die Tageseinstände vor allem durch das Sicherheitsbedürfnis bestimmt. Die Sauen steckten sich in geschlossenen Nadelholzdickungen, in Hecken und unter Dornenbüsche, in Röhrichten und auf Trockeninseln innerhalb von Schilfflächen oder Auewäldern. Ausgedehnte Getreideschläge, die ebenfalls vom Menschen selten betreten werden, im besonderen Maiskulturen, können über mehrere Sommermonate hinweg als Einstand dienen. Wichtigste Anforderungen an die Tageseinstände sind Unzugänglichkeit für Feinde, schnelle Feindwahrnehmung und gedeckte Fluchtmöglichkeiten. Bei aller Unterschiedlichkeit der Ruheeinstände sind diese Eigenschaften immer wieder feststellbar. So können die Sauen in dichten Dornenhecken unmittelbar neben belebten Verkehrswegen oder inmitten von Feldfluren stecken. Große Dikkungen im Rücken ermöglichen es dem Keiler, schon in der 3. oder 4. Reihe sein Lager zu bereiten, da er bei der kleinsten Gefahr leicht verschwinden kann. Mit zunehmender Lebenserfahrung werden echte Gefahren von unwesentlichen Störungen immer besser unterschieden, und der Keiler drückt sich bis zum letzten Moment, ehe er die Flucht ergreift.

In Mais- oder Roggenfeldern ist es nicht möglich, sich geräuschlos dem Kessel zu nähern, und wenige Fluchten genügen, um wieder in Sicherheit zu sein. GUNDLACH (1968) berichtete über den zeitweilig außerordentlich festen Schlaf von ihm beobachteter Wildparksauen. Können diese Beobachtungen verallgemeinert werden, ist die unbedingte Notwendigkeit sicherer Ruheeinstände erklärlich. Neben den Bedingungen der Sicherheit strebt das Schwarzwild aber auch danach, angenehm zu ruhen. Im Vordergrund steht dabei die Regelung der Temperatur. Es ist durchaus nicht so, daß die Kessel immer in den dunkelsten Einständen angelegt werden. SINGER et al. (1981) stellten in ihrem Untersuchungsgebiet fest, daß im Winter die südwestlichen Expositionen bevorzugt genutzt werden und sich die Sauen an kalten, klaren Tagen oft auf den sonnigen Hängen zur Ruhe begaben. Eine gute Schilderung unterschiedlicher Einstandswahl in Abhängigkeit von den Witterungsbedingungen gab MEYNHARDT (1978): „War es warm, so lagen sie in einer Kiefernschonung, die lichte Stellen hatte. Dort sonnten sie sich. Bei Regen waren sie 3 km weiter in einem dichten Kiefernbestand, der sie wie ein Dach vor Nässe schützte. Bei eisigem Ost- oder Nordwind suchten sie immer den Windschatten eines Kiefern bestandenen Hügels. Bei Schnee fand ich sie in einem fast undurchdringlichen Dickicht, welches Kiefernstangen und Birken und einen reichlichen Unterwuchs im Bestand hatte. Dort waren sie vor Wind und Schnee geschützt."

LEBEDEWA (1956) stellte fest, daß die weit überwiegende Zahl von ihr registrierter Schwarzwildkessel in Belowesh am Stamm alter Fichten mit dicht nach unten hängenden Zweigen angelegt war, die Schutz gegen Wind, Feuchtigkeit und Sicht boten. Mit weitem Abstand folgten an 2. Stelle Kessel in Fichtenverjüngungen. Allgemein wird im Winter und bei kühlem Wetter trockener Untergrund bevorzugt, während warme Witterung durchaus zum Kesselbau auf feuchtem Boden veranlassen kann.

Die Vorbereitung des Ruheplatzes erfolgt mit unterschiedlicher Intensität. Ein ausgeprägtes Kesselbauverhalten wurde beim

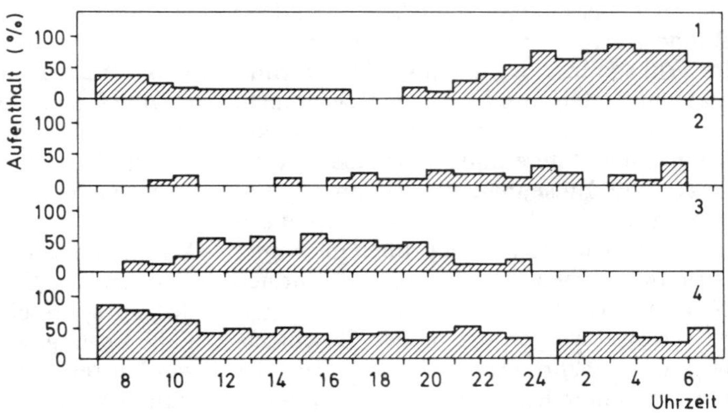

Abb. 8/12
Tageszeitlicher Wechsel der Aufenthaltsorte von 8 radiomarkierten Wildschweinen im Monat Juli, Great Smoky National Park (nach SINGER et al., 1981)
1 – Bestände mit Amerikanischer Buche,
2 – Sonstige Hartholzformationen
3 – Dickichte,
4 – Ahornbestände und andere Waldtypen

Schwarzwild im Primorjegebiet beobachtet (Bromlej, 1964): „Das Schwarzwild ruht selten direkt auf dem Boden, gewöhnlich bereiten sie sich zuvor einen Platz. Im Sommer beseitigen sie dazu mit dem Gebrech die Streu oder sammeln sie zu einem Haufen, auf den sie sich legen. In anderen Fällen lockern sie die Bodenschicht, die sie seitlich auseinanderscharren, und legen sich in die gebildete Vertiefung. In der warmen Jahreszeit werden die Liegestellen auf schattigen, kühlen Quellabschnitten angelegt, inmitten dichten Farnkrautes oder Riedgrases. Hier ruhen die Sauen auf einem gesäuberten Bodenabschnitt. ... Im Winter wählen sie zur Ruhe gut von der Sonne durchwärmte Hänge und Stellen aus, die wenig dem Nordwest- oder Westwind ausgesetzt sind. In diesen Fällen werden die Lager etwas tiefer eingerichtet, sie sind komplizierter, ihr Boden wird sorgfältig mit abgefallenem Laub und mit Zweigen der Nadelbäume ausgelegt. Befinden sich gute Fraßplätze in der Nähe, so verbessern sie allmählich ihre Lager, sie vertiefen diese, legen sie an den Rändern mit Blättern aus, mit Nadelholztrieben und auch mit dem Holz verfaulter Baumstümpfe. In der kalten Jahreszeit ruhen sie selten auf dem Schnee, sondern bereiten aus Streu, trockenem Gras und Nadelholztrieben eine Decke bis zu 3 cm Stärke."

Über den komplizierten Wurfkesselbau im Frühjahr wurde schon im Abschnitt 6.6.1. berichtet. Die Wurfkessel befinden sich durchaus nicht immer im Inneren der Dikkungen, sondern häufig in sonnigen aber windstillen Stangenhölzern. Wurfkessel finden sich aber auch in Schilfflächen und am Rande grasreicher, besonnter Blößen.

Im Frühsommer, wenn ein starkes Stechinsektenauftreten mit fortgeschrittenem Haarwechsel zusammenfällt, werden von Sauen allen Alters und Geschlechts große Gras- und Binsenhaufen zusammengetragen, in die sie, ähnlich wie in einen Wurfkessel, einschliefen. Keiler ruhen im Winter gern in weichen, trockenen und warmen Nestern der Roten Waldameise. Lager- bzw. Kessel werden von beiden Geschlechtern gern mehrfach wieder benutzt, wie auch umfangreiche französische Untersuchungen ergaben, die Dardaillon (1986) zusammenstellte. Bereits Kiessling (1925) wies darauf hin, daß der Keiler sein „mit Sorgfalt und Liebe" bereitetes Lager immer wieder aufsuchen würde, wenn ihm das möglich wäre. Er spricht dem Keiler eine Anhänglichkeit an seine Lager nicht ab, die er entsprechend den Erfordernissen benutzt. Auch Bromlej (1964) machte, wie schon zitiert, ähnliche Erfahrungen. Markierungsstudien bestätigen das Gesagte. Die von Mauget (1979) kontrollierten Bachen besaßen im allgemeinen über Monate hinweg nur einen einzigen Kessel, während ein Keiler ein Haupt- und mehrere Nebenlager hatte. Singer et al. (1981) beobachteten einen Keiler, der an mehreren Tagen hintereinander den gleichen Kessel benutzte. Ähnliches stellte Lebedewa (1956) durch Abfährten fest. Auch nach unseren Beobachtungen wird nicht täglich ein neuer Kessel gebaut. Allerdings kann die Anzahl derselben je nach Größe des Belaufes und dem Grad der Beunruhigung unterschiedlich sein. Solange sich jedoch die Mutterfamilie ungestört im gleichen Teile ihres Aktionsraumes aufhält und sich die Witterungsbedingungen nicht durchgreifend ändern, kann man sie immer wieder an der gleichen Stelle finden. Nach Janeau und Spitz (1984) kehrten die telemetrisch beobachteten Bachen häufiger (80 %) an die Ruhestelle des Vortages zurück als die Keiler. Somit ist festzustellen, daß auch für die Konstanz in der Wahl der Ruheplätze das Nahrungsangebot, die Witterung und die ruhige Lage bestimmend sind. Einstände, in die sich die Bachen zum Frischen begeben, werden meist traditionell gewählt. Die Bache ist bemüht, möglichst dort den Wurfkessel anzulegen, wo sie schon einmal erfolgreich einen Wurf zur Welt gebracht hat. Ihr schließen sich die übrigen hochbeschlagenen Stücken der Mutterfamilie an, die dann auch die Tradition übernehmen und weiterführen, bis der Einstand durch das Wachstum der Vegetation oder durch Störungen seine Eignung verliert. In der Nähe der Ruhekessel befinden sich in jedem Falle Losungsstellen und Malbäume. Beide werden regelmäßig nach einer ungestörten Ruheperiode benutzt.

Während an erstere keine besonderen Bedingungen gestellt werden, außer daß sie sich in der Nähe der Kessel und an den Wechseln befinden müssen, werden bei der Auswahl der Malbäume spezielle Ansprüche gestellt. Von der Ortslage im Belauf her geben Malbäume stets die Nähe von Kesseln oder Suhlen an. Es ist kaum möglich, sie ohne Verbindung zu diesen beiden Requisiten im Revier zu finden. Das Schwarzwild malt nur dann, wenn es sich völlig sicher fühlt, und alle Ruhe zu diesem ihm angenehmen Komfortverhalten hat (vgl. Abschnitt 3.7.3.).

Die Baumart scheint keine bedeutsame Rolle zu spielen. In erster Linie wird darauf geachtet, daß der Stamm in der erforderlichen Höhe astfrei ist und sich unter dem Gewicht des Stückes nicht durchbiegt. Malbäume besitzen im allgemeinen einen Brusthöhendurchmesser von mindestens 10 bis 25 cm. Stärkere Stämme haben meist eine vieljährige Tradition. Es scheint, daß harzende Nadelhölzer, wie Kiefer, Fichte und Douglasie, häufiger ausgewählt werden, doch können auch Lärchen, Eichen, Buchen und andere Baumarten als Malbäume dienen. In Feldgebieten müssen nicht selten Koppelpfähle diese Funktion übernehmen.

Infolge meist einseitiger Benutzung wird bei den Bäumen bald die Rinde durchgescheuert und das Holz blank poliert, so daß die typischen, schildähnlichen Male entstehen. Der Harzfluß wird durch Holzverletzungen mit dem Gebiß erhöht. Dem Absetzen solcher Kennmarken und dem Malen selbst kommen neben der Körperpflege sicher Markierungsfunktionen zu. MEYNHARDT (1978) behauptet, daß Malbäume von fremden Schwarzwild nicht angenommen werden.

Die Häufigkeit der Annahme und Benutzung von Suhlen ist gebietsabhängig. Während sie in feuchten Lebensräumen überall in der Nähe der Tageseinstände und gelegentlich auch unweit von Fraßplätzen angelegt werden können, werden in Trockengebieten spezielle Wanderungen dorthin unternommen. Die Suhle muß Schlamm oder Lehm enthalten; in Wasserlöchern badet das Schwarzwild nicht. Um unbeschwert und geräuschvoll suhlen zu können, ist eine geschützte Lage Voraussetzung. Besonders beliebt sind größere, quellige Feuchtkomplexe, in denen der gesamte anwechselnde Verband gleichzeitig suhlen kann (Abb. 8/13). Einen langen Aufenthalt in der Suhle gibt es gewöhnlich nicht (vgl. Abschnitt 3.6.3.4.). Dem Einschieben, Wälzen und kurzem Ruhen schließt sich oft ein genüßliches Malen an, und wenn die ranghöchste Bache den Suhlenplatz verläßt, folgen die übrigen Stücken.

Gelegentlich kann man auch in wassergefüllten Fahrrinnen von Feldwegen Spuren erfolgten Suhlens bemerken. Das ist meist ein Hinweis darauf, daß sich hier Sauen ganztags in Getreideschlägen steckten und nicht zu den im Walde befindlichen Suhlen wechseln wollten.

Das System der Wechsel durchzieht wie ein Netzwerk den Belauf. Grundsätzlich vollzieht sich die Fortbewegung des Schwarzwildes auf festen Wechseln, die alle Ruheplätze mit den Suhlen und Fraßstellen verbinden. In der Nähe von Fraßplätzen teilen und verbreitern sich die Wechsel, so daß sie sich scheinbar in deren Weite auflösen. Werden jedoch breit gefächert auf einer Fläche brechende Sauen beunruhigt, finden sie mit Sicherheit einen fortführenden Wechsel, ohne laut durch das Holz davonbrechen zu müssen.

Wechsel haben eine hohe Tradition und bestehen oft über Jahrzehnte hinweg. Sie sind so gelegt, daß sie möglichst weit durch Deckung führen, Reliefunebenheiten mühelos überwunden und Naßstellen so trocken wie möglich durchquert werden können. Sie führen daher meist längs von Bodenwellen und Gewässern, häufig durch Dickungen und wenig über Freiflächen. Wo Wege und Straßen überwunden werden müssen, geschieht es fast immer im nahezu rechten Winkel; man wird kaum feststellen, daß die Sauen, wie etwa das Rotwild, einen Weg als Wechsel benutzten.

Wechsel stellen gewissermaßen eine Optimierung zwischen kurzen und sicheren Wegen dar. Darauf beruht auch ihre Dauerhaftigkeit. Infolge ihrer häufigen Benutzung sind sie gewöhnlich gut ausgetreten, und das Unterholz ist tunnelartig beseitigt. So

Abb. 8/13 Suhle im Bruch (Foto: FREYMANN)

können die Sauen auf scheinbar rätselhafte Weise in dichtem Gebüsch völlig lautlos von dannen ziehen.
Die Wechsel sind olfaktorisch markiert und leiten das Stück auch bei Dunkelheit sicher durch das Gebiet. Jede fremde, einwechselnde Sau wird sich sofort im örtlichen Wechselsystem zurechtfinden und es benutzen. Werden gute Wechsel durch Zäune abgeschnitten oder durch neue Straßen, Autobahnen oder Schienenwege unterbrochen, versucht das Schwarzwild dennoch hartnäkkig, sie weiter zu benutzen. Beschädigte Zäune oder Verkehrsunfälle können die Folge sein.

8.5.1.3. Größe des Belaufes

Die bisherigen Darlegungen ließen bereits erkennen, daß die Größe des Belauf sehr stark von den Umweltgegebenheiten beeinflußt sein wird. In reich gegliederten Waldgebieten, die zu jeder Jahreszeit ausreichenden Fraß bieten, unternimmt das Schwarzwild keine weiten Wanderungen und ist ziemlich standorttreu. Ist die Beunruhigung hoch und liegen die Fraßplätze weit auseinander, sind größere Aktionsräume erforderlich. Nach jagdlicher Literatur und der allgemeinen Jägerauffassung soll das Schwarzwild im Laufe des Jahres eine Fläche durchwechseln, die über die übliche

Größe eines Forstreviers hinausgeht. Demgegenüber weisen die bisher vorliegenden, leider noch wenigen exakten Untersuchungen erstaunlich übereinstimmend auf verhältnismäßig kleine Beläufe hin. So hielten sich die von MAUGET (1979) im französischen Mittelwesten über etwa 2 Monate hinweg beobachteten 4 Bachen und 2 Frischlinge in einem Raume von je 120 bis 290 ha auf. Ein Keiler lebte im gleichen Zeitraum in einem etwa 700 ha großen Gebiet. Die Beläufe der Bachen überlappten sich teilweise, doch weniger im Bereich der Ruheeinstände als in den Fraß bietenden Teilen. Nahezu gleiche Flächen wurden in amerikanischen Untersuchungen ermittelt. Nach KURZ und MARCHINTON (1972) bewegten sich 5 Sauen in Beläufen von 120 bis 800, durchschnittlich 400 ha Größe. Der Aktionsraum war im Winter mit 350 bis 500 ha am größten und lag zu den übrigen Jahreszeiten bei wenig mehr als 100 ha.

SINGER et al. (1981) stellten für Keiler Aufenthaltsräume von im Mittel 350 ha und für Bachen von 310 ha fest. In Fehlmastjahren stieg die im Winter durchwechselte Fläche bis auf 1 100 ha an, während sie in Mastjahren sommers und winters gleich blieb. Aktive, dominante Keiler hatten größere Beläufe als geringe. Noch kleinere Flächen ermittelten WOOD und BRENNEMANN (1980) mit 226 ha bei Keilern und 181 ha bei Bachen.

Andererseits ermittelten JANEAU und SPITZ (1984) an 15 Sauen in Südfrankreich telemetrisch eine jährliche Lebensraumgröße bei Keilern von 12 bis 15 000 ha, bei Bachen von 4 bis 6 000 ha.

Die Form der Flächen richtete sich nach den jeweiligen örtlichen Gegebenheiten. Sie war im allgemeinen in Anpassung an Höhenrücken und Gewässer oval bis rundlich mit Achsen zwischen 4 und 1 km. Der gesamte Belauf wird nicht täglich durchquert. WOOD und BRENNEMANN (1980) stellten eine tägliche individuelle Fläche von 2 bis 60 ha, im Mittel von etwa 16 ha, fest. Nach SINGER et al. (1981) werden täglich nur bis zu 22 % des gesamten Aktionsraumes aufgesucht. Der Wechsel der Aufenthaltsorte scheint periodisch vor sich zu gehen, was BRÜTTS (1957) Beobachtung über das in mehrtägigen Abständen erfolgende Auftauchen der Sauen auf Feldflächen erklären könnte. Im Zeitraum des Frischens der Bache geht ihr Aufenthaltsraum außerordentlich stark zurück, sie hält sich dann auf einer Fläche von nur wenigen Hektar auf. Auch LEBEDEWA (1956) konnte in Belowesh durch Ausgehen von 9 Tagesfährten feststellen, daß die individuelle tägliche Fläche im Winter nicht über 130 ha zu liegen scheint und bei den Bachen am geringsten ist. Im Laufe von 24 Stunden wurden nicht mehr als 5 bis 6 km zurückgelegt, und mehrfach kehrten die Stücke im Kreisbogen in die Nähe des Ausgangsortes zurück.

JANEAU und SPITZ (1984) stellten an den von ihnen beobachteten Sauen fest, daß sie täglich ein Gebiet durchwandern, das im Winter mit etwa 75 ha am größten, im Herbst mit 60 ha am kleinsten ist. Die täglich zurückgelegte Wegstrecke bewegte sich dementsprechend zwischen 8 und 6 km.

Freilich gibt es auch Angaben über eine höhere Bewegungsaktivität. So verweist LEBEDEWA auf Angaben aus dem asiatischen Arealteil, nach denen täglich 10 bis 12 km zurückgelegt werden sollen. Auch WOOD und BRENNEMANN (1980) führen verschiedene Mitteilungen aus den USA und vom Malayischen Archipel an, die auf tägliche Entfernungen von mehr als 10 km hinweisen. Es ist jedoch kaum richtig einzuschätzen, inwieweit es sich bei diesen Angaben um große Aktionsräume, Migrationen oder um stark beunruhigte Stücke handelte.

Aus Rückmeldungen erlegter markierter Sauen kann annähernd auf die Größe des Belaufes geschlossen werden. In der DDR kamen Frischlinge beiderlei Geschlechts überwiegend im Umkreis von 2 km vom Zeichnungsort zur Strecke (CH. STUBBE, 1987). Bei männlichen Überläufern betrug die durchschnittliche Rückmeldeentfernung 8 km; doch wurden auch von ihnen 50 % im Umkreis von nur 2,5 km vom Markierungsort zur Strecke gebracht. Weibliche Überläufer wanderten im Mittel nur 2 km ab. Bei ab zweijährigen männlichen Stükken betrug die mittlere Rückmeldeentfernung nahe 9 km, bei Bachen etwa 3 km.

Die größten Ortsveränderungen unternahmen jedoch neben Überläufern hauptsäch-

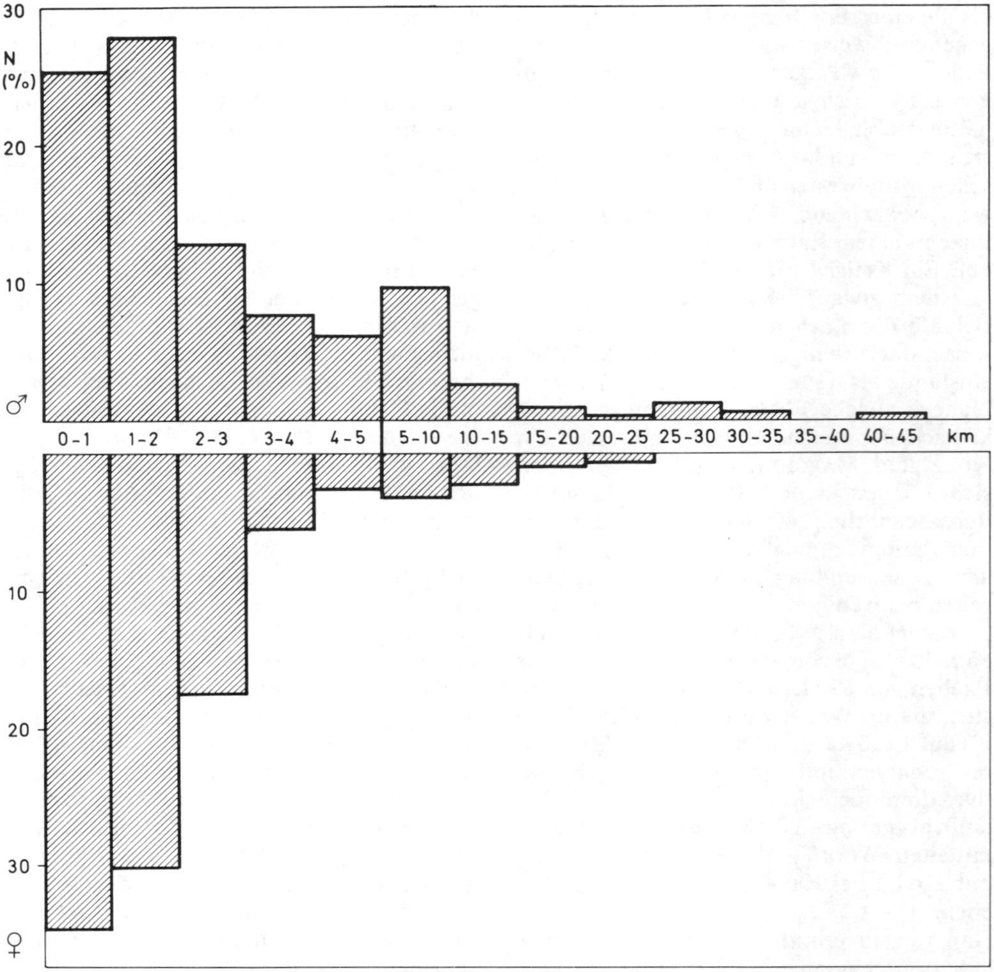

Abb. 8/14 Rückmeldeentfernung markierten Schwarzwildes vom Zeichnungsort
(nach C. STUBBE, 1981)

lich junge Keiler. Ältere Stücke zeigten sich bei beiden Geschlechtern ziemlich standorttreu.

Auch in Frankreich gelangte man zu ähnlichen Ergebnissen. Nach KLEIN (1981) erlegte man 90% markierter Sauen unter 10 km vom Markierungsort; nach SPITZ et al (1984) wurden Entfernungen von 15 km nicht überschritten.

Faßt man die bisher vorliegenden, auf diesem Gebiet sicher noch spärlichen Forschungsergebnisse zusammen, so ergibt sich, daß Wildschweine in aller Regel einen bestimmten Lebensraum bewohnen, dessen Größe eine Fläche von etwa 500 ha selten überschreitet, aber auch bedeutend kleiner sein kann. Er ist bei Keilern größer als bei Bachen, und es ist noch unklar, welche Einstandsänderungen Keiler zur Rauschzeit normalerweise vornehmen. Bachen reduzieren ihren Aufenthaltsort während und kurz nach der Frischzeit auf wenige Hektar. Im Laufe von 24 Stunden werden gewöhnlich nicht mehr als etwa 5 km zurückgelegt. Der Belauf wird nicht gleichzeitig auf ganzer Fläche genutzt, sondern in Abhängigkeit von Fraß und Witterung in wechselnder Reihenfolge. Der Aufenthalt im Laufe eines

Tages erstreckt sich selten auf mehr als 100 ha. Dadurch können sich auch die Aktionsräume mehrerer Stücke ohne weiteres überlappen, was besonders bei zunehmender Wilddichte von Bedeutung sein dürfte. Saisonale Einstandsveränderungen sind vor allem in bergigen Gegenden die Regel; sie erfolgen auch in Abhängigkeit von der Baummast und der Reife von Feldfrüchten. Die oft erwähnte Unstetheit des Schwarzwildes ist in erster Linie eine Folge übermäßiger Beunruhigung, zum anderen seines raschen Reagierens auf Änderungen in der Witterung und im Nahrungsangebot, die zwischen der Annahme verschiedener Wechsel und der Nutzung unterschiedlicher Partien des Belaufes rasch variieren lassen.

8.5.2. Wanderungen

Die bisher beschriebene Standorttreue des Schwarzwildes kann als Regel für den Kern der Wildschweinpopulationen in Mitteleuropa, und wahrscheinlich auch in anderen Arealteilen, gelten. Diese Regel schließt ein, daß ein Teil der Population in der Lebensphase zwischen dem Selbständig- und dem Seßhaftwerden mehr oder weniger ausgedehnte Wanderungen, temporäre Translokationen (SCHWERDTFEGER, 1968) vornimmt. Es sind vor allem Überläuferkeiler, aber auch Überläuferrotten, die ihren bisherigen Lebensraum verlassen und so lange umhervagabundieren, bis sie irgendwo einen geeigneten Einstand finden, den sie behaupten können. Auch 2- bis 3jährige Stücke können noch nicht seßhaft geworden sein. Da diese Altersgruppen mehr als die halbe Kopfzahl der Population umfassen, sind nicht wenige Sauen in Bewegung, emigrieren aus einer Population und immigrieren in eine andere oder erschließen bisher noch unbesiedelte Lebensräume. Ihr Anteil steigt absolut, aber auch relativ mit wachsender Wilddichte infolge der geringen Zahl noch verfügbarer Einstände und ständigen Abschlagens durch die dominanten Inhaber fester Beläufe. Die Migration wird auch in nahrungsarmen Lebensräumen, die größere Aktionsräume erfordern, höher als in gut ausgestatteten sein.

ANDRZEJEWSKI und JEZIERSKI (1978) untersuchten bei Warschau offensichtlich eine Population mit hoher Migrationsrate, denn sie kalkulierten aus ihren Beobachtungen markierter und unmarkierter Stücke, daß die Zahl das Gebiet passierender Sauen etwa ebenso sein müsse wie die Anzahl der seßhaften Populationsglieder. Freilich wurden von den als Frischling markierten Sauen nur 5 außerhalb des Beobachtungsgebietes zur Strecke gebracht und zurückgemeldet. Davon hatte 1 Stück die hier etwa 700 m breite Weichsel durchronnen und wurde in einer Entfernung von 90 km Luftlinie erlegt. 2 weitere Sauen waren etwa 170 km, 1 Stück sogar mehr als 250 km abgewandert. Diese Ergebnisse lassen darauf schließen, daß die Mehrzahl des Jungwildes doch in der Nähe des Geburtsortes herumzigeunert und nur wenige Stücke echte Abwanderungen unternehmen. Eine fast gleiche Höhe haben die bisher von C. STUBBE (in BRIEDERMANN, 1980) festgestellten Abwanderungen. Weniger als 2% der erlegten markierten Stücke stammten aus Entfernungen von mehr als 50 km, davon 3 aus einer Luftliniendistanz von 50 bis 100 km, 5 Stücke waren über 100 km weit gewandert, darunter eine ganze Überläuferrotte. Translokationen dieser Art, die auch bei anderem Schalenwild vorkommen, haben eine hohe biologische Bedeutung, denn sie dienen der genetischen Durchmischung der Bestände. Eine hohe Anziehungskraft auf junges, bewegungsaktives Wild haben bisher unbesiedelte, aber geeignete Lebensräume.

Überzeugender Ausdruck dafür ist die im Abschnitt 2.2.2. geschilderte Rückgewinnung des nördlichen Arealteiles vor allem auf dem Territorium der UdSSR, bei der die Nordgrenze teilweise im Verlaufe eines Jahres um annähernd 100 km hinausgeschoben wurde. Die geradezu rasante Invasionsgeschwindigkeit konnte auch in der DDR festgestellt werden, in der nach dem 1970 erfolgenden Übergang zur Schwarzwildbewirtschaftung auf gesetzlicher Grundlage im Zeitraum von etwa 5 Jahren fast alle bisher schwarzwildfreien südlichen Räume wiederbesiedelt wurden. Es ist jedoch zu betonen, daß diese Arealerweiterungen nicht

durch Massenabwanderungen ganzer Populationen erfolgten, sondern auf Einstand suchendes Jungwild zurückzuführen sind.
Periodische Translokationen ganzer Populationen scheinen beim Eintreten besonders ungünstiger Lebensbedingungen möglich zu sein. KOSLO (1975) faßte Beobachtungen aus dem Belowesher Urwald zusammen, die aufzeigen, daß in durch Nahrungsangebot und Witterung katastrophalen Jahren nahezu die gesamte Population den Wald verließ und sich in den angrenzenden Feldgebieten einstellte (Abb. 8/15). Die zurückgebliebenen Individuen verendeten oder magerten bis zu Skeletten ab. In solchen

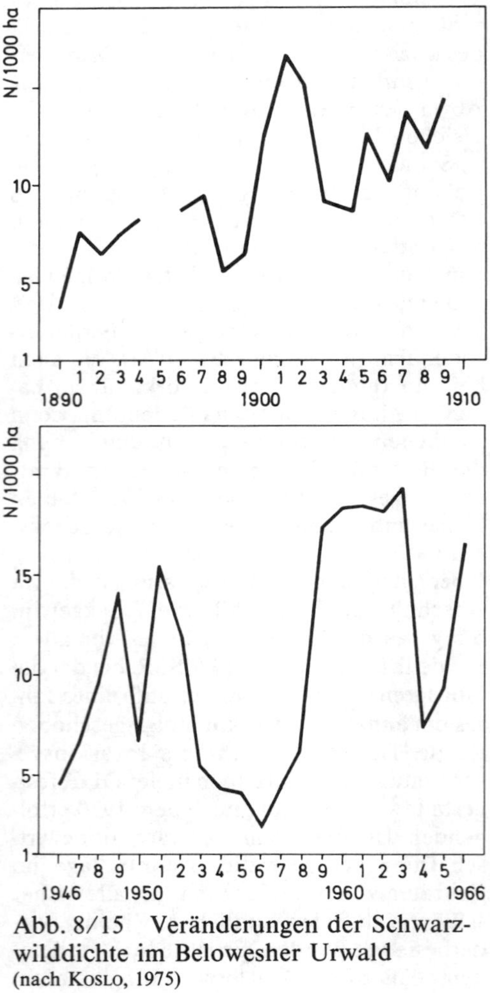

Abb. 8/15 Veränderungen der Schwarzwilddichte im Belowesher Urwald
(nach KOSLO, 1975)

Fällen werden scheinbar auch seßhafte Stücke veranlaßt, ihren nun ungeeignet gewordenen Belauf zu verlassen und neue Existenzmöglichkeiten zu suchen. Hier scheinen auch die Gründe für die von BROMLEJ (1964) und HEPTNER et al. (1966) aus dem asiatischen Arealteil gemeldeten gelegentlichen Massenwanderungen von Wildschweinen zu liegen. Infolge einer Mißernte von Zirbelnüssen und Eicheln können im Primorjegebiet Massenemigrationen über Hunderte von Kilometern festgestellt werden. Auch im Raume zwischen dem Syr-Darja und dem Amu-Darja kommt es bei starkem Durchfrieren der Schlammböden zu Massenwanderungen. Die über weite Strecken ähnlichen Biotope nötigen zu weiten Wanderungen und führen zu Zusammenrottungen großer Tierverbände von bis zu 100 Sauen. Auch Epidemien sollen zu Wanderungen führen können.
In Gebirgsgegenden führen die Witterungsbedingungen und jahreszeitlichen Veränderungen des Nahrungsangebotes zu den schon erwähnten periodischen Ortsveränderungen, die jedoch weniger den Charakter von Migrationen als den von saisonaler Veränderung des jeweiligen Belaufes haben. Wanderungen sind somit einerseits normale Erscheinungen innerhalb jeder Population, die der Gendrift und der Prüfung möglicher Expansion der Art dienen, andererseits sind sie Ausweichbestrebungen gegenüber untragbar gewordenen Lebensbedingungen.

8.6. Populationsdichte

Die Populationen des Schwarzwildes haben, wie aufgezeigt wurde, eine nach Geschlecht und Alter spezifische innere Struktur. Sie leben in einem bestimmten Raum, den sie tages- und jahreszeitlich unterschiedlich nutzen. Als gesellig, gregär, lebende Wildart hat das Wildschwein eine besondere Neigung dazu, seine Individuenzahl ständig zu erhöhen und große Verbände zu bilden. Das ist durch seine hohe Fortpflanzungsleistung möglich. Soweit wir heute wissen, gibt es kaum in der Population selbst liegende Regelmechanismen, die ihr Anwachsen wesentlich behindern, solange das nicht durch Umwelteinflüsse induziert wird. Die Familienverbände können, wie MEYNHARDT (1978) zeigte, ohne Komplikationen zu beachtlichen Individuenzahlen anwachsen und zum anderen die von ihnen territorial beanspruchten Einstände auf ein Minimum verringern. Auch Keiler sind, wenn auch in eingeschränkterem Maße, in ihren Raumansprüchen tolerant. Ernsthafte Rivalenkämpfe sind beim Schwarzwild nicht bekannt, sondern die Einhaltung einer gewissen Rottendistanz und die durch Imponierverhaltensweisen gefestigte Rangordnungsregelung der Keiler ermöglicht im allgemeinen ein friedliches Nebeneinanderleben auf dem Hauptteil der zur Verfügung stehenden Fläche. Reicht der Nahrungsvorrat, finden auch Überläufer zwischen den Beläufen des älteren Wildes noch genügend Raum. In Gatterrevieren, aus denen keine Emigration möglich ist, lassen sich ohne weiteres Bestände von 10 und mehr Stücken auf 100 ha Waldfläche im Frühjahrsbestand halten, ohne daß die Fortpflanzungsleistung sinkt und eine erkennbare Schwächung des Körperzustandes bemerkbar wird (z. B. UEKKERMANN, 1972).

Die abundanzerhöhende große Vermehrungskraft benötigt das Schwarzwild infolge seiner ebenso hohen Abhängigkeit von Umweltfaktoren, deren Ausmaß in den mitteleuropäischen Schwarzwildgebieten kaum richtig erkannt wird. In natürlichen Biotopen lösen sich Mißernten der wichtigsten Nahrungskomponenten mit guten Jahren zyklisch ab. Bei Veränderung des Nahrungsangebotes ermöglicht die omnivore Lebensweise eine rasche Umstellung, weshalb drastische Populationsrückgänge aus primärem Nahrungsmangel relativ selten sind. Von größerem Einfluß sind harte, lange Winter, vor allem dann, wenn sie die Erdmast unerreichbar machen. Treffen jedoch Mißernten und strenge Winter zusammen, verursachen sie katastrophale Populationsstürze (CABON, 1959; BROMLEJ, 1964; KOSLO, 1970, 1975).

Die Zunahme der Populationen hat eine Konzentration des Großraubwildes zur Folge, dessen Hauptnahrung Wildschweine bilden können. Strenge Winter erleichtern diesem den Zugriff. So beobachtete FLORSTEDT (zit. bei KIESSLING, 1925), daß in einem harten Karpatenwinter eine Konzentration von annähernd 100 Sauen aller Altersklassen bis zum Frühjahr von Wölfen völlig vernichtet wurde. Sehr große Bedeutung haben bei zunehmender Bevölkerungsdichte immer wieder einbrechende Seuchenzüge, welche die Population bis auf wenige Überlebende auslöschen.

Durch die große Reproduktionspotenz können derartige Katastrophen in wenigen Jahren wieder ausgeglichen werden. Freigewordene Räume werden von den immer auf Einstandssuche befindlichen juvenilen und zum Teil auch subadulten Stücken rasch ausfindig gemacht und besetzt. Eine gute Beschreibung dieses Massenwechsels gab BROMLEJ (1964) anhand von Beobachtungen in einem Naturschutzgebiet des Fernen Ostens der UdSSR von 156000 ha Größe aus den Jahren 1942 bis 1947 (Tab. 8/8). KUTSCHERENKO (zit. bei IWANOWA und OWSJUKOWA, 1976) stellte fest, daß sich die Schwarzwildbestände des Fernen Ostens in 43 Jahren (von 1930 bis 1972) 16 Male stark veränderten. KOSLO (1975) stellte den Verlauf von Abundanzänderungen im Gebiet Belowesh dar. Bereits in den vorangegangenen Kapiteln wurden die zu diesen beachtenswerten Populationsschwankungen führenden Ursachen (Eichelmast, harte Winter, Epidemien, Wolfsbekämpfung, Fütterungsmaßnahmen) an geeigneter Stelle erläutert. Verwiesen sei hier auch noch einmal auf die Veränderung der Populationsdichte im von ANDRZEJEWSKI und JEZIERSKI (1978) in Polen studierten Gebiet. Die Zahl der Beispiele könnte vermehrt werden. Aus ihnen resultiert, daß Schwarzwildpopulationen unter dem Einfluß unterschiedlicher Ursachen natürlicherweise in hohem Ausmaß und in kurzen Zeiträumen schwanken. Das erfolgt nicht streng zyklisch, sondern wird von der jeweiligen Kombination der Umweltbedingungen veranlaßt, vollzieht sich jedoch im Zeitraum weniger Jahre. Die Population reagiert durch Zuwachs und Sterblichkeit, Ein- und Abwanderung sowie Umbau ihrer Struktur. Diese natürliche Variabilität bedeutet schlechthin, daß eine optimale (biotisch tragbare) Wilddichte, bei

Tabelle 8/8 *Einfluß der Baummast, der Schweinepest und strenger Winter auf den Schwarzwildbestand im Sudsuche-Naturschutzgebiet (nach* BROMLEJ, *1964)*

Jahr	Baummast in Punkten[+]		Seuchensituation und Härte des Winters	Stückzahl des Schwarzwildes (Dezember)
	Zirbelkiefer	Eichen		
1942	5	5	Schweinepest 1940/1941 und strenger Winter	einzelne
1943	5	3	—	675
1944	0	1	—	2250
1945	2	2	—	83
1946	1	2	—	450
1947	3	0	strenger Winter	97

[+] Gleitende Punkteskala zwischen 0 (Fehlmast) und 5 (Vollmast)

der der Wildbestand am besten gedeiht, bestenfalls für ein bestimmtes Jahr gilt. Es ist HENNIG (1962) zuzustimmen, wenn er sagt, daß sich eine feste Zahl für die optimale Wilddichte nicht nennen läßt, ebenso für die biologisch mögliche Höchstgrenze. Beide Werte sind stark von den jeweiligen Revierverhältnissen abhängig. Notwendig ist es dagegen, wie BUBENIK (1962/63) aufwies, über den Spielraum der optimalen Wilddichte etwas zu erfahren. Es steht fest, daß das Schwarzwild einer bestimmten Mindestwilddichte bedarf, um in den arttypischen Sozialstrukturen leben und seinen Kommunikationsbedürfnissen nachkommen zu können. Wird diese Dichte unterschritten, scheiden in zunehmendem Maße größere Teile des Lebensraumes von der Besiedlung aus, und es erfolgt eine örtliche Konzentration in besonders geeigneten Einständen, die den Bedürfnissen der Vergesellschaftung näher kommt. Das muß Beachtung finden, wenn aus ursprünglichen Arealteilen Wilddichten von 1 oder 2 Stükken auf 1000 ha gemeldet werden. Diese Angaben sind Durchschnittswerte aus riesigen Flächen, die nur zum Teil, dann aber wesentlich massierter, Wildschweine tragen. Dennoch kann die Mindestwilddichte in großen, zusammenhängenden Massiven, die das Schwarzwild ungehindert durchwechselt, geringer sein als in den parzellierten, durch Menschenhand teilweise isolierten Vorkommen in der Kulturlandschaft. Es ist nach den bisher vorliegenden wenigen Analysen zu vermuten, daß Schwarzwildpopulationen erst dann entstehen, wenn die geeigneten Lebensräume mindestens 5 Stück auf 1000 ha tragen; geringere Dichten können lediglich noch desorganisierte Vorstufen dazu sein.

Die Obergrenze der Wilddichte in den sowjetischen Schwarzwildgebieten scheint, ebenfalls großräumig gesehen, bei etwa 2 Stück auf 100 ha Wald zu liegen (vgl. IWANOWA und OWSJUKOWA, 1976; KOSLO, 1975 u. a.). Kleinflächig und kurzzeitig kann sie allerdings das Mehrfache dieses Wertes erreichen, wie beispielsweise bei reicher Zirbelnußmast im Fernen Osten oder im Wolga-Delta festgestellt. HEPTNER et al. (1966) führen mehrere Beobachtungen von Konzentrationen an, die bis zu 60 Stück auf 100 ha unter besonders günstigen Bedingungen betrafen. Doch ist offensichtlich, daß derartige Massierungen nicht lange Zeit bestehen. Sie werden entweder durch Populationsstürze aufgelöst, oder bewirkt die durch veränderte Lebensbedingungen, vor allem Nahrungsmangel, entstehende innerpopulare Situation eine verstärkte Abwanderung vor allem der jüngeren Populationsglieder, und das Ausbleiben bisheriger Einwanderungen.

Nicht alle Umwelteinflüsse wirken so unmittelbar, sogar abrupt, wie harte Winter, Epidemien oder Mißernten. Andere können auch nahezu unmerklich die Kondition der Population verringern und dadurch den Boden für das Wirken der großen Regulatoren vorbereiten. Es wurde in der DDR festgestellt (BRIEDERMANN, 1980), daß parallel zur Verdopplung der Wilddichte die Körperstärke einiger Populationen signifikant zurückging. Gleichlaufend trat ein zunehmender Entoparasitenbefall auf (TSCHERNER et al., 1984), der durch dauernde Reinfektionen an Fraß- und Ruheplätzen entstand und vor allem jüngere Individuen schwächte. Unter ungünstigen Ernährungsbedingungen aufwachsende Sauen blieben geringer. Bei dennoch zunächst annähernd gleicher Fortpflanzungsleistung gerät die Population in immer stärkerem Maße in eine schlechte körperliche Verfassung. Unzeitgemäßes Frischen wird häufiger festgestellt, die Frühsterblichkeit nimmt zu. Die Population gelangt allmählich in einen Zustand, der sie für einen Populationssturz prädestiniert.

Es gibt Vermutungen und auch Hinweise dahingehend, daß in solche Situation geratende Schwarzwildpopulationen in gewissem Maße Mechanismen der Selbstregulation entwickeln können. KOSLO (1975) ermittelte bei seiner Analyse der Belowesher Schwarzwildpopulation Veränderungen in der Altersstruktur, Sinken der Reproduktionskennziffern, Geltbleiben von Bachen und erhöhte Mortalität des Jungwildes. Zu ähnlichen Beobachtungen kamen auch ANDRZEJEWSKI und JEZIERSKI (1978), deren kontrollierte Population trotz konstanter Ernährung plötzlich zurückging. Hohe Abwanderungsquoten traten auf.

Diesen populationsdynamisch hochinteressanten Hinweisen sollte unbedingt nachgegangen werden. Für mitteleuropäische Schwarzwildgebiete ist es dagegen eine feststehende Tatsache, daß über viele Jahre hinweg Bestände mit hoher Populationsdichte gehalten werden können, die sich auch bei geringer Körperverfassung und großer Parasitenbürde stark reproduzieren, sofern durch Feldfrüchte, Waldmast und Beifütterung ausreichende Ernährungsbedingungen gegeben sind und eine starke jagdliche Entnahme vor allem des Jungwildes immer wieder zu neuem Populationswachstum anreizt. Es ist jedoch wohl keine Frage, daß in der Fixierung solcher Populationen, deren Produktivität und Leistungsfähigkeit gering und deren Gesundheitsstatus labil ist, nicht das Ziel einer modernen Schwarzwildbewirtschaftung bestehen kann.

II. Bewirtschaftung und Jagd

9. Grundlagen der Bewirtschaftung

9.1. Jagdliche Bedeutung des Schwarzwildes

9.1.1. Historische Entwicklung

Seit seiner Wiedereinwanderung in der Nacheiszeit in Mitteleuropa war das Wildschwein für den Menschen in unterschiedlicher Hinsicht von hoher Bedeutung. Es bildete eines der wichtigsten Jagdobjekte für die zunächst hier heimische Sammler- und Jägerbevölkerung. RAHM (1980) weist darauf hin, daß 40 bis 50% der Höhlenfunde aus dem Mesolithikum (etwa 7 bis 5 000 v. u. Z.) von Wildschweinen, vorwiegend Jungtieren, stammten. In Höhlenzeichnungen, die dem Jagdzauber dienten, wurde es dargestellt (Abb. 9/1).

In den sich anschließenden Jahrtausenden des Neolithikums wurde es örtlich sogar neben dem Rotwild zum wichtigsten Fleischlieferanten. Die Jagd erfolgte wohl vorwiegend durch das Treiben des Wildes in Fallgruben, aber auch mit Pfeil und Bogen. Mit der zunehmenden Ausbreitung und Effektivität von Ackerbau und Viehzucht ging der Anteil des Wildes an der Fleischnahrung allmählich zurück. Dennoch blieb das Wildschwein neben dem Rotwild als Jagdbeute besonders begehrt (TEICHERT und GRÜNERT, 1976). An der altslawischen Burg Zehren bei Meißen betrug der Anteil des Wildschweines an den Beuteresten annähernd 60% (HERRMANN, 1974). Die damals bevorzugten Siedlungsräume – Lößgebiete mit lückiger mastbringender Bewaldung, Hanglagen an den Flußtälern und Seeufern – entsprachen beliebten Aufenthaltsorten des Wildschweines.

Von nicht geringer Bedeutung war sicher seit Beginn des Ackerbaus auch die Notwendigkeit, die Getreidefelder vor Wildschaden zu bewahren. Neben bereits seit der Eisenzeit nachweisbaren Bemühungen, Felder einzuzäunen, mußte die Sicherung des Ernteertrages durch jagdliche Wildabwehr intensiv betrieben werden. Den wohl ersten Wildschadenbericht verdanken wir dem im 1. Jahrhundert lebenden römischen Dichter Ovid bei seiner Schilderung des anatolischen Ebers: „Bald im Kraute zerstampft er das jugendlich grünende Saatfeld/ Bald die reifenden Ähren, die Hoffnung des emsigen Landmanns,/ weidet er gierig ab und zerstört die künftige Ernte.

Abb. 9/1 Jagdzauber der Steinzeit. Höhlenzeichnung aus Nordspanien, etwa 8 000 Jahre alt

Siehe, die Tenne wartet umsonst und umsonst der verheißenen Ernte der Speicher. Rebengerank sinkt nieder, umhängt von lastenden Trauben, nieder die Beeren an den Ästen des immer sprossenden Ölbaums."
Zu den wirtschaftlichen Funktionen aber trat sicher das Kräftemessen mit dieser wehrhaften Wildart: hervorragend geeignet zur Entwicklung körperlicher Gewandheit und Waffentechnik, die in diesen von ständigen kämpferischen Auseinandersetzungen erfüllten Jahrtausenden von erstrangiger Bedeutung für die Existenz der Siedlungsgemeinschaften waren. Daher fehlt der Kampf mit dem Keiler auch nicht in den Sagen und Darstellungen der Völker des Altertums. Der griechische Held ODYSSEUS wurde von einem Keiler am Oberschenkel geschlagen. MELEAGER erlegte den Kalydonischen und HERAKLES den Erymanthischen Eber. Diese dramatischen Jagdschilderungen gaben Vorlagen für zahlreiche Skulpturen, Fresken und Mosaikdarstellungen im klassischen Griechenland und Rom bis zur klassizistischen Kunst Europas (HOBUSCH, 1978) (Abb. 9/2). In der germanischen Sage (jüngere Edda) jagten und erlegten die Recken täglich den Keiler Sährimnier, der am nächsten Morgen zu neuer Jagd wiederauferstanden war.
Um die bedeutende Rolle, die der Erlegung eines Keilers im damaligen Volksmythos zukam, heute noch richtig verstehen zu können, muß man sich vergegenwärtigen, daß es darum ging, Keilern mit einer Lebendmasse von 300 und mehr kg mit Spieß und Schwert entgegenzutreten, die im Bewußtsein ihrer Kraft weder Mensch noch Hunde fürchteten, und, gereizt, zum grimmigen, hartnäckigen Angriff übergingen. So nimmt es nicht wunder, daß ihre Stärke, um die Leistung der Helden zu betonen, noch sagenhaft überhöht wurde. OVID beschrieb den Kalydonischen Eber mit folgenden Versen: „Feuer und Glut entfunkeln dem Blick; rauh starret der Nacken;/ Aufrecht stehn wie ein Wall, wie ragende Spieße, die Borsten, Siedend mit heißem Zischen herab um die Räume des Buges/ Strömt der Schaum, es drohen wie indische Zähne die Hauer./ Blitz ist der Odem des Rachens, es entbrennt das Laub von dem Anhauch."

Abb. 9/2 Wildschweinjagd, Römisches Mosaik, Chiusi, Museio etrusco 1978

Als ein Dokument ältester deutscher Dichtung findet sich in NOTKER's Rhetorik (um 1000) folgender Reim:
„Der Eber geht auf der Leite (Berglehne),
er trägt den Speer in der Seite.
Seine große Kraft läßt ihn nicht fallen.
Ihm sind Füße groß wie ein Fuder,
ihm sind Borsten hoch wie ein Forst
und seine Zähne (sind) zwölf Ellen lang."
Neben der Wehrhaftigkeit war die große Fruchtbarkeit des Wildschweines für seine mythologische Rolle ausschlaggebend. Es war Begleittier der indischen, griechischen, römischen, keltischen und germanischen Fruchtbarkeitsgötter, denen es geopfert wurde. Die Wurzeln dafür reichen, wie aufgefundene Kultfiguren belegen, bis weit in die vor- und urgeschichtliche Zeit zurück. Das unterstreicht noch einmal die Bedeutung des regelmäßig und reichlich schmackhafte, leicht zu erlegende Frischlinge erzeugenden Wildschweines für den Lebensunterhalt. Die Rolle des Schwarzwildes für den Menschen wäre sicher unterbewertet, wenn die Domestikation des Wildschweines außer Betracht bliebe. Etwa seit dem 3. Jahrtausend v. u. Z. ist das sozial lebende, leicht auf den Menschen zu prägende, allesfressende und raschwüchsige Wildschwein auch in Mitteleuropa in den Haustierbestand übergegangen. Bis in das

Mittelalter blieb es der Stammform im Aussehen fast gleich, mit der es durch Abfang von Frischlingen oder durch Bedeckung im Weidetrieb gehaltener Mutterschweine auch in genetischem Kontakt blieb. Seine Fähigkeit zur Verwertung der Eichelmast bzw. nach Einwandern dieser Baumart etwa seit dem 2. Jahrtausend v. u. Z. der Rotbuchelmast, wurde schon frühzeitig ausgenutzt; ebenso die Möglichkeit, mit Hilfe seines Brechens die schwierige Bodenbearbeitung mit dem Hakenpflug zu erleichtern.

Der kultisch-religiöse Faktor ging während des ersten Jahrtausends u. Z. im Zuge der Christianisierung verloren. Auch die Bedeutung für die allgemeine Ernährung des Volkes sank. Bei Ausgrabungen der städtischen Ansiedlung Haithabu in Schleswig, die etwa um das Jahr 800 gegründet wurde, fand man neben 99963 Hausschweinknochen nur 142 Knochen von Wildschweinen (BECKER, 1977). Andererseits bedingten aber auch die zunehmenden Menschenkonzentrationen an den frühfeudalen Höfen und Klöstern, in Verbindung mit der noch mangelhaft entwickelten Vorratswirtschaft, eine weitgehende Deckung des Fleischbedarfes im Winterhalbjahr aus dem Wildbestand. Zwar waren Ur, Wisent und Rothirsch als Jagdwild höher bewertet als das Wildschwein, doch bildete dieses einen Grundbestandteil der Beute, der zum Teil sogar von der Bauernschaft an die Höfe geliefert werden mußte, während die vorher genannten Arten frühzeitig dem Jagdregal unterlagen. Die Sauhatz mit Pferden und Hunden bildete eine Hauptjagdart des Adels und diente der sportlichen Beschäftigung und Waffenübung in kriegsfreien Zeiten. In der St. Gallener Handschrift „Carolus Magnus et Papa Leo" aus dem Jahre 799 findet sich eine farbige Beschreibung einer

Abb. 9/3 Jagd im Saugarten – das eingekirrte oder eingesetzte Wild wird mit Saufedern abgefangen (aus Jüngeres Jagdbuch WOLFGANG BIRKNERS, um 1630)

Abb. 9/4 Schwarzwildjagd unter Verwendung von Saugarnen
(J. E. RIDINGER, Deutsche Fotothek Dresden)

Schwarzwildjagd KARL's des GROßEN mit seinem Gefolge. In einem Tale wurde ein Keiler hochgemacht, den die Meute auf einer Bergkuppe stellte. Einige Hunde wurden geschlagen, bis es dem König gelang, den Keiler mit dem Sauschwert abzufangen. Dann wurde die Jagd fortgesetzt, und „unzählige Rotten von Sauen waren die Beute des Tages". Die Jagden der Karolingerzeit blieben Vorbild in den folgenden Jahrhunderten. In den Monaten Oktober bis Dezember stellten die „Schweinehatzen" eine Hauptbeschäftigung vieler Landesfürsten dar.

LANDAU (1849) berichtete auf der Grundlage sorgfältigen Archivstudiums über das Ausmaß und Ergebnis der Schwarzwildjagd in Hessen in der Mitte des 16. Jahrhunderts. In der Saison kamen annähernd 1 000 Sauen zur Strecke; im November 1563 in 4 Tagen 574 Sauen, die höchste Tagesstrecke betrug 231 Sauen. Es ging damals selten eine Jagd vorüber, in der nicht einige Menschen und Pferde mehr oder weniger verwundet wurden, der Hunde gar nicht zu gedenken (Abb. 9/5). FOUILLOUX (1590) beschrieb eingehend, wie eine Sau bestätigt, mit Hunden gehetzt und abgefangen werden soll. Starke Meuten von Saupackern und Findern wurden allein für die Sauhatz gehalten, so am Württembergischen Hofe Anfang des 17. Jahrhunderts 900 schwere Hunde. Zum Schutze gegen die Schläge des Keilers wurden sie häufig mit breiten, schweren Halsbändern und Panzerhemden ausgestattet.

Bei der Bejagung des Schwarzwildes, wie auch des Rot- und Rehwildes, spielten seit alters Fallgruben und Netze eine bedeutende Rolle (Abb. 9/4). Das Wild wurde gegen sorgfältig und systematisch angelegte Fangeinrichtungen getrieben und darin abgefangen. Besonderes Interesse dürfen wohl die ausschließlich für jagdliche Zwecke angelegten, ausgedehnten Wildhekken finden (der jagdliche Begriff „Hege" findet hier seine Wurzel). Es handelte sich um lange Zäune aus Planken, Flechtwerk und geschnittenen Gehölzen (Knicks), die sich durch die Felder, den Wäldern vorgelagert, zogen. Sie wiesen in gewissen Abständen Lücken auf, die man vor der Jagd mit

Abb. 9/5 Schweinshatz um 1700 (J. E. Ridinger, Deutsche Fotothek Dresden)

Netzen verstellte. Für Schwarzwild wurden besondere Garnsäcke verwendet. Die hochgeschätzte Heckenjagd kam erst im 17. Jahrhundert außer Gebrauch, als infolge des 30jährigen Krieges die Hecken verfielen (Landau, 1849). An ihre Stelle traten die Jagdzeuge.

Aus dem 15. und 16 Jahrhundert sind erste Schonzeitbestimmungen für das Schwarzwild überliefert (Stahl, 1967). Die Jagd war eindeutig nach Gesichtspunkten der Wildbretnutzung festgelegt, nämlich für die Zeit nach der Eichelmast und vor Einsetzen von Not und Mangel im fraßarmen Winter. So umfaßte sie in der Regel die letzten 3 Monate des Jahres. Im Interesse der Küchenversorgung konnten Frischlinge und Überläufer auch zu anderen Jahreszeiten erlegt werden, doch sollten Bachen ab Januar geschont werden (Landau, 1849).

Durch die Entwicklung der Feuerwaffen war eine mühlose, ungefährliche Erlegung des Wildes möglich geworden. Dadurch konnte die Jagd in weitaus höherem Maße als vorher zu einem Hauptbestandteil des der Prachtentfaltung dienenden, auf den Souverän konzentrierten Hofzeremoniells werden. Unter der Leitung einer gut ausgebildeten Jägerei wurde das Wild aus großen Flächen durch die frondienstverpflichtete Bauernschaft in durch Tücher und Netze umstellte Hetzgärten zusammengetrieben oder in Saugärten eingefüttert (Döbel, 1746) (Abb. 9/3). Durch den sogenannten Lauf wurde das Wild partienweise dem in einem Schirm befindlichen Landesherrn und seinen Jagdgästen vorgeführt und konnte unter Anteilnahme der gesamten Hofgesellschaft bis auf das letzte Stück gestreckt werden. Daneben war es für kleinere Jagdgesellschaften gebräuchlich, Dickungen und Gehölze, in denen man Sauen bestätigt hatte, einzulappen und anschließend mit Tüchern und Netzen zu umstellen. In gewissem Umfange wurden auch Reitjagden auf bestätigtes und von Hunden gestelltes und gedecktes Schwarzwild noch durchgeführt. Schwarzwild diente jedoch auch zu Tierhetzen auf Schloßhöfen, und zu den berüchtigten Prelljagden ließ man gern Frischlinge los, die zur makabren Erheiterung beitrugen, wenn sie in ihrer Angst den Hofdamen unter die Reifröcke fuhren.

Zu den häufigen Lustjagden wurde ein hoher Schwarzwildbestand benötigt, der in den verbreiteten Eichenmittelwäldern dieser Zeit, aber auch auf den Feldern seinen Fraß fand. Auf die Wildbestandshöhen lassen die sorgfältig aufgezeichneten Streckenangaben aus dieser Zeit schließen. Auf den Jagden der sächsischen Kurfürsten wurden in der Zeit von 1611 bis 1680 allein annähernd 50000 Wildschweine zur Strecke gebracht. Im Jahre 1728 erlegte man auf den Jagden des Königs FRIEDRICH WILHELM I. VON PREUẞEN 3586 Stück Schwarzwild. Zu den österreichischen Hofjagden in Opočno im Jahre 1758 betrug die Strecke innerhalb von 18 Tagen 1710 Sauen. Unvorstellbare Wildschäden, Frondienste und andere Lasten mußten dafür in Kauf genommen werden.

LANDAU (1849) klagte auf Grund seiner Untersuchungen in Hessen: „Eben in dem grenzenlosen, besonders durch das zahllose Schwarzwild verursachten Schaden liegt aber auch eine der Hauptursachen des so tiefen Standpunktes, auf welchen sich durch das ganze Mittelalter und bis in neuere Zeiten hinein die Landwirtschaft befand, einen Standpunkte, der so fest und unwandelbar war, daß man durch die lange Reihe der Jahrhunderte vergebens nach wesentlichen Fortschritten sucht."

Es ist dabei allerdings auch zu berücksichtigen, daß die Jagd bis etwa zur Mitte des 18. Jahrhunderts eine der wichtigsten wirtschaftlichen Nutzungsmöglichkeiten der Wälder in Mitteleuropa bildete (SCHRETZENMAYR und BÖSENER in THOMASIUS, 1978). Die ausgedehnten, in Ortsnähen vielfach ausgeplünderten Laubholznieder- und -mittelwälder ergaben einen geringen Holzertrag, der vornehmlich Bau- und Brennzwekken diente. Andererseits waren der Großviehhaltung, vor allem der Überwinterung, zur Zeit der Dreifelderwirtschaft und vor dem großflächigen Kartoffel- und Rübenanbau, sehr enge Grenzen gesetzt; der Weidevieh- und Hausschweineintrieb in die häufig fruktifizierenden Stiel- und Traubeneichenwaldungen waren eine wirtschaftliche Notwendigkeit und wichtige Einnahmequelle für die Waldbesitzer. Der Ertrag gestaltete sich jedoch infolge der häufigen Kriegsereignisse, die mit Bevölkerungsdezimierung und Plünderungen verbunden waren, recht unzuverlässig, wie besonders drastisch während und nach dem Dreißigjährigen Kriege zutage trat. Häufige Tierseuchen dezimierten zusätzlich den Bestand. In dieser Situation bot Wildbret ein recht regelmäßiges Fleischaufkommen und einen ansehnlichen Fleischertrag. Im Jahre 1669 wurden beispielsweise aus dem Proviant- und Rauchhause des Jägerhofes Dresden neben anderem Wild 861 Stück Rotwild und 616 Stück Schwarzwild gesalzen und geräuchert an die Bevölkerung verkauft (Handschriftenabteilung der Sächsischen Landesbibliothek, Man. R 17 bis 42). In Preußen wurden die Bürgerhäuser der Städte zur Zwangsabnahme der während der Königsjagden in großen Mengen anfallenden Sauen verpflichtet. Andererseits gibt es freilich auch Beispiele, daß am Hofe nicht benötigtes Wildbret vernichtet wurde, „um die Bevölkerung nicht zum Wildern zu verleiten".

Wenn man sich heute fragen mag, inwieweit Diskrepanzen zwischen der Haltung hoher Schwarzwildbestände und dem Eintrieb tausender Hausschweine in die Wälder aufgetreten sein mögen, scheint das zu damaliger Zeit wenig Sorgen bereitet zu haben. Einerseits waren die „Masthölzer" für den Schweineeintrieb genau festgelegt und betrafen weniger die Hauptjagdgebiete, die Zahl der einzutreibenden Hausschweine wurde auf jährlichen Mastbesichtigungen genau festgelegt. Andererseits wurde die Berührung von Haus- und Wildschweinen, die sich in ihrem Aussehen noch nicht sonderlich unterschieden, offenbar nicht tragisch genommen, denn noch BECHSTEIN (1801) ist der Ansicht, daß sich die zahme Zucht durch die wilden Schweine veredeln ließe. Sicher darf man der Einschätzung eines sachkundigen Zeitgenossen, des begeisterten Jägers Landgraf PHILIPP VON HESSEN, Glauben schenken, der in einem Briefe am 26. 1. 1549 schrieb: „Daß die Säu (nämlich zahme Schweine) das Wildbret verjagen sollten, sind Lügen der Jäger, es gehen dick 10000 zahmer Säu in den Wald und bleibt dennoch das Wildbret."

Der Verfall des Absolutismus führte gegen Ende des 18. Jahrhunderts zur Auflösung der großen luxuriösen Jägerhöfe. Die zunehmende Entwicklung kapitalistischer Produktionsverhältnisse in der Landwirtschaft verschärfte, in Verbindung mit der Entstehung neuer Produktionsweisen, wie der Fruchtfolgewirtschaft und im besonderen des Hackfruchtanbaus, die Wildschadensituation. In den Wäldern verschwanden die Masteichen, und ein intensiver Nadelholzanbau setzte ein. Deshalb wurde beispielsweise in Preußen ab 1820 der Schweineeintrieb in die Wälder verboten (BUCHHOLZ und CONINX, 1969), und während sich die Einstände für das Schwarzwild durch die entstehenden Dickungen verbesserten, war es mehr als bisher auf die Feldnahrung angewiesen. Eine Regulierung der hohen Wildbestände, im besonderen auch des Schwarzwildes, war nicht länger zu umgehen.

Jagdbeschränkungen auf diese Wildart, die teilweise schon seit dem Mittelalter bestanden, wurden aufgehoben. Seit dem letzten Drittel des 18. Jahrhunderts erscheinen in zahlreichen europäischen Staaten Verordnungen, daß Schwarzwild nicht mehr in freier Wildbahn gehalten werden dürfte, sondern auf Tiergärten zu beschränken sei (z. B. 1766, 1770 und 1786 für Österreich). Die selbst in führenden Kreisen des Jagdwesens dazu vertretene Meinung drückt BECHSTEIN im „Vollständigen Handbuch der Jagdwissenschaft" (1801) folgendermaßen aus: „Der Schaden, den die wilden Schweine durch ihr Wühlen und durch Aufsuchung ihrer Nahrungsmittel am jungen Holze, auf Wiesen und in Feldern thun, ist sehr groß. Sie verwandeln oft Waldwiesen in etlichen Nächten in umgepflügte Äkker. Sie sind also bloß in Thiergärten oder in die größten Waldungen zu verweisen. In vielen Gegenden, wie z. B. im Gothaischen Antheil des Thüringer Waldes, sind sie deshalb schon längst verbannt."

Um die Mitte des 19. Jahrhunderts kann Schwarzwild in weiten Teilen Mitteleuropas nicht mehr als Standwild angesehen werden. Die Einstellung ihm gegenüber blieb lange Zeit dominierend von der Wildschadensfrage bestimmt. Die Schmälerung des Lebensraumes durch umfangreiche Meliorationen, Trockenlegungen und Flußlaufbegradigungen trug nicht unwesentlich zu dieser Entwicklung bei. Die jagdgesetzliche Neuorientierung in fast allen deutschen Staaten im Ergebnis der Revolution des Jahres 1848 – Ablösung des Jagdregals und Bindung des Jagdrechts an das Grundeigentum – ermöglichte eine weitere starke Dezimierung. Die Aufsplitterung der Jagdfläche in eine Vielzahl kleiner Jagdbezirke von oft weniger als 100 ha Größe führte zu intensivster Bejagung und mußte weithin Versuche zur Schonung des große Räume fordernden Wildes scheitern lassen. Großgrundbesitz und die großen Staatsforsten wurden zum Rückzugsgebiet des Schwarzwildes. Im Jahre 1865 betrug nach der ersten statistischen Erfassung der Schwarzwildabschuß in den preußischen Staatsforsten nur 700 Stück (MÜLLER-USING, 1960). Doch setzte bereits vor dieser Zeit, von dort ausgehend, eine allmähliche und örtlich differenzierte Wiederzunahme ein.

GRUNERT (1873) und FÖHLISCH (1880) analysierten, angeregt durch die wieder verstärkt auftretenden Schäden, die Ursachen: gewollt oder ungewollt waren die Gatterzäune geöffnet oder beschädigt worden (z. B. im Verlauf der Kriege zwischen 1866 und 1871). Die entwichenen Sauen konnten sich gut in den überall vorhandenen Nadelholzdickungen stecken und verbergen. Viele Jagdpächter schonten, vor allem nach Fortfall des Entschädigungsanspruches für Wildschaden, das Schwarzwild bewußt; zumal der Erlös aus einem Stück Schwarzwild oft schon die Pachtsumme deckte. Auch die Jagd auf das Schwarzwild – nun anstatt der Hetzjagd mit Hunden und der Saufeder oder eingestelltem Jagen als Treibjagd mit zuverlässigen, weittragenden Kugelwaffen – fand zunehmendes Interesse. Förderlich für die Wiederzunahme waren auch die sich seit der Jahrhundertwende häufenden Beobachtungen, daß das Schwarzwild bei Insektenkalamitäten, welche die ausgedehnten Nadelwaldungen überzogen, intensiv den bodenbewohnenden Stadien der Forstschädlinge nachstellte (z. B. HENNERT, 1797; VON SPANGENBERG, 1818). In den forstlichen Lehrbüchern trat nun das Schwarzwild als Schädlingsbekämpfer in der Forstwirtschaft auf (RATZEBURG, 1850; ALTUM, 1876). Bereits das Hannoversche Jagdgesetz vom Jahre 1859 sah daher die Erhaltung und Wiedereinbürgerung des Schwarzwildes dort vor, wo es für die Forstwirtschaft nützlich erscheint (STAHL, 1967). Im Ergebnis dessen wurden (nach einer statistischen Erhebung des preußischen Staates für den Wildabschuß) in den preußischen Staatsforsten während des Jagdjahres 1885/86 bereits wieder 2700 Stück Schwarzwild gestreckt; die Gesamtstrecke Preußens betrug 3 % des gesamten Wildbretertrages. Auf je 872 ha Wald wurde eine Sau gestreckt (ERLER, 1910). Bis etwa zum Jahre 1925 blieben die Schwarzwildstrekken – und damit wahrscheinlich auch die Bestände – annähernd auf dieser Höhe; von gewissen gesellschaftlich und ökologisch bestimmten Schwankungen abgesehen. Sie betrugen in den preußischen Staatsforsten 1897/98 etwa 1900, 1906/07 etwa 2000, 1912 3000, 1925 2500 Sauen (RÖHRIG, 1912; BIEGER, 1928). Die Gesamtstrecke des Deutschen Reiches erreichte im Jahre 1925 etwa 11800 Stück Schwarzwild bzw. 0,11 Stück auf 100 ha Waldfläche.

Doch kann von einer Stabilisierung oder gar Einheitlichkeit der Behandlung dieser Wildart keine Rede sein. Feudale Überbleibsel und extreme Schaden-Nutzen-Erwägungen spiegelten sich in einer Vielzahl von jagdgesetzlichen Bestimmungen und unterschiedlichen jagdlichen Maßnahmen wider. Viele Länder bzw. Provinzen, wie Thüringen, Land Sachsen, Schleswig-Holstein, Baden, Württemberg, Franken, Schwaben und Bayern blieben bis etwa 1940 ganz oder nahezu schwarzwildfrei. Dagegen waren in Mecklenburg, in dem das Jagdregal gesetzlich erst 1925 abgelöst wurde, hohe Bestände erhalten geblieben. Überdurchschnittliche Strecken wurden auch im preußischen Teil Sachsens, in Hannover, Brandenburg, Vorpommern sowie in den preußischen Rheinprovinzen erzielt. Die Hauptvorkommen befanden sich in großen geschlossenen Waldgebieten und in umfangreichem Großgrundbesitz.

Ganz allgemein kann gesagt werden, daß das Schwarzwild um die Jahrhundertwende aus Gründen des Wildschadens harter Verfolgung unterlag, und schon KRICHLER (1887) und noch KIESSLING (1925) beklagten, daß es sozusagen als vogelfrei erklärt wäre. Das preußische Wildschadengesetz von 1891 forderte vollen Ersatz für Schwarzwildschäden, sofern dem Jagdberechtigten Hegeabsichten nachgewiesen werden können. Nach KIESSLING (1925) lag dieser Fall schon beim Unterlassen des Abschusses einer führenden Bache vor. Von diesen Bestimmungen waren fast nur die Pächter kleiner Feldreviere betroffen, in welche die Sauen in der Nacht aus den angrenzenden fiskalischen Forsten oder Gütern einwechselten und kaum zu bejagen waren. Die Wildschadensumme konnte den Pachtzins um das Vielfache übersteigen. Man erwehrte sich der Sauen, so gut es ging, durch Mondscheinansitz im Feld und an der Waldgrenze oder notfalls durch großangelegte sogenannte Polizeijagden. Die zeitgenössischen Berichte lassen erkennen, daß für die Überzahl der Jäger dieser Zeit die Schwarzwildjagd durchaus kein weidmännisches Vergnügen, sondern eine starke Belastung bildete.

Anders verhielt es sich im Großgrundbesitz und im geschlossenen Staatsforst, in denen der Wildschaden kein besonderes Problem bildete. Freilich mußte auch hier das Schwarzwild vielenorts zunächst auf Gatter beschränkt werden, in denen man dann allerdings möglichst hohe Bestände hielt. Das Gatter von Mönchröden (Herzogtum Sachsen-Coburg-Gotha) enthielt nach KRICHLER (1887) beispielsweise auf 875 ha 550 Sauen. Im Gatter Gahrenberg bei Hannoversch-Münden standen um 1871 auf 10000 ha Fläche annähernd 1000 Sauen. Hier bildeten winterliche Treibjagden mit Saumeuten die Hauptjagdmethode, die durchaus als Fortsetzung der früheren höfischen Prunkjagden angesehen werden konnten. KIESSLING (1925), als zeitgenössischer Beobachter und kritischer Schilderer des jagdlichen Geschehens um die Jahrhundertwende, kommt zu der Einschätzung, daß man die Sauen hier nur als Schießobjekt hegte. Seine Meinung über den jagdlichen Wert spricht für sich selbst: „Der Ausdruck weidmännisch will mir in diesem Zusammenhang nicht recht aus der Feder. Waren doch imposant an dieser Art von Jagden einzig und allein die Strecken, die sich manchmal in die Hunderte beliefen. Das war aber auch alles; denn wer da weiß, wie die Sauen zu diesem Zweck erst eingefangen, dann in Transportkästen verladen und schließlich Tage, wenn nicht gar Wochen eingekammert wurden, der dürfte für solche Art von Massenabschuß kaum Verständnis finden. Berücksichtigt man ferner noch, daß die Stände häufig durch Drahtverhaue sturmfest gemacht wurden, um die Schützen vor dem Annehmen durch kranke Sauen zu sichern, so konnte ein Weidmann nur mit Kopfschütteln zu solchen Jagden Stellung nehmen."

HECK (HECK und RASCHKE, 1980) teilt mit, daß im Saupark Springe (1200 ha) auf den Kaiserjagden zwischen 1898 und 1912 zwischen 190 und 525 Sauen gestreckt wurden. Die Sauen wurden den Jagdgästen nach Rangordnung zugedrückt. Einzelstrecken bis zu 60 Stück wurden verzeichnet.

Als Ergebnis der Gatterhaltung traten in dem einzelnen Parks beträchtliche Inzuchterscheinungen auf. Die Sauen nahmen in der Körperstärke ganz beträchtlich ab. Nach einer zeitgenössischen Beschreibung (N. N., 1882) kam nach einem kolossalen Kopfe gleich der Pürzel, und „dazwischen sei eigentlich nicht recht was". Das Haar war spärlich und das Wildverhalten nahezu völlig verschwunden. Krankheiten, wie im besonderem die Räude, traten häufig auf. Zur Hebung des Wildbretertrages kreuzte man nicht selten schwarze Hausschweine (Berkshire-Schweine) ein (KRICHLER, 1887), die natürlich ihrerseits nicht geeignet waren, den Parksauen ihren Wildcharakter wiederzugeben.

Mit dem Ende des ersten Weltkrieges wurden die meisten der noch bestehenden Sauparks zumindest zeitweilig aufgelassen. Ein Teil ihrer Bestände gelangte in die freie Wildbahn. Sie waren jedoch auch hier einer starken Verfolgung ausgesetzt, so daß es zwischen Mitteleuropa und Westasien zunächst zu einer beträchtlichen Verminderung der Schwarzwildvorkommen kam (GENOV, 1981b).

Im mitteleuropäischen Raum war sie freilich nicht von langer Dauer. In den preußischen Staatsforsten stiegen die Strecken auf 4300 Sauen im Jahre 1930 und erreichten 1936 bereits 6500 Stück Schwarzwild. Im Durchschnitt der Jahre 1935 bis 1939 wurden in Deutschland jährlich etwa 33000 Sauen gestreckt (MÜLLER-USING, 1949, 1960). Die regionale Verteilung dieser Strecke blieb nach wie vor unterschiedlich. In Mecklenburg und Vorpommern wurden annähernd 0,3 Stück je 100 ha Jagdfläche gestreckt; in Hinterpommern, Brandenburg, Sachsen-Anhalt, Rheinland-Süd, Saarpfalz und Unterfranken etwa 0,2 Stück je 100 ha (BIEGER, 1941). Demgegenüber war der Abschuß in Sachsen, Thüringen und in anderen Verwaltungsbezirken unbedeutend (weniger als 0,1 Stück je 100 ha Jagdfläche). Fast die Hälfte der Gesamtstrecke erzielte man auf dem heutigen Territorium der DDR, im besonderen in den nördlichen und mittleren Bezirken. Der Anteil des Schwarzwildes am gesamten Jagdergebnis lag bei etwa 5% des Wildaufkommens; in der Reihe der Wildarten folgte es erst an 8. Stelle. Ganz allgemein läßt sich immerhin für diese Zeitperiode eine wachsende Wertschätzung des Schwarzwildes bei den Jägern feststellen, obwohl die Jagdgesetzgebung nach wie vor die Feldschadengefahr in den Vordergrund stellte. Führenden Bachen wurde eine kurze Schonzeit vom 15. März bis 16. Juni zugestanden. Nachteilig für eine angemessene Bewirtschaftung wirkte sich das nahezu völlige Fehlen wildbiologischer Kenntnisse über dieses Wild aus. Weder zur tragbaren Verbreitung noch zur wirtschaftlich vertretbaren Wilddichte lagen Untersuchungen vor. Die Problematik der Feldschadenverhütung war völlig unbearbeitet; die Abschußempfehlungen infolge mangelhafter Kenntnisse der Körperentwicklung und Bestandesstruktur unzureichend und teilweise völlig falsch. Die hohe jagdwirtschaftliche Produktivität, die dem Schwarzwild innewohnt, ist in der ersten Hälfte dieses Jahrhunderts nicht erkannt und genutzt worden.

9.1.2. Bedeutung in der Gegenwart

Bereits während des zweiten Weltkrieges gerieten die nicht ausreichend bejagten

Schwarzwildbestände in zunehmendem Maße außer Kontrolle (SIEBOLD, 1949). Das bildete die Grundlage für eine Zunahme nach dem Jahre 1945, die aus damaliger Sicht mit Recht als eine Massenvermehrung angesehen werden konnte.

Dem hohen Reproduktionsvermögen und der nächtlichen Lebensweise der Sauen waren die wenigen, unzureichend bewaffneten und zum großen Teil jagdlich unerfahrenen Jäger der ersten Nachkriegsjahre zunächst nicht gewachsen. Neben dem Anwachsen der Wilddichte breiteten sich die Schwarzwildbestände in raschem Tempo aus. Ein für die Situation bezeichnendes Beispiel führt SIEBOLD (1949) unter Bezug auf WALDMANN für den Regierungsbezirk Kassel an. Der Frühjahrsbestand an Schwarzwild im Jahre 1948 wurde nach einer in den 15 Kreisen dieses Bezirkes durchgeführten Erfassung auf etwa 20000 Stück geschätzt. Demgegenüber betrug die Jagdstrecke von Juni 1947 bis Januar 1948 nur 344 Stück. Katastrophale Wildschäden waren die Folge, die unter den schwierigen Nachkriegsbedingungen umso schwerer wogen.

Im damaligen Lande Brandenburg hatte sich der Schwarzwildbestand im Jahre 1946 gegenüber dem Vorkriegsstand auf gleicher Fläche annähernd verdreifacht (KLEMM, 1948). Die totalgeschädigte Saatfläche in diesem Jahre umfaßte 0,35 % des gesamten Ackerlandes der sowjetischen Besatzungszone. Der Ertragsausfall wurde auf einen Wert von 6,3 Millionen RM geschätzt. Allein für den Kreis Waren wurde die Schadfläche mit 352 ha angegeben, im Kreis Eisleben betrug sie 1680 ha. Auf dem Gebiet der DDR erhielten zunächst Jagdkommandos die Aufgabe, die im Ergebnis der demokratischen Bodenreform entstandenen Kleinflächen vor dem Schwarzwild zu schützen und das Wildbret für die Versorgung der Bevölkerung bereitzustellen. Neue jagdgesetzliche Regelungen, die in vielen Staaten Mitteleuropas um 1950 erlassen wurden (in der DDR Gesetz zur Regelung des Jagdwesens vom 25. 11. 1953), bezeichneten den Schutz vor Wildschäden als eine Hauptaufgabe der Jagd.

Im Jahre 1959 erreichte die Jagdstrecke in der DDR einen Gipfel von 28351 Stücke, der dann bis 1967 nicht mehr überboten wurde (vgl. Tab. 2/5). In der BRD wurde im Jagdjahr 1956/57 eine Schwarzwildstrecke von 12302 Stücken erzielt, die bereits über der Vorkriegsstrecke lag. Sie stieg im Jagdjahr 1957/58 auf etwa 20000 Sauen an, und blieb in den anschließenden Jahren annähernd konstant. Man kann einschätzen, daß in den meisten Staaten der Nachkriegsgipfel des Schwarzwildes etwa im Zeitraum 1955 bis 1960 gebrochen wurde. Obwohl im bisher betrachteten Zeitabschnitt eine Reihe starker — weil alter — Keiler zur Strecke kam, ist doch zu sagen, daß die Jagd ausgesprochene Züge einer Schädlingsbekämpfung tragen mußte und die Jagdtrophäe eine untergeordnete Rolle spielte. Die Wildschadenverhütung und Wildbretgewinnung standen absolut im Vordergrund. Demzufolge war auch durchaus die Verwendung von grobem Schrot (Posten) die Regel, und örtlich kamen Saufänge in größerem Umfange zur Anwendung. In Hessen kamen beispielsweise 6 % der Schwarzwildstrecke zwischen Juni 1947 und Oktober 1948 in Saufängen zur Strecke. In verschiedenen Gebieten wurde auch die Saufeder in Verbindung mit eingejagten Hunden in durchaus beachtenswertem Umfange eingesetzt. Insgesamt handelte es sich freilich nur um Notmaßnahmen, deren Effektivität gering blieb.

Ein nicht unwesentliches Nebenergebnis der notwendigerweise intensiven Schwarzwildbejagung bestand in einem raschen Erkenntniszuwachs über dieses bisher wissenschaftlich ziemlich vernachlässigte Wild (z. B. OLOFF, 1951; BOBACK, 1957; BRANDT, 1961). Bereits in den Jahren der intensiven Reduzierung zur Verminderung landwirtschaftlicher Schäden erweckte das Schwarzwild Aufmerksamkeit infolge mehrerer vorteilhafter Eigenschaften, die sich unter der Voraussetzung geregelter Wildbestandsverhältnisse jagdwirtschaftlich nutzbar machen ließen. Im besonderen wurde deutlich, daß es durchaus möglich ist, die Wildschäden in der Landwirtschaft in einem gesellschaftlich tragbaren Rahmen zu halten, sofern zweckmäßige jagdwirtschaftliche Maßnahmen zur Anwendung kommen und vor allem modern produzierende landwirtschaftliche Betriebe sich gemeinsam mit den jagdlichen Organen um die Schadminderung bemühen. In der Forstwirtschaft sind, anders als bei den übrigen Schalenwildarten, im allgemeinen keine Schadwirkungen, dagegen einige, allerdings nicht überzubewertende Nutzwirkungen zu erwarten. Schwarzwild produziert durch hohe Vermehrungspotenz und Raschwüchsigkeit eine weitaus höhere Menge wertvollen Wildbrets, bezogen auf den Stammbestand, als anderes Wild. Von einem Stück Schwarzwild im Frühjahrsbestand wird etwa der gleiche finanzielle Bruttoertrag erzeugt wie von 1,5 Stück Rotwild oder 6 Stücken Rehwild. Ein weiterer Vorteil besteht in der praktisch ganzjährigen Bejagungsmöglichkeit (mit Ausnahme führender Bachen). Schließlich kann auch die hohe Wertschätzung der Keilerwaffe als Jagdtrophäe hier nicht unerwähnt bleiben.

Als Nachteil verbleibt eine verhältnismäßig hohe Anfälligkeit gegenüber einigen wirtschaftlich bedeutsamen Krankheiten, wie der Trichinose und der Schweinepest, die jedoch unter der Voraussetzung geregelter Wilddichte und einer weitgehenden Konzentration der Hausschweinbestände in großen Anlagen veterinärhygienisch und jagdwirtschaftlich kontrollierbar ist.

Diese Erfahrungen und Einschätzungen ließen in immer stärkerem Maße die Frage „Schwarzwild bekämpfen oder bewirtschaften?“ aufwerfen, der WAGENKNECHT (1964) erstmals öffentlich in einem gleichnamigen Artikel mit klarem Bekenntnis zur Bewirtschaftung Ausdruck verlieh. Anschließende Forschungen am Institut für Forstwissenschaften Eberswalde zur Ernährung des Schwarzwildes und zur Feldschadenverminderung, zum Körperwachstum, zur Reproduktion und zum Verhalten bestätigten die empirisch gewonnenen Erfahrungen.

Ein Produktivitätsvergleich von 5 Schalenwildarten hinsichtlich ihres Ertrages und der Jagdmöglichkeiten bestätigte den jagdwirtschaftlichen Wert (SIEFKE, 1971). Bei Aktualisierung seiner Werte auf den gegenwärtigen Erkenntnisstand (Tab. 9/1) steht das Schwarzwild hinsichtlich des Ertrages in Kilogramm und Mark sowie der möglichen Abschußhöhe an erster Stelle. Lediglich die zur Erzielung einer Erntetrophäe benötigte Jagdfläche ist geringfügig größer als die des Damhirsches, doch viermal kleiner als die für einen Rothirsch. Die vorliegenden Forschungsergebnisse und Erfahrungen führten in der DDR dazu, im Jahre 1970 gesetzliche Festlegungen für die Durchführung einer Schwarzwildbonitierung, die Erarbeitung von wissenschaftlich begründeten Abschußrichtlinien und eine wildschadenvermindernde Sommerfütterung des Schwarzwildes zu treffen. Ein entscheidender weiterer Schritt war der Erlaß der „Richtlinie Nr. 3/71 über die Bonitierung in Schwarzwildgebieten“ vom 9. November 1971. Diese Richtlinie verordnete die Bildung von Schwarzwild-Bewirtschaftungsgebieten im weit überwiegenden Teil der DDR und fixierte erstmalig Vorgaben für wirtschaftlich tragbare Schwarzwildbestände. Sie ermöglichte Schwarzwilddichten zwischen 0,5 und 3,5 Stück je 100 ha Waldfläche, die weit über allen bisher bekannten Vorstellungen lagen.

Im Ergebnis dessen erhielt das Schwarzwild im Verlaufe des Zeitraumes 1971 bis 1975 eine überaus hohe jagdwirtschaftliche Bedeutung. Die Strecke verdoppelte sich annähernd und erreichte 1975 74609 Stücken. Dementsprechend stieg auch der Anteil am Wildbretaufkommen, der mit mehr als 2000 t etwa 40 % des Gesamtertrages einnahm. Demgegenüber betrug der Anteil z. B. im Jahre 1966 28 % und 1970 33 %. Die Bestandszunahme erstreckte sich über den gesamten Raum der DDR. Besonders die südlichen Bezirke wiesen hohe Steigerungsraten auf. Das Schwarzwild wurde im Wildbretaufkommen neben dem Rehwild zur wichtigsten Wildart; in vielen Jagdgesellschaften von Bestand und Strecke her sogar die bedeutsamste. Der Feldschaden ging dabei von 1972 bis 1974 bei jährlich steigenden Beständen um etwa 9 % zurück und belief sich auf unter 15 % Gesamterlöse aus der Rot-, Dam- und Schwarzwildstrecke. Das wurde durch die zunehmend angewandten Methoden der Feldschadenverminderung der Jagdgesellschaften in Zusammenarbeit mit den Forst- und Landwirtschaftsbetrieben ermöglicht. Durch die Verbesserung des Bestandesaufbaus stieg auch

Tabelle 9/1 *Produktivitätsvergleich der Schalenwildarten (nach* SIEFKE, *1971, bearbeitet)*

Kennziffer	Rotwild	Damwild	Rehwild	Muffelwild	Schwarzwild
Zuwachs des Frühjahrsbestandes (%)	33	35	50	33	150
Durchschnittsmasse (kg) je Stück der Strecke	65,0	30,0	12,0	20,0	30,0
Wildbretzuwachs (kg) je Stück des Frühjahrsbestandes	21,5	10,5	6,0	6,6	45
Zielalter (Jahre)	14	10	7	8	7
Notwendiger Bestand für 1 Erntetrophäe	20	15	12	16	15
Zulässige Wilddichte (Stück je 100 ha)	1,0 1,6 3,5	3,0 7,0 12,0	4,0 8,0 12,0	3,0 6,0 10,0	1,0 2,0 4,0
Wildbretertrag (kg) je 100 ha	21 34 75	32 74 126	24 48 72	20 40 66	45 90 180
Bruttoertrag (Mark) je 100 ha	101 164 361	154 357 609	121 242 364	106 213 351	168 337 673
Abschußmöglichkeit je 100 ha (St.)	0,3 0,5 1,2	1,1 2,5 4,2	2,0 4,0 6,0	1,0 2,0 3,3	1,5 3,0 6,0
Notwendige Fläche für 1 Erntetrophäe (Bezugsfläche der Bonitierung)	2000 1250 575	500 210 125	300 150 100	550 270 160	1500 750 375

wieder die Anzahl erlegter starker Keiler. Somit wurde im Fünfjahrplanzeitraum 1971 bis 1975 nachgewiesen, daß eine produktive Schwarzwildbewirtschaftung bei vertretbaren Schäden in der Landwirtschaft möglich ist, sofern die Bestandshöhen den Bonitierungsvorgaben entsprechen. Die guten Erfahrungen bei der Bewirtschaftung des Schwarzwildes veranlaßten dazu, die im Jahre 1971 eingeführten Vorgaben über die zulässige Schwarzwilddichte prinzipiell auch in der „Verfügung über die Bonitierung der Jagdgebiete" vom 2. Juli 1978 beizubehalten. Es wurde sogar möglich, die Mindestwilddichte in Schwarzwild-Bewirtschaftungsgebieten von 0,5 auf 1,0 Stück je 100 ha Bezugsfläche und die höchste Dichte von 3,5 auf 4,0 Stück je 100 ha Bezugsfläche heraufzusetzen (vgl. Abschnitt 9.3.2.1.). Durch diese Bonitierung wurde für die DDR ein zulässiger Frühjahrsbestand von 42000 Stück bzw. eine durchschnittliche Wilddichte von 2,0 Stück je 100 ha Waldfläche des Verbreitungsgebietes festgestellt (BRIEDERMANN, 1981). Schwarzwild wurde auf etwa 25% der Jagdfläche und 85% der Waldfläche der DDR bonitiert. Mit der „Verfügung über die Einführung von Rahmenrichtlinien für die Bewirtschaftung der Schalenwildarten" vom 10. 4. 1980 international erstmalig eine landesweit wirksame gesetzliche Grundlage erlassen. Sie beruht in ihrem Kern auf den in den Wildforschungsgebieten der DDR unter der wissenschaftlichen Leitung durch das Institut für Forstwissenschaften Eberswalde gesammelten Erkenntnissen und Erfahrungen. Sie ist seit dem Jahre 1981 für alle Jagdgesellschaften verbindlich. Somit ist sie auch Grundlage der folgenden Kapitel über die Bewirtschaftung und Bejagung dieser Wildart.

Gefördert durch ungewöhnlich günstige ökologische Bedingungen (milde Winter, mehrere aufeinanderfolgende Mastjahre) ging die Bildung und Aufstockung von

Schwarzwildbeständen in allen Bezirken in einem sehr kurzen Zeitraum bis zur Höhe der Bonitierungswerte vor sich. Diese Entwicklung wurde dadurch verstärkt, daß die Frühjahrsbestände des Schwarzwildes bedeutend unterschätzt und daher die Abschußpläne nicht in der erforderlichen Höhe festgesetzt wurden. Durch Rückrechnungen war feststellbar, daß die durch die Bonitierung des Jahres 1978 vorgegebenen Wilddichtewerte bereits im Jahre 1976 erreicht und in den nördlichen Bezirken einschließlich Potsdam und Magdeburg überschritten waren. In Verbindung damit kam es zu einem erneuten Ansteigen der Feldschäden. Im verstärkten Umfange erfolgten Beobachtungen über zur Unzeit frischende Bachen und körperlich sehr geringes Jungwild. Testuntersuchungen zeigten einen steigenden Parasitierungsgrad. Die Praxis bewies, daß Frühjahrsbestände über 4 Stück je 100 ha Waldfläche selbst in den besten Biotopen und bei intensiver Bewirtschaftung nicht dauerhaft ohne Schaden für die Landwirtschaft, den jagdwirtschaftlichen Ertrag und die Population selbst gehalten werden können.

In Anwendung dieser Erkenntnis wurden mit Beginn des Fünfjahrplanzeitraumes 1976 bis 1980 intensive Maßnahmen zur Rückführung der Bestände auf die Bonitierungswerte durchgeführt. Sie bewirkten bereits 1976 eine Streckensteigerung gegenüber dem Vorjahr von 38 % und die bisherige Rekordstrecke von 103 000 Sauen. In den Nordbezirken stieg die Strecke auf mehr als 6 Stück je 100 ha Wald. Im Jahre 1978 wurde jedoch ein erneutes Abschußmaximum von 119 700 Sauen erreicht. Trotz des strengen Winters 1978/79, der einen ermittelten Fallwildanteil von 3 % der Strecke 1978 und einen verringerten Zuwachs mit sich brachte, stieg die Strecke im Jahre 1981 auf 127 800 Sauen (vgl. Abschnitt 2.4.1.). Das entsprach etwa 5 Stück je 100 ha Waldfläche. In den nördlichen Bewirtschaftungsgebieten kamen teilweise mehr als 10 Stück auf 100 ha Waldfläche, sogar mehr als 20 Stück, zur Strecke. In diesem Jahre stieg der Anteil des Schwarzwildes am Gesamtwildbretaufkommen in der DDR auf annähernd 62 %. Der Wildbretertrag von nahe 4 000 t lag fast in doppelter Höhe der durch die Bonitierung errechenbaren Erträge. Der an die Betriebe der Landwirtschaft vergütete Wildschaden in Höhe von etwa 2 Mill. M umfaßte dabei weniger als 15 % allein der Bruttoerträge aus dem Schwarzwild, obwohl beachtliche Schadanteile auch anderen Wildarten zugerechnet werden müssen.

Bis zum Jahre 1986 blieb nun die Strecke in annähernd dieser Höhe konstant. Die Streckenerhöhung war zunächst mit einem steigenden Aufkommen an Medaillentrophäen verbunden (SCHREIBER, 1981). Im Zeitraum 1971 bis 1975 entfiel auf eine Strecke von 1 000 Sauen ein Quotient von 0,7 Medaillentrophäen. Im Durchschnitt der Jahre 1976 bis 1978 war er auf 1 Medaillentrophäe angestiegen. Unter Beachtung der Tatsache, daß zwischen 5 und 10 % der reifen Keiler in der DDR die Medaillenstärke erreichen können, kam nach jedoch KLIER (1986) schon 1983 zu dem Schluß, daß die hohe Bestandsdichte und der damit einhergehende verstärkte Abschuß nicht den erwarteten hohen Medaillenanteil brachten.

So ist für die DDR festzustellen, daß die etwa 1980 einsetzende beträchtliche Überschreitung der zulässigen Wilddichten in keiner Hinsicht jagdliche Vorteile, jedoch beachtliche volkswirtschaftliche Nachteile zur Folge hatte. Infolgedessen wird intensiv darauf orientiert, die Bestände möglichst schnell auf ein vertretbares Maß zurückzuführen.

Da die Bedeutung des Schwarzwildes und die Stellung der menschlichen Gesellschaft zu ihm nicht nur von ökologischen Faktoren, sondern mehr noch von den gesellschaftlichen, im besonderen sozialökonomischen Verhältnissen und von gewachsenen Traditionen abhängen, ergeben sich folgerichtig sehr unterschiedliche Verhältnisse innerhalb des ausgedehnten Verbreitungsgebietes. Es sei hier davon abgesehen, näher darzulegen, daß in einer Vielzahl sich entwickelnder Staaten vor allem des asiatischen Raumes gegenwärtig und noch für längere Zeit die Wildschadenverhütung und die Wildbretgewinnung die fast ausschließlichen Aufgaben der Schwarzwildjagd bilden müssen. Von beachtlicher Bedeutung ist das Wildschwein noch heute für die Nutzung großer, wenig erschlossener Waldkomplexe; zumal dann, wenn sie sich einer intensiven Forstwirtschaft noch entziehen oder diese uneffektiv wäre. Hier erzeugt das Schwarzwild hochwertige Biomasse und kann, wie BROMLEJ (1964) für den Fernen Osten der UdSSR beschreibt, wichtigstes Objekt der Jagdwirtschaft sein. Die Erhöhung der jagdwirtschaftlichen Produktivität des Taigagürtels, der Sumpfniederungen und Schilfdickichte an den großen Strömen bildete das Ziel der massenhaften Wiederansiedlung des Wildschweines in der UdSSR während der zurückliegenden Jahrzehnte (vgl. Abschnitt 2.2.2.). In der UdSSR unterliegt das Schwarzwild heute einer jagdlichen Bewirtschaftung durch die Mitglieder der Jagdgesellschaften und die Jagdwirtschaftsbetriebe. Für die verschiedenen geografischen Regionen sind Orientierungswerte zur wirtschaftlich tragbaren bzw. optimalen Wilddichte vorgegeben (IWANOWA und OWSJUKOWA, 1976). Die Jagdzeit währt vom 1. Oktober bis 15. (31.) Januar; allerdings können in Wildschadenschwerpunkten Schonzeitabschüsse genehmigt werden. Zu den planmäßigen jagdwirtschaftlichen Maßnahmen gehört die Winterfütterung, es liegen Abschußpläne vor, und in zunehmendem Umfange wird ein Selektionsabschuß mit Konzentration auf das Jungwild durchgeführt.

Nach dem Elch liefert das Schwarzwild den höchsten Wildbretertrag auf den Flächen der Jagdgesellschaften im Gebiete seines Vorkommens. Die Wertschätzung des Schwarzwildes in der UdSSR ist jedoch nicht nur durch den hohen Wildbretertrag bedingt; eine sehr wichtige Rolle spielt auch der Reiz seiner Bejagung. In zunehmendem Umfange schätzen die Jäger die Keilerwaffe als Jagdtrophäe. Beispielsweise wurden auf der Trophäenschau der Baltischen Republiken in Vilnius 1978 510 Keilerwaffen, fast ausschließlich von Medaillenrang, aus den Jahren 1971 bis 1978 ausgestellt; das sind fast 38 % der gesamten Zahl ausgestellter Trophäen (Ausstellungskatalog, 1978).

Stehen somit das Wildbretaufkommen und die reizvolle Bejagung in der Sowjetunion durchaus im Vordergrund der Wertschätzung dieses Wildes, wird doch in landwirtschaftlich genutzten Gebieten einer Übervermehrung aus Gründen der Wildschadenverhütung entgegengetreten (FADEJEW, 1975).

Der Wildschaden steht noch heute bei der Bewertung eines Schwarzwildvorkommens überall dort im Vordergrund, wo sich eine intensiv betriebene Landwirtschaft auf Kleinflächen vollzieht und die Leitung des Jagdwesens von landwirtschaftlichen Besitz getrennt ist. Aus diesem Grunde wird beispielsweise in der Schweiz keine Schwarzwildbewirtschaftung durchgeführt (BAETTIG, 1980). Die vom Staat hundertprozentig zu ersetzenden Wildschäden betragen etwa 330 000 Fr. im Jahr; im Mittel der Jahre 1964 bis 1975 kostete jedes geschossene Wildschwein dem Kanton Waadt 1 400 Fr. Es kommt hier hinzu, daß das herrschende Patentjagdsystem eine Schwarzwildbewirtschaftung nahezu gänzlich ausschließt, ohne die aber tragbare Wildschäden undenkbar sind. Die Wildschadenvergütung betrug in Frankreich im Jahre 1981 über 40 Mill. Fr. und zeigte eine steigende Tendenz (BOULDOIRE, 1982). Die Bewertung des Schwarzwildes ist in den Departements sehr unterschiedlich. In 62 derselben ist es als Schädling eingestuft, in 31 wird es jagdlich bewirtschaftet (DU BOISROUVRAY, 1984). Letzteres betrifft vor allem die Macchiegebiete des südlichen und südwestlichen Frankreichs, Korsika, doch auch Departements im Alpenraum, im Zentralmassiv und im nördlichen Frankreich. In den Gebieten, in denen das Schwarzwild als Jagdschädling gilt, treten ausgedehnte Sondermaßnahmen, wie Jagdzeitverlängerungen bis März und ab September, Treibjagdgenehmigungen, Nachtjagd, Schrotschuß und andere Sonderregelungen in Kraft (SOYEZ, 1978). In der Bundesrepublik Deutschland steht das Schwarzwild von der Streckenhöhe her unter den Schalenwildarten nach dem Rehwild eindeutig an zweiter Stelle. Im Wertertrag wird es infolge der geringen Durchschnittsmasse geringfügig vom Rotwild überholt. Nach HENNIG (1981) nahm es im Jagdjahr 1978/79 vom Gesamtertrag aller Wildarten mit 10,9 % nach dem

Rehwild (51,4 %) und dem Rotwild (11,8 %) den dritten Platz ein. Die hohe Bestandeszunahme des Schwarzwildes vor allem im Jahrzehnt 1970 bis 1980 (vgl. Abschnitt 2.4.1.) ist in erster Linie Ausdruck der wachsenden Wertschätzung der Schwarzwildjagd und der Keilerwaffe.
Im Interesse dieser Jagdgelegenheit und des Wildbretertrages werden in zunehmenden Umfange Methoden der Schwarzwildbewirtschaftung erarbeitet und empfohlen (Ueckermann, 1978; Heck und Raschke, 1980; Hennig, 1981). Die Durchsetzung ist allerdings infolge des weitgehend vom landwirtschaftlichen Privatbesitz getrennten Jagdausübungsrechtes durch die gesetzlich fixierte Wildschadenersatzpflicht kompliziert. Großräumig koordinierte Maßnahmen der Feldschadenverhütung sind durch die Vielzahl der zusammenzufassenden Revierinhaber mit unterschiedlichen Interessen, Anschauungen und Möglichkeiten schwer durchsetzbar. Man ist bemüht, durch freiwilligen Zusammenschluß der Jagdinhaber in Schwarzwildringen und die Schaffung von Wildschadenausgleichskassen Bedingungen für eine großräumige Bewirtschaftung zu schaffen. Dennoch hat sich unter dem Druck des Wildschadens nach Behrndt (1977) bisher kaum eine Änderung der Mentalität der Jäger ergeben. Der für Schwarzwildschäden erstattete Betrag beläuft sich jährlich auf etwa 25 % des Bruttoertrages der Strecke.
Das Bundes-Jagdgesetz vom 29. November 1953 geht auch in seiner Neufassung vom 29. September 1976 davon aus, daß Schwarzwild infolge der Feldschadengefährdung rechtlich gegenüber den anderen Schalenwildarten eine Sonderstellung zukommt. Es unterliegt keiner Abschußplanung, dagegen ebenso wie Wildkaninchen und Füchse einer Reihe jagderleichternder Maßnahmen, wie der Erlaubnis zum Abschuß an Kirrungen und zu Sonderregelungen für den Abschuß bei Feldschäden. Die Jagdzeit ist nach der Verordnung über die Jagdzeiten vom 2. 4. 1977 auf die Zeit vom 16. Juni bis 31. Januar begrenzt worden, allerdings sind Frischlinge und Überläufer ganzjährig jagdbar. Von der Möglichkeit, Ausnahmebedingungen zu erlassen, haben eine Reihe von Ländern Gebrauch gemacht. So dauert die Jagdzeit in Nordrhein-Westfalen vom 1. August bis 31. Januar, und Überläufer sind in die Schonzeit einbezogen. Hier sind nur Frischlinge ganzjährig jagdbar. In Schleswig-Holstein können Frischlinge und Überläufer ganzjährig bejagt werden; ältere Sauen dagegen nur vom 16. Juli bis zum 31. Januar. Im Saarland werden schwache, nichtführende Überläufer ab 1. 4. freigegeben, Frischlinge sind ganzjährig jagdbar. Rheinland-Pfalz bezieht die Überläufer in die Schonzeitregelung voll ein. Die übrigen Bundesländer haben die Regelungen der Rahmenverordnung voll übernommen (Mitschke-Schäfer, 1982; Heck und Raschke, 1980). In den der DDR geografisch nahegelegenen sozialistischen Staaten wird, wie in dieser, die Erhaltung bewirtschaftungsfähiger Bestände bei weitgehender Ausschaltung von Schäden in der Landwirtschaft angestrebt. Die Höhe wirtschaftlich tragbarer Wilddichten ist meistens territorial festgelegt.
Ungeachtet dessen hat auch hier das große jagdliche Interesse der Jäger an diesem Wild zu wesentlichen Überschreitungen geführt. Dazu trug auch nicht unwesentlich die vorwiegend ökologisch bedingte größere Körperstärke des Schwarzwildes bei, die eine hohe Erntequote von Medaillenkeilern erlaubt. So teilen Hell und Simiak (1982) mit, daß im Zeitraum von 1971 bis 1980 in der Slowakei auf je 131 erlegte Keiler eine Goldmedaillenwaffe entfiel. Der geschätzte Frühjahrsbestand in der ČSSR betrug bereits im Jahre 1974 etwa 230 % der zulässigen Höhe (Wolf und Rakusan, 1977) und stieg seitdem weiter. Aus Ungarn teilt Köhalmy (1981) mit, daß einem vorgegebenem Frühjahrsbestand von 7 000 Stück im Jahre 1980 ein Bestand von etwa 20 000 Sauen gegenüberstünde. Aus der allgemeinen, von den Jägern indirekt geförderten Übervermehrung resultieren beträchtliche Feldschadenprobleme. Die vergüteten Schwarzwildschäden erreichten in Polen im Jahre 1976 eine Höhe von 378,5 Mill. Zloty, das entsprach dem Wert von 1 Promille der landwirtschaftlichen Gesamternte. Pielowski (1977) sagte voraus, daß die Beibehaltung des Wildschadentrends dazu führen

würde, daß die Jagdgesellschaften, die mit einem Anteil von 20 % an der Vergütung beteiligt sind, in absehbarer Zeit über keine ausreichenden Mittel zur Deckung der Entschädigungen verfügen würden. Eine wesentliche Rolle für die Wildschadenhöhe hat der mehr als 70 % umfassende private Sektor der Landwirtschaft, der auf Kleinflächen arbeitet. Nach FRUZINSKI (1986) kam im Zeitraum zwischen 1981 und 1984 auf jedes erlegte Stück Schwarzwild in Polen eine reduzierte Feldschadenfläche von etwa 0,5 ha. Für Ungarn teil KÖHALMY (1981) eine Höhe des gesamten gezahlten Wildschadens in der Land- und Forstwirtschaft von fast 100 Mill. Forint mit, die den Einnahmen aus dem Schwarzwildabschuß und dem Export von 700 t Schwarzwildbret voll entsprechen. Deshalb wird sehr energisch gefordert, das Schwarzwild zu reduzieren und zumindest aus den wichtigsten landwirtschaftlichen Gebieten, wie der ungarischen Tiefebene, fernzuhalten. GENOV und MITOV (1981) ermittelten in Bulgarien für den Zeitraum 1975 bis 1978 bei einem durchschnittlichen Bestand von fast 40 000 Sauen einen mittleren jährlichen Feldschaden von etwa 3 500 ha landwirtschaftlicher Nutzfläche, vor allem an Mais, Weizen, Kartoffeln und Hafer.

Die Schäden waren jedoch nicht unmittelbar mit den ökologischen Bedingungen einzelner Schwarzwildgebiete und den Bestandshöhen in Verbindung zu setzen und somit auch von anderen Faktoren mitbedingt. Das hohe jagdliche Interesse am Schwarzwild infolge seiner hohen Wildbret- und Trophäenproduktivität und der mannigfaltigen jagdlichen Reize steht somit verbreitet im Konflikt mit der Feldschadensituation und führte in einigen Staaten, im besonderen Ungarn und der ČSSR zu der Tendenz, in geeigneten Waldungen große Saugatter einzurichten, außerhalb derselben aber das Schwarzwild weitgehend auszuschießen (WOLF und RAKUSAN, 1977; PALL, 1980; KÖHALMY, 1979). In den meisten Staaten genießt das Schwarzwild, mindestens die führenden Bachen, eine Schonzeit vom 16. Januar bis zum 31. Juli. In jagdlichen Regelungen wird auf einen hohen Jungwildabschuß (mindestens 60 % der Strecke) und auf ein Schonen der mittelalten Stücke orientiert. Nach der Analyse von DESHKIN (1980) umfaßte das Schwarzeuropäischen Schalenwildvorkommens, und etwa 17 % der Strecke sowie der Wildbretproduktion.

Zusammenfassend kann man für die meisten mitteleuropäischen Staaten einen zunehmenden Trend zur Bewirtschaftung des Schwarzwildes in geschlossenen Einstandsgebieten bei begrenzter Bestandshöhe erkennen. Erschwerend für die Durchsetzung wirkt sich die unterschiedlich prekäre bzw. gelöste Wildschadensituation aus, die von vielen Jägern leider durch ein unverständiges Anheben der Bestände über die tragbaren Dichten verschärft wird. Es liegt auf der Hand, daß die Zukunft des Schwarzwildes weitgehend davon bestimmt ist, in welchem Grade die jagdlichen mit den volkswirtschaftlichen Interessen in Übereinstimmung gebracht werden.

9.2. Bewirtschaftungsziel

Im vorigen Kapitel wurde der eindeutige Trend zur Bewirtschaftung des Schwarzwildes in vielen mitteleuropäischen Staaten aufgezeigt. Da eine Bewirtschaftung auch bei Wildbeständen Planmäßigkeit und Zielorientierung voraussetzt, ist die Festlegung eines Bewirtschaftungszieles für den Erfolg unumgänglich. Als Beispiel dafür werden im folgenden in der DDR gesammelten Erfahrungen herangezogen. Bei sicher aus örtlichen Besonderheiten resultierenden Abweichungen dürften sie doch im wesentlichen Inhalt allgemeine Gültigkeit besitzen.

Das Schwarzwild wird in der DDR in durch eine Bonitierung limitierten Beständen bewirtschaftet. Bereits die Festlegung derjenigen Gebiete, in denen Schwarzwildbestände bewirtschaftet werden sollen, und die örtlich vorgegebenen Wilddichtewerte sind von der Zielstellung abgeleitet, die für die jagdwirtschaftliche Behandlung dieser Wildart gesteckt ist. Diese Zielstellung ist komplex; sie bildet eine Synthese landeskultureller und volkswirtschaftlicher Aufgaben. Sie berücksichtigt biologische, arteigene Gesetzmäßigkeiten und entspricht den für eine weidgerechte Jagdausübung notwendigen Anforderungen. In landeskultureller Sicht besteht das Ziel im Aufbau und in der Erhaltung gesunder, gut gegliederter Schwarzwildpopulationen. Das Wildschwein ist ein ursprünglicher Bewohner der mitteleuropäischen Waldbiozönosen, ein wichtiges Glied der heimatlichen Fauna, und Stammform eines der wichtigsten Haustiere, deren Erhaltung in wissenschaftlichem und kulturellen Interesse liegt. Die dauerhafte Wahrung als Wildtier setzt voraus, daß sich die Art in eigenen Sozialstrukturen organisieren kann, die heute einer vorsichtigen Steuerung durch den Menschen bedürfen. Eine ständige, tiefgreifende Störung dieser Struktur dagegen führt zum Kümmern, zum Zerfall oder zum Zusammenbruch der Population. Die Gesunderhaltung der Populationen dient nicht nur dem Wohlbefinden und der Stabilisierung der Wildbestände selbst, sondern leitet mit dem Schutz der menschlichen Gesundheit und der landwirtschaftlichen Tierbestände bereits zu volkswirtschaftlichen Aufgaben über. Die Vermeidung übermäßig hoher Wildkonzentrationen durch die Einhaltung tragbarer Wilddichten, veterinärhygienische Überwachung des Wildbrets und hygienisch einwandfreie Abfall- und Kadaverbeseitigung sind Maßnahmen zur Sicherung des Bewirtschaftungszieles.

In wirtschaftlicher Sicht ist die Verminderung der Feldschäden nach wie vor ein wichtiges und gesetzlich fixiertes Bewirtschaftungsziel. Im Gegensatz zur früheren Bekämpfung des Schwarzwildes als „Schadwildart" kommt es aber darauf an, durch Maßnahmen der Bewirtschaftung, wie Einhaltung tragbarer Wilddichten, Methodik der Jagdausübung, Ablenkfütterung, technische Abwehr u. a. m. die Schadhöhe immer mehr einem gesellschaftlich vertretbaren Minimum anzunähern, dem auch in einer Wildschadenverordnung (1977) Rechnung getragen wird. Gleichzeitig damit soll gewährleistet werden, daß das Schwarzwild bei der Nahrungsaufnahme im Walde zusätzliche Futterreserven erschließt und einen Beitrag zum biologischen Schutz der Wälder vor Forstschädlingen leistet.

Schließlich aber weist das Schwarzwild infolge seiner hohen Reproduktionsrate und Raschwüchsigkeit eine besondere Eignung als Wildbretlieferant auf, wie bereits dargelegt wurde. Die je Stück Frühjahrsbestand erzeugte Nutzmasse wird von keiner anderen Wildart übertroffen. Das Wildbret des Schwarzwildes ist ein wertvolles, eiweiß-, vitamin- und mineralstoffreiches Nahrungsmittel. Seine nachhaltige Erzeugung in möglichst großem Umfange und bester Qualität setzt die volle Ausnutzung der zulässigen Wilddichtewerte durch optimal aufgebaute Populationen voraus, deren Individuen sich in guter körperlicher Verfassung befinden.

Populationsaufbau, Zuwachsrate und jagdliche Nutzungsquote nach Stück und Altersklasse stehen in unmittelbarem Zusammenhange. Anzustreben ist ein Populationsaufbau mit hohem Anteil an Individuen im mittleren und im Reifealter und eine hohe Nutzung wirtschaftlich besonders gut verwertbarer Bestandesglieder in den Jugendklassen. Die nachhaltige Ernte einer möglichst hohen Zahl starker Keilerwaffen ist eine Zielstellung, die sich organisch daraus ergibt. Sie ist nur von Populationen zu erwarten, deren Größe sich in Übereinstimmung mit der Umweltkapazität befindet und deren innere Struktur artspezifischen Anforderungen an Geschlechterverhältnis und Altersaufbau annähernd entspricht. Letzteres bedeutet eine hohe Jugendsterblichkeit (die einen hohen Jugendklassenabschuß bedingt), eine Periode geringer Mortalität im mittleren Lebensabschnitt (Schonen mittelalter Stücke) und stark zunehmende natürliche Abgänge bei höherem Lebensalter (starke Nutzung in der Reifeklasse). Somit ist die Trophäenernte direkt von der Abschußdurchführung abhängig. Sie ist deshalb nicht als eine Zielstellung anzusehen, die rein jagdliche Interessen widerspiegelt, beispielsweise als Erinnerungsstück an jagdliche Erlebnisse oder Objekt von Trophäenausstellungen. Da nur gesunde, gut aufgebaute Populationen dauerhaft Träger starker Trophäen enthalten und nutzen lassen, ist ein kontinuierlicher Anfall als Weiser prosperierender Bestände und guter Bewirtschaftung anzusehen. Es versteht sich von selbst, daß dabei die genetisch und ökologisch bedingten Grenzen

der Körper- und Trophäenstärke ausreichende Berücksichtigung finden müssen.
Zusammenfassend ergibt sich daraus das nachfolgend allgemein formulierte Bewirtschaftungsziel:
Das Ziel der Schwarzwildbewirtschaftung besteht im Aufbau und in der Erhaltung gesunder, gut gegliederter Populationen in der durch die Bonitierung festgelegten Bestandsdichte, die eine hohe Wildbret- und Trophäenproduktivität aufweisen und geringe Feldschäden verursachen.
In diesem Sinne ist es in der „Verfügung über die Einführung von Rahmenrichtlinien zur Bewirtschaftung der Schalenwildarten" vom 10. 4. 1980, Anlage 5, Schwarzwild, für den Raum der DDR verbindlich vorgegeben worden.
Die Konkretisierung dieses Zieles bedarf örtlicher bzw. regionaler Grundlagen. Das betrifft einerseits die Abgrenzung des Lebensraumes der Population (Bewirtschaftungsgebiet) sowie die Wilddichtefestlegung auf der Grundlage der spezifischen Bedingungen, andererseits die auf standörtlichen und genetischen Grundlagen beruhende Fixierung der Zielvorstellungen für die Körper- und Trophäenstärke. Die Erreichung des präzisierten Bewirtschaftungszieles muß durch wissenschaftlich begründete Richtlinien und Verfahren gesichert werden.
Die anschließenden Kapitel bilden dafür Grundlage und Erläuterung.

9.3. Wilddichte und Bewirtschaftungsgebiete

9.3.1. Wirtschaftlich tragbare Wilddichte

Während bei der biotisch tragbaren Wilddichte (vgl. Abschnitt 8.6.) der gesamte vorhandene und ausnutzbare Nahrungsvorrat eines Gebietes die vorrangige Bedeutung hat, entscheidet bei der wirtschaftlich tragbaren Wilddichte von Schwarzwildbeständen in erster Linie die Beanspruchung landwirtschaftlicher Nutzpflanzen. Ihre jeweilige Obergrenze liegt dort, wo mit jagdwirtschaftlichen Mitteln bei Mitwirkung der Landwirtschaftsbetriebe zur Schadverhütung die Einhaltung eines gesellschaftlich vertretbaren Schadmaßes nicht mehr gewährleistet werden kann bzw. einen unangemessenen hohen Aufwand erfordern würde.
Der Feldschaden war es, der in der Vergangenheit unter den gegebenen Bedingungen selbst die erfahrensten Jagdautoren, wie Bechstein (1820) und Hartig (1832) fordern ließ, daß Schwarzwild auf Sauparks oder große, zusammenhängende Waldungen beschränkt werden müsse, aus denen es nicht auf die Felder gelangen könne. Da derartige Waldungen heute in großen Teilen Europas nicht mehr vorkommen, käme die Verwirklichung dieser Forderung einer Ausrottung des Schwarzwildes gleich. Statt dessen ist anzustreben, mit den zur Verfügung stehenden Mitteln die Ausnutzung des Waldnahrungsangebotes zu erhöhen und gleichzeitig das Wild von den Feldern weitgehend fernzuhalten. Diese Aufgabe wird mit sinkendem Waldnahrungsangebot und steigender Wilddichte zunehmend komplizierter.
Es sollte zunächst einmal akzeptiert werden, daß überall dort, wo Schwarzwild vorkommt, Feldschäden niemals gänzlich ausgeschlossen werden können. Daher müssen Vorstellungen fixiert werden, bis zu welcher Höhe die Gesellschaft bereit ist, Schäden im Interesse der Erhaltung dieses Wildes und der Nutzung seiner Vorteile in Kauf zu nehmen. Für die DDR ist die vertretbare Höhe von Feldschäden, die auch bei guter Bewirtschaftung und angemessen hohen Wildbeständen auftreten können, durch die Wildschadensverordnung vom 28. 4. 1977 (GBl. I, 16 und 17, 1977) festgelegt worden (vgl. Abschnitt 14.2.). Es kommt hinzu, daß dieser Teil des Schadens nicht allein von den jeweils betroffenen Landwirtschaftsbetrieben getragen werden soll, sondern, wie in der DDR, über die Erzeugerpreise der gesamten Gesellschaft auferlegt oder, wie in anderen Staaten, aus dem Staatshaushalt dem Erzeuger rückerstattet wird. Schließlich muß hier darauf hingewiesen werden, daß die wirtschaftlich tragbare Wilddichte beim Schwarzwild auch eine möglichst geringe Seuchengefährdung der Bestände — sowohl im jagdwirtschaftlichen Interesse als auch im Interesse der landwirtschaftli-

chen Tierhaltungen – sichern muß. Wie bereits gesagt, steigt diese mit zunehmenden Wildkonzentration und ist somit abhängig von

- den örtlich gegebenen ökologischen Bedingungen, im besonderen vom Waldnahrungsangebot und der Geschlossenheit der Waldkomplexe;
- der landwirtschaftlichen Infrastruktur, der Wald-Feld-Verteilung, dem Stand der Produktivkräfte und den Besitzverhältnissen in der Landwirtschaft;
- dem voraussetzbaren Stand der Jagdwirtschaft, vor allem der Intensität bei der biologischen und technischen Wildschadenverhütung.

Daraus resultiert, daß von einer einheitlichen Festlegung wirtschaftlich tragbarer Wilddichten über weite Räume hinweg nicht die Rede sein kann. Doch geht Pielowski (1976) in jedem Falle zu weit, wenn er Bonitierungen für das Schwarzwild grundsätzlich mit der Begründung ablehnt, daß „jeder Waldkomplex eine biologisch spezifische Einheit für das Wild darstellt, die vom umweltlichen wie auch ökonomischen Standpunkt aus einzeln behandelt werden muß". Die Festlegung wirtschaftlich tragbarer Wilddichten ist als Orientierungswert für alle Beteiligten unverzichtbar; fehlt sie, wird das Schwarzwild zum Spielball gegenläufiger Interessen und ist eine Bewirtschaftung unmöglich.

Richtig ist aber zweifellos auch, daß die Vielzahl der örtlich, und oft auch noch in kürzeren Zeitabständen, wechselnden Bedingungen ein allzu ausgeklügeltes Verfahren der Ermittlung und Festlegung tragbarer Dichten überspitzt erscheinen lassen. Die in einer Reihe von Staaten bisher vorgesehenen Wilddichtefestlegungen entsprechen daher auch meist Erfahrungssätzen und Einschätzungen der unter den jeweiligen Bedingungen tragbaren Bestände. So geben Iwanowa und Owsjukowa (1976) für einige Regionen der UdSSR folgende wirtschaftlich tragbaren Wilddichten an: Ukraine 5 bis 6 Stück je 1000 ha, in guten Gebieten bis 8 Stück; Nordkaukasus 20 Stück; Berge Mittelasiens 60 bis 70 Stück. Rusakow und Timofejewa (1984) erarbeiteten für das Schwarzwildvorkommen im Nordwestteil der Sowjetunion einen Vorschlag, der eine Bonitierung der Gebiete in 5 Gruppen vorsieht. Einstufungskriterien sind die Waldstruktur, der Bodenzustand einschließlich der Feuchte und die als Nahrung vorhandene unterirdische pflanzliche und tierische Biomasse in g je m^2. In den günstigen Gebieten wird eine Dichte von 5 Stück/1000 ha für möglich gehalten. Feneser et al. (1975) teilen für Rumänien eine Skala von 4 Bonitäten auf der Grundlage ökologischer Faktoren mit, die eine Wilddichte von 1 bis 8 Stück auf 100 ha Waldfläche erlaubt. Raschke (Heck und Raschke, 1980) hält für die BRD in Abhängigkeit von der Waldfläche am Jagdgebiet und von der Laubholzfläche eine Wilddichte von 0,5 bis 2 Stück auf 100 ha für tragbar. Vorausgesetzt wird eine geschlossene Mindestfläche von 10000 ha. In der ČSSR erarbeiteten Wolf (1984) sowie Hell et al. (1984) Bonitierungsvorschläge, die bei Berücksichtigung der Feldschadengefährdung Wilddichterahmen auf der Grundlage von Waldtypengruppen und Höhenlagen darstellen. Die vorgeschlagenen Wilddichten reichen von 0,3 bis 1,6 Stück auf 100 ha Waldfläche. Auch die ersten in ähnlicher Weise für die DDR vorgenommenen Vorschläge ergaben Werte zwischen 0,5 und 1,5 Stück auf 100 ha Waldfläche (Briedermann, 1966). Ein Schwarzwildbestand kann nicht mehr bewirtschaftet werden, wenn seine Dichte unter 0,3 Stück/100 ha absinkt. Die zunehmend erkannte Bedeutung des Schwarzwildes in der Jagdwirtschaft (vgl. Abschnitt 9.1.2.) erforderte jedoch bald eine großräumige Überprüfung der empirischen Wilddichtevorstellungen mit dem Ziel, die Vitalität und Produktionskapazität dieser Wildart weitgehend ausnutzen zu können. Daher wurde eine Analyse der Beziehungen zwischen dem Schwarzwildbestand und der Wildschadensituation in 120 Jagdgesellschaften der Bezirke Neubrandenburg und Magdeburg mit insgesamt 1,3 Mill. ha Jagdfläche vorgenommen. Als ökologische Daten galten die Größe des Waldgebietes bzw. dessen Parzellierung, der Laubholzanteil, im besonderen der von Eichen und Buchen im fruktifikationsfähigen Alter sowie der

Tabelle 9/2 *Durchschnittliche Kennziffern von 113 Jagdgesellschaften der Bezirke Neubrandenburg und Magdeburg (1967 bis 1969)*

	Arithmetisches Mittel	Standard-abweichung	Variations-koeffizient
Bewaldungsprozent	28,11	19,33	68,79
Waldfeldgrenzen-Index (km auf 100 ha Wald)	2,78	2,04	73,54
Eichen- und Buchenanteil an der Waldfläche (%)	16,67	17,73	106,31
Eichen- und Buchenanteil ab 80 Jahre an der Waldfläche (%)	8,65	10,71	123,81
Feucht- und Naßstandorte (% der Waldfläche)	16,14	16,26	100,75
Schwarzwildstrecke je 100 ha Wald (Stück)	3,01	2,03	67,54
Mittel für Nahrungsverbesserung (in % vom Bruttoertrag)	5,84	10,43	178,71
Vergüteter Feldschaden (in % vom Bruttoertrag)	9,52	17,03	178,84

Anteil von bodenfeuchten bzw. Naßstandorten mit entsprechender Bodenflora und -fauna. Im Untersuchungszeitraum von 1967 bis 1969 wurden jährlich im Durchschnitt 3 Stück Schwarzwild auf 100 ha Waldfläche erlegt. In der Tabelle 9/2 sind die Mittelwerte zusammengestellt.

Bereits die hohen Variationskoeffizienten lassen erkennen, daß in den Jagdgesellschaften sehr unterschiedliche Bedingungen vorlagen. Dennoch wurde mittels multipler linearer Regression eine gesicherte Beziehung zwischen der Höhe der vergüteten Wildschäden und dem Komplex der untersuchten Einflußfaktoren festgestellt. Die bedeutsamsten Faktoren darunter waren das Bewaldungsprozent und der Anteil der Eichen- und Rotbuchen-Altbestände. Als Ausdruck der vorhandenen Wilddichte galt die im 3jährigen Durchschnitt erzielte Schwarzwildstrecke je 100 ha Wald. Auch diese steht in gesichertem Zusammenhang mit den untersuchten Faktoren. Am engsten waren auch hier die Beziehungen zum Bewaldungsprozent und zum Anteil der Eichen- und Buchenfläche.

Die mittels einfacher linearer Korrelation geprüften Beziehungen der einzelnen Faktoren zueinander sind in der Tabelle 9/3 dargestellt. Sie läßt die enge Bindung

- der Strecke an das Bewaldungsprozent und den Laubholzanteil,
- des Wildschadens an das Bewaldungsprozent und an die fruktifikationsfähigen Bestände,
- der Wald-Feldgrenze an das Bewaldungsprozent sowie
- die mindere Bedeutung der Feucht- und Naßstandorte erkennen.

Durch einfaktorielle Varianzanalyse erfolgte schließlich eine gesonderte Prüfung der Beziehungen zwischen der Feldschadenhöhe je erlegtes Stück sowie der Streckenhöhe je 100 ha Wald zu den einzelnen Einflußgrößen. Dabei wurden die Jagdgesellschaften in je 5 Gruppen mit gleichem Feldschaden und gleichen Strecken zusammengefaßt und einander gegenübergestellt. Die Vielzahl der einzelnen Tests mit ihren zahlreichen Verflechtungen kann hier nicht im einzelnen dargestellt werden. Als Beispiel sind in der Abbildung 9/6 die Mittelwerte der einzelnen Komponenten grafisch dargestellt, die sich bei der Gruppierung nach der Streckenhöhe ergaben.

Im Ergebnis zeichnete sich folgender Beziehungskomplex ab:

- Die Wilddichte (annähernd durch die Strecke ausgedrückt) war in den kleineren Waldgebieten (Bewaldungsprozent) mit höherer Streulage (Feldgrenzenindex) bzw. in den Randgebieten der größeren Waldkomplexe am größten, in den großen geschlossenen Waldkomplexen dagegen am geringsten.
- In Verbindung damit steht, daß der prozentuale Laubholzanteil (Eichen, Rotbuche) und der Anteil von Feuchtstandorten in den erstgenannten Gebieten höher als in den letzteren ist.

Tabelle 9/3 *Einfache lineare Korrelation der gegenseitigen Beziehungen von den Wildschäden und die Wilddichte beeinflussenden Faktoren*

	Strecke je 100 ha	Feldschaden je St.	Wald %	Wald-Feld-Grenze	Eiche, Buche Fläche (%)	Altbestände Eiche, Buche (%)	Naßstandorte (%)	Mittel für Ernährung (%)
Strecke je 100 ha								
Feldschaden je Stück	–							
Wald %	+++	+						
Wald-Feld-Grenze	–	–	+++					
Eiche, Buche Fläche (%)	+++	–	+++	–				
Altbestände Eiche, Buche (%)	+++	+++	–	–	+++			
Naßstandorte (%)	–	–	–	++	–	–		
Mittel für Ernährung (%)	–	–	+	++	–	–	–	

Zufallhöchstwerte: über 5%, nicht gesichert (–); unter 5%, gesichert (+); unter 1%, hoch gesichert (++); unter 0,27%, sehr hoch gesichert (+++)

- Der Wildschaden (je Stück der Strecke) ist dichteabhängig. Demzufolge ist er auch nach obigem Punkt in den kleineren, parzellierten Waldgebieten bzw. den Randgebieten der Waldkomplexe höher als in diesen, obwohl dort zunächst die ökologischen Bedingungen günstiger erscheinen.
- Bei Unterstellung gleicher und hoher Dichte ist der Wildschaden in den Jagdgesellschaften mit hohem Waldanteil größer, da diese im allgemeinen einen geringeren Laubholz- und Feuchtstandortanteil aufweisen, und sich ein absolut höherer Schwarzwildbestand auf die Feldflächen konzentriert.
- Bei annähernd gleicher Wilddichte ist daher die Relation des Wildschadens in Gebieten mit mittlerer Streulage und hohem Laubholzanteil am günstigsten. Die Bedeutung der Feuchtstandorte ist nachgeordnet. Der Feldschaden steigt sowohl mit sehr geringem als auch sehr hohem Feldgrenzenindex.
- In den Gebieten mit hohen Feldschäden und hohen Strecken wurden vergleichsweise geringe Mittel zur Verbesserung der Ernährung des Schwarzwildes und zur Feldschadenabwehr aufgewandt.

Insgesamt zeigte sich allerdings, daß alle Korrelationen infolge der sehr großen Variabilität der Jagdgesellschaften – wie erwartet – nicht sehr eng sind und sich an der Signifikanzgrenze von 5 % bewegen. Das ist einmal Ausdruck für die Unterschiedlichkeit der örtlichen Verhältnisse, zum anderen aber für das Wirken mathematisch nicht faßbarer Einflüsse auf Wilddichte und Wildschaden, wie z. B. die Bejagungsintensität an der Feldflur, die vertragliche Zusammenarbeit mit den Landwirtschaftsbetrieben und die ökonomisch nicht faßbaren Leistungen der Jäger bei der Ablenkfütterung. Im besonderen die letzteren Gründe trugen dazu bei, daß, trotz teilweise sehr hoher Dichten, 51 % der Jagdgesellschaften im Untersuchungszeitraum keinen vergütungspflichtigen Feldschaden aufwiesen, weitere

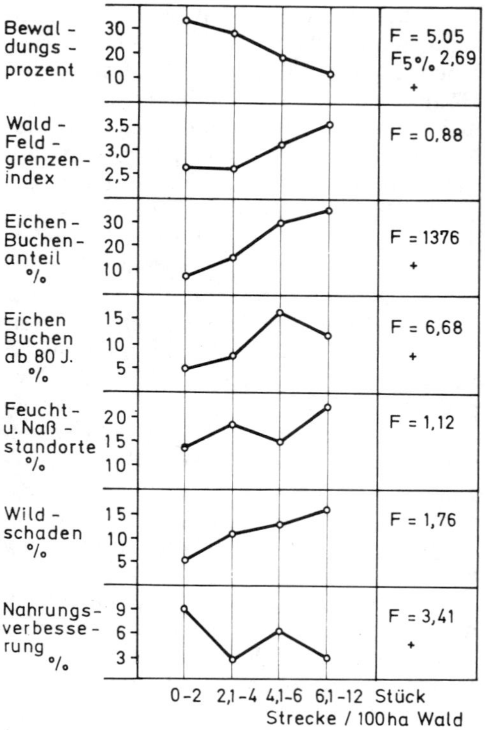

Abb. 9/6 Beziehungen zwischen der Höhe der Schwarzwildstrecke und einigen ökologischen Faktoren
(nach BRIEDERMANN, 1981)

21 % weniger als 10 % des Bruttoertrages aus der Schwarzwildstrecke und nur bei 3,5 % überstieg der Feldschadenersatz 50 % des Bruttoerlöses. Dieses Ergebnis stimmt mit Ermittlungen von GENOV und MITOV (1981) in Bulgarien überein.

Für den Zweck der Ermittlungen der Obergrenze wirtschaftlich tragbarer Wilddichte ergab die Analyse mithin, daß unter den in der DDR häufigsten ökologischen Bedingungen Frühjahrsbestände von 2 bis 3 Stück Schwarzwild je 100 ha durchaus wirtschaftlich vertretbar sind. Der Wert verringert sich bei sehr hoher oder sehr geringer Streulage bzw. Waldflächengröße und steigt mit zunehmendem Laubholzanteil. Er wird weiterhin von der Qualität der Wildbewirtschaftung und Feldschadenverhütung beeinflußt.

Die erläuterte Analyse nimmt die Feldschadengefährdung in ihrer Relation zum Wildaufkommen als Maßstab der Obergrenze wirtschaftlich tragbarer Wilddichte. Es könnte die Frage gestellt werden, in welchem Maße die im Walde durch das Schwarzwild wahrgenommenen, allerdings schwer meßbaren Funktionen zusätzlich zu berücksichtigen sind. Bereits VON VIETINGHOFF-RIESCH (1952) wies allerdings darauf hin, daß man sich von Illusionen über hohe Nutzwirkungen des Schwarzwildes im Walde trennen müsse (vgl. Abschnitt 5.5.2.1.). Hinsichtlich der Schadwirkungen führte UECKERMANN (1978) eine Erhebung in 76 Forstämtern durch, deren Schwarzwilddichte zwischen 0,2 und 6,9 Stück auf 100 ha Waldfläche lag. Er stellte keine deutliche Beziehung zwischen dem Schadnachweis und der Wilddichte fest. Daraus kann abgeleitet werden, daß Forstschäden durch Schwarzwild bei der Festlegung wirtschaftlich tragbarer Wilddichten im allgemeinen außer Betracht bleiben können. Es sei aber immerhin erwähnt, daß polnische Forscher (z. B. ANDRZEJEWSKI et al., 1969 und PIELOWSKI, 1975) auf Grund ökologischer Forschungen die Meinung vertreten, daß die Schadvergütung für die Landwirtschaft, die etwa 0,3 % des Wertes der Forstproduktion ausmacht, bereits von dem Nutzen, den das Schwarzwild dem Walde bringt, auch ohne Berücksichtigung des Wildbretertrages ausgeglichen wird.

Zusammengefaßt zeigen die in der DDR durchgeführten Untersuchungen, daß im Flachland Schwarzwildbestände mit einer Dichte zwischen 1 und 4 Stück auf 100 ha Wald in Abhängigkeit von den örtlichen Bedingungen ohne besondere Gefährdung der Feld- und Forstwirtschaft gehalten werden können. Voraussetzung ist die gegebene gesellschaftliche Struktur, im besonderen das Organisationssystem der Land- und Forstwirtschaft, und eine gute Schwarzwildbewirtschaftung. Die Abstufung innerhalb der genannten Spanne kann ziemlich einfach auf den vorhandenen Laubholzanteil und den Waldfeldgrenzenindex reduziert werden.

Es besteht kein Grund dafür, Frühjahrsbestände von weniger als 1 Stück auf 100 ha festzulegen, da so geringe Bestände nicht produktiv bewirtschaftet werden können und andererseits der Feldschaden nicht im erwarteten Maße mitsinkt. Vielmehr konzentrieren sich diese Bestände ebenfalls an den für sie günstigsten Örtlichkeiten. Die Beziehung zwischen Feldschaden und Wilddichte ist auch nicht so eng, daß der festzulegende Dichtewert unter allen Umständen starr eingehalten werden müßte. Vielmehr ist es durchaus möglich, den beim Schwarzwild üblichen Populationsschwankungen in gewissem Maße zu folgen. Kurzfristige Schwankungen um etwa ± 50 % der festgelegten Dichte sind als durchaus normal und sogar biologisch sinnvoll anzusehen. Sie dürfen natürlich nicht als Begründung für ein allmähliches Hochschaukeln der Bestände herhalten.

Für Mittelgebirgsräume wurden bisher keine getrennten Untersuchungen durchgeführt. Diese Gebiete zeichnen sich in der DDR durch eine nahezu ausschließliche Fichtenbestockung, relativ kleinflächige Landwirtschaft, einen intensiven Touristenstrom und eine dichte Besiedlung der Tallagen aus. Die Winter sind rauh und niederschlagsreich. Das gab Anlaß, die tragbaren Wilddichtewerte in Höhen zwischen 300 und 500 m über NN um die Hälfte zu reduzieren und in größeren Höhenlagen keine Schwarzwildbestände zu dulden.

Schwarzwild gilt auch in solchen Gebieten nicht als tragbar, die Reliktvorkommen von Rauhfußhühnern enthalten und die einer intensiven Fasanenzucht gewidmet sind.

Es ist zwar sicher, daß das Schwarzwild nicht gezielt der Suche nach Federwild nachgeht (vgl. Abschnitt 5.5.2.3.), sondern dessen Eier und Küken nur bei zufälligem Auftreten aufnimmt. In den Jahrzehntausenden gemeinsamen Vorkommens in natürlichen Biozönosen vermochte es schließlich deren Ausrottung nicht zu bewirken. Die heutige Seltenheit vieler Arten, die sie an die Existenzgrenze brachte, ist primär eine Folge von Umweltveränderungen, unter denen das Schwarzwild nur ein verschwindender Faktor ist. Der Verzehr des einen oder anderen Geleges durch das Schwarzwild verändert die Situation für die Art nicht mehr. Dennoch ist es unangebracht, in den letzten Refugien seltener Arten oder in Gebieten, die der aufwendigen Fasanenhege bereitgestellt werden, gleichzeitig Schwarzwild zu bewirtschaften.

Übersteigt die Wilddichte im Frühjahr eine Höhe von etwa 4 Stück je 100 ha, ist auch in den besten Gebieten eine Zunahme der Feldschäden zu erwarten, und Abwehrmaßnahmen können bei der Vielzahl von aus den Wäldern dringenden Sauen kaum ihre Wirksamkeit entfalten. Wird nicht zusätzlich das Waldnahrungsangebot zu allen Jahreszeiten wesentlich erhöht, bewirkt die Feldschadenabwehr lediglich eine Umverteilung der Schäden, da das unberuhigte Schwarzwild an anderer Stelle wieder hinauszieht. Ebenso wichtig ist aber auch die im Abschnitt 8.6. näher dargelegte Feststellung, daß mit zunehmender Wilddichte die Konstitution des Bestandes merklich zurückgeht und die Krankheitsanfälligkeit steigt. Eine ständige Parasitenbekämpfung wird daher erforderlich.

Alle bisher vorliegenden Analysen zeigen, daß Seuchenzüge der Schweinepest unter dem Schwarzwild hoher Wilddichten bedürfen (vgl. Abschnitt 7.5.1.1.).

Bereits bei Frühjahrsbeständen von 4 Stück auf 100 ha Wald wird es in den bevorzugten Einständen zur doppelten, während des Sommers und Frühherbstes sogar zur drei- bis vierfachen Höhe dieses Wertes kommen. Daher ist auch aus seuchenhygienischer Sicht eine Frühjahrswilddichte dieser Höhe als das Äußerste des wirtschaftlich Tragbaren anzusehen. Die ungleichmäßige Verteilung des Schwarzwildes in seinem Lebensraum soll schließlich noch Anlaß sein, auf die diesbezüglich richtige Interpretation des Begriffes „wirtschaftlich tragbare Wilddichte“ hinzuweisen. Schwarzwild muß großräumig bewirtschaftet werden, da die Abgrenzung der Jagdgebiete im allgemeinen nicht den jahreszeitlichen Einstandswechsel des Schwarzwildes berücksichtigen kann, und somit die unterschiedliche Einstandseignung in größerem Rahmen auszugleichen ist. Die in einzelnen Jagdgebieten richtig ermittelten Dichtewerte können nicht für sich allein betrachtet werden und es ist ein vergebliches Bemühen, sie hier unbedingt einhalten zu wollen.

Das große Raumbedürfnis dieser Wildart und die unterschiedliche Verteilung je nach dem jahreszeitlich und jährlich wechselnden Nahrungsangebot erfordern größere Einheiten, die mindestens 10000 ha Waldfläche umfassen sollten. Der in allen beteiligten Jagdgebieten ermittelte wirtschaftlich tragbare Frühjahrsbestand gilt summiert für das gesamte Gebiet. Die sich daraus errechnende wirtschaftlich tragbare Wilddichte muß für das Gesamtgebiet gelten, selbst wenn in einzelnen Jagdgebieten wesentliche Über- und Unterschreitungen des Mittelwertes vorhanden sind.

9.3.2. Bonitierung und Bewirtschaftungsgebiete

9.3.2.1. Bonitierung

Für die Jagdgebiete in der DDR ist die Durchführung einer Schalenwildbonitierung gesetzlich vorgeschrieben. Sie hat die Aufgabe, die wirtschaftlich tragbare Wilddichte territorial zu fixieren und somit einen Eichwert für den jeweiligen Wildbestand, seine Entwicklungstendenz und die Wirksamkeit bestandsregulierender Maßnahmen abzugeben. Die erste gesetzliche Grundlage für die Festlegung wirtschaftlich tragbarer Schwarzwildbestände in der DDR bildete die „Richtlinie Nr. 3/71 über die Bonitierung in Schwarzwildgebieten" vom 9. November 1971. Die in den Jahren 1971 bis 1975 damit gewonnenen Erfahrungen bestätigen die inhaltliche Richtigkeit und erlaubten es, die Festlegungen im Rahmen der „Verfügung über die Bonitierung der Jagdgebiete" vom 2. Juli 1979 in weiterentwickelter Form beizubehalten. Die Ergebnisse der Bonitierung gelten in der Regel für einen Zeitraum von 10 Jahren. In den Jagdgesellschaften sind Bonitierungskommissionen zu bilden, denen unter anderem auch Vertreter der örtlichen Land- und Forstwirtschaftsbetriebe angehören sollen. Sie ermitteln auf der Grundlage der Jagdgebiete die Bonitierungsgrundlagen und stellen sie jagdgebietsweise den Bonitierungskommissionen in den staatlichen Forstwirtschaftsbetrieben zur Verfügung. Die Verantwortlichkeit der Forstwirtschaftsbetriebe beruht auf ihrer Funktion als Jagdbewirtschaftsorgan in der DDR und ihrer daraus resultierenden Verantwortlichkeit für die gesamte Jagdwirtschaftsfläche. Den Bonitierungskommissionen in den staatlichen Forstwirtschaftsbetrieben gehören unter anderem Vertreter der Kreisjagdbehörden, der Landwirtschaftsorgane und die Leiter der Aktivs für Wildbewirtschaftung an. Sie stellen die Ergebnisse der Jagdgebiete und Jagdgesellschaften nach Überprüfung zusammen und erarbeiten ein Abschlußprotokoll für die zum Forstbetrieb gehörenden Kreise und den gesamten Forstwirtschaftsbetrieb. Dieses Abschlußprotokoll enthält sowohl die Zusammenstellung der Bonitierungsunterlagen als auch die für die einzelnen Territorien ermittelten Wilddichtewerte. Den Jagdbehörden bei den Räten der Bezirke obliegt es, die Ergebnisse in einem Zeitraum von bis 2 Monaten zu überprüfen und schließlich zu bestätigen. Dadurch werden sie bindende und planwirksame Grundlage der Wildbewirtschaftung. Für die Ermittlung der Wilddichte in den Jagdgebieten ist die Erhebung des Laubholzanteils und der Parzellierung des Jagdgebietes Voraussetzung. Hinsichtlich der Baumartenzusammensetzung werden folgende Gruppen gebildet:

Gruppe I: Laubholzanteil unter 10 % der gesamten Waldfläche

Gruppe II: Laubholzanteil zwischen 10 und 20 % der gesamten Waldfläche

Gruppe III: Laubholzanteil zwischen 20 und 50 % der gesamten Waldfläche

Gruppe IV: Laubholzanteil über 50 % der gesamten Waldfläche.

Von der Erfassung des Laubholzanteils ist nur die Birke ausgenommen. Die Parzellierung wird durch den Wald-Feldgrenzenindex ausgedrückt. Dieser ergibt sich aus der Länge der Grenze zwischen Wald und landwirtschaftlich genutzter Fläche (in km), dividiert durch die Größe der Bezugsfläche (in 100 ha). Die Bezugsfläche entspricht hier der Waldfläche des Jagdgebietes einschließlich von Öd- und Unland, soweit es mit Vegetation bedeckt ist, Rohr- und Schilfpartien, unbefestigten Wegen, Gestellen und Schneisen, Wirtschaftsstreifen, Leitungsaufhieben und Triften. Des weiteren werden Wildäcker hinzugerechnet. Bei der Berechnung der Parzellierung ergibt sich ein Faktor in km je 100 ha Bezugsfläche.

Es ist wie folgt zu gruppieren:
Gruppe A: bis 1,5
Gruppe B: über 1,5 bis 3,0
Gruppe C: über 3,0 bis 5,0
Gruppe D: über 5,0.

Die Schwarzwilddichte für Jagdgebiete in mittleren Höhenlagen bis zu 300 m über NN kann aus der Tabelle 9/4 abgelesen werden. Sie erreicht die höchsten Werte bei mittlerem Parzellierungsgrad und steigt mit dem Laubholzanteil.

Bei Höhenlagen zwischen 300 und 500 m über NN sind die sich aus der Tabelle ergebenden Werte für das Jagdgebiet um 50% zu vermindern. Bei Höhenlagen über 500 m über NN erfolgt keine Schwarzwildbewirtschaftung und ist somit auch keine zulässige Wilddichte festzustellen. Die Ermittlung des zulässigen Schwarzwildbestandes des Jagdgebietes erfolgt durch Multiplikation der errechneten Wilddichtewerte mit der Bezugsfläche. Sehr wesentlich ist die Festlegung, daß das Bonitierungsergebnis für das einzelne Jagdgebiet (Tab. 9/5) noch keine Gültigkeit hat. Vielmehr sind die Ergebnisse innerhalb eines Kreises zusammenzufassen (Tab. 9/6). Dem liegt die aus dem vorigen Kapitel schon erkennbare Erfahrung zugrunde, daß einerseits Schwarzwild einer großräumigen Bewirtschaftung bedarf, es andererseits aber nicht erforderlich ist, Einstandsgebiete auf vorwiegend ökologischer Grundlage auszuscheiden, die Kreis- oder sogar Bezirksgrenzen überschreiten würden. Wichtiger ist es, Voraussetzungen für eine gemeinsame Bewirtschaftung zu schaffen, wie es infolge der Organisations- und Leitungsstruktur am besten innerhalb der Kreisgrenzen möglich ist. Es wird daher angestrebt, daß die Jagdgebiete eines Kreises ein gemeinsames Schwarzwild-Bewirtschaftungsgebiet bilden. Freilich kann es infolge der örtlichen Wald-Feldverteilung möglich sein, daß ein geschlossener Waldkomplex Teile mehrerer Kreise umfaßt.

Tabelle 9/4 *Festlegung der zulässigen Schwarzwilddichte in der DDR lt. Verfügung über die Bonitierung der Jagdgebiete vom 2. 7. 1979 (zulässige Wilddichte in Stück auf 100 ha Bezugsfläche)*

Parzellierung		A	B	C	D
Baumarten-zusammen-setzung	I	1,0	2,0	2,0	1,0
	II	1,5	2,5	2,5	1,5
	III	2,0	3,0	3,5	2,5
	IV	2,5	3,5	4,0	2,5

Parzellierung: Waldfeldgrenzenindex in km/100 ha Bezugsfläche Wald
Baumartenzusammensetzung: Laubholzanteil in Prozent der gesamten Waldfläche außer Birke
A bis D: Parzellierungsgruppen
I bis IV: Gruppen der Baumartenzusammensetzung

Wenn davon ausgegangen werden kann, daß in allen Kreisen die gleichen Bewirtschaftungsgrundsätze gültig sind, besteht kein unbedingter Anlaß, dieses Waldgebiet zusammengefaßt zu bewirtschaften.

In Kreisen mit geringer Waldfläche kann es auftreten, daß im Ergebnis der Bonitierung ein zulässiger Gesamtbestand von weniger als 50 Stück ermittelt wird. Weil davon ausgegangen wird, daß für eine Bewirtschaftung ein Stammbestand von mindestens 50 Stück erforderlich ist, darf in diesem Falle kein eigenes Bewirtschaftungsgebiet gebildet werden. Ergeben jedoch die Bonitierungsunterlagen mehrerer aneinandergrenzender Jagdgesellschaften verschiedener Kreise mehr als 50 Stück Schwarzwild, so können diese in einem Bewirtschaftungsgebiet zusammengeschlossen werden. Ebenso können Jagdgebiete oder Jagdgesellschaften eines Kreises, der insgesamt nicht als Bewirtschaftungsgebiet bestätigt werden kann, einem angrenzenden Bewirtschaftungsgebiet angeschlossen werden. Verantwortlich für das Bewirtschaftungsgebiet ist die Jagdbehörde desjenigen Kreises, der den größten flächenmäßigen Anteil hat. Die Bonitierung für Schwarzwildgebiete ermöglicht somit eine Bewirtschaftung in fast allen Kreisen der DDR, die in einer Höhenlage unter 500 m über NN liegen, sofern die Waldfläche und deren Eigenschaften einen zulässigen Frühjahrsbestand von mindestens 50 Stück ergeben. Das kann bereits schon eine Bezugsfläche von 1500 ha ergeben (Parzellierungsgruppe C, Baumartenzusammensetzung III, Wilddichte 3,5 Stück/100 ha). Diese Fläche kann sich sogar über mehrere benachbarte Kreise erstrecken.

Tabelle 9/5 *Ermittlung der zulässigen Schwarzwilddichte des Jagdgebietes*

Staatlicher Forstwirtschaftsbetrieb: ____________________

Kreis: ____________________

Jagdgesellschaft: ____________________

1. Flächenübersicht
   - Waldfläche ____________
   - Wildacker ____________
   - Bezugsfläche ____________ ha

2. Durchschnittliche Höhenlage: ____________ m über NN

3. Holzbodenfläche: ____________ ha

   davon Laubholz ohne Birke ____________ ha = ____ %

   ____

   Gruppe ____________

4. Feldgrenzenindex

   Feldgrenzenlänge (in km) ________

   ____________________ = Index ________

   Bezugsfläche ________
   (in 100 ha)

   ____

   Gruppe ________

Aufgenommen am ________ 19 ___

durch

____

Vorsitzender der JG

Tabelle 9/6 *Zusammenstellung der Ergebnisse der Schwarzwildbonitierung des Kreises*

Jagdgesellschaft	Jagdgebiet	Bezugsfläche ha	Wilddichte Stück/ 100 ha	Frühjahrsbestand Stück

berechnet am ________ 19___

____

Direktor des StFB

Abweichungen von den bestätigten Bonitierungsergebnissen bedürfen der Bestätigung durch die Jagdbehörde des Bezirkes. Eine Verminderung ist beispielsweise denkbar in Gebieten mit einer besonderen Gefährdung landwirtschaftlicher Kulturen, wie bei intensiver Saatzucht oder ausgedehntem Gemüseanbau. Andererseits berechtigen in der Vergangenheit aufgetretene oder zukünftig erwartete Schäden nicht dazu, von vornherein die Bonitierungsergebnisse zu mindern. Vielmehr müssen die zur Schadminderung zur Verfügung stehenden Mittel zunächst sorgfältig geprüft und eingesetzt werden. Auf Lebensräume von Rauhfußhühnern und auf Fasanenbewirtschaftungsgebiete wurde bereits eingegangen. Erscheint ein

Gebiet infolge örtlicher Besonderheiten nicht geeignet, die laut Bonitierung mögliche Wilddichte zu tragen, ist eine Herabsetzung angebracht. Wird dabei allerdings die vorgesehene Mindestwilddichte von 1 Stück auf 100 ha Bezugsfläche unterschritten, kann keine Bewirtschaftung mehr erfolgen.

Viele Diskussionen ergaben sich bei der Einführung der Bonitierung durch eine zu „kleinflächige" Betrachtung der erzielten Ergebnisse. Es muß verstanden werden, daß die Bonitierung mit wenigen und einfach zu ermittelnden Daten eine Vielzahl zusammenwirkender Faktoren berücksichtigt. Daher bilden die für das Jagdgebiet und teilweise sogar die Jagdgesellschaft errechneten Bestandswerte nur Teilergebnisse, die sich erst in der Bewirtschaftungseinheit des Kreises zu einem sinnvollen Ganzen zusammenfügen. In waldreichen Jagdgebieten wird z. B. ein hoher Zielbestand errechnet, dessen Zuwachs jedoch zum großen Teil in den benachbarten feldreichen Jagdgebieten mit geringem rechnerischen Zielbestand zur Strecke kommt. Isoliert gesehen ist der Bonitierungsbestand für jede der beiden Jagdgebiete unangemessen; zusammengefaßt betrachtet entspricht er den örtlichen Gegebenheiten und bildet eine zweckmäßige Arbeitsgrundlage. Deshalb ist die Zusammenfassung der Jagdgebiete und Jagdgesellschaften zu Bewirtschaftungsgebieten ein untrennbarer Bestandteil der Bonitierung. Im Ergebnis der 1980 durchgeführten Bonitierung ergab sich für die DDR ein Frühjahrsbestand von 42000 Stück Schwarzwild; das entspricht einer durchschnittlichen Wilddichte von etwa 2 Stück auf 100 ha Bezugsfläche. In den nördlichen Bezirken nähert sie sich einem Durchschnitt von 3 Stück, während die Südbezirke auf etwa 1 Stück/100 ha zurückgehen.

9.3.2.2. Bewirtschaftungsgebiete

Im Abschnitt 8.5. wurden die bisherigen Kenntnisse über die Größe des Belaufes des Schwarzwildes und seine Translokationen dargestellt. Es ist ersichtlich, daß eine lebensfähige Population einen Lebensraum von mehreren tausend Hektar Waldfläche benötigt, innerhalb der die einzelnen Stücke und Verbände ihre Beläufe einnehmen und in Abhängigkeit von Nahrung, Witterung und Beunruhigung saisonale bzw. temporäre Ortsveränderungen vornehmen. Unter der Voraussetzung einer wirtschaftlich tragbaren Wilddichte ist es unmöglich, auf der Fläche eines Forstrevieres, Jagdgebietes oder noch kleinerer Territorien einen festen Schwarzwildbestand zu halten oder gar zu bewirtschaften. Ständig werden deren Grenzen vom Schwarzwild in allen Richtungen überquert. In Mastjahren wird es sich in den eichen- und rotbuchenreichen Teilen des Siedlungsraumes der Population zusammenfinden; in Fehlmastjahren mehr die wärmeren Nadelholzgebiete bevorzugen.Im Sommer und Herbst ziehen die Sauen verstärkt in die angrenzenden Felder und nehmen oft dort ihren Einstand. Sind die Feldflächen wieder kahl, befinden sich mindestens die Ruheeinstände wieder im Walde. Diese räumlichen Veränderungen haben nicht nur auf die erzielbare Streckenhöhe Einfluß. Sie führen auch zu einem ungleichmäßigen Auftreten der Feldschäden und Disproportionen zwischen Feldschadenvergütung und Jagdertrag. In Erkenntnis dessen forderte bereits GRUNERT (1873) vor mehr als einhundert Jahren, daß sich die Jagdbesitzer und -pächter der Kreise Preußens zu Wildschadenverbänden zusammenschließen sollten, um die finanziellen Belastungen unter sich auszugleichen. Wird eine Bewirtschaftung des Schwarzwildes im Sinne der Herstellung optimaler Bestandsstrukturen angestrebt, ist das ohne großräumige verbindliche, einheitliche Bejagungsrichtlinien undenkbar. Allein auf sich gestellt, können die Jäger in den wildschadensgefährdeten Revieren nur daran interessiert sein, das Schwarzwild möglichst kurz zu halten und lehnen aus diesem Grunde jeden Wahlabschuß ab. In den Waldkomplexen dagegen wird man eine Aufstockung des Bestandes anstreben und eine Hege der stärkeren Sauen betreiben, ohne jedoch infolge der gegenläufigen Randeinflüsse damit wesentliche Erfolge zu erreichen. Leidtragende sind nicht nur die Sauen, sondern auch die Jäger selbst, da nicht nur hohe Wildschäden entstehen, sondern auch der Wildbret- und Trophäenertrag unbefriedigend bleiben. Je kleiner die Jagdbezirke sind, umso notwendiger, aber auch umso schwieriger ist der Zusammenschluß zu gemeinsamer Bewirtschaftung. In der BRD wird seit einigen Jahren in zunehmenden Maße der Weg des freiwilligen Zusammenschlusses von Jagdpächtern und -inhabern sowie den Staatsforsten zu sogenannten „Schwarzwildringen" beschritten (UECKERMANN, 1978; HECK und RASCHKE, 1980; HENNIG, 1981). Als Vorbild dafür dient das in Niedersachsen entstandene „Lüneburger Modell" (TEUWSEN, 1977). Die Bildung von Schwarzwildringen wird aus der im Bundesjagdgesetz niedergelegten Bildung von Hegegemeinschaften zum Zweck des Abschusses bestimmter Wildarten nach gemeinsamen Plänen abgeleitet. Für die DDR ist die Bildung von Schwarzwildbewirtschaftungsgebieten eine Verpflichtung, die aus der „Verfügung über die Bonitierung der Jagdgebiete" vom 2. 7. 1979, Anlage 3, Schwarzwild, hervorgeht. Sie legt fest, daß die Jagdgesellschaften nach Kreisen in Bewirtschaftungseinheiten zusammenzufassen sind. Wie bereits im vorigen Kapitel erläutert, sind in allen Kreisen Bewirtschaftungsgebiete zu bilden, die nach der Bonitierung einen zulässigen Schwarzwildbestand von 50 Stück und mehr haben können. Ergeben die Bonitierungsunterlagen mehrerer aneinandergrenzender Jagdgesellschaften verschiedener Kreise zusammen mehr als 50 Stück Schwarzwild, so können auch diese Jagdgesellschaften zu einem Bewirtschaftungsgebiet zusammengeschlossen werden, auch wenn der jeweilige Kreis nicht in seiner ganzen Größe dazu geeignet ist. Ebenso können Jagdgebiete oder Jagdgesellschaften eines Kreises, der insgesamt nicht als Bewirtschaftungsgebiet ausgeschieden werden kann, einem angrenzenden Bewirtschaftungsgebiet zugeordnet werden. Verantwortlich für das Bewirtschaftungsgebiet ist der Rat des Kreises, der den flächenmäßig größten Anteil daran hat.

Die Zusammenfassung der Jagdgesellschaften eines Kreises zu einem Schwarzwildbewirtschaftungsgebiet entspricht der Notwendigkeit großräumiger Bewirtschaftung bei einheitlicher Leitung in günstiger Weise. Innerhalb der Kreise ist die Möglichkeit gegeben, jahreszeitliche Bestandsveränderungen durch einheitliche Planung, Leitung und Organisation weitgehend zu berücksichtigen. Der Vorteil der einheitlichen Leitungsstruktur überwiegt den einer mehr ökologisch bedingten bei weitem, zumal dort, wo, wie meist in der DDR, die Schwarzwildpopulationen fließend ineinandergreifen und nach gleichen Richtlinien bejagt und bewirtschaftet werden.

In der „Verfügung über die Einführung von Rahmenrichtlinien für die Bewirtschaftung der Schalenwildbestände" vom 10. 4. 1980 ist festgelegt, daß für alle Bewirtschaftungsgebiete unter der Verantwortlichkeit der Jagdbehörden Bewirtschaftungsrichtlinien zu erarbeiten und in Kraft zu setzen sind. Der Inhalt dieser Richtlinien ist in seinen Grundzügen in der genannten Verfügung (Anlage 4) vorgesehen und muß unter der Beachtung der örtlichen Bedingungen präzisiert werden. Durch die genannten Verfügungen wurde für den gesamten Raum der DDR eine großräumige Schwarzwildbewirtschaftung nach einheitlichen Gesichtspunkten ermöglicht. In der „Rahmenrichtlinie für die Bewirtschaftung der Schwarzwildbestände" (Anlage 4 der Verfügung von 10. 4. 1980) sind unter Punkt 3 die Maßnahmen aufgeführt, die von den am Bewirtschaftungsgebiet beteiligten Jagdgesellschaften gemeinsam durchzuführen sind:

- Mitwirkung bei der Bonitierung
- Aufstellung von koordinierten Abschußplänen unter Berücksichtigung der räumlichen Verteilung des Schwarzwildes im Jahresverlauf;
- regelmäßige Plankontrolle und Sicherung der Realisierung des Abschusses im gesamten Bewirtschaftungsgebiet;
- Abstimmung der Maßnahmen zur Wildschadenverhütung, Nahrungsverbesserung und Fütterung sowie Anlage jagdlicher Einrichtungen;
- Organisierung von Qualifizierungsmaßnahmen für die Jäger des gesamten Bewirtschaftungsgebietes einschließlich der Durchführung einer jährlichen Pflichttrophäenschau;

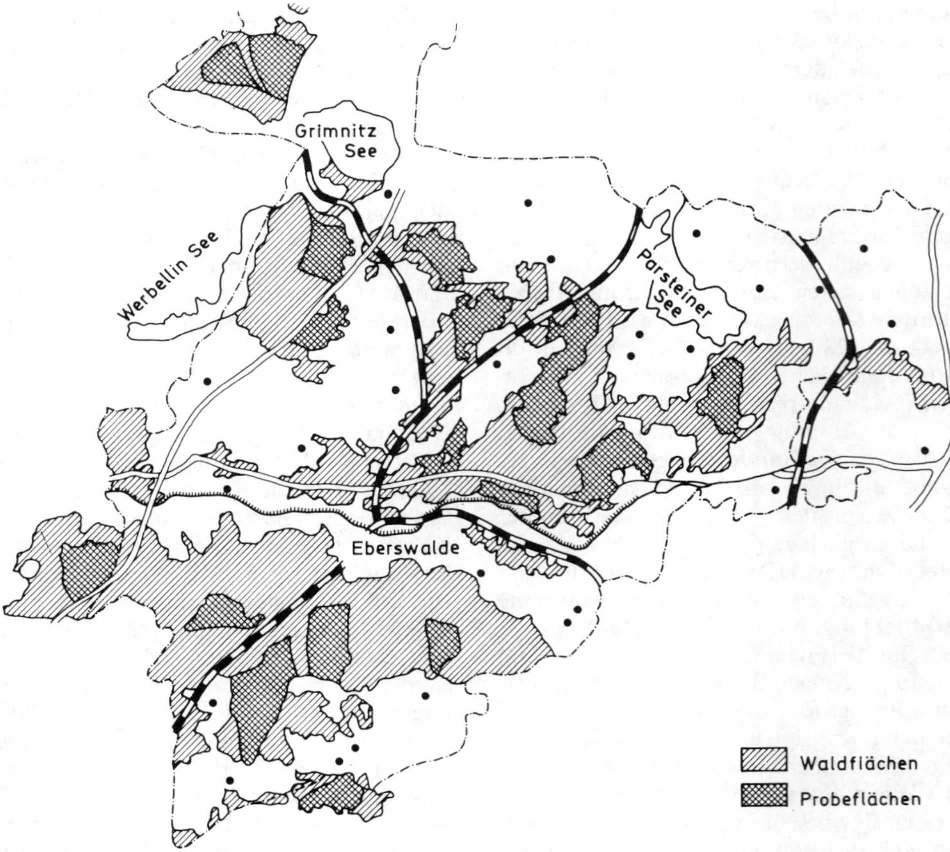

Abb. 9/7 Schwarzwild-Bewirtschaftungsgebiet Kreis Eberswalde (nach BRIEDERMANN, 1981)

– Vorbeugungsmaßnahmen zur Verhinderung von Wildkrankheiten.

Die Koordinierung zwischen den beteiligten Jagdgesellschaften erfolgt durch Empfehlungen der Arbeitsgruppe Schalenwild beim Jagdbeirat des Kreises. Für die Durchsetzung ist die Jagdbehörde des Kreises, von Bewirtschaftungsaufgaben der zuständige staatliche Forstwirtschaftsbetrieb verantwortlich.

Innerhalb der Arbeitsgruppe Schalenwild des Kreises sind Aktive für Schwarzwild zu bilden, in denen jede Jagdgesellschaft des Bewirtschaftungsgebietes mit mindestens einem Mitglied vertreten sein muß. Diese Aktive bereiten die gemeinsam durchzuführenden Maßnahmen vor und haben das Recht der Kontrolle über die Durchführung. Zu ihren Aufgaben gehört auch die Vorbereitung des Abschußplanes und die Durchführung der Qualifizierungsmaßnahmen und Trophäenschauen.

Bereits vor Erlaß der Verfügungen wurde ihr wesentlicher Inhalt im Kreise Eberswalde, Bezirk Frankfurt (Oder), eingeführt und erprobt. Er umfaßt 6 Jagdgesellschaften, der 2 staatlichen Forstwirtschaftsbetriebe zugehören, zusammen (Abb. 9/7). Die Jagdwirtschaftsfläche beträgt etwa 45000 ha, davon sind knapp 50% Bezugsfläche für das Schwarzwildvorkommen (Tab. 9/7). Der zulässige Frühjahrsbestand beträgt 360 Stück, im Durchschnitt 1,7/100 ha Bezugsfläche. Die Bedingungen der beteiligten Jagdgesellschaften für die Schwarzwildbewirtschaftung sind sehr un-

Tabelle 9/7 *Schwarzwildbonitierung des Kreises Eberswalde*

Jagdgesellschaft	Jagdwirtschaftsfläche ha	Bezugsfläche ha	Baumartenzusammensetzung	Parzellierung	Dichte je 100 ha	Zielbestand St.
Sommerfelde	6990	3450	II	A	1,5	(51)
Finowtal	8280	6000	I	A	1,0	(60)
Britz	6480	1500	I	B	1,5	(22)
Chorin	6890	4750	III	A	2,0	(95)
Serwest	9200	2500	III	B	2,5	(63)
Joachimsthal	6700	3400	II	B	2,0	(68)
Insgesamt		21600				359

terschiedlich. 2 Jagdgesellschaften bewirtschaften fast reine Kiefernforsten, 2 andere haben einen hohen Eichen- und Rotbuchenanteil. Während 1 Jagdgesellschaft weit überwiegend Feldflächen bejagt, und nur 24 % ihres Territoriums als Bezugsfläche für das Schwarzwildvorkommen gelten kann, liegt der Waldanteil in 2 anderen Fällen um 70 %.

Demzufolge sind auch die Schwarzwildstrecken unterschiedlich. 2 Jagdgesellschaften des Kreises bringen im langjährigen Durchschnitt je etwa 25 % der Schwarzwildstrecke des Kreises, 2 weitere wiederum nur nahe 10 %. Dementsprechend schwanken die Strecken in den Jagdgesellschaften etwa zwischen 2,5 und 10 Stück je 100 ha Bezugsfläche. Die Strecke spiegelt nicht unbedingt den Winter- bzw. Frühjahrsbestand wider. Eine Jagdgesellschaft mit einer Durchschnittsstrecke von etwa 5 Stück/100 ha hat zum Frühjahr gewöhnlich nur einen Bestand von weniger als 0,5 Stück/100 ha aufzuweisen. Eine andere wiederum streckt bei einem Winterbestand von etwa 6 Sauen auf 100 ha nur etwa 7,5 Stück Schwarzwild auf gleicher Bezugsfläche. Diese Werte sind Zeugnis der jahreszeitlichen Einstandsveränderungen im Bewirtschaftungsgebiet und bedingen die gemeinsame Bestandsermittlung und Abschußplanung.

Die bei der bisherigen Arbeit im Schwarzwild-Bewirtschaftungsgebiet Eberswalde gesammelten Erfahrungen werden in den folgenden Kapiteln mehrfach als Beispiel herangezogen.

10. Bestandsgliederung und Abschußplanung

In den Kapiteln 6. bis 8. wurde ausführlich dargelegt, wie durch das gegenläufige Wirken der Fruchtbarkeit und der Sterblichkeit die Größe und die innere Struktur der Schwarzwildpopulationen gesteuert werden. Diese Regulierung erfolgt unter der Einwirkung fördernder und hemmender Einflüsse, hauptsächlich der Witterungs- und Ernährungsbedingungen, von Feinden und Krankheiten, aber auch durch innerpopulare Faktoren, wie der Wilddichte und der Bestandsstruktur selbst. In bewirtschafteten Schwarzwildpopulationen muß durch die Jagd dieses Beziehungsgefüge berücksichtigt werden. In Hinblick auf das Bewirtschaftungsziel (vgl. Abschnitt 9.2.) sind die wirtschaftlich tragbare Wilddichte und der erforderliche arteigene Bestandsaufbau einzuhalten. Zuwachsüberschüsse, die durch gute Ernährungsbedingungen und Wegfall des Wirkens vieler natürlicher Feinde oder Krankheiten entstehen, sind abzuschöpfen; natürlichen Verlusten, z. B. durch Jugendsterblichkeit, Seuchen und Altersabgänge, durch Abschuß vorzubeugen. Dabei muß durch entsprechende Planung auch berücksichtigt werden, daß ein optimales Aufkommen an Wildbret und reifen Trophäen gesichert ist. Der Abschuß ist somit keinesfalls nur die erforderliche Nutzungsmaßnahme. Er ist vielmehr heute mindestens in Mitteleuropa der wichtigste Einflußfaktor für die Existenz und das Gedeihen von Schwarzwildpopulationen überhaupt. Zusammensetzung und Höhe der Strecke entscheiden über das Erreichen des Bewirtschaftungszieles. Der Abschuß muß sich daher an den Erfordernissen einer optimalen Bestandsgliederung orientieren und dementsprechend geplant werden.

In diesem Kapitel werden die jagdwirtschaftlichen Grundlagen dazu dargelegt. Hinsichtlich der theoretischen Ableitung wird, um Wiederholungen zu vermeiden, auf die vorgenannten Abschnitte des biologischen Teiles verwiesen.

10.1. Zuwachs

Der Zuwachs ist die Hauptvoraussetzung jeder jagdlichen Nutzung. Wird davon ausgegangen, daß eine Population eine annähernd stabile Größe haben soll, muß der Zuwachs größer als der natürliche Abgang sein, um einen Abschuß zu ermöglichen. Sind die Ursachen für natürliche Abgänge bekannt, kann ihnen durch eine entsprechende Abschußführung vorgegriffen werden. Durch die Kenntnis der Höhe des Zuwachses wird zunächst nur die Größenordnung umrissen, bis zu der theoretisch eine jagdliche Nutzung möglich ist. Inwieweit sie praktisch realisiert werden kann, ist davon abhängig, welchen Spielraum die natürliche Sterblichkeit hat. Je mehr ihr vorgebeugt wird, umso größer kann die Nutzung sein. Je stärker wiederum der Abschuß den natürlichen Populationsumsatz des Schwarzwildes berücksichtigt, umso günstiger gestalten sich die Populationsstruktur, das Leistungsvermögen und der Zuwachs. Der Zuwachs des Schwarzwildes wird wie wohl bei keiner anderen Schalenwildart von wechselnden Umweltbedingungen beeinflußt. Er kann daher nicht durch ein generell bestimmtes Zuwachsprozent festgelegt werden. Es ist erforderlich, die Haupteinflußfaktoren bei der jagdlichen Planung konkret einzuschätzen und zu berücksichtigen.

10.1.1. Fortpflanzungsalter

Der Eintritt der Geschlechtsreife erfolgt im Normalfall im Alter von 15 bis 18 Monaten, also als Überläufer. Nach aktiver Teilnahme an der Rauschzeit, November bis Januar, frischt die Bache erstmalig im Alter von 2 Jahren in den Monaten März bis Mai. Doch beobachtete bereits BORGGREVE (1877, 1878), daß bei mildem Wetter und guter Ernährung auch schon einjährige Stücke frischen. Für die Schwarzwildbestände in der DDR ergibt sich aus den bisherigen Kenntnissen, daß mindestens 30 %, in günstigen Jahren auch wohl über 50 % der Frischlingsbachen schon reproduktionsaktiv sind. Bei Erreichen eines hohen Lebensalters ist theoretisch ein Nachlassen oder sogar Aufhören der Fortpflanzungsaktivität (Geltwerden) zu erwarten. Der Begriff des „Geltwerdens" wird von vielen Jägern weit über Gebühr strapaziert. In seinem ursprünglichen Sinne dauernder Unfruchtbarkeit ist er in den Wildbeständen kaum anwendbar. Nur sehr wenige Stücke sind infolge körperlicher oder psychischer Defekte nicht zur Empfängnis oder zum Austragen der Früchte in der Lage. Im Gegenteil, der Trieb zur Reproduktion ist so mächtig, daß selbst Bachen mit schweren Verletzungen oder Mißbildungen Nachwuchs zur Welt bringen und aufziehen, solange sie selbst noch ein Minimum an Körperreserven besitzen.
So ist auch ein altersbedingtes Geltwerden beim Schwarzwild aus unseren Untersuchungsgebieten bisher nicht nachweisbar.
Doch kommt es gelegentlich vor, daß Bachen in einem bestimmten Jahr, z. B. als Folge einer Erkrankung, nicht beschlagen werden, ihre Früchte abstoßen oder den Wurf bei bzw. kurz nach der Geburt verlieren. Diese Bachen treten dann in diesem Jahr als „gelt" in Erscheinung. Nach unseren Untersuchungen (BRIEDERMANN, 1971a, AHRENS, 1984) kann diese Situation für etwa 20 % der Überläufer und 10 % der älteren Bachen angenommen werden.
Streckenanalysen aus dem Hakel (W. STUBBE et. al., 1977) weisen jedoch darauf hin, daß diese Werte auch geringer sein können und nahezu alle Bachen reproduzieren. Doch schon in der Tabelle 6/6 wurde auf die Feststellung von KOSLO (1975) verwiesen, nach der im Urwald von Belowesh sogar 70 % der Überläufer- und mehr als 30 % der älteren Bachen keine Würfe brachten. Die Gegenüberstellung der Ergebnisse zeigt auch hier den großen Einfluß von Witterung und Ernährung. Die allgemein angestrebten Altersstrukturen schließen jedenfalls eine altersbedingte Unfruchtbarkeit nahezu aus.

10.1.2. Zuwachsleistung

Die zu erwartende Geburtenziffer wird gewöhnlich über Trachtuntersuchungen ermittelt, denn bei Freilandbeobachtungen entzieht sich schon ein Teil der Jugendverluste einer Feststellung. Bei irrtümlich erlegten Bachen kann aus der Zahl der entwickelten Striche des Gesäuges die Stärke des Wurfes recht genau abgelesen werden. Die in der DDR durchgeführten Trachtuntersuchungen ergaben durchschnittlich 5,3 Föten je Muttertier bei einer Streubreite von 1 bis 11 Föten. Auf die Anzahl der Föten hat das Alter der Bachen einen sehr beträchtlichen Einfluß (s. Tab. 6/5). Auch die Winterstrenge und die Baummast wirken nicht nur auf den Eintritt der Geschlechtsreife, sondern auch auf die Wurfgröße ein (s. Tab. 6/8 und 6/9). Allerdings unterliegt die bei Trachtuntersuchungen ermittelte Fötenzahl bis zum Zeitpunkt der Geburt einer mehr oder weniger großen Reduzierung. Es kann angenommen werden, daß ein Wert von 5 % der ermittelten Fötenzahl auch in ungünstigeren Jahren als Maximum gilt. In Mitteleuropa kann mit durchschnittlichen Wurfstärken von etwa 4 Frischlingen je einjährige Bache, 5,5 Frischlinge je zweijährige Bache und 6,5 Frischlinge je ältere Bache gerechnet werden, sofern sie überhaupt fruchtbar beschlagen wurden. Die durchschnittliche Wurfstärke beträgt in Mastjahren 5,5 bis 6,5 Frischlinge, in Fehlmastjahren und nach strengen Wintern 4,5 bis 5,5 Frischlinge je beschlagenes Stück Schwarzwild.

Besonders durch OLOFF (1951) wurde die Ansicht vertreten, daß im westdeutschen Raume die Bachen nach Mastjahren zweimal frischen. Er nahm an, daß etwa 25 % der zweijährigen und älteren Bachen dies regelmäßig tun würden und infolgedessen bei der Zuwachsberechnung mit entsprechenden Zuschlägen berücksichtigt werden müßten. STEINBACHER (1953) und LINDEMANN et. al. (1953) stützten diese Ansicht durch Tiergartenbeobachtungen. Bereits im Abschnitt 6.5. wurde dagegen dargelegt, daß bis zum heutigen Tage kein einwandfreier Nachweis des zweimaligen Frischens und Führens von Bachen aus freier Wildbahn vorliegt. Doch gibt es eine Reihe von Erscheinungen im Leben des Schwarzwildes, die geeignet sind, den Eindruck des zweimaligen Frischens und Führens zu erwecken. Sie beruhen im wesentlichen auf starken Abweichungen von der Hauptrauschzeit. Bachen, die ihren ersten Wurf verloren haben, rauschen oft nach und bringen dann im Spätsommer einen 2. Wurf. Dieser Ursache ist wohl der Hauptanteil der gelegentlich im Juli oder August zu beobachtenden neuen Würfe zuzurechnen. Erkrankte oder schußverletzte Sauen können in der Hauptrauschzeit inaktiv sein, aber nach der Genesung nachrauschen.

Schließlich erreichen Frischlingsbachen ihre Geschlechtsreife, in Abhängigkeit von ihrem eigenen Geburtstermin und ihren Entwicklungsbedingungen, nicht selten erst nach der Hauptrauschzeit. Jedes verspätete Frischen beeinflußt den Körperzustand der Bache nachteilig. Die bis in den Spätherbst reichende Säugezeit beeinträchtigt die Regeneration ihrer Kräfte, die Einlagerung von Körperfett und den rechtzeitigen Haaraufbau und führt wiederum zum verspäteten Rauschen. Aus vorgenannten Gründen können unregelmäßig frischende Bachen auch in den Folgejahren atypische Reproduktionstermine haben.

Die unterschiedlichen Frischtermine führen dazu, daß sich in der gleichen Rotte Frischlinge sehr unterschiedlicher Stärke befinden können. Bei Verlust von Mutterbachen übernehmen nicht selten andere Verbandsmitglieder die Führung. Dadurch kann der täuschende Eindruck entstehen, daß eine Bache zweimal gefrischt hätte. Es ist auch durchaus nicht ungewöhnlich, daß sich größere Mutterfamilien vorübergehend teilen und sich dabei einzelne Frischlinge nicht der Mutter, sondern anderen Bachen anschließen (Tantensystem). Auch dann kann man glauben, eine „zweistöckige" Rotte vor sich zu sehen.

Bei Kenntnis der Wurfstärke und der Anzahl reproduzierender Bachen läßt sich der ideale Zuwachs berechnen. Durch Verluste bei der Geburt und anschließende natürliche Abgänge vor Einsetzen der Jagd auf Frischlinge wird er zum sogenannten nutzbaren Zuwachs reduziert, der in der Jagdwirtschaft kurz als Zuwachs bezeichnet wird. Unter dem Zuwachs des Schwarzwildes wird somit jagdwirtschaftlich die im Juli/August noch vorhandene Anzahl der Frischlinge des Jahrganges verstanden. Das Zuwachsprozent ist dementsprechend der Anteil der Frischlinge zu diesem Zeitpunkt, bezogen auf die Gesamtzahl der im Frühjahr vorhandenen Sauen beider Geschlechter. Es sei hier davon abgesehen, daß die gegebene Definition geringfügig durch den Einfluß später Würfe beeinträchtigt wird.

Die Reduzierung der Wurfstärke zum Zuwachs geschieht durch den Verlust ganzer Würfe oder den Abgang einzelner Frischlinge. Der Verlust ganzer Würfe erfolgt hauptsächlich bei zu frühem Frischtermin durch Witterungseinflüsse, besonders naßkalte Perioden, den Abschuß oder sonstigen Abgang der Mutterbache in den ersten Lebenswochen der Frischlinge sowie durch Verenden der Bache beim Geburtsvorgang. Wie im 6. Kapitel ausgeführt, ist in Mitteleuropa der Abgang ganzer Würfe relativ selten, wenn auch belegt. Der Einfluß dieser Verluste auf den Zuwachs wird zudem dadurch gemildert, daß eine Reihe von Bachen nachrauscht und nochmals frischt. Der Verlust einzelner Frischlinge ist sehr schwer faßbar. Alle bisherigen Untersuchungen führen zu dem Schluß, daß vor allem im 1. Lebensmonat, bei naßkalter Witterung, zu frühem Geburtsmonat und bei Jungbachen mit Frischlingsabgängen zu rechnen ist. Je nach den örtlichen Bedingungen können diese zwischen 5 und 25 % der Geburtenziffer betragen. Vorkommen von größeren Raubwildarten bedingen größere und sehr differenzierte Verluste. Dieser Faktor scheidet für mitteleuropäische Gebiete im allgemeinen aus, denn wenn der Fuchs auch sicher einmal einen Frischling zu greifen vermag, ist das doch insgesamt gesehen nicht von Bedeutung. Man darf annehmen, daß die natürliche Sterblichkeit der Frischlinge während der Geburt und in den ersten Wochen danach im Normalfall 10 % der Geburtenziffer nicht überschreitet, zumal ein Teil der Verluste durch ein 2. Frischen ausgeglichen wird. Aus der ermittelten Fötenzahl, dem Prozentsatz der jeweils reproduzierenden Bestandsglieder und der prä- und postnatalen Sterblichkeit läßt sich das Fortpflanzungsvermögen, die Fekundität, nach der im Abschnitt 6.7. dargestellten Formel berechnen. Sie ist infolge des großen Einflusses ökologischer Faktoren von Jahr zu Jahr verschieden. In der Tabelle 6/14 sind annähernde Werte für ungünstige, mittlere und sehr günstige Jahre zusammengestellt.

Es wurde auch bereits dargelegt, daß für den Zuwachs eines Schwarzwildbestandes in hohem Maße auch der Anteil der einzelnen Altersklassen am Gesamtbestand von Bedeutung ist. Die ökologischen Bedingungen wirken sich bei jüngerem Wilde stärker aus. So sind in mittleren Jahren von jeder am 31. März im Bestand vorhandenen Frischlingsbache etwa 1,3 Nachkommen, je Überläuferbache 4,2 Nachkommen und je älterer Bache 5,3 Frischlinge zu erwarten. Die Abweichungen zu günstigen bzw. ungünstigen Jahren betragen bei der erstgenannten Altersklasse etwa ± 40 %, bei Überläufern ± 25 % und bei älteren Bachen ± 10 %. Selbstverständlich können diese Berechnungen nur als annähernde Orientierung gelten. Deshalb muß auch die Altersstruktur berücksichtigt werden, wenn der Zuwachs einer Schwarzwildpopulation eingeschätzt werden soll. Aus diesem Grunde wird auch auf das für die jagdliche Planung wichtige Zuwachsprozent nicht hier, sondern erst nach der Behandlung der Altersstruktur von Schwarzwildbeständen im Abschnitt 10.3.1. eingegangen.

10.2. Bestandsgliederung

10.2.1. Geschlechterverhältnis

Da der Anteil der weiblichen Stücke an einem Wildbestand die Gesamthöhe des Zuwachses mitbestimmt, ist die Kenntnis des Geschlechterverhältnisses notwendig. Von jagdwirtschaftlicher Bedeutung ist dabei das Geschlechterverhältnis (GV) der Jungtiere nach der Geburt (sekundäres GV), ebenso wie das Geschlechterverhältnis der an der Reproduktion teilnehmenden, also geschlechtsreifen Stücke (tertiäres GV). Die im Abschnitt 6.5.3.5. dargelegten bisherigen Untersuchungsbefunde lassen vermuten, daß mit einem sekundären Geschlechterverhältnis zwischen 1:0,9 und 1:1, also mit einem geringfügigen Überwiegen der Frischlingskeiler, zu rechnen ist.

Durch natürliche Abgänge und auch durch den Frischlingsabschuß wird das sekundäre zum tertiären Geschlechterverhältnis umgewandelt. Der Eintritt der Geschlechtsreife bei den Frischlingen und die unterschiedliche Lebenserwartung beider Geschlechter sind weitere variierende Faktoren.

Während die höhere natürliche Jugendsterblichkeit männlichen Wildes und die Frühreife der Frischlingsbachen zugunsten des weiblichen Bestandesteiles wirken, hat dessen geringere natürliche Lebenserwartung einen umgekehrten Einfluß. Die jagdlichen Einwirkungen beeinflussen das tertiäre GV, spiegeln es aber auch in gewissem Umfange wider. Bei Überläufern überwiegt fast immer der männliche Streckenanteil. Das beruht auf ihrer relativen Häufigkeit, dem vom Frühjahr ab leichteren Ansprechen, der Unvorsichtigkeit alleingehen-

der Überläuferkeiler, aber auch auf dem Schonen führender Bachen im Frühjahr und Sommer.
Bei ab zweijährigen Schwarzwild dagegen überwiegt häufig die Bachenstrecke. Eine Angabe der Gründe dafür ist schwieriger (vgl. Abschnitt 8.2.3.2.). Die natürliche Mortalität der Bachen steigt schneller als die der Keiler. Aber auch Auswirkungen des Jungwildabschusses und die größere Heimlichkeit bzw. Ansprechbarkeit älterer Keiler werden von Einfluß sein. Das für die Zuwachsberechnung wichtige tertiäre Geschlechterverhältnis scheint im Wechselspiel von Reproduktion und Mortalität ziemlich ausgeglichen zu sein, so daß für normal bejagte Populationen etwa gleiche Anteile für beide Geschlechter unterstellt werden dürften. Es sei aber darauf hingewiesen, im Falle einer unsachgemäßen Jagdausübung mit hohen Keilerstrecken und weitgehendem Schonen der Bache auch andere Verhältnisse möglich sind.

10.2.2. Lebenserwartung und Zielalter

Nach den bisher vorliegenden allerdings noch wenigen Untersuchungen, die im Abschnitt 8.2.3. diskutiert wurden, kann angenommen werden, daß das Schwarzwild im mitteleuropäischen Arealteil ein maximales ökologisches Höchstalter von 8 bis 10 Jahren erreicht. Innerhalb dieser Spanne liegen die Keiler wahrscheinlich mehr an der oberen, die Bachen dagegen an der unteren Grenze. Aus den vorliegenden Ermittlungen ergibt sich eine durchschnittliche Lebenserwartung von nur etwa 23 Monaten. Sie beträgt bei den Keilern infolge hoher Jugendsterblichkeit nur 21 Monate gegenüber 24 Monaten bei den Bachen. Die kurze Lebenserwartung ist in erster Linie eine Folge der sehr hohen Mortalität in den ersten 2 Lebensjahren. In den anschließenden 3 Lebensjahren geht die Sterblichkeit beträchtlich zurück. Nach dem Abschluß des 5. Lebensjahres setzt bereits in zunehmendem Maße eine Alterssterblichkeit ein und fordert höhere Abgänge. Diese Erkenntnisse sind für die Festlegung eines Zielalters erforderlich. Das Zielalter ist eine wesentliche Kennziffer für den Aufbau einer bewirtschafteten Wildpopulation. Darunter wird das Höchstalter verstanden, das ein Glied einer Population theoretisch (planmäßig) erreichen soll. Mit dem Jahre seiner Festlegung gipfelt also die Bestandspyramide. Der Bestandsaufbau wird von der Höhe des Zuwachses, den Abgängen und dem Zielalter eingegrenzt. Das Zielalter hat somit einen hohen planungstechnischen Wert. Es bestimmt den Zeitpunkt, an dem ein Trophäenträger, aber auch ein weibliches Stück, spätestens zur Nutzung kommen soll. Es bestimmt aber auch wesentlich die Abschußanteile im darunter liegenden Alter, durch die der gewünschte Bestandsaufbau erreicht werden soll.
Die Festlegung des Zielalters ist in erster Linie von der Biologie der Wildart abhängig, und somit wildartenspezifisch. Eine wichtige Voraussetzung ist der Verlauf der Körperentwicklung, im besonderen die Zeitpunkte des Eintritts in die volle körperliche Reife, der Kulmination der Körper- und Trophäenstärke und der Beginn des altersbedingten Leistungsrückganges. Nicht minder bedeutsam sind die Erfordernisse der optimalen arttypischen Populationsstruktur, im besonderen der Anteil der Reifeklasse beider Geschlechter am Bestand.
Es ist anzustreben, ein Zielalter zu wählen, das einerseits aus biologischen Gründen einen genügend hohen Anteil ausgereifter Stücke am Bestand gewährleistet, die den Kulminationspunkt ihrer Körper- und Trophäenstärke erreicht haben, aber andererseits aus jagdwirtschaftlichen Gründen einen Abfall der Produktivität durch altersbedingten Stärkerückgang und Mortalitätsanstieg verhindert. Nach den bisherigen Kenntnissen sind diese Voraussetzungen beim Schwarzwild mit einem Zielalter von 7 Jahren gegeben. Eine Erhöhung über diesen Wert hinaus würde bedeuten, daß die altersbedingte Sterblichkeit der jagdlichen Nutzung vorauseilen würde. Die Häufigkeit defekter und altersbedingt schwächerer Waffen steigt. Schließlich muß bei limitierten Beständen mit steigendem Zielalter der Jugendklassenabschuß mitwachsen, damit die Bestandspyramide den notwendigen Anteil älterer Stücke aufnehmen kann. Durch den hohen Zuwachs des Schwarzwil-

des ist aber der daraus resultierende hohe Jungwildabschuß ohnedies schon jagdwirtschaftlich schwierig zu realisieren.
Somit nötigt ein zu hoch angesetztes Zielalter zu überaus hohen Anstrengungen bei der Bejagung von Frischlingen und Überläufern, ohne dafür mit einer größeren Ernte reifer, starker Keilerwaffen zu lohnen. Ein zu gering angesetztes Zielalter dagegen verlagert den Keilerabschuß auf die körperlich noch unausgereiften jungen bis mittelalten Keiler, die gleichzeitig auch die Hauptaktivität in der Rauschzeit auf sich nehmen müssen. In der Praxis bedeutet dies eine Verschlechterung ihrer Kondition vor Wintereinbruch, und damit eine Beeinträchtigung ihres Entwicklungsprozesses sowie eine Verringerung der zu erwartenden Trophäenstärke.
Das Zielalter hat bei den Bachen zur Zeit noch mehr theoretische Bedeutung als dasjenige der Keiler, da ihre Altersbestimmung weitaus größere Schwierigkeiten bietet. Das bisherige Wissen über die Lebenserwartung der Bachen, die altersabhängige Fekundität und die soziologische Bedeutung ausgereifter Bachen veranlassen dazu, ihr Zielalter ebenso wie das der Keiler mit 7 Jahren festzulegen. Die Bedeutung liegt in der Ableitung des Altersklassenabschusses.
In der Rahmenrichtlinie für die Bewirtschaftung des Schwarzwildes in der DDR ist in diesem Sinne das Zielalter für Schwarzwild beider Geschlechter mit 7 Jahren verbindlich vorgegeben.

10.2.3. Altersklassen

Die Klassifizierung von Geweihträgern beruht auf einer Kombination von Alters- und Gütemerkmalen. Man versucht, das Alter des Stückes zu schätzen und auf dieser Grundlage das Geweih oder Gehörn qualitativ einzustufen. Dabei geht man davon aus, daß
- aus Form und Masse des Geweihs begründete Rückschlüsse auf die weitere Entwicklung dieses speziellen Trophäenträgers gezogen werden können,
- Geweihkriterien vererbt werden und somit durch ihre Beachtung eine qualitative Auslese erfolgen kann,
- die Stärke des Geweihes Ausdruck für die gesamte Kondition und Konstitution des betreffenden Geweihträgers ist.

Im Unterschied dazu sind diese Bezüge beim Keiler nicht oder nicht eindeutig gegeben. Hier entwickelt sich die Trophäe im Schädelskelett. Sie muß sich dessen Wachstum anpassen. Ein gut veranlagter Frischlingskeiler kann keine guten Waffen entwikkeln, wenn er in den ersten zwei Lebensjahren durch harte Winter, schlechte Ernährung, eine Erkrankung, Verlust der Bache oder durch andere Einflüsse in seiner Körperentwicklung beeinträchtigt war. Selbst ausgesprochen günstige Lebensbedingungen in späteren Jahren können ihm nur mehr Wildbret, nicht aber stärkere Waffen verleihen. Umgekehrt kann ihn ein schlechter veranlagter Keiler bei guter Jugendentwicklung bezüglich dieser Eigenschaften beträchtlich überbieten.
Es ist also im Unterschied zu den Geweihträgern festzustellen:
- die Trophäenqualität lebender Keiler ist nicht feststellbar,
- aus der Körperstärke sind keine sicheren Rückschlüsse auf die Trophäenstärke möglich, denn körperlich geringe Keiler können starke Waffen haben und umgekehrt,
- selbst wenn man die Trophäenstärke erkennen könnte, wären aus ihr keine festen Beziehungen zur genetischen Veranlagung des Stückes ableitbar.

Aus diesen Gründen ist eine Klassenbildung beim Schwarzwild nur auf der Grundlage des Alters möglich. Versuche, durch Einbezug von Körperstärken und Trophäenmerkmalen die Güte zu berücksichtigen (z. B. FISCHER und SCHUMANN, 1973), sind ungeeignet. Die Altersklassen bilden kein künstliches Einteilungssystem, sondern sie entsprechen dem natürlichen Entwicklungsgang im Leben der Art. Sie wurden im Abschnitt 8.2.2., auf das hier verwiesen wird, eingehend beschrieben.
Dieser natürlichen Entwicklung wird durch die jagdwirtschaftliche Altersklasseneinteilung weitgehend gefolgt, wobei selbstverständlich eine eindeutige Abgrenzung und eine Interpretation der Klassen zum Zwecke der Wildbewirtschaftung erfolgen

müssen. Die in der für die DDR gültigen Rahmen-Bewirtschaftungsrichtlinie vorgegebenen Altersklassen sind in folgendem Sinne zu definieren:

Altersklasse 0: Frischlinge

Als Frischling gilt ein Stück Schwarzwild vom Tage der Geburt bis zum 1. April des nächstfolgenden Jahres. Von diesem Tage ab rechnet er zur Klasse der Überläufer. Bei normalem Frischtermin (März bis Mai) ist er dann etwa 12 Monate alt. Nun ist aber die Bindung des Schwarzwildes an die Hauptfrischzeit verhältnismäßig locker, so daß auch zu anderen Zeiten Geburten erfolgen. Zwischen den Monaten September und Dezember sind diese Fälle so selten, daß sie keine Bedeutung haben. Damit wird das Übergangsalter vom Frischling zum Überläufer zwischen 8 Monaten (Juliwurf) und 15 Monaten (Januarwurf) schwanken. Für die Praxis gilt also, daß nicht das Lebensalter an sich, sondern der Beginn des neuen Jagdjahres am 1. April für den Übergang in die nächste Klasse von Bedeutung ist. Im weiteren rechnet man mit 12monatigen, auf das Jagdjahr bezogenen Spannen. In der Altersklasse werden beide Geschlechter zusammengefaßt. Sie lassen sich nicht getrennt planen, da sie in der Wildbahn auch bei guten Lichtverhältnissen kaum voneinander unterscheidbar sind. Beim Abschußnachweis ist allerdings eine Trennung nach Geschlechtern zweckmäßig. Das Ansprechen von Frischlingen nach Körpermerkmalen, Verhalten und nach der Soziologie ist, wie an anderer Stelle behandelt, eindeutig.

Altersklasse 1: Überläufer

Auch das Ansprechen von Überläufern und ihre Unterscheidung von den benachbarten Klassen ist nicht sehr schwierig. Da aber auch hier die Geschlechter noch schwer zu erkennen sind, werden sie, wie bei den Frischlingen, zusammengefaßt.
Die Überläufer schließen an die Frischlingsklasse an und gehen zum 1. April des nächsten Jahres in die nächsthöhere Altersklasse über. Von diesem Zeitpunkt ab gilt für alles Schwarzwild die Sammelbezeichnung „grobe Sauen“.

Altersklasse 2: Geringe Keiler und Bachen

In dieser Altersklasse wird das Körperwachstum beider Geschlechter im wesentlichen abgeschlossen. Diese Altersklasse ist noch relativ gut von den angrenzenden Klassen der Überläufer und der reifen Keiler zu unterscheiden; vorausgesetzt natürlich einigermaßen normale Bedingungen. Bei Mondlicht und im dichten Bestand ist die Altersansprache eines Damschauflers beispielsweise mindestens ebenso schwierig, aber niemand würde auf den Gedanken kommen, von diesen ungünstigen Bedingungen ausgehend einen klassifizierten Abschuß beim Damwild für unmöglich zu halten. So gibt es auch beim Keiler Altersmerkmale, die bei sorgfältiger Ansprache unter weidmännischen Bedingungen eine Einstufung ermöglichen. Daß einmal ein sehr gut entwickelter Überläufer als zweijähriger Keiler geschont oder aber ein sehr geringer zweijähriger Keiler als Überläufer gestreckt wird, sei als mögliche Irrtümer eingestanden, wirkt aber jagdwirtschaftlich nur günstig und ist für den letztgenannten Fall durch die geringe Körpermasse auch offenkundig. Mittelalte Bachen schließen ihr Wachstum wahrscheinlich schon mit 3 Jahren weitgehend ab. Da aber die Altersansprache von Bachen an sich problematisch ist, haben die Altersklassen bei weiblichem Schwarzwild vorwiegend planungstechnische Aufgaben und sind im Interesse der Einheitlichkeit denen der Keiler angepaßt. Von der Altersklasse 2 ab werden beide Geschlechter (in der Weidmannsprache „geringe Sauen“) auch in der Planung getrennt.

Altersklasse 3: Jagdbare, reife Keiler und reife Bachen

Spätestens mit dem Alter von 5 Jahren sind alle für die Trophäenbewertung wesentlichen Größen (Gewehrbreite und -länge, Hadererumfang) voll vorhanden. Der Keiler ist körperlich ausgereift und wird als jagdbar angesprochen. Man bezeichnet ihn im Alter von 5 bis 7 Jahren als „Hauendes Schwein“. Er befindet sich in der Reifeklasse. Mit dem Mindestalter von 5 Jahren soll der Ernteabschuß beginnen.

Die richtig erfolgte Ansprache in der Wildbahn wird nach dem Schuß durch die Formzahl der Gewehre belegt (vgl. Abschnitt 3.3.3.3.). Sobald die Formzahl von 1,00 unterschritten wird, gehört der Keiler nach heutiger Kenntnis in die Reifeklasse; unabhängig von der Stärke der Waffen oder der Körpermasse. Allerdings können gut entwickelte Keiler diese Formzahlwerte schon etwas früher erreichen. Weil damit gleichzeitig meist auch ein reiferes Aussehen die Altersansprache in der Wildbahn beeinträchtigt, entspricht es den Praxisbedingungen, auch diese Stücke ohne Kommentar in der Reifeklasse zu führen. Jagdwirtschaftlich ist der etwas frühere Abschuß des einen oder anderen Keilers dieser Stärke nicht nachteilig, solange der Gesamtabschuß an Keilern im Bewirtschaftungsgebiet nicht über der möglichen Höhe liegt.

Auch Bachen dieses Alters sind als voll ausgereift anzusehen. Es gilt auch hier, daß die Altersbestimmung überwiegend theoretischen Wert hat. In der Planung und im Abschußnachweis werden Bachen jeden Alters zusammengefaßt. Die jagdwirtschaftliche Zielstellung sollte jedoch darin bestehen, auch bei den Bachen erst in der Altersklasse 3 die Hauptnutzung vorzunehmen.

Altersklasse 4:
Überalterte Keiler und Bachen

In diese Altersklasse, die mit einem Alter von 8 Jahren beginnt, soll eigentlich kein Stück Schwarzwild mehr einwachsen. Freilich ist bekannt, daß Keiler dieses Alters oft besonders urig wirken und auch sehr gute Waffen haben können. Früher rechnete ein Keiler erst mit diesem Alter als „Hauptschwein". Jagdwirtschaftlich nachteilig sind jedoch die mit zunehmendem Alter steigende Gefahr von Waffendeformationen, die rasch steigende Mortalität und die sinkende Wildbretqualität.

Obwohl in der Jagdpraxis bei guter Bewirtschaftung immer wieder einzelne Keiler in die Altersklasse 4 einwachsen werden, sei das doch nicht angestrebt. Gleiches gilt sinngemäß für die Bachen. Aus diesen Gründen wurde auch darauf verzichtet, die biologisch durchaus begründete Altersklasse 4 (vgl. Abschnitt 8.2.2.5.) in die jagdwirtschaftliche Altersklasseneinteilung zu übernehmen. Die wenigen Sauen, die erst mit einem Alter von 8 und mehr Jahren zur Strecke kommen, weil man sie vorher nicht erlangte, gehen bei der Abrechnung mit in die Altersklasse 3 ein. Die jagdwirtschaftliche Altersklasseneinteilung des Schwarzwildes ist in der Rahmenrichtlinie für die Bewirtschaftung des Schwarzwildes in der DDR in der vorstehend beschriebenen Form enthalten und damit die Grundlage für die Abschußplanung und -durchführung. In der Tabelle 8/1 sind die Altersklassen des Schwarzwildes in ihrer soziologischen Bedeutung zusammengestellt.

10.2.4. Bestandsaufbau

Die Zusammensetzung und Gliederung von Wildbeständen unterliegt Gesetzmäßigkeiten, die in den vorigen Kapiteln, im besonderen in dem Abschnitt 8.2.3., bereits für sich betrachtet wurden. Sie sind miteinander sehr eng verknüpft, bedingen sich weitgehend gegenseitig und fügen die arttypische Struktur der Populationen zusammen. Bestimmend sind dabei auch in bewirtschafteten Wildpopulationen die naturgesetzlichen Faktoren. Sie werden jedoch im jagdwirtschaftlichen Interesse genutzt und demzufolge in der Wirkweise variiert. So wird beispielsweise bereits das natürliche Pulsieren der Gesamtgröße der Populationen unter dem Einfluß von unterschiedlich hohem Zuwachs und Abgang durch eine dem angepaßte Abschußführung, durch Fütterungs-, Sanierungs- und andere Maßnahmen gedämpft; z. T. ausgeglichen.

Es sei hier noch einmal wiederholend festgestellt, daß der innere Aufbau von nach der Gesamthöhe durch eine Bonitierung limitierten Wildbeständen von folgenden Faktoren abhängig ist:

- vom angestrebten Zielalter,
- von der jährlichen Zuwachshöhe,
- vom angestrebten Geschlechterverhältnis des Bestandes und dem des Zuwachses,
- von der nach Alter und Geschlecht unterschiedlichen Sterblichkeit, darunter der jagdlichen Nutzung.

Diese Faktoren führen eine Gliederung nach Alter und Geschlecht herbei, für die zu ihrer deutlichen, übersichtlichen Darstellung seit HOFFMANN (1928) Alterspyramiden gewählt werden. Diese Pyramiden stellen Bestands- bzw. Populationsmodelle dar, die in der Praxis kaum genau in gleicher Form, und schon gar nicht über längere Zeit, eingehalten werden können. Wildpopulationen ändern stets ihre innere Struktur. Der Wert dieser Darstellungen liegt darin, daß die zugrundeliegenden Gesetzmäßigkeiten optisch faßbar und somit verständlich werden.

Für die altersklassenmäßige Gestaltung eines Bestandes sind das Zielalter und der Zuwachs bestimmend. Hohes Zielalter und geringer Zuwachs bedingen einen steilen, niedriges Zielalter einen flachen Pyramidenaufbau. Durch die Gesamtmortalität (natürlicher Abgang plus jagdliche Nutzung) innerhalb der einzelnen Altersklassen wird der Zuwachs bei jährlicher Erneuerung eines Teiles des Bestandes abgebaut. Je höher der Zuwachs, umso höher muß im besonderen die Gesamtmortalität in der Jugend sein. Andernfalls bedingen zu hohe Eingriffe in den älteren Bestand eine Zerstörung der Pyramide durch Senkung des Zielalters. Die Höhe des Zielalters und die Bestandsgliederung beeinflussen ihrerseits die Zuwachshöhe, im besonderen dann, wenn die Altersklassen wie beim Schwarzwild eine sehr unterschiedliche Fruchtbarkeit aufweisen.

Es wird somit deutlich, daß der Wildbewirtschafter sehr klare Vorstellungen darüber haben muß, welchen inneren Aufbau ein guter Wildbestand braucht, welche Faktoren ihn bedingen, und wie er diese seinen Zwecken dienstbar machen kann.

Anhand der Abbildung 10/1 und der Tabelle 10/1 sei im folgenden erläutert, welches Aussehen ein im Sinne der Rahmenrichtlinie zur Bewirtschaftung des Schwarzwildes aufgebauter Schwarzwildbestand annähernd haben soll und welche jagdwirtschaftlichen Konsequenzen seine Einhaltung erfordert.

Das Zielalter beträgt 7 Jahre. Das Geschlechterverhältnis des Stammbestandes wie des Zuwachses wird im gewählten Beispiel mit 1:0,9 angenommen. Bei der Konstruktion der Pyramide ist von einem Frühjahrsbestand in Höhe von 100 Stücken ausgegangen worden. Die Gliederung dieses Bestandes in die Altersklassen 1 bis 3 berücksichtigt die bereits erläuterte unterschiedliche Gesamtmortalität der Altersklassen; jedoch bei zweckmäßiger Ausnutzung durch die Jagd. Die Jugendsterblichkeit ist durch einen hohen Frischlings- und Überläuferabschuß weitgehend kompensiert. Der mittelalte Bestandsanteil ist möglichst stabil gehalten, und in die Reifeklasse erfolgen starke Eingriffe im Interesse der Trophäenernte und der Verhinderung altersbedingter Mortalität. Es ist gefordert, daß die gegebene Bestandsstruktur möglichst erhalten bleibt; d. h., nach Ablauf eines Jahres wieder in annähernd gleicher Gestalt vorliegt. Die Höhe des Zuwachses kann bei Berücksichtigung des Alters nach der Tabelle 6/14 berechnet werden. Sie beträgt für ökologisch mittelmäßige Jahre bei 20 Überläuferbachen (AK 1), 8 zweijährigen und 20 älteren Bachen (AK 2 und 3) annähernd 160 Stück, das sind etwa 160 % des Frühjahrsbestandes. Die Abschußhöhe aus dem Frühjahrsbestand heraus ist durch das Modell festgelegt. Dieses bleibt nur dann in seiner Gestalt erhalten, wenn ihm jährlich nicht mehr als etwa 40 % der Grundgesamtheit entnommen werden. Das bedeutet, daß 120 Stück bzw. 75 % des Gesamtabschusses bereits in der Altersklasse 0, also als Frischlinge, erlegt werden müssen. Auch der Abschuß aus dem Stammbestand heraus darf nicht wahllos erfolgen. Nur dann, wenn er zu fast 2 Dritteln auf die Altersklasse 1 (Überläufer) bezogen ist, können die Altersklassen 2 und 3 in genügender Breite erhalten und das Zielalter erreicht werden. Dieser notwendige Überläuferabschuß entspricht etwa 15 % des jährlichen Zuwachses. Somit dürfen nur 10 % der Strecke den Altersklassen 2 und 3 entnommen werden. Das Durchschnittsalter des geschilderten Modellbestandes beträgt 2,6 Jahre. Die zu seiner Erhaltung erforderliche Streckenzusammensetzung ermöglicht nur ein Durchschnittsalter der Strecke von 0,6 Jahren. In der Strecke befinden sich 6 reife Keiler, dazu gesellen sich 2 Keiler der Altersklasse

Tabelle 10/1 *Zusammensetzung eines Frühjahrsbestandes (n = 100) nach Altersklassen und Geschlechtern (GV 1: 0,9) bei einem Zielalter von 7 Jahren*

Altersklasse	Zusammensetzung des Frühjahrsbestandes (St. = %)			Abschußaufschlüsselung							
				♂			♀			gesamt	
	♀	♂	gesamt	St.	Altersklasse %	Gesamtstrecke %	St.	Altersklasse %	Gesamtstrecke %	St.	%
3	10	9	19	6	60		5	56			
2	21	19	40	2	10	5	3	16	5	16	10
1	21	20	41	13	62	8	12	60	7	25	15
1...3	52	48	100	21	40	13	20	42	12	41	25
0	—	—	—	63	75	39	56	74	35	119	75

Der Abschuß enspricht dem Zuwachs von 160% und sichert die Einhaltung des Bestandsaufbaus.

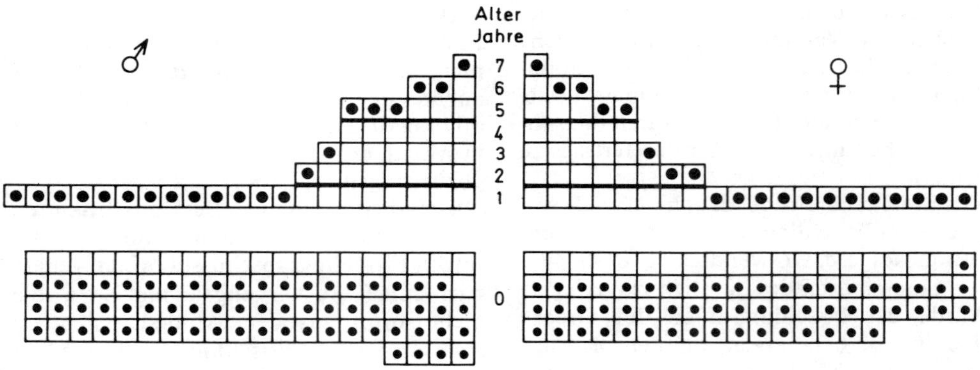

Abb. 10/1 Darstellung eines optimal aufgebauten Schwarzwildbestandes, jedes Kästchen entspricht einem Stück Schwarzwild des jeweiligen Jahrganges. Mit einem Punkt bezeichnet ist die zur Entnahme vorgesehene Anzahl. Stammbestand am 1. April: 100 Stück Schwarzwild.

2, die infolge Krankheit, Unfall, auffällig geringer Stärke oder anderer Gründe fielen. Diese Nutzungsquote von 5% des Gesamtabschusses kann keinesfalls dauerhaft überschritten werden.

Der geschilderte Modellbestand ist jagdwirtschaftlich vorteilhaft durch eine kontinuierlich hohe Erntequote an reifen Keilern und durch einen hohen Wildbreterträg infolge beträchtlicher Zuwachswerte und einer absolut großen Strecke ausgereifter starker Stücke. Er ermöglicht die artspezifische Bildung von Sozialverbänden unter der Führung ausgereifter, erfahrener Bachen mit hoher Fruchtbarkeit und sichert ein günstiges tertiäres Geschlechterverhältnis, das die Rauschzeitaktivität auf die körperlich voll entwickelten Keiler verlagert und die Beteiligung von männlichem Jungwild weitgehend ausschließt. Beide Faktoren gemeinsam sichern eine gute körperliche Entwicklung des Nachwuchses und geringe natürliche Verluste. Aus diesen Gründen wird er als jagdwirtschaftliche Zielstellung empfohlen.

Eine Modelldarstellung dient jedoch nur der Erläuterung, dem Verständnis des Wirkens der Naturprozesse und des Einflusses der Jagdausübung. Die Vielfalt der Praxis variiert das Modell in unzählige Varianten. Schon allein Unterschiede in der Zuwachshöhe bewirken das; der gleiche Bestand könnte einen Zuwachs von 130 %, aber auch von 190 % haben. Demzufolge müßte der Jungwildabschuß (AK 0 und 1) gesenkt oder erhöht werden. Die Prozentanteile des Abschusses würden sich verschieben müssen, soll der Modellbestand nicht verstümmelt werden. Beispielsweise würde ein Zuwachs von 190 % eine zusätzliche Entnahme von 6,5 % des Stammbestandes erfordern, würde der Abschuß in der Altersklasse 0 nicht dementsprechend erhöht.

Doch auch bei gleichbleibendem Zuwachs und ihm entsprechenden Abschuß wird die Zusammensetzung des Modellbestandes beeinflußt, wenn die Aufschlüsselung des Abschusses auf die Altersklassen einer abweichenden Variante folgt. Eine solche kann in der Erhöhung der Überläuferstrecke auf Kosten der Frischlinge bestehen, vielleicht mit dem Ziel, durch die stärkeren Überläufer den Wildbretertrag zu steigern.

Nun besteht bereits bei dem im Modell vorgesehenen Frischlingsabschuß von 75 % des Zuwachses die Notwendigkeit, etwa 40 % des Stammbestandes jährlich zu erlegen. Würde der Frischlingsanteil der Strecke aber nur 50 % betragen, müßten als Ausgleich jährlich 80 % des Stammbestandes zur Strecke kommen. Diese werden im nächsten Jahr durch Überläufer aus dem verschonten Frischlingsreservoir ergänzt. Es ist klar, daß im nächstfolgenden Jahr gleichen Vorgehens nur noch sehr wenige Stücke des Frühjahrsbestandes älter als 2 Jahre sein können. Damit ist verständlich, daß sowohl das Zielalter als auch das Durchschnittsalter des Bestandes nicht in der Höhe des Ausgangsmodells gehalten werden können. Gleichzeitig erfolgt ein Zuwachsrückgang infolge der Abnahme der Bachen in den Altersklassen 2 und 3. Der Bestand wird auf ein neues Modell mit geringem Zielalter, Durchschnittsalter, Zuwachs und Wildbretertrag einreguliert. Die Struktur entspricht nicht den biologischen Anforderungen. Der dominierende Jungwildanteil bewirkt eine sehr ausgedehnte Rauschzeit, ein Übermaß führender Erstlingsbachen schon in der Altersklasse 1, unregelmäßige Frischtermine, hohe natürliche Abgänge und schwächere, weil in der Entwicklung behinderte, Keiler.

Eine solche Population in der durchaus nicht ungünstigsten Variante wurde bereits anhand der Tabelle 8/5 diskutiert. Die Abbildung 10/2 zeigt ein Modell der verbreitet in Mitteleuropa vorkommenden Bestandsgliederungen.

Die Herbeiführung von Bestandsstrukturen mit zu hohem Jungwildanteil infolge zu geringen Frischlingsabschusses bringt weitere nachteilige Auswirkungen mit sich, die nicht sofort aus dem Modell ersichtlich sind. Zu geringer Frischlingsabschuß nötigt zur Steigerung des Bachenanteils an der Strecke. Führende Bachen zu schonen ist nahezu unmöglich, zumal sehr viele Überläuferbachen auch gefrischt haben. Verwaiste Frischlinge kümmern, die Fallwild-

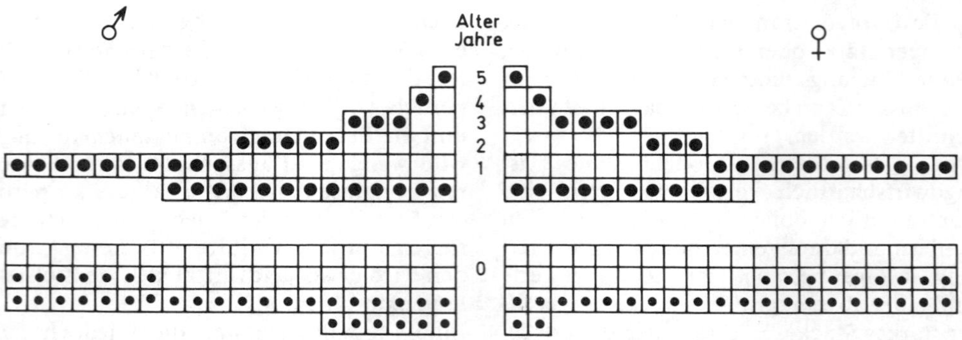

Abb. 10/2 Beispiel für die verbreitet vorkommende Zusammensetzung schlecht bewirtschafteter Schwarzwildbestände.

quote steigt, es erhöhen sich die Feldschäden und immer mehr zur Unzeit frischende Bachen kommen vor.

Die Bedeutung des geforderten hohen Frischlingsabschusses infolge der Zuwachswerte ist bereits mehrfach unter kontrollierten Bedingungen nachgewiesen worden. So teilt LINDEMANN (1954/55) mit, daß in einem 5500 ha großen Schwarzwildgatter der Frischlingszuwachs im Jahre 1938 171 % des Gesamtbestandes betragen hat. UEKKERMANN (1972) stellte nach fast 20jährigen Untersuchungen in einem Jagdgatter fest, daß ein Frischlingsabschuß von 70 bis 75 % nicht ausreichte, um ein Anwachsen des Bestandes zu verhindern. Es wurde darauf eingegangen, daß in Gebieten mit Großraubwildvorkommen etwas abweichende Verhältnisse herrschen. Für die in Mitteleuropa üblichen Bedingungen gibt es aber kaum Varianten des Bestandsaufbaus, die wesentlich von dem erläuterten Normalmodell abweichen dürfen, ohne die Population und ihre Produktivität empfindlich zu schwächen. Zu fast der gleichen Aussage gelangte auch KÖNIG (1980) in einer sorgfältigen Analyse der Produktivität unterschiedlich bejagter Schwarzwildbestände. Der Jagdwert einer Schwarzwildpopulation hinsichtlich der Streckenhöhe, des Wildbretertrages und der Trophäenernte ist eindeutig von dem Frischlingsanteil an der Strecke abhängig. Die Beziehungen sind aus den Abbildungen 10/3 bis 10/5 klar ersichtlich. Ein biologisch und jagdwirtschaftlich wertvoller Bestand ist nur gegeben, wenn die Frischlingsstrecke mindestens 70 %, am günstigsten 80 % des Zuwachses beträgt. Bei einem Anteil von 50 % oder gar darunter ist der Bestand in Kürze devastiert. Wenig in der Praxis bekannt ist, daß die Produktivität auch mit steigendem Überläuferanteil an der Strecke sinkt. Daher kann zu geringer Frischlingsabschuß nicht durch eine höhere Überläuferstrecke ausgeglichen werden, und die oft übliche Zusammenziehung von Frischlingen und Überläufern bei der Streckenanalyse als „Jungwildanteil" ist nicht nur wertlos, sondern verschleiert sogar Bewirtschaftungsmängel.

KÖNIG fordert daher, den Überläuferanteil an der Strecke auf 5 bis 10 % zu beschrän-

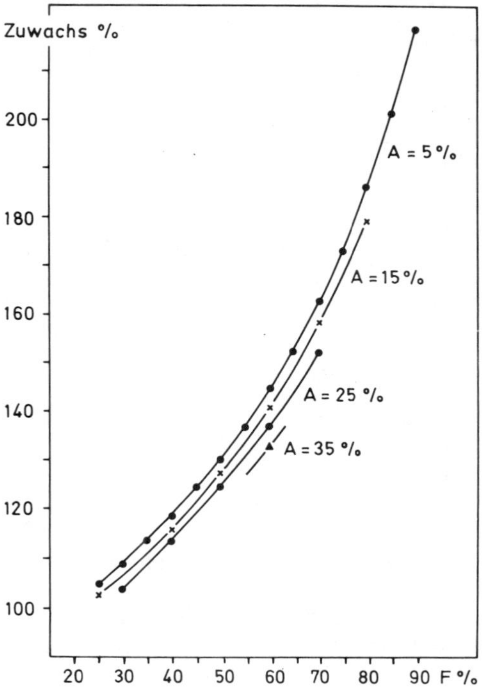

Abb. 10/3 Zuwachs und mögliche Strecke als Funktion des Frischlings- (F %) und Altsauenanteils (A %) an der Strecke (nach KÖNIG, 1980)

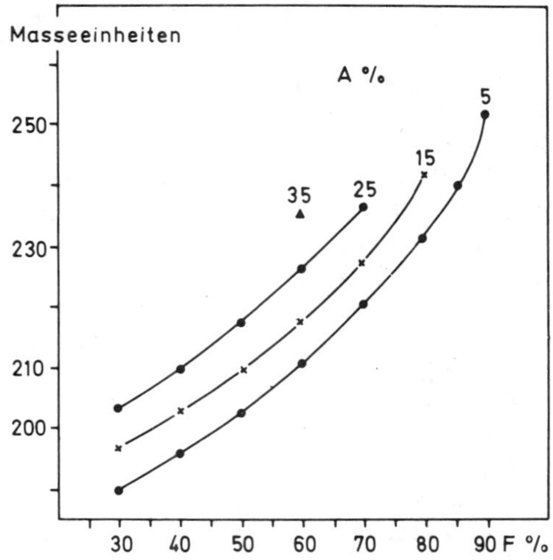

Abb. 10/4 Wildbretertrag in Abhängigkeit vom Anteil der Frischlinge (F %) und Altsauen (A %), Stammbestand 100 Stück. Masseeinheit 20 kg (nach KÖNIG, 1980)

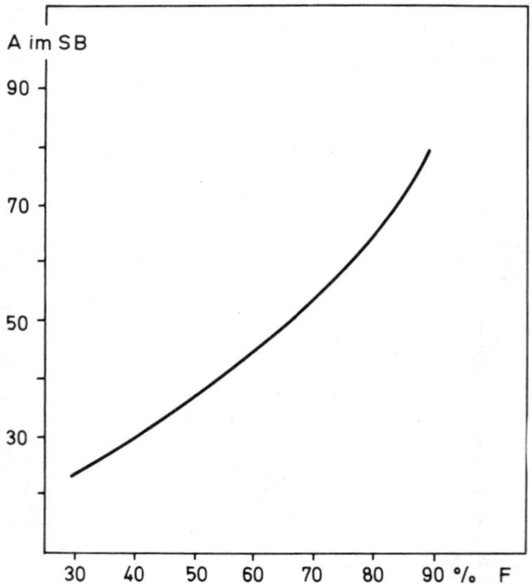

Abb. 10/5 Anzahl ab zweijähriger Sauen (Altersklasse 2 und 3) am Sommerstand in Abhängigkeit vom Frischlingsanteil (F %) an der Strecke, Stammbestand 100 Stück (nach König, 1980)

ken. Optimale Relationen im Streckenverhältnis von Frischlingen : Überläufern : älteren Sauen sollen sich nach seinen Berechnungen zwischen 75:10:15 und 80:5:15 bewegen. Bei Zustimmung zur theoretischen Richtigkeit dieser Zielstellung ist aber wohl eine so starke Drosselung des Überläuferabschusses in der Praxis nicht durchführbar. Für einen gesunden und jagdwirtschaftlich wertvollen Schwarzwildbestand sind daher folgende Kriterien des Bestandsaufbaus unumgänglich:

- Zielalter für beide Geschlechter 7, maximal 8 Jahre,
- Geschlechterverhältnis des Bestandes 1:0,9 bis 1:1,
- Geschlechterverhältnis der Strecke wie vor,
- Durchschnittsalter des Bestandes etwa 2,6 Jahre,
- Durchschnittsalter der Strecke maximal 0,6 Jahre,
- Frischlingsabschuß etwa 75% der Gesamtstrecke,
- Mindestalter für die Ernte von Keilern 5 Jahre.

Es ist sicher möglich, wie es in der jagdlichen Literatur oft geschieht, nach dem Baukastenprinzip die unterschiedlichsten Varianten von Bestandsstrukturen durchzuspielen und ihr theoretisches Ergebnis zu diskutieren. Hier wird darauf verzichtet, weil nur allzu leicht falsche Vorstellungen für die Übertragbarkeit solcher Rechenbeispiele in die Praxis geweckt werden. So schwer es ist, die wirkliche Struktur eines Wildbestandes richtig einzuschätzen, so schwer ist es auch, sie gezielt zu verändern. Es ist daher rein akademisch, Veränderungen des Zielalters um ein Jahr oder des Geschlechterverhältnisses um ein Zehntel gegeneinander aufzurechnen. Wunschvorstellungen sind allenfalls in Gatterbeständen zu realisieren und führen auch dort selten zum erhofften Ergebnis. Jagdwirtschaftlich wichtig ist es, auf Grund biologischer Studien die für das Gedeihen der Art notwendige Populationsstruktur zu kennen und bemüht zu sein, sich dieser durch zweckmäßige, überlegte Abschußdurchführung so weit als möglich anzunähern.

10.3. Abschußplanung und Planabrechnung

10.3.1. Berechnung der Abschußhöhe

Die jagdliche Nutzung einer Schwarzwildpopulation darf nicht dem Zufall überlassen bleiben. Scheinbar geringfügige Unter- oder Übernutzungen können infolge der empfindlichen Bestandsstruktur und des hohen Zuwachses sehr weitreichende Folgen haben. Das starke Anwachsen der Schwarzwildbestände an vielen Orten während der vergangenen 2 Jahrzehnte ist zum beträchtlichen Teil auf eine kontinuierliche Unternutzung zurückzuführen. Deren Auswirkungen wären vermutlich noch größer, hätte man nicht zumindest örtlich gleichzeitig den Stammbestand übernutzt, und wäre nicht durch kompensatorische Sterblichkeit ein großer Teil der Frischlinge verloren gegangen.

Es hat sich eingebürgert, den Abschußplan an den Streckenergebnissen des Vorjahres zu orientieren. Dieses anscheinend effektive Verfahren ist jedoch höchst gefährlich, da niemand ohne weiteres wissen kann, in welchem Maße die Vorjahresstrecke den Erfordernissen entsprochen hat. Da zudem die Tendenz besteht, Planwerte im Interesse ihrer Erfüllbarkeit gering anzusetzen, sind die Voraussetzungen für wachsende Schwarzwildbestände schon gegeben.

Es ist nicht möglich, einen annähernd realen Abschußplan aufzustellen, ohne die Höhe des Frühjahrsbestandes einigermaßen richtig abzuschätzen. Auf die Schwierigkeit der Ermittlung wird im 11. Kapitel näher eingegangen. Entschließt man sich, auf den damit verbundenen Arbeitsaufwand zu verzichten, muß man akzeptieren, daß die Strecken eine diskontinuierliche Folge von unbeabsichtigten Unternutzungen und daraus resultierenden abrupten Reduktionsabschüssen darstellen.

Das wäre mit Hinblick auf die natürliche Populationsdynamik nicht unbedingt nachteilig, würden sich nicht daraus ernste Wildschadenprobleme und tiefgreifende Störungen in der inneren Struktur der Bestände ergeben. Gerade die Erfahrungen der letzten Jahre zeigen eindrucksvoll, daß ansteigende Bestände und Feldschäden als erste Reaktion fordern lassen, die Bewirtschaftungsrichtlinien zumindest zeitweilig außer Kraft zu setzen. Ohne auf Bestand und Zuwachs beruhende Abschußplanung ist eine Schwarzwildbewirtschaftung nicht möglich.

Eine weitere Voraussetzung liegt darin, die Bestandsermittlung und Abschußplanung im gesamten Bewirtschaftungsgebiet abzustimmen. Die Einstände des Schwarzwildes werden im Jahresverlauf sehr beträchtlich wechseln. Daher ist es notwendig, die Bestandsermittlungen in den Jagdgebieten zusammenzufassen und daraus die erforderliche Streckenhöhe für das gesamte Gebiet zu berechnen. Wird die Abschußplanung den Jagdgebieten oder Jagdgesellschaften allein überlassen, sind Unternutzungen vorprogrammiert.

Für die Abschußplanung in einem Bewirtschaftungsgebiet empfiehlt sich folgender Verfahrensweg:

- winterliche Bestandsermittlungen (vgl. Abschnitt 11.2.) in Verbindung mit statistischen Kontrollrechnungen; bezug der Ergebnisse auf den Stichtag 1. April in Stück gesamt. Eine Unterteilung nach Geschlecht und Alter ist nicht erforderlich;
- Vergleich der Ergebnisse der Bestandsermittlung mit dem festgelegten Bonitierungswert und Ermittlung der Differenz;
- Berechnung des Zuwachses durch Multiplikation der Ergebnisse der Bestandsermittlung mit einem Zuwachsprozent;
- Berechnung der notwendigen Streckenhöhe aus dem ermittelten Zuwachs und der Differenz zwischen vorhandenem Bestand und festgelegtem Bonitierungswert;
- Aufteilung der erforderlichen Gesamtstrecke des Bewirtschaftungsgebietes auf die beteiligten Jagdgebiete bzw. Jagdgesellschaften;
- dabei Aufschlüsselung des Planes nach Geschlechtern und Altersklassen gemäß den Festlegungen der Bewirtschaftungsrichtlinie;
- Korrektur des Abschußplanes am 1. Juni im Falle starker Abweichungen zwischen dem tatsächlichen und dem angenommenen Zuwachsprozent.

Neben der annähernd richtigen Einschätzung des vorhandenen Frühjahrsbestandes kommt dem Zuwachsprozent für die richtige Planung größte Bedeutung zu. Wie erläutert, wird der Zuwachs einerseits vom Altersklassenaufbau, doch vor allem von ökologischen Bedingungen beeinflußt, wie der Länge und Strenge des Winter, von den Witterungsbedingungen des Frühjahres und von den ab Herbst vorhandenen Ernährungsbedingungen.

Ausgehend von der Fekundität (vgl. Tab. 6/14.) und der angestrebten Altersklassen- und Geschlechterstruktur (s. Tab. 10/1) können folgende Zuwachsprozente unterstellt werden:

- ökologisch ungünstige Jahre: 100 bis 130 % des gesamten Frühjahrsbestandes,
- Normaljahre: 130 bis 160 %,
- sehr günstige Jahre: 160 bis 200 %.

Zum Zeitpunkt der Planung ist ein wesentlicher Teil der Einflußfaktoren bereits bekannt und in seiner Bedeutung einschätzbar. Der Beurteilung entziehen sich noch die Länge des Winters und die Witterungseinflüsse des Frühjahrs auf den Zuwachs.

Sie können diesen noch entscheidend verändern. Deshalb ist es vorteilhaft, in zunächst anscheinend normal verlaufenden Jahren einen Zuwachs von 150 % des ermittelten Frühjahrsbestandes zugrundezulegen.

Starke Winterverluste treten im Flachland selten auf und drücken nach unseren Feststellungen (vgl. Abschnitt 6.5.) den Zuwachs kaum unter 110 %. In extremen Jahren sollte daher dieses Mindestzuwachsprozent Verwendung finden. In Mittelgebirgsräumen kann der Zuwachs auf 100 % zurückgehen. Gelegentlich wird in der Praxis behauptet, daß Zuwachswerte von weit über 200 % beobachtet würden. Das entbehrt jeder biologischen Grundlage. Die Ursache für die vermeintliche Zuwachsexplosion liegt vielmehr in wesentlich unterschätzten Beständen und der sich daraus ergebenden Differenz zu der großen Zahl festgestellter Frischlinge.

Zur Feststellung der endgültigen Zuwachshöhe zum Zwecke der Plankorrektur ist es zweckmäßig, Ende April bis Ende Mai eine Zählung der Bachen und ihrer Frischlinge vorzunehmen und die Relation aus beiden Werten zu ermitteln (vgl. Kapitel 11.). Bei normalem Zuwachs ist mit einem Verhältnis von 5 bis 6 Frischlingen je führende Bache zu rechnen.

Der ermittelte Zuwachs des Frühjahrsbestandes entspricht der erforderlichen Höhe des Abschußplanes, sofern der Bestand der festgelegten Wilddichte gleicht. Andernfalls muß er um die jeweilige Abweichung erhöht oder vermindert werden.

Ist nicht das Jagdjahr, sondern das Wirtschaftsjahr Grundlage der Planung, muß die ermittelte Abschußplanhöhe um den bereits realisierten Abschuß des I. Quartals verringert und auf die verbleibenden 3 Planquartale aufgeschlüsselt in das Planformular übernommen werden. Daraus ergibt sich genau genommen, daß für das I. Quartal keine eigentliche Planung erfolgt, sondern hier tatsächlich der Abschuß sich am vorhandenen Bestand und den Erfahrungswerten des Vorjahres orientieren muß. Die notwendige Plankorrektur bei abweichenden Zuwachsprozenten wird praktisch nur im III. und IV. Quartal des Planjahres wirksam und muß im I. Quartal des Folgejahres fortgesetzt werden. Das ist auch sachlich insofern begründet, als sich die Plankorrektur auf eine größere oder geringere Zahl vorhandener Frischlinge bezieht, die im allgemeinen im II. Quartal noch keine jagdliche Bedeutung haben. Von hoher praktischer Bedeutung nicht nur für die Aufstellung des Planes, sondern auch für seine Einhaltung ist seine Aufschlüsselung auf die beteiligten Jagdgesellschaften. Es wurde schon darauf eingegangen, daß die jahreszeitlich wechselnden örtlichen Bedingungen auf kleinen Flächen keine Übereinstimmung zwischen Frühjahrsbestand und notwendiger Abschußhöhe herstellen lassen. Wird das nicht berücksichtigt, nötigt es alle Partner zu vorsichtiger Planung und damit zur Unternutzung. Im Bewirtschaftungsgebiet Eberswalde wurde festgestellt, daß die prozentualen Abschußanteile der einzelnen Jagdgesellschaften an der Gesamtstrecke von Jahr zu Jahr annähernd konstant bleiben (Tab. 10/2). Die Relationen ändern sich auch bei steigenden oder sinkenden Beständen relativ wenig. Deshalb werden nicht die

Tabelle 10/2 *Prozentuale Streckenverteilung Schwarzwild Kreis Eberswalde*

Jagdgesellschaft	1971	1972	1973	1974	1975	1976	1971 bis 1976	Planvorschlag 1977	Ist
Sommerfelde	17	11	12,5	14,5	13,5	13	13,5	13	13
Finowtal	9	10,5	13,5	13,0	12	12	12	12	10
Chorin	19	22,5	19,5	20,5	24,5	27	23	25	22
Britz	12	11	10,5	8,5	9,5	7	9,5	8	10
Serwest	20,5	16	22,5	19,5	20,5	17	19	19	17
Joachimsthal	22,5	29	21,5	24,0	20	24	23	23	27

im Frühjahr örtlich ermittelten Bestände, sondern diese Prozentanteile der Planaufschlüsselung zugrunde gelegt.
Dieses Vorgehen verhindert, daß Jagdgesellschaften mit beliebten Wintereinständen bei der Planfestlegung benachteiligt, solche mit Sommereinständen dagegen bevorzugt werden.
Selbstverständlich sind solche Prozentwerte nicht unbedingt starr anzuwenden. Besonders bei der Planaufgliederung auf die Jagdgebiete sollten bei unterschiedlicher Waldstruktur auch jährlich wechselnde Ernährungsbedingungen (z. B. Mast oder Fehlmast) Beachtung finden.
Entspricht die Planung der Abschußhöhe nicht dem realen Bestand und seinem Zuwachs, werden weitere Bewirtschaftungsmaßnahmen unwirksam. Ein unterschätzter Bestand und ein zu gering angesetztes Zuwachsprozent führen zum Überschreiten der bonitierten Wilddichte. Entspricht der Abschuß nicht dem tatsächlichen nutzbaren Zuwachs, sondern ist geringer, hat auch die realisierte Streckenzusammensetzung nur einen geminderten Einfluß auf den Bestandsaufbau. Das ist der Hauptgrund, weshalb manche Gebiete über Jahre hinweg eine völlig unzureichende Abschußgliederung nachweisen können, ohne daß die Population schwere Störungen erkennen läßt. Sie verfügen über eine Reserve nicht erfaßten Wildbestandes, der nachteilige Auswirkungen mindestens teilweise abfängt. Die volle jagdwirtschaftliche Produktivität des Schwarzwildes wird jedoch nicht durch Halten dieser Reserve, sondern durch richtiges Erfassen des Bestandes, Einhalten der festgelegten Wilddichte und Abschöpfen des Zuwachses erreicht. Abschließend bleibt die Frage zu beantworten, inwieweit eine Abschußplanung, die vollständig auf die konstante Einhaltung einer festgelegten Wilddichte gerichtet ist, nicht populationsdynamischen Aspekten widerspricht (vgl. Abschnitt 8.6.). Theoretisch wäre es in der Tat so. Die praktischen Erfahrungen beweisen jedoch, daß auch bei bestem Bemühen ein gewisses Pulsieren der Populationen infolge unvermeidlicher Unsicherheiten bei der Bestandesermittlung, Zuwachseinschätzung und Abschußdurchführung sowie infolge von Wanderbewegungen und Migration erfolgt. Keine Population kann mehrere Jahre hindurch genau auf dem festgelegten Wilddichtewert gehalten werden. Würde man dem prinzipiell richtigen Wunsch nach dynamischer Bewirtschaftung beim Schwarzwild in der Praxis Raum geben, würde das zusätzliche Einwirken unkalkulierbarer Einflüsse Populationsbewegungen in einem Ausmaße auslösen, das in der Kulturlandschaft weder wünschenswert noch tragbar ist.

10.3.2. Planung des Altersklassenabschusses

Steht der Abschußplan in seiner Gesamthöhe fest, ist es notwendig, seine Zusammensetzung zu präzisieren. Damit ein Bestandesaufbau erreicht und erhalten wird, der dem im Abschnitt 10.2.4. erläuterten Modell ähnelt, muß die prozentuale Planaufschlüsselung den in der Tabelle 10/3 niedergelegten Vorgaben folgen. Sie entsprechen den für die Bewirtschaftungsgebiete der DDR verbindlichen Festlegungen

Tabelle 10/3 *Aufschlüsselung des Abschußplanes nach Altersklassen und Geschlechter*

Altersklasse	Keiler/Bezeichnung	%	Bachen	%	Gesamt %
0	Frischlinge	35...40	Frischlinge	35...40	75
1	Überläuferkeiler	5...10	Überläuferbachen	5...10	15
2	mittelalte Keiler	0...1	geringe Bachen	2...3	
3	jagdbare Keiler	4...5	reife Bachen	2...3	
Gesamt		50...55		45...50	

der Rahmenrichtlinie zur Bewirtschaftung des Schwarzwildes.
Ihre Herleitung ergibt sich aus den Darlegungen der Abschnitte 8.2.3. und 10.2. Dementsprechende Empfehlungen zur Planung wurden bereits seit längerem propagiert (Briedermann, 1971 a, 1973) und in einer Reihe von Schwarzwildgebieten angestrebt. Im folgenden werden einige Erfahrungen bei ihrer Anwendung wiedergegeben und in der Praxis diskutierte Gesichtspunkte behandelt. Auf die Notwendigkeit des hohen Jungwildabschusses wurde schon ausführlich eingegangen. Werden der Streckenanteil der Altersklasse 0 von 75 % bzw. der Anteil der Altersklassen 0 und 1 von 90 % dauerhaft unterschritten, ist das Erreichen des Bewirtschaftungszieles unmöglich. Daher bildet der ausreichende Jungwildabschuß die Grundlage jeder Schwarzwildbewirtschaftung. Der Forderung, mittelalte Keiler vom Abschuß weitgehend zu verschonen, trägt die Rahmenrichtlinie für die Schwarzwildbewirtschaftung Rechnung. Wie bei anderem Schalenwild, soll dadurch die „Zukunftsklasse" im Interesse der Bestandesstruktur geschont werden. Nur wenige reife Keiler können jährlich gestreckt werden, und es ist vom Jäger zu verlangen, daß dem Schuß, wie bei den anderen Schalenwildarten, ein sorgfältiges Ansprechen vorausgeht. Nun wird hin und wieder darauf verwiesen, daß in Wildschadenschwerpunkten eine Schonung der mittelalten Keiler im Interesse der Wildabwehr nicht erfolgen könnte. In der Tat wird beim Abschuß solcher Keiler in den meisten Fällen nicht eine Fehlansprache als Grund angeführt, sondern die Notwendigkeit, durch Abschuß dieses Stückes Feldschäden zu vermindern. Untersucht man die Stichhaltigkeit dieses Argumentes, sollte zunächst berücksichtigt werden, welchen zahlenmäßigen Anteil mittelalte Keiler in Schwarzwildpopulationen haben. Ein gut aufgebauter Frühjahrsbestand besteht zu etwa 20 % aus Keilern der Altersklasse 2. Zur Zeit des Hauptfeldschadens bewegt sich ihr Anteil zwischen 5 und 10 % des gesamten Bestandes. Da aber praktisch der gesamte übrige Bestand ohne weiteres bejagt werden kann (bei führenden Bachen, die Schonzeit haben, halten sich Frischlinge auf), ist die Forderung, auch mittelalte Keiler zwecks Wildschadensenkung strecken zu müssen, schon von der Voraussetzung her falsch. Die Wildschadenverminderung muß in erster Linie auf anderen Maßnahmen, wie hohem Frischlings- und Überläuferabschuß, planmäßigem Jagdeinsatz an Wildschadenschwerpunkten, mit den Landwirtschaftsbetrieben vereinbarten Maßnahmen und auf der Ablenkfütterung beruhen. Sind die Schäden dadurch nicht in tragbarem Maß zu halten, ist zu überprüfen, ob in diesem Gebiet überhaupt eine Bewirtschaftung von Schwarzwild möglich ist. Der Abschuß von mittelalten Keilern beeinflußt das Schadgeschehen nur unwesentlich, schließt aber das Ziel, gut aufgebaute, an Wildbret und Trophäen produktive Bestände zu erreichen, nahezu aus. Abzulehnen ist auch die Meinung, die Schonung von Keilern zahle sich wegen ihrer unsteten Lebensweise nicht aus. Auch sie halten feste Wechsel und bevorzugen bestimmte Einstände. Bewirtschaftungsgebiete in Kreisgröße sind für eine Bewirtschaftung voll geeignet, und das Schonen der mittelalten Keiler ist für das gesamte Bewirtschaftungsgebiet vorteilhaft. Es sollte freilich nicht überraschen, daß Keiler, ebenso wie Hirsche, den Hauptteil des Jahres andere Einstände wählen als das übrige Schwarzwild.
Ein Abschußanteil von 5 % jagdbarer Keiler (AK 3) an der Gesamtstrecke darf keinesfalls überschritten werden, wenn ihr Anteil am Bestand nicht stark sinken soll. Es muß aber richtig verstanden werden, daß es sich hierbei um einen mehrjährigen Mittelwert handelt. Werden in einem Jahr einmal nicht die geplanten 7, sondern vielleicht nur 5 Keiler gestreckt, besteht die Möglichkeit des Ausgleichs im nächstfolgenden Jahre. Das ist ein Zugeständnis zur Tatsache, daß der Abschuß jagdbarer Keiler mehr als von Hirschen und Böcken durch Zufälligkeiten beeinflußt ist. Durch die Schwierigkeiten bei der Altersansprache bedingt muß auch immer damit gerechnet werden, daß trotz aller Bemühungen irrtümlich doch der eine oder andere mittelalte Keiler zur Strecke kommt. Werden auch diese Keiler inner-

halb der 5 %igen Keilerquote abgerechnet, ist die Bestandsstruktur nicht schwerwiegend verändert. Man muß allerdings Abstriche in der Trophäenernte in Kauf nehmen, und deshalb sind Konsequenzen angebracht, wenn solche Fehlabschüsse zur Regel werden.

Beim Bachenabschuß ist die Schonzeit für führende Bachen vom 15. Februar bis 15. August zu berücksichtigen. Da in dieser Zeit fast alle Bachen, sogar ein Teil der Frischlings- bzw. Überläuferbachen, führen, kommt diese Bestimmung faktisch einer völligen Schonzeit für Bachen im genannten Zeitraum gleich und sollte auch so aufgefaßt werden. Immer wieder stellt sich heraus, daß in dieser Zeit gestreckte, vermeintlich nichtführende Bachen nur vorübergehend ihre Frischlinge nicht mitführten. Der hohe Frischlingszuwachs erfordert in den meisten Jahren schon ein starkes Eingreifen in die Frischlinge ab Juli/August, so daß ab September die ersten nichtführenden Bachen gestreckt werden können. Zum Jahresende sollte der Frischlingsabschuß schon so weit vorangetrieben sein, daß die relativ geringe Bachenstrecke ohne Abschuß führender Stücke gebracht werden kann. Nur etwa 5 % der gesamten Strecke sollen schließlich auf zweijährige und ältere weibliche Stücke entfallen. Im Interesse der Bestandesqualität muß Wert darauf gelegt werden, daß den verbleibenden Frischlingen durch möglichst lange Führung die Gewähr für ein optimales Gedeihen geboten wird. Schließlich ist auch die Wildbretmasse und -qualität im Herbst und Winter erlegter Bachen viel höher als im Frühjahr und Frühsommer.

Eine stückzahlmäßige Aufschlüsselung des Abschusses nach Geschlechtern und Altersklassen auf die Planungsquartale ist beim Schwarzwild im allgemeinen nicht vorgesehen. Dennoch werden im folgenden dazu einige Orientierungen gegeben, weil es beispielsweise für die Wildverwertung nicht unwichtig ist, zu wissen, welcher Frischlingsanteil in den einzelnen Quartalen, und demzufolge welche Ablieferungsmasse von der geplanten Strecke zu erwarten ist. Als Grundlage dafür dienen die Erfahrungen im Bewirtschaftungsgebiet Eberswalde und die Abschußempfehlungen der Rahmenrichtlinie. Die Tabelle 10/4(a) enthält Nä-

Tabelle 10/4 *Modellberechnung des Wildbretaufkommens (kg)*

Altersklasse	Planungsquartal				Jahr
	I.	II.	III.	IV.	
	a) prozentuale Abschußplanaufschlüsselung				
Frischlinge	25	5	15	25	70
Überläufer	3	8	5	4	20
Keiler		1	2	2	5
Bachen	2		1	2	5
	b) durchschnittliche Wildbretmasse (kg) je Stück				
Frischlinge	26,0	5,0	12,0	24,0	
Überläufer	50,0	33,0	43,0	55,0	
Keiler	69,0	74,0	95,0	85,0	
Bachen	50,0	60,0	65,0	65,0	
	c) Wildbretaufkommen (kg) (c = a × b)				
Frischlinge	650	25	180	600	1455
Überläufer	150	264	215	220	849
Keiler		74	190	170	434
Bachen	100		65	130	295
					3033

herungsvorschläge für eine prozentuale Abschußaufschlüsselung.
Der Frischlingsabschuß ist im wesentlichen auf das IV. und I. Quartal konzentriert. Im Interesse des Wildbretertrages wäre es vorteilhaft, ihn vollständig während dieser Zeit vorzunehmen. Er muß jedoch bereits im III. Quartal intensiv einsetzen, da es andernfalls in den meisten Schwarzwildgebieten nicht gelingen dürfte, die notwendige Frischlingsstrecke zu erzielen. Einige Frischlinge werden sogar schon am Ende des II. Quartals aus Gründen der Wildschadenverhütung zum Abschuß kommen müssen, ebenfalls bei überhöhten Beständen und hohen Zuwachswerten.
Der Frischlingsabschuß des I. Quartals wird durch einen intensiven Überläuferabschuß im II. Quartal fortgesetzt. Dabei können eventuell aufgetretene Versäumnisse nachgeholt werden. Er wird erleichtert durch die nun günstigen Bejagungsbedingungen für diese Altersklasse und erstreckt sich vorwiegend auf Überläuferkeiler und nichtführende Überläuferbachen. In den anschließenden Quartalen nimmt der Anteil allmählich ab. Da führende Bachen vom 16. Februar bis 16. August Schonzeit haben, kann der Bachenabschuß erst dann verstärkt einsetzen, wenn nach starkem Frischlingsabschuß ihr weidmännisch gerechtes Strecken möglich wird. Somit werden Bachen für das IV. und I. Quartal eingeplant. Der Keilerabschuß erstreckt sich nahezu gleichmäßig über das gesamte Jahr. Obwohl im I. Quartal infolge der Schneedecke und der Möglichkeit des Einkreisens in der Praxis viele Keiler fallen, sollte man sie dennoch zu dieser Zeit infolge ihrer geringen Körpermasse und der schwierigen Altersansprache weitgehend schonen. In der Rauschzeit gestreckte Keiler bringen meist infolge des Geschlechtsgeruches Schwierigkeiten bei der Wildbretverwertung. Da sie zu dieser Zeit am leichtesten zu bejagen sind, wird immer eine größere Zahl fallen.

10.3.3. Planung des Wildbretaufkommens

Umfangreiche Untersuchungen über das Körperwachstum des Schwarzwildes in der DDR an mehr als 4000 untersuchten Stükken (Briedermann, 1979a, 1980) boten die Möglichkeit, zu erwartende Durchschnittsmassen nach Altersklassen und Geschlechtern und Quartalen für Zwecke der Planung zu berechnen. Sie sind in der Tabelle 10/4. auf der Grundlage der ermittelten Streckenmassen, laut Rahmenrichtlinie vorgegebener Abschußplangliederung (allerdings mit einem Frischlingsanteil von nur 70%) und optimaler prozentualer Planaufschlüsselung nach Quartalen wiedergegeben. Im Jahresdurchschnitt kann mit einer Wildbretmasse je Frischling von 21 (20 bis 25) kg, je Überläufer von 42,5 (40 bis 45) kg, je Keiler von 86 (70 bis 90) kg und je Bache von 60 bis 65 kg gerechnet werden. Daraus ergibt sich eine theoretisch mögliche Streckendurchschnittsmasse von 28 bis 30 kg je erlegtes Stück Schwarzwild. In laubholzreichen Gebieten auf guten Standorten sind, besonders nach Baummast, geringfügig höhere Werte zu erwarten. In diesen Werten sind der Schützenanteil und nicht ablieferungspflichtige Frischlinge mit einer Wildbretmasse von weniger als 5 kg aufgebrochen voll enthalten; deshalb ist für den Ablieferungsplan eine den örtlichen Gepflogenheiten entsprechende Korrektur erforderlich. Bei einem hohen Anteil nicht ablieferungspflichtiger Frischlinge, die in die Berechnung nur als Stück, doch ohne Masse eingehen, kann die Durchschnittsmasse der Strecke weit unter 30 kg heruntergehen. Das trifft besonders dann zu, wenn sich der Frischlingsanteil im III. oder gar im II. Quartal über die Empfehlungen der Tabelle 10.4. erhöht, oder wenn der Frischlingsanteil 75% der Gesamtstrecke erreicht bzw. überschreitet.
Steigt dagegen die Durchschnittsmasse einer Schwarzwildstrecke über 35 kg, ist daraus selbst in günstigen Jahren auf eine schlechte Streckenzusammensetzung mit zu geringem Frischlingsanteil zu schließen. Es muß ausdrücklich betont werden, daß eine hohe Produktivität beim Schwarzwild nicht durch eine hohe Durchschnittsmasse der Strecke, sondern durch das hohe Gesamtaufkommen erzielt wird. Die geplante Gesamtstrecke des Bewirtschaftungsgebietes bzw. der Jagdgesellschaft ist mit der vorge-

Tabelle 10/5 *Streckenbuch Schwarzwild*

Kreis: StFB:	Jagdgesellschaft: Jagdgebiet:	Streckenbuch Schwarzwild	Jahr: 19.. Jagdleiter	Seite:

Lfd. Nr.	Datum	Erleger	Erlegungsort	Ursprungschein Nr.	Wildbretgüteklasse	Verbleib: Ablieferung kg	Verbleib: Schützenanteil kg	Verbleib: Schützenanteil M	Schußgeld M	Altersklassen ♂ 0 I II III	Altersklassen ♀ 0 I II III	Trophäen: Alter	Trophäen: Int. Punkte
Übertrag	St. kg												
Summe	St. kg												

sehenen Durchschnittsmasse der Strecke zu multiplizieren. Im Ergebnis entsteht das zu planende Wildbretaufkommen. Da die Körperstärke der einzelnen Populationen stark schwanken kann, sind örtliche Erfahrungswerte unbedingt heranzuziehen.

10.3.4. Planabrechnung und Abschußanalyse

Der Nachweis der Strecke erfolgt über den Wildursprungsschein und das Streckenbuch des Jagdleiters. Beide halten wichtige Kriterien zum erlegten Wild fest.

Vor allem das Streckenbuch ist für die Nachweisführung, die Berichterstattung und die Streckenanalyse von großer Wichtigkeit. Seine ordnungsgemäße Führung ist daher Voraussetzung.Es liegt in gebundener Form vor und ermöglicht den wildartenweisen Nachweis der Strecke je nach dem zeitlichen Anfall (Tab. 10/5). Das Streckenbuch muß, neben der Wildursprungsscheinnummer, dem Datum und Ort der Erlegung und dem Namen des Erlegers folgende Angaben enthalten:

- die Altersklasse und das Geschlecht des erlegten Stückes;
- die Wildbret- bzw. Ablieferungsmasse in kg sowie die Angabe der Wildbretklasse, in die das Stück infolge der Wildbretqualität und Schußeinwirkung eingestuft wurde.

Die Einstufung in die Altersklasse erfolgt dabei durch den Jagdleiter anhand der Zahnentwicklung (vgl. Abschnitt 3.3.3.) oder anderer eindeutiger Merkmale. Nach Vorliegen der Waffen kann eine Korrektur der Ersteinstufung notwendig sein. Die Angabe der Wildbretmasse und der Wildbretgüteklasse wird in der Wildsammelstelle auf dem Wildursprungsschein eingetragen und von dort in das Streckenbuch übernommen. Bei nicht ablieferungspflichtigen Frischlingen übernimmt der Jagdleiter diese Aufgabe. Nach Ablauf des Jahres ist eine Abschußmeldung für das gesamte Planjahr zusammenzustellen. Hier wird die Schwarzwildstrecke des abgelaufenen Jahres in Stückzahl nach Geschlechtern und Altersklassen aufgeführt sowie Angaben zum Fallwild.

Auf der Grundlage der genannten beiden Formblätter ist eine Abschußanalyse auf Kreis-(Bewirtschaftungsgebiets-) und Bezirksebene gut möglich, die sich auf die gesamte Planerfüllung, die Altersklassenaufteilung der Strecke, die Entwicklung des Wildbretaufkommens und die erzielten Durchschnittsmassen bezieht. Die Analysentätigkeit in den Jagdgesellschaften geht zweckmäßiger von den Streckenbüchern aus, im besonderen dann, wenn sie quartalsweise Zwischenauswertungen enthalten. Die Analyse wird im Laufe des I. Quartals durch die Ergebnisse der Trophäenbewertung auf den Pflichttrophäenschauen ergänzt. Anläßlich der Pflichttrophäenschau können somit die Ergebnisse der Schwarzwildbewirtschaftung im zurückliegenden Planjahr zusammenfassend dargestellt und für die Ableitung von Schlußfolgerungen für das laufende Planjahr genutzt werden. Somit ist die Abschußplananalyse ein wichtiges Leitungsinstrument für die Bewirtschaftung des Schwarzwildes.

11. Bestandsermittlung

So wichtig es ist, die Höhe des vorhandenen Wildbestandes annähernd richtig einzuschätzen, so schwierig ist auch die Ermittlung der Bestände in der freien Wildbahn. Die Kenntnis des Frühjahrsbestandes bildet die Grundlage für die Abschußplanung, da sich aus ihm durch Multiplikation mit dem Zuwachsprozent und dem Vergleich zur durch die Bonitierung festgelegten Bestandshöhe der Planwert für die Strecke errechnet. Im Kapitel Planung wurde bereits darauf Bezug genommen. Fehlerhaft eingeschätzte Bestände führen also zu Planungsfehlern und somit zu Übernutzungen, verbreiteter aber zu Unternutzungen der Bestände. Im Ergebnis dessen wird entweder die Kapazität der Jagdgebiete ungenügend ausgelastet, oder aber übersteigen die tatsächlich vorhandenen Bestände bald die örtlichen Möglichkeiten und lassen Wildschaden erwarten.

11.1. Methoden der Bestandsermittlung

Die Ermittlung der Höhe von Schwarzwildbeständen wird durch die weitgehend nächtliche Lebensweise dieser Wildart, die Größe des Lebensraumes und die zahlreichen Einstandsveränderungen erschwert. Mit zunehmender Wilddichte wachsen die Schwierigkeiten, und es besteht die Gefahr einer Unterschätzung (Pucek et al., 1975). Da zu keiner Jahreszeit auch nur annähernd repräsentative Teile des Bestandes bei Tageslicht beobachtet werden können, fallen auf Direktbeobachtungen beruhende Schätzungsmethoden aus (Auf 2 Spezialfälle wird allerdings eingegangen.). Vielmehr müssen indirekte Methoden zur Anwendung kommen, welche die Anwesenheit des Wildes bekunden.

Die Anwesenheit des Schwarzwildes wird hauptsächlich durch Fährten, Brechstellen, Lagerstätten und Losung bezeugt. Das Fährtenbild gibt die genauesten Hinweise, hat allerdings die geringste Dauerhaftigkeit. Bei Vorliegen einer Schneedecke gibt es einen guten Überblick über die Größe des vorhandenen Bestandes, seine Zusammensetzung und räumliche Verteilung. Die Liegedauer der Schneedecke spielt dabei eine entscheidende Rolle, da sie einerseits auch ältere Fährten aufbewahren, aber Neuschnee auch frische Fährten überdekken kann.

Ein Abfährten bei fehlendem Schnee ist nur unter bestimmten Voraussetzungen, z. B. auf Sandwegen und entsprechenden Spürbahnen, möglich. Daher liefert es nur Hinweise für verhältnismäßig kleine Revierteile und eignet sich mehr für die Auswahl eines erfolgversprechenden Jagdbezirks als für eine Wildbestandsermittlung.

Brechstellen können für größere Räume mit geringem Bestand Hinweise auf dessen Höhe geben. Es wird dabei davon ausgegangen, daß jedes Stück täglich zur Nahrungsgewinnung eine bestimmte Waldbodenfläche umbricht (LEBEDEWA, 1956; JEZIERSKI und MYRCHA, 1975) und bei Berücksichtigung des Frischezustandes der Brechstelle eine Umrechnung auf die annähernde Anzahl möglich ist. Die unterschiedliche Dauerhaftigkeit dieser Stellen, vor allem der wechselnde Umfang der Fläche nach Waldtypen und Nahrungsreichtum, schränken die Brauchbarkeit der Methode ziemlich stark ein. Dennoch ist sie bei bestimmten Ermittlungsverfahren, wie der Linientaxation, nicht ganz unbrauchbar. Bei der Erfassung von Lagerstätten wird davon ausgegangen, daß jedes Stück Schwarzwild in 24 Stunden durchschnittlich zweimal einen Kessel baut bzw. aufsucht. Das schwierige Auffinden der Lagerstätten und die Tatsache, daß gewöhnlich mehrere Stücke einen Kessel benutzen oder Kessel auch mehrmals benutzt werden, beschränkt den Wert der Methode auf wissenschaftliche Erfassungen der Umweltnutzung durch das Schwarzwild (z. B. KOSLO, 1975).

Die Registrierung von Losungsstellen hat beim Verfahren der Linientaxation eine größere Bedeutung. Der international weit verbreiteten Methode liegt zugrunde, daß jedes Stück Wild täglich eine bestimmte Durchschnittszahl an Losungshaufen absetzt. Beim Schwarzwild wurde dieser Wert mit durchschnittlich 4,5 Male je Tag (3 bis 6,5) bestimmt (BRIEDERMANN, 1971b). Die Dauerhaftigkeit der Fäces, die praktisch in der gesamten Frostperiode gegeben ist, muß dabei in Betracht gezogen werden. Daher wird das Verfahren vor allem in nördlichen Regionen unmittelbar nach Abtauen der Schneedecke angewandt (SOROKINA, 1977). Untersuchungen von DZIEZIOLOWSKI (1976) an Rehwild ergaben, daß die ökologischen Bedingungen in Mitteleuropa hauptsächlich infolge der raschen Zersetzung der Fäces die Brauchbarkeit der Methode einschränken.

Demzufolge kann allein das Erfassen des Wildbestandes bei Neuschnee als brauchbares Verfahren unter mitteleuropäischen Verhältnissen empfohlen werden. Die technische Durchführung steht im Mittelpunkt der folgenden Ausführungen. Zur Ergänzung und Kontrolle kommen mathematisch-statistische Methoden bzw. Trendberechnungen zur Anwendung. Sie gehen von der erzielten Strecke und deren Zusammensetzung, dem Zuwachsprozent und den bekannten natürlichen Abgängen aus. Als selbständiges Verfahren sind sie nicht geeignet, sie müssen sich immer wieder an den tatsächlich vorhandenen Beständen orientieren.

11.2. Fährtenbild

Da die Wildbestandserfassung in erster Linie von der Registrierung des Fährtenbildes ausgeht, ist dessen genaue Kenntnis eine unumgängliche Voraussetzung. Der Zähler muß in der Lage sein, die Fährte des Schwarzwildes von derjenigen anderer Schalenwildarten, vor allem der des Rotwildes, unterscheiden zu können. Das Trittsie-

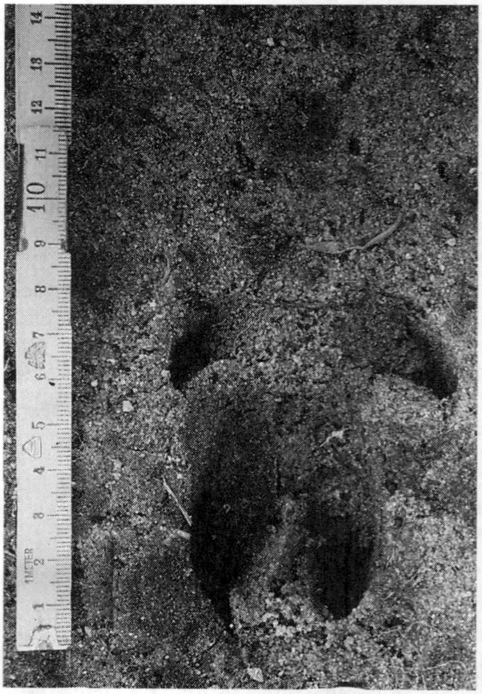

Abb. 11/1 Trittsiegel eines Frischlings im Winter, leicht flüchtig (Foto: FREYMANN)

gel des Schwarzwildes zeigt stets – im Gegensatz zu allen anderen Schalenwildarten – den Abdruck des Geäfters seitlich hinter den Schalen (Abb.11/1 bis Abb. 11/3). Zwar kann auf weichem Boden bzw. bei Schnee auch das Rotwild ein Geäfter hinterlassen. Dieses ist jedoch rund, nicht halbmondförmig, und steht nicht so weit seitlich. Häufig (aber altersbeeinflußt) ist die äußere Schale beim Schwarzwild etwas länger als die innere. Die Schrittweite überschreitet nur bei starken Sauen 40 cm um ein geringes, während sie auch bei geringem Rotwild nicht unter 50 cm beträgt.

Ein wichtiges Zeichen für Schwarzwild besteht darin, daß es infolge seines niedrigeren Körperbaus bei geringeren Schneehöhen mit dem Brustkorb gezogene Rinnen hinterlassen kann. Ist bei Pulverschnee und vielleicht mehreren hintereinander gezogenen Stücken eine rasche Ansprache der Art nicht möglich, hilft es gewöhnlich, der Fährte ein Stück zu folgen. Schwarzwild pflegt auch bei ruhigem Ziehen hin und wieder Brechversuche zu unternehmen, die einen untrügerischen Hinweis geben. Bei flüchtigem Wilde muß man gelegentlich der Fährte bis an den Rand der nächsten Dikkung folgen. An der Höhe des von den Zweigen abgestreiften Schnees kann die Wildart festgestellt werden.

Die Bestimmung von Alter und Geschlecht ist auch bei gutem Spurschnee schwierig. Die Fährte gibt für das Geschlecht keinen Anhalt. Starke Stücke inmitten von Frischlingen werden freilich Bachen sein, während allein ziehende starke Sauen gewöhnlich Keiler sind. Innerhalb der Altersgruppen überlagern Unterschiede in der Körperstärke auch hier oft die altersbedingten Kriterien. Nur als Anhalt sei angegeben, daß starke Sauen (Altersklasse 3) etwa 7 bis 9 cm breite und 8 bis 11 cm lange Schalenabdrücke aufweisen. Die Breite des Trittsiegels von Überläufern im Winter bewegt sich bei 5 bis 6 cm, die Länge bei 6 bis 7 cm. Darunter befindliche Stücke werden meist Frischlinge, darüber liegende mittelalte

Abb. 11/2 Trittsiegel eines Überläufers
(Foto: Freymann)

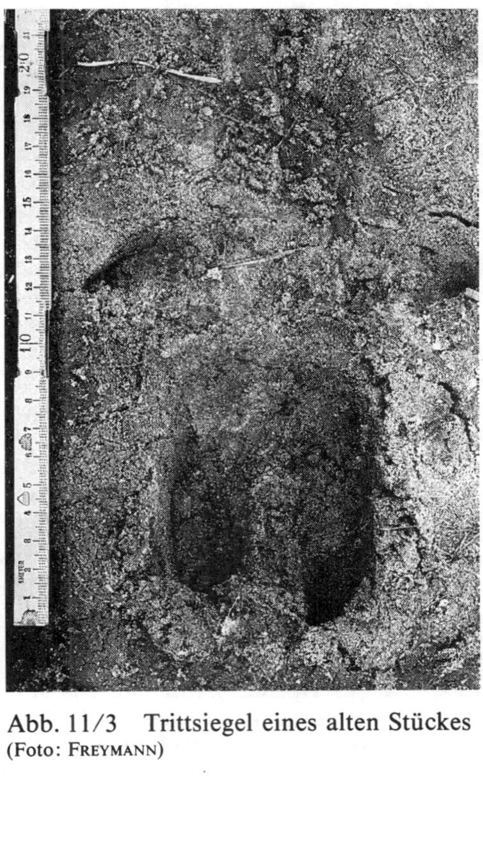

Abb. 11/3 Trittsiegel eines alten Stückes
(Foto: Freymann)

Tabelle 11/1 *Fährtenmaße bei Schwarzwild – Vorderlauf in cm (nach* Schumann *und* Fischer, *1979)*

Fährtenmaß	Überläufer	3jähriger Keiler	Grober Keiler	Haupt-schwein	Bache	Frischling
Breite	5,5	5,8	6,5	8,0	6,0	3,5
Länge	7,0	7,0	8,0	9,5	8,0	4,0

Sauen sein. Bei reifen Sauen liegen die Spitzen der Schalenabdrücke auf annähernd gleicher Höhe, während, wie schon erwähnt, bei jüngeren Stücken die äußeren Schalen mehr oder weniger länger als die inneren sind. Schumann und Fischer (1979) geben für das Schwarzwild die in der Tabelle 11/1 zusammengestellten Fährtenmaße an.

11.3. Verfahren der Bestandsermittlung

Eine zusammenfassende Darstellung über die Methoden der Wildbestandsermittlung (Briedermann, 1982) bildet die Grundlage für die folgenden Ausführungen. Die für das Schwarzwild geeigneten Verfahren sind auszugsweise wiedergegeben.

11.3.1. Probeflächenverfahren

Es wäre ideal, die Bestandsermittlung zur gleichen Zeit auf der gesamten Fläche eines Bewirtschaftungsgebietes vorzunehmen. Unter dieser Voraussetzung wird sie auch in Forschungsgebieten der UdSSR durchgeführt (Koslo, 1975). Doch wird man sich aus organisatorischen Gründen in den meisten Fällen von der Vorstellung lösen müssen, ein geschlossenes Vorkommen vollständig zu erfassen. Viele Jäger können nicht auf Abruf in ihre Pirschbezirke fahren, so daß unvermutete Lücken entstehen, die auch eine gute Arbeit in anderen Gebieten zunichte machen. Selbst vollständige Schwarzwildzählungen in einzelnen Jagdgebieten sind meist wenig aussagefähig. Sie ergeben zwar eine Momentaufnahme für das erfaßte Territorium, erlauben jedoch nicht, darauf eine Planung aufzubauen. Der Bestand ist im Jahresablauf starken Veränderungen ausgesetzt. Daher ist es zweckmäßig, sich auf ausgewählte Probeflächen zu beschränken, die zwar nur einen Teil der Gesamtfläche erfassen, deren Kontrolle aber unbedingt abgesichert werden kann.

Da Probeflächenverfahren als besonders erfolgversprechend gelten können, werden sie anderen Methoden vorangestellt und ausführlicher behandelt. Einige hier beschriebene Grundzüge der Methodik treffen aber auch für jene zu und sollten sinngemäß berücksichtigt werden.

Das Abfährten bei Schnee setzt bestimmte Bedingungen voraus. Die Schneedecke muß im gesamten Bewirtschaftungsgebiet liegen und auf den Wegen mindestens 3 cm hoch sein. Ihre Höhe soll andererseits etwa 20 cm nicht übersteigen, da dann die Erkennbarkeit der Fährten zurückgeht und die Rottenmitglieder häufiger in einer Kette ziehen, so daß die Ermittlung der Stückzahl Mühe macht. Schließlich werden mit steigender Schneehöhe die Territorien des Schwarzwildes kleiner, zumal die der Rotten mit geringen Frischlingen, so daß manches Stück sich der Erfassung entzieht. Auch für den Zähler wird die Fortbewegung, im besonderen der Fahrzeugeinsatz, schwieriger.

Es ist lange schon bekannt, daß sich der erste Schnee für eine Bestandsermittlung nicht eignet, da vieles Wild sich noch scheut, den Einstand weit zu verlassen. Es ist am günstigsten, einen Tag zu wählen, an dem es in der Vornacht auf eine leichte Schneedecke einen wenige Zentimeter hohen neuen Schneefall gegeben hat, der aber morgens spätestens gegen 5 Uhr endete. In schneearmen Gebieten wird man freilich manche Gelegenheit wahrnehmen müssen, die nicht so ideale Bedingungen bietet. In diesem Falle wird der Zeitaufwand beim Entwirren des Fährtenbildes größer, und auch Abstriche in der Genauigkeit der Aussage können nötig sein.

In jedem Fall aber ist es kaum möglich,den Zähltag auf längere Sicht festzulegen, denn erst am frühen Morgen zeigt sich, ob am Vormittag gezählt werden kann. In schneearmen Wintern kann es möglich sein, daß nur ein oder zwei Male im Jahr alle erforderlichen Voraussetzungen für einen Erfolg gegeben sind. Werden diese Gelegenheiten verpaßt, ist die Chance für eine annähernd richtige Bestandsermittlung für ein Jahr vorbei. In früheren Jahren wurde das Abfährten bei Schnee fast ausschließlich zum „Kreisen" benutzt, das heißt, mit dem Ziele einer anschließenden Bejagung der festgestellten Sauen durchgeführt. Es muß jedoch betont werden, daß Zählen und Jagen nicht zusammenpassen. Die Aufmerksamkeit der Zähler konzentriert sich sonst nur auf die bejagbaren Einstände, das beunruhigte Wild wechselt zwischen den Zählterritorien hin und her, und das schließlich zusammengestellte Ergebnis ist nur unvollkommen aussagefähig. Für den festgelegten Zeitraum der Wildbestandsermittlung dürfen also keine gleichzeitigen Jagden festgelegt sein. Anders verhält es sich mit der anschließenden jagdlichen Nutzung der Zählergebnisse.

Der Genauigkeitsgrad der ermittelten Zählergebnisse wird von zahlreichen Faktoren beeinflußt, die u. a. PUCEK et al. (1975) untersuchten. Das Territorialverhalten der Wildart und die Waldstruktur haben dabei eine hohe Bedeutung. Sind die umschlagenen Teilflächen zu groß und schließen sie sowohl Tageseinstände als auch nahrungsreiche Waldstücke ein, wird sie ein Teil des Bestandes nachts nicht verlassen und somit nicht erfaßt. Mit wachsender Wilddichte steigt die Gefahr der Unterschätzung. Der Zähler muß daher seinen Teilbezirk soweit in Teilflächen zerlegen, bis auf seiner Karte ein vollständiger Überblick über den gesamten Fährtenverlauf und die bezogenen Tageseinstände entsteht. Die Teilflächen werden in der Regel Größenordnungen von 20 bis 50 ha, in Abhängigkeit vom Waldbild und der Wilddichte, aufweisen müssen. Unter diesen Voraussetzungen kann ein Zählfehler weitgehend ausgeschlossen werden. Übersteigen die Teilflächen diese Größenordnung wesentlich, ist mit einem größeren Fehlerprozent zu rechnen. Nach PUCEK et al. (1975) kann es für das Schwarzwild bei einer Teilflächengröße von 100 ha schon etwa +50% betragen. Später Schneefall, der einen Teil der Nachtfährten verdeckt, wird das Fehlerprozent erhöhen. Es ist auch festzustellen, daß sich die Schwierigkeiten des Abfährtens mit steigender Wilddichte sehr erhöhen. Umso mehr ist auf die sorgfältige Durchführung großer Wert zu legen.

11.3.1.1. Einfaches Abfährten

Das anschließend beschriebene Verfahren des einfachen Abfährtens auf Probeflächen bei Neuschnee wurde im Schwarzwildbewirtschaftungsgebiet Eberswalde entwickelt und mehrere Jahre erprobt (BRIEDERMANN, 1982). Als Ausgangsbasis lag ihm ein Simulationsmodell der Vergesellschaftungsstrukturen des Schwarzwildes zugrunde, dessen Erfaßbarkeit durch LOCKOW mittels empirischer Iteration geprüft wurde (LOCKOW, 1974).

Die im Abschnitt 8.3.2. dargelegten Rottenstärken führten zur Aufstellung eines Modells der Vergesellschaftungsstruktur (Tab. 11/2), dem annähernd genau zu entnehmen ist, in welcher Häufigkeit unterschiedliche Rottenstärken in einer Schwarzwildpopulation zu erwarten sind. Hinsichtlich der räumlichen Verteilungen wurde aus den Ermittlungen über die Größe des Belaufes (vgl. Abschnitt 8.5.1.3.) abgeleitet, daß Probeflächen von 300 ha Größe bei Unterteilung in Einheiten von etwa 50 ha einen ausreichenden Raumabschnitt für ihre kon-

Tabelle 11/2 *Simulierte Vergesellschaftungsstruktur für Schwarzwild (nach* BRIEDERMANN, *1972)*

Wilddichte auf 100 ha Wald	Individuen je Gruppe		Prozentuale Häufigkeit der Gruppen
	Mittel	Variation	
2	1	1	20
	2	2	38
	5	3...7	30
	10	8...12	10
	15	ab 13	2

krete Erfassung mittels Abfährtens darstellen. Unter diesen Voraussetzungen ergibt sich der in der Abbildung 11/4 dargestellte Zusammenhang zwischen dem Flächenaufnahmeprozent und dem zu erwartenden mittleren prozentualen Fehler der Bestandsermittlung. Die Darstellung sagt aus, daß ein Aufnahmefehler von ± 10 % zu erwarten ist, wenn die Probeflächen etwa 30 % der Fläche des Gesamtgebietes einnehmen; richtige Auswahl der Probeflächen und genaue Erfassung des auf ihnen vorhandenen Bestandesteiles vorausgesetzt. Das stimmt mit der Feststellung von JÜRGENSON (1965) überein, der mitteilt, daß ein Zählfehler von maximal 10 % zu erwarten ist, wenn Probeflächen etwa 25 % das Gesamtterritoriums einnehmen. Der Erfolg der Anwendung des Probeflächenverfahrens hängt wesentlich von der sorgfältigen Vorbereitung ab. Das gilt im besonderen für die Festlegung der Zählgebiete, die organisatorische Absicherung und das Informationssystem. Sie müssen das gesamte Bewirtschaftungsgebiet erfassen.

Festlegung der Probeflächen: Die richtige Anzahl, Lage und Größe der Zählgebiete ist für die Auswertbarkeit der Gebiete von ausschlaggebender Bedeutung. Repräsentative Ergebnisse können erwartet werden, wenn sie etwa 25 bis 30 % der Gesamtfläche des Bewirtschaftungsgebietes umfassen. Die Probeflächen sollen sich etwa gleichmäßig über das Bewirtschaftungsgebiet verteilen und die jagdgebietstypischen Verhältnisse widerspiegeln. Sie dürfen weder nur Schwarzwilddickungen, noch nur lichte Althölzer, in denen sich das Schwarzwild kaum aufhält, einschließen. Feldrandlagen und großflächig wechselnde Waldaufbauformen müssen erfaßt sein. Die zweckmäßigste Einzelgröße liegt bei 200 bis maximal 500 ha, damit sie ein einzelner Jäger im Laufe eines Vormittags noch begehen und auch im Inneren kontrollieren kann. Im allgemeinen soll jeder Zähler nicht mehr als 300 ha abfährten müssen. Eine annähernd quadratische Form ist empfehlenswert. Wichtiger aber ist, daß die Zählbezirke von befahrbaren, doch nicht zu belebten Wegen umgeben sind und von mehreren Wegen durchquert werden, die möglichst ebenfalls

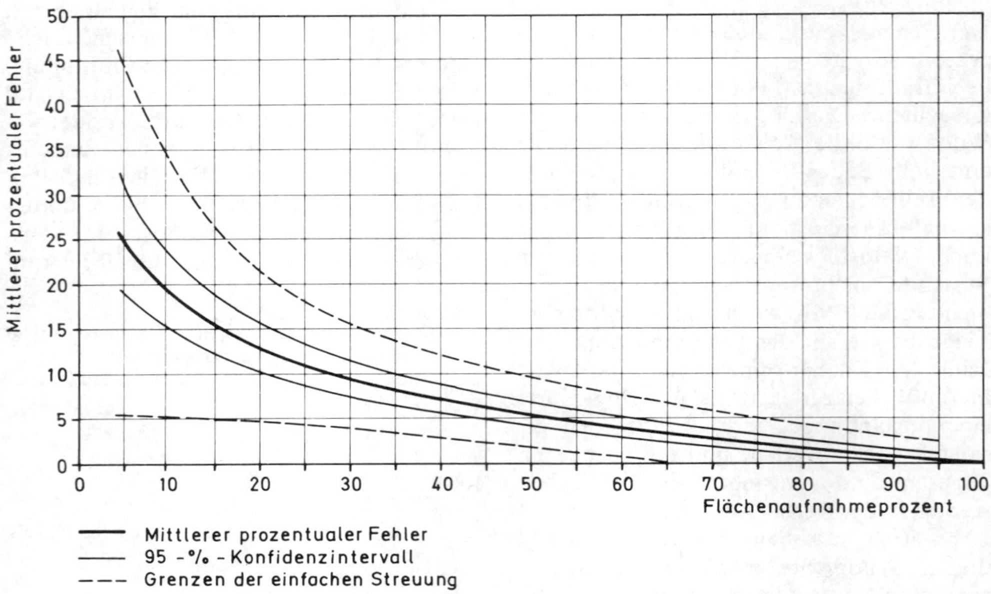

Abb. 11/4 Zusammenhang zwischen dem Flächeaufnahmeprozent und mittlerem prozentualem Fehler bei der Probeflächenzählung von Schwarzwild. Probeflächengröße 300 ha, Wilddichte 2 Stück auf 100 ha Waldfläche (nach LOCKOW)

befahrbar sein sollen. Liegen die Zählflächen voneinander mehrere Kilometer entfernt, ist ein Wechseln des Schwarzwildes zwischen ihnen in einer Nacht nicht zu erwarten. In diesem Falle ergibt sich der Vorteil, daß die Probeflächen nicht unbedingt gleichzeitig aufgenommen werden müssen und Ermittlungen kombinierbar sind.

Im Bewirtschaftungsgebiet Eberswalde wurden 29,5 % der Waldfläche in 20 Probeflächen eingeteilt, von denen jede der 6 Jagdgesellschaften je nach ihrer Waldfläche 2 bis 4 zu betreuen hat. Die Durchschnittsgröße der Zählgebiete beträgt etwa 300 ha. Für jedes Gebiet liegt eine Karte im Maßstab von 1:10000 vor, in die der Zähler seine Ermittlungsergebnisse einträgt. Die Tabelle 11/3 zeigt als Beispiel die Ermittlungsergebnisse des Winters 1977/78 und dient der Erläuterung des Verfahrens.

Organisatorische Absicherung, Durchführung, Auswertung: Eine erfolgreiche Ermittlung bedarf stabsmäßiger Vorbereitung. Für jedes Zählgebiet sind 2 geeignete Weidgenossen zu benennen. Geeignet bedeutet neben der notwendigen Jagdpraxis und Kenntnis des Revierteiles auch telefonische Erreichbarkeit und den erforderlichen Zeitfonds, um auch bei unerwartet eintretender Gelegenheit an der Bestandsermittlung teilnehmen zu können. Es ist zweckmäßig, wenn der zuständige Jagdleiter zu der Gruppe gehört und die beiden benannten Weidgenossen miteinander austauschbar sind, d. h. bei Verhinderung des einen der andere das gesamte Gebiet abfährten kann. Jeder Teilnehmer muß im Besitz der Kartenskizze sein (Abb. 11/5), die Technik des Abfährtens beherrschen und sich – bei eigener Einschätzung der Wettersituation – bereithalten, seine Tätigkeit auszuüben.

Der Verantwortliche für die Zählung verfügt über eine Benachrichtigungsliste für alle Teilnehmer und löst bei Einsetzen einer geeigneten Wettersituation die Zählaktion aus. Mit dem Zählen sollte gleichzeitig etwa zwischen 8 und 9 Uhr morgens begonnen werden. Die zuständigen Jagdleiter müssen, auch wenn sie nicht selbst daran teilnehmen, darüber informiert sein. An dem Zähltag sollen nirgendwo Drück- oder Treibjagden stattfinden.

Der Zähler umrundet zunächst sein Territorium und zeichnet auf der mitgeführten Karte die ein- und auswechselnden Fährten ein. Anschließend werden die durch das Territorium führenden Wege abgefährtet und die Teilstücke so lange untergliedert, bis ein zusammenhängendes Fährtenbild entsteht. Die Zählung wird beendet, wenn das im Bezirk befindliche Schwarzwild mit der jeweiligen Stückzahl genau lokalisiert ist. Eine Unterteilung nach Altersklassen kann angegeben werden, doch sind viele Fährtenbilder so undeutlich, daß eine genauere Unterteilung unterbleiben muß. Wichtig ist die annähernd richtige Ermittlung der Gesamtzahl.

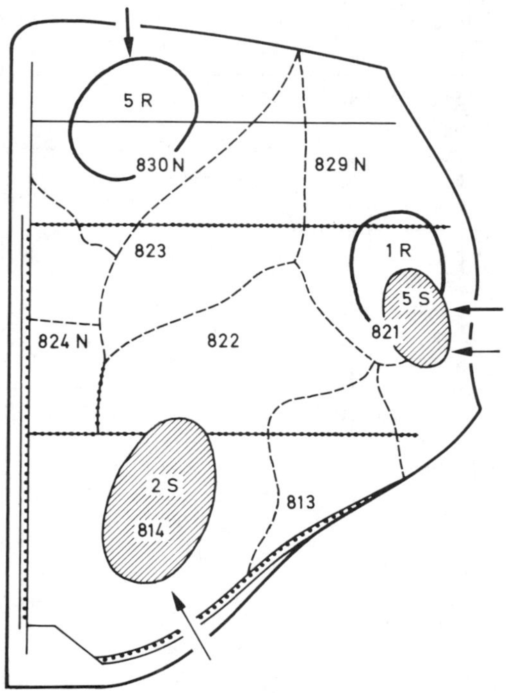

813, 814, 821, 822, 823, 824 N, 829 N, 830 N Forstabteilungen
—— Grenze der Probefläche
---- abgefährtete Wege
◄— kreuzende Fährten
▨ eingefährtetes Wild
R Rotwild
S Schwarzwild

Abb. 11/5 Arbeitskarte eines Zählgebietes, Grenzen des Zählgebietes und gestrichelte Linien sind abgefährtete Wege

Tabelle 11/3 *Wildbestandsermittlung Schwarzwild-Bewirtschaftungsgebiet Kreis Eberswalde*

Jagdgesellschaft Jagdgebiet	Jagdfläche	Waldfläche			11. Februar 1977			10. Februar 1978		
		Gesamt	Probefläche	% 4:3	Probefläche	Waldfläche	St./100 ha Wald	Probefläche	Waldfläche	St./100 ha Wald
	ha	ha	ha		St.	St.		St.	St.	
Sommerfelde										
Bornemannsphuhl	2733	1069	424	39,7	17	43	4,0	13	33	3,1
Trampe	2094	302	152	50,3	7	14	4,7	5	10	3,3
Sommerfelde	4007	1843	278	15,1	3	17	0,9	7	40	2,2
Jagdgesellschaft	8834	3214	854	26,6	27	74	2,3	25	83	2,6
Finowtal										
Eiserbude	1771	1627	410	25,2	18	71	4,4	10	40	2,5
Schwärze	1418	1300	305	23,5	0	0	0	4	17	1,3
Melchow	1835	1785	590	33,0	7	21	1,2	5	15	0,8
Tuchen	2500	1070	185	17,3	7	40	3,7	7	40	3,7
Jagdgesellschaft	7524	5782	1490	25,8	32	132	2,3	26	112	1,9
Chorin										
Chorin	3250	2020	640	31,7	61	281	13,9	35	110	5,4
Liepe	1760	1050	340	32,3	11	34	3,2	14	43	4,1
Oderberg	2830	1550	420	27,1	13	48	3,1	7	26	1,7
Jagdgesellschaft	7840	4620	1400	30,3	85	363	7,9	56	179	3,9
Britz										
Werbellin	1770	200	0	0	0	0	0	0	0	—
Buckow	2410	400	261	58,0	1	2	0,5	0	0	—
Stadtsee	4070	1090	176	14,8	0	0	0	10	68	6,2
Jagdgesellschaft	8250	1690	437	29,1	1	2	0,1	10	68	4,0
Serwest										
Bölkendorf	2176	50	0	0	0	0	0	0	0	0
Theerofen	1150	700	327	46,7	12	26	3,7	18	39	5,6
Senftenthal	1718	1000	372	37,2	6	16	1,6	6	16	1,6
Groß Ziethen	2054	820	326	39,8	7	18	2,2	11	28	3,4
Jagdgesellschaft	7098	2640	1025	38,8	25	60	2,3	35	83	3,1
Joachimsthal										
Voigtswiese	2870	1720	384	22,3	1	5	0	2	9	0,5
Friedrichswalde	2620	374	374	100,0	21	21	5,6	16	16	5,0
Pehlenbruch	2100	1260	280	22,2	4	18	1,4	14	63	5,0
Jagdgesellschaft	7590	3300	1038	31,5	26	44	1,3	32	88	2,7
Kreis Eberswalde	47136	21246	6244	29,4	196	675	3,18	184	613	2,89

Nach Abschluß der Zählung werden die Karten dem Verantwortlichen für die Zählung zugestellt. Die Auswertung ist ein rechentechnischer Vorgang, der in der Zusammenstellung der Ergebnisse und der Übertragung auf die gesamte Waldfläche des Bewirtschaftungsgebietes besteht. Je nach der Witterung und örtlichen Bedingungen kann der Zuschlag eines Fehlerprozentes erforderlich sein. Es ist jedoch deutlich auszudrücken, daß das ermittelte Ergebnis nur für das gesamte Bewirtschaftungsgebiet, nicht für kleinere Flächeneinheiten, repräsentativ ist. Sowohl von der Methode her als von den im Jahreslauf wechselnden Einstandsverhältnissen des Schwarzwildes lassen sich keine direkten Ableitungen auf den Bestand bzw. die Planung kleiner Gebiete vornehmen.

Das errechnete Ergebnis – korrigiert mit dem Fehlerprozent und vermindert um die Jagdstrecke vom Zeitpunkt der Zählung bis zum Stichtag der Frühjahrs-Bestandeszählung (1.4.) – ergibt den vorhandenen Frühjahrsbestand des Bewirtschaftungsgebietes. Durch Multiplikation mit dem Zuwachsprozent ergibt sich der Gesamtabschuß, der nun je nach den örtlichen Verhältnissen, auf die Jagdgesellschaften und Jagdgebiete aufzuschlüsseln ist. Ohne Zweifel ist dies die genaueste Methode der Bestandsermittlung des Schwarzwildes, die mit vertretbarem Aufwand erfolgen kann. Auch sie kann, vor allem im ersten Jahre ihrer Anwendung, vielleicht noch einmal wiederholt werden müssen, da technisch-organisatorische Probleme erst bei der Anwendung sichtbar wurden, mehrere Zählgebiete doch nicht besetzt waren oder andere Mängel auftraten. Ist diese Anfangsschwierigkeit geklärt, wird der Ablauf relativ reibungslos sein. Andere Schalenwildarten können mit gleicher Methode erfaßt werden. Lediglich für Rehwild sind infolge der kleineren Territorien die Ergebnisse nicht aussagefähig genug (Briedermann, 1982).

11.3.1.2. Zweifaches Abfährten

Das im folgenden beschriebene Verfahren wird in großem Umfange in der UdSSR angewendet (Koslo, 1975; Sorokina, 1977). Es eignet sich für größere, schwer begehbare Waldgebiete und setzt voraus, daß 2 Tage nach dem Neuschnee kein weiterer Schnee fällt. Nach dem Verfahren von Sorokina wird eine Probefläche von etwa 1 000 ha in etwa 100 ha große Sektionen unterteilt, die auf der Grundlage von Abteilungsgrenzen, Wegen, Straßen und gefrorenen Flußläufen usw. voneinander abgegrenzt sind (Abb. 11/6). Jeder Sektor muß vom Zähler auf festgelegtem Wege vollständig umgangen oder umfahren werden. Die festgestellte Fährten werden auf einer Kartenskizze vermerkt. Dabei kommt es darauf an, neben der Wildart genau die Anzahl des Wildes und die Bewegungsrichtung einzutragen. Am folgenden Tage wird der gleiche Weg wiederum begangen, und die zwischenzeitlich neu gezogenen Fährten kommen zur Eintragung. Die Ergebnisse beider Tage werden in einer Tabelle aufgelistet, auf der die im Inneren der Teilflächen zwischen beiden Zählterminen vorhandene Wildzahl errechnet werden kann. Am Beispiel der Tabelle 11/4 soll das Verfahren erläutert werden.

In den Sektor 43 wechselten 6 Stück Schwarzwild ein und 2 Stück aus. Das be-

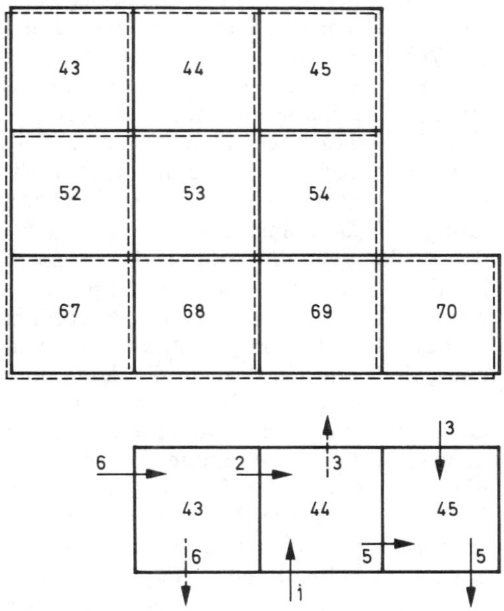

Abb. 11/6 Schema des zweifachen Abfährtens nach Sorokina, 1977

Tabelle 11/4 *Zusammenstellung der Ergebnisse der zweifachen Probeflächenzählung (nach* SOROKINA*)*

Nr. des Sektors	Erster Zähltag					Zweiter Zähltag				
	Einwechsel	Auswechsel	im Sektor	keine Fährten	Insgesamt im Sektor	Einwechsel	Auswechsel	im Sektor	keine-Fährten	Insgesamt im Sektor
43	6	2	4	2	6	—	6	—	—	—
44	3	5	—	3	3	—	3	—	—	—
45	8	5	3	—	3	—	—	—	3	3

deutet, daß sich 4 darin befinden müßten. Am folgenden Tage waren jedoch 6 Stück ausgewechselt. Das bedeutet, daß sich 2 Stück am ersten Zähltag im Inneren des Sektors befanden, die keine Fährten auf dem Wege hinterließen. Im Sektor waren also 6 Stück Schwarzwild. In den Sektor 44 wechselten 3 Stück ein und 5 Stück aus. Am zweiten Tage wechselten weitere 3 Stück aus. Diese hatten am Vortage keine Fährten ergeben und bilden den Bestand des Sektors 44. In den Sektor 45 wechselten 8 Stück ein und 5 aus. Infolgedessen verblieben 3. Da auch am folgenden Tage kein Auswechsel erfolgte, blieben sie, ohne gefährtet zu werden, im Sektor. Der Gesamtbestand der 3 Sektoren betrug somit 12 Stück Schwarzwild. Bei der Betrachtung der Vorzüge dieses Verfahrens muß zunächst eingeschätzt werden, daß es eine sehr geringe Beunruhigung des Wildbestandes mit sich bringt. Die Einstände brauchen nicht betreten, die Wege nicht verlassen zu werden. Der durchgängige Einsatz von Motorfahrzeugen kann erfolgen. Damit sinkt der Zeitaufwand für den Zähler. Sehr einschränkend ist dagegen die Forderung, an 2 aufeinanderfolgenden Tagen zählen zu müssen. Damit beschränkt sich die Durchführung auf einen Personenkreis, der beruflich dazu in der Lage oder sogar beauftragt ist. Bei der notwendigen Größe der Probeflächen und ihrer räumlich unterschiedlichen Verteilung im Gesamtgebiet mag hier in vielen Fällen ein ausschließender Faktor für die Verwendung des Verfahrens liegen. Schließlich darf, wie schon erwähnt, innerhalb der Zählperiode kein Neuschnee fallen, da dieser einen Teil der erfolgten Wildbewegung überdecken und damit das Ergebnis verfälschen und eine Wiederholung fordern würde. Somit ist die Anwendung des Verfahrens stark von den örtlichen Verhältnissen und Möglichkeiten abhängig. Bei hoher Wilddichte und mosaikreichen Waldbildern sollte die Sektorengröße 50 ha nicht überschreiten.

11.3.2. Bestandsermittlungen auf der Gesamtfläche

Es wurde schon erläutert, daß Bestandsermittlungen auf der Gesamtfläche eines Bewirtschaftungsgebietes aus organisatorischen Gründen kaum exakt durchführbar sind. Auf kleiner Fläche, wie der von Jagdgesellschaften und Jagdgebieten, sind sie ebenfalls schon schwer zu organisieren, doch auch bei guter Durchführung von begrenzter Aussagekraft. Es gibt nur wenige Fälle, in denen eine erfolgversprechende Bestandserfassung auf größerer Fläche abgesichert werden kann. Das betrifft zum Beispiel isolierte Waldinseln, die einen geringen Wildaustausch mit anderen Gebieten haben, sowie Gatterreviere. Die im Abschnitt 11.3.1. genannten Verfahren können hier auf die gesamte Fläche übertragen werden.

11.3.3. Marschroutenverfahren

Die Verfahren der Linientaxation haben sich vor allem in den großen Waldgebieten der UdSSR bewährt (AWERINA, 1977; SOROKINA, 1977). Dazu werden auf der Karte bestimmte Marschrouten festgelegt und zum Zähltermin nach dem Kompaß begangen. Die Auswahl der Marschroute berücksichtigt die Gliederung und das Vegetationsbild des zu kontrollierenden Territoriums. Die

Länge der einzelnen Marschrouten beträgt 10 bis etwa 100 km; sie kann an mehreren Tagen begangen werden. Auf etwa 5 000 ha Jagdfläche sollen 10 km Marschrouten entfallen.
Erfaßt wird das auf der Route festgestellte Fährtenbild. Für die Auswertung der Ergebnisse muß die Größe des Territoriums bekannt sein, das ein Stück Schwarzwild innerhalb von 24 Stunden durchquert. Davon ausgehend kann umgerechnet werden, welchem Wildbestand die Zahl der je Kilometer überquerten Fährten entspricht. Das Verfahren setzt große, relativ homogene Waldkomplexe und relativ geringe Wildbestände voraus, da sonst sowohl Durchführung als Auswertung kompliziert und wenig erfolgversprechend sind. Die Beziehungen zwischen Wilddichte und Fährtenbild sind bei Schwarzwild noch nicht ausreichend geklärt und unterliegen zudem einer sehr großen örtlichen Variabilität. Wir führen das Verfahren hier nur der Vollständigkeit und als Denkanregung an. Am ehesten ist seine Anwendung in Mittelgebirgswaldungen vorstellbar.

11.3.4. Direkte Bestandsermittlungen

11.3.4.1. Sichtbeobachtung an Ablenkfütterungen

Hat der Winter keine geeignete Schneedecke geboten, ist die Winterzählung ausgefallen oder hat unzureichende Ergebnisse gebracht. In diesem Falle ist eine Direktzählung an Ablenkfütterungen in Erwägung zu ziehen. Voraussetzung ist, daß sich im Bewirtschaftungsgebiet in ausreichender Zahl solche Fütterungen befinden, da sonst die Ermittlungen nicht verallgemeinert werden können. Schließlich muß – wie allgemein auch aus anderen Gründen zu fordern – an der Ablenkfütterung Jagdruhe herrschen und eine ausreichende Beobachtung von einem gedeckt stehenden Hochsitz vorgenommen werden können. Im allgemeinen setzt man mit der Ablenkfütterung Ende März ein, und ab Mitte April ist es möglich, einen hohen Prozentsatz der Population dort regelmäßig anzutreffen. Wald und Feld bieten jetzt wenig Fraß, daher stellt sich das Schwarzwild hier gern ein und läßt sich auch bei gutem Licht beobachten. Da

Abb. 11/7 An Ablenkfütterungen kann gut der Zuwachs ermittelt werden (Foto: MEYNHARDT)

die Bachen bereits gefrischt haben, lassen sich auch Hinweise über den jährlichen Zuwachs entnehmen (Abb. 11/7).
Bei den Bestandsermittlungen an Ablenkfütterungen muß berücksichtigt werden, daß ein Teil des Bestandes stets der Fütterung fernbleiben wird. Beobachtungen an Winterfütterungen im Schutzgebiet von Belowesh zeigten, daß nur etwa 70 % des Bestandes Fütterungen aufsuchen (Koslo, 1975). Gewöhnlich, aber nicht ausschließlich, fehlen mittelalte und ältere Keiler. Daher müssen die Ergebnisse stets mit einem mehr oder weniger hohen Zuschlag versehen werden. Aus dem Anteil der festgestellten Frischlinge und Überläufer läßt sich annähernd die Höhe des älteren Bestandesteiles herleiten. Ist das Netz der Ablenkfütterungen nicht dicht genug, kann lediglich eine Schätzung des Bestandes auf der Einzugsfläche der jeweiligen Ablenkfütterung geschehen, die aber doch auch immerhin wertvolle örtliche Informationen liefert.

11.3.4.2. Jungwildzählungen

Dieses Verfahren dient nicht der Bestandsermittlung, sondern der Präzisierung des Zuwachsprozentes. Ab Ende Mai haben wohl fast alle Bachen gefrischt und führen auch ihren Nachwuchs mit sich. Da sich die Bodenvegetation noch in der Entwicklung befindet, ist es relativ oft möglich, die Zahl der von den Bachen geführten Frischlinge beim Ansitz zu ermitteln. Wenn nun alle Jäger dem Jagdleiter ihre Schwarzwildbeobachtungen mitteilen, kann dieser aus der Fülle der Mitteilungen die Höhe des Zuwachsprozentes einschätzen. In Jahren mit normalem Zuwachs sollten je führende Bache 4 bis 6 Frischlinge feststellbar sein. Davon abweichende Werte bedeuten niedrigeren bzw. höheren Zuwachs. Freilich bleibt das Ergebnis auf die relativ kleine Fläche des Jagdgebietes beschränkt und muß durchaus nicht für das gesamte Bewirtschaftungsgebiet repräsentativ sein. Dazu müßten die Ergebnisse von der Arbeitsgruppe Schwarzwild für das gesamte Gebiet zusammengefaßt werden. Besonderen Wert erhält das Verfahren jedoch dann, wenn es mit gleicher Methodik über mehrere Jahre hinweg ausgeübt wird, weil sich im Ergebnis die jährlich abweichende Zuwachshöhe prozentual widerspiegelt. Somit kann auf diesem Wege die für den Juli fällige Plankorrektur qualifiziert werden.

11.4. Mathematisch-statistische Kontrollrechnungen

Aus der mehrjährigen Kenntnis der Jagdstrecke und ihrer Zusammensetzung und dem Zuwachsprozent sind gewisse Rückschlüsse auf die Bestandshöhe und ihren Trend möglich. Sehr viele Einflußfaktoren beeinflussen jedoch die Genauigkeit der Ergebnisse stark. So bleibt zunächst unbekannt, in welcher Beziehung die erzielte Strecke zum tatsächlichen Frühjahrsbestand steht; ob der Zuwachs über-, unternutzt oder genau abgeschöpft wurde. Je nachdem wird aber der folgende Frühjahrsbestand niedriger, höher oder gleich dem vorhergehenden sein. Gleiches trifft für den Anteil der Altersklassen an der Strecke zu. Es bleibt unbekannt, in welchem Maße sie den jeweiligen Anteil am Bestand repräsentieren oder unter dem Einfluß verschiedener Auswahlprinzipien davon abweichen. Selbst das Zuwachsprozent ist beim Schwarzwild nur ein Schätzwert, der sich zwischen 100 und 200 % bewegen kann. Daher ist aus der Strecke kein annähernd genauer Wert für den nächstfolgenden Abschußplan abzuleiten. Berechnungen können Bestandsermittlungen in der Wildbahn nicht ersetzen. Ihre Bedeutung haben sie jedoch zur Kontrolle und überschlägigen Kalkulation sowie zur Ermittlung von Fehlerprozenten. Dazu ist das Vorliegen mehrjähriger Streckenwerte und Zählergebnisse für einen größeren Raum (Bewirtschaftungsgebiet) notwendig. Die Strecken allein genügen nicht für die Einschätzung des Trends. Steigende Strecken können zwar ein Spiegel steigender Bestände sein, doch auch über mehrere Jahre hinweg eine Bestandesreduzierung einschließen. Der Trend der Bestandsermittlungen muß also zum Vergleich herangezogen werden. Dazu spielt zunächst deren absolute Richtigkeit eine untergeordnete Rolle. Längere Zeit parallel laufende Streckenzüge von Abschuß und Bestand lassen voraussehen, daß sich die Entwicklungstendenz des Bestandes zunächst nicht verändert, falls nicht außergewöhnliche ökologische Einflüsse auf ihn einwirken. Um ihn in einer gewünschten Richtung zu beeinflussen, muß der Abschuß entsprechend erhöht oder gesenkt werden. Steigt die Strecke schneller als der Bestand, ist eine Reduzierung der Wilddichte vorhersehbar; der Zeitpunkt ist von der Relation zwischen Bestand und Strecke abhängig. Ähnliches gilt für die Zunahme von Beständen bei sinkenden Strecken. Als Beispiel dient die in der Abbildung 11/8 graphisch dargestellte Entwicklung der DDR-Strecken und Bestände in den ökologisch ähnlichen Jahren 1972 bis 1977. Als Ausgangswert (gleich 100 %) dient das Jahr 1972. Im Zeitraum bis 1975 ist eine gleichlaufend steigende Tendenz von Strecken und Beständen ersichtlich. Im Jahre 1976 wurde die Strecke beachtlich erhöht, sie reichte jedoch nicht aus, das Ansteigen der Bestände zu stoppen. Daher ist für 1977, und wahrscheinlich auch für 1978, eine beträchtliche weitere Streckenerhöhung nötig, wenn der Bestand abgebaut werden soll. Bereits eine solche Schlußfolgerung kann für die notwendige Höhe der Planvorgaben im Bewirtschaftungsgebiet einen entscheidenden Hinweis geben. Doch kann ein starker Wechsel in den ökologischen Bedingungen für das Schwarzwild einen Trendbruch in der Bestandsentwicklung bedingen. Durch die harten und ausgedehnten Winter 1969/70 und 1970/71 erfolgte ein Bestandesrückgang im Vergleich zum Ausgangsjahr 1969, dem auch durch einen Streckenrückgang entsprochen wurde. Während der reduzierte Zuwachs und Fallwildabgänge auch noch auf den Frühjahrsbestand 1972 einwirkten, brachte dieses günstige Jahr so hohe Zuwachswerte, daß die Strecke des Jahres 1969 um 33 % überschritten werden konnte und dennoch der Frühjahrsbestand 1973 um 23 % stieg. Das Beispiel zeigt die Grenzen der Trendberechnung. Die Kenntnis der Bestandsentwicklung von 1969 bis zum Frühjahr 1972 und der Strecken 1969 bis 1971 ermöglichten keine reale Prognose der weiteren Entwicklung. Dazu wären konkrete Informationen über die Höhe des Zuwachsprozentes und die echten Relationen zwischen Bestand und Strecke erforderlich.

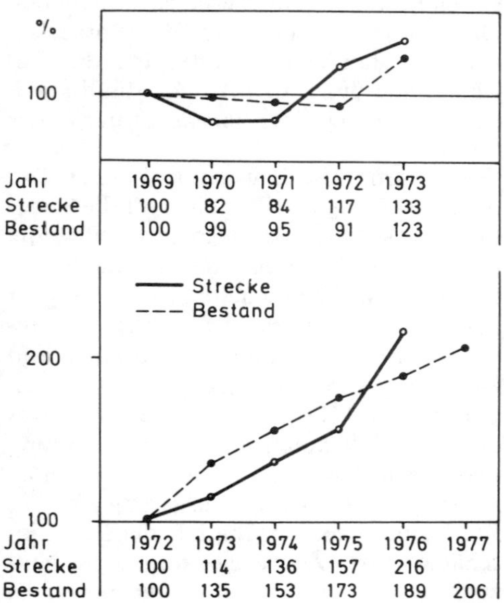

Abb. 11/8 Beziehungen zwischen Strecke und Bestand in Zeiträumen mit unterschiedlicher Populationsentwicklung bei Schwarzwild

Bei gleichbleibender Methodik der Bestandsermittlung kann aber aus dem Trend der Bestandes- und Streckenentwicklung ein Hinweis auf das Zählfehlerprozent abgeleitet werden. Auch dazu ein Beispiel: Als Frühjahrsbestand des Jahres 1976 wurden 40760 Stück Schwarzwild angegeben (vgl. Tab. 2/5). Im Zeitraum 1975 bis 1977 waren Bestände und Strecken kontinuierlich steigend. Die Strecke des Jahres 1976 betrug 103000 Stück. Wird diese Strecke einem Zuwachs von 150 % des Frühjahrsbestandes gleichgesetzt, müßte dieser 69000 Stück betragen haben. Das entspräche bereits einem Zählfehler von etwa 65 %. Da sowohl Strecke als Bestand im Jahre 1977 weiter anstiegen, ist zu vermuten, daß der Zuwachs über 150 % des Frühjahrsbestandes gelegen hat, wie in Anbetracht des ökologisch günstigen Jahres 1976 nicht anders zu erwarten. Der Zählfehler wird somit bei etwa 80 % gelegen haben.

Alter \ Jahr	1956	1957	1958	1959	1960	1961	1962	1963	1964	1965	
bis 1 jährig	3	35	18	51	10	31	16	28	33	50	
1 bis 2 jährig	19	21	27	32	17	11	26	14	23	35	50+54· / 104+16 / 120
2 bis 3 jährig	3	4	8	12	4	5	5	7	6	12	68+12· / 80+12 / 92
3 bis 4 jährig	2	1	3	6	2	3	3	3	2	5	63+7· / 70+11 / 81
4 bis 5 jährig	1	1	1	3	1	1	2	2	2	3	41+3· / 44+7 / 51
> 5 jährig	—	—	1	2	—	1	—	1	1	2	69+1 / 70+11 / 81
Zuwachs							40+6 / 46	77+12 / 89	59+9 / 68	79+12 / 91	33+5 / 38

Zuwachs = Strecke + 15 % (für Fallwild usw.

(· Streckenwerte für die Jahre 1966 bis 1968)

Abb. 11/9 Modellberechnung für die Zuwachshöhe eines Schwarzwildbestandes aus der Alterszusammensetzung der Strecke. (nach HASSELBACH, 1970)

Sofern die Methode der Bestandsermittlung nicht geändert wird, läßt sich daraus eine Grobkorrektur des Zuwachses ableiten. Der gemeldete Frühjahrsbestand des Jahres 1977 von 44500 Stück entspricht somit einem realen Bestand von 75000 bis 80000 Stück, der zur vollen Abschöpfung des Zuwachses eine Mindeststrecke von 120000 Stück Schwarzwild erforderte. Diese Strecke wurde auch annähernd erzielt (117100) und führte zusammen mit der etwa gleichhohen Strecke 1978 (119700) zum Abstoppen der seit 1972 anhaltenden Bestandszunahme (Tab. 2/5).

Ein Verfahren zur Ermittlung des Zuwachses aus den Jahresstrecken eines Gebietes teilt HASSELBACH (1970) mit. In der Abbildung 11/9 sind senkrecht die einzelnen Jahresstrecken eingetragen. Diagonal können die Zuwachswerte des jeweiligen Jahres abgelesen werden. Sie können dazu genutzt werden, die unter bestimmten ökologischen Bedingungen in einem Bewirtschaftungsgebiet zu erwartenden Zuwachshöhen einzuschätzen. Es ist weiterhin möglich, die altersmäßige Zusammensetzung des vorhandenen Bestandes annähernd zu kalkulieren. Das gilt jedoch nur unter der Voraussetzung vollständiger Abschöpfung der Zuwachshöhe durch den Abschuß und annähernd richtiger Alterseinstufung der Strecke.

Gegenwärtig wird international intensiv an der Aufstellung von Modellen für die Struktur von Wildpopulationen gearbeitet, die Aussagen über deren Produktivität erlauben. Die bisher behandelten Kapitel zeigten auf, daß die dazu erforderlichen „input"-Werte außerordentlich variabel und zum Teil gegenwärtig noch unvollkommen erfaßbar sind. Daher haben derartige Modelle zur Zeit nur theoretische Bedeutung und werden hier nicht behandelt. Eine möglichst genaue Bestandserfassung in der Wildbahn, eine annähernd richtige Einschätzung des Zuwachses und seine Nutzung in einer dem gewünschten Bestandsaufbau entsprechenden Gliederung lassen sich dadurch nicht ersetzen. Mathematisch-statistische Kontrollrechnungen sind aber gut geeignet, zusätzlich wertvolle Hilfe zu leisten.

12. Bejagung

12.1. Ansprechen lebenden Schwarzwildes

Die Altersschätzung lebenden Schwarzwildes ist besonders kompliziert durch die überwiegend nächtliche Lebensweise, das weitgehend ähnliche Aussehen beider Geschlechter und den großen Streubereich der Körpergröße und -masse, der alterstypische Differenzen häufig überlagert.

12.1.1. Frischlinge

Die Frischlinge weisen zunächst das typisch längsgestreifte erste Jugendkleid auf (vgl. Abschnitt 3.2.1.3.). Die Streifen beginnen sich im Alter von etwa 2 Monaten zu verwischen und sind mit etwa 5 bis 6 Monaten völlig verschwunden. Die sich dann herausbildende Winterschwarte ist im Vergleich zu älteren Stücken rotbräunlich gefärbt; ein Anflug davon bleibt mindestens auf den Keulen bis zum Frühjahr erhalten. In der Abbildung 3/10 ist der Verlauf des Haarwechsels beim Schwarzwild dargestellt. Neben der geringen Größe zeichnen sich Frischlinge durch die kurze, gedrungene Kopfform, den kindlichen Gesichtsausdruck, durch eine ziemlich gestreckte Rückenlinie und einen dünnen, kurzen Pürzel aus, der noch keine erkennbare Quaste trägt. Frischlinge trifft man immer in Rotten an, und sie sind die geringsten Rottenmitglieder. Die Geschlechter sind nur unter günstigen Bedingungen zu unterscheiden, da der Pinsel der Keiler noch kaum deutlich hervortritt. Gut entwickelte Frischlinge sollen also Ende August die Frischlingsstreifen völlig verloren haben. Gibt es Frischlinge, welche sie dann oder gar später noch deutlich zeigen, sind sie entweder spät gefrischt, krank oder aus anderen Gründen in der Entwicklung zurückgeblieben. Die Abbildung 12/1 zeigt 4 Frischlinge mit noch recht gut erkennbaren Streifen. Ihr Alter beträgt knapp 4 Monate, die Körpermasse (aufgebrochen) etwa 10 kg. Die Abbildung 12/2 zeigt Frischlinge aus der gleichen Rotte etwa 4 Wochen später. Die Frischlingsstreifen sind beim vorderen Stück inzwischen völlig verschwunden, die Masse beträgt um 15 kg. Gut entwickelte Winterfrischlinge sind auf Abbildung 12/3 dargestellt.

12.1.2. Überläufer

Im April weisen die Überläufer noch die volle Winterschwarte auf. Sie sind noch an den rotbraunen Resten der Frischlingsschwarte auf der Keulenpartie bei gutem Licht zu erkennen. Mit dem Haarwechsel im Mai/Juni verlieren sie sich, und die Überläuferkeiler nehmen gewöhnlich vor

Abb. 12/1 Frischlinge mit noch gut erkennbarer Streifung im August

den gleichaltrigen Bachen das silbergraue Sommerkleid an (Abb.12/4 und 12/5). Überläufer wirken hochläufig und haben noch eine gestreckte Rückenlinie, die lediglich bei guten Überläuferkeilern im Winter durch die sich stärker entwickelnden Federn schon abgerundeter wirken kann. Das Haupt wirkt relativ lang und schmal, bei den Keilern kann man bereits die Aufwölbung des Gebrechs durch die Waffen erkennen. Der Pürzel reicht – einschließlich der noch geringen Quaste – bis zum Fersengelenk.

Abb. 12/2 Zwei Frischlinge aus der gleichen Rotte im September: der vordere hat die Streifung bereits verloren

Schwach angedeutet tritt das Kurzwildbret hervor. Nach wie vor sind aber auch günstige Lichtverhältnisse zum Ansprechen des Geschlechts erforderlich.

Eine wichtige Hilfe ist die Kenntnis der Verhaltensweisen. Im Frühjahr trennen sich sehr viele Überläuferkeiler bereits von den Rotten und ziehen allein (BRIEDERMANN, 1972a), während Überläuferbachen weiter gesellig leben. Da nicht wenige Überläuferbachen selbst schon Frischlinge führen, darf man also daraus allein nicht auf das Alter des führenden Stückes schließen. Das reichliche Nahrungsangebot während des Frühlings und Sommers führt zu einer raschen Massezunahme der Überläufer. Sie erreichen nun schon durchschnittliche Körpermassen zwischen 40 und 50 kg aufgebrochen. Ab Juli befinden sich fast alle im hellen Sommerkleid. Bei den Keilern ist bei guten Sichtverhältnissen das Kurzwildbret deutlicher zu erkennen, auch das Haupt wirkt stumpfer, und nicht so lang und keilförmig wie das der Bache.

Im Herbst und Winter sind die Sauen feist und haben ihre jährliche Höchstmasse. Überläufer wiegen durchschnittlich 50 bis

Abb. 12/3 So sehen gut entwickelte Frischlinge im März aus. (Foto: FREYMANN)

Abb. 12/4 Zwei Überläufer im Sommerkleid. Bei gutem Licht sind nun schon Geschlechtsmerkmale, wie Pinsel, Kurzwildbret und Kopfform, erkennbar

60 kg, können jedoch auch wesentlich schwerer werden. Bei den Überläuferkeilern ist oft schon der Pinsel deutlich zu sehen. Auf kurze Entfernung bemerkt man auch den Wulst um die Gewehr- und Haderspitzen. Der relativ kurze Pürzel aber, der nur kurz bis über das Fersengelenk reicht, läßt das Alter noch einwandfrei erkennen. Daran ist der Überläuferkeiler gut vom zu schonenden 2- und 3jährigen Keiler zu unterscheiden. Der Übergang zum Winterkleid verläuft allmählich in den Monaten September und Oktober. Die Keiler weisen nunmehr schwärzliche, die Bachen graue

Abb. 12/5 Überläuferbache im Juni. Nun wird das Winterhaar schnell abgeworfen (Foto: Freymann)

Farbtöne auf (vgl. Tab. 3/10). Obwohl dieser Farbunterschied statistisch gesichert ist, sind infolge der großen Variabilität für das Ansprechen nur zusätzliche Hinweise davon abzuleiten.

12.1.3. Mittelalte Keiler

Die mittelalten (2- bis 4jährigen) Keiler richtig anzusprechen, ist besonders wichtig, weil sie die starke Jugendauslese überstanden haben und in das Reifealter einrücken sollen. Allerdings ist ihre Ansprache besonders schwierig und muß sorgfältig erfolgen (Abb. 12/6 und 12/7). Die Unterscheidungsmerkmale zu den jagdbaren Keilern sind nicht sehr scharf abgegrenzt und durch individuelle Eigenschaften und den Ernährungszustand häufig überlagert. Im Vergleich zum Überläuferkeiler wirkt der Kopf massiger und durch die stärkere Entwicklung des Backenbartes auch kürzer, im Vergleich zum alten Keiler aber noch hoch am Rumpf angesetzt. Die Wülste am Gebrech treten deutlicher hervor. Der schon massige Körper mit fester Rückenpartie wird verhältnismäßig federnd getragen. Die Schwerpunktverlagerung des Körpers nach vorn deutet sich an. Der Pürzel trägt eine gute Quaste, die meist über das Fersengelenk hinaus reicht. An der noch recht straffen Bauchpartie zeichnet sich stumpfwinklig der Pinsel ab. 2- bis 3jährige Keiler stehen gelegentlich noch in Rottenverbänden, ältere sind, mit Ausnahme der Rauschzeit, fast stets Einzelgänger. Steht aber etwa in einer Überläuferrotte außerhalb der Rauschzeit einmal ein stärkeres Stück, ist es mit Sicherheit kein alter, sondern ein mittelalter Keiler, der sich für kurze Zeit hier noch einmal angeschlossen hat. Die Schwierigkeit der Unterscheidung von 2- bis 4jährigen und älteren Keilern ist unbestritten. Deshalb ist sehr große Sorgfalt bei der Ansprache geboten. Wer nicht auf Grund der Körperform ganz sicher zu sein glaubt, einen wirklich alten Keiler vor sich zu haben, sollte nicht gleich schießen.

Abb. 12/6 Sehr starker, jagdbarer Keiler (Foto: FREYMANN)

Abb. 12/7 Keiler in der Rauschzeit
Beachte den Schaum am Gebrech
(Foto: MEYNHARDT)

12.1.4. Reife Keiler

Seltenes Vorkommen und besonders heimliches Verhalten zeichnen die alten Keiler aus. Bei gutem Licht verlassen sie kaum das Lager und bei Drückjagden wissen sie oft so meisterhaft durch die Schützenkette zu schleichen, daß man ihrer kaum ansichtig wird.

Gewöhnlich zeigen sie eine deutliche Schwerpunktverlagerung in die Blattpartie, verbunden mit einem oft ausgeprägten „Karpfenrücken" und massigen Vorderläufen. Der schwere Kopf wirkt stumpf und wird etwas gesenkt getragen, er nimmt fast ein Drittel der Körperlänge ein. Die Oberlippe ist deutlich aufgeworfen, bei gutem Licht sind die Waffen erkennbar. Ein kräftiger Backenbart und große, von einem dichten Haarkranz umsäumte Teller vervollständigen den grimmigen Eindruck. Besonders im Spätsommer und Herbst bildet sich ein stumpfwinkliger Hängebauch heraus, an dem ein deutlicher Pinsel erkennbar ist.

Abb. 12/8 Reifer Keiler (Foto: FREYMANN)

Abb. 12/9 Reifer Keiler hinter einer Bache; nicht immer ist die Pürzelquaste eine gute Ansprechhilfe (Foto: FREYMANN)

Typisch ist schließlich ein ruhig getragener, kräftiger Pürzel mit einer langen Quaste, die bis fast an den Oberrücken heranreichen kann (Abb. 12/8 und 12/9). Eine lange Quaste ist stets ein Kennzeichen für ein älteres Stück Schwarzwild; doch ist die umgekehrte Schlußfolgerung nicht möglich, denn auch reife Keiler können verhältnismäßig kurze Pürzelquasten tragen. Die Körpermasse läßt keine eindeutige Ansprache zu, da alte Keiler sowohl unter 70 kg als auch bis 150 kg wiegen können. Sie sind fast stets Einzelgänger, die nur zur Rauschzeit bei den Bachen stehen.

12.1.5. Bachen

Die Altersunterscheidung von Bachen ist besonders schwierig, wenn auch mit zunehmendem Alter mehr und mehr Merkmale der Körperform hervortreten, die bei den mittelalten Keilern beschrieben wurden. Sie haben im allgemeinen eine langgestreckte Figur (Abb.12/10 und 12/11). Die Rückenlinie ist ziemlich gerade, durch die Federn nur geringfügig und in der Erregung gehoben. Die Bauchlinie ist abgerundet. Eine auffällige Schwerpunktverlagerung nach vorn tritt nicht ein. Der Kopf scheint dem Körper direkt anzusitzen; er wird höher als beim Keiler getragen. Das Gebrech ist lang, schmal und keilförmig, eines der wesentlichsten Kennzeichen. Im Gegensatz zu den Keilern sind Bachen nur sehr selten allein anzutreffen. Nur zum Frischen und einige Tage danach halten sie sich einzeln, in der übrigen Zeit stehen sie in größeren oder kleineren Mutterfamilien und darauf aufbauenden Verbänden mit Frischlingen, Überläufern und anderen Bachen zusammen. Auch nichtführende Bachen schließen sich solchen Rotten an. Ihr Abschuß ist deshalb problematisch.

Im Frühjahr wirken führende Stücken in den Rotten dunkel, da sie spät verfärben. Im Herbst wiederum wirken sie aus dem gleichen Grunde heller. Bachen haben überwiegend eine graue Grundfärbung, doch kommen auch zahlreiche schwarze Varianten vor. Der Pürzel nimmt ebenso wie bei den Keilern mit dem Alter an Länge zu und entwickelt eine freilich nicht so kräftige Endquaste. Führende Bachen lassen bei gutem Licht ab und zu besonders kräftige Striche des Gesäuges erkennen und haben gelegentlich etwas eingefallene Flanken.

Abb. 12/10 Sehr alte, führende Bache im Mai. Der schmale, lange Kopf und der knochige Körperbau sind Alterskennzeichen (Foto: FREYMANN)

Abb. 12/11 Mittelalte Bache in gutem Körperzustand (Foto: FREYMANN)

12.2. Jagdausübung

12.2.1. Schwarzwildstrecke im Jahresverlauf

Es ist auffällig, daß die Strecke innerhalb des Jahres beträchtlichen Schwankungen unterliegen. Untersucht man die Streckenverteilung nach Altersklassen, wird eine an die Jahreszeiten gebundene Häufigkeitsverteilung offensichtlich. Auf die zeitliche Verteilung der Jagdstrecke und somit auf den Jagderfolg wirken zahlreiche Einflüsse komplex ein, die sich in drei Gruppen ordnen lassen:

- Biologische Eigenschaften des Schwarzwildes;
  Jahresperiodik, Rauschzeit, Frischzeit, Führzeit,
  Tagesperiodik,
  Sozialstruktur und Verhalten,
  Art der Nahrungsgewinnung;
- Einflüsse der Umwelt;
  Nahrungsangebot zu verschiedenen Jahreszeiten,
  Witterung, im besonderen Schneelage, Frost, Bewölkung,
  (Tag-Nacht-Länge, Mondphasen, Mondhöhen),
  Schutzfunktion der Biotope (Deckung durch Bodenvegetation oder Feldkulturen, Kronendach);
- Regeln und Voraussetzungen der Jagdausübung;
  Jagdzeiten und andere jagdrechtliche Bestimmungen, Regeln der Weidgerechtigkeit und des jagdlichen Brauchtums,
  Zeitfonds der Jäger,
  übliche Jagdausübung (Waffen, Hunde, jagdliche Einrichtungen).

Die beim Schwarzwild bekannten Jagdmethoden berücksichtigen diese Faktoren und sind in ihrer Anwendung von ihnen abhängig. Eine Schwarzwildstrecke von mehr als 2000 Stück Schwarzwild wurde untersucht, um Gesetzmäßigkeiten aufzudecken, die den Jagderfolg auf Schwarzwild bedingen (Briedermann, 1976a).

12.2.1.1. Erlegungszeiten

Jahreszeiten, Monat und Wochentage

Hohe Schwarzwildstrecken erfolgen alljährlich in den Wintermonaten November bis Januar sowie im Mai und Juni (Abb. 12/12). Während des Winters ist die Strecke von der Schneedecke abhängig, da dann die Bejagungsintensität sofort steigt. Das auffällige ständige Frühjahrsmaximum, das vor allem durch Überläufer gestellt wird, ergibt sich aus einer verstärkten Lichtaktivität des Schwarzwildes zu dieser Zeit, intensivem Weidegang der Sauen im Walde und aus der Auflösung der bisherigen Mutterfamilien durch das erneute Frischen der Bachen. Dieser Gipfel ist dann besonders hoch, wenn noch nicht der notwendige hohe Frischlingsabschuß (etwa 75% der Strecke) erfolgte, und dadurch ein zu hoher Anteil von Frischlingen das Überläuferalter erreicht. Geringe Strecken werden zwischen Februar und April, vor allem im März, erzielt. Das trifft sowohl in kurzen und schneelosen als auch in strengen und langen Wintern zu. Das Bemühen, führende Bachen zu schonen, und vielleicht auch ein allgemeiner Rückgang in der Jagdintensität im Nachwinter und Vorfrühling, wenn kein anderes Schalenwild mehr jagdbar ist, mögen ebenfalls mitwirken. In strengen Wintern sollte zu dieser Zeit die Jagd sowieso eingestellt werden.

Auffallend ist ein Streckenrückgang im Oktober, auf den auch Hasselbach (1970) und Wacker (1974) hinweisen. Dieser Monat ist durch drastische Ernährungsumstellung (Übergang von der Feld- zur Waldnahrung)

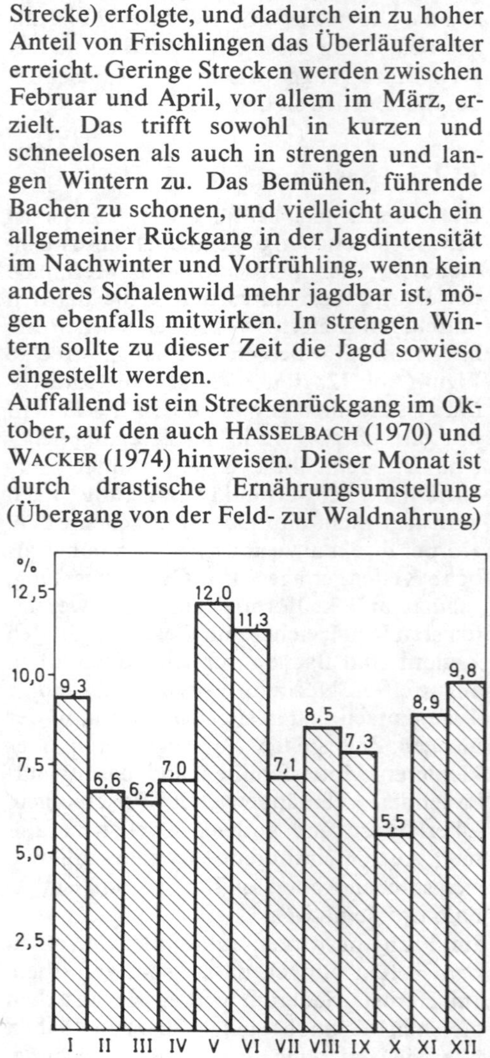

Abb. 12/12 Prozentuale Verteilung der Schwarzwildstrecke auf die Monate
(nach Briedermann, 1978)

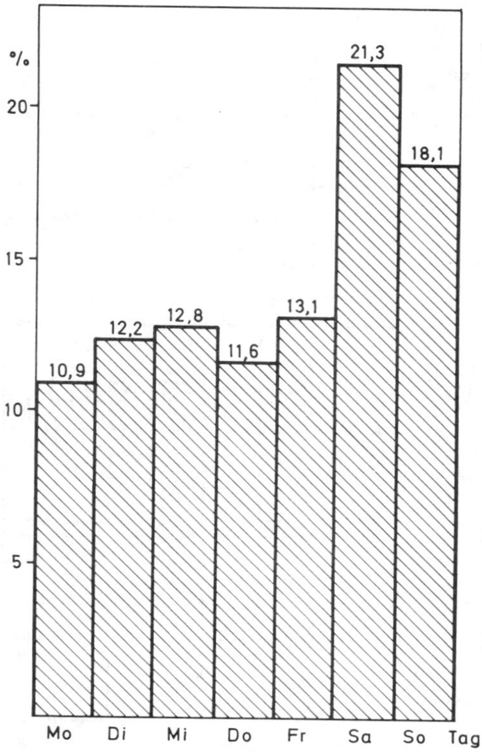

Abb. 12/13 Prozentuale Verteilung der Schwarzwildstrecke auf die Wochentage (nach BRIEDERMANN, 1978)

gekennzeichnet. Bei Bezug der Jagdstrecke auf den Wochentag der Erlegung zeigt sich deutlich eine besondere Häufung an den Wochenenden (Abb. 12/13). Etwa 40 % der Wochenstrecke fallen am Sonnabend und Sonntag, eine Feststellung, die sich unter anderem auch in der Arbeit der Wildannahmestellen bzw. des Wildtransportes widerspiegeln sollte. Wenn auch die hohe Wochenendstrecke wesentlich auf die Ergebnisse von winterlichen Gesellschaftsjagden zurückgeht, sind auch in anderen Monaten Intensität und Strecke am Wochenende höher. In der Arbeitswoche (Montag bis Freitag) sind die Strecken je Tag annähernd gleich.

Tageszeiten und Mondphasen

In Abhängigkeit von der Aktivitätsperiodik des Schwarzwildes, den angewandten Jagdmethoden und dem Lebensrhythmus der Jäger ist die Jagdstrecke zu verschiedenen Tageszeiten unterschiedlich. Einige Jagdmethoden setzen Aktivität des Wildes voraus (Ansitz, Pirsch), andere gehen vom Zustand der Ruhe aus (Gesellschaftsjagden, Jagd mit dem Finder). Die erstgenannten Methoden, vom März bis Oktober bevorzugt, bringen hohe Strecken vom Sonnenuntergang bis Sonnenaufgang und geringe Strecken während des Tageslichtes (Abb. 12/14). Besonders die Zeit um und nach Sonnenuntergang ermöglicht hohe Ergebnisse, da sich das Schwarzwild zunächst intensiv der Nahrungssuche widmen muß und dabei leichter zur Strecke kommt. In der zweiten Nachthälfte sinkt der Jagderfolg, da einmal dann die Sauen mit gefülltem Weidsack Ruhepausen einlegen, aber zum anderen auch die Aktivität der Jäger nach Mitternacht merklich nachläßt. Gegen Sonnenaufgang kommt es zu einem zweiten, doch niedrigeren Streckengipfel. In den Wintermonaten fallen infolge der verschiedenen Gesellschaftsjagden höhere Strecken während des ganzen Tages an. Die Bedeutung der Ansitzjagd in der Dunkelheit geht wegen der geringen Temperaturen zurück, so daß trotz recht günstiger Jagdmöglichkeiten während der Nacht eine vergleichsweise geringe Strecke erzielt wird. Dennoch bleibt festzustellen, daß während des gesamten Jahres ein sehr beträchtlicher Streckenanteil in den Nachtstunden erlegt wird. Das erfordert, den Einfluß des Mondlichtes zu analysieren. Vorausgeschickt werden muß die vereinfachte Erläuterung, daß eine Mondperiode (Neumond – Vollmond – Neumond) knapp 29 Tage umfaßt. Der zunehmende Mond ist vorwiegend in der ersten Nachthälfte, der abnehmende dagegen in der zweiten Nachthälfte zu sehen. In den Monaten September bis Februar steht der Mond etwa 40° bis 60° über dem Horizont, dagegen in den Monaten Mai bis August nur 17° bis 25° (ZENKERT, 1975). Die Abschußwahrscheinlichkeit ist in der Vollmondperiode (zu der die 3 Tage vor dem und die 3 Tage nach dem Vollmond rechnen), etwa doppelt so hoch wie in der Neumondperiode (Abb. 12/15). Sie ist am höchsten in der Nacht des Vollmon-

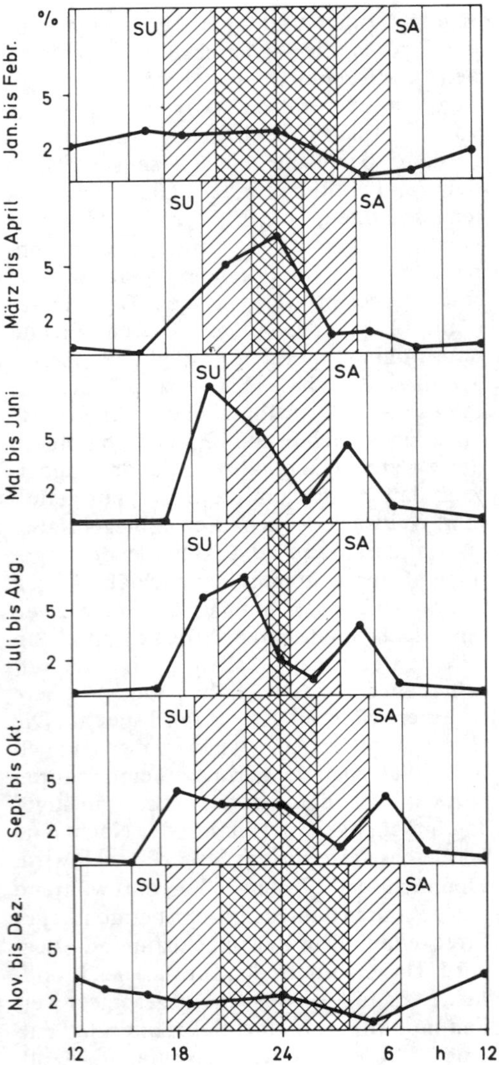

Abb. 12/14 Häufigkeitsverteilung von Schwarzwildabschüssen auf die Tageszeiten im Jahresablauf; dargestellt ist der Anteil der Strecke in %/Stunde des jeweiligen Tagesabschnittes.
SU: Sonnenuntergang, SA: Sonnenaufgang (nach BRIEDERMANN, 1978)

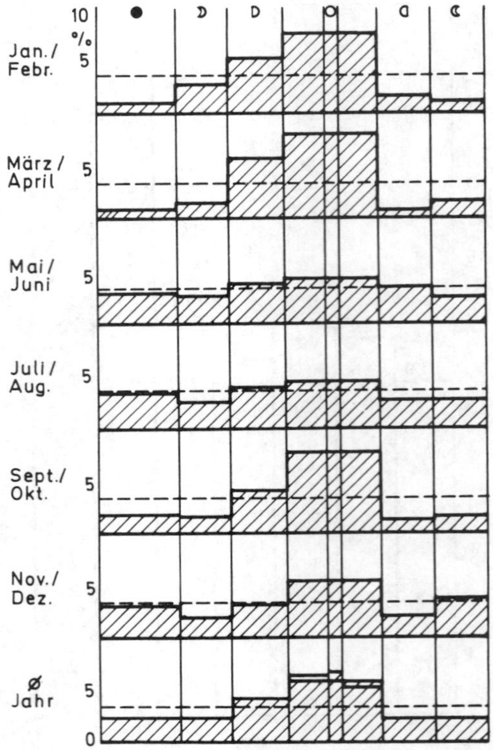

Abb. 12/15 Schwarzwildabschüsse im Jahresablauf unter Berücksichtigung der Mondphasen; dargestellt ist die Strecke in %/Tag des jeweiligen Tagesabschnittes (nach BRIEDERMANN, 1978)

des selbst sowie in den Tagen vor dem Vollmond, geht aber in den Tagen danach bereits zurück. Es folgen in der Bedeutung weitere 4 Tage vor der Vollmondperiode, während alle übrigen Tage etwa gleichbleibend geringe Quoten aufweisen. Eine besonders hohe Bedeutung kommt dem zunehmenden und vollen Mond in den Monaten Januar bis April sowie September/Oktober zu. In diesen Monaten wird das Vielfache der Neumondstrecke erreicht. Ein Rückgang der Bedeutung des Mondlichtes in den Monaten Mai bis August beruht auf einem Komplex zahlreicher Faktoren, unter denen die Kürze der Nacht, die erhöhte Lichtaktivität des Schwarzwildes, die geringe Mondhöhe über dem Horizont und das dichte Kronendach im Wald sowie die üppige Vegetation wohl die bedeutendsten sein dürften. Die scheinbar geringe Bedeutung des Vollmondes in den Monaten November/Dezember und die relativ hohen Strecken zu anderen Tageszeiten sind durch die verstärkte Durchführung von Gesellschaftsjagden bedingt, deren Zeitpunkt nicht von den Mondphasen, sondern von den Wochenenden und Feiertagen abhängig ist. Der abnehmende Mond hat im allgemeinen geringere Bedeutung als der zunehmende. Die Gründe liegen auf der Hand: sowohl das Schwarzwild als auch die Jäger sind in der zweiten Nachthälfte, während der er hauptsächlich scheint, inaktiver. Weiterhin zeigt die Darstellung, daß bereits recht geringe Lichtintensitäten, etwa vom Halbmond an, Auswirkungen auf die Streckenhöhe haben. Außerdem werden, wie auch WACKER (1974) nachwies, Vollmondnächte mit ganz oder teilweise bedecktem Himmel erfolgreich zur Schwarzwildbejagung ausgenutzt, ein Umstand, ohne den die nachgewiesenen Werte in der Vollmondphase undenkbar wären. Insgesamt gesehen müssen also die Mondphasen als einer der bedeutendsten Einflüsse auf die Schwarzwildstrecke angesehen werden.

12.2.1.2. Jagdmethoden

Bei der Bejagung des Schwarzwildes sind folgende Jagdarten in Anwendung:

- Der Ansitz im Wald, an der Feldkante und im Feld; er folgt als Morgen- und Abend- sowie als Nachtansitz unter Ausnutzung des Mondlichtes. Ansitzorte sind Einstände, Wechsel, bevorzugte Flächen zur Nahrungssuche, Suhlen und Kirrungen.
- Die Pirsch an gleichen Örtlichkeiten und zu gleichen Zeiten wie vor.
- Gesellschaftsjagden unterschiedlicher Formen, vor allem zwischen Oktober und Februar, möglichst unter Ausnutzung einer Schneedecke.
  a) Drückjagden mit bis zu 5 Teilnehmern,
  b) Waldtreibjagden mit mehr als 5 Teilnehmern,
  c) kombinierte Ansitzjagden.
- Einzeljagd mit dem Saufinder.

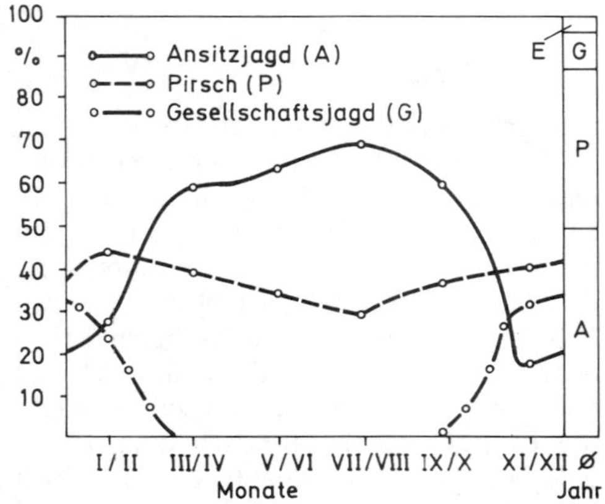

Abb. 12/16 Verteilung der Schwarzwildstrecken nach Jagdarten.
E: Einzeljagd mit dem Saufinder
(nach BRIEDERMANN, 1978)

Die Analyse einer Strecke von 1650 Sauen (vgl. Tab. 12/1) ergab, daß etwa die Hälfte vom Ansitz aus erlegt wurde. Auf der Pirsch wird ein reichliches Drittel gestreckt. Gesellschaftsjagden sind mit etwa 10% beteiligt. Die Arbeit mit dem Saufinder umfaßt nur etwa 2% der Gesamtstrecke. Die Relationen sind allerdings nach Jahreszeiten sehr unterschiedlich, und die Jagdarten gliedern sich ihrerseits noch mannigfaltiger und werden zum Teil miteinander kombiniert (Abb 12/16). Die Bedeutung der Jagdmethoden ist allerdings nicht in allen Ländern gleich, da sowohl ökologische Bedingungen als auch örtliche Jagdregelungen darauf einwirken. So analysierten RUSAKOW und TIMOFEJEWA (1984), daß im Nordwesten der UdSSR fast die Hälfte der Sauen auf kollektiven Treibjagden, und etwa ein Drittel unter Einsatz von Hunden erlegt wurden. Dabei ist in Betracht zu ziehen, daß dort die Jagdzeit nur von Oktober bis Februar währt. Die Effektivität der Jagdmethoden ermittelten sie durch Berechnung der Anzahl von „Jägertagen", die für die Erlegung einer Sau erforderlich sind. Dabei zeigte sich, daß bei der Treibjagd 24 Jägertage auf jede erlegte Sau entfallen, während es beim Einsatz von Hunden nur 4,2 Tage und beim Ansitz an Fütterungen, Mieten u. ä. 4,5 Tage sind. Beim Ausgehen von Fährten wurden 8 Einsätze je Sau benötigt.

Im folgenden werden die in der DDR gewonnenen Erfahrungen dargelegt.

Tabelle 12/1 *Prozentuale Verteilung einer Strecke nach Jagdarten und Zeitperioden*

Jagdmethode	Monat I/II	III/IV	V/VI	VII/VIII	IX/X	XI/XII	Jahres durchschnitt
Ansitz							
Feld Mond	12	22	21	16	27	5	17
Feld kein Mond	1	4	20	24	7	2	11
Wald Mond	10	24	7	9	12	9	11
Wald kein Mond	4	10	16	21	15	2	12
	27	60	64	70	61	18	51
Pirsch							
Feld Mond	22	18	9	10	17	11	14
Feld kein Mond	4	2	16	8	5	2	7
Wald Mond	15	15	5	6	8	19	11
Wald kein Mond	4	5	6	6	7	9	6
	45	40	36	30	37	41	38
Kombinierte Ansitzjagd	5	—	—	—	—	13	3
Drückjagd (bis 5 Personen)	9	—	—	—	1	10	3
Waldtreibjagd (über 5 Personen)	11	—	—	—	—	10	3
Gesellschaftsjagden	25	—	—	—	1	33	9
Einzeljagd mit dem Saufinder	3	—	—	—	2	7	2

Ansitz

In Anbetracht der niedrigen Temperaturen werden in den Wintermonaten nur 20 bis 30 % aller Sauen vom Ansitz gestreckt; fast ausschließlich bei Mondlicht und überwiegend im Feld. Von März bis Oktober aber bildet der Ansitz mit 60 bis 70 % der Strecke die wichtigste Jagdart. Während er im Frühling noch in den Waldbeständen erfolgreicher als im Feld ist, verlagert sich das Schwergewicht ab Mai in das Feld, ohne daß die Ansitzjagd im Wald mit etwa 25 % Streckenanteil dadurch unbedeutend wird. In den Monaten März bis Juni und auch September/Oktober ist das Mondlicht in Wald und Feld von wesentlicher Bedeutung, während es in den Monaten Juli/August die Streckenhöhe kaum beeinflußt. Im Jahresdurchschnitt gesehen ist der Mondscheinansitz im Feld am erfolgreichsten (17 %), es folgen etwa gleichrangig der Waldansitz bei Mond (11 %), ohne Mond (12 %) und der Feldansitz außerhalb der Vollmondperiode (11 %). Bei der Betrachtung des Ansitzes muß auch das hier mit erfaßte „Angehen“ Erwähnung finden. Werden die Sauen vom Ansitz aus brechend außerhalb der Schußentfernung festgestellt, gelingt es oft, sich ihnen vorsichtig unter Beachtung des Windes zu nähern und eine Kugel anzutragen. In diesen Fällen wird der Ansitz mit Elementen der Pirsch verbunden.

Pirsch

Der Anteil der Pirsch an der Strecke ist mit etwa 30 bis 40 % während des ganzen Jahres relativ gleichmäßig, lediglich im Januar/Februar mit etwa 45 % besonders hoch. Im besonderen ist die Mondscheinpirsch im Feld zu dieser Zeit bedeutsam, die mit etwa 22 % Streckenanteil die günstigsten Streckenergebnisse brachte, sie steht auch mit etwa 14 % Streckenanteil im Jahresdurchschnitt nach dem Mondscheinansitz im Feld an der Spitze der Jagdarten. Doch auch die Mondscheinpirsch im Walde ist von November bis April mit 15 bis 20 % Streckenanteil recht bedeutend, wobei sicher die Eichel- und Buchelmast eine Rolle spielt. Nur in den Monaten Mai und Juni ist die Pirsch im Feld ohne Vollmondunterstützung erfolgreich (16%); in den übrigen Monaten hat sie keine besondere Effektivität. Die Mondscheinpirsch wird überwiegend als „Pirschenstehen“ ausgeübt. Somit enthält diese sehr empfehlenswerte Art der Pirsch auch Elemente des Ansitzes.

Gesellschaftsjagden

Obwohl insgesamt nur etwa 3% der Strecke durch sie gebracht werden, ist die kombinierte Ansitzjagd doch im Winterhalbjahr durchaus eine wirksame Jagdmethode. In den Monaten November/Dezember, der Zeit der Gesellschafts- und Jahresabschlußjagden, war sie sogar mit 13% der Strecke nach der Vollmondpirsch im Walde von allen Jagdarten am erfolgreichsten. Im Januar/Februar ging sie, wohl auf Grund der niedrigen Außentemperaturen, auf etwa 5% zurück. Drückjagden mit einer Beteiligung von bis zu 5 Personen sind mit ebenfalls etwa 3% gleich effektiv, beginnen schon im Oktober und bringen von November bis Februar etwa 10% der Strecke. Auch große Waldtreibjagden (mit mehr als 5 Personen Beteiligung) erbrachten 3% der Strecke, dabei vom November bis Februar ebenfalls etwa je 10%. Aus diesem Vergleich kann verstärkt auf die Durchführung von kombinierten Ansitzjagden und von kleinen Drückjagden orientiert werden.

Jagd mit dem Saufinder

Diese Jagdart ist nur mit etwa 2% an der Gesamt-Jahresstrecke beteiligt und erreichte im November/Dezember etwa 7% der Strecke. Daß sie so relativ wenig angewandt wird, liegt sicher im Mangel an der erfolgreichen Kenntnis der Methode, dem Fehlen geeigneter Hunde und der vorausgesetzten Erfahrung und Gewandtheit. Wo diese Gegebenheiten kombiniert vorliegen, werden von den Jägern mehr als 25% ihrer persönlichen Strecke mittels dieser Methode erzielt. Daher liegen in ihrer erweiterten Anwendung noch Reserven.

12.2.2. Bejagung der Frischlinge und Überläufer

12.2.2.1. Frühjahr und Sommer

Wenn die Nächte kürzer werden und die Feldfruchtbestellung beginnt, hat sich durch den Zuwachs die Schwarzwildpopulation auf mehr als das Doppelte des Frühjahrsbestandes vermehrt. Die neubestellten Kartoffel- und Maisfelder und das frische Grün der Wiesen und Getreideschläge offenbaren ihre Anziehungskraft und locken die Sauen aus den Wäldern. Die Suhlen werden häufiger aufgesucht. Solange die Getreideschläge noch nicht decken und die Bodenvegetation und das Laubwerk des Waldes noch nicht voll entwickelt sind, bieten sie günstige Jagdmöglichkeiten, zumal nun die Sauen häufig auch bei gutem Licht umherbummeln. Hauptsächlich gilt es zu dieser Zeit, den Frischlingsabschuß des Vorjahres durch den Überläuferabschuß fortzusetzen, denn seit dem 1. April sind die vorjährigen Frischlinge zu Überläufern geworden. Die Überläufer ziehen zum großen Teil schon allein und sind verhältnismäßig leicht anzusprechen. Überläuferbachen können dagegen bereits führen (Abb. 12/17). Wenn sie allein ziehen, ist Vorsicht am Platze. Halten sie sich aber in Rottenverbänden auf, bei denen sich keine Frischlinge befinden, steht ihrer Erlegung nichts im Wege. Man muß aber stets berücksichtigen, daß weibliches Schwarzwild, das sich im Frühjahr in schlechter Kondition befindet auch beim Haarwechsel im Rückstand ist, gefrischt haben kann. Zeitig verfärbende Stücke dagegen, die in der Rotte heller wirken, sind meist männliche oder nichtführende weibliche Sauen.

Häufig wird die Frage gestellt, ob und wie die geforderte hohe Jungwildstrecke durch Wahlabschuß erreicht werden kann. Anlaß dafür bilden die beträchtlichen Unterschiede in der Körperstärke bereits bei gleichaltrigen Frischlingen und Überläufern, die durch unterschiedliche Geburtsmonate bedingten Differenzierungen und schließlich die Abweichungen in der Stärke der Geburtsjahrgänge in ökologisch sehr unterschiedlichen Jahren. Daraus leitet sich die theoretische Möglichkeit ab, einen aus-

Abb. 12/17 Überläuferbache im Mai mit bereits gut entwickeltem Frischling
(Foto: MEYNHARDT)

gesprochenen Selektionsabschuß zu betreiben und lediglich den Übergang der bestentwickelten Glieder des Jahrganges in den nächsthöheren zu erlauben. Durch die Notwendigkeit des hohen Jungwildabschusses sind dem allerdings beim Schwarzwild jagdpraktische Grenzen gezogen. Wenn die Möglichkeit einer Auslese besteht, soll natürlich zunächst stets der schwächste Frischling oder Überläufer der Rotte gestreckt werden. Doch dürfen die qualitativen Ausleseprinzipien niemals die zahlenmäßige Erfüllung des Abschusses gefährden. Das geschieht immer dann, wenn die Kriterien schwierig erkennbar und schon bei Frischlingen und Überläufern „Fehlabschüsse" möglich sind. So wurde verschiedentlich versucht, die Körpermasse als Ansprachemerkmal der Abschußdurchführung zugrundezulegen. Überläufer mit mehr als 60 kg, sogar 50 kg Körpermasse (aufgebrochen) galten als Fehlabschüsse. In der Folge bemühten sich verantwortungsbewußte Jäger, Schwarzwild, das sich in der Nähe dieser Grenzwerte befand, möglichst zu schonen. Das wirkte sich bei der Erfüllung des sowie komplizierten Jungwildabschusses nachteilig aus. Die Festlegung der Körpermasse als Auswahlkriterium ist bei der bekannten weiten Schwankungsbreite nicht zuletzt auch deshalb fragwürdig, weil ein im Dezember geschontes Stück mit 70 kg Masse vielleicht im Februar/März um mehr als 15 kg abgekommen sein könnte und dann „richtig" gestreckt wäre. Nach Untersuchungen von HENRY (1965), BRIEDERMANN (1970a), HASSELBACH (1970) und JEZIERSKI et al. (1975) können die Frühjahrsmassen im besonderen beim männlichen Wild um bis zu 30 % unter den Herbstwerten liegen. Das Ansprechen erfolgt daher nach dem Alter, dabei wird die Körpermasse als ein Altersweiser neben anderem herangezogen und gibt im günstigen Falle den Ausschlag bei der Auswahl des zu streckenden Stückes.

In fast allen Schwarzwildpopulationen kommen gelegentlich schwarz-weiß gefleckte Stücke vor. Ihr Anteil beträgt in der Eberswalder Population 1,8 % (vgl. Abschnitt 3.2.1.4.), kann jedoch weitaus höher sein, wie im Kampinos-Park bei Warschau mit 2,5 % (ANDRZEJEWSKI, 1971, 1976). Solche Stücke sind unerwünscht und sollten schon als Frischlinge, spätestens aber als Überläufer erlegt werden. Gelingt es doch einem Stück, einmal in ein höheres Alter zu gelangen, so ist diese Färbung immer ein

Abschußgrund; bei einer führenden Bache allerdings erst dann, wenn alle ihre Frischlinge bereits zur Strecke gekommen sind.
Ab Juni gehen die Bachen mit ihren Frischlingen stärker zu Felde. Häufig sind besonders junge Bachen hartnäckig und suchen bestimmte Felder immer wieder auf, ohne sich durch Abschreckungsmaßnahmen abhalten zu lassen. In solchen Fällen ist es angebracht, einen Frischling zu erlegen, selbst wenn er noch unter der Ablieferungsmasse von 5 kg liegt. In Jahren mit hohen Zuwachswerten ist ein zeitiger Beginn des Frischlingsabschusses sowieso unumgänglich. Diese Maßnahme reicht meistens aus, der Bache für einige Zeit das Wiederkommen zu verleiden.
Frischlinge bis zu einer Masse von 10 kg aufgebrochen sind in der DDR nicht abgabepflichtig. Der Masseanteil zwischen 5 und 10kg wird auf den Schützenanteil angerechnet. In jedem Fall ist der erlegte Frischling im Streckenbuch zu registrieren und mit einem Ursprungsschein zu belegen. Die Trichinenschau vor der Verwertung darf nicht versäumt werden.
Ab Juli/August beträgt die normale Frischlings-Körpermasse bei aufgebrochenem Stück etwa 10kg, und nun ist jedes Zaudern fehl am Platze, denn mit der Milchreife des Getreides steigen die Schäden unverhältnismäßig an. Freilich mögen örtlich Abwandlungen auftreten, trotzdem bleibt in allen Schwarzwildgebieten der konzentrierte Einsatz aller Jäger zur Wildschadenverhütung im Juli/August eine Hauptforderung. Allerdings ist es jetzt schwieriger geworden, Überläufer zu bejagen, da sich diese nun oft wieder den Bachen anschließen und damit gemischte Rotten entstehen. Selbst wenn man den schwächsten Überläufer auswählt, ist man selten ganz sicher, daß es sich dabei nicht doch um eine führende Überläuferbache handelt, denn gerade diese Bachen sind durch die Belastung der Trächtigkeit und die Ernährung ihrer Frischlinge in ihrer körperlichen Entwicklung häufig deutlich zurückgeblieben. Deshalb soll man nun Überläufer nur noch in wirklich sicheren Fällen schießen und das Schwergewicht auf den Frischlingsabschuß verlegen.
Doch die Jagdausübung ist nun schwieriger geworden. Ein Ansprechen oder gar Schießen ist im Getreide meist ausgeschlossen. Die Frischlinge verschwinden völlig in der Deckung, und höchstens die Bachen sind als dunkle Schatten zu erkennen, aber natürlich zu schonen. Viele Rotten sind außerdem dazu übergegangen, die durch die Großflächenbewirtschaftung entstandenen riesigen Getreideflächen überhaupt nicht mehr zu verlassen und stecken auch den Tag über dort. Nur in wenigen Nachtstunden sind sie vielleicht einmal auf dem angrenzenden Kartoffelstück zu finden.
Als Jagdart ist vor allem der Ansitz an bevorzugten Wechseln an der Feldkante beliebt bzw. am Rande besonders gefährdeter Feldkulturen. Da die Nachtzeit jetzt sehr kurz ist, bringt es oft Erfolg, wenn man diese wenigen Stunden auf dem Hochsitz zubringt, um das Morgenlicht abzuwarten. Im übrigen hat man vom Hochsitz, der natürlich als Dauersitz geeignet sein muß, manchmal auch noch bei schlechtem Licht Gelegenheit, in Lücken innerhalb der Felder oder gegen den hellen Hintergrund der Feldränder bzw. später der Stoppeln auf einen Frischling zu Schuß zu kommen; ein Vorteil, der einem bei der Pirsch nicht gegeben ist. Mit fortschreitender Jahreszeit nimmt daher im Felde der Erfolg bei der Pirsch ab. Natürlich hat man den Vorteil der Beweglichkeit, und die Wahrscheinlichkeit, auf Schwarzwild zu stoßen und in Schußnähe zu gelangen, ist größer. Doch die Höhe der Vegetation behindert beim Ansprechen. Man vertritt manches Stück Wild und beunruhigt das Revier. Im Hinblick auf die Wildschadenverhütung ist diese Beunruhigung allerdings nicht so ungünstig zu beurteilen, sofern man seine Pirsch auf die Feldmark beschränkt. Gerade in den Monaten Juli und August muß man bemüht sein, die Sauen mit allen Mitteln, auch dem des Vergrämens, vom Felde zurück in den Wald zu drängen. Man soll auch nicht zögern, einen Schreckschuß abzugeben, wenn es zu unwahrscheinlich ist, doch noch auf einen Frischling zu Schuß zu kommen. Stecken die Sauen auch tagsüber in den großen Getreide- oder Maisschlägen, ist die Bejagung ganz besonders schwierig. Hier kann ein vorsichtiges Drük-

ken mit geeigneten Hunden Erfolg bringen. Selbstverständlich muß dazu die Zustimmung des zuständigen Landwirtschaftsbetriebes vorliegen, die aber in der Regel gern gegeben wird, da der dabei angerichtete Schaden gegenüber dem Wildschaden gering ist. Die Beunruhigung in den Schlägen veranlaßt die Sauen dazu, wieder mehr die Dickungen als Tageseinstand zu wählen, was hinsichtlich des Wildschadens und der Bejagung durch Ansitz und Pirsch von Vorteil ist.

Auf Feldern, die mit reifender Halmfrucht bestellt sind, dürfen keine Such- und Treibjagden durchgeführt werden. Es ist lediglich möglich, die bekannten Wechsel an der Waldkante abzustellen. Auch kann das nur dann erfolgen, wenn in der Nähe keine Feldarbeiten laufen. Das Anstellen muß sehr vorsichtig und bei Beachtung des Windes geschehen. Man muß über Hunde verfügen, die wirklich in der Lage sind, die Sauen aufzuspüren und zum Verlassen des Feldes veranlassen. Am günstigsten sind mittelgroße Rassen, die eine genügende Schnelligkeit beim Verfolgen und auch Ausweichen entwickeln, Jagdterrier oder Bracken sind dazu sehr geeignet. Beim Schuß sollte man sich auch hier auf Frischlinge beschränken.

Viele Jäger sind der Ansicht, daß Rotten, die man im Frühjahr und Sommer im Wald brechend antrifft, vom Abschuß verschont werden sollen, da das Schwarzwild im Walde vorwiegend nützlich sei. Sie unterliegen dem Trugschluß, daß nur manche Rotten auf das Feld zögen, die man also stark bejagen müsse, während sich andere unserem Schutze anempfehlen, weil sie ihre Nahrung im Walde suchen. Diese Ansicht ist leider nicht haltbar. Dieselben Rotten, die heute im Walde geschont werden, wird man schon morgen oder in wenigen Tagen vergeblich am Feld zu erreichen suchen. Der notwendige starke Frischlings- und Überläuferabschuß läßt es nicht zu, eine günstige Schußgelegenheit zugunsten unsicherer Erwägungen entgehenzulassen.

Anders zu beurteilen ist diese Frage allerdings dann, wenn im Walde eine Ablenkfütterung erfolgt, wie sie späthin noch geschildert wird. Hier kommt es gerade darauf an, das Schwarzwild möglichst lange im Walde zu halten. Das setzt Jagdruhe im Bereich der Fütterung und der Tageseinstände voraus. Auch für die Ablenkfütterung gilt das Jagdverbot im Umkreis von 200 m um die Fütterung.

Fütterungen dürfen jedoch nicht mit Kirrungen verwechselt werden. Es kann in verschiedenen Wildschadenschwerpunkten notwendig sein, das zum Feld wechselnde Schwarzwild durch unregelmäßige Ausbringungen kleiner Mengen an Futter an bestimmten Plätzen zum kurzen Verhoffen zu veranlassen und dabei einen Ausleseabschuß zu betreiben. Allerdings ist anzustreben, dieses Zugeständnis selten zu nutzen, da Nutzwild an vorgelegtem Futter zu strekken nur Notmaßnahme, nie aber weidgerechte Jagdausübung sein kann.

Die durchgeführten Streckenuntersuchungen zeigten, daß in den erfaßten Gebieten Abschüsse an Kirrungen mit weniger als 5 % der Strecke erfreulich gering beteiligt waren. Das beweist, daß diese Gepflogenheit auch bei hohen Schwarzwildbeständen nicht unbedingt erforderlich ist. Mit dem Ziel, Feldschaden einzuschränken, konzentrierte sich ihre Anwendung (mit bis 8 % der Strecke) auf die Frühjahrs- und Sommermonate, da man hier die Sauen häufig schon bei gutem Licht antrifft.

Der Morgenansitz, wenn das Schwarzwild in den Kessel will, ist im allgemeinen unergiebiger als der Abendansitz. Eine recht erfolgreiche Jagdart ist der Abendansitz an der Suhle. Gerade an warmen Juni-, Juli- und Augustabenden gelingt es oft, noch bei gutem Licht Schwarzwild beim Suhlen zu beobachten und einen geringen Frischling oder Überläufer auszuwählen. Gibt es wenige Suhlen im Jagdgebiet, sollte man in Trockenperioden angemessene Zurückhaltung üben, zumal dann, wenn die Suhle in der Nähe der Einstandsdickung und Ablenkfütterungen liegt.

Die Jagdausübung in den Waldgebieten während des Sommers erfolgt also hauptsächlich durch Ansitz zwischen den Einständen, an Waldwiesen, bevorzugten Wechseln und Suhlen. Die örtlichen Verhältnisse variieren dabei die Bejagungsmöglichkeiten stark. Es ist ratsam, einen möglichst hohen Abschuß bereits vor voller Vegetation vorzunehmen, da er sonst bis zum Herbst wesentlich erschwert ist. Falls es freilich vom Standpunkt der Wildschäden und der Planerfüllung möglich ist, die Bejagung der Frischlinge bis zum Herbst einzuschränken, ist das auch im Sinne der Produktivität durch höheren Wildbreterertrag begrüßenswert. Wird die Pirsch im Walde ausgeübt, bedarf sie einer besonderen Sorgfalt, weil die damit verbundene Beunruhigung aller Wildarten dazu führen kann, in kurzer Zeit den Pirschbezirk zu leeren oder zum mindesten das Wild besonders heimlich und mißtrauisch werden zu lassen.

Der erfahrene Pirschgänger steht mehr, als er läuft; das heißt, er begibt sich vorsichtig bei Beachtung des Windes an bevorzugte Wechsel, Einstände und Äsungsgebiete, um sich dort einige Zeit gedeckt anzustellen und die Umgebung aufmerksam zu beobachten. Gibt es keinen Anblick, wird bis zum nächsten Halt weitergepirscht. Diese Methode des „Pirschenstehens" ist beim Schwarzwild besonders vorteilhaft, weil es sich dem lauschenden Jäger durch seine Lautäußerungen oft eher als durch den direkten Anblick verrät. Auch durch das Schrecken der Rehe wird man gelegentlich auf wechselnde Sauen aufmerksam.

12.2.2.2. Herbst und Winter

Mit der Getreidemahd verbessern sich die Bejagungsmöglichkeiten wieder wesentlich. Die Schadensgefährdung konzentriert sich auf die Kartoffel-, Mais- und Hülsenfruchtschläge, an denen weiter ein konsequenter Ansitz erfolgen muß. Fällt jedoch eine Eichel- oder Buchelmast an, bindet diese bevorzugte Nahrung das Schwarzwild von nun an hochgradig an den Wald. Durch diese Früchte können fast alle anderen Nahrungskomponenten vom „Speisezettel" des Schwarzwildes verdrängt werden.

Die Frischlinge sind herangewachsen und erreichen oft schon eine Aufbruchmasse von über 20 kg. Der Abschuß konzentriert sich weiter auf diese Altersklasse, und bei günstigen Ansprechmöglichkeiten widmet man sich auch wieder dem Überläuferabschuß. Nach wie vor gilt der Grundsatz, nach Möglichkeit das schwächste Stück aus der Rotte zu erlegen und man ist bemüht, schwache, nicht führende weibliche Stücke zu strecken. Die Überläuferkeiler sind schwierig von den 2jährigen zu unterscheiden und deshalb sollte, wenn man sich nicht ganz sicher fühlt, der Schuß unterlassen werden. Zu den Rotten treten jetzt auch die starken Keiler, und das Beobachten des Rauschzeitgeschehens ist ein eindrucksvolles Erlebnis. Während dieser Zeit ist das Schwarzwild recht rege und häufig auch noch bei gutem Tageslicht in der Nähe der Einstände anzutreffen. Es empfiehlt sich, nach dem Morgenansitz noch eine Pirsch durch diese Gebiete anzuschließen.

Auch im Winter bleiben Pirsch und Ansitz weiter erfolgreich. Im Walde konzentriert man sich am günstigsten auf solche Flächen, auf denen sich dem Wild Eicheln und Bucheln anbieten. Selbst bei geringer Mast üben solche Bestände große Anziehungskraft aus. Erfolgreich ist auch der Ansitz zwischen den Einständen und an den Suhlen oder bruchigen Stellen. Selbst wenn die Suhlen schon eine kleine Eisschicht haben, werden sie oft noch angenommen, so daß das Splittern der Eisdecke weithin zu hören ist. Im Felde sind es vor allem die ehemaligen, nun abgeernteten Kartoffelflächen, die für das Schwarzwild noch immer von großem Interesse sind. Vor allem dort, wo viele Knollen im Boden verblieben, stellen sich die Sauen noch im Frühjahr gern ein und brechen auf den inzwischen meist mit Wintersaaten bestellten Flächen, wobei sie beträchtlichen Schaden verursachen.

Mit einfallendem Schnee bessern sich die Bejagungsmöglichkeiten wesentlich, da man sich durch Abfahrten ständig über den Aufenthalt und den Wechsel der Sauen orientieren kann und sich zudem natürlich auch die Sichtbedingungen gegen den weißen Hintergrund günstiger gestalten.

Einen besonderen Reiz bieten Drückjagden auf eingekreiste Sauen. Darunter werden Jagden mit bis zu 5 Teilnehmern einschließlich Treibern verstanden. Selbstverständlich sollten dazu geeignete Hunde mit eingesetzt werden. Drückjagden sollten allerdings nur dort stattfinden, wo man Sauen

eingekreist hat oder mit ziemlicher Sicherheit erwarten kann.
Das Kreisen unterscheidet sich grundsätzlich von dem im Abschnitt 11.3. beschriebenen Abfährten. Dort kam es darauf an, den Wildbestand eines Jagdgebietes oder des gesamten Bewirtschaftungsgebietes möglichst genau zu erfassen. An eine Jagd kann höchstens nach Abschluß der Bestandsermittlung gedacht werden. Beim Kreisen konzentriert man sich dagegen von vornherein auf die als gute Tageseinstände bekannten Revierteile.
Durch vorsichtiges Umschlagen derselben ist festzustellen, ob sich Sauen in der Dikkung gesteckt haben. Auch dazu notiert man sich zweckmäßigerweise die Anzahl hinein- und herausweisender Fährten und schätzt deren Frischezustand ein. Man vermeidet, zu dicht an kleinere Dickungen heranzugehen, um die Sauen nicht zu beunruhigen, im besonderen auf der dem Winde zugekehrten Seite. Zu einer festgelegten Uhrzeit treffen sich die Kreiser beim Jagdleiter. Von ihren Ergebnissen hängt es ab, ob eine Drück- oder Treibjagd Erfolg verspricht. Durch das vorangehende Kreisen bedingt, kann sie frühestens um 10.00 Uhr beginnen.
Keinesfalls empfiehlt es sich, fast routinemäßig alle geeigneten Schwarzwildeinstände möglichst jedes Wochenende durchzukämmen, da die ständige Beunruhigung für alle vorhandenen Schalenwildarten sehr nachteilig ist. Drückjagden sollten nur auf Rotten mit geringen Sauen, also Frischlingen und Überläufern, durchgeführt werden. Auf eingekreiste einzelne Sauen drückt man zwecks Vermeidung von Fehlschüssen besser nicht, sofern die Fährte nicht einwandfrei einen reifen Keiler auswies. Vorkommende grobe Sauen sollten unbeschossen durchgelassen werden. Steckt allerdings einmal ein wirkliches Hauptschwein in einem Treiben, das nach richtiger Ansprache und auf weidgerechte Entfernung beschossen zur Strecke kommt, sollte dem glücklichen Erleger sein Weidmannsheil nicht verübelt werden. Beim Anstellen bemüht man sich, die wenigen Schützen in

Abb. 12/18 Aus dem Treiben (Foto: FREYMANN)

einiger Entfernung von der Dickung an den Wechseln anzustellen, um ihnen die Möglichkeit zur besseren Ansprache zu geben. Die Einweisung in die Schußsektoren muß eindeutig sein. Gut organisiert und mit wenigen Schützen, Treibern und guten Hunden durchgeführt, kann die Winterdrückjagd sehr erfolgreich und ein besonderes jagdliches Erlebnis sein (Abb. 12/18). Groß angelegte Treibjagden werden mehr und mehr von kombinierten Ansitzjagden abgelöst. Obwohl diese Jagdart auch dem Abschuß anderen Schalenwildes, vor allem weiblicher Stücke, gilt, sollen in Anbetracht ihrer Bedeutung für die Schwarzwildbejagung einige der wichtigsten Prinzipien dargestellt werden.

Die kombinierte Ansitzjagd bedarf einer langfristigen und gründlichen Vorbereitung. Sie erstreckt sich über eine beträchtliche Fläche, die mehr als 1 000 ha umfassen kann. Innerhalb dieses Territoriums werden die bekannten Wechsel durch 30 bis 50 Schützen besetzt. Die Stände werden am Jagdtag gleichzeitig zu einem bestimmten Zeitpunkt eingenommen und für die gesamte Jagdzeit von 2 bis 4 Stunden einbehalten. Während dieser Zeit gilt es, die Einstände durch erfahrene Treiber mit Hunden oder durch kleinere Treibergruppen unablässig beunruhigen zu lassen, damit das Wild in Bewegung gerät. Jeder Treiber hat dazu ein eigenes Territorium zur Verfügung, das er auf einer bestimmten Route mehrere Male begeht. Die ständige wiederkehrende Störung treibt das Schwarzwild eher aus den Kesseln als eine lärmende Treiberkette. Das verhältnismäßig vertraut auf den üblichen Wechsel den Einstand verlassende Wild kann von den ruhig und verborgen ansitzenden Schützen im einwandfreien Wahlabschuß bejagt werden. Das Aufstellen transportabler Hochstände an geeigneten Stellen erleichtert die Auswahl und erhöht die Sicherheit bei der Abgabe des Schusses. Um übermäßige Beunruhigung zu vermeiden, sollte die gleiche Fläche auch mit dieser Methode nicht öfters als höchstens 2 Male im Jahr bejagt werden.

Nur wenige Bemerkungen sollen der Waldtreibjagd gewidmet sein. Die Tageseinstände werden dabei von einer größeren Schützenzahl mehr oder weniger dicht umstellt, und eine Treiberwehr ist bemüht, das Schwarzwild zum Verlassen des Einstandes zu bewegen. Zahlreiche Erfahrungen der letzten Jahrzehnte zeigten, daß Aufwand und Erfolg dabei in einem ungünstigen Verhältnis standen, vor allem dann, wenn sie ohne Schneedecke als sogenannte „Grüne" Jagden erfolgen.

In erster Linie führten sie zu einer starken Beunruhigung des gesamten Wildbestandes und gaben Anlaß zu zahlreichen Jagdunfällen. Sie sollen durch kombinierte Ansitzjagden ersetzt werden. Falls sie dennoch in einzelnen Fällen zur Anwendung kommen, wird auf die Beachtung nachfolgender Grundsätze hingewiesen.

- Eine ausführliche Unfallschutzbelehrung ist unbedingte Voraussetzung.
- Die Schützenstände sind vorher zu markieren, die Schußsektoren eindeutig zu kennzeichnen. Die Stände müssen übersichtlich sein.
- In das Treiben darf nicht geschossen werden.
- Da die Sauen meist flüchtig kommen und schwer anzusprechen sind, sollten nur Frischlinge und Überläufer freigegeben werden.
- Das Verlassen der Stände, auch zur Abgabe eines Fangschusses, ist erst nach dem Abblasen oder Abrufen gestattet.
- Diszipliniertes Verhalten der Treiberkette ist Voraussetzung, das setzt eine gute Leitung voraus. Da sich die Sauen oft drücken und überlaufen lassen, kann es notwendig sein, einzelne Dickungen mehrfach in entgegengesetzter Richtung zu treiben. Es wird leise und langsam getrieben.

Auf nähere Einzelheiten, die in älterer Literatur ausführlicher enthalten sind, sei hier verzichtet. Diese Jagdart sollte allmählich der Vergangenheit angehören.

Im Januar, Februar März heißt es weiterhin, Mondnächte und Schneedecke auszunützen, um den restlichen Frischlingen weiter mittels Ansitz und Pirsch zu Leibe zu rücken. Bei einer Wildbretmasse von 30 bis 40 kg sind sie nun bereits ziemlich stark und werden oft als Überläufer angesprochen.

Im Gebräch stehende Sauen sind ziemlich

Abb. 12/19 Mittelalte Bache mit Frischlingen im Gebräch

unempfindlich und – sofern man nicht in den Wind kommt – auch in schwierigem Gelände recht leicht anzugehen. Dabei ist ein Schneehemd sehr zweckdienlich. Besonders erfolgversprechend ist bei Mondschein die Zeit zwischen 21.00 und 1.00 Uhr, während man in der Morgen- und Abenddämmerung seltener zum Schuß kommt, weil die Sauen zu diesen Zeiten die Einstände noch nicht verlassen oder schon wieder erreicht haben. Freilich kann man in den Einständen auch an schönen sonnigen Wintertagen unverhofftes Weidmannsheil haben (Abb. 12/19 und 12/20).

Bei gutem, leisem Spurschnee ist das Ausgehen der Fährte bis zum Kessel beliebt und oft auch erfolgreich. Es erfordert aber einen schnellen, sicheren und im Ansprechen geübten Schützen, da die Sauen plötzlich aus dem Kessel herausfahren, ohne daß man sie gewöhnlich vorher bemerkte und nach wenigen Fluchten in der Deckung verschwunden sind.

Vom Herbst an gehört die Jagd mit dem Saufinder zu den reizvollsten Jagdarten (Abb. 12/21). Die Ausbildung eines Hundes dazu ist nicht zu schwierig, wenn einige Voraussetzungen gegeben sind. Dazu gehört in erster Linie, daß er passioniert an Sauen jagt. Diese Passion muß von Jugend an durch entsprechende Erlebnisse an gestreckten Sauen und auf Nachsuchen geweckt werden. Er muß weiterhin einen guten und ausdauernden Hals haben, damit seinen Handlungen stets mit dem Ohr gefolgt werden kann. Die Lautfreudigkeit ist angewölft, kann aber durch Übung wesentlich gesteigert werden. Stumme Hunde taugen keinesfalls für diese Jagd. Mit Ausnahme von Sauen muß der Hund schalenwildrein sein. Die Schalenwildreinheit ist ein Dressurfach und mit dem Junghund bei jeder sich bietenden Gelegenheit zu üben. Hat er erst begriffen, daß es nur den Schwarzkitteln gilt, bleibt anderes Schalenwild unbehelligt. Vorteilhaft ist schließlich, wenn er das Schwarzwild nicht allzu scharf angeht und eine gewisse Sicherheitsdistanz einhält, da er sonst in dichterem Gestrüpp leicht Gefahr läuft, überrollt und geschlagen zu werden. Alles weitere ist eine Frage der Einarbeitung und Erfahrung. Jagdhunde aller Rassen lassen sich für diese Aufgabe ausbilden. Eine Umfrage bei Dachsbrackenführern ergab, daß viele ihre Hunde mit Vorliebe als Saufinder einsetzen und teilweise beachtliche Strecken auf diese Weise erzielen (Briedermann und Endell 1976).

Der Hund wird vom Führer entweder am

Abb. 12/20 Am Rande des Fenns. Zwei Bachen mit Frischlingen im Gebräch
(Foto: FREYMANN)

morgendlichen Einwechsel einer Rotte geschnallt oder in eine Dickung geschickt, in der mit hoher Wahrscheinlichkeit Sauen stecken müssen. Er folgt dem Wechsel oder sucht systematisch die Dickung ab, bis er den Kessel gefunden hat. Indessen postiert sich der Führer unter Beachtung des Win-

Abb. 12/21 Gestellt!
Dachsbracke auf der Schwarzwildprüfung

des an dem Wechsel, auf dem die Sauen vermutlich die Dickung verlassen werden. Sauen lieben es, dazu den Einwechsel zu nutzen. Nehmen mehrere Schützen teil, können natürlich mehrere Wechsel abgestellt werden.
Der Finder beginnt, die Sauen im Kessel hartnäckig zu verbellen und veranlaßt sie durch ständige Beunruhigung aufzustehen, Scheinangriffe zu unternehmen, in der Dickung umherzuziehen und sie schließlich zu verlassen. Je hartnäckiger der Hund ihnen auf den Fersen ist, um so wahrscheinlicher wird er dieses Ergebnis herbeiführen. In vielen Fällen gelingt es ihm jedoch nicht, den Kessel zu sprengen, und der Führer hört seinen Standlaut immer von der gleichen Stelle. Dann ist es zweckmäßig, wenn der Einstand es erlaubt, vorsichtig bei Beachtung des Windes näherzupirschen. Die durch den Hund abgelenkten Sauen lassen den Jäger oft bis auf nächste Entfernung herankommen und, sowie er sie erkannt hat

Abb. 12/22 Notzeit. Abgekommene Bache mit Überläufer (Foto: FREYMANN)

und den lautgebenden Hund aus der Schußrichtung weiß, den Schuß mit dem Flintenlaufgeschoß abgeben. Werden die Sauen vorher locker, gelingt es dem Hund nun leichter, sie aus der Dickung und vor die Schützen zu bringen. Mir ist es oftmals gelungen, nur durch ruhiges Verharren an einer übersichtlichen Stelle in der Dickung auf die vor dem Hund ausweichenden Sauen zu Schuß zu kommen. Auch die Jagd mit dem Saufinder sollte, wie Drück- und Treibjagden, nicht allzu häufig durchgeführt werden, um den Wildbestand nicht ständig zu beunruhigen. Werden nicht zu große Schwarzwilddickungen bei passender Witterung jedoch in mehrwöchentlichen Abständen auf diese Weise kontrolliert, und verstehen Hund und Jäger ihr Fach, ist die Beunruhigung gering und der Jagderfolg kann beachtlich sein.

Eine Selbstverständlichkeit sollte sein, in wirklichen winterlichen Notzeiten die Bejagung auch auf die Frischlinge einzustellen, um das Wild, das sich in den geschützten Revierteilen eingefunden hat, dort nicht zu beunruhigen. Jetzt müssen Maßnahmen der Hege eingeleitet werden (Abb. 12/22).

Ab Februar können die ersten Bachen bereits wieder gefrischt haben, und deshalb stellt man die Bejagung alleingehender Stücke ein, sofern sie nicht ganz sicher als abschußmöglich angesprochen werden können.

12.2.3. Bejagung der Keiler

Bei der Behandlung der Abschußplanung und des Altersgefüges wurde bereits festgestellt, daß selbst bei bester Bestandsgliederung der Anteil jagdbarer Keiler am Gesamtabschuß nur wenige Prozent betragen kann. Die Bejagung dieser wenigen Stücke bedarf keiner näheren Darstellung. Wie und wann man sich ihnen widmen soll, steht über allen Regeln, und der Erfolg ist mindestens ebensosehr von Zufällen abhängig, als von den jägerischen Fähigkeiten und der Ausdauer des Einzelnen. Geführte

Streckenanalysen zeigen, daß der Abschuß von Keilern während des ganzen Jahres relativ gleichmäßig, mit einer angedeutet höheren Tendenz im September/Oktober und einem Mindestwert im Juli/August, erfolgt. Ein sehr beträchtlicher Teil wird recht weit von den Waldeinständen entfernt in den Feldgebieten gestreckt. Gerade alte Keiler lieben die Ruhe und bequem erreichbaren Fraß und halten sich deshalb außerhalb der Rauschzeit abseits der von der Bache bevorzugten Einstände auf. Kleinere Waldinseln und Feldgehölze werden daher im Sommer zu ihren beliebten Aufenthaltsorten. Die Hauptstrecke wird bei der Mondscheinpirsch im Feld erzielt, es folgt der Feldansitz bei Mondschein.

Auf Gesellschaftsjagden im Walde kamen vorwiegend mittelalte Keiler zur Strecke, die nicht selten aus Rotten herausgeschossen wurden. Fast alle reifen Keiler ziehen dagegen allein. Es ist zu berücksichtigen, daß geringe 2jährige Keiler gelegentlich auch als Überläufer angesprochen und gestreckt werden können. Ein solcher „Irrtum“ ist als jagdwirtschaftlich richtiger Abschuß zu tolerieren und sollte für den Erleger keine nachteiligen Folgen bringen, sofern die Körperstärke zur Verwechslung führte. Eine Häufung von Abschüssen mittelalter Keiler sollte aber zu ernsthaften Konsequenzen im Bewirtschaftungsgebiet führen.

12.2.4. Bejagung der Bachen

Beim Bachenabschuß ist die Schonzeit für führende Bachen zu beachten. Der Zeitraum vom 16. Februar bis 16. August ist als Mindestforderung anzusehen, denn einmal kann bis zum Juli/August mit späten Würfen gerechnet werden, und zum anderen bedürfen auch die zur normalen Zeit geborenen Frischlinge bis zum Winter und darüber hinaus zu ihrer optimalen Entwicklung die Führung der Mutter. Der erforderliche hohe Frischlings- und Überläuferabschuß, den praktisch nur wenige, das heißt

Abb. 12/23 Rotte mit kümmernden, gefleckten Frischlingen, deren Mutter zu früh gestreckt wurde (Foto: FREYMANN)

Abb. 12/24 Führende Bache in gemischter Rotte. Beachte das Gesäuge (Foto: FREYMANN)

die besten Stücke dieser Altersklasse überleben sollen, bietet zudem jederzeit Gelegenheit, aus einer Rotte ein Stück herauszuschießen, ohne daß es ausgerechnet die Bache sein muß.

Der Abschuß einer führenden Bache ist keinesfalls eine Wildschadenverhütungsmaßnahme. Im Gegenteil richten die verwaisten Frischlingsrotten einen bedeutend höheren Wildschaden an. Sie verlassen den engen Lebensraum, den sie bisher kennengelernt haben und in dem sie ihre Mutter verloren, nicht. Fast ihre gesamte Nahrung suchen sie in der leicht aufnehmbaren Form der Feldfrüchte, weil sie sich noch schlecht darauf verstehen, den im Walde vorhandenen Fraß zu finden. Dabei sind die Verwüstungen, die sie bei der Aufnahme des Fraßes anrichten, besonders groß. Es werden Kartoffelfurchen aufgepflügt, aber nur wenige der freigelegten Früchte verzehrt, viele bleiben unberührt liegen, andere werden nur angebissen. Im Getreide sind die Lagerschäden beträchtlich.

Hinzu kommt ferner, daß diese verwaisten Frischlinge, zumal dann, wenn sie noch vor dem Herbst auf sich allein angewiesen sind, auch durch den Ausfall der Muttermilch und durch mangelhafte Erfahrung bei der Nahrungssuche und -aufnahme in der Körperstärke gegenüber Gleichaltrigen zurückbleiben. Je früher der Abschuß der Bache erfolgt, umso stärker treten alle diese Nachteile in Erscheinung. Deshalb ist der Abschuß führender Bachen unverantwortlich (Abb. 12/23).

Das Vorkommen zur Unzeit frischender Bachen, die ihre Würfe erst sehr spät im Jahr bringen, ist immer unerwünscht, da die Frischlinge, falls sie überhaupt überleben, gegenüber den normalen Würfen stets schwächer bleiben und selbst wieder zur Unzeit rauschen. Man muß also danach trachten, diese Frischlinge möglichst bald und auch die dazugehörende Bache zu erlegen. Auch bei alleingehenden Bachen ist im Frühjahr und Sommer Vorsicht geboten. Gewöhnlich haben sie kürzlich gefrischt oder ihre Frischlinge irgendwo abgelegt bzw. sind diese aus irgendeinem Grunde zurückgeblieben und schließen sich plötzlich im „Schweinsgalopp" der Mutter wieder an. Besonders beim abendlichen Auswechsel läßt die Bache gern ihre Frischlinge am Waldrande zurück, um erst selbst einmal die Lage zu sondieren und lockt erst dann, wenn sie sich sicher fühlt, ihren Nachwuchs herbei. Aber auch am Morgen, beim eiligen Einwechseln im ersten Morgenlicht, begegnet einem zuweilen die Bache allein, während die Kleinen viel zu oft erst nach dem Schuß ahnungslos und in voller Fahrt „am Tatort“ erscheinen (Abb. 12/24).

So ist der Bachenabschuß eine ziemlich schwierige Sache, und man ist gut beraten, sich an folgende Grundsätze zu halten:

- Schieße so viel wie möglich Frischlinge und Überläufer, um so weniger Bachen müssen gestreckt werden.
- Schieße während des ganzen Jahres keine führende Bache.
- Beschränke den Bachenabschuß auf alleingehende Stücke oder auf in Rotten befindliche nichtführende Stücke während der Spätherbst- und Wintermonate. Dann erlegt man entweder wirklich gelte oder nichtführende Stücke bzw. solche, deren ganzer Nachwuchs bereits gestreckt wurde. Bei rechtzeitiger scharfer Bejagung der Frischlinge ist man durchaus in der Lage, im Winter genügend nichtführende Stücke zu erlegen. Achte darauf, daß keine Verwechslung mit jungen Keilern vorkommt!

Bei der Bejagung des weiblichen Schwarzwildes in den Winter- und Frühjahrsmonaten kann es fast als Regelfall angesehen werden, daß man beim Aufbrechen des erlegten Stückes Embryonen in der Tracht entdeckt. Von Februar bis Mai werden sie oft schon so weit entwickelt sein, daß nur noch eine kurze Zeit bis zum Frischen gefehlt hätte. Der Bache hatte man vor dem Schuß die Trächtigkeit nicht angesehen. Kein Jäger ist wohl über einen solchen Fund erfreut. Er hätte diese „Massenstrecke“ gern vermieden. Leider muß nun gesagt werden, daß das nahezu unmöglich ist, es sei denn, man könnte die Bejagung weiblichen Schwarzwildes von Januar bis Mai völlig einstellen. Nicht nur alle Überläufer- und älteren Bachen werden ja dann hochbeschlagen (Abb. 12/25) sein, sondern auch bei einem beträchtlichen Teil der Frischlingsbachen ist es zu erwarten. Die Schwierigkeit, bei Frischlingen in der Wildbahn das Geschlecht anzusprechen, würde dann dazu veranlassen müssen, auch manchen Schuß auf einen Frischlings- oder Überläuferkeiler, den man nicht genau erkennen konnte, zu sparen. Der notwendige hohe Jungwildabschuß läßt das aber keinesfalls zu. Solange also im Interesse des Zahlabschusses eine Bejagung des Schwarzwildes in den Spätwinter- und Frühjahrsmonaten gefordert werden muß, werden auch hochbeschlagene Stücke zur Strecke kommen.

Abb. 12/25 Hochbeschlagene, etwa dreijährige Bache
(Foto: FREYMANN)

In Berücksichtigung der Schonzeit führender Bachen ist der Streckenanteil von Bachen zwischen Mai und August gering. Danach steigt er beträchtlich an und erreicht vom November bis Februar etwa 10 bis 12 % der Strecke. Bachen werden dann zum wesentlichen Teil auf Gesellschaftsjagden gestreckt. Von Bedeutung ist weiter während des ganzen Jahres die Pirsch. Die Schwierigkeiten des Ansprechens bei diesen beiden Jagdarten wirken sich sicher auf das Ergebnis aus.

Zusammengefaßt lassen sich die Grundsätze für die Jagdausübung auf das Schwarzwild wie folgt darstellen:

- Das Schwergewicht des Abschusses ist ganzjährig auf den Frischlingsabschuß zu legen.
- Bei Auswahlmöglichkeit aus der Rotte ist jeweils das schwächste Stück zu erlegen.
- Mittelalte Keiler sind zu schonen.
- Führende Bachen sind mindestens vom 15. 02. bis 15. 08. zu schonen. Beschlagene und hochbeschlagene Bachen gel-

ten nicht als führend und können erlegt werden.
- Bei der Bejagung des Schwarzwildes unter ungünstigen Lichtverhältnissen sind nur Frischlinge und Überläufer zu strekken.
- Drück- und Treibjagden sollten zugunsten von kombinierten Ansitzjagden eingeschränkt werden. Bei Drück- und Treibjagden sollen nur Frischlinge und Überläufer freigegeben werden.
- Ansitzjagd ist gegenüber der Pirsch zu bevorzugen. Transportable Hochsitze zur Bejagung der Feldmark sind dazu herzustellen.
- Die Bejagung von Schwarzwild an Kirrungen sollte nur ausnahmsweise an Wildschadenschwerpunkten erfolgen.
- An Ablenkfütterungen wird Schwarzwild nicht gejagt.
- Dei Ausbildung von Hunden an Schwarzwild ist verstärkte Aufmerksamkeit zu widmen.

12.3. Schuß auf Schwarzwild

12.3.1. Waffe, Munition, Optik

Der weidmännische Grundsatz, daß allem Schalenwild die Kugel gebührt, trifft in vollem Umfange für das Schwarzwild zu. Wie ältere Jäger noch aus eigenen Erfahrungen aus den ersten Nachkriegsjahren gut wissen, wirkt der Schuß mit grobem Schrot selbst auf geringe Sauen bei Schußentfernungen über 20 m unzuverlässig. Eine gute Wirkung kann bei Sommerfrischlingen erwartet werden. Es besteht jedoch immer die Gefahr, daß verdeckt stehende oder schnell in das Schußfeld huschende Frischlinge von Randschroten getroffen werden, selbst wenn man nur einen allein stehenden Frischling aufs Korn genommen hat. Daher wird in den meisten Ländern der Schrotschuß auf Schwarzwild gesetzlich untersagt. Das gilt auch für die DDR und BRD. Das Verwendungsverbot gilt sowohl für den Fangschuß auf Schwarzwild wie auf die Bejagung geringer Frischlinge mit Schrot.

Empfehlungen zur Wahl der Waffe nehmen in der älteren Jagdliteratur großen Raum ein. Unter den heutigen Bedingungen hoher Schwarzwilddichte in fast allen Jagdgebieten reduziert sich dieses Problem weitgehend. Man muß fast auf jedem Jagdgang – von einer reinen Hasenjagd einmal abgesehen – gerüstet sein, einen Schuß sowohl auf geringes als auch auf starkes Schwarzwild abgeben zu können. Das bedeutet, daß Spezialwaffen nur geringe Einsatzchancen haben. Am vorteilhaftesten sind daher immer die Universalwaffen Drilling und Büchsflinte. Aus ihnen kann im Bedarfsfalle neben der Kugel auf kürzere Entfernungen auch ein Flintenlaufgeschoß verwendet werden. Ihr Vorteil liegt auch darin, daß sie infolge ihrer häufigen Benutzung dem Jäger besonders vertraut sind. Der sichere Anschlag wirkt sich vor allem bei der Schußabgabe auf flüchtige oder ziehende Sauen aus. Ähnliches läßt sich über die Büchsenkaliber sagen. Man muß fast immer damit rechnen, aus der gleichen Waffe auf einen geringen Frischling, ein Kitz oder einen Fuchs, aber auch auf einen starken Keiler oder Rothirsch schießen zu können. Daher sind sowohl leichte Rehwildbüchsen als auch schwere Großwildkaliber uneffektiv. Dagegen kommen die verbreiteten Büchsenkaliber 7 mm und 8 mm diesen Forderungen in vollem Maße nach. Sie sind meist als Standardkaliber 7 × 57 R (7 × 57), 7 × 65 R (7 × 64) und 8 × 57 IRS (8 × 57 IS) im Einsatz.

Nach RICHTER et al. (1981) entsprechen sie folgenden Forderungen:
- rasch tötende Wirkung auf alle heimischen Schalenwildarten,
- relativ geringe oder zumindest vertretbare Wildbretzerstörungen,
- auch bei ungünstigen Schüssen eine genügend starke Schweißfährte,
- vertretbarer Pflegeaufwand,
- vertretbare Waffenmasse.

Der Vollständigkeit halber sei erwähnt, daß gelegentlich auch über gute Erfahrungen mit dem Kaliber 6,5 × 57 bei entsprechender Geschoßwahl berichtet wird (BORNMÜLLER, 1981; HENNIG, 1981). Die Wirkung des Schusses hängt wesentlich von der Geschoßkonstruktion und der Laborierung ab. Das Geschoß soll
- eine gestreckte, rasante Flugbahn haben;
- durch seine Auftreffwucht eine Schockwirkung hervorrufen;

– sich im Wildkörper ausreichend zerlegen;
– einen genügend großen Ausschuß, doch keine unnötig großen Wildbretentwertungen erzeugen.

Da es keine Universalgeschosse geben kann, die diesen teilweise gegensätzlichen Forderungen, noch dazu bei Wild unterschiedlicher Stärke und auf unterschiedliche Schußentfernungen, völlig entsprechen, ist man bei der Geschoßwahl auf Kompromisse angewiesen. So ist es möglich, für das jeweilige Büchsenkaliber ein Sortiment von Patronen mit unterschiedlicher Leistung mitzuführen. Nachteilig wirkt sich aber aus, daß die Treffpunktlage der Laborierungen erheblich voneinander abweichen kann. Sorgfältiges Einschießen und genaue Kenntnis des Haltepunktes sind erforderlich. Einfacher ist es, sich für ein Geschoß mittlerer Leistungskraft zu entscheiden, dessen Eigenschaften genau bekannt sind, und dann dieses entsprechend sinnvoll einzusetzen. Die ballistischen Eigenschaften der Büchsenpatronen sind in Spezialwerken (z. B. RICHTER et al., 1974) ausführlich abgehandelt. Für die normale Jagdpraxis kann von Teilmantelrundkopfgeschossen mit mindestens 10 g (10,2 bis 12,7 g) Geschossmasse auf Schwarzwild jeder Stärke eine ausreichende Schußwirkung erwartet werden. Geschosse mit geringerer Masse (9 g) sollten nur auf Frischlinge Verwendung finden.

Hohlspitzgeschosse haben gute ballistische Eigenschaften, zerlegen sich aber bei Hindernissen besonders leicht. Sie sind bei Nah- und Fangschüssen schlecht verwendbar, weil sie bei Knochenkontakt sehr große Wildbretzerstörungen verursachen, oder aber das Stück wie ein Vollmantelgeschoß durchschlagen.

Die gewählten Schußentfernungen sollten auch bei Verwendung des Zielfernrohres 150 m nicht wesentlich übersteigen und sich bei geringeren Frischlingen auf 100 bis 150 m reduzieren. Das ist nicht nur eine Frage der Schußwirkung, sondern auch der Möglichkeit des Ansprechens und der Auswirkung von Ziel- und Abkommfehlern.

Bei der Bejagung des Schwarzwildes ist das Flintenlaufgeschoß von nicht zu unterschätzender Bedeutung. Es empfiehlt sich nicht nur bei Drück- und Treibjagden auf Schwarzwild, sondern ebenso für die Mondscheinpirsch vor allem im Walde. Da im Gebräch stehende Sauen den anpirschenden Jäger gut aushalten, ist es oft nicht schwierig, die weidgerechte Schußentfernung zu erreichen. Das vom VEB Sprengstoffwerk Schönebeck hergestellte Flintenlaufgeschoß mit Kunststoffleitwerk zeigt im allgemeinen bis 35 m Schußentfernung ein sehr gutes Trefferbild und kann aus manchen Läufen bis 50 m eingesetzt werden (BORNMÜLLER, 1981). Bei größeren Schußentfernungen nimmt die Streuung stark zu und die Energie des Geschosses fällt. Zu dem Vorteil, aus glatten Läufen verschossen zu werden, kommt die geringe Zerlegungsgefahr. Freilich darf das nicht zu leichtsinnigem Einsatz verleiten, denn die Ablenkbereitschaft ist hoch und der Gefährdungsbereich beträgt mehr als 1 000 m. Auf abgelenkte Flintenlaufgeschosse sind zahlreiche schwere Jagdunfälle zurückzuführen (RICHTER, 1981), und es muß vor der Annahme gewarnt werden, man könne bedenkenlos in Deckung stehende Sauen damit beschießen. Bei weidgerechter Schußentfernung entwickelt das Flintenlaufgeschoß mit seinen 22,0 g (Kaliber 16) bzw. 34,5 g (Kaliber 12) Geschoßmasse eine durchaus zureichende Schußwirkung auch auf stärkere Sauen und gewährleistet überdies reichlich Schnittborsten sowie in den meisten Fällen auch genügend Schweißaustritt für eine eventuell erforderliche Nachsuche. Große Vorteile hat es bei Nachsuchen und bei gestellten Sauen zur Abgabe von Fangschüssen.

Zur Ausrüstung der Jagdwaffe gehört auf jeden Fall ein Mündungsschoner, der nicht nur bei Nachsuchen, sondern auch bei der Pirsch in bewachsenen Gelände und bei einsetzenden Niederschlägen auf die Mündung gesteckt wird.

Da beim Schwarzwild auf eine Bejagung unter unsicheren Lichtverhältnissen – in der Dämmerung und bei Mond – nicht verzichtet werden kann, sind heute Zielfernrohre ein Teil der Grundausstattung. Sie erleichtern es wesentlich, unter diesen Bedingungen das Ziel genau anzusprechen.

In der Praxis haben sich 4- bis 6fach vergrößernde Zielfernrohre sehr bewährt, besonders das Zeiss-Zielsechs kombiniert gute Dämmerungs-Sehleistung mit guter Vergrößerung. Variable Zielfernrohre haben für denjenigen Schützen Vorteile, der es gewöhnt ist, auch auf Treib- und Drückjagden das Zielfernrohr zu benutzen. Es weist bei kleiner (1½facher) Vergrößerung ein großes Gesichtsfeld auf und ermöglicht so ein schnelles Finden und sicheres Abkommen. Zu berücksichtigen ist, daß variable Zielfernrohre sehr empfindlich sind und häufiger überprüft werden sollten.

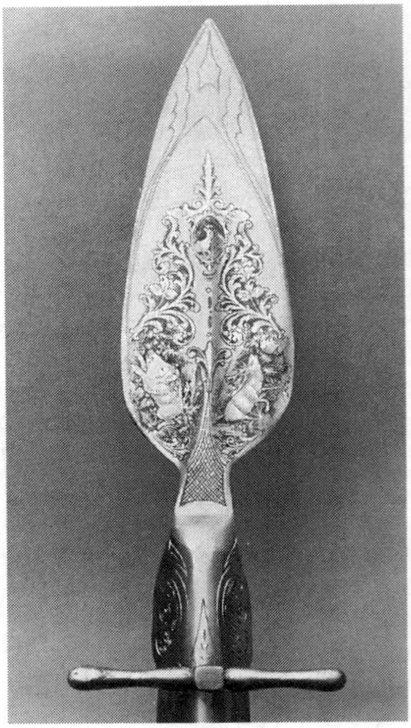

Abb. 12/26 Saufeder

Zielfernrohre mit mehr als 6facher Vergrößerung verleiten zu Weitschüssen. Für die Schwarzwildjagd hat sich das Normalabsehen besonders bewährt, da hier auch in der Dämmerung der Zielpunkt gut erkennbar ist. Fast erübrigt es sich, darauf hinzuweisen, daß jeder Jäger über ein genügend starkes Fernglas verfügen sollte, um das Wild vor dem Schuß richtig ansprechen zu können. Von den verbreiteten Jagdgläsern verbinden die Ausführungen 7 × 50 und 10 × 50 Vergrößerung und Helligkeit in günstiger Weise, so daß der Jäger damit für das Ansprechen des Schwarzwildes gut gerüstet ist.

Kalte Waffen sind auf der Schwarzwildjagd nicht mehr in Anwendung; auch die Saufeder hat nur noch dekorativen Charakter für das Jagdzimmer. In den wenigen Fällen, in denen mit größeren Meuten Schwarzwild bejagt wird, kann es zweckmäßig sein, eine von den Hunden gedeckte Sau mit der Saufeder abzufangen (Abb. 12/26).

Vor einem leichtsinnigen Einsatz wird dringend gewarnt, denn eine annehmende Sau ist ein sehr ernst zu nehmender Gegner, und eine mangelhafte Waffe bringt ebenso wie fehlendes Geschick den Wagemutigen leicht in Lebensgefahr.

Eine für den Jagdeinsatz gedachte Saufeder sollte den in Jahrhunderten gesammelten Erfahrungen entsprechen (MAHLER, 1979, 1980). Das aus bestem Material in einem Stück geschmiedete Blatt hat einschließlich der Tülle eine Länge von 30 bis 40 cm; die Breite des Blattes beträgt etwa 5 bis 8 cm. Die Tülle ist hohl und nimmt den aus gewachsenem Eschenholz gearbeiteten Schaft auf. Er hat einen Durchmesser von 4 bis 5 cm und ist etwa 140 cm lang. Durch eine einfache oder kreuzweise Wickelung wird der Schaft griffig gemacht. Unterhalb der Tülle befindet sich an einem Lederriemen ein Knebel aus Hirschhorn, der ein zu tiefes Eindringen der Feder in den Wildkörper verhindert. Bei einem von Hunden fest gedeckten Stück wird die Saufeder schräg von hinten hinter dem Schild nach vorn in die Herzpartie eingestoßen. Bei einer annehmenden Sau kommt es darauf an, die Saufeder zwischen Blatt und Hals sicher und kräftig einzuführen und sie bis zum Verenden damit zu binden. Dazu gehören Erfahrung und Körperbeherrschung, hier ist kein Feld für leichtfertige Mutproben.

12.3.2. Schuß und Schußzeichen

Die gedrungene Körperform des Schwarzwildes scheint dem Jäger ein gutes Ziel zu bieten. Leider wird dieser Vorteil durch einige andere Umstände wieder weitgehend ausgeglichen.

So befinden sich die lebenswichtigen Organe, vor allem das Herz, sehr tief unten im Körper (vgl. Abschnitt 3.5.1.). Durch die langen Dornfortsätze und die Federn entsteht aber eine beachtliche Widerristhöhe, die den Jäger oft verleitet, den Zielpunkt viel zu hoch anzusetzen. Da das Schwarzwild tief auf den Läufen steht und dadurch stark von der Vegetation verdeckt werden kann, ist die Gefahr von Hochschüssen groß.

Der Kopf, der fast ein Drittel der Körperlänge einnehmen kann, geht ohne deutlichen Hals in den Rumpf über. Oft wird deshalb zu weit vorn angehalten, und unangenehme Kopfschüsse sind die Folge. Berücksichtigt man schließlich das häufig schwache Büchsenlicht und die Vorliebe des Schwarzwildes, auf dicht bewachsenen Standorten zu brechen, wird die relativ große Zahl schlechter Schüsse auf Schwarzwild erklärlich. Zwar ist das Schwarzwild recht hart und heilt viele gefährlich aussehende Verletzungen bald aus, doch ist die Verlustquote durch Verenden oder Kümmern sicher hoch. Eine analysierte Strecke von 615 Stück Schwarzwild (BRIEDERMANN, 1970b) enthielt zu 4,5 % Sauen, die bereits mindestens 1 alte Schußverletzung zeigten. Bei älteren Stücken betrug der Anteil sogar 10 % (Abb. 12/27).

Im Abschnitt 7.4.2. wurden einige schwere Schußverletzungen näher beschrieben. Sie sollten jeden Jäger veranlassen, vor der Schußabgabe das Stück richtig anzusprechen, vor allem sich über seine Stellung zu informieren, weidgerechte Schußentfernungen einzuhalten und den richtigen Haltepunkt zu wählen.

Vor allem ist darauf zu achten, nur auf möglichst breitstehende Sauen zu schießen. Bei schräg stehenden Stücken entstehen sehr oft Keulen- oder, weit unangenehmer, sehr häßliche Gebrechschüsse. Zur Orientierung über den günstigsten Haltepunkt folgen wir der Darstellung von HOFMANN (1980) über die Lage der tödlichen Zentren beim Schwarzwild (Abb. 12/28). Die dicke schwarze Umrandung kennzeichnet das gesamte eigentliche schußwirksame Gebiet. Die Abbildung zeigt, daß der oft empfohlene Schuß „mitten auf das Stück" in vielen Fällen die Gefahr von Weidwundschüssen

Abb. 12/27 Mittelalte Bache, deren rechter Hinterlauf infolge einer Schußverletzung verkrüppelt ist
(Foto: FREYMANN)

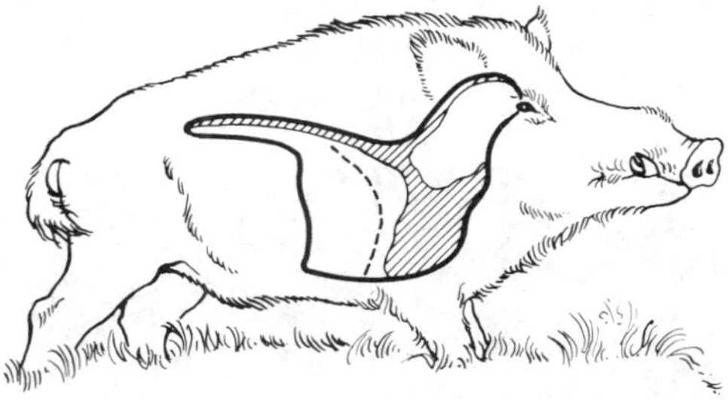

Abb. 12/28 Darstellung der tödlichen Zentren beim Schwarzwild
(nach R. R. HOFMANN, 1980)

in sich birgt. Sind Leber oder Nieren nicht in ausreichendem Maße erfaßt, muß mit langen Nachsuchen gerechnet werden.

Man sieht gleichzeitig, daß durch die tiefe und durchgekrümmte Lage von Wirbelsäule und Rückenmark Krellschüsse im mittleren Bereich des Schwarzwildkörpers häufig zu erwarten sind. Auffallend ist die tiefe und brustkernorientierte Lage des Herzens, das durch Vorderlaufknochen zusätzlich geschützt ist. Schließlich ist die ziemlich kleine tödliche Region im Kopfbereich beachtenswert. Der Schuß hinter die Teller muß diese Region genau treffen, andernfalls entstehen Krell-, Drossel- oder Gebrechschüsse. Er darf nur auf kurze Entfernung und von sicheren Schützen abgegeben werden. Es ist am sichersten, den Zielstachel des Zielfernrohres beim breit und ruhig stehenden Stück so einzurichten, daß die Treffpunktlage etwas oberhalb des Ellenbogengelenkes zu erwarten ist. Sie sollte von unten und vom Stich her nicht weiter als ein Drittel in den Wildkörper hineinreichen. Bei diesem Haltepunkt ist auch der beim Flintenlaufgeschoß zulässige Streukreisdurchmesser von 15 bis 20 cm auf 50 m zu akzeptieren.

Beim Schuß auf das leicht spitz stehende Stück ist von vorn direkt unterhalb des Kopfes auf die vordere Blattpartie anzuhalten. Leicht spitz von hinten visiert man die Körpermitte etwa ein Drittel der Körperhöhe über der Bauchlinie an. Bei stärker spitz stehenden Sauen sollte auf jeden Fall eine bessere Stellung abgewartet werden.

Flüchtige Sauen bewegen sich meist wie an einer Schnur gezogen vorwärts, so daß der Zielpunkt nicht so sehr, wie bei Hirsch und Reh, in der Höhe variiert. Doch kommt es auch hier auf das richtige Vorhaltemaß an. Unter der Voraussetzung richtigen Mitgehens sollte bei einer Schußentfernung von 50 m nicht weiter als bis zur Kopfmitte vorgehalten werden. Das Flüchtigschießen erfolgt wegen des besseren Gesichtsfeldes gewöhnlich über Kimme und Korn. In der Eile wird nicht selten zu viel Korn genommen, so daß Hochschüsse entstehen.

Die wichtigsten Ursachen für schlechte Schüsse sind im folgenden noch einmal zusammengestellt:

- Zu weite Schußentfernungen (vor allem mit dem Flintenlaufgeschoß) und ungenaue Entfernungsansprache, besonders bei schlechtem Licht und auf dem Felde. Dadurch entstehen viele Laufschüsse.
- Unsichere Lichtverhältnisse und teilweise verdeckt stehendes Wild, besonders im Getreide (Abb. 12/29). Dadurch wird die Standrichtung oft falsch ange-

Abb. 12/29 In Deckung (Foto: SCHWARTZ)

sprochen und hinten und vorn verwechselt. Es kommt zu Keulen- und Hinterlaufschüssen, aber auch zur Ablenkung oder Zerlegung der Kugel.
Reicht das Licht auch nicht mehr zur genauen Zielansprache mit dem Zielfernrohr, kommt es auch zu Hauptschüssen.

– Mangelhaftes Flüchtigschießen. Bei der Bejagung des Schwarzwildes auf Drück- und Treibjagden wird von ungeübten Schützen oft nicht das richtige Vorhaltemaß angewandt. Dazu kommt, daß bei schlecht organisierten Jagden die Sauen zu flüchtig sind. Zu weites Vorhalten führt zu Haupt-, zu geringes zu Keulen- und Hinterlaufschüssen.

Schußzeichen sind beim Schwarzwild auch unter günstigen Lichtverhältnissen schwer zu erkennen. Nicht immer kommt es zum Zusammenbrechen und Verenden direkt nach dem Quittieren des Schusses. Am ehesten ist dies noch bei geringen Sauen, vor allem Frischlingen, bei guten Herzschüssen möglich. Auch ein Durchtrennen des Rükkenmarkstranges hat ein solches Schußzeichen zur Folge. Doch ebenso kann ein plötzliches Zusammenbrechen auch ein schlechtes Zeichen sein, zumal dann, wenn das Stück heftig schlegelt oder nach kurzer Zeit wieder hochzuwerden versucht. In diesen Fällen wird es sich um einen Krellschuß handeln, der durch eine Schlageinwirkung auf das Rückenmark einen Schockzustand hervorgerufen hat. Nach Abklingen des Schockes bleibt vielleicht nur eine Wildbretwunde im Bereich der Dornfortsätze zurück, und das Stück geht dem Jäger verloren. Deshalb ist es angebracht, im Falle eines schlagartigen Zusammenbrechens nach dem Schuß das Stück aufmerksam zu beobachten, und bei dessen erstem Versuch, aufzustehen und sich zu entfernen, einen Fangschuß anzutragen. Doch sind diese Fälle selten. Gewöhnlich ruckt das Stück auch bei guten Schüssen nur fast unmerklich zusammen und setzt seine Bewegung beschleunigt fort, falls es im Ziehen begriffen war, oder flüchtet in einer Weise, die auch durch den Knall oder die in der Nähe eingeschlagene Kugel als Schreckreaktion verständlich wäre. Dennoch gibt es bei genauer Beobachtung manchen Hinweis. Während schwer getroffene Sauen oft stur in die Richtung flüchten, die sie eben innehatten oder die ihrer Standrichtung entspricht, versucht die nur erschreckte Sau, möglichst schnell die nächste Deckung zu erreichen. Verwundete Sauen bleiben oft hinter der Rotte zurück, schlagen eventuell eine andere Fluchtrichtung ein oder beginnen nach 50 bis 100 m geradliniger Flucht plötzlich einen Bogen zu schlagen, um sich irgendwo einzuschieben. Ist die erkrankte Sau rasch in der nächsten Dickung verschwunden, aber noch in der Nähe ins Wundbett gegangen, hört man sie gelegentlich schlegeln oder im Gezweig brechen. Weidwundschüsse geben sehr wenig Schußzeichen her. Kann man das beschossene Stück noch eine Zeit nach dem Schuß beobachten, bemerkt man vielleicht, daß die Fortbewegung zunehmend verkrampft und schwerfällig wirkt. Das ansonsten nicht weiter beunruhigte Stück wird sich bald ein Wundbett, wenn möglich, in Nähe einer Suhle, suchen. Tiefe Laufschüsse lassen ein Einknicken des betreffenden Laufes, eine dadurch behinderte Fortbewegung und eventuell ein Schlegeln des Laufes erwarten. Geringe Sauen lassen bei Erhalt eines schmerzhaften Knochenschusses manchmal ein langanhaltendes Klagen hören, während stärkere Sauen gewöhnlich auch schwere Verletzungen schweigend ertragen. Kopf- und Gebrechschüsse veranlassen zu lebhaftem Schütteln des Hauptes, Wetzen mit dem Gebrech und zu torkelnder Flucht, wobei nicht selten natürliche Hindernisse, wie Bäume, angeflüchtet werden. Bei solchen Zeichen versäume man auf keinen Fall, nach Möglichkeit noch einen weiteren Schuß anzutragen, denn das vor Schmerz rasende Stück geht kilometerweit, ohne zur Ruhe zu kommen.

Wie bei jedem Schuß auf Schalenwild kann dem Schützen nur geraten werden, sich den Ort genauestens einzuprägen, an dem die geflüchtete Sau die Kugel erhalten haben müßte. Dazu dienen auffällige Büsche, Steine, Baumkronen in der verlängerten Richtung und andere Merkmale. Die sorgfältige Untersuchung dieses Ortes gibt wichtige Merkmale für eine notwendige Nachsuche. Nach einer Besinnungspause von etwa einer Viertelstunde, die sowohl dem Jäger als auch dem Wilde zur Beruhigung dient, wird der Anschuß aufgesucht. Das erfolgt auch dann, wenn man ziemlich sicher ist, nicht getroffen zu haben. Ist die Dunkelheit schon zu weit vorangeschritten, kann die erste Untersuchung des Anschusses auch mit Hilfe einer Taschenlampe vorgenommen werden. Zunächst kommt es darauf an, die durch die Fährte oder tiefe Eingriffe belegte genaue Position des Stükkes zu ermitteln. Befand es sich innerhalb einer Rotte, ist dies nicht immer einfach. Bei einer ziehenden Rotte wird man den Schnittpunkt der eingeprägten Schußrichtung mit der Rottenfährte annehmen müssen. Mit Ausnahme des Frühsommers, wenn das Winterkleid abgeworfen ist, und die neuen Borsten noch sehr kurz sind, müssen Schnittborsten zu finden sein; z.T. aber nur auf der Einschußseite, weil bei feisten starken Sauen mitunter kein Ausschuß vorhanden ist.

Schnittborsten geben zunächst lediglich an, daß das Stück getroffen wurde. Die Trefferlage läßt sich beim Schwarzwild schlechter ablesen. Kurze, dünne Borsten mit ungeteilter oder wenig Spitze stammen von den Läufen oder vom Haupt. Sind sie dagegen sehr lang und stark und weisen eine aufgefaserte Spitze auf, liegt der Verdacht nahe, daß der Schuß in der Nähe der Rückenlinie (Federn!) sitzen könnte. Befindet sich viel stark gekräuselte, helle Unterwolle am Anschuß, wird mit einem tiefsitzenden Schuß zu rechnen sein. Am Anschuß befindliche Knochensplitter können weitere wichtige Hinweise geben. Schließlich wird man aber vor allen Dingen nach Schweiß suchen. Dabei ist zu beachten, daß Sauen bei guten Schüssen oft erst ein ganzes Stück hinter dem Anschuß zu schweißen beginnen. Ist das Stück sehr weiß, können Ein- und Ausschuß verstopft sein, so daß aus dem Fehlen von Schweiß allein zunächst noch nicht auf einen Fehlschuß geschlossen werden kann. Reichlich vorhanden ist gewöhnlich schaumiger, hellroter Lungenschweiß, der oft auch aus dem Gebrech ausgehustet wird. Reichlich roter Wildbretschweiß muß dagegen nicht unbedingt als ein gutes Zeichen gelten, da die aufgerissenen Adern nach kurzer Zeit verkleben können, die Schweißabgabe eingestellt wird und das Stück mit relativ leichter Verletzung nicht zur Strecke kommt. Herzschweiß hat ein ähnliches Aussehen, ist oft mit Lungenschweiß gemischt und wird meist reichlich gefunden. Leberschweiß ist dunkler und oft mit Lungenschweiß oder mit Anzeichen von Weidwundschüssen gemischt. Letztere geben manchmal wenig Schweiß ab, weil die Schußkanäle mit Weißem und Gescheide zugesetzt werden. Doch findet man in der Regel wässrigen Schweiß mit Gescheideteilen und Gescheideinhalt, kenntlich am charakteristischen Geruch. Immerhin wird sich dieses Schußzeichen nur in seltenen Fällen und zwar bei schwachen Stücken, am Anschuß befinden. Gebrechschüsse hinterlassen mit Schleim und Knochen- bzw. Zahnsplittern vermengten Schweiß.

Der Anschuß muß vom Schützen in jedem Falle sorgfältig verbrochen werden, unabhängig davon, ob die Nachsuche sofort aufgenommen wird oder nicht. Sehr oft kann ein Zurückgreifen zum Anschuß notwendig sein. Bei verändertem Licht und verstrichener Zeit ist es oft fast unmöglich, die anscheinend so deutliche Stelle wiederzufinden. Über den Anschuß hinaus geht man in jedem Falle nur dann, wenn das Stück in Sichtweite verendet ist. In jeder anderen Situation heißt es: abwarten und den Hund holen.

12.3.3. Nachsuche

Ein sofortiger Beginn der Nachsuche setzt voraus, daß man sicher sein kann, das Stück in kurzer Entfernung vom Anschuß verendet zu finden. In jedem anderen Fall ist eine Zeitspanne von etwa 2 Stunden abzuwarten, um dem Stück Gelegenheit zu geben, krank zu werden und sich in ein Wundbett einzuschieben. Zu zeitig aufgemüdete Sauen ziehen oft kilometerweit und sind nur unter Mühen oder gar nicht zu bekommen.

Zu jeder Nachsuche gehört ein auf Schweiß zuverlässiger, leistungsgeprüfter Jagdhund. Der Versuch, zunächst allein der Fährte zu folgen und zum Stück zu finden, mag in vielen Fällen Erfolg versprechen, führt jedoch gerade bei schwierigen Schüssen dazu, daß

Tabelle 12/2 *Nachsuchenlängen und Hetzen bei Schwarzwild (n = 550)*

Sitz des Schusses	Blatt	Leber	Weidwund	Keule	Lauf	Gebrech	Hals	Stich	Hohlschuß	Krellschuß
	n 161	48	219	26	74	4	2	2	6	5
Länge	% 29	9	40	5	13	1	1	1	1	1
in m	n %	n %	n %	n %	n %	n %	n %	n %	n %	n %
bis 100	58 36	8 17	29 13	1 5	1 2	— —	— —	— —	— —	— —
101...250	74 47	23 48	57 26	7 33	8 13	1 25	— —	1 50	1 17	— —
251...500	20 13	11 23	67 31	5 24	19 32	— —	1 100	— —	1 17	1 25
501...1000	7 4	3 6	47 22	4 19	16 27	— —	— —	— —	2 33	1 25
1001...2000	— —	2 4	14 6	2 10	9 15	3 75	— —	1 50	2 33	1 25
2001...3001	— —	1 2	3 1	— —	5 8	— —	— —	— —	— —	1 25
ab 3001	— —	— —	1 1	2 10	2 3	— —	— —	— —	— —	— —
Hetzen	7 4	2 4	35 16	25 96	65 88	2 50	1 50	2 100	2 50	4 80
Sofortiges Schnallen	2 1	— —	1 1	5 19	9 12	1 25	1 50	— —	— —	1 20
Durchschnittslänge	190	348	485	987	914	1313	400	670	983	1425
Variationskoeffizient	85,9%		105,4%		98,6%					
Extreme in m	40...1000	50...2500	50...4000	50...6500	100...4000	150...2000		140...1200	300...2000	300...3000

wertvolle Zeit verstreicht, das beunruhigte kranke Stück weiter zieht und sich ein später doch hinzugezogener Hund kaum noch durch das Fährtengewirr hindurch finden kann.

Schwierig ist die Entscheidung oft bei Schüssen an warmen Sommerabenden. Dem Wunsche, das Stück krank werden zu lassen und in den frühen Morgenstunden nachzusuchen, steht die Befürchtung gegenüber, daß es in nächster Nähe schon verendet liegen und bis zum Morgen verhitzt sein könnte.

Hier ist der Jäger auf sein eigenes Verantwortungsbewußtsein angewiesen. Ist er sich des Sitzes seiner Kugel und ihrer Wirkung auf das Wild sicher, wird diese Einschätzung am Anschuß bestärkt und hat er einen geeigneten Hund bei sich, mag er vorsichtig der Fährte folgen – mindestens bis zur nächsten Dickung oder zum Getreideschlag. Ein Eindringen in diese sollte jedoch bei Dunkelheit auf jeden Fall unterbleiben, es sei denn, man hörte das Stück unmittelbar am Dickungsrand verenden. Unbedingt verwerflich ist ein Schnallen des Hundes vor der Dickung, in der Hoffnung, daß er das verendete Stück finden und verweisen oder verbellen würde. Niemand könnte ihm bei Dunkelheit zu Hilfe eilen, ohne ihn und sich selbst in Gefahr zu bringen, wenn er die kranke Sau stellt. Wer an einem so warmen Sommerabend Schwarzwild beschießt, nimmt das Risiko auf sich, im Falle eines schlechten Schusses das Stück zu verlieren.

Bei Nachsuchen auf das schußharte Schwarzwild muß man gerüstet sein, recht langen Wundfährten zu folgen, die schließlich eine Hetze erfordern, und die mit dem lauten Stellen des kranken Stückes und dem Fangschuß enden. Das stellt bestimmte Anforderungen sowohl an die nachsuchenden Jäger als auch an den Hund. Eine Analyse der Zuchtleitung Alpenländisch-Erzgebirgler Dachsbracken über Nachsuchenergeb-

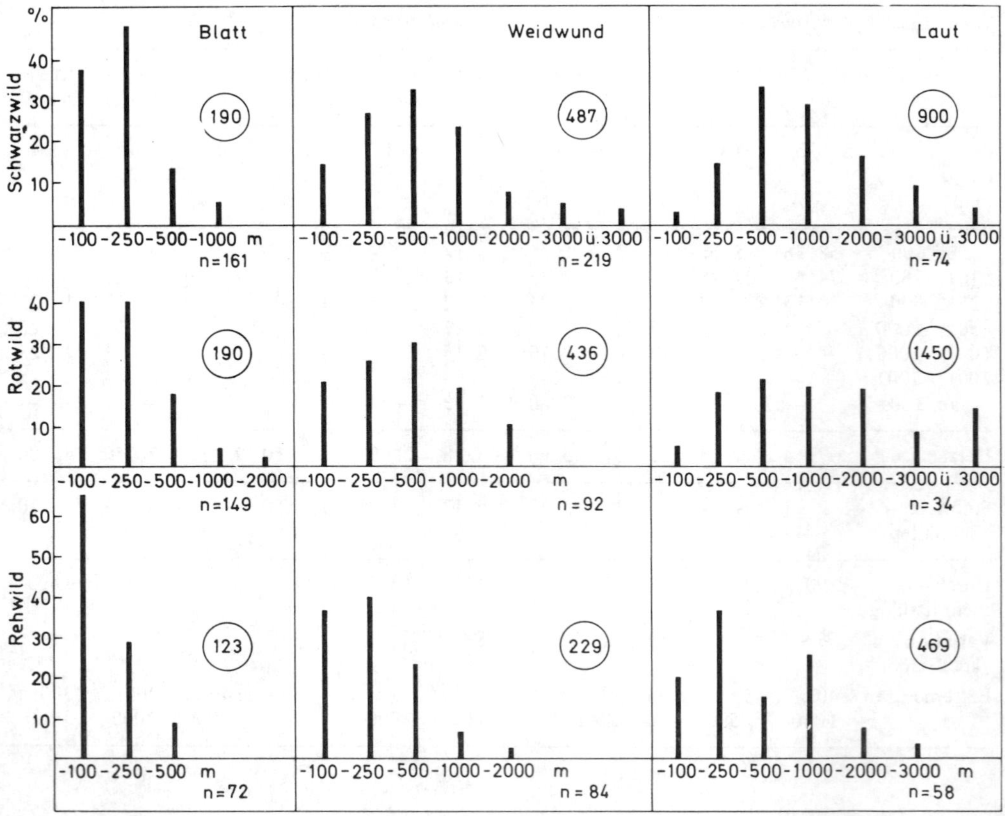

Abb. 12/30 Länge von erfolgreichen Nachsuchen bei unterschiedlichem Sitz der Kugel (im Kreis: durchschnittliche Länge in m)

nisse von Hunden dieser Rasse läßt das deutlich werden (BRIEDERMANN und ENDELL, 1978b). Von 1190 erfaßten Nachsuchen wurden 550 auf Schwarzwild absolviert (Tab. 12/2).

Weidwundschüsse bedingten mit 40 % den Hauptteil der Nachsuchen. Ihnen folgen Blattschüsse mit 29 % und Laufschüsse mit 14 %. Dabei bezieht sich der Begriff „Weidwundschuß“ hier auf Verletzungen von Magen, Darmtrakt, Nieren, Milz und inneren Genitalorganen (Großes und kleines Gescheide), während unter Blattschüssen der Herz- und Lungenbereich verstanden wird.

Bei den Laufschüssen mußten Vorder- und Hinterlaufschüsse zusammengefaßt werden (Abb. 12/30).

Der Umfang der bisher genannten 3 Trefferlagen ermöglichte eine mathematisch-statistische Auswertung mit Hilfe einfaktorieller Varianzanalyse. Der Mittelwertvergleich der Nachsuchenlängen im t-Test zeigt, daß beim Schwarzwild ein wesentlich höherer Schwierigkeitsgrad als beim Rehwild auftritt, während die Differenzen der Mittel zum Rotwild nicht gesichert werden konnten. Noch recht häufig werden mit 9 % Leberschüsse angegeben, und in 5 % der Fälle wurden Keulenschüsse angetragen. Mit insgesamt nur 4 % waren andere erfolgreiche Nachsuchen vergleichsweise unbedeutend. Sie beliefen sich (unter Angabe der absoluten Zahlen) auf Hohl- (6), Krell- (5), Gebrech- (4), Hals- (2), Wildbret- (2), Stich- (2) und Kurzwildbretschüsse (1).

Blattschüsse bedingten, wie erwartet, mit durchschnittlich 190 m die kürzesten Nachsuchen. Der Variabilitätskoeffizient von 86 % zeigt, daß etwa 80 % der Nachsuchen im Bereich bis 450 m zum Erfolg führten. Immerhin führten 17 % über 250 bis 1 000 m weit, und in 4 % der Fälle waren eine Hetze erforderlich. Es ist klar, daß die Länge der Nachsuche sehr vom konkreten Sitz des Schusses, dem verwendeten Geschoß und der Wirkung im Wildkörper abhängt. Diese Faktoren sowie die Körperstärke des Stükkes konnten zunächst nicht analysiert werden. Das heißt, daß die angegebenen Werte im Einzelfall innerhalb der angegebenen Streubreite variiert werden müssen.

Bei Weidwundschüssen betrug die Länge mit 487 m mehr als das Doppelte derjenigen von Blattschüssen, die Differenz ist hochsignifikant. Die Streubreite der Einzelfälle ist jedoch groß. Nur 39 % wurden in Entfernungen bis 250 m aufgefunden, und noch 8 % führten über 1 000 m hinaus bis in Entfernungen von 4 km. In 16 % der Fälle war eine Hetze erforderlich.

Leberschüsse nehmen eine Mittelstellung zwischen Blatt- und Weidwundschüssen ein. Zwei Drittel aller Stücken lagen zwar in einer Entfernung von unter 250 m, doch 6 % gingen auch über 1 000 m (bis 2,5 km) hinaus, und 4 % erforderten eine Hetze. Die Durchschnittslänge betrug 348 m.

Zu sehr schwierigen Nachsuchen führen Keulenschüsse. Sie gingen im Durchschnitt fast 1 000 m weit (987 m) und erforderten in 96 % aller Fälle eine Hetze mit Stellen bzw. Binden des Stückes. Die Hundeführer hielten es daher bei 19 % dieser Schüsse für nötig, ihren Hund sofort nach dem Schuß zu schnallen. 20 % der Nachsuchen führten weiter als 1 000 m (bis 6,5 km). Sehr schwierig sind laufkranke Sauen zu bekommen. Die Nachsuchen führten durchschnittlich 900 m weit, waren in 26 % der Fälle über 1 km lang (bis 4 km) und erforderten zu 88 % eine Hetze. Nur 15 % der laufkranken Sauen waren in Entfernungen unter 250 m zu bekommen.

Relativ seltene, aber meist weit führende Schüsse sind Krellschüsse (n = 5, 1 425 m), Gebrechschüsse (n = 4, 1313 m) sowie Hohlschüsse, die als sehr hohe Blattschüsse zu verstehen sind (n = 6, 983 m). Die hohen Anforderungen, die hier an Führer und Hund gestellt werden, lassen schließen, daß eine Vielzahl so beschossener Stücke nicht zur Strecke kommt.

In 17 Fällen wurden die Hunde sofort nach dem Schuß geschnallt, dagegen bei Rotwild nur einmal und bei Rehwild nie. Das resultiert im wesentlichen in der Annahme des Schützen, daß sich das Stück auf Grund seiner Wehrhaftigkeit dem Hunde stellen und dann der Fangschuß angetragen werden könnte. 8 dieser Hetzen entfallen auch demgemäß auf Lauf-, 5 auf Keulenschüsse.

Bei 27 % aller Arbeiten wurde eine Hetze erforderlich. Während bei Blatt- und Weidwundschüssen in erster Linie der Sitz des Geschosses, die Art des Geschosses und der Zeitfaktor eine besondere Rolle spielen, war bei Keulenschüssen in 96 % und bei Laufschüssen bei allen Wildarten bei 90 bis 100 % eine Hetze notwendig.

Lange Riemenarbeit und anschließende Hetze sind oft gepaart. Das erfordert einen Hund zu führen, der von der Veranlagung, aber auch durch ständiges Training in der Lage ist, hohen konditionellen Ansprüchen zu genügen. Im übrigen betrug die Stehzeit der Fährten in etwa 50 % der Fälle 2 bis 10 Stunden, bei einem Drittel über 10 Stunden, also übernächtig.

Für die Riemenarbeit eignen sich alle Jagdhunde, die auf einer Schweißprüfung unter Beweis gestellt haben, daß sie Mindestanforderungen an Nasenleistung und Fährtenwillen genügen und die ein Mindestmaß an Erfahrung besitzen. Aus dem Vorgeschriebenen ergibt sich, daß die Fähigkeiten des Hundes mit dem voraussichtlichen Schwierigkeitsgrad der Arbeit annähernd übereinstimmen sollten, d. h., z. B. keine noch praktisch unerfahrenen Junghunde auf schwierige Laufschüsse angesetzt werden sollten. Es gibt Hunde, die aus unterschiedlichen Gründen eine Abneigung gegen das Schwarzwild entwickeln, während sie Wundfährten anderen Schalenwildes passioniert arbeiten. Schon die Riemenarbeit vollziehen sie lustlos, und geschnallt sind sie vollends unverläßlich. Es versteht sich von selbst, daß solche Hunde nicht bei Schwarzwild zum Einsatz kommen dürfen.

Abb. 12/31 Totverbeller (Foto: FREYMANN)

Wird nach der Riemenarbeit noch eine Hetze erforderlich, wachsen die Schwierigkeiten für den Hund und den Schützen beträchtlich. Zunächst gilt auch beim Schwarzwild, daß erst am warmen Wundbett geschnallt werden darf. Dann aber erfordert es einen Hund, der einerseits schnell genug ist, dem Stück auch im schwierigen Gelände, wie Bruch- und Schilfpartien oder Maisschläge zu folgen und es zum Stellen zu veranlassen, andererseits gewandt und vorsichtig genug, der angreifenden Sau auszuweichen und nicht selbst Opfer der Nachsuche zu werden. Daher bewähren sich für diese Aufgabe mittelgroße, nicht zu schwere, genügend schneidige und mit lokkerem Hals versehene Rassen, wie Dachsbracken, Wachtel, Spaniel und Jagdterrier wohl am besten. Teckel, vor denen sich die Sauen leichter stellen, kommen in schwierigem Gelände oft nicht nach, während große Rassen häufig zu schneidig sind, zu packen versuchen und dabei schwere Wunden davontragen können.
Hat sich das Stück vor dem Hunde gestellt, gilt es, sich vorsichtig unter Wind zu nähern und sich genau zu vergewissern, wo sich Sau und Hund befinden. Dann ist eine Gelegenheit abzuwarten, auf möglichst kurze Entfernung mit dem Flintenlaufgeschoß den Fangschuß anzutragen. Diese Aufgabe kommt nur einem Jäger, nämlich dem Hundeführer, zu. Es ist unzulässig, daß sich mehrere Personen in der Dickung befinden und den Fangschuß anzubringen versuchen. Da ein Gelingen des Vorhabens wesentlich von der Mitwirkung des Hundes abhängt, dieser aber nur im Zusammenspiel mit seinem Herrn richtig arbeiten wird, kann kein anderer diese verantwortungsvolle und nicht ungefährliche Aufgabe übernehmen.
Gelingt es dem Hund nicht, die Sau zu stellen, oder steht kein geeigneter Hund für die Hatz zur Verfügung, bleibt nur, die Sau in einer Dickung einzukreisen, diese mit Schützen in der vermutlichen Fluchtrichtung abzustellen und dann mit dem Hunde der Wundfährte so lange zu folgen, bis das Stück die Dickung verläßt und zur Strecke kommt. Nähere Einzelheiten über die Schweißarbeit müssen Spezialwerken vorbehalten bleiben. Die Verwendung eines ausreichend langen Schweißriemens, das Verbrechen aufgefundener Schweißspritzer und ähnliche Grundsätze gelten natürlich auch hier. Es sollten lediglich einige Besonderheiten bei Nachsuchen auf Schwarzwild hervorgehoben werden.
In diesem Zusammenhang ist es wohl angebracht, etwas über annehmendes Schwarzwild zu sagen. Wenn man alten Quellen Glauben schenkt (vgl. Abschnitt 9.1.1.), waren in früheren Zeiten die Sauen wesentlich angriffslustiger als heute. Das mag durchaus stimmen, denn erst die Fernwirkung der Schußwaffe wird dem selbstbewußten, grimmigen Schwarzwild den Schneid ziemlich abgekauft haben. Wehrlosen, lärmenden Bauern gegenüber, die ihre Felder schützen wollten, bei Jägern mit Sauspießen und kläffenden Hunden werden sich an Wolf und Bär gewohnte stärkere Sauen sicher oft zur Wehr gesetzt haben. Die geringe Bevölkerungsdichte bot überdies wenig Möglichkeiten für gute oder böse Kontakte mit dem Menschen. Noch KRICHLER

Abb. 12/32 Futterzahmes Schwarzwild in den Ostseedünen – Gefahrenquelle für den Urlauber (Foto: TERPE)

(1887) widmet einen beträchtlichen Teil seines Buches annehmenden Sauen.
Unsere heutigen Sauen entwickeln eine geringere Angriffslust, denn im Vergleich zu den Strecken und Beständen sind die belegten Fälle sehr selten. Dennoch kommt es immer wieder vor und muß unbedingt damit gerechnet werden. Gesundes Schwarzwild nimmt ungereizt nicht an. Glaubt allerdings eine Bache ihre noch kleinen Frischlinge in Gefahr und gelingt es ihr nicht, sie ungefährdet wegzuführen und den Störenfried durch drohendes Blasen zu vertreiben, können Scheinüberfälle, aber auch ernstgemeinte Angriffe erfolgen. Ein Angriff wird vor allem durch das Klagegeschrei eines Frischlings ausgelöst. Schon aus diesem Grunde ist es nicht ratsam, sich drückende, scheinbar verlassene Frischlinge mitnehmen zu wollen. Häufiger sind Angriffe krankgeschossener Sauen. Stürmt eine auf kurze Entfernung beschossene Sau auf den Schützen oder einen Treiber zu, geht es gewöhnlich um keinen Angriff, sondern um ein Zusammentreffen auf dem Fluchtweg. Das Stück hält sich nicht auf, schlägt höchstens im Vorbeigehen zu und setzt die Flucht fort. Dennoch kann auch diese kurze Begegnung höchst schmerzhafte Folgen haben, abgesehen davon, daß schwer gereizte Stücke auch dann einmal ernsthaft annehmen können. Die meisten Unfälle durch annehmendes Schwarzwild geschehen auf Nachsuchen. Die im Wundbett steckende Sau fährt aus demselben, überrollt den Hund und greift den nachfolgenden Jäger an. Solche Angriffe sind bitter ernst gemeint, und die wutschäumende Sau trachtet danach, sich ihres Verfolgers gründlich zu entledigen. Derartige Situationen sind in Dickungen oder Schilfkomplexen, die dem Jäger wenig Übersicht und Bewegungsfreiheit lassen, nicht zu unterschätzen und immer einzukalkulieren. Deshalb ist es notwendig, den Sauen nach dem Schuß genügend Zeit zu geben, richtig krank zu werden

oder im Wundbett zu verenden. In unübersichtlichem Gelände ist die Waffe schußbereit und ohne Zielfernrohr zu führen. Bei der Nachsuche auf stärkere Sauen empfiehlt es sich, neben dem Hundeführer einen Begleitschützen mitgehen zu lassen.

In den letzten Jahren hat es sich leider eingebürgert, Schwarzwild zahm aufzuziehen oder in der Freiheit handzahm zu füttern. Auch hier liegen Gefahren für den Menschen verborgen, weil die Sauen dadurch ihre natürliche Scheu verlieren. Sie können sich das Futter energisch fordern, aber auch in der Rauschzeit oder bei Anwesenheit von Frischlingen im Menschen einen Konkurrenten sehen.

Ihre Stimmung wechselt rasch, aber auch nicht ernstgemeinte, unter Sauen übliche Seitenhiebe können schwer verletzen. Deshalb ist von solchen Kontakten dringend abzuraten (Abb. 12/32).

12.4. Versorgung des erlegten Wildes

12.4.1. Aufbrechen

Mit dem Aufbrechen beginnt die Versorgung des erlegten Wildes. Sie endet für den Schützen in dem Moment, an dem das Stück an dem dafür zuständigen Sammelort zum Weitertransport oder zur Verwertung eintrifft. Sie schließt somit das Jagdgeschehen weidgerecht ab, denn nur dann, wenn das Wild in guter Qualität der Verwertung zugeführt wird, kommt das Jagen seiner eigentlichen Zielstellung nach und unterscheidet sich von einem Sportschießen auf lebende Zielscheiben. Dieser Verantwortung muß sich jeder Jäger bewußt sein, auch wenn ihm Teile der Wildversorgung von entgegenkommenden Weidgenossen oder einem Bewirtschaftungsorgan abgenommen werden. Somit muß bereits dann, wenn der glückliche Erleger das Wild in Besitz nimmt, damit begonnen werden, das Stück so zu behandeln, daß keine Wertminderung eintritt. Das beginnt mit dem Aufbrechen. Auch bei winterlichen Temperaturen verhitzt Schwarzwild außerordentlich rasch, bedingt durch eine dicke Polsterung mit Weißem, die dicke Schwarte selbst und besondere physiologische Prozesse. In den Sommer- und Frühherbstmonaten ist diese Gefahr natürlich noch beträchtlich größer. Daher sollte man sich unbedingt befleißigen, ein Stück Schwarzwild so bald als möglich aufzubrechen. Das Lüften ist dafür nur ein für kurze Zeit dienlicher Behelf. Es kann bei Drückjagden angebracht sein und wird später beschrieben.

Zunächst sollte man sich bemühen, das erlegte Stück unaufgebrochen an eine Stelle zu transportieren, an der das Aufbrechen ohne Verschmutzungsgefahr erfolgen kann bzw. der anschließende Abtransport nicht das Eindringen von Verunreinigungen in den Wildkörper geradezu bedingt. Also bricht man nicht auf einem Sturzacker, in einem Bruch oder auf einer Sanddüne auf, sondern möglichst auf einem Rasen- oder Moosfleck am Rande eines Weges. Selbstverständlich setzen dem das Gewicht des Stückes, die Transportentfernung und die örtlichen Gegebenheiten gewisse Grenzen. Das Stück wird nun in die Rückenlage gebracht und möglichst mit dem Kopf etwas höher gelagert, damit der Schweiß abfließen bzw. leichter ausgekippt werden kann. Der weidgerechte Jäger ist bemüht, beim Aufbrechen nicht über das Stück zu treten, und schlägt die Ärmel nur in notwendigen Fällen bei stärkeren Stücken auf.

Für die DDR wird die Versorgung des erlegten Wildes durch einen Standard (TGL 11391 „Erlegtes Wild" vom 1. Januar 1982) für alle Jäger und Bewirtschaftungsorgane verbindlich geregelt. Er legt auch im Interesse der Sicherung hochwertigen Wildbrets das Vorgehen beim Aufbrechen weitgehend fest.

Der früher übliche Querschnitt durch den Hals, um Schlund und Drossel zu durchtrennen, ist nicht statthaft, da er die Schwarte für die spätere Verwendung zu sehr entwertet. Er wird durch einen Längsschnitt ersetzt. Ein Verknoten des Schlundes ist nicht erforderlich, da ein Austreten von Nahrungsmasse, wie bei Wiederkäuern, nicht zu befürchten ist. Nun tritt der Jäger hinter das Stück, schärft bei männlichen Stücken die Schwarte zwischen den Brunftkugeln durch und trennt dann weiter – die Schneide des Messers nach oben gerichtet – bis zur Spitze der Brunftrute. Durch einen Rundschnitt löst man diese mit der

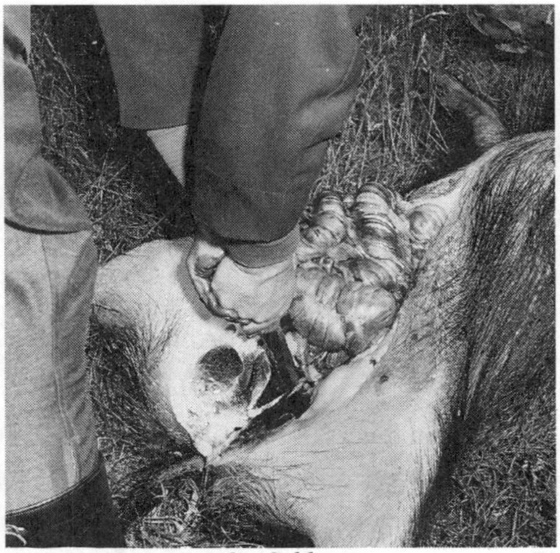

a – Durchtrennen des Schlosses

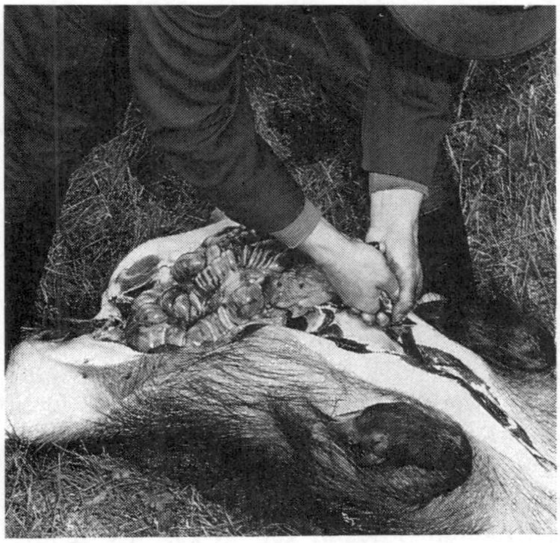

b – Aufschärfen

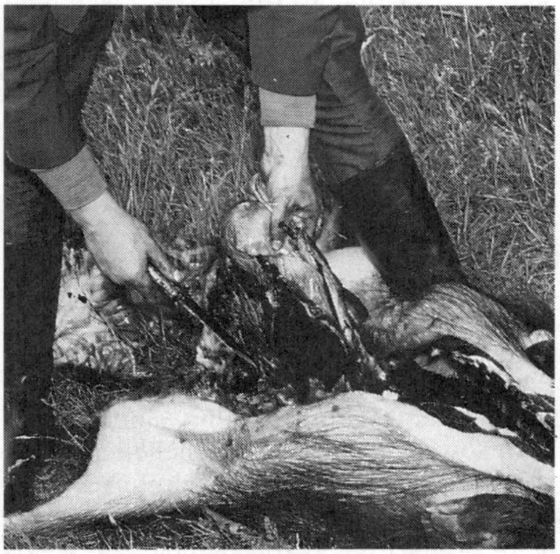

c – Entnahme von Geräusch und Gescheide

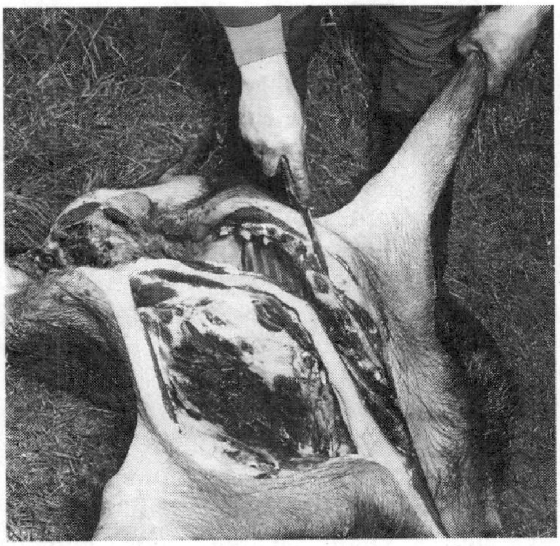

d – Lüften der Blätter

Abb. 12/33 Verschiedene Phasen des Aufbrechens (Foto: FREYMANN)

darunter befindlichen und mit stark riechenden Sekreten gefüllten Präputialdrüse aus und entfernt sie mit den Brunftkugeln. Diese Maßnahme ist besonders in der Rauschzeit wichtig. Nach altem Brauch werden sie links neben dem Stück abgelegt. Im Anschluß wird die Bauchdecke möglichst nahe den Keulen vorsichtig aufgeschärft, ohne das Gescheide zu verletzen. Besitzt man keine Aufbruchklinge mit verdickter Spitze, nimmt man nun die Messerspitze vorsichtig zwischen Zeige- und Mittelfinger der linken Hand und schärft die Bauchdecke einschließlich der Schwarte bis zum Brustkern von innen her durch (Abb. 12/33). Während nach der lt. TGL für die DDR festgelegten Methode der Schnitt hier endet und Geräusch und Gescheide durch die entstandene Öffnung entnommen werden müssen, wird international empfohlen, den Schnitt mit einer starken Klinge durch den verknorpelten Brustkern zwi-

schen den Rippen entlang bis zum Hals weiterzuführen und somit die Körperhöhlung völlig zu öffnen (Hadlok, 1978). Dadurch werden sowohl Ausschweißen und Auskühlen wie auch die Entnahme der Innereien wesentlich erleichtert. Dann lohnt es sich jedoch, das Durchtrennen des Schlosses vor der Entnahme der Innereien durchzuführen, weil es andernfalls zumindest nach dem Ablösen des Zwerchfells zu einem Blutstau vor dem Schloß kommen kann, der die weitere Arbeit erschwert. Dazu werden die Wildbretpartien zwischen den Keulen vorsichtig durchgetrennt, bis man auf den weißlichen Streifen stößt, der den Verlauf der Schloßnaht markiert. Bei geringeren Stücken gelingt es, das Schloß durch kräftige Schläge auf das genau an dieser Naht angesetzte Messer zu sprengen und anschließend wiegend zu durchschneiden. Bei älteren Stücken wird dazu die am Messer befindliche Säge benutzt.
Nun wird die Drossel erfaßt und durchtrennt, mit seitlichen Schnitten freigelegt und unter Ziehen das Geräusch in der Brusthöhle von seinen Verbindungen mit dem Wildkörper gelöst. Durch kräftiges Ziehen und Nachfassen trennt man nun das Zwerchfell stumpf von den Rippen und zieht Geräusch und Gescheide in einem Arbeitsgang heraus. Das Weiße löst sich dabei mit ab. Die Vorteile des Verfahrens bestehen darin, daß einerseits nicht der halbe Arm im Wildkörper verschwinden muß, um Verbindungen zu lösen, den Schlund zu finden und das Geräusch herauszubekommen, und andererseits die Innenhäute und Brandadern mit herausgerissen werden und somit das Aufbrechen besonders sauber erfolgt. Sind Geräusch und Gescheide entnommen, wird die im Schloß geschaffene Öffnung zur Entnahme des Weiddarmes erweitert. Das erfolgt nicht durch gewaltsames Niederdrücken der Keulen, weil sich dadurch das Wildbret von den Beckenknochen trennt und die Keulenpartie wertgemindert wird. Vielmehr faßt man mit beiden Händen in das Schloß und hebt das Stück, nach außen drückend, an, während die Hinterläufe mit den Füßen am Boden gehalten werden. Dadurch bricht das Schloß in der Naht genügend weit auseinander, so daß nun mit einigen Schnitten Enddarm und Blase gelöst und herausgenommen werden können. Ein Rundschnitt am Weidloch schließt den Vorgang ab.
Als nächstes werden Geräusch und Gescheide getrennt und die Gallenblase mit vorsichtigem Schnitt von der Leber abgezogen. Die Herzkammern schärft man zum Entschweißen auf und hängt das zusammenhängende Geräusch zum Auskühlen an einen Aststummel. Durch Anheben an den Vorderläufen wird der im Wildkörper verbliebene Schweiß entfernt.
Nach der in der TGL festgelegten Methode, die das Aufschärfen der Bauchhöhle nur bis zum Brustbein vorsieht, greift man zwischen großem Gescheide und Leber in die Höhlung und sucht sich die Durchtrittsstelle des Schlundes durch das Zwerchfell in den Magen. Der Schlund wird vorsichtig vom Zwerchfell getrennt und aus der Brusthöhle herausgezogen. Dann wird das Gescheide herausgenommen – die Leber bleibt am Geräusch – und auf der rechten Seite abgelegt. Bei sehr weißen Stücken kann dieser Vorgang kompliziert sein. Anschließend wird das Schloß wie beschrieben geöffnet, der Weiddarm abgeschärft, und die Bauchhöhle ist damit frei. Dann wird das Zwerchfell an den Rippen abgeschärft, die Drossel erfaßt und mit dem Geräusch herausgezogen. Nun sind Nieren und, soweit noch nicht geschehen, Weißes zu entfernen und die dunkelroten Brandadern aufzuschärfen.
Schwierig wird die rote Arbeit bei Weidwundschüssen. Bei der Entnahme des Gescheides muß dann besonders sorgfältig verfahren werden, um ein weiteres Austreten des Inhaltes zu vermeiden bzw. schon ausgetretene Masse nicht noch weiter im Wildkörper zu verteilen. Ein Auswaschen mit Wasser oder Auswischen mit Gras, Farn oder ähnlichen Materialien ist zu vermeiden, da hierdurch zusätzliche Fäulniserreger eingebracht werden können. Vielmehr werden die Verschmutzungen sorgfältig mit der Messerklinge abgeschabt und anschließend die Höhlung mit noch in der Brusthöhle befindlichem Schweiß ausgewaschen. Jeder Jäger sollte in seinem Rucksack etwas vielseitig verwendbares Fließpa-

pier mitführen, das sich für ein abschließendes Reinigen hervorragend eignet. Bei Weidwundschüssen ist gewöhnlich etwas Magen- oder Darminhalt in den Ein- oder Ausschuß eingetreten und hat sich zwischen Muskelgewebe und Schwarte verteilt. Wird er belassen, tritt an dieser Stelle nach kurzer Zeit ein Fäulnisprozeß ein. Daher ist es notwendig, bei solchen Schüssen die beeinflußten Wildbretpartien sofort herauszuschneiden.

Bei Schwarzwild ab 25 kg aufgebrochen sind die Blätter zu lüften. Um die Verwendbarkeit der Schwarte nicht zu beeinträchtigen, ist der Trennschnitt über den Brustkern hinweg bis zur Drossel zu führen. Anschließend wird die Schwarte rechts- und linksseitig vom Brustkern ausgehend entlang der Vorderläufe so weit aufgeschärft, daß die Vorderblätter ohne Beschädigung der Schwarte gelüftet werden können. Nach so erfolgter Schnittführung löst man, erst mit dem Messer, dann mit der Hand, die lockeren Gewebeverbindungen zwischen Lauf und Brustkorb und spreizt die Vorderläufe mit einem Holz zum Auskühlen auseinander. Nach dem Aufbrechen muß das Stück mindestens eine Viertelstunde auskühlen, bevor es abtransportiert werden kann. Zum Schutz vor Fliegen werden die offenen Partien mit frischen Nadelholzzweigen oder mit Farn verblendet. Muß das Stück längere Zeit liegen, bevor es abtransportiert werden kann, empfiehlt es sich, in der warmen Jahreszeit bei schweren Stücken Querhölzer unterzulegen. Muß das Stück über Nacht lagern, wird es mit einem Taschentuch oder einem anderen Gegenstand gegen das Anschneiden durch Raubwild verwittert.

Nicht erwähnt wurde bisher, daß auffälliges Verhalten des Stückes vor dem Schuß und krankhafte Veränderungen am Stück, die man vor oder beim Aufbrechen entdeckt, zu besonderen Maßnahmen Anlaß geben müssen. Scheint eine Tierseuche vorzuliegen, ist das Stück nur zu lüften und zu verblenden. Dann werden Jagdleiter und Kreistierarzt verständigt, die weiteres veranlassen. Bei Tollwutverdacht wird auch nicht gelüftet. Weisen die Organe krankhafte Veränderungen auf, ist der Jäger verpflichtet, das Geräusch gemeinsam mit dem Stück der tierärztlichen Untersuchung zuzuführen.

Schließlich sei noch kurz das Lüften behandelt. Es sollte nur in Ausnahmefällen vorgenommen werden, nämlich dann, wenn der Zustand des Stückes Verdacht auf eine Wildseuche aufkommen läßt oder auf Drück- oder Treibjagden, wenn nach Abschluß eines Treibens nicht ausreichend Zeit für das Aufbrechen durch den Schützen besteht und eine spätere Versorgung in Verbindung mit dem Abtransport vorgesehen ist. Es sei betont, daß man stets bestrebt sein sollte, das erlegte Stück so bald als möglich vollständig aufzubrechen. Beim Lüften werden nur Bauchdecke und eventuell der Brustkern aufgeschärft. Der Spalt wird durch ein kurzes Holzstück gespreizt. Bei rauschigen Stücken wird das Kurzwildbret entfernt. Dann werden Hinter- und Vorderläufe ebenfalls durch Hölzer gespreizt.

12.4.2. Wildtransport

Schwarzwild wird, wie alles Schalenwild, mit dem Kopf nach vorn bewegt. Dadurch wird die Schwarte schonend behandelt und das Eindringen von Schmutzpartikeln in das Stück erschwert. Früher übliche Gepflogenheiten, weibliches Wild mit dem Kopf nach hinten zu transportieren, werden abgelehnt. Das feste Borstenkleid verträgt es schon, wenn die erlegte Sau ein Stück auf dem Erdboden entlang geschleift werden muß. Besser ist es, einige große Brüche unterzubinden. Sehr bewährt haben sich schaufelförmige Plasteschalen, auf die das Wild, mit dem Vorderkörper befestigt, wie auf einem Schlitten bequem gezogen werden kann, ohne daß Kopf oder Läufe dauernd an natürlichen Hindernissen verhaken. Für kurze Strecken kann das Stück auf einer gesäuberten und mit Brüchen abgedeckten Ladefläche transportiert werden, für weite Transporte sollte unbedingt ein Lattenrost zur Verfügung stehen. Beim offenen Fahrzeug ist das Stück durch eine Folie vor Regen und Staub zu schützen. Beim Auf- und Abladen ist unbedingt darauf zu achten, daß Keiler mit dem Haupt nicht hart aufschlagen, da die Waffen spröde sind und leicht zerspringen.

Abb. 12/34 Ehrenwache am Keiler (Foto: FREYMANN)

Abb. 12/35 Sau tot! (Foto: BUSCH)

12.4.3. Jagdliche Bräuche am Stück

Durch das sachgerechte Aufbrechen möglichst bald nach dem Auffinden des beschossenen Stückes und dessen sauberen Abtransport wird der Jagdvorgang mit der Sicherstellung des Wildbrets abgeschlossen. Die damit verbundene „Inbesitznahme" des begehrten Wildes durch den Jäger ist der angestrebte Höhepunkt im jagdlichen Geschehen und daher seit altersher Anlaß zur Entwicklung und Pflege jagdlicher Bräuche (LEMKE und STOY, 1977). Der Jäger ehrt das von ihm weidgerecht gestreckte Wild durch den „letzten Bissen", einem quer durch das Gebrech gesteckten etwa handlangen Zweig. (Abb. 12/34). Der etwa 30 cm lange „Inbesitznahmebruch" wird so auf das Blatt gelegt, daß beim männlichen Wild das gebrochene, beim weiblichen das gewachsene Ende zum Haupt zeigt. Den mit Schweiß leicht benetzten Schützenbruch nimmt sich der Erleger bei der Einzeljagd selbst. Kommt das Wild bei Nachsuchen zur Strecke, erhält er ihn vom Hundeführer und gibt seinerseits einen Teil des Bruches an den Hundeführer zurück, der ihn an der Halsung des erfolgreichen Hundes befestigt. Bei Gesellschaftsjagden wird er vom Leiter verliehen.

Erfreulicherweise hat die Kenntnis des Jagdhornblasens wieder stark zugenommen. So kann das aufgefundene Stück durch viele Jäger an Ort und Stelle verblasen werden. Diese Bräuche am Stück dienen der Besinnung, der Erinnerung an das schwierige und erfolgreiche Kräftemessen mit den feinen Sinnen des Wildes und unterscheiden das Weidwerk von der Wildbretgewinnung (Abb. 12/35). Nach Abschluß von Gesellschaftsjagden wird gewöhnlich die Strecke gelegt. Dazu wird das Wild auf die rechte Seite gestreckt und nach der Stärke geordnet. Es ist mit letztem Bissen und Inbesitznahmebruch versorgt. Am weitesten rechts liegt der stärkste Keiler, es schließen sich die übrigen Stücke an. Bei Schwarzwild ist es nicht üblich, die Strecke nach Geschlechtern zu trennen. Bei gemischten Strecken rangiert Schwarzwild nach Rot- und Damwild. Der Jagdleiter und die Jäger stehen vor der Strecke, Bläser und Jagdleiter hinter derselben.

13. Keilerwaffen

Die Jagdtrophäe ist nicht nur ein Erinnerungsstück an weidmännisches Erleben, sondern auch eine Ernte jagdwirtschaftlicher Bemühungen. Ihre Qualität wird durch die in der Population liegenden genetischen Anlagen, durch die allgemeinen Lebensbedingungen, aber auch durch jagdlich beeinflußbare Faktoren, wie die Wilddichte und den Bestandsaufbau sowie das Erntealter, bestimmt. Die kontinuierliche Ernte einer hohen Zahl starker Trophäen ist somit nicht nur populations- und biotopabhängig, sondern auch ein Weiser für die richtige Schalenwildbewirtschaftung.

Als Trophäe des Schwarzwildes in diesem Sinne gilt das Gewaff des Keilers – die Eckzähne des Ober- und Unterkiefers. Seltener werden auch die Haken der Bachen oder deren erste obere Schneidezähne als Trophäe genutzt und zu Schmuck verarbeitet. Auch der aus den Federn gebundene, als Hutschmuck dienende Saubart ist als eine Jagdtrophäe anzusehen. Allerdings ist er bei ausgereiften, starken Keilern häufig nicht von besonders guter Qualität. Dagegen weisen mittelalte, gelegentlich sogar weibliche Stücke häufig sehr gut entwickelte Federn auf. Die Federn werden gegen den Strich ausgerupft. Anschließend ist die Wolle auszukämmen. Etwa daumendicke Bündel stößt man dann zur Erzielung gleichmäßiger Längen auf eine feste Unterlage auf und sondert dann durch Schütteln alle diejenigen Borsten aus, die weniger als ¾ der Federlänge haben. Ein guter Bart muß an der Wurzel einen Durchmesser von etwa 1,5 cm besitzen. Die untersten 2 bis 3 cm Länge werden nun mit Klebstoff getränkt und mit gutem Zwirn fest umwickelt. Austretender Klebstoff ist abzustreifen. Vor dem Härten wird der Bart an der Wurzel flachgedrückt, damit er eine schön gefächerte Form erhält. Schließlich umgibt man den unteren Teil mit einem grünen Filzband.

Einige Jäger schärfen auch den Pürzel von ihnen gestreckter Sauen ab, trocknen und konservieren ihn, und verwenden ihn zusammen mit den Keilerwaffen als Schmuckelement an der Wand. Erwähnt sei schließlich, daß die als Dermoplastik präparierten Köpfe starker Keiler an der Wand der Jagdhütte oder am Kamin einen sehr urigen Eindruck machen, auch wenn man ihnen nicht prahlerisch die Gewehre um ein weiteres Drittel aus dem Unterkiefer gezogen hat. Die gesondert auf ein Schild aufgesetzten Waffen werden meist durch eine Imitation ersetzt. Winterschwarten sind ein beliebter Fußbodenschmuck in jagdlich eingerichteten Räumen und bevorzugter Ruheplatz des sauscharfen Jagdhundes. Es folgt die Behandlung von Keilerwaffen als wichtigste Jagdtrophäe vom Schwarzwild.

13.1. Trophäenentwicklung

Die altersabhängige Entwicklung der Keilerwaffen wurde ausführlich bereits im Abschnitt 3.3.3. behandelt. Dort wurde auch ihre große Abhängigkeit von der Körperentwicklung herausgestellt. Die jeweilige Schädelgröße bestimmt auch die Dimensionen der Zahnfächer. Bis zum Alter von etwa 3 bis 4 Jahren ist damit zu rechnen, daß die Breite der Gewehre am Bildungssaum noch zunimmt. Mit der Streckung des Schädels wächst auch die Gewehrlänge. Ist das Schädelwachstum annähernd beendet und wird nun Zahnmasse gleicher Breite kontinuierlich gebildet, dauert es einige Zeit, bis die schmalere Gewehrmasse voll nach vorn gewandert und in der Reibung mit den Haderern abgeschliffen ist.

Wie bereits im Abschnitt 3.3.3.3. ausgeführt wurde, herrscht zur Zeit noch Unklarheit über die Geschwindigkeit dieses Prozesses und die dafür zugrundeliegenden Ursachen. Bei einer Anzahl recht junger Keiler wurde bereits festgestellt, daß sich die Durchmesserwerte am Bildungssaum und an der Schleifecke annähernd gleichen. Mit höherem Alter geht die Geschwindigkeit in der Bildung neuer Zahnmasse zurück. Aus Tierparks stammende Stücke lassen vermuten, daß mindestens von 10 Jahren an zunehmend unregelmäßige, wellige und schmalere Gewehre gebildet werden. Die Haderer werden stummelförmig oder fallen aus. In der Wildbahn kann dieser Prozeß früher schon einsetzen.

Für die Trophäenernte ergibt sich daraus, daß Waffen von etwa 5jährigen Keilern die für die Bewertung ausschlaggebenden Dimensionen der Gewehrbreite und -länge im wesentlichen erreicht haben. Ab einem Alter von etwa 8 Jahren ist mit einem Qualitätsrückgang zu rechnen, da die geringere Nachbildung von Zahnmasse den Abschliff nicht mehr ausgleicht bzw. sich Zahndefekte häufen oder länger erhalten bleiben. Auf die Trophäenstärke wirken sich sehr die Lebensbedingungen in den ersten 2 Lebensjahren aus. Frischlinge, die in Mastjahren aufwachsen, sind beträchtlich stärker als solche, deren Jugendentwicklung sich in Fehlmastjahren vollzog. Sie erreichen höhere Körpermaße, damit stärkere Schädel und sind insgesamt frühreifer. Ein Keiler aus einem Versuchsgatter, der naturgemäß, aber ausreichend ernährt wurde, erzielte schon mit 4 Jahren 111 internationale Punkte und eine Formzahl nach Brandt von 1,07. Andererseits kam im Bewirtschaftungsgebiet Eberswalde der über die strenge, nahrungsarme Periode 1969/70 aufwachsende Frischlingsjahrgang um 1975 als sogenannte „Minikeiler“ mit zwar ausgereiften, aber kurzen und schmalen Waffen zur Strecke. Somit läßt der Keilernachwuchs aus ökologisch günstigen Jahren später stärkere Waffen erwarten. Doch sind auch Keiler mit starken Waffen häufig körperlich nicht besonders beeindruckend, vor allem dann, wenn ihre Erlegung nach der Rauschzeit erfolgte und sie die jahreszeitlich bedingte Mindestmasse haben (vgl. 3.1.4. und 10.3.3.). In der Grundtendenz korrelieren jedoch auch beim Schwarzwild die Körper- und Trophäenstärke. Hromas (1976) berechnete aus 193 Keilermassen der ČSSR, daß Goldmedaillenkeiler durchschnittlich 172 kg, Silbermedaillenkeiler 154 kg und Bronzemedaillenkeiler 143 kg wogen.

Wie bereits im Abschnitt 10.3.2. ausgeführt, läßt die hohe individuelle Variabilität des Schwarzwildes ein sicheres Ansprechen der Trophäenqualität über die Körperstärke nicht zu.

13.2. Trophäenbehandlung

Leider sind Keilerwaffen nicht besonders dauerhaft, wenn sie nicht vorsichtig entnommen und richtig präpariert werden. Die richtige Behandlung beginnt bereits beim Transport des erlegten Stückes. Sorgfältig ist darauf zu achten, daß der Keiler beim Auf- und Abladen nicht mit dem Kopf hart aufschlägt, da die spröden Waffenspitzen leicht wegbrechen. Viele Waffen werden schon zu kurz abgeschlagen. Die Schnittführung muß hinter dem ersten Molaren erfolgen, damit man die Gewehre in voller Länge gewinnen kann. Zuvor ist die Schwarte um den Wurf sorgfältig bis über die Schnitthöhe hinaus abzuschärfen. Nach dem erfolgten Schnitt wird sie über die

Schnittfläche gebunden, um Wildbretverschmutzungen zu vermeiden. Im Anschluß erfolgt das Abkochen des abgeschlagenen Schädelteiles, bis sich die Waffen mühelos aus dem Knochen herausziehen lassen. Das ist nach etwa einer halben Stunde der Fall. War der Keiler reif, sind also die Gewehre vorn und hinten gleich breit, gibt es beim Herausnehmen keine Probleme. Bei jüngeren Keilern muß gelegentlich durch vorsichtiges Aufmeißeln nachgeholfen werden. Durch das Abkochen wird die Haltbarkeit der Waffen nicht beeinträchtigt. Vorsichtshalber ist ein langsames Abkühlen der Waffen einem Abschrecken in kaltem Wasser vorzuziehen. Im Anschluß zieht man mit einer Pinzette die Zahnpulpa heraus, wäscht nach und läßt die Waffen langsam, nicht am Ofen, trocknen.

Leider platzen viele Gewehre bald der Länge nach auf. Früher wurden sie deshalb mit flüssiggemachtem Paraffin ausgegossen. Dennoch sind viele Waffen nach kurzer Zeit auseinandergeplatzt und unansehnlich geworden. Besser bewährt hat sich das Ausgießen mit Kunstharzen und Zweikomponentenklebern (ULSPERGER, 1966; HAUSA und WERNITZ, 1975; DITTRICH et al., 1979). Die letztgenannten Autoren empfehlen besonders folgende Verfahren, mit denen am Institut für Forstwissenschaften Eberswalde gute Erfahrungen gemacht wurden:

- Epoxidharze (Epilox EKG 19, EKK 106, EG 34 und KL 478). Die Ausgußmasse wird in Glas- oder Porzellangefäßen angerührt. 50 Masse-Teile Epilox EGK 19 werden mit 5,5 Masseteilen Epilox-Härter 3 (bei Volumendosierung 44 ml:6 ml) intensiv mit einem Glasstab gemischt. Mit Hilfe eines Trichters ist die Masse langsam, damit die Luft entweichen kann, in das aufrecht fixierte Gewehr einzufüllen. Nach einigen Minuten wird, wenn notwendig, aufgefüllt. Das Gemisch ist nach etwa einer dreiviertel Stunde nahezu vollständig ausgehärtet. Dennoch empfiehlt es sich, die Waffe 24 Stunden unberührt stehen zu lassen.
- Kalthärtbarer Thermoplast auf Methacrylatbasis (Kalloplast R, Kalloplast CS-technisch)
  10 g Pulver werden in 20 ml Flüssigkeit (oder 16 ml Pulver in 20 ml) sofort gut umgerührt. Das Gemisch muß innerhalb von 3 bis 5 Minuten in die Waffe eingefüllt sein. Es ist nach 2 Stunden völlig ausgehärtet.

HAUSA und WERNITZ (1975) empfahlen den Superspezialkleber Epasol EP 11. Er besteht aus zwei Komponenten, die im Verhältnis 1:1 gemischt werden. Auch der Klebstoff D 2602 ist gut verwendbar. So ausgefüllte und getrocknete Waffen sind sehr dauerhaft und reißen auch nicht, wenn sie zum Zwecke der Befestigung von hinten angebohrt werden. Dennoch ist es ratsam, vor dem endgültigen Härten der Füllmasse in beide Enden der Gewehre bzw. Haderer die Spitzen einer Drahtschlinge einzuführen. Die Befestigung am Schild kann dann mit einer Schraube durch die in der Mitte befindliche Schlaufe erfolgen. Dadurch wird nicht nur das Anbohren der Waffen vermieden, sondern auch das Abnehmen der Waffe zum Zwecke der Bewertung wesentlich erleichtert. Die Schlaufen und Schrauben werden durch eine geschmackvolle Halterung überdeckt. Schwer zu verhindern ist das Abplatzen feiner Randspäne unter Temperatureinwirkung. Es kann durch wiederholtes leichtes Einölen der Waffen eingeschränkt werden. Dennoch sollte man Keilerwaffen nicht an Orten mit stark wechselnder Temperatur und Luftfeuchtigkeit aufhängen, wie neben oder über Heizungen oder an Kaminen.

Keinesfalls dürfen Keilerwaffen etwa mit Wasserstoffsuperoxid behandelt werden, um die dunkle Färbung an der Austrittsstelle aus dem Zahnfleisch zu beseitigen. Dieser Kontrast hat Schönheitswert und kann bei der Bewertung Zuschlagspunkte bringen. Selbstverständlich werden Keilerwaffen auch nicht gelackt oder gefärbt.

Zur Bewertung müssen die Waffen abnehmbar sein, damit die Maße, vor allem die Gewehrlänge und der Hadererumfang, ermittelt werden können. Deshalb dürfen sie nicht auf das Schild geklebt sein. Auch die Halterungen im Mittelteil müssen es gestatten, ohne weiteres an die Wurzelenden der Gewehre zu gelangen. Das Aufsetzen der Waffen ist weitgehend dem persönli-

Abb. 13/1 Tschechoslowakische Keilerwaffen auf der Jagdausstellung in Ceské Budejovice 1976 (Foto: BRIEDERMANN)

chen Geschmack überlassen (Abb. 13/1). Viele Varianten können durchaus akzeptiert werden. Am meisten verbreitet ist das Aufsetzen auf runde oder herzförmige dunkle Schilder, vor allem aus Eichenholz. Die Verbindungsstellen der Gewehre und Haderer werden oft mit eichenblattartig geschnitzten Holzspangen oder aus Metall gearbeiteten Zierhalterungen überdeckt. Auch Gehänge mit Messing-, Kupfer- oder Silberfassungen sind sehr wirkungsvoll, sollten aber erst nach erfolgter Bewertung angefertigt werden.

13.3. Trophäenbewertung

Die Bewertung der Keilerwaffen erfolgt nach der durch den Internationalen Jagdrat zur Erhaltung des Wildes (CIC) im Jahre 1976 beschlossenen und veröffentlichten Formel. Diese Formel ist auch für die Trophäenbewertung in der DDR verbindlich (BRIEDERMANN et al., 1981). Sie geht auf eine im Jahre 1937 durch HÜBNER entwickelte Formel zurück, die nur unwesentlich verändert wurde. Dadurch ist die Vergleichbarkeit aller bisherigen Vermessungen gegeben. Die Vermessung von Keilerwaffen ist im Vergleich zu der anderer Jagdtrophäen verhältnismäßig unkompliziert. Besitzt man ein geeignetes Meßband mit Millimetereinteilung sowie eine kleine Schiebelehre mit Nonius oder einen Zirkel, kann die Punktzahl angenähert von jedem Jäger selbst ermittelt werden. Auf der Abbildung 13/2 sind die Meßstrecken zu ersehen. Die Gewehrlänge mißt man auf der äußeren Krümmung mit einer Genauigkeit von 1 mm. Der Ansatz am Wurzelende ist der am weitesten nach hinten reichende Teil. Abgebrochene Spitzen werden nicht mit berechnet. Der Durchschnittswert beider Längen wird mit dem Faktor 1 multipliziert. Die Messung der Gewehrbreite erfolgt an der breitesten Stelle auf 0,1 mm genau. Diese breiteste Stelle muß nicht am „Wurzelende“ liegen,

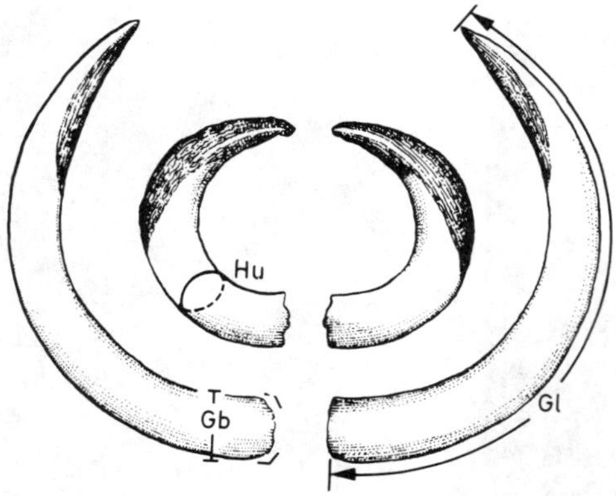

Abb. 13/2 Vermessung der Keilerwaffen (nach BRIEDERMANN, 1979)
Gl – Gewehrlänge
Gb – Gewehrbreite
Hu – Haderumfang

sondern kann mehr oder weniger weit nach der Schleifecke hin verschoben sein. Das ist vor allem bei älteren Keilern der Fall. Der Punktwert ergibt sich aus der Multiplikation der Durchschnittsbreite beider Gewehre in Millimeter mit dem Faktor 3. Der Umfang der Haderer schließlich wird an deren stärkster Stelle gemessen, die durch Probieren gefunden werden muß. Dabei ist das Meßband straff über meist vorhandene Einbuchtungen zu spannen. Der Umfang jedes der beiden Haderer in Zentimeter geht in die Berechnung ein. Außer diesen Meßwerten können bis zu 5 Punkten als Zuschläge erteilt werden. Dabei sind die Ebenmäßigkeit des Gewaffs, die Stärke und Krümmung der Haderer, der natürliche Glanz der Gewehre und deren dunkle Färbung an der Schleifecke und den Hadererspitzen von Interesse. Die Schleifflächen sollen möglichst lang sein. Nur beim Zusammentreffen aller genannten Bedingungen kann die volle Punktzahl gewährt werden, und zwar für die Gewehre bis zu 2, für die Haderer bis zu 3 Punkte.
Die Erteilung von Zuschlagspunkten erfordert einige Erfahrung, ebenso die Berechnung der 10 möglichen Abzugspunkte.
Abzüge können vorgenommen werden bei
– zu kurzer Schleiffläche der Gewehre bis zu 3 Punkte (unter 4cm bis 3 Punkte, 4 bis 5cm 1 Punkt);
– Ungleichheit der Gewehre in Länge, Breite und Form bis zu 3 Punkte;
– Ungleichheit der Haderer in Länge und Form bis 3 Punkte;
– Mißverhältnis zwischen Gewehren und Haderern bis 1 Punkt.

Beschädigte Gewehre (z. B. mit abgekämpften Spitzen) werden jedoch nicht mit Abzügen belegt. Dagegen können millimeterweit aufgesprungene Gewehre nicht bewertet werden. Aus der Summe der Punktzahlen und der Abzüge errechnet sich die internationale Punktzahl. Bei Erreichung bestimmter Mindestwerte gelangt die Waffe in Medaillenbereiche.

Für eine Prämiierung gelten folgende Maßstäbe:
– I. Preis (Goldmedaille) über 120 Punkte,
– II. Preis (Silbermedaille) 115 bis 119,9 Punkte,
– III. Preis (Bronzemedaille) 110 bis 114,9 Punkte.

Herausragend starke Goldmedaillentrophäen werden oft auf internationalen Ausstellungen mit einem Schild belegt. Gegenwärtig kommen dafür Waffen mit mehr als 140 Punkten in Betracht. Bewertungs- oder Wuchsgebiete für Schwarzwild wurden bisher nicht ausgeschieden, so daß Waffen jeder Herkunft nach der gleichen Preisabstufung plaziert werden.
In der DDR ist die Ermittlung und Katalogisierung der internationalen Punktzahl für alle Keilerwaffen seit 1981, aktualisiert durch die Verfügung über die Bewertung und Ausstellung von Trophäen des Schalenwildes vom 30. März 1983, vorgeschrieben. Als Bewertungsbeispiel wird der bisherige Spitzenkeiler der DDR (Tab. 13/1) angeführt.

13.4. Trophäenschau

Die Trophäenschau bildet einen Höhepunkt im Leben der Jäger (Abb. 13/3). Ist sie als Pflichttrophäenschau vollständig beschickt, richtig aufgebaut und sorgfältig ausgewertet, stellt sie eine Erfolgskontrolle der Schalenwildbewirtschaftung dar, weist auf Schwächen und Mängel in der bisherigen Arbeit hin und zeigt Möglichkeiten der

Tabelle 13/1 *Stärkste Keilerwaffe der DDR (Stand 1987)*

Erlegungsort: Havelberg, Kreis Havelberg
Datum: 1972

		Maße	Summe	Mittel	Faktor	Punkte
1. Länge der Gewehre	links	24,5	48,1	24,5	1	24,05
	rechts	23,6				
2. Breite der Gewehre	links	31,7	64,9	32,45	3	97,35
	rechts	33,2				
3. Umfang der Haderer	a) links	7,8			1	7,8
	b) rechts	7,8			1	7,8
4. Zuschläge Schönheit: 0 bis 5 Krümmung der Haderer, Glanz						4,0
Summe 1 bis 4						141,00
5. Abzüge: 0 bis 10						2,0
				Gesamtpunkte		139.00
				Medaille		Gold

Bewertet in Plovdiv (1981)

weiteren qualitativen Verbesserung der Wildbestände auf (BRIEDERMANN et al., 1981). In jedem Schwarzwild-Bewirtschaftungsgebiet oder Schwarzwildring sollte daher jährlich einmal (I. Quartal) eine gemeinsame Trophäenschau durchgeführt werden. Soll es nicht nur eine Schaustellung der stärksten Waffen sein, ist es notwendig, möglichst alle Waffen der in den Altersklassen 2 und 3 gestreckten Keiler vorzulegen (Abb. 13/4). Erreicht der Abschuß im Bewirtschaftungsgebiet nicht die erforderliche Höhe, um eine Trophäenschau eigens für das Schwarzwild auszurichten, kann auch eine Ausstellung gemeinsam mit Trophäen anderer Schalenwildarten organisiert werden. Auf jeden Fall aber ist die Schau mit einer speziellen Schulung über die Bewirtschaftung des Schwarzwildes zu verbinden, auf der die Ergebnisse des zurückliegenden Jahres ausgewertet und die Zielstellungen für das neue Jahr präzisiert werden. Damit diese Aufgaben erfüllt werden können, sind Grundkenntnisse über die im Bewirtschaftungsgebiet erreichbaren Zielstärken, die durchschnittliche Qualität und ihre Variabilität erforderlich. Auf die Erarbeitung solcher Werte wird im Abschnitt 13.5.3. eingegangen. Dadurch wird ein Vergleich mit anderen Schwarzwildgebieten ermöglicht und die Stärke der jeweiligen Population kann in einen größeren Rahmen eingeordnet werden.

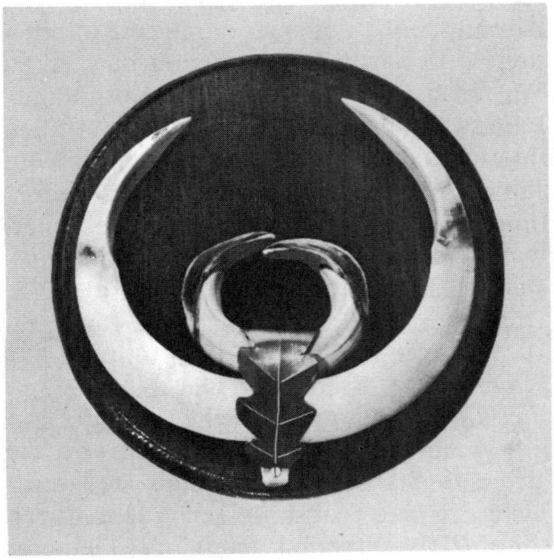

Abb. 13/3 Stärkste Keilerwaffe der DDR, Plovdiv 1981 (Foto: HORSTMANN)

Für den Nachweis der erreichten Qualität

Abb. 13/4 Trophäenschau im Schwarzwildbewirtschaftungsgebiet Eberswalde
(Foto: BRIEDERMANN)

haben Trophäenschauen auf Bezirks-, Staats- oder Länderebenen eine große Bedeutung. Hier geht es im allgemeinen nicht mehr um Einzelergebnisse oder Wege der Bewirtschaftung, sondern um eine Ausstellung der Spitzentrophäen, also derjenigen, die eine Medaillenklasse erreichen. Derartige Schauen für größere regionale Bereiche oder das gesamte Staatsterritorium finden in vielen Ländern statt. So werden in der ČSSR gesamtstaatliche Ausstellungen alle 4 Jahre durchgeführt, auf denen alle in diesem Zeitraum erbeuteten Medaillentrophäen zur Bewertung und Ausstellung kommen.

In der DDR finden alljährlich Bezirkstrophäenschauen und eine nationale Trophäenschau auf dem Gelände der Landwirtschaftsausstellung Leipzig-Markkleeberg statt.

Die Ergebnisse werden in einem Trophäenkatalog veröffentlicht. Abweichend von der Regelung für einige andere Schalenwildarten sind alle im zurückliegenden Jahr erbeuteten Keilerwaffen von Medaillenrang in Markleeberg auszustellen, so daß man dort die gesamte Ernte des Jahrganges sehen kann. Internationale Trophäenschauen erfolgen in unregelmäßigen, mehrjährigen Abständen. Nur die hier durch eine internationale Bewertungskommission beurteilten Waffen haben einen international gültigen Punktwert. Keilerwaffen wurden auf allen internationalen Jagdausstellungen seit dem Jahre 1937 vorgestellt. Nach ihrer Bedeutung und dem Umfang ausgestellter Keilerwaffen sind folgende internationale Ausstellungen hervorzuheben: Berlin 1937, Düsseldorf 1959, Novi Sad 1967, Budapest 1971, Ceské Budejovice 1976, Nitra 1980, Plovdiv 1981, Brno 1985, Nürnberg 1986.

Für die Bedeutung des Schwarzwildes auf internationalen Trophäenschauen und die erreichte Stärke mag sprechen, daß nach nicht ganz vollständigen Unterlagen (infolge Nichtberücksichtigung kleinerer Schauen) bisher allein etwa 1800 Keilerwaffen von Goldmedaillenrang zur Ausstel-

lung kamen. Der Anteil der einzelnen Staaten hängt nicht nur von der Trophäenstärke ihrer Schwarzwildbestände, sondern auch von der Wertschätzung dieser Trophäe durch die Jäger und von der Teilnahme und organisatorischen Vorbereitung an den internationalen Ausstellungen ab. Dennoch gibt es interessante Hinweise zur Stärke und Leistungsfähigkeit der Populationen. Man kann feststellen, daß je etwa 20 % der bewerteten Goldmedaillentrophäen aus Rumänien und Bulgarien stammten. Je etwa 15 % entfallen auf Polen, die ČSSR und die Sowjetunion. Mit etwa 5 % sind Ungarn, die DDR und Jugoslawien beteiligt. Alle anderen Staaten nehmen zusammen annähernd 1,5 % ein (s. Tab. 13/3).
In den letzten Jahrzehnten wird allgemein, wie auch in der DDR, eine Zunahme der Trophäenstärke des Schwarzwildes beobachtet. Auf der internationalen Jagdausstellung in Berlin im Jahre 1937 konnten – auf das Territorium der DDR bezogen – mit Goldmedaillen nur ein Keilergewaff mit 122,5 Punkten aus dem Jahre 1919 und ein weiteres mit 122 Punkten aus dem Jahre 1920 bedacht werden.
Demgegenüber wurden auf der ersten internationalen Trophäenschau der DDR im Jahre 1959 – erst 6 Jahre nach dem Erlaß des Gesetzes zur Regelung des Jagdwesens – bereits 24 Goldmedaillen aus dem Zeitraum seit 1945, dazu 42 Silber- und 60 Bronzemedaillen vergeben. In Novi Sad 1967 wurden durch die DDR 19 Goldmedaillenwaffen, in Budapest 42 Waffen dieser Stärke und in Plovdiv 47 allein aus dem letzten Jahrzehnt vorgestellt.
Zur Zeit umfaßt die Rangliste der international bewerteten Keilerwaffen aus dem Territorium der DDR insgesamt 138 Keilerwaffen (Tab. 13/2).

13.5. Zielstärke

Wie bereits ausgeführt, wird die zu erwartende Stärke von Keilerwaffen durch einen Komplex von Faktoren bedingt. Sie hängt zunächst einmal von der in der Population vorhandenen genetischen Veranlagung ab. Dabei spielt die Zugehörigkeit zu unterschiedlich starken Unterarten eine wichtige Rolle. Die Veranlagung kann nur in dem Maße zum Ausdruck kommen, wie das die herrschenden Umweltbedingungen ermöglichen. Diese wirken zum großen Teil auf die gesamte Population annähernd gleichmäßig ein, wie das Klima, können jedoch auch Unterschiede zwischen räumlich getrennten Populationen bewirken. Daneben unterliegt jedes Individuum innerhalb der Population Einflüssen, die seine Entwicklung hemmen oder fördern, wie z. B. der Geburtstermin, die Lebensbedingungen in den ersten Lebensjahren, Krankheiten u. a. m. Schließlich wirken auch jagdliche Maßnahmen auf die Stärke der zu erntenden Trophäen ein, und zwar indirekt durch die Beeinflussung der Wilddichte und Winterfütterung, oder direkt z. B. durch den gewählten Erntezeitpunkt. Es soll auch nicht übersehen werden, daß aus kopfstarken Populationen, unter günstigen ökologischen Bedingungen, eine größere Zahl an Plusvarianten zu erwarten ist; ein Gesichtspunkt, der sicher für das rasante Zunehmen stärkster Keiler in neuerer Zeit mit verantwortlich ist.
Hromas (1982) fand keine klaren Beziehungen zwischen den Anfall starker Keiler in der Tschechoslowakei und den ökologischen Bedingungen. Immerhin stammen aber die meisten Spitzenkeiler des Zeitabschnittes 1956 bis 1975 aus den slowakischen Buchenwäldern der Vorgebirge, aus Aue- und Mischwäldern. Die Vielfalt dieser Beziehungen bewirkt eine große Streubreite der Trophäenstärke im gesamten Areal der Art, doch auch innerhalb räumlich eng begrenzter Populationen und Bewirtschaftungsgebiete. Zur Einschätzung des jeweiligen Stärkepotentials bieten die Ergebnisse von Trophäenbewertungen eine gute Grundlage.

13.5.1. Internationale Spitzenleistungen

Innerhalb des ausgedehnten Verbreitungsgebietes des Schwarzwildes ist die Trophäenstärke sehr unterschiedlich. Diesen Nachweis führte bereits Kuhmichel (1938) durch Vergleich der auf der Jagdausstellung Berlin 1937 vorgestellten Keilerwaf-

Tabelle 13/2 *International bewertete Goldmedaillenkeiler der DDR (Stand 1987)*

Lfd. Nr.	Herkunft	Bezirk	Erlegungsjahr	Gewehrlänge cm	Gewehrbreite mm	Hadererumfang cm	Internationale Punkte	Ausstellung
1	Havelberg	Magdeburg	1972	24,05	32,45	7,8	139,00	Plovdiv
2	Waren	Neubrandenburg	1979	24,25	29,5	7,0	131,1	Nitra
3	Neuruppin	Potsdam	1984	22,1	30,55	7,2	130,65	Brno
4	Angermünde	Frankfurt (Oder)	1973	19,9	30,4	8,4	129,90	Č. Budejovice
5	Schlowe	Schwerin	1954	25,3	28,4	8,1	129,80	Novi Sad
6	Gillersdorf	Suhl	1962	23,8	29,1	7,4	129,75	Budapest
7	Flatow	Potsdam	1958	22,0	29,2	8,3	129,65	Budapest
8	Neuholland	Potsdam	1961	24,2	28,5	7,7	128,65	Budapest
9	Göhren	Neubrandenburg	1956	18,8	29,6	8,6	128,40	Novi Sad
10	Neubrandenburg	Neubrandenburg	1982	25,45	28,55	7,0	128,10	Brno
11	Fürstenwalde	Frankfurt (Oder)	1970	22,0	29,1	7,8	128,0	Budapest
12	Herzberg	Cottbus	1980	23,35	28,55	7,5	127,50	Plovdiv
13	Klein Wulkow	Magdeburg	1957	19,6	29,9	7,5	127,45	Budapest
14	Teterow	Neubrandenburg	1973	24,5	28,2	7,55	127,20	Plovdiv
15	Guben	Cottbus	1973	22,05	28,35	7,75	126,60	Plovdiv
16	Diehsa	Dresden	1956	23,4	27,8	7,8	126,50	Novi Sad
17	Rathenow	Potsdam	1979	23,05	28,1	7,55	126,45	Nitra
18	Beeskow	Frankfurt (Oder)	1978	23,45	28,15	7,45	126,30	Nitra
19	Ueckermünde	Neubrandenburg	1976	26,6	27,6	7,2	126,20	Č. Budejovice
20	Templin	Neubrandenburg	1981	20,65	29,15	7,0	126,00	Brno
21	Bruchmühle	Frankfurt (Oder)	1958	24,2	27,5	7,9	125,95	Novi Sad
22	Guben	Cottbus	1972	19,8	29,1	7,9	125,90	Plovdiv
23	Boek	Neubrandenburg	1957	24,4	27,95	7,55	125,80	Budapest
24	Freiberg	Karl-Marx-Stadt	1984	19,70	29,0	7,95	125,60	Brno
25	Rosslau	Magdeburg	1976	22,6	28,0	7,5	125,30	Nitra
26	Templin	Neubrandenburg	1979	22,9	28,6	6,8	125,30	Nitra
27	Neuruppin	Potsdam	1983	24,35	27,95	7,25	125,20	Brno
28	Dippmannsdorf	Potsdam	1962	22,2	28,25	7,3	125,10	Novi Sad
29	Gransee	Potsdam	1968	22,6	27,9	7,65	125,10	Brno
30	Gardelegen	Magdeburg	1982	23,15	28,0	6,9	124,95	Brno
31	Ueckermünde	Neubrandenburg	1973	21,9	28,7	7,7	124,80	Č. Budejovice
32	Strausberg	Frankfurt (Oder)	1978	18,75	29,15	7,8	124,80	Nitra
33	Brandenburg	Potsdam	1979	22,2	28,4	7,4	124,70	Plovdiv
34	Joachimsthal	Frankfurt (Oder)	1959	19,25	28,5	8,35	124,45	Budapest
35	Hagenow	Schwerin	1979	21,25	27,9	8,0	124,45	Plovdiv
36	Belzig	Potsdam	1979	24,35	27,15	7,8	124,40	Plovdiv
37	Gransee	Potsdam	1983	23,5	28,0	7,2	124,40	Brno
38	Dreetz	Potsdam	1970	21,75	28,4	7,2	124,35	Budapest
39	Görzke	Potsdam	1956	23,05	28,15	7,4	124,30	Budapest
40	Hagenow	Schwerin	1979	22,0	27,85	7,6	124,25	Plovdiv
41	Petershagen	Frankfurt (Oder)	1975	22,2	27,8	7,7	124,10	Č. Budejovice
42	Gera	Gera	1977	20,65	28,1	7,55	124,05	Nitra
43	Buddenhagen	Rostock	1956	22,2	28,3	7,9	123,90	Novi Sad
44	Angermünde	Frankfurt (Oder)	1976	21,0	27,5	8,2	123,90	Nitra
45	Calau	Cottbus	1958	22,4	27,25	7,95	123,80	Budapest
46	Templin	Neubrandenburg	1982	26,2	26,65	7,0	123,65	Brno
47	Forst	Cottbus	1953	23,7	27,55	7,4	123,65	Brno
48	Prenzlau	Neubrandenburg	1983	23,3	27,6	7,5	123,6	Brno
49	Bornsdorf	Cottbus	1975	22,95	27,8	7,8	123,50	Č. Budejovice
50	Ferch	Potsdam	1959	20,8	27,75	7,95	123,45	Novi Sad

Tabelle 13/2 *(Fortsetzung)*

Lfd. Nr.	Herkunft	Bezirk	Erlegungsjahr	Gewehrlänge cm	Gewehrbreite mm	Haderumfang cm	Internationale Punkte	Ausstellung
51	Lübben	Cottbus	1978	21,65	28,0	7,3	123,25	Nitra
52	Strausberg	Frankfurt (Oder)	1978	22,15	27,15	7,8	123,20	Plovdiv
53	Güstrow	Schwerin	1979	19,75	28,8	6,75	123,15	Plovdiv
54	Pritzwalk	Potsdam	1978	22,35	27,25	7,75	123,10	Nitra
55	Klötze	Magdeburg	1980	21,95	28,05	7,25	123,10	Brno
56	Neubrandenburg	Neubrandenburg	1981	24,10	26,95	7,55	123,05	Brno
57	Wennickendorf	Potsdam	1961	18,6	29,0	8,35	122,90	Budapest
58	Pritzwalk	Potsdam	1971	23,8	27,2	7,25	122,90	Plovdiv
59	Parchim	Schwerin	1980	22,6	27,5	7,1	122,80	Plovdiv
60	Templin	Neubrandenburg	1982	24,05	26,95	7,2	122,80	Brno
61	Wolgast	Rostock	1978	21,8	27,05	7,75	122,75	Plovdiv
62	Kamenz	Dresden	1972	22,0	27,25	7,7	122,65	Plovdiv
63	Templin	Neubrandenburg	1981	21,85	28,60	6,5	122,65	Brno
64	Exin	Potsdam	1968	21,7	27,85	7,3	122,55	Budapest
65	Templin	Neubrandenburg	1977	22,1	27,55	7,4	122,55	Nitra
66	Jemmeritz	Magdeburg	1919	—	—	—	122,50	Berlin
67	Treplin	Frankfurt (Oder)	1973	20,85	27,6	8,0	122,50	Č. Budejovice
68	Guben	Cottbus	1979	22,0	27,4	7,65	122,50	Plovdiv
69	Luckau	Cottbus	1951	25,6	25,96	7,5	122,45	Novi Sad
70	Lübz	Schwerin	1978	22,65	27,3	7,2	122,45	Nitra
71	Templin	Neubrandenburg	1954	22,85	27,50	7,3	122,45	Brno
72	Burg	Magdeburg	1981	23,95	26,95	7,55	122,40	Brno
73	Krumbeck	Neubrandenburg	1953	22,7	27,65	7,1	122,35	Novi Sad
74	Hohenseeden	Magdeburg	1961	24,0	26,85	6,9	122,35	Budapest
75	Zschopau	Karl-Marx-Stadt	1979	22,1	26,75	7,75	122,35	Plovdiv
76	Perleberg	Schwerin	1980	20,65	27,85	7,3	122,30	Brno
77	Freienwalde	Frankfurt (Oder)	1977	23,55	26,8	7,6	122,15	Nitra
78	Heiligenstadt	Erfurt	1983	18,40	28,55	7,25	122,05	Brno
79	Zerbst	Magdeburg	1981	22,9	27,15	7,6	122,05	Brno
80	Buchholz	Frankfurt (Oder)	1973	21,65	27,8	7,7	122,00	Č. Budejovice
81	Prötzel	Frankfurt (Oder)	1920	20,6	28,75	8,25	122,00	Berlin
82	Spremberg	Cottbus	1968	21,9	27,65	7,65	121,9	Budapest
83	Kyritz	Potsdam	1964	21,55	27,7	7,6	121,85	Budapest
84	Kyritz	Potsdam	1979	21,45	27,55	7,35	121,80	Nitra
85	Haldensleben	Magdeburg	1981	21,25	27,95	6,85	121,80	Brno
86	Ahrensberg	Neubrandenburg	1958	24,5	26,2	7,05	121,75	Novi Sad
87	Havelberg	Magdeburg	1982	20,4	28,25	6,8	121,75	Brno
88	Cottbus	Cottbus	1964	23,45	26,95	7,45	121,70	Budapest
89	Parchim	Schwerin	1979	22,05	26,95	7,4	121,70	Plovdiv
90	Templin	Neubrandenburg	1978	21,7	27,05	7,65	121,65	Nitra
91	Zerbst	Magdeburg	1976	21,85	27,0	7,65	121,65	Nitra
92	Gransee	Potsdam	1979	21,8	27,95	6,75	121,65	Brno
93	Tornitz	Cottbus	1965	21,0	28,15	6,95	121,60	Budapest
94	Freienwalde	Frankfurt (O.)	1980	21,55	27,8	7,05	121,55	Brno
95	Neubrandenburg	Neubrandenburg	1982	24,15	26,6	7,3	121,55	Brno
96	Nauen	Potsdam	1982	20,25	27,95	7,2	121,50	Brno
97	Grimmen	Rostock	1981	25,15	27,0	6,4	121,45	Brno
98	Siethen	Potsdam	1957	22,35	27,15	7,65	121,30	Budapest
99	Nassau	Karl-Marx-Stadt	1972	20,85	28,15	7,2	121,30	Č. Budejovice
100	Wurzen	Leipzig	1983	22,2	27,2	7,75	121,30	Brno

Tabelle 13/3 *Aufgliederung international bewerteter Goldmedaillenwaffen in Punktzahlbereiche, Angaben in Prozent der Gesamtzahl des jeweiligen Landes*

	Gesamtzahl	Punktzahlbereiche					
		120,0... 124,9	125,0... 129,9	130,0... 134,9	135,0... 139,9	140,0... 149,9	ab 150,0
Sowjetunion	242	49	30	13	5	2	0,4
Rumänien	373	57	27,5	12	2,5	1	
Polen	310	65	24	8	1,5	1	
Bulgarien	338	70	20	7	2,5	0,3	
Jugoslawien	49	48	26	24	0	2	
ČSSR	255	65	27	6,5	1,5		
Ungarn	110	61	31	7	1		
DDR	91	75	23	1	1		
Österreich	(8)	(75)	25				
BRD	(9)	100					
Frankreich, Belgien, Holland, Luxemburg	(10)	(90)	10				
Spanien	4	(89)	0	11			

In Klammern gesetzte Werte: Infolge zu geringer Stückzahlen mußten auch Keilerwaffen unterhalb der Goldmedaillengrenze einbezogen werden.

fen. In der Zwischenzeit wurden die Meßdaten von fast 1800 international bewerteten Goldmedaillenwaffen veröffentlicht, deren Auswertung seine Feststellungen im Grundsätzlichen unterstützt (Tab. 13/3). Dabei darf davon ausgegangen werden, daß die Verteilungskurve der Trophäenstärke innerhalb der Populationen der GAUSS'schen Glockenkurve folgt, nämlich mit einem breiten Häufigkeitsmaximum und lang ausgezogenem Anstieg und Abfall (vgl. Abschnitt 13.5.2.2.). Im stärkeren Teil reichen die Trophäen mehr oder weniger weit mit abnehmender Häufigkeit in den Bereich der Medaillenklassen hinein. Von der Lage des jeweiligen Mittelwertes und der Form der Glockenkurve ist abhängig, welche Spitzenwerte mit welcher Häufigkeit erreicht werden.

Die Tabelle 13/3 zeigt die prozentuale Verteilung der Goldmedaillenwaffen in Abstufungen von jeweils 5 (ab 140 Punkte von 10) Punkten. Trophäen von mehr als 135 internationalen Punkten wurden bisher mit Regelmäßigkeit nur in Gebieten erzielt, die östlich des 16. Längengrades liegen, nämlich in der Sowjetunion (7,5 % der sowjetischen Gesamtzahl), Rumänien (3,5 %), Bulgarien (3 %), Polen (3 %), Jugoslawien (2 %), ČSSR (Slowakei) (1,5 %) und Ungarn (1 %). Westlich des 16. Längengrades wurden Trophäen dieser Stärke bisher nur ausnahmsweise erreicht, darunter in einem Falle in der DDR.

Die Abbildung 13/5 verdeutlicht graphisch die unterschiedlichen Stärkerelationen unter den Goldmedaillenwaffen verschiedener Staaten. Die Sowjetunion, Rumänien, Polen und Bulgarien zeigen einen weitgehend ähnlichen Verlauf des Streckenzuges, während die DDR ein Beispiel für den Übergang zu den weiter westlich gelegenen Populationen, dargestellt durch die BRD-Trophäen, bietet. Für den Anteil von Goldmedaillentrophäen im unteren Bereich dieser Stärkeklasse mögen auch Auswahlprinzipien für die Zusammenstellung der Länderkollektionen eine Rolle spielen. In Ländern mit reichem Vorkommen starken Wildes ist man oft geneigt, schon solche Trophäen international nicht mehr zu präsentieren, die anderen Ländern Rekorde bringen würden. Deshalb wurden in der Tabelle 13/4 die Mittelwerte der jeweils 10 stärksten Trophäen als ausgesprochene Plusvarianten zusammengestellt. Dabei mußte in

Abb. 13/5 Häufigkeitsverteilung der Punktwerte von Goldmedaillentrophäen einiger europäischer Staaten (in %)

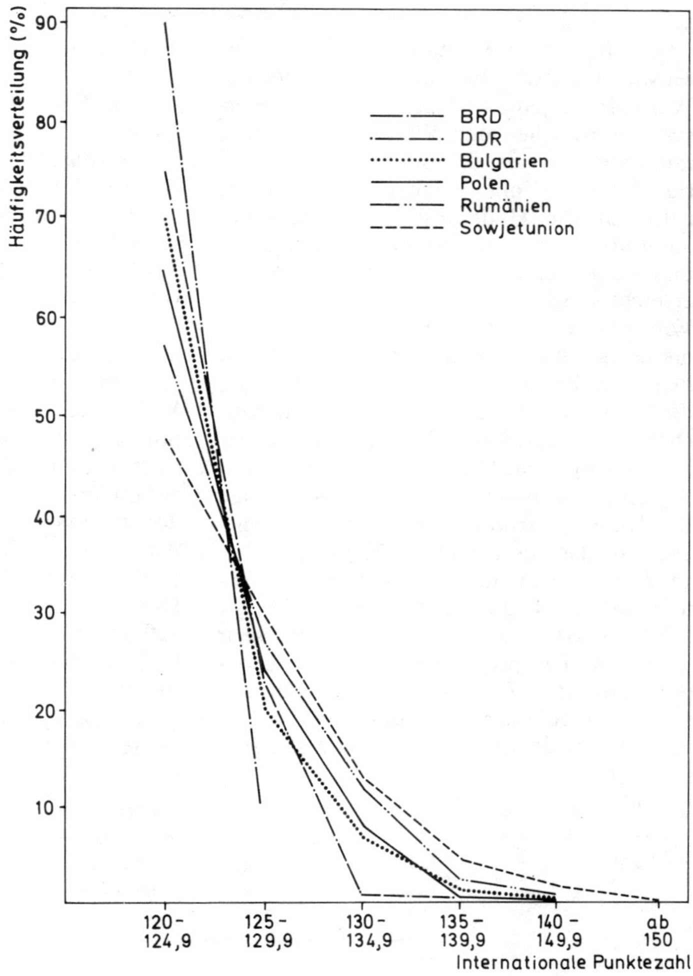

einigen Fällen mit geringeren Zahlen vorlieb genommen werden; es war auch notwendig, Waffen einzubeziehen, die knapp unter der Goldmedaille liegen. Keilerwaffen aus Frankreich, Belgien, Holland und Luxemburg wurden als Ländergruppe zusammengefaßt. Auch diese Tabelle läßt einen Stärkeabfall von Ost nach West erkennen. Die stärksten Trophäen konzentrieren sich in der Sowjetunion, Rumänien und Bulgarien. Nahe angrenzend und beeinflußt sind die Bestände Polens, der Slowakei und Ungarns, ferner Jugoslawiens. Die DDR nimmt einen Mittelplatz zu den weiteren westlich und südwestlich gelegenen Teilarealen ein.

Auch hier sei einschränkend auf den Umfang des zur Verfügung stehenden Materials hingewiesen. So wurden bisher in Frankreich offiziell 10 Goldmedaillenkeiler registriert, darunter die drei Spitzenkeiler mit 134,40, 130,05 und 130,05 Punkten (Hettier de Boislambert, 1983). Dennoch wird die Tendenz der getroffenen Feststellungen dadurch kaum beeinträchtigt. Bei der Betrachtung der Meßwerte fallen die besonders hohen Gewehrbreiten in der Sowjetunion und in Rumänien auf, die in den Einzelwerten 30 mm häufig weit übersteigen. Die Werte aus der Sowjetunion sind gegenüber allen anderen Staaten statistisch hoch gesichert. Besonders hohe Gewehrlängen – um 25 cm – wurden in der Sowjetunion, Bulgarien, Rumänien und auch der Slowakei erzielt. Die hohe Streubreite der Werte führt jedoch dazu, daß die Unterschiede zwischen den Waffen aus Staaten mit statistisch ausreichend belegtem Material in keinem Falle gesichert sind. Gleiches trifft für die Hadererumfänge zu, wenn auch hier in der Sowjetunion, in Bulgarien und Rumänien deutlich höhere Mittelwerte erreicht wurden.

Vor allem die Gewehrbreiten bewirken gemeinsam mit den geringeren Differenzen in den Gewehrlängen und Hadererumfängen die zum großen Teil statistisch hoch gesicherten Unterschiede der Mittelwerte der Spitzentrophäen. Die Keilerwaffen aus der Sowjetunion, unter denen sich auch einige der Unterart *ussuricus* befinden, sind gesichert stärker als die aller übrigen Länder. Ihnen folgen dichtauf die Waffen aus Rumänien und Bulgarien, die einander in der Stärke entsprechen und auch nicht sehr weit von den polnischen Keilern abweichen. Ähnliche Werte sind auch wieder zwischen Ungarn, der DDR und Jugoslawien gegeben, wobei die ungarischen Werte sich der Slowakei annähern. Auffällig sind die hauptsächlich durch die Gewehrlänge bedingten Unterschiede zwischen der DDR und der ČSSR (Slowakei).

Diese Analyse veranlaßt allerdings auch die Schlußfolgerung, daß Vermessungen an Keilerwaffen kein zusätzliches Kriterium für die Trennung der Unterarten des Wildschweines bieten. Zwar sind die Meßwerte aus Gebieten, die von der Unterart *attila* bewohnt werden, im allgemeinen etwas höher, doch sind die Unterschiede zu *scrofa* nicht hinreichend deutlich. Besonders die aus Polen, Ungarn und Jugoslawien stammenden Waffen scheinen aus dem zu erwartenden Stärkerahmen zu fallen. Diese Aussage trifft auch für die Beurteilung der Indizes zu, die aus Gewehrlänge und -breite gebildet werden können und ein kombinierter Ausdruck für die Ausformung der Gewehre sind. Sie sind der Tabelle 13/4. angefügt. Die Mittelwerte streuen regellos zwischen 120 und 131.

Obwohl die Differenzen zwischen den Extremen (z. B. der DDR und Bulgarien) statistisch hoch gesichert sind, lassen sich doch keine regelmäßigen Beziehungen erkennen.

Tabelle 13/4 *Mittelwerte der bisher stärksten international bewerteten Trophäen verschiedener Staaten*

Herkunft		Gewehrlänge cm		Gewehrbreite mm		Hadererumfang cm		Internationale Punktzahl		Index Gewehrlänge: Breite	
	n	x̄	s	x̄	s	x̄	s	x̄	s	x̄	s
Sowjetunion	10	25,3	2,7	31,9	0,8	8,7	0,5	142,86	5,27	125,8	13,4
Bulgarien	10	25,5	2,7	30,2	1,6	8,35	0,5	137,89	2,4	119,9	17,3
Rumänien	10	24,85	2,3	30,4	1,2	8,35	0,7	137,34	2,95	121,0	15,1
Polen	10	24,2	1,8	30,2	1,1	8,2	0,4	134,98	3,74	125,7	12,0
ČSSR	10	25,0	1,1	29,5	0,9	8,0	0,4	133,48	1,61	120,0	7,3
Ungarn	10	23,5	1,9	29,5	0,6	7,9	0,6	131,79	2,13	125,4	13,5
DDR	10	22,8	2,1	29,5	1,2	7,9	0,5	130,16	3,29	131,3	14,3
Jugoslawien	10	24,0	3,3	28,7	1,5	7,9	0,3	129,96	5,24	120,1	7,32
Spanien	(4)	22,1		27,3		7,2		122,31		123,5	
BRD	(10)	22,35		27,5		7,7		121,55		123,0	
Österreich	(7)	24,0		26,4		7,3		121,19		110,0	
Frankreich, Belgien, Holland, Luxemburg	(9)	22,0		26,0		7,5		116,2		118,0	
Iran	4	25,15		27,1		7,8		125,61		107,0	

Tabelle 13/5 *Die 10 stärksten Keiler der Weltrangliste (Stand 1984)*

Erlegungsort	Land	Erlegungsjahr	Punktzahl	Bewertet in	Jahr
1. Karamusch	Bulgarien	1986	158,20	Budapest	1987
2. Lwow	Sowjetunion	1930	151,00	Berlin	1937
3. Burgas	Bulgarien	1983	150,30	Veliko Tarnovo	1984
4. Primorje	Sowjetunion	1976	149,20	Plovdiv	1981
5. Ciormusoara	Rumänien	1978	144,00	Nitra	1980
6. Moskau	Sowjetunion	1976	143,65	Plovdiv	1981
7. Primorje	Sowjetunion	1976	143,25	České Budejovice	1976
8. Ludogorie	Bulgarien	1973	143,00	České Budejovice	1976
9. Radulesti	Rumänien	1969	142,85	Bukarest	1978
10. Prokletice	Jugoslawien	1969	142,30	Turin	1970

Tieferschürfende Untersuchungen an Keilerwaffen mögen neue Erkenntnisse bringen. Bis auf weiteres wird die Meinung gestützt, daß Ausformung und Dimension der Keilerwaffen nicht direkt genetisch bedingt sind, sondern sich gleichsinnig mit differierender Körperstärke unter dem Einfluß der jeweiligen ökologischen Bedingungen entwickeln. Das schließt nicht aus, daß die vorhandenen Differenzen in der Körperstärke eine genetische Grundlage besitzen.
Welche Maximalwerte Keilerwaffen erreichen können, sei im folgenden angeführt. Die größte Gewehrlänge wurde mit 31,6 cm 38,30 mm der gegenwärtige Weltrekordkeiler aus Bulgarien. Den höchsten Hadererumfang mit 9,7 cm hatte ein Keiler aus dem Moskauer Gebiet (Plovdiv 1981).
Die Tabelle 13/5 enthält Angaben zu den derzeit 10 stärksten Keilerwaffen der Welt.

Tabelle 13/6 *Die stärkste Keilerwaffe der Welt (Stand 1987)*

Erlegungsort: Karamusch — Land: Bulgarien
Erlegungsjahr: 1986

	links	rechts
Länge der Gewehre in cm	25,6	28,6
Breite der Gewehre in mm	35,5	38,3
Hadererumfang in cm	8,4	8,5

Bewertet: Budapest (1987)
Gesamtpunktzahl: 158,20

Davon stammen 4 aus dem Territorium der Sowjetunion, 3 aus Bulgarien, je 1 aus Rumänien, Polen und Jugoslawien. Die Maße der bisher stärksten international bewerteten Keilerwaffe (Abb. 13/6) sind in der Tabelle 13/6 zu ersehen. In der Tabelle 13/7 sind die stärksten international bewerteten Keilerwaffen von 17 Staaten zusammengestellt.

13.5.2. Spitzentrophäen der DDR

In jedem Lande mit einem entwickelten Jagdwesen ist die Ermittlung der Qualität und des Leistungsvermögens der Wildarten von großem Interesse. Als Weiser dafür kommen die erzielten Wildbretmassen und Trophäenstärken in Betracht. Die mittleren Wildbretmassen sind von der Streckenzusammensetzung und der richtigen Alterseinstufung beeinflußt. Daher sind sie im allgemeinen von geringerer Aussagekraft, sofern nicht spezielle Untersuchungen angestellt werden (vgl. Abschnitt 3.1.2.). Jedoch überall dort, wo die Jäger an der Trophäe interessiert sind, und ein ausgebautes Ausstellungswesen eine einheitliche Bewertung der Trophäen zuläßt, bieten sich gute Vergleichsmaßstäbe. In einer Reihe von europäischen Staaten werden daher die Ergebnisse der Jagdausstellungen als Weiser für die Qualität der Bestände und das Erkennen regionaler Unterschiede genutzt. Das trifft auch für die DDR zu. Die seit Jahren nahezu vollständige Erfassung der Keilerwaffen von Medaillenrang, vor allem der

Tabelle 13/7 *Die stärksten international bewerteten Keilerwaffen der europäischen Staaten (Stand 1984 – heutiges Staatsgebiet)*

Erlegungsort	Heutiges Staatsgebiet	Erlegungsjahr	Punktzahl	Bewertet in	Jahr
Karamusch	Bulgarien	1986	158,20	Budapest	1987
Lwow	Sowjetunion	1930	151,00	Berlin	1937
Ciormusoara	Rumänien	1978	144,00	Nitra	1980
Prokletice	Jugoslawien	1963	142,30	Turin	1970
Kolohory	Polen	1924	142,20	Berlin	1937
Jelsava	ČSSR	1935	139,10	Berlin	1937
Havelberg	DDR	1972	139,00	Plovdiv	1981
Valko	Ungarn	1970	135,75	Budapest	1971
Palomares	Spanien	1983	136,95	–	–
NE Iran	Iran	?	133,40	Budapest	1971
Foret d'Orleans	Frankreich	1925	130,40	Düsseldorf	1954
Grabfeldgau	BRD	1981	130,30	Nürnberg	1986
Kohvidisch	Österreich	1947	126,15	Novi Sad	1967
Wallerode	Belgien	1953	120,90	Düsseldorf	1954
Tenuta di Parano	Italien	1967	112,20	Turin	1970
Soonwald	Luxemburg	?	111,10	Düsseldorf	1954
Het Loo	Holland	1930	109,00	Berlin	1937

Goldmedaillenwaffen, bildet die Grundlage für folgende Analyse. In der Tabelle 13/2 sind die 100 stärksten Goldmedaillenwaffen aus dem Territorium der DDR zusammengestellt. Geht man zunächst von den 10 stärksten Waffen aus, so bewegen sich die bisherigen Spitzenleistungen in einem Punktbereich zwischen 139 und 128,1 Punkten. Im Mittel haben sie eine Gewehrlänge von 23,0 cm, eine Breite von 29,6 mm und einen Hadererumfang von 7,8 cm (vgl. Tab. 13/4). Die bisher erreichte maximale Gewehrlänge erreicht 26,6 cm, die Gewehrbreite 31,15 mm und der Haderumfang 8,65 cm. Damit werden, im besonderen bei der Gewehrbreite, Dimensionen von beachtlichem internationalen Rang erzielt. Eine Durchsicht der Tabelle läßt auch erkennen, daß im besonderen die Gewehrlänge in vielen Fällen als die Stärke begrenzender Faktor anzusehen ist. Das regionale Aufkommen der Goldmedaillenwaffen im Raum der DDR ist sehr unterschiedlich (Tab. 13/8). Allerdings besteht eine Beziehung zwischen dem Trophäenanfall und der jeweiligen Höhe der Bestände und Strecken. Deshalb sind in der Tabelle 13/8 diese Werte gegenübergestellt. Die Tabelle zeigt, daß in den Bezirken Frankfurt (Oder) und Cottbus der höchste Goldmedaillenanteil war.

Abb. 13/6 Stärkste Keilerwaffe der Welt, 158,20 Punkte (Bulgarien 1986)

Wenn bisher auch für den Raum der DDR ein deutlicher Abfall der Trophäenstärke in Ost-West-Richtung angenommen wurde (SCHREIBER, 1981), trifft das in gewissem Maße, aber nicht uneingeschränkt, zu. Ein gehäuftes Vorkommen starker Keiler ist nicht nur im östlichen, sondern auch im mittleren Raum der DDR feststellbar und erreicht in den Bezirken Schwerin und Magdeburg auch die westlich gelegenen Teile. Die von der Strecke und vom Trophäenanfall her wichtigsten 6 Bezirke unterstreichen das Gesagte, wenn man ihre jeweils 10 stärksten Keilerwaffen einem Mittelwertsvergleich unterzieht (Tab. 13/9). Die höchsten Punktwerte wurden in den Bezirken Neubrandenburg, Potsdam und Frankfurt (Oder) erzielt. Die Unterschiede sind lediglich gegenüber Schwerin schwach gesichert. Die Unterschiede in den Mittelwerten der Einzelmaße können keinen Anspruch auf Sicherung erheben. Es ist schließlich in Betracht zu ziehen, daß, wenn auch nur vereinzelt, ausgesprochene Spitzentrophäen auch aus südlichen und südwestlichen Bezirken kommen, wie aus Suhl, Gera, Erfurt und Karl-Marx-Stadt. Deshalb ist festzustellen, daß genetisch bedingte Stärkeunterschiede im Raum der DDR kaum vorhanden sind oder doch von ökologischen Bedingungen und der jagdlichen Behandlung der Bestände überlagert werden.

Damit ist der Anfall starker Trophäen eine Funktion von

- der Höhe der Bestände und Strecken;
- deren jagdlichen Behandlung, im besonderen der Altersstruktur;
- der Biotopeignung, im besonderen der Bonität und der Höhenlage.

Wird in der Ernte starker Keilerwaffen ein Bewirtschaftungsziel gesehen, interessiert der Erwartungswert derselben in Abhängigkeit von der Schwarzwildstrecke. Aus der Tabelle 13/10 ist ersichtlich, daß seit Einführung der Schwarzwildbewirtschaftung in der DDR (ab 1970) für einen Goldmedaillenkeiler eine Strecke von etwa 10000 Sauen erforderlich ist. Werden die in der DDR bewerteten Silber- und Bronzemedaillenwaffen einbezogen (SCHREIBER, 1981), ergibt sich ein notwendiger Abschuß von weniger als 1000 Sauen je Medaillenwaffe. Wenn man allerdings in Betracht zieht, daß gegenwärtig noch ein sehr hoher Teil der erlegten Keiler nicht das zur Trophäenreife notwendige Mindestalter erreicht, wird deutlich, daß diese Relationen noch wesentlich verbessert werden können.

13.5.3. Zielstellungen im Bewirtschaftungsgebiet

Bisher standen in diesem Kapitel Medaillentrophäen im Mittelpunkt, genau genommen die Spitzentrophäen im Goldmedaillenbereich. Unter dem Eindruck von Trophäenschauen sind viele Jäger allzu geneigt, nur dann eine Keilerwaffe als Trophäe anzuerkennen, wenn sie mindestens eine Bronzemedaille erzielt. Ohne den Wert der Medaille – in ideeller und jagdwirtschaftlicher Hinsicht – mindern zu wollen, darf man doch nicht übersehen, daß Trophäen dieser Stärke beim Schwarzwild im mittel- und westeuropäischen Raum einen Seltenheitsrang haben. Sie stellen die positive Spitzengruppe einer Normalverteilung dar, die in ihrem Häufigkeitsgipfel die Medaillengrenze nicht erreicht. Allerdings bestimmt die mittlere Lage der Stärkekriterien für die Trophäenbewertung nicht nur die örtliche Durchschnittsqualität, sondern auch die zu erwartende Häufigkeit von Plusvarianten. Für eine reale Einschätzung der in einer Population liegenden Potenzen ist daher deren Kenntnis erforderlich. Sie führt dazu, daß auch der „Normalkeiler" richtig gewürdigt und nicht subjektiv abgewertet wird. Die Grundlage dafür bieten Gebietsanalysen aus den vollständigen Jahresstrecken reifer Keiler.

Als Beispiel soll die Analyse der Keilerwaffen für das Bewirtschaftungsgebiet Eberswalde herangezogen werden. Die Grundlage dafür bildeten 100 Waffen reifer Keiler aus dem Zeitraum 1970 bis 1977. Die Abbildung 13/8 läßt erkennen, daß die Stichprobe den Forderungen für eine Normalverteilung annähernd entspricht (Chi^2-Test zur Normalitätsprüfung positiv). Die Tabelle 13/11 gibt die ermittelten Parameter wieder. Etwa zwei Drittel aller reifen Keiler erreichten Punktwerte zwischen 95 und 108 Punkten. Durch Standardisierungstransformationen läßt sich die Wahrscheinlichkeit abschätzen, mit der Medaillentrophäen erwartet werden können. Etwa 9,5 % der Trophäen können Punktwerte von 110 Punkten und mehr erreichen (die konkrete Stichprobe enthält einen Anteil von 13 %). Eine Goldmedaille ist nur in 0,26 % aller Fälle

Tabelle 13/8 *Regionales Aufkommen an Goldmedaillen-Keilerwaffen in der DDR (Stand 1981)*

Bezirk	Goldmedaillen insgesamt	Goldmedaillen 1975 bis 1979	Schwarzwildstrecke in Stück je Goldmedaille 1975 bis 1979
Rostock	2	1	37600
Schwerin	9	5	12800
Neubrandenburg	18	5	15200
Frankfurt (Oder)	14	6	5900
Potsdam	19	7	10800
Magdeburg	8	3	16500
Cottbus	14	3	8200
Dresden	2	0	14400
Halle	0	0	30300
Leipzig	0	0	11100
Karl-Marx-Stadt	2	1	9200
Gera	1	1	16400
Erfurt	1	0	18400
Suhl	1	0	14100
DDR	91	32	15900

Tabelle 13/9 *Mittelwerte der jeweils 10 stärksten Keiler einiger Bezirke der DDR*

Bezirk	Gewehrlänge cm		Gewehrbreite mm		Hadererumfang cm		Internationale Punktzahl	
	x̄	s	x̄	s	x̄	s	x̄	s
Neubrandenburg	23,28	2,11	28,16	1,01	7,40	0,51	125,58	2,55
Potsdam	22,22	1,67	28,28	0,58	7,70	0,40	125,40	2,20
Frankfurt (Oder)	21,38	1,76	28,29	1,01	7,94	0,29	125,30	2,28
Magdeburg	22,11	1,70	28,09	1,79	7,34	0,32	124,12	5,71
Cottbus	22,52	1,50	27,50	0,85	7,65	0,21	123,89	2,08
Schwerin	22,11	1,54	27,64	0,68	7,38	0,43	123,04	2,78

möglich, sie ist in der Stichprobe nicht enthalten. Die Liste der Goldmedaillentrophäen der DDR (s. Tab. 13/2) enthält jedoch 2 Waffen aus dem Kreis Eberswalde (Platz Nr. 27 und 79) und weist die reale Möglichkeit nach, dieses Ziel zu erreichen. Mit anderen Worten kann gesagt werden, daß eine Schwarzwildstrecke im Bewirtschaftungsgebiet Eberswalde von 1000 Sauen bei einem Ernteanteil von 5 % reifen Keilern 4 bis 5 Medaillentrophäen, weit überwiegend Bronzemedaillen, erwarten läßt. Goldmedaillen bedürfen einer Strecke von etwa 8000 Sauen bzw. 400 reifen Keilern. Medaillenchancen erhalten Waffen mit den Mindestwerten von etwa 20 cm Gewehrlänge, 25 mm Gewehrbreite und 7 cm Hadererumfang bzw. bei Kompensation eines niedrigeren Wertes. Es wurde weiter festgestellt, daß kein Keiler Aussicht auf eine Medaille hat, dessen Gewehrbreite noch weit über der Formzahl 1 liegt. Für die Jäger des Bewirtschaftungsgebietes ergeben sich aus dieser Analyse folgende wichtige Schlußfolgerungen:

– Die Population hat eine hohe Qualität, die gegenwärtig den Bezirks- und Landesdurchschnitt übersteigt.
– Vom normal entwickelten reifen Keiler der Population sind 95 bis 105 Punkte zu erwarten. Keilerwaffen dieser Stärke stellen die normale Ernte dar.

Tabelle 13/10 *Beziehungen zwischen der Schwarzwildstrecke und der Ernte von Keilerwaffen mit Goldmedaillen*

Erlegungsjahre	bis 1945	1950 – 1954	1955 – 1959	1960 – 1964	1965 – 1969	1970 – 1974	1975 – 1979	1980 – 1984
Anzahl Goldmedaillen	2	5	19	9	5	16	32	55
Schwarzwildstrecke			89000	118000	168000	234000	510000	555000
Strecke je Goldmedaille			4700	13100	33600	14600	15900	10000

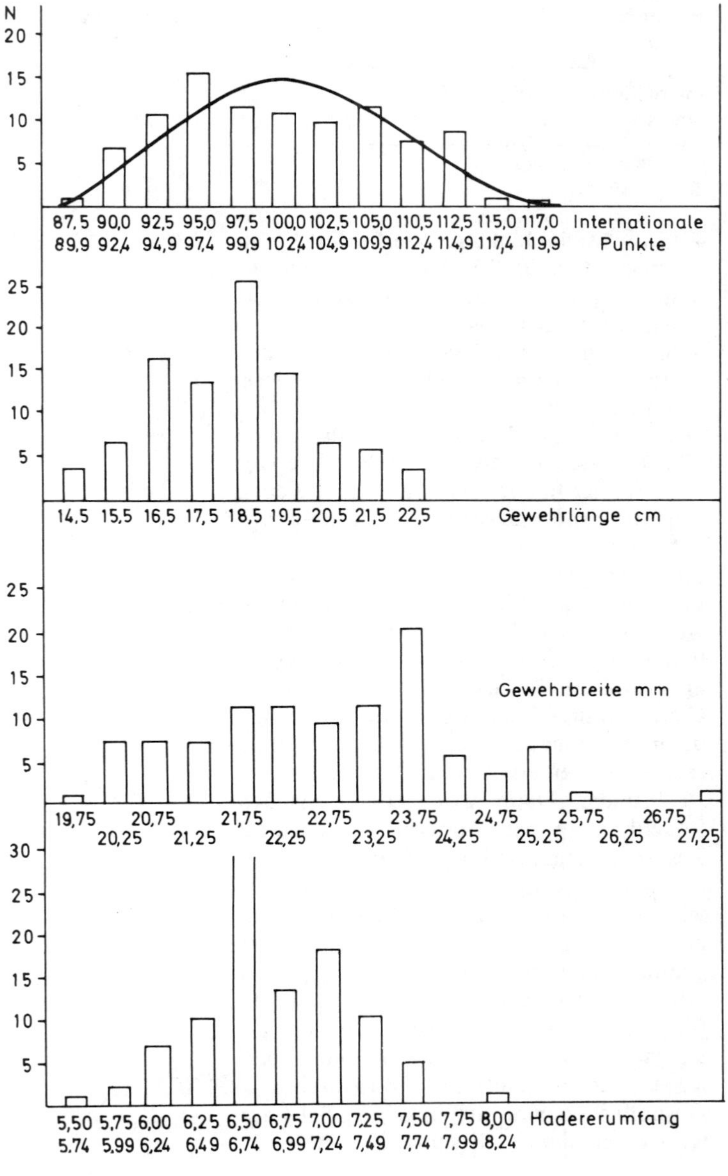

Abb. 13/8 Variationsbreite der Trophäenstärke von Keilerwaffen im Kreis Eberswalde Meßergebnisse von 100 reifen Keilern

Tabelle 13/11 *Parameter der Waffen reifer Keiler in der Schwarzwildpopulation Eberswalde*

	Mittelwert	Standardabweichung	Extremwerte
Gewehrlänge in cm	18,28	1,92	14,00...22,40
Gewehrbreite in mm	22,75	1,53	20,00...27,40
Hadererumfang in cm	6,78	0,71	5,60...8,10
Internationale Punktzahl	101,30	6,65	89,40...117,50

– Ein Medaillenkeiler erfordert eine Strecke von 200 bis 250 Sauen, gute Bestandsstruktur und Streckenzusammensetzung vorausgesetzt.
– Jeder zu jung erlegte Keiler erfordert einen zusätzlichen Abschuß in dieser Höhe.
– Von der Qualität des Wahlabschusses (Höhe der Frischlingsstrecke, Schonen führender Bachen und mittelalter Keiler) ist die Ernte starker Keiler, darunter von Medaillenkeilern, direkt abhängig.

Sind diese Erkenntnisse Allgemeingut aller im Gebiet Jagenden, hat die Trophäenbewertung vom Rekordstreben zu einem höheren Ziel geführt; zur Wertschätzung der anvertrauten Population in ihrer natürlichen Mannigfaltigkeit und zum Bestreben, die in ihr ruhenden Potenzen durch weidgerechte Jagd zu erhalten und zur Entfaltung zu bringen. Dann wird jeder gestreckte Frischling doppelt wertvoll als Werk der Bestandspflege, erfüllt jedes Schonen eines mittelalten Keilers mit Genugtuung und wird jeder reife Keiler, unabhängig von seiner Trophäenstärke, gern als verdientes Ergebnis gemeinsamer Arbeit geerntet. Gleichzeitig wird auch der Grundstein dafür gelegt, den Wunsch jedes Schwarzwildjägers, einmal einen wirklich kapitalen Keiler zu strecken, häufiger erfüllt zu sehen.

Deshalb sollte man sich in keinem Schwarzwildgebiet darauf beschränken, nur die stärksten erbeuteten Keilerwaffen zu bewerten und zu achten. Die Gebietstrophäenschau geht an ihrer Aufgabe vorbei, wenn sie nicht die gesamte Population in den Mittelpunkt stellt und Wege zu einer immer besseren Bewirtschaftung aufzeigt. Sie darf sich demzufolge auch nicht durch ausschließliche Konzentration auf die Trophäe von den wichtigsten Voraussetzungen für ihre Erlangung – der Einhaltung der tragbaren Wilddichte, einer guten Streckenzusammensetzung und den erforderlichen Maßnahmen zur Feldschadenverminderung – lösen.

14. Feldschadenverhütung, Fütterung und Biotopverbesserung

14.1. Feldschadengefährdung

Bei der Bewirtschaftung von Schwarzwildbeständen ist in den meisten Gebieten mit Feldschäden zu rechnen, so daß vorbeugende Maßnahmen erforderlich sind. Wie in der DDR durchgeführte Mageninhaltsanalysen zeigten, stellt die Kartoffel im Jahresdurchschnitt etwa 20 % der Schwarzwildnahrung (vgl. Abschnitt 5.3.1.2.). Allerdings handelt es sich nicht bei der Gesamtmenge um wirtschaftlich bedeutende Produkte, denn auch außerhalb der normalen Kartoffelanbauperiode (Mitte April bis Anfang Oktober) bildet die Kartoffel eine wesentliche Nahrungskomponente. Diese Kartoffeln gewinnt das Schwarzwild durch „Nachlese" auf den abgeernteten Anbauflächen. Ihre Aufnahme ist wirtschaftlich unbedeutend und wäre sogar begrüßenswert, wenn nicht häufig beträchtliche Schäden an den Nachfolgekulturen durch das Brechen entstehen würden. Dieser Anteil wird im Verlaufe der zunehmend besseren Beerntung der Felder zurückgehen. Der Schaden auf Kartoffelanbauflächen kann bei erhöhtem Erdraupenbefall beträchtlich ansteigen. Die Sauen sind dann zwar auf der Suche nach diesem sehr beliebten Fraß, stören jedoch die Entwicklung der Kartoffelpflanzen (Abb. 14/1).

Die Kartoffelanbauflächen werden besonders innerhalb zweier Zeitperioden geschädigt. Die erste Schädigung erfolgt ab April bis in den Juli (je nach der Reifegruppe), nämlich vom Zeitpunkt des Setzens bis zum Knollenansatz. Der entstehende Schaden während dieser Zeit ist durch den oft reihenweisen Ausfall der Mutterknollen ganz besonders groß. Auch nicht aufgenommene, sondern nur angestoßene Pflanzkartoffeln werden in ihrer Entwicklung gehemmt. Die von ihnen gebildeten Stauden bringen keinen oder nur geringen Ertrag.

Abb. 14/1 Schwarzwildschaden auf Kartoffelflächen (Foto: Lemke)

Sehr schadgefährdet ist weiter die Periode der Reife bis zur Ernte. Während dieser Zeit entstehen die besonders auffälligen flächigen Schäden auf den Schlägen. Mit dem Abernten der Getreidefelder steigen sie sprunghaft an. Darüber hinaus nimmt das Schwarzwild wesentlich stärker als etwa Rot- und Damwild auch unausgereifte Knollen auf. Somit erstreckt sich die Schadgefährdung der Kartoffelanbauflächen vom Zeitpunkt des Steckens bis zur Ernte, wobei das Ausmaß in den Wochen nach dem Stekken und vor der Rodung besonders hoch ist. Die Getreidearten und die Hülsenfrüchte haben in der Schwarzwildernährung von der Menge her etwa die gleiche Bedeutung wie die Kartoffeln. Da sie jedoch in der Zeit von November bis April völlig ausfallen, weil sie nicht mehr auf dem Felde zu finden sind, konzentriert sich die Aufnahme der gesamten Menge auf die Vegetationsperiode; hauptsächlich auf die Monate Juli und August. In dieser Zeit können sie über 80 % der gesamten Nahrung stellen. Besonders beliebt ist der Hafer (Abb. 14/2), des weiteren der Roggen. Der Hafer wird empfindlicher geschädigt, da er eine geringe Anbaufläche hat und sich der Schaden in den Roggenschlägen mehr verteilt. Hülsenfrüchte haben an der Gesamtnahrung einen verhältnismäßig geringen Anteil, was aber auf ihrer vergleichsweise kleinen Anbaufläche beruht. Wo sie vorhanden sind, frequentiert sie das Schwarzwild mit Vorliebe. Besondere Bedeutung hat auch der Mais (Abb. 14/3), der besonders nach der Ernte der übrigen Getreidearten interessant wird. Aber auch der frisch eingedrillte Mais kann empfindlich geschädigt werden, da das Schwarzwild in der Lage ist, die Körner zu finden und reihenweise aufzunehmen. Rüben sind im allgemeinen nicht beliebt, allerdings gibt es örtlich auch andere Feststellungen. Die Bedeutung der Feldfrüchte über das genannte Maß steigt in solchen Jahren, in denen die Eiche und die Buche keine Mast bringen. Sind diese Baumarten überhaupt nicht nennenswert vertreten, liegt der Anteil der Feldfrüchte an der Schwarzwildnahrung immer höher.

In der zeitlichen Reihenfolge dargestellt, beginnt somit der Schwarzwildschaden im Frühjahr auf den Kartoffelflächen und beim eingedrillten Mais. Im Sommer geht der Kartoffelschaden etwas zurück, dafür werden die Getreidearten, hauptsächlich Hafer und Roggen, des weiteren auch die Hülsenfrüchte, aufgesucht. Die Gefährdung dieser Kulturen hält bis zur Ernte an. Dann rückt wieder die Kartoffel in den Vordergrund und von der Zeit des Kolbenan-

Abb. 14/2 Fraß-, Tritt- und Lagerschäden in Hafer (Foto: LEMKE)

Abb. 14/3 Nach dem Legen von Mais bis zum Auflaufen besteht eine besonders große Schadgefährdung (Foto: BRUCHHOLZ)

Abb. 14/4 Wiesen werden vor allem im Winter und Frühjahr auf der Suche nach Insekten und Wurzeln umgebrochen (Foto: FREYMANN)

satzes bis zu seiner Ernte der Mais. Unberücksichtigt blieb bisher der Schaden auf den Grünflächen durch das bei der Suche nach unterirdischer pflanzlicher und tierischer Nahrung erfolgte Brechen. Hier suchen die Sauen vor allem nach den Wurzeln von Kompositen (vor allem Bärenklau und Löwenzahn), nach Mäusen, Erdraupen und zu ... zigtausenden aufgenommenen Haarwürmern. Obwohl sie dabei eigentlich einen Nutzen stiften, schaden sie durch das Aufwerfen der Grasnarbe und beeinträchtigen die Befahrbarkeit und den Schnitt. Besonders intensiv werden Grünflächen im Frühjahr aufgesucht, aber auch im Winter und im Sommer (Abb. 14/4).

Schwarzwildschäden treten besonders auch dann auf, wenn infolge milder Winter und reicher Baummast ein sehr hoher Zuwachs erfolgte, dem nicht durch einen ebenso hohen Frischlings- und Überläuferabschuß begegnet wurde. Aber auch eine mangelhafte Kooperation mit den Betrieben der Landwirtschaft und unzureichende schadverhütende Vorkehrungen sind von nicht geringerer Bedeutung. Zu ähnlichen Ergebnissen über die jahreszeitliche Verteilung des Schwarzwildschadens und seine Beziehungen zur Wilddichte und zur Baummast kam MACKIN (1970) bei Untersuchungen im Bereich von 19 polnischen Forstämtern.

Die Häufigkeit, mit der das Schwarzwild einen bestimmten Feldteil frequentiert, hängt von der Wilddichte ab. BRÜTT (1957) machte wahrscheinlich, daß die gleiche Rotte etwa alle 3 Tage wieder erscheint. Das stimmt mit den bisherigen Kenntnissen über die zeitliche Nutzung des Belaufes überein (vgl. Abschnitt 8.5.1.). Natürlich haben darauf sowohl die Beunruhigung der Fläche als auch die Attraktivität der Feldkultur einen entscheidenden Einfluß.

Ist die Beunruhigung im Wald groß, nicht nur durch die Jäger, sondern auch durch Touristen oder Pilzsucher, und bietet der Feldschlag ausreichende Deckung, bleibt das Schwarzwild auch tagsüber im Felde. In diesem Falle erhöht sich der Schaden durch Kesselbau, Wechseln, Spiel der Frischlinge und andere Aktivitäten über das sonst übliche Maß hinaus. Es ist ohnehin einzuschätzen, daß der durch Niederbrechen und Auswühlen entstehende Schadanteil in der Regel den der eigentlichen Nahrungsaufnahme überschreitet. Die Feldschadengefährdung, und damit die Höhe entstehender Schäden, ist in wesentlichem Umfange durch Bewirtschaftungsmaßnahmen beeinflußbar. Seitdem in der DDR die Bewirtschaftung des Schwarzwildes durch gesetzliche Bestimmungen geregelt ist und sich in der Praxis durchsetzt, konnten – selbst unter der Bedingung steigender Bestände und Strecken – die vergüteten Feldschäden in einer Höhe gehalten werden, die 10 bis 15 % der Erlöse aus der Schwarz- und Rotwildstrecke entsprechen (vgl. auch Abschnitt 9.1.2.). Im Bewirtschaftungsgebiet Eberswalde wurden im Jahre 1971 noch 100,– M Wildschadenvergütung für jedes erlegte Stück Schwarz- und Rotwild gezahlt. Der Betrag wurde im Zeitraum 1972 bis 1974 auf 40,– bis 50,– M, 1975 bis 1979

auf 0,50 bis 12,– M im Durchschnitt auf 2,– M gesenkt.
Natürlich muß man bei der Betrachtung und Wertung dieser Zahlen einige Voraussetzungen berücksichtigen. So wird in der DDR nur ein Teil der Feldschäden nach der Wildschadenverordnung vergütet, einen weiteren Teil trägt über die Erzeugerpreise von landwirtschaftlichen Produkten die gesamte Gesellschaft im Interesse der Erhaltung des Wildes. Über die Höhe dieses Anteils liegen keine Ermittlungen vor, doch kann eingeschätzt werden, daß er in der Höhe mindestens dem vergüteten Anteil entspricht. In der BRD, in der die gesamte Schadhöhe vergütet werden muß, beläuft sich die Wildschadensumme auf 25 % der Erlöse aus der Schwarzwildstrecke. Schließlich muß gesehen werden, daß durch die Wildschadenvergütung der Ertragsausfall an hochwertigen Nahrungsmitteln nicht ausgeglichen werden kann. Er würde ausreichen, eine weitaus höhere Schlachtausbeute an Hausschweinen zu erzielen, als der Wildbretertrag durch Schwarzwild umfaßt. Weiterhin ist das – allerdings bisher erfreuliche – Sinken der vergüteten Schäden bei steigenden Beständen keinesfalls als dauerhafte Tendenz anzusehen. Werden bestimmte Grenzen überschritten, wird man auch bei bester Bewirtschaftung nicht mehr in der Lage sein, die Feldschäden in tragbaren Grenzen zu halten. Deshalb ist die Einhaltung der bonitierten Wilddichte die erste und wichtigste Voraussetzung für eine geringe Feldschadengefährdung.
Durch ihre Jagdausübung nehmen die Jäger direkten Einfluß auf die Höhe der Feldschäden. Es wurde bereits begründet, daß ein ausreichend hoher Frischlingsabschuß die erste Prämisse für eine optimale Bestandsstruktur und damit auch für geringe Feldschäden darstellt. Auch die Art der Jagdausübung selbst hat einen wesentlichen Einfluß. Es wurde auf organisierten Ansitz in den bekannten Feldschadenschwerpunkten, auf den erforderlichen starken Jagddruck an der Feldkante und auf den Bau transportabler jagdlicher Anlagen für die Feldflur hingewiesen. Nur im Komplex mit diesen jagdlichen Maßnahmen werden die nachfolgend beschriebenen Wege ihre volle Wirksamkeit entfalten.

14.2. Zusammenarbeit mit der Landwirtschaft

Die Wildschadensfrage ist das Nadelöhr der Schalenwildbewirtschaftung. Die Form ihrer Regelung entscheidet letzten Endes darüber, inwieweit die Erhaltung und Bewirtschaftung des Wildes realisierbar oder eine bloße Willenserklärung ist. Das Vorkommen des Schwarzwildes beeinflußt unausbleiblich die Produktivität der Landwirtschaft, denn Feldschäden durch Schwarzwild sind nie völlig vermeidbar. Streben nun die Jäger möglichst hohe Wildbestände an, ohne sich um die Schadminderung zu mühen, und sehen die Landwirte im Wildschwein nur den Schädling ihrer Produktion, ohne die landeskulturelle Aufgabe der Erhaltung des Wildes zu berücksichtigen, kommt es zur unvermeidlichen Konfrontation.
Es ist eine Aufgabe des Staates, durch entsprechende Bestimmungen die Interessen beider Zweige im gesellschaftlichen Gesamtinteresse aufeinander abzustimmen. Jäger und Landwirte müssen für beide Teile gangbare Wege finden. Die Erfahrungen der Vergangenheit lehren, daß auch Schwarzwildbestände, die sich unterhalb der eigentlich möglichen Höhe befinden, beachtliche Schäden verursachen, wenn die Jäger allein sich um die Feldschadenverhütung bemühen müssen, die Landwirte aber das Wild nicht als Standortfaktor bei ihren Maßnahmen berücksichtigen und vielleicht sogar den Schaden als eine zusätzliche Einnahmequelle einkalkulieren.
Sind Jagdrecht und Landbesitz getrennt, ist eine befriedigende Lösung nicht zum mindesten von guten persönlichen Kontakten zwischen den Konfliktparteien abhängig. Allzu häufig aber entscheidet der Geldbeutel zuungunsten des Jägers und damit zum Nachteil des Schwarzwildes. Die gesetzlichen Regelungen in der DDR zur Wildschadensfrage gehen davon aus, daß neben den Jägern auch die Betriebe der Land- und Forstwirtschaft für die Erhaltung des Wildes in der durch die Bonitierung vorgegebe-

nen tragbaren Höhe Verantwortung tragen. Die Wildschadenverordnung vom 28. April 1977 verpflichtet die Nutzungsberechtigten von landwirtschaftlich und gärtnerisch genutzten Flächen, die staatlichen Forstwirtschaftsbetriebe und Jagdgesellschaften gemeinsam dazu, im Rahmen ihrer Möglichkeiten Wildschaden zu verhüten (§ 4). Die Grundlage dafür bilden jährlich neu abzuschließende Vereinbarungen zwischen diesen Partnern. Für jedes Jagdgebiet ist die enge Zusammenarbeit mit dem zuständigen Landwirtschaftsbetrieb Voraussetzung erfolgreicher jagdwirtschaftlicher Arbeit.

In Grundsatzregelungen (Mustervertrag) sind die Hauptpunkte für die Vereinbarung fixiert.

Folgende Maßnahmen stehen dabei im Mittelpunkt:

- Der langfristige Fruchtfolgeplan muß der Jagdgesellschaft bekanntgegeben werden, damit sie rechtzeitig zukünftige Wildschadenschwerpunkte erkennen und sich mit dem Bau jagdlicher Anlagen darauf einstellen kann. Sie muß auch rechtzeitig über den Anbauplan des entsprechenden Wirtschaftsjahres und über die für den Wildschaden entscheidenden agrotechnischen Termine informiert sein, im besonderen über die Bestellung gefährdeter Schläge und deren Beerntung.
- Über die Schadsituation muß der Jagdleiter ständig informiert sein; einerseits durch eigene Anschauung oder durch Mitteilungen der Jäger, andererseits aber auch durch Vertreter des Landwirtschaftsbetriebes, mit denen gemeinsam die notwendigen Abwehrmaßnahmen abzusprechen und durchzuführen sind.
- Die Hauptmethode der Jagdgesellschaft zur Wildabwehr wird naturgemäß darin bestehen, durch intensiven Jagdeinsatz das Schwarzwild von den gefährdeten Schlägen möglichst fernzuhalten, zu Schaden gehendes Wild zu erlegen oder zumindest zu beunruhigen. Diese Aufgabe ist bei den heute vorherrschenden Großschlägen von 50 bis 100 ha auch mit weitreichenden Waffen schwierig und wird wesentlich unterstützt durch das Einlegen für die Futtergewinnung dienenden Schußschneisen.
- Besonders für die örtlich bekannten Wildschadenschwerpunkte müssen die erforderlichen Schutzmaßnahmen gemeinsam abgestimmt werden. Hier sollten nach Möglichkeit hochgradig gefährdete Feldkulturen nicht angebaut werden. Zweckmäßigerweise sind diese Felder möglichst zeitig zu beernten, damit sie nicht bis zum Schluß das Wild auf sich konzentrieren. Die Jäger des Jagdgebietes helfen bei der möglichst verlustlosen Beerntung.
- Gemeinsame Maßnahmen der Wildabwehr, wie Verwitterung, Zäunung, nächtliche Kontrollgänge außerhalb der Mondperiode usw. sind abzustimmen.
- Landwirtschaftliche Futterabfälle, die in der tierischen Produktion nicht mehr verwertet werden können, sind für die Beschickung der Ablenkfütterungen noch gut geeignet und werden für diesen Zweck zur Verfügung gestellt.
- Mit Saatgut und Technik können die Jagdgesellschaften und Forstwirtschaftsbetriebe bei der Bestellung von Wildäsungsflächen unterstützt werden.

Diese und sicher viele weitere Gesichtspunkte, die vor allem die örtlichen Besonderheiten berücksichtigen, sollten in den Verträgen niedergelegt sein. Die Verträge und Vereinbarungen können nur dann ihre volle Wirksamkeit entfalten, wenn es gelingt, sie mit Leben zu erfüllen (MEHLITZ, 1972).

Bei der Behandlung der Möglichkeiten, die der Landwirtschaft im Rahmen des Feldbaus zur Wildschadenverhütung zur Verfügung stehen, soll abschließend noch die Problematik des Kartoffelsortenwahlvermögens des Schwarzwildes behandelt werden (vgl. Abschnitt 5.3.1.2.1.). Von verschiedenen Seiten werden große Hoffnungen darin gelegt, dieses Wahlvermögen zur Wildschadenverhütung auszunutzen. So formulierten MEYNHARDT und BÖHMIG (1981) folgende Möglichkeiten:

- Anbau negativer Sorten auf aus Erfahrung gefährdeten Feldflächen,
- Fütterung bevorzugter Sorten auf Ablenkfütterungen,
- Anbau bevorzugter Sorten auf Wildäckern.

Die bisher vorliegenden Erfahrungen warnen vor übertriebenem Optimismus. Es gibt zunächst einmal keine „negativen" oder „abgelehnten" Sorten, sondern nur mehr oder weniger „bevorzugte" Sorten. Fehlen die bevorzugten, werden die weniger beliebten ebenso verzehrt. Die Bevorzugung ist nur im Vergleich mehrerer Sorten deutlich. Durch Anbau mehrerer Sorten kann also bestenfalls der Wildschaden gelenkt werden; z. B. auf Wildäcker, Vorgewende usw. Damit kann aber auch keinesfalls von der Landwirtschaft generell gefordert werden, auf gefährdeten Feldflächen (also fast überall) nur „abgelehnte" Sorten anzubauen; ganz abgesehen davon, daß die Wahl der anzubauenden Sorten wohl nur selten unter dem dominierenden Gesichtspunkt des Feldschadens getroffen werden kann. Es muß weiterhin berücksichtigt werden, daß die unterschiedliche Annahme der Kartoffeln durch Schwarzwild auf 2 völlig unterschiedlichen Voraussetzungen beruht. Deren eine sind die sicher vorhandenen und durch Fütterungsversuche nachgewiesenen unterschiedlichen Geschmackseigenschaften. Die zweite Komponente aber ist der unterschiedliche Anbau-, Entwicklungs- und Reifetermin. So wurde festgestellt, daß beim Anbauversuch alle Frühkartoffeln besonders schadgefährdet waren, während diese bei den Fütterungsversuchen fast keine Bedeutung hatten. Obwohl an sich also weniger beliebt, sind Frühkartoffeln infolge ihrer zeitigen Anbauperiode besonders gefährdet; verstärkt dadurch, daß zunächst die Anbaufläche, auf die sich der Schaden konzentriert, relativ klein ist.

Man kann aus gegenwärtiger Kenntnis folgende Schlußfolgerungen treffen:

- Alle Frühkartoffeln sind infolge ihrer frühen Anbauperiode und zunächst geringer Anbaufläche besonders gefährdet. Sie sollten nicht in ausgesprochene Wildschadenschwerpunkte gelangen.
- Frühkartoffeln sind für Ablenkflächen aller Art sehr gut geeignet, sofern sie auch zeitig in den Boden kommen.
- Für Ablenk- und Winterfütterungen sind Kartoffeln jeder Art, auch in minderwertigem Zustand, gut geeignet.
- Auch unter den mittleren und späten Sorten gibt es einige mit offensichtlich hohem Anziehungsvermögen. Sie können daher ebenfalls, auf dem Vorgewende oder einer Nachbarfläche angebaut, das Schwarzwild etwas von der Hauptanbaufläche ablenken. Infolge des notwendigen ständigen Sortenwechsels in der Landwirtschaft und der bisherigen Unkenntnis über die auswahlbestimmenden Inhaltskomponenten wird man aber immer wieder neu testen müssen, welche Sorten der Anbaupalette den Sauen gerade besonders gut schmecken.

Für die Vergütung entstandener Wildschäden enthält die Wildschadenverordnung (§ 5) folgende Festlegungen:

- auf Flächen der landwirtschaftlichen und gärtnerischen Produktionsgenossenschaften sowie der Volkseigenen Güter und deren kooperativen Einrichtungen, ist den Nutzungsberechtigten der Wildschaden je Kultur oder Obstart zu ersetzen, der über 1 000 M hinausgeht;
- auf Flächen der anderen Nutzungsberechtigten ist diesen der Wildschaden je Fläche mit gleicher Kultur zu ersetzen, der über 10 % des Geldwertes des Ertrages von der Fläche hinausgeht.

Mehrere nebeneinanderliegende Flächen mit gleicher Kultur gelten als eine Fläche, Folgeschaden ist nicht zu berechnen und zu ersetzen.

Die Verpflichtung des staatlichen Forstwirtschaftsbetriebes zum Schadenersatz ist in dem Umfang ausgeschlossen, in dem der Nutzungsberechtigte für die Entstehung des Schadens verantwortlich ist (z. B. durch nicht ordnungsgemäße Ernte von Hackfrüchten und Mais), oder es unterlassen hat, den Wildschaden zu mindern oder zu vermeiden. Ein Ersatz steht auch dann nicht zu, wenn die Ernte verzögert wurde und daher der Wildschaden auftrat. Entstandener Wildschaden ist durch den Nutzungsberechtigten innerhalb von 7 Tagen dem zuständigen Staatsorgan (Rat des Kreises bzw. Rat der Gemeinde) zu melden. Seine Feststellung erfolgt durch Wildschadenskommissionen, die aus Vertretern der Land- und Forstwirtschaft, der Jagdgesellschaft und des staatlichen Organes bestehen. Diese Kommission muß innerhalb von weiteren 7 Tagen den Schaden besichtigen und in seiner Höhe einschätzen. Ist das Ausmaß des Schadens zunächst nicht eindeutig feststellbar, wie auf Kartoffelschlägen im Frühjahr, muß die Schadfestsetzung vor der Ernte erfolgen. Die Kommission hat auch die Aufgabe, festzustellen, inwieweit Versäumnisse bei der Schadverhütung durch den Landwirtschaftsbetrieb oder die Jagdgesellschaft vorliegen. Diese werden bei der Schadfestsetzung berücksichtigt. Ist der Jagdgesellschaft ein wesentliches Versäumnis nachweisbar, kann sie damit beauflagt werden, bis zu 10 % der Wildschadenssumme aus ihrer Kasse zu tragen. Für die Ermittlung der Schadenshöhe wird von der reduzierten Schadfläche ausgegangen. Der auf dieser Fläche eingetretene reale Ertragsverlust wird mit dem Erzeugerpreis berechnet. Nähere Einzelheiten der Schadenserfassung und -berechnung sind in speziellen Abhandlungen ausführlich dargelegt (LEMKE, 1977; UECKERMANN, 1981).

14.3. Ablenkfütterung

Die Ablenkfütterung dient der Bindung des Schwarzwildes an den Wald unter Ausnutzung seines Sicherheitsbedürfnisses. Die Wirkung beruht auf einem Faktorenkomplex. Als Hauptfaktor wird das Nahrungsangebot im Inneren des Waldes erhöht. Dadurch erfolgt hier eine intensivere Nahrungssuche, die auch eine stärkere Ausnutzung der natürlichen Futterreserven der Waldfläche zur Folge hat. Das Schwarzwild fühlt sich an den nicht bejagten Ablenkfütterungen im Inneren der Einstände sicherer und wird verstärkt auch am Tage aktiv. Dadurch sinkt die Nachtzeitaktivität und gleichzeitig die Möglichkeit des längeren Aufsuchens von Feldfluren. Frischlinge werden in der Nähe von Ablenkfütterungen gefrischt, dadurch wird die Bindung der Bachen, später aber auch der Frischlinge selbst an diese Örtlichkeiten verstärkt.

Somit werden vom April bis zum Herbst wesentliche Teile des Bestandes durch Verabreichung von Futterabfällen, Kartoffeln und relativ geringen Mengen an Getreide in der Nähe der Einstandsdickungen gehalten. Daher ist es zweckmäßig, in allen Jagdgebieten, in denen sich schadgefährdete Feldflächen befinden, solche Fütterungen rechtzeitig zu organisieren und durchzuführen. Innerhalb des staatlichen Forstwirtschaftsbetriebes Eberswalde des Institutes für Forstwissenschaften Eberswalde wurden unterschiedliche Methoden der Ablenkfütterung getestet, an denen sich viele Weidgenossen mehrerer Jagdgesellschaften beteiligten (BRIEDERMANN und SIEWERT, 1975). Diese Methoden sollen im folgenden erläutert werden.

14.3.1. Einfache Ablenkfütterung

Bei dieser seit langem bekannten Methode werden Mais, Getreideabfälle, aussortierte Kartoffeln und Eicheln breitwürfig ausgebracht, so daß die einzelnen Körner von den Sauen gesucht werden mußten (Abb. 14/5). Gefüttert wird in unmittelbarer Nähe der Einstände, möglichst weitab vom Feld (im Durchschnitt befanden sich die Fütterungen etwa 1 km von der Feldkante entfernt). Die Konzentration des Schwarzwildes an diesen Stellen führt zu erhöhten Infektionsgefahren durch unterschiedliche Parasiten. Aus diesem Grunde sollte stets auf einen trockenen Untergrund geachtet werden, um die Entwicklung der verschiedenen Parasitenstadien zu behindern.

Abb. 14/5 Einfache Ablenkfütterung
(Foto: PLAGENS)

Die Futterstelle ist auch in größeren Zeitabständen zu verlegen. Um dem Sicherheitsbedürfnis der Sauen zu entsprechen, ist es wichtig, daß der Fütterungsort Deckung bietet. Sehr wichtig ist die regelmäßige, möglichst tägliche Fütterung. Hierbei muß man die örtlichen Gegebenheiten nutzen: Forstbeschäftigte oder Jäger, deren Weg zur Arbeitsstelle in der Nähe vorbeiführt, Routen von Versorgungsfahrzeugen, Gewinnung von Rentnern gegen Entgeld usw. Damit der tägliche Transport entfällt, sollte man ein Nebenlager im Walde einrichten, z. B. in Form einer verschließbaren Mülltonne, das am Wochenende aufgefüllt wird. Man füttert zweckmäßigerweise erst abends, weil dann die Verluste durch Vögel und andere Wildarten geringer sind. Von den Futtermitteln wurde Mais am besten aufgenommen. Um größere Verluste vor allem durch Eichelhäher zu vermeiden, streute SNYCKERS (1967) die Maisportion unter Holzplatten von 1 m^2 Größe. Diese mußten von den Sauen erst beiseite geschoben werden, wenn sie an das Futter gelangen wollten. Die benötigten Futtermengen richten sich nach der Höhe des zu fütternden Bestandes. Mit täglich etwa 5 kg Mais lassen sich 10 Sauen binden, das bedeutet in der Zeit von April bis September etwa 1 t Mais.

14.3.2. Anlage von Bohrlöchern

Um die tägliche Vorlage von Mais zu vermeiden, wird ein Erdbohrer mit einem Durchmesser von 8 bis 10 cm in Anwendung gebracht. Mit Hilfe dieses Bohrers werden mehrere Löcher von etwa 80 cm Tiefe gebohrt, von denen 2 bis 3 mit Mais gefüllt, die übrigen zunächst mit Steinen abgedeckt werden (Abb. 14/6). Hier ist nun etwa alle 3 Tage eine Kontrolle und Füllung weiterer Löcher notwendig, da die Sauen mit dem Aufbrechen der Löcher bis zum Boden länger beschäftigt sind. Es empfiehlt sich, die geöffneten Löcher mittels Bohrer weiter zu vertiefen, da der nachrutschende Boden es den Sauen immer schwerer macht, an den Mais zu gelangen. Der Vorteil dieser Methode liegt auf der Hand; es muß nicht täglich gefüttert werden und die Sauen sind länger beschäftigt. Der Maisverbrauch ist anfänglich vielleicht etwas höher und andere Futtermittel können nicht eingesetzt werden.

Abb. 14/6 Bohrlöcher zur Einbringung von Mais an der Ablenkfütterung
(Foto: PLAGENS)

14.3.3. Anlage von Fütterungstrassen

Hierbei werden in oder an den Einstandsdickungen gelegene Wege, Schneisen oder Brandschutzriegel benutzt, die nicht im Fütterungsjahr für die Holzabfuhr oder sonstigen Fahrzeugverkehr benötigt werden (PASLAWSKI, 1975). Diese Schneisen werden im Frühjahr in beliebiger Länge (100 bis 1000 m) und bis 5 m Breite aufgepflügt und dabei ein Grundfutter an Abfallkartoffeln eingebracht, die man zu dieser Zeit aus Lagerhäusern oder eigenen Vorräten entnimmt (Abb. 14/7). Darüber wird breitwürfig Mais gestreut und anschließend der Streifen übereggt. Die Arbeitsgänge können bei Einsatz eines Gespannes gut kombiniert werden. Das Einpflügen von Kartoffeln soll, solange der Vorrat reicht, in Abständen von 4 bis 6 Wochen wiederholt werden, die Maiszugabe in etwa wöchentlichen Abständen. Für ein Fütterungszentrum von etwa 20 Sauen benötigt man wöchentlich etwa 70 kg Mais. Je Arbeitsgang Pflügen sollten etwa 300 kg Kartoffeln eingebracht werden.

Abb. 14/7 Fütterungsstrasse am Dickungsrand (Foto: PLAGENS)

Die Kosten dieses Verfahrens sind von den Anfahrtswegen und der Art der Technik abhängig. Die Methode ist sehr wirkungsvoll und kommt den Bedürfnissen des Schwarzwildes zum Brechen besonders entgegen. Hier lassen sich auch Kartoffelabfälle günstig einsetzen. Manuelle Arbeitsgänge entfallen weitgehend, und der Zwang zum häufigen Aufsuchen der Fläche besteht nicht. In manchen Gebieten wird daher eine Ablenkfütterung nur auf dieser Grundlage möglich sein. In ähnlicher Form können übrigens auch kleinere Wildäcker „bestellt" werden. Doch wechseln die Sauen auf diese größeren freien Flächen nicht so gern und nicht bei Tageslicht aus, wie sie es auf den schmalen Schneisen tun. Abgesehen davon befinden sich die Wildäcker als „Nichtholzboden" nicht immer an den geeigneten Stellen.

14.3.4. Verwendung von Randstreifen zur landwirtschaftlichen Nutzfläche

Infolge der Ortslage der Einstandsdickungen hinsichtlich der schadgefährdeten Schläge ist die Verwendung von Ablenkfütterungen in der vorbeschriebenen Art nicht immer möglich. Es gelingt gewöhnlich nicht, die Sauen in den Wald hinein, also von den Feldern weg, zu füttern, sondern die Ablenkfütterung muß sich zwischen dem Einstand und dem Feld befinden. Liegen nun die Einstände unmittelbar an den schadgefährdeten Flächen, hat es sich bewährt, einen schmalen Streifen zur landwirtschaftlichen Nutzfläche, z. B. das Vorgewende, für eine Ablenkfütterung in der unter Abschnitt 14.3.3. beschriebenen Form zu nutzen. Hier wird nicht durchgehend von April bis September gefüttert, sondern nur dann, wenn besondere Schäden zu erwarten sind. So kann beim Kartoffellegen gleich das Vorgewende mit zusätzlich Mais bestellt werden, der nach Aufnahme 1 bis 2 Male nachgestreut wird. Selbstverständlich ist bei diesem Verfahren eine Abstimmung mit dem zuständigen Landwirtschaftsbetrieb Voraussetzung (Abb. 14/8).

Alle vorgenannten Arten der Ablenkfütterung haben sich bewährt. Allerdings kann nicht der einen oder anderen Methode der absolute Vorzug gegeben werden, sondern in jedem Falle sind die örtlichen Verhältnisse dafür ausschlaggebend, welches Verfahren den größten Erfolg erwarten läßt. Dabei ist klar, daß die letztgenannte Methode der Fütterung am Feld nur ein Notbehelf ist, und daß man bemüht sein muß, die Sauen vom Feld möglichst fern zu halten. Wichtig ist in jedem Falle, daß mit der Ab-

Abb. 14/8 Ablenkfütterung auf dem Vorgewende vor der Einstandsdickung (Foto: PLAGENS)

lenkfütterung zeitig genug begonnen wird, damit die Sauen mit den Futterstellen vertraut werden und schon ihre Wechsel dorthin nehmen. Die Bachen sollen in der Nähe frischen, die Frischlinge dort ihre erste feste Nahrung suchen.

In den Versuchsgebieten für die Prüfung von Ablenkfütterungen waren keine oder fast keine Feldschäden feststellbar. Über sehr gute Erfolge bei der Durchführung von Ablenkfütterungen berichtete auch MEHLITZ (1975) aus dem Wildforschungsgebiet Nedlitz. In dem Umfange, wie dort die Ablenkfütterungen einsetzen, verminderten sich die Feldschäden. Ab 1972 wurden sie voll wirksam und trotz der im Frühjahr 1974 bisher noch nie erreichten Bestandsdichte von 2 Stück/100 ha (das entspricht einem Sommerstand von etwa 3,5 je 100 ha) wurden keine erstattungspflichtigen Feldschäden verursacht. MEHLITZ empfiehlt, für einen Revierteil nicht nur eine Fütterung, sondern 2, die etwa 1 bis 2 km auseinanderliegen, zu betreiben. Dem Wild wird damit die Gelegenheit gegeben, von einer Stelle zur anderen zu wechseln. Dadurch sind die Sauen noch mehr beschäftigt und weniger versucht, auf die Felder zu ziehen.

Für eine im Wildforschungsgebiet Nedlitz betriebene Doppelablenkfütterung ergaben sich folgende Beobachtungen und ökonomische Daten für das Jahr 1974: Im Durchschnitt des Jahres wurden die beiden Futterstellen von 9 Bachen mit 56 Frischlingen sowie 21 Sauen anderer Altersgruppen angenommen, insgesamt 86 Stück Schwarzwild. Damit wurden etwa 2 000 ha umgebenden Waldfläche beeinflußt und auf 2 anliegenden Feldmarken jedweder Schwarzwildschaden verhindert. In den umliegenden 2 000 ha Wald, auf den die Fütterungen einwirkten, wurden 75 Stück Schwarzwild mit einer Gesamtmasse von 2 134 kg gestreckt. Die insgesamt aufgewendeten Kosten für Futtermittel (Mais) einschließlich der anteiligen Transportkosten beliefen sich auf 3 440,– M. Die Einnahmen aus der Schwarzwildstrecke ergaben 8 237,– M. Der Gewinn betrug mithin 4 797,– M, d. h., die Kosten der Ablenkfütterung nahmen 42 % der erzielten Einnahmen in Anspruch. Dabei muß berücksichtigt werden, daß das Schwarzwild in einer Dichte gehalten wurde, die im vorliegenden Falle 30 % über dem nach den natürlich vorhandenen ökologischen Fakten und der Bonitierung maximal zulässigen Bestand lag. Allerdings darf in der Nähe der Fütterung das Schwarzwild keinesfalls bejagt werden. Die dort vorhandene Ruhe ist einer der wesentlichen Faktoren für den Erfolg der Sommerfütterung, der durch die als Gegensatz zu schaffende starke Bejagung und Beunruhigung an den Feldflächen noch beträchtlich verstärkt werden kann.

14.4. Biotopverbesserung

14.4.1. Erhaltung und Verbesserung des natürlichen Nahrungsangebotes

Die hohe Bedeutung von Eicheln und Bucheckern in der Ernährung des Schwarzwildes wurde bereits herausgestellt. Demzufolge besteht eine der wichtigsten Maß-

Abb. 14/9 Eichenüberhälter haben neben hohem landschaftsgestaltenden Wert große Bedeutung als Nahrungsquelle für viele Tierarten (Foto: FREYMANN)

nahmen darin, den mastbietenden Waldbestand zu erhalten oder gar zu vermehren. Selbst forstlich fast wertlose Eichenüberhälter (Abb. 14/9). können für die Schwarzwildbewirtschaftung von großem Wert sein, da sie einen ständigen Anlockungspunkt darstellen; nicht nur wegen der Eichelmast, sondern unter dem lockeren Laub befinden sich Mäuse, Regenwürmer und Insekten als Leckerbissen. Besonders in Kiefern- und Fichtendickungen eingesprengte Alteichen sind sehr wertvoll, denn sie bieten schon zu solchen Tageszeiten Nahrung, an denen das Schwarzwild noch nicht wagt, die Dickung zu verlassen. Empfehlenswert ist der Anbau der Roteiche. Deren Frucht wird zwar, wahrscheinlich wegen der festen Schale, nicht so gern wie die der einheimischen Eichen angenommen, aber sie steht – da die Roteiche ziemlich regelmäßig fruchtet – auch in sonst mastarmen Jahren zur Verfügung. Das oft empfohlene Einstufen einiger Eichen an Wegrändern ist ziemlich wertlos, da spätestens durch den Wildverbiß die aufkommenden Jungpflanzen vernichtet werden. Der Anbau muß vielmehr kleinflächig und unter Zaun erfolgen, wenn wirklich Aussicht auf Erfolg bestehen soll. Das Bepflanzen von Weg- und Straßenrändern mit Eichen ist weit verbreitet, und an vielen Orten sind dort die einzigen masttragenden Bäume zu finden. Das Wild steht gern unter ihnen und ist in der Dunkelheit oft Anlaß von Verkehrsunfällen. Deshalb sollten Eichen mehr in das Innere der Bestände oder an ausgesprochene Waldwege gebracht werden.

Durch forstliche Düngungsmaßnahmen wird in den Waldbeständen eine Aktivierung der Bodenflora und -fauna erreicht, die das Schwarzwild zum verstärkten Brechen anregt (Abb. 14/10). Auch dadurch ist eine zusätzliche Bindung an die Waldflächen möglich. Es ist deshalb durchaus empfehlenswert, in forstlich dazu geeigneten Beständen nahe der Haupt-Schwarzwildeinstände eine Düngung auch unter diesem Gesichtspunkt zu erwägen. Besonders in

Abb. 14/10 Gedüngte Bestände reizen das Schwarzwild bald zum intensiven Umpflügen der Humusdecke. (Foto: Briedermann)

der Nähe von Sommer- und Winterfütterungen wirken sich Düngungsmaßnahmen sehr vorteilhaft aus. Neben der zusätzlichen Nahrungsbereitstellung durch die Düngung, die schadmindernd wirkt, bestehen weitere positive Effekte in der Durchmengung der oberen Bodenschichten und in der verstärkten Dezimierung forstschädlicher Insekten und Nager.
Die sich nach chemischer Unkrautbekämpfung in Forstkulturen auf entsprechenden Standorten entwickelnde Nachfolgeflora, besonders aus Him- und Brombeere sowie Weidenröschen, schafft dem Schwarzwild während der Vegetationszeit gute Einstände und einen beliebten zusätzlichen Fraß. Hier richten die Bachen gern ihre Wurfkessel ein; das zarte Grün, die Beeren und die sich entwickelnde Bodenfauna bilden eine Nahrung für die Frischlinge.
Von hoher Bedeutung während des ganzen Jahres sind Gewässerränder. Schilfbestände dienen nicht nur als Einstand, sondern die weichen, stärkereichen Wurzelstöcke werden sehr gern aufgenommen. Seggen, Binsen und zahlreiche weitere Vertreter der Pflanzenwelt, doch auch Lurche, Muscheln, Schnecken, Würmer und viele Insekten bereichern den Speisezettel. Daher haben Brüche, Fenne, Moore, Bäche, Seen und Teiche einen hohen Stellenwert im Schwarzwildbiotop, und jede Meliorationsmaßnahme sollte in ihrer Auswirkung auf den Wildbestand betrachtet werden.
Die besonders nahrungsreichen Laubholzbestände werden mit Recht als gute Schwarzwildgebiete angesehen und lt. Bonitierung sind hier die höchsten Wilddichtewerte zulässig. Im Winterhalbjahr können jedoch die günstigen Eigenschaften durch einen Mangel an Tageseinständen beeinträchtigt werden. Die Anlage kleiner Fichtenhorste an geeigneter Stelle kann die Kapazität des Gebietes ganz beachtlich steigern. Sie sollten so lange irgend möglich dicht gehalten werden. Einen Notbehelf stellen in Laubholzdickungen aufgestellte „Schweinepilze“ dar, unter denen sich eine Strohschüttung befindet. Der Dachabstand vom Boden sollte nicht mehr als 80 cm betragen.

14.4.2. Wildäcker

Die Anlage von Wildäckern für Schwarzwild hat sich als nicht effektiv herausgestellt, da sie in der Bearbeitung aufwendig sind und zur Zeit des höchsten Bedarfes, im Frühjahr, noch meist kein Angebot haben. Falls sich ihre Anlage in einzelnen Fällen doch empfiehlt, muß die Ortslage ähnlich der Ablenkfütterung gewählt werden, nämlich den Hauptschadenflächen vorgelagert an den Wechseln oder direkt in den Einständen. Die richtige Ortswahl ist von großer Bedeutung. Sich zufällig anbietende Flächen, die abseits der Wechsel und Einstände liegen, werden ihren Zweck verfehlen. Es ist dann günstiger, an einer geeigneten Stelle einen neuen Wildacker anzulegen und früher hierzu verwendete Flächen wieder aufzuforsten. Die Nutzungsdauer eines Wildackers wird etwa 5, maximal 10 Jahre betragen, dann sind die Einstände gewöhnlich nicht mehr interessant genug, und der Acker unzureichend aufgesucht.
Im Gegensatz zu den landwirtschaftlich genutzten Flächen kommt es bei der Bewirtschaftung von Wildäckern nicht unbedingt auf saubere Bestellung und Pflege an. Es muß jedoch durch rechtzeitigen Anbau und überlegte Sortenwahl erreicht werden, daß die Früchte das Wild etwas vor dem allgemeinen Reifetermin der Kulturen auf den Feldern anziehen. Wenn der Hafer schon überall milchreif ist oder die Kartoffeln am schmackhaftesten sind, dann haben die Sauen längst ihren gewöhnlichen Wechsel zum Feld und lassen sich durch Wildäcker, die erst später soweit sind, kaum zurückhalten.
Damit die Kulturen sich bis zum gewünschten Termin ungestört entwickeln können, muß man grundsätzlich einen Wildacker unter Zaun bringen. Wenn die Zaunkosten gespart werden sollen, sind auch alle anderen Aufwendungen sinnlos, da sonst das Wild beizeiten aufräumt und in dem Zeitraum, in dem der Wildacker gebraucht wird, auf diesem nichts mehr zur Verfügung steht. Der Acker wird durch Niederlegen einiger Zaunfelder erst dann freigegeben, wenn in der Feldflur das Ansteigen der Schäden infolge des Reifezustandes abzuse-

hen ist. Mit jeder Stunde, in der sich nun das Schwarzwild auf dem Wildacker befindet, wird Schaden auf den landwirtschaftlichen Nutzflächen verhindert. Besonders günstig ist es, wenn der Acker, der dann mindestens 0,5 ha groß sein muß, parzellenweise freigegeben werden kann, da seine Wirkung dann länger vorhält. Man kann jedoch – wenn er ziemlich „abgeerntet" ist – auch noch einmal „nachbestellen". Dazu werden noch einige Säcke Mais oder Kartoffeln breitwürfig verteilt und oberflächig eingearbeitet. Die Wirkung des Wildackers braucht nur über die Hauptschadenszeit – im Juli und August – vorzuhalten. Es ist natürlich begrüßenswert, wenn auch im Winter und Frühjahr noch einige Flächen zur Verfügung stehen; für diesen Zweck ist aber im allgemeinen der Aufwand zu hoch.

Die Kulturen, die auf einem Wildacker für Schwarzwild angebaut werden können, entsprechen im wesentlichen denen, die auch auf den Feldern bevorzugt angenommen werden. Im besonderen sind es Hafer, Mais, Kartoffeln und auch Topinambur. Hinsichtlich der Kartoffeln wurde bereits auf das ausgeprägte Sortenwahlvermögen des Schwarzwildes hingewiesen.

Eine herausragende Bedeutung für das Schwarzwild können Grünäsungsflächen haben. Es ist vielen Jägern nicht bekannt, in welch hohem Maße das Schwarzwild seinen Eiweißbedarf durch regelrechtes Weiden auf solchen Flächen deckt. Man kann das hauptsächlich im Frühjahr und Frühsommer beobachten, doch bei guter Pflege, d.h. gedüngt und ein bis zwei Male im Jahre geschnitten, auch zu anderen Jahreszeiten. Der Wert ist um so höher, je größer der Anteil an Klee und anderen Kompositen ist. Freilich werden Grünäsungsflächen vorrangig für andere Schalenwildarten angelegt, das Schwarzwild nutzt sie lediglich mit. Bei der Bewirtschaftung von Schwarzwildgehegen wird aber die große Bedeutung ausreichend vorhandener Grünflächen sehr hervorgehoben (z.B. ERL, 1980; TÜRCKE, 1980).

14.4.3. Winterfütterung

In den meisten Biotopen des Flachlandes ist mit entsprechender Wilddichte keine Winterfütterung der Sauen nötig. Sie kann in Gebieten oder Jahren mit langanhaltender hoher Schneedecke und nach Fehlmast erforderlich werden. Bereits Schneedecken von etwa 20 cm Höhe bringen für Frischlinge schwierige Bedingungen mit sich, während bei 40 bis 50 cm auch erwachsenes Schwarzwild gefährdet ist. Tiefer Bodenfrost und Harschdecken erschweren die Situation.

Im allgemeinen kann vorausgesetzt werden, daß die Sauen in der Lage sind, auch im Winter einen Teil ihres Nahrungsbedarfes aus natürlichen Vorräten zu decken und zudem durch Drosselung des Stoffwechsels und der Wärmeabgabe ihren Energiehaushalt in gewissen Grenzen einschränken können (vgl. Abschnitt 5.3.2.). Daher ist es gewöhnlich nicht erforderlich, in der vollen Höhe des Erhaltungsbedarfes beizufüttern. Eine Futtervorlage je Stück und Tag von etwa 600 g Trockensubstanz, 50 g verdaulichem Rohprotein und 400 bis 500 Energetischen Futtereinheiten kann als ausreichend gelten. Die Wahl der Futtermittel ist unproblematisch. Als kohlehydratreiches Saftfutter dienen Kartoffeln, Futterrüben oder Topinambur. Bei Gewöhnung kann auch hochwertige Silage zur Verwendung kommen. Als Kraftfutter dienen neben Eicheln im besonderen Mais, Gerste und Roggen, während bei Hafer der Ausnutzungsgrad zu gering ist. In manchen Gegenden werden auch Kastanien angenommen. Kraftfutterpellets sind sehr teuer und außerdem gewöhnlich nicht dauerhaft genug.

Des weiteren können bei Beachtung hygienischer Bestimmungen Küchenabfälle und tierische Futterstoffe zur Anwendung kommen. Bei Unterstellung o. a. Bedarfswerte errechnen sich beispielsweise folgende Rationen:

- 2,0 kg Masserüben, 0,5 kg Eicheln
- 1,5 kg Kartoffeln, 0,3 kg Mais
- 2,0 kg Futterrüben, 0,4 kg Gerste, Weizen oder Roggen.

Etwas geringere Futterrationen empfiehlt UECKERMANN (1971). Es ist ratsam, Kraftfuttermittel vor allem zu Winterbeginn (November/Dezember) einzusetzen, weil zu dieser Zeit eine höhere Ausnutzung bei Schonung körpereigener Reserven erwartet werden kann. Bei alleiniger Kartoffelfütterung werden, übereinstimmend mit den Erfahrungen von KOSLO (1975), je Stück und Tag 3 bis 4 kg anzusetzen sein. Das Winterfutter wird bei Schwarzwild selten in regulären Fütterungen bzw. in Trögen vorgelegt. Im allgemeinen verteilt man es breitwürfig auf bestimmte Flächen innerhalb der Einstände oder vom Wagen herab auf freigepflügte Wege. Auch Anhängevorrichtungen für Kleintraktoren wurden schon entwikkelt, aus deren trichterförmiger unterer Öffnung die Futtermittel breit geschleudert werden (PALL, 1980). Zu beachten ist, daß das Futter stets auf trockenen Untergrund ausgebracht wird und die Futterplätze zur Vermeidung von Infektionen möglichst oft gewechselt werden. Abzulehnen ist das Abkippen ganzer Fuhren von Abfallkartoffeln, Silageabfällen und ähnlichem auf großen Haufen. Die Beschickung der Fütterung soll möglichst täglich erfolgen. Bei der Verfütterung von kleinkörnigem Getreide ist eine breitwürfige Gabe unwirtschaftlich. Hierfür haben sich pilzähnliche Futterhütten bewährt. Sie bestehen aus einem einfachen Stangengerüst von 3 bis 4 m Durchmesser, das mit örtlichem Material (Reisig, Grassoden, Schilf, Stroh) abgedeckt ist. Die Höhe am Rande soll etwa 80 cm betragen. Die Futtermittel verteilt man unter diese Pilze – in Spreu oder Streu eingemengt, wo sie das Schwarzwild nach kurzer Gewöhnung gern und ohne Futterverluste aufnimmt. Oft besuchen die Sauen diese Pilze noch bis zum Frühjahr, und es kommt vor, daß Bachen darunter frischen. Eine schwierige Situation kann noch im Frühjahr entstehen, wenn die Waldnahrung ziemlich aufgebraucht ist, die Bachen gefrischt haben und auf den Feldern die erste Gefährdung einsetzt. Es ist gut, wenn man zu dieser Zeit noch einige Futtermittel vorrätig hat und mit ihnen zur Ablenkfütterung überleitet. Eine ganzjährige Beifütterung ist unter den Bedingungen der Gatterhaltung (vgl. Abschnitt 15.3.) notwendig.

An dieser Stelle soll auch ein Wort zur umstrittenen Anlage von Luderplätzen gesagt sein. Es steht zunächst fest, daß animalische Produkte zur natürlichen Nahrung des Schwarzwildes gehören und neben ihres hohen Energie- und Eiweißgehaltes auch zur Deckung des Vitaminbedarfs (BUBENIK, 1959) sehr wichtig sind. Im Walde auftretendes Fallwild wird demzufolge gern vom Schwarzwild beseitigt, dabei deckt es einen nicht ganz unwichtigen Teil der benötigten Nahrungsmenge. Andererseits muß gesehen werden, daß über Kadaver eine nicht unbedeutende Übertragung von Parasiten und Krankheiten möglich ist. Das betrifft im besonderen Raubwild- oder Raubzeugkerne und in Haustierhaltungen verendete Tiere. Deshalb kann weder eine unbedenkliche Ausbringung von Luder, Kadavern und anderem Material tierischer Herkunft wie auch eine grundsätzliche Ablehnung befürwortet werden. Die Entscheidung muß immer von der Art der verfügbaren Produkte und ihrer veterinärhygienischen Unbedenklichkeit abhängig gemacht werden. Da derartiges Material selten anfällt, ist die Anlage spezieller Luderplätze selten lohnend. Man nutzt daher vorhandene Ablenk- oder Winterfütterungen, die gleichzeitig eine schnelle Annahme sichern.

14.4.4. Salzlecken

Es ist wenig bekannt, wie gern auch Schwarzwild Salzlecken annimmt. Es kann in Perioden mit einer überwiegenden Grünäsung und im Winter zu einer mindestens zeitweiligen Unterversorgung mit Natrium und Chlor kommen. Das trifft besonders bei antagonistisch wirkender kalkreicher Nahrung zu. In verschiedenen Gebieten wurde festgestellt, daß sich die Kupfer- und Zinkgehaltswerte bei Wildschweinen im unteren Bereich der bei Hausschweinen geforderten Konzentration bewegten (LAHR, 1980; WIESNER et al, 1980). Vor allem das erstgenannte Element kann über Salzlecken zugeführt werden. Werden Salzlecken an Ablenkfütterungen oder Wildäckern sowie Winterfütterungen angelegt, können sie deren Anziehungskraft beträchtlich erhöhen und somit zur Feldschadenverminderung beitragen. Soll Salz in Bodennähe in Trögen oder auf Stöcken angeboten werden, ist zu berücksichtigen, daß das robuste Schwarzwild zu leicht gebaute Anlagen schnell zerstört. Geeignet sind massive Troganlagen, die mit einer Mischung von Kochsalz und Lehm im Verhältnis von etwa 1 : 5 gefüllt werden. Bei einem ausgeglicherem Mischungsverhältnis besteht die Gefahr, daß die Sauen eine zu große Salzmenge auf einmal verzehren und dabei gesundheitliche Schäden davontragen.

Besser ist es, Salzlecksteine auf Baumstümpfen außerhalb der Reichweite des Gebrechs anzubringen. Das durch Regen am Stamm herablaufende Salz kann nur in geringen Mengen aufgenommen werden. Die Sauen beißen dabei ganze salzgetränkte Holzteile am Stamm und an den Wurzelanläufen heraus und verzehren auch die salzige Erde am Stammfuß. In der Nähe von Salzlecken sollten Schöpfmöglichkeiten bestehen.

14.4.5. Suhlen

Das Bedürfnis zum Suhlen ist beim Schwarzwild sehr entwickelt. Gebiete mit guten natürlichen Suhlen werden immer wieder aufgesucht und bilden ein Zentrum des Einstandsgebietes. Ihre Bedeutung steigt im besonderen in sonst trockenen Waldgebieten. Damit sie ihren Zweck voll erfüllen können, empfiehlt es sich, von Zeit zu Zeit ihren Zustand zu überprüfen. Pflegemaßnahmen sind natürlich nur dort erforderlich, wo durch wenige Suhlen im Gebiet den Sauen kaum Ausweichmöglichkeiten verbleiben. Zur Pflege vorhandener Suhlen gehören vor allem folgende Maßnahmen:

– Schwarzwild liebt keine Wasser-, sondern Schlammlöcher. Der Wasserspiegel soll den Schlamm höchstens gering überfluten. Es kostet oft nur wenige Mühe, durch Regelung eines Zu- oder Abflusses den Wasserstand zu regulieren und den Wetterbedingungen anzupassen.
– Auch aus der Suhle liebt das Wild freien Ausblick. Tiefe Löcher oder zu stark bewachsene Flächen werden oft gemieden. Deshalb flacht man auftretende Steilränder ab bzw. verringert durch Auffüllen mit lehmigem Material zu tief gewordene Suhlen. Auch eine zu starke Randvegetation muß beseitigt werden.
– In die Suhle gefallene Äste oder sperrige Gegenstände setzen oft – vom Jäger unbemerkt – eine Suhle außer Gebrauch. Auch daraufhin sollen Suhlen kontrolliert werden.

Um das Schwarzwild stärker an bestimmte Einstände zu binden, kann unter Umständen die Anlage einer künstlichen Suhle vorteilhaft sein. Die richtige Ortswahl spielt dabei eine große Rolle. In trockenen Gebieten muß man darauf achten, daß immer etwas Wasser zugeführt werden kann und nutzt deshalb Gräben, feuchte Mulden und andere geeignete Orte. Da die Suhle für mehrere Stücke Schwarzwild Platz bieten soll, muß sie entweder entsprechend groß sein (3 m x 4 m) oder einen Suhlenkomplex, bestehend aus mehreren Suhlen mit einer Größe von je 2 m x 2 m bilden. Nach dem Ausheben der Gruben werden diese mit einigen Lagen Dachpappe oder Plastfolie ausgelegt und mehrere Lehmschichten darübergestampft. Schließlich wird die Suhle mit Lehm und Wasser aufgefüllt.

14.5. Technische Maßnahmen der Feldschadenverhütung

14.5.1. Abwehrzäune

Die sicherste Abwehrmethode ist der schwarzwildsichere Zaun. Trotz des hohen Material- und Kostenaufwandes kann er, dauerhaft genug gebaut, in Wildschadenschwerpunkten mit der Zeit rentabel werden. Dennoch darf die Einzäunung einer Feldmark niemals eine notwendige Begleiterscheinung der Schwarzwildbewirtschaftung sein. Kann der Wildschaden nur dadurch abgewehrt werden, sollte man hier besser auf das Schwarzwild verzichten. Feste Abwehrzäune haben einen Sinn für den Schutz im Walde gelegener Feldenklaven oder als Sperrzäune an der Waldkante bei ausgesprochenen Feldschadenlagen. Man muß sich bei jeder Zäunung darüber klar sein, daß sie keine Nahrung schafft, sondern das Wild nur von bestimmten Flächen fernhält. Das schließt nicht aus, daß die abgewehrte Rotte ein Stück weiter auswechselt, also der Feldschaden nur verlagert wird. Zum Schutz vor Schwarzwild genügen im allgemeinen Zäune von 1 m Höhe. Da aber meist auch anderes Schalenwild, vor allem Rot- und Damwild, abzuwehren ist, werden gewöhnlich doch Zäune mit einer Höhe von 1,80 bis 2,00 m Höhe angelegt. Geeignete Zauntypen werden durch LEMKE (1977) und UECKERMANN (1978) empfohlen. Folgende Besonderheiten für den Bau schwarzwildsicherer Zäune sollen hervorgehoben werden:

- Pfahlabstand maximal 4m;
- Zwischen den Pfählen Einsetzen von 1 bis 2 Häringen (Klopfpfähle), an denen die unteren Drähte des Zaunes nochmals befestigt werden;
- In Bodennähe ist eine Derbstange quer zu nageln bzw. ein Stacheldraht zu spannen.

Eine immer größere Bedeutung für die Abwehr des Schwarzwildes vor allem von Spezialkulturen erhält der Elektrozaun. Grundsätzliche Ausführungen über seinen Einsatz brachte LEMKE (1977). KUJAWSKI (1982) testete in 2jährigen Versuchen verschiedene Typen hinsichtlich ihrer Wirksamkeit gegenüber Schwarzwild. Der Vorteil des Elektrozaunes gegenüber herkömmlichen Zäunen liegt vor allem in seiner leichten Umsetzbarkeit und in dem geringen Aufwand für Aufbau und Unterhaltung. Es sind Netzanschlußgeräte und Batteriegeräte in Anwendung. Die Geräteausgangsspannung der meisten Geräte beträgt 5000 bis 6000 Volt; damit wird die für die Wildabwehr notwendige Spannung von 800 bis 1000 Volt gewährleistet.

Batteriegeräte sind im allgemeinen für Zaunlängen bis zu 2 km ausreichend. Das mit Lichtstrom arbeitende Elektrozaungerät „Cerberus" Typ EZK 10 kann dagegen eine Zaunlänge bis zu 30 km speisen. Es ist somit auch für den Schutz von Maisschlägen in der Phase des Auflaufens gut geeignet (SIMON und EPPLE, 1981). Zur Abwehr des Schwarzwildes werden 3 Drähte empfohlen, die sich in einer Höhe von 20 bis 25 cm, 40 bis 50 cm und 60 bis 75 cm befinden sollen. Der mittlere Draht soll geerdet werden. LEMKE (1977) empfiehlt die Verwendung von Stacheldrähten, da die spitzen Stacheln den Strom besser durch die Borsten leiten. KUJAWSKI (1982) hat mit Erfolg ein 8 mm breites Aluminium-Folienband getestet, das eine optische Nebenwirkung entfaltet, und Sauen, die schon einmal damit in Berührung gekommen sind, auch in der Dunkelheit abschreckt. Die Zauntrasse muß durch Mähen oder vorheriges Pflügen einer Furche vegetationsfrei gehalten werden, um Ableitungsverluste zu vermeiden. Das Gerät Cerberus gewährt selbständig durch seine Stromimpulse eine weitgehend vegetationsfreie Zauntrasse. Weitere Einzelheiten, im besonderen zum Betrieb, zur Pflege und zur Wartung, sind in der zitierten Literatur zu finden.

14.5.2. Scheuchmittel

Das Verscheuchen des Wildes ist sicher die älteste Wildabwehrmaßnahme. Die wirksamste Scheuchfunktion hat dabei seit jeher der Mensch selbst ausgeübt; sei es mit der Waffe, sei es durch seine bloße Anwesenheit, ausgerüstet mit Lärminstrumenten. In der hochtechnisierten Gegenwart, in der niemand mehr Zeit hat, läuft man sicher Gefahr, der Lächerlichkeit anheimzufallen, wenn man an diese ursprüngliche primitive Art der Wildabwehr auch nur zu erinnern wagt; hat doch der erfinderische Geist schon elektronisch gesteuerte Geräte für diese Aufgabe entwickelt. Dennoch sei betont, daß der Schuß des Jägers in einer hellen Nacht bisher durch kein Scheuchmittel ersetzt werden kann, selbst wenn es nur ein Schreckschuß ist. Jeder Jagdleiter ist gut beraten, wenn er während der Hauptschadperiode ein planmäßiges Begehen oder Besetzen der gefährdeten Schläge wenigstens in den Mondnächten organisiert. Sind die Sauen durch eine häufige nächtliche Bejagung erst einmal mißtrauisch, stört sie auch ein Begehen der Felder in den dunklen Nächten. Hier und da ist es sicher möglich, interessierte Schichtarbeiter auf ihrem Wege oder Wachpersonal zu einem kurzen Abstecher zu bestimmten Schlägen hin zu veranlassen. Das in manchen Gegenden früher übliche Anketten von Hunden auf den Schlägen ist dagegen fast unwirksam, da die Sauen schon nach kurzer Zeit unbekümmert neben der Hütte brechen. Die eigentlichen Scheuchmittel wirken auf optischer, olfaktorischer oder akustischer Basis oder auf einer Kombination zwischen diesen. Sichtscheuchen respektiert das Schwarzwild nicht oder doch nur eine Nacht. Deshalb ist ein Verlappen mit weißem Zeug oder das Aufstellen von menschenähnlichen Scheuchen bei dieser Wildart nicht effektiv. Erfolgreich einzusetzende optische Abwehrmittel sind batteriebetriebene Rundumleuchten. Auch an sie gewöhnt sich nach kurzer Zeit das Schwarzwild. Daher dürfen sie nur in mehrtägigen Abständen und der Zeit des Hauptfeldschadens laufen.

Bei der Anwendung chemischer Mittel ist zu berücksichtigen, daß das Schwarzwild heute an die mannigfaltigsten Gerüche in der Natur gewöhnt ist und seinen Fraß oft sogar auf den Müllhalden sucht. Die abschreckende Wirkung ist daher sicher geringer als noch vor Jahrzehnten. Auch gute Verwitterungsmittel werden daher nur wenige Tage, höchstens eine Woche, Nutzen bringen. Zu diesem Ergebnis gelangte auch VASSANT (1984), der in Frankreich 25 chemischen Abwehrmittel unterschiedlichster Produktion testete. Die Wirkung kann etwas verlängert werden, wenn man mehrere Mittel nacheinander einsetzt. Sie nimmt mit der Größe des zu schützenden Schlages ab, vorausgesetzt, daß man das Mittel nur am Feldrand, nicht aber im Inneren anwenden kann. Altbekannte Verwitterungsmittel sind mit Petroleum oder Tieröl getränkte Lappen an einer Schnur im Abstand von etwa 20 m in Gebrech- bzw. Äserhöhe aufgehängt. Es ist auch möglich, eine stärkere Schnur mit den Mitteln zu tränken und etwa in gleicher Höhe um den Schlag zu spannen. „Anrüchig“, aber in der Wirkung etwa gleich, sind in geeigneten Gefäßen auf Pfählen untergebrachte menschliche Abfälle. Für alle Verwitterungsmittel gilt, daß sie nur in der Zeit der größten Gefährdung ausgebracht werden sollten, um eine Gewöhnung zu vermeiden; z. B. unmittelbar nach dem Legen von Mais. Es gilt hier wie bei jeder ähnlichen Maßnahme: hat das Wild erst einmal den Wechsel zu einem schmackhaften Fraß gefunden, ist es schwer wieder zu vergrämen. Stets wirkungsvoll ist es, mit der Schutzmethode vor dem Anwechsel des Wildes zur Stelle zu sein. Primitive akustische Scheuchmittel in Form von an Schnüren und Drähten aufgehängter klappernder Blechbüchsen usw. haben bestenfalls für den Schutz von Kleinflächen einen eingeschränkten Effekt. Besser bewährt haben sich meist auf Karbidbasis arbeitende Schuß- oder Schreckapparate, die aber ebenfalls nicht allnächtlich laufen dürfen. Sie sind vor allem für mondlose Nächte in der Zeit des zu erwartenden Hauptschadens geeignet. In neuester Zeit sind elektronisch gesteuerte bzw. batteriebetriebene Wildwarngeräte entwickelt worden, die auf Tonbandbasis Schrecklaute abgeben, z. B. menschliche Stimmen, Schüsse oder Schreck- und Klagelaute von Wildschweinen (LEMKE, 1977). Sie sind teilweise mit der Abgabe von Lichtsignalen gekoppelt. Ihre Wirkung ist zunächst gut, läßt aber mit der Zeit nach. Von beachtlichem Nachteil ist aber der infolge des hohen technischen Aufwandes geforderte Preis. Da die Reichweite für maximal 5 ha eingeschätzt werden kann, müssen auf größeren Schlägen mehrere Geräte zum Einsatz kommen. Deshalb ist es gut, den zu erwartenden Wildschaden mit dem Kostenumfang für die Geräte zu bilanzieren. Außerdem muß beachtet werden, daß diese sich selbst verratenden Geräte manchen unliebsamen Interessenten finden, und eigentlich selbst bewacht werden müssen. Diese Überwachung könnte aber dann auch an ihrer Stelle die Wildabwehr übernehmen. Schließlich haben alle diese akustischen Scheuchmittel den nicht zu unterschätzenden Mangel, daß sie an vielen Orten eine unzumutbare Lärmbelästigung für die Dorfbevölkerung darstellen. Deshalb wird eingeschätzt, daß sich ihre verbreitete Anwendung nicht durchsetzen und daher auch eine preiswerte industrielle Fertigung nicht lohnen wird.

15. Fang und Haltung

In früheren Jahrhunderten gehörte der Fang von Schwarzwild in Saufängen und mit Netzen zu den üblichen Jagdmethoden, und diente im besonderen der Vorbereitung von eingestellten Jagen (vgl. Abschnitt 9.1.1.).

Noch in der Mitte dieses Jahrhunderts waren Saufänge zur Reduzierung von Schwarzwildbeständen in verschiedenen Gebieten gebräuchlich. In der Gegenwart kommen dem Schwarzwildfang kaum noch jagdliche Aufgaben zu. Folgende Gründe erfordern ihn auch heute noch:

- Untersuchung, Vermessung und Markierung von Schwarzwild in wissenschaftlichem Interesse;
- veterinärmedizinische Untersuchung und medikamentelle Behandlung, vor allem in Gattern und Tierparks;
- unterstützende Reduzierungsmaßnahme bei auftretenden Wildkrankheiten;
- Fang von Zuchttieren für Gatter und Gehege sowie für Neuansiedlungen.

Vom Umfang her hat der Schwarzwildfang für Neuansiedlungen in der Sowjetunion hohe Bedeutung, da der jagdwirtschaftliche Wert des Schwarzwildes zu außerordentlich intensiver Aussetzung vor allem in der RSFSR, doch auch in anderen Unionsrepubliken veranlaßte (vgl. Abschnitt 2.2.2.). Nach PAWLOW (1977) wurden bis 1975 insgesamt 6807 Stück Schwarzwild mit dieser Zielstellung umgesetzt, davon 6000 zwischen 1960 und 1975.

In der DDR wurden mit wissenschaftlicher Zielstellung durch das Institut für Forstwissenschaften Eberswalde im Zeitraum von 1976 bis 1981 mehr als 1500 Sauen, vor allem im Wildforschungsgebiet Wriezen (Abb. 15/1), gefangen, markiert und wieder freigesetzt (C. STUBBE, 1982, 1984). Der Fang und die Haltung von Schwarzwild bedarf in den meisten Staaten, so auch in der DDR, der Genehmigung der Jagdbehörden. Das Aussetzen ist entweder grundsätzlich verboten oder ebenfalls von einer Genehmigung abhängig.

15.1. Fang

Schwarzwild läßt sich im Vergleich zu anderem Schalenwild relativ leicht fangen. Es ist schnell an bestimmte Futterplätze zu gewöhnen — vorausgesetzt, daß dort geeignetes und beliebtes Futter zu finden ist —, und verliert hier bald einen beträchtlichen Teil seines instinktiven Mißtrauens. Als besonders geeignetes Futtermittel sind Mais und Eicheln, weniger Kartoffeln und kleinkörniges Getreide, anzusehen.

Die günstigsten Jahreszeiten für den Fang sind dementsprechend die Winter- und Frühjahrsmonate, in denen die Fütterungen besonders regelmäßig aufgesucht werden.

Abb. 15/1 Sauen an Kleinfängen. Die Fangtüren sind für den Fang von Frischlingen gestellt, die Auslösung erfolgt durch Seilzug. (Foto: SPARING)

Mit dem Eintreten der Frischzeit – März/April – sollte allerdings der Fang eingestellt werden, es sei denn, daß ein selektiver Abfang erfolgt. Wird regelmäßig weitergefüttert, bleiben die Bachen oft in der Nähe der Futterstelle, und ab Juni kann mit dem Fang von Frischlingen fortgefahren werden.

Daraus ergibt sich bereits, daß die Fänge in der Nähe von Einständen angelegt werden sollten. Am geeignetsten sind lichte Althölzer oder kleine Blößen in einer Entfernung von 30 bis 50m von der Dickung (C. STUBBE, 1982). Der Lichteinfall muß so groß sein, daß bei vorgesehener Handauslösung die Sauen auch nachts bei Mond gesehen werden können. Die Ansitzleiter oder Kanzel soll wiederum etwa 50 m vom Fang außerhalb der Hauptwindrichtung stehen. Der Fang sollte von der Seite her einsehbar sein, um kontrollieren zu können, wie weit die Sauen in den Fang hineingezogen sind. Das Futter wird zunächst in der Umgebung der Fanganlagen ausgestreut, mit mehreren längeren Kirrbahnen zum Fang. Nach Annahme stellt man allmählich die Futterdarbietung außerhalb der Fänge ein. Sobald sich die Sauen daran gewöhnt haben, in die geöffneten, noch nicht fängisch gestellten Anlagen zu ziehen, und das Futter dort aufzunehmen, kann der Fang beginnen. Als Fanganlage sind Kleinstfänge, Kleinfänge und Großfänge gebräuchlich.

Der jagdpraktische Einsatz von Narkosemitteln ist noch nicht ausreichend geklärt. Daher bleibt der Schwarzwildfang zur Zeit auf vorgenannte Methoden beschränkt.

15.1.1. Kleinstfänge

An Fütterungen fest gewöhntes Schwarzwild verhält sich gegenüber Fanganlagen, deren Anwesenheit am Fütterungsort ihm lange bekannt ist, ausgesprochen sorglos. Der Futterneid innerhalb der Rotten trägt dazu bei, daß selbst enge, kistenähnliche

Behältnisse ohne weiteres betreten werden. Auf dieser Erkenntnis beruht der Einsatz von Kleinstfängen. Zwei Formen sind in Anwendung:

Kastenfallenfang: Der Fang entspricht einer für Schwarzwild dimensionierten Kastenfalle. Der Kasten hat eine Gesamtlänge von etwa 2,5 m, eine Höhe von 1 m und eine Breite von 0,75 m. Beide Falltüren werden durch einen in der Mitte des Kastens befindlichen Auslösemechanismus gleichzeitig verschlossen. Der Auslösemechanismus besteht entweder aus einem Trittbrett, das auch auf Berührung bei der Futteraufnahme reagiert oder aus anderen einfachen Auslösern, die auf Hebelstellungen beruhen bzw. Fangschlössern. Das Kirrfutter wird durchgängig in den Fang gestreut, der also vom Wild von beiden Seiten her betreten werden kann. Der offene Fang gewährt dem Wild Durchblick nach vorn. Seitenwände, Boden, Dach und Falltüren bestehen aus dicht genagelten Brettern, so daß sich das gefangene Stück bei Verschluß der Türen sofort im Dunkeln befindet und sich dadurch beruhigt. Bei sehr vertrautem Schwarzwildbestand ist es sogar möglich, nur eine Seite des Fanges zu öffnen und das Trittbrett nach der anderen Seite zu verlagern. In diesem Falle vereinfacht sich die Schließtechnik und erhöht sich die Fangsicherheit. Die Falltüren sollten nicht zu schwer sein, um Verletzungen eventuell darunter stehender Stücke zu vermeiden, müssen aber in den Fangboden eingreifen, um ein Ausheben bei den Befreiungsversuchen zu verhindern.

Die Fänge können gleichzeitig als Transportkisten genutzt werden. Eine sehr einfache, bewährte und transportable Form dieses Kleinstfanges wurde von NEUMANN entwickelt. Sie besteht aus 6 miteinander verschraubbaren Feldern, die aus Kastenprofil und etwa 2 cm starken Eisenrohr hergestellt werden. Nur an einer Seite befindet sich die in Profil laufende Falltür aus gleichem Material, die durch einfachste Hebelauslösung heruntergleitet. In diesem Fang fangen sich fast ausschließlich Frischlinge.

Fütterungsfang: Nach dem Prinzip der Rehwildkleinfänge besteht dieser Fang aus einem stabilen Kraftfutterbehälter, der von oben beschickt wird, aber dem Wild nur an einer Seite zugänglich ist. An dieser Seite ist ein etwa 1,5 m langer Fangkasten vorgebaut, der vom Wilde betreten werden muß, um an das Futter zu gelangen, der Auslösemechanismus für die einzige Falltür befindet sich vor dem Futtertrog. Baumaterial und sonstige Dimensionen entsprechen dem vorigen Typ.

Beide Fangformen lassen sich folgendermaßen beurteilen:

Sie sind wenig materialaufwendig und arbeiten zuverlässig. Besonders bei hohen Schwarzwildbeständen und regelmäßiger starker Futteraufnahme ist der Fangerfolg hoch. Eine Beobachtung des Fanges und personelle Auslösung entfallen, die Kontrolle erfolgt am nächstfolgenden Tage, gemeinsam mit der erneuten Futtervorlage. Kleinstfänge werden bevorzugt von Frischlingen aufgesucht. Beim Fütterungsfang kann es Schwierigkeiten geben, das gefangene Stück aus dem Fangkasten in eine Transportkiste zu bekommen.

15.1.2. Kleinfänge

Kleinfänge sind Fanganlagen, die einen mehrere Quadratmeter großen Raum umschließen, an den ein oder mehrere Fangkästen anschließen. Aus der Vielzahl der Entwicklungen sollen 2 bewährte Systeme vorgestellt werden.

Schwarzwildfang nach KOSLO: Dieser Fang ist in der Sowjetunion gebräuchlich, und wurde von KOSLO (1973) näher beschrieben (Abb. 15/2). In Fängen dieser Art wurden in den Schutzgebieten Belowesher Urwald und Beresina zwischen 1960 und 1970 über 870 Sauen gefangen. Er hat die Form eines Trapezes. Die Schmalseite ist 4 m lang und enthält die Falltür. Die Seitenwände haben eine Länge von 8 m. Die Rückseite ist 6 m lang, in ihr befindet sich die Abfangvorrichtung. Das Gerüst besteht aus 14 Säulen aus Kiefern- und Fichtenstangen von 20 bis 25 cm Durchmesser. Die Höhe des Fanges beträgt 2,5 m. Die Säulen, in deren Nutung die Falltür gleitet, sind 4 m hoch, und oben durch einen Querbalken verbunden. Alle Seitenwände sind aus quergenagelten Nadelholzstangen gefertigt, die etwa 2 bis 3 cm

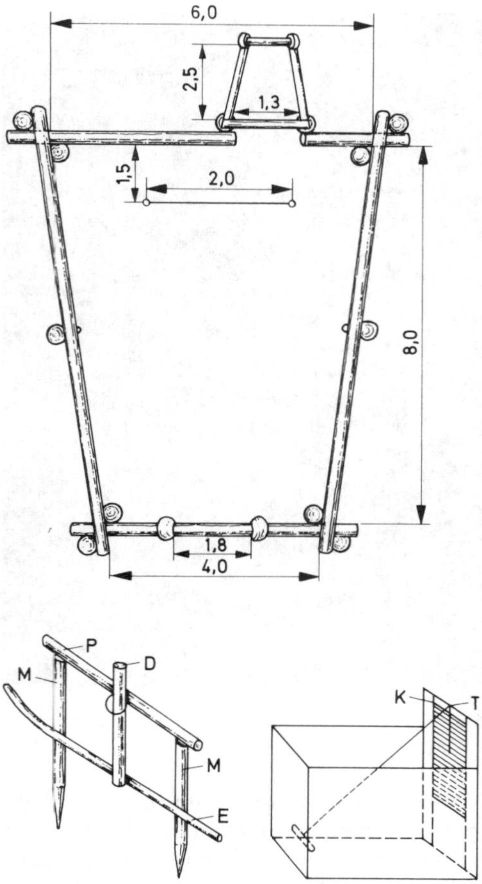

Abb. 15/2 Schwarzwildfang
(nach KOSLO, 1975)

Zwischenräume bilden. Der Fang wird mechanisch durch das Wild selbst geschlossen. Dazu dient ein Auslösemechanismus, der 1,5 m von der Hinterwand entfernt ist. Er besteht aus 2 Pflöcken, die in 1 bis 1,2 m Höhe durch ein Querholz verbunden sind. Vom oberen Rand der Falltür führt ein Draht über den Querbalken des Türgestells zum Auslöser. Er endet in einer Schlinge, durch die ein Stellholz geführt ist. Dieses ird durch das Querholz des Auslösergestells und eine locker eingelegte Stange gehalten, die bei Berührung durch das fraßsuchende Schwarzwild herabfällt und damit das Stellholz freigibt, worauf sich die Tür schließt. Die untere Höhe der geöffneten Tür beträgt mindestens 80 cm. Die Hinterwand des Fanges ist mit einem aus gleichem Material gebauten Käfig von 2,5 m Länge versehen, der an beiden Seiten durch gleitende Türen verschließbar ist. In diesen Käfig werden die gefangenen Sauen nacheinander gejagt und dann in an die Hinterfront gestellte Transportkisten getrieben.

Mehrkammeriger Schwarzwildfang: Unter Verwendung von Elementen in den Wildforschungsgebieten Rothemühl und Serrahn gebräuchlicher Wildfänge entwickelte ein Kollektiv der Abteilung Jagdwirtschaft des Institutes für Forstwissenschaften Eberswalde einen Schwarzwildfang (Abb. 15/3), der im Wildforschungsgebiet Wriezen erfolgreich zum Fang von mehr als 1000 Sauen eingesetzt wurde (C. STUBBE, 1982). Der Fang hat ebenfalls eine Trapezform und ist an der Schmalseite mit einem Falltor von etwa 2,30 m Breite versehen. Das ursprünglich verwendete Schwingtor wurde zugunsten des Falltores aufgegeben; da

- kürzere Schließzeit,
- fester Verschluß und keine Rückfederungserscheinungen,
- nur unbedeutend höhere Verletzungsgefahr des Wildes.

Die Seitenwände sind 6,5 m lang, die Hinterfront 5,3 m. Die Höhe des Fanges beträgt 2,3 m. Für das verwendete Material gibt es 2 Varianten: Traditionell wird der stationäre Fang aus mit Maschendraht bespannten Pfählen gebaut, der im unteren Teil durch einige quergenagelte Derbstangen abgesichert ist. Es ist wichtig, den Draht mindestens 10 cm in den Boden zu versenken und durch eine entlang der Erdoberfläche genagelte Stange ein Untergraben des Fanges zu verhindern. Der Boden kann auch mit starken Bohlen abgesichert werden. Ist beabsichtigt, den Fangplatz mehrfach zu wechseln, kommen massive Zaunfelder in der Größe von 1,25 m x 2,30 m zur Anwendung, die an einen Eisenrahmen geschraubt oder gehängt werden. Neben der genannten Versetzbarkeit hat diese Bauweise den Vorteil längerer Haltbarkeit und besserer Durchsicht für das Wild. Die Verwendung von Metallelementen hat sich nicht störend auf den Fangerfolg ausgewirkt. Bei beabsichtigter Umsetzung des Fanges ist hohe Präzi-

Abb. 15/3 Mehrkammeriger Schwarzwildfang (Foto: C. Stubbe)

sion bei der Anfertigung der Trägerrahmen notwendig.
Die Auslösung des Falltores kann ebenfalls durch einen Auslösemechanismus erfolgen, der durch das Wild bei der Futteraufnahme in Tätigkeit gesetzt wird. Hauptsächlich kommen Fangschlösser zum Einsatz, die über einen Stolperdraht ausgelöst werden. Im Laufe der praktischen Arbeiten mit diesem Fangtyp wurde jedoch wieder auf die Auslösung durch einen Beobachter über Seilzug mit zwischengeschaltetem Fangschloß von einem etwa 30 m entfernt stehenden Hochsitz zurückgegangen. Dadurch kann ein Zeitpunkt abgewartet werden, zu dem sich möglichst viel Sauen oder bevorzugte Stücke im Fang befinden und kein Stück gerade unter dem Falltor steht. Bei regelmäßiger Fütterung und guter Annahme ist der Fangerfolg sehr hoch.
In der Hinterfront des Fanges befinden sich in beiden Ecken je 2 Auffangkisten. Sie haben eine Länge von 2 m, eine Breite von 0,70 m und eine Höhe von 1 m. An beiden Seiten sind sie durch Falltüren verschließbar, die zum Zeitpunkt des Fanges offen stehen. Nach dem Schließen der Haupttür scheint sich hier den Sauen zunächst ein Weg in die Freiheit zu bieten. Beim Betreten der Kisten wird jedoch ein Schließmechanismus in Bewegung gesetzt (s. Kleinstfang), der beide Falltüren der Kiste selbsttätig schließt. Es ist jedoch erforderlich, an der Auslaßseite ein Metallgitter zur Absicherung zwischenzuschalten, damit die Kiste nicht vorzeitig durch eventuell hier einwechselnde Sauen geschlossen wird und so das gesamte Fangergebnis in Frage gestellt ist. Es ist auch hier möglich, die Auslaßseite bereits durch die hölzerne Falltür geschlossen zu halten, nur erfolgt das Beziehen der Kisten durch das gefangene Wild oft nicht ganz so zügig. Es kommt vor, daß mehrere Sauen in einer Kiste gefangen werden. Bei einem Fang im Oktober 1976 enthielten die 4 Fangkisten 3, 2, 1, 1 Frischlinge; die Bache befand sich noch innerhalb des Fanges. Da die Rottenmitglieder in der Flucht einander

folgen wollen, können auch mehrere stärkere Sauen in 1 Kiste eingeschlossen sein und sich erheblich lädieren oder gar unter der Streßwirkung verenden. Deshalb ist das Auslösen des Fanges durch einen Beobachter, der eventuell sofort eingreifen kann, sehr zweckmäßig (Abb. 15/4 bis 15/6).

Frischlingsfang: Für den Fang von Frischlingen im Sommer und Frühherbst wurde ein spezieller Frischlingsfang entwickelt (C. STUBBE, 1982). Es ist ein kleiner zerlegbarer und somit transportabler Fang mit einem Grundriß von 2 m x 2 m und einer Höhe von 1 m. Er hat einen festen Bretterboden und eine Überdachung aus 2 Fertigteil-Zaunfeldern. An der Vorderfront befindet sich ein Falltor, und an der Hinterseite eine kleine verschließbare Öffnung, an welche ein Abfangkasten angesetzt werden kann. Auch größere Sauen wurden mit diesen sehr prak-

Abb. 15/4 Schwarzwildfang in Funktion (Foto: SPARING)

Abb. 15/5 Überläufer und Frischling im Fang, vor der Fangkiste (Foto: SPARING)

Abb. 15/6 Frischlinge im Fang (Foto: SPARING)

tischen Fängen schon gefangen. Insgesamt ist einzuschätzen, daß Kleinfänge der beschriebenen Formen das gleichzeitige Fangen größerer Stückzahlen, gelegentlich ganzer Mutterfamilien, ermöglichen. Sie sind sehr rationell zu bauen, wobei örtliche Möglichkeiten und Zielstellungen den Ausschlag für verwendete Materialien geben.

15.1.3. Großfang

Bei Betrachtung der Effektivität der verschiedenen Fanganlagen, die am Institut für Forstwissenschaften Eberswalde getestet wurden (C. Stubbe, 1984), ist ein Großfang nur dann empfehlenswert, wenn in ihm gleichzeitig noch andere Schalenwildarten, vor allem Rot- und Damwild, gefangen werden sollen (Abb. 15/7). Sein wesentlicher Vorteil besteht darin, daß man mit Sicherheit geschlossene Rotten einfangen kann. Ein Großfang ist nichts anderes als ein eingezäunter Wildacker von 0,25 bis 1 ha Größe, in dessen Inneren sich oft noch eine zusätzliche Fütterung befindet, und dessen Türen durch Beobachter im geeigneten Moment geschlossen werden. Ist gleichzeitig noch ein kleineres Waldstück mit eingezäunt, wird sich das gefangene Wild bis zum Abfang ziemlich ruhig verhalten. Das gefangene Wild wird vorsichtig durch einen sich trichterförmig verengenden Lauf getrieben, mittels Schieber vereinzelt und schließlich in Fangkästen gedrängt (Abb. 15/8). Diese Fangform ist durch den stabilen Zaunbau aufwendig, die Fernauslösung der verschiedenen Falltore kompliziert und auch durch das Abfangen und Vereinzeln des wehrhaften Wildes nicht ungefährlich. Die Anforderungen an den Zaunbau entsprechen denen des Schwarzwildgatters, die Fangkästen bei den Kleinfängen genannten.

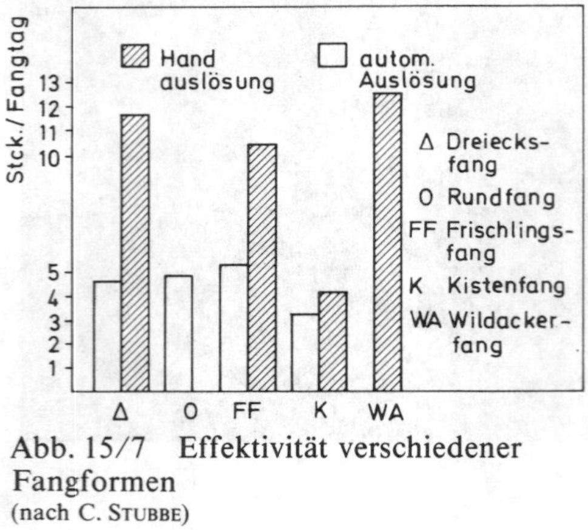

Abb. 15/7 Effektivität verschiedener Fangformen
(nach C. Stubbe)

Abb. 15/8 Sauen im Großfang
(Foto: Sparing)

15.2. Abfang, Behandlung, Transport

Gefangenes Schwarzwild ist infolge seiner Körperstärke und Agressivität nicht leicht zu handhaben. Selbst stärkere Frischlinge können schon zum Angriff übergehen. Nicht nur Keiler schlagen mit ihren Waffen gefährliche Wunden, sondern auch Bachen und Überläufer beißen reaktionsschnell zu und verursachen erhebliche Verletzungen. Daher muß dem Unfallschutz wesentliche Aufmerksamkeit zuteil werden. Dagegen ist das Schwarzwild physiologisch und psychologisch recht unempfindlich, so daß durch mit dem Fang verbundene Streßsituationen kaum Verluste auftreten. Besonders schwierig ist der Umgang mit dem gefangenen Schwarzwild dann, wenn es nicht nur um eine Umsetzung von der Fang- in die Transportkiste geht, sondern auch um eine genauere Untersuchung, Vermessung oder Markierung. Geringere Frischlinge sind durch Ausheben der Hinterläufe verhältnismäßig leicht zu stabilisieren. Etwas stärkere Stücke müssen schnell und fest erst an den Tellern, dann an den Vorder- und Hinterläufen erfaßt und nunmehr auf die Seite gelegt werden. Vom Überläufer ab ist dieses Vorgehen kaum möglich. Zur Manipulierung auch dieser Stücke wurde durch BOHN ein Fangkasten (Abb. 15/9 und 15/10) entwickelt (BRIEDERMANN und BOHN, 1974). Dieser durch kleine Räder bewegliche Kasten wird dicht vor die äußere Tür der Fangkiste oder Fangschleuse gestellt, und das bewegliche Seitenteil an der Eintrittseite in erforderlicher Breite geöffnet. Wird nun die Falltür aufgezogen, scheint sich dem Stück ein Weg in die Freiheit aus der dunklen Fangkiste zu bieten, so daß es meist ohne Nachhilfe in den Fangkasten springt. Sofort wird der bewegliche Seitenteil hinten mit Seilzug verschlossen und damit das Stück fest zwischen die aus Eisenrohren bestehenden Seitenteile gepreßt. Es ist nun bewegungsunfähig und kann nach Belieben behandelt und vermessen werden.

Nach Abschluß dieser Arbeiten wird das bewegliche Seitenteil an der Austrittseite durch einen Hebel geöffnet, und das Stück gelangt in die Freiheit, die Transportkiste oder in ein Auffanggatter. Nachfolgend einige nähere Bauangaben:

Bodenplatte: 140 cm lang, 65 cm breit am Eintritt, 50 cm breit am Austritt.

Starrer Seitenteil: 4 130 cm lange, mindestens 2 cm starke Eisenrohre, im Abstand von 17 cm auf Flacheisen verschweißt. Diese verbinden gleichzeitig Dach- und Bodenplatte.

Beweglicher Seitenteil: 4 150 cm lange Eisenrohre gleicher Stärke im gleichen Abstand, die zur Einlaßseite hin bauchig gebogen und auf Flacheisen oder Eisenrohre verschweißt sind. Das Seitenteil ruht an der Eintrittseite in Höhe der Krümmung auf einer Stützrolle (Kugellager), an der Austrittseite auf einer Schienenführung in der

Abb. 15/9 Fangkasten nach BOHN

Abb. 15/10 Fangkasten nach BOHN, Stellsystem

Dachplatte. Der Verschluß erfolgt an der Eintrittseite durch einen Strick am starren Seitenteil. An der Austrittseite wird er durch einen mittels Hebel beweglichen Metallbolzen gewährleistet, der in verschiedene Bohrungen in der Bodenplatte eingreift, um die Einstellung je nach der Stärke des gefangenen Stückes zu ermöglichen.

Die Dachplatte aus Brettern entspricht in den Dimensionen der Bodenplatte. Sie wird auf der beweglichen Seite durch 2 zusätzliche Stützen aus Flacheisen getragen.
Wenn sich bei stärkeren Stücken eine medikamentöse Erregungsdämpfung erforderlich macht, wird von Hatlapa et al. (1974) der Einsatz von Stresnil (Azaperon) angeraten. In Kombination mit Vetalar wird es zur Immobilisation von Schwarzwild empfohlen. Henry und Matschke (1972) berichteten über die Immobilisierung von Schwarzwild mit Sernylan (Phencyclidin). Dieses Präparat bedingte jedoch gleichzeitig höhere Verlustraten.
Dittus (1983) empfiehlt auf der Grundlage durchgeführter Versuche die Verwendung von Azaperon in einer Dosierung von 2 mg/kg Körpermasse in kleineren Gattern, da der Wirkungseintritt erst nach etwa 20 Minuten erwartet werden kann. Für noch stärkere Sauen und größere Anlagen verwandte er Ketamin in einer Dosierung von 15 mg/kg Körpermasse. Die Wirkung tritt nach etwa 4 Minuten ein, die Sedation ist tiefer und dauert 20 bis 50 Minuten an. In Fängen kann die Applikation mit Blasrohren erfolgen. Durch Baber und Coblentz (1982) wird mitgeteilt, daß eine Mischung von Ketamin-Hydrochlorid und Xylazin im Verhältnis 1 : 1 eine bessere Verträglichkeit und schnellere Wirksamkeit bedingt. Bei Umsetzungen von Schwarzwild sollte gleichzeitig eine Schutzimpfung gegen Schweinepest und Rotlauf vorgenommen werden. Da für Umsetzungen im allgemeinen nur Jungtiere in Frage kommen, sind Transportkisten entsprechend zu dimensionieren. Sie sollen etwa 1,50 m lang, 80 cm breit und 80 cm hoch sein und aus Bretterwänden ohne Zwischenräume bestehen. Die vordere Falltür soll eine Klappe oder einen Schieber für Kontrollen enthalten. Die Falltüren müssen verriegelbar sein. Die Bodenplatte soll durch maximal 2 cm starke Löcher den Harnabfluß ermöglichen. Die Stücke sind einzeln zu transportieren, höchstens schwache Frischlinge können zu zweit untergebracht werden. Eine Zugabe von Einstreu und Futtermitteln ist bei Transportzeiten unter 24 Stunden nicht erforderlich. Es ist zweckmäßig, während der warmen Jahreszeit Transporte nachts durchzuführen, da zu heiße und schwüle Witterung zum Kollaps führen kann. Die Kisten sind auf dem Transportfahrzeug quer zur Fahrtrichtung zu laden, da anderenfalls bei heftigem Bremsen oder unebenen Wegeverhältnissen das Wild innerhalb des Kastens hin und her geschleudert wird und sich dabei schwer verletzen kann.

15.3. Haltung

Zahlreiche Gründe machen Schwarzwild besonders für die Haltung in Gattern geeignet. Als Allesfresser ist es relativ leicht zu ernähren und nutzt zudem das natürliche Nahrungsangebot gut aus, ohne, wie manche Wiederkäuer, starke forstliche Schäden zu verursachen. Bei Fütterung und Ruhe wird es leicht tagesaktiv, und ist dann von den Besuchern gut zu beobachten. Durch rasche Vermehrung und schnelles Wachstum ergibt sich ein hoher Ertrag an schmackhaftem Wildbret. In Jagdgattern ist die Erntemöglichkeit in Beziehung zum Stammbestand besonders hoch (Haas, 1970; Fuchs, 1978; Erl, 1980).
In Abhängigkeit von der jeweiligen Zielstellung sind Schaugatter und -gehege, Gattereinrichtungen für wissenschaftliche Zwecke, Jagdgatter und Gatter zur reinen Wildbretproduktion zu unterscheiden. In diesem Rahmen können nur Gatter mit vorwiegend jagdlichen Zielstellungen Berücksichtigung finden. Entsprechend internationaler Empfehlungen (Hatlapa et al., 1974) sollen Jagdgatter eine Mindestgröße von 115 ha nicht unterschreiten. Pall (1980) empfiehlt eine Mindestgröße von 300 ha, eine Maximalgröße von 500 ha.
Es ist vorteilhaft, wenn der zu zäunende Waldbestand einen möglichst hohen Laubholzanteil, vor allem Eichen und Rotbuchen, aufweist. Dadurch erfolgt in Mastjahren eine hohe zusätzliche Futterproduktion, doch auch die Bodenflora und -fauna in derartigen Beständen bieten beachtliche Nahrungsreserven. Etwa 10 %, nicht unter 5 %, der gezäunten Fläche sollte von gepflegten Wiesen eingenommen werden, da hier das Schwarzwild einen hohen Teil sei-

nes Bedarfes an Eiweiß und Vitaminen deckt. Schließlich sind kleinere Fließgewässer oder zumindest Wasserstellen erforderlich.
Große Gatter sollten im Interesse der Zaunersparnis mehr quadratisch, kleinere mehr rechteckig geformt werden, um dem Wild eine längere Front zum Wechseln zu bieten. Es ist zweckmäßig, die Zäune entlang von Wegen zu führen und dadurch eine rasche motorisierte Kontrolle zu ermöglichen. Möglichst wenig öffentliche oder sonst stark benutzte Wege sollen in und durch das Gatter führen, da die Ein- und Ausfahrten bzw. Durchgänge durch Tore gesichert werden müssen, die meist nicht ständig unter Kontrolle zu halten sind.
Auf die verschiedenen Torkonstruktionen wird hier nicht eingegangen. Sie alle setzen voraus, daß die Tore nach der Benutzung wieder sorgfältig verschlossen werden. Drehtüren bilden kein sicheres Hindernis, da auch das Wild sie zu benutzen lernt. Eine interessante Lösung bieten HATLAPA et al. (1974) an, den Straßenrost. In Straßenbreite wird eine etwa 90 cm tiefe und 3,20 m lange Grube ausgehoben und armiert. Sie wird durch Trägerpfosten in Abständen von 30 cm überdeckt, auf denen 5 cm starke Pfosten im Abstand von 8 cm ruhen. In gleicher Weise können starke Eisenroste verlegt werden. Nach Meinung der Verfasser zieht Wild nicht über derartige Roste, so daß weitere Toranlagen überflüssig sind.
Schwarzwild gewöhnt sich leicht an den Aufenthalt in Gatteranlagen, sofern eine ausreichende Futterversorgung besteht. Bei Ausbruchsversuchen wird in den seltensten Fällen angestrebt, den Zaun zu überfliehen, so daß eine Höhe von 1,5 m im allgemeinen ausreicht. Häufiger wird versucht, unter dem Zaun hindurchzuschlüpfen. Daher ist es zweckmäßig, den Drahtzaun etwa 30 cm in den Boden einzulassen und an der Erdoberfläche durch eine aufgenagelte Derbstange abzusichern. 2 weitere Stangen sollten in einem Bodenabstand von etwa 30 und 60 cm der Absicherung dienen, und eine vierte den Zaun oben abschließen. Bei straff gespannten Knotengitterzäunen aus derbem Material kann auf die oberen Derbstangen verzichtet werden. Müssen Gewässer durch den Zaun geführt werden, sind einbetonierte Metallgitter erforderlich, da Schwarzwild in Wasserläufen zieht. Die Besetzungsstärke des Gatters ist von der Zielstellung, der Größe des Gatters und der künstlichen und natürlichen Ernährungsbasis abhängig. Sie soll im allgemeinen einen jährlichen Höchstbestand von 1 Stück je ha nicht überschreiten. Bei der Bewirtschaftung des gegatterten Waldbestandes kommt der Erhaltung, Pflege und Erweiterung der masttragenden Baumarten eine hervorragende Rolle zu. Freigestellte Eichen und Rotbuchen fruktifizieren früher und häufiger. Sehr wertvoll ist eine Ergänzung des Baumbestandes durch Roteichen und alle Wildobstarten. Kastanien werden vom Schwarzwild weniger gern verzehrt. Die Pflege der Wiesenflächen durch angemessene Düngung und Nachsaat, vor allem von Kleearten ist keinesfalls zu unterschätzen. In diesem Zusammenhang ist auch die Melioration von Waldschneisen durch Bodenbearbeitung, Düngung und Einsaat von Klee-Gras-Gemischen zu erwähnen. Demgegenüber sind Wildäcker auch in Gattern nicht empfehlenswert, da der Nutzen selbst bei Zaunschutz in keinem vertretbaren Verhältnis zum Aufwand steht. Die Fütterung des Gatterbestandes kann sich gewöhnlich im Sommer auf Beifütterung von Kraftfuttermitteln beschränken, während im Winter auch Saftfutter angeboten werden muß. Grobkörniges Futter, wie Mais oder Pellets, kann auf trockenem Untergrund breitwürfig verstreut werden. Auf diese Weise wird der sonst übliche Streit an Futterplätzen weitgehend vermieden. Bei feinkörnigem Futter müssen festverankerte Tröge zur Verfügung stehen. In diesem Falle sind abgezäunte Fütterungen für Frischlinge anzulegen, an die stärkere Stücke nicht gelangen können. Da meist unterschiedlich starke Frischlinge im Gatter vorhanden sind, haben sogenannte „Frischlingsrechen" mit verstellbarer Durchschlupfweite nur beschränkte Vorteile. Es empfiehlt sich deshalb eher, mehrere Tröge mit Zäunen unterschiedlichen Lattenabstandes zu umgeben. Die Futtermengen hängen vom natürlichen Angebot ab und schwanken zwischen 0,5 und 1,5 kg Kraftfutter je Stück und Tag, im

Winter ergänzt durch 1 bis 2 kg Saftfutter. Als Kraftfutter sind alle Getreidearten geeignet, als Saftfutter werden alle Rübenarten, Kartoffeln und Silage empfohlen. Rüben sollten zerkleinert werden. Eine Ergänzung der Rationen durch tierisches Eiweiß und auch durch Küchenabfälle ist bei Beachtung der sanitären Vorschriften möglich. Zur besseren Entwicklung der Frischlinge können industriell gefertigte Konzentratfuttermittel an Stelle des Kraftfutters zum Einsatz gelangen. Schließlich soll auch hier erwähnt werden, daß Schwarzwild einen hohen Salzbedarf hat, und daß daher Salzlecken in jedes Gatter gehören. In Gattern ist eine regelmäßige veterinärmedizinische Überwachung notwendig, um dem Auftreten von Seuchen, vor allem der Schweinepest, und von Parasiten, vor allem der Lungen- und Darmschmarotzer und der Räude, vorzubeugen. Es ist aus diesem Grunde empfehlenswert, dem Gehege ein Quarantänegatter in der Größe von etwa 10 ha anzuschließen, das auch über einige feste Boxen verfügt (PALL, 1980). Hier können neu beschaffte Sauen eingewöhnt und saniert, verdächtig erscheinende isoliert und beobachtet werden. Es ist auch günstig, wenn ein Teil dieses Gatters, sozusagen in Form eines Großfanges, dem Schwarzwild als Futterplatz sehr vertraut gemacht wird, damit man bei Bedarf größere Teile des Bestandes hier konzentrieren, behandeln, abfangen oder gar eliminieren kann. Nach FUCHS (1978), PALL (1980) und HELL (1986) soll ein Teil der Anlage als Zuchtgatter eingerichtet werden, aus dem der zum Abschuß bestimmte Teil zu gegebener Zeit in den Jagdgatterteil entlassen wird. Ist im übrigen das Gatterwild zunächst ziemlich zahm, setzt die erforderliche Scheuheit doch mit dem Jagdbeginn ein.

Jahrhundertelange Erfahrungen belegen, daß alle Schwarzwildgatter neben der Gefahr der Inzucht und des Kümmerns infolge unzureichender Futterversorgung, durch Seuchen und Krankheiten hochgradig gefährdet sind. Daher muß der veterinärhygienischen Fürsorge im weitesten Sinne höchstes Augenmerk gewidmet werden. Über vorbeugende Maßnahmen zur Bekämpfung von Magen-, Darm- und Lungenwürmern sowie von Parathyphus berichtete FUCHS (1980).

Bei einer Abschätzung der Perspektive der Gatterhaltung von Schwarzwildbeständen soll nicht unterschätzt werden, daß Schaugehege für die Bevölkerung eine große Anziehungskraft besitzen, da das heimliche Schwarzwild in freier Wildbahn nicht so gut beobachtet werden kann (HECK, in HECK und RASCHKE, 1980). Es ist auch leicht, große repräsentative Saujagden anzurichten und den Abschuß ausgereifter Keiler zu garantieren (ERL, 1980; PALL, 1980).

Schließlich werden durch Gatterhaltung Feldschäden ausgeschlossen, und die gegatterte Waldfläche kann bei sachkundiger Bewirtschaftung auch von forstlichen Schäden freigehalten werden. ERL (1980) schätzt sogar ein, daß der Holzzuwachs infolge des Abbaus der Rohhumusdecke, besserer Belüftung und Durchfeuchtung des Oberbodens, zusätzlicher Düngung und Vertilgung von Forstschädlingen im von ihm betreuten Gatter angestiegen sei.

Diese Gründe mögen örtlich sicher dafür sprechen, ein Jagdgehege für Schwarzwild anzulegen. Grundsätzlich aber kann darin keine Alternative für das Vorkommen des Schwarzwildes in freier Wildbahn gesehen werden. Im Verlaufe der letzten 20 Jahre wurde in der DDR, wie auch in anderen Staaten, erfolgreich der Nachweis geführt, daß es möglich ist, auch in der intensiv bewirtschafteten Kulturlandschaft zahlenmäßig begrenzte Schwarzwildbestände mit hohem Leistungsvermögen und bei geringen Feldschäden zu halten. Den Jägern ist der Eindruck des urwüchsigen Wildes in der Freiheit und der Reiz des Zufälligen in der Jagd erhalten geblieben. Das sollte durch Forschung und Praxis auch für die Zukunft gesichert werden.

Literaturverzeichnis

ACKERKNECHT, E.: 1950 – Anatomische Unterschiede zwischen Wildschwein und Hausschwein. – Z. Tierzücht. u. Züchtungsbiol. 58, 4, 465 bis 472

ADLERBERG, G.: 1930 – Vorläufige Übersicht über die russischen und mongolischen Wildschweine (russ.). – Doklady AN UdSSR, Ausg. 4

ADRIAN, E. D.: 1963 – Afferent areas in the brain of Ungulates. – Brain 66, 89

AHRENS, M.: 1984 – Ergänzende Untersuchungen zum Reproduktionsgeschehen beim Schwarzwild. – Beitr. Jagd- u. Wildforsch. XIII, 231 bis 243

ALTEVOGT, R.: 1972 – Zur Verhaltensphysiologie der Trüffelschweine des Périgords (SW-Frankreich). – Wiss. Z. Humboldt-Univ. Berlin, Math.-naturwiss. Reihe XXI, 4, 407 bis 410

ALTMANN, D.: 1969 – Harnen und Koten bei Säugetieren. – Die Neue Brehm-Bücherei, A. Ziemsen-Verlag Wittenberg-Lutherstadt, Nr. 404, 104 S.

ALTUM, B.: 1876 – Forstzoologie. Bd. I: Säugetiere – J. Springer-Verlag Berlin, 2. Aufl. 409 S.

AMMANN, L.: 1929 – Der Augapfel des Wildschweines. – Arch. Jul.-Klaus-Stiftung, 5

AMON, R.: 1938 – Abstimmung, Arten und Rassen der Wildschweine Eurasiens. – Z. Zücht., Reihe B, Tierzücht. u. Züchtungsbiol. Bd. XL, 49 bis 88

ANDRZEJEWSKI, R.: 1971 – Geflecktes Schwarzwild (poln.). – Lowiec Polski, 22 (1409), 6 bis 7

– 1974 – Spotty mutation of the wild boar Sus scrofa Linnaeus, 1758. – Acta Theriol. 19, 11, 159 bis 163

ANDRZEJEWSKI, R. u. W. JEZIERSKI: 1969 – Grundsätze für die Verhinderung von Schäden, die durch Wildschweine verursacht werden (poln.). – Lowiec Polski, 1, 4 bis 7 u. 2, 1 bis 3

ANDRZEJEWSKI, R., J. JEZIERSKI, A. KOSTELECKA-MYRCHA u. A. MYRCHA: 1976 – Colour Mutation in Wild Boars and the Physiological Causes of Mortality of the Mutante on the Population. – Bull. Ac. Pol. pl. Sciences, II, XXIII, 12, 793 bis 797

ANDRZEJEWSKI, R. u. W. JEZIERSKI: 1978 – Management of wild boar population and its effects on commercial land. – Acta Theriol. 23, 19 bis 30, 309

ANGERMANN, R.: 1977 – Aussagewert karyologischer Untersuchungen für taxon. Probleme bei Säugetieren. – Säugetierkundl. Inform. 1, 5

ANKE, M.; u. M. RISCH: 1979 – Haaranalyse und Spurenelementstatus. Gustav Fischer-Verlag Jena, 267 S.

ANKE, M.; L. BRIEDERMANN; H. KRONEMANN; B. GROPPEL: (1986) – Der Mengen- und Spurenelementstatus des Schwarzwildes. – Beitr. z. Jagd- u. Wildforschung, Berlin XIV, 113 bis 121

ANONYMUS: 1973 – Untersuchungen über das Geschlechterverhältnis beim Wildschwein *(Sus scrofa)*. – Inst. Wildforsch. u. Jagdkunde, Univ. Göttingen, Jahresbericht, 23 S.

ANUČIN, A. V.: 1938 – Die systematische Stellung des transkaukasischen Wildschweines *Sus scrofa attila* TH. (russ.). – Trudy zoologičeskogo sektora Akademii nauk SSR, Grusinski filial, 2, 5 bis 93

ARSENJEW, W.: 1951 – Durch die Urwälder des

Fernen Ostens. – Sachsenverlag Dresden, 323 S.
ASAHI MINORU: 1978 – Streckenanalyse für Wildschwein, Braun- und Himalajabär und Sikahirsch in Japan (jap.). – Chonju dobutschigaku dsassi, Journ. Mammalog. Soc., Jap., 7, 4, 206 bis 218
ASCHOFF, J.: 1955 – Jahresperiodik der Fortpflanzung bei Warmblütern. – Studium Generale 8, 742 bis 776
– 1958 – Tierische Periodik unter dem Einfluß von Zeitgebern. – Z. Tierpsychol. 15, 1 bis 30
– 1962 – Spontane lokomotorische Aktivität. – in Handbuch der Zoologie, Berlin, Bd. 8, 11 (4), 1 bis 74
ASHBY, K. R.; u. C. SANTIAPILLAT: 1987 – The life expectancy in the Wild pig in Ruhuna National Park, Sri Lanka. – Abstracts XVIII. Congr. IUGB, Kraków, 8 bis 9
APOLLONIO, M., E. RANDI, S. TOSO: 1987 – A morphological and biochemical approach to some European Wild boar systematic problems. – Abstracts XVIII. Congr. IUGB, Kraków, 6 bis 7
–: 1987, in Vorb. – The systemematics of the wild boar (*Sus scrofa L.)* in Italy. – Manuskript
AUMAITRE, A., C. MORVAN, J. QUERE, J. PEINIAU u. G. VALLET: 1982 – Productivité potentielle et reproduction hivernale chez la laie *(Sus s. scrofa)* en milieu sauvage. – Journeeś Rech. Porcine en France, 14, 109 bis 124
Autorenkollektiv: 1980 – Vildsvin i Sverige. – Stockholm, 97 S.
AWERINA, I.: 1977 – Die winterliche Marschroutenzählung (russ.). – Ochota i ochotn. chosj. 12, 22 bis 23
A. H.: 1981/82 – Hoffnungen für Australiens Schwarzwild. – Wild u. Hund, 86, 16

BABER, D. u. B. COBLENTZ, 1982 – Immobilization of Feral Pigs with a Combination of Ketamine and Xylazine. – Journ. Wildl. Managem., 46 (2), 557 bis 559
BABER, D. W. u. B. E. COBLENTZ: 1987 – Diet, nutrition and conception in feral pigs on Santa Catalina island. – Journ. Wildl. Man., 51, 2, 306 bis 317
BADER, W.: 1983 – Untersuchungen beim Wildschwein – Beobachtungen und Registrierungen in freier Wildbahn; Schätzung des Körpergewichts, Schlachtgewicht, Bluntuntersuchungen, anatomische Untersuchungen der Rüsselscheibe und der Hoden – Diss. München, 85 S.
BACKHAUS, D.: 1956 – Experimentelle Untersuchungen über die Sehschärfe und das Farbsehen bei Huftieren. – Z. Tierpsychol. 16, 445 bis 467
BAETTIG, M.: 1980 – Schwarzwild im Kanton Waadt – seine Jagd, Verbreitung und sein Konflikt mit der Landwirtschaft. – Giessen Schwarzwild-Symposion, Enke-Verlag, 81 bis 101
– 1984 – Beiträge zur Schwarzwildforschung in der Schweiz – Diss. Univ. Basel
BALIŠ, M.: 1971 – Das Wachstum der Körperdimensionen und Waffen beim Schwarzwild im Gebiet der Nordslowakei. – Polovnicky zbornik, I, 15 bis 34
BATHKE, K.: 1974 – Bruzellose. – in Beer, J.: Infektionskrankheiten der Haustiere. – Gustav Fischer-Verlag, Jena, 656 S.
BECHSTEIN, J.: 1801 – Handbuch der Jagdwissenschaft. – 1. Band, 1. Theil, Nürnberg
– 1820 – Die Jagdwissenschaft nach allen ihren Theilen für Jäger und Jagdfreunde. – 1. Band: Jagdzoologie. – Erfurt und Gotha
BECKER, C.: 1977 – Beitrag zur Kenntnis vor- und frühgeschichtlicher Haus- und Wildschweine Mitteleuropas unter besonderer Berücksichtigung Haithabus. – Diss., Kiel, 148 S.
BECKER-DILLINGEN, J.: 1945 – Die Ernährung des Wildes in der freien Wildbahn. – Donauwörth, Verlags-Buchhandlung Ludwig Auer, 502 S.
BEER, J.: 1974 – Infektionskrankheiten der Haustiere. Band I und II. – Gustav Fischer-Verlag Jena, 656 S.
BELOPOLSKAJA, M.: 1952 – Die Parasitenfauna des Wildschweines des Primorje-Gebietes (russ.). – Trudy Leningr. Obw. estestwoispyt. XXI, 4
BENINDE, J.: 1937 – Zur Naturgeschichte des Rothirsches. – Verlag Paul Schöps, Leipzig, 223 S.
BEHRNDT, W.: 1977 – Für eine Bewirtschaftung des Schwarzwildes. – Niedersächs. Jäger, 891 bis 897
BERDAR, B.: 1974 – Vadgazdalkodas es vadbiologiai kutatas Daniaban. – Nimrod, 6 (5) Beil. 2, 1 bis 3
BERGMANN, V.: 1978 – Zur Ultrastruktur der Sarkozysten in der Skelettmuskulatur von Reh und Wildschwein. – Erkrankungen der Zootiere, 163 bis 165
BERGMANN, V.; u. E. KINDER: 1976 – Elektronenmikroskopische Untersuchungen zur Wandstruktur von Sarkozysten in der Skelettmuskulatur von Wildschwein und Reh. – Monatsh. Vet. Med., 31, 20, 785
BERNARD, J. u. W. BIESEMANS: 1978 – Comparaison des Infestations par les Nématodes du sangliers en Tunisie et en Belgique – Bull. Rech. Agron. Gembloux 13/2, 105 bis 118
BEUERLE, W.: 1975 – Freilanduntersuchungen zum Kampf- und Sexualverhalten des europäischen Wildschweines (*Sus scrofa* L.). – Z. Tierpsychol., 39, 211 bis 258

BEYER, W. u. H. GÄBLER: 1961 – Die Schweinepest unter dem Schwarzwild im Bezirk Frankfurt (Oder) in den Jahren 1953–1956. – Arch. Forstwes., 10, 11/12, 1196 bis 1207

BIEGER, W.: 1928 – Die deutsche Jagdwirtschaft. – J. Neumann-Verlag, Neudamm

– 1941 – Handbuch der deutschen Jagd. 1. Band. – Paul Parey, Berlin, 661 S.

BJELONOSSOV, W.: 1965 – Das Fleisch des Wildschweines (russ.). – Ochota i ochotn. chosj. 12

BLANKENHORN, H. J.: 1985 – Die Jagd in der Schweiz 1984 in der Statistik. – Jagd + Hege, 5, S. 26 und 27

BLAUPOT TEN CATE, S. J.: 1955 – Altersbestimmung bei der Wildsau. – Schweizer. Jagdztg., Zürich, 15

– 1968/69 – Die Jagd in der Schweiz. – Wild u. Hund, 71, 12, 291 bis 292

BOBACK, A. W.: 1957 – Das Schwarzwild. – Neumann-Verlag Radebeul-Berlin, 142 S.

BOCH, J. u. F. HÖRCHNER: 1961 – Untersuchungen über Helminthen des Schwarzwildes. – Z. Parasitenkd., 21, 113 bis 122

BOCH, J. u. SCHNEIDAWIND, H.: Krankheiten des jagdbaren Wildes Verlag Paul Parey Hamburg und Berlin 1988, 398 S.

BODENHEIMER, F.: 1923 – Beiträge zur Kenntnis von *Tipula oleracea* L. – Z. angew. Entomol., 9

– 1958 – Animal ecology to-day. – Den Haag

BOETTICHER V., H.: 1939 – Bemerkungen zur Systematik der echten Schweine (Gattung *Sus* LINNÉ). – Z. Säugetierkd., 13, 246 bis 254

BOHLKEN, H.: 1961 – Haustiere und Zoologische Systematik. – Z. Tierzücht., 76, 1, 107 bis 113

BOHLKEN, H.: 1962 – Probleme der Merkmalsbewertung am Säugetierschädel, dargestellt am Beispiel des Bos primigenius Bojanus 1827. – Morphol. Jahrb., 103, 4, 509 bis 661

BOISAUBERT, B. u. F. KLEIN: 1984 – Contribution á l'étude de l'occupation de l'espace chez le Sanglier par capture et recapture-Symp. int. sur le sanglier, INRA 22, Paris, 135 bis 150

BOIS-ROUVRAY, F. DU: 1984 – Laissez vivre le sanglier. – Le Chasseur Francais, Ja, 44 bis 45

BOLLINGER: 1878 – Die Wildkrankheiten und ihre Bekämpfung. – J. Neumann-Verlag, Neudamm, 1914, 488 bis 489

BOMBOSCH, S.: 1981 – Schadstoffe im Wildbret. – Wild u. Hund, 84, 19, 461 bis 464 u. 20, 492

BON, R., R. CAMPAN, M. DARDAILLON, G. DEMEAUTIS, G. GONZALEZ, P. TEILLAUD. – Comparative Study of the Seasonal Variations of the Social Structures in Three French Wild Ungulates. – Wiss. Zeits. d. Humb.-Univ., Math.-Nat. R., 35, 3, 254 bis 258

BORCHERT, A.: 1962 – Lehrbuch der Parasitologie für Tierärzte. – S. Hirzel-Verlag Leipzig, 644 S.

BORCZIŃSKI, M.: 1974 – Der Einfluß des Brechens von Schwarzwild auf die Artenzusammensetzung und die zahlenmäßigen Verhältnisse der Bodenflora in drei Waldtypbeständen (poln.). – Prace Kom. Nauk roln. leśn. Pozn. Tow. Przy j. Nauk, Poznan, 36, 3 bis 18

BORGGREVE, B.: 1877 – In welchem Lebensalter rauscht und frischt die Bache zum ersten Male? – Forstl. Blätter, H. 4

– 1878 – Weiteres zu der Frage, betreffend die Geschlechtsreife der Frischlinge und die Entwicklung resp. das Ansprechen der Sauen überhaupt. – Forstl. Blätter, H. 6

– 1878 – Neue Daten über das Wintergewicht der Sauen. – Forstl. Blätter, H. 11

BORNMÜLLER, H.: 1981 – Ballistische Daten von Jagdmunition. – in Taschenkalender für den Jäger, DLV Berlin, 192 bis 199

BOROWSKI, ST. u. L. MILKOWSKI: 1977 – Beobachtungen zum Schalenwild in der Bialowiezaheide in den Jahren 1969–1973. – Z. Jagdwiss., 23, 4, 169 bis 187

BOSMA, A. A.: 1976 – Chromosomae polymorphism and G-Banding patterns in the wild boar from the Netherlande. – Genetica 46, 391 bis 399

BOSMA, A., N. DE HAAN, A. MACDONALD, 1984 – Variabilité du caryotype chez le Sanglier – Symp. int. sur le sanglier, INRA 22, Paris, 53 bis 56

BOUVIER, G.: 1956 – Ektoparasiten schweizerischer Wildsäugetiere. – VEB Gustav Fischer-Verlag Jena, 18 S.

BOULDOIRE, J.: 1982 – L'evolution des Depenses d'indemnisation des Degats de Sangliers et de Grand Gibiers consequences. – Bull. ONC, 34 bis 46

– 1984 – La statut du Sanglier en France entre 1975 et 1982 – Symp. int. sur le sanglier, INRA 22, Paris, 173 bis 186

BOYE, M.: 1956 – Vergleichende Untersuchungen über die arterielle Gefäßversorgung des Uterus von Wild- und Hausschweinen. – Z. Tierzücht. u. Züchtungsbiol. 67, 259 bis 296

BRANDT, E.: 1961 – Der Wert der Keilerwaffen als Altersweiser. – Beitr. Jagd- u. Wildforsch., Tagungsberichte Nr. 37, 53 bis 77

– 1965 – Zur Altersbestimmung beim Schwarzwild. – Unsere Jagd, 3, 69 bis 71

– 1974 – Probleme der praktischen Schwarzwildbewirtschaftung. – Beitr. Jagd- u. Wildforsch. VIII, Berlin, 89 bis 95

BRATTON, S. P.: 1974 – The Effect of the European Wild Boar *(Sus scrofa)* on the High Elevation Vernal Flora in Great Smoky Mountains National Park. – Bull. of the Torrey Botanical Club, 101, Nr. 4, 198 bis 206

BRAUNE, S.: 1975 – Untersuchungen zum Eintritt

der Geschlechtsreife bei weiblichen Schweinen und Möglichkeiten der biotechnischen Beeinflussung. – Diss. KMU Leipzig

BRAUNSCHWEIG, V. A.: 1983 – Siamesische Zwillinge beim Schwarzwild – Wild und Hund, 86, 3, 50

BRGLEZ, J., S. VALENTINČIČ u. R. RAKOVEC: 1968 – Beitrag zur Kenntnis der Parasitenfauna des Wildschweines in Slowenien (jugosl.). – Acta Veterinaria, XVIII, 6, 373 bis 378

BRIEDERMANN, L.: 1964 – Zum Fortpflanzungsrhythmus unseres Schwarzwildes. – Unsere Jagd, 14, 11, 5, 242 bis 245

– 1965 a – Der gegenwärtige Stand der Rhythmusforschung bei jagdbaren Großsäugern. – Beitr. Jagd- u. Wildforsch. IV, 71 bis 81

– 1965 b – Die Altersbestimmung erlegten Schwarzwildes. – Arbeitsgemeinschaft Jagd- u. Wildforsch. d. DAL, Merkblatt Nr. 22, 16 S.

– 1966 – Die Schwarzwildbewirtschaftung in Theorie und Praxis. – Arbeitsgemeinschaft Jagd- u. Wildforsch. d. DAL, Merkblatt Nr. 23, 35 S.

– 1967a – Untersuchungen zur Ernährung des Schwarzwildes im Flachland der DDR. – Diss. AdL Berlin, 261 S.

– 1967 b – Hinweise zur Verminderung von Schwarzwildschäden im Felde. – Unsere Jagd, 6, 4

– 1967 c – Wovon ernährt sich unser Schwarzwild? – Wildforsch. u. Jagdwirtschaft – Kleine Beiträge – 7 bis 14

– 1967 d – Die Nahrungskomponenten des Schwarzwildes in der mitteleuropäischen Kulturlandschaft. – VIIe Congres des Biologistes du Gibier Beograd, 207 bis 213

– 1968 a – Die Möglichkeiten zur Verminderung von Schwarzwildschäden auf Kartoffelanbauflächen durch Ausnutzung des Sortenwahlvermögens. – Nachrichtenbl. Dt. Pflanzenschutzdienst, Berlin, 1, 14 bis 18

– 1968 b – Die biologische und forstliche Bedeutung des Wildschweines im Wirtschaftswald. – Arch. Forstwes. 17, 9, 943 bis 967

– 1968 c – Das Schwarzwild, in WAGENKNECHT, E.: Die Altersbestimmung des erlegten Wildes. – 1. Aufl. DLV Berlin, 109 S.

– 1970 a – Zum Körper- und Organwachstum des Wildschweines in der Deutschen Demokratischen Republik. – Arch. Forstwes., 19, 4, 401 bis 420

– 1970 b – Genau schießen und sorgfältig nachsuchen – auch beim Schwarzwild! – Unsere Jagd, 20, 2, 38 bis 39

– 1970 c – Hygienische Probleme der Jagdwirtschaft und ihre Beziehungen zur Tierhygiene. – Vet.-med. Inform., 7, 4, 113 bis 119

– 1971 a – Zur Reproduktion des Schwarzwildes in der Deutschen Demokratischen Republik. – Beitr. Jagd- u. Wildforsch. VII, 169 bis 186

– 1971 b – Ermittlungen zur Aktivitätsperiodik des Mitteleuropäischen Wildschweines. – Zool. Garten 40, 6, 302 bis 327

– 1972 a – Zur Vergesellschaftung frei lebender Wildschweine in der DDR. – Wiss. Z. Humboldt-Univ. Berlin, Math.-Nat. Reihe XXI, 4, 437 bis 440

– 1972b – Die Bonitierung und Behandlung von Schwarzwild-Bewirtschaftungsgebieten. – Jagdinform., Eberswalde, 1, 1 bis 16

– 1973 – Das Schwarzwild. in: Buch der Hege, Bd. I, Haarwild. – DLV Berlin, 1. Aufl., 123 bis 154

– 1976 – Ergebnisse einer Inhaltsanalyse von 665 Wildschweinmagen. – Zool. Garten, 46, 3, 157 bis 185

– 1977 a – Möglichkeiten zur Feldschadenverminderung durch Verbesserung der Ernährungsbedingungen für das Schwarzwild. – Unsere Jagd, 11, 332 bis 333

– 1977 b – Jagdmethoden beim Schwarzwild und ihre Effektivität. – Beitr. Jagd.- u. Wildforsch. X, 139 bis 152

– 1979 – Das Schwarzwild. in: Wagenknecht, E.: Die Altersbestimmung des erlegten Wildes. – DLV Berlin, 5. Aufl., 151 S.

– 1980 a – Untersuchungen über das Haarkleid und die Färbung des Schwarzwildes im Kreis Eberswalde. – Beitr. Jagd- u. Wildforsch. XI, 228 bis 244

– 1980 b – Schwarzwild-Bewirtschaftungsgebiet Eberswalde. in: Analyse des Schalenwildabschusses 1979. – Rat des Bezirkes Frankfurt (Oder), H. 4, 28 bis 33

– 1981 – Das Schwarzwild. in: Buch der Hege, Bd. I, Haarwild. – DLV Berlin, 2. Aufl., 163 bis 195

– 1984 – Ergebnisse neuerer Untersuchungen zur Körperstärke des Schwarzwildes in der DDR. – Beitr. Jagd- u. Wildforsch. XIII, 217 bis 231

– 1982 – Der Wildbestand – die große Unbekannte (Methoden der Wildbestandsermittlung). – DLV Berlin, 212 S.

BRIEDERMANN, L., S. MEHLITZ u. H.-J. RICHTER: 1969/1979 – Die Jagdtrophäen – DLV, 1. Aufl., 156 S. – 2. Aufl., 191 S.

BRIEDERMANN, L. u. H. ENDELL: 1975 – Der Einsatz der Alpenländisch-Erzgebirgler Dachsbracke in der praktischen Jagdausübung. – Zucht- u. Leistungsbuch für Dachsbracken, 11. Jg. 38 bis 52

BRIEDERMANN, L. u. J. BOHN: 1977 – Ein Fangkasten zum Umgang mit gefangenem Schwarzwild. – Unsere Jagd, 11, 377

BRIEDERMANN, L., M. AHRENS, D. MÖLLER u.

C. STUBBE: 1981a – Wissenschaftliche Grundlagen zur Sicherung einer nachhaltigen Produktivität in Schwarzwild-Bewirtschaftungsgebieten. – Forschungsbericht Inst. f. Forstwiss. Eberswalde, 12/1981, 24 S.

BRINK, VAN DEN, F.: 1957 – Die Säugetiere Europas westlich des 30. Längengrades. – P. Parey Verlag, Hamburg und Berlin

BRISBIN, J. et al.: 1977 – Morphological Characterizations of two Populations of Feral Swine. – Acta Theriol., 22, 4, 75 – 85

BRÜTT, E.: 1955 – Zur Biologie der Wildschweinlaus. – Z. Jagdwiss., 1, 145 bis 148

– 1975 – Untersuchungen über die wechselnde Intensität der Hochwildschäden im Felde. – Z. Jagdwiss., 3, 32 bis 39

BROMLEJ, G. F.: 1964 – Das ussurische Wildschwein (russ.). – Izdatelśtvo Nauk, Moskva, 107 S.

BRÖMEL, H. J. u. K. ZETTL: 1984 – Einige Krankheitsfälle bei Schwarzwild und ihre besondere Bedeutung einschließlich Hinweise zur Behandlung von Fallwild – 2. Schwarzwild-Symposion Gießen, Enke-Verlag Stuttgart, 26 bis 39

BRONSART V., E.: 1956/57 – Aus der Speisekarte des Schwarzwildes. – Wild u. Hund, 59, 15

BUBENIK, A.: 1959 – Grundlagen der Wildernährung. – Dt. Bauernverlag, Berlin, 299 S.

– 1960 – Le rythme nycthemeral et le régime journalier des Ongulés souvages. – Mammalia XXIV, 1

– 1962/63 – Wilddichte – Fassungsvermögen–Wildschaden. – Jahrb. Österr. Arbeitskreis Wildtierforsch., 27 bis 50

– 1984 – Ernährung, Verhalten und Umwelt des Schalenwildes – BLV Verlagsgesellschaft München, S. 97 bis 116

BUBENIK, A.: 1974 – Social well-being and ecological balance as functions of the infrastructure in ungulate populations. – Great Lake Deer Group Workshop, 14 S.

BUCHHOLZ, E.: 1952 – Zur Verteidigung des Schwarzwildes. – Z. Forst u. Holz, 7, 1, 8 bis 9

BUCHHOLZ, E.; u. F. CONINX: 1969 – Die Schorfheide. – DRW-Verlags-GmbH, Stuttgart

BUCKSATH, C.: 1956 – Über das Rotwild in Argentinien. – Z. Jagdwiss., 2, 104

BÜNGER, U., M. STEINHARDT, G. BREHM, G. LÖWE u. L. LYHS: 1977 – Reaktionen von Europäischen Wildschweinen bei Laufbelastungen. – Arch. exper. Vet. med., Leipzig 31, 3, 445

BURSCHEL, HUSS, KALBHENN: 1964 – Die natürliche Verjüngung der Buche. – Sauerländer-Verlag, Frankfurt (Main), 186 S.

BURT, W. H.: 1943 – Territoriality and home range concepts as applied to mammals. – J. Mammal. 24, 346 bis 352

CABON, K.: 1958a – Untersuchungen über die Schädelvariabilität des Wildschweines in Nordostpolen. – Acta Theriol. II, 6 Bialowieza

– 1958b – Das Massensterben von Wildschweinen im Naturstaatpark von Bialowieza im Winter 1955/56. – Acta Theriol. II, 4, 71 bis 82

– 1959 – Problem der Altersbestimmung beim Wildschwein nach der Methode von Dub. – Acta Theriol. Bialowieza, 3, 113 bis 120

CHANSHIN, A.: 1977 – Über den Schaden des Wildschweines (russ.). Ochota i ochotn. chosj., 9, 12 bis 13

CLAUS, R., H. O. HOPPEN, H. KARG: 1981 – The secret of truffles: A steroidal pheromone? – Experienta 37, 1178 bis 1179

DANNENBERG, H., W. RICHTER u. W. WESCHE: 1975 – Schweinekrankheiten. – DLV Berlin, 376 S.

DARDAILLON, M.: 1986 – Some aspects of the orientation in space of sus scrofa as revealed by data on home range, habitat use and movements. – Orientation in space, Toulouse, 63 bis 70

DATHE, H.: 1971 – Zum Suhlen des Schwarzwildes. – Beitr. Jagd- u. Wildforsch. VII, Berlin, 187 bis 189

DEDEK, J. u. H. LOEPELMANN.: 1986 – Zu Ergebnissen veterinärmedizinisch labordiagnostischer Untersuchungen von Wild im Bezirk Rostock.
– Unsere Jagd, 36, 10, 296 bis 297

Deutscher Jagdschutz-Verband, 1987 – DJV-Handbuch 1986. – Mainz, 486 S.

DESHKIN, W.: 1981 – Das Schalenwild in Europa (russ.). – Ochota i ochotn. chosj., 12, 26 bis 27

DESHKIN, W., KONDRATJEWA, MENKOWA: 1975 – Die Schalenwildstrecke in der RSFSR (russ.). – Ochota i ochotn. chosj., 3 bis 6

DIMIGEN, J.: 1970 – Über die Lautäußerungen des Schweins. – Dt. Tierärztl. Wochenschr., 77, 140 bis 144

DIMITROVA, E.: 1969 – Helminthofauna of the wild boar in Bulgaria – Izvest. Centr. Chelminthel. Lab. Bulg. Akad. Nauk, Sofia, 169 bis 183

DITTRICH, G., L. REICHELT u. A. UNGER: 1979 – Konservierung von Schwarzwildtrophäen. – Unsere Jagd, 29, 12, 373

DITTUS, T.: 1983 – Untersuchungen beim Wildschwein – Klinische und parasitologische Untersuchungen; Sedation und Narkose; anatomische, pathologisch-anatomische und histologische Untersuchungen – Diss. München, 99 S.

DRECHSLER, H. u. P. LAUNER: 1983 – Chlorphacinonbestimmung und -vergiftungen. – Monatsh. Vet. med., 38, 225 bis 228

DOBBERSTEIN, J. u. G. HOFFMANN: 1961, 1963,

1964 – Lehrbuch der vergleichenden Anatomie der Haustiere. – S. Hirzel-Verlag, Leipzig, Bd. I Bewegungsapparat, 2. Aufl., 1961, 191 S., Bd. II Eingeweidelehre, 2. Aufl., 1963, 183 S., Bd. III Gefäßlehre, Nervensystem, Sinnesorgan, Haut, 2. Aufl., 1964, 242 S.

DÖBEL, H. W.: 1746 – Jäger-Practica. – Verlag J. Neumann, Neudamm, n. d. 1. Aufl., Leipzig, 908 S.

DÖNHOFF, C.: 1942 – Zur Kenntnis des afrikanischen Waldschweins. – Zool. Garten, N. F., 14, 4, 192 bis 200

DONAUROW, S. S. u. V. P. TEPLOW: 1938 – Das Schwarzwild im Kaukasischen Naturschutzgebiet (russ.). – Tr. Kavkazk, zapovedn. Vyp. 1

DROST, S.: 1974 – Die Sarkosporidien bei Wildschweinen. – Angewandte Parasitol., 15, 4, 212 bis 221

DROST, S. u. GRAUBMANN, H.-D.: 1973 – Der Sarkosporidienbefall beim Wildschwein. – Monatsh. Vet. med., 28, 870 bis 872

DUB, DR.: 1952/53 – Bestimmung des Schwarzwildalters. – Wild u. Hund, 55, 18, 292 bis 293

DZIECIOLOWSKI, R.: 1976 – Roe-Deer census by Pellet-Group counts. Acta Theriol., 21, 351 bis 358

DZIECIOLOWSKI, R. u. S. MATUSEWSKI: 1982 – Größe und Verteilung der Verluste in den Gelegen des Auerwildes. – Z. Jagdwiss., 28, 49 bis 58

EICHWALD, C. u. H. PITSCHKE: 1967 – Die Tollwut bei Mensch und Tier. – Gustav Fischer-Verlag. Jena

EIDMANN, H.: 1927 – Der Kiefernspanner in Bayern im Jahre 1925 mit besonderer Berücksichtigung des Parasitenproblems. – Z. angewandte Entomol.

EISSNER, G. u. F. W. EWALD: 1973 – Rotlauf. – Gustav Fischer-Verlag, Jena

ENGEL, H.: 1942 – Über die Populationsbewegung des Kiefernspanners (Bupalus pin.) in verschiedenen Bestandstypen. – Z. angewandte Entomol. 29, 151

ERL, S.: 1980 – Erfahrungen mit der Schwarzwildbewirtschaftung in einem Waldgatter. – Schwarzwild-Symposion Giessen, F.-Enke-Verlag, Stuttgart, 69 bis 79

ERLER, K.: 1910 – Die volkswirtschaftliche Bedeutung der Jagd in Deutschland. – Verlag J. Neumann, Neudamm, 116 S.

FADEEV, E.: 1968 – Die Wildschweine Zentralrußlands (russ.). – Ochota i ochotn. chosj., 7,

– 1973 – Populationsdynamik des Wildschweines *(Sus scrofa)* im europäischen Teil der Sowjetunion (russ.). – Zoologičeskij žurnal, Moskva, 7, 8, 1214 bis 1219

– 1975 – Das Wildschwein im europäischen Teil der UdSSR (russ.) – Ochota i ochotn. chosj., 2, 16 bis 17

– 1979 – Die Dynamik des Wildschweinareals (russ.). – Ochota i ochotn. chosj., 2, 14 bis 15

– 1987 – Kaban. – Ochota i ochotn. chosj., 2, 10 bis 14

FARSKÝ, O.: 1940a – Untersuchung des Inhaltes von 11 Schwarzwildmagen (tschech.). – Straz Myslivosti, 6, 102 bis 104 u. 7, 121 bis 124

– 1940b – Die animalische Nahrung von elf Stück Schwarzwild (tschech.). – Entomologické listy (Folia entomologica) III, 21 bis 23

FEDER, F.: 1978 – Vergleichende Untersuchungen an Haaren von Schweinen. – Säugetierkundl. Mitteilungen 26, 3, 199 bis 206

FENESER, G., H. ALMASÀN u. I. CAZACU: 1975 – Einige Daten über das Wildschwein in Rumänien. – Seminar Schwarzwildbewirtsch. soz. Staaten, Neubrandenburg, 5 S.

FENSKE, G. u. H. PULST: 1973 – Die epizootologische Bedeutung der Hasen- und Wildschweinbrucellose. – Monatsh. Vet.-med., 28, 14 537 bis 541

FINK, H.-J.: 1986 – Zu aktuellen Problemen der Wildhygiene. – IV. Wiss. Koll. „Wildbiologie und Wildbewirtschaftung“, Dresden, S. 197 bis 211

FINKE, R.: 1973 – Auch Wildschweine kennen Eifersucht. – Das Tier, Nr. 10 u. 11

FISCHER, M. u. H.-G. SCHUMANN: 1973 – Ansprechen des Schwarzwildes. – DLV Berlin, 136 S.

FLEMING, V., H. F.: 1719 – Der vollkommene teutsche Jäger. – Leipzig

FÖHLISCH, A.: 1880 – Über den Schwarzwildschaden in Westdeutschland und die Mittel zu dessen Beseitigung unter besonderer Berücksichtigung Badens. – Verlag Bechstein, Wertheim a. M., 32 S.

FORMOZOV, A. N.: 1932 – Eine Formel zur Bestimmung der Anzahl von Säugetieren nach dem Fährtenbild (russ.). – Zool. Journ., XI, 2

– 1946 – Die Schneedecke als Faktor der Umwelt, ihre Bedeutung im Leben der Säugetiere und Vögel (russ.). – Moskau

– 1952 – Sputnik sledopyta. – Mosk. Obšč. Isp. Pnr., Moskau, 356 S.

FORSYTH MAJOR, C. F.: 1889 – Studien zur Geschichte der Wildschweine (Gen. Sus). – Zool. Anzeiger, 295 bis 300

FORSTNER, L.: 1967 – Wildäsung und Wildfütterung. – Der Anblick, 22, 9, 283 bis 284

FOUILLOUX V., J.: 1590 – New Jägerbuch. – Straßburg

FRÄDRICH, H.: 1965 – Zur Biologie und Ethologie des Warzenschweines unter Berücksichtigung des Verhaltens anderer Suiden. – Z. Tierpsychol., 22 328, 375

– 1967 – Das Verhalten der Schweine *(Suidae, Tayassuidae)* und Flußpferde *(Hippopotamidae).* in: Handbuch der Zoologie, Bd. VIII, Mammalia, 10 (26), 1 bis 44. – Verlag Walter de Gruyter & Co, Berlin

– 1986 – Schweine als Zootiere. – D. Zool. Garten, N. F. 56, 1, 7 bis 19

FRIEDRICHS, K.: 1933 – Die Kieferneule, Panolis flammea, in Mecklenburg. – Forstwirtsch. Centralbl., 55, 369 bis 383, 457 bis 469, 493 bis 500, 527 bis 536

FRIES, R.: 1975 – Allometrische Untersuchungen an den Schädeln von Schweinen und Ziegen im Wildzustand, der Domestikation und der Verwilderung. – Diss. Hannover

FRUZINSKI, B., 1986: Erkenntnisstand und Maßnahmen der Wildschadenverhütung in der VR Polen unter besonderer Berücksichtigung des Schwarzwildes. – IV. Wiss. Koll. „Wildbiologie und Wildbewirtschaftung", Dresden, S. 151 bis 157

FUCHS, I.: 1978 – Daten zur Wildparkhaltung von Schwarzwild (ung.). – Wildbiol. Forsch., Nimrod-Beilage, 21, März, 29 bis 32

GÄBLER, H.: 1955 – Forstschutz gegen Tiere. – Neumann-Verlag Radebeul u. Berlin, 368 S.

– 1957 – Wildkrankheiten. – Dt. Bauernverlag, 200 S.

GABRIEL, P.: 1934 – Kopfdarm und Schlund des Wildschweines. – Z.f. Anat., 102

GAFFREY, G.: 1961 – Merkmale der wildlebenden Säugetiere Mitteleuropas. – Akadem. Verlagsgesellschaft, Leipzig

GARZON-HEYDT, P.: 1987 – Study of a population of Wild boar *(Sus scrofa castilianus)* in Spain, based on hunting dates. – Abstracts XVIII. Congr. IUGB, Kraków, 64

GASPARIN u. P. WOLF: 1982 – Transmissible Gastroenteritis. – Unsere Jagd, 32, 4, 101

GEIST, V.: 1966 – The evolution of hornlike Organs. – Behaviour, XXVII, 3 bis 4, 175 bis 214

GENOV, P.: 1981 a – Food composition of Wild Boar in Northeastern and Western Poland. – Acta Theriol., 26, 10, 185 bis 205

– 1981 b – Die Verbreitung des Schwarzwildes in Eurasien. – Z. Jagdwiss., 27, 221 bis 231

GENOV, P.: u. I. MITOV: 1981 – Über das Problem der vom Schwarzwild verursachten Schäden. – Symposium „Wild und Umwelt", Plovdiv

GIERIG, W.: 1978 – Gehäuftes Auftreten von Infektionen der Kehlgangslymphknoten und Corynebakterien beim Wildschwein. – Unsere Jagd, 2, 53

GJESDAL, F.: 1972 – Age determination of swine Foetuses – Acta Vest. Scand. Suppl., 40, 29

GÖCHHAUSEN V.: 1710 – Notabilia venatoris. – Nordhausen

GOERGEN, R.: 1974 – Fuchs reißt Frischling. – Wild u. Hund, 76, 23, 547

GÓRKA, J.: 1957 – Weiteres über die Bedeutung des Wildschweines im Forstschutz (poln.). – Lowiec Polski

GÖTZFRIED, R.: 1969 – Rauh aber herzlich. – Die Pirsch, 21, 990 bis 994

GRÄFNER, G. u. H.-D. GRAUBMANN: 1981 – Medikamentelle Therapie der Kokzidiose beim Schwarzwild. – Erkrankungen der Zootiere, XXIII, Halle, Akad.-Verlag, 175 bis 177

GRAUVOGL, A.: 1958 – Über das Verhalten des Hausschweines unter besonderer Berücksichtigung des Fortpflanzungsverhaltens. – Diss. FU Berlin, 81 S.

GROPP, R., D. GIERS u. K. TETTENBORN: 1969 – Das Chromosomenkomplement des Wildschweines. – Experientia, 25, 778

GRUE, H. u. B. JENSEN: 1979 – Review of the Formation of Incremental Lines in Tooth Cementum of Terrestrial Mammals. – Danish Review of Game Biol., Vol. 11, 3, 48 S.

GRUNERT, J.: 1868 – Der Wildschweinschaden im Regierungsbezirk Trier. – Forstl. Blätter, Hannover, 16, 161 bis 175

– 1873 a – der Schwarzwildschaden in einzelnen Teilen Preußens. – Forstl. Blätter N. F., Leipzig, 65 bis 71

– 1873 b – Der Schwarzwildschaden in einzelnen Teilen von Preußen unter besonderer Bezugnahme auf den Regierungsbezirk Trier. – Verlag Heinrich Schmidt, Leipzig, 24 S.

GSCHWEND, T.: 1931 – Das Herz des Wildschweines. – Anat. Anzeiger, 72

GUBLER, R.: 1933 – Die Mundbodenorgane des Wildschweines. – Anat. Anzeiger, 77

GÜNTERSCHULZE, J.: 1979 – Studien zur Kenntnis der Regio olfactoria von Wild- und Hausschwein. – Zool. Anzeiger, Jena, 202, 3/4, 256 bis 279

GUNDLACH, H.: 1968 – Brutfürsorge, Brutpflege, Verhaltensontogenese und Tagesperiodik beim Europäischen Wildschwein (*Sus scrofa* L.). – Z. Tierpsychol., Bd. 25, 8, 955 bis 995

GUNTSCHAH, N. S.: 1975 – Ökologie und Morphologie des Schwarzwildes in den Karpaten (russ.). – Jagdwirtsch. im System der Forstwirtsch., Minsk, 74 bis 76

GÜRTLER, H.: 1971 – in KOLB, E. u. H. GÜRTLER: Ernährungsphysiologie der landwirtschaftlichen Nutztiere. – Gustav Fischer-Verlag Jena

HAACKE, K.: 1970 – Wildtiertollwut. Ökologische und statistische Untersuchungen zur Epidemiologie. – Vet. Med. Diss. Univ. München, 120 S.

HAAS, H.: 1970 – Schwarzwildhaltung in Gattern. – D. Anblick, 6, 227 bis 229, 7, 257 bis 260

Haber, A.: 1950 – Zur Verteidigung des Schwarzwildes (poln.). – Lowiec Polski, 6, 4 bis 8
– 1966 – Die Nahrung der Wildschweine (poln.). – Lowiec Polski, 14, 2 bis 3
– 1969 – Dzik.-Panstwowe Wydawnistwo rolnice i lesne, Warszawa, 216 S.
Hadlok, R.: 1978 – Aufbrechen von Schalenwild – zeitgemäß. – Die Pirsch, 30, 14 942 bis 945
– 1984 – Wildbrethygiene: Aufbrechen und Untersuchung von Schalenwild – 2. Schwarzwildsymposion Gießen, Enke-Verlag Stuttgart, 19 bis 25
Haltenorth, Th.: 1963 – Klassifikation der Säugetiere: Artiodactyla I (18). – Handbuch der Zoologie, Bd. 8, 167 S.
Haltenorth, Th. u. W. Trense: 1956 – Das Großwild der Erde und seine Trophäen. – Bayer. Landw.-Verlag, Bonn, München, Wien, 436 S.
Hammond, J.: 1965 – Die Entwicklung des Schweines von der Konzeption bis zum Wachstumsabschluß. – LZBL, 1353
Hanson u. Karstad: 1968 – Feral Swine in the South-eastern United States. – Journ. Wildl. Managem. 23, 64 bis 74
Hartig, G. L.: 1810, 1832 – Lehrbuch für Jäger. – 1. Bd., Stuttgart u. Tübingen, Cottasche Buchhandlung, 1. u. 5. Aufl., 552 S.
Hartung, I. u. D. Möller: 1978 – Doppelt angelegter Prämolar. – Unsere Jagd, 28, 218
Hartmuth, D.: 1962 – Verhaltensstudien an Wildschweinen im Zoologischen Garten zu Berlin. – Diss. FU Berlin, 41 S.
Hasselbach, M.: 1970 – Das Schwarzwild des Oderwaldes. – Diss. Hann.-Münden, 154 S.
Haßenberg, L.: 1965 – Ruhe und Schlaf bei Säugetieren. – Die Neue Brehm-Bücherei, Bd. 338, A. Ziemsen-Verlag, Wittenberg-Lutherstadt, 160 S.
Hatlapa, H. u. H. Reuß: 1974 – Wild in Gehegen. – Paul Parey, Hamburg und Berlin, 123 S.
Haupt, W. u. I. Stubbe: 1975 – Endoparasitologische Untersuchungen an der Schwarzwildpopulation des Wildforschungsgebietes Hakel. – Beitr. Jagd- u. Wildforsch. IX, 195 bis 203
Hausa, E.u. W. Wernitz: 1975 – Haltbarmachen von Keilerwaffen. – Unsere Jagd, 2, 58 bis 69
Hayashi, Y., T. Nishida u. K. Mochizuki: 1977 – Sex and age determination of the Japanese Wild boar *(Sus scrofa leucomystax)* by the Lower Teeth. – Jap. J. vet. Sci, 39, 1965 bis 1974
Heck, L. u. G. Raschke: 1980 – Die Wildsauen. – Paul Parey, Hamburg und Berlin, 216 S.
Hecker, A.: 1981 – Australisches Abenteuer. – Wild u. Hund, 83, 22, 529 bis 553
Hell, P.: 1976 – Vergleich der Altersbestimmung des Schwarzwildes nach Jahresringen im Zahnzement und nach der Abnutzung des Gebisses. – Folia venatoria, Bratislava, 5 bis 6
– 1977 – Wie bestimmen wir das Alter des Schwarzwildes? (slow.). – Pol'ovnictvo a rybárstwo, 4
– 1986 – Konzeption von Schwarzwildgehegen in der Slowakei. – Folia Venatoria, Bratislava, 16, 137 bis 155
Hell, P. u. L. Paule: 1983 – Systematische Stellung des westkarpatischen Wildschweines *Sus scrofa*. – Acta Sc. Nat. Brno, 17 (3), 1 bis 54
Hell, P. u. M. Šimiak: 1982 – Vyvoj trofejovej kvality Raticovej zveri. – Pol'ovnictvo a rybárstvo, XXXIV, 5, 6 bis 7
Hell, P., M. Hrnčiar, M. Simiak: 1984 – Verbreitung und Rayonisation des Wildschweines in der Slowakei. – Folia Venatoria, Bratislava, 14, 71 bis 88
Heltay I., G. Matrai u. L. Sugar: 1981 – Fortpflanzungsuntersuchungen des Wildschweines in einem Saugatter und auf einem Revier (ung.). – Vadbiológial Kutatas, 28, Gödöllö, 18 bis 23
Hemmer, H.: 1978 – Geographische Variation der Hirngröße im *Sus scrofa*- u. *Sus verrucosus*-Kreis. – Beitr. zum Problem der Schweinedomestikation. – Spixiana, München, 1, 309 bis 320
Henne, E.: 1977 – Untersuchungen zur Endoparasitenfauna beim Wildschwein. – Vet.-med. Diss. Humboldt-Univ. Berlin
– 1980 – Endoparasitenbefall beim Schwarzwild in einigen Jagdrevieren der DDR. – Angew. Parasitol., Jena, 21, 2 67
Henne, E., S. Nickel, T. Hiepe: 1978 – Beiträge zur Parasitenfauna der DDR, 1. Mitt.: Untersuchungen zum Helminthenvorkommen beim europäischen Wildschwein – Angewandte Parasitologie, 52 bis 57
Hennert, C. W.: 1797 – Über den Raupenfraß und Windbruch in den königlich-preußischen Forsten von den Jahren 1791–1794. – Berlin, S. 70
Hennig, A.: 1971 – Grundlagen der Fütterung. – DLV Berlin, 952 S.
Hennig, R.: 1962 – Über das Revierverhalten der Rehböcke. – Z. Jagdwiss., 8, 2, 61 bis 62
– 1963 – Schwarzwildhege, Schwarzwildjagd. – Landbuchverlag GmbH Hannover, 116 S.
– 1974 – Schwarzwildhege im Wirtschaftswald. – Waldhygiene, 10, 7, 207 bis 212
– 1987 – Schwarzwild: Biologie – Verhalten, Hege und Jagd. – 2. Aufl., BLV Verlagsgesellschaft München Wien Zürich, 230 S.
Henry, G. V.: 1965 – Estimating whole Weights from dressed Weights for European Wild hogs. – Journ. Wildl. Manage., 33, 1, 222 bis 225
– 1968 a – Length of Estrous cycle and Gestation

in European Wild Hogs. – Journ. Wildl. Managem., 32, 2, 406 bis 408
– 1968 b – Fetal Development in European wild Hogs – J. Wildl. Manage., 32, 4, 966 bis 970
HENRY, G. V. u. G. H. MATSCHKE: 1972 – Immobilizing european wild hogs with Sernylan. – J. Tenn. Acad. Sci., 47, 3, 81 bis 84
HEPTNER, V. G., A. A. NASIMOVIČ u. A. G. BANNIKOV: 1966 – Die Säugetiere der Sowjetunion. Bd. 1: Paarhufer und Unpaarhufer. – VEB Gustav Fischer-Verlag, Jena, 939 S.
HERRE, W. u. R. BEHRENDT: 1940 – Vergleichende Untersuchungen an Hyphophysen von Wild- und Haustieren. – Z. wiss. Zool. (A), 153, 1 bis 38
HERRE, W. u. M. RÖHRS: 1973 – Haustiere – zoologisch gesehen. – Gustav Fischer-Verlag, Jena, 240 S.
HERRMANN, J.: 1974 – Die Slawen in Deutschland. – Akad.-Verlag, Berlin, 530 S.
HESS, R. u. R. BECK: 1914 – Der Forstschutz. 1. Bd.: Forstschutz gegen Tiere. – 4. Aufl., Leipzig u. Berlin, B. G. Teubner, 537 S.
HETTIER DE BOISLAMBERT, A.: 1983 – Les trophees de Sanglier – Connaissance de la Chasse, 48 bis 53
HERZOG, A.: 1984 – Die Chromosomen von Wild- und Hausschwein – 2. Schwarzwildsymposion Gießen, Enke-Verlag Stuttgart, 3 bis 6
HIEPE, T. u. R. JUNGMANN, 1983 – Lehrbuch der Parasitologie – Band 2, Veterinärmedizinische Protozoologie – VEB Gustav-Fischer-Verlag Jena, 231 S.
HOBUSCH, E.: 1978 – Das große Halali. – Edition Leipzig, 288 S.
HÖFLIGER, H.: 1931 – Haarkleid und Haut des Wildschweines. – Z. f. d. ges. Anatomie, 96, 552 bis 623
HOFFMANN, K.: 1928 – Über die Zusammensetzung der Rotwildbestände und deren graphische Darstellung. – Wild u. Hund, 31, 16, 17, 18
HOFMANN, R. R.: 1978 – Hormondrüsen und Hormone: mit kleinsten Mengen große Wirkungen im Lebensprozeß des Wildes. – Wildbiol. Inform. Jäger, Jagd u. Hege-Verlag, St. Gallen, 93 bis 101
– 1980 – Zur Organtopographie des Schwarzwildes. – Giessener Schwarzwild-Symposion
HOFMANN, R. R. u. H. THOME, 1984 – Zur vergleichenden funktionellen Anatomie von Haus- und Wildschwein – 2. Schwarzwild-Symposion Gießen, Enke-Verlag Stuttgart, 7 bis 17
HOWE, T. D. u. S. P. BRATTON: 1976 – Winter Rooting Activity of the European Wild Boar in the Great Smoky Mountains National Park. – Castanea, 41, 256 bis 264
HROMAS, J.: 1976 – Der Einfluß des Wildgewichtes auf die Trophäenqualität (tschech.). – Myslivost, 11, 248 bis 249
– 1982 – Beziehungen zwischen der Qualität von Schwarzwildtrophäen und Umweltbedingungen in der Tschechoslowakei. – Z. Jagdwiss. 28, 3 bis 17
HÜBNER, A. u. F. HORSCH: 1977 – Untersuchungen zum Leptospirosegeschehen unter den heimischen Wildtieren. – Monatsh. Vet. Med., 32, 5, 175 bis 177
HUBRIG, T.: – Infektion, Immunität, Allergie am Beispiel Schweinerotlauf. – Sitzungsber. DAL Berlin, 20, H. 9
HUEBNER, A.: 1982 – Serologische Untersuchungen über das Vorkommen von Leptospiren-Infektionen beim heimischen Wild bei Berücksichtigung weiterer Infektionskrankheiten. Diss. Berlin
HUG, J.: 1934 – Luftröhre und Lunge des Wildschweines. – Diss. Zürich

IPPEN, R.: 1984 – Neue Erkenntnisse zu Fragen des Gesundheitsstatus beim Schwarzwild. – Beitr. Jagd- u. Wildforsch. XIII, 243 bis 245
IPPEN, R., D. HENNE, K. BLAZEK u. J. SCHRAMLOVÁ: 1980 – Ein Beitrag zur Sarkosporidiose des Schwarzwildes. – Angew. Parasitol., Jena, 21, 2, 68
IWANOWA, G. S.: 1974 – Die Verteilung des Schwarzwildes in den nördlichen Gebieten seiner Aussetzung (russ.). – Ochotowedenje, Moskau, 58 bis 69
IWANOWA, G. I.: 1974 – Anzahl und rationelle Nutzung des Wildschweines im Moskauer Gebiet (russ.). – I. All-Unions-Konferenz, Kirow
– 1976 – Verbreitung und Bestand der Wildschweine in der RSFSR (russ.). – Ochotowendenje, Moskau, 71 bis 82
– 1970 – Strenge Reduzierung des Bestandes erforderlich (russ.). – Ochotowendenje, Moskau, 71 bis 82
IWANOWA, G. J. u. N. I. OWSJUKOWA: 1976 – Das Schwarzwild. in: Die Jagd auf Schalenwild (russ.). – Verlag Lesn. Promyslen., Moskau

JAERISCH, M.: 1930 – Keilergewehre. – Dt. Weidwerk, 35, H. 7
– 1933 – Das Ansprechen des Alters von Keilern. – Wild u. Hund, 39, 21, 360 bis 361
JÄRISCH, F.: 1934 – Das Schwarzwild im Wirtschaftswald. – Silva, H. 11
JANDA, M.: 1958 – Die Nahrung des Schwarzwildes, *Sus scrofa* L., im Mittelgebirgsgebiet von Stiavnica. – Säugetierkdl. Mitt., 6, 2, 67 bis 74
JANEAU, G. u. F. SPITZ: 1984 – Raumverhalten des Wildschweines, Besiedlung und Nutzung. – Gibier faune sauvage, Paris, 1, 73 bis 89

JANKOWITSCH, P.: 1976 – Die wirtschaftliche Bedeutung der Jagd in Österreich. – Diss., Wien

JANSEN, J.: 1964 – On the lungworms of the wild boar in the Netherlands with a description of Metastrongylus confusus n. sp. – Tijdschr. Diergeneesk., 89, 17, 1205 bis 1211

– 1966 – The nematode fauna of the Wild boar in different regions in the Netherlands – Tijdschr. Diergeneesk. 91, 1466 bis 1468

JEZIERSKI, W.: 1972 – Wirtschaftliche Bedeutung der Wildschäden, die durch Wildschweine verursacht wurden (poln.). – Lowiec Polski, Warszawa, 10, 2 bis 3

– 1977 – Longevity and Mortality Rate in a Population of Wild Boar. – Acta Theriol., 22, 24, 337 bis 348

JEZIERSKI, W. u. A. MYRCHA: 1975 – Food requirements of a wild boar population. – Pol. ecol. Stud., Warszawa, 1, 61 bis 63

JONES, M.: 1982 – Longevity of Captive Mammals. – Zool. Garten, N. F. Jena, 52, 2, 113 bis 128

JOTTERAND-BELLOMO, M. u. M. BAETTIG: 1981 – Étude cytogenetigne de deux sangliers de coulent claire, capturés aux environs de genève *(Suisse).* – Revue suisse Zool., 88, 3, 787 bis 795

JURAŠEK, V.: 1959 – Zur Fauna parasitischer Würmer des Wildschweines in der Slowakei (slowak.). – II. Folia veterinaria fac. med. cassoviensis, 3, 267 bis 281

JURGENSON, P.: 1965 – Theoretische Grundlagen der Methoden zur Bestandsermittlung der Wirtschaftswildarten (russ.). – in Ochotnitschje-promyslowje sweri, Moskau, Rosselchosisdat

KAHLKE, H.-D.: 1955 – Großsäugetiere im Eiszeitalter. – Urania-Verlag, Leipzig/Jena, 88 S.

KARCOV, G.: 1903 – Der Belowesher Urwald (russ.). – Petersburg

KAPLANOV, L.: 1948 – Tiger, Isubra und Elch (russ.). – Isd. Mosk. obč. isp. prir., 18 bis 49

KEIBEL, F.: 1893, 1895 – Studien zur Entwicklungsgeschichte des Schweines. – Morph. Arch. Schwalbe, Bd. 1 u. 2

KELLER: 1951 – zit. b. Gierig, W., 1978

KELM, H.: 1938 – Die postembryonale Schädelentwicklung des Wild- und Berkshire-Schweins. – Z. Anat. u. Entw.-Gesch. 108, 499 bis 559

– 1939 – Zur Systematik der Wildschweine. – Z. Tierzücht. u. Züchtungsbiol., 43, 362 bis 369

KIER, A.: 1981 – Lov in divjad v Luksemburgu. – Lovec, LXIV, 7, 237 bis 238

KIESSLING, W.: 1925 – Das Schwarzwild und seine Jagd. – Verlag J. Neumann, Neudamm, 361 S.

KISELEW, A.: 1986. – Das Wildschwein im Mittleren Ural (russ.). – Ochota i ochotn, chosj., 11, 12 bis 13

KINDINGER, H.: 1934 – Tuberkulose in freier Wildbahn. – Vet. med. Diss., Giessen, 50 S.

KINGDON, J.: 1979 – East african Mammals, Vol. III Part B (Large Mammals) – Academic Press London, New York, San Francisco

KLEIBER, M.: 1967 – Der Energiehaushalt von Mensch und Haustier. – Paul Parey, Hamburg und Berlin, 358 S.

KLEMM: 1948 – Schwarzwild und Schwarzwildschäden in Deutschland im Jahre 1946. – Nachrichtenbl. Pflanzenschutzdienst, Berlin, 2, 28, 74 bis 77

KLEMM, M.: 1951 – Das Schwarzwild und die biologische Bekämpfung unserer Forstschädlinge. – Nachrichtenbl. dt. Pflanzenschutzdienst, Neue Folge, 5, 12, 231 bis 233

KLIER, E.: 1986 – Stand und Entwicklung des Medaillenaufkommens in der DDR von 1953 bis 1982. – Beitr. z. Jagd- u. Wildforschg., 14, 82 bis 84

KLIMMECK, K.: 1922 – Beiträge zur Anatomie des Darmes von Schweinen. – Ing.-Diss. Tierärztl. Hochschule Berlin, 16 S.

KLINGHOLZ, F., C. SIEGERT, H. MEYNHARDT: 1979 – Die akustische Kommunikation des Europäischen Wildschweines (*Sus scrofa* L.). – Zool. Garten N. F., Jena, 49, 4/5, 277 bis 303

KLINGHOLZ, F. u. H. MEYNHARDT: 1979 – Lautinventare der Säugetiere – diskret oder kontinuierlich? – Z. Tierpsychol., 50, 250 bis 264

KLOCKMANN, J.: 1972 – Beitrag zum Vorkommen und zur Epizootiologie der Leptospirose bei Wild- und Hausschweinen im Kreise Malchin. – Vet. med. Diss., Berlin

KLOPFER, F. u. R. BÜTLER: 1964 – Color vision in swine. – Amer. Zool., 4, 294

KLOPFER, F. u. F. WESELY: 1954 – Observation of discrimination learning in swine. – Paper Oregon an Wash. Psych. Ass.

KLUG, H.: 1960 – Hormone. – Die Neue Brehm-Bücherei, Bd. 262, A. Ziemsen-Verlag Wittenberg-Lutherstadt, 139 S.

KOCH, T.: 1963 – Lehrbuch der Veterinär-Anatomie. Bd. II – Eingeweidelehre. – VEB Gustav Fischer-Verlag, Jena, 327 S.

KÖHALMY, T.: 1978 – Bewertung des Aufenthaltes unserer auf freiem Gebiet lebenden Schwarzwildpopulation (ung.). – Nimrod-Forum, Sept., 19 bis 21

– 1978 a – Das Schwarzwild der Welt (ung.). – Nimrod, Dezember, 555 bis 556

– 1980 – Das Schwarzwild in Ungarn. – Nimrod, Januar, 12 bis 13

– 1981 – Der Stand und die Rolle des Schwarzwildbestandes in der ungarischen Jagdwirt-

schaft. – Vortrag auf dem wiss. Symposium anläßl. der Weltjagdausstellung Plovdiv
KÖHALMY, T. u. IVANSCICS, T. RAKK: 1987 – Vaddiznoallo manyunk kezelesenek i döszerü kerdesei. – Nimrod Forum, Juli, 11 bis 17
KOLB, E.: 1980 – Neue Erkenntnisse zur Beeinflussung des Wachstums der Embryonen und der Feten beim Schwein. – Monatsh. Vet. Med., 35, 10, 389 bis 392
KOLEV, I.: 1970 – Das Wildschwein in Bulgarien (bulg.). – Lov i ribolov, 70, 1
KONRAD, G., H. GRÄFNER, H. GRAUBMANN u. H. HESSE: 1975 – Wildkrankheiten. – Gustav Fischer-Verlag Jena, 282 S.
KÖNIG, R.: 1980 – Jagdwert und Bejagungsrichtlinien beim Schwarzwild. – Giessener Schwarzwild-Symposion, Enke, 31 bis 59
KORNEEV, A. u. Z. KRIČEVSKAJA: 1967 – Das Wildschwein in den Wäldern der Ukraine (russ.). – Ochota i ochotn. chosj., 4, 22
KOSLO, P.: 1965 – Materialien zur Ernährung des Wildschweines im Belowesher Urwald (russ.). – Vesci Akademi navuk Belarusskau SSR
– 1968 a – Ökologisch-morphologische Charakteristik der Wildschweine des Belowesher Urwaldes (russ.). – Westnik zoologii, Kiew, 6, 53 bis 58
– 1968 b – Das Wildschwein des Belowesher Urwaldes (russ.). – Autorref., Minsk, 23 S.
– 1970 – Faktoren, die die Populationsdynamik des Wildschweins im Urwald von Belowesh bestimmen (russ.). – Zool. Journ., XLIX, 3, 422 bis 430
– 1972 a – Eine vergleichende Charakteristik der Grabtätigkeit des Wildschweins (*Sus scrofa* L.) im Beresiner Naturschutzgebiet und im Belowesher Urwald (russ.). – Beresiner Naturschutzgebiet, Minsk, 130 bis 133
– 1972 b – Über die Zusammensetzung der Herbst-Winter-Nahrung des Wildschweins (*Sus scrofa* L.) im Beresiner Naturschutzgebiet (russ.). – Beresiner Naturschutzgebiet, Minsk, 133 bis 140
– 1973 – Altersbestimmung, Selektion und Fang des Wildschweines (russ.). – Verlag Uradshai, Moskau, 56 S.
– 1975 – Dikij kaban. – Verlag Uradshai, Minsk, 224 S.
KOSLO, P. G. u. M. F. NIKITENKO: 1967 – Eine Methode zur Altersbestimmung des Wildschweines (russ.). in: Ökologie der Säugetiere und Vögel. – Verlag Nauka Moskwa, 209 bis 221
KOSTELECKA-MYRCHA, A.: 1974 – Changes in haematological values in wild boar during postnatal development. – Acta Theriol., 19, 12, 165 bis 176
KOTRLY, A. u. B. KOTRLA.: 1973 – Helminthenfauna des Schalenwildes in der ČSSR (tschech.). – Po'lovnicky zbornik, Zvolen II, 141 bis 159
– 1980 – Der Einfluß der Lebensbedingungen des Schalenwildes auf das Parasitenvorkommen. – Angewandte Parasitol., 21, 70 bis 78
KRÄNZLE, F.: 1911 – Untersuchungen über die Haut des Schweines. – Inaug.-Diss., München
KRAHL-URBAN: 1948 – Die Virus-Schweinepest beim Schwarzwild im Bramwald. – Wald u. Wild, 1/2
KRAHL-URBAN, J.: 1959 – Die Eichen. – Paul Parey, Hamburg u. Berlin, 288 S.
KRALLINGER, H. F.: 1937 – Geschlechtsleben und Fortpflanzung des Hausschweins. – Der Forschungsdienst, Bd. 3, H. 10, 11, 12, 479 bis 504, 533 bis 553, 609 bis 619
KRAUSE, M., D. PFLEGER, T. HIEPE u. R. BUCHWALDER: 1969 – Untersuchungen zum Lungenwurmbefall des Schweines. 1. Mitteilung: Vorkommen, Befallsextensität und -intensität von *Metastrongylus ssp.* beim Haus- und Wildschwein. – Monatsh. Vet. Med., 24, 776 bis 780
KRETSCHMAR, CH.: 1970 – Die Aujetzkysche Krankheit. – Gustav Fischer-Verlag, Jena
KRICHLER, FR.: 1887 – Das Schwarzwild. – Trier, 80 S.
KRUMBIEGEL, I.: 1982 – Der Korsika-Rothirsch und sein Biotop. – Säugetierkdl. Mitt., 30, 4, 281
KRUSKA, D.: 1970 – Über die Evolution des Gehirns in der Ordnung Artiodactyla Owen 1848, insbesondere der Teilordnung *Suina Gray* 1868. – Z. Säugetierkd., 35, 4, 214 bis 238
– 1972 – Volumenvergleich optischer Hirnzentren bei Wild- und Hausschweinen. – Z. f. Anat. u. Entwickl. Gesch., Berlin – Heidelberg – New York, 138, 265 bis 282
KÜHNERT, M.: 1982 – Umwelt- und rückstandstoxikologische Fragen zur Einschätzung der Quecksilberproblematik besonders bei jagdbarem Wild. – Wildbiologie u. Wildbewirtschaftung, Leipzig, 157 bis 162
– 1981 – Toxikologische Probleme bei Wildtieren. – Wildbewirtschaftung, Wildtierernährung, Wildkrankheiten, Leipzig, 190 bis 199
KUJAWSKI: 1982 – Stromschläge wehren Wildschäden ab. – Die Pirsch, 34, 7, 428 bis 431
KUHMICHEL, R.: 1939 – Studien über unser europäisches Schwarzwild. – Z. Jagdkd., 81
KURSONOW, K. M. u. B. I. PETRISCHTSCHEW: 1977 – Die Embryogenese des Wildschweines und der Zustand äußerer morphologischer Kennzeichen bei Wildschweinembyronen verschiedener Entwicklungsstadien (russ., engl. Zus.). – Zool. Journal, Moskau, LVI, 3, 412
KURZ, J. C. u. R. L. MARCHINTON: 1972 – Radiotelemetry studies of feral hog in South Caro-

lina. – Journ. Wildl. Managem., Sacramento, 36, 4, 1240 bis 1248

KUTZER, E.: 1980 – Problematik der Parasiten in Wildbeständen, unter Berücksichtigung der Situation in Österreich. – Angewandte Parasitol., 21, 2, 82 bis 90

LACKY, M. J. u. R. A. LANCIA: 1986 – Effects of Wild Boar on beech growth in Great Smoky Mountains National Park. – J. Wildl. Managem., 50, 4, 655 bis 659

LAHR, H.: 1980 – Untersuchung des Einflusses endogener und exogener Faktoren auf den Mengen- und Spurenelementgehalt des Haares des jagdbaren Wildes in der nördlichen Altmark. – Vet.-med. Diplomarbeit, Humboldt-Univ. Berlin

LANDAU, G.: 1849 – Beiträge zur Geschichte der Jagd und der Falknerei in Deutschland. – Verlag Theodor Fischer, Kassel, 340 S.

LAVROVSKIJ, A.: 1962 – Das Wildschwein im Wolga-Delta (russ.). – Trudy Astrachansk. Sapovedn., Nr. 7

LEBEDEWA, L. S.: 1956a – Ökologische Besonderheiten des Schwarzwildes im Urwald von Belowesh (russ.). – Mosk. gor. ped. in-ta im. N. P. Potemkina, t. 61, zool., vyp. 4 bis 5, 105 bis 271

– 1956b – Über die Zusammensetzung der Schwarzwildnahrung in der Hochgebirgszone des Kaukasischen Schutzgebietes (russ.). – Uč. zap. Mosk. gor. ped. in-ta im. N. P. Potemkina, t. 61, zool. vyp., 4 bis 6

LEICHTFUß, W.: 1980 – Saubart selbst gebunden. – Wild u. Hund, 83, 1, 22 bis 23

LEMKE, K.: 1977 – Verhüten von Wildschäden. – DLV Berlin, 144 S.

LEMKE, K. u. F. STOY: 1977 – Jagdliches Brauchtum. – DLV Berlin, 2. Aufl., 168 S.

LINDEMANN, W.: 1953 – Zu: Zweimaliges Frischen der Bachen. – Wild u. Hund, 56, 11, 210

– 1954/55 – Über die Vermehrung und Populationsgestaltung beim Schwarzwild. – Dt. Jäger, 72, 3, 44 bis 45

LINDSAY, D.: Mating behaviour of ewes and its effects on mating effiency. – Animal behav., 14, 419

LIPS, CR.: 1964 – Ergebnisse von Verhaltensbeobachtungen bei Mastschweinen. – Tag.-Ber. DAL, Nr. 67, 27 bis 37

LITVINOV, W.: 1982 – Wolf und Wildschwein im Kysyl-Agatscher Schutzgebiet (russ.). – Zool. Journ., LX, 10, 1588 bis 1591

LITVINOW, V. u. A. ZENKOW, 1979 – Die Rolle des Wildschweines bei der Epizootiologie parasitärer Erkrankungen der Hausschweine (russ.) Veterinarija, Moskau, 11, 51 bis 52

LOCKOW, K.-W.: 1974 – Waldwachstumskundliche Untersuchungen an Hainbuche im nördlichen Tiefland der DDR. – Diss. Tharandt, TU Dresden

LUDEWIG, K. W.: 1960/61 – Schwarzwild im Forstschutz. – Wild u. Hund, 6. 166

MACKIN, R.: 1970 – Dynamics of damage caused by wild boar to different agricultural crops. – Acta Theriol., 15, 27, 447 bis 458

MAHLER, H. G.: 1979 – Jagd und Jagdwaffen der Vergangenheit (3). – Unsere Jagd, 29, 8, 242 bis 243

– 1980 – Noch einmal zur Saufeder. – Unsere Jagd, 30, 12, 366

MANGOLD, E.: 1950 – Die Verdauung bei den Nutztieren. – Akad.-Verlag, Berlin, 108 S.

MANDRUSSOV, A., 1969 – Coccidia of domestic pigs and wild boar in Byelorussia – Abstr. Papers 3. Int. Congr. Protozool., Leningrad, 342

MARKS, J.: 1985 – Sauen sind Feinschmecker. – Die Pirsch, 37, 16, 1048 bis 1052

MARKOV, E.: 1932 – Wildschweine Transkaukasiens (russ.). – Tiflis

MARTYS, M.: 1977 – Das Flehmen der Schweine. – Zool. Anz., Jena, 199, 5/6, 433 bis 440

– 1982 – Gehegebeobachtungen zur Geburts- und Reproduktionsbiologie des Europäischen Wildschweines. – Z. f. Säugetierkd., Hamburg, 47, 2, 100 bis 113

– 1986 – Komfortverhalten beim Europäischen Wildschwein. – Zeits. f. Säugetierkde, 51, 2, 104

MARION, F.: 1982 – Le sanglier – Gerfaut Club-Princess, Paris, 176 S.

MATRAI, G. u. G. VALLUS: 1981 – Jagdstrecken 1980 und Bestände 1981 (ung.). – Nimrod Forum, Oktober, 16 S.

MATSCHKE, G.: 1963 – An Eye Lens-Nutrion Study of penned European Wild Hogs. – Proceed. Sevententh An. Conf. SE Ass. of Game and Fish Commissioners

MATSCHKE, G. H.: 1967 – Aging European Wild Hogs by Dentition. – Journ. Wildl. Manage., 31, 1, 109 bis 113

MATTHES, H. W.: 1962 – Verbreitung der Säugetiere in der Vorzeit. – Handb. Zool., Bd. 8, 198 S.

MAUGET, R.: 1979 – Nachweis des Lebensraumes der Wildschweine im Wald von Chizé durch Fangen – Markieren – Wiederfangen und durch Radiotracking. – Biology of Behaviour, 1, 25 bis 41

– 1984 – Rhythme d'activité el budget – temps chez le Sanglier européen – Symp. int. sur le sanglier, INRA 22, Paris, 79 bis 92.

MAYR, E.: 1969 – Principles of Systematic Zoology. – Mc-Graw-Hill Book Company New York, St. Louis, London, Sydney, p. 428

Mc Donald, R. u. J. Greenhalgh: 1966 – Animal nutrition. – Edinbourgh und London

Mc Fee, A. F., M. W. Banner, J. M. Rary: 1966 – Variation in chromosome number among European wild pigs. – Cytogenetics, 5, 75 bis 81

Mehlitz, S.: 1972 – Möglichkeiten zur Verhütung von Schwarzwildschäden. – Jagdinform., Eberswalde, 1, 17 bis 27

– 1975 – Methoden zur Verminderung von Schwarzwildschäden in der sozialistischen Landwirtschaft. – Int. Seminar Schwarzwildbewirtschaftung, Neubrandenburg, Referat, unveröffentl.

Melhardt, D.: 1954 – Über das Schwarzwild in Polen. – Forst u. Jagd, 2, 77

Mendheim, H.: 1955 – Bemerkenswerte Verluste beim Schwarzwild infolge Wurmbefalls. – Die Pirsch, 7, 481 bis 482

Metzdorf, H.: 1940 – Untersuchungen an Hoden von Wild- und Hausschweinen. – Z. Anat. u. Entw. gesch., Berlin, 110, 489 bis 532

Meyer, W. u. K. Neurand: 1979 – Untersuchungen zur Struktur und Enzymhystochemie der Hautdrüsen des Wildschweines. – Z. Säugetierkd., 44, 96 bis 110

Meyer, P.: 1967/68 – „Haluf, houni Haluf". – Wild u. Hund, 70, 26, 612 bis 616

Meynhardt, H.: 1978 – Schwarzwildreport. – Neumann-Verlag Leipzig, Radebeul, 208 S.

– 1979a – Vermeidung von Schwarzwild-Flurschäden durch Ablenkfütterungen im Wald. – Allg. Forstz., München, 34, 469 bis 472

– 1979b – Untersuchungen zur Rauschzeit, zur Geschlechtsreife und zum Reproduktionsgeschehen des Schwarzwildes. – Unsere Jagd, 1, 18 bis 19

– 1980 – Untersuchungen zur akustischen, olfaktorischen und visuellen Kommunikation des Europäischen Wildschweines. – Beitr. Forstwirtsch., 14, 2, 74 bis 82

Meynhardt, H. u. H. J. Böhmig: 1981 – Untersuchungen zum Sortenwahlvermögen des Schwarzwildes bei Kartoffeln. – Unsere Jagd, 31, 3, 84 bis 85

Meynhardt, H. u. G. Fröhlich: 1986 – Amphibien – Fraß für Schwarzwild? – Wild und Hund, 89, 3, 50

Michel, G., K. Eulenburger u. K. Elze: 1977 – Zum embryonalen Fruchttod beim Schwein. – Monatsh. Vet. Med., 32, 4, 152 bis 157

Miller, G.: 1912 – Catalogue of mammals of western Europe. London

Minder, K.: 1930 – Die natürlichen Körperöffnungen des Wildschweines. – Arch. Jul.-Klaus-Stiftung.

Mitzschke, Schäfer: 1982 – BJG-Kommentar zum Bundesjagdgesetz. – Verlag Paul Parey, Hamburg und Berlin, 4. Aufl., 724 S.

Möller, D.: 1982 – Untersuchungen zur Altersbestimmung erlegten älteren Schwarzwildes. – Forschungsbericht Inst. Forstwiss. Ebw.

– 1984 – Ein Beitrag zur Altersbestimmung erlegten Schwarzwildes. – Beitr. Jagd- u. Wildforsch. XIII, 196 bis 203

Mohr, E.: 1942 – Das Riesen-Waldschwein, Hylochoerus meinertzhagni Thos. – Zool. Garten (N. F.), 14, 4, 177 bis 191

– 1958 – Zur Kenntnis des Hirschebers, Babirussa babirussa Linné 1758. – Zool. Garten (N. F.), 25, 50 bis 69

1960 – Wilde Schweine. – Neue Brehm-Bücherei Nr. 247, A. Ziemsen-Verlag Wittenberg-Lutherstadt, 156 S.

Moll, K.: 1963 – In den Wäldern der Hirsche. – A. Ziemsen-Verlag Wittenberg-Lutherstadt, 123 S.

Mrozowski, J.: 1966 – Die Rolle der Wildschweine bei der Einschränkung der Entwicklung der Forleule *(Panolis flammea)* auf dem Gebiete der Oberförsterei Golabek im Jahre 1961/62 (poln.). – Sylvan, 6

Müller, E.: 1942 – Auftreten der Schweinepest beim Schwarzwild in freier Wildbahn. – Z. Jagdkd., 86

– 1962 – Das Auftreten der Schweinepest beim Schwarzwild im Pfälzerwald. – Die Pirsch, 14, 532 bis 534

Müller-Using, D.: 1949 – Grundlagen moderner Jagdwirtschaft. – Krögers Verlagsanstalt, Hamburg-Blankenese

– 1960 – Großtier und Kulturlandschaft. – Musterschmidt-Verlag Göttingen

Murswiek, H. J. u. S. Ziegler: 1969 – Jagdrecht. – Staatsverlag der DDR, Berlin, 423 S.

Myrcha, A. u. W. Jezierski: 1972 – Metabolic Rate during the postnatal Development of Wild Boars. – Acta Theriol., XVII, 33, 443 bis 452

Nasarowa, N. C. u. a.: 1974 – Die Behandlung von Wildschweinen gegen Metastrongylose im Sawidowsker Staatlichen Schutzgebiet (russ.). – Trud. Sawid. gos. nauč. sapow. III, 181 bis 184

Nakel, V.: 1984 – Beitrag zur Kenntnis der Afrikanischen Schweinepest in Auswertung von Ausbrüchen in Afrika und einige Unterschiede zur klassischen Schweinepest – Mh. Vet.-Med., 39, 772 bis 775

Nehring, A.: 1888 – Über die Gebißentwicklung der Schweine. – Landwirtsch. Jahrb. – Z. wiss. Landwirtsch., Bd. 17, 31 bis 82

– 1890 – Neue Beobachtungen über die Gebißentwicklung der Schweine. – Dt. Landwirtsch. Presse, XVII, 35, 271

NEHRING, K.: 1964 – Lehrbuch der Tierernährung und Futtermittelkunde. – Neumann-Verlag Radebeul und Berlin, 8. Aufl., 522 S.
NEHRING, K., M. BEYER u. B. HOFFMANN: 1972 – Futtermitteltabellenwerk. – DLV Berlin, 2. Aufl., 452 S.
NEUMEISTER: 1915 – Mitteilungen über das Auftreten der Kiefern-Eule im Forstbezirk Dresden. – Z. angew. Entomol., 2, 164 bis 167
NEUDORF, R. u. H. SEIDEL: 1972 – Schweinekrankheiten. – VEB Gustav Fischer-Verlag, Jena, 719 S.
NIETHAMMER, G.: 1963 – Die Einbürgerung von Säugetieren und Vögeln in Europa. – Paul Parey, Hamburg und Berlin
NÜSSLEIN, R.: 1974 – Der ökonomische Wert der Wildproduktion in Europa (ohne SU). – Z. Jagdwiss. 20, 85 bis 95
NUßHAG, W.: 1951 – Lehrbuch der Anatomie und Physiologie der Haustiere. – S. Hirzel-Verlag, Leipzig, 2. Aufl., 370 S.
N. N.: 1882 – Veredlung des Schwarzwildes. – Forstl. Blätter, 19, 380
– 1973 – Vildsvin *(Sus scrofa)*. – Dan. Jagttid, 89, 12, 476
– 1977 – Jagdstatistik Schweiz und Österreich. Wild u. Hund, 79, 21, 982

OLBERG, G.: 1969 – Die Fährten der Säugetiere. – Neue Brehm-Bücherei Bd. 419, A.-Ziemsen-Verlag, Wittenberg-Lutherstadt, 2. Aufl., 104 S.
OLT/STRÖSE: 1914 – Die Wildkrankheiten und ihre Bekämpfung. – Neumann-Verlag, Neudamm, 633 S.
OLOFF, H.-B.: 1951 – Zur Biologie und Ökologie des Schwarzwildes. – Dr. Paul Schöps-Verlag, 95 S.
OVSJUKOVA, N. I.: 1974a – Über die Infektion von Wildschweinen bei Moskau mit Metastrongyliden (russ.). – Ochotovedenije, Sbornik Glawochoty, 99 bis 102
– 1974b – Wege zur Bekämpfung der Metastrongylose des Wildschweines. aus: Der gegenwärtige Stand und die Entwicklungsrichtungen der Jagdwissenschaft in der UdSSR (russ.). – I. All-Unions-Konferenz, Kirow, 200

P. V.: 1976 – Schwarzwild in dänischer Wildbahn. – Wild u. Hund, 79, 2, 80
PALL, E.: 1980 – Die Bewirtschaftung eines Schwarzwildgatters. – Wildbewirtschaftung, Wildtierernährung, Wildkrankheiten, Leipzig, 71 bis 80
PARKES: 1975 – in: Krallinger 1937
PASLAWSKI, T.: 1975 – Versuche zur Verminderung der Feldschäden durch Fütterung des Schwarzwildes im Walde. – Beitr. Jagd- u. Wildforsch. IX, 188 bis 194
PAV, J., A. KOTRLY, A. u. D. ZAJIČEK: 1961 – Parasitierende Würmer einiger Gebiete Böhmens und Mährens (tschech.). – Vet. Med., Praha, 6, 34, 287 bis 300
– 1962 – Parasitische Würmer des Schwarzwildes in einigen Gebieten Böhmens und Mährens (tschech.). – II. Die ökologische Beziehung der Intensität und Extensität der Invasion des Schwarzwildes, gehalten in Gehegen und im Freien. Sbornik Česk, Akad. zem. véd. Veterinarnî medicina Ročn. 7 (XXXV), Nr. 3, 185
– 1963 – Beitrag zur Helminthenfauna des Schwarzwildes in Wildgärten und im Freien (tschech.). – Lesn. Čas. 9, 3, 251 bis 260
PAV, J. u. D. ZAJIČEK: 1971 – Saisonale Dynamik und Epizootiologie der Nematoden des Schwarzwildes im Tiergarten Květov (tschech.). – Vet. med. Praha, 16, 44, 421 bis 430
– 1972 – Epizootologie der Helminthen Ascarops strongylina (Rud.) und Physocephalus sexalatus (Molin) bei Gatter-Schwarzwild. – Z. Jagdwiss., 18, 1, 6 bis 15
PAWLOW, M.: 1977 – Die Bereicherung der Fauna der UdSSR (russ.). – Ochota i. ochotn. chosj., 11, 16 bis 19
PETRACK, M.: 1987 – Wildverluste durch den Straßenverkehr. – Jagd + Hege, 2, März, 17
PEYER: 1930 – Die Gewehre des Schwarzwildes. – Dt. Weidwerk, 35, H. 3
– 1933 – Keilergewehre. – Wild u. Hund, 39, 12, 199 bis 200
PFEIFER, H. u. G. V. LENGERKEN: 1975 – Wechselwirkungen zwischen endogenen und exogenen Faktoren der Nutzleistungen der Schweine. in: SCHWARK et al. – 1975: Int. Handbuch der Tierproduktion, Schweine. – DLV Berlin, 392 bis 452
PIELOWSKI, Z.: 1975 – Die Bewirtschaftung der Schwarzwildbestände in der VR Polen. – Int. Seminar Schwarzwildbewirtschaftung, Neubrandenburg, Referat, unveröffentl.
– 1976 – Die Bewirtschaftung des Schwarzwildes in Europa. – Wild u. Hund, 79, 5, 103 bis 106
– 1977 – Prinzipien einer modernen Bewirtschaftung der Wildschweinpopulation (poln.). – Lowiec Polski, 17 u. 18, 3 bis 4 u. 4 bis 5
PILZ, R.: 1966 – Untersuchungen über die Ossifikation der Extremitäten des Wildschweinfötus in Hinblick auf die Möglichkeiten einer Altersbestimmung.
– Humboldt-Univ. Berlin, Zool. Inst., Dipl.-Arbeit, 68 S.
PINE, D. u. GERDES, G.: 1973 – Wildpigs in Mounterey County, California. – Cal. Fish., Game, 59, 126 bis 137

PIRA, A.: 1909 – Studien zur Geschichte der Schweinerassen, insbesondere derjenigen Schwedens. – Zool. Jahrb. Suppl. X, 233 bis 426

PLASCHKE, W.: 1972 – Probleme der Trichinenschau. – Monatsh. Vet. Med., 27, 705 bis 710

PLESCHAK, T. u. A. MINJAJEW: 1986 – Das Wildschwein im Gebiet von Archangelsk. – Ochota i ochotn. chosj., 7, 14 bis 15

PORTMANN, A.: 1960 – Kindheit der Säugetiere. – Documenta Geigy, Nr. 3, Basel

PORZIG, E.: 1967 – Verhaltensforschung bei Schweinen. – AdL Fortschrittsberichte für die Landwirtsch., Bd. 5, 1, 76 S. – 1976 – Stand der Ergebnisse ethologischer Untersuchungen beim Schwein. – Monatsh. Vet. Med., 31, 5, 181

POPENOE, H. et al.: 1984 – Little-known Asian Animals with a Promising economic future – Nat. Acad. Press, Wash., D.C., 131 S.

PUHAČ, I. u. S. PRIBIČEVIČ: 1954 – Prilog poznavanju ponaskanja i pasknich navika svinja. – Acta veterin., Beograd, 6, 65 bis 69

PUCEK, E., B. BOBEK, L. LABUDSKI, L. MILKOWSKI, K. MOROW u. A. TOMEK: 1975 – Bestimmung der Dichte und der Bestandshöhe von Huftieren (engl.). – Pol. ecol. Stud., 1, 2, 121 bis 135

PUSCHMANN, W.: 1975 – Wildtiere in Menschenhand. 2. Bd. Säugetiere. – DLV, Berlin, 511 S.

PÜSCHNER, A. u. O. SIMON: 1972 – Grundlagen der Tierernährung. – VEB Gustav Fischer-Verlag, Jena, 411 S.

PUSTER: 1910 – Ein Jahrzehnt im Kampf mit dem Maikäfer. – Forstwiss. Centralbl., 32, 633 bis 649

RAHM, U.: 1980 – Das prähistorische und historische Vorkommen des Wildschweines in der Schweiz. – Giessener Schwarzwild-Symposion, Enke-Verlag, 3 bis 12

RAKOV, N. V.: 1970 – Ursachen der Sterblichkeit des Wildschweins und ihre Rückführung auf Räuber im Amurgebiet (russ.). – Zool. Z. 49, 8, 1220 bis 1228

RAMSEY, CH.: 1970 – Texotics – History and management implications of introduced Artiodactyls in Texas. – Texas Parks and Wildl. Dept., Bull. 49

RASCH, ENDERLEIN, HERRENDÖRFER: 1973 – Biometrie. – DLV, Berlin, 390 S.

RATZEBURG, J.: 1850/1876 – Die Waldverderber und ihre Feinde. – Berlin, 1. Aufl., 155 S.

RAWIEL, F.: 1940 – Untersuchungen an Hirnen von Wild- und Hausschweinen. – Z. Anat. und Entw. gesch., 110, 344 bis 370

REIHER, E.: 1969 – Sinnesphysiologische und lernpsychologische Untersuchungen an Schweinen. – Forma et functio, 4, 353 bis 404

REUMUTH, R.: 1969 – Gallenstein beim dreijährigen Keiler, – Unsere Jagd, 2, 38 bis 39

RERAT, A. u. H. DUE,: 1975 – Ernährung und Reproduktion der Sau – Übersichten zur Tierernährung, 3, 122 bis 126 u. 264 bis 267

RICHTER, J.: 1981 – Welches Büchsenkaliber ist für welche Wildarten geeignet? in: Taschenkalender für den Jäger. – DLV, Berlin, 183 bis 192

RICHTER, J. u. Koll.: 1974 – Jagdliches Schießen. – DLV, Berlin, 2. Aufl., 240 S.

RIESENTHAL v., O.: 1880 – Das Waidwerk. – Berlin, 1007 S.

RÖRIG, G.: 1912 – Wild, Jagd und Bodenkultur. – Verlag J. Neumann, Neudamm, 419 S.

ROMMEL, M. u. R. SOMMER: 1967 – Toxoplasma-Infektionen beim Schwarzwild. – Z. Jagdwiss., Bd. 13, 1, 35 bis 36

ROTZSCH, W. u. K. BÖRNER: 1984 – Gesetzmäßigkeiten des Lebenszyklus einiger Schalenwildarten. – Beitr. Jagd- u. Wildforsch. XIII

RŠ: 1987 – Das Schwarzwild in Europa (tschech.) – Myslivost, 10, 209

RUBLI, H.: 1930 – Die Myologie des Wildschweines. – Arch. Jul.-Klaus-Stiftung, 5

RUSKOW, M.: 1975 – Das Wildschwein (bulg.). – Lov i ribolov, 6/7, 15 bis 16

SAÉZ-ROYUELA u. J. L. TELLERIA.: 1987 – Reproductive trends of the Wild Boar in Spain. – Folia zoologica, 36 (1), 21 bis 25

SCHÄFF, E.: 1907 – Jagdtierkunde. – Paul Parey Berlin

SCHÄPPI, E.: 1931 – Magen und Darm des Wildschweines. V. Beitrag zur Makroskopischen Anatomie von Sus scrofa, L. und zum Domestikationsproblem. – Diss. Vet. Med. Fak. Univ. Zürich

SCHEUNERT u. TRAUTMANN: 1965 – Lehrbuch der Veterinär-Physiologie, – Berlin u. Hamburg

SCHIEMANN, R.: u. Koll.: 1971 – Energetische Futterbewertung und Energienormen. – DLV, Berlin, 344 S.

SCHLEGEL, W., I. KÖNIG, I. TSCHINKEL u. B. BUSCH: 1975 – Reproduktion der Schweinebestände. in: SCHWARK, H.-J., Z. ZEBROWSKI, V. OVSJANNIKOV: Internationales Handbuch der Tierproduktion – Schweine. – DLV, Berlin, 453 bis 514

SCHMIDT, E.: 1975/76 – Saumeuten in Vorbereitung und Einsatz. – Wild u. Hund, 78, 14, 543

SCHMIDT, J. u. D. GILBERT: 1978 – Big Game of North America. – Harrisburg

SCHMIDT, KLIESCH u. GOERTTLER: 1945 – Lehrbuch der Schweinezucht. – Berlin, 2. Aufl.

SCHNEIDER, E.: 1975 – Mäuse im Magen eines Wildschweines. – Z. Jagdwiss., 21, 190 bis 192

SCHREIBER, R.: 1980 – Die Bonitätskennziffern

und Spitzentrophäen der DDR. – Beitr. Jagd- u. Wildforsch. XI, 109 bis 134
– 1981 – Zur Entwicklung der Spitzentrophäen des Schwarzwildes in den Jahren 1971–1978. – Unsere Jagd, 31, 7, 202
SCHRETZENMAYR, M. u. R. BÖSENER: 1978 – Wald- und landschaftliche Entwicklung Mitteleuropas unter dem Einfluß des Menschen. in: THOMASIUS, H.: Wald, Landeskultur und Gesellschaft. – VEB Gustav Fischer-Verlag, Jena, 195 bis 211
SCHRÖDER, W.: 1971 – Zur Ökologie des Gamswildes. – Diss. Göttingen, 183 S.
SCHRÖTER, H.: 1922 – Das Verhältnis der europäischen zu den asiatischen Wildschweinen auf Grund der postembryonalen Schädelentwicklung der europäischen Wildschweine. – Zool. Jahrb., Jena, 46, 4, 303 bis 366
SCHRÖTER, G.: 1971 – in Autorenkollektiv: Schweine – Zucht, Haltung, Fütterung. – DLV, Berlin, 3. Aufl., 663 S.
SCHULZE, H.: 1965 – Die Krankheiten des Wildes und ihre fleischbeschauliche Bedeutung. – Verlag F. C. Mayer, München
SCHUMACHER, S.: 1939 – Jagd und Biologie. – Berlin
SCHUMANN, H. G. u. M. FISCHER: 1979 – Fährten, Spuren, Geläufe, – DLV, Berlin, 84 S.
SCHWARK, H.-J., Z. ZEBROWSKI u. V. OVSJANNIKOV: 1975 – Internationales Handbuch der Tierproduktion – Schweine –. DLV, Berlin
SCHWERDTFEGER, F.: 1944 – Weitere Beobachtungen zur Lebensweise der Kiefernschonungsgespinstblattwespe, *Acantholyda erythrocephala*. – Z. angew. Entomol., 30, 364 bis 371
– 1957 – Die Waldkrankheiten. – Paul Parey, Hamburg und Berlin, 485 S.
– 1968 – Demökologie. – Paul Parey, Hamburg und Berlin, 448 S.
SEIDEL, H.: 1977 – Schweinekrankheiten. – VEB Gustav Fischer-Verlag, Jena, 1010 S.
SEVERCOV, S. A. u. T. B. SABLINA: 1953 – Rotwild, Reh und Schwarzwild im Naturschutzgebiet Belowesher Urwald (russ.). – Tr. in-ta morfol. životnyh AN SSSR, vyp. 9, 140 bis 204
SIEBOLD, W.: 1949 – Das Schwarzwild. – Verlag Naturkdl. Korrespondenz, Berlin und Hanover, 35 S.
SIEFKE, A.: 1971 – Die jagdwirtschaftliche Produktivität der Schalenwildarten in der Deutschen Demokratischen Republik. – Beitr. Jagd- u. Wildforsch. VII, 29 bis 44
SIEWERT, O. u. L. BRIEDERMANN: 1975 – Erfahrungen bei Schwarzwild-Ablenkfütterungen. – Unsere Jagd, 5, 138 bis 139
SIGNORET, J.: 1976 – Dureé du cycle oestrien et le l'oestrus ehes La truier. – Ann. Biol. anim. Bioch. Biophys., 7, 407
– 1969 – Verhalten von Schweinen. in: PORZIG et al.: Das Verhalten landwirtschaftlicher Nutztiere. – DLV, Berlin, 430 S.
SIGNORET, J., F. MESNIL DU BUISSON u. R. BUSNET: 1960 – Rôle d'un signal acoustique de verrat dans le comportement réactionnel de la truie en oestrus. – C. R. Acad. Sci, 250, 1355
SIKORSKI, J.: 1978 – Übersicht polnische Jagdstatistik (poln.). – Lowiec Polski, 2
SIMON, W. u. D. EPPLE: 1981 – Maßnahmen zur Reduzierung von Wildschäden in großen Maisschlägen. – Bauernecho, 27. 4. 81
SINGER, F., D. OTTO, A. TIPTON u. C. HABLE: 1981 – Home ranges, movements, ana habitat use of European Wild Boar in Tennessee. – J. Wildl. Manage., 45, 2, 342 bis 353
SLIWA, E.: 1957 – Die Rolle des Wildschweines bei der Bekämpfung der Waldinsekten (poln.). – Lowiec Polski, 11
SLUDSKI, A.: 1956 – Das Wildschwein (russ.). – Alma Ata
SMIDT, D.: 1962 – Sexualpotenz und Fruchtbarkeitsvererbung beim Schwein. – BLV Verlagsgesellschaft München
SMIRNOW, J. W. u. J. N. LYSSENKO: 1959 – Geschlechtsverteilung bei Schweinen. – Zit. LZBL. Vet., 155
SNETLAGE, K.: 1933 – Keilerwaffen. – Wild u. Hund, 39, 21, 359 bis 360
– 1934/1957 – Das Schwarzwild. – Verlag Paul Parey, Hamburg und Berlin, 1. Aufl., 3. Aufl., 215 S.
SNYCKERS, A.: 1967 – Das Schwarzwild im Strom- und Heuchelberggebiet. – Diss. Agrarwiss. Fakultät der Univ. Hohenheim, 70 S.
SOKORINA, L.: 1977 – Die Zählung des Schalenwildes (russ.). – Ochota i ochotn. chosj., 12, 38 bis 39
SOYEZ, J.: 1978 – Quand et comment controler les populations d'animaux gibier pouvant causer des degat aux cultures – Faune sauvage/ Connaissance Gibier/Gestion, Bull. ONC 1978, 12, 14 bis 18
SPANGENBERG V.: 1818 – Bemerkungen über den Raupenfraß in Nadelholz, besonders in den Forsten der Oberlausitz. – Forst- und Jagdarch. von und für Preußen, 3, 10
SPIECKER, D.: 1963/64 – Schweinepest in der Eifel. – Wild u. Hund, 66, 333
– 1969 – Verlauf und Ausbreitung der Schweinepest *(Pestis suum)* in der Eifel in den Jahren 1963 und 1964. – Z. Jagdwiss., 15, 4
SPONECK, V.: 1801 – Über die Lieblingsäsung des Edel-, Dam-, Schwarz- und Rehwildprets. – Taschenbuch für Forst- und Jagdfreunde, Marburg, 215 bis 228
STAHL, D.: 1967 – Zur Entwicklung der Schonzeitbestimmungen in der jagdlichen Gesetzge-

bung des deutschen Rechtskreises. – Diss. Georg-Aug.-Univ. Göttingen, 274 S.

STARODYNOWA, A. K.: 1974a – Krankheiten des Elches, des Maral und des Wildschweines in den Wäldern des Kalininer und Moskauer Gebietes (russ.). – Trud. Sawid. gos. naut. sapow. III, 147 bis 172

– 1974b – Lokalisation und Erscheinungsformen der Tuberkulose bei Wildschweinen (russ.). – Trud. Sawid. gos. naut. sapow. III, 185 bis 194

STEINBACHER, G.: 1953 – Wurfzahl beim Schwarzwild, *Sus s. scrofa* (LINNÉ, 1758). – Säugetierkdl. Mitt. 1, 2, 80

– 1954 – Zur Biologie des europäischen Wildschweines. – Säugetierkdl. Mitt. 2, 126

STIEVE, H.: 1950 – Anatomisch-biologische Untersuchungen über die Fortpflanzungstätigkeit des europäischen Rehes. – Z. mikr.-anat. Forsch., 55

STUBBE, C.: 1982 – Erfahrungen und Methoden beim Fang von Schwarzwild. – Unsere Jagd, 32, 2, 42 bis 43

– 1987 – Lebensraumnutzung und Populationsumsatz des Schwarzwildes in der DDR – Ergebnisse der Wildmarkierung. – Unsere Jagd 37, 8, 228 bis 230

STUBBE, C; S. MEHLITZ; K.-H. PAUSTIAN; R. PEUKERT; H. ZÖRNER: 1984 – Erfahrungen zum Lebendfang von Schwarzwild in Wildforschungsgebieten. – Beitr. Jagd- u. Wildforsch. XIII, 203–216

STUBBE, I., M. STUBBE u. W. STUBBE: 1980 – Die Körperentwicklung des Schwarzwildes im Wildforschungsgebiet Hakel. – Beitr. Jagd- und Wildforsch. XI, 245 bis 259

– 1984 – Kraniometrische Untersuchungen an zwei Populationen von *Sus scrofa* L., 1758. – Beitr. Jagd- u. Wildforsch. XIII, 174 bis 195

STUBBE, M.: 1966 – Zur Kenntnis der Wildschweinlaus Haematopinus suis apri. – Angew. Parasitenkd., Jena, z. 98 bis 102

STUBBE, W. u. M. STUBBE: 1977 – Vergleichende Beiträge zur Reproduktions- und Geburtsbiologie von Wild- und Hausschwein. – Beitr. Jagd- u. Wildforsch., X, 153 bis 179

STUBBE, M., I. STUBBE u. W. STUBBE: 1986 – Zahnanomalien bei *Sus scrofa* L., 1758. – Beitr. Jagd- u. Wildforsch. XIV

STUDINKA, L.: 1976 – Eine hohe Zahl an Wildschweinen in Ungarn (slowen.). – Lovec, 9, 276 bis 277

SWEENEY, J. M., SWEENEY, J. R. u. E. E. PROVOST: 1979 – Reproduktion biology of a feral hog population. – Journ. Wildl. Manage., 43, 2

SUGÀR, L. u. A. KAVAI: 1979 – Über die *Sarcosporidium*-Verseuchung unseres Großwildes (ung.). – Nimród Forum, Budapest, Juli, 31

SURBER, M.: 1922 – Auftreten und weitere Ausgestaltung der Verknöcherungspunkte im embryonalen Gliedmaßenskelett des Schweines. – Diss. vet. med., Zürich

TARCZYŃSKI, S.: 1966 – Parasitische Würmer des Haus- und Wildschweines in Polen (poln.). – Acta parasit. pol. 4, 663 bis 779

TEICHERT, M. 1970 – Abstammung und Morphogenese vor- und frühgeschichtlicher Hausschweine. – Arch. Tierzucht, 13, 6, 507 bis 523

– 1974 –Tierreste aus dem germanischen Opfermoor bei Oberdorla. – Mus. Ur- u. Frühgesch. Thür., Weimar

TEICHERT, M. u. H. GRÜNERT: 1976 – Jagd und Fischfang. in: Autorenkollektiv: Die Germanen, Bd. 1, Akademie-Verlag, Berlin 450 bis 453

TELLERIA, J. u. C. SAEZ-ROYUELA: (i. Dr.) – The big Mammals of central Spain-Mammal. Review

– (i. Dr.) – Lèvolution demographique du sanglier en espagne. – Mammalia

TEMBROCK, G.: 1961 – Verhaltensforschung. – VEB Gustav Fischer-Verlag, Jena, 371 S.

– 1969 – in PORZIG, E., G. TEMBROCK, C. ENGELMANN, J. P. SIGNORET, J. CZAKE: Das Verhalten landwirtschaftlicher Nutztiere. – DLV, Berlin, 13 bis 122

– 1972 – Tierpsychologie. – Neue Brehm-Bücherei, Bd. 455, A.-Ziemsen-Verlag, Wittenberg-Lutherstadt, 182 S.

– 1977 – Tierstimmenforschung. – Neue Brehm-Bücherei, Bd. 250, A.-Ziemsen-Verlag, Wittenberg-Lutherstadt, 2. Aufl., 240 S.

TEUWSEN, N.: 1977 – Abschußrichtlinien für Schwarzwild. – Wild u. Hund, 79, 24, 1108

THENIUS, E.: 1970 – Zur Evolution und Verbreitungsgeschichte der Suidae. – Z. Säugetierkd., 35, 6, 321 bis 342

– 1972 – Grundzüge der Verbreitungsgeschichte der Säugetiere. – VEB Gustav Fischer-Verlag, Jena, 345 S.

TICHONOV, V. N. u. A. I. TROSCHINA: 1976 – Chromosomenpolymorphismus und Aneuploidie bei Wildschweinen (russ.). – Sammelband „Voprosy teor. i. prikladn. genetici“, Novosibirsk, 40 bis 42

TISDELL, C. A.: 1982 – Wild pigs – Pergamon Press Sydney, Oxford, New York, Toronto, Paris, Frankfurt, 445 S.

TOLDT: 1935 – Aufbau und natürliche Färbung des Haarkleides der Wildsäugetiere. – Leipzig

TRIEBLER, G.: 1978 – Schweinefarben. in: PFEIFFER et al.: Schweinezucht. – DLV, Berlin, 319 S.

TRIEBLER, G. u. G. THIEDE: 1966 – Kleines abc – Schweine. – DLV, Berlin, 366 S.

TROSHINA, A., W. TICHONOV, N. ASTACHOVA, 1983

– Zytogenetische Besonderheiten der auf dem Territorium der UdSSR lebenden Wildschweine, in Verbindung mit ihrer Phylogenese. – Pop. ismenčiv. vida i problemy ixran. genofonda mlek. – An SSSR, Moskau, 195 bis 197

Tscherner, W., R. Ippen, I. Wisser, D. Henne, H.-D. Schröder, D. Möller, G. Raetz: 1984 – Orientierende Untersuchungen zum Gesundheitszustand von Schwarzwildbeständen in der Deutschen Demokratischen Republik. – Beitr. Jagd- und Wildforsch. XIII, 245 bis 253

Turćek, F.: 1967 – Ökologische Beziehungen der Säugetiere und Gehölze. – Vydavat. slovensk. adad. vied, Bratislava, 210 S.

Türcke, F.: 1962 – Erfahrungen über die natürliche und künstliche Ernährung des Wildes im Forstamt Saupark. – Supplemento alle Richerche de Zoologia applicata alla Caccia Bologna, Vol. IV, 1, 140 bis 148

– 1976 – Schwarzwild. Zur Bewirtschaftung im europäischen Raum. – Wild u. Hund, 79, 18, 417

– 1980 – Neue Erkenntnisse über die Haltung von Schwarzwild in Jagdgehegen. – Schwarzwild-Symposion Giessen, Enke-Verlag, Stuttgart, 61 bis 67

Ueckermann, E.: 1964/1971 – Die Fütterung des Schalenwildes. – Paul Parey, Hamburg und Berlin, 1. Aufl., 86 S., 2. Aufl.

– 1969 – Wildverluste durch den Straßenverkehr und Verkehrsunfälle durch Wild im Land Nordrhein-Westfalen im Jagdjahr 1967/68. – Z. Jagdwiss., 15, 3, 109 bis 117

– 1972 – Zur jagdlichen Nutzungsfähigkeit von Rot-, Dam- und Schwarzwildbeständen nach Beobachtungen in einem Jagdgatter. – Z. Jagdwiss., 18, 1, 24 bis 31

– 1978 – Der Schwarzwildabschuß. – Paul Parey, Hamburg und Berlin, 84 S.

– 1981 a – Die Wildschadenverhütung in Wald und Feld. – Paul Parey, Hamburg und Berlin, 4. Aufl., 80 S.

– 1981 b – Stand der Untersuchungen zum Wildverkehrstod in der Bundesrepublik Deutschland. – Symposium „Wild und Umwelt", Plovdiv

Uloth, W.: 1967 – Zur Einbürgerungsgeschichte europäischen Schwarzwildes in Nordamerika. – Unsere Jagd, 17, 11, 344

Ulsperger, E.: 1966 – Haltbarmachen von Keilerwaffen. – Unsere Jagd, 9

Valentinčič, S.: 1974 – Ein Fall der Polidactylie beim Wildschwein. – Zb. biotechn. Fak. Univ. Ljubljana, 11, 1 bis 2, 187 bis 189

Vassant, J. et Boisaubert, B.: 1984 – Bilan des expérimentations entreprises en Haut-Marne pour réduire les dégâts de Sangliers á l'encontre des cultures agricoles – Symp. int. sur le sanglier, INRA 22, Paris, 187 bis 199

Vietinghoff-Riesch v., A.: 1952 – Die Bedeutung des Schwarzwildes bei Gradationen forstschädlicher Insekten mit einer Analyse seiner Tätigkeit bei einer Massenvermehrung der Fi-Blattwespe *Cephalleia abietis* L. im Niedersächsischen Forstamt Seesen II während der Jahre 1950/51. – Forstwiss. Zentralbl., 71, 29 bis 47

Voeckler, K.: 1972 – Eine merkwürdige Trophäe. – Unsere Jagd, 11, 334 bis 335

Vos de, A. u. A. Sassani: 1977 – Eine Studie der Population des Schwarzwildes in dem Mohammad Reza Shah Nationalpark. – Z. Jagdwiss., 23, 3, 113 bis 126

Wacker, F.: 1974 – Intensität der Schwarzwildbejagung in verschiedenen Zeiteinheiten. – Waldhygiene, 10, 7, 213 bis 226

Wagenknecht, E.: 1964 – Schwarzwild bekämpfen oder bewirtschaften. – Unsere Jagd, 14, 7, 147 bis 151

– 1978 – Bewirtschaftung unserer Schalenwildbestände. – DLV, Berlin, 5. Aufl., 408 S.

Warwiek, B.: 1928 – Prenatal growth of swine. – Z. Morph. a. Physiol., 46, 59 bis 84

Wassiljuk, I. F.: 1975 – Erfahrungen bei der Bekämpfung der Schweinepest im Urwald von Belowesh (russ.). – Intensivierung der Jagdwirtschaft im System der Forstwirtschaft, Minsk, 132 bis 133

Weber, A., Paulsen, J. u. H. Krauss: 1978 – Seroepidemologische Untersuchungen zum Vorkommen von Infektionskrankheiten bei einheimischen Schalenwild. – Prakt. Tierarzt, Hannover, 59, 5, 535 bis 358

Weber, A. u. H. Christoph: 1981 – Seroepidemiologische Untersuchungen zum Vorkommen von Leptospirosen bei Schalenwild in der BRD. – Z. Jagdwiss., 27, 283 bis 287

Weckwerth, W.: 1933 – Sauen am Schütteplatz. – Wild u. Hund, 39, 50, 849 bis 851

Wedel v., H.: 1977 – Fährtenlesen mit Meß-Schablonen. – Jäger, 1, 26 bis 29

Werner, F.: 1952/53 – Wehrhaftes Schwarzwild. – Anblick, 7, 2 49 bis 50

Werner, J.: 1987 – Wissen um jagdliches Brauchtum – Schwarzwild – Niedersächs. Jäger, 11, 593 bis 594

Wetzel, H.: 1973 – Behandlung von Schwarzwild gegen Räude. – Wild u. Hund, 76, 2, 44 bis 46

Wetzel, R. u. W. Rieck: 1973 – Krankheiten des Wildes. – Verlag Paul Parey, Hamburg und Berlin, 2. Aufl.

WIESNER, E., S. WILLER, H. LAHR u. F. BERSCHNEIDER: 1980 – Untersuchung des Einflusses endogener und exogener Faktoren auf den Spurenelementgehalt des Haares von Schwarzwild in einem Jagdgebiet der nördlichen Altmark. – Monatsh. Vet. Med., 35, 354 bis 359

WILLKOMM, H.-D.: 1982 – Entstehung und Entwicklung der Weidmannssprache (V), Schwarzwild. – Unsere Jagd, 32, 8, 246 bis 247

WINKELL, D. aus dem: 1805 – Handbuch für Jäger, Jagdberechtigte und Jagdliebhaber. – Leipzig

WOLF, R.: 1976 – Fragen der Haltung und Bewirtschaftung des Schwarzwildes (tschech.). – Myslivost, 5, 101 bis 103

– 1977a – Die Qualität der Schwarzwildtrophäen (tschech.). – Myslivost, 3, 54 bis 55

– 1977b – Stand des Schwarzwildes in der ČSSR seit 25 Jahren (tschech.). – Myslivost, 4, 76 bis 77

WOLF, R.: 1984 – Beitrag zur Rayonisation der Hege des Wildschweines in der ČSR. – Folia venatoria, Bratislava, 14, 57 bis 70

WOLF, R. u. C. RAKUŠAN: 1977 – Černá zvěř. – Statn. zeměd. nakl., Praha, 206 S.

WONDE, G., F. HUNDT u. G. GRÄFNER: 1980 – Erfahrungen über den Einsatz von Anthelminthika beim Rot- und Schwarzwild in einem Jagdgebiet. – Angew. Parasitol., 21, 2, 67 bis 68

WOOD, G. u. R. BRENNEMANN: 1980 – Feral hog movements and habitat use in coastal South Carolina. – J. Wildl. Manage., 44, 4, 420 bis 427

ZAJIČEK, D. u. J. PÁV: 1972 – Epizootology of *Globocephalus urosubulatus* (ALESSANDRII 1909) (Nematoda) in black game (*Sus scrofa* L.) in the game preserve Kvetov. – Acta Vet., Brno, 41, 93 bis 100: – 1973 – Coccidiosis of the Wild Boar (*Sus scrofa* L.) in Czechoslovakia- – Folia Parasitol., Prag, 19, 4, 369 bis 373

ZAJIČEK, D., J. PAV, M. DVOŘÁK u. J. DANÉK: 1976 – Klinické vyšetranie krvi diviačej zveri (*Sus scrofa* L.) prirodzene invadovanej parazitmi po aplikacii anthelminik. – Vet. Med., Praha, 21, 1, 35 bis 44

ZANNIER-TANNER, E.: 1965 – Vergleichende Verhaltensuntersuchung über das Hinlegen und Aufstehen bei Huftieren. – Z. Tierpsychol., 22, 6

ZAPPE, E.: 1958 – Zur Bedeutung des Schwarzwildes bei Schadinsektengradationen im Walde. – Forst u. Jagd, 8, 1, 33

ZEBROWSKA, T., G. GEBHARDT u. R. KÖHLER: 1978 – Untersuchungen zur Stickstoff- und Aminosäurenresorbtion beim Schwein. – 1. Mitt.: Die Passage des Chymus im Dünndarm. – Arch. Tierernähr., 28, 1, 3 bis 10

ZENKERT, A.: 1975 – Wissenswertes für den Jäger über die Bewegungen und die Stellungen des Mondes. – Unsere Jagd, 3, 90 bis 91

ZEUNER, F.: 1963 – Geschichte der Haustiere. – BLV-Verlag München, Basel, Wien, 448 S.

ŽILA, B.: 1955 – Die wirtschaftliche Bedeutung des Schwarzwildes in der Waldbiozönose (slowak.). – Les, II. 117 bis 121

ZIVKOVIC, S., V. JOVANOVIC, I. ISAKOVIC u. M. MILOVIC: 1971 – Chromosome complement of the European wild pig (*Sus scrofa* L.). – Experientia, 27, 224 bis 226

ZORN, W.: 1958 – Tierzüchtungslehre. – Ulmer, Stuttgart

ZUBER, O.: 1935 – Die Harnorgane des Wildschweines. – Diss. vet. med., Zürich

ZWÖLFER, W.: 1930 – Zur Theorie der Insektenepidemien. – Biol. Zentralbl., 50, 724 bis 759

Sachwortverzeichnis